CANTEMOS AL ALBA

McCUNE
Charitable Foundation

WITH THE COLLABORATION OF

Generalitat de Catalunya
Departament de Cultura
**Centre de Promoció de la Cultura
Popular i Tradicional Catalana**

fundación centro
etnográfico
Joaquín
Díaz
DIPUTACION PROVINCIAL DE VALLADOLID

Instituto Cervantes

CANTEMOS AL ALBA

*Origins of Songs, Sounds,
and Liturgical Drama of Hispanic New Mexico*

Tomás Lozano

EDITED AND TRANSLATED BY Rima Montoya

FOREWORD BY Anthony Cárdenas

UNIVERSITY OF NEW MEXICO PRESS ▧ ALBUQUERQUE

LIBRARY OF CONGRESS CATALOGING-IN-PUBLICATION DATA

Lozano, Tomás, 1967–

   Cantemos al alba : origins of songs, sounds, and liturgical drama of Hispanic
New Mexico / Tomás Lozano ; edited and translated by Rima Montoya.
— 1st ed.

     p. cm.

  Includes bibliographical references and index.

  ISBN-13: 978-0-8263-3874-7 (cloth : alk. paper)

  ISBN-10: 0-8263-3874-7 (cloth : alk. paper)

  1. Music—New Mexico—History and criticism. 2. Music—Spain—History
and criticism. 3. Folklore—New Mexico. 4. Folklore—Spain. 5. Hispanic
Americans—New Mexico. 6. Liturgical drama. I. Montoya, Rima. II. Title.

  ML200.7.N57L69 2006

  398.09789—dc22

               2006031153

Design and composition: Melissa Tandysh

A mis padres Tomás y María, a mi esposa Rima y mi hijo Noël.
A mis hermanas, familiares y amigos, gracias por vuestro apoyo
constante a todo nivel. A todos vosotros os debo quien soy.

To my parents, Tomás and María, to Rima, my wife, and to my son, Noël.
My deepest thanks to my sisters, family, and friends for all your
constant support in every way. To you all, I owe who I am.

CONTENTS / INDICE

THERE CAN BE LITTLE doubt that this work about the sounds and performances of New Mexico, a quite ephemeral theme, let it be said, by the young investigator Tomás Lozano, has had the good fortune to appear during the fourth centenary of the most widely read book after the Bible, *El ingenioso hidalgo don Quixote de la Mancha*. I say good fortune as it brings to mind the words of its famous author:

Idle reader: you may believe me, without my having to swear, that I would have liked this book, as it is the child of my brain, to be the fairest, gayest, and cleverest that could be imagined. But I could not counteract Nature's law that everything shall beget its like, . . . (Ormsby 1885)

The work of Tomás Lozano, his intellectual offspring, if I may be permitted, is a robust fruit that undertakes a theme that, although important, has not only not received much attention in the way in which this author shows but also is important for the way in which he undertakes it, which is the origin of its robustness. As I see it the theme is the presentation of sound and performance, if by sound we understand all that has to do with the production of sounds, which is to say, music, or the use of every type of instrument from the organ to a cowbell. By performance I refer to any dramatic presentation on stage, dances, and other performances, such as the matachines or the *Moros y Cristianos*. Thus, what is accomplished within these pages are two achievements: the presentation of an interpretation of how that which can be understood as sound and performance in New Mexico goes back not only to Mexico but through Mexico to Europe and specifically to Spain. The book also serves as a depository, an anthology, if you will, of the texts that survive and provide testimony for the sounds and performances of old and current New Mexico. In its first phase, this book allows the reader to see how what is considered New Mexican was not born viviparously but came instead from an original egg that can be found in the European-Spanish tradition. In its second phase, it establishes a repertoire of texts that survive regarding the topic. The text is always conscious of tradition and that the New Mexican tradition suffers from or enjoys various impulses. What is nice about this text is that it permits us to examine the thoughts, in my view just and moderate, of the author about various matters: Was there or was there not a *pastorela* in New Mexico? Were *Moros y Cristianos* presented between the two dates given documenting their presence in New Mexico? Was music composed in New Mexico as it was in Mexico and in California? These questions and a whole series of others provoke the desire to search for a response. The offspring is thus robust because of its content. It also is for the bibliographic detail the author brings to bear. In these facts, and they are many and extensive, those interested can initiate their own search for answers to the questions that will arise. Finally, the child is robust in that its style recalls another Golden Age work, *Jardín de flores curiosas*, by Antonio de Torquemada (1570). It does not present a dialogue among various interlocutors. What we have instead is a work in which we have a narrator, or the voice of a narrator, that engages the reader in conversation and supports its observations with a multitude of notes. This conversation is enhanced by its intelligence and fine style. In the best of medieval and Golden Age traditions, this work offers us an excellent example of the goal of *utile et dulce*. In closing, it is a work that provides fertile fruit from whose seed one will obtain more and hence its importance.

Anthony Cárdenas
Professor of Medieval Spanish Literature,
University of New Mexico
Albuquerque, New Mexico, March 2005

No CABE DUDA LA buena fortuna de haber nacido este libro del joven investigador Tomás Lozano sobre los sones y espectáculos de Nuevo México (algo asaz efímero, dicho sea de paso) en el cuarto centenario de la aparición de la obra más importante por ser la segunda obra más leída después de la Biblia, *El ingenioso hidalgo don Quixote de la Mancha*. Digo "buena fortuna" por tener en mente las palabras de su insigne autor:

Desocupado lector: sin juramento me podrás creer que quisiera que este libro, como hijo del entendimiento, fuera el más hermoso, el más gallardo y más discreto que pudiera imaginarse; pero no he podido yo contravenir al orden de naturaleza, que en ella cada cosa engendra su semejante.

La obra de Tomás Lozano, su prole mental, si se me permite, es un fruto robusto que abarca no sólo un tema que, aunque importante, no ha recibido mucha atención en la manera en que lo desarrolla este autor sino que también es importante por la manera en que lo abarca, y de allí su robustez. El tema es, como lo veo yo, la presentación de son y espectáculo si por son se entiende todo aquello que tiene que ver con la producción de sonidos, es decir, de música, o sea, el empleo de todo tipo de instrumentos desde el órgano al cencerro; por espectáculo me refiero a la presentación dramática en plataforma, las danzas y otros espectáculos como lo

son los matachines o el de *Moros y cristianos*. Así que, lo que se cumple dentro de estas páginas son en realidad dos logros: la presentación de una interpretación de cómo lo que se entiende por son y espectáculo en Nuevo México remonta no sólo a México sino por México también a Europa y en especial a España; también sirve el libro como depósito, antología si se quiere, de los textos que sobreviven y testimonian los sones y espectáculos del antiguo y actual Nuevo México. En su primera fase, este libro nos permite ver como lo que se considera nuevomexicano no nace vivíparo sino que proviene de un huevo original que se encuentra en la tradición europea-española. En su segunda fase, establece un repertorio de los textos que sobreviven sobre el asunto. El texto siempre está consciente de tradición y de que la tradición nuevomexicana sufre o goza de varios impulsos. Lo bonito del texto es que nos permite examinar los pensamientos, a mi parecer justos y moderados, del autor sobre varios asuntos: ¿hubo o no una pastorela nuevomexicana? ¿hubo o no la presentación de *Moros y cristianos* entre las dos fechas que atestiguan su presencian en Nuevo México? ¿se compuso o no música en Nuevo México igual que en México y California? y toda una serie de preguntas que provocan el deseo de buscar una respuesta. El prole por lo tanto es robusto por su contenido. También lo es por los datos bibliográficos que aporta el autor. En estos datos, y son muchos y extensivos, puede el que o la que se interesa iniciar su propia búsqueda de respuestas para las preguntas que le surgirán. Finalmente, es robusto dado que en su estilo recuerda otra obra del siglo de oro, el *Jardín de flores curiosas* de Antonio de Torquemada (1570). Claro, no se presenta un diálogo entre varios locutores sino que en la obra tenemos un narrador, o la voz del narrador de la obra, que entabla una conversación con el lector y que apoya sus observaciones en una multitud de apuntes. Esta conversación promueve su continuación por su inteligencia y buen estilo. En los mejores sentidos medievales y del siglo de oro, la obra nos presenta un ejemplo de la meta de *utile et dulce*. En fin, es una obra que tiene buen fruto de cuya semilla se sacará más y de allí su importancia.

Antonio Cárdenas
Profesor de Literatura española medieval,
Universidad de Nuevo México
Albuquerque, Nuevo México, marzo de 2005

MY GRATITUDE EXTENDS FIRST to all those individuals who in the past collected and studied world traditions and folklore, leaving their most valuable work to future generations.

To all those who in one way or another participate and work to keep alive the traditions inherited from their elders. To all who study them and try to understand them first with their heart instead of their head, for to study folklore you need to love it.

My most special thanks to the McCune Charitable Foundation of Santa Fe, New Mexico, for its immense help in this difficult task. Thank you for your support and faith in my work.

My most cordial acknowledgment to the Foundation Joaquín Díaz & Ethnographic Museum in the magical town of Urueña, Valladolid, for providing all that I asked for, which was no small amount, in order to carry out this project.

As for the human aspect, which is of such importance, I must thank Rima Montoya, companion, friend, and wife, for her constant and unconditional support, patience, and care without which this work would have never been completed. Thank you for putting up with me all this time. Thank you for your most excellent work as editor, ordering my ideas and words and thereafter translating them wisely.

Thanks to my good and dear friend, Rubén Cobos. I appreciate your immense help and contribution to this book. Thanks for all those trips and adventures together throughout New Mexico, always in search of new information. To him I dedicate with special fondness the chapter "Tilts with Cane Spears, Tilts at the Ring and Bulls," since thanks to his inspiration, it forms part of this work.

To Concha Ventura Crespo and Florián Ferrero, soul siblings, I thank you immensely for your great push and inspiration.

No words can express the gratitude I owe Joaquín Díaz.

To my good friend, Juan Wijngaard, whom I so admire and cherish, I thank you for such a unique book cover created by your own hands.

To my dear friend Alfonso Domingo, thanks for your artful work as polisher of words. I appreciate that destiny crossed our paths so we might walk awhile together amid endearing sites.

To John Warren, for all our adventures among musical manuscripts. Thank you for revising portions of the texts and most of all for your big heart, friendship, and constant help.

To Eric Greenling, for your great knowledge of Spanish musical history. Thank you for your corrections and suggestions.

To Ramón Vilar, for handing me handfuls of treasures. Thanks for your most valuable contribution in the world of folklore and to this book.

To Clotilde Pintor de Jiménez, for rescuing the folklore of your town and sharing it with us.

To Rosa Mari Zanuy Conte, great fan and scholar of the *Morisma*, for your great generosity and sympathetic support.

To Filomena and Ruperto Baca, for your dedication in keeping alive *La Gran Pastorela* during the past thirty years and to all those who year after year faithfully join their efforts. May they continue doing so for many more years!

To Nancy Brown, for her tireless searches for data and information in the sea of papers and databases, always ready to help me, rescuing me each time I lost my way.

To María Ramos Salvador, from whom I learned my first childhood tunes and who taught me the values of our heritage.

To Yolanda Lozano Ramos, for sending me all I asked for and supporting me unconditionally.

To Rosario Lozano Ramos, for remembering with detail our infancy and its games.

To Felipe Miraval for an unexpected encounter, providing me with vitally important information.

To Carmen Montañés Martínez, fellow countrywoman, for your collaboration in the survival of Granada's folklore.

My thanks to the Public Foundation "La Morisma" in the enchanting town of Aínsa, for keeping your traditions alive.

To Pedro Ribera Ortega, Juan Manchego, and Albert Gallegos, for persevering with *Los Reyes Magos* of Santa Fe, New Mexico. I extend my gratitude to all participants, including all the Caballeros de Vargas and their families.

To Arsenio Córdova and family, for your friendship and perseverance in keeping the tradition of *Los Pastores* alive and transmitting it with enthusiasm to the youth during a quarter of a century. We hope to see you in action many more years.

To Linda and John Shortridge, for an old age full of youthful wisdom and new adventures. Thanks for answering our technical questions.

To Jeanie McLerie, Ken Keppeler (Bayou Seco) for your deep roots in folklore, always willing to help and collaborate.

To David García for your songs, and love for your roots.

To Antonia Apodaca, for your sweetness, love, respect, and pride for the music that you learned from your elders. Thanks for sharing it with us.

To Hazel Romero and Thomas Jaehn, for your constant help in the archival labyrinths.

To David Smith, great person and photographer, among other things.

To Estevan Arellano, colleague, always ready to support me in all things, thanks.

To Susana Weich-Shahak, thanks for your truly beautiful work among our Sephardic brethren. Paths of milk and honey.

To my dear Emma Moya, for archiving and studying all that falls into your hands and placing it at my disposition.

To Alejandro López, for your help and friendship during the ever difficult starts.

To Ann M. Massmann, for your help in the archives and generosity in lending me books.

To Estella Martínez, my good neighbor in Chimayó, for your help down through the years, your good cooking, and interesting stories.

To Manel Serra, who actively continues in the *Ball de Bastons d'Artés*, thanks for your help.

To Jesús Martínez, great provider of information.

To Jim Dunlap, great supplier of information, thanks for your advice.

To Brenda Romero, for much beyond beautiful tunes. Thanks for your support and friendship during all these years.

To Jerry Padilla, proud lover of his past and traditions, thanks for your generous hand.

To Elisa and Marcos Medina, for your fantastic reports on old Chimayó and for being such excellent neighbors and even better persons.

To Esperanza and Amarante Sánchez, thanks for your help and for caring for me like a son.

Dan Pilkenton, many thanks for your unconditional support.

To Mary Montaño, for your great disposition toward others.

To Susanne Peterson, for your truly important contributions in the study and classification of the romance, for your great heart, and friendship.

To my namesake, Tomás Benavides and his family, always willing to lend me a hand.

To Barbara Faucon, for continuing to sing what her grandmother taught her.

To Elmo Baca, thanks for advising me well as a good friend and neighbor.

To Scott Cadenasso, great friend and excellent sound technician. Thanks for your indispensable, invaluable help.

To Roberto Mondragón, for your valuable songs. Thanks also to all those who work and collaborate with Aspectos Culturales in Santa Fe, for your help is of great importance for the cultural destiny and development of New Mexico. Thanks for your collaboration in this *fregao*.

To Meredith D. Dodge, for your laborious proofreading skills.

To John O'Callahan, for saving me from computer chaos and healing my computer from the evils of technology.

Likewise, I wish to thank the following people for their help and support: María Salvador Encinas, Tomás Lozano Mateo, María Pilar Lozano Ramos, Carmen Ramos Salvador, Javier Santiago Ramos, Araceli Tortosa, Antonio Ramos Salvador, José "Pelete" Arencón, Celia Ramos Tortosa, Jesús Rull, Estevan Rael-Gálvez, Samuel Sisneros, Kristina W. Foss, Antonio Cárdenas, Nicolasa Chávez, Ana Pacheco, and Ed and Elisabeth Markus. Finally, if I have unwillingly left anyone unmentioned, I pray your forgiveness.

En primer lugar, mi agradecimiento es para quienes recopilaron y estudiaron en el pasado las tradiciones y el folclore allende del mundo dejándonos a las futuras generaciones su valiosísimo trabajo.

A todos aquellos que de una manera u otra participan y trabajan por mantener vivas las tradiciones heredadas de sus mayores. A todos los que las estudian e intentan entenderlas con el corazón antes que con la cabeza, pues el folclore hay que amarlo para poder estudiarlo.

Mi muy especial gratitud para con la McCune Charitable Foundation de Santa Fe, New Mexico por su gran ayuda en esta difícil labor. Gracias por vuestro apoyo y fe en mi trabajo.

Para la Fundación Joaquín Díaz, Museo Etnográfico del mágico pueblo de Urueña, Valladolid, mi más cordial gratitud por facilitarme todo cuanto les pedí que no fue poco para este proyecto.

En la parte humana, tan importante, debo agradecerle a Rima Montoya, compañera, amiga y esposa, su constante e incondicional apoyo, paciencia y cariño sin el cual este trabajo nunca hubiera llegado a término. Gracias por aguantarme todo este tiempo. Gracias por tu excelentísimo trabajo como editora, ordenando mis ideas y palabras para después traducirlas sabiamente.

Gracias a mi querido y buen amigo Rubén Cobos. Agradezco tu gran ayuda y aportación a este libro.

Por todos esos viajes y aventuras juntos por Nuevo México en busca siempre de nuevas informaciones. Le dedico con especial cariño el capítulo de "Cañas, Toros y Sortijas," pues gracias a su inspiración forma parte de este trabajo.

A Concha Ventura Crespo y Florián Ferrero, hermanos del alma, os agradezco inmensamente vuestro gran empuje e inspiración.

El agradecimiento que le debo a Joaquín Díaz no hay palabras que puedan expresarlo.

A mi buen amigo Juan Wijngaard a quien tanto admiro y estimo, gracias por una portada única de tu propia mano.

A mi estimado Alfonso Domingo, gracias por tu trabajo en el arte de pulir palabras. Gracias al destino que cruzó nuestros caminos para que pudiéramos caminar un rato juntos por esos lugares que tanto nos fascinan.

A John Warren por las aventuras recorridas entre manuscritos musicales. Gracias por revisar algunos textos y en especial por tu gran corazón, amistad y ayuda constante.

A Eric Greenling por tu gran conocimiento en la historia musical española. Gracias por tus correcciones y consejos.

A Ramon Vilar por poner en mis manos montones de tesoros, gracias por tu valiosísima contribución en el mundo del folclore y en este libro.

A Clotilde Pintor de Jiménez por rescatar el folclore de tu pueblo y compartirlo con nosotros.

A Rosa Mari Zanuy Conte, gran amante y estudiosa de la *Morisma*, por tu gran generosidad y predisposición.

A Filomena y Ruperto Baca por vuestra dedicación en mantener viva *La Gran Pastorela* durante los más de treinta años pasados y a todos los que fielmente año tras año se unen en ese mismo esfuerzo. Que sigan muchos años más.

A Nancy Brown por tus búsquedas incansables de información y datos en los mares de papeles y bases de datos, siempre dispuesta a ayudarme, rescatándome cada vez que me perdía.

A María Ramos Salvador, de quien aprendí las primeras tonadas en mi infancia y me enseñó los valores de nuestras herencias.

A Yolanda Lozano Ramos, por mandarme todo lo que le pedía y apoyarme incondicionalmente.

A Rosario Lozano Ramos, por recordar con detalle nuestra infancia y sus juegos.

A Felipe Miraval por un encuentro inesperado facilitándome datos de vitalísima importancia.

A Carmen Montañés Martínez, paisana mía, por tu aportación a la supervivencia del folclore granadino.

A la Fundación Pública "La Morisma" del encantador pueblo de Aínsa, gracias por mantener vivas vuestras tradiciones.

A Pedro Ribera Ortega, Juan Manchego y Albert Gallegos, por seguir adelante con *Los Reyes Magos* en Santa Fe, Nuevo México. Extiendo mi agradecimiento a todos aquellos que participan en ellos incluyendo a todos los Caballeros de Vargas y sus familias.

A Arsenio Córdova y familia, por vuestra amistad, hospitalidad y perseverancia en mantener viva la tradición de *Los Pastores* y transmitirla a los jóvenes con entusiasmo durante un cuarto de siglo. Ojalá los veamos en acción muchos años más.

A Linda y John Shortridge por una vejez llena de sabiduría juvenil y nuevas aventuras. Gracias por contestar a nuestras preguntas técnicas.

A Jeanie McLerie, Ken Keppeler (Bayou Seco) por vuestras profundas raíces en el folclore, siempre dispuestos a ayudar y colaborar.

A David García por tus tonadas y pasión por tus raíces.

A Antonia Apodaca por tu dulzura, amor, respeto y orgullo por la música que aprendiste de tus mayores. Gracias por compartirla con nosotros.

A Hazel Romero y Thomas Jaehn por vuestra constante ayuda en los laberintos de los archivos.

A David Smith, gran persona y gran fotógrafo entre otras cosas.

A Estevan Arellano, compañero, siempre dispuesto a apoyarme en todo, gracias.

A Susana Weich-Shahak gracias por tu hermosísimo trabajo entre nuestros hermanos sefardíes. Caminos de leche y miel.

A mi querida Emma Moya por archivar y estudiar todo lo que en tus manos cae y ponerlo a mi disposición.

A Alejandro López por tu ayuda y amistad en los siempre difíciles comienzos.

A Ann M. Massmann, por tu ayuda en los archivos y generosidad prestándome libros.

A Estella Martínez, mi buena vecina en Chimayó, por tu ayuda a través de los años, por tus ricos guisos y tus interesantes historias.

A Manel Serra, por continuar activamente en los *Balls de Bastons d'Artés;* gracias por tu apoyo.

A Jesús Martínez gran proveedor de información.

A Jim Dunlap, gran portador de informaciones; gracias por tus consejos.

A Brenda Romero, por mucho más que hermosas tonadas. Gracias por tu apoyo y amistad a través de los años.

A Jerry Padilla, amante orgulloso de su pasado y sus tradiciones; gracias por tu generosa mano.

A Elisa y Marcos Medina por vuestros fantásticos relatos del viejo Chimayó y por ser unos excelentes vecinos y mejores personas.

A Esperanza y Amarante Sánchez, gracias por la asistencia y por cuidarme como a un hijo.

A Dan Pinkelton, muchas gracias por tu apoyo incondicional.

A Mary Montaño, por tu gran disposición para con los demás.

A Susanne Peterson, por tus importantísimas aportaciones en el estudio y clasificación del romance, por tu gran corazón y amistad.

A mi tocayo Tomás Benavides y su familia siempre dispuestos a echarme una mano.

A Barbara Faucon, por seguir cantando lo que su abuelita le enseñó.

A Elmo Baca, gracias por aconsejarme apropiadamente como buen amigo y vecino.

A Scott Cadenasso, gran amigo y excelente técnico de sonido. Gracias por tu indispensable e incalculable ayuda.

A Roberto Mondragón por tus valiosas tonadas. Gracias también a todos los que trabajan y colaboran en Aspectos Culturales en Santa Fe pues vuestro trabajo es de gran importancia para el desarrollo cultural de Nuevo México. Gracias por vuestra colaboración en este fregao.

A Meredith D. Dodge por su laboriosa destreza como corregidora de pruebas.

A John O'Callahan por salvarme del caos computarizado curando mis ordenadores de los males de la informática.

De igual manera quiero agradecer la ayuda y apoyo de: María Salvador Encinas, Tomás Lozano Mateo, María Pilar Lozano Ramos, Carmen Ramos Salvador, Javier Santiago Ramos, Araceli Tortosa, Antonio Ramos Salvador, José "Pelete" Arencón, Celia Ramos Tortosa, Jesús Rull, Estevan Rael-Gálvez, Samuel Sisneros, Kristina W. Foss, Antonio Cárdenas, Nicolasa Chávez, Ana Pacheco, Ed Markus y Elisabeth Markus. A quien haya podido olvidarme por despiste, le ruego me disculpe.

THE CREATION OF THIS book came about after living for more than a decade in New Mexico, participating in its customs and absorbing its folklore. The book happened on its own, like the next step in evolution, and not as something premeditated, though in recent years many friends from New Mexico—most of them involved in the fields of music and folklore—insisted that I write about my experiences during these years of contact with New Mexico's Hispanic traditions. To them all I owe my final decision to undertake this study.

The purpose of this book is to draw a unifying thread between Spain and New Mexico through a few popular traditions. In order to do this, I decided to first seek out the origins of such traditions, whereupon I traced their evolution through different historical periods, arriving at last in the Land of Enchantment. In addition, I chose a series of examples to complement the historical element. The examples are vitally important, for they embody such evolution and development; besides, they speak for themselves. Through them, we see Spain in New Mexico despite the circumstantial changes. Margit Frenk (1978) comments in her book *Estudios sobre lírica antigua*, that "all folkloric manifestation has a historical character. This is a well-known fact that is often forgotten." It is necessary, therefore, to recover our memory.

There is much work to do yet in the folkloric arena of New Mexico. May this study, therefore, serve as a fountain of inspiration for the youth—those who will soon hold the reins of a new society. May they learn a bit more about their ancestors' traditions and, knowledgeable about such a past, project it into the future and pass it on to coming generations. Such is my desire. To all New Mexicans who seek their connection to Spain, eager to learn about their past, I hope this modest work will answer some of their questions. Last, I wish to bestow upon New Mexico its due place in the history of United States music and folklore, for which I repeat: it is indeed necessary to regain our memory.

Finally, the fruit is ripe. Here is the result of a devoted and intense study. Now, it merely waits to be plucked from the Tree of Tradition.

Tomás Lozano
Albuquerque, New Mexico, March 2005

LA CREACIÓN DE ESTE libro llegó tras convivir más de una década en New México, participando en sus costumbres y absorbiendo su folclore. Llegó por sí sólo, como el siguiente paso dentro de una evolución y no como algo premeditado. Aunque debo admitir que durante los últimos años, muchos amigos nuevomexicanos, en su mayoría envueltos en el mundo de la música y folclore, me insistían que escribiera algo sobre mis vivencias y experiencias durante estos años en contacto con las tradiciones hispanas de Nuevo México. A todos ellos les debo el que finalmente me decidiera a emprender este estudio.

El propósito de este libro es trazar una línea de enlace entre España y Nuevo México a través de algunas tradiciones populares. Para poder establecer este enlace decidí primero ir a los orígenes y de ahí rastrear la evolución de dichas tradiciones a lo largo de los diferentes periodos históricos, hasta llegar a la Tierra del Encanto. Para ello, además, escogí una serie de ejemplos para complementar el elemento histórico. Estos son de vital importancia, pues plasman dicha evolución y desarrollo y además, hablan por sí mismos. A través de ellos podemos ver a España en Nuevo México a pesar de los cambios circunstanciales. En sus *Estudios sobre lírica antigua*, Margit Frenk (1978) comenta: "Toda manifestación folclórica tiene carácter histórico. Es esta una verdad bien sabida, pero muchas veces olvidada." Es necesario pues, recuperar la memoria.

Queda mucho trabajo por hacer todavía en el entorno folclórico de Nuevo México. Por eso, mi deseo es que este estudio sea fuente de inspiración para los jóvenes—aquellos que pronto tendrán en sus manos las riendas de la nueva sociedad—para que sepan un poco más sobre las tradiciones de sus antepasados y sean ellos mismos quienes, conocedores de tal pasado, las proyecten hacia el futuro, transmitiéndolas a las generaciones venideras. Así mismo, para todos los nuevomexicanos que buscan su conexión con España y están ansiosos por saber de su pasado, espero que este modesto trabajo pueda responder a algunas de sus preguntas en este ámbito. Por último, dentro del espacio folclórico y musical, aspiro darle a Nuevo México el lugar que le corresponde dentro de la historia de los Estados Unidos, por lo que repito: es realmente necesario recuperar la memoria.

Después de volcarme a un estudio intenso, el fruto está maduro. Ahora espera ser recogido del Árbol de la Tradición. He aquí, pues, el resultado.

Tomás Lozano
Albuquerque, Nuevo México, marzo 2005

AGI	Archivo General de Indias, Seville
AGN	Archivo General de la Nación, Mexico City
BN	Biblioteque Nationale, Paris
BNM	Biblioteca Nacional de México, Mexico City
CENIDIM	Centro Nacional de Investigación, Documentación e Información Musical
FCEJD	Fundación Centro Etnográfico Joaquín Díaz
fol.	Folio
INAH	Instituto Nacional de Antropología e Historia
ms.	Manuscrito
WPA	Work Projects Administration

CHAPTER I

Origins of Liturgical Drama in New Mexico

THE RELIGIOUS DRAMA in New Mexico received its impulse from the dramatic activities of the Church in Old Mexico, so that before the drama-design can be clearly discerned, the processes which produced it must be reviewed. What New Mexico received from Mexico, Mexico in turn had received from Spain.

—Sister Joseph Marie, IHM,
*The Role of the Church and the Folk in the
Development of the
Early Drama in New Mexico*[1]

IN ORDER TO UNDERSTAND New Mexico's liturgical dramatic works, it is important, as the above words suggest, to gain a retrospective vision of colonial Mexican drama and medieval Spanish drama. We must look at how each was formed and at the sources that inspired the development of present-day drama.

The history of European liturgical drama is linked to that of the Christian church, which in its different phases of structural evolution, both doctrinal and liturgical, recast any pre-Christian dramatic practices into Christian ones. The different peoples who populated Europe celebrated the natural cycles of life and the universe by means of rites according to their "pagan" beliefs. Later, many of these ancient celebrations were transformed under the name of a saint and sanctioned within the ecclesiastical liturgical cycle.

Regardless, we can observe that many of these celebrations still maintain a pre-Christian undercurrent. Recall, for example, the summer and winter solstice celebrations, which all cultures celebrate and reach as far back as humanity itself. These rites, related to the sun, today form part of the Christian liturgical cycle. The feasts of St. John (*Nativitas S. Joannis Batistae*) today govern the summer solstice celebration, while the birth of Jesus (*Nativitas Domini Nostrem Jesum Christum*) completely transformed that of the winter solstice. We can therefore see how religion used rites as methods of conversion. Massip says the following in this regard:

From its beginnings, drama became a method for governing and has been used as an instrument of power. First, through religion, as a rite that designed norms of conduct, and which was periodically celebrated to remember and confirm them within the collective framework. The priestly class, who presided over the spiritual order of the community, and at times over the social and political order, celebrated these rites.[2]

The arrival of Christianity to Europe changed the course of human history. By that time, Roman theater had degenerated considerably, and a great dispute arose early on in the Christian era against dramatic performances in Europe, especially during the first and second centuries, which is of record in many documents and papal and conciliar edicts. Carreter explains further:

At the time of the Roman Empire's dissolution, drama had been substituted by actors doing mimes and histrionics, gymnastic exercises, jests, pantomimes, coarse parodies mixed with satiric comments, dances and even exposing their nudity. Drama, with its typical character—that of a dialogued presentation in which actors take on a persona different to themselves before an audience—perishes, while spectacles of these itinerant entertainers triumphs everywhere.[3]

Some believe that between the eighth and ninth centuries, the existence of Byzantine religious drama may have influenced medieval drama. Others question this supposition, however, because of the lack of documentation and the fact that today only one written drama from that time survives, the *Aetherio Peregrinato.* We can, however, assert that classical Greek drama was unknown in Europe during the Middle Ages and that medieval drama was actually born from sacred Christian rites.[4]

Already by the fifth century, religious canticles and hymns were sung in churches, in some cases with the congregation's participation, since some rites were particularly boring and unknown to people. Clergymen thus sought ways to instruct while at the same time maintaining the parishioners' attention during ecclesiastical celebrations. A particular description from the sixth century still exists that delineates the Christian *Aetherio Peregrinato* of that time. The drama is simply a woman narrating the Passion and death of Jesus Christ from her personal point of view—that is, as if she had been there. Here we run into the first attempt of a small theater piece written by the clergy to incorporate a congregation and make people participants in the Gospel scriptures. This gave birth to the idea that clergy, in fact, invented and created liturgical drama, not only as a means of religious instruction intended to replace profane performances, but also as a "result of an instinctive inclination to express liturgy through art, for here the congregation participated, as much or more so, than priests themselves."[5]

Medieval theater was born as brief dialogues sung in Latin, in the form of interruptions during mass and bereft of action. Even so, mass did not stop being a dramatic performance with antiphonal dialogued chants, which started to become popular in the tenth century. Early on, they were quite simple and archaic, but they became the basis for what developed later as medieval, Renaissance, and modern drama.[6]

These liturgical interpolations called tropes reached great popularity in Europe.[7] Such dialogues were included in monastic breviaries or were sung during high mass, especially during Christmas and Holy Week.[8] Their most primitive form was the *secuencia,* which probably originated in northeastern France.[9]

The oldest trope, dating between 923 and 924, is in a manuscript of Saint-Martial de Limoges. Known as *Quem quaeritis,* this famous trope portrays the scene that occurred on the Sunday of Resurrection, when the three Marys went to the tomb where an angel appeared to them and asked whom they were looking for. The women answered, "Ihesum Nazarenum crucifixum, o celicole." The angel then informed them that the One whom they sought was no longer in the sepulcher but had risen and they, in turn, should go announce His resurrection. Following is the complete trope:

Paris, B.N. MS lat. 1240, fol. 30v.
St. Martial de Limoges, siglo X [11]

Psalite regi magno, deuicto mortis imperio! Quem quaeritis in sepulcro, o Christicole?

RESPONSIO:

Ihesum Nazarenum crucifixum, o celiole.

RESPONSIO:

Non est hic, surrexit sicut ipse dixit; ite, nunciate quia Surrexit. Alleluia, resurrexit Dominus, hodie resurrexit leo Fortis, Christus, filius Dei; Deo gratias, dicite eia! [10]

The congregation did not sing in this trope but simply observed and listened. In a later version of this same piece, a bit more evolved, the chanters were priests, acolytes, and the choir.

ÁNGELES: Quem quaeritis in Sepulchrum, o Chisticolae?

TRES MARÍAS: Iesum Nazarenum crucifixum, o caelicolae.

ÁNGELES: Non est hic; surrexit sicut preditxit. Ite nuntiate quia sirrexit de sepulchro.

SACERDOTE: Resurrexi et adhuc tecum sum, alleluia: posuiste Super me manum tuam, alleluia, alleluia. Domine, probasti me, et cognovisti sessionem meam et resurrectionem meam.

ANGELS: Whom do you seek in the sepulcher, oh Disciples of Christ?

THREE MARYS: Jesus of Nazareth [Who was crucified], oh celestial spirits!

ANGELS: He is no longer here; but has risen just as he predicted. Go and announce that He has risen from the tomb.

PRIEST: (Whose voice represents the voice of Christ) I have risen and am with You, alleluia; You placed Your hand on me, alleluia: Your wisdom is worthy of admiration, alleluia, alleluia. Lord, you tried me and know me: You know everything about me, the hour of my death and of my resurrection.[12]

This short scene evolved and by the thirteenth century had one more character, a spice merchant who held a dialogue with the three Marys. Costumes were also introduced, such that angels had wings and bore palm leaves, and the three Marys wore special vestments and carried a box of spices to anoint Christ's body. This short drama in its primitive form lacked all sense of action and movement.[13] By the twelfth century tropes had ceased to be static, and chanters generally interpreted them with gestures and movements.[14]

The oldest trope found in Spain is known as *Ubi est Christus meus*. It dates to the eleventh century, from the monastery of Santa María de Ripoll in Gerona.

Ubi est Christus meus Dominus et filius excelsi? Eamus uidere sepulcrum. Alleluia, ad sepulcrum residens angelus nunciat resurrexisse Christum. En ecce completum est illud quod olim ipse per prophetam dixerat, ad Patrem taliter inquiens: Resurrexi.[15]

Subsequent to the Ripollrian trope is the primitive

Fig. 1.2a. Cloister. / Claustro. Monasterio de Santa María de Ripoll, Girona. Photo by Tom Lozano.

Fig. 1.2b. Author in Archivo Provincial de Zamora. Photo by Rima Montoya.

Visitatio Sepulchri, found in the monastery of Santo Domingo de Silos in Burgos.

During the Middle Ages Catalonia had tremendous sacred dramatic activity, a tradition that has lasted to this day. Catalonia played a vitally important part in the development of peninsular liturgical theater.[16] Catalonia's geographic proximity to southern France allowed for constant communication and thus direct influence of the liturgical and religious movements alongside musical repertories from France, Switzerland, and Germany during the Middle Ages. These new tendencies reached the rest of Spain by means of Catalan monasteries, the main doorway being that of Sant Miquel de Cuixá. The monastery of Santa María de Ripoll (founded in 888) was the preeminent center of musical and liturgical production in Catalonia. Today, the library in the Cathedral of Vic, province of Barcelona, possesses one of the richest collections of manuscripts of medieval liturgical theater.[17] Churches therefore had a decisive role in the development of drama during the Middle Ages, since their function at that time was not reduced to religious life but included social and political activities.

Fig. 1.3. Façade of La Majestad. / Portada de la Majestad, Colegiata de Toro, Zamora. Photo by Tom Lozano.

If we come to this building to attend the Holy office, if we penetrate it as we follow the burials or form part of the joyful procession of boisterous feasts, we also squeeze into it at many other different circumstances. Here, political assemblies are celebrated under the chairmanship of the bishop; here, the price of grain and cattle are discussed; the weavers establish the value of their cloths; and we come to this place seeking comfort, asking for counsel, and imploring forgiveness. And there is hardly a corporation that will not go there to have the new workmate's masterpiece blessed, and that will not gather there, once a year, under the protection of their patron saint.[18]

Diverse practices coexisted in churches in the whole of medieval Europe. Besides functioning as political and social centers, churches also became places of amusement. At this moment liturgical drama, still in its most primitive form, enters the church. Neither dramatic theory nor esthetics existed yet in medieval Europe, nor was drama geared toward an artistic end, but served a social, civic, and especially religious purpose.[19]

Clergy members and parishioners were not the only participants in religious feasts and celebrations. Minstrels, essential to the celebration, joined them, playing instruments and dancing. On many occasions they formed part of liturgical dramas represented in the church. A substantial amount of medieval documents survives citing the activities of minstrels in churches. A direct relation existed between clergy members and minstrels. Just as kings and courtesans had minstrels who formed part of the royal court and received payment for their minstrelsy, likewise the clergy had at their disposal salaried minstrels serving the church.[20] Music, dance, and celebration in churches during the Middle Ages were essential to the social fabric, so minstrels occupied a fundamental niche within liturgical life at that time.

This sacred-profane nature of celebrating mass heavily influenced the clergy in general, from the highest prelacy to the lowest orders, and lasted several centuries.[21] Congregation and clergy joined together in the fervor of festive celebration. There even appeared a movement of minstrel priests, skilled in the arts of playing instruments, reciting epic poems and other poetry, as well as directing dances and songs of all kinds.

The step from minstrel to priest and vice-versa was always easy, as we can see from the life of Peire Rogier of Alvernia, doctor in canon law of Clermont who, around the year 1160, taken by his ability to compose and sing, abandoned canonicity to become a wandering court minstrel (appearing in those of Castile and Aragon), until at last he became a Benedictine in Grandmont till his death. A bit later we find Hugo Bronenc, also from the court of Aragon who, being a learned priest, became a minstrel and later joined a Carthusian monastery where he spent the rest of his days.[22]

Santiago Argüello defines this period in liturgical theater thus:

Liturgy was giving in, and drama was becoming increasingly saturated with popular life. Instinct predominated in the folk. Simplicity and rudeness stood side by side. Frankness without rituals was close at hand to obscenity without borders. "Games" penetrated the hearts of people and began to burp like the people, to swear like the people, to create chaos. Such "games" turned into "mocks" where even the clergy acted in obscene and licentious plays, parodying in sacrilegious ways the holiest of offices and purest of symbols.[23]

All these excesses—that is how the ecclesiastical leaders viewed them—lasted until Pope Innocent III proclaimed an edict in 1210 severely banning inside churches everything that was not strictly liturgical. In Spain this edict did not take effect until well into the sixteenth century. Just as Pope Innocent III announced the new law, so too King Alfonso X, the Wise, proclaimed a similar edict in his book, *Las Siete Partidas*, under law number thirty-four of title VI in the *Primera Partida* (1256–65):

The clergy . . . should not participate in mocking games so that people come to see how they do it, and if other men do it, clergy should not attend because many villainies and indecencies are done there. Nor ought anyone else do such things in churches; moreover, such people should be thrown out dishonorably without any pity, because the Church of God is for praying and not for mocking games: thus spoke our Lord Jesus Christ in the Gospel, that His house should be a house of prayer, not a cave of bandits. However, there are performances in which the clergy may participate, such as the Birth of our Lord Jesus Christ, which shows how the Angel appeared to shepherds and announced the Birth, and other like events such as the arrival and adoration of the Three Kings, and the resurrection which shows how He was crucified and rose on the third day. Things such as these may be done that move men to do Good and be devout in faith; making men recall what truly happened at that time. Yet, these things should be done properly and with great devotion and in large cities where there are archbishops and bishops, and with their permission or that of whoever is in their place, and should be done neither in small villages, nor in vile places, nor for profit.

According to the law proclaimed above, participation of clergy members in any type of profane spectacle was prohibited and any such act performed within the church strictly forbidden. Religious theatrical presentations, however, were authorized. These dramas, considered sacred-profane rather than liturgical, were most likely staged during feasts such as the Nativity, Epiphany, and Resurrection, in accordance to the king's law.

Scholars believe that such dramatizations proliferated orally and in the vernacular from the twelfth and thirteenth centuries forward. No written dramas remain from this period except for *Auto de los Reyes Magos*, written in vernacular. How is it possible, then, that such a gaping lack of dramatic production exists between *Auto de los Reyes Magos* from the twelfth century and the work of Jorge Manrique in the fifteenth century? Fernando Lázaro Carreter comments that "the history of Spanish language drama during the Middle Ages is a story of absence."[24] Nevertheless, recent studies demonstrate that popular drama did exist at this time. In Zamora, for example, in 1279, the door of the Mercadillo was opened "to sing verses and perform a dramatization of our Lord on Palm Sunday."[25] Since popular theater was interpreted in vernacular as opposed to literary or standard Latin, such works were likely never written. This want of written drama does not suggest, however, that dramatic production was not amply represented during this period in vernacular and passed on from one generation to another by oral tradition. Something similar occurred in colonial Mexico where people apparently memorized and orally transmitted the texts of many dramatic works rather than writing them.[26]

Meanwhile, during the twelfth century, a significant

development in theology occurred, a growing interest in the human nature of Christ; the mysteries of His life, death, and resurrection; and the relationship between His divine and human natures. Fervor for the Holy Sacrament reaches its peak at this time. In the thirteenth century these themes developed with greater depth and later gave way to *autos sacramentales* (eucharistic plays) with the purpose of prompting believers toward greater devotion and participation in ecclesiastical liturgy.[27] The word "auto" comes from the Latin *actum*, meaning "dramatic action" or "dramatic presentation."[28] The word in and of itself does not possess a religious connotation, yet these dramas developed from tropes, which explains why they are completely linked to the mysteries of Christ.

In the fifteenth century a new fashion arose for celebrating festive occasions at court. Basically, it consisted of exhibiting noble and plebeian poetic works. Literary troubadour games reappeared at the court of Castile:

> Great gentlemen and professional trouvères rival each other in displays of genius. Debates and challenges triumph once again, and the link between European diffusion of this genre in the twelfth and thirteenth centuries and its late Castilian flourishing are, evidently, troubadours.[29]

Thus began an intermingling of creative work of dramatic, lyrical, narrative, and even didactic nature. Enthusiasm for the development of drama during the second half of the fifteenth century dawned among Castilian nobility. A group of playwrights appeared at this time, creators of Spanish drama still deeply rooted in medieval and pre-Renaissance traditions. Much of their work was neither anonymous nor religious. The first known author of this so-called courtesan theater was Gómez Manrique, who wrote four dramatic pieces. Only two of them belong to the liturgical cycle. The first one, called *Representaçión del nasçimiento de Nuestro Señor*, is associated with the Nativity, while the second one, known as *Coplas fechas para la Semana Santa* corresponds to the Passion of Christ.

While Manrique wrote these short dramas (neither of them reach one hundred and ninety verses) in the second half of the fifteenth century, they are nonetheless primitive, slightly more evolved than drama produced in the twelfth and thirteenth centuries. We still see, therefore, how "medieval sacred drama, born from liturgy, never looses its Eucharistic air."[30]

Juan del Encina, considered the "patriarch of Spanish drama," further refined this art by the late fifteenth and early sixteenth centuries. He, like Gómez Manrique, used liturgical cycles as the base for some of his religious poetry, such as *La natividad de nuestro salvador* and *La fiesta de los tres reyes magos*, among others, which correspond to the Christmas cycle, and for some of his dramatic pieces, also Christmas-based, such as *Egloga representada en la noche de la navidad de nuestro Salvador* and *Egloga representada en la mesma noche de navidad*, the latter two staged for the first time in 1492. He also wrote poetic works based on Holy Week known as *Representacion a la muy bendita passion y muerte de nuestro precioso redentor* and *Representacion a la santissima resurrecion de Cristo*. A chronicler of the period, Rodrigo Méndez de Silva praised the work of Juan del Encina when he wrote that "in the year 1492, companies in Castile began to publicly present dramatic works by Juan de la Encina, poet of great elegance, humor and entertainment . . ."[31]

The first half of the sixteenth century generated great popular demand for sacred performances, but in order to avoid any kind of excess, whether on the part of the congregation or clergy, such presentations remained under the strict, rigorous vigilance of ecclesiastical leaders who kept an eye on their purely religious and liturgical content and purpose. In spite of such vigilance, Castilian drama inevitably continued to evolve and entered a new phase, detaching itself from the sacred and later from plebian medieval presentations as well. It was to become classical Spanish drama with outstanding figures such as Félix Lope de Vega y Carpio, Tirso de Molina, and Pedro Calderón de la Barca, among many others.[32]

Upon the conquest of America, Spanish theater, still religious in content, arrived in all the regions of New Spain. In 1524, a group of twelve Franciscan missionaries disembarked in Veracruz. In their eagerness to convert indigenous souls to Christianity, these missionaries learned the native Indian language, Nahuatl, and customs. They preached to Indians in their own Aztec tongue and created dictionaries and catechisms in Nahuatl in order to thoroughly penetrate indigenous society. Realizing that Aztecs were given to dramatic elements in their own religious rituals and ceremonies, missionaries wrote dramatic plays as a means for collective catechism.[33]

These Franciscan missionaries introduced liturgical drama to what is currently the United States of Mexico. As happened with everything else that Spain exported to the New World, so too the indigenous American element joined the Spanish, forging a new medieval

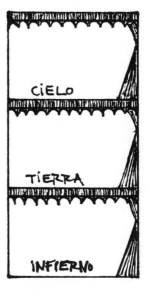

Fig. 1. 5. Types of medieval stages. / Tipos de escenarios medievales. Drawings by Tom Lozano.

theater.[34] Years later, in 1572, Jesuits also established themselves in New Spain, "understanding the great importance of dramatic presentations, placing as much effort in them as in the literary academies and public acts that later became famous and renown."[35]

Religious conquistadores successfully recast pre-Columbian America within their beliefs just as pantheistic Europe had once been transformed under Christianity. A living example of this is Fray Juan Bautista's *Comedia de los Reyes* written in Tlatelolco. In his work, Fray Bautista associated the Epiphany feast celebrated in January with the indigenous observance of the month of Tititl, dedicated to the deity Tona, commemorated also in January. Fray Bautista forged pre-Cortés culture with Christian.[36] José J. Garcidueñas, scholar of sixteenth-century drama in New Spain, expresses such theatrical recasting of indigenous festivities thus:

It was probably the performance at their religious festivals of indigenous presentations and "mitotes," so well liked by the people, that inspired the first friars with the idea of representing religious pieces without the complications and theological subtleties of Spanish eucharistic plays but as simple works of compassion accessible to the minds of recent converts under their custody.

Thus, they made use of drama in their work of conversion, most probably with good results, since such simple souls must have found the act of the angel throwing Adam and Eve out of earthly paradise or that of the reprehensible being hurled to the infernal fire at Final Judgment incomparably more moving than all the sermons they could possibly hear about the dogma of original sin or the last days of man.[37]

In his work, *Vida y Muerte del Teatro Náhuatl*, the Mexican playwright Rodolfo Usigli describes the conquest of Mexico through the use of drama:

The Spanish conquest differs from other similar enterprises of the time and subsequent periods in the extent to which alongside traditional armament, another unusual weapon is used: drama. It can be stated without exaggeration that drama was in the spiritual conquest what horses and gunpowder were in military conquest.[38]

The first dramatic sketch in New Spain was staged on January 6, 1528, when *El ofrecimiento de los Reyes al Niño Jesús* was interpreted in Nahuatl during mass for the Epiphany celebration.[39] Later, in 1538, during the Corpus Christi feasts at a festival in Tlaxcala, Indian converts performed in their native tongue four works that friars had previously translated.[40] Clergy members thus created and used liturgical dramas to strengthen and give life to liturgical function as educational Christian instruction and to replace existing rituals among the different indigenous tribes.

Following are some dramatic pieces performed in the sixteenth, seventeenth, and eighteenth centuries in the Aztec language, according to Fernando Horcasitas's study on Nahuatl drama.

1533 Tlatelolco. *El Juicio Final*
1535 Tlaxcala. *Diálogos entre la Virgen y San Gabriel*
1535 Cuernavaca. *Auto de la Pasión*
1535 Cuernavaca. *Los Tres Reyes*
1538 Tlaxcala. *La Anunciación de la Natividad de San Juan Bautista*
1538 Tlaxcala. *La visitación de Nuestra Señora a Santa Isabel*
1538 Tlaxcala. *La Caída de Nuestros Primeros Padres*
1538 Tlaxcala. *La Asunción de Nuestra Señora*
1539 Mexico City. *La conquista de Rodas*
1539 Tlaxcala. *La conquista de Jerusalén*
1539 Tlaxcala. *La Tentación del Señor*
1539 Tlaxcala. *El Sacrificio de Isaac*
1539 Tlaxcala. *La Predicación de San Francisco a las Aves*
1539 Tlaxcala. *San Jerónimo en el Desierto*
1540–50 (?). *La Adoración de los Reyes*
1540–50 (?). *La Educación de los Hijos*

1550 Tlaxcomulco. *Auto de los Reyes Magos*

1580 Zapotlán. *La lucha entre San Miguel y Lucifer*

1595 Sinaloa. *Coloquio de los Pastores*

1600 Mexico City. *Comedia de los Reyes*

1641 Chiapa de Mota. *El Gran Teatro del Mundo y El Animal Profeta*

1680 Puebla. Tepecoacuilco. *La Aparición de la Virgen de Guadalupe*

1695 Mexico City (?). *La Ascensión del Señor y La Venida del Espíritu Santo*

1714 Cozcacuauh-Atlahtipac. *La Invención de la Santa Cruz*

1740–50 (?) Tepalcingo. *La Pasión del Domingo de Ramos*[41]

As to the first drama staged in what is now the United States of America, we must go back to Oñate's expedition in 1598. The dramatic performance that took place during this expedition was an isolated event with no documented follow-up of which we know. It was done simply to celebrate that historic occasion, put on mostly to entertain Spaniards rather than educate Indians. We may therefore consider this presentation to be on the margin of Franciscan evangelical drama. Some of the captains wrote it during the expedition and staged it on April 30, 1598, close to the present-day city of El Paso, which did not exist at that time. Gaspar de Villagrá thus narrates the occasion in his *Historia de la Nuevo México*:

> And when the services were done
> They did present a great drama,
> The noble Captain Farfán had composed,
> Whose argument was but to show to us
> The great reception of the Church,
> That all New Mexico did give,
> Congratulating it upon its arrival.[42]

It seems that soldiers acted out the drama; unfortunately, though, no copy has been preserved nor do we have commentaries or descriptions of the event besides that of Villagrá himself. We can assume that it resembled eucharistic plays, typical and quite fashionable at that time.

Returning, though, to evangelical theater, it was Franciscan missionaries who later introduced religious drama to New Mexico during church celebrations and feasts. They did this in imitation of the works of their founder, St. Francis of Assisi, and followed the same patterns they had established in Mexico.

St. Francis of Assisi felt a deep veneration for scenes having to do with Jesus's birth. So much so that he is considered the creator of the Nativity scene, vastly popular among all Latin American people. In 1223, St. Francis created the first living Nativity scene by placing a live donkey and ox alongside people representing the Holy Family. St. Francis himself sang the Gospel of St. Luke and gave a sermon about the Nativity. This event was possibly the origin of the medieval style of *La Pastorela y Los Reyes Magos*.[43] It is no wonder then that Franciscans and their Order promoted all that was related to the Nativity, for such liturgical dramas were presented wherever they went.

> The drama in America has its origins in the evangelical efforts of Franciscans. Since the time of Cortéz they have adapted theatrical works and presented them for the benefit of the Indians. Those Franciscans who came to New Mexico in the Sixteenth century also made use of the religious drama to teach the principles of the Christian religion to the Indians. It is clear that in New Mexico, on account of its poverty, the theatre did not reach the development it attained in Mexico. But the religious plays, which have been preserved today, owe their origin entirely to the influence of the missionaries and to their modern successors.[44]

Drama had an important role in early New Mexico life, not only because it formed part of the traditional ecclesiastical liturgical cycle, but also because it was a way for grouping society together, for pulling together a collective, since people joined efforts to put on theatrical works that entire towns gathered to attend. This sense of festiveness, union, and community was strong and important, expressing itself through different celebrations. Everyone eagerly awaited and welcomed such collective fiestas, especially in an agricultural and cattle-raising society where communication between towns or ranches was limited.

No documents exist revealing who wrote the traditional theatrical works of New Mexico despite many current and older studies on this subject. There continue to be different theories concerning their authorship. Some believe they originated in New Mexico; others, that they were written in Spain or even Mexico.

We have only a pair of historical references from the eighteenth century revealing that New Mexico had dramatic activity. These belong to the writings of Fray Francisco Atanasio Domínguez, dated 1777. The first narrates the patronal feasts of the Virgin of the Rosary, celebrated in Santa Fe in 1776: "There are three days of rejoicing with . . . drama and bulls."[45] He mentions no other details. As he did not specify what he meant by *comedia* (drama), we have no way of knowing what type of dramatic work it was, where it was presented, or who presented it. The word "comedia" describes a cheerful, amusing festivity; yet knowing the nature of the celebration and the style of that period, we can easily infer that the drama was of a religious nature, according to seventeenth-century Golden Age style, rather than a comic work with a happy outcome. The second reference, though occurring later in the writings of Fray Atanasio, actually refers to a chronologically earlier event that took place in 1761. On May 23, the ecclesiastical authorities blessed the Capilla de la Cofradía de Nuestra Señora de la Luz. The celebrations for this occasion lasted several days, and writings say that on the afternoons of May 23, 24, and 25, there were dramatic presentations.[46]

The first known dramatic work in New Mexico transcribed on paper dates merely to 1840. The existing manuscript belonged to José Rafael Tenorio, who arrived from Mexico to Taos, establishing himself there permanently. Since then, the Tenorio family has for centuries promoted drama in Taos, some of its members serving as directors and others as actors.

Traditional drama of New Mexico was staged under the supervision of a director, who besides directing was also in charge of making sure the piece was presented every year. The director also took a character role. The continuation of these presentations depended largely on the director, for he knew the work or works of which he was in charge, together with the verses, music, stage entries, and exits, all by heart and in full detail. The role of director normally passed down from father to son, as did, on many occasions, the characters played by different actors.

The term "role" as opposed to *papel* (the Spanish term for character, which literally means paper) is better suited in this context, since drama in New Mexico was of the oral tradition. For a long time, paper was not used for theatrical works; in other words, nothing was written. The director recited to each of the actors what he needed to say, do, or sing, and the actor, in turn, memorized the part he played. It was not until the nineteenth century that dramatic works were set to paper for the first time. It was then that some theater groups formed small traveling companies who staged their works throughout New Mexico.

In all of New Spain's provinces, just as in the Iberian peninsula, men or male children always played female characters. Women could aspire only to a seat in the auditorium since until recently they were not permitted to perform in dramas. Women's participation in theatrical works increased around 1940, when many men left home to fight in the Second World War. Since male actors were scarce, women took on the character roles temporarily.[47]

The influence of the Franciscan spirit was always present in all New Mexico, as folklorists, writers, and even archaeologists and artists testify. Thanks to this spirit, these religious dramatic works have survived the passage of time for three hundred years. This occurred primarily for two reasons according to Sister Joseph Marie, IHM. The first has to do with the people's faith and the second with their national pride, since Franciscans themselves molded this spirit in New Mexican hearts and minds. These traditional religious dramas were presented throughout the Spanish-speaking world, and though New Mexico was the northernmost province of New Spain, it maintained this universal tradition.[48] Some dramatic works presented in the past have been forgotten today and exist merely in the writings of folklorists and scholars. Others, however, are still alive and staged year after year at churches and theaters in towns and cities.

This dramatic tradition, archaic and ancient in its forms and presentations, contains modern and unique elements today. The traditional drama of New Mexico recasts itself over and over, creating a genre absolutely local. In the past, these dramatic works marked New Mexico's history, playing a crucial role in many communities far and wide.

Liturgical drama in New Mexico can be divided into three basic groups. The first includes those of the Old Testament, which are *Adán y Eva* and *Abel y Caín*. The second group encompasses the works of the New Testament, following the order by which they are represented: *San José*, *Las Posadas*, *La Pastora*, and *Los Reyes Magos*, which closes the Christmas cycle. *El Niño Perdido* is presented afterward, in accordance with the liturgical calendar. The third group derives from two incidents: one originates in Mexico with the work of *Las Apariciones de Nuestra Señora de Guadalupe* and the other in Spain with the dramatic presentation of *Moros y Cristianos*.

1. Sister Joseph Marie, IHM, *The Role of the Church and the Folk in the Development of the Early Drama in New Mexico* (Philadelphia: University of Pennsylvania, 1948), 25.

2. Francesc Massip, *El Teatro Medieval, voz de la divinidad cuerpo de histrión* (Barcelona: Montesinos, 1992), 123.

3. Fernando Lázaro Carreter, *Teatro Medieval*, Odres Nuevos (Madrid: Castalia, 1987), 10.

4. Lázaro Carreter (1987), *Teatro Medieval*, 10–11.

5. Fernando Lázaro Carreter, *Teatro Medieval* (Valencia: Castalia, 1958), 13.

6. Fernando Horcasitas, *El Teatro Náhuatl, Épocas Novohispana y Moderna* (Mexico City: Universidad Nacional Autónoma de México, 1974), 59–60.

7. Trope. *Litur.* Brief text with music added to the liturgical office during the Middle Ages and gradually incorporated as a recitation exercise alternating between the chanter and parishioners, which gave rise to liturgical drama. *Diccionario de la Lengua Española* (Madrid: Espasa-Calpe, 1992), 2:2034.

8. Edilberto Marbán, *El Teatro Española Medieval y del Renacimiento* (Madrid: Anaya, 1971), 15.

9. From the Latin *sequentia*, meaning prose or verse spoken during certain masses after the Gradual. *Diccionario de la Lengua Española*, 2:1854.

10. Biblioteque Nationale (Paris), ms. lat. 1240, fol. 30v, in Richard B. Donovan, *The Liturgical Drama in Medieval Spain* (Toronto: Pontifical Institute of Medieval Studies, 1958), 11.

11. William L. Smoldon, *The Music of the Medieval Church Dramas* (London: Oxford University Press, 1980), 74.

12. Horcasitas, *El Teatro Náhuatl*, 60.

13. Horcasitas, *El Teatro Náhuatl*, 61.

14. Horcasitas, *El Teatro Náhuatl*, 61.

15. Higinio Anglés, *La Música a Catalunya fins el segle xiii* (Barcelona: Institut d'Estudis Catalans i Biblioteca de Catalunya, 1935), 271; Karl Young, *The Drama of the Medieval Church* (London: Oxford University Press, 1933), 1:212, 570.

16. The feasts of Corpus Christi in Catalonia and Valencia were vitally important in the evolution of theatre and spectacle in general throughout Spain.

17. Donovan, *The Liturgical Drama*, 74.

18. Fulcanelli, *El Misterio de las Catedrales* (Barcelona: Plaza & Janes, 1975), 47. This description corresponds to the cathedral of Notre-Dame in Paris in the twelfth and thirteenth centuries. Fulcanelli describes two great celebrations that occurred inside the cathedral: Festum Stultorum, the Feast of the Mad, and Festum Asinorum, the Feast of the Donkey. These were observed at the beginning of January and formed part of the Christian liturgy despite their profane character. They were also celebrated in Spain.

19. Massip, *El Teatro Medieval, voz de la divinda*, 14.

20. Ramón Menéndez Pidal, *Poesía Juglaresca y Juglares; Orígenes de las literaturas románicas*, 9th ed. (Madrid: Espasa-Calpe, 1991), 92–95.

21. Lázaro Carreter (1987), *Teatro Medieval*, 21–23.

22. Menéndez Pidal, *Poesía Juglaresca*, 60.

23. Santiago Argüello, *Lecciones de Literatura Española* (Guatemala City: Ediciones Santiago Argüello, 1936), 3:31.

24. Lázaro Carreter (1987), *Teatro Medieval*, 9.

25. Concha María Ventura Crespo, *Historia del Teatro en Zamora* (Zamora: Fundación Ramos de Castro para el Estudio y Promoción del Hombre, 1988), 9–8; Florián Ferrero Ferrero, *Guía de la Semana Santa en Zamora* (Zamora: Semuret, 2001), 25.

26. Horcasitas, *El Teatro Náhuatl*, 64.

27. Danièle Becker, "Auto Sacramental," in *Diccionario de la Música Española e Hispanoamericana* (Madrid: Sociedad General de Autores y Editores, 1999), 1:858.

28. Becker, "Auto Sacramental," in *Diccionario de la Música Española e Hispanoamericana*, 1:858.

29. Lázaro Carreter (1987), *Teatro Medieval*, 59.

30. Ronald E. Surtz, *Teatro Castellano en la Edad Media* (Madrid: Clásicos Taurus, 1992), 18.

31. Casiano Pellicer, *Tratado Histórico sobre el origen y progresos de la comedia y del histrionismo en España*, pt. 1 (Madrid: Administración del Real Arbitrio de Beneficencia, 1804), 13.

32. Horcasitas, *El Teatro Náhuatl*, 64–65.

33. Juan B. Rael, *The Sources and Diffusion of the Mexican Shepherds' Plays* (Guadalajara: Gráfica, 1965), 39.

34. Luis Weckmann, *La Herencia Medieval de México*, 2nd ed. (Mexico City: El Colegio de México, Fondo de Cultura Económica, 1994), 512.

35. José J. Rojas Garcidueñas, *El Teatro de Nueva España en el siglo XVI* (Mexico City: Luis Alvares, 1935), 37.

36. Weckmann, *La Herencia Medieval de México*, 511.

37. Rojas Garcidueñas, *El Teatro de la Nueva España*, 41–42.

38. Armando Partida, *Teatro Mexicano, Historia y Dramaturgía*, vol. 2, *Teatro de Evangelización en Náhuatl* (Mexico City: Consejo Nacional para la Cultura y las Artes, 1992), 27.

39. Weckmann, *La Herencia Medieval de México*, 510.

40. Partida, *Teatro de Evangelización*, 73.

41. Horcasitas, *El Teatro Náhuatl*, 79–80.

42. Gaspar Pérez de Villagrá, *Historia de la Nuevo México, 1610*, ed. and trans. Miguel Encinias, Alfred Rodríguez, and Joseph P. Sánchez (Albuquerque: University of New Mexico Press, 1992), 131, canto 14.

43. Young, *The Drama of the Medieval Church*, 2:430–31.

44. Marie, *The Role of the Church*, 60. Words of Agapito Rey on August 7, 1944, collected and translated by Marie.

45. *Descripción del Nuevo México hecha por Fray Francisco Atanasio Domínguez, 1777*, BNM, legajo 10, n. 43, 383, Center for Southwest Research, Zimmerman Library, University of New Mexico.

46. *Descripción del Nuevo México*, 393.

47. Mary Montaño, *Tradiciones Nuevomexicanas, Hispano Arts and Culture of New Mexico* (Albuquerque: University of New Mexico Press, 2001), 170.

48. Marie, *The Role of the Church*, 94.

CAPÍTULO I

Orígenes del teatro litúrgico de Nuevo México

EL DRAMA RELIGIOSO en Nuevo México recibió sus impulsos de las actividades dramáticas de la Iglesia del Viejo México. Así pues, antes de discernir con claridad tal diseño dramático, es necesario revisar los procesos que lo produjeron. Lo que Nuevo México recibió de México, México por su parte, lo había recibido de España.

> —Sister Joseph Marie, IHM,
> *The Role of the Church and the
> Folk in the Development of the
> Early Drama in New Mexico*[1]

TAL Y COMO NOS sugieren estas palabras, para poder entender el teatro religioso nuevomexicano, debemos tener una visión retrospectiva del teatro colonial en México y del teatro medieval en España, y ver cómo llegó a formarse y cuáles fueron las causas que impulsaron la formación del teatro que ha llegado a nosotros hoy día.

La historia del teatro litúrgico europeo forma parte de la historia de la iglesia cristiana, que en sus diferentes etapas de evolución estructural, doctrinal y litúrgica, refundirá cualquier práctica escénica precristiana, en cristiana. Las diferentes razas que poblaban Europa festejaban los ciclos naturales de la vida y el universo mediante celebraciones y ritos según sus creencias "paganas." Más tarde, muchas de estas celebraciones antiquísimas, se transformarían bajo el nombre de un santo y se revalidarían dentro del ciclo litúrgico eclesiástico.

Aún así, podemos ver que muchas de estas celebraciones siguen guardando su trasfondo pre-cristiano. Recordemos, por ejemplo, las celebraciones de solsticio de verano e invierno, tan antiguas como la humanidad misma y celebradas por todas las culturas. Estos ritos relacionados con el sol, actualmente forman parte de las celebraciones del ciclo litúrgico cristiano. El solsticio de verano está regido por las fiestas de San Juan (*Nativitas S. Joannis Batistae*), y el solsticio de invierno transformado totalmente por el nacimiento de Jesús (*Nativitas Domini Nostrem Jesum Christum*). Podemos ver, pues, como la religión utilizó el rito como método de conversión. Massip dice al respecto:

> Desde sus orígenes, el teatro se ha convertido en técnica de gobierno y se ha utilizado como instrumento del poder. Primero a través de la religión, como rito que diseñaba unas normas de comportamiento, periódicamente celebrado para recordarlas y revalidarlas en el marco de una colectividad. Ritos oficiados por el estamento sacerdotal, velador del orden espiritual de la comunidad, a veces también de la ordenación social y política.[2]

La llegada del cristianismo a Europa supuso un cambio en el curso de la historia de la humanidad. Ya para este tiempo el teatro romano había sufrido una considerable degeneración, y durante los principios de la era cristiana hubo una afamada disputa contra el espectáculo teatral en Europa, especialmente en los siglos II y III, lo cual consta en numerosos documentos, edictos papales y conciliares. Nos explica Carreter:

> El drama, en el período de la disolución del Imperio Romano, había sido suplantado por mimos e histriones, que realizaban ejercicios gimnásticos, ejecutaban bufonadas, pantomimas, burdas parodias mezcladas con comentarios satíricos, bailaban y hasta desnudaban sus cuerpos. El teatro, con su carácter típico—representación dialogada, en la que unos actores encarnan ante el público, personas distintas a ellos mismos—perece, mientras el espectáculo de estos ambulantes divertidores triunfa en todas partes.[3]

Se cree que existió un teatro religioso bizantino entre los siglos VIII y IX que habría influido en el teatro medieval, pero debido a la falta de documentos, y puesto que solamente un drama escrito de dicha época se ha conservado (*Aetherio Peregrinatio*), se pone en duda ésta suposición. Pero sí se puede asegurar que el teatro clásico griego no se conoció en Europa durante la Edad Media.[4] El drama en el medioevo nacerá y brotará de los ritos sagrados cristianos.

Ya en el siglo V cánticos e himnos religiosos eran entonados y cantados en las iglesias, con la participación, en algunos casos, de los feligreses, pues algunos ritos en especial resultaban particularmente aburridos y ajenos a la gente. Así pues, los clérigos buscaron modos de instruir y a la vez mantener la atención de los fieles durante las celebraciones eclesiásticas. Se conserva en particular una descripción del siglo VI detallando lo que fue en ese momento el *Aetherio Peregrinatio* en el que una dama narra la pasión y la muerte de Jesucristo, como si ella hubiese estado allí presente. Nos topamos con el primer intento de un pequeño drama escrito por el clero para hacer partícipes a sus feligreses de las escrituras de los Evangelios. De aquí parte la idea de que fueron los clérigos los que inventaron y crearon el drama litúrgico, no sólo como medio de instrucción religiosa para suplantar los espectáculos profanos, sino también como "resultado de una instintiva inclinación a hacer plástica la liturgia, de la que participaban, tanto o más que los sacerdotes, los fieles."[5]

Así pues, el drama medieval surgió en forma de diálogos cortos cantados en latín, a modo de interrupciones durante la misa y sin ningún tipo de acción. Aun así, la misa no dejaba de ser un espectáculo dramático, con cantos antifonales dialogados que empezaron a hacerse populares en el siglo X. Sus comienzos eran muy sencillos y arcaicos, pero fueron la base sobre la que más tarde nació el teatro medieval, renacentista y moderno.[6]

A estas interpolaciones litúrgicas se les llamaba tropos y alcanzaron una gran popularidad en Europa.[7] Tales diálogos se incluían en los breviarios de los monasterios o se cantaban en la misa mayor, especialmente durante la Navidad y la Semana Santa.[8] Su forma más primitiva fue la secuencia, la cual se originó con toda probabilidad en el Noreste de Francia.[9]

El tropo más antiguo se halla en un manuscrito de Saint-Martial de Limoges, datado entre 923 y 934. Es el famoso tropo *Quem quaeritis*, que trata sobre la escena del Domingo de Resurrección, cuando el ángel se aparece a las Tres Marías que acuden al sepulcro y les pregunta a quién buscan: "Ihesum Nazarenum crucifixum, o celicole," le responden las mujeres. El ángel entonces les comunica que aquel a quien buscan no se encuentra en el monumento, que ha resucitado y que vayan a anunciar su resurrección:

> Psalite regi magno, deuicto mortis imperio! Quem queritis in sepulcro, o Christicole?
> RESPONSIO:
> Ihesum Nazarenum crucifixum, o celiole.
> RESPONSIO:
> Non est hic, surrexit sicut ipse dixit; ite, nunciate quia surrexit. Alleluia, resurrexit Dominus, hodie resurrexit leo fortis, Christus, filius Dei; Deo gratias, dicite eia![10]

En este tropo el pueblo no cantaba, tan sólo observaba

y escuchaba. Veamos este mismo tropo, un poco posterior y un poco más evolucionado. Los cantores eran los sacerdotes, los acólitos y el coro.

> ÁNGELES: Quem quaeritis in sepulchrum, o Chisticolae?
> TRES MARÍAS: Iesum Nazarenum crucifixum, o caelicolae.
> ÁNGELES: Non est hic; surrexit sicut preditxit. Ite nuntiate quia surrexit de sepulchro.
> SACERDOTE: Resurrexi et adhuc tecum sum, alleluia: posuiste super me manum tuam, alleluia, alleluia. Domine, probasti me, et cognovisti sessionem meam et resurrectionem meam.

> ÁNGELES: ¿A quién buscáis en el sepulcro, oh discípulas de Cristo?
> TRES MARÍAS: A Jesús Nazareno[crucificado], ¡oh espíritus celestiales!
> ÁNGELES: No está aquí. Ha resucitado tal y como lo había predicho. Id y anunciad que se ha levantado de la tumba.
> SACERDOTE: (cuya voz representa la de Cristo) Resucité y estoy contigo, aleluya; pusiste sobre mí tu mano, aleluya: admirable es tu sabiduría, aleluya, aleluya. Señor, me probaste y me conoces: lo sabes todo de mí, la hora de mi muerte y de mi resurrección.[12]

Esta corta escena fue evolucionando, y ya en el siglo XIII tenía un personaje más, un vendedor de especies que mantenía un diálogo con las Tres Marías. Se empezó a introducir también el vestuario. Los ángeles tenían alas y palmas, las Tres Marías vestían un traje especial y portaban una caja para las especies con las que iban a ungir el cuerpo de Cristo. Este corto drama litúrgico carecía, en sus formas más primitivas, de cualquier tipo de acción y movilidad.[13] En el siglo XII, los tropos dejaron de ser estáticos y los cantantes los interpretaban, en general, con gestos y movimientos.[14]

El tropo más antiguo hallado en España proviene del Monasterio de Ripoll, en la provincia de Gerona y data del siglo XI, conocido como *Ubi est Christus meus*.

Ubi est Cristus meus Dominus et filius excelsi? Eamus uidere sepulcrum. Alleluia, ad sepulcrum residens angelus nunciat resurrexisse Christum. En ecce completum est illud quod olim ipse per prophetam dixerat, ad Patrem taliter inquiens: Resurrexi.[15]

Un poco posterior al Ripollés, se produjo la primitiva *Visitatio Sepulchri*, un tropo hallado en el monasterio de Santo Domingo de Silos, en Burgos.

Catalunya tuvo una gran actividad de drama sacro durante la Edad Media, actividad y tradición que perdura hasta hoy. Catalunya jugó un papel de vital importancia en el desarrollo del teatro litúrgico peninsular.[16] Su proximidad geográfica con el sur de Francia permitía una comunicación constante, que tuvo como resultado la influencia directa de los movimientos religiosos y litúrgicos y de los repertorios musicales de Francia, Suiza y Alemania en la Edad Media. Estas nuevas tendencias llegaron al resto de España a través de los monasterios catalanes, siendo la puerta de entrada el monasterio de Sant Miquel de Cuixà. El monasterio de Santa María de Ripoll (fundado en 888) fue el centro por excelencia de la producción litúrgica y musical en Catalunya. Hoy en día, la biblioteca de la catedral de Vic, localidad de la provincia de Barcelona, posee una de las colecciones más ricas en manuscritos de dramas litúrgicos medievales.[17] Así, pues, las iglesias y templos representaron un papel decisivo en el desarrollo del teatro durante la Edad Media, pues en esta época no solamente poseían la función de centro de vida religiosa, sino que también llegaron a ser centros políticos y sociales.

Si venimos a este edificio para asistir a los oficios divinos, si penetramos en él siguiendo los entierros o formando parte del alegre cortejo de las fiestas sonadas, también nos apretujamos en él en otras muchas distintas circunstancias. Allí se celebran asambleas políticas bajo la presidencia del obispo; allí se discute el precio del grano y del ganado; los tejedores establecen allí la cotización de sus paños; y allí acudimos a buscar consuelo, a pedir consejo, implorar perdón. Y apenas si hay corporación que no haga bendecir allí la obra maestra del nuevo compañero y que no se reúna allí, una vez al año, bajo la protección de su santo patrón.[18]

Coexistían, pues, diversas prácticas en las iglesias y templos en toda la Europa medieval. Aparte de ser el centro político y social, la iglesia también se convertía en un lugar de diversión. En este momento entra dentro del templo el drama litúrgico, en su forma más primitiva. En la Europa medieval todavía no existía una teoría teatral, ni una estética, ni se regía el drama por una finalidad artística, sino más bien cumplía una función social, cívica y sobre todo religiosa.[19]

En las fiestas y celebraciones religiosas, no sólo participaban los fieles y el clero, sino que se sumaban los juglares como parte esencial en la celebración, tañendo sus instrumentos y bailando, formando parte en muchas ocasiones de los dramas litúrgicos interpretados en la iglesia. Hay una cuantiosa cantidad de documentos medievales citando las actividades juglarescas en los templos e iglesias. Por lo tanto existía una relación directa entre el clero y los juglares. Del mismo modo que los reyes y cortesanos tenían sus juglares que formaban parte de la corte real y recibían su pago por sus labores juglarescas, igualmente el clero disponía de sus propios juglares asalariados al servicio de la iglesia.[20] La música, el baile y la celebración en templos e iglesias ocupaban un lugar esencial en la vida social del medioevo. He aquí cuán importantes fueron los juglares dentro del ámbito litúrgico de aquel tiempo.

Esta naturaleza "sacro-profana" en el modo de celebrar la misa, influyó sobremanera al clero en general, desde las más altas jerarquías hasta el clero más bajo y perduró varios siglos.[21] En el fervor de la celebración festiva la congregación y los clérigos se unían. Es más, hubo un movimiento de clérigos ajuglarados, diestros en las artes de tañer instrumentos, recitar poemas, cantares de gesta, dirigir bailes, danzas y toda clase de cantos.

Era siempre fácil el paso del juglar al clérigo y viceversa, como vemos en la vida de Peire Rogier de Alvernia, doctor canónigo de Clermont, que, hacia 1160, llevado sin duda de sus aptitudes para trovar y cantar, dejó la canonjía para hacerse juglar

y andar por cortes (lo veremos en las de Castilla y Aragón), hasta que, por último, se hizo benedictino en Grandmont, donde acabó sus días. También en la corte aragonesa encontramos poco después a Hugo Bronenc de Rodez, que, siendo letrado y clérigo, se hizo juglar, y luego acabó su vida en una cartuja.[22]

Santiago Argüello define esta época del teatro litúrgico de la siguiente manera:

La liturgia se iba desprendiendo, y las obras se iban saturando cada momento más de vida popular. Mas en el pueblo predomina el instinto. La sencillez anda bien cerca de la grosería. La franqueza sin ritos se halla próxima a la obscenidad sin bordes. Los "juegos" se metieron en el seno del pueblo, y empezaron a regoldar como él, a jurar como él, a entrar en el desorden como él. Y el "juego" se trocó en "juego de escarnio," en el que hasta los clérigos hacían de actores en obras de obscenidad y de licencia, en las que parodiaban de manera sacrílega los oficios más santos y los más puros símbolos.[23]

Todos estos excesos, pues así los veían los dirigentes eclesiásticos, duraron hasta que el Papa Inocencio III proclamó un edicto en 1210 prohibiendo severamente todo lo que no fuera estrictamente litúrgico en los templos. En España este edicto careció de efectividad hasta entrado el siglo XVI. Al igual que el Papa Inocencio III, el rey Alfonso X el Sabio también proclamó un edicto parecido, recogido en su libro de *Las Siete Partidas* en la ley 34 del título VI de la *Primera Partida* (1256–65), el cual dice:

Los clérigos . . . nin deben ser facedores de juegos por escarnio porque los vengan á ver las gentes como los facen, et si otros homes los fecieren non deben los clérigos hi venir porque se facen hi muchas villanias et desaposturas, nin deben otrosi estas cosas facer en las eglesias, ante decimos que los deben ende echar deshonradamientre sin pena ninguna á los que lo fecieren; ca la eglesia de Dios fue fecha para orar et non para facer escarnios en ella: et asi lo dixo nuestro senor Iesu Cristo en el Evangelio, que la su casa era llamada casa de oración, et non debe ser facha cueva de ladrones. Pero representaciones hi ha que pueden los clérigos facer, asi como de la nascencia de nuestro señor Iesu Christo que demuestra como el ángel vino á los pastores et díxoles como era nacido,e otrosi de su aparecimiento como le vinieron los tres reyes adorar, et de la resurreccion que demuestra como fue crucificado et resurgió al tercer dia. Tales cosas como estas que mueven á los homes á facer bien et haber devoción en la fe, facerlas pueden: et demas porque los homes hayan remembranza que segunt aquello fueron fechas de verdat: mas esto deben facer apuestamente et con grant devoción et en las cibdades grandes do hobiere arzobispos ó obispos, et con gran mandado dellos ó de los otros que tovieren sus veces, et non lo deben facer en las aldeas, nin en los lugares viles, nin por ganar dineros con ello.

Como podemos ver en la ley proclamada por el rey sabio, se les prohibe a los clérigos participar en cualquier tipo de espectáculo profano y prohibe tajantemente su ejecución dentro de las iglesias, pero autoriza, en contrapartida, las representaciones de obras religiosas. Estos dramas, que más que litúrgicos eran considerados sacro-profanos, se representaron con toda probabilidad durante las fiestas de Navidad, la Epifanía y la Resurrección, tal como los autorizó el rey Alfonso X.

Se cree que estas representaciones proliferaron a partir del siglo XII y XIII de forma oral y en lengua vulgar o romance. No se conservan dramas de ese periodo en forma escrita, más que el *Auto de los Reyes Magos*, de mediados del siglo XII, escrito en lengua romance. ¿Cómo es posible, pues, que entre el *Auto de los Reyes Magos* del siglo XII y la obra de Jorge Manrique del siglo XV, haya tal vacío de producción dramática? Fernando Lázaro Carreter comenta que "[l]a historia del teatro en lengua española durante la Edad Media es la historia de una ausencia."[24] Sin embargo, recientes estudios demuestran que el drama popular existió durante estas fechas. En la ciudad de Zamora, por ejemplo, se señala que en 1279, la puerta del Mercadillo se abría "para cantar los viersos e fazer representamiento de Nuestro Sennor en día de Ramos."[25] Por el hecho de que el drama popular se interpretara en lengua vulgar en vez de en latín, es muy probable que estos dramas nunca se llegaran a escribir. La falta de dramas escritos no pone en duda que hubiera, durante este período, una cuantía de dramas representados en lengua romance o vulgar y transmitidos oralmente de una generación a otra. En el México colonial ocurrirá algo parecido, pues parece ser que los textos de muchos dramas no fueron escritos, sino memorizados y transmitidos de forma oral.[26]

A la vez, en el siglo XII hubo un gran desarrollo en la teología, que empieza a interesarse por la naturaleza humana de Cristo, por los misterios de su vida, muerte y resurrección y por la relación entre su naturaleza divina y humana. El fervor al Santísimo Sacramento tomó auge justo en esta época. Estos temas se desarrollaron con mayor profundidad en el siglo XIII y dieron paso más tarde a los autos sacramentales, con el propósito de incitar a los fieles a una mayor devoción y participación dentro de la liturgia eclesiástica.[27] La palabra "auto" proviene del latín *actum*, que significa "acción dramática" o "representación dramática."[28] La palabra en sí no posee ninguna connotación religiosa, sin embargo, estos dramas se desarrollaron a partir de los tropos, y por eso están totalmente ligados a los misterios de Cristo.

En el siglo XV surge una nueva moda en los festejos celebrados en las cortes. Se trata de exhibir las obras poéticas de nobles y plebeyos. Los juegos literarios trovadorescos resurgen en la corte de Castilla:

Grandes señores y troveros profesionales rivalizan en alardes de ingenio. Los debates y las recuestas vuelven a triunfar, y el nexo entre la difusión europea de este género en los siglos XII y XIII y su tardío retoño castellano son, evidentemente, los juglares.[29]

Así empezaron a entremezclarse las creaciones de aspecto dramático, lírico, narrativo e incluso didáctico. De aquí nace un interés por el desarrollo teatral entre la nobleza castellana durante la segunda mitad del siglo XV. Surge, pues, un grupo de dramaturgos en esta época, que serán los creadores del teatro español, todavía con raíces profundas en la tradición literaria medieval y pre-renacentistas. Muchas de sus obras no son ni anónimas ni religiosas. El primer autor conocido de este teatro llamado cortesano es Gómez Manrique, el cual escribió cuatro obras. Sólo dos de ellas pertenecen al ciclo litúrgico. La primera es la *Representaçión del nasçimiento de Nuestro Señor*, correspondiendo al ciclo Navideño y la segunda conocida como *Coplas fechas para la Semana Santa*, corresponde al ciclo de la Pasión de Cristo. Estas obras cortas, (no llegan ni a ciento noventa versos ninguna de las dos), aunque compuestas en la segunda mitad del siglo XV, no dejan de ser primitivas y un poco más evolucionadas que los dramas de los siglos XII y XIII. Así pues, aun podemos ver como "el teatro sacro medieval, nacido de la liturgia, nunca pierde su aire de acto de fe."[30]

Será Juan del Encina, a quien se le considera "el patriarca del teatro español," quien refinará un poco más este arte a finales del siglo XV y principios del XVI. Este, al igual que Gómez Manrique, tomó como base los ciclos litúrgicos para algunas de sus poesías religiosas como *La natividad de nuestro salvador* y *La fiesta de los tres reyes Magos*, entre otras obras basadas en el ciclo Navideño así como algunas de sus representaciones: *Egloga representada en la noche de la natividad de nuestro salvador* y *Egloga representada en la mesma noche de navidad*, las cuales se representaron por primera vez en 1492. También compuso la *Representacion a la muy bendita passion y muerte de nuestro precioso redentor* y la *Representacion a la santissima resurrecion de Cristo*, basadas en la Semana Santa. Un cronista de la época llamado Rodrigo Méndez de Silva, lo elogia de la siguiente manera: "Año de1492, comenzaron en Castilla las compañias á representar publicamente comedias por Juan de la Encina, poeta de gran donayre, graciosidad y entretenimiento."[31]

En la primera mitad del siglo XVI se produjo una gran demanda popular de espectáculos sagrados. Pero para evitar cualquier tipo de exceso, ya fuese por parte de los parroquianos o bien del clero, este teatro estuvo bajo vigilancia estricta y rigurosa de los dirigentes eclesiásticos, con el propósito de que se llevara a cabo un teatro con fines puramente religiosos y litúrgicos. A pesar de esto, el drama castellano siguió evolucionando irremediablemente, formándose en una nueva etapa, desprendiéndose de lo sagrado y más tarde también de las representaciones plebeyas medievales para dar paso al teatro clásico español, con Félix Lope de Vega y Carpio, Tirso de Molina y Pedro Calderón de la Barca, entre otros muchos autores.[32]

Al acontecer la conquista de América, el teatro español seguía siendo meramente religioso, y así fue como llegó a todas las regiones de la Nueva España. En 1524, un grupo de doce misioneros Franciscanos desembarcaron en Veracruz. Estos misioneros, en su afán de convertir las almas de los indígenas al cristianismo, aprendieron el lenguaje de estos, el náhuatl, junto con sus costumbres. Predicaron a los indígenas en su propia lengua azteca y crearon diccionarios y catecismos en náhuatl, para poder así introducirse mejor dentro de la sociedad indígena. Dándose cuenta de que los Aztecas eran muy dados a los elementos dramáticos en sus ritos religiosos y en sus distintas ceremonias, estos misioneros escribieron obras teatrales a modo de catecismo colectivo.[33]

Fueron estos misioneros franciscanos quienes introdujeron el teatro litúrgico en lo que hoy son los Estados Unidos Mexicanos. Así como sucedió con casi todo lo que España exportó al Nuevo Mundo, el elemento indígena-americano se sumó al español, creando un teatro medieval nuevo.[34] También unos años más tarde, en 1572, se establecieron en la Nueva España los jesuitas que "comprendieron la gran importancia de las representaciones teatrales y en ellas pusieron tanto empeño como en las academias literarias y actos públicos que alcanzaron gran fama y renombre."[35]

Los conquistadores religiosos consiguieron refundir la América precolombina bajo sus creencias tal como la Europa panteísta había sido transformada bajo el cristianismo. Un ejemplo vivo de ello es la *Comedia de los Reyes*, escrita por Fray Juan Bautista, en Tlatelolco. En su obra asocia la fiesta de la Epifanía, que se celebra en enero, con las fiestas del mes de Tititl, dedicada a la deidad de Tona, celebrada en el mismo mes. Fray Juan

Bautista fragua la cultura precortesiana con la cultura cristiana.[36] El gran estudioso del teatro del siglo XVI de la Nueva España, José J. Rojas Garcidueñas, expresa en las siguientes palabras esta refundición teatral de las festividades indígenas:

Probablemente fue el espectáculo de las representaciones y "mitotes" indígenas, tan gustados por el pueblo, en sus festividades religiosas, el que inspiro a los primitivos frailes la idea de hacer representar piezas religiosas sin las complicaciones y teológicas sutilezas de los autos sacramentales españoles, sino obras de piedad en forma sencilla y asequible a la mentalidad de aquellos recientes conversos cuya custodia ejercían.

Emplearon así el teatro en sus trabajos de evangelización, seguramente con muy buenos resultados, pues aquellas sencillas almas deben de haber encontrado más fuerza emotiva, incomparablemente, en la representación del ángel expulsando del Paraíso Terrenal a Adán y Eva, o la precipitación entre las llamas infernales de los réprobos en el Juicio Final, que en todos los sermones que pudieran oír sobre el dogma del pecado original o las Postrimerías del hombre.[37]

En su obra, *Vida y Muerte del Teatro Náhuatl*, el gran dramaturgo mexicano Rodolfo Usigli expresó de esta manera la conquista de México a través del teatro:

La conquista española difiere de otras empresas similares de su época y de épocas posteriores en la medida que se usa, al lado de las armas tradicionales, un arma poco común: el teatro. Y se puede decir, sin exageración, que el teatro fue en la conquista espiritual lo que los caballos y la pólvora fueron en la conquista militar.[38]

La primera obra de teatro en la Nueva España se realizó el 6 de enero de 1528, cuando se interpretó en náhuatl el drama de *El ofrecimiento de los Reyes al Niño Jesús*, durante la misa para la celebración de la Epifanía.[39] Posteriormente, en 1538, durante las fiestas del Corpus en Tlaxcala, se celebró un festival donde los indígenas

convertidos al cristianismo, representaron en su lengua natal cuatro dramas que habían sido traducidos anteriormente por los frailes.[40] Los clérigos, usarán y crearán dramas litúrgicos para fortalecer y vitalizar la función litúrgica como instrucción educativa cristiana, y para suplantar los ritos existentes entre las diferentes tribus indígenas.

He aquí según el estudio del teatro náhuatl de Fernando Horcasitas, algunas de las obras interpretadas en los siglos XVI, XVII y XVIII en la lengua azteca:

1533 Tlatelolco. *El Juicio Final*

1535 Tlaxcala. *Diálogos entre la Virgen y San Gabriel*

1535 Cuernavaca. *Auto de la Pasión*

1535 Cuernavaca. *Los Tres Reyes*

1538 Tlaxcala. *La Anunciación de la Natividad de San Juan Bautista*

1538 Tlaxcala. *La visitación de Nuestra Señora a Santa Isabel*

1538 Tlaxcala. *La Caída de Nuestros primeros Padres*

1538 Tlaxcala. *La Asunción de Nuestra Señora*

1539 México. *La conquista de Rodas*

1539 Tlaxcala. *La conquista de Jerusalén*

1539 Tlaxcala. *La Tentación del Señor*

1539 Tlaxcala. *El Sacrificio de Isaac*

1539 Tlaxcala. *La Predicación de San Francisco a las Aves*

1539 Tlaxcala. *San Jerónimo en el Desierto*

1540–50 (?) *La Adoración de los Reyes*

1540–50 (?) *La Educación de los Hijos*

1550 Tlaxcomulco. *Auto de los Reyes Magos*

1580 Zapotlán. *La lucha entre San Miguel y Lucifer*

1595 Sinaloa. *Coloquio de los Pastores*

1600 México. *Comedia de los Reyes*

1641 Chiapa de Mota. *El Gran Teatro del Mundo* y *El Animal Profeta*

1680 Puebla. Tepecoacuilco. *La Aparición de la Virgen de Guadalupe*

1695 (¿) México (?) *La Ascensión del Señor y La Venida del Espíritu Santo*

1714 Cozcacuauh-Atlahtipac. *La Invención de la Santa Cruz*

(¿)1740–50 (?) Tepalcingo. *La Pasión del Domingo de Ramos*[41]

Por otro lado, la primera escenificación teatral en lo que hoy en día son los Estados Unidos de América, tuvo lugar durante la expedición de Juan de Oñate, en 1598. Este evento fue un suceso aislado, que no tuvo ningún seguimiento documentado que sepamos, creado tan solo para celebrar aquella ocasión; más para el deleite de los españoles, que para instruir a los indios. Por lo tanto, podemos considerar que esta obra está al margen del teatro evangelizador compuesto por los franciscanos. La comedia fue compuesta por uno de los capitanes de la expedición. Se llevó a cabo el 30 de abril de 1598, cerca de la actual ciudad de El Paso, todavía inexistente en aquel tiempo. Así lo narra en su *Historia de la Nueva México*, Gaspar de Villagrá:

> Y luego que acabaron los oficios,
> Representaron vna gran comedia,
> Que el noble Capitan Farfan conpuso,
> Cuio argumento solo fue mostrarnos
> El gran recibimiento que à la Iglesia,
> Toda la nueua Mexico hazia,
> Dándole el parabien de su venida.[42]

Parece ser que esta obra fue representada por los soldados, pero por desgracia no se ha conservado ninguna copia de la comedia, ni tenemos más comentarios ni descripción del evento que el propio de Villagrá. Podemos suponer que fue algo parecido a los autos sacramentales típicos muy en auge durante esa época.

Pero volvamos al teatro evangelizador de los franciscanos. Serán estos misioneros los que más tarde introducirán el teatro religioso en Nuevo México durante las celebraciones y fiestas de la iglesia. Esto lo hicieron imitando las obras del fundador de la Orden, San Francisco de Asís, y siguiendo los mismos patrones que habían establecido en México.

San Francisco de Asís, sentía una gran adoración por las escenas concernientes al Nacimiento de Jesús. Tal es

así que es a él a quien se le considera el creador de los Nacimientos tan populares en todos los pueblos latinos del mundo. En 1223 San Francisco creó el primer Nacimiento viviente, donde colocó un asno y un buey vivos, junto con personas que interpretaban a la Sagrada Familia. San Francisco mismo cantó el Evangelio de San Lucas y dio un sermón sobre la Natividad. He aquí posiblemente la raíz de *La Pastorela* y *Los Reyes Magos*, al estilo medieval.[43] No es de extrañar pues, que la Orden Franciscana haya sido impulsora de todo aquello relacionado con los Nacimientos, pues allí donde ellos estuvieron, se representaron estos dramas litúrgicos.

El drama en América tiene su origen en el esfuerzo evangelizador de los franciscanos. Desde el tiempo de Cortés ellos adaptaron obras teatrales para representarles a los indígenas. Los franciscanos que en el siglo XVI vinieron a Nuevo México también utilizaron el drama religioso para enseñar a los indígenas los elementos de la religión cristiana. Claro que en Nuevo México, por ser pobre, el teatro no alcanzó el desarrollo que obtuvo en México. Pero, los pocos dramas religiosos que hoy se conservan se deben enteramente a la influencia de los misioneros y de sus continuadores.[44]

El teatro tenía un papel importante en la vida de antaño en Nuevo México, no sólo porque formaba parte de la tradición del ciclo litúrgico eclesiástico, sino porque era un medio para la colectividad, pues la gente se juntaba para realizar las obras teatrales y el pueblo entero se reunía para asistir al evento. El sentido de fiesta, de unión y de comunidad era fuerte e importante, y se expresaba a través de las distintas celebraciones. Especialmente en una sociedad agrícola y ganadera, donde en muchos casos la comunicación entre pueblos o ranchos era muy escasa, las celebraciones colectivas eran esperadas por todos y muy bien recibidas.

No existen documentos que clarifiquen quienes escribieron las obras teatrales tradicionales nuevomexicanas, a pesar de los muchos estudios hechos en el pasado y en el presente. Siguen habiendo diferentes teorías acerca de los autores de dichas obras. Unos creen que fueron escritas en Nuevo México, otros que, por el contrario, fueron escritas en España o en México.

Poseemos tan solo un par de citas históricas del siglo XVIII, que nos revelan que hubo actividad teatral en Nuevo México. Estas pertenecen a los escritos de Fray Francisco Atanasio Domínguez y data de 1777. La primera narra las fiestas patronales de la Virgen del Rosario, celebradas en Santa Fe en 1776: "Hay tres días de regocijo con . . . comedia y toros."[45] No tenemos más detalles. Como no hay más especificación que la palabra comedia, no podemos saber qué tipo de obra teatral fue, dónde se presentó, o quién la interpretó, etc. La palabra comedia está relacionada con festividad alegre, regocijo, pero conociendo la naturaleza de la celebración y el estilo de la época, fácilmente podemos deducir que sería una comedia de tema religioso, más al estilo del siglo XVII (Siglo de Oro), que propiamente una obra graciosa con un desenlace feliz. La segunda cita, aunque posterior en los escritos de Fray Atanasio, se refiere a un evento anterior, cronológicamente, sucedido en el año 1761. El 23 de mayo las autoridades eclesiásticas bendijeron la Capilla de la Cofradía de Nuestra Señora de la Luz. Este evento se celebró durante varios días y relata en los escritos que por las tardes del 23, 24 y 25 de mayo hubo comedias.[46]

En Nuevo México, la primera obra teatral que conocemos, transcrita a papel, data de una fecha tan próxima como 1840. El manuscrito que se conserva perteneció a José Rafael Tenorio que llegó desde México a Taos, donde se estableció permanentemente. Desde entonces, la familia Tenorio ha sido durante generaciones promotora del teatro en Taos, siendo directores algunos de sus miembros y actores otros tantos.

Las obras tradicionales nuevomexicanas se ponían en escena bajo la supervisión de un director. Éste no sólo dirigía la obra, sino que también era el encargado de que cada año se interpretara, siendo él mismo uno de los personajes. El director era un personaje muy importante para la perduración de estas obras, pues él solía saberse de memoria y con todo detalle, el drama o los dramas de los que estaba encargado, los versos, la música, las entradas, salidas y todo tipo de detalles.

El papel de director normalmente pasaba de padres a hijos, al igual que en muchas ocasiones los papeles que interpretaban los diferentes actores.

El término de "rol" en vez de "papel" es mas adecuado en este contexto, pues el teatro en Nuevo México ha sido de tradición oral. Durante mucho tiempo no se usó papel para las obras. No existía nada escrito, el director recitaba a cada uno de los actores lo que debía decir, hacer o cantar y éste lo aprendía de memoria. No fue hasta mediados del siglo XIX cuando empezaron a transcribirse las obras al papel por primera vez. Fue entonces cuando algunos de estos grupos teatrales decidieron formar pequeñas compañías ambulantes que viajaban interpretando sus obras dramáticas por todo Nuevo México.

En todas las provincias de la Nueva España, al igual que en la península ibérica, los personajes femeninos siempre eran sustituidos por hombres o niños. Las mujeres sólo podían aspirar a ocupar un puesto en el auditorio pues hasta no hace mucho no se les permitía ser actrices. En Nuevo México la participación de las mujeres en el teatro incrementó a partir de 1940, durante el periodo de la Segunda Guerra Mundial, cuando muchos de los hombres tuvieron que ausentarse de sus hogares para ir a la guerra. Debido a la falta de actores masculinos, las mujeres tomaron temporalmente los roles oportunos.[47]

La influencia del espíritu franciscano siempre estuvo muy presente en todo Nuevo México, y así lo han atestiguado no sólo folcloristas y escritores, sino también arqueólogos y artistas. Gracias a este espíritu, estos dramas religiosos han sobrevivido a las intemperies de los tiempos durante trescientos años. Este fenómeno ocurrió según la Hermana Joseph Marie, IHM, por dos razones primordialmente: Primero, debido a la fe de la gente y segundo, a su orgullo nacional, siendo los mismos franciscanos los que modelaron este espíritu en los corazones y mentes de los nuevomexicanos. Estos dramas religiosos tradicionales se representaban por todo el mundo de habla hispana, y Nuevo México aún siendo la provincia más al norte de la Nueva España, supo mantener esta tradición universal.[48]Algunas de las obras teatrales que solían representarse en el pasado, hoy en día han caído en el olvido y existen tan solo en los escritos de los folcloristas y estudiosos. En cambio, otras obras siguen vivas, representándose año tras año en las iglesias y teatros de pueblos y ciudades.

Esta tradición teatral, arcaica y antigua en sus formas y representaciones, hoy también posee elementos modernos y únicos. El teatro tradicional nuevomexicano se refunde en sí mismo una y otra vez creando un género totalmente autóctono. El teatro en su tiempo marcó la historia de Nuevo México, jugando un rol crucial en muchas comunidades a lo largo y ancho del estado.

Las obras del teatro religioso nuevomexicano se dividen básicamente en tres grupos. El primero contiene las obras del Antiguo Testamento: *Adán y Eva* y *Abel y Caín*. El segundo grupo comprende las obras del Nuevo Testamento, siendo las siguientes según el orden de presentación: *San José*, *Las Posadas*, *La Pastorela* y *Los Reyes Magos* cerrando el ciclo de la Navidad. Seguidamente se representa, según el ciclo litúrgico, *El Niño Perdido*. El tercero deriva de dos incidentes: uno llegado de México, con la obra de *Las Apariciones de Nuestra Señora de Guadalupe*; el otro llegado de España y conocido como *Moros y Cristianos*.

NOTES

1. Sister Joseph Marie, IHM, *The Role of the Church and the Folk in the Development of the Early Drama in New Mexico* (Philadelphia: University of Pennsylvania, 1948), p. 25.
2. Francesc Massip, *El Teatro Medieval, voz de la divinidad cuerpo de histrión* (Barcelona: Montesinos, 1992), p. 123.
3. Fernando Lázaro Carreter, *Teatro Medieval*, Odres Nuevos (Madrid: Castalia, 1987), p. 10.
4. Lázaro Carreter (1987), *Teatro Medieval*, pp. 10–11.
5. Fernando Lázaro Carreter, *Teatro Medieval* (Valencia: Castalia, 1958), p. 13.
6. Fernando Horcasitas, *El Teatro Náhuatl, Épocas Novohispana y Moderna* (México: Universidad Nacional Autónoma de México, 1974), pp. 59–60.
7. Tropo. *Litur.* Texto breve con música que, durante la Edad Media, se añadía al oficio litúrgico y que poco a poco empezó a ser recitado alternativamente por el cantor y el pueblo, dando origen al drama litúrgico. *Diccionario de la Lengua Española* (Madrid: Espasa-Calpe, 1992), Vol. II, p. 2034.
8. Edilberto Marbán, *El Teatro Española Medieval y del Renacimiento* (Madrid: Anaya, 1971), p. 15.
9. Prosa o verso que se dice en ciertas misas después del gradual. *Diccionario de la Lengua Española*, Vol. II, p. 1854.
10. BN (Paris), ms. lat. 1240, fol. 30v, en Richard B. Donovan, *The Liturgical Drama in Medieval Spain* (Toronto: Pontifical Institute of Medieval Studies, 1958), p. 11.
11. William L. Smoldon, *The Music of the Medieval Church Dramas* (London: Oxford University Press, 1980), p. 74.
12. Horcasitas, *El Teatro Náhuatl*, p. 60.
13. Horcasitas, *El Teatro Náhuatl*, p. 61.
14. Horcasitas, *El Teatro Náhuatl*, p. 61.
15. Higinio Anglés, *La Música a Catalunya fins el segle XIII* (Barcelona: Institut d'Estudis Catalans i Biblioteca de Catalunya, 1935), p. 271; Karl Young, *The Drama of the Medieval Church* (London: Oxford University Press, 1933), Vol. I, pp. 212, 570.
16. Las fiestas del Corpus en Catalunya y en Valencia fueron de vital importancia dentro de la evolución del teatro y el espectáculo en general en toda España.
17. Donovan, *The Liturgical Drama*, p. 74.
18. Fulcanelli, *El Misterio de las Catedrales* (Barcelona: Plaza & Janes, 1975), p. 47. Esta descripción corresponde a la catedral de Notre-Dame de París en los siglos XII y XIII. A continuación, Fulcanelli describe dos grandes celebraciones que tenían lugar dentro de la catedral: Festum Stultorum, la Fiesta de los Locos, y Festum Asinorum, la Fiesta del Asno, las cuales se celebraban a principios de enero y formaban parte de la liturgia cristiana, a pesar de su carácter profano. Estas fiestas también se celebraban en España.
19. Massip, *El Teatro Medieval, voz de la divinidad,* p. 14.
20. Ramón Menéndez Pidal, *Poesía Juglaresca y Juglares; Orígenes de las literaturas románicas*, novena edición (Madrid: Espasa-Calpe, 1991), pp. 92–95.
21. Lázaro Carreter (1987), *Teatro Medieval*, pp. 21–23.
22. Menéndez Pidal, *Poesía Juglaresca*, p. 60.
23. Santiago Argüello, *Lecciones de Literatura Española* (Guatemala: Ediciones Santiago Argüello, 1936), Tomo III, p. 31.
24. Lázaro Carreter (1987), *Teatro Medieval*, p. 9.
25. María Ventura Crespo, *Historia del Teatro en Zamora* (Zamora: Fundación Ramos de Castro para el Estudio y Promoción del Hombre, 2001), pp. 9–10; Florián Ferrero Ferrero, *Guía de la Semana Santa en Zamora* (Zamora: Semuret, 2001), p. 25.
26. Horcasitas, *El Teatro Náhuatl*, p. 64.
27. Danièle Becker, "Auto Sacramental," en *Diccionario de la Música Española e Hispanoamericana* (Madrid: Sociedad General de Autores y Editores, 1999), Tomo I, p. 858.
28. Becker, "Auto Sacramental," en *Diccionario de la Música Española e Hispanoamericana*, Tomo I, p. 858.
29. Lázaro Carreter (1987), *Teatro Medieval*, p. 59.
30. Ronald E. Surtz, *Teatro Castellano en la Edad Media* (Madrid: Clásicos Taurus, 1992), p. 18.
31. Casiano Pellicer, *Tratado Histórico sobre el origen y progresos de la comedia y del histrionismo en España*, Parte Primera (Madrid: Administración del Real Arbitrio de Beneficencia, 1804), p. 13.
32. Horcasitas, *El Teatro Náhuatl*, pp. 64–65.

33. Juan B. Rael, *The Sources and Diffusion of the Mexican Shepherds' Plays* (Guadalajara: Gráfica, 1965), p. 39.

34. Luis Weckmann (1994), *La Herencia Medieval de México*, Segunda edición (México: El Colegio de México, Fondo de Cultura Económica, 1994), p. 512.

35. José J. Rojas Garcidueñas, *El Teatro de Nueva España en el siglo XVI* (México: Luis Alvares, 195), p. 37.

36. Weckmann (1994), *La Herencia Medieval de México*, p. 511.

37. Rojas Garcidueñas, *El Teatro de la Nueva España*, pp. 41–42.

38. Armando Partida, *Teatro Mexicano, Historia y Dramaturgía*, Vol. II, *Teatro de Evangelización en Náhuatl* (México: Consejo Nacional para la Cultura y las Artes, 1992), p. 27.

39. Weckmann (1994), *La Herencia Medieval de México*, p. 510.

40. Partida, *Teatro de Evangelización*, p. 73.

41. Horcasitas, *El Teatro Náhuatl*, pp. 79–80.

42. Gaspar Pérez de Villagrá, *Historia de Nuevo México*, Edición de Mercedes Junquera (Alcalá, 1610; Madrid: Dastin, 2001), p. 211.

43. Young, *The Drama of the Medieval Church*, Vol. II, pp. 430–31.

44. Palabras del Dr. Agapito Rey, experto en el teatro Nuevo Mexicano, recogidas por Marie, *The Role of the Church*, p. 60.

45. *Descripción del Nuevo México hecha por Fray Francisco Atanasio Domínguez, 1777*, BNM, legajo 10, n. 43, p. 383, Center for Souhwest Research, Zimmerman Library, University of New Mexico.

46. *Descripción del Nuevo México*, p. 393.

47. Mary Montaño, *Tradiciones Nuevomexicanas, Hispano Arts and Culture of New Mexico* (Albuquerque; University of New Mexico Press, 2001), p. 170.

48. Marie, *The Role of the Church*, p. 94.

CHAPTER 2

The Corpus Christi Feast

BEGINNING IN THE EIGHTEENTH CENTURY, a change occurred in sacred dramatic presentations within churches and on the plazas and streets of both France and eastern Spain, that is, Aragon, Catalonia, and Valencia. This change came about because of a new style of festivity introduced into royal palaces during great banquets. It consisted of dramatic surprise stage productions carried out during meals at grand feasts and parties that included a chivalric symbolism related to what was celebrated on that occasion. This type of culinary spectacle was known as an *entremés*, derivative from the French, *entremets*.[1] The term is a combination of *entre* and *mes*, meaning that it took place between one dish and another. Meanwhile, performances similar to *entremeses* were carried out in the streets during civil celebrations and at the coronations of kings and princes.[2] These performances included mounted processions or cavalcades and floats carrying musicians and dancers that accompanied figures of a grotesque or fabulous and fantastic nature.[3]

The first reference in Spain to an event of these dimensions that uses the term entremés dates to 1381, at the coronation of Queen Sibil.la by King Pere IV the Ceremonious, of Aragon:

Finalizing the meal they brought a beautiful entremés; that is, a handsome turkey upon a round and raised platform, circled by many cooked birds covered with linens of gold and silver. This turkey was presented at the lady's table and served with much solemnity, accompanied by many stringed instruments, together with others that arrived separately preceding the majordomo, gentlemen, and ladies. The entremés bore on its breast the following verses:

To you, noble lady, I give myself
On the occasion of your great honor this day,
And I make of myself according to the good customs
Of the courts of D'latorsrela and of France.[4]

With time, these gastronomic entertainments became increasingly sophisticated. Many references exist to this original kind of drama, which are recorded in the chronicles of the Kingdom of Aragon and Catalonia. What did the entremés have to do with religious theater, however?

In 1264, Pope Urban IV established the Feast of Corpus Christi, which celebrates the institution of the Eucharist, the sacrament by which bread and wine become transformed into the body and blood of Christ. Corpus, from Latin, means body.[5] At the beginning of the fourteenth century, Pope John XXII ordered that this feast be celebrated with eucharistic processions throughout Christendom. Thus, the consecrated Host Itself, the Body of Christ, as the maximum expression

Evidence reveals that in the early fourteenth century dramatic presentations contributed to the great splendor with which Spain celebrated the Corpus Christi procession.[7]

This religious festivity was chiefly in the hands of citizens, since city councils organized and funded the events. As an urban celebration, the Corpus Christi feast extended beyond church perimeters, filling the entire municipality as its dramatic festive space.[8]

> The common people, of simple spirit and tender soul, have always needed a variety of graphic elements that might enter their soul through their eyes and contribute, in an intense way, to enlivening those images and ideas otherwise confusing, if a well-defined and tangible element had not come forth to clarify and define them. For those of simple intelligence, what eyes can see has much more value than what ears may hear; the image that penetrates through the eyes engraves itself in the brain in a much stronger, clearer, and more defined way than that concept that has relied merely on auditory faculties in order to take form and shape within the soul.[9]

Fig. 2.1. L'Ou com balla. The dancing egg symbolizes the exaltation of the Eucharist. / El baile del huevo simboliza la exaltación de la Eucaristía. Barcelona, 2001. Photo by Tom Lozano.

These words of Joan Amades describe precisely the strength of entremeses during Corpus Christi processions and the impact they must have had on people

of Christianity, would be carried through the streets. We can imagine that the eloquence of palace performances soon spilled out onto streets during the processions the pope ordered. The church took the occasion of such highly developed festiveness to set off Christianity and counteract Jewish and Islamic influences and thus pour into people's consciousness the meanings of the doctrine and its mysteries and those of the holy scriptures. The way of achieving this was quite simple: mainly through images and words, whereby the word reinforced live images in the form of semidrama.[6] A kind of sacred drama referred to as a *misterio* had developed in the Kingdom of Aragon by French influence.

Fig. 2.2. Floral decoration./ Decoración floral. La Garriga, Barcelona, 2001. Photo by Tom Lozano.

that time, for they absorbed a good deal of municipal and guild life. This was especially so because such processions were the only distraction for the common people who eagerly awaited fiesta time. Countryside dwellers traveled to cities on such occasions to witness the ambulant creations. Thus they learned about biblical stories, the lives of saints and their symbolism, which thereby increased their own devotion and mystical feelings.

Since court gastronomic presentations resembled those done during processions and at other secular and religious demonstrations, the term entremés subsequently included all similar presentations, though in reality they did not occur between one dish and another. This term came into the Castilian language and eventually referred to *any* theatrical piece of short duration.[10]

Barcelona first celebrated its Corpus Christi procession in 1320. It was originally of an educational character, and its floats represented biblical scenes such as those of 1391, where the entremés of paradise with Adam and Eve and the serpent and tree paraded through the Spanish city. Other accompanying floats included Noah's ark and the figures of David and Goliath. Scenes and characters paraded through the streets in procession according to chronological order: First appeared floats relating to the Old Testament, followed by those corresponding to the New Testament, and ending with those containing images of saints, apostles, and martyrs.[11] For several centuries, the Corpus Christi procession was the true Fiesta Mayor of Barcelona, generating down through the years many festive elements such as giants and *cabezudos*, different types of music, dances, and entremeses among others.[12]

Though these biblical characters initially appeared as expressive images, people gradually assumed the roles of such figures. The development of the misterio *Paradís terrenal* in Valencia's Corpus Christi feast reflects this process. Valencia first celebrated Corpus Christi in 1355. In 1404, Adam and Eve were sculptural presentations. In 1407, people assumed the roles. In 1414, they added canticles to complement the entremeses. In 1432, Adam and Eve appeared positioned on a platform with wheels.[13] In 1435 we hear about *bastir y desbastir* (dressing and undressing) l'entremes del Paradís terrenal.[14] The text from an entremés of 1517 says that actors represented the characters of God, Adam, Eve, the Seraph, and Death, situated on a platform, and who at precise moments during the procession interpreted a misterio in verse form.[15] According to the city council archives, *La creación del mundo* with twelve angels singing "Senyor ver Deu" also appeared among many other presentations in Barcelona during the first half of the fifteenth century.[16]

In the fifteenth and sixteenth centuries in Toledo, the most popular entremés during Corpus Christi was *Adán y Eva*, which always appeared first in procession. Its characters usually never changed: They included God the Father, Adam, Eve, and the snake, as well as some angels, whose number varied every year and sometimes included a seraph. The presentation *Caín y Abel* appeared only once in Toledo in 1509.[17] Its characters included just Cain, Abel, and two devils with painted faces.[18] In 1532, Seville presented the eucharistic play *Adán y Eva*, which, as in the other cities, came first in procession.[19]

The city councils and guilds invested considerable sums of money in producing the Corpus Christi feasts. The most renowned actors of the time worked in and for such feasts.[20] In 1499, Toledo contracted Alonso de Ávila as singer for a sum of 10,000 maravedi. Besides this, they also paid him 3 reales for interpreting the role of Adam.[21] The archives in Toledo contain an interesting note that mentions that in 1502, during Corpus Christi in the same city, the following sums of money were paid to the actors in the eucharistic play titled *Los Reyes*:[22]

Three kings at four reales each	408 maravedis
Three men	102 maravedis
Herod and two doctors at two reales each	204 maravedis
Mary, at two reales	68 maravedis
Joseph, one real	34 maravedis
Herod's squire, one real	34 maravedis
An angel	30 maravedis

In order to have a clear idea of the solemnity and pomp of the Corpus Christi celebrations and of the immense performance put into movement that day, it is best to resort to the program itself with the procession's sequence. The following program from the fifteenth century corresponds to Barcelona:

[On Thursday morning minstrels sound their trumpets energetically and then retire to hear] the sermon and office of high mass, done here very solemnly.[23] Next we proceed with the parade in the form, manner, and order established by the procession, carried out by certain honorable canons and by honorable laborers and four citizens elected by the honorable city councilmen.[24]

First [in procession] are all the trumpets.—Next is the flag of St. Eulalia.—The *gafarons* from la Seo.[25]—Those from St. María del Mar.—Those from El Pi.—Those from St. Just.—Those from St. Miquel.—Those from St. Jaume.—Those from St. Cugat.—Those from St. Anne.

Los Blandones.[26]

1. The blandones belonging to each, on the right-hand side.—The forty belonging to the city go on the left.—Next, those of the blind, crippled, and lame.—Those of the porters.—Those of the millers.—Those of the bakers.—Those of the jar-makers.—Those of the fishermen.—Those of the linen weavers.—Those from the confraternity of St. Julián.—Those of the tanners.—Those of the carpenters.—Those of the furriers.

The Crosses.

1. The cross of La Seo.—That of St. María del Mar.—That of El Pi.—That of St. Just.—That of St. Pere.—That of St. Miquel.—That of St. Jaume.—That of St. Cugat.—That of St. Anne.—That of La Mercé.—The crosses of El Carme and of the Agostins.—That of preachers and friars minor.

Certain Part of the Clergy.

The altar boys and priests of the parish churches with their *sobrepelliz*.[27]
The friars of La Mercé in twos.
The friars of El Carme to the right and the Agostins to the left.
The preaching friars to the right and friars minor to the left.
The canons of La Seo with all the clergy from La Seo.

The Representations.

1. The creation of the world with twelve angels singing, "Senyor ver Deu."
Hell with Lucifer above and four devils.
St. Michael's dragon.
The foreman with the mass of twenty-three devils who battle on foot with the sword-girded angels who fight the devils.
Paradise and its entire group.
Adam's cherub.
Adam and Eve.
Cain and Abel.
Noah's ark and its entire group.
Melchizedec with the youth.
Abraham and Isaac with the donkey.
Lot's two daughters and wife.
Jacob and his angel.
King David with the giant.
The twelve tribes of Israel in twos.
The twelve angels singing, "Victorios."

The Representations Administered by La Seo.

1. Moses and Aaron.
Ezekiel and Jeremiah.
Elijah and Elisha.
Ezekiel and Jonah.
Habakkuk and Zachariah.
Daniel and Isaiah.
St. John the Baptist, alone.

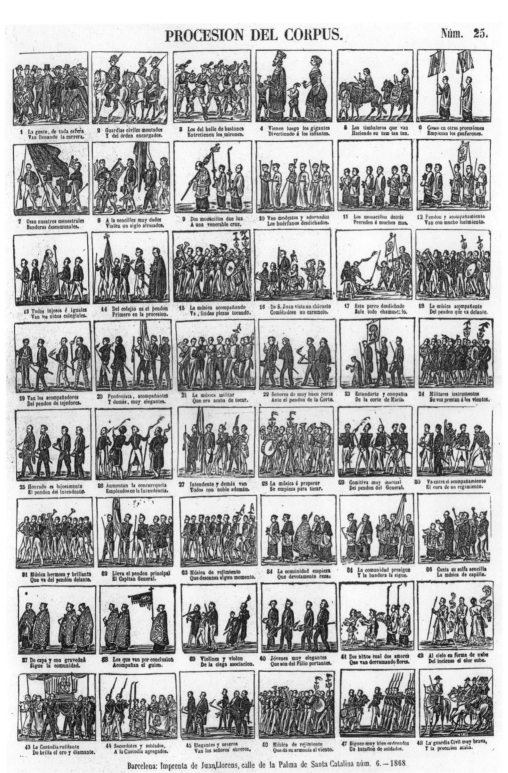

Fig. 2.3. Line drawing of a Corpus Christi procession.

The judges of St. Susana.

St. Susana with the angel and Daniel.

Judith and the servant.

Archangel Rafael with Tobias.

The Annunciation to the Virgin Mary with the angels singing, "A Deu magnifich, ó vos Maria."

The entremés of Bethlehem or the Nativity of Jesus Christ.

The first Wise Man riding alone.

The second Wise Man riding alone.

The third Wise Man riding alone.

For caped Jewish men with *gramelles* and four Jewish women.[28]

The entremés of the innocent with Rachel above.

The men-at-arms.

King Herod with two doctors.

The Germans.

Twelve angels singing, "Lloem la hostia sagrada."

Of St. Anne

St. Joachim and the shepherd.

St. Anne and St. Isabel.

St. Helena with Emperor Constantine, his Doctors of the Church, and his knights.

St. Mary of Egypt and Zosimus with his lion.

St. Paula and St. Perpetua.

St. Elmo.

St. Henry.

1. Sale á ver, lujosaménte, la procesion mucha gente.
2. La Guardia va la primera despejando la carrera.
3. Delante van con decencia los de la Beneficencia.
4. Los del Hospicio despues, dos á dos y tres á tres.
5. Marchan los Desamparados en dos filas ordenados.
6. Dos niños junto al pendon cada cual lleva un borlon.

7. Muchos niños pequeñitos van vestidos de angelitos.
8. Van caballeros con luces, los estandartes y cruces.
9. Vienen luego los ciriales con las mangas parroquiales.
10. Van alcaldes y alguaciles y autoridades civiles.
11. Viene alumbrando primero con sobrepelliz el clero.
12. Luego siguen con pluviales un ministro y diaconales.

13. En andas, con esplendor, va el Santísimo Señor.
14. Sigue el pálio, desplegado, por caballeros llevado.
15. El cortejo arzobispal viste de pontifical.
16. En tanto acompañamiento asiste el ayuntamiento.
17. Llevan cotas y golilla los maceros de la Villa.
18. Entorchados y galones van de todas graduaciones.

19. Las autoridades son las que van por conclusion.
20. De músicos instrumentos resuena el eco en los vientos.
21. De la escolta, los primeros vienen los alabarderos.
22. Con régia silla de manos asisten los soberanos.
23. Luego, de respeto, pasa un coche de la Real Casa.
24. Con su música y bandera marcha la escolta postrera.

MADRID: 1865. — Imprenta de Marés y Compañía, plazuela de la Cebada, núm. 15.

The Representations of the Friars of La Mercé come next in the following order:

St. Ursula.

St. Thecla and St. Candida.

St. Catherine and St. Barbara.

St. Inez and St. Cecile.

St. Agatha and St. Lucy.

St. Clare and St. Euphrasia.

St. Pole and St. Quiteria.

St. Margaret alone with the dragon.

Angels sounding [their instruments].

St. Mary, Jesus, and Joseph.

The Resurrected Christ alone with the cross.

St. Dismas with his angel.

Gestas with his devil.

Longi, alone with the silk.

Joseph of Arimathea and Nicodemus.

The twelve angels and the plagues.

The monument and its entire group with Magdalene above.

St. Anthony and St. Onuphrius.

St. Paul the Hermit and St. Alexander.

Next appear the representations of St. Eulalia del Campo.

1. St. Francis and St. Nicholas.

St. Dominic and St. Thomas Aquinas.

St. Bernard and St. Justus.

St. Benedict and the devil.

St. Honoratus and St. Pacian.

St. Basil and St. Maurus.

St. Macarius and the devil.

St. Jermyn with his companion and the donkey.

St. Martin with Jesus in a poor man's outfit.

St. Julian's angel with the *sirvia*.[29]

St. Julian and St. Alphius.

St. Gregory and St. Jeronimo.

St. Ambrose and St. Agustine.

The twelve angels singing, "Ay vos bona gent honrada."

Next follow those representations supervised by the mayordomo from the church of St. María de la Mar.

St. Clement and St. Dionysius.

St. Lawrence and St. Vincent.

St. Blaise and St. Peter, the Martyr.

St. Steven, St. Pontius, and St. Baldomerus.

St. Severinus and St. Fabian.

St. Hippolytus and St. Cugat.

St. Abdon and St. Senan.

St. Cosmas and St. Damian.

St. Christopher with the Baby Jesus around his neck.

The martyrdom of St. Sebastian with the black and white horses.

The phoenix alone.

The entremés of St. Eulalia with her companions.

The men-at-arms in the company of Dasius.

The entremés of St. Eulalia with Dacius and the doctors above.

St. George on horseback.

The vibre.

The rock with the maiden of St. George.

The king and queen, father and mother of St. George's maiden, and their company.

Next come those representing the apostles.

St. Peter and St. Paul.

St. Andrew and St. James the Elder.

St. Phillip and St. James the Younger.

St. Matthias and St. Thomas.

St. Bartholomew and the devil.

St. Barnabas.

St. Simon and St. Thaddeus.

The eagle alone.

The angels playing instruments.

The white candles.

Those who sing before the monstrance.

St. Luke   The monstrance with the Holy Body

St. Mark.

St. John of Our Lord Jesus Christ   St. Matthew.
The bishop with his ministers.
White candles, if available.
Suspended angels with suspended devils.
Followed by two savage men bearing a bar to keep
the people back.
Next, all the people.

Upon reading this extensive list of the Corpus Christi parade in Barcelona (fifteenth century) in its full splendor, we may draw a clear conclusion about one of its main functions that without a doubt was exported to New Spain: the procession in and of itself instructed its spectators. The sacred dramatic presentations paraded down the streets teaching about saints and biblical characters from both Old and New Testaments, illustrating major scriptural events, and suggesting life lessons. All this, in turn, fostered feelings of reverence and adoration in the people who watched the live reenactments on the floats passing before their eyes.

The research of Arturo L. Campa indicates that in the sixteenth century in New Spain, *Adam and Eve* was the first eucharistic play celebrated in Mexico City. Native Indians performed it in 1532.[30] More recent studies conducted in Mexico place the play, *La Caída de Nuestros Primeros Padres* (Adam and Eve), in Tlaxcala in 1538. In any case, the text from this eucharistic play, whether dated 1532 or 1538, whether titled one way or another, has been lost. We do know for certain, however, about the success of its presentation, described in Fray Toribio de Benavente Motolinía's writings.[31] He related in full detail the colossal magnificence of their performance and the abundant presence of pre-Hispanic elements and contrasts these to the typical Spanish villancico that concludes the play.[32]

During the Corpus Christi celebrations in Tlaxcala in 1538, Indians presented the pantomime knows as *Cazadores* (Hunters).[33] A grand, solemn procession also took place that included multitudes of people carrying many flags of saints and the twelve apostles dressed with insignias. As is typical of Corpus Christi feasts, thousands of flowers were part of the parade, and many people carried lit candles in their hands. Children sang and danced in front of the Holy Sacrament, which was accompanied by ministers, crosses, and the typical splendor and ceremony:

In the procession there was *capilla de canto de organo*[34] with many singers and flute music that harmonized with the singers, trumpets and hand drums, small and large bells, all of which rang out upon entering and leaving the church, and it felt as if the sky were falling down.[35]

Fig. 2.5. Becerao, Mexico. Photo by C. S. Fly. Courtesy of Museum of New Mexico, neg. #142415.

Fig. 2.6. Corpus Christi procession. / Procesión de Corpus Christi. Calle San Francisco, Santa Fe, New Mexico, ca.1886. Courtesy of Museum of New Mexico, neg. #117450.

On June 5, 1539, on Corpus Christi Day, a drama festival took place in Tlaxcala with presentations of four pieces: *La Conquista de Jerusalén*, *La Tentación de Cristo*, *La Predicación de San Francisco a las Aves*, and *El Sacrificio de Abraham*. In his writing, Fray Toribio Motolinía again described the grand procession that took place that day:

For the procession on this day of Corpus Christi, roads and streets were so lavishly adorned that many Spaniards present said, "Whoever told this in Castile would be called crazy and an exaggerator and embellisher," because the sacrament paraded down streets made with three orders of medium-sized arches covered with roses and flowers very well tied and arranged. These arches numbered more than fourteen hundred, without counting ten other large triumphal arches under which the procession passed. There were six chapels with altars and altarpieces. The entire march was covered with diverse kinds of fragrant herbs. There were also three very natural looking man-made mountains with cliffs on which they skillfully represented three eucharistic plays.[36]

The religious feast of Corpus Christi was a favorite among the conquistadores, and in America its splendor lasted much longer than in Spain, to the extent that in 1541, Corpus Christi was instituted as Mexico City's most important fiesta.[37]

In New Mexico, this significant procession could not be omitted, and it is celebrated every year in Santa Fe. In the late 1970s L. Bradford Prince explained that at dawn on the day of commemoration or late on the eve, people decorated the streets where the procession was to pass with evergreen branches brought in from nearby mountains. This gave the city a festive mood. In front of their homes some families placed handsomely decorated altars with statues, paintings, and canopies, all of which gave an extra touch to the religious feast. People from the surrounding pueblos, eager to see the procession, traveled to the capital and long before it started, looked for a place to settle along the pathway in order to watch the parade as it passed. Thus, people had already gathered along the sides of streets long before it began. The procession began at 11:00 AM in the cathedral, after celebrating a solemn mass. According to Prince, the parade's sequence was the following:

The cross and acolytes.
The children of Mary of the Cathedral.
The young ladies of Loretto Academy.

Fig. 2.7. Altar. / Altar.
La Plaza Sena, Santa Fe,
New Mexico. Corpus Christi.
Courtesy of Museum of
New Mexico, neg. #8131.

Fig. 2.8. Corpus Christi procession.
/ Procesión del Corpus. Pecos,
New Mexico. Courtesy of Museum
of New Mexico, neg. #87047.

The children of St. Vincent.
The girls of the parochial school.
The children of St. Catherine school.
The young women of the Sacred Heart of Jesus.
The young women of the cathedral.
The Association of St. Joseph.
The men of the cathedral.
The alumni of St. Michael's College.

The little girls with flowers.
The guard of honor to the Blessed Sacrament, being fourteen gentlemen.
The Blessed Sacrament, celebrant, and priests.
The choir.
The pallium bearers, being twelve gentlemen.
Directors of the procession, usually twelve in number.

Music bands from the different societies also accompanied the march. The procession stopped at every altar on the street and offered a small service or blessing. Finally, the procession returned once again to the cathedral.[38]

For many years the Corpus Christi procession figured as one of New Mexico's most important celebrations. In the early days, people presented eucharistic plays during the procession, along its long, winding path through Santa Fe's streets. This ancient tradition completely disappeared from the capital, however, early in the twentieth century.[39]

New Mexicans occasionally presented the *Comedia de Adán y Eva*. Some scholars believe that New Mexico's version most probably derived from Mexico City. During Arturo L. Campa's research of New Mexican drama, Julio Jiménez Rueda, a student of early Mexican drama, communicated the following to him:

I believe that the Colloquies of New Mexico originate in Mexico and respond to the currents of popular drama imported by Spaniards more than to renaissance drama, characterized by Juan del Encina, who corresponds to the time of the Spanish Conquest. I believe such colloquies resemble medieval drama.[40]

The *Comedia de Adán y Eva* is not as dramatically powerful as *Caín y Abel*. Both works belong to the Old Testament cycle and formed part of New Mexican liturgical drama. It is hard to say when and how they first appeared in New Mexico. Campa affirms that these dramatic compositions were most likely written in the late seventeenth century or early eighteenth century.[41] Interestingly, these texts of oral tradition remained in excellent state, though they were less popular than those belonging to the Nativity cycle. It is possible that New Mexicans presented both these works sometime during the Corpus Christi celebrations as Spaniards used to do in the past.

NOTES

1. The term "entremés" appeared in both religious and secular celebrations and on certain occasions substituted for "misterio" (mystery); Manel Milà i Fontanals, *Obras Completas* (Barcelona: Opúsculos Literarios, 1895), 6:213n.
2. Milà i Fontanals, *Obras Completas*, 6:232–45.
3. Lázaro Carreter (1987), *Teatro Medieval*, 46.
4. Milà i Fontanals, *Obras Completas*, 6:235.
5. Gutierre Tibon, *Diccionario Etimológico comparado de Nombres Propios de Persona* (Mexico City: Fondo de Cutura Económica, 1986), 67.
6. Joan Amades, *Gegants Nans i alters entremesos* (Barcelona: Arxiu de Tradicions Populars, Costumari Popular Catalá, 1983), 11–13.
7. José Sánchez-Arjona, *Noticias referentes á los Anales del Teatro en Sevilla desde Lope de Rueda hasta fines del siglo XVII* (Seville: n.p., 1898), 1.
8. Massip, *El Teatro Medieval, voz de la divinidad*, 76.
9. Amades, *Gegants Nans*, 11.
10. Amades, *Gegants Nans*, 12.
11. Lázaro Carreter (1987), *Teatro Medieval*, 48–52.
12. Carnival figures with enormous heads.
13. Milà i Fontanals, *Obras Completas*, 6:222; Lázaro Carreter (1987), *Teatro Medieval*, 48–52.
14. Milà i Fontanals, *Obras Completas*, 6:222.
15. Milà i Fontanals, *Obras Completas*, 6:222; Lázaro Carreter (1987), *Teatro Medieval*, 48–52.
16. Sánchez-Arjona, *Noticias referentes*, 2.
17. Carmen Torroja Menéndez and María Rivas Palá, "Teatro en Toledo en el siglo xv, 'Auto de la Pasión' de Alonso Campo," *Boletín de la Real Academia Española*, o.s., 35 (1977): 45.
18. Torroja Menéndez and Rivas Palá, "Teatro en Toledo," 70.
19. Sánchez-Arjona, *Noticias referentes*, 6.
20. Amades, *Gegants Nans*, 13.
21. Torroja Menéndez and Rivas Palá, "Teatro en Toledo," 51.
22. Torroja Menéndez and Rivas Palá, "Teatro en Toledo," 66–67.
23. Since the first Corpus Christi procession celebrated in Spain, which took place in Barcelona in 1320, the mass and procession were done in the morning. From 1542 onward, the procession headed out from the cathedral at three in the afternoon after praying vespers; Milà i Fontanals, *Obras Completas*, 6:374–75.
24. Milà i Fontanals, *Obras Completas*, 6:374–79.
25. Small children.
26. Term for a large candelabra in which large, thick candles called *hachas* are placed.
27. A white garb made of fine linen with very wide sleeves going from the shoulder to the waist.
28. A long, solemn garb; Catalan word referring to clothing typically worn by a notary public.
29. A type of fish.
30. Arturo L. Campa, "Spanish Religious Folk Theater in the Spanish Southwest," *University of New Mexico Bulletin*, February 1934, 8.
31. Fray Toribio de Benavente Motolinía was born in the town of Benavente, Zamora, Spain, between 1482 and 1491. He died in 1569 in Mexico City. He arrived in New Spain with the first group of Franciscans. Mexican Indians nicknamed him Fray Toribio de Motolinía, meaning poor or humiliated.
32. Partida, *Teatro de Evangelización*, 69.
33. Also known as *La Batalla de los Salvajes*. It consisted of a mock battle between two bands of hunters and seems to have derived from a pre-Cortés rite in honor of the hunting god, Caxmaxtli. Apparently, around fifty thousand untrained actors participated in this feigned battle; Weckmann, *La Herencia Medieval de México*, 513.
34. Musical ensemble performing canto de órgano. See note 13, chap 11, "New Mexico Mission Music Schools in the Seventeeth and Eighteenth Centuries" for a definition of canto de órgano.
35. Fray Toribio de Benavente Motolinía, *Relaciones de la Nueva España* (Mexico City: Universidad Nacional Autónoma de México, 1994), 57.
36. Partida, *Teatro de Evangelización*, 77–78.
37. Arturo Warman Gryj, *La Danza de Moros y Christianos* (Mexico City: SepSetentas, 1972), 71–72.
38. Bradford L. Prince, *Spanish Mission Churches of New Mexico* (Glorieta: Rio Grande Press, 1977), 81–85.
39. Mary Austin, "Folk Plays of the Southwest," *Theatre Arts Monthly* 17 (August 8, 1933), 601.
40. Campa, "Spanish Religious Folktheater in the Spanish Southwest," 13.
41. Campa, "Spanish Religious Folktheater in the Spanish Southwest," 11–12.

CAPÍTULO 2

Las Fiestas del Corpus

A PARTIR DEL SIGLO XIII, se experimenta un cambio en las representaciones sacro-teatrales tanto en las iglesias como en las plazas y calles de Francia y la zona este de España, (Aragón, Catalunya y Valencia). Este cambio proviene de un nuevo estilo de celebración que se introdujo en los palacios reales durante los grandes banquetes. Consistía en escenificaciones teatrales sorpresa que se hacían durante las comidas de las grandes fiestas, y que siempre tenían un simbolismo caballeresco referente a lo que se festejaba. Este tipo de "espectáculos culinarios" se conoció bajo el nombre de entremés; derivación de la palabra francesa *entremets*, conjunción de "entre" y "mes," y como su nombre indica se ejecutaban entre plato y plato.[1] A la vez, en las calles se ejecutaban una serie de espectáculos parecidos a los entremeses durante las fiestas civiles y durante las coronaciones de los reyes y príncipes.[2] Estos espectáculos incluían cabalgatas y carrozas, con músicos y danzantes que acompañaban figuras grotescas o de aire fabuloso o fantástico.[3]

La primera referencia de un evento de estas dimensiones utilizando la palabra entremés data de 1381, durante la coronación de la Reina Sibil.la por el Rei Pere IV el Ceremonioso, de Aragón:

fou aportat á la derraria del menyar un bell entremes so es un bell pago qui feya la roda e estave en un bell bestiment en torn del cual havia molta bolateria cuyta cuberta de panys dor e dargent e aquest pago fou servit fort altament e presentat á la taula de la dita senyora ab mols esturments axi de corda com d'altres, e venien apart devan lo mayordom e cavallers e donsells, e lo dit entremes portave en sos pits una cobla escrita qui deya aixi:

A vos ma do senyora de valor
al present jorn per vostra gran honor,
e fayts de me segons la bona usanza
de les grans corts D'latorsrela e de Fransa.[4]

Trajeron al final de la comida un bello entremés. Eso es, un hermoso pavo que estaba sobre una tarima redonda, alrededor del cual había muchas aves cocidas cubiertas de paños de oro y plata. Y se presentó y se sirvió este pavo en la mesa de la dicha señora, con gran solemnidad, con muchos instrumentos de cuerda junto con otros, los cuales venían aparte, delante del mayordomo, caballeros y damas. Y dicho entremés (pavo) traía en sus pechos una copla que decía así:

A vos, señora de valor, me doy
por vuestro gran honor en el día de hoy,
y hago de mí, según la buena usanza
de las Cortes de D'latorsrela y de Francia.[5]

Con el tiempo estos entretenimientos gastronómicos se fueron haciendo cada vez más sofisticados. Así consta en las crónicas del Reino de Aragón y Catalunya, donde hay una buena cantidad de referencias de esta originalidad teatral. ¿Qué tiene que ver el entremés con el teatro religioso?

En 1264, el Papa Urbano IV establece la Fiesta del Corpus Christi, que celebra la institución de la Eucaristía, sacramento por el cual el pan y el vino se transforman en el cuerpo y la sangre de Cristo. Corpus, que proviene del latín, significa cuerpo.[6] A principios del siglo XIV el Papa Juan XXII, ordena que dicha fiesta se celebre con procesiones eucarísticas por toda la Cristiandad. La misma Hostia consagrada, el Cuerpo de Cristo, como máxima expresión del Cristianismo, será paseada por las calles. Podemos imaginar que toda la elocuencia de los espectáculos en los palacios no tardó en pasar a las calles durante las procesiones ordenadas por el papa. La iglesia aprovechó tal desarrollo festivo para resaltar la cristiandad y desvirtuar las influencias judías e islámicas, y penetrar así en la conciencia del pueblo el sentido de los misterios de la doctrina y de las escrituras sagradas. El modo de hacerlo fue muy sencillo, sobre todo a través de la imagen y de la palabra que reforzaba la imagen viva, en forma de semiteatro.[7] En el Reino de Aragón se había desarrollado, por influencia francesa, un tipo de drama sacro llamado misterio. Existen datos, los cuales nos revelan que desde principios del siglo XIV las representaciones dramáticas contribuían al gran esplendor con que se celebraba la procesión del Corpus en España.[8]

Por otra parte, la fiesta del Corpus estaba por excelencia en manos de los ciudadanos, pues los ayuntamientos organizaban el evento y lo subvencionaban. Por ser una fiesta urbana, el Corpus dejó el perímetro de la iglesia para abarcar el municipio por entero como espacio dramático festivo.[9]

El pueblo, de espíritu sencillo y alma tierna, siempre ha necesitado varios elementos gráficos que entraran en su alma por los ojos y que contribuyesen de manera bien intensa a hacer vivas en su imaginación las imágenes y las ideas que habrían sido de comprensión confusa si no hubiese venido un elemento bien definido y tangible a aclararlas y definirlas. Para las inteligencias sencillas tiene mucho más valor lo que los ojos ven que lo que las orejas oyen; la imagen que penetra por la vista se graba en el cerebro con mucha más fuerza y de manera mucho más clara y definida que aquel concepto que sólo ha tenido el elemento auditivo para tomar cuerpo en el espíritu.[10]

Estas palabras de Joan Amades describen con exactitud la fuerza de los entremeses en la procesión del Corpus y el impacto que debió de tener para las gentes de entonces, pues llegaron a absorber buena parte de la vida municipal y de los gremios. De hecho constituía la única distracción del pueblo llano que esperaba con ansias las fiestas. Las gentes del campo acudían a la ciudad durante las fechas señaladas para presenciar las representaciones ambulantes. De esta manera aprendían las historias bíblicas, la vida de los santos y sus simbolismos, lo cual aumentaba también su devoción y sentimiento místico.

Puesto que las representaciones gastronómicas palaciegas se asemejaban a las que se hacían en las procesiones y en otras manifestaciones profanas y religiosas, el termino entremés llegó a abarcar todas las representaciones parecidas, aunque en realidad no fuesen entremeses, entre plato y plato. Este término fue adoptado por la lengua castellana y llegó a indicar *cualquier* representación teatral de corta duración.[11]

En Barcelona se celebró por primera vez la procesión del Corpus en 1322 que en sus orígenes tenía un carácter educativo. En las carrozas se representaban escenas bíblicas, como consta en 1391, cuando desfilaron en la misma ciudad el entremés del paraíso con Adán y Eva, la serpiente y el árbol, acompañados entre otras por el arca de Noé y las figuras de David y Goliat. Las escenas y personajes marchaban por las calles en procesión, según el orden cronológico: primero, todo lo referente al Antiguo Testamento, seguido por el Nuevo Testamento, y acabando con imágenes de santos y santas, apóstoles y mártires.[12] Durante varios siglos la procesión del Corpus en Barcelona fue la verdadera Fiesta Mayor de la Ciudad Condal. En ella se originaron a lo largo de la historia muchos elementos festivos: gigantes y cabezudos, músicas, bailes y entremeses, entre otros.

En un principio todas estas imágenes eran plásticas, pero poco a poco fueron encarnadas por personas. Este proceso se refleja en la fiesta del Corpus de Valencia, a través del desarrollo del misterio del *Paradís terrenal*. El Corpus se celebró por primera vez en Valencia en 1355. En 1404, la representación de Adán y Eva era escultural. En 1407, Adán y Eva eran ya encarnados por dos personas. En 1414, se añaden cánticos como complemento de los entremeses. En 1432, Adán y Eva iban sobre una tarima con ruedas.[13] En 1435 se habla de bastir y desbastir [vestir y desvestir] l'entremes del Paradís terrenal.[14] En 1517 se encontraban sobre una plataforma según la letra, Deu, Adam, Eva, l'Angel xerubi, y la Mort, representados por actores quienes, en momentos precisos del recorrido, interpretaban un misterio en verso.[15] *La creación del mundo* con doce ángeles cantando "Senyor ver Deu," también aparece en la ciudad de Barcelona durante la primera mitad del siglo XV, entre la gran cantidad de representaciones del Corpus según consta en los archivos de su ayuntamiento.[16]

En Toledo durante las fiestas del Corpus del siglo XV y XVI, el entremés más representado fue el de *Adán y Eva*, siendo este siempre el primero en la procesión. Los personajes solían ser los mismos: Dios Padre, Adán, Eva y la culebra, además de unos ángeles que variaban en número según el año y en veces un serafín. Por otra parte, en Toledo mismo, el auto de *Caín y Abel* se representó tan sólo una vez en 1509.[17] Los personajes de este auto eran muy pocos, siendo Caín y Abel y dos diablos con los rostros pintados.[18] En la ciudad de Sevilla en 1532 se representó el auto titulado *Adán y Eva*, siendo éste, al igual que en las demás ciudades, el primero en desfilar en la procesión.[19]

Los ayuntamientos y los gremios invertían buenas sumas de dinero en la producción de las fiestas del Corpus, y trabajaban para ellas y en ellas los artistas de más renombre de la época.[20] En 1499, en la ciudad de Toledo, contrataron a Alonso de Ávila como cantor con un salario de 10.000 maravedíes. Se le pagó también a Ávila el cantor, 3 reales que se le debían por haber interpretado el papel de Adán.[21] Como dato

interesante, según consta en los archivos de Toledo, en 1502, durante las fiestas del Corpus de la misma ciudad, a los actores del auto de *Los Reyes* se les pagaron las siguientes sumas:[22]

Tres reyes, a cuatro reales cada uno	408 maravedíes
Tres hombres, para ellos	102 maravedíes
Herodes y dos doctores, a dos reales cada uno	204 maravedíes
A la María, dos reales	68 maravedíes
Al Josepe, un real	34 maravedíes
Un escudero de Herodes, un real	34 maravedíes
Un angel	30 maravedíes

Para darnos una idea más concreta de la gran solemnidad y pompa que empleaba la procesión del Corpus, y del inmenso espectáculo que se ponía en movimiento ese día, lo mejor es recurrir al programa mismo del orden de desfile de la procesión. El siguiente programa corresponde a la ciudad de Barcelona en el siglo XV:

[El jueves por la mañana los juglares suenan fuertemente sus trompetas y después se retiran para escuchar] . . . el sermón y el oficio de la misa mayor, la cual se hace aquí muy solemnemente.[23] Se procede a la procesión en la forma, manera y orden según es la ordenación de dicha procesión, efectuada por ciertos honorables Canónigos y por los honrados Obreros y cuatro ciudadanos elegidos por los honorables Consejeros.[24]

Primeramente todas las trompetas.—Después la bandera de Sta. Eulalia.—Los gafarons[25] de la Seo.—Los de Sta. María del Mar.—Los del Pi.—Los de S. Just.—Los de S. Miquel.—Los de S. Jaume.—Los de S. Cugat.—Los de Sta. Ana.

Los Blandones.[26]

1. Los Blandones de cada uno al lado derecho.—Los de la ciudad, que son XL, que van al lado izquierdo.—Los de los ciegos, tullidos y lisiados.—Los de los bastajes.—Los de molineros.—Los de

los panaderos.—Los de los frasqueros.—Los de los pescadores—Los de los tejedores de lino.—Los de la Cofradía de S. Julián.—Los de los curtidores.—Los de los Carpinteros.—Los de los peleteros.

Las Cruces.

1. La cruz de la Seo.—La de Sta. María del Mar.—La del Pi.—La de S. Just.—La de S. Pere.—La de S. Miquel.—La de S. Jaume.—La de S. Cugat.—La de Sta. Anna.—La de la Mercé.—Las cruces del Carme y Agostins.—La de predicadores y frailes menores.

Cierta parte del Clero.

Los monaguillos y presbíteros de las Iglesias parroquiales con sobrepelliz.[27]

Los frailes de la Mercé de dos en dos.

Los frailes del Carme a la derecha y los Agostins a la izquierda.

Los frailes predicadores a la derecha y los frailes menores a la izquierda.

Los canónigos de la Seo con todo el clero de la Seo.

Las representaciones.

1. La creación del mundo con XII ángeles que cantan: "Senyor ver Deu."

Infierno con Lucifer encima con 4 diablos con él.

El dragón de S. Miguel.

El mayoral con la masa de XXIII diablos, los cuales prestan batalla a pie a los ángeles de espada que prestan batalla a los diablos.

El paraíso con toda su comparsa.

El ángel Querubín de Adán solo.

Adán y Eva.

Caín y Abel.

El Arca de Noé con toda su comparsa.

Melchisedec con los jóvenes.

Abraham e Isaac con el burro.

Las dos hijas de Lot y su mujer.

Jacob con su ángel.

El Rey David con el Gigante.

Las XII tribus de Israel de dos en dos.

Los doce ángeles que cantan: "Victorios."

De las representaciones las cuales administra la Seo.

1. Moisés y Arón.

Ezequías y Jeremías.

Elías y Eliseo.

Ezequiel y Jonás.

Abacuc y Zacarías.

Daniel e Isaías.

S. Juan Bautista solo.

Los jueces de Sta. Susana.

Sta. Susana con el ángel y Daniel.

Judit y la Sirvienta.

S. Rafael con Tobías.

La anunciación de la Virgen María con los ángeles cantando: "A Deu magnifich, ó vos Maria."

El entremés de Belén o la Natividad de J.C.

El primer Rey de Oriente cabalgando solo.

El segundo Rey cabalgando solo.

El tercer Rey cabalgando solo.

Seis judíos con capas con "gramelles" con 4 judías.[28]

El entremés de los inocentes y Raquel encima.

Los hombres de armas.

El Rey Herodes con dos Doctores.

Los alemanes.

Los XII ángeles que cantan: "Lloem la hostia sagrada."

De Santa Ana.

S. Joaquín y el pastor.

Sta. Ana y Sta. Isabel.

Sta. Elena con Constantino emperador con sus Doctores y Caballeros.

Sta. María Egipcíaca y Zósimo con su león.

Sta. Paula y Sta. Perpetua.

S. Elmo.

S. Enrique.

Aparecen después las representaciones a cargo de los frailes de la Mercé de la siguiente manera:

Sta. Ursula.

Sta. Tecla y Sta. Cándida.

Sta. Catalina y Sta. Bárbara.

Sta. Inés y Sta. Cecilia.

Sta. Ágata y Sta. Lucía.

Sta. Clara y Sta. Eufrasina.

Sta. Polonia y Sta. Quiteria.

Sta. Margarita sola con el dragón.

Los ángeles que suenan.

Sta. María y Jesús y José.

Después el resucitado sólo con la cruz.

S. Dimas con su ángel.

Gestas con su diablo.

Longi sólo con la seda.

José de Arimatea y Nicodemo.

Los doce ángeles que contienen las plagas.

El monumento con toda su comparsa y la Magdalena encima.

S. Antonio y S. Onofre.

S. Pablo ermitaño y S. Alejandro.

Aparecen después las representaciones de Sta. Eulalia del campo.

1. S. Francisco y S. Nicolás.

S. Domingo y S. Tomás de Aquino.

S. Bernardo y S. Justo.

S. Benito y el diablo.

S. Honorado y S. Paciano.

S. Basilio y S. Mau.

S. Macario y el diablo.

S. Jem con su compañero y con el burro.

S. Martín con Jesús en forma de pobre.

El ángel de S. Julián con la *sirvia*.[29]

S. Julián y S. Alceo.

S. Gregorio y S. Jerónimo.

S. Ambrosio y S. Agustín.

Los 12 ángeles que cantan: "Ay vos bona gent honrada."

Después van las representaciones que van a cargodel mayordomo de la iglesia de Sta. María de la Mar.

S. Clemente y S. Dionisio.

S. Lorenzo y S. Vicente.

S. Blas y S. Pedro Mártir.

S. Esteban, S. Ponce y S. Baldomero.

S. Severo y S. Fabián.

S. Hipólito y S. Cugat.

S. Abdón y S. Senén.

S. Cosme y S. Damián.

S. Cristóbal con el niño Jesús al cuello.

El martirio de S. Sebastián con los caballos blancos y negros.

El fénix solo.

El entremés de Sta. Eulalia con sus compañeras.

Los hombres de armas con la compañía de Dacián.

El entremés de Sta. Eulalia con Dacián y doctores encima.

S. Jorge a caballo.

El vibre.

La roca con la doncella de S. Jorge.

El Rey y la Reina, padre y madre de la dicha doncella con su compañía.

Después van los que representan los Apóstoles.

S. Pedro y S. Pablo.

S. Andrés y S. Santiago el mayor.

S. Felipe y S. Santiago menor.

S. Matías y S. Tomás.

S. Bartolomé y el diablo.

S. Bernabé.

S. Simón y S. Tadeo.

El águila sola.

Después los ángeles que tocan los instrumentos.

Los cirios blancos.

Los que cantan delante de la Custodia.

S. Lucas   La Custodia con el cuerpo sagrado
    S. Marcos.

S. Juan   de N. S. J. C.   S. Mateo.

El Señor Obispo con sus ministros.

Cirios blancos, si hay.

Los ángeles suspendidos con los diablos
   suspendidos.
Después dos hombres salvajes que llevan
   una barra para retener a la gente.
Después todo el pueblo.

Tras leer esta extensísima lista del desfile del Corpus en Barcelona (siglo XV) con todo su esplendor, podemos extraer una conclusión clara en cuanto a una de sus funciones primordiales, función que sin duda se exportó a la Nueva España: la procesión en sí instruía a los espectadores. Las representaciones sacro-dramáticas que desfilaban por las calles daban a conocer al pueblo los santos y personajes bíblicos del Antiguo y Nuevo Testamento, ilustrando los eventos más importantes de las sagradas escrituras que a la vez sugerían lecciones de vida. Todo esto a la vez fomentaba entre el pueblo sentimientos de reverencia y adoración en cuanto veían las vivas representaciones pasar delante de sus ojos.

En la Nueva España del siglo XVI, según las investigaciones de Arturo L. Campa, el auto de Adán y Eva fue el primero que se celebró en la ciudad de México, y fue interpretado por los indios que allí residían en el año 1532.[30] Estudios más recientes hechos en México, sitúan el auto de *La Caída de Nuestros Primeros Padres* (Adán y Eva) en Tlaxcala, en 1538. De todas maneras, el texto de este auto ya fuese de 1532 o de 1538, bajo un nombre u otro se perdió. Lo *que sí* sabemos con seguridad es el gran éxito que tuvo su representación, según consta en los escritos de Fray Toribio de Benavente Motolinía.[31] Él nos describe con todo detalle la manera en que representaron con colosal espectacularidad y con gran cantidad de elementos prehispánicos, en fuerte contraste con el típico villancico español con el que se concluye el auto.[32]

Durante las celebraciones de las fiestas del Corpus en Tlaxcala en el año 1538, los indios hicieron la representación de la pantomima de *Los Cazadores*.[33] Hubo también una gran y solemne procesión donde intervinieron multitud de personas con muchas banderas de santos y los doce apóstoles vestidos con sus insignias. Como es típico durante el Corpus, miles de flores tomaron parte en la procesión y muchos de los participantes llevaban velas encendidas en sus manos. Niños cantaban y bailaban delante del Santísimo Sacramento que iba acompañado de ministros y cruces, junto con todo el aparato que desfilaba:

Iba en la procesión, capilla de canto de órgano[34] de muchos cantores y su música de flautas que concertaban con los cantores, trompetas y atabales, campanas chicas y grandes, y todo esto sonó junto a la entrada y salida de la iglesia, que parecía que se venía el cielo abajo.[35]

El 5 de junio de 1539, día de Corpus Christi, tuvo lugar en Tlaxcala un festival de teatro con la representación de cuatro piezas: La Conquista de Jerusalén, La Tentación de Cristo, La Predicación de San Francisco a las Aves y El Sacrificio de Abraham. Fray Toribio Motolinía nuevamente nos describe en sus escritos la gran procesión que tuvo lugar en aquella fecha señalada:

Para la procesión de este día de Corpus Christi tenían tan adornado todo el camino y calles, que decían muchos españoles que se hallaron presentes: quien esto quisiera contar en Castilla, decirle han que está loco, y que se alarga y lo compone; porque iba el Sacramento entre unas calles hechas todas de tres órdenes de arcos medianos, todos cubiertos de rosas y flores muy bien compuestas y atadas; y estos arcos pasaban de mil y cuatrocientos, sin otros *diez arcos triunfales* grandes, debajo de los cuales pasaba toda la procesión. Había seis capillas con sus altares y retablos; todo el camino iba cubierto de muchas yerbas olorosas y diversas. Había también tres montañas contrahechas muy a el natural con sus peñones, en las cuales se representaron tres autos muy buenos.[36]

La fiesta religiosa del Corpus Christi fue la fiesta predilecta de los conquistadores y en América su esplendor se extendió por mucho más tiempo que en España. Tanto fue así, que en 1541, fue instituida como fiesta titular de la ciudad de México.[37]

En Nuevo México tampoco podía faltar esta importante procesión la cual celebran todos los años en Santa Fe. A finales de 1970, L. Bradford Prince nos narra que el día de la celebración por la madrugada o en la noche anterior, las gentes decoraban las calles por donde pasaría la procesión con ramas de pino y abetos traídos de las montañas. Esto daba un ambiente de gala a la ciudad. Algunas familias solían colocar frente a sus casas altares bien decorados con bultos, pinturas, cortinas, dando una pincelada más a la fiesta religiosa. También gentes de los pueblos circundantes a Santa Fe acudían a la capital a presenciar la procesión y un buen rato antes que ésta empezara, buscaban colocarse en un lugar del recorrido desde donde contemplarla. De esta manera la gente iba poblando las orillas de las calles con bastante anterioridad al comienzo de la procesión. Ésta empezaba a las once de la mañana en la catedral después de oficiarse la misa solemne. Según Prince, el orden en la procesión era el siguiente:

La Cruz y los Acólitos.
Los niños de María de la Catedral.
Las jóvenes de la Academia de Loreto.
Los niños de S. Vincent.
Las niñas de la Escuela Parroquial.
Los niños de la escuela de St. Catherine.
Las jóvenes del Sagrado Corazón de Jesús.
Las jóvenes de la Catedral.
La Asociación de San José.
Los hombres de la Catedral.
Los alumnos del "College of St. Michael."
Niñas pequeñas con flores.
La Guardia de Honor del Sagrado Sacramento, el cual consta de catorce caballeros.
El Sagrado Sacramento, celebrantes y curas.
El Coro.
Los portadores del Palio, los cuales son doce caballeros.
Los Directores de la Procesión, que normalmente son doce.

Acompañaban también a la comitiva las bandas de música de las diferentes sociedades. La procesión se detenía en todos los altares colocados en la calle y allí se ofrecía un pequeño servicio o bendición. Finalmente regresaban de nuevo a la catedral.[38]

La procesión del Corpus fue durante mucho tiempo una de las celebraciones más importantes en Nuevo México. Antiguamente durante la procesión que recorría un largo trayecto por las calles de Santa Fe se representaban autos. Pero esta antigua tradición de la capital desapareció por completo a principios del siglo XX.[39]

La Comedia de Adán y Eva se representaba ocasionalmente en Nuevo México. Algunos estudiosos del tema creen que la versión nuevomexicana procede con toda seguridad de la Ciudad de México. Cuando Arturo L. Campa hacía su estudio sobre el teatro nuevomexicano, Julio Jiménez Rueda, estudioso de los principios del teatro mexicano, le comunicó lo siguiente:

Creo yo que los Coloquios de Nuevo México tienen su origen en México y responden a las corrientes del teatro popular importado por los españoles más que al teatro renacentista, caracterizado por Juan del Encina que corresponde al tiempo de realización de la conquista, creo que los coloquios ofrecen semejanza con el medieval.[40]

La Comedia de Adán y Eva no tiene la fuerza dramática que contiene la de *Caín y Abel*. Estas dos composiciones pertenecen al ciclo del Antiguo Testamento y formaban parte del teatro religioso nuevomexicano. Es difícil saber cuándo y cómo aparecieron por primera vez en Nuevo México. Campa afirma con toda seguridad que estas composiciones teatrales fueron escritas a finales del siglo XVII y principios del XVIII.[41] Es curioso que sus textos de tradición oral se mantuvieran en tan buena condición, pues no fueron tan populares como los del ciclo Navideño. Es posible que estas dos obras se llegasen a representar alguna vez durante las celebraciones del Corpus Christi, tal y como solían hacerlo antaño en España.

The plot of *Paradís Terrenal* is a faithful adaptation of the first chapters in Genesis, the creation of Adam and Eve, and their fall or sin.

El argumento del *Paradís Terrenal* es una fiel adaptación de los primeros capítulos del Génesis, la creación de nuestros primeros padres y de su caída o pecado.

Paradís Terrenal [1]
Fragmento (Corpus de Valencia, 1517)

Comensa DEU *y ans de comensar se obre lo cel ab molta musica y en ser en terra para la musica, y diu* DEU *rahonant entre sí en vue ferma y espayosa:*

> Piux ya he creat los cels y la terra
> Lo sol [y] la lluna ab lo firmament
> Esteles [y] plantes, [y] signes sens erra
> La mar [y] los peixos ab altra desferra
> De animals diversos ab tots
>   cumpliments,
> Fassam ara el home a nostra
>   semblansa . . .

Ara lo fa DEU *al home y el pren de la ma y el home está sense esperit y* DEU *lo respira en la cara y obri els ulls y tantost se adorm y* DEU *lo percolza en terra y esta dos pasos arrera y diu en veu, ect. (Sigue la creación de la mujer). Ara se desperta* ADAM *y se agenolla devant de* DEU *y* EVA *al costat esquerra també agenollada y fan acatament á* DEU *y diu* ADAM *en veu ferma:*

> Aquest os de ma costella
> De os[s] os meus l'haveu creat
> Perque unit estiga ab ella
> Y en amor confederat.

Ara abraça ADAM *á* EVA *y diu* DEU:

> Mentjau á vostra fantasia
> Dels fruits del Paradís terrenal

> Sols lo fruit de aquell no sia
> Que es a saber lo be y lo mal;
> Perque en lo punt qu'en mentjareu
> Que certament de mort morreu
> Sens remey ni pietat.

ADAM y EVA *se van pasejant lo Paradís y diu* ADAM *en veu alta:*

> Oh exelses maravelles
> Primors subtils, molt grans y belles
> Veig en est hort,
> Que fresques aygues y quin confort
> De olors tan fines . . .
> No veus senyora, los colors

EVA.   Etern saber
        Senyor Adam lo de Deu:
        ¿No compenpleu y compreneu
        lo gran concert?
ADAM.   Anau Eva y pasejau
        De estas floretes
        Com son perfetes
        Y devisades.
        Llohem á Deu qui les ha criades,
        Ab cor sancer.
        Que tot florix y res no's pert
        De quan hi ha
        Anarmen vull senyor en lla
        Si a vos plau
        Que asi us espere.

Gitas á dormir ADAM. *Crida* LA SERPENT *(antes ha advertido que se ha subido al árbol) á* EVA *per tres vegades y á la última respon.*

SERPENT.   Eva, Eva, Eva, no te alteres
EVA.   Qui eres tu que aixi em nomenes?
SERPENT.   Nom veus Serpent.

---

1. Milà i Fontanals, *Obras Completas*, Tomo VI, pp. 222–25. En su totalidad este misterio consta de 278 versos.

(Sigue, en el mismo metro, no sin arte, la conversación de LA SERPIENTE CON EVA, la caída de esta, la tentación de ADÁN por la misma, el cual cede después de larga resistencia).

Pren ADAM la mazana tremolan y apenas s'en menja un boci, crida DEU ab gran colera.

DEU.	Adam, ubi es
ADAM.	Oint Senyor la vostra veu

Fugi trovantme despullat . . .

DEU.   *(enojat)*   Sobre els pits aniras. Serpent
        maleita,

Ton pas sera que menjaras terra . . .

DEU crida AL ANGEL:

    Angel molt fort y preminent
    Ministre meu imperial
    Llanseu al desobedient
    Del Paradís terrenal.

EL ANGEL lleva la "dolorosa embaixada" á los dos culpables ya arrepentidos. "ADAM y EVA cantant y fugint DEL ANGEL que els amenassa," que piden misericordia. Mientras EL ANGEL les responde, les abraza la Muerte. "ADAM y EVA cantant:

    Oh jutge just, Senyor, mercé ens hajau
    E no'ns doneu sentencia tan forta
    Perque os pregam Senyor que en
        vullau dir
    Si podrem may Paradís obtenir.

ANGEL.   Vostra clamor devant Deu es putjada
    Diu que us fara gracia especial
    Que pendra carn per obra divinal
    E naixera d'una Verge sagrada
    Ver Deu y hom; dons no us desespereu
    Que certament per tots morirá en creu
    Llavons sera natura reparada.

Cuant se despedeix lo ANGEL canten un duo y en habent acabat toquen les sirimies. Termina: Dominus Deus noster, in te, ect.

🜂

Aucto del Peccado de Adan[2]
Figuras: Adan, Eva, Lucifer, Gula,
Avaricia, Dios Padre.

Entran ADAN y EVA juntos.

ADAN
    Eva, conpañera mia,
    a Dios hago adoraçion
    y servicio noche y dia,
    pues por mi consolaçion
    te me a dado en conpañia.
    Y, por mayor esçelençia,
    sin nuestro merecimiento,
    de sus rriquezas sin quento
    nos a dado esta potencia
    del mu alto entendimiento
        para que, a Dios entendiendo,
    con la voluntad le amemos,
    y este amor siempre creçiendo,
    de lo que goza gozemos
    los que le estamos sirviendo.
    Con alegre coraçon
    Adan, sienpre le alabemos
    por el ser que del tenemos;
    con devida adoraçion
    su magestad adoremos.

CANÇION
O soberano Señor,
graçias muchas se te den
por sienpre jamas! Amen.

---

2. "Códice de los autos viejos de la Biblioteca Nacional de Madrid" en Léo Rouanet, *Colección de Autos, Farsas y Coloquios del siglo XVI* (Madrid-Barcelona: Bibliotheca Hispanica, 1901), Tomo II, pp. 133–49. En dicho códice existen varios autos que tratan el tema de Adán y Eva.

DIOS

Humana conpusiçion,
Adan de tierra formado,
por muy divinal jusion
teneis ya la posesion
de todo quanto e criado.
Con el mando y preminençia
de todas mis criaturas,
os e dado vestiduras
de orijinal ynoçençia,
con almas linpias y puras.
Teneis perfeçion medida
con vuestra capacidad,
y, por gracia mas cunplida,
lunbre de divinidad
en vuestra anima esculpida.
Teneis otro señorio
de que os quise enrriquecer,
con que podais merecer
libertad del alvedrio
por amar y aborresçer.
Pues gozais con preminencia
ma hacer deste verjel
. . . . . .
qualquien arbol de la çiençia
morira porque comiere del.

EVA

El deleytoso logre atento
en que Dios nos puso e dar
es evidente argumento
que nos quiere Dios guardar
para muy mayor contento.
Señalandose en favores
como Dios, rrey ensalçado,
nos a hecho posehedores
de todo quanto ay criado
con soberanos amores.
Y, quiriendo obedesçer
los preçeptos por el dados,
goçaremos los dorados
tronos que por Luçifer
quedaron desanparados.

Entra[n] LUÇIFER Y LA GULA Y EL AVARIÇIA.

LUÇIFER

Congregaçion condenada
a fuego de eternidad,
una estraña novedad
me a sido notificada,
que acreçienta mi maldad.
Aquel monarca. . . . .
que a los sobervios. . . . .
de lo mas vil de la tierra
hiço un honbre a su hechura
para que de nuevo le dezimos,
qu'el honbre de quien las sillas
se a de asenta[r] perdimos
. . . . . .
Que los a mi tal extrañeza,
no, no se conpadesçe
que tan vil naturaleza
goze el trono que apeteçe
nuestra angelica nobleza.

LUÇIFER

Diole Dios el señorio
de todo quanto ay criado,
y [a]quel trono que fue mio
Dios se le tiene mandado,
que no a de quedar vaçio.
O ynfernales, que haremos
en tristeza tan pujante?

GULA

Ninguna cosa te espante,
que mil rremedios pormenos
con que no pase adelante.
Un frutal lindo y hermoso
puso Dios en su vergel
con precepto rriguroso
qu'el honbre no coma del,
aunqu'este por el anioso.
Pues yo te soy compañera,
Luçifer, pierde carcoma,
que yo sere tan mañera

que le hare que del coma
tal bocado con que muera.

AVARIÇIA

Yo se que tiene apetito
de la c[i]ençia divinal
porque el alma rraçional
apeteçe en ynfinito
çiençia de bien y de mal;
   y si aquel honor de nos
aquestos viles desean,
dejame con ellos dos,
que yo's digo no se vean
con la privança de Dios.

LUÇIFER

Ayuntamiento ynfernal,
vos, Gula, y vos, Avariçia,
venid con nuestra malicia:
provemos a lo humanal
de la original justiçia.

ADAN

O que jardin, que frescor,
que plantas, que flores bellas!
Bien se manifiesta en ellas
aver sido el hazedor
el que formo las estrellas.

EVA

O que hermosos frutales!
O que yerbas tan amenas!
O que olorosos rrosales,
mas que flores de açuçenas
con olores celestiales!

[ADAN]

Quiero rreclinarme aqui
junto a este arbol que floreçe.

EVA

Mi esposo, bien me paresçe
que nos estemos ansi
como el lugar lo meresçe.

ADAN

Por donde va la corriente
deste muy fresco licor
que naçe de aquesta fuente,
con silvos y con rrumor
viene a nos una serpiente.

Entra LUÇIFER *en abito de sierpe.*

LUÇIFER

Por ver si mi mal me aplaca
mis fuerças quiero poner
[a] yntentar si esta muger
por ser de materia flaca
se me deja acometer;
   y a los primeros enquentros
con destreça me ayudad,
para que la humanidad
sepultemos en los çentros
de nuestra profundidad.
   O rreyna y enperadora
del terreno prinçipado,
pequeño sitio as tomado,
siendo tu merecedora
de quanto Dios a criado.
   Si eres señora absoluta,
porque Dios onipotente
manda tan preçisamente
que no goçeis desta fruta
deste arbol tan escçelente?

EVA

Grande arboleda y graciosa
tiene este jardin preçioso,
con fruta dulçe y sabrosa,
donde Adan, mi solo esposo,
goça conmigo, su esposa.
   Mas deste arbol mando Dios
que nos fuese tan vedado
que en aviendo del gustado
qualquier que fuese de nos
queda a muerte condenado.

GULA

    Hiço's Dios para bivir
en eterno señorio;
pues, como podeis sentir
tan noble desvario
que ayais temor de morir?

AVARICIA

    La fruta deste frutal
que se os defiende[3] a los dos,
si la come cada qual,
terneis, como tiene Dios,
ciençia de bien y de mal.
    Pues, que mayor altiveza
podeis alcançar de un buelo,
que tener aca en el suelo
todo el saber y destreça
que tiene Dios en el çielo?

GULA

    Toma, come sin temor
esta mançana graciosa,
linda, de lindo sabor
y en su aspetto muy sabrosa,
de mas valor que color.

EVA

    Ay! qu'es grande atrevimiento!

GULA

    Come ya. De que te espantas?
No temas del mandamiento
padesçer, si le quebrantas,
ningun mal ni descontento.

EVA

    Ay! qu'estoy amenaçada
con muerte muy rrigurosa!

AVARICIA

    Anda, qu'es mas que sabrosa,
qu'es de calidad preçiada:
sumo bien, sin faltar cosa.

EVA

    O que admirable dulçura!

LUÇIFER

    Ya esta el muro aportillado.

EVA

    El bien no comunicado
no da perfetta holgura
ni placer que sea acabado.
    Del sabor desta mançana
Quiero yo que guste Adan.

AVARICIA

    Aprieta, aprieta, Satan!
que oy muere natura humana
con quantos son y seran.

EVA

    Gusta, mi querido esposo,
la delicada dulçura
deste fruto muy sabroso,
que en su aspecto y hermosura
sobre todos es preçioso.

ADAN

    Esta fruta, mi alegria,
ya sabes qu'esta vedada.

EVA

    Comamos en conpañia,
fruta de ciencia nonbrada;
gustalda, por vida mia.

ADAN

    Mi alma y mi coraçon,
deseo darte contento,
mas es grande ynpedimento
la soberana jusion
y el divino mandamiento.

EVA

    Muerde, pues que yo e mordido;
no me hagas enojar.

---

3. Prohibe.

ADAN
Yo te quiero contentar.

LUÇIFER
Todo el mundo va rrendido,
nadie se puede escapar.

AVARICIA
No miras las vestiduras
de justiçia original
como van todas con mal?

LUÇIFER
Desnudos quedan y a'scuras
pobres, sin ningun caudal.

AVARICIA
Estiende tu garavatto,
Luçifer, pues as vençido;
llevémosles el vestido,
no veran jamas el hatto
que por su culpa an perdido.

GULA
El despojo suele ser
el premio de la vitoria;
poderoso Luçifer,
llevémoslo por memoria
de tu ynfinito poder.

LUÇIFER
Ynfernales moradores
de la eterna escuridad,
ya es vençida humanidad:
con espantables clamores
la vitoria çelebrad.
Toquense mis ynstrumentos
de boçinas y alaridos,
dense con grandes aullidos
que tiemblen los firmamentos
del ynfierno con jemidos.
Levantense mis pendones,
haganse grandes ogueras,
y al poner de mis vanderas
se ençiendan fuertes tiçones
por buardas y troneras.

Y en horribles honduras
de mi alcaçar ynfernal,
sobr'el arco principal
poned estas vestiduras
de justicia original.

AS[MODEO]
Grande enperador Satan
del negro rreyno perdido,
pues que tan bien as vençido
toda la masa de Adan,
quentanos el como a sido,
porque nuevas tan modernas
y de tanta calidad
suenan por la oscuridad
de las profundas cavernas
de tu conflita çiudad.

LUÇIFER
De Jerusalén venia
decindiendo a Jerico
ese Adan, que pretendio
la silla que yo tenia,
de que Dios me despojo;
y como con i me halle
solo en aquella espesura,
de un encuentro le deje
llagado, y la vestidura
de ynocençia le quite.
Medio bivo lo e dejado,
solo con vida animal,
porque la graçia vital
del alma se la e rrobado
por su culpa criminal;
y el libertado alvedrio,
qu'es muy fuerte torrejon
y esento de pugniçion,
no pudo quedar por mio;
que aquesta es grve pasion.
Mas queda deste debate
toda humanidad tan yerma
de fuerças para conbate,
que sola su carne enferma
basta para dalle mate.

ASMODEO

Pues, prinçipes ynfernales,
hazed grandes sentimientos:
toquen, toquen y ynstrumentos
de alaridos y atabales;
anden açervos tormentos.
Abivense los tiçones,
crezca el humo y el hedor
con boz de horrible dolor,
y las çelestes cançiones
buelvan en triste clamor.

Entranse todos los demonios.

ADAN

Grande es nuestra desventura,
mi esposa, si bien miramos.

EVA

Ay, mi Adan! porque pecamos
nos falta la vestidura
y avergonçados quedamos.
No es honesto paresçer
ante Dios desta manera.

ADAN

Destas hojas de higuera
procuremos de hazer
como cubrirnos siquiera.

Entra DIOS PADRE paseandose.

DIOS

Toda la universidad
de todo quanto e criado
hazen sienpre mi mandado
mas la flaca humanidad
contra mi se a rrebelado.
Si Adan comio la mançana
que le deje defendida,
para si perdio la vida
y toda natura humana
dejo a muerte sometida.

ADAN

Esta boz es del Señor
que por el jardin pasea
para tomar el frescor.
Huygamos, porque no vea
nuestro tan gran desonor.

DIOS

Adan!

ADAN

Señor?

DIOS

Dond'estas?

ADAN

Alto Dios, estoy aqui,
que como tu boz oy,
de verme qual me veras,
tan desnudo, m'escondi.

DIOS

Rrespondeme, Adan, quien pudo,
si tu no ubieras pecado
comiendo el fruto vedado,
dezir qu'estavas desnudo,
con temor y avergonçado?

ADAN

Disteme por compañera,
sumo Dios, esta muger,
y ella me hiço comer
el fruto, que no deviera,
sino por dalla plazer.

DIOS

Dime, Eva, en que razon
se fundo tu entendimiento
a quebrar mi mandamiento
y a ser [a] Adan ocasion
de un tan grave atrevimiento?

EVA

En esta guerta preçiosa
nos andavamos holgando
quando nos vino alagando
la serpiente ponçoñosa,
y a mi se llego hablando.

Fueron tales sus engaños
que, sin tomar paresçer
de Adan, me hiço comer
de donde nasçen los daños
que rrestan de padesçer.

DIOS

Tu, serpentino animal,
con enbidia heres venido
para dañar el partido
deste linaje humanal,
y esto solo te a movido.

Y en castigo y pugniçion
del gran daño que as senbrado,
maldito seras llamado
con especial maldicion
entre todo lo animado.

Sobre tu pecho as de andar
corrido por donde fueres,
y en pena de ser quien heres,
tierra sera tu manjar
todo el tienpo que bivieres.

Castigando tu maldad,
sienpre tengo de poner
entre ti y una muger
capital enemistad,
sin que pueda fenesçer.

Y pues quiso tu braveça
hazer en muger tal mella,
muger yntata doncella
quebrantara tu cabeça
sin que tengas parte en ella.

Y tu muger atrevida,
pues contra mi te atreviste,
con vida muy afligida,
confusa, contino pugnida.

Jemidos, solloços hastos
seran siempre tu cancion,

y seras por maldiçion
en muy doloros[os] partos
sienpre sujeta la varon.

Adan, pues que te moviste
por un fementil mandado,
y el fruto por mi vedado
con desacato comiste,
tanbien seras castigado.

La tierra de tu lavor
maldita tiene que ser,
y si pan as de cojer,
con trabajo y con dolor
lo tienes sienpre de hazer.

Espinas a de acudir
la tierra, cardos y abrojos,
y ternas estos enojos
hasta bolver con morir
a la tierra sus despojos.

De polvo fuiste formado
y en polvo te as de tornar.

ADAN

Bien pudiera yo escusar
este morir tan forçado
si quisiera no pecar;

pero pues yo me atrevi
con temeraria maliçia,
merezco, pues te ofendi,
que deçienda sobre mi
tu rrigurosa justiçia.

Por nuestra temeridad
a muchos males me ofrezco,
mas rresçiba tu bondad
la verguença que padezco
en discuento mi maldad.

EVA

Con dolores bien agudos
se pagan nuestros pecados,
pues, para mas castigados,
nos dejas, mi Dios, desnudos
y de ti tan apartados.

ADAN

    O trueco de desventura,
trueco de gracia en rrigor!
que por ser yo pecador
me cubran de desventura,
de trabajos y dolor!

Entra UN ANGEL *con un espada.*

ANGEL

    En el audiencia divina
ana sentencia fue dada
pasada en cosa juzgada,
por la qual Dios determina
que salgais de su morada;
    porque el honbre que apateçe
la magestad y esçelençia
que Dios tiene por esencia
ser castigado meresce
con rigurosa sentencia.
    Por comer de aquel bocado
de aquel vedado frutal
alcançastes cada qual,
después de averle gustado,
çiençia de bien y mal.
    Porque comiste los dos
con mano tan atrevida
del arbol de eterna vida
que os destierre manda Dios
desta su guerta florida.

ADAN

    Yo bien conozco mi yerro,
angel bienaventurado,
y por muy grave pecado
con otro mayor destierro
merezco ser castigado.
    Mas dame, angel benditto,
nuevas de consolaçion:
en la divina jusion,
si deste grave delitto
tengo que alcançar perdon?

ANGEL

    No pierdas confiança
de la divina bondad
pues sabe su Magestad
socorrer con mas bonança
quando ay mas neçesidad.
    Ya que la suma Clemencia
por tu culpa te destierra,
el pondra paz en tu guerra
si llevas en penitençia
los trabajos de la tierra.

EVA

    Y esta desterrada Eva,
si a de ver esa concordia?

ANGEL

No te mate la discordia,
Pues no es en Dios cosa nueva
el hazer misericordia.

EVA

    Mi Dios, como te perdi!
Quien viere por malhechora
ser esclava la señora,
bien pueden dezir por mi:
"Quien te vido y te ve agora!"
    Pues nuestra culpa malvada
nos obliga a padesçer,
ved que avemos de hazer?

ADAN

    Yo, muger, con esta açada
e de ganar de comer.
    De vos tengo conpasion
y en el alma estoy confuso,
mas para tomar buen huso,
tomad por consolaçion
esta rrueca y este huso.
    Trabajemos sin çesar,
labrando la tierra dura,
y esperemos la ventura;
que Dios no puede olvidar
su semejança y hechura.

EVA
O femenil ynstrumento,
pena de nuestro pecado!

ADAN
Vaya el pobre desposado
cantando con descontento
la cançion de desterrado

CANÇION
Pues nos despedistes vos,
mi Dios, porque os ofendimos,
misericordia pedimos.

According to studies done on La Caída de Nuestros Primeros Padres, its original text has been lost forever, though some believe it never existed at all. Fernando Horcasitas reconstructed what such text may have been. As groundwork for his own writing, he used the writings of Fray Toribio de Motolinía and a catechistic text printed in Mexico City in 1548 (folios 31v and 37r) in Nahuatl, written in part as dialogue. The latter belongs to Doctrina cristiana en lengua española y mexicana por los religiosos de la Orden de Santo Domingo. Motolinía himself said that "Indians represented this eucharistic play in their own language. Many, deeply moved, shed tears, especially when they saw Adam banished and thrown into the world."

Según los estudios realizados parece ser que el texto original de La Caída de Nuestros Primeros Padres se perdió para siempre, aunque algunos creen que en realidad nunca existió. Fernando Horcasitas hizo una reconstrucción de lo que podría haber sido dicho texto. Este tomó como base los escritos de Fray Toribio de Motolinía y un texto catequístico impreso en México en el año 1548 (folios 31v a 37r) en náhuatl, el cual

pertenece a la Doctrina cristiana en lengua española y mexicana por los religiosos de la Orden de Santo Domingo y que está escrito en parte en forma de diálogo.[4] El mismo Motolinía dice "Este Auto fue representado por los indios en su propia lengua, y así muchos de ellos tuvieron lágrimas y mucho sentimiento, en especial cuando Adán fue desterrado y puesto en el mundo."[5]

La Caída de Nuestros Primeros Padres[6]

DIOS PADRE: Y porque soy criador vuestro que soy os amo en gran manera como a mis muy queridos hijos y mis criaturas que sois, quiero haceros grandes mercedes; por tanto os quiero conceder y hacer una muy gran magnificencia: ésta es, y se llama Justicia Original.

Y por tanto desde agora os concedo ésta mi merced y gracia con el vuestro ser y naturaleza, para que ninguna cosa ni criatura mía os dé fatiga, ni nadie os dé tristeza, ni nadie os haga mal, ni cosa alguna os enoje en esta vida y que ninguna haga cosa alguna contra vuestro querer y voluntad y que aquesta mi merced y gracia que yo os hago y concedo desde agora siempre la poseyeréis todo el tiempo que estuviéredes firmes para guardar y cumplir los mismos mandamientos que yo os daré.

Y veis aquí el mi mandamiento que yo os mando que me guardéis y cumpláis con toda diligencia.

Vosotros, hijos míos muy amados, podréis comer de toda la fruta que está en este jardín tan excelente que es el Paraíso Terrenal, que es mucha como vosotros veis.

Solamente quiero y es mi voluntad que no comáis de la fruta del árbol de la ciencia por el cual se sabe el bien y el mal, el cual está aquí en medio.

Y si comiéredes de él, luego a la hora habéis de morir, esto es que seréis mortales luego a la hora y no será posible que vosotros dejéis de ser sujetos a morir.

Y vendrán sobre vosotros todos aquellos males que habíades de tener según el vuestro ser, que son los que arriba os he dicho y relatado.

4. Horcasitas, *El Teatro Náhuatl*, p. 176.
5. Motolinía, *Relaciones*, p. 60.
6. Horcasitas, *El Teatro Náhuatl*, pp. 179–83.

Para que vosotros, mis amados hijos, tengáis mayor solicitud y diligencia de guardar el mandamiento a vosotros dado, y para que de toda voluntad me guardéis y cumpláis el mi mandamiento que agora os he dado, quiero os decir y declarar las grandes riquezas de muy gran estima y preciosidad que os han de ser dadas si no coméis de la fruta del árbol de la ciencia.

Veis aquí la una cosa que os ha de ser dada, que habéis de ser Inmortales y nunca podréis jamás morir, y nunca tendréis enfermedad, ni podréis tener dolores, ni cosa alguna os dará fatiga, ni menos tendréis cansancio, ni jamás estaréis tristes, ni menos tendréis frío ni padeceréis calor en ningún tiempo, ni tendréis jamás hambre ni sed.

Y los animales y bestias fieras nunca os comerán.

Y todos los animales cuantos hay y las aves que andan volando y los peces todos ellos os han de obedecer y basta todo aquello que vosotros les mandarédes.

Y tú, Eva, parirás tus hijos sin ningún trabajo, dolor y fatiga.

Y todo lo que hubiéredes menester para vuestro comer y para vuestro beber o para recreación, todo lo tendréis sin alguna solicitud ni trabajo. Y se os ha dado para siempre aqueste vergel tan excelente que aquí veis que se llama Paraíso Terrenal que sea vuestro propio; y lo poseeréis y de todos vuestros hijos será suyo propio entre tanto que esta vida viviéredes.

(Existe la posibilidad que después de esta escena se haya representado una reunión de demonios para decidir quién de ellos iría a tentar a Adán y Eva en forma de serpiente). Aquí empieza la descripción de Motolinía:

Cuadro I
(La Serpiente aparece en el bosque y tienta a Eva [Doctrina Cristiana, f. 35v].)
Serpiente: ¿Por qué os mandó Dios que no comiésedes de la fruta del árbol de la ciencia del bien y del mal?
Eva: No sabemos qué fue la causa porque Dios lo haya prohibido; dizque si comiéramos, luego habremos de morir.

Serpiente: Verdaderamente no moriréis si de él comiéredes, sino que Dios os ha engañado y os ha mentido. Porque ninguna cosa vendrá sobre vosotros ni os comprenderá de las que os ha dicho. Mas seréis hechos como dioses y sabréis y tendréis ciencia del bien y del mal, así como Dios lo sabe.

Cuadro II
(Eva va y viene entre el lugar donde está la Serpiente y el lugar donde está su marido. Por fin logra convencer a Adán y los dos comen de la fruta.)

Cuadro III
(Adán y Eva están horrorizados de lo que han hecho. Aparece Dios Padre, rodeado de ángeles. Interroga a Adán y a su mujer [Doctrina Cristiana, 36r y 36v].)
Adán: Señor: la mujer que tú me diste me persuadió a que comiese y por tanto comí.
Eva: La Serpiente me engañó.

Cuadro IV
(Dios maldice la tierra y anuncia el destino del hombre y de su mujer.)
(A Adán) Por haber escuchado a tu mujer, comiendo del árbol de que te prohibí comer, diciéndote: no comas de él: por ti será maldita la tierra; con trabajo comerás de ella todo el tiempo de tu vida; te dará espinas y abrojos, y comerás de las hierbas del campo. Con el sudor de tu rostro comerás el pan, hasta que vuelvas a la tierra, pues de ella has sido tomado; ya que polvo eres y al polvo volverás.
(A Eva) Multiplicaré los trabajos de tus preñeces; parirás con dolor tus hijos, y buscarás con ardor a tu marido, que te dominará. (Génesis III, 16–19).
(Aparecen los ángeles que visten a Adán y Eva con vestidos hechos de piel de animal.)

Cuadro V
(Rodeados de ángeles, pasan Adán y Eva por una puerta custodiada por un querubín. Se encuentran en un desierto lleno de cardos y espinos, de culebras, conejos y liebres. Mientras salen del paraíso, canta el coro.)

Circumdederunt me gemitus mortis,
dolores inferni circumdederunt me;
et in tribulatione mea
invocavi Dominum,
vocem meam.

Diligam te, Domine, fortitudo mea:
Dominus firmamentum meum,
et refugium meum,
et liberator meus.

(Me han atemorizado los gemidos de la muerte,
y me rodean los dolores del infierno.
En mi angustia invoqué al Señor
y Él ha oído mi grito desde su santuario santo.

Te amaré, Señor, ya que eres mi fortaleza;
tú eres mi seguridad, mi refugio y mi libertador.)

Cuadro VI
(Los ángeles enseñan a ADÁN y EVA sus nuevas ocu-
paciones. A ADÁN le enseñan a labrar la tierra y a
EVA a hilar y tejer. Habiendo prometido la venida del
Salvador, los ángeles se van del escenario. Van cantando
el villancico.)

Para qué comió
la primer casada,
para qué comió
la fruta vedada.

La primer casada
ella y su marido,
a Dios han traído
en pobre posada
por haber comido
la fruta vedada.

According to Arturo L. Campa, the New Mexican presentation of Comedia de Adán y Eva comes from

Mexico and is very similar to the eucharistic play
staged in Mexico City in 1532.

La Comedia de Adán y Eva que se conoce en Nuevo
México, según Arturo L. Campa, procede de México
y es muy similar al auto que se escenificó en 1532 en
la Ciudad de México.

Comedia de Adán y Eva[7]
Procedente del Manuscrito de don Próspero Baca,
Bernalillo, N.M.
Fechado en 1893.

Acto Primero
(La representación pasa en un jardín en medio del cual
habrá un árbol, llamado EL ARBOL DE LA ESENCIA
DEL BIEN Y DEL MAL. ADÁN está sentado en una
cama de césped. Se canta la LETRA al principio.)

Letra
Guerra es la vida del hombre
en la estención de su imperio
de morir en la campana
irrevocable el decreto.

Escena Primera

LUCIFER	El infierno me valga compañeros.
APETITO	A mi me valgan treinta panaderos.
PECADO	Dime Señor, ¿qué tenéis fuerte caso?
LUCIFER	Que he de tener, amigos míos, que me abraso; muero de envidia y de pesares muero.
PECADO	Que me digáis tu pena solo espero.
APETITO	Y yo señor que soy el apetito apetezco Señor un cuentecito que si algo valiere mande usted lo que quisiere.
PECADO	Yo señor que soy el pecado sabes que siempre estoy a tu lado.
LUCIFER	Pues ya escucháis amigos míos mis desvelos pues bajastes conmigo desde los cielos. Ya que son confidentes míos los dos

7. Campa, "Spanish Religious Folktheater in the Spanish Southwest," pp. 19–48.

escuchar la tragedia más atroz.
En un buril lucido donde nunca es
    ocaso,
siempre oriente, donde el alba vestida
    de alegría
con risueños acordes, melodías
admití dicha tal . . .
Que parece que soy el que no soy.
La pena que atormenta mi memoria
me hizo ser coronista de la gloria
¡Iba a decir!
Pues me vistes bajar en un momento
de ese bello panteón del firmamento
a fabricar mi trono en las cavernas
y hacerme jurado rey de los infiernos.
Solo me resta amigos míos, daros
    cuenta
de una pena que fiero me atormenta.
Luego que posesión tomé
de aquella sufraga mansión, determiné
salir; cual león pregoné
vengarme del Dios omnipotente,
inculcando (invocando) del mundo las
    clausoras
y devorando cruelmente sus criaturas
que aunque irracionales eran
estaba para mí que de Dios así se
    divertía
mi furor ciego publicando guerra
sangre y fuego . . .
cuando vi qué pesares, qué furores.

PECADO   ¿De qué señor?

LUCIFER   ¿De qué? Si de una imagen
que de Dios en este instante
acaba de formarse tan elegante
que puesta su belleza en fiel balanza
es de su mismo dueño la semejanza.
Adán se llama ese jardín dichoso,
ese gallardo joven venturoso
que de este mundo infeliz aventurero,
y del reino de los cielos heredero.
Aquí el dolor me mata;
Aquí toda mi furia se desata.

Es posible que un hombre de un vil
    barro,
parezca tan lucido y tan bizarro,
y que su dicha lo coloque en los cielos
no es desdicha, no es pesar.
Mirar amigos si es razón
y mirar si me quejo sin pasión.

APETITO   Usted dice muy bien, señor don Diablo
Pero dígame, acaso solamente hablo,
¿Acaso es de usted la pesadumbre?

LUCIFER   Y subirme desde el cielo hasta la
    cumbre
y con el mismo Dios.

APETITO   Fuego en la chanza.
Envaine usted su espada señor carranza
y no se me acalórica
y entienda su señoría
que apetito es hombrecito.

LUCIFER   Será de mi furor total despojo.

APETITO   (Acaso debe ser este el diablo cojo
(*Aparte*)   y yo la verdad le tiemblo).
Mi señor, como le iba a usted diciendo
de mi cuento que intento, si es el suyo,
¿o por quién?

LUCIFER   Pregunta rara,
que ese hombre de Dios nunca gozara.

APETITO   ¿Y se le ha puesto por precepto alguno?

LUCIFER   Tan trivial que es levísima cosa.

APETITO   Pues no va usted tan mal fundado
Se la pondré como una cera de blanca.

PECADO   Que no coma esa fruta se le veda.

APETITO   ¿Y acaso ese caballero es casado o
    soltero?

LUCIFER   Una mujer hermosa le ha dado el Señor.

APETITO   ¡Falla con que la señorita es bonitilla!

LUCIFER   Y formola Dios de la costilla
de ese dichoso joven en su sueño.

APETITO   Pues de mi cuenta corre el desempeño.

PECADO   ¿Qué has de hacer Apetito?

APETITO   Esa mujer será mi Lazarillo.

LUCIFER   ¿Y de qué modo?

APETITO   Esto es querer saberlo todo.
Déjeme usted obrar a mí

que en cantando yo un quiriquiquí
quedará la niña tan rendida
que no dudo que me pida por marido
y entonces, y ¡qué gusto!
Llevará la angelita muy buen susto.
Y al señor don Adán
que tal pavana le tengo que bailar
que en una manzana ha de ser
de su ruina el fundamento.

PECADO   Y de la gracia triste monumento.

LUCIFER   ¡A la guerra! A la guerra, amigos míos
Tiembla de mi furor el cielo y tierra.
Tiembla de mi furor el cielo y la tierra.
¡y muera el dichoso hombre!

PECADO   ¡Muera! ¡Muera!

APETITO   Y yo me voy a disponer mi ratonera.

Acto Segundo

(*Duerme* ADÁN *en la cama de césped y despierta al cantarse la* LETRA *que sigue. Entra* EVA *y se sorprende* ADÁN)

Letra
Despierta joven feliz
no duermas porque el pecado
quiere hacerte desdichado
y de feliz a infeliz.

Primera Escena
(*ADÁN y* EVA)

ADÁN   Despierta joven feliz
no duermas porque el pecado
te quiere hacer desdichado
y de feliz a infeliz.
Clarín sonoro del cielo
cuya dulce melodía
puebla el viento de alegría
y de flores este suelo.
Espera, detén el vuelo
oye dime que deliz
pronósticos de infeliz
con esa voz que encantas

a mi suerte cuando cantas;
despierta joven feliz.
¿No me hizo el Omnipotente
su gran privado en la tierra
y de todo cuanto encierra
soberano presidente?
Claro está, pues evidente
me miro tan sublevado
estando en tan alto grado.
¿Cómo podrá mi fortuna
cantarme desde la cuna?

(Cantan la letra)
Despierta joven feliz;
no duermas porque el pecado
quiere hacerte desdichado
y de feliz a infeliz.

ADÁN   Pues no culpes inhumana
No pienses triunfar de Adán
que yo sé bien que eres Caín
oculto en una manzana.
yo me guardaré tirano
de tus palacios y anzuelos
previniendo mis desvelos
de los fatales acentos.
de mi vigor- mas, ¿qué miro?

(*Entra* EVA)

Que en esta deidad admiro
un retablo de los cielos.
¿Quién eres ninfa graciosa?
Portento de la hermosura.
¿Eres acaso criatura
o eres deidad prodigiosa?
Si deidad a mi fe amorosa
consagro humilde a tus plantas,
pero en confusiones tantas.
Dime muerte de mi vida
si deidad porque homecida
si criatura porque encantas
o eres tú ninfa divina

a que con luces bellas
pueblas los cielos de estrellas,
y sus lienzos iluminas.
Habla, bella peregrina;
no tengas de mí recelo
porque si mal no argullo,
o del cielo es retrato tuyo,
o tú eres el mismo cielo;
o eres tú quien los linderos
pisan la sacra deidad,
o quien puso en realidad,
la belleza a sus esmeros,
porque esos tus dos luceros
que son carta ejecutoria
de tu hermosura notoria
como ellas sus glorias cantan,
y a mí me canta que gloria

(*Cantan adentro*)

Eres más o dura suerte
Porque con solo mirarte,
Ya me sentencian a muerte.
Y así para más no verte
suplico a tu gran clemencia
me concedas la licencia
para ir mi suerte a llorar,
pues ven mis ojos firmar
la sentencia de mi muerte.

Escena Segunda
(*Al irse* ADÁN *le habla* EVA)

EVA   Gallardo joven espera;
No te vayas, dueño mío;
No me mate tu desvío.
Oye, aguarda y considera.

ADÁN   Señora, ¿quieres que muera?

EVA   No, mi dulce esposo, no
porque si el Alto me dio
el ser de tu mismo ser,
dime, ¿cómo podrá ser
que te dé la muerte yo?
Soy tu carne en realidad.

ADÁN   Pues perdona mis excesos
que en tan nobles sucesos
no vi lo que ahora me avisas;
que eres tú mi carne misma,
y eres huesos de mis huesos.
Vilago será tu nombre,
porque quedaís avisada
que por Dios fuiste formada
de la costilla del hombre
y para que no te asombre
verte de barro tan vil,
formado este fermenil,
vaso hermoso aunque de tierra,
veras que dentro se encierra
de Dios un bello pincel.
¿Has visto una concha bruta
que a los ojos con que enfada
que en vez de mostrar halagos
mil deshalagos tuviera?
Pues así tú, amada esposa,
Aunque tu bella escultura
Es vano en un desengaño
de una perla prodigiosa.
Goza mil veces dichosa
perla que tanto te agracia
con esmaltes inmortales,
mas mira que tus cristales
no le manchen su desgracia.

EVA   Pues, ¿quién, dueño mío, podrá
su hermosura desgraciar
o sus luces eclipsar?

ADÁN   Ya se ve que si le faltas
A la fe a tu criador
De inmortal pasaras a ser mortal.
Y así advierto a tu respeto
que no ha de gozar tu afecto
de ése árbol del bien y el mal.
Si de su fruta comieres
advierto que morirás,
y la gloria perderás,
y nunca más gracia esperes.
Y así mira, no adulteres
esposa mía, ley tan justa
pues es cosa muy injusta
que por un leve apetito

EVA   ofendas con tu delito
aquella grandeza justa.

EVA   Basta mi bien, no prosigas;
no prosigas mi señor
que para tu fiel amor
sobra que tú me lo digas.
Con la fineza me obligas
a obedecerte, de suerte
que sólo por no ofenderte.
Nunca Dios no lo mandara,
nunca esa fruta tomara
sólo por obedecerte.

ADÁN   Pues ya quedas advertida
en prevenir recatada
el que esa fruta vedada
tiene una muerte escondida.
Pasa y mira esa lucida
escuadra de bellas flores
que matizando colores
fragantes y placenteros
brillantes y lisonjeros
te atribuirán olores.
Divierte entre estos jardines
entre virtuosos aliños
con dos mil más cariños
te servirán de cojines.
Hoy verás que los jazmines
tejiéndote ramilletes
te ofrecerán a tus plantas
floridísimos tapetes.
Hoy verás como por señas
las ruidosas fuentecillas
con cristalinas cajillas
te ofrecerán halagüeñas
aquí las aves risueñas
con métricas armonías
en acordes melodías
haciendo gustosa salva
madrugando con el alba
a darte los buenos días.
Aquí en fin todo mi placer
en este paraíso ameno,
todo es de gloria aún lleno.

Verás que no hay más deber;
sólo al cielo has de atender
que es más bello que este suelo
y así mi bien tu desvelo,
ha de ser el no pecar,
porque llegues a gozar
delicias del alto cielo.

EVA   Dueño mío yo te aseguro
que en nada te faltaré.

ADÁN   Yo te lo agradeceré;
sólo tu alivio procuro
de tu fe vivo seguro,
y pues es justa razón
me atributa el corazón.
A Dios las gracias debidas
voy a dárselas cumplidas
en alta contemplación
y así dulce esposa, adiós.

EVA   Ay, si te vas, ay de mí
adiós, mujer, hasta verte.

Acto Tercero
(*Sale* EVA. LUCIFER *debajo del árbol. Cantan la Letra.*)

Letra
Infeliz mujer advierte
que oculta en una manzana
se vé la culpa tirana
se vé la culpa tirana.

EVA   Para darme cruda muerte
ay Dios, que fatal acento
es el que armónico pueblo
los concabos solitarios
de esta deliciosa esfera.
Apenas pisan mis plantas
estas matizadas selvas
cuando tu tirana culpa
ya me sentencia a penas.
¿Quién eres ninfo tirano
que con tu canto embelezas
y hasta las más altas torres
mira a tus plantas puestas?
¿Quién eres que vestido de oro

de grana y de perlas
allá en el Apocalipsis
te dió San Juan caballero
en un monstruo coronado
brindando en copas doradas
fatal licor de impureza?
Bendito sea Dios, que yo
no he sido tu prisionera;
ni lo conozco tampoco,
si no es solo por las señas.
Me manda el omnipotente;
me ordena mi caro esposo
que solo un precepto guarde
de mi creador tan fácil
que fuera un grande ofensa
agraviar a su grandeza
y condenarme yo misma
a una muerte sempiterna.
¿Quién pues forzarme podrá
el que yo la muerte quiera?

LUCIFER   Yo, yo.

EVA   ¿Cruel acento solitario destas breñas
a mana de mis desdichas,
o aparte de mi inclemencia
qué pronóstico fatal me previene?

LUCIFER   ¡Guerra, guerra!

EVA   Penas, dolores angustias
funestamente me acercan
si por aquí por aquí atiendo
oigo que me dicen.

LUCIFER   ¡Muera, muera!

EVA   Válgame Dios qué batalla
es la del alma en la tierra,
cuando en le dulce regaza
de la gracia logré tierna
las suavísimas caricias
de su cándida belleza;
entonces sí que el infierno
abochornado como fiera
de las cavernas oscuras
innumerables centellas
lo que el alma cerca.
El muro abre zanjas, rompe brechas
forma escalas, da el asalto
en batalla tan funesta.

Si el alma humilde no aclama
a la majestad inmensa
dentro de breve instante
ya se mira prisionera,
pero que otra nueva voz
dulcemente al aire puebla.

LUCIFER   Buena ocasión Apetito.

APETITO   Pues deje usted a mi cuenta lo demás
(*Aparte*)   con quién casó a canaguate.

LUCIFER   Yo cubierto entre estas breñas
habré de estar a la mira.

APETITO   Usted no se me descuide
en ensebar la casleja,
que en haciendo yo la salva,
no hay mas que emprender cajuela.

LUCIFER   De todo quedo advertido.

APETITO   Si tu grandeza me permite
y para ver si hay licencia
una embajada te traigo
de la alma mía de mi abuela,
que se encomienda mucho,
que cómo está tú y tus prendas,
que por allá estamos todos buenos.

EVA   ¿De dónde eres?

APETITO   ¿De dónde eres? De mi tierra,
cierto lugar donde gusto se lisonjea
con más de mil apetitos.
Me parió una buena vieja
y de mi parto quedó
de tantos antojos llena
que una vez se le antojaron
comerse doscientas yeguas
en salpicón, y cien burros
guisaditos en conserva,
y viendo que no podía
envistiendo con mi suegra
tragósela toda entera.

EVA   ¡Hay disparate mayor!

APETITO   Disparate si dijera
los demás antojos que tiene;
te quedarás boca abierta.
Una vez se le antojaron
cuatro mil mulas rellenas

doscientas gatas paridas
en pipián y en escabeche
dos mil caballos asados
y en gigote ochenta yeguas.
Y por última vez,
que lo diga la partera,
se le antojaron diez cargas
de pinineos en conserva.
Fui por ellos y cogiendo
pinineos y pinineos
como granos de mostaza
en el hueco de un amuela;
las diez cargas se envocó
y con grande esencia
mi madre les da sepulcro
en su despensa.

EVA   Mucho mientes Apetito.

APETITO   Que importa que mucho mienta
si todo el mundo me cree,
y tú has de ser la primera
en fin señorita mía.
A la pobre de mi abuela
como está tan enferma de antojos
hoy se le ha antojado una breva;
que digo una breva
una manzana del Paraíso
y con presteza vengo a llevarla
que es una gran compasión
que una prenda como aquella
de un antojo se me muere.

EVA   Pues ve a córtala Apetito.

APETITO   Eso no, conmigo ha de ir vuestra alteza
porque Apetito es goloso
y se come cuanto encuentra.
Y si yo solo me veo
entre estas frutas tan bellas
me he de comer más manzanas
que mi abuela pinineos.

EVA   No puedo yo acompañarte Apetito,
porque fuera ponerme en gran peligro
y mi alma en gran contingencia.

APETITO   Con pretextitos andas ahora
Para quien se abre la seca.[8]
No te acuerdes mujer de eso
mira que te has de hacer vieja.
Vamos, y verás primores
Que encierran frutas tan bellas.

(*La toma de la mano*)

EVA   No me arrastres Apetito.

APETITO   Bobita, si tú te dejas
tente fuerte verás como
no te arrastro aunque yo quiera.

EVA   Sí, pero no sé qué oculto
tras ti me lleva.

APETITO   Miren la que yo no quería
(*Aparte*)   con que ligereza llega.
Quien al peligro se expone
de la culpa está muy cerca.
Atención señores míos
que en esta infausta tragedia
se verá que la ocasión
es la mayor contingencia.
Acerquémonos a este árbol
advirtiendo la grandeza de su fruto.

EVA   Mas, ¿qué miro, quién está ahí?

LUCIFER   Yo soy una deidad que moro
Entre estas floridas selvas
admirando esto y que tú
con tanto recelo llegues
a este árbol, siendo el árbol más
hermoso.

EVA   Si fuera lícito me acercara y comiera
de él.
Pero esta fruta no puedo gustarla,
porque si llego a poder gustarla,
sé que eh de morir sin duda;
que la grande omnipotencia
en este solo precepto
me manda que le obedezca.

---

8. "Abrirse la seca" es una expresión Nuevo Mexicana que significa que durante la época de sequía las cosas se rayan y se abren por falta de agua.

LUCIFER   ¿Y tú lo crees?

EVA   Claro está
Que la majestad inmensa no puede mentir.

LUCIFER   Ese omnipotente Dios,
Como sabe que en esta manzana
está otra suprema grandeza;
por eso manda que no comáis de esa
fruta bella. Cómela que te aseguro
que como deidades eternas
tú y tu esposo como Dios
sin ninguna diferencia
yo te digo la verdad;
tú harás lo que te parezca.

APETITO   Mira, come un bocadito

(*Corta la manzana*)

Por el siglo de tu abuela
que por una probadita
seguro estoy que te mueras;
No ves como yo la como y no me muero.

EVA   ¿Y a qué te sabe Apetito?

APETITO   ¿A qué sabe? A cosa buena.
Y más cuando ella es tan dulce.
Tiene una grande excelencia.

EVA   Qué excelencia podrá ser.

APETITO   Que lo vedado se aprecia
más que aquello que no lo es.

EVA   Mil confusiones me acercan.

APETITO   (*Aparte*) (Ya se le hace agua la boca
A mi señora doña Eva)
Mírala, huélela; no te has de morir
    por eso.
Que muerte por las narices
soy de concepto que no entra,
y si entrare no te apures
que si te mueres, ya llevas
tu tocate[9] por delante.

EVA   Pero sobre todo es el si, que el alma llega
comeré de esta manzana aunque mi esposo
me enseña y me guardó de ella.
Es porque no sabe lo que dentro se encierra.
Un chiste secundéis cuya promesa resuena
Tan dulcemente en el alma,
que juntando en mi concepto
dos contras dos afectos.
De vivir si no la como,
de reinar si como de ella.
Quiero por reinar comerla
que por una gloria vea
aunque la vida, se pierda.

(*Se va*)

Escena Segunda
(*LUCIFER y APETITO*)

APETITO   Pobrecita como va
como una galea[10] de tierra

LUCIFER   Sigamos la instancia amigos.

APETITO   Sigamos en hora buena.

LUCIFER   Para que mi gran envidia . . .

APETITO   Para que tu gran soberbia dichas logren.

LUCIFER   Triunfos canten.

(*Se va LUCIFER*)

APETITO   Adviertan mortales en esta tragedia
escarmiento propio en cabeza ajena
y ustedes mujeres, grandes calaveras
con sus apetitos y con sus creederas,
no le echen la culpa a nuestra madre
    Eva.

---

9. Tocata, significa castigo.
10. Galera.

(*Vase* APETITO)

Cuarto Acto
(EVA *hace que* ADÁN *coma la manzana. Se cubren los dos al conocer la malicia. El gran* PODER *los echa del huerto y los entrega* AL PECADO *para que trabajen.*)

Escena Primera

Letra
Nuestra Madre Eva engañada
por el astuto dragón,
comió en aquella ocasión
de aquella fruta vedada.

EVA	¿No te resuelves bien mío
	el darme este gusto a mí?
ADÁN	Yo quiero dártelo a ti
	pero me lo impide . . .
EVA	¿Quién?
ADÁN	Lo ignoro, mas a mi suerte
	le avisa no sé qué oculto interior
	que ya los lumbrales pisan
	de una enemiga traición.
EVA	Mi bien, mi señor y mi esposo
	¿no te estimula mi afecto;
	no te mueve mi respeto
	a que logremos los dos
	ser paralelos a Dios?
	Sobre el monte de la luna
	así me lo prometió,
	aquel oráculo a voz
	diciéndome que como Dios
	habías[11] de ser tú y yo.
ADÁN	Digo que determinado estoy
	a comer la hermosa fruta,
	que exhalando olores
	vestida de esmeraldas y de grana
	a los ojos lisonjeros
	Permíteme esta vez dulce humedecida
	equívoco gracioso de mi suerte

	que mi fe a ti agradecida
	toque lo que me alcanzare
	mas a cuan barato precio
	doy la vida por comerte.
EVA	Cómela que esta vez espero
	verme exaltada.
ADÁN	Gusto al fruta por cierto
	que su dulzura me agrada.
EVA	Como a mí, verme exaltada.
ADÁN	Mas, ¿qué miro? ¡Estoy muerto!
	Tan desnudo y descompuesto.
EVA	¿Tú descompuesto y desnudo?
ADÁN	Viéndolo estoy y lo dudo.
EVA	Mi vergüenza es manifiesta.
ADÁN	El corazón por el pecho
	que se me sale parece.
EVA	El alma ya desfallece
	y que se ausenta parece.

Escena Segunda
(*Sale* EL PECADO *a aprehender a* ADÁN *y* EVA *y se esconden.* GRAN PODER.)

PECADO	Daos a prisión.
ADÁN	¿Quién lo manda?
PECADO	El Gran Poder.
ADÁN	Tú, ¿quién eres?
PECADO	Yo soy el pecado.
ADÁN	¡Hay hombre más infeliz!
PECADO	Manda el alto rey del cielo
	que prisioneros quedéis
	los dos para siempre.
ADÁN	¡Ay Dios!
PECADO	Cautivos y sin consuelo
	a mi cárcel condonados
	y con mi marca marcados quedaréis.

Escena Tercera
PODER	¡Adán! ¡Adán!
	¿Dónde estás que no respondes?
	¿En dónde ingrato te escondes?

---

11. Habíamos.

	Que ocultos los dos están,
	ya su malicia despierta
	les avisan que se escondan,
	y que a mi voz no respondas.
	Volveré a tocar la puerta.
	¡Adán! ¡Adán!
ADÁN	Gran Señor.
PODER	¿Porqué no hablas? ¿Qué estás mudo?
ADÁN	Me miro señor desnudo
	y mi vergüenza, o dolor,
	no sé si pierdo el sentido,
	Gran Señor.
PODER	Antes que inocente estabas,
	que no me habías ofendido;
	tu desnudez no mirabas.
	¡O, polvo, desvanecido!
	Y como ya habéis gustado de la fruta
	ya la vergüenza y la malicia atributa.
ADÁN	Gran Señor, no tuve la culpa yo,
	esta mujer que me diste me engañó.
	Y por darle gusto, yo
	ofendí a tu Gran Poder.
EVA	No tuve la culpa yo,
	porque la astuta serpiente
	me engañó.
PODER	Que delicuente se disculpa la malicia.
	O monstruo cuyo análisis
	con rayos de oro vestida
	te saliste humecida
	del famoso Apocalipsis.
	O, tú bestia disfrazada
	en quien la maldad habita
	para siempre será maldita
	y presentarás enemistad;
	vivirás con tu maldad;
	harás que el mundo se haga patente.
	Y tú ingrata mujer,
	pues los candores, las gracias
	has disfrutado
	parirás por tu pecado
	con gravísimos dolores.
	Al hombre siempre estarás sujeta,
	y será bien que viva obediente

quien quiso reinar discreta.
Y tú desdichado Adán
pues fuiste infiel a mi amor
a costa de tu sudor
desde hoy comerás el pan.
La tierra será maldita;
espinas producirá,
y esto mimo te dará.
En vasto lienzo escrito
una sentencia que has de oír
en que diga:
"Hombre eres polvo, y polvo has de ser
después de morir."
A ti, pecado sangriento
estos dos presos te entriego
y sin que les valga el ruego
ni un instante, ni un momento,
no te apartes de ellos,
pues pecaron y faltaron a mi
    obediencia.
Harás, o dura suerte,
se promulgue por el orbe
un instituto resonando
que hagas saber que yo mando,
que todos paguen tributos,
cuya noticia darás
al pecador que aunque tarde,
saben que soy el que soy.

ADÁN	¡O, qué poder!
EVA	¡O, qué justicia!
ADÁN	Y he caído en un precipicio.
EVA	Ah, qué caro cuesta el vicio;
	ah, qué cruel es la malicia.
PECADO	¡Vaya, salir, villanos,
	y sin tardanza!

(Se despide EVA *del Paraíso)*

EVA	Pues ya tú, pecado cruel
	nos destierras a los dos.
	Paraíso ameno.
	Déjame decirle adiós
	a este mi amado vergel,
	donde la primavera se mira lucir

envidia del mayo hermoso
emulación del abril,
patria amena cuyo esmalte
de esmeralda y rubí
fue hecho desde aquel tiempo
tan dulcemente de mí.
Tapete que deliraba
por un gracioso buril
a mis plantas obsequiadas
con un gracioso matiz.
Has de saber que ya sale
hermosísimo jardín,
para siempre desterrada
esta mujer infeliz.
Pero ya si no soy nada.
Ni sombra de lo que fuí[12]
adiós jardín de mi vida
adiós brillante pincel,
adiós, cuna, adiós prados
en donde feliz
la noche me amanecía,
que desgraciada perdí.
Ya mis ojos no verán
tus matices relucir,
porque ya el pecado cruel
al son de un ronco clarín
teñir su cuchillo intento;
grabarlo con mi carmil.
Hijos que esta triste madre
fecundo ha de producir.
Cuando sepáis mi tragedia
con llanto podréis decir,
y así desdichados hijos
un matiz pondrás aquí,
que se escriba con mi llanto
en laboriado pincel,
que sin el pecado ameno
hubiera de producir.
¡Qué belleza, qué primores
gozan de mil en mil!
Vamos tirano pecado,

vamos, vamos a morir.
Que es justa razón que pague
la culpa que cometí
a quien le dió muerte,
una mujer infeliz.

Escena Cuarta
(LUCIFER, APETITO-*Después*.)

LUCIFER Infernales cavernas,[13]
mansiólogo de Lucifer,
aliternas, cóncavos, tenebrosos,
donde ya la aproxima la noche,
que brillando panteón
infeliz monumento del platón
alcazar, vedemento de centellas
que en aquel campo saldrán estrellas.
Salir, habitadores de los profundos
a publicarle guerra a todo el mundo.
Decirle a sus mortales pobladores,
la gente vea parte de errores
con siete capitanes que sustentan,
cruelísima batalla les presentan.
Decirles que mi rabia y mi furor,
pero aquí llega
Apetito; aquí darme los brazos
pues para mí será estrechar los lazos.

APETITO ¡Malajos, para el que bien hiede!
uno olor este tiene que puede ir
a heder con él en casa de su abuela.

LUCIFER Solo tu vista me consuela amigo,
porque ha librado en ti mi desempeño.

APETITO Eres tú mi señor, o eres tú mi dueño;
pero dime ¿qué tienes que te veo
cacareando más que un gallo giro?

LUCIFER Celebrando la dicha tan gloriosa
con que me coronaste amigo.

APETITO Linda cosa y mí me das nada
que tienes más antojos que una
preñada,
y te he servido más que veinte yernos.

---

12. Este verso parece haber sido tomado de los versos de Luis de Góngora, "Aprended flores de mí." Parece ser que casi todos los dramas populares, y en algunas ocasiones también las poesías, incluyen estas palabras de Góngora.

13. La incoherencia de este discurso es un claro ejemplo de la pérdida de versificación a través de la transmisión.

LUCIFER	Yo te daré tu premio en los infiernos
	que alegas con razón, y allí te haré
	privado de reino.
APETITO	Camarada, te agradezco mucho favor,
	pues allá hará mucho calor,
	y a mí no me asienta tierra caliente.
LUCIFER	Es que allí serás mi presidente.
APETITO	Mal haya para usted su presidencia,
	pues tengo hecho examen de
	conciencia.
	Ese temperamento no me asienta
	mas que asiente por otro lado.
LUCIFER	Es el Pecado con Adán y Eva
	aprisionados.
APETITO	Pues si a ti te pareciere
	nos iremos a partes para allá adentro
	que tenemos muchas cosas que decir.
LUCIFER	Vamos amigo,
	que de todo has de ser mi fiel testigo.

Escena Quinta
(*EL PECADO con ADÁN y EVA en el campo de trabajo.*)

ADÁN	¡Desterrado de mi patria
	esclavo, preso y cautivo!
	He salido de mi casa
	a cultivar estos campos
	que con crueldad me venden
	a muy caro precio.
	¡El sustento que me falta
	Adán quien había de pensar
	Que habías de llegar a tanta desgracia!
PECADO	Ya tarde habéis conocido
	la felicidad tan bella
	que habéis perdido.
ADÁN	Es verdad que cuando yo gozaba
	en una dulce vida
	que de las caricias de la Gracia
	como eran dichas poseídas,
	y las logré tan baratas,

no las apreciaba más.
Ahora he echado menos mi alhaja,
conozco el bien que perdí,
y en tan confusiones tantas
solamente escucho veces
que pueblan estas montañas
pregonando mi delito,
al son de tremendas cajas.
Pero, ¿qué consuelo puede hallar
quien debe y no paga
y más cuando el acreedor
con tanta justicia aclama?
¿Si mi mal es sin remedio,
y todo el mundo no basta
a pagar por mí,
podré consolarme en pena tanta?
No podré, que no hay consuelo
en donde falta la gracia.
Pues, qué haré, lloraré mi culpa
con tristes sollozos
a la gran misericordia
todo lleno de confianza.
Misericordia, Dios mío,
Tu gran poder me valga;
compadécete de mí,
que soy polvo y nada soy.
Ay, dolor, no me mates,
tente, aguarda,
que rotos los oídos,
de mi pecho en pena tanta
se sale mi corazón,
y entre suspiros el alma.
Pero sí, mátame ya,
y si mi ya perdí la gracia,
sin gracia no quiero vida,
pues es vida desgraciada.
Ven, pues muerte date prisa.[14]

---

14. Es posible que el autor se halla inspirado en los siguientes versos de Lope de Vega al escribir estas líneas:

Ven, muerte tan escondida,
que no te sienta venir,
porque el placer de morir
no me vuelve a la vida.

¿Qué haces que no vienes para acá?
Desenvaina tu cuchilla
y afija ti cruel espada,
y desata de mis hombros
el nudo de mi garganta.
Pero espera, no me mates,
que yo no sé ni lo que hago.
¿Qué haremos, corazón mío
en tan funesta batalla?
¿Qué haremos para evadirnos
si ya la gracia nos falta?
Pero ya sé lo que haremos,
no te acobardes;
levanta tus lamentos hasta el cielo,
y a la gran misericordia aclama.

ADÁN y EVA   Vamos tirano pecado
a dibujar lo pasado
en el descanso del sueño
y en triste semejanza.

APETITO   ¡Ay, ay, ay, que me muero!
Porque ya el hambre me acaba
porque mi triste barriga
da más huidos[15] que brama,
porque aquel que no come manzana
con triste ahuidos se queja su panza.

EVA   ¿Qué anda haciendo Apetito?

APETITO   ¡Chatita de mis entrañas
que aquí estás tú!

EVA   ¿Dónde estabas, que no te había visto?

APETITO   Siempre contigo en casa,
más desde aquella ocasión
en que te di tu engañada;
no haces caso de Apetito
aunque Apetito entre y salga.
Pero, dejando las chanzas,
dime ahora, ¿cómo la pasas?

EVA   Como quien penando vive.

Escena Sexta
(*Aparece el* GRAN PODER, *la* MISERICORDIA, *el* ÁNGEL.
Traen a ADÁN *y* EVA *ante el trono.* LUCIFER *y* PECADO.)

ÁNGEL   Gran Poder, si es de ti perdonar
estos dos reos que la intención
de la misericordia les valga.

MISERICORDIA   Que tú el agrado les valga
te suplico, Gran Señor.
que la infeliz desgraciada
de humana naturaleza
porque aunque su culpa sea tanta,
tú les has de perdonar,
porque la misericordia les ampare.

LUCIFER   No hará tal pues
puesto que el poder
la sentencia tiene dada,
no es posible se revoque
aunque otro Dios lo mandara.

MISERICORDIA   Sí es posible.

LUCIFER   No es posible.

PODER   ¡Basta, basta!
Pecado, traer esos dos aquí,
para que en pública plaza
esta causa se decida.

ADÁN   Ya estoy Señor a tus plantas
y me pecado conmigo.

EVA   Y yo Señor a tus arras
con humilde rendimiento
toda llena de confianza.

APETITO   Esconderme yo de aquí
no me metan en la danza.

MISERICORDIA   Emperador supremo
invicto de los cielos
monarca omnipotente
tú que de tus dorados coros
de diamantes te coronan
y de gloria felizmente,
escúchame te pido por quien eres,
que yo sé que te pido lo que quieres.
Este que miras a tus pies rendido
es tu misma hechura
que con tu mano formaste
en cuya imagen y figura
con gracioso pincel le retrataste.

15. Aullidos.

Hallarle entre su llanto sumergido,
y en un mar de suspiros anegado,
porque vé que su culpa le condena,
y que no tiene remedio en tanta pena.
Si al cielo alza los ojos
allí advierte los astros:
sol, luna y estrellas,
como crueles ministros,
de suerte ya le fulminan;
rayos y centellas
trance terrible y rigurosa suerte
que ensanche hermoso
de enlaces bellos al cantar de la vida
ha de ser contra el hombre humilde;
ya escuchaste Señor.
El lastimoso fin de estas criaturas
que con gracioso pincel le retrataste
y así mira Señor esta marchita flor
y cuando gran Señor
un deudor no tiene con que pagar,
y este presenta un fiador
¿Qué no se contentará
con la confianza un acreedor?
Luego si ya te presento un fiador
que te pague de contado
la deuda, ¿quedarás contento?

PODER   Como puedes presentarlo
             Misericordia lo admito.

MISERICORDIA   Tal será y tan elegante
             el fiador que te presento
             que no solo será bastante,
             pero superabundante.

PODER   Pues ya puedes presentarlo.

MISERICORDIA   Y yo que me desespero,
             una palabra primero.

PODER   Ya sabes que de mi gusto
             es de tu gusto prisionero.

MISERICORDIA   ¿Y me prometes cumplir
             Señor lo que te pidiera?

PODER   Cuanto me pidas te prometo
             sea lo que fuera.

MISERICORDIA   Pues quien Señor ha de ser
             el fiador que puedo darte,

si es tu grande poder
que solo podrá pagar
cuanto el reo pueda deber.

PODER   ¿Qué fiador podrá bastar
             Para tan gran delito?

MISERICORDIA   Tu mismo Dios infinito
             ha de ser quien humanado
             satisfaga cruel delito
             por este hombre desdichado
             tú mismo Dios infinito.

PODER   Afligido pecador,
             no llores, enjuga el llanto
             que ya tienes un fiador
             cuyo caudal vale tanto
             cuanto vale el acreedor,
             y para que veas cumplida
             esta noticia escucha atento
             que un niño Dios te convida,
             para que en su nacimiento
             le cantes la bienvenida.

ÁNGEL   Albricias hijos de Adán
             que ya Jesús ha nacido
             en un humilde pesebre
             tan solo por redimiros.
             De toda la pompa humana
             granjas, jardines, estatuas
             y entre animales caseros
             hallaréis recién nacido
             a un Dios y Señor nuestro
             en nuestra mima figura;
             humanado en carne el verbo.
             El que rige esas antorchas
             el que gobierna los cielos
             y sostiene el firmamento
             justamente siendo hombre
             siendo un Dios desde lo eterno
             la gratitud de las señas
             quiero darlas desde luego.
             Una niña de mil gracias
             hermosa y sin paralelo
             humilde y sin protección
             la más santa que ojos vieron
             hallaréis en traje humano,
             pero agraciada en extremo

que es la madre de Dios hijo,
y la reina de los cielos.
Rindámosle adoración
para que todos diciendo
gloria a Dios en las alturas
y paz al hombre en la tierra
de buena voluntad.

APETITO   ¡Albricias, albricias!
que de las patas le agarrarán,
ya no se verán las suyas.
¡Albricias, albricias!
Que mi mujer de esta hecha
Quedará viuda.
¡Albricias, albricias!
Que yo también
he de llevar muy buena zurra
¡Albricias, albricias!
Que me voy a meter a las cortinas.

LUCIFER   Los infiernos me sepulten
en las cavernas oscuras.

PECADO   Y a mi contigo también
que soy verdadera imagen tuya.

ADÁN   Dulcísimo semanario.

EVA   Religiosísima junta.

ADÁN   Bello candil de la gracia.

EVA   Centro de la luz más pura.

ADÁN   Te doy infinitas gracias.

EVA   Te rindo alabanzas muchas.

TODOS   Gloria a Dios en las alturas
y paz al hombre en la tierra
de buena voluntad.

Fin

🮕

Aucto de Cayn y Abel
(Maestro Ferruz, siglo XVI)[16]
Figuras: ABEL, CAYN, DIOS PADRE, LA ENVIDIA,
LA CULPA, LUÇIFER, LA MUERTE, y quatro que
la traen.

Loa
Senado illustre y preclaro,
si loaros no prometo
es por no ser yo discreto,
pues el sentido mas raro
se ahoga en tan gran subjeto;
que a vuestra fama gloriosa
y virtud esclarecida
dize la ynbidia corrida
que sera ynposible cosa
el hazerlo a su medida.
Pues confesando ella tal,
no puede ningun mortal
daros la gloria que os toca,
aunque tuviese en la boca
çien mill lenguas de metal.
Solo pido en galardon
que supla en vuestra prudençia
la falta de mi eloquençia,
y a mi rrepresentaçion
le desi agradable audiençia.
Qu'es como Abel y su hermano
al alto Dios soberano,
para tenelle propiçio,
le ofreçieron sacrifiçio,
el primero de su mano.
Y porque Dios açepto
el de Abel su rregalado,
Cayn, de ynbidia ynçitado,
con despecho le mato
con la rreja de un arado.
Por lo qual en carro hufano,
ya como fiero tirano
por nuestra misera suerte
comiença a triunfar la Muerte
de todo el genero humano.

Entran CAYN y ABEL con el sacrifiçio.

CAYN
Pues as dicho, Abel hermano,
que a Dios hagamos serviçio

---

16. Rouanet, *Coleccion de Autos*, Tomo II.

para tenelle propiçio,
que llevas ay de tu mano
que ofreçelle en sacrificio?
ABEL
    Yo, por vitima sinçera,
aquesta blanca cordera.
CAYN
    Yo estas espigas de trigo,
lo mejor, es Dios testigo,
de toda mi semençera.
ABEL
    Es justo, hermano querido,
si bien en ti lo figuras,
que le den sus criaturas
lo hermoso y escogido
con unas entrañas puras.
    Que si un perro yrraçional
conosçe por natural
quien le da un gueso a rroer,
no debe el honbre de ser
peor qu'el bruto animal.
    Que pues el hombre es capaz
de quanto bueno y criado,
de yngratto no sea notado;
que ante su divina faz
es terrible tal pecado.
    Que si con torpe bajeza
se desverguença y [a]beza
este aborreçible viçio,
por su comun exerçiçio
se vuelve en naturaleza.
    Sus, pasemos esta sierra,
daremos al de la tierra
de la primera grosura
de la frutifera tierra
con la voluntad linpia y pura,
    pues a tales pecadores
haze Dios dos mill favores
con prodiga y larga mano,
aunque somos, dulce hermano,
hijos de padres traidores.
    Ansi, que juntos los dos
pasemos aquestas breñas,

y en aquestas altas peñas
sacrifiquemos a Dios
nuestras ofrendas pequeñas.
    Aunque sera gran presente
si el omnipotente
rresçibe nuestro deseo,
que el aparençia que veo
son dones de pobre gente.

Oraçion de Abel
    "O Señor cuya potencia
no alcança saver humano,
rresçibe, Dios soberano,
ante tu rreal presençia
esta ofrenda de tu mano;
    "y tu rreal Magestad
no mire mi poquedad
ni me castigue en mis viçios;
si ya falta en mis sacrifiçios,
no en mi pura voluntad."

Cantan entranbos este versso:

Tibi sacrificabo ostiam laudis,
et nomen Domini ynvocabo.

Baja el fuego sobre el sacrificio de ABEL, *y no sobr'el*
de CAYN.

ABEL
    Dandote graçias te alabo,
Dios senpiterno y divino,
    pues rresçibiste begnino
el pobre don de tu sclavo,
de tan gran meçed yndigno;
pues tu divina bondad
quiso ygnorar mi maldad.
Me hazes çien mill merçedes
conforme a quien (tu), Señor, heres,
no según mi calidad.
CAYN
    Quan al rreves de su efetto
obra este fuego cruel!

O qual ardio lo de Abel!
su sacrificio fue açepto;
yo muero de ynbidia del.

    Harde, malditos tizones!
Señor, rresçibe mis dones,
pues ya me dispuse a dallos;
no niegues a tus vasallos
tus premios y galardones.

Aqui se le aparesçe DIOS PADRE.

DIOS
    Cayn, qu'es tu pasion?
que en mi potençia no cabe,
como tu padre ya sabe,
dejar bien son galardon
ni mal sin castigo grave.

    Si pecares de yndiscretto
con pensamiento o effeto,
contigo estara el pecado
cuyo apeito malvado
le puse a tus pies subjetto.

Vase DIOS PADRE, *y entre* LA YNBIDIA.

YNBIDIA
    Cayn, de que te fatigas?
qu'estas fuera de sentido.
Tu no ves, loco perdido,
que tus granadas espigas
en humo se an consumido?

    Di, no sientes por afrenta
que Dios tenga especial quente
con Abel y su serviçio,
que tu alma le presenta?

    Correte ya de tal cosa,
pues te ves menospreçiado,
abatido y desdeñado;
qu'es afrenta vergonçosa
ser Abel el rregalado.
CAYN
    Pues, por que modo de Abel
podre yo vengarme del?

YNBIDIA
Con tomar justa vengança
matando al yngrato Abel;
    que, muerto este traidr
en quien tanto mal se ençierra,
en paz, sin sangrienta guerra,
por universal señor
quedas de toda la tierra.

    Y entonçes, según veras,
a Dios sacrificaras
y açeptallo a, cmo digo,
pues, siendo su estrecho amigo,
el rregalado seras.
CAYN
    Tu consejo bien fundado
es razón agradeçerte
con yr luego a obedeçerte
con pecho determinado
de dalle la acerba muerte.

Vase CAYN *y queda* LA YNBIDIA *sola.*

YNBIDIA
    O como va de si ageno,
de rrencor y enbidia lleno
contra el hermano ynoçente,
mordido de la serpiente
de ponçoñoso veneno!

    Yo me voy para la cueva
de Satan terrible y fiero,
que pedille albricias quiero,
pues ya de la gente nueva
no se escapa el prisionero.

Entran ABEL *y* CAYN *solos.*

ABEL
    No sientes, hermano amado,
mi dolor tan grave y duro
que ya me olvido y no curo
de lecha, lana y ganado,
ni aun de mi mesmo, te juro?

    Y causa aqueste tormento

mostrarme tu un movimiento,
un no se que, y desamor.

CAYN

O! y de puta traidor,
que buen encaresçimiento!

ABEL

No son palabras fingidas
ni son cumplimientos vanos,
sino yo muera a tus manos,
pues unas son nuestras vidas,
aunque en dos cuerpos humanos.

Y si te e ofendido en nada,
la mano de Dios ayrada,
para que pague el escote,
descargue su doru açote
sobre mi blanca manada.

Y si he pensado ofender
la suela de tu çapato,
según tus cosas acato,
nunca buelva, hermano, a ver
mi choça, majada y hatto.

Si verte alagre y hufano
y sin pena dolorida
se conpara con esta vida,
bive Dios! mi caro hermano,
que la de por bien perdida.

Que tus pasiones livianas
para mi sin ynhumanas,
pues me tocan en los ojos,
qu'el menor de tus enojos
me haze salir mill canas;

que, como seas la cosa
que en este mundo mas quiero,
de verte triste me muero.

CAYN

Quien vio sierpe ponçoñosa
en piel de manso cordero!

ABEL

Que dizes, mi buen Cayn?

CAYN

Que mueras muerta malsin,
pagando con las setenas
el tormento de mis penas,
de todas prinçio a fin.

ABEL

Ay, ay, hermano querido!
pues me has muerto por quererte,
en tal lugar, de tal suerte,
[a]quel eterno Dios pido
que te perdone mi muerte:

que su divina justicia
no mire tu mal proçeso,
que meresçella confieso
por mi maldad y malicia,
como muy culpado y leso.

Que pues te a dado contento
matarme con tal rrigor,
entiende que mi dolor
me da gusto y no tormento,
por nuestras prendas de amor.

[A] Adan y a mi madre Eva
no lleves la zerva nueva
deste suzeso ynhumano.
Adios, adios, caro hermano,
que en mi la muerte se prueba.

Entra LA CULPA en abito de villano.

CULPA

O pese no a diez con ello!
ansina aveis cazurrado
vuestro carillo chapado
y quitadole el rresuello?
O como esta machucado!

Mal haya el dibro con vos!
Aballaos afuera un cacho.
Pues, matates sin enpacho
no temiendo al alto Dios,
garzon tan vello y mochacho?

CAYN

Y quien eres tu, bestial?
Rresponde, bruto animal.

CULPA

Yo soy, noramala, Culpa,
que para vos no aya disculpa
ante el Juez divinal.

CAYN
Calla, calla, que rrebienta
mi alma ya de contenta.
CULPA
Al freir os lo diran,
quando del os pidan cuenta.

No frocastes golpe en vano
al çagalejo loçano,
pues la gana del comer
le quitastes a praçer,
por san! como con la mano.
CAYN
Dejate de aquesto agora,
y ayudamelo a enterrar.
CULPA
Ansina os podeis secar.
Enterraldo vos, mal ora,
pues lo supistes matar.
CAYN
Ten aqui.
CULPA
Pardiez, no quiero.
CAYN
O y de puta grosero!
CULPA
O hi de puta traidor!
Quiéreme hechar el señor
que le mate yo primero?

Engarrafalde del hatto
y de las rubias melenas,
que por primeras estrenas
vos pagaresi bien el patto,
como ladron, con setenas.

O qual juega al esconder!
Piensa que no le a(n) de ver
Dios, qu'es rretto y justiçiero?
En manos esta el pandero
que le sabra[n] bien tañer.

Entre DIOS *PADRE.*

DIOS
Cayn, qu'es de tu hermano?

CAYN
No se del.
DIOS
Mentira pura!
CAYN
So yo guarda, por bentura,
de Abel?
CULPA
Al moço loçano
zanpole en la sepoltura.
DIOS
Cayn, que heziste del?
que ya vengança cruel
demanda de tu maliçia
a mi divina justiçia
la sangre del justo Abel.

De mi poder ynfinito,
pues tu pecado te atierra,
sobre la haz de la tierra,
ahora seras malditto,
pues su justa sangre ençierra;
y aunque sea cultivada
y con tu sudor labrada,
no te de fruto sustento,
pues por tu braço violento
su sangre fue derramada.
CAYN
O soberana Bondad,
si miro tu yndignaçion
rrebienta mi coraçon;
qu'es tan grande mi maldad
que no merece perdon.

Pues de la haz de la tierra
ya tu bondad me destierra,
huyre de tu acatamiento,
qu'este es el puro tormento
del traidor que peca y hierra.

Baldio andare vagando
por collados y laderas,
y diranme hasta las fieras:
"Pues traes la soga arrastrando,
rrazon es, cruel, que mueras."

Porque es tal mi dura suerte,
despues que fui en ofenderte,
que como a persona rrea
qualquiera mortal que sea
me dara la dura muerte.
DIOS
No tengas ese concepto,
que nadie osara hazello.
Quien oprimiere tu cuello,
Siete vezes te prometo
de castigalle por ello.
Y porque, como a omicida,
nadie te quite la vida,
yo te porne un señal
en que tu ynbidia ynfernal
sea de todos conocida.
CAYN
Tal meresçe padesçer,
gloria de los serafines,
quien jamas miro los fines.
CULPA
Pardios que podeis poner
escuela de matachines.
CAYN
Mi cuerpo y alma rrebiente,
pues que mate al ynocente.
Cosa nepahnda y malina!
CULPA
Quien presto se determina
bien despaçio se arrepiente.
CAYN
O Culpa, dejame ya.
CULPA
No puedo, triste, aunque quiero.
CAYN
Pues, ya del bien desespero.
CULPA
Yo's juro añosga que va
la soga tras el caldero.
CAYN
Señor, para que nasçi?
CULPA
Rreportate un poco en ti,
pues es rrazon que te trague
la tierra, diziendo ansi:

"Quien tal haze que tal pague."

CAYN
Pues quies doblar mis enojos,
entremonos sin porfias,
y de las lagrimas mias
jamas se enjuguen mis hojos
hasta fenesçer mis dias.

Entrase, y sale[n] LUCIFER *y LA* YNBIDIA.

LUÇIFER
Como criada a mis pechos,
en fin, lo hordeno tu mano.
YNBIDIA
Alegrate y bive hufano,
pues quedan casi deshechos
los triunfos del ser humano.
LUÇIFER
Abraçame, mi esperança,
gloria de mi bienandança,
por lo qual, de ynbidia lleno,
aparto al honbre terreno
de la bienaventurança;
por lo qual no avra ninguno
que no me llame su rrey
por servicios a mi ley,
y quando se escape alguno
sera ver bolar un buey.
YNBIDIA
Pues, vamonos ya, Satan.
LUÇIFER
Vamos, mi buen capitan,
que pienso con tu favor
ser el monarca mayor
deste linaje de Adan.

Entra LA MUERTE *en un carro, con quatro que le tiran
cantando.*

Romançe
Triunfe, triunfe ya la muerte
por un honbre que murio,
que nasçio antes que su padre,
que su padre no nasçio,

y en el vientre de su aguela
dizen que se sepulto,
y el aguela estando virgen,
que nunca se corronpio.

Muerte
    Conozcase ya en la tierra
mis fuerças y mi osadia,
pues es oy el primer dia
que enpieça con cruda guerra
mi potencia y monarquia.
    Ya mi ley es publicada
y toda cosa criada
me rrinde la subjeçion,
y a mi sangriento arpon
ya no avra puerta çerrada,
    pues con un susto furioso
de crueldad y açidente
de la nueva y mortal gente,
el primer triunfo glorioso
me dieron desde ynoçente,
    que de pura ynbidia ynsano
le mato su propio hermano,
al qual llevo a mi aposento
por señal de vencimiento
de todo el genero humano.
    Que ya de los subçesores
de Adan y de su simiente
no a de escapar un biviente,
ni pobres ni enperadores,
con toda la humana gente.
    De mis terribles señales
an de temblar los mortales
y estar tristes y medrosos,
viendo sienpre vittoriosos
mis estandartes rreales.
    Ya se pregona la Guerra
A fuego y a sangre pura;
(que) pues que falto [a] Adan cordura,
buelva la tierra a la tierra
adonde fue su hechura.
    Y mi carro soberano
adorne mi diestra mano,

en que se ocupen mis ojos
con los mortales despojos
del nuevo genero humano.
    Los que pensaren pecar
con vanquetes y con vaños,
deleytes, viçios y daños,
los tengo de saltear
en lo mejor de sus años.
    Y qualquiera entienda y note
que con sempiterno açote
tiene Dios un duro ynfierno
para qu'el de mal govierno
alli pague el escote.
    Esconderse no aprovecha
en los senos de la tierra,
que ya del banco no yerra
esta pestífera flecha
que a la humana fuerça atierra.
    (Que) aunqu'e[n] tr'esquadras divinas
como rrosas matutinas
los agenos de pecados
avran de ser colocados
sobre sillas cristalinas.
    Ultra desto, mis sirvientes,
alto, a mi oscura morada,
por desierta y arruynada
de bivoras y serpientes
perpetuamente abitada!
    que, por mi rreal corona,
qualquiera humana persona
cumpla mi fuero y mi ley,
dende el pastor hasta el rrey,
que aquesta a nadie perdona!

Romançe
Triunfe, triunfe ya la muerte,
por un honbre que murio,
que nasçio antes que su padre,
que su padre no nasçio,
y en el vientre de su aguela
dizen que se sepulto,
y el aguela estando virgen,
que nunca se corronpio.

Caín y Abel o el primer crimen[17]

Cuadro Primero

(*Florida vega con algunas peñas que sirven de asiento.
Al fondo se ve la choza de* ADÁN *compuesta de pieles y
empalizadas. Es la caída de la tarde.*)

Escena Primera
(EVA *y* ADÁN *de pie a la derecha*)

EVA   La tarde tocó a su fin
     y aun no llegan nuestros hijos;
     a estas horas nunca tardan.
     ¿Qué les habrá pasado?
     ¿Se habrán despeñado acaso
     en el fondo de un abismo?
     ¡O en garras de fiero tigre
     los dos han muerto Dios mío!

ADÁN   Desecha esos pensamientos
     nada les ha acontecido.
     Serénate, no te aflijas
     con fatales vaticinios;
     ya no deben dilatar
     por ese áspero camino.

(*Señala al fondo*)

EVA   Caín a su hermano Abel
     nunca, nunca lo ha querido.
     ¡O Dios, qué terrible idea!

ADÁN   Tan adverso no es el signo.
     Pon en Jehová tu confianza;
     Él los cuidará benigno.

EVA   Dices bien esposo amado;
     Dios custodia a nuestros hijos,
     y nunca ha de permitir . . .

ADÁN   Espera, que escucho ruido
     entre aquella hojarasca.

Ruido de hojas secas. ADÁN *se asoma a la choza.*

EVA   ¡Que sean ellos, padre mío!

ADÁN *regresa con placer.*

EVA   Gracias, o Dios infinito
     gracias, Jehová soberano.

Escena Segunda
Dichos, y CAÍN *que entra muy fastidiado y serio con un
instrumento de labranza.*

EVA   ¡Caín, Caín, hijo mío!

Abraza a CAÍN *y éste se muestra indiferente.*

Adán   Ya estábamos con cuidado
     por tu tardanza.

CAÍN   ¡O fastidio!
     Siempre pensando torpezas,
     Y accidentes imprevistos.
     ¿Qué me puede suceder?

EVA   ¿Y Abel no viene contigo?

CAÍN   Bien sabéis que en su guardián
     yo nunca me he constituido.

ADÁN   Modera un tanto siquiera
     ése carácter altivo.

CAÍN   No estoy para represiones . . .

EVA   No te enojes hijo mío.

CAÍN   He de venir satisfecho
     y riéndome cuando miro
     que mis esfuerzos son vanos
     y mi trabajo maldito.
     Mi afán en labrar la tierra
     ha sido siempre prolijo,
     y los frutos que deseo
     conseguir nunca he podido;
     mientras que Abel . . . ¡O furor!
     tiene un ganado tan rico.
     Esto es injusto y duele
     que sea en todo preferido.

---

17. Campa, "Spanish Religious Folktheater in the Spanish Southwest," pp. 49–69.

ADÁN	No blasfemes, Caín ingrato,
	de los mandamientos divinos,
	y además que está muy claro
	el poderoso motivo.
	Tú siempre ofreces a Dios
	con detestable egoísmo
	lo peor, lo más inservible
	de tus semillas; lo he visto.
	En tanto que Abel, tu hermano
	al Señor agradecido,
	le dedica como ofrenda,
	los mejores corderillos.
	Abel es humilde y bueno;
	tu eres soberbio y maligno.
	Ahora mismo ya la envidia
	en tu pecho encontró abrigo . . .
	¿Y así quieres que Jehová
	te mire cual hijo digno?
CAÍN	¡Basta! Padre que no sé
	como escuchar he podido.
EVA	¡Por Dios, Caín, ten prudencia!
CAÍN	No; yo siempre seré altivo
	como águila del desierto
	como los cedros del Líbano
	y jamás podré humillarme
	en esta tierra que habito.
EVA	¡Ay . . . pero Abel que no llega!
	¿Qué habrá pasado?

Escena Tercera
Dichos, ABEL—*por el foro con su cayado.*

ADÁN	Aquí está ya nuestro Abel.
EVA	¡Hijo de mi alma adorado!
ABEL	¡Madre mía, madre mía!

Lo abraza.

ADÁN	¿Dime, Abel, porqué has tardado?
EVA	Era mi angustia sin nombre.
ABEL	En la maleza un cordero
	se me extravió, padres míos,
	por la mitad del sendero,

	y en buscarlo me entretuve.
	Entre las zarzas activo
	lo hallé por fin; y esto fue
	de mi tardanza el motivo.
EVA	Pensé que alguna desgracia
	te hubiera pasado Abel.
	Con esto sufrí momentos
	más amargos que la hiel.
	El corazón de una madre,
	fuente inmensa de ternuras,
	al tardar sus hijos siente
	mil terribles desventuras.
	Pero hoy ya estás Abel mío
	a nuestro lado y en calma
	con presencia alejando
	la negra sombra del alma.
CAÍN *Aparte.*	Como me irrita este afecto . . .
	ese afán para mi hermano.
EVA	Ay, Abel, si alguna vez,
	no quiera Dios soberano
	te arrebatara la muerte
	de nuestro lado traidora,
	yo también me moriría . . .
CAÍN *Aparte.*	¡O, la rabia me devora!
ABEL	No, madre, no pienses eso
	porque el Dios de la creación
	en ese caso te diera
	consuelo y resignación.
ADÁN	Abel ha dicho muy bien,
	más no debemos pensar
	en ese fatal momento.
	Que aun no vemos realizar
	por nuestra dicha Eva mía,
	porque no quiere el Señor
	que tan presto ya volvamos
	a sentir otro dolor.
	Muy poco hace, ya recuerdas,
	que perdimos nuestro bien.
	¡Inmensa pena sentimos
	al dejar aquel Edén!

EVA se enjuga una lágrima.

ABEL ¿Lloras, Eva de mi alma?
Perdona que te haya traído
a tu memoria el recuerdo
de aquel lugar tan querido.
¡Mas hoy pensemos tan solo
en dar gracias tan solo,
en dar gracias a Jehová
por su amante providencia
por la dicha que nos da!

ABEL Sí, madre, enjuga ese llanto
no quiero verte sufrir.

Se seca con el manto las lágrimas.

EVA ¡Ay, mi Abel idolatrado
sólo tú me haces vivir!
Tus consuelos hijo mío
siempre calman mis dolores,
y vivifican a lo alma
como el céfiro a las flores.
Tu espíritu inmaculado
Todo bondad es y amor.
Me hace comprender la gloria
infinita del Creador.
Las armónicas palabras
que brotan tus labios Abel
del cinámono de Arabia[18]
contienen la dulce miel . . .
retrátame en tus pupilas;
son mis únicos anhelos,
porque en ella se refleja
la caridad de los cielos.

CAÍN ¡Halagos que no merece,
le volverán vanidoso!

ADÁN ¡En él no tiene cabida
ese vicio tan odioso!

CAÍN Es humilde y obediente
tan solo en el exterior;
pero en el fondo . . . no saben
que es maldito y traidor.

EVA ¡Maldad en mi hijo, jamás!
Traición, eso es imposible.
Que a las pasiones del mundo
es su pecho inaccesible.

CAÍN De comprender aún no acaban
que esa alabanza maldita
me subleva, . . . me exaspera
y mi furor más incita.
¡Si continuas de esa suerte
elogiando a Abel así,
yo no sé lo que suceda,
y no respondo de mí!

ADÁN ¡Sella esa boca insolente!

CAÍN ¡Soy muy libre para hablar!

ABEL Perdonadlo, padres míos;
que no se puede moderar.
Que su carácter altivo
con él a la vez nació.
Así olvidad sus ofensas
como las olvido yo.

EVA La nobleza de tu pecho
es inmensa y no halla fin,
que sublime resplandece
al disculpar a Caín.

ABEL Cumplo lo que es natural
al perdonar a mi hermano.
Más no es virtud, madre mía;
es un deber del humano.

CAÍN ¡Tal modestia y humildad
aviva más mis enojos!
Y un velo de sangre d'eso
se presenta ante mis ojos.

ADÁN, EVA La envidia lo está matando.

EVA *Aparte.* Señor ilumina su alma;
dirígele al buen camino.

CAÍN *Aparte.* ¡Se me agota ya la calma!

ADÁN Completamente la noche
ha cerrado presurosa,
descanso nos pide el cuerpo,
entremos a nuestra choza.

---

18. Cinámono, palabra poco común que significa canela. Las exageraciones de este drama tienen el sabor propio del siglo XIX.

CAÍN	Aun el sueño no me vence.
ADÁN	Cuando tú quieras vendrás.
EVA	No dilates que es muy tarde.
CAÍN	La advertencia está de más.

Todos entran pero CAÍN *permanece abismado.*

Escena Cuarta
Después de ligera pausa se levanta y habla CAÍN
con ira.

CAÍN   ¡Oh, soportar ya no puedo
ese maldecido halago,
esa ciega preferencia
que le tienen a mi hermano!
No cesan ni un solo instante
ni uno solo de alabarlo,
creyendo que de virtudes
él es completo dotado.
Su repugnante humildad
ha conseguido elevarlo
y hasta culto idolatría
le rendirán de contado.
Eso mi pecho subleva
y con mi altivez batallo;
más no puedo contenerme,
ni soportarme callado.
¡Y lo ha bendecido Dios,
y le protege sus pasos,
y sus primicias recibe
con indescriptible agrado!
¡En él todo es alegría,
y es en mí todo quebranto!
¡Abel del cielo se encumbra
. . . . . . !
Mis padres dicen que Dios
este castigo me ha dado,
porque le doy por ofrenda
los frutos más despreciados,
y porque nunca me humillo,
ni sus órdenes acato.
Que soy soberbio, envidioso,
y maldiciente y osado . . .

todos ellos son pretextos
y motivos más vanos.
¿A Jehová de qué le sirven
frutos, grandes sasonados,
y humillación y obediencia?
¡Le valdrán acaso de algo!
Injusticia es la existe
para mí; no hay que dudarlo
y de Dios estoy maldito
desde que di el primer paso.
El delito de mis padres . . .
¿acaso estaré yo pagando?
¿qué culpa he tenido yo
del horroroso pecado
que en el Edén cometieron?
Contrariando los mandatos
impuestos por el Creador,
de no tomar de aquel árbol
los frutos apetecibles
que les diera el Ángel malo?
¡Esto es injusto, repito,
injusto por todos lados!

Corto silencio.

¿Por qué ha de gozar Abel
de privilegios tan altos,
y yo no, cuando Jehová
nos formó del mismo barro?
¡Oh, la rabia me devora;
el furor me está matando!
¡La serpiente de la envidia
en mi seno se ha albergado,
y me muerde el corazón
con insaciable arrebato!
¡Oh, qué Abel desaparezca
de la tierra es necesario!
¡Lo mataré; sí, lo juro!
Por lo más sagrado y santo.
¡Y nadie podrá impedirlo,
un aún el Creador Soberano!

Telón rápido.

Cuadro Segundo
Bosque profundo; la tarde va espirando. Las avecillas
gorjean.

Escena Primera

ABEL   Saliendo. Gracias al Señor de lo creado;
        gracias amante Jehová,
        que en el pecho de Caín
        ya sembraste la bondad.
        Transformado por completo
        en pocas horas no más.
        Será digno de tu agrado,
        Santo Rey de lo inmortal.
        Mis padres, con qué placer
        vieron esta realidad.
        Cutas lágrimas vertieron
        del gozo y felicidad.
        Nuestros ruegos ya por fin
        eco hallaron en Jehová.
        Desde hoy será nuestra vida
        dicha, inmensa y bienestar.
        Dos soles ha que mi hermano
        lleno de dulce ansiedad
        en nuestros brazos amantes
        llegose pronto a rogar.
        De sus pupilas el lloro
        tenía un brillo celestial.
        El santo arrepentimiento
        en su alma sintió brotar,
        y nos dice conmovido:
            Que acabe ya la maldad;
        mi corazón se transforma;
        me siento regenerar.
        Esta tarde me ha invitado
        con cariño fraternal
        para gozar de este bosque
        la poética soledad
        y juntos aquí ofrecer
        un holocausto a Jehová.
        El sol ya se hunde en ocaso
        y no debe dilatar.

Corta pausa.

        ¡Qué dulce melancolía
        se extiende en la tierra ya!
        ¡Qué majestuoso momento;
        qué hermosa es la soledad!
        El Eufrates blandamente
        su murmurio calma ya.
        Ya la tórtola de oriente
        dormida se oye arrullar.
        El aura apenas suspira,
        y cayendo todo va . . .
        los celajes de occidente
        ennegreciéndose están,
        y el lucero vespertino
        espléndido brotó ya.
        ¡Cómo dispone a las almas
        esta tarde a meditar!
        todo respira poesía;
        todo habla de lo inmortal.

Escena Segunda
Dichos. CAÍN *con una hoz en la mano.*

CAÍN   Abel, mi hermano querido.
ABEL   ¡Qué contigo sea Jehová!
CAÍN   Pensé que no habías llegado
        pero al fin te encuentro ya.
ABEL   Mal hiciste en pensar eso,
        hermano del alma mía.
        Cuando te he dado mil pruebas
        de cariño y simpatía.
        Y mas hoy que ya en tu pecho
        despertó el amor de hermano,
        y en tus brazos me estrechaste,
        y me has tendido la mano.
CAÍN   Hoy comienza nuevamente
        de profundo bienestar
        para nosotros, una era
        y de dicha verdadera.
        ¡Cuánto placer nos aguarda!
        ¡Cuánto gozo espiritual
        al unirnos para siempre
        por el brazo fraternal!

Aparte. No sabe mísera oveja
que ya te espera mi saña.

Siempre juntos cruzaremos
por el valle y la montaña
confiándonos mutuamente
nuestras dulces alegrías,
nuestras íntimas ideas,
y tiernas melancolías.
Mi cariño será inmenso,
y eterno como ninguno.
Tu vida será mi vida
y los dos seremos uno.

ABEL Esas palabras, Caín
hijas de tu amante anhelo,
resuenan aquí en mi alma
como música del cielo.

CAÍN *Aparte.* Esperemos el momento
oportuno para herirle.

Sí, Abel mi querido hermano,
procurando a Dios servirle . . .
y amándonos con ternura.

ABEL Alcanzaremos Caín,
del Señor Omnipotente
el premio eterno . . . sin fin.
Jehová te bendecirá,
haciendo que tus sembrados
progresen y den los frutos
más dulces y regalados.
De nuestros padres seremos
apoyo en su ancianidad
disfrutando de estos valles
de inmortal felicidad.
Pero mira, hermano mío
ya la tarde en occidente
ha espirado y la tinieblas
cerraron completamente.

CAÍN Todo en silencio reposa
y toda quietud respira

Aparte. Menos yo, porque a mi pecho
está sofocando la ira.

ABEL Dijiste un holocausto
íbamos hoy a ofrecer,
pero olvidado lo hubimos
y ya es el anochecer.

CAÍN empieza a mostrar su ira.

Es natural pues que hablemos
de nuestro amor fraternal
abstrayendo así las almas
de la vida terrenal.
Mas todo este sacrificio,
no miro preparación
ni la ofrenda, ni el altar . . .

CAÍN Sin ninguna dilación
vas a quedar satisfecho
en el acto vas a ver.

Nervioso y temblando.

ABEL ¿Por qué tiemblas de ese modo
y te miro enrojecer?

CAÍN Porque la ofrenda tú eres
que hoy dedico a Satanás.

Estallando en cólera.

ABEL *Aterrorizado.* ¿Qué es lo que dices Caín?

CAÍN Miserable, yo no más;
¡basta de engaño y ficción!
¡Te aborrezco, en vez de amarte!
¡Y mil vidas que tuviera
serían pocas para odiarte!

Le ase la mano fuertemente.

¡El furor que me devora
y mi cólera insaciable,
vas luego a experimentar!
¿Qué pensaste miserable,
acaso necio creíste
que realmente se cambiaba

en cariño mi odio fiero,
y que, imbécil, yo te amaba?

ABEL   ¡Perdón, oh Caín, perdón!

Se arrodilla.

CAÍN   Tu humildad y cobardía
hoy me irritan mucho más.
¡Me gozaré en tu agonía!

ABEL   ¡Favor! ¡Socorro! ¡Jehová!

CAÍN   Nadie vendrá a defenderte
es en vano que alborotes
por librarte de la muerte,
que yo y tú tan solo estamos
en este bosque sombrío.
¿No lo esperabas, verdad?
¡Cuánto te quiero, Abel mío!
Con ironía salvaje.

ABEL   ¡Por piedad Caín, perdón!

Hundiéndole la hoz en el corazón.

CAÍN   Vas al instante a morir
porque la sed de tu sangre
no la puedo resistir.

Abel vacila un poco y cae pesadamente exhalando un suspiro.

Escena Tercera
CAÍN *poseído de convulsivo temblor suelta la hoz.* ABEL *está muerto. Se oscurece el cielo y tiembla la tierra.*

CAÍN   Aterrorizado se cubre el rostro con las manos.
¡Qué has hecho, Caín, qué has hecho!
¡A mi hermano le di muerte!
¡Qué espantosa agitación
cielo y tierra se enrojecen!
Sangre miro en todas partes,
y la tierra se conmueve;
zumba el huracán violento,

y mil rayos se desprenden
con pavorosos rugidos
encendiendo todo el éter.
¡Es la cólera del cielo!
¡En pie no puedo tenerme!
¡Oh, qué horrible crimen!
¡Huyamos, huyamos breve!

Quiere huir, pero no puede. Vacila.

Escena Cuarta
Aparece una nube de la cual brota la voz de JEHOVÁ.

JEHOVÁ   Es imposible Caín
que huyas a tu conciencia.

CAÍN *Aterrorizado.*   ¿Qué es lo que miro Jehová?
Aparte.   Me ocultaré en la maleza.

Se oculta entre unas zarzas.

JEHOVÁ   Nunca podrás ocultarte
de mi temible presencia
ni evadirte lograrás
de la justicia severa.
¿Qué has hecho, di, de tu hermano?

CAÍN   No puedo darte respuesta.
¿El guarda soy yo de Abel?
¿me diste tal encomienda?

JEHOVÁ   ¡Oh, la sangre de tu hermano
clama a mí desde la tierra!
Acabas de cometer
con inaudita vileza
el crimen más infamante
que en el mundo darse pueda.
¡El primer crimen Caín!
Que a todo el orbe subleva
y de oprobio llenará
a toda tu descendencia.
Tu inconcebible traición
Hasta las fieras aterra;
tu maldad no tiene nombre
ni con palabras se expresa.
Has manchado la ocasión

de tu crimen con la ofensa;
por eso en este momento
sin cesar tiembla la esfera,
y el huracán se desata
con inexplicable fuerza.
Por eso la tempestad
en el éter se presenta
amenazando extinguir
tu maldecida existencia.
Escucha, escucha Caín,
la imponente voz tremenda
que retumba en el espacio
y también en tu conciencia.

CAÍN   ¡Ah, quítame la vida!

JEHOVÁ   Mi voluntad no lo ordena.
Por cuanto hiciste es preciso
que sufras la justa pena
mientras existas Caín.
Maldita será la tierra
que la sangre de tu hermano
está bebiendo sin tregua.
Sólo te producirá
mil abrojos por doquiera,
y aunque afanoso·trabajes
¡No obtendrás la recompensa!
El suelo que tú tocares
estéril por siempre sea.
Ni el sol te dará calor,
ni tendrás en tu existencia
el más mínimo placer . . .
tu desdicha será eterna.

CAÍN   ¡Qué espantosa maldición!
¡Oh, qué terrible anatema!
Mi iniquidad es muy grande.
Jamás lavaré esta ofensa.
¡Estoy maldito, maldito,
por tu cólera tremenda!
Huiré al instante de aquí
por esta escabrosa senda,
y cualquiera que me encuentre
me quitará la existencia.

JEHOVÁ   Eso nunca podrá ser,
aunque tu alma lo desea.

Castigado siete veces
será el hombre que te ofenda.
Una señal marcaré
que claramente se vea
en la mitad de tu rostro,
para que todos comprendan
que nadie debe tocar
ni tu vestido siquiera.
Errante por muchos años
cruzarás este planeta
y "¡asesino!" te dirán
para siempre tu conciencia.

Escena Quinta
CAÍN *delirando y fuera de sí.*

CAÍN   ¡Ah!, estoy perdido, perdido
por toda una eternidad.
No hay perdón de mi mal.
¿Para qué a este mundo he venido?
¡Esa inmensa maldición
que ha fulminado Jehová
en mi alma pesando está
cual si fuera la creación!
¿Por qué nací sino adverso?
La tempestad más acrece
y se me rompen, parece,
los ejes del universo,
naturaleza a una voz.
"¡Fatricida!" está gritando,
y a mi frente está quemando
las maldiciones de Dios.
Hasta los planetas aquí
echan en cara mi crimen,
y se doblan y se eximen
horrorizados de mí.
¡Yo deliro; yo estoy loco!
¡Oh, qué espantoso tormento!
¡El infierno aquí lo siento!
¡Aquí lo siento, lo toco!
. . . . . .
¡Tengo terror de mí mismo!
. . . . . .

Huracán que todo trozas
en tus alas poderosas,
arrebátame al abismo;
no puedo sufrir ya más
esta maldita existencia.
Si me arrancas la conciencia
seré tuyo Satanás.

*Aumenta la tempestad y sale corriendo como arrebat-
ado por una fuerza poderosa.*

Escena Última
*Corta pausa, durante la cual se oye una música suave
y triste. La tempestad va calmando. Aparecen* ADÁN *y*
EVA. *La luna ilumina débilmente la escena. Silencio.*

EVA   Qué terrible pensamiento.
ADÁN   Aquí debemos hallarles.
        Prosigamos a buscarles.
EVA   Cual sufro en este momento.

Buscan y de pronto ven el cadáver de ABEL.

        ¡Ah, qué es lo que estoy mirando!
        ¡Abel, Abel, hijo mío!
ADÁN   ¿Qué es esto? ¡Rígido, frío!
EVA   ¡Oh, sangre! ¿Estaré soñando?

Lo sacude y le toca el pecho.

        ¡No respira! ¡No late! ¡Ah!
        Abel, Abel. ¿Pero, es cierto?

Le toma el rostro en sus manos.

        ¡Oh, muerto, Dios mío, muerto!
ADÁN   Todo lo comprendo ya.
        ¡Lo ha asesinado Caín!
EVA   Se rompe mi corazón.

Se postra sobre el cadáver sollozando.

ADÁN   Con inaudita traición

a su existencia dio fin.
Nos engañó su maldad
para quitarle la vida . . .
¡Hijo infame! ¡Fraticida!
¡Monstruo vil de iniquidad!
EVA   Abel, mi hijo idolatrado,
encanto de mi existencia,
lirio de cándida esencia
para siempre destrozado.
¡Mi esperanza, mi alegría,
si no la quisiera creer!
¡Íntimo ser de mi ser,
pedazo del alma mía,
cuántas veces, ay, Abel!
Mi triste lloro enjugaste
con tus caricias de miel!
Pero hoy, amargo dolor
no puedes ver mi quebranto,
no puedes secar mi llanto
con tus ósculos de amor.
Cuántas veces hijo mío
a la sombra de las palmas
donde fundimos nuestras almas
como las ondas del río.
Para siempre ya tus ojos
su luz de cielo opacaron,
y solamente quedaron
de mi vida los despojos.
Nunca más te veré ya
inmaculada paloma;
Tu espíritu cual aroma,
ha llegado hasta Jehová.
Ya no escucharé tu voz
vibrando en el alma mía
cual la célica armonía
de los ángeles de Dios.
Abel, mi adorado Abel,
ya no besaré tu frente
ni la sonrisa inocente
de tus labios de clavel.
Tu formarás mis anhelos
mi ilusión idolatrada . . .

	yo absorbía en tu mirada
	el resplandor de los cielos
	cómo te he sobrevenido
	si eras tú de mi existencia
	que en este mundo he tenido.
ADÁN	¡Oh, cuánta fatalidad!
EVA	Hijo de mi corazón
	mi gloria, mi adoración,
	mi todo, mi eternidad.
ADÁN *Aparte.*	¿Qué culpa oh Dios cometí
	para sufrir tanto, tanto?
	¿Por qué me brota este llanto
	que me está quemando aquí?

Se toca el pecho.

EVA	¿Pero es posible, Jehová?
	Siento en pedazos el alma.
ADÁN	Eva, tus angustias calma;
	amenora tu pena ya.
EVA *Desesperada.*	Dime que mi Abel respira,
	que vive; sí, que no ha muerto.
	Todo es un sueño ¿No es cierto?
	Ay, que mi mente delira.
ADÁN	¡Sepárate Eva!
Aparte.	Ay de mí.
	Que la razón perderás.
EVA	¿Qué me separe? ¡Jamás!
	¡Yo no me quito de aquí!
ADÁN	Tu pesar no tiene igual.
EVA	Deja que sufra por él.
	Que muera junto a mi Abel.
ADÁN *Aparte.*	¡Qué destino tan fatal!

Se queda con el rostro entre las manos.

EVA	Ya no puedo resistir.
	Me acaricia la demencia.
	Quítame oh Dios la existencia;
	sin él no quiero vivir.
	¡Ay, Jehová! Señor bendito,
	compadécete de mí!
	¿No llega el eco hasta ti,

	de mi sollozo infinito?
	Hijo de mi alma, ¡qué frío!

Lo besa repetidas veces.

	¡Besándote de esta suerte
	yo quiero absorber tu muerte
	en tus labios, amor mío!
ADÁN	¡Qué terrible agitación!
	Remedio no existe ya.
	Solo pedir a Jehová
	consuelo y resignación.
EVA *Sin oírlo.*	Ya por siempre te perdí
	ay, hijo del alma mía.
	Que desdicha tan impía.
ADÁN *Cariñosamente.*	Apártate ya de aquí.
EVA	En mis tiernos embelesos
	deja que bese tu herido
	¿Abel, no sientes la vida
	en el calor de mis besos?
	¡Ay, imposible! ¡No, no!
	Sigue frío como el hielo;
	Tendió para siempre el vuelo.
	Todo para mí acabó.

Pausa.

	¡Ah! ¡No, no Dios poderoso,
	es mi hijo también Caín!
	Aunque infame y fraticida
	quitó a su hermano la vida.
	De los dos soy madre al fin.
	Tú miras mi tormento
	sano rey de la Creación;
	infunde en su corazón
	sublime arrepentimiento;
	la senda que si siguió Abel
	haz que tome sin desvío.
	¡Misericordia, Dios mío,
	perdón, perdón para él!

Pausa.

Para la tumba, oh dolor,
le ungirá mi llanto ardiente.

A Adán.

Deja que le dé en su frente
mi postrer beso de amor.

Lo besa.

Ya nada me resta . . . nada.
Su espíritu está en el cielo.
Mas ¿dónde hallará consuelo
esta mujer desdichada?

Separándose del cadáver.

Adán   Con solemnidad y sentimiento
en la mística oración,
en nuestro Dios, en Jehová.
¡Qué al fin nos otorgará
la santa resignación!

*Permanecen junto al cadáver abismados mientras se
oye música mística y lenta. El telón cae con lentitud.*
    Fin del Drama.

1. La palabra "entremés" se usó tanto para representaciones sagradas como profanas y llegó a sustituir en ocasiones a la de "misterio."; Manel Milà i Fontanals, *Obras Completas* (Barcelona: Opúsculos Literarios, 1895), Tomo VI, p. 213. Nota a pie de página.

2. Ver Milà i Fontanals, *Obras Completas*, Tomo VI, pp. 232–45.

3. Lázaro Carreter (1987), *Teatro Medieval*, p. 46.

4. Milà i Fontanals, *Obras Completas*, Tomo VI, p. 235.

5. Traducción al castellano por el autor.

6. Gutierre Tibon, *Diccionario Etimológico comparado de Nombres Propios de Persona* (México: Fondo de Cutura Económica, 1991), p. 67.

7. Joan Amades, *Gegants Nans i alters entremesos* (Barcelona: Arxiu de Tradicions Populars, Costumari Popular Catalá, 1983), pp. 11–12.

8. José Sánchez-Arjona, *Noticias referentes á los Anales del Teatro en Sevilla desde Lope de Rueda hasta fines del siglo XVII* (Sevilla: n.p., 1898), p. 1.

9. Massip, *El Teatro Medieval, voz de la divinidad*, p. 76.

10. Amades, *Gegants Nans*, p. 11. Traducción al castellano por el autor.

11. Amades, *Gegants Nans*, p. 12.

12. Lázaro Carreter (1987), *Teatro Medieval*, pp. 48–52.

13. Milà i Fontanals, *Obras Completas*, Tomo VI, p. 222; Lázaro Carreter (1987), *Teatro Medieval*, pp. 48–52.

14. Milà i Fontanals, *Obras Completas*, Tomo VI, p. 222.

15. Milà i Fontanals, *Obras Completas*, Tomo VI, p. 222; Lázaro Carreter (1987), *Teatro Medieval*, pp. 48–52.

16. Sánchez-Arjona, *Noticias referentes*, p. 2.

17. Carmen Torroja Menéndez y María Rivas Palá, "Teatro en Toledo en el siglo xv, 'Auto de la Pasión' de Alonso Campo," Añejos del *Boletín de la Real Academia Española* (Madrid) XXXV (1977), p. 45.

18. Torroja Menéndez y Rivas Palá, "Teatro en Toledo," p. 70.

19. Sánchez-Arjona, *Noticias referentes*, p. 6.

20. Amades, *Gegants Nans*, p. 13.

21. Torroja Menéndez y Rivas Palá, "Teatro en Toledo," p. 51.

22. Torroja Menéndez y Rivas Palá, "Teatro en Toledo," pp. 66–67.

23. Desde 1322 en que se celebró por primera vez la procesión del Corpus en Barcelona, siendo esta la primera ciudad en España, la misa y la procesión se hacían por la mañana. Pero a partir de 1542 la procesión saldría a las tres de la tarde de la catedral después de rezadas las vísperas; Milà i Fontanals, *Obras Completas*, Tomo VI, pp. 374–75.

24. Milà i Fontanals, *Obras Completas*, Tomo VI, pp. 374–79. Traducción al castellano por el autor.

25. Niños pequeños.

26. Candelero grande donde se ponen unas velas grandes y gruesas llamadas hachas.

27. Vestidura de lienzo fino de color blanco y de mangas muy anchas que va desde el hombro hasta la cintura y que usan los eclesiásticos sobre la sotana. También la usan los legos en funciones eclesiásticas.

28. Vestidura larga y solemne. Palabra del catalán antiguo para designar las ropas propias de los notarios y los escribanos.

29. Tipo de pescado.

30. Arturo L. Campa, "Spanish Religious Folktheater in the Spanish Southwest (First Cycle)," *University of New Mexico Bulletin*, Vol. 5, n. 1, Feb. 1934, p. 8.

31. Fray Toribio de Benavente Motolinía nació en el pueblo de Benavente, Zamora, España, entre 1482 y 1491. Murió en 1569 en la ciudad de México. Llegó a la Nueva España con el primer grupo de Franciscanos. Se le conoce como Fray Toribio Motolinía, sobrenombre que los indios le dieron en México y que significa pobre o humillado.

32. Partida, *Teatro de Evangelización*, p. 69.

33. También conocida como *La Batalla de los Salvajes*. Consistía en un simulacro bélico entre dos bandas de cazadores que parece derivar de algún rito precortesino en honor al dios de la caza, Caxmaxtli. Parece ser que participaron unos 50.000 actores improvisados en la fingida batalla; Weckmann (1994), *La Herencia Medieval de México*, p. 513.

34. Para mayor información sobre canto de órgano ver nota 13 en el capítulo 11, "Escuelas Musicales en las Misiones de Nuevo México, siglos XVII y XVIII."

35. Fray Toribio de Benavente Motolinía, *Relaciones de Nueva España* (México: Universidad Nacional Autónoma de México, 1994), p. 57.
36. Partida, *Teatro de Evangelización*, 77–78.
37. Arturo Warman Gryj, *La Danza de Moros y Cristianos* (México: SepSetentas, 1972), pp. 71–72.
38. Bradford L. Prince, *Spanish Mission Churches of New Mexico* (Glorieta: Rio Grande Press, 1977), pp. 81–85.
39. Mary Austin, "Folk Plays of the Southwest," *Theatre Arts Monthly*, XVII, Aug. 8, 1933, p. 601.
40. Campa, "Spanish Religious Folktheater in the Spanish Southwest," p. 13.
41. Campa, "Spanish Religious Folktheater in the Spanish Southwest," pp. 11–12.

CHAPTER 3

Betrothal and Jealousy of St. Joseph

THIS DRAMATIC PIECE deals with the theme referred to in St. Luke's Gospel (1:26–38), which narrates Archangel Gabriel's Annunciation to Mary, and the occurrence spoken about in St. Matthew's Gospel (1:18–25), corresponding to the doubts that assault Joseph when he discovers Mary's pregnancy. He decides to repudiate her in secret and abandon her, but the Lord's angel appears to him in dreams and dispels his doubts, which resolves the situation. This drama opened the cycle of Christmas feasts and celebrations. It was usually staged on the Christmas novena, that is, December 16.

Several Spanish authors treat the theme of Joseph's doubts. In the fifteenth century, Gómez Manrique, in his *Representaçion del nasçimiento de Nuestro Señor,* began precisely with Joseph's doubts and complaints:

> Oh! What misfortune in my old age!
> This black mischance of mine
> For betrothing Mary
> Who now dishonors me.
> Quite pregnant is she:
> I know not whence nor by whom.

> They say it is the Holy Ghost,
> But of this naught I know.

Authors also wrote and presented eucharistic plays on this theme for the Corpus Christi celebrations. At the Corpus Christi festivities of Valencia in 1616, López de Alcaraz and Francisco de Mudarra directed the company that staged *Los Desposorios de S. José y la Virgen María.**

A confusion exists in the New Mexican colloquy regarding the Archangels Michael and Gabriel, for here it is Michael who announces to Mary and who appears to Joseph in dreams to free him of his doubts. Mary's visitation to her cousin, Elizabeth (St. Luke 1:39–41), also appears in this colloquy.

In the eighteenth century, several *pliegos sueltos* on the betrothal of Joseph and Mary were published in Spain. They were republished in the nineteenth century. Below is an example of one such pliego suelto.

---

* Henri Mérimée, *Spectacles et Comédiens á Valencia, (1580–1630)* (Toulouse: Édouard Privat, 1913), 80.

CAPÍTULO 3

Desposorios y celos de San José

ESTA OBRA TRATA básicamente el tema referido en Lucas 1:26–38, que narra la Anunciación del Arcángel Gabriel a María y el referido en Mateo 1:18–25, que corresponde a las dudas que asaltan a San José al enterarse que su esposa está encinta. Éste decide repudiarla en secreto y abandonarla, pero el ángel del Señor se le aparece en sueños poniendo luz a sus dudas y resolviendo así la situación. Con esta obra se abría el ciclo Navideño de fiestas y celebraciones. Solía representarse durante la novena de Navidad, es decir, el dieciséis de diciembre.

Varios autores españoles trataron el tema de las dudas de San José. Por ejemplo, a finales del siglo XV, en su *Representaçion del nasçimiento de Nuestro Señor*, Gómez Manrique empieza precisamente con las dudas y quejas de San José:

> ¡O, viejo desventurado!
> Negra dicha fue la mía
> en casarme con María,
> por quien fuesse desonrado.
> Yo la veo bien preñada;
> no sé de quién nin de cuanto.

> Dizen que d'Espíritu Santo,
> mas yo d'esto non sé nada.

También se escribieron y se representaron autos sacramentales sobre este tema para las celebraciones del Corpus. En Valencia durante las celebraciones del Corpus de 1616 se escenificó *Los Desposorios de S. José y la Virgen María*, siendo López de Alcaraz y Francisco de Mudarra los directores de la compañía que lo representaron.*

En el coloquio nuevomexicano existe una confusión entre los Arcángeles Miguel y Gabriel, pues aquí es Miguel quien le anuncia a María y quien se le aparece en sueños a San José para librarle de sus dudas. La escena de la visitación de María a su prima Isabel, narrada en Lucas 1:39–41 también se halla en este coloquio.

En el siglo XVIII se editaron en España varios pliegos sueltos sobre los desposorios de María y S. José. Estos se reeditaron en el siglo XIX. He aquí un ejemplo de un pliego suelto.

---

* Henri Mérimée, *Spectacles et Comédiens á Valencia, (1580–1630)* (Toulouse: Édouard Privat, 1913), p. 80.

COPLAS NUEVAS

Fig. 3.1. Coplas Nuevas.

Coplas Nuevas[1]
En las que se declaran los desposorios de María
Santísima con el glorioso Patriarca San José

Coro
Hoy los castos desposorios
de María y José
los devotos cristianos
cantaremos con placer.

¡Oh qué gran dicha ha tenido
el carpintero José!
pues se casó con María
natural de Nazareth.

Quince años tiene la novia
y es llena de gracias mil,
tierna, linda y candorosa
cual rosa en el mes de Abril.

De reyes y de Patriarcas
descienden ambos esposos,
según dice San Mateo
y evangelistas otros.

En le templo la doncella
con recato se crió
de castidad hizo voto
por servir y amar á Dios.

Dicen que del cielo aviso
tuvo el santo Simeón,
de que vendría á este mundo.
el Divino redentor;

Y á la Purísima Virgen
sin pecado original,
tenía que tomar el cuerpo
Nuestro Señor Eternal.

Le buscan pronto un esposo
á aquella cándida flor,
pues tenía de ser Madre
de nuestro Dios y Señor.

Dice humilde y resignada:
hágase tu voluntad,
pues solamente deseo
conservar mi castidad.

---

1. Barcelona.—Impresos de Cristina Segura, Vda. De A. Llorens; Colección de Pliegos Sueltos de la FCEJD, Diputación de Valladelid, Urueña.

A toda la parentela,
les dieron del caso aviso,
para escoger un esposo
entre ellos, pues era estilo

casarse entre parientes
por haber Dios prometido
que d aquel claro linaje
saliera el Verbo Divino.

María llena de gracia,
santa, pura y virtuosa;
cuantos mancebos había
la querían por esposa.

José entre ellos fué al templo,
no por quererse casar,
pues había desde joven
voto hecho de castidad.

Juntos todos en el templo,
desde los cielos se oyó
una voz que les decía
que hicieran oración.

Tomad todos vuestras varas
y la que florecerá,
de esta Divina Doncella
rendido esposo será.

Contritos toman las varas,
la de José floreció,
pues que fué el mortal dichoso
que el mismo Dios escogió.

Para esposo de María
le aclama la reunión,
y el parabién le dan todos
llenos de satisfacción.

El santo Simeón entonces
ante el ara del altar,
unió á José y María,
con el lazo conyugal.

Y tan felices esposos,
llenos de satisfacción,
fervorosos elevaron
sus preces al Creador.

De todos se despidieron
la Virgen pura y José,
de Jerusalén salieron
camino de Nazareth.

Cuando á su patria llegaron
fueron muy bien recibidos
de vecinos y parientes,
de conocidos y amigos.

La casa se componía
de tres cuartos divididos,
san José destinó uno
para trabajar de su oficio.

El otro fue destinado
para ir á descansar,
y el otro para su esposa
para que pudiese orar.

Era costumbre de entonces
y por tal puesta en estilo
de no unirse los casados
hasta haber reconocido.

Si de marido y mujer,
cuadraban los naturales,
y con santa costumbre
se evitaban muchos males.

Un día dijo María:
Esposo mío querido,
quiero un secreto contaros
que en mi pecho está escondido.

Es el tal que pequeñita
voto hice de castidad,
y os suplico, amado esposo
me permitáis conservar.

Dulce esposa de mi alma,
demos mil gracias á Dios,
pues yo hice igual voto
y es el voto de los dos.

Entrambos quedan contentos
llenos de satisfacción;
José volvió á su trabajo,
la Virgen á su oración.

Estaba la santa Virgen
en su retiro rezando
y las santa escrituras
de Isaías meditando.

Y al leer que una doncella
será del Verbo Divino
tierna y candorosa Madre,
la Virgen María dijo:

Si esta dichosa doncella
yo llegara á conocer,
con qué placer y contento
me postraría a sus pies.

Y al decir estas palabras
un ángel se apareció,
y postrado ante la Virgen
de esta manera le habló:

Dios te salve, Virgen santa
entre todas las mujeres,
el Señor esté contigo
y llena de gracia eres.

Sabed que concebiréis
á Jesús fruto bendito,
y en la estirpe de Jacob
gobernará eternos siglos.

Cómo tengo que ser Madre,
la Virgen respondió:
el ángel contesta y dice:
Nada es imposible á Dios.

Aquí está, Señor, tu esclava
rendida á tanta bondad,
cúmplase en mí tu palabra,
hágase tu voluntad.

El Espíritu Divino
en pura sangre encarnó
y en el seno de María
figura humana tomó.

Bajó del seno del Padre
el Verbo, y con él unido
quedó el vientre de María
más rico que el cielo mismo.

San José repara un día
el estado de su mujer;
¡Dios de Israel! Exclama. . . .
¿esto cómo puede ser?

Mi esposa está embarazada.
¡Oh Dios de eterna bondad!
¡cómo es posible cumpliendo
el voto de castidad!

¡Mas, sospechar de María!
¿cómo es posible, Señor? . . .
siendo tan pura y más limpia
que sus rayos el sol.

Aquí sin duda hay misterio,
mas yo no lo entiendo á fe,
mi esposa no me lo dice,
pues de ella me ausentaré.

Si me ausento de mi esposa
¿cómo se alimentará?
pues si yo la desamparo
¿quién, mi Dios, la amparará?

Pues á su Dios y á su esposo
ha faltado ¡cruel dolor! . . .
no puedo estar á su lado;
antes que todo mi honor.

Tomó San José su ropa
y se dispuso á marchar,
y antes de tomar camino
se fué un rato á descansar.

La Virgen, que de su esposo
los designios comprendió,
se retiró á su oratorio
y al Señor se encomendó.

Dice: ¡Hijo de mi alma!
¡cómo quedará, mi Dios,
vuestra Madre sin esposo
y también sin padre Vos!

Donde San José descansa
entró entonces san Gabriel,
y dice: José, despierta,
que gozarás gran placer.

El estado de tu esposa
es por misterio Divino,
que á salvar al pueblo viene
el Mesías prometido.

Llévale al templo y por nombre
le has de poner Jesús,
que Salvador significa
y espirará en una cruz.

Se fué al cuarto de su esposa
y de repente la vió
en un soberano éxtasis
llena de divino amor.

Dice postrada á sus plantas:
¿Cómo he merecido yo
el ser Padre putativo
del mismo Divino Dios?

Por vuestro Hijo, Señora,
os pido me perdonéis
y para poder serviros
su gracia espero alcancéis.

Pues que pude, Virgen pura,
de vuestra virtud dudar,
rendido aquí á vuestras plantas
alcance vuestra piedad.

Vos, Señor, sois quien debierais
vuestra esposa perdonar,
que este Santo Sacramento
no se atrevió á revelar.

Mas no tenía licencia
por decirlo de mi Dios,
y os ofendí sin culpa,
estimado esposo, á vos.

Muy contento y satisfecho
quedó entonces San José,
de ser el dichoso esposo
de tan divina mujer.

De su gozo y alegría
lleguemos á disfrutar
por los siglos de los siglos
en la corte celestial.

Coloquio de San José[2]
Acto Primero

Canto.   Caes por desleal y atrevido
del más supremo lugar,
mas no siento el bajar
la gloria de haber subido.

2. Arturo L. Campa, "Spanish Religious Folktheater in the Southwest," *University of New Mexico Bulletin*, Vol. 5, n. 2, June 1934, pp. 11–54.

LUZBEL. Caí por deslial y atrevido
del más supremo lugar;
mas no sentí el bajar,
la gloria de haber subido.
Luzbel soy, luz hay en mí.
Luz en mi nombre se ve,
pues con la luz que bajé
todo el abismo encendí.
Ese monte en su regazo
a quejarme determino
por no tener embarazo
en rigor de mi destino.
Pues ya que solo me veo
salga la pena a mis ojos
y publique los enojos
lo infeliz de mi deseo.
Montes que con libertad
surcáis los frondosos mares
justo tendréis a millares . . .
y una tal cautividad[3]
por los montes por los mares.
Diré mis quejas aquí,
por si puedo, ¡ay de mí!
algo aliviar mis tormentos.
Arroyuelos presurosos
corréis vos con libertad;
hoy por mi gran maldad
me veo afligido y lloroso
entre esos montes metido.
Avecillas que parleras
cuando vestidas de pluma
os contemplo en gloria suma
penetrando sus esferas.

Canto. Caes por desleal y atrevido
del más supremo lugar,
mas no siento el bajar
la gloria de haber subido.

LUZBEL. Con que si explicando voy
el hoy con aquel ayer,

no podré dar a entender
lo que dice la Escritura.
Si es pastor, soy lobo hambriento
si es gigante, soy guerrero
si es camino, soy despeño
si el miel saludable,
yo cicuta me contemplo.
En fin, no hay cosa
en que a Dios no me oponga.
Ya no me detengo más;
voy a buscar a Satanás
que en el pecho se me abrasa
por ver si así damos trazas
de algo aliviar mis tormentos.

Letra. Convóquense los patriarcas
todos en Jerusalén
a ver quién de todos es quién
merezca tanto bien.

SAN JOSÉ. ¡Qué alboroto, qué alegría!
celebra el templo gozoso
que pretende en dar esposo
a tan dichosa María.
Dichoso y feliz día
que al templo se presentó
y el cielo os publicó
la honestidad y pureza
siendo María en su belleza
la rosa de Jericó.

FELICIANO. El cielo te guarde la vida
por muchos años hermano.

SAN JOSÉ. Y muy noble Feliciano
siempre la tengáis cumplida
para expresar mi venida
tan singular.

FELICIANO. Vuestro patriarca escuchad.
Pues ya sabéis que Simión
cabeza de estas comarcas
manda ques que los patriarcas
en su real generación

---

3. Falta un verso.

hoy al templo soberano
sean obligados a llevar
las varas en su mano;
y yo de parte de Simión
he venido a avisarte.

SAN JOSÉ. ¡Ay, si soy pobre!
Entre los que son llamados
ya no podré concurrir
porque allí solo pueden asistir
los varones sublimados.

FELICIANO. Pues no le hace la pobreza;
eres de sangre real.
Eres de sangre y nobleza,
en virtud, de esa niña igual.

SAN JOSÉ. Parte tú sin dilación
a recrearte en tu belleza.

FELICIANO. Pues yo José, imagino,
mirando tu resistencia
que faltas a la obediencia
de ese precepto divino.

SAN JOSÉ. Pues al templo me encamino
por ser obediente, amigo,
y porque de méritos caresco.

FELICIANO. Sí, parte tú sin dilación,
que allá te espera Simión.

Canto. Convóquense los patriarcas
todos en Jerusalén
a ver quién de todos es quién
merezca tanto bien.

(*Salen* LOS PASTORES.)

SIMIÓN. Niña hermosa y peregrina,
yo bien considero y veo
que en tan singular deseo
solo a un Dios se encamina.
Pero si la ley previene
que una doncella en creciendo
ésta ha de ir pretendiendo;
mas esto a ti te conviene.
Bien sé María. . . . . .
que no hay hombre humano
que merezca tal beldad,

por eso en esta ocasión
he mandado a convocar
a todos estos patriarcas
de todas estas comarcas
que de sangre real de Sión,
a ver quien de todos es
el que merezca tu mano.

MARÍA. Si Dios mando a obedecer
y en su nombre vos mandáis
decidme lo que ordenáis
que presto lo habré de hacer.
El haberme resistido
no es por ser inobediente
si no que tan solamente
la pureza a mi Dios le he prometido.

SIMIÓN. Confuso en esta ocasión
me ha dejado tu beldad,
pues viendo que en tan tierna edad
alcances tal expresión.
Más por eso veo María
que ya te conviene el estado
mas parece que veo llegar
a uno de los señalados,
pues este es de los convocados
y al templo quiere entrar.

SAN JOSÉ. Yo sí al templo he llegado
corto, temeroso y sonrojado.
Mas no quisiera entrar;
me dice el pensamiento
que llegar a la puerta
es atrevimiento.
En el pórtico quedaré
porque sólo indigno
de llegar me considero.

SIMIÓN. Llega José venturoso
que sólo a ti te esperamos
y la dicha que aguardamos
solo en ti se contempla.

SAN JOSÉ. Mi afecto señor
vuestro. . . . . . agradezco
y desde aquí veré gustoso

SIMIÓN. a ver quién es el dichoso
que tanta dicha merece.

SIMIÓN. Pues ya que todos
en el templo estamos
todos postrados diremos
con fervor del corazón
soberano Dios de Sión
ya es tiempo en que tu poder
declare y dé a conocer,
a ver quién de todos a de ser
el escogido varón.
Pues hoy que ya el cielo quiso
que el varón se declarara.
Este es José, pues la vara
le enfloreció de improviso.
¡Viva el patriarca Jose,
con su esposa María!
Dicen todos. ¡Viva!

SAN JOSÉ. Dios y Señor soberano
¿qué es lo que habéis permitido?
Pues que la vara en mi mano
al instante ha enflorecido.
Pues yo he de ser escogido
para empresa tan dichosa,
yo de aquí a esa niña hermosa
he llegado a ser esposo
habiendo tan insignios varones
de tan altas perfecciones,
tantos doctos, tantos justos,
en quien se ven tantos privilegios.
Dios ha criado en mí
la más vil criatura
que en el suelo se ha mirado.
Se cumpla tan grande empresa,
pero Dios y Señor mío
a vos rindo mi albedrío,
que es dueño de mi vida
a quien debo de estar rendido
después de Dios a vos.

SIMIÓN. Llega, José venturoso
pues, ¿qué tienes ya que temer?
Pues has merecido ser
de María guarda y esposo.

SAN JOSÉ. Llego por ser obediente
y porque de méritos carezco.

MARÍA. Yo soy la que no merezco
esposo tan excelente,
pero si su majestad lo ordena
a su voluntad me ofrezco.

SIMIÓN. Lleva pues, de la mano
a esta niña peregrina,
pues así lo determina
el alto Dios soberano.
Dale la mano María
a tu marido fiel y esposo
y celebremos gustosos
en Jerusalén este día.

Canto. Viva Dios en las alturas
y paz al hombre en la tierra,
hacer al abismo guerra
canten místicas dulzuras.

SAN JOSÉ. Repetidos parabienes
a Jerusalén os doy,
hermosísima María,
claro sol, hermoso día,
más pura que el sol y la luna;
y que las estrellas,
y que los rayos de la luna
te sirvan de ocoturna.

MARÍA. Suspende vuestra alabanza
no le hagas tanta alabanza
a quien es la misma nada.
Para Nazaret caminemos,
a una casa labrada
de mis padres heredada,
está para que la habitemos.
Yo señor bien quisiera
como vos lo merecéis
pero bien conoceréis
mi cariño y voluntad.

SAN JOSÉ. Yo presto os obedezco,
vamos bellísima aurora.

EL PADRE ETERNO. De la paz anunciadora
le aplaude el cielo gozoso.
Mayor tormento tiene ahora
el infierno tenebroso.

Canto. ¡Viva la cándida aurora!
¡Viva la hermosa María!
De los cielos alegría
de la paz anunciadora.

Luzbel. De la paz anunciadora
le aplaude el cielo gozoso.
Mayor tormento tiene ahora
el infierno tenebroso.
¿Sujetarme yo a una pasión esquiva?
¡Eso no, muera la paz!
¡Y mi grandeza viva!
¿Pues no soy aquel que veloz,
loco, presumido y vano
que me quise oponer, al poder de Dios
como ahora? ¡Ay de mí! ¡Cobarde!
Me hace falta temblar una voz.
Rabio, peno en decir que
Habacuc, Isaías y Daniel
la noticia dan de que
el Salvador vendría
para más afrenta mía.
¡Oh, qué dolor! Qué de vítores
le han dado a un José, a un carpintero
que esposo es ya de María.
Prevenir la artillería
contra un mármol enemigo
que es cólera initivo
castigando su osadía.
Desplegad vuestros tendones;
convóquelos mi malicia.
Salga la infiel avaricia
del centro de Satanás.

Satanás. ¿Qué tienes, príncipe augusto?
¿Qué tienes monarca altivo?
¿Qué ocasión o qué motivo
te ha puesto en tanto disgusto?

Luzbel. ¡Ah, Satanás, una voz
un hombre, una mujer
hoy me han llegado a poner
miedo, espanto y pavor!

Satanás. Prontas están tus legiones,
prevenidos tus soldados.
Da treguas a tus cuidados
y deshecha tus confusiones.

Luzbel. Haz pronto lo que ordenado os tengo,
y tráeme luego un asiento.

Satanás. Pues a obedecer vengo
Gran Príncipe del Infierno,
o del centro de la tierra
o del abismo profundo.

Astucias. Soy príncipe sin segundo.
de que me ordenes propicio
que a tu mandado y servicio
vengo de lo más profundo.

Luzbel. Pues ya que juntos estamos
como amigos y compañeros
habéis de escuchar de mí
las angustias más penosas
los tormentos más atroces.
Sentados y con atención
mi rabia iréis escuchando
y en todo considerando
vuestra total perdición.

Satanás y Astucias. Noble príncipe y señor,
ya te atendemos, empieza.

Lo coronan.

Luzbel. Ya sabéis que mi patria fue la gloria.
Es cosa muy notoria.
Fieles testigos, amigos, compañeros,
que vine desterrado a este oscuro seno,
y lo sabéis punto por punto.
Ya sabéis que crió Dios,
el globo celeste, y con esmero
ese cielo azul buril hecho de espuma.
Lo segundo hizo la luz, y espuma.
El tercero el firmamento,
pontífice hermoso, ¡oh, qué portento!
Las puertas del infierno siempre
las tengáis abiertas porque el pecado
a todos les convierte.
En el cuarto aves, plantas crió,
y la tierra dio animales.
En el quinto dividiendo Dios las aguas
superiores y exteriores de la mar,
peces crió en el sexto formando

Dios al hombre en el Paraíso.
Yo, envidioso de tanta dicha,
me quise oponer al poder de Dios,
¡oh, pese a mi soberbia y arrogancia;
pese al satano horrible del abismo;
marrugiendo y bramando
de mi escaso saber me estoy quemando!

SATANÁS. ¿Y eso te hace acobardar Luzbel?

LUZBEL. Y con razón Satanás.
Soy hoy en Jerusalén
con excelso lucimiento.
Aquí me falta el aliento
y la palabras también.
¿Más con quién os reprimo?
María con José, su primo
se acaba de desposar.

SATANÁS. Cierra el labio, no prodigas
que es posible que tal digas.
¿Quién como tú en el poder?
¡Tú que a la suprema alteza
de Dios quisiste igualar,
y ahora te hace acobardar
de una mujer la flaqueza!

ASTUCIAS. ¿Pues no es tu valor tan sobrado
que al trono real te opusiste,
y al mismo Dios le hiciste
guerra con ánimo airado?
¿Cómo ahora una mujer pobre, flaca,
te ha llegado a poner miedo,
espanto y pavor?

SATANÁS. Pues ya estamos entendidos
en que Dios madre ha de tener
y esa virgen ha de ser
aun después de haber parido.
Aunque es tan hermosa y bella
y en virtudes heredada.
Por supuesto, ya es casada
y dejará de ser quien es.

ASTUCIAS. ¿Con esto a entender se llega,
pues, no es ésta la escogida?

SATANÁS. ¿Pues no puso Dios todo su esmero
y su esfuerzo soberano,
en fabricar de su mano
Adán, y pecó primero?
Pues ya notando el cielo
no pudo hacer resistencia

vuestro ardid y saber.
Mira la sabiduría,
de un Salomón el poder
a vuestro lo hizo cometer
la culpa e idolatría.
Vuelve en sí, cobra el sentido,
quien el sentido te ha infuriado
sabiendo que soy pecado,
del hombre más cruel enemigo.
Redimido quedará el hombre,
y en eso no hay que dudar
pero en volviendo a pecar
todo ese bien perderá.
Inventaré nuevos vicios,
y nuevas trazas daré
con que al hombre privaré
de tan altos beneficios.

ASTUCIAS. Pues si esa virgen procede
de una angélica hermosura
que ninguna humana criatura
en el mundo exceder puede.

SATANÁS. Y si con amor profundo
se venga a Dios humanar
no por eso ha de dejar
de haber culpas en el mundo.

ASTUCIAS. Esa evidencia formal
de cuanto nace en el mundo
contar el daño fecundo
de la culpa original.

LUZBEL. Pues amigos ya estoy entendido
de todas vuestras razones
pero en otras aflicciones
tengo el corazón ahogado.

SATANÁS. Y de cólera revienta el pecho.
Dímelas pronto al momento
que mi pecho rabioso basilisco
es ponzoñoso y arroja llamas al viento.

LUZBEL. Pues ya confiado en vuestro valor
hoy les quiero separar su lugar
para que empleen su furor.
José y María van para Nazaret.
Vas para allá Satanás
a observarles nomás,
sus modos tratos de obrar.

SATANÁS. De tal suerte observaré
que algo serán tus intentos
y de ellos te avisaré
que cometan mil errores,
perturbarme a los pastores
de los campos de Judea.

ASTUCIAS. Te prometo en mi braveza
que no he de dejar pastor
que no perturbe con mi astucia y
fiereza.

LUZBEL. Pues para que el orbe sepa
el valor tan sin segundo
decir aquí conmigo
¡Guerra contra todo el mundo
y contra los cielos guerra!

Canto. Ángeles y bellos coros
venir, venir potestades
a María sagrada
hija del eterno padre.

MARÍA. Entre tanto que José
mi casto y humilde esposo
quedó ocupado en su oficio
proseguiré mi oratorio
del grande Isaías del séptimo
capítulo misterioso
"le concebirá una virgen."
¡Oh, qué gozo, que habré de parir
un hijo cuyo nombre venturoso
será Manuel!, y no prosigo
porque me embargan en todo
las singulares noticias
y los anuncios venturosos.

Canto. Ángeles y bellos coros, . . .

MIGUEL. Dios te salve María,
hija del eterno padre
de su unigénita madre
de los cielos alegría,
pues en ti halló el mundo consuelo
que no cabe en el cielo.
Hoy en tu vientre se esparza

y le tendrá consigo,
por eso creo en el cielo aplaudida
pues que fuiste la escogida
de entre todas las mujeres.
Esta es la zarza que vio Moisés
de la lumbre apoderada sin consumirse.
Nunca jamás nada y del incendio
de la llama saldrá luz que se
llamará Jesús que a los infiernos
espante.
Ni los cielos ni la tierra
tienen lo que tu vientre encierra
que es el tesoro del cielo.

MARÍA. ¿Quién eres joven lúcido,
que en tan altas turbaciones
me han causado tus razones
y el alma me han suspendido?

MIGUEL. No temas dulce María
virgen sagrada, Gabriel[4]
soy que aquí a esta embajada
el eterno Dios me envía
que el divino Redentor
en ti se venga a humanar.

MARÍA. Cúmplanse en mí sus palabras
pues así lo quiere mi Creador;
que el Divino Redentor
en mí se venga a humanar.

MIGUEL. En fin, queda de Dios aurora
que yo parto a mi morada
a llevar de mi embajada
felices nuevas, señora.

MARÍA. ¿Yo madre de mi Creador?
¿Yo madre de la que me dio el ser?
Yo tan indigna en tal puesto,
mas ya mi esposo ha venido,
a disimular todo esto.

SAN JOSÉ. ¡Qué música tan peregrina
hace al oído tan notoria!

MARÍA. Esposo amado.

---

4. Hay confusión entre los nombres de los dos ángeles.

SAN JOSÉ. ¿Por qué tanto te has tardado?
        ¿Por qué tan tarde te has levantado?
        ¿Os ha causado algún accidente
        qué a vos ha dado de repente?
MARÍA. Ocupada en mis lecciones.
SAN JOSÉ. Así me lo ha mostrado el cielo.
MARÍA. Alguna alusión sin duda.
SAN JOSÉ. Mas disimular conviene.
MARÍA. Un favor muy singular,
        esposo mío os quiero pedir,
        que me permitas el ir
        a mi prima a visitar.
        Isabel en su vejez,
        esposo mío, está preñada.
        Así que de tu amor confío
        si fuere tu voluntad.
SAN JOSÉ. Cuando quieras gran señora
        que no te faltará nada
        porque los prados, las selvas
        están rendidas a ti,
        y ahora quedaos con Dios pastor.
FELICIANO. El cielo os guarde y acompañe a
        los dos.
MARÍA. Quedaos con Dios pastor.
FELICIANO. El cielo os guarde y acompañe a
        los dos.
        Adiós vara de Moisés,
        a quien sirviéndoles fuera.
        ¡Oh quién pusiera la boca
        donde ella pone los pies!
        ¡Qué te adviertes Feliciano
        la honestidad de María!
        Yo conozco un feo dragón
        que la tiene aborrecida,
        este quien a María aborrece
        sin duda es desventurado.
Canto. Caes por desleal y atrevido, etc.
LUZBEL. ¡Cómo será el inmortal,
        inmortal y apacible a un tiempo!
        ¿Cómo el justo ha de tener
        del pecador el aspecto?
        Pues el hombre acaba el tiempo
        de que se le mueve el concepto.

¡Cómo será un hombre Dios
o arcano que no comprendo!
Pero no lo entiendo yo
es tan admirable portento.
Prueba que no puede ser
¡ay de mí triste argumento!
Dios es todopoderoso,
y de nada hizo el universo
y cuanto quiere puede hacer.
Si su amoroso empeño
se extiende hasta redimir
al hombre en el cautiverio,
en que lo tiene la culpa,
claro es que habrá
algún remedio eficaz.
Ya los profetas inspirados por Dios
cual esto así predijeron.
Ya todos convienen el que
bajará el Mesías que tanto temo.
¡O qué tormento, qué ansia!
Yo por más que quiera no podré
lisonjear aunque acaso no llegaré.
El cumplimiento de las profecías
    sagradas
que tan inmediatas temo.
Mas cuanto tan prolijo advierto
que no solo la venida
del Mesías predijeron
sino que determinaron,
¡o con qué dolor me acuerdo!
de la familia que ha de nacer
diciendo que sería hijo de David
pero que más, si hasta el tiempo
y el lugar profetizaron.
El nacimiento de ese hombre Dios
que ha de venir a desolar
mi reino en el pesebre,
solo yo tiemblo.
Que ha de venir cuando rey
o jefe falte al pueblo
Hebreo de su nación.
Ya muy cerca temo yo
su advenimiento

puesto que César Romano
viven los judíos sujetos
sin que entre ellos reconozca
ningún príncipe supremo
por el profeta Isaías,
mas valiera no saberlo.
¿A qué será Belén de fracta?
Cuna de Dios hombre.
¡Oh tiempo, oh lugar, oh justos cielos!
¡O profecías sagradas
inspiradas por Dios
cual esto así predijeron!
Dios en sus promesas infalible.
Luego, es cierto que vendrá.
Yo rabio, me agito y desespero
Diciendo en hechos marciales
con una voz y otra voz.
Dicen todos. ¡Muera el infierno y viva
    un solo Dios!

SATANÁS. ¿Qué desenfrenada voz
    a mi mal procura?
ASTUCIAS. Será alguna gente fiera
    que anda por la ribera.
SATANÁS. Una razón escuché
    y a mis quejas atendí.
    Y ahora volviendo por ti
    pronto la resolveré.
    Creo, un Ángel ha llegado
    de su pasión sofocante
    corazón entre presagios del mundo.
ASTUCIAS. Gente suena por el horizonte[5]
    pastores hoy aquí a este monte
    han de querer subir,
    y ahora vengo a descubrir
    que son criados de Isabel.
    De ellos pretendo saber
    lo que pasa en Galilea
    a esto mi rabia y furor desea,
    mas me conviene esconderme.

LUZBEL. Será alguno, que precipitado
    quiere morir en mis brazos destrozado.

Salen LOS PASTORES, ZACARÍAS, ISABEL y ARMINDA.

Canto. Hermanos pastores
    hermanos queridos
    vamos transitando
    por nuestros caminos.
    Por entre esos montes
    por entre esos prados
    vamos transitando
    con nuestro ganado.
    Isabel dichosa,
    Zacarías amado
    vamos transitando
    con nuestro ganado.
    Siéntate Gilita
    que vendrás cansada
    por entre eso montes
    haciendo majadas.
ISABEL. Arminda, ¿qué me decías?
ARMINDA. Te decía que allá en la cabaña
    estaba una novedad extraña
    notada en Zacarías.
    Yo estoy confusa y pasmada
    de ver lo que ha sucedido.
    Zacarías ha enmudecido,
    y su voz le quedó embargada
    pues no sé qué causa sea;
    toda su cara plena
    de misterios está llena,
    el otro día vino Bato del monte,
    y como es tan atarantado
    no entendí lo que me dijo.
    A según lo que yo colijo
    y lo que llego a notar
    es algún favor celestial
    que nos ha querido hacer
    el cielo divino.

---

5. Parece que el texto aquí se mezcla con el de los Pastores.

ISABEL. Yo deseo que Bato venga hoy
para que con modo me dé la razón
y lo que yo llego a notar es algún
favor celestial que nos ha querido
hacer el cielo divino.
Arminda irás a amasar,
si acaso tienes cernido y aprevenido
para todos cenar. Arminda
que traigan unos asientos y canten
una canción para que tengamos
un rato de diversión.

Canto. ¡Oh dichosos moradores,
de la ciudad de Belén!
Nacerá de entre vosotros
el que ha de regir a Israel.
Entonces los corderillos
sin temor y sin desdén
pastearán entre los lobos;
juntos irán a Belén.
Los cielos serán enmendados
y los collados también
mamará sabrosa leche
mamará sabrosa miel.
Todo será regocijo
y todo será placer.
Se acabarán los trabajos
se acabará el padecer.

FELICIANO. Albricias os pido señora
de un placer tan singular,
que hoy te viene a visitar
una bellísima aurora;
tu prima María, señora,
que viene con grande gozo
en compañía de su esposo
en un jumento hermoso.

ISABEL. Feliciano detén la voz,
que ya de gusto y placer
en mí no pueden caber
los beneficios de Dios.

FELICIANO. Sí lo haré, aunque va luciente
atento estarme señora,
que si la vista no me engaña,
hoy al portento alcé la cara

al momento es esa sierra
entrecrespada, vide a vuestra prima
amada. ¡Oh qué fortuna!
Mil veces más hermosa que la luna,
el jumento careciendo de razones
los arroyuelos copiosos
de nieve abril y mayo son
lisonjeros que con diversas
flores tapetes viene formando.
Tú dirás señora hasta donde
se atreve mi dureza a ponderarte
misterio tan santo, estrella
hermosa y lúcida de su pureza

y erario y en su compañía
vienen un hermoso relicario.

Salen JOSÉ, MARÍA y MIGUEL.

ISABEL. Prima y señora en quien veo
tan feliz empleo.
La madre de mi Creador
ha venido a visitarme.
Llega a mis brazos
prima y señora.

MARÍA. Con ellos el alma os doy.

ISABEL. Ahora que vuelvo en sí
¿adónde está mi primo José?
Perdonar primo José
Mi descuido e inadvertencia,
de no haberlo recibido
como lo merecéis.

JOSÉ. Fuera desvarío o locura
haceros a ese reposo
si en otro pecho veo claro
lo mucho que me asegura.

ISABEL. Llegue a mis brazos primo y señor.

JOSÉ. Con ellos el alma os doy.

ISABEL. Considero que cansados
y rendidos estaréis de caminar,
entrar parientes queridos,
vamos, prima de mis ojos.

MARÍA. Vamos, prima de los míos.

ISABEL.	Poblar pastores dichosos las cabañas, y despoblar y despoblar las montañas de la dichosa María.

Salen LOS PASTORES.

Canto.	Alégrense pastorcitos alégrense allá en la aldea que tan dichosa visita que tenemos en Judea; que nos viene a visitar la criatura más bendita.
PASTORES.	De la aurora del alba cual paz abraza que por vuestra dicha has venido aquí a esta casa. Sea bienvenida, la hermosísima María flor de Galilea.

La cena sigue.

LUZBEL.	Pastores, por segunda vez os saludo.
FILENO.	¿Gustas de cenar?
LUZBEL.	Acepto.
FILENO.	A lo menos a honrar a nuestra pobre mesa.
LUZBEL.	¿Y qué cenas?
FILENO.	Es un frugal alimento, una ensalada de lechuga, un poco de pan y vino y un buen asado cordero.
LUZBEL.	Tiemblo sin saber qué cena es esta. Pan y vino y al fin de todo un buen asado cordero que con el tiempo será un alto sacramento. ¡Qué dolor!
FILENO.	Corrido como una mona se ha quedado el pobre forastero. Cenen muchachos y vamos cenando;

	Echen un trago y vamos tomando A saber del pobre forastero. ¿Estáis muy triste señor?
LUZBEL.	Sobrados motivos tengo que me afligen sin cesar.
FILENO.	Y no pudiéramos saberlo.
LUZBEL.	No hay embarazo escuchar.
FILENO.	¡Atención que va de cuenta!
LUZBEL.	Nací príncipe heredero en el país más afortunado que se vio en el universo.
FILENO.	Será Arabia feliz.
LUZBEL.	Aun más feliz es mi patria.
FILENO.	¿Y dista de aquí a muy lejos?
LUZBEL.	Sí.
FILENO.	¿Cómo de aquí a dónde?
LUZBEL.	Como de aquí al cielo.
FILENO.	Creo que no está en su juicio el pobre forastero. Cenen muchachos y vamos cenando echen un trago y vamos tomando a salud del pobre forastero. Digo si vuestra madre es buena perdonará tu grande atrevimiento.
LUZBEL.	Pastor, yo madre no la tengo. ni la tuve en ningún tiempo.
FILENO.	¿Pues, es que no venís de Adán?
LUZBEL.	No, yo existí primero que él.
FILENO.	No está en su juicio el pobre forastero. Cenen muchachos y vamos cenando echen un trago y vamos tomando a salud del pobre forastero que nació sin madre.
LUZBEL.	Perdí el gusto y la paz, y con ellos a un tiempo, y aunque mi reino perdí todavía vasallos tengo.

FILENO.	¿Quiénes son?

FILENO. ¿Quiénes son?

LUZBEL. Vosotros y todos
los hijos vuestros,
hasta el César.

FILENO. ¿Hasta el César?

LUZBEL. Deja Miguel valiente,
déjame sentir pesares;
dejaré que todos se salven
como dejes de oprimirme.

Es la adoración.

Canto. O pan del cielo admirable,
o dulcísimo alimento
Tú eres la vida del hombre
y la salud del enfermo.

Los del pueblo de Israel
gozaban de un pan hermoso
este es mucho más sabroso
y mucho mejor que aquel.

Qué nación tan escogida
como la nuestra se ha visto;
que hasta el mismo Jesucristo
viene a ser nuestra comida.

(*Debajo de palia.*)

Canto. Hermanos pastores,
hermanos queridos,
vamos transitando
por nuestros caminos.

Por entre esos montes
por entre esos prados
vamos transitando
por nuestros caminos.

Por entre esos montes
por entre esos prados
vamos transitando
con nuestros ganados.

Isabel dichosa
Zacarías amado
vamos transitando
con nuestros ganados.

(*El despedimiento.*)

SAN JOSÉ. Ya para partir es forzoso
amada prima.

ISABEL. Después de su bendición
la mía. El infante
brillante se abriga
en mi vientre salta
al tuyo gustoso
de las promesas de Dios
los felices cumplimientos.

ASTUCIAS. De las promesas de Dios
los felices cumplimientos.
¿Isabel, qué cumplimientos son esos?
¡Aquellas ansias, yo muero!
Aquella verdad me incita la ira,
la duda, la rabia, y a un tiempo,
¡rabio, gimo, desespero
a un eterno padecer!

ISABEL. Adiós prima María.

MARÍA. Adiós, prima Isabel.

ISABEL. ¡Oh, qué dichosa visita,
he tenido y se va!
Quien pudiera ¡santos cielos!
acompañar su beldad.
Adiós, primo José.

SAN JOSÉ. Adiós, prima Isabel.

ISABEL. ¡Oh, qué dichosa visita,
he tenido y se va!
Quien pudiera ¡santos cielos!
acompañar su beldad.

ZACARÍAS. Adiós, primo José.

SAN JOSÉ. Adiós, primo Zacarías.

ZACARÍAS. ¡Oh, qué dichosa visita,
he tenido y se va!
Quien pudiera ¡santos cielos!
acompañar su beldad.

Lloran todos.

Canto.   Isabel, qué triste quedas,
ya se acabó tu alegría.
Que se van para Nazaret
José y su esposa María,
que larga esta jornada
desde aquí hasta Nazaret.
Caes por desleal y atrevido.

Luzbel.   ¡Ay, infierno, qué tirano
me has puesto en pena tan cruel!
Mira en qué tormentos se halla
el príncipe Lucifer.
Que para dar batalla al hombre
llamaría a todo el infierno.
O de aquí a ese oscuro seno
o de aquí a ese espeso monte
donde menos que fui ángel
yo no lo niego,
y de Dios fui preferido,
y hoy por mi grande atrevimiento
fui del reino desposeído.
Ahora siento nuevo mal,
y decirlo no quisiera.
¡Oh, malhaya pena fiera!
En Belén, qué desconsuelo
humanado, ¡qué dolor!
del creador del cielo y tierra
y por quien se mueven los astros
como está profetizado
para socorro del hombre.
Cuando el plazo sea llegado
que ha de venir es muy cierto
que nacerá ostentado,
y esto ha de ser de una virgen
pura, intacta y sin pecado,
porque así el texto lo dice.
Esa sierpe venenosa
que al cuello traes enredada
quiere morderte la lengua
para quitarte el aliento.
Esa fiera embravecida
que desde el más airado seno

te arrebata entre las astas
hasta arrojarte a los vientos.
Huir de aquí deste camino
sin peligro lisonjero
o vas a dar a otro hoyo
más horrible que el primero.
Desde aquel arrecife
que de la playa estás viendo
de la eminencia que caiga
hasta el plan del mismo infierno.
¡Oh torcedor, oh martirio,
que me persigues tan cruel!
¡Oh, maldito sea mi tormento!
¡Oh, qué susirio enemigo
que a todas horas batallas
tiranamente conmigo!
Como supiera yo si
el Mesías prometido
estará para nacer.
Nacerá o estará nacido
Y para que es saberlo
cuando miro,
cuando advierto
que viniendo ha de venir
a destruir las fuerzas
de mi dominio.
Yo por más que intente
impedirle no podré
que por no alcanzar mi ciencia
a oponerme acá a ese imperio
de su atachonado globo,
donde fui descendido
hasta caer a los infiernos
donde para siempre vivo.
Pero, ¡qué pienso, qué imagino,
que no soy el Lucifer!
En la culpa sumergido
mas ideando para el mismo
más y mayores martirios.
Haré que viva el hombre
¡viva yo, viva el abismo!
Pero ay de mí, me parece
que oigo por esas altas regiones

ángeles y serafines cantando
dulces y sonoros himnos.
Aquí diré que vienen llegando
escuchen si puedo oír.

Canto. Ángeles y bellos coros
venid, venid, potestades
a María sagrada
hija del eterno padre.

San José. ¡Cielos en que han de parar
tan amargos desconsuelos
qué consuelo he de hallar!
María ¿en qué te he ofendido
para tan gran desacierto?
No por cierto, qué capaz.
Calla lenguaje atrevido
no hables blasfemia alguna.
Yo licencioso de María
ninguno sé que me dice;
la voz quiero entrar
a disponer mi jornada.

Canto. Ángeles y bellos coros
venid, venid, potestades
a María sagrada
hija del eterno padre.

San José. De María cándida rosa
su hermosa luna eclipsada
sé qué me dice la voz,
sí, será mejor dejarla.
Quedaos con Dios pobre casa.
Maldije pobre si en ella
dejo la joya más bella
y a la aurora más temprana
alba excelsa soberana
la bella emulación del día,
el pajarillo tierno melancólico
abriga en pajas su nido
en el infierno que veis
el rústico pastor de esta cabaña
camina cuidadoso a la montaña.
Pero ¡cielo, qué sueño es este
que me hace deponer un rato!

Salen Satanás *y* Astucias.

Canto. Vuelve José con tu esposa
deja el temor, deja el celo,
que en lo que su vientre encierra
es un tesoro del cielo.

Satanás. Bajó Dios del imperio
y en María llegó a vestir
la humana naturaleza.
Rabio, gimo, desespero,
¡Un eterno padecer!

Astucias. ¿Hasta cuando dejaré
de padecer tal rigor?
¿Hasta cuando mi rabia y furor
bien empliados los veré?
Discurso no hallaré
del intento que pretendo
pero bien juego y entiendo
viendo preñada a Isabel
lo que me anunció Luzbel.
¿Ves que se va cumpliendo
este misterio infecundo
que contiene esta preñez?
Isabel anciana es
en su matrimonio infecundo
por favor que le ha hecho el cielo,
pero a mí lo que más me atormenta
es que su prima María
venga con alegría
a visitarla contenta.
¡Oh, esto mi valor aumenta
y me causa tal temor,
ese infante, qué dolor!
Según varias profecías
este ha de ser de aquel Mesías
el seguro precursor.

Luzbel. Clarín sonoro del cielo,
suave dulce melodía,
puebla en viento de alegría
y de gloria aquí este suelo.
¡Espera! ¡detén el vuelo!
qué pronostico infeliz,
detén la voz, ¿qué decís?

Canto. Vuelve José con tu esposa.

LUZBEL.   Despierta joven feliz,[6]
            no duermas, porque el pecado
            te quiere hacer desgraciado
            de feliz a infeliz.
SAN MIGUEL.   ¡José, José hijo de David!
            Oye atento mis palabras
            cuando no las del cuerpo
            abre los ojos del alma.
            No temas porque a tu esposa
            la consideras preñada.
            No es por obra de varón
            sino del Espíritu Santo
            y que de su vientre saldrá a luz
            quien se llamará Jesús
            que a los infiernos espante.
            Que no cielos ni la tierra
            tienen lo que su vientre encierra
            que es el tesoro del cielo
            y arrodillado por el suelo
            su vientre adorarás como
            relicario de su omnipotencia.
SAN JOSÉ. Espera detente, aguarda,
            que me has dejado lleno de gloria
            el alma no me hace el sueño
            en realidad habido
            imagen de la muerte
            como este hallé mi feliz suerte
            como en ti hallé claridad
            sé qué me dice la voz.
            ¡Yo padre del mismo Dios!
Canto.   Vuelve José con tu esposa.
SAN JOSÉ. ¡Oh esposa del alma mía!
            ¿De dónde yo he merecido
            tener esposa tan santa
            y ser padre putativo
            del mismo hijo de Dios?
            Por el Señor os suplico
            La pidáis me de su gracia
            para acertar en serviros
            os ruego me perdonéis,
            lo desatento que he sido.

MARÍA.   Esposo mío, perdonarme
            el no haberte dado cuenta
            del sacramento escondido
            aunque no estuvo en mi mano
            ni licencia de decirlo.
            Un bando es promulgado
            por orden de Octaviano el César.

Entra LUZBEL con FELICIANO.

LUZBEL.   Dadme pronto razón
            de lo que contiene el bando.
FELICIANO.   Este bando es promulgado
            por orden del César Augusto,
            y obedecer es muy justo
            de cualquiera edad que sean
            venga a inscribir su nombre
            habitantes de Judea.
LUZBEL.   El engaño y el intento
            del señor no ha conocido.
FELICIANO.   ¡Quién te mete entrometido!
            Engaño nunca será
            si él no da paz en la tierra
            gloria del cielo vendrá.
LUZBEL.   Y vosotros de Octaviano
            ¿así os dejáis gobernar?
            ¿No llegáis a reparar
            que es un infante villano?
FELICIANO.   No, nosotros no reparamos
            por que no somos caballos.
            Lo que somos son vasallos
            que al César atribuimos
            ¿habrán visto a éste señores?
            A éste sin duda lo parió una loca;
            pues no sé fue y me dejó
            con la palabra en la boca.
LUZBEL. *Con Satanás.*
            Te conviene Satanás
            que hoy a Belén caminemos,
            y los dos nos disfracemos
            que allí mi poder verás.

---

6. Estos mismos versos se encuentran en la obra de Adán y Eva.

SATANÁS. Buena traza, está muy bien
porque mudando de traje
no nos han de conocer.

(JOSÉ, MARÍA y MIGUEL)

Canto. Caminemos patriarcas
vamos caminando
que éste es el camino
que hemos de ir llevando.

SATANÁS. *Disfrazado.* Hermosísima María,
claro sol, hermoso día,
más pura que la luna
y que las estrellas
y que los dos rayos de luna
te sirvan de ocoturna.

MARÍA. Estituto y al palpable
parecen las de cordero
¡y encumbre las de serpiente!

SATANÁS. Rabio, gimo, desespero
de un eterno padecer
venga mi ser reluciente
que con su vista me espante.
Príncipe de la alta esfera,
paraninfo improbable
veo que no sabes que de ninfo
de Dios plena la licencia tenga
para perpetuar al hombre
en sus devotos recreos.
Cómo quieres oponerte
a las órdenes del cielo.

MIGUEL. Sí, razón tienes, pronto voy a obedecer.

SATANÁS. Sí, di cómo.

MIGUEL. Desta suerte.

SATANÁS. Venciste Miguel, venciste.
Solo ese nombre pudiera
a tus plantas arrojarme.
Ya me rindo que bien es
a los pies desta señora
hoy rendirse mi altivez.

ASTUCIA. ¡Armas! ¡Fuego!
socorro pide Satanás
muera cualquier arrogante,
¡qué a Satanás se opusiere!
Esa mujer, esa virgen

ponga pies sea quien fuere
Miguel, Miguel, tú a cada paso
intentas atacar mis propiedades
mas aquí esto no puede ser.

MIGUEL. Sí, razón tienes,
pronto voy a obedecerte.

ASTUCIAS. Sí, di cómo.

MIGUEL. Desta manera.

ASTUCIAS. Venciste, Miguel, venciste,
solo ese nombre pudiera
a tus plantas arrojarme.
Ya me rindo que bien es
a los pies de esta señora
hoy rendirse mi altivez.

Canto. Caes por desleal y atrevido . . .

SATANÁS. Astucias, aquí esta suerte.

ASTUCIAS. Satanás, aquí está otra.

SATANÁS. Así su vista me ofenda.

ASTUCIAS. Que no me mate y me venga.

MIGUEL. ¡Levantaos, miserable y confundido!
¡a un eterno padecer!

ASTUCIAS. Rabio, gimo, desespero
de un eterno padecer.
Bajó Dios del imperio
y a María llegó a vestir
la humana naturaleza.

Canto. Caes por desleal y atrevido . . .

MIGUEL. ¡Levantaos, miserable y confundido!
¡a un eterno padecer!

SATANÁS. Rabio, gimo, desespero
de un eterno padecer
ya más dobles mis tormentos
en penas y sobresaltos
entre confusión y penas
vive mi amor abrasado.
Caigan trozos sobre mí
de ese globo atachonado.
Acometamos del sol sus nubes
despidan rayos los. . . . .
convertirse en pavesas
como yo en iras me abraso.
Iras para cuando son;
Furias por horas aguardo

tenebrosos calabozos
de ese terror arrocazo.
Ya no habrá quien se condene,
pues ya los hombres son salvos,
pues que nació el salvador
las jerarquías cantaron.
Oh, barro que me desisto
al verme tan afligido.
El espíritu de un Dios
en hombre se ha transformado.
Como supiera yo, si Dios
está obligado a venir
a padecer por el hombre
en fuertes casos como al ver
tantas finezas en rabias
¡no me deshago, hay de mí!
¡rabiando vivo, ay de mí!
Rabiando muero así, infierno
recibirme que aquí voy
precipitado para siempre,
confundido para siempre, condenado.

Canto.   Caminen patriarcas
San José.   Ni lo largo del camino
ni los tiempos destemplados
me fatigan más, señora
que ver en ese camino inrociado.
Mas ya de David se divisan
las torres y muros altos,
mas aquí vive un cercano
amigo, llamarle quiero.

Canto.   Las Posadas.
¿Quién les da posada
a estos peregrinos
que vienen cansados
de andar caminos?
¿Quién es quién la pide?
Yo no la he dar
si serán ladrones
que nos quedrán robar.

Miguel.   ¡A de casa!
Astucias.   ¿Quién da golpes a la puerta?
¡Que de imprudente hace alarde
sin reflejar que ya es tarde,
y a los de casa despierta!

San José.   Amigo, yo soy José
que de vos me vengo a amparar.
Astucias.   Yo no tengo amigos
de tan semejante talle
no sea usted importuno,
¡vaya a dormir a la calle!
San José.   Hacerlo, señor, que viene
mi esposa preñada
y muy fatigada
a pie desde Nazaret.
Astucias.   Famoso huésped
viene en blanco
y con una moza no.
San José.   Qué bárbaro engaño
de quien ama riquezas;
como ven mis pobrezas
me despiden como extraño.
Mas aquí vive un cercano
pariente, llamarle quiero.
Canto.   Robaros pretendo
pero el corazón
que a mi amada esposa
os dé un rincón.
Pasen adelante,
ahí está el mesón
ahí el mesonero
os dará razón.
Miguel.   ¡A de casa!
Luzbel.   ¿Quién da golpes a la puerta?
¡Que de imprudente hace alarde
sin reflejar que ya es tarde,
y a los de casa despierta!
San José.   A mi pariente, (fulano)
señora vengo buscando.
Luzbel.   No me venga usted a afrentar.
San José.   ¿Por qué es afrenta señora?
Luzbel.   Decidme que sois pariente
del dueño de esta casa,
de la casa más extraña.
San José.   Qué bárbaro engaño
de quien ama riquezas;
como ven mis pobrezas
me despiden como extraño.

Mas aquí está un mesón
temblando llego.

Canto. Por Dios os lo piden
piadoso caseros
que humilde la pide
José el carpintero.

Ábranse las puertas
rómpase ese velo
que viene a posar
la reina del cielo.

MIGUEL. ¡A de casa!

SATANÁS. ¿Quién da golpes a la puerta?
¡Que de imprudente hace alarde
sin reflejar que ya es tarde,
y a los de casa despierta!

SAN JOSÉ. Decidle a vuestro señor
que por Dios le dé posada
a un rendido caminante.

SATANÁS. Ya mi amo está acostado
yo no le voy a molestar,
porque se tomará la molestia
y me descalabrará.

SAN JOSÉ. Hacerlo, señor, que viene
mi esposa preñada
y muy fatigada
a pie desde Nazaret.

SATANÁS. Esa es la peor.
Con que si pare de madrugada
y la gente se alborota
viene mi amo y me azota.

SAN JOSÉ. Hacerlo por Dios,
y por mí no padezcáis.

SATANÁS. Yo señor, todo lo siento,
pero a nadie podemos posar.
De limosna allá está afuera
un portal; allá puede usted ir
a posar porque otra parte
no tenemos.

SAN JOSÉ. Qué consuelo ha sido
que entre amigos y parientes
el mundo y todas las gentes
ante mí se han declarado.

MARÍA. No os afijáis esposo amado,
que yo en cualquier rincón estoy
muy bien conformada,
con la gran voluntad de Dios.

SAN JOSÉ. Cómo no quieres que sienta
querida esposa María
viéndote tan delicada
caminando con fatiga.
Ya subiendo las malezas,
ya bajando de las cimas,
ya del viento atormentada,
ya de la nieve afligida;
ya en fin con las agonías
de ver acercar tu parto
sin el abrigo alma mía.

MARÍA. Esposo mío, bien será
de ir a donde ese hombre nos envía.

SAN JOSÉ. Vamos divina María.

Canto. Caminen patriarcas
Caminen patriarcas
Caminen patriarcas
Entra reina soberana
entra a tomar posesión
que todos los de esta casa
te ofrecen el corazón.

SIMIÓN. Viva Dios en las alturas
y paz al hombre en la tierra.
Haced al abismo guerra
canten místicas dulzuras.

Canto. Viva Dios en las alturas
Y paz al hombre en la tierra
haced al abismo guerra
canten místicas dulzuras.

MIGUEL. ¡Sal de Belén infernal dragón feo!
¿Qué pretendes en Belén?

LUZBEL. Aguarda, escucha que esto
que ha sucedido en el suelo,
qué emoción es la del orbe
que parece voz del cielo.
Despierto y enajenado
estoy que no hallo consuelo,
pues que nació el Salvador,
en un pesebre, qué anhelo,

tan solo por liberar
al hombre del fuego eterno.
Pero yo qué me lamento,
¿pues no soy el sabio del mundo?
Mando el sol mando la luna,
mando ese cielo estrellado,
él se verá eclipsado
sólo con que yo lo mande.
¡Oh espíritu derribado,
al infierno condenado
cómo yo en tormentos me hallo!
Rayos, truenos, desolación
guerra contra esa mujer.
Si acaso tiene el placer
de ver a su hijo nacido
presto lo verá herido
y degollado tal vez.
Cuento con Herodes, que es
ahora el rey de Judea.
Haré que aquí eso sea
en alivio de mi venganza.
Ordenaré una matanza
desde los recién nacidos,
hasta dos años cumplidos.
Pero basta si solo son vaticinios
que jamás sucederá.
Es muy cierto que vendrán
Del oriente unos tres reyes,
los que aquí están sus leyes
los obligan a viajar.
Sin más destino que instruirse
para saber gobernar.

SATANÁS. ¡Caudillos y capitanes
de la milicia infernal!
¿Cómo no sentís mi mal?
¿Cómo no brotáis volcanes
de fuego que abrase y confunda
a estos cándidos zagales?
¿Pastores a dónde estáis?
Qué te has hecho Satanás,
que por un simplón no respondes.
¿En dónde Plutón te escondes?
que es el príncipe más feo.

Sal del abismo Aristeo,
apróntate aquí Amosdeo
que es el aquerón, aquerón.
Salga de esa adquilla Asmón,
pues ya nadie me hace caso.
Sólo en iras me abraso,
y es mi favor sin segundo;
tengo de borrar al mundo
pues soy de ciencia non plus.
¿Cómo es posible que Jesús?
¿Cómo es posible que un niño?
¡Oh, prodigioso misterio
quieren quitarme mi imperio,
por darle aumento a mi mal!
Pero vive Lucifer,
Que antes que la luz del día
Se acerque al carro adorado
haré que esta noche el Mesías
sea destronado,
a pesar de rubios cielos,
de naide será adorado,
porque yo con mis astucias
despeñaré a los mortales
y de no a mi fuego airado
los convertiré en pavesas.

LUZBEL. Cómo yo en iras me abraso.
¡Cielos!, es cierto que reveláis
a veces muchos secretos
por los humildes que ocultos
tenéis al sabio soberbio.
Yo los haré disfrazado y
hoy entre esta gente quiero
averiguar si ha nacido
el Mesías que tanto temo.
Yo a la verdad no lo dudo;
es dudarlo, no lo creo.
Cómo puede todo un Dios
abatirse a tal extremo,
vista de villano traje,
del hombre ruin y perverso
olvidando que esa imagen
la formó con tanto esmero.
Esclavos de mi furor

y vasallos de mi imperio
todas estas nulidades
que en el hombre considero,
hoy están en contrición
por la unión que no comprendo,
por el profeta Maquías
más valiera no saberlo.
¡Quién como yo en el perder!

MIGUEL.   ¡Quién como Dios, bestia fiera!

Pleito.

LUZBEL.   ¡Venciste, Miguel venciste!
Sólo ese nombre pudiera
a tus plantas arrojarme,
ya me rindo que bien es
a los pies de esta señora,
hoy rendirme mi altivez.

Canto.   Caes por desleal y atrevido
del más supremo lugar
mas no sentí el bajar
la gloria de haber subido.

LUZBEL.   Aprended flores de mí
de lo que va de ayer a hoy.
Que ayer maravilla fui
y hoy sombra de mi no soy.
Porque perdí lo que fui
y es eterno en lo que soy;
hasta cuando mi pena será
mi dolor y sentimiento
nunca, porque ya el contento
se ausenta triste de mí.
¡Ay!, infeliz de mí,
que no me alcanza ningún gozo.

Canto.   Aprended flores de mí
de lo que va de ayer a hoy.

Que ayer maravilla fui
y hoy sombra de mí no soy.
Porque perdí lo que fui
y es eterno en lo que soy.

MIGUEL.   Di pues infernal dragón feo;
"Llegar pastores dichosos,
llegar a la adoración del verbo."

LUZBEL.   Llegar, puche y puche,
afloja tantito Miguel.

MIGUEL.   Di pues infernal dragón feo;
"Llegar pastores dichosos,
llegar a la adoración del verbo."

LUZBEL.   Llegar, puche y puche,
afloja tantito el pescuezo Miguel.

MIGUEL.   Di pues infernal dragón feo;
"Llegar pastores dichosos,
llegar a la adoración del verbo."

LUZBEL.   Llegar pastores dichosos
llegar a la adoración del verbo.
Dejaré que todos se salven
como dejes de oprimirme.

Canto.   Ángeles y bellos coros
venid, venid, potestades
a María sagrada
hija del eterno Padre.

Canto.   Adiós José, adiós María,
adiós niño chiquitito,
que ya se van los pastores
para los llanos de Egipto.
Adiós José, adiós María,
adiós mi manso cordero
préstanos vida y salud
para le año venidero.
Adiós bendito José
adiós sagrada familia
de Jesús, María y José.

Fin.

CHAPTER 4

The Shepherds' Play

NATUS EST VOBIS HODIE SALVATOR

Come along, shepherd,
To see the Redeemer.

Come along, Minguillo,
Leave your sheep,
Get your whistle,
Pouch and crook:
Let's stoutly go
To see the Redeemer.

Let's leave not
Without a gift;
Llorente, tell us.
What shall we take?
What will be best
For the Redeemer?
I wish to take him

Butter and milk,
And to swaddle him
A few cloth diapers;
To lovingly go
See the Redeemer.

From the kid goat
Of the hornless she-goat
Take some cheese
And fried breadcrumbs
Tasting
Of the Redeemer.

May his gracious mother
Think naught we go
Without the offering
Of one thing more
'Tis dearly valued
Mother of the Redeemer.

End

May her ears rejoice
At hearing new songs
And to make sweet fried bread
Honey and many eggs
Though without pain
She gave birth to the Redeemer.

    —Pastoral song by Juan del Encina

THE SHEPHERDS' PLAY DEVELOPS the theme taken from Luke's Gospel (2:1–20), which narrates the birth of Jesus in a manger in Bethlehem, the angelic annunciation to shepherds, and their adoration of the Child. Of all others, this Christmas drama is perhaps the most conserved in the American continent and is continuously presented, rewritten once and again, introducing modern elements given the time and place.

The first reference we have to the celebration of Christmas on December 25 dates to the year 336. It was found in an outline of the liturgical Roman calendar known as *Depositio martyrum*. The church transformed the popular pagan festival in honor of Mitras, Sol Invictus (the Unconquerable Sun), celebrated on the same day, into the celebration of Jesus's birth. Perhaps the first Christians who compared Christ to the sun inspired the transformation of this pagan festival to a sacred Christian celebration. Such commemoration referred not only to the cult of the god Mitra, but also alluded to Jesus as Sol Novo (New Sun) since his birth occurred during winter solstice.[1] Thus, on the morning of December 25, in Rome, at the Basilica of Saint Peter, the pope celebrated Christmas mass. In the fifth century, another mass was added, celebrated at the Basilica of Santa María Maggiore, where Pope Sixtus III ordered the construction of a crypt called Cripta del Pesepre to

house the relics of the original manger. A century later, another mass called *ad galli cantum* (midnight mass) was added to the feast during the vigil.[2] In that same century, Emperor Justin I declared Christmas Day as a public feast for all Christianity to keep.[3]

As with other dramas, the first developmental phase of the *Shepherds' Play*, its most archaic form, continues to be the trope. The first trope pertaining to shepherds originates in the *Quem quaeritis*, which corresponds to the Sunday of Resurrection, as mentioned earlier in chapter 1.[4] The first tropes suggesting the angelic apparition before the shepherds announcing that Jesus, son of Mary, was just born in a manger appear in the eleventh century. As manuscripts of that era indicate, it was customary then to place near the altar figures representing the Christ Child and Virgin Mary. A child situated above the figures and dressed as an angel sang the annunciation of the birth. The shepherds entered through the main choir door repeating in unison the angel's words of annunciation. In response to the shepherds another chorus sang the "Gloria" from the high church corridors symbolizing heaven. Next, the shepherds approached the manger with song and upon adoring Mother and Child, departed singing the "Alleluia."[5]

It is easy to imagine how these brief and simple

Fig. 4.2. The Shepherds. / Los Pastores. Santa Fe, New Mexico, ca. 1915. Photo by Aaron B. Crayeraft. Courtesy of Museum of New Mexico, neg. #13693.

Fig. 4.3. Sepulcher of San Isidoro de León, twelfth century. / Panteón de San Isidoro de León, siglo XII. Photo by Tom Lozano.

tropes little by little transformed themselves into small dramatic scenes. Over time they developed into the *Officium Pastorum*, none other than the bridge between trope and drama, eucharistic play or *Shepherds' Play*. It includes any liturgical piece of the shepherds before the manger.

The first offshoot of the *Officium Pastorum* in Spain was the *Representaçión del Nasçimiento de Nuestro Señor* by Gómez Manrique. This work, written in Castilian between 1467 and 1481, was the first dealing with the shepherd theme. There exists, however, a brief description by Constable d. Miguel Lucas de Iranzo of what may have been a simple theatrical sketch about the birth and shepherds during Christmas mass of 1464 in Jaen: "And it was ordered that for this night at the matins in the mentioned church they carry out the story of the birth of our Lord and Savior Jesus Christ and of the shepherds."[6] This is our only information; whether there were dialogues or what the presentation was like is unknown.

In 1487 the archbishop and city council of Zaragoza organized a presentation of the Christmas mystery with music, singing, and shepherd dances. Such event took place at the San Salvador church so that the Catholic Kings, together with prince don Juan and princess doña Isabel, might witness it. The main characters and stage scenery were prepared in the following way according to the research of J. Amador de loș Ríos in 1865:

The Eternal Father, seven angels, the prophets, the Infant Jesus, the Virgin Mary, St. Joseph, and the shepherds. The stage design included a manger, winch, wheels, and curtains, which represented heaven with clouds and stars. As part of the costumes—since that year it was necessary to add luster to the celebration—gloves were given to the angels and the Eternal Father, along with women's hair. Animal bristle was given to the prophets, and the donkey and mule's heads were redone with combed cotton along with purple and vermilion wool . . . The presentation included music and song, presuming that the shepherds' dance would not be left out.[7]

In the sixteenth century these stage reenactments became widespread, developing further over time. Jaime Moll shows us how it must have been:

[T]o break the mere annual repetition, the main characters, the shepherds, begin acquiring personality within their world as shepherds—full of clichés—developing dramatically, giving rise to a comic and burlesque counterpoint and, at the same time, widening the pastoral didactic possibilities. The adoration remains, but as the final scene.[8]

On the North American continent, the Aztecs maintained celebrations and festivities during the winter solstice, which formed part of their calendar. On December 25, they commemorated the feast dedicated to their tutelary god, Huitzilopochtli, meaning Enchanted Hummingbird, or Sun-God of War.[9] During the evangelization period of New Spain, the church transformed the Aztec celebration into Christian. In 1530 Fray Juan de Zumárraga organized in Tlatelolco the enactment of the *Farsa de la Natividad Gozosa de Nuestro Salvador*, predecessor to the traditional *Shepherds' Play*.[10]

In 1572, the Company of Jesus, better known as Jesuits, arrived in Mexico. In a few years they gave a tremendous thrust to what later became the *Shepherds' Play*. King Carlos III expelled the Jesuits from Spain in 1767 for political and religious reasons. Their expulsion also led to the prohibition, at the behest of the Inquisition, of dramatizing the *Shepherds' Play* since at the time it was considered vulgar, obscene, and contrary to the principles of Roman Catholicism.[11] By then, however, the *Shepherds' Play* was deeply rooted among the people, and its many performances never

totally ceased, even though they were denounced for a time in several states of Mexico.

According to J. Romero Salinas, the Mexican *Shepherds' Play* was a Jesuit creation and not Franciscan, though it was the latter who promoted evangelical drama: "That is why the Mexican *Shepherds' Play*—that gathers together the vivacious dialogues of the devils; the innocent, rustic, and involuntary humor of the shepherds; the grave and hieratic posture of St. Michael—must be attributed to the true authors, the Jesuits."[12] Indeed, six years after the Jesuits arrived, an indigenous performance in which St. Michael defeats Lucifer took place in Zapotlán, Jalisco, in 1578.[13] In 1595, Jesuit Juan de Cigorondo's piece, *Égloga Pastoril al Nacimiento del Niño Jesús*, in which the character Bras appears for the first time, was performed in Puebla de los Ángeles and in Zacatecas.[14] In late 1596, San Felipe de Sinaloa staged the *Coloquio de los Pastores*, with the attendance from twenty-three surrounding villages. That evening the shepherds danced and sang Christmas carols in Nahuatl and Ocoroni.[15] According to this evidence we can specify:

The origin of the *Shepherds' Play* was frankly rural and had a clear evangelical purpose since it was supported by the culture of those evangelized and

Fig. 4.4. *The Shepherds' Play* of Belen, New Mexico, December 2003. / *La Gran Pastorela* de Belén, Nuevo México. El Santuario de Guadalupe, Santa Fe, Nuevo México, diciembre de 2003. Photo by Tom Lozano.

Fig. 4.5. Devil Dance. / Baile de Diablos. Olesa de Montserrat, 1920. Courtesy of Arxiu Joan Amades, Caixa 35, Sobre 11.GC, DC, CPCPTC.

Fig. 4.6. Margie Villela as Gila and Dante Berry as Bartolo in *The Shepherds' Play* of Belen, New Mexico, November 2002. / Margie Villela como Gila y Dante Berry como Bartolo en *La Gran Pastorela* de Belén, Nuevo México. Festival y Simposio UNM Valencia Campus, noviembre 2002. Photo by Tom Lozano.

expressed in their own tongue. In its dramatic form, it also became an important didactic resource achieving greater participation and learning, since it offered an opportunity to make, create, and re-create.[16]

The *Shepherds' Play* contains characters that became typical and essential to the drama. They began appearing at different stages of its dramatic evolution. In the seventeenth century, devil characters were incorporated, becoming indispensable to the drama. Equally important and included during the same period were the characters Bartolo and Bras.[17] These two

shepherd names were widely used in Spain by Golden Age authors who borrowed them from the Greeks. Bato, for example, appears as a goatherd in the poetry of Teócrito of 285 BC.[18] The shepherdess Gila, by contrast, who in the current enactments is of vital importance, appears for the first time in 1750. She became a singular character from then on thanks to her charming picaresque verses containing sexual innuendos. The Jesuit Cayetano Javier de la Cabrera y Quintero wrote the drama where Gila first appeared and staged it at the Colegio de San Miguel de Belén, in Mexico City.[19]

Whether the prohibitions imposed by the Inquisition in 1767 arrived to New Mexico where there were no Jesuits at the time is unknown. Also unrevealed for lack of confirming evidence is whether such dramas were staged in New Mexico at that time. Despite this, however, the belief in New Mexico is that Franciscans rather than Jesuits introduced the *Shepherds' Play* and other liturgical dramas to the state. At what moment the *Shepherds' Play* was introduced to New Mexico remains a mystery. Different opinions exist in this regard. Don Juan Tenorio literally says: "I well believe that the Franciscan fathers have taught these eucharistic pastoral plays for more than three hundred years and that they have been transmitted from fathers to sons for generations."[20] The great Franciscan influence in New Mexico concerning the traditional liturgical drama is absolutely undeniable; but next to it lies the unmistakable Jesuit undercurrent.

Fig. 4.7. The Shepherds, Barcelona, December 2003. / *Els Pastorets*, Teatre El Centre de Gràcia, Barcelona, diciembre 2003. Photo by Julio Cunill. Digital-DSCN0017.

Fig. 4.8. Pete Herrera as Lucifer and Joseph Madrid as the Hermit of the Sangre de Cristo Group from Taos, New Mexico, December 2003. / Pete Herrera como Lucifer y Joseph Madrid como Hermitaño del Grupo Sangre de Cristo de Taos, Nuevo México. UNM Alumni Chapel, diciembre de 2003. Photo by Tom Lozano.

Fig. 4.9. Dante Berry as the Hermit and Louie Chávez as the Devil in *The Shepherds' Play* of Belen, New Mexico, December 2003. / Dante Berry como Hermitaño y Louie Chávez el Deminio de *La Gran Pastorela* de Belén, N.Mex. El Santuario de Guadalupe, Santa Fe, Nuevo México, diciembre de 2003. Photo by Tom Lozano.

Fig. 4.10. Emilio Torres as the Devil in *The Shepherds' Play* of Belen, New Mexico, November 2002. / Emilio Torres en el papel de Demonio, *La Gran Pastorela* de Belén, Nuevo México, UNM Valencia Campus, noviembre 2002. Photo by Tom Lozano.

Not until 1814 did Pope Pius VII allow the performance of the *Shepherds' Play* once again upon reestablishing the Company of Jesus in America. The drama was therefore freely presented in both urban and rural areas, in places of worship, theaters, and homes. Whether the *Shepherds' Play* reappeared in New Mexico at the beginning of the nineteenth century as it did in Mexico, or if, on the contrary, it continued to be enacted without interruption from the moment of its establishment is unknown.

During the sixteenth century this dramatic genre was known as *Colloquy*. It was only later that the name *Shepherds' Play* became popular. Numerous versions of this drama exist in New Mexico with names as different as *Los Pastores*, *Pastores Chiquitos*, *Coloquio de Pastores*, *La Gran Pastorela*, and *La Pastorela*, among others. The name *Shepherds' Play* was designated in Castile, Spain, because midnight mass on Christmas was the only time that shepherds from the surrounding municipalities could attend mass. Normally their work kept them away from towns during the rest of the year.[21]

During the first half of the twentieth century Prof. J. E. Englekirk himself examined seventy versions of the *Shepherds' Play* in New Mexico and Colorado. He cited knowing of forty-five other texts.[22] This extensive number of documents gives a clear idea of how prolific this liturgical drama was in New Mexico and Colorado. Numerous versions from California and Texas also exist.

Despite the great number of renderings, the Mexican and New Mexican *Shepherds' Play* maintains a basic structure, like a spinal column, common to all. We may, therefore, configure it as follows:

The Holy Family's request for lodging, known as *Las Posadas*, precedes the drama. Next follows:
1. The praise or presentation.
2. The walk with songs and dances.
3. Chorus.
4. The dialogue of devils. (In some cases, Lucifer, Luzbel, and so forth, representing evil, is surrounded by other minor devils representing cleverness and sin.)

Fig. 4.11. The Shepherds. / Els Pastorets. Santuari del Miracle, 1910. Courtesy of Arxiu Joan Amades, #45689, Sobre 933. GC, DC, CPCPTC.

Fig. 4.12. The Shepherds. / Los Pastores, Santa Fe, New Mexico, ca.1920. Photo by Wesley Bradfield. Courtesy of Museum of New Mexico, neg. #13687.

The Shepherds' Play 123

5. The dialogue of shepherds. (They, in turn, represent the seven deadly sins: pride, avarice, lechery, rage, gluttony, envy, and laziness.)
6. The dialogue between shepherds and devils.
7. Battle between St. Michael, who represents good, and the devil, who represents evil. St. Michael is always victorious.
8. The arrival to Bethlehem and the shepherds' adoration.
9. Christmas carols.
10. Closing with songs and dances.[23]

The *Pastorada* of Castilla-León, Spain, also called *Pastora* or *Corderada* among other names,[24] derives directly from the *Officium Pastorum*. So too, when staged, both the traditional New Mexican *Shepherds' Play* and the traditional Mexican versions continue sharing common elements with the medieval *Officium Pastorum*. They both include an entrance procession of shepherds down the church's central aisle; the static group before the manger; the chorus supporting the actors by means of constant hymns, much like the Greek chorus; and the shepherds' response with chorales.[25]

As for the songs of New Mexico's *Shepherds' Play*, Mendoza presents various origins:

Spanish traditional music is likewise used. Many songs retain the taste of Galicia, Asturias, Castile, or Andalucia: they transmit the palpitation of peninsular farm life with all its ingenuity and archaism. Not all the acts are authentic; choruses and arias from Italian operas have become intermingled for some of the walks, marches, and parades; the form of the Mexican song is interwoven with the contemplative songs, offerings, or adoration by the shepherds, adding Mexican color and sentiment to the drama; on the other hand, the lullabies sung to the Infant Jesus maintain the traditional Hispanic feeling.[26]

Examples demonstrate how the New Mexico traditional *Shepherds' Play* still retains folkloric Spanish music in some of the collected songs. Following is the second song in Sabinal's rendering of *El Coloquio del Niño de Dios*. It is undoubtedly of Spanish origin:

The shirted Galician
Singing arrives
Intoning the sweet
Galician pipe.[27]

In the version known as *Los Pastores* of Corrales is the following Christmas song from Soria:

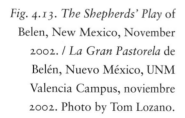

Fig. 4.13. The Shepherds' Play of Belen, New Mexico, November 2002. / *La Gran Pastorela* de Belén, Nuevo México, UNM Valencia Campus, noviembre 2002. Photo by Tom Lozano.

Fig. 4.14. Ruperto Baca as Verlado and Emilio Torres as Bato in *The Shepherd's Play* of Belen, New Mexico, December 2003. / Ruperto Baca como Verlado y Emilio Torres como Bato en *La Gran Pastorela* de Belén, Nuevo México, en el Santuario de Guadalupe, Santa Fe, Nuevo México, diciembre de 2003. Photo by Tom Lozano.

Fig. 4.15. The Shepherds, Barcelona, December 2003. / *Els Pastorets.* Teatre El Centre de Gràcia, Barcelona, diciembre 2003. Photo by Julio Cunill. Digital-DSCN0064.

Fig. 4.16. The Shepherds' Play of Belen, New Mexico, December 2003. / *Gran Pastorela* de Belén, Nuevo México, en el Santuario de Guadalupe, Santa Fe, Nuevo México, diciembre de 2003. Photo by Tom Lozano.

The shepherds are leaving
T' Extremadura,
T' Extremadura,
Forsaking the hills
To sadness and gloom.
Away go the shepherds
Off and away
More than four teary-eyed
Lasses remain.[28]

Los Pastores of Agua Fria, includes a singular song of Spanish origin:

To the Jota,[29] Jota, shepherds, let's sing!
Long live the singing gatherings!
To the Jota, Jota, singing we go
Long live the shepherds of young Trujillo.[30]

Vicente M. Mendoza mentions various tunes of Spanish influence used in the *Shepherds' Play*. Some have the rhythm of a Galician *muñeira* or of a *danza habanera* or even a solemn chant.[31] Several versions of the song "De la Real Jerusalén" maintain the well-defined character typical of Gregorian chants.[32] Of all the songs from the different New Mexican forms of the *Shepherds' Play*, the most repeated one both in its long and short renditions is "Cuando por el Oriente." It was published for the first time on loose sheet in Barcelona, Spain, in the eighteenth century. The Introito[33] on the sheet reads: "Spiritual and Joyful Seguidillas[34] / to celebrate the Holy Birth of our / Lord Jesus Christ / Barcelona.—Ignacio Estivill Printing Press, Boria Street."[35] They were later reprinted in Barcelona and Madrid, becoming very popular throughout Spain.

When thinking about traditional New Mexican drama the first thing that generally comes to mind is the *Shepherds' Play*. Of all other theatrical pieces, the *Shepherds' Play* has always been the most successful. It may even be termed the most representative of the people who inhabit the valleys, mountains, plains, and deserts of the so-called Land of Enchantment. The vast quantity of different versions of the *Shepherds' Play* found throughout New Mexico speaks for itself.

Although economy and lifestyle have dramatically changed, not so long ago New Mexico was largely populated by shepherds. Thousands of head of sheep and goats pastured throughout the state. What shepherd would not identify with those of old who set out to worship the Child?

NOTES

1. Teresa Pérez-Higuera, *Medieval Calendars* (London: Weidenfeld and Nicolson, 1998), 229.
2. Pérez-Higuera, *Medieval Calendars*, 229.
3. Sonia C. Iglesias y Cabrera, *Navidades Mexicanas* (Mexico City: Dirección General de Culturas Populares, 2001), 20.
4. In Donovan, *The Liturgical Drama*, 14–15, we find a detailed study of the similarities in the texts of these two tropes.
5. Thomas M. Pearce, "The New Mexican 'Shepherds' Play'," *Western Folklore* 15 (April 1956): 79.
6. *Relación de los fechos del muy magnífico e más virtuoso señor el señor don Miguel Lucas, muy digno Condestable de Castilla*, Colección de Crónicas Españolas 3 (Madrid: Espasa-Calpe, 1940), 154.
7. José Amador de los Ríos, *Historia Crítica de la Literatura Española* (Madrid: Impr. J. Rodríguez, 1865), 7:484–85.
8. Jaime Moll, ed., *Dramas Litúrgicos—Siglo XVI: Navidad y Pascua* (Madrid: Taurus, 1969), 12.
9. Iglesias y Cabrera, *Navidades Mexicanas*, 29–30.
10. Iglesias y Cabrera, *Navidades Mexicanas*, 94.
11. Iglesias y Cabrera, *Navidades Mexicanas*, 104.
12. Joel Romero Salinas, *Diciembre en la Tradición Popular, confites y canelones. La Pastorela Mexicana, origen y evolución* (Mexico City: Fondo Nacional para el Fomento de las Artesanías, 1984), 19.
13. Romero Salinas, *Diciembre en la Tradición Popular*, 43.
14. Iglesias y Cabrera, *Navidades Mexicanas*, 102.
15. Iglesias y Cabrera, *Navidades Mexicanas*, 101.
16. Romero Salinas, *Diciembre en la Tradición Popular*, 43.
17. Iglesias y Cabrera, *Navidades Mexicanas*, 103.
18. Romero Salinas, *Diciembre en la Tradición Popular*, 45.
19. Iglesias y Cabrera, *Navidades Mexicanas*, 104.
20. Marie, *The Role of the Church*, 61. Words of don Juan Tenorio of Taos, grandson of don José Rafael Tenorio, collected and transcribed by Marie.
21. Joaquín Díaz, José Delfín Val, and Luís Díaz Viana, *Cancionero Musical, Catálogo Folklórico de la Provincia de Valladolid* (Valladolid: Institución Cultural Simancas, 1982), 5:16–17.
22. J. E. Englekirk, "Notes on the Repertoire of the New Mexican Spanish Folk-theater," *Southern Folklore Quarterly* 4 (1940): 231.
23. Romero Salinas, *Diciembre en la Tradición Popular*, 13.
24. Maximiano Trapero, *La Pastorada Leonesa, Una pervivencia del teatro medieval* (Madrid: Sociedad Española de Musicología, 1982), 23.
25. Pearce, "The New Mexican 'Shepherds' Play'," 80.
26. Vicente M. Mendoza, *Panorama de la Música Tradicional en México*, Estudios y Fuentes de Arte en México 7 (Mexico City: Instituto de Investigaciones Estéticas, Universidad Nacional Autónoma de México, 1956), 40–41.
27. Richard B. Stark, Thomas M. Pearce, and Rubén Cobos, *Music of the Spanish Folk Plays in New Mexico* (Santa Fe: Museum of New Mexico Press, 1969), 76. This publication includes a vast collection of music from different versions of the shepherds' play in New Mexico.
28. Stark, Pearce, and Cobos, *Music of the Spanish Folk Plays*, 136.
29. A traditional Spanish dance.
30. Stark, Pearce, and Cobos, *Music of the Spanish Folk Plays*, 222.
31. Vicente Mendoza and Virginia R. de Mendoza, *Estudio y Clasificación de la Música Tradicional Hispánica de Nuevo México* (Mexico City: Universidad Nacional Autónoma de México, 1986), 113–31.
32. Mendoza and Mendoza, *Estudio y* Clasificación, 117. See also the versions Stark, Pearce, and Cobos collected.
33. From the Latin, signifying the beginning of a written work or sentence. In ancient theatre, such a prologue explained the plot of dramatic poems; *Diccionario de la Lengua Española*, 2:1184.
34. A popular Spanish musical style and the dance that corresponds to that style; *Diccionarïo de la Lengua Española*, 2:1856.
35. Joaquín Marcos, *Literatura Popular en España en los siglos XVIII y XIX* (Madrid: Taurus, 1977), 1:236–38.

CAPÍTULO 4

La Pastorela

Anda acá, pastor,
aver al redentor.

Anda aca Minguillo
dexa tu ganado
toma el caramillo
çurrón y cayado:
vamos sin temor
aver al redentor.

No nos aballemos
sin llevar presente
mas qué llevaremos
dilo tu Llorente:
que sera mejor
para el redentor.

Yo quiero llevarle
leche y mantequillas
y para empañarle
algunas mantillas:
por ir con amor
aver al redentor.

Con aquel cabrito
dela cabra mocha
darl'é algún quesito
y una miga cocha:
que terna sabor
sabor al redentor.

No piense que vamos
su madre graciosa
sin que le ofreçamos
mas alguna cosa:
ques de gran valor
madre del redentor.

Fin

En cantares nuevos
gozen sus orejas
miel y muchos huevos
para hazer torrejas:
aunque sin dolor
pario al redentor.

—Villancico de Juan del Enzina

LA PASTORELA ES EL DRAMA que desarrolla el tema recogido en el evangelio de Lucas (2:1–20), que narra el nacimiento de Jesús en un pesebre de Belén, la anunciación a los pastores por medio de un ángel y la adoración de los pastores. Este drama del ciclo Navideño, es quizás el más conservado en todo el continente americano y sigue representándose, rescribiéndose una y otra vez, introduciendo elementos modernos según la época y el lugar.

Del año 336 proviene la primera referencia de la celebración de la Navidad durante el 25 de diciembre.

Se encuentra en un esbozo de un calendario litúrgico romano llamado *Depositio martyrum*. La iglesia transformó la fiesta pagana muy popular por aquel entonces en honor a Mitras, el Sol Invictus (Sol Inconquistable) que se celebraba en la misma fecha, en la fiesta de la celebración del nacimiento de Jesús. Puede ser que esta transformación de fiesta pagana a celebración sacracristiana fuera inspirada por los primeros cristianos que comparaban a Cristo con el sol. Esto hacía no sólo referencia al culto del dios Mitras, sino que a la vez aludía a Jesús como el Sol Novo, por haber nacido durante el solsticio de invierno.[1] Por lo tanto, en la mañana del 25 de diciembre, en la basílica de San Pedro, de Roma, el Papa celebraba la misa de Navidad. En el siglo V, se añadió otra misa, que se celebraba en la basílica de Santa María Maggiore. En dicha basílica, el Papa Sixtus III había mandado construir una cripta llamada Cripta del Pesepre (Cripta del Pesebre), para albergar las reliquias del pesebre original. Un siglo más tarde, otra misa se sumó a esta fiesta durante la vigilia, llamada *ad galli cantum*, conocida como la misa del Gallo.[2] Y fue en esa centuria cuando el emperador Justino declaró el día de Navidad como fiesta pública y de guardar para toda la cristiandad.[3]

Al igual que en otros dramas, la primera fase en el desarrollo de *La Pastorela* en su forma más arcaica, sigue siendo el tropo. Todo indica que el primer tropo referente a los pastores se basa en el tropo *Quem quaeritis* perteneciente al Domingo de Resurrección, anteriormente mencionado en el capítulo primero.[4] En el siglo XI, pues, aparecen los primeros tropos que tratan el tema de la aparición del ángel a los pastores de Belén, anunciándoles que en un pesebre acababa de nacer Jesús de María. En dicha época, solían colocar junto al altar, tal y como consta en los manuscritos de ese entonces, un pesebre con las imágenes del Niño Jesús y la Virgen María. Desde un lugar más elevado, un niño vestido de ángel cantaba la anunciación del nacimiento. Los pastores entraban por la puerta del coro repitiendo a coro las frases de la anunciación del ángel. Sus palabras, a su vez, eran contestadas por otro coro que entonaba el "Gloria" desde los altos corredores de la iglesia, que simbolizaban el cielo.

Entonces, los pastores se aproximaban hasta el pesebre cantando, y una vez terminada la adoración, partían entonando el "Alleluia."[5]

Es fácil imaginarse que estos tropos sencillos y de corta duración, poco a poco irían transformándose en pequeñas escenas teatrales, que con el tiempo darían paso al *Officium Pastorum* (Oficio de Pastor). Este no es más que el puente entre el tropo y la representación, el auto o la pastorela y abarcará cualquier pieza litúrgica de los pastores ante el pesebre.

El primer descendiente del *Officium Pastorum* en España es la *Representación del Nasçimiento de Nuestro Señor*, de Gómez Manrique. Esta es la primera obra escrita en castellano que trata el tema de los pastores. Su autor la escribió entre 1467 y 1481. Sin embargo, existe una pequeña reseña del Condestable d. Miguel Lucas de Iranzo, de lo que pudo ser en 1464, una representación simple del nacimiento y los pastores durante la misa de la celebración de la Navidad en Jaén: "E para esta noche mandaua que se ficiese la Estoria del nasçimiento del nuestro señor y salvador Jesucristo y de los pastores, en la dicha eglesia mayor a los maytines."[6] Pero esta es toda la información que tenemos. No se sabe si había diálogos, ni como era la representación.

En 1487, el arzobispo y cabildo de Zaragoza, organizó la representación del misterio de la Natividad con música, canto y danza de los pastores. Dicha función se realizó en la iglesia de San Salvador para que los Reyes Católicos, el infante don Juan y la infanta doña Isabel lo pudieran presenciar. Según las investigaciones de J. Amador de los Ríos de 1865, los personajes principales y la escenografía de este drama fueron de la siguiente manera:

[E]l Padre Eterno, Siete Ángeles, los Profetas, el Niño Jesus, la Virgen María, San José y los Pastores. Resulta igualmente que el aparato escénico constaba de un pesebre, tornos, ruedas y telones, que representaban el cielo con nubes y estrellas, formando parte del vestuario que se hubo menester aquel año, para dar realce á la fiesta, guantes para los ángeles y el Padre Eterno, cabelleras de mujer para los primeros y de cerda para los profetas, y valiéndose de coton cardado y de lana cárdena y bermeja para componer el buey y la mula, cuyas cabezas fueron hechas de nuevo ... hubo en la representación música y canto, siendo de suponer que no faltase la danza de los pastores.[7]

En el siglo XVI estos tipos de escenificaciones se generalizan y van desarrollándose poco a poco. Jaime Moll nos muestra cómo debió de ser:

[P]ara romper la mera repetición anual, sus principales personajes, los pastores, van adquiriendo personalidad dentro de su mundo pastoril—lleno de tópicos—, se desarrollan dramáticamente, surge el contrapunto cómico y burlesco y, al mismo tiempo, se amplían las posibilidades pastorales, didácticas. La adoración se mantiene, pero es la escena final.[8]

Por otro lado, en el continente norteamericano, los aztecas mantenían celebraciones y fiestas durante el solsticio de invierno, que formaban parte de su calendario. El 25 de diciembre, conmemoraban la fiesta dedicada al dios tutelar Huitzilopochtli, Colibrí Hechizado, Dios-Sol de la Guerra.[9] Durante el período de evangelización en la Nueva España, la iglesia transformó la celebración azteca en cristiana. Fue en 1530 cuando fray Juan de Zumárraga organizó en Tlatelolco la representación de la *Farsa de la Natividad Gozosa de Nuestro Salvador*, antecesora de las tradicionales pastorelas.[10]

En 1572, llegó a México la Compañía de Jesús, popularmente conocidos como los Jesuitas, los cuales, en pocos años, dieron un gran impulso a lo que posteriormente acabaría siendo *Las Pastorelas*. Estos fueron expulsados por el rey Carlos III de España en 1767, por razones político-religiosas. Su expulsión conllevó también a la prohibición, por parte de la Inquisición, de representar *Las Pastorelas*, que en aquel entonces eran consideradas como vulgares, obscenas y contrarias a los principios del catolicismo.[11] Pero para estas fechas, *Las Pastorelas* ya estaban muy arraigadas en el pueblo y nunca se dejaron de representar totalmente, aunque durante algún tiempo hubo denuncias contra ellas en varios estados de México.

La pastorela mexicana es, según J. Romero Salinas, obra de los jesuitas y no de los franciscanos, aunque ellos fuesen lo promotores del teatro evangelizador: "De aquí que la pastorela mexicana—que reúne los diálogos vivaces de los diablos; ingenuos, rústicos y de humorismo involuntario de pastores; grave y hierático de San Miguel—debe de ser atribuida a sus verdaderos autores, los Jesuitas."[12] Tanto así que, seis años después de la llegada de los Jesuitas, hubo en Zapotlán, Jalisco, en 1578, una representación indígena, donde San Miguel derrotaba a Lucifer.[13] Más tarde, en 1595, se representó en Puebla de los Ángeles y en Zacatecas, la *Égloga pastoril al Nacimiento del Niño Jesús*, que fue escrita por el jesuita Juan de Cigorondo, y donde por primera vez aparece el personaje Bras.[14] A finales del año de 1596, se escenificó el *Coloquio de los Pastores* en San Felipe de Sinaloa, al que acudieron como espectadores los habitantes de veintitrés pueblos circundantes de la zona. En esa noche los pastores danzaron y cantaron villancicos en náhuatl y en ocoroni.[15] Por lo tanto, según estos datos, podemos precisar lo siguiente:

El origen de la pastorela en México fue francamente rural y que tuvo un claro propósito evangelizador en tanto que se apoyó en la cultura del evangelizado y se expresó en su lengua. Fue también, como forma teatral, un importante recurso didáctico para lograr una gran participación y un mayor aprendizaje porque brindó la oportunidad de hacer, crear y recrear.[16]

Existen dentro de la pastorela unos personajes típicos a los que hoy día consideramos como parte esencial de este drama. Estos fueron apareciendo en diferentes momentos durante la propia evolución del drama. Así fue que, durante el siglo XVII, los demonios fueron incorporados como parte esencial dentro de la pastorela. También durante el mismo periodo, Bartolo y Bras se incorporarían definitivamente a la pastorela.[17] Estos dos nombres de pastores fueron muy usados en España por los autores del Siglo de Oro, que los tomaron prestados de los griegos. Bato, por ejemplo, era un cabrero en la poesía de Teócrito en 285 a. C.[18] Por otra parte, la pastora Gila, personaje de vital importancia en las pastorelas actuales, aparece por primera vez en 1750. Esta pastora se convertiría a partir de entonces, en un personaje singular, gracias a los salerosos versos picarescos y con insinuaciones sexuales que recitaba. La obra en la que aparece Gila por primera vez se representó en el Colegio de San Miguel de Belén, en la ciudad de México, y fue escrita por el jesuita Cayetano Javier de la Cabrera y Quintero.[19]

No sabemos si las prohibiciones impuestas por la Inquisición en 1767 llegaron o no hasta Nuevo México, donde no había jesuitas en esa época. No podemos precisar tampoco si ya en ese tiempo se representaban o no dramas de este tipo en Nuevo México, puesto que no poseemos datos que así lo confirmen. Pese a todo esto, existe la creencia en Nuevo México, que fueron los franciscanos en lugar de los jesuitas, quienes introdujeron las pastorelas y los demás dramas litúrgicos en Nuevo México. Sigue siendo un misterio cuándo llegó la pastorela en Nuevo México. Hay diversas opiniones al respecto, como la de don Juan Tenorio que dice literalmente: "Yo creo bien que los Padres Franciscanos han enseñado estos autos pastorales más de 300 años pasados y estos autos han sido transmitidos de padres a hijos por generaciones."[20] No podemos negar en absoluto la gran influencia franciscana en Nuevo México dentro del teatro tradicional litúrgico, pero existe a la par un trasfondo jesuita innegable.

No fue hasta el año 1814, que el Papa Pío VII permitió que se representaran las pastorelas nuevamente, después del restablecimiento de la Compañía de Jesús en América. Así pues, hubo libertad para las pastorelas, y se representaban tanto en las áreas urbanas como rurales, en templos, casas y teatros. Lo que no sabemos es si las pastorelas en Nuevo México resurgieron de nuevo como en México, a principios del siglo XIX, o si por el contrario continuaron interpretándose ininterrumpidamente desde su establecimiento.

Durante el siglo XVI, a este género teatral se le conocía bajo el nombre de *Coloquios*, y no fue hasta más tarde que el nombre de *Pastorelas* se hizo popular. En Nuevo México hay muchas versiones diferentes, e incluso con distintos nombres: *Los Pastores*, *Pastores Chiquitos*, *Coloquio de Pastores*, *La Gran Pastorela* y *La Pastorela*, entre otros. En zonas de Castilla el nombre de *Pastorela* proviene del hecho que el único día que los pastores de la comarca podían asistir a misa era en Navidad, a la misa del gallo. Normalmente durante el resto del año, estaban ausentes debido a su trabajo que les mantenía fuera del pueblo.[21]

Durante la primera mitad del siglo XX, el profesor J. E. Englekirk examinó setenta textos de *Los Pastores* de Nuevo México y Colorado. Cita tener conocimiento de otros cuarenta y cinco textos más.[22] Este extenso número de textos nos da una idea clara de lo prolífera que era esta representación en Nuevo México y Colorado. Existen, también, muchas otras versiones procedentes de los estados de California y Texas.

Pese a la gran multiplicidad de versiones diferentes, *La Pastorela* en México y Nuevo México mantiene una estructura básica, como espina dorsal, común entre todas ellas. Podemos definirla de la siguiente manera:

La petición de posada (las Posadas) por parte de la Sagrada Familia, precede *La Pastorela*.

1. Una loa o presentación.
2. Una caminata con cantos y bailes.
3. Coros.
4. Diálogo de diablos (en algunos casos Lucifer, Luzbel, . . . , representante del mal, está rodeado por otros diablos menores, que representan la astucia y el pecado).
5. Diálogo de pastores (estos representan a su vez los siete pecados capitales: la soberbia, la avaricia, la lujuria, la ira, la gula, la envidia y la pereza).
6. Diálogo entre pastores y diablos.
7. Lucha entre San Miguel, representante del bien, y el diablo, representante del mal, saliendo siempre San Miguel vencedor.
8. La llegada a Belén y la Adoración de los Pastores.
9. Canto de villancicos.
10. Despedida con cantos y bailes.[23]

Así como la *Pastorada* de Castilla-León, en España, que deriva directamente del *Officium Pastorum*, conocida también bajo los nombres de *Pastora*, o *Corderada* entre otros,[24] la pastorela tradicional nuevomexicana, como la Mexicana, siguen teniendo aún elementos en común, en la puesta en escena, con el *Officium Pastorum* medieval. Estas son: la procesión de entrada de los pastores por el pasillo central de la iglesia; el grupo estático frente al pesebre; el coro apoyando constantemente a los actores con las canciones, al estilo de coro griego; y las respuestas de los pastores mediante entonaciones corales.[25]

Respecto a los cantos de *La Pastorela* en Nuevo México, los hay de diferentes procedencias, como nos explica seguidamente Mendoza:

En iguales condiciones es utilizada la música tradicional española. Muchos cantos conservan sabor gallego, asturiano, castellano o andaluz: se siente en ellos palpitar la vida campesina peninsular con toda su ingenuidad y arcaísmo. No todos los números son auténticos, en algunas caminatas, marchas y desfiles, se han entremezclado coros y arias de ópera italiana; en varios cánticos de contemplación, ofrenda o adoración de los pastores, la forma de la canción mexicana se entreteje dando colorido y sentimiento mexicanista a la representación; en cambio, los arrullos al Niño Jesús mantiene el sentido tradicional hispánico.[26]

Ejemplos vivos nos demuestran cómo la música folklórica española ha perdurado en algunos de los cantos de las pastorelas tradicionales recogidas en Nuevo México. En la versión de Sabinal, el segundo canto de *El Coloquio del Niño Dios* es indudablemente de origen español. Dice así:

El gallego'en camisa
cantando llega,
y'entonando la dulce
gaita gallega.[27]

En la versión de *Los Pastores* de Corrales encontramos un canto popular de Soria:

Ya se van los pastores
a'Extremadura,
a'Extremadura,
ya se queda la sierra
triste y oscura.
Ya se van los pastores,
ya se van marchando,
más de cuatro zagalas
se quedan llorando.[28]

Los Pastores de Agua Fría tienen un canto único de raíz española:

A la jota, jota, cantemos pastores
viva la partida de los cantadores;
A la jota, jota, canten el retiro
viva la pastoría del joven Trujillo.[29]

Vicente M. Mendoza hace mención de varias tonadas de influencia española que se usan en la pastorela, siendo algunas de estas a ritmo de muñeira gallega, o de danza habanera, o de canto solemne.[30] Algunas versiones del canto "De la Real Jerusalén" mantienen el carácter bien definido propio del canto gregoriano.[31] Pero de entre todos los cantos de las diferentes formas de la pastorela en Nuevo México, el más repetido es *Cuando por el Oriente*, en sus versiones cortas y largas. Este canto se publicó por primera vez en pliego suelto en Barcelona, España, en el siglo XVIII. El *Introito* del pliego dice así: "Seguidillas Espirituales y Alegres / para celebrar el sagrado Nacimiento de nuestro / Señor Jesucristo./ Barcelona.—Imprenta de Ignacio Estivill, Calle de la Boria."[32] Más tarde se volvieron a reimprimir en Barcelona y en Madrid, y fueron muy populares por toda España.

En general, cuando pensamos en el teatro tradicional nuevomexicano, lo primero que llega a nuestra mente es *La Pastorela*. De todas las obras de teatro es la que más éxito ha tenido siempre. Casi podríamos decir que es la más representativa de las gentes que pueblan los valles, montañas, llanos y desiertos de la llamada Tierra del Encanto. La cantidad de versiones distintas de este drama que se encuentra por todo el estado habla por sí misma.

Hoy día, la economía y el estilo de vida han cambiado en demasía, pero hasta no hace mucho, Nuevo México estaba compuesto y poblado por pastores. Miles de cabezas de ovejas y cabras pastaban por todo el estado, ¿quién, siendo pastor, no se sentiría identificado con los pastores que fueron a adorar al Niño?

Tropo del siglo X[1] y XI.[2]
IN DIE N(ata)L(e) D(omi)NI STAC(io) AD S(an)C(tu)M PETRU(m)

1. BN (Paris), ms. lat. 118, fols. 8v–9r: Tropo de Auch ó Toulouse, siglo X; Smoldon, *The Music of the Medieval Church Dramas*, p. 105.
2. BN (Paris), ms. lat. 887, Tropo Lemovicense Siglo XI, fol. 9v; Young, *The Drama of the Medieval Church*, Vol. II, p. 4. El manuscrito contiene la música que acompañaba este tropo. Existe una versión igual a esta del siglo XI o XII que se encuentra en el *Prosarium Troparium* en la Biblioteca de la Catedral de Huesca, ms. 4, fol. 123; Donovan, *The Liturgical Drama*, p. 57.

Ad Dominicam Missam

Quem queritis in presepe, pastores, dicite?

Saluatorem Christum Dominum, infantem pannis inuolutum, secundum sermonem angelicum.

Adest hic paruulus cum Maria matre sua, de qua dudum uaticinando Isaias dixerat propheta: Ecce uirgo concipiet et pariet filium; et nunc euntes dicite quia natus est.

Alleluia, alleluia! Iam uere scimus Christum natum in terris, de quo canite omnes cum propheta, dicentes:

Psalmus: Puer natus est

Gómez Manrique wrote this dramatic work for his sister, doña María Manrique, vicar at the convent of Clarisas de Calabazanos (nuns of the order of St. Clare), in the province of Palencia, who soon after became abbess. The author stood out for his political abilities and military prowess in the service of Castile. He was chief magistrate of Toledo from 1477 to 1490. We may list this work as a bridge between the Middle Ages and modern times.

Gómez Manrique escribió esta obra para su hermana, doña María Manrique, vicaria del convento de las Clarisas de Calabazanos, en la provincia de Palencia, donde poco después llegó a ser abadesa. El autor destacó en su época por sus habilidades políticas y sus hechos de armas al servicio de Castilla. Fue corregidor de Toledo de 1477 a 1490. Podemos catalogar esta obra como puente entre la Edad Media y la moderna.[3]

Representaçión del Nasçimiento de Nuestro Señor
(entre 1467–81)
Gómez Manrique

(*Lo que dice* Josepe, *sospechando de Nuestra Señora*)

¡O, viejo desventurado!
Negra dicha fue la mía
en casarme con María,
por quien fuesse desonrado.
Yo la veo bien preñada;
no sé de quién nin de cuanto.
Dizen que d'Espíritu Santo,
mas yo d'esto non sé nada.

(*La oraçión que faze la* Gloriosa)

¡Mi solo Dios verdadero,
cuyo ser es inmovible,
a quien es todo posible,
fáçil e bien fazedero!
Tú que sabes la pureza
de la mi virginidad,
alunbra la çeguedad
de Josep e su sinpleza.

El Ángel

¡O viejo de munchos días,
con el seso de muy pocos,
el prinçipal de los locos!
¿Tú no sabes que Isaías
dixo: "Virgen parirá,"
lo cual escrivió por esta
donzella gentil, onesta,
cuyo par nunca será?

(*La que representa a la* Gloriosa, *cuando le dieren el Niño*)

Adórote, rey del çielo,
verdadero Dios e onbre;
adoro tu santo nonbre,
mi salvaçión e consuelo.
Adórote, fijo e padre,
a quien sin dolor parí,
porque quesiste de mí,
fazer de sierva tu madre.
Bien podré dezir aquí
aquel salmo glorïoso
que dixe, mi fijo preçioso,
cuando yo te conçebí:

---

3. Marbán, *El Teatro Español Medieval*, p. 36.

que mi ánima engrandeçe
a ti, mi solo señor,
y en ti, mi salvador,
mi spíritu floreçe.
Mas este mi gran plazer
en dolor será tornado,
pues tú eres enbïado
para muerte padeçer
por salvar los pecadores
en la cual yo pasaré,
non menguándome la fe,
innumerables dolores.

Pero, mi preçioso prez,
fijo mío muy querido,
dame tu claro sentido
para tratar tu niñez
con devida reverençia,
e para que tu pasión
mi femenil coraçón
sufra con muncha paçiençia.

EL ÁNGEL
Yo vos denunçio, pastores,
qu'en Bellén es oy naçido
el Señor de los señores,
sin pecado conçebido.
E por que non lo dudedes,
id al pesebre del buey;
donde çierto fallaredes
al prometido en la ley.

EL UN PASTOR
Dime tú, ermano, di,
si oíste alguna cosa,
o si viste lo que vi.

EL SEGUNDO
Una gran boz me semeja
de un ángel reluziente
que sonó en mi oreja.

EL TERÇERO
Mis oídos han oído
en Bellén ser esta noche
nuestro Salvador naçido.
Por ende dexar devemos

nuestros ganados e ir
por ver si lo fallaremos.

NIÑO
Este es el Niño eçelente
que nos tiene que salvar.
Ermanos, muy omilmente,
le lleguemos a adorar.

La Adoración del PRIMERO
Dios te salve, glorïoso
infante santificado,
por redimir enbïado
este mundo trabajoso.
Dámoste grandes loores
por te querer demostrar
a nós, míseros pastores.

La Adoración del SEGUNDO
Sálvete Dios, Niño santo,
enbïado por Dios Padre,
conçebido por tu Madre
con amor e con espanto.
Alabamos tu grandeza
qu'en el pueblo d'Israel,
escogió nuestra sinpleza.

La Adoración del TERÇERO
Dios te salve, Salvador,
onbre, que ser Dios creemos.
Munchas graçias te fazemos
porque quesiste, Señor,
la nuestra carne vestir,
en la cual muy cruda muerte
has por nós de reçibir.

LOS ÁNGELES
Gloria al Dios soberano,
que reina sobre los çielos,
e paz al linaje umano.

SAN GABRIEL
Dios te salve, glorïosa,
de los maitines estrella,
después de madre, donzella,
e antes que fija, esposa.
Yo he venido, señora,
tu leal enbaxador,
para ser tu servidor
en aquesta santa ora.

SAN MIGUEL

Yo, Micael, que vencí
las huestes luçiferales
con los coros çelestiales
que son en torno de mí,
por mandado de Dios Padre
vengo tener compañía,
a ti, beata María,
de tan santo Niño Madre.

SAN RAFAEL

Yo, el ángel Rafael,
capitán d'estas cuadrillas,
dexando las altas sillas,
vengo a ser tu donzel
e por fazerte plazeres,
pues tan bien los mereçiste,
¡o María, *mater Criste*,
bendita entre las mugeres!

Los Martirios que presentan al Niño.

EL CÁLIZ.

¡O santo Niño, naçido
para nuestra redención!
Este cáliz dolorido
de la tu cruda pasión
es necesario que beva
tu sagrada magestad,
por salvar la umanidad
que fue perdida por Eva.

EL ASTELO E LA SOGA.

E será en este astelo
tu cuerpo glorificado,
poderoso rey del çielo,
con estas sogas atado.

LOS AÇOTES.

Con estos açotes crudos,
ronperán los tus costados
los sayones muy sañudos,
por lavar nuestros pecados.

LA CORONA.

E después de tu persona
ferida con deçeplinas,
te pornán esta corona
de dolorosas espinas.

LA CRUZ.

En aquesta santa cruz
el tu cuerpo se porná.
A la ora no havrá luz
e el templo caera.

LOS CLAVOS.

Con estos clavos, Señor,
te clavarán pies e manos.
Grande pasarás dolor
por los míseros umanos.

LA LANÇA.

Con esta lança tan cruda
foradarán tu costado,
e será claro sin duda
lo que fue profetizado.

Cançión para callar al Niño.

Callad, fijo mío
chiquito.
Calladvos, Señor,
nuestro Redentor,
que vuestro dolor
durará poquito.
Angeles del cielo,
Venid dar consuelo
a este moçuelo
Jesús tan bonito.
Este fue reparo,
Aunqu'el costo caro,
d'aquel pueblo amaro
cativo en Egito.
Este santo dino,
Niño tan benino,
por redemir vino
el linaje aflito.
Cantemos gozosas,
ermanas graçiosas,
pues somos esposas
de Jesús bendito.

Pedro Suárez de Robles, deacon from Ledesma, Salamanca, wrote this beautiful dramatic piece. It was first published in 1561 followed by another edition in 1606 in Madrid. This work is unique among sixteenth-century dramas because it contains highly detailed scenic marginal notes. Jaime Moll explains that despite its scenic and rhetorical development, the work continues to have "the thematic simplicity of the medieval Oficium Pastorum, enriched, however, with a greatly spectacular plastic presentation."

Esta hermosa representación fue escrita por el diácono Salamantino de Ledesma, Pedro Suárez de Robles. Se imprimió en 1561 y se volvió a reimprimir en 1606 en Madrid. Esta obra es única dentro del teatro del siglo XVI porque posee unas acotaciones escénicas muy detalladas. Jaime Moll comenta que a pesar de su desarrollo escénico y retórico, sigue teniendo "la sencillez argumental del Oficium Pastorum medieval, pero enriquecida con una presentación plástica de gran espectáculo."[4]

Danza del Santísimo Nacimiento de Nuestro Señor Jesucristo, al modo pastoril
Compuesta por Pedro Suárez de Robles, Clérigo de Evangelio, Natural de Ledesma[5]

Son interlocutores: un ÁNGEL y ocho PASTORES—el primero se llama ANTÓN y el segundo REBANANDO y el tercero PASCUAL, el cuarto TORAL, el quinto PELEJÓN, el sexto PELAYO, el séptimo REBOLLO, el octavo TERESO y SAN JOSEF y NUESTRA SEÑORA y el NIÑO JESÚS. Y los cuatro ÁNGELES, que estarán con unos cuatro ciriales junto al Nacimiento y, a su tiempo, cantarán un villancico. Y lo que más se ha de hacer, a la vuelta desta hoja se verá.

Han de salir los pastores en dos hileras repartidos, delante dellos el que tañe el salterio o tamborino; al son irán danzando hasta en medio de la Iglesia, y allí harán algunos lazos, y tras los pastores irán los ángeles con los ciriales; y si hubiere aparejo, ocho ángeles que lleven el palio del Santísimo Sacramento, y debajo irá Nuestra Señora y San Josef; y llegarán hasta las gradas del altar mayor, y allí estará una cuna al modo de pesebre, y allí pondrán al Niño Jesús; y de rodillas, Nuestra Señora y San Josef, puestas las manos como contemplando; los ángeles repartidos a un lado y al otro, los rostros vueltos unos a otros y mirando hacia el Niño; y estando desta manera, acabarán los pastores de danzar, y luego saldrá un Ángel, al pulpito y dirá lo siguiente, y los pastores, oyendo la voz, mostrarán espantarse mirando arriba a una y otra parte.

ÁNGEL   No temáis de mi venida,
         pastores, que allá del cielo
         vengo con ligero vuelo,
         con nuevas de alegre vida
         para los hombres del suelo.

         Sabed que Dios ha nacido
         en la ciudad de Belén;
         es el Mesías, por quien
         será el hombre redemido
         y alcanzará el sumo bien.

         Por otro nombre Emanuel
         es el que llamo Mesías;
         es por quien dice Isaías,
         comerá manteca y miel,
         en sus santas profecías.

         La serpiente que Moiséna
         ante todos levantó,
         a mi Dios significó,
         y Él hará en Jerusalén,
         lo que allí se figuró.

         Y en señal de ser verdad,
         que nació Dios verdadero,

---

4. Moll, *Dramas Litúrgicos*, p. 16.

5. (Madrid: Miguel Serrano de Vargas, 1606); Biblioteca Nacional (Madrid), R. 4.048; Moll, *Dramas Litúrgicos*, pp. 51–64.

veréisle, como refiero,
junto con la humanidad
cual mansísimo cordero,
en un portal destejado
y envuelto en pobre pañales,
por redimir nuestros males;
y hallaréisle rodeado
de dos brutos animales.

Aquella zarza que ardía
en fuego y no se quemba,
una Virgen figuraba,
que sin lesión pariría
al que Simeón esperaba.

Esta doncella veréis,
¡oh caso jamás oído!,
con el Niño que ha parido,
tan virgen como sabéis
que lo es el que ha nacido.
Es virgen sagrada y madre,
según la Escritura dijo,
hija de su propio hijo
y madre del que es su padre,
luz del mundo y regocijo.

Y porque la melodía
angélica oigo sonar,
no me puedo más parar;
a Dios, que la jerarquía
hace fiesta singular.

Aquí desaparece EL ÁNGEL; *y los que están con el
Nacimiento cantan este villancico:*

Gloria a Dios en las alturas
demos, como a Rey del cielo,
y tenga en el bajo suelo
paz el hombre y criaturas.

Himnos de mil alabanzas,
celestial Rey, te cantamos,
y así mismo te adoramos,

por la gran gloria que alcanzas.
Pues, por tales venturas,
te cubres de humano velo,
tengan en el bajo suelo
paz el hombre y criaturas.
Sagrado Rey celestial,
hijo de Dios verdadero,
paciente y manso cordero,
que al mundo libráis de mal:
quitadnos nuestras tristuras,
aunque tiemble, y en el hielo;
y tenga en el bajo suelo
paz el hombre y criaturas.
Cordero de Dios, que quitas
los pecados deste mundo,
quita con valor jocundo
sus culpas tan infinitas.
Ya que en las entrañas puras
de la Virgen hacéis cielo,
tengan en el bajo suelo
paz el hombre y criaturas.
Aquesta deprecación
recibid Vos, que asentado
estáis al derecho lado
del Padre, sin dilación.
Por cuanto allá en las alturas
tenéis la gloria del cielo,
tengan en el bajo suelo
paz el hombre y las criaturas.

Aquí dejan de cantar LOS ÁNGELES; *y dicen* LOS PASTORES,
empezando ANTÓN, *que es el primero, sin mudarse
donde están.*

ANTÓN   Allá junto a la ciudad
música suena y ruido,
no sé qué podrá haber sido,
porque tal festividad
jamás se hizo a hombre nacido.
REBANADO   Digo que cuando alboraba
era tanto el resplandor,
que estuve con gran temor,
pensando que se quemaba
la ciudad con tal ardor.

PASCUAL	Yo también vi decendir ángeles con luz muy clara y resplandeciente cara, y aún tornaban a subir del suelo a la patria cara.
TORAL	No sé yo si ángeles eran unos, que esta madrugada andaban con luz sobrada en el aire, a do hicieron una danza concertada.
PELEJÓN	¿No vistes las trompetillas, que esos mancebos tañían, que tan dulce son hacían, que corderos, no aún cabrillas, por escuchar no pacían?
PELAYO	Pues no penséis ora vos; que, ¡pardiobre!, yo también oí voces en Belén, diciendo que el Niño Dios hoy nace por nuestro bien.
REBOLLO	Pues si queréis, compañeros, a Belén todos lleguemos, y al Niño Dios le daremos, entre todos, dos corderos y algo de lo que tenemos.
TERESO	¡Padibre!, vamos, amigos, que también yo le he de dar una cosa singular, que será un buen prato de higos, para que haya de almorzar.

Aquí hacen un lazo de danza y van danzando para adonde está el Nacimiento, y antes que paren, hacen allí delante el mismo lazo; y en acabando, cantan LOS ÁNGELES *ese villancico y responden* LOS PASTORES:

ÁNGELES	Pastores, lindos, serenos, ¿a dónde venís, decí?
PASTORES	Venimos, de gozo llenos, a buscar a Dios aquí.
ÁNGELES	¿Decí cómo habéis venido por acá a tan deshora?
PASTORES	Porque una bella Pastora

a nuestro Dios ha parido.

ÁNGELES	Y vuestros pardos amenos, ¿cómo los dejáis, decí?
PASTORES	Por venir, de gozo llenos, a buscar a Dios aquí.
ÁNGELES	Si guardábais el ganado, ¿cómo tal habéis sabido?
PASTORES	A decírnoslo ha venido un ángel del cielo enviado.
ÁNGELES	¿Y pensamientos tan buenos, cómo los tenéis, decí?
PASTORES	Viniendo, de gozo llenos, a buscar a Dios aquí.

En acabando de cantar, estando en el orden que hasta allí han estado, dice el primer pastor, que se llama ANTÓN:

ANTÓN	Soberana compañía, decidnos, ¿qué causa ha sido, la que así os ha movido a hacer tal alegría y tan placentero ruido?
REBANADO	¿Vino, por ventura, al suelo el Mesías prometido? Porque, si acaso es nacido, en la tierra estará el cielo, y en él el hombre admitido.
JOSEF	Vengan muy en hora buena la buena gente al Señor, vengan y no hayan temor, pues de hierros y cadena los quita mi criador. Adora al Omnipotente, pues, para nos restaurar, quiso del cielo bajar, hecho hombre entre la gente por modo tan singular.
ANTÓN	Eso haremos nos de grado, y empecemos luego al hora, que al Niño y la Señora después habremos bailado, porque nos sea intercesora.

REBANADO ¡Alto, sus, empieza Antón!,
y luego dirá Pascual,
y en acabado Toral,
dirá Martín Pelejón,
y siguiendo cada cual.

Aquí sale ANTÓN *danzando, y des que ha hecho alguna
mudanza, queda hincado de rodillas y dice*:

ANTÓN Adórote mi hacedor,
de pastores mayoral;
adórote Redentor,
pues quisiste, por mi amor,
nacer hoy en un portal.
Perdona mi atrevimiento
y recibe este presente,
que muy de grado os presento;
recibilde con contento,
aunque no muy suficiente.

*Aquí puede ofrecer un sonajero o otra alguna cosa; y
luego tocarán el instrumento, al son del cual se levan-
tará* ANTÓN *danzando, y juntamente saldrá* REBANADO,
*y a un mesmo son pueden danzar ambos: el uno hasta
ponerse en su lugar adonde* ANTÓN *se hincó de rodillas;
y pararán iguales. Y lo mismo harán los demás por el
mismo término.*

REBANADO Sujeto que en sí comprende
el ser divino y humano,
yo te adoro y tú me entiende,
y en mi pecho fuego enciende
de sacro amor soberano.
Y pues sois galán doncel,
recebí, aunque no muy bena,
aquesta ollica de miel,
y si gustárades dél,
os traeré más llena.

PASCUAL Adórote, Mayoral,
el mayor de los pastores,
pues por quitar nuestro mal,
tomaste carne humanal
acá entre los pecadores.

Recebí este pobre don,
que, aunque no muy suficiente,
es poco y de buena mente;
tomá también el zurrón
con esta torta reciente.

TORAL Sagrado Señor del cielo,
ante vuestro acatamiento
no me llego si recelo,
viendo que la tierra y el cielo
hicistes, y el firmamento.
Mas, de quien sois confiado,
me atrevo a os adorar,
y a vuestra Madre he de dar
aqueste cinto labrado,
con que os pueda engalanar.

PELEJÓN Aunque sois niño chiquito,
os adoro por mi Dios,
porque ser Vos tan bonito
es de valor infinito,
al cual cierto alcanzáis Vos.
Y pues ya se va llegando
la hora de almorzar,
recebid este cuchar,
porque, cuando estéis yantando,
de mí os queráis acordar.

PELAYO Por fe alzanzo que sois Dios,
por los ojos veo sois hombre,
no sé por cual de los dos
os pueda nombrar a vos,
para acertaros el nombre.
Mas, mi bien, pues tan al visto
me desmostráis que sois Dios,
yo confieso que sois vos
Dios y hombre, Jesucristo,
de naturaleza dos.

REBOLLO Adóroos, claro lucero,
gobierno de los pastores;
adóroos, manso cordero,
por alto Dios verdadero,
Redentor de pecadores.
Y si heis de guardar ganado,
yo os quiero dar desde ahora,
este zurrón y cayado,

	y al Viejo y a la Señora
	este bollo mantecado.
TERESO	Aunque yo soy el postrero
	de todos los mayorales,
	seré en serviros primero,
	pues sois Vos, de quien espero
	el remedio de mis males.
	Y porque en este portal
	no podéis estar sin fuego,
	tomad yesca y pedernal,
	y pues hace frío tal,
	encenderéis lumbre luego.
JOSEF	El Señor os gratifique
	y os aumente aquestos dones,
	y su gracia os comunique,
	y el ganado os multiplique
	desde hoy más, siempre a montones.
MARÍA	Hijo y Padre poderoso,
	acordaos destos pastores,
	que con ánimo gozoso,
	cada cual muy codicioso
	os da gracias y loores.
	Que yo contino he de estar
	ante vuestro acatamiento,
	pidiéndoos que, en gran aumento
	les queráis comunicar
	vuestro divino contento.
	Y vosotros, los pastores,
	tenedme por abogada,
	que no será mal pagada
	la diligencia y loores
	de la Majestad sagrada.
	Y pues ya Dios ha venido
	a librar al pecador,
	todos, con sincero amor,
	le servid como es debido
	al que es vuestro criador.
ANTÓN	Digamos un cantarcillo
	en loor deste zagal,
	y pues quita nuestro mal,
	danzaremos un poquillo
	al redor deste portal.

REBANADO	Pues empiézalo tú, Antón,
	que todos te seguiremos;
	y en acabando iremos,
	en buena conversación,
	a do el ganado tenemos.

Aquí cantan LOS PASTORES *este villancico, empezando primero* ANTÓN *y* REBANADO *y luego los demás; y en diciendo la copla, cantarle han* LOS ÁNGELES, *diciendo "Acá en Belén," y en cuanto hacen un lazo* LOS PASTORES; *y en parando, dicen la copla y responderán* LOS ÁNGELES, *y ellos tornarán a danzar; y esto harán hasta que hayan acabado las coplas, las cuales cantarán al tono de unas que dicen: "A puertas del Rey nació una flor," etc.*

	Allá en Belén
	nace nuestro Dios,
	nace de María
	para bien de nos.
ÁNGELES	Acá en Belén
	nace nuestro Dios,
	nace de María
	para bien de nos.
PASTORES	Allá en Belén,
	junto a la ciudad,
	nace Jesucristo;
	cuanto a humanidad
	la suma bondad;
	el hijo de Dios
	nace de María
	para bien de nos.

Nació un zagal
hermoso y bonito,
que aunque es tan chiquito,
es Dios celestial.
Es quien quita el mal,
por ser como es Dios;
nace de María
para bien de nos.

Mi fe te doy, Pabro,
si allí te hallaras,

como zapatearas,
aunque fuera al diabro;
de duelos retabro
lo ha hecho Dios;
nace de María
para bien de nos.

Por muy cierto entiendo
que es Dios soberano
el niño lozano,
de quien voy diciendo;
a Él me encomiendo,
que es Hijo de Dios;
nace de María
para bien de nos.

Fin

The Cathedral of Huesca staged the next dramatic piece in approximately 1578. The author, Fray Jaime Torres, from Elche, belonged to the order of La Merced. They transferred him to the monastery of Huesca. There, at the university, he graduated in 1578 as bachelor of arts and a year later as bachelor in theology. He wrote several eucharistic plays for the Cathedral of Huesca, which were published in 1579. From 1583 to 1588, he was subconservator at Huesca's university.

Here, we no longer see rustic shepherds take part in the play but figures more literary in their speech and sentiment. The central Christmas theme recedes in this piece, while the allegoric content increases. The shepherdess Eritrea fully resembles Sybille Eritrea—the pagan prophetess represented during Christmas Eve in Spanish churches. *El Canto de la Sibila* is the name of this medieval tradition, in which the sibyl announces the Messiah's birth. The shepherdess Gila, the sole female character in the Mexican and New Mexican *Pastorelas*, becomes a distant sibylline reminiscence. Fray Torres portrays neither the annunciation nor the adoration in his work; its strength is not in the dramatic action of the play but in its rich moral and philosophical iconography.

La siguiente obra se representó en la Catedral de Huesca aproximadamente en el año 1578. La escribió Fray Jaime Torres, procedente de Elche y religioso de la orden de la Merced. Se trasladó al convento de Huesca y se graduó como bachiller en artes (1578) y teología (1579) en la universidad de dicha ciudad. Compuso para la catedral de Huesca varios autos, los cuales fueron editados en 1579. Desde 1583 hasta 1588 fue subconservador de la Universidad de Huesca.

En esta obra no son los rústicos pastores quienes intervienen en el drama, sino gente más literaria en su manera de hablar y de sentir. El argumento Navideño central de la obra se aleja y en contraposición, el contenido alegórico aumenta. La pastora Eritrea recuerda a la Sibila Eritrea, la profetisa pagana que se representaba en la Nochebuena en las iglesias de España. A esta tradición medieval se le conoce como *El Canto de la Sibila*,[6] canto que anunciaba el nacimiento del Mesías.[7] La pastora Gila, único personaje femenino en *Las Pastorelas* de México y Nuevo México, será una lejana reminiscencia de las sibilas. En la obra de Fray Torres no aparece ni la anunciación ni la adoración; su fuerza no recae en la acción sino en su rica iconografía moral y filosófica.

---

6. En la antigua Grecia y Roma las sibilas fueron seres míticos con características humanas y sobrenaturales representados por mujeres, las cuales podían predecir el futuro a través de oráculos. Dentro de la religiosidad pagana las sibilas constituyen uno de los temas más complicados. El rito de las sibilas estaba todavía muy en auge durante la Edad Media en toda Europa y solía celebrarse la noche de la víspera de Navidad.

7. Moll, *Dramas Litúrgicos*, p. 17.

Lucha Alegórica para la Noche de la Natividad de Cristo, Nuestro Señor[8]

Interlocutores: BARTOLO, BRAS, ANTÓN, pastores y ERITREA, pastora.

BARTOLO Es tan grande mi contento,
   Antón, y no sé de qué;
   que casi me da tormento,
   porque sé que no sabré
   espricar bien lo que siento.

BRAS   ¡Parñiosla!, Bartolo hermano!
   Que tu pensamiento frisa
   con le mío; pues, de ufano,
   me revienta y ala risa
   con un pracer no liviano.

ANTÓN Los sotos, valles amenos,
   las fuentes claras y ríos,
   los prados de flores llenos,
   los duros peñascos, fríos,
   están de tristeza ajenos.
   Las umbrosas alamedas
   muestran reír y holgarse;
   los boscajes y arboledas
   parecen regocijarse,
   según se demuestran ledas.

   Pues, ¡qué contento es el ver
   el cielo claro y sereno!
   Las estrellas, a mi ver,
   se alegran, viendo en el heno
   al mismo que les dio ser.

BRAS   Pues por ti somos llamados,
   dinos, Antón, lo que quiés.

ANTÓN Que vamos apresurados,
   porque ya nacido es,
   quien nos quita de cuidados.

BARTOLO Dinos por tu vida, Antón,
   ¿de dónde sabes aquesto?

ANTÓN Hámelo dicho un garzón,

   que bajó con vuelo presto
   hacia el valle del Troncón.

BRAS   ¡Por san!, yo también le vi:
   media noche ya pasaba,
   cuando fabrar le sentí.

BARTOLO Yo también, mas no atinaba
   su razón, ni la entendí.

ANTÓN ¡Ea, sus, pues empecemos
   a Belén a caminar!

BRAS   Mas, porque bien caminemos,
   muy mejor será almorzar
   y así presto allegaremos.

ANTÓN Deso, Bras, no me desdeño,
   antes me voy muy aína,
   y con aquel seco leño,
   que cortamos de la encina,
   cocer podré un pan cenceño.

BRAS   Aquí los dos te aguardamos
   Hasta que vengas, zagal.
   ¡Parñiós, Bartolo!, que estamos
   a do se verá el caudal,
   del que valemos entramos.

BARTOLO ¿Cómo, Bras, qué quiés hacer?

BRAS   Que luchemos ambos dos.

BARTOLO ¿Por qué quiés, di, contender,
   Bras, conmigo? Que, ¡porñiós!,
   Vales muy poco, a mi ver.

BARTOLO Bien sé que no son de acero
   sino de corchos livianos,
   no dignas de ganadero.

BRAS   Vente pues ya para mí,
   que a buena fe lo sabrás.

BARTOLO Guarda, Bras, mira por ti,
   que ya para el suelo vas.

BRAS   Que Bras soy, cual siempre fui.

BARTOLO ¡Hola, Bras, ten cortesía!,
   no uses de zancadilla.

BRAS   ¡Oh, qué grande alevosía!,
   ¿das bocado en la mejilla?

---

8. Jaime Torres, *Divina y varia poesía*, Huesca, 1579, fol. 46v, 53v; Ricardo del Arco y Garay, "El poeta fray Jaime Torres, maestro de los Argensoles," *Boletín de la Real Academia Española* (Madrid) XXX (1950), pp. 369–88.

BARTOLO	¡Ay, Dios, de la oreja mía!
BRAS	¡Ríndete pues ya, gañán!
BARTOLO	Antes tú te has de rendir.
BRAS	¿Qué, aún pretendes presumir?
	¡Por el rústico dios Pan,
	con tu daga has de morir!
BARTOLO	¡Oh, traidor, que me has herido!
	¡Por san junco, que soy muerto!

Entra ANTÓN *a despartilles y pone el cayado en medio de los dos.*

ANTÓN	¡Oh, triste pastor! ¿Qué ha sido?
	¿Qué locura o desconcierto
	a tanto mal te ha traído?
	Levanto, Bartolo, hermano;
	mas, ¡ay, que yo voy al suelo!
	¡Hola, Bras, dame la mano!
BRAS	¡Oh, mal grado haya el duelo!
	Qué fiero caso, inhumano.
ANTÓN	¿Quién fue, Bras la causa desto?
BRAS	¡Pardiobra!, que yo no fui.
BARTOLO	No me seas, Bras, molesto,
	no te burles más de mí:
	pues serla tú es manifiesto.
BRAS	No quiero serte importuno,
	mas, si alguno lo ha oído,
	díganoslo de consuno,
	si a dicha está el ejido.
BARTOLO	Sea así. ¡Hola! ¿Hay alguno?—uno.
	¿Quién es el que nos oyó?—yo.
	¿Y es lo que yo digo así?—sí.
	¿He sido yo causo a no?—no.
	Pues vees, Bras, que yo no fui
	el que la riña causó.
BRAS	Menos la fui yo, garzón.
BARTOLO	Pues alguno lo ha de ser
	de los dos, pues no fue Antón.
BRAS	Déjale ora reponder
	a mi pregunta y razón.
	¡Hola, hau! ¿Oyesme, di?—di?
	Diré, si escucharme quieres.—quieres?
	Quería verme sin mí.—sin mí?

	No sin ti, que amigo me eres.—eres?
	Soy el que a nadie ofendí.—di?
	Digo que mi honra robaste.—baste.
	Mas baste ya tu cautela.—hela.
BARTOLO	No le hagas más contraste,
	zaga, que pues dijo hela,
	cuando tú le replicaste.
	Sin duda por el collado
	Debe bajar Eritrea,
	que a beber lleva el ganado,
	a la cual llaman Cumea,
	y nos quitará el cuidado.
ERITREA	Andaos, mis brancos corderos,
	pasciendo verdes boscajes
	por los collados y oteros;
	no busquéis nuevos viajes;
	guardaos de los mesegueros.
	Gozad los frondosos sotos
	por la ladera del río;
	comed los dulces bellotos
	debajo el fresco sombrío;
	¡hurriacá, atrevidos chotos!
ANTÓN	Pastora, el sacro dios Pan
	guarda tu branco ovejuno.
ERITREA	Y a vosotros sin afán
	os lo aumente a cada uno,
	con la leche, queso y pan.
	Vuestra contienda he sentido,
	pastores de mi majada;
	y así con priesa he venido,
	porque os sea declarada
	por muy gustoso sentido.
ANTÓN	¡Oh, prega san Gil, pastora,
	tengas gasajo y consuelo!
ERITREA	Estad atentos ahora,
	que yo os quitaré el recelo.
BRAS	Ya tu fabrar me enamora.
ERITREA	Zagales, si con cuidado
	miráis en lo sucedido,
	veréis cierto retratado
	del Niño recién nacido:
	lo que es, será y ha pasado.
	En el principio del mundo

hubo una lucha sangrienta,
do el capitán del profundo
puso al hombre en grande afrenta,
quitándole el ser jocundo.
Y el usar de zancadilla,
de que tú, Bras, has usado,
es la maldad no sencilla,
donde el hombre fue anegado,
perdiendo el puerto a la orilla.

BARTOLO   ¿Y el herirme con puñal
Bras, no suyo sino mío?

ERITREA   Es que al hombre racional,
con l'arma de su albedrío,
se le dio llaga mortal.
Porque, si el hombre usara
desta arma como debía
y a Satán no la entregara,
por ningún modo ni vía
muerto en el campo quedara.
Y en el caer que caíste,
para a Bartolo ayudar,
Antón, un retrato fuiste
de un misterio singular,
cual tú jamás entendiste.
Viendo al hombre sin consuelo
Dios, en el suelo caído,
por levantarle, del cielo
bajó, de piedad movido,
y dio con él en el suelo.

ANTÓN   ¿Y aquel poner yo el cayado
en medio de Bartolo y Bras?

ERITREA   Aquí, pues has preguntado,
Antón, muy claro verás
Otro misterio emcumbrado.
Porque el triste hombre cayó
en la guerra por su culpa,
Dios contra él se enojó,
y, no hallando en él disculpa,
nueva guerra le movió.
Mas como es Dios trinidad
de personas, aunque un Dios,
el Verbo, por su bondad,
baja acá entre nos,

para firmar la amistad.
Y, para aquesto alcanzar,
ha de tomar tan buen medio,
que, para a Dios aplacar,
pondrá su cayado en medio,
que es do ha de expirar.

BRAS   Pues, dime, ¿y aquél bocado,
que en la mejilla me dio
Bartolo, que me ha lisiado?

ERITREA   También te lo diré yo,
si me escuchas con cuidado.
Es el bocado terrible,
que Cristo dará al infierno,
llevando del llanto horrible
los padres al gozo eterno,
con gloria y triunfo invencible.

BARTOLO   ¿Pues, el rascuño en la oreja,
con el cual Bras me hirió?

ERITREA   Es aquella herida vieja,
que Satán al hombre dio,
por creerle su conseja.
Así como agujereada
la oreja siente dolor,
pero con l'oro adornada
parece mucho mejor,
que si no fuera horodada;
así pues l'hombre, en pecar,
quedó feo y lastimado,
pero viene a mejorar,
más que si no hubiera pecado,
pues Dios le viene a curar.
Veis aquí pues ya, pastores,
vuestra lucha declarada.

ANTÓN   ¡Oh, qué has dicho de primores!
Prega a Dios que seas guardada
de los lobos robadores.

ERITREA   ¿Tenís algo que almorcemos?,
porque aún me estoy ayuna.

ANTÓN   Pan de centeno aquí tenemos,
que, al caer la branca luna,
con priesa cocido habemos.

ERITREA   Antón, pues tú lo reparte.

ANTÓN   Hacerlo sin embarazo.

BRAS   ¡Hola, daca acá mi parte!

BARTOLO   ¡Y a mí también un pedazo!

ERITREA   Dejadlo, que muy bien parte.
   ¡Oh, qué pan dulce y sabroso!

BRAS   ¡Quién tuviese dél un cesto!

BARTOLO   ¡Parñiosla!, que es muy gustoso,
   mas hase acabado presto.

ERITREA   Cese ya el fabrar ocioso.
   ¿Sabéis, zagales, dó está
   aqueste Rey, que ha nascido?

ANTÓN   Pastora, dicho nos ha
   un arzón asaz polido,
   que en Belén se fallará.

ERITREA   Todos, pues, nos componamos,
   para allá partir con priesa;
   pero, porque presto vamos,
   tomemos por la traviesa
   del cerro donde apriscamos.
   Y pues el cielo alegrando
   se está, según que demuestra,
   vámonos todos bailando;
   y tú, Antón, el baile adiestra,
   una canción entonado.

ANTÓN   Que lo haré yo, ¡por san pique!

ERITREA   Pues, todos en ordenanza.
   Bras el guitarrón repique.

ANTÓN   ¡Sus, compóngase la danza!
   Yo empiezo a cantar de pique.

Canción   ¡Hola, hau, carillos!
   pues a Dios tenemos,
   dejad los corrillos
   y venid, bailemos.

   Sayos gironados
   de lana extremeña
   os vestid preciados
   y peinos la greña;
   flautas, caramillos,

   zampoñas, toquemos;
   ¡sus, dejad corrillos
   y venid, bailemos!

Fin

Felipe Fernández collected the following text on the theme of *Pastores* around the year 1785, while serving as cannon at the Cathedral of Toledo. It forms part of his *Memorias*. The Cathedral held this play since at least 1589.

El siguiente texto sobre los 'Pastores,' fue recogido en las *Memorias* escritas por Felipe Fernández Vallejo alrededor del año 1785, siendo canónigo de la Catedral de Toledo. Ya se representaba en la Catedral por lo menos desde 1589.[9]

Officium Pastorum
(Memorias i diserciones que podran servir al que escriba la historia de la iglesia de Toledo desde el ano MLXXXV en que conquisto dicha ciudad el rei Alfonso VI de Castilla)

Desde el principio de la Misa salen del Sagrario los Clerizones vertidos de Pastores, y van al Altar mayor por el Postigo, y estan arriba en lo plano mientra se dice esta Misa danzando, y bailando: y acabada la Misa toman Capas los dichos dos Socapiscoles Racioneros para hacer el Oficio de las Laudes, que se empiezan luego en el Coro, a las que habrá tañido el Campanero, según es costumbre, por la señal que le hizieron, quando se dixere el Hymno de *Te Deum laudamus*, con la cuerda del Coro: y dicho por el Preste: *Deus in adjutorium*, desde su silla, se empieza primero la priemera antiphona, que es: *Quem vidistis Pastores*: y la dicen toda, y luego los Clerizones hechos Pastores ministrándolos su Maestro Claustrero dicen en le Choro mayor debajo de la Lampara de plata a Canto-llano el

---

9. Donovan, *The Liturgical Drama*, pp. 30–34.

verso *Infantem vidimus Pannis involutum, et Choros Angelorum laudantes salvatorem*, y tornan en el Choro a decir toda la antiphona: *Quem vidistis?* y los Pastores responden entre los dos Choros debajo de la Lampara de en medio el verso *Infantem vidimus, ut supra*, y después dicen en e Choro tercera vez toda la antiphona *Quem vidistis?* y responden los Pastores desde la Puerta del Coro del Arzobispo el verso *Infantem*, y luego salen los Socapiscoles con las Capas de brocado, y Cetros, y llegan a los lados del Aguila del Choro del Arzobispo, y alli los Cantores a Canto-llano les hacen las preguntas siguientes, y los Capiscoles asen de las manos a dos de aquellos Pastorcicos, y les preguntan juntamente con los Cantores lo siguiente:

CANTO-LLANISTAS.	Bien vengades Pastores, que bien vengades. Pastores do anduvistes? Decidnos lo que vistes?
CANTORES.	Que bien vengades.
CANTO-LLANISTAS.	Pastores del ganado Decidnos buen mandado.
CANTORES.	Que bien vengades.
MELÓDICOS.	Vimos que en Bethlen Señores nasció la flor de las flores.
CANTORES.	Que bien vengades
MELÓDICOS.	Esta flor que hoy ha nascido nos dará fruto de vida.
CANTORES.	Que bien vengades.
MELÓDICOS.	Es un Niño, y Rey del Cielo que hoy ha nascido en el suelo.
CANTORES.	Que bien vengades.
MELÓDICOS.	Está entre dos animales embuelto en pobres panales.
CANTORES.	Que bien vengades.
MELÓDICOS.	Virgen, y limpia quedó la madre que le parió.
CANTORES.	Que bien vengades.
MELÓDICOS.	Al hijo, y Madre roguemos les plega que nos salvemos.
TODOS.	Que bien vengades.

Officium Pastorum
Escrito por el Padre Enrique Florez y Francisco Mendez (1773)[10]

Luego comienza la Misa del Gallo, y despues de que el diacono dice *Ite Missa est* salen los Pastores, que son los Colegiales Infantes vestidos de tales con unos capillos de paño blanco, y no se meten todos en la Capilla Mayor. Acabada la Misa se ponen se ponen los dos sochantres capas Pluviales blancas, y cantan dos veces la antífona siguiente:

Quem viditis Pastores? Dicite; anunciate nobis in terris quis aparuit? Natum vidimus, et choros Angelorum colaudantes Dominum, Alleluya, alleluya.

Y á la repetición salen los Pastores de la Capilla mayor y llegan á las rejas de el coro, y habiendo concluido los Sochantres la repetición de la Antifona cantan los Seises á la puerta del coro lo siguiente:

Infantem vidimus pannis involutum, et choros Angelorum laudantes Salvatorem.

Entre tanto que los Niños cantan esto llegan á la puerta del coro los Sochantres, como se ha dicho, y cantan estas coplillas:

1ª. Bien vengades Pastores
Estribillo. Que bien vengades.

Después de cada copla dicen los Pastores con algazara y alegre bulla O! O! O!

2ª. Pastores del ganado
decidnos buen cuidado.
Que bien vengades.

10. Toledo, Bibl. Mun. Colección Borbon-Lorenzana, ms. 154. Este manuscrito lleva por título "Descripción de la Sta. Yglesia Primada de Toledo"; Donovan, *The Liturgical Drama*, pp. 182–83.

Pastores: O! O! O!

3ª. Pastores donde anduvisteis
     decidnos lo que visteis.
         Que bien vengades

Pastores: O! O! O!

Y sin intermisión cantan los Colegiales seises las coplas que siguen, repitiendo los Sochantres á cada una *Que bien vengades*, y los Pastores O! O! O!

1ª. Vimos que en Belen Señores
    Nació la Flor de las Flores.

2ª. Esta Flor que hoy es nacida
    nos dará fruto de vida.

3ª. Es un Niño y Rey del cielo
    que hoy ha nacido en el suelo.

4ª. Está entre dos animales
    cubierto en pobres pañales.

5ª. Virgen y limpia quedó
    la Madre que lo parió.

6ª. Al hijo y Madre roguemos
    les plega que nos salvemos.

Concluido todo esto entran los Pastores en el Coro, y se canta un villancico, cuya composición toca al Maestro de Melodía. Luego se cantan las Laudes, y acabadas las laudes se salen los Pastores á desnudar.

⁂

The next work is a *Corderada*. It belongs to the town of Castroponce, Valladolid. L. Díaz Viana and others collected it in 1965. Traditionally, Castilla-León had the custom of presenting the passage about the angel's annunciation to the shepherds at midnight mass on Christmas Eve. The town shepherds played the role of shepherds in the play. The youngsters and the head shepherd arrived at the church doors, asking permission to enter. Once inside, they immediately began speaking in dialogue and expressing their doubts about the angel's annunciation. They finally resolved to head toward Bethlehem to adore the Child. This opens the *Corderada*.

La siguiente obra se trata de una *Corderada*. Pertenece al pueblo de Castroponce, Valladolid y se recogió en 1965. Tradicionalmente en Castilla-León se acostumbraba a representar el pasaje de la anunciación del ángel a los pastores durante la misa del gallo, o sea en la noche del 24 de diciembre a las doce. Los pastores del pueblo interpretaban los de la obra. Los zagales y el mayoral llegaban a la puerta de la iglesia y pedían permiso para entrar. Esto concedido, entraban e inmediatamente empezaban a dialogar, comentando sus dudas sobre la anunciación del ángel. Resolvían finalmente ir a Belén para adorar al niño. Así empezaba *La Corderada*.[11]

---

11. Díaz, Delfin Val, y Díaz Viana, *Cancionero Musical*, Vol. V, p. 11.

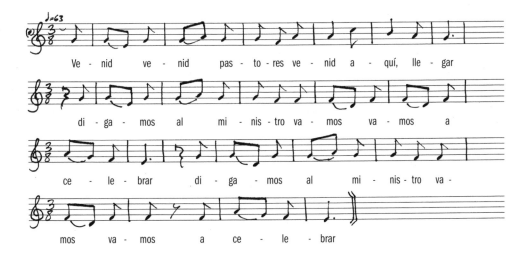

♩=63

Ve - nid   ve - nid   pas - to - res ve - nid a - quí, lle - gar

di - ga - mos   al   mi - nis - tro va - mos   va - mos   a

ce - le - brar   di - ga - mos   al   mi - nis - tro va -

mos   va - mos   a   ce - le - brar

Corderada de Castroponce[12]

Venid aquí, pastores,
venid, aquí, llegad;
digamos al ministro
"vamos a celebrar
el misterio divino
de la natividad
de Cristo redentor
de la humanidad."

Ya estamos en el atrio
y ya vamos a entrar
a ofrecer nuestra ofrenda
de la natividad.

Con esta corderilla
que trae el mayoral
que traen los pastores
de buena voluntad.

Entrar ya, pastor nuestro,
y santiguaos ya
con el agua bendita
que en la pila estará.

---

12. Joaquín Díaz y J. L. Alonso Ponga, *Autos de Navidad en León y Castilla* (Madrid: Santiago García, 1983), pp. 76–85.

Iros para el altar,
hacer preparación
hacer meditación
ante la Trinidad.

Id a la sacristía
y revestíos ya,
venid con la modestia
que pide el acto tal.
Aquí aguardaremos
hasta que vos volváis
y luego cantaremos
la pastorada ya.

A las puertas de este templo
estamos con alegría
con esta hermosa cordera
para la Virgen María.

Para entrar en este templo
licencia se necesita
del señor cura primero
y después de la justicia.

Licencia ya la tenemos,
y la gracia concedida;
entraremos los pastores
a cantar la corderilla.

Para pasar adelante
tomemos agua bendita
que lave nuestros pecados
y nos quede el alma limpia.

Para poder visitar
a la sagrada María
hija de Joaquín y Ana,
sin pecado concebida,

aquella segunda Eva,
la paloma sin mancilla,
estrella de la mañana
que hoy está recién parida.

En le portal de Belén,
con San José en compañía
el niño Dios a nacido
en un pesebre que había.

Un Ángel se lo ha anunciado
a unos pastores que había
allí cercanos durmiendo.
De que saben la noticia

al portal fueron corriendo
todos llenos de alegría;
al niño Dios adoraron
y a la sagrada María

y al glorioso San José
que está en su compañía;
veinticuatro de diciembre
sobre las doce serían

de la noche, más o menos,
fue cuando nació el Mesías
esperado en las naciones
escrito en las profecías.

Aquel Jesús Nazareno,
aquel que perdió la vida
en el árbol de la cruz
por amor que nos tenía.

Sufrió cinco mil azotes,
aún más que creemos que serían,
por salvar a nuestras almas
y del todo redimirlas,

librarlas de Lucifer
que cautivas las tenía
ya más de cuatro mil años
hasta que llegó ese día

tan dichos para todos
los que en el mundo vivían
y los que ahora vivimos
y nacerán todavía.

Oh dichoso nacimiento,
oh dulcísima María,
que trajiste en tu vientre
a quien tanto nos quería.

Virgen de la Anunciación,
venerada en este día,
la misma a quien los pastores
ofrecen la corderilla

que aunque no es de las más grandes
es de aquellas terciadillas;
la poca lana que tiene
es como de seda fina.

Recíbela, santa imagen
con el niño en compañía
que vamos a recostarnos
y luego haremos las migas.

Se levante el sacristán,
recoja la corderilla
y se la entregue a un pastor
que la guarde noche y día.

Y nosotros, los pastores,
A la cama de seguida
Hasta que el mayoral llame:
"Camaraditas, arriba."

Aquí comienza la misa del gallo y canta el Ángel.

A - ler - ta, a - ler-ta pas-to - res, a - ler - ta

a - ler-ta al mo-men - to, que yo de par-te de Dios _____

la nue - va ven-go a tra - e - ros.

ÁNGEL   Alerta, alerta, pastores,
              alerta, alerta, al momento,
              que yo de parte de Dios
              la nueva vengo a traeros.

Se levanta EL MAYORAL *y dice*:

MAYORAL ¡Santo Dios! ¡Virgen Santísima!
              Qué palabras tan dulces acaban de oír mis oídos y qué
              paraninfos tan bellos acaban de ver mis ojos, y qué luz
              tan resplandeciente que alumbra más que el lucero de la
              mañana. Qué maravilla y qué prodigio; qué misterios tan
              grande. Pero, Señor, ¿estaré soñando, despierto o dor-
              mido? Casi no lo puedo creer; yo estoy turbado, extasiado
              y aturdido. ¿Y qué haré en este caso? Nada puedo hacer,
              porque en estos momentos se me acaba de obscurecer
              aquella clara luz que en lato divisaba. Mis compañeros
              duermen a pierna suelta y no me parece bien llamarles.
              Si me echo, no duermo; de pie no puedo estar porque me
              están temblando las pantorrillas. Al fin, volveré a mi cama
              y si vuelve a repetirse llamaré a mis camaradas.

Se vuelve a echar EL MAYORAL *y canta de segunda* EL ÁNGEL.

ÁNGEL   Alerta, alerta pastores,
              alerta, alerta al momento
              que yo, de parte de Dios
              la nueva vengo a traeros.
              Ea, que hoy ha nacido
              ea, sobre nuestro suelo,
              ea, el hijo de Dios,
              el redentor de los cielos.

Se vuelve a levantar EL MAYORAL *y dice*:

MAYORAL San Antonio Bendito; qué voz tan sonora vuelve a repetir y qué Ángel tan hermoso vuelvo a ver. Qué luz tan
resplandeciente que creo ilumina todo el universo; qué
milagro tan grande y qué misterio tan escondido. Yo no lo
puedo comprender; voy a llamar a mis compañeros a ver
si hay alguno entre ellos que lo comprenda, aunque creo
no habrá ninguno.
¡Compañeritos arriba!
Levantaros, camaradas.
¿No habéis oído cantar una voz
cantando con tanta gracia?
Bien se ve, señores,
que estáis a gusto en la cama.

Se levanta EL ZAGAL *enfadado con* EL MAYORAL *y dice*:

ZAGAL Calla la boca, Mayoral,
no me andes con embajadas;
si vuelves a despertarme
y me quito la zamarra
con el cayado que traigo
te he de romper las espaldas.
Toda la noche has andado
cavilando en cosas varias,
haciendo mil calendarios
sin dejarme dormir nada.
Échate porque te arreo;
mira que yo no ando en chanzas:
déjate de paraninfos,
de luceros ni carambas.
Lo que quiero es almorzar
que ya no veo de ansias.
Me voy a hacer unas migas
Bien compuestas y con grasa.
Compañeros, ¿qué decís?
TODOS ¿Qué hemos de decir Zagal?
Que esa es buena palabra.
AYUDANTE Levántate, Zagalín,
llena el calderillo de agua.
ZAGALÍN Ya lo he llenado, señor,
del pozo, que está bien clara.

AYUDANTE	Arrima leña Pascual;
	de la seca, para que arda.
PASCUAL	Señor, aquí está la leña;
	una tea hace falta.
DAVID	Yo voy a prender la lumbre[13];
	aquí teas yo traigo
	y pondré el calderillo
	pa que hierva sin tardanza.
ZAGAL	El calderillo ya hierve;
	las sopas ya están migadas.
	Ea, velas, aquí están,
	las voy a echar ambostadas.

El ajo voy a majar
que las dé mucha sustancia;
también he de echar pimiento
con abundancia.

De grasa estando compuestas
las comeremos con ganas
y después de que almorcemos
volveremos a la cama.
¿Tú qué dices, Mayoral?
Dormiremos de buena gana.

MAYORAL	Calla, calla, libertino,
	que no tienes crianza;
	vergüenza no la conoces,
	pero leyes no te faltan.
	Lo que sabes es comer
	y correr tras de las cabras.

---

13. Dice en el evangelio *Árabe de la Infancia*: "En aquel momento llegaron unos pastores quienes encendieron un fuego." Tal vez procede de este pasaje la tradición de las fogatas que encienden en el portal:

En el portal de Belén
hacen lumbre los pastores . . .

No obstante, este otro fuego que calentará las migas aparece posteriormente. En Lucas Fernández (Auto de Nacimiento) se lee:

He aquí yesca y perdernal
quiero hazer chapada lumbre
descruziar queiro del mal,
que cuando come el zagal
los duelos suyos y agenos
dizcas que con pan son buenos
para destrollar del mal.

De la misa no te acuerdas;
rosarios no te hacen falta.
No crees en ningún misterio
de la religión cristiana.

ZAGAL   Vaya, vaya, Mayoral,
si de otra cosa no me hablas
me voy a comer las migas
que ya están arremojadas.
Vosotros, compañeros, ¿qué decís?

TODOS   ¿Qué hemos de decir, Zagal?
Que las migas
ya debían estar en la panza.

MAYORAL   Camaradas, a comer las migas al instante, no nos vaya
a suceder lo del sueño del perro. Prepara las cucharas,
Zagal, y todos a comer las migas como hermanos.

ZAGAL   Sí, si, y a parlar poco, que oveja que bala, bocado que
pierde.

AYUDANTE   No te faltan leyes, Zagal;
ten prudencia y calla.

ZAGAL   Demasiado callo cuando no hablo.
No volveré a hablar palabra.
¿Os gustan las sopas?
Así tuviéramos otras . . .

ÁNGEL   Andad, andad, pastorcitos,
andad deprisa y corriendo
andad que allí le veréis
en unas pajas durmiendo.

Se levanta EL ZAGAL *y dice*:

ZAGAL   Dios eterno. Dios poderoso; principio y fin de todas las
cosas. Qué dulce voz acabo de oír. ¿Qué lucero de la
mañana se me ha oscurecido? Sin duda son los prodigios y maravillas que decía mi Mayoral. Ya los creo y no
puedo menos de creerlo; desde ahora me arrepiento de
todo: ¡Misericordia! Perdóname, mi Mayoral, las injurias
que te he hecho. Ya no quiero más migas; ya no quiero
más almorzar. Y vosotros, ¿ qué decís, amables compañeros? Que ya os veo pasmados, extasiados y aturdidos.
Hablar siquiera una palabra para consolarme.

TODOS   Iremos y confesaremos que hay un grandísimo misterio, y
que todo cuanto decía nuestro Mayoral es cierto. Dejemos

las migas;[14] nadie queremos almorzar: Teniendo a Dios con nosotros, para qué queremos más consuelo . . .

ZAGAL   Bien, bien, compañeros, ya todo nos sobra; voy a recoger el calderillo, las cucharas y todos los avíos. Le seguiremos a nuestro Mayoral y si acaso salimos de aquí, meteremos todo los avíos en le zurrón.

AYUDANTE   Todos seguiremos a nuestro caudillo aunque doscientas leguas de distancia hubiera.

PASCUAL   De buena gana podemos ir en pos de nuestro segundo Moisés, hasta llegar con él a la tierra de promisión.

ZAGALÍN   Según ha dicho mi Mayoral, donde nació el niño de Dios.

DAVID   Oh, qué tierra tan buena vamos a llevar; es tan deliciosa que creo ha nacido un pimpollo que da doce frutos al año.

MAYORAL   Queridos y amables compañeros: Habéis de saber que en Belén ha nacido el redentor del mundo, salvador de los hombres, rey de los reyes y señor de los señores. ¿Queréis venir conmigo a verles y adorarle?

TODOS   Sí, señor, enseguida.

EL MAYORAL canta.

Pas - tor - ci - tos con - mi - go ve - nid que en es - te dí - a ve - réis mu - chos mi - la - gros y gran - des ma - ra - vi - llas.

MAYORAL   Pastorcitos conmigo
        venid en este día,
        veréis muchos milagros
        y grandes maravillas.

---

14. Juan del Enzina hace decir a uno de sus pastores:
    Y no penséis ahitaros
    Que no es cosa de comer
    Sino nuevas de prazer . . .

TODOS   Caminemos a Belén
con gozo y alegría
y en el portal veremos
a Jesús y a María.
Al niño Dios veremos
y a su madre querida
y a San José glorioso
que está en su compañía.
Los ángeles del cielo
cantan con alegría
y dan mil alabanzas
a tan dichoso día:
y llegan los pastores
hinquemos las rodillas
adoremos al niño
y a la recién parida.
Algo le ofreceremos
al niño de María
de lo que aquí traemos
dentro de las mochilas.

Sale EL ÁNGEL *y se pone junto a la lámpara,
y mirando a los pastores canta en alta voz.*

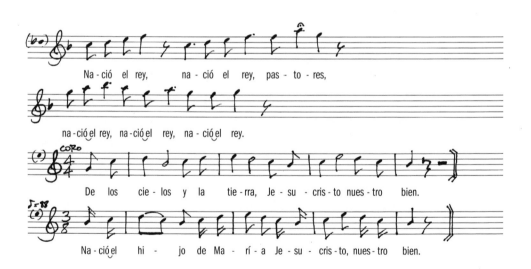

ÁNGEL   Nació el rey, nació el rey, pastores,
nació el rey, nació el rey.

Responden los pastores.

TODOS   De los cielos y la tierra,
              Jesucristo nuestro bien.
              Nació el hijo de María,
              Jesucristo nuestro bien.

ÁNGEL   Nació el hijo de María
              Jesucristo, nuestro bien,
              para librarnos a todos
              de las manos de Luzbel.
              Vino al mundo para salvarnos
              pues que sabía muy bien
              que nos tenía cautivos
              para siempre Lucifer.
              Para que nos lleve al cielo
              y a todos juntos con él
              cantemos mil alabanzas
              por siempre jamás, amén.
              Andad, andad, pastorcitos,
              al niño Dios ofrecer,
              sacando de las mochilas
              si alguna cosa traéis.

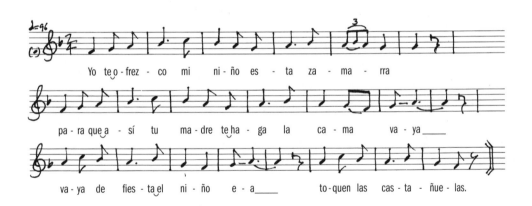

Yo te o-frez-co mi ni-ño es-ta za-ma-rra
pa-ra que a-sí tu ma-dre te ha-ga la ca-ma va-ya____
va-ya de fies-ta el ni-ño e-a____ to-quen las cas-ta-ñue-las.

MAYORAL   Yo te ofrezco, mi niño,
                esta zamarra
                para que así tu madre
                te haga la cama,
                vaya,
                vaya de fiesta el niño,
                ea,
                toquen la castañuelas.

ZAGAL   Yo te ofrezco mi niño
              esta manzana

porque tiene tres cosas
significadas,
vaya . . .

AYUDANTE   Yo te ofrezco, mi niño
tres avellanas
por ser las tres potencias
que tiene el alma.
Vaya . . .

DAVID   Yo te ofrezco, mi niño
siete piñones
del Espíritu Santo
los siete dones.
Vaya . . .

ZAGALÍN   Yo te ofrezco, mi niño,
esta zamarra
para que así lleves
a la gloria mi alma.
Vaya . . .

ZAGALA   Yo te ofrezco, mi niño,
esta mantilla
para que así te envuelva
tu madre querida.
Vaya . . .
Yo te ofrezco, mi niño
este fajero
para que así te envuelva
tu madre luego.
Vaya . . .

2 ZAGALA Yo te ofrezco, mi niño,
esta corona,
para que así me lleves
mi alma a la gloria.
Vaya . . .

ÁNGEL   Yo te ofrezco, mi niño,
de estas mis manos
un par de pajaritos:
Verles volando.
Vaya . . .

El que ofrece la cordera.   Yo te ofrezco, mi niño,
esta cordera,
en nombre de este pueblo
que hoy te venera.
Vaya . . .

MAYORAL Niño recién nacido
salvador de los hombres,
el alma te ofrecemos
y nuestros corazones.

TODOS Nació de María,
Jesús Nazareno,
qué puro, qué hermoso,
qué lindo y qué bello.

Hay u - na don - ce - lla, di - cen que pa - rió   un ni - ño más

lin - do y ri - co que_el sol un ni - ño más lin - do y ri - co que_el

sol.

ZAGALAS Hay una doncella,
dicen que parió
un niño más lindo
y rico que el sol.

TODOS Repiquen panderos
con gran devoción,
cantemos zagales
que ha nacido Dios.

ZAGALAS Sus cabellos rubios
de oro fino son
que adornan su rostro
llenos de primor.

Repiquen . . .
La rosa enmudece
al ver su color
y todas las flores
le rinden su amor.

Repiquen . . .
Las aves trinando
van alrededor,
alternando cantos
ante el creador.

Repiquen . . .
Decidnos, María,
decid, por favor,
quién es ese niño
que madre sois vos.

Repiquen . . .
Este es el Mesías
este es nuestro Dios
a quien todos rendimos
culto adoración.

Repiquen . . .

Se cantan los "Celos de San José"

ZAGALAS Estando un día la Virgen[15]
ocupada en su ejercicio,
leyendo las profecías
en que Isaías ha dicho:
"Concebirá una doncella,
parirá el verbo divino,"
hincándose de rodillas
de aquesta manera dijo:
¿Quién será aquella señora?
¿quién la hubiera conocido
para postrarme a sus pies
y acudir a su servicio?
Estando en estas palabras
vio entrar un paraninfo,
forma de un mancebo joven,
dispuesto y bien parecido.
Traía cadena de oro
y un arrogante vestido;
traía una cruz en el pecho
engarzada en oro fino.
Hincándose de rodillas
de aquesta manera dijo:

---

15. Romance añadido al texto original. Se canta independientemente en muchas zonas de España. El argumento está basado en los Evangelios Apócrifos.

María llena de gracia,
el Señor está contigo.
Yo soy el Ángel Gabriel
que vengo del cielo empíreo
a traer una embajada
que me envía el rey divino.
Sabed que concebiréis
y habréis de tener un hijo
que en la casa de Jacob
reinará en eternos siglos.
Quedó turbada la Virgen
y al Ángel le ha respondido:

Yo no conozco varón
ni nunca lo he conocido.
¿Cómo tengo de ser madre?

Y el Ángel ha respondido:

No hay nada imposible a Dios,
el espíritu divino.
Ha de nacer de la sombra.

Humilde ella ha respondido:

Cúmplase en mí tu palabra,
altísimo rey divino.

De su purísima sangre
formó un cuerpo pequeñito;
crió un alma tan perfecta
y la unió a la de este niño.
Quedó el vientre de María
más rico que el cielo empíreo.
Diez mil ángeles custodios
para su guarda han venido.
Visita a Santa Isabel
luego que a su casa vino.
Reparó un día José
el vientre tan acrecido
de su esposa, y asustado
decía consigo mismo:

Inmenso Dios de Israel,[16]
Señor, ¿qué es esto que miro?
Ver a mi esposa preñada . . .
Aquí hay misterio escondido.
Si hay misterio no lo sé,
ni mi esposa me lo ha dicho.
Quiero ausentarme y dejarla
donde no sea conocido.
Rogaré a Dios la defienda
del mundo y sus enemigos.
Y si me voy sin María
¿a quién llevaré conmigo?
Muchacha joven, sin padres,
¡qué dolor tan excesivo!
¿Cómo viviré sin ver
aquellos ojos divinos,
aquel mirar halagüeño
aquel rostro cristalino
que llena mi corazón
de pensamientos divinos?
¿Yo sospechar de María?
¡Mi Dios, y que me haya sido
infiel, no puedo creerlo!
De pensarlo estoy corrido;
pero todo pesa menos
que ver en mi esposa un hijo.

Se retiró a su aposento
y recogió en su saquito
su ropa y algún dinero
antes de tomar camino.
Se echó a descansar un rato,
luego se quedó dormido.
La Virgen, que no ignoraba
de San José los designios
se retiró a su oratorio;
postrada en el suelo dijo:

---

16. Aquí empiezan las dudas de San José.

Dulce hijo de mi vida,
no estará bien, hijo mío,
vuestra madre sin esposo,
vos sin padre putativo.

Y en esto entró San Gabriel
en su aposento y le dijo:

Despierta José y levanta,
que grande dicha has tenido
que el preñado de tu esposa
es por misterio divino;
que a salvar al mundo viene
el Mesías prometido,
ponle por nombre Jesús.

Quedó José agradecido.
Se fue al cuarto de su esposa
y de repente la ha visto
en un soberano estátil
con un resplandor divino.
Hincándose de rodillas
de aquesta manera dijo:

Esposa del alma mía,
¿de dónde yo he merecido
tener esposa tan santa
y ser padre putativo
del mismo hijo de Dios?

Por vuestro hijo os suplico
le pidáis me dé la gracia
para ayudar a serviros.
Yo os pido me perdonéis
lo desatento que he sido.

Entonces dijo la Virgen:

Yo, señor, soy quien os pido
perdón de nos daros cuenta
del sacramento escondido,
pues que no estuvo en mi mano
la voluntad de decirlo.

Con esto se sosegó
su corazón afligido.
Pidamos a esta señora
nos alcance de su hijo,
nos dé paz en esta vida
y nos lleve al cielo empíreo.

A continuación se canta el "Oriente."

En un por - tal po - bre de muy po - co a - bri - go na - ció el rey del

cie - lo tem - blan - do de frí - o tem - blan - do de frí - o.

TODOS   En un portal pobre
de muy poco abrigo
nació el rey del cielo
temblando de frío (bis)
mantillas no tiene
ni dónde envolverle,
solo, en unas pajas,
nació en un pesebre (bis).
En aquel pesebre,
entre hierba y heno,
en sin más haberes,
en sin más consuelo (bis).
Los ángeles bellos,
volando y corriendo
van a dar noticia
de aquel gran misterio (bis).
Por todas las sierras
iban dando voces;
humildes llegaron
todos los pastores (bis).
Los pastores vienen
con gran alegría,
adoran la niño
y aman a María (bis).

Los iban diciendo

harán unas migas
en el calderillo
que ellos traían (bis).
También a tres reyes
noticias les dieron
que había nacido
el rey de los cielos (bis).
Estos tres monarcas
con grande contento
dispusieron viaje
en tiempo de invierno (bis).
Dispusieron viaje,
luego caminaron,
la estrella les guió
les iba alumbrando (bis).
La estrella les guió
hasta que llegaron
a ver a la Virgen
y al niño en sus brazos (bis).
Les ofrecen los dones
que ellos trajeron;
les recibe el niño
dándoles obsequio (bis).
Oh, qué humildad tienen
los padres del niño
para dar ejemplo
a los que vivimos (bis).
Como Dios es hijo
del eterno padre,
como si lo fuera
de la Virgen madre (bis).

Cuando por el Oriente[17]
salía la aurora
caminaba la Virgen
nuestra señora.
Tan linda y reina
que los cielos la envidian,

---

17. Aquí dan comienzo la "Seguidillas espirituales y alegres para celebrar el Sagrado Nacimiento de Nuestro Señor Jesucristo," editadas en pliego suelto en Barcelona (siglo XVIII) y muy populares posteriormente en toda España, como demuestra el hecho de hallarse "puestas en música" por dos veces en los Archivos de la Catedral de Valladolid.

bendita sea.
En sus puras entrañas
con alegría
lleva la rey de la gloria
la Virgen pía.
Fragante rosa:
Ay, qué madre tenemos
tan amorosa.
Montes, prados, selvas,
plantas y flores
a la virgen cantan
dulces favores.
Ay, que dulzura,
ensalzar a María
las criaturas.
San José, que a la Virgen
va acompañando
con amantes suspiros
dice llorando:
Prenda adorada,
ay, lo que siento al veros
tan fatigada.
Ay, paloma divina,
ay, mis amores,
¡Quién aliviar pudiera
vuestros dolores!
Ay, qué tormento,
que mi alma se me anega
de sentimiento.
La Virgen, que del santo
la pena siente
le consuela amorosa
y tiernamente.
Y entre ternezas
alivia los cuidados
que le molestan.
Por ti siento, María,
Mal tan molesto;
para pasarlo Dios
dará el esfuerzo.
Así confío,
su voluntad se cumpla,
esposo mío.

Ya sus doradas luces
el cielo niega
cuando la Virgen pura
a Belén llega.
Albergue no hallan;
a la puerta llamaron
de una posada.
El mesonero al punto
de mala gana,
asomó la cabeza
por la ventana.
Voto a, y voto,
¿a qué vienen metiendo
tanto alboroto?
Venimos, dice el Santo,
con gran congoja,
a suplicarte amigo
que nos recojas.
A quien te habla
y a esta hermosa doncella
que está preñada.
Preñadita y hermosa,
niña y doncella
¿Quién ha visto en su vida
cosa como ella?
Esas son flores,
pues tantas en el mundo
ya no hay, señores.
A quien trae dinero
mi casa está lista,
pero quien no lo tiene
Dios les asista.
De aquí se alejen,
con pacífica calma
mi casa dejen.
A un portal venturoso
se retiraron,
donde un buey y una mula
les albergaron.
Dos animales
enseñan a los hombres
a ser joviales.
Allá a la medianoche

del mayor día,
Dios nació de su madre,
Virgen María;
Ay, qué delicia,
albricias, serafines,
cielos, albricias.
Envuélvele la Virgen
para adorarle
y San José bendito
quiere arrullarle.
A la ro, ro, ro[18]
que mi niño se duerme,
no lo inquieten, no.
Los cielos adornaron
de alba la noche
viendo el sol que nació
a medianoche.
Los ecos suenan:
Gloria a Dios en los cielos,
paz en la tierra.
Un Ángel, como un cielo
de resplandores
le lleva la noticia
a los pastores.
Desde Egipto,
van a ver al infante
recién nacido.
Ah del monte, ah del valle,
ah, de las selvas,
ya nació Jesucristo
el gozo vuelva.
Suenen sonajas
flautas y tamboriles
háganse rajas.
Tocó el rabel Domingo
con mil fugasetas
y María y Tomasa
las panderetas.
Cid la zampoña,
Bato las castañuelas,

---

18. A la ru, en los cantos nuevo mexicanos.

Gil la zambomba.
A Belén presurosos
fueron llegando
y al niño, muy humildes,
Dios le adoraron.
A, qué bonito,
¿no ves cómo se ríe
Jesús bendito?
Su venerable padre
cómo tirita,
pero su madre, cielos,
qué señorita.
Bella serrana,
bendito sea el fruto
de tus entrañas.
Unos le dan mantillas,
otros pañales,
fajas y babadores
muy especiales.
Dulces famosos,
cuajadas y requesones
bien mantecosos.
Como alegres brindaban
la nochebuena,
delante del sol, todos,
tienen la cena.
Sacan pan blanco
y bota bien llena
para echar tragos.
La longaniza cuelga,
cien más curados,
pero tras de las migas
se van los daños.
Y alegra comen
Sin dejar cosa habida
en los zurrones.
En engullir parecen
lobos traviesos
pero se que roen
poco los huesos,
pues la cecina
a medio asar la traen
y con ceniza.

Oye, Mingo, tú comes
salchicha rancia;
parece que te embobas con la ganancia.
Cómo arrebañas;
el que como torreznos
no asa castañas.
Llevan aquesta presa
a la parida,
que sea a nuestro valle
muy bienvenida.
Ay, qué tesoro,
los cielos bendigan,
que es como un oro.
Venga, dijo Pepete,
la bota amada
que las migas se pegan
a la garganta.
Ay, picarillo,
vaya, tú, tío calzones,
echa un traguillo.
No te descuides, Bato,
como por puntos,
mira que el viejo tiene
el diente agudo.
La bota ande
para que el viejecito
no se atragante.
Antón cayó de hocicos
entre las pajas
y Pepacho le dijo:
¿Subes o bajas?
Y al fin brindaron
que salud les dé el cielo
por muchos años.
Acabada la cena
tan excelente
ante el niño bailaron
alegremente.
Blas con Antón,
Juan salió con Domingo,
Gil con Ramón.
Luego se despidieron
del tierno infante

besándole las manos
a cada instante.
La Virgen Santa,
de sus amantes dones
les dio las gracias.
Una estrella a tres reyes
condujo ufana
a adorar al lucero
de la mañana,
y reverentes,
de incienso, mirra y oro
le dan presentes.
Bendito sea el niño
que hoy nos recrea
y su madre preciosa
bendita sea.
Florida palma,
salud, vida y consuelo
de nuestras almas.
Oh maravilla rara,
nace Dios hombre
para ofrecer su vida
por sus amores.
Con tal victoria,
a todos nos ofrece
la eterna gloria.

Despedida DEL MAYORAL.

MAYORAL   Adiós, Jesús amante,
adiós gracioso niño,
haz pronto que tu padre
nos lleve al paraíso.

    Adiós, Virgen Santísima
consuelo de afligidos,
del pecador refugio,
no olvides a tus hijos.

    Adiós, gran patriarca,
adiós, José bendito,
sé tú nuestro abogado
ante tu amado niño.

Adiós, sagrada familia,
que allá en el paraíso
podamos alabaros
por los siglos de los siglos.

Adiós, que marchamos
dejando este templo
saltando de gozo,
llenos de contento.

Auxilio pedimos
para este pueblo
y para las almas
que están en el templo.

Marche el señor cura
y nos dé la paz
que nos vamos todos
los pastores ya.

Marche la justicia
iros en la paz,
que nos vamos todos
los pastores ya.

Marchen ya los fieles,
los que aquí están,
los grandes y niños,
los de más edad.

Marchad, pastorcitos,
marchad, Mayoral,
y los zagalillos,
iros, iros ya.

Fin

Until the mid-twentieth century, each New Mexican plaza or *placita*, no matter how small, presented the pastoral drama. If the plaza lacked their own group of shepherds, a group from the nearest plaza offered their drama to their neighbors, or the neighbors traveled to the site of the play. Probably everyone at that time witnessed the shepherd play at least once a year. Sometimes the group of actors exchanged dramas. The group of San Miguel, for example, on one occasion staged the version belonging to the shepherds of San José and vice versa. Traditionally, the day before the presentation, the character Bartolo appeared with his raggedy clothing announcing the event that was to take place the following day.

As mentioned earlier, the author or authors of the traditional drama about the shepherds as well as the date it was first presented in New Mexico are unknown. While it clearly shares much in common with Mexican works from the seventeenth century, we can also identify some Spanish influences. In the following version, the drama begins with the song, "Cuando por el Oriente," which is very similar to the Spanish *Seguidillas espirituales y alegres* from the eighteenth century. A. Lucero-White says that there exist two purely New Mexican works of the shepherds known as *Coloquios de los Pastores, Coloquio Primero y Segundo*, which generated different versions. We can therefore say that New Mexican *Pastorelas* have developed by virtue of different influences, which created a type of regional and unique dramatization, defining them as New Mexican.

Hasta mediados del siglo XX, en cada plaza o placita nuevomexicana, por pequeña que fuese, se representaba el drama pastoril. Si la plaza no tenía un grupo propio que lo interpretara el grupo de pastores de la plaza más próxima iba a ofrecer el drama a sus vecinos, o los vecinos se desplazaban hasta al lugar de la representación. Seguramente todo el mundo en ese tiempo presenciaba la pastorela al menos una vez al año. En algunas ocasiones los grupos de actores se intercambiaban las obras. El grupo de San Miguel por ejemplo, representó en una ocasión la versión de los pastores de San José, y los de San José la versión de San Miguel.[19] Tradicionalmente, el día antes de la representación, el personaje Bartolo salía con su traje harapiento anunciando el evento que iba a tener lugar al día siguiente.[20]

Como ya vimos, se desconoce el autor o autores del drama tradicional de *Los Pastores*, así como cuándo se comenzó a representar en Nuevo México. Aunque claramente tiene mucho en común con las obras mexicanas del siglo XVII, también posee algunas influencias españolas.[21] En la versión que veremos seguidamente, la obra empieza con el canto de "Cuando por el Oriente," muy similar a las *Seguidillas espirituales y alegres* del siglo XVIII de España. A. Lucero-White dice que hay dos obras del tema de los pastores puramente nuevomexicanas conocidas como *Coloquios de los Pastores, Coloquio Primero y Segundo*, de donde derivan diferentes versiones.[22] *Las Pastorelas* en Nuevo México se formaron a partir de diferentes influencias que llegaron a crear un tipo de representación regional único que las define como nuevomexicanas.

---

19. Aurora Lucero-White, Los Pastores, 5–5–3#16, WPA Collection, p. 1.

20. Alice Belle Gordon, Spanish-American Festivals and Dramas, May 13, 1936, 5–5–3#26, WPA Collection, p. 6.

21. Gordon, Spanish-American Festivals and Dramas, p. 5.

22. Lucero-White, Los Pastores, pp. 1–2.

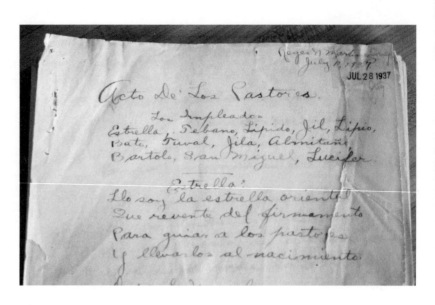

Fig. 4.17. Acto de Los Pastores.
WPA Collection. Reyes Martínez,
5-5-46#7. Photo by Tom Lozano.
Courtesy Museum of New Mexico.

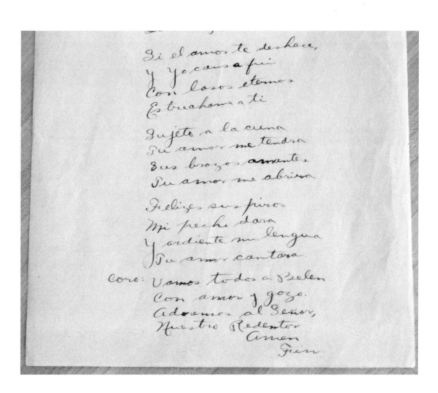

Fig. 4.18. Acto de Los Pastores
manuscript. WPA Collection.
Reyes Martínez, 5-5-46#7. Photo
by Tom Lozano. Courtesy of
Museum of New Mexico.

Coloquios de los Pastores[23]
Las Vegas.

Coloquio Primero.
Letra.

Cuando por el Oriente
sale la Aurora
caminaba la Virgen
nuestra Señora.
¡Ay! ¡Qué gusto!
¡Ay! ¡Qué alegría
pues alma mía
lo que granjeas!
Oh Reina de los Cielos
bendita seas.

Venimos dijo el Santo
con gran congoja
a suplicarle al dueño
que nos recoja.
Por tu vida
señor te pido
que condolido
le deis posada
a esta niña doncella
que está preñada.

Preñadita y hermosa
niña doncella
¿quién ha visto en el mundo
cosa tan bella?
¡Ay! amigos
estas son flores
pues ya señores
según me fundo
se acabaron los tontos
en este mundo.

A un mesón han llegado
los desposados
a pedir que les diesen
una posada.
Con gran desprecio
los recibieron
y no les dieron
donde alojarse
que lo hicieran los brutos
no hay que admirarse.

El mesonero al punto
de mala gana
asomó la cabeza
por la ventana.
¡Ola! ¡Ola!
Ruido se siente
la buena gente
consigo absorto
pues ¿quién viene formando
tanto alboroto?

Para el que traiga dinero
mi casa es lista
para el que no lo traiga
Dios le asista.
Por tu vida
señor te pido
que no me dejes
en dulce calma
pues un lobo que traigo
me roba el alma.

A un portal venturoso
se retiraron
donde un buey y una mula
los albergaron
¡Ay! qué gusto
ver a tan cordiales
los animales

23. Aurora Lucero-White, Coloquio de los Pastores de las Vegas, 5–5–9#20, WPA Collection.

en tal mudanza.
Hay brutos que a los hombres
dan enseñanza.

Cuando los reyes entraron
Sin ordenanza
vieron cuatro figuras
en una danza;
un negrillo
un escudero
un italiano
con un gallego
pues entraron danzando
de luego a luego.

El gallego en camisa
cantando llega
entonado la dulce
canción gallega:
Ya que soy
De las filas del Rey
tengo que casarme
con la hija del rey.

Todo el orbe se convoque
venir a ver un primor
que ha nacido para el hombre
su remedio y redención.

ÁNGEL. Como embajador que soy
del imperio celestial
pues a mí me toca dar
el anuncio del día de hoy.
Yo a los pastores me voy
a anunciarles el portento
que gustosos que contentos
tributen gracias a Dios
y canten en alta voz
en armoniosos acentos.

Letra.

Gloria a Dios en las alturas
y al hombre en la tierra paz.

Que es aquesto que veo
¡Gloria in excelsis Deo!

ÁNGEL. Del imperio lucido
de Galilea en una cueva
jurisdicción de Belén
ha parido una doncella.
Jesús es que humanado
hoy se muestra enamorado
tropas de santos y ángeles
celebran en las alturas
este niño santo, santo
santo en su hermosura
santo por su divino ser
per saecula saeculorum. Amen.

Letra.

Amigos pastores
ya es tiempo de ver
a la Virgen Madre
parida en Belén.
Cielos, tierra y agua
los ángeles y hombres
canten "Gloria, Gloria
al Mesías, Dios y Hombre."

TEUTAN. Aguardo, escucho, ¿qué es esto?
¿qué ha sucedido en el cielo?
¿qué moción es la del hombre
que parece voz del cielo?
Despierto y enajenado
estoy que no hallo consuelo
pues de noche iluminado
se ve todo el hemisferio;
pues ahora vengo en acuerdo
que cuando chico era yo
oí decir que nacería
el Divino Redentor.
Puede ser que hoy haya sido
el tiempo de esta moción;
me voy a desengañar
y a seguir la luz que ven
porque ciertamente creo

que esta noche es el festín;
pero esto sucede así
para que yo pueda tributar
este obsequio y galardón:
correré hasta un rebaño
y le traeré un requesón
que primorosos los hace
mi Teresa y Bartolón.

Letra.

Como si fuera volando
o fuera de mi sentido
siguiendo voy una estrella
que me dicen que ha nacido
una criatura muy bella.
¡Salto! ¡Brinco! ¡Ay! ¡Me río!

TEUTAN.   ¡Hay cosa más prodigiosa!
No me canso de mirar
un infante como aqueste
que me ha venido a encontrar.
Pues veo la cosa más rara
que en el mundo puede haber.
¡Salto! ¡Brinco! ¡Ay! ¡Me río!
De gusto, gozo y placer.
Voy a avisar a los pastores
verán como entre triste pajas
se ven las mejores flores.
Hermano, hermano detente;
dame lugar para hablarte
y te empezaré a contar
un prodigio que yo he visto
que no he visto cosa igual.

TUBERO.   Acaba y no te detengas
porque la curiosidad
tanta operación me hace
que ya no puedo aguantar.

TEUTAN.   Saber has amigo mío
que durmiendo en mi rebaño
soñé, por mejor decir
oí una voz que me decía,
¡pastores, venir, venir!
Yo asustado desperté

y lo primero que vi
fue una luz que sin perderla
luego a tiempo me fui
me fui siguiendo una estrella;
guiado de una luz bella
me condujo a que mirara
un infante como flor
que excede la luz del sol
que alumbra todo el orbe
con su luz y resplandor.
En unas triste pajitas
estaba yerto de frío
dos brutos lo calentaban
también conocí a la madre
mujer de aquel carpintero
y este es el cierto misterio.
En fin, voy de prisa
voy, mañana volveré
y te acabaré de contar
todito según lo sé
cómo he visto todo el cielo.
A la vuelta de mi viaje
espero que estés aquí;
me voy a mudar de traje
no es razón que vaya así
a acompañar una danza
de tan famoso festín.

TUBERO.   Para eso será mejor
que yo te acompañe a ti.
Y vayamos a convidar
a Tubal para el festín;
y de allí nos pasemos
porque es conveniente así
que vayamos a convidar
a Rotín con su zagal;
el son que este nos tocare
ese podremos bailar.
Un sonecito que alegre
me enseñó mi tío Pascual.
Y para ofrecer al niño
cada uno podrá llevar
lo que tuviese en su casa
que no le podrá faltar.

Yo tengo determinado
ofrecerle liberal
el primal de mi Martín
que es cosa particular.
Vamos que se hace tarde
y es fuerza volver acá.

ROTÍN.   ¿Para dónde van mis hermanos
pasando por estos prados,
creo que los veo ir tan alegres
como si fueran danzando?

TEUTAN.   No te metas en preguntas
síguenos con alegría
y verás qué placentero
te diviertes este día.

ROTÍN.   ¡Ola! ¡Ola! Tubal
sal de ese profundo sueño
y dispierta liberal;
ven, iremos a pasear
y verás lo que es bueno
en aquel rico portal.

TUBAL.   Vamos pues, justo será,
aunque el sueño me atormente
más grande es mi amorosidad;
pero yendo yo contigo
lo que fuere sonará.

Me habéis de llevar del diestro;
porque a más de las lagañas
que he criado en este puesto
con el continuo dormir,
traigo enfermo el pie siniestro
que se me quiso tullir
andando entre estas montañas.

Letra.

Alegres vamos los cuatro
y deseosos de llegar
a ver qué es lo que contiene
quién estará en el portal.
Tan lleno de parabienes
Salto, brinco, ¡ay me río!

Parabienes.

TUBAL.   ¡A ver qué prodigio es este!
que viene tan admirados
que me van a despertar
estos tres atarantados.
O me hallo fuera de mí
o fuera de mi sentido
o bien, ¿qué será de mí?
o, ¿qué me habrá sucedido?
Andar, andar, venir, venir
y me han de molestar
yo no he de poder dormir
hasta el juicio final.

TEUTAN.   ¡Ola! ¡Ola! Tubal
Ya nos es hora de dormir;
vamos a adorar al niño
que en Belén está nacido
y nos viene a redimir.

TUBAL.   Ya me voy desengañando
de lo que vos me habéis dicho
con razón nos admiremos,
que en toda la vida he visto
otra criatura igual.
Esto no tiene remedio
comencemos a bailar
y verán qué finas danzas
nos empiezan a tocar.

Letra.

Duérmete niño lindo,
en brazos del amor,
que te arrulla tu madre
cantándote alarrú,
alarrú, alamé, alarrú.
No temas a Herodes
que nada te ha de hacer
que en los brazos de tu madre
nadie te ha de ofender.
Alarrú, alamé, alarrú, etc.

TEUTAN.   A vuestras plantas Señor
tenéis al pastor Teutan
a traer afectuoso
un requesón y este pan,

el que con toda franqueza
a todo hombre se le da.
Hago gala en ofrecerte
tan pequeña cortedad.

TUBERO.   Sumiso y arrodillado
aquí ha llegado Tubero
que abrasado de amor
te tributa este cordero
cifra del manso pastor
que cargo con grande amor
la perdida oveja suya
bajando del cielo al suelo.

ROTÍN.   A vuestra plantas Señor
aquí ha llegado Rotín
que si aquel te trajo pan
yo te traigo por aquí
un puchero sin igual:
reciba su majestad
esta dadiva tan corta
porque esto poco importa
de un humilde corazón
ofrece ya mi atención
de este jarro deshecho:
está como un requesón.

TUBAL.   Yo soy el más pobrecito
que en estos prados se ve:
recibiréis una danza
que en un instante pensé.
Vamos pastorcitos todos
y cantemos en Belén.
Celebremos este niño
y al carpintero José.

Letra.

No temas a Herodes
que nada te ha de ofender
Alarrú, alamé, alarrú, etc . . .

AQUÍAS.   Anoche vi a los pastores
que se andaban convidando
para ir no sé a qué fiestas;
mas no sé dónde ni cuándo.

Que yo me halle en la fiesta
será muy chistoso mano;
no por mucho madrugar
amanece más temprano.
Dejaré aquí mi rebaño,
que no se ha de perder
además lo encargaré
a mi amigo Tebano
asegún mi parecer.
Vi un monte que anoche ardía
y como ya es profecía
"Los montes destilarán
dulce leche en alegría."
Esto según Isaías
se cumple en esta ocasión.
Sin duda ya que el Mesías
salió de su encarnación;
y ha nacido para ser
del mundo la Redención.
Me voy a desengañar
ahora que es buena ocasión
a ofrecerle liberal
alma, vida y corazón.
Me acercaré a estos pastores
a que me den relación
para que juntos todos
le cantemos alarrú.

Letra.

No temas a Herodes
que nada te ha de ofender
Alarrú, alamé, alarrú, etc . . .

AQUÍAS.   No tengo más que ofrecerte
Niño lindo de mi amor
todo cuanto en casa tengo
y este lúcido bastón.
Voy, mañana volveré
que te prometo traer
a mi mujer y a mis hijitos
que te vengan a adorar.
Adiós mi niño lindo,
de ti me despido.
A tus plantas estoy
Humilde y rendido.

Letra.

Cuando en el invierno
se producen flores
quedan admirados
los rudos pastores.
Cielos, tierra y agua,
los ángeles y hombres
canten: "Gloria, Gloria,
al Mesías, Dios y Hombre."

CERECÍAS. ¿Qué será lo que diviso
lejos en aquellos prados?
¿Fiestas de mis compañeros?
¿O algo habrá en el rebaño?
Es cierto, estoy admirado
de verlos andar en artes
voy que me quedo sin parte
de festejar en función
pues si se ofrece ocasión
de entretenerme en el dance
a la suerte que relance
le sucede a un desdichado
no es bien que sea despreciado.
Aunque mi genio me canse
mas esto no me atormenta,
que también soy de la cuenta
y me haré el disimulado
y bailaré alegremente
y salga lo que saliere.
Bailando andan los pastores
y todos encadenados:
sin duda son desposorios
que en el día se han celebrado;
me ocultaré por aquí . . .
en fin, no soy convidado.
Para tan pronto salir
dirán que soy atontado
mas según lo que dijeran
yo también podré decir
una arenga que he estudiado
el rato que he estado aquí.
    ¿Qué ha de nuevo entre vosotros
qué parece que andáis locos?

TODOS. Días que jamás se han visto
y de estos se ofrecen pocos
¿no ves qué hermosura?
¿no ves qué belleza?
Cosa como aquella
que nos embelesa.

CERECÍAS. Pues aguardad señores míos
que yo también soy caballero:
voy a darle el parabien
a José el carpintero.
Santo José que la dicha
tanta puedes merecer
que tuviste por esposa
a tan bendita mujer
recibe de mi cariño
lo que te vengo a ofrecer.
Música de los cielos
no he llegado a merecer
tanta dicha como ángeles
que te quieren complacer,
a ti cordero sin mancha
a ti bendita mujer.

HERAS. Anoche estando sentado
calentándome en la lumbre
oí que estaban cantando
en lo alto de la cumbre;
mas no te puedo decir
lo que en ello puede haber.
Puede haber algún placer
que Dios haya puesto allí
si quieres desengañarte,
conmigo puedes venir;
pues un tiempo oí decir
que nacería un infante
de una mujer pura y limpia
desde el primer instante.
Pues esto es firme y constante
que puede haber sucedido,
que haya nacido el Mesías
según lo dijo Isaías;
porque en sus profecías
nos dice que en estos días
los montes destilarán,

los collados echarán
el resto de su dulzura;
que el hombre de su obscura
ceguedad podrá salir
y también será feliz
si no se deja vencer
de quien llaman Lucifer
o ángel malo por figura;
tiene este por sepultura
el infierno en que ha de arder
porque este se quiso hacer
semejante como Dios
y cómo, ¡terrible, atroz!
Se quiso este asemejar
a la Deidad sin segundo.
¿Qué castigo le ha de dar?
  El infierno que es el peor. .
  ¿Me has oído con atención
lo que te he estado diciendo?
Pues ahora vengo en acuerdo
sin que cometamos yerro.
Le haremos adoración
y humildes de corazón
al llegar nos postraremos
y humildes le ofreceremos
este jarrito de migas
que te prometo que están
lindas, lindas de mi vida
pues todo el esmero puse
en hacerlas para mí
y te prometo que así
las ha de comer el niño.

AFRÓN. Dime pastorcito amigo
que eres enviado del cielo,
pues que tu conversación
me ha llenado de consuelo
y me ha herido el corazón.
¡Válgame, válgame Dios
que un pobre pastor tendrá
tan dulce conversación!
¿Acaso seré yo digno de
de oíros una razón?
Paraninfo celestial,
Dichos como Tobías

te pudiera yo llamar.
Andad, paraninfo, andad:
llévame donde quisieras
porque puedo decir que eres
de Dios la misma deidad . . .

HERAS. ¡Calla! ¡Que es temeridad
de que por tanto me tengas!
No me tengas por Deidad,
calla, y esto no profieras,
porque soy el pastor Heras,
conocido como tal.

AFRÓN. Perdóname, compañero
que no te volveré a hablar
y con brazos cruzados
nos iremos al portal,
que le llaman de Belén
y allí nos sentaremos
a parlar mientras día es.

HERAS. ¡Sígueme! Y vamos aprisa
para que lleguemos a él;
porque si nos dilatamos
algo puede suceder.

AFRÓN. Admirado estoy de ver
todo el orbe iluminado;
mira, para dónde vamos
cómo va resplandeciendo
la Aurora de la Mañana.

HERAS. Pues, ¿no te lo decía yo?
que este día era singular,
y no porque tú me guíes
para ese rico portal.
Yo también podré decir,
que eres ángel celestial.

AFRÓN. También veo que en estos días
se le debe dar el pan,
como pasto natural
al hombre con alegría.

HERAS. Pues esto has de ver tontón,
que bien se hecha de ver
te llamas pastor Afrón;
que de Afrón a tontón
poca diferencia hay.
Sígueme y vamos aprisa
que me salta el corazón.

Ofrecimiento.

Los Dos. Heras y Afrón te adoramos,
y te damos gracias rendidas,
y entre los dos te ofrecemos
este jarrito de migas.

Letra.

Pastores bailemos
con gusto y compás,
haremos cabriolas,
ay no más no más.
Cielos, tierra y agua
Los ángeles y hombres
canten: "Gloria, Gloria,
al Mesías, Dios y hombre."

Martín. Martinico, amigo,
vamos a pasear
donde los pastores
fueron a danzar.

Martinico. Vamos donde gustes
sabes soy tu amigo,
donde tu murieras
moriré contigo.

Martín. Todos dicen que hay
célebre función;
vamos que se alegra
nuestro corazón.

Martinico. Yo también quisiera,
con crecido esmero,
andar ya bailando
con mis compañeros.

Martín. Vamos aprisita,
que me muero de ansias;
que quiero bailar,
y hacer mis mudanzas:
de que a mí me toque
cosa de alegría
hecho cuchilladas
hasta de rodillas.
¿Quieres que te diga
esto y mucho más?

Mira que cabriolas
¡Ay! No más, no más.

Martinico. ¿Has visto chiquillo
de tanta hermosura?
Lo voy a agarrar
por travesura.

Martín. Sosiégate amigo
estate p'acá,
porque este chiquillo
no lo has de tocar.

Martinico. No me andes moliendo,
me lo he de llevar,
y con su merced
hemos de jugar.

Martín. Mira, no lo tientes,
no seas insolente,
¿no ves que sus padres
nos están mirando
y con atención
lo están adorando?

Martinico. Divierte a sus padres
un poco por ahí
mientras que contigo estén divertidos
me lo robaré
por aquí escondido.
Para divertirlo
con aquel cabrito
que tengo escondido.

Martín. ¡Qué pastor tan rudo
y masorral;
anda que has de ir
a tu casa y allá
te han de pelar
con aquella riata
que sirve de pial.

Martinico. Pues aunque me pelen,
amigo Martín,
con aquesta empresa
yo me he de salir.

Martín. Voy que te mando
con dos galapatos
y que te meneo
por tonto y tontazo.

MARTINICO.   Pues si no consigo
el intento en que ando,
a brazo partido
me he de ir llorando.

Letra.

Del dragón soberbio
Miguel la Victoria
cantaré: "Gloria
in Excelsis Deus."

LUCIFER.   ¡Cielos! Si es cierto
que en el mundo
reveláis muchos secretos
a los humildes, que ocultos
tenéis al sabio soberbio,
¡Yo me sabré disfrazar!
Hoy entre esta gente quiero
averiguar si ha nacido
el Mesías que tanto temo.
Yo a la verdad dudo mucho,
se verifique el portento
tan extraño, que imposible
que nazca de ella un verbo
        ¿Cómo dais adoración
a un cordero o a un becerro?
        ¿Cómo publicáis la guerra
al príncipe del Infierno?
ÁNGEL.   Si atrevido alguno intenta
de oponerse contra Dios,
no lo he de permitir, no,
ni el cielo lo consienta,
pues es quien todo consiente
de lo interior a exterior;
porque su muerte violenta
prontamente le daré;
¡al infierno lo echaré!
Dándole por sepultura;
con esta espada desnuda
mi furor lo ha de vencer.
¿Quién cómo Dios ha de ser?
Y quien diga lo contrario
él morirá sepultado

mientras Dios dejó de ser.
¿Cuándo dejará de ser
Dios, por siempre y por siempre
del misterio venerado?
porque se ha de agradecer
como si fuere sagrado
las tablas de otro Moisés.
Con que justicia fue y es
que todos le obedezcamos;
y así mismo confesamos
por el Mesías deseado
y que solamente ocultado
le demos adoración
en un ánimo y unión
ángeles, hombres y vos,
cielos, tierra, y agua
montes y collados
venir todos obligados
a celebrar este día.
Cantemos con alegría
(El Cántico Celestial)
"Gloria a Dios en las Alturas
y al hombre en la tierra Paz."

Letra.

Digno soy humanado de los cielos
sustenos del alma que lo verifica
y hoy humildes postrados los hombres
cantemos alegres con dulce armonía;
¡Oh pan de vida, oh pan de vida
Cordero de Dios sin mancilla!

Hoy del seno del Padre bajasta
Al vientre virginio de una Ave María;
y ella, dando su consentimiento,
hizo el misterio se obrase en un día.

¡Oh pan de vida! etc.

Aunque no con los ojos te veo
creo que en la Hostia estás escondido
y en virtud de las cinco palabras
luego que dichas estáis convertido.

En la noche de la última cena
estando dispuesto para tu partida
nos dejaste tu cuerpo y tu sangre
en el sacramento de la Eucaristía.
¡Oh pan de vida, oh pan de vida,
Cordero de Dios sin mancilla!

Coloquio Segundo.

Letra.

De la Real Jerusalén
sale una estrella brillando
que a los pastores va guiando
para el portal de Belén.

Venir zagales sencillos,
con sus crecidos anhelos,
a ver al Recién nacido
entre la escarcha y el hielo.

En que con finos amores
y sencillo corazón
virtió la sangre en la cruz
por la humana Redención.

Letra.

Hermanos pastores,
hermanos queridos,
vamos caminando
por nuestros caminos.

Vamos poco a poco
arreando el ganado;
no se desanimen
ya vamos llegando.

Que por esos montes
que por esos riscos
que por esas tierras
una luz diviso.

Camina Gilita
que vendrás cansada,
al pie de esa selva
haremos majada.

Anda un lobo fiero
muy encarnizado;
no haga algún destrozo
a nuestros ganados.

Y los corderitos
que atrás se han quedado,
échenlos al hombro
mientras que llegamos.

Y los más chiquitos
que atrás se han quedado
váyanlos alzando
y arreando el ganado.

Al pie de esa sierra,
haremos majada,
mientras que Gilita
descansa sentada.

Y pues ya llegamos
con gusto y placer,
a ver Jesús,
María y José.

BATO.   Hermanos, ¿no será bueno
que aquí entre estas verdes ramas
paremos aquí esta noche
a que duerman los ganados?
TEBANO. Muy bien me parece a mí.
TODOS.   Entiendo que cada uno
ha de atender a su oficio;
Lepido y Gil que se vayan
a la sierra a leñar,
que esta noche ha de hacer frío
y no se podrá aguantar.
Lipio y Tubal que se vayan
por ahí majadeando
mientras que Tebano y yo
vamos por aquí punteando.
Bartolo quédese aquí
a la hermana acompañando;
atizándole a la lumbre
trayendo lo necesario.

BARTOLO. Yo no entro en esos bullicios
porque no soy de la cuenta,
porque vengo muy cansado
y traigo mucha flojera:
y así Bartolito vamos
a dormir, mientras que hay
preparada, y si durmiera
me recordará Clavela.

GILA. ¡En ese cuidado quedas!
Vete a dormir entendiendo
que si te quedas dormido
ni una sopa has de probar
por flojo y descomedido.

BATO. Ya no se puede sufrir
la nieve que cae, hermanos.

TEBANO. Es verdad, hermano Bato
que el ganado está parado
y quizás con tanta nieve
el primal se ha levantado.

GILA. Los muchos lobos amigos
nos causan el mayor enfado.

LEPIDO. Es verdad que yo encontré
en la mitad de aquel llano
un atajito de seis
que pacá venía punteando.

LIPIO. Date prisa con la cena
que queremos acostarnos.

GILA. No empieces con tus violencias
que ya me estoy apurando.

BATO. Niña, que canten tantito
mientras que tú haces la cena.

GILA. No se te de nada de eso
que ya vamos a cantar.
Toma Gil el tamborín
tú Tebano la vihuela,
todos juntos a una voz
vamos siguiendo la letra.

TEBANO. Comencemos.

Letra.

Cielo soberano
tenednos piedad
que ya no sufrimos
la nieve que cae.

Las estrellas vuelan
y luego se paran;
y absortas se quedan
por ver tal nevada.

Las ovejas balan
los corderos gritan
de ver tanta nieve
que el cielo destila.

Lástima de verlos
a los pobrecitos
temblando de frío
se están paraditos.

Los llaman sus madres
y ellos se detienen
por no dar un paso
sobre tanta nieve.

GILA. ¡Tebano, ya está la cena!
¡Vengan todos a cenar!

TEBANO. ¡Dales primero, Gilita,
a los que van a velar!

GILA. ¡Arrímense todos,
que para todos habrá!

La Cena.

BATO. A mí échame aquí, Gilita.

TEBANO. Yo quiero leche nomás.

GILA. Estas migas quiero yo.

LEPIDO. Yo quiero cuanto me den,
que de hambre me muero ya.

LIPIDO. El temole es de mi agrado.

BACIRIO. A mí que me den buñuelos,
y que sea sin dilatar.

GILA. ¡Ah, qué migas tan sabrosas!
Es cierto por la verdad:
en casa de Zacarías
te puedes ir a guisar.

BARTOLO. En todo soy muy violento,
y en el comer mucho más.

GILA.   En todo eres muy violento
          menos en el trabajar;
          en el comer y el dormir
          ninguno te ha de ganar.
BARTOLO. ¡Ah!, mujer de Barrabás.
          ¿Por qué me haces tan gran mal?
          ¿Por qué estás tan enojada
          que no me das de cenar?
GILA.   Porque eres un tontazo,
          muy simple y muy holgazán.
          BARTOLO.   Soy mi alma lo que quieras,
          ya no me reniegues más.
ERMITAÑO.   ¡La paz de Dios os bendiga,
          basta de tanto pelear!
BARTOLO. ¡Ya no hay nada, padre nuestro!
GILA.   ¡Padre nuestro, ya no hay más!
ERMITAÑO.   Pero hubo y está habiendo.
BATO.   ¿Y nuestro hermano Bartolo?
          ¿por qué no viene a cenar?
GILA.   Por flojo y descomedido,
          no le quise despertar.
BARTOLO. ¡Ah, flojera, cuánto pesas!
          que no te puedo llevar.
          aquí estoy ya Clavelita.
          Dame siquiera un tamal.
GILA.   ¡A buena hora has venido
          cuando no hay que darte ya!
BARTOLO. No empieces con eso Clavela,
          eso es poca caridad;
          échame aunque sea rodando
          unos tamales p'acá.
GILA.   ¡Vaya!, lame la olla de las migas
          porque no ha quedado más.
BARTOLO. Si ya tomaron
          ¡echen la bota p'acá!
          que quizás con un traguito
          podré este frío aguantar.
BATO.   Si ya acabaron de cenar
          vaya mirando cada uno
          donde se ha de acostar:
          a dar la vuelta a los ganados
          que vayan Lipio y Tubal,
          advirtiendo que si sienten

          algún ruido por allá
          antes que haya algún perjuicio
          nos vengan a despertar.
LIPIO.   Vete tu por ese lado,
          que yo me iré al pedregal
          a recoger unas piedras
          para poderle tirar
          a los lobos que vinieren
          por aquí a perjudicar.
TUBAL.   Si acaso nos perdiéramos
          por lo áspero de la sierra,
          para saber dónde estamos
          la flauta será la sena.
ERMITAÑO.   Entre tanto que descansan
          los pastores recostados
          quiero pasar poco a poco
          las cuantas de mi rosario.
          Hinco la rodilla en tierra
          y puestos en cruz los brazos
          digo así: "Líbranos Señor,
          de los que nos hacen daño."
          ¡Ah! ¡qué sueño tan profundo
          que me ha venido en este rato!
          Quizás recostado un poco
          podré proseguir rezando
          lo que resta del rosario.
          Padre Nuestro . . . por encima.
BARTOLO. ¡Pero no por encima de mí!

Letra.

          ¡Ay infierno, qué tirano,
          me has puesto en pena tan cruel,
          mira en que tormento se halla
          el príncipe Lucifer!

LUCIFER. ¡Ay infierno, qué tirano,
          me has puesto en pena tan cruel,
          mira en que tormento se halla
          el príncipe Lucifer!
          Para dar batalla al hombre
          llamaré a todo el infierno:
          ¿Dónde estás, espeso monte?
          ¿Dónde estás obscuro seno?

Donde mis astucias siempre
se despeñan cual Faetonte
en lo marchito y ameno.
Que fui ángel no lo niego;
que de Dios fui muy querido,
hoy por mi vana altivez
soy del reino desposeído.
Ahora siento nuevo mal
Y deciros no quisiera
¡oh mahalla, pena fiera!
En Belén, ¡Qué desconsuelo!
humanado, ¡Qué dolor!
pues que nació el Redentor,
a la orilla de un pesebre
tan solo por libertar
al hombre del fuego eterno;
pero, ¿qué yo me lamento?
¿no soy el amo del mundo?
Pues, ¿no soy el sin segundo?
Mando el sol, mando la luna,
el sol se verá eclipsado
solo porque yo lo mande.
¡Oh espíritu derribado
al infierno condenado!
¿cómo no? Tormento atroz,
caudillos y capitanes
de la milicia infernal
¿cómo no sentís mi mal?
¿cómo no brotáis volcanes
de fuego que abrasen al mundo
hasta confundir estos cándidos
rústicos, zagales pastores?
¡Traidores! ¿a dónde estáis?
¿Qué te ha hecho Satanás?
prosperino, ¿no respondes?
¿A dónde Plutón te escondes
que es el príncipe más cruel?
¡Sal del abismo Aristel,
acompáñate al más feo!
¡Apróntate aquí Asmodeo,
que es el aquero Aquerón!
¡Ven a verme cruel Amón!
¿Pero nadie me hace caso?

Yo solo en iras me abraso,
y es mi ardor sin segundo
que tengo que borrar el mundo
pues soy de ciencia y más luz;
así que, con todos riño,
¿cómo es posible que un niño?
¿cómo es dable que un Jesús
que ha nacido en un portal?
¡Oh prodigioso misterio!
¿quiera quitarme el imperio
por dar aumento a mi mal?
Pero, ¡viva Lucifer!
que antes que la luz del día
se acerque al carro dorado
han de ver que en esta noche
del Mesías, habré triunfado.
A pesar del rubio cielo
de nadie será adorado.
Porque yo con mis astucias
mis ardiles y engaños
desvelaré a los mortales
y con mi fuego airado,
los convertiré en pavesas,
como yo en iras me abraso;
y estos viles pastorcillos
que aquí se ven recostados;
¡Mueran todos a mis manos!
¡Sí, primero mueran
que sepan el recado!
El Señor del cielo y tierra
por quien se mueven los astros
humanado de ha de ver
como está vaticinado,
para socorro del hombre
cuando el plazo sea llegado.
Que ha de venir es muy cierto,
que nacerá está sentado;
que ha de ser de una Virgen
pura, limpia y sin pecado;
porque así el libro lo dice
lo reza el texto sagrado:
"Que una Virgen parirá
al Bien del género humano."

¡Oh! ¡no sé cómo tengo aliento
para pronunciarlo!
¡Cómo no me desespero!
¡Cómo sufro, cómo aguanto,
tal desprecio, tal baldón!
O, ¿quién es esta ocasión
le quitara de la mano
a Daniel su sutil pluma
pa' que no siga escribiendo
lo que me hace tanto agravio?
Mas, ningún remedio hay;
Será mi mayor quebranto
ver al hombre redimido
por ese Dios humanado.
Setenta semanas, dice,
que son las que incluye el plazo
para que nazca el Mesías,
que están todos aguardando.
Pero, ¿para qué saberlo?
Cúmplanse las profecías;
cúmplanse para el hombre
los dichos, los vaticinios,
que yo los despeñaré
con mis torpezas y vicios.
Prueba de mi intento, sea
víctima este ermitaño
que entre esta rústica gente
aquí se ve recostado.
Quiero fingirle una idea
y un sueño de sobresalto,
despavorido despierte
entre confuso y turbado,
y si esto no consiguiere,
con mis astucias y engaños
lo he de hacer volver al mundo
dándole consejos vanos . . .
Ea, pues, ¿qué aguardo?
Daré principio a mi intento.
Esa boca que has hecho,
horrible, fea y voraz
que aunque tragues más y más,
nunca te ves satisfecho.
De tu espanto me aprovecho

y si supieras, anhelo
en insensible desvelo,
en ese vientre profundo
sepultar a todo el mundo
(sumergir a todo el cielo)
el que a esas cárceles va
para siempre se quedó
por el que una vez entró,
no ha salido ni saldrá
en esto según me infiero
y de venenoso acero
en tan feliz estado
mientras más desesparado.

Letra.

(Está el dolor más entero)
Por más que el fuego se encienda
y por más que el infierno oprima
el tormento que más gima
es tan infeliz la venda,
es la pena tan tremenda,
tan amarga, tan gigante,
que pareciera constante,
rodeada del fuego eterno.

(Por ver a Dios un instante)
Para un infierno inhumano
me causa tierna impaciencia;
basta sólo la conciencia
tenerla peor que un gusano.
Este enemigo tirano,
de condición infernal
pues con esta ansia mortal
así en su memoria esté.

(Libraos de todo mal)
Esa sierpe venenosa que traes
enredada al cuello
quiere morderte la lengua
para taparte el resuello.
Esa fiera embravecida
que desde el llano estás viendo
te arrebata entre las astas

hasta arrojarte a los vientos
y desde aquel arrecife
que de la playa estás viendo
dale eminencia que caiga
hasta el plan del mismo infierno.
Hombre, hombre, no duermas
tan quieto y tan sosegado,
huye de ese precipicio
en que te vas despeñando.
Despierta pobre infeliz
no duermas porque el pecado
quiere hacerte desgraciado
y de feliz a infeliz.

ERMITAÑO.   ¡Ay de mí, que me despeño,
que me ruedo, que me mato!
¡Tenme Gil, tenme Bato!
que me voy desbarrancando.

LUCIFER.   No te turbes, tente un poco
que ya estás asegurado
y estrechado entre mis brazos.

ERMITAÑO.   ¿Quién eres tú que entre horrores
y un tremendo sobresalto
me libras de un cruel peligro
que me estaba amenazando?

LUCIFER.   Yo soy tu mejor amigo
que viéndote acongojado
he venido a socorrerte
tomándote entre mis brazos.

ERMITAÑO.   Saber tu nombre quisiera.

LUCIFER.   Yo te lo diré al contrato
como sigas mis consejos.

ERMITAÑO.   Sí, como sean vanos.

LUCIFER.   Vamos al pie de aquel cerro
donde están aquellos peñascos,
allí hablaremos despacio.

ERMITAÑO.   ¿Para qué tenemos que ir tan lejos?
¿No ves que está nevando?
Cuando lleguemos allí
ya llegaremos trabados.
Aquí cerca de la lumbre
al calorcito arrimados
podremos hablar despacio.

LUCIFER.   Nos oirán tus compañeros.

ERMITAÑO.   No si tienen sueño pesado,
pesado.

LUCIFER.   Pues siendo así,
Siéntate tú por aquí
y yo por este otro lado.

ERMITAÑO.   Comienza, que te escucho.

LUCIFER.   Ahora, sí es tiempo, astucias mías,
de engañar a este ermitaño.
Yo soy, para no cansar,
el hombre de mayor ciencia
que el mundo ha imaginado
y por mi mucho saber
así vivo desterrado
de la patria en que nací.
No hay escritura en el mundo
letra que no haya estudiado
y los más altos secretos
a mí se me manifiestan
tan evidentes y claros
como a ti te estoy mirando.
Que es cierto, dime, ¿qué hiciste
el otro día en el llano?

ERMITAÑO.   ¡Aquí me la han pescado!

LUCIFER.   ¡Confiésalo!
Que bien te estas acordando.
Dime, ¿no fuiste y viste
que Gila estaba roncado?
y de allí fuieste y la hurtaste
el bastimento del hato?

ERMITAÑO.   ¡Cállese por vida suya!
Hable un poquito más bajo.

LUCIFER.   A Tubal, ¿no le dijiste
que un lobo había robado
el primal que le vendiste
al hijo de Feliciano?

ERMITAÑO.   ¡Cállese por vida suya!
Hable un poquito más bajo
que están Gila y Tebano
cerca de la lumbre y tienen
el sueño liviano, liviano.

LUCIFER.   Pues hombre, he de hablarte claro,
que esta vida que aquí tienes
no es para ser ermitaño.

ERMITAÑO.   ¡Será para ser ladrón,
              como que a ti te estoy mirando!
LUCIFER.   Sí, ahora se valen consejos,
           para el que ya está obstinado.
           Uno quiero darte a ti
           y es: que dejes peñascos,
           mortificaciones, disciplinas.
           Esa cruz, ese rosario,
           que aunque hicieres lo que hicieres
           siempre estás muy arriesgado,
           y lo más prudente fuera
           que ahora que estoy a tu lado
           te tomaras la zagala,
           ese símbolo de amor,
           esa belleza de gracia,
           con quien vivieras gustoso
           entre delicias mundanas.
ERMITAÑO.   ¿Y querrá ella ir?
LUCIFER.   ¿Eso dudas?
           Que quiere, te lo aseguro,
           ¿no estoy yo aquí a tu lado?
ERMITAÑO.   Pues, a la empresa, ¿qué aguardo?
LUCIFER.   A prisa y no te detengas
           ya que estoy desengañado
           que a la vista de un peligro
           nadie queda asegurado.
           ¡Pastores! ocurran todos
           con diligencia y cuidado
           porque a la inocente Gila
           se la lleva el ermitaño.
GILA.   ¿Qué es esto Gil y Tebano?
           ¡Qué me llevan de la mano!
TODOS.   ¡Ay mi Gila! ¿Dónde estás?
           No aparece, ¡Qué tormento!
           ¡Ahora viejo malvado
           pagarás tu atrevimiento!
ERMITAÑO.   Ya no me den hermanitos
           que otra vez aunque lo manden
           no lo he de volver a hacer.
BATO.   ¿Quién te lo mandó, ermitaño?
ERMITAÑO.   Un hombre que estuvo aquí
           estando ustedes durmiendo
           él me estuvo aconsejando,

           que saliera del desierto,
           y que a Gila me llevara
           y con ella me casara,
           que quizás tal vez casado
           pudiera evitar el peligro
           que corro siendo ermitaño.
           Y por darle gusto en eso
           tan solo me la he llevado.
TODOS.   Pues tenga usted estos azotes
           por tomar consejos vanos
           y no saber distinguir
           si eran buenos o eran malos.
ERMITAÑO.   Maldito y mil veces sea
           quien tal consejo me ha dado
           que por seguir sus consejos
           maduro me ha puesto a palos.
BARTOLO.   Todavía faltan los míos,
           viejo barbas de zamarro,
           que en amaneciendo Dios,
           los llevarás de contado.
           No te descuides Gilita
           con ese viejo malvado.
ERMITAÑO.   Atizaré bien la lumbre
           y al calorcito arrimado
           lo que resta de la noche
           me estaré calentando.

Letra.

           De la más bella María
           nació un clavel encarnado
           pues a adorar la ventura
           del mismo Dios humanado.

ERMITAÑO.   ¡Bato! ¡Gil! ¡Tebano! ¡Lepido!
           ¡Bartolo, oye qué bonito
           Tubal canta en la majada!
BARTOLO.   No me tienes tan contento,
           Así que, ¡caliéntate y calla!

Letra.   De los valles y los altos
           se rinde la pastoría
           esparcido su rebaño
           por tan altas serranías.

ERMITAÑO.   ¡Oye Bartolo y verás
             qué músicas tan peregrinas
             andan en nuestros ganados!
             De no ser aquí en la tierra
             dijera fueran divinas.
BARTOLO. ¡Más divinos han de ser
          los palos que yo te diere.
          No me sigas enfadando
          Así que, ¡caliéntate duerme!

Letra.
             El que con finos amores
             y sencillo corazón
             vertió la sangre en la cruz
             por la humana Redención.

ERMITAÑO.   ¡Oye Bartolo y verás!
             ¡Qué bonito, en la majada
             canta el hermano Tubal!
TEBANO.   Hermano, ¿se ha vuelto loco
          que nos anda despertando?
          Si no quiere dormir aquí,
          ¡váyase a dormir al llano!
TUBAL.   ¡Albricias! Hermanos
          Salto de contento,
          reviento de gusto,
          y de gozo muero.
BATO.   ¿De qué tanto gusto?
          Yo te las prometo.
GILA.   A mi, dímelas, Tubal.
TUBAL.   Deja que todos me paguen,
          que tú estás segura,
          después lo sabrás.
          Tú ermitaño,
          ¿no me das albricias?
ERMITAÑO.   ¡Yo te las daré con mi disciplina!
TUBAL.   Tú hermana Gilita,
          ¿no me mandas nada?
GILITA.   Yo te mandaré un vaso
          de leche migada.
LEPIDO.   Yo te mandaré un quesito
          aunque sea de cabra.
TUBAL.   Pues júntense todos

y atiéndanme con cuidado,
verán lo que en este instante
me pasó en la llano.
Al pie de un encino
estando sentado,
cuando por la cumbre,
vi una luz volando.
Y con la vislumbre,
vi todo el ganado.
Yo intenté correr
pero de la mano
me agarró un zagal
hermoso y gallardo
y me dijo así:
Pastor, ten el paso
que vengo de parte
de un Dios soberano
tan sólo a decirte
que vayas volando
a tus compañeros
pronto a despertarlos.
Diles que un Dios-Niño
envía a convidarlos.
Y sin aguardar
respuestas al recado
se fue y me dejó
casi desmayado.
Lo de este suceso
aquí he declarado.
BARTOLO.   ¡Habrá otro más embustero!
               (que Tubal)
            ¿A dónde habrá ido a soñar
            ese montón de mentiras,
            que aquí ha venido a contar?
BATO.   Tubal, no seas flojo,
          ¡Vuélvete al ganado!
          No vengas con cuentos
          ni chismes a despertarnos.
ERMITAÑO.   Pues hermanos míos
             escúchenme un poco
             y atiendan con cuidado.
             Ya sabéis que es prometido
             que está por todo lo creado:

setentas semanas, dicen
que son las que incluye el plazo
que ha de venir el Mesías
que están todos aguardando.
Y esto por lo que se ve
parece que se ha llegado:
en lo que afirmo sea cierto
lo que Tubal ha contado.

LEPIDO.   Según a lo que yo entiendo
los dos están engañados.
Porque si el Mesías viniere
como está profetizado
¿cómo es posible que venga
en tiempo tan destemplado?
¡Y luego a la medianoche!
Pudiendo venir triunfando
siendo Señor de Señores
siendo Señor Soberano.
Siendo Rey como lo afirman,
las Escrituras Sagradas.
¿Cómo viene tan humilde
pudiendo venir triunfando
con grandeza y majestad
como Señor Soberano?
Luego, no es como lo dice
cierto el hermano ermitaño.

ERMITAÑO.   Pues será o no será
aquí el libro
lo dice y lo reza
y el libro no miente.

LEPIDO.   Dejémonos de cuentos.
Vámonos acomodando
a dormir lo que nos falta
no nos anden despertando.

BARTOLO.   Yo al fin de tantos desvelos
creo que le Mesías ha venido
porque ahorita me han venido
ganas de cenar buñuelos.
Yo no tengo otros anhelos
ni padezco de otros males,
si en Mesías anda en portales
ahora me pongo en camino
porque el Mesías traerá vino
y una carga de tamales.

LUCIFER.   Por más que intenten apartarme
de este dolor en que vivo,
no lo puedo desechar
este tormento y martirio,
que me persigue tan cruel.
Hoy mil veces sea maldito,
doloroso mi tormento,
que sin cesar un momento
a todas horas me batalla
tiranamente conmigo.
      Oh, ¿Cómo supiera yo
si el Mesías prometido
está ya para nacer,
nacerá o está nacido?
      Pero, ¿para qué saberlo?
Cuando advierto, cuando miro
que naciendo destruirá
la fuerza de mi dominio.
Pero, ¿qué es eso que miro
por esas altas regiones?
Ángeles y Serafines,
y Querubines cantando
lindo y sonoros himnos.
Acá se viene acercando
Miguel, que es mi enemigo
pero lo espero sin miedo
y correrlo he de este sitio
oiré qué viene diciendo
escucharé para oírlo.

Letra.

Desterrando a Satanás
demos alabanzas puras:
Gloria a Dios en la Alturas
y al hombre en la tierra Paz.
Bruto, indómito, soberbio,
feo dragón, basilisco,
que tan solo con mirar
envenenas con tu hechizo.
¿Qué haces entre estos pastores?
¿No ves que son sencillos
y no tienes parte en ellos
con tus astucias y hechizos?
¡Vete de aquí a los profundos
para siempre confundido!

LUCIFER. Miguel, ¿por qué me persigues
sin darte ningún motivo,
quitándome hasta el poder
que con mi ciencia he adquirido?

ÁNGEL. Yo te mando sierpe astuta
que en el nombre del Altísimo
te vayas de este lugar
y que estas cándidas almas
no las has de perturbar.

LUCIFER. Por estorbar tus victorias
Miguel, salgo del abismo;
Sabrás bien que de los cielos
la gracia quise perder
caí del cielo veloz
y no me pude levantar.
Por no quererme humillar
me hallo maldito de Dios:
lo hizo mi pura soberbia
a eterna condenación
porque lo quería envidioso
para en el cielo sentar,
y quiero que veas furioso
Miguel que quiero estorbar.

ÁNGEL. Miguel supo defender
de su patria aquel asiento
que tú altivo querías:
y quedaste tan sediento
que no gozarás de Dios
mientras que Dios sea excelso.
¿No eres tú el que engañaste
a la primera Madre Eva
a la que en el Paraíso
enredaste como fiera,
y que Adán le permitiera
el comer de lo vedado?

LUCIFER. Siete capitales vicios,
son de mi pura soberbia,
los tengo para que veas
que remuerdo el puro afán,
y por mí conocerán
las gracias que perdió Adán.

ÁNGEL. De aquel consagrado pan
Dios trino es disfrazado
y por remedio de Adán
la carne humana tomó.

LUCIFER. Ciertas son tus profecías
mis daños para poner
porque hoy gloria del Mesías
ha bajado a perdonar.
Pedazos haré mi rabia.
Oh portentos del portal,
oh infierno, ¿qué es lo que miro?
de la luz en que ya ardiendo
de mi veneno respiro
los esfuerzos que he vencido
traigo entre estos papeles
que dan fin a tus renglones
el texto de tus carteles.
Romperé la profecía,
lo que mentaste Gabriel
de mi alta sabiduría,
es mi destrozo Miguel.

ÁNGEL. ¡Yo te mando sierpe astuta
que en el nombre del Altísimo
te vayas de este lugar!
¡Y que estas cándidas almas
no vayas a perturbar!

LUCIFER. Príncipe de la alta esfera
paraninfo loable y bello,
pues no sabes que de Dios
plena licencia tengo
para perturbar al hombre
en sus devotos recreos.
¿por qué quieres oponerte
a las órdenes del cielo?

ÁNGEL. No es eso oponerme yo
ni oponerme nunca quiero
pero traigo contra ti
el cargo de defenderlos.

LUCIFER. Miguel, ¿qué es lo que pretendes?
No se escaparán de mí
los pastores que defiendes.
Despediré ardientes rayos
que te encubren en los vientos.

ÁNGEL. Ellos son mi habitación,
pero no podrás hacerlo.
¡Ríndete, serpiente fiera!
¡Ya a mis plantas estás puesto!

LUCIFER. Caído me tienes Miguel
y a tus plantas sumergido
que del cielo fui Luzbel
y hoy soy el aborrecido.
¡Doloroso mi tormento
me hace el triunfo de Miguel!
Que del cielo fui arrojado
por orgullo y altivez.

Letra.

Aprended flores de mí
lo que va de ayer a hoy,
que ayer maravilla fui
y hoy sombra de mí no soy.

Astros, lluvias, elementos,
desde el oriente al poniente
planetas de fuego ardiente
ocurrir a mis tormentos
ya los engrandecimientos
se acabaron para mí.
Pues del cielo me volví
en tan justa razón,
"Oh Marte, Apolo y Plutón."

Letra.

Aprended flores de mí, . . .

Ya llegó la redención
y yo quedé avergonzado
si soy el padre del pecado
mirad si tengo razón.
A Adán metí en confusión
de la malicia en que estoy
si he sido, si fui, si soy,
déjame Miguel valiente
que veo el mundo diferente.

Letra.

De lo que va de ayer a hoy.

Dios en su imperio me crió
y por mi vana locura

se marchitó mi hermosura;
Pero mi ciencia, eso no,
lo granjeado se perdió,
se cumplió lo que leí,
pues hasta el trono perdí
en tan justa batalla,
sépalo Daniel e Isaías.

Letra.

Que ayer maravilla fui.

Si ya ocupaste mi silla
dí Miguel, que no has ya visto
que el nacimiento de Cristo
nació para mi fatiga,
fortuna muéstrate esquiva:
siendo yo si fui o si soy
pues yo no sé a dónde estoy
si en mi sepulcro o abismo
pues por soberbio yo mismo.

Letra.

Hoy sombra de mí ni soy.

¿Cómo te quieres quejar
de lo que no has de perder
si del cielo tu la gracia
la quisiste perder?
Y así levántate de aquí:
vete pronto a los profundos
saber bien que en este mundo
queda Dios Hombre Bendito . . .

LUCIFER. Lo haré por tu tiranía
que obedecerte es preciso.
Si a confundirme viniste
muy dignas son tus razones
cuando yo pensé que fuera
susto para estos pastores.
¡Oh mal de tantos errores
ya no conseguí mi intento!
¡Maldigo mi firmamento!
¡Caiga el cielo sobre mí
para mi mayor tormento!

ÁNGEL.	Salgan sencillos pastores y queden todos obligados a lo que voy a contaros: del Altísimo Señor y de ese cielo estrellado de aquel que los cielos hizo y en fin todo lo creado. Vengo a decir que vayáis si queréis verle humanado en lo áspero de unas pajas en donde está reclinado sufriendo el rigor del frío sólo por vuestros pecados. Y amoroso solicita que vayáis a visitarlo en Belén está el portal en dónde habéis de hallarlo.
BATO.	Pues hermanos míos vayan previniendo rústicos regalos que llevar la niño que viene a salvarnos.
TEBANO.	Yo a esa deidad soberana le llevaré un vellón de la lana.
BATO.	Yo a ese niño chiquito le llevaré un dijecito.
GIL.	Yo e ese niño chiquito le llevaré un guajecito.
LEPIDO.	Yo a ese niño chiquito le llevaré una sabanita para que cuando se duerma lo envuelva su madrecita.
TUBAL.	Yo a ese niño chiquito la cuna le he de llevar para que María lo arrulle cuando lo vaya a acostar.
LIPIO.	Yo a ese niño chiquito le llevaré un pañalito.
BACIRIO.	Yo a ese niño chiquito le llevaré un corderito.
COJO.	Yo que soy un pobre cojo y soy el más pobrecito pero no me ha de faltar qué llevarle a ese niñito.
GILA.	Yo le llevaré al niñito pañalitos y fajeros también una camisa y mi corazón entre ellos.
ERMITAÑO.	Yo como pobre ermitaño no tengo que llevar nada pero llevaré unas raíces cortadas de la montaña.
BATO y TUBERO.	Voy para el portal con mucha alegría a ver a Jesús, José y María.
BATO.	Niño chiquito y bonito, ser poderoso quisiera pero de cualquier manera te traigo estos dijecitos, que otra cosa no he tenido. Recíbelos con amor Mira que te doy en ellos alma, vida y corazón.
TEBANO.	Me duele Jesús amado, sacratísima María, José con mucha alegría aquí me tenéis postrado y como humilde humillado vengo a veros el día de hoy porque soy un desdichado.
LEPIDO y GIL.	Voy para el portal con gusto infinito a llevarle al niño aqueste guajito.
GIL.	Isaías profetizó Señor que habíais de nacer a vos venimos a ver, pues ya el remedio con veras te alabo yo y todo el mundo te alabe; esta alabanza no cabe por tu poder infinito; toma niño este guajito aunque no trae gota de agua.

LEPIDO. Lepido una sabanita
humilde viene a ofrecer.
Soy humilde pobrecito
bien te la puedes poner.
Recíbela madre amada
Que en vos no se ha de perder.

LIPIO y TUBAL. Voy para Belén
con gusto infinito
a llevarle al niño
este pañalito.

LIPIO. A vuestras plantas Señor
me sacrifico gustoso.
Recibe como piadoso
aqueste humilde pastor
al niño de mis amores
y con esfuerzos mayores
y mi corto entendimiento
afable estoy y contento
pues me dice la fe pía
que con pan harás un día
el más alto Sacramento.

GILA. Voy para el portal
con crecido anhelo
a llevarle al niño
pañal y fajero.

Ofrecimiento.

Gila que de estos pastores
vengo a verte gran Señor
como Padre y Redentor
que naciste entre las flores
libre de todos los errores
en ti la verdad se encierra
sois Creador del cielo y tierra
por lo cual con mucho esmero
he venido a regalarte
pañalitos y fajeros
también una camisita
y mi corazón entre ellos.

ERMITAÑO. La estrella del cielo
nos viene alumbrando

de acá a esos montes
el verbo humanado.

Ofrecimiento.

Soberano gran Señor
Divino Dios humanado
que has bajado de los cielos
tan solo para remediarnos.
¿Quién te pudiera ofrecer
lo que este misterio encierra?
Peor es corto mi placer
el alma se me parte al ver
ese puchero que hiciste
en el corazón me diste
con esas lágrimas tiernas
viendo que naciste en penas
y que entre penas naciste.
Soberano Gran Señor
aunque de raíces vivo
te las traigo a vuestro amor.
Pues adiós mi Redentor
pues adiós mi dueño amado,
cuando en el cielo te veas
no olvides a tu ermitaño.

LUICFER. Yo más doble es el tormento
De penas y sobresaltos
que entre confusiones y penas
vive mi amor abrasado.
Caigan trozos sobre mí
de ese cielo abochornado
que como átomos el sol
las nubes destilen rayos
tenebrosos calabozos
de ese terror dado caso
ya no habrá quien se condene
pues ya los hombres son salvados.
Nació el Redentor del mundo,
las jerarquías cantaron
y le dan los parabienes
y a mí tormentos doblados.
Oh, varón que mereciste
el verte tan elevado

que le Espíritu de un Dios
en hombre se ha transformado.
¿Cómo es posible que un Dios
se halle tan humanado
que dejando las alturas
de ángeles, patriarcas, santos
solo venga a padecer?
¡oh, yo no sé cómo hacer!
De mirar tales finezas
en rabias no me deshago
¡Ay de mí, penando vivo!
¡Ay de mí viviendo muero!
Y así infierno a recibirme
pues ya voy precipitado.

TODOS.   ¡Vete de aquí! ¡a los infiernos!
¡a volverte chicharrones
mientras que nosotros vamos
a adorar al Niño Dios!

LUCIFER.   Ora, pastores voraces,
¿a mí me dais esas penas?
¡No se descuiden conmigo
y los llevaré a las cavernas! . . .

ERMITAÑO.   Ora, sangriento dragón.
Ya no temo tus cautelas
y para que no me muelas
llévate estas al pilón.

BATO.   Y Bartolo, ¿ya has adorado?

TEBANO.   No por cierto.
Pues por flojo.
Vamos a despertarlo.

BATO.   Vamos a Belén Bartolo
a ver al niño Mesías.

BARTOLO.   Anda míralo tú solo
que sabes de cortesías.

TEBANO.   En Belén está la gloria
Bartolo vamos allá.

BARTOLO.   Si quiere la Gloria verme
que venga la Gloria acá.

GIL.   En Belén hay un bautismo
Bartolo vamos allá.

BARTOLO.   Si yo no soy el padrino
a que tengo que ir allá.

LEPIDO.   En Belén hay chocolate,
Bartolo que se derrama.

BARTOLO.   Si quieren que yo lo beba
tráiganmelo aquí a mi cama.

LIPIO.   Vamos y verás la mula
que comiendo paja está.

BARTOLO.   No quiero si será broma
que patadas me dará.

TUBAL.   Vamos a ver el buey
que a Dios calentando está.

BARTOLO.   No quiero, si será bravo
que cornadas me dará.

BACIRIO.   En Belén hay aguardiente
vino blanco y buen mezcal.

BARTOLO.   ¿Y que gano yo con eso
si no me ha de emborrachar?

COJO.   Levántate Bartolito
que Dios ya te perdonó.

BARTOLO.   Mas que nunca me perdone
estando durmiendo yo.

GILA.   Vamos a Belén Bartolo
y verás cosotas nuevas.

BARTOLO.   ¡Quítate de aquí flojona
Métete en tus cazuelas!
¡Antes, de puro favor
no te he quebrado las muelas!

ERMITAÑO.   De la gloria Bartolo
esa flojera te priva.

BARTOLO.   ¿Cómo no vienes y dices
que te robaste a la Gila?

BATO y TEBANO.   Quieras o no quieras
te has de levantar.
Quieras o no quieras
te hemos de llevar.

BARTOLO.   Y mi zalea en que duermo,
¿cómo la he de dejar?

LOS DOS.   No tienes remedio
te has de levantar
adorar al Niño
que está en el portal.

BARTOLO.   Pobrecita mi cama
que voy a dejar.

BATO.   Ya se levantó Bartolo
         estén todos prevenidos
         para ese portal dichoso
         vamos tomando el camino.

Letra.

         Al paso ligero
         ya vamos rendidos
         al poder del cielo
         en pajas nacido.

BATO.   Dicen que en esta noche
         de frío y escarcha
         nació de una Virgen
         sin culpa y sin mancha.

         Bienvenido seas
         niño chiquito
         a quitarle al hombre
         la culpa y delito.

         Bienvenido seas
         niño humanado
         a quitarle al hombre
         el feo pecado.

         Este nacimiento
         el gallo lo grita
         los pájaros cantan
         muy de mañanita.

         Hoy demos mil gracias
         todos los mortales
         que llegó el remedio
         para nuestros males.

BARTOLO. ¡Ah, qué noche tan oscura!
         ¡Ah, qué sueño tan mortal!
         ¡qué pájaros tan alegres
         cantan en ese portal!
         Yo quisiera ir para allá
         pero allá no hay chicharrones,
         ¿a dónde vamos gritones?

TODOS.   A ver al niño al portal.

BARTOLO. ¡Eso no verán conmigo!
TODOS.   Es fuerza hermano Bartolo.
BARTOLO. Ea, pues si es fuerza
         que vengan Gil y Tebano
         me levanten de la mano
         muy poco a poquito
         no me vayan a dejar caer
         y me quiebren un güesito.
GIL y TEBANO.   Vamos a ver a María
         que al niño tiene en sus brazos.
BARTOLO. También yo cuando era chiquito
         Me hacía mi mamá agasajitos.
         Vaya, ¿qué haremos?
         Ya me voy a adorar,
         pobrecito suelo
         que voy a dejar.

Ofrecimiento.

         ¡Ah, qué niño tan bonito!
         No me canso de mirarlo,
         Así tendría yo mi talle
         cuando era chiquitito,
         niño, serás pastorcito
         según te estoy mirando
         y tú te estás inclinando
         a verme todo enterito.
         Desde hoy de pastor me quito,
         Señora parida y bella,
         más resuelta que una estrella
         deseoso de servirte estoy,
         porque aquel niño desde hoy,
         quiero quedarme con ella.
         Niño chiquito y amado
         y señor de la alta esfera
         alíviame esta flojera
         que me tiene desmayado.
         También te pido un bocado
         porque ésta perversa mujer
         ya las migas repartió
         y a mí sólo me dejó
         la ollita para lamer.
         En fin, señor, ya me voy,

no tengo nada que darte
sólo vengo a suplicarte
que me des lo que hoy
te ofrecieron los pastores,
entre delicias y amores.
Te pido, Señor, me lleves
a tu gloria a descansar
con aquestos dos señores.
Pues adiós mi lindo Niño
pues adiós mi Niño de oro
y cuando en la gloria estés,
no te olvides de Bartolo, amén.

¡Albricias, hermanos,
ya sé trabajar!
Pues he andado mucho
de aquí hasta el portal.

Letra.

Anda Gila y sin tardanza
y ponle la camisita,
voluntad y amor me sobra
pa' arrullarla en su cunita.

Duérmete niño chiquito
duérmete mi Redentor
duérmete tierno güerito
hasta verte Tata Dios.

Letra 2.

Ábranse las puertas
rómpanse los velos
que viene a poseerlos
la Reina del Cielo.

Letra 3.

Me gusta, me gusta y me gusta
me gusta y me gusta bien,
me gusta arrollar al niño
en el portal de Belén.

Ya no llores vida mía,
que harto tienes que llorar
porque yo vaya a gozar
de tu amable compañía.

Me gusta, me gusta y me gusta, . . .

En el campo las perdimos
solo por venirte a ver
pero en tu bondad confiamos
me las has de aparecer.

Me gusta, me gusta y me gusta, . . .

Letra.

Adiós José, adiós María,
adiós Niño chiquito
que ya se van los pastores
para los campos de Egipto.

Adiós José, adiós María,
adiós manso Cordero,
préstanos vida y salud
hasta el año venidero.

Échanos tu bendición
a todos y al Ermitaño
préstanos vida y salud
para llegar al otro año.

Fin

This work was copied from a notebook on *Los Pastores* belonging to Gregorio García, born in Los Griegos in 1866. In 1890, he copied the piece from a notebook belonging to Antonio Gevara, from Rio Puerco. García directed *Los Pastores* in Los Griegos beginning in 1890 and participated in it on many occasions. He acted in *Los Pastores* for the first time at the age of sixteen.

The text of this drama may have originated in Mexico and made its way to New Mexico sometime during the nineteenth century. It is not the typical traditional *Pastorela* known in these areas of the Rio Grande. It is pastoral and carefree, common in small-town dramas presented by shepherds. Here, the shepherdess Gila is not the only female character; Rosaura and Flora accompany her. They, together with Bato, Bras, and Fileno, make up three shepherd couples. This fresh, entertaining drama concludes with a dance, reminiscent of certain types of *pastoradas* in Spain. Quite frequently, dramas from the Siglo de Oro in Spain ended with a dance. This drama is unusual in New Mexico; in fact, it is one of a kind.

Esta obra fue copiada del cuaderno de *Los Pastores* que perteneció a Gregorio García, nacido en 1866 en Los Griegos. Él mismo la copió del cuaderno de Antonio Gevara, de Río Puerco en 1890. El señor García dirigió *Los Pastores* en los Griegos desde el año 1890. Muchas veces él mismo participaba como actor. A los dieciséis años actuó en *Los Pastores* por primera vez.[24]

Es muy posible que el texto de este drama proceda de México y llegara hasta Nuevo México durante algún momento en el siglo XIX. No es la típica *Pastorela* tradicional conocida en estas partes del Río Grande. Posee un ambiente pastoril y desenfadado, típico de los dramas presentados en los pueblos por los pastores. En este caso la pastora Gila no aparece como el único personaje femenino; Rosaura y Flora la acompañan. Estas junto con Bato, Bras y Fileno componen tres parejas de pastores. Este drama de aire divertido y fresco acaba con una danza que recuerda ciertos tipos de pastoradas en España. Era muy frecuente durante el Siglo de Oro que las obras finalizaran con una danza. Esta obra no es nada común en Nuevo México; más bien se trata de un ejemplar único.

Los Pastores[25]
(Drama alegórico)
Acto Único

Vista de campo con algunas chozas dispuestas al gusto del director de escena, procurando que cuando menos haya una choza de cada lado.

Escena Primera.

Salen todo los pastores con su acompañamiento.

Coro. Canto.
Alabemos pastores
del día la nueva aurora
pues ya que los campos dara
con Refulgente sol
en los campos anuncia
y en su verdor tan lozano
los cantos que pronunciamos
en los labios del aldiano.
Venid pastores
cantemos con fervor
que los campos se cubren
de Gloria y de esplendor,
y elevando hasta el cielo
nuestra férvida voz
cantemos con anhelo,
¡qué viva el Niño Dios!
(Cantemos con anhelo)

Acto hablado.

BATO.	¡Con que! hoy estamos de gala por lo que tú sabrás.
BRAS.	Pues, Bato, yo no sé nada.
BATO.	¿Cómo no lo sabes, Bras? ¿Qué no sabes que en Belén hay un fiesta de lujo?
BRAS.	Pues, ¿quién te lo ha dicho? ¿quién tal noticia te trujo?
BATO.	¿Quién me lo había de traer? La aurora del nuevo día.
FILINO.	Sí que nos anunció en Belén, el feliz alumbramiento de nuestra madre María.
GILA.	¿Cómo pues? ¿qué ella nació?

24. Manuel Berg, Los Pastores (Drama Alegórico), 25 de agosto de 1937, 5-5-41#22, WPA Collection.
25. Berg, Los Pastores (Drama Alegórico).

BATO.	No Gila, dio a luz un niño que en su seno concibió con el más santo cariño.
ROSAURA.	¡Oh, qué grandioso portento!
FLORA.	¡Oh, dicha tan celestial!
BATO.	Dicen que su nacimiento fue en Belén y en un portal.
BRAS.	Con razón ni frío he tenido desde que me levanté.
FILENO.	Porque ese Dios tan querido, es nuestra luz, nuestra fe.
GILA.	¡Ay Bato!, yo voy a verlo.
BATO.	¡Ay Gilita!, no lo creas, te es en vano conocerlo.
GILA.	¡Tú me dirás el por qué!
BATO.	Porque él, no quiere a las feas, ni a las que no saben leer, las que no saben guisar, las que no saben coser. Que luego que se levantan en el agua cristalina, el rostro se van a ver. Que no saben de cocina, ni de pegar un botón, que no saben la doctrina, ni siquiera una oración.
GILA.	Pues si con tantos defectos, me quisistes por esposa; mira, haremos una cosa, vive tú con tus becerros, y yo solita en mi choza.
BRAS.	No Gila, sí es una guasa, o más bien dicha una broma.
ROSAURA.	Pues por ofensa se toma lo que por chanza no pasa.
FLORA.	Sí, Rosaura, muy bien dicho, y Gila tiene razón.
BRAS.	Sí que merece este bicho, que yo le dé un coscorrón, . . .
BATO.	Ahora sí que la gané por decir la verdad, este premio saqué.
GILA.	Pues Bato, ya te repito, que si sostienes tal cosa, tú te vas hasta el cerrito, y yo me quedo en mi choza.
FILENO.	Vamos Gila, quita ya, olvida ese sentimiento y pon a Bato contento, por vida de tu papá.
GILA.	Si él es el que mal trata, con ponerme tantos peros.
BATO.	Anda, no seas tan chata, si es mucho lo que te quiero. Tu Bato no te maltrata, eso fue un chiste ligero y para satisfacción de que todo fue mentira, ¡venga un abrazo mi Gila!, con todo mi corazón.

(y se abrazan)
Después se colocan BATO *y* GILA *quien toma de la mano en medio de la escena y los demás pastores a los lados.*

Canto.

ARIA DE BATO.

Sábete, Gilita,
que yo te adoro
tú eres mi vida,
tú mi tesoro.
Mucho te quiero,
más que a mi toro
más que al carnero,
cuando lo como,
más que a tus patos,
más que a tus gallinas,
más que a las pipitas
y las golondrinas.
Ven romanona,
Dame un abrazo,
que ya mi broma
no viene al caso.

ARIA DE GILA.

Pues si es mentira
cuanto me has dicho,
más que a tu bicho
te quiere la Gila.
Más que a las flores
Que tiene el campo,
más que al sensonte
que quieres tanto,
más que a tus vacas
y a tus becerros,
más que a tus cabras,
más que a tus perros.

Ya no me vuelvas
Bato a ofender
y así tu Gila
te ha de querer.

Hablado.

FILENO. ¡Qué viva Bato! ¡Qué viva Gila!
TODOS. ¡Qué vivan!

Escena Segunda.

Dichos y SAN MIGUEL. *Todos se hincan y* SAN MIGUEL
se coloca en medio.

SAN MIGUEL. Venturosos pastores, os vengo a
anunciar, un fausto suceso, que os ha de
admirar. Anoche a las doce, nació el Niño
Dios, correr a adorarle, con santo fervor.
Sencillos aldianos, marchar a Belén, que
el niño os espera, con santo placer. Dios
es nuestro padre, Dios es nuestro bien,
un voto de gracias rendid a Belén. (*Y se
van.*)
BATO. ¡Oh, qué gusto tengo!
BRAS. ¡De gozo reviento!
FILENO. ¡Yo no me detengo!
GILA. ¡Vamos al momento!
ROSAURA. ¡Ay qué gusto Flora!
FLORA. ¡Bendita la aurora que trajo el portento!
BATO. ¡Se me ocurre una cosa!
BRAS. A mí otra también. ¡Vámosle cantando!
BATO. Sí, sí, me parece bien.
FILENO. Y para hacerlo mejor, cada uno con su
pareja.
BATO. Pues vente conmigo, vieja. (*a Gila*)
BRAS. Y tú conmigo, primor.
FILENO. Rosaura, toma mi brazo y marchemos
paso a paso.

MARCHA PASTORIL.
Coro. En la tonada de "todos los
pastores"

Marchemos cantando
con gozo y fervor,
para ir saludando
las glorias de Dios.
Bendito el Arcángel
que nos anunció
con santo prodigio,
Bendito sea Dios.
Marchemos pastores
con gran devoción
a rendirle al Niño
nuestro corazón.
Roguemos al cielo,
que logremos ver
a ese Niño lindo
que nació en Belén.

Repite, marchemos pastores, etc.
Dan por todo el foro las vueltas que sean necesarias
para concluir el canto y se van formando parejas de
dos a dos.

Escena Tercera.

LUZBEL solo.

LUZBEL. ¿Con quién vengaré mi ira, mi afrenta,
mi perdición? Pues mi corazón respira
venganza y desolación ¿Cómo es posible
creer que María a quedado pura, dando
luz a una criatura? Eso sí que no puede
ser. Esto es todo mi delito y por esto me
castigan y con prontitud me obligan a
caer en un pricipicio. Pues bien, si tal
guerra me hacen, yo la haré con mas
fiereza. Destruiré naturaleza, y que en mi
mal se complacen.

Escena Cuarta.

LUZBEL y SAN MIGUEL.

LUZBEL. Yo haré que tiemble la tierra.
MIGUEL. Yo haré que tiemble el infierno.

LUZBEL.	Yo te declaro la guerra.
MIGUEL.	Y yo un padecer eterno. En el nombre del Señor, ¡tiemble el infierno! (*Se va.*)

Violenta mutación vista de infierno alumbrado transparente figurando en ella. Llamas de fuego y moviendo de uno a otro lado LUZBEL *atitud de caerse dentro la boca del infierno.*

LUZBEL.	¡Qué horror! ¡Qué horror! ¡Pecado venir a mí! ¡Astucia, no me abandones!

Escena Quinta.

LUZBEL, PECADO *por la derecha y* ASTUCIA *por la izquierda van voliándose ambos.*

PECADO.	Aquí tenéis a Pecado, pero ¿Señor, qué nos pasa?
ASTUCIA.	¡Se quiere caer nuestra casa!
LUZBEL.	¡Ah, yo estoy desesperado! ¡Traición, traición! Lebantos condenados que el infierno se viene abajo. Pero ya que a Dios le plugo, ¡yo me rajo, yo me rajo!
PECADO.	¡Yo me arrugo, yo me arrugo!
ASTUCIA.	¡Y yo también me rebajo!
LUZBEL.	¡Ábrete profundo abismo! Recibe a estos desdichados.

LUZBEL *cai postrado en la boca del infierno,* PECADO *a la derecha y* ASTUCIA *a la izquierda también postrados.*

Escena Sexta.

Violenta mutación, la vista anterior que usaron. Los pastores salen todos trayendo consigo los utensilios de la cena.

BATO.	¡Carai! ¡Qué cansado vengo!
BRAS.	¡Ah! Como que hemos caminado algunas leguas.
BATO.	¡Qué leguas ni qué demonios! ¿Sabes lo qué hemos andado? Hemos andado, . . .

ocho millones nueve cientos veinticuatro mil, cuatrocientos un millón, nueve cientos diez y nueve pasos.

BRAS.	Entonces hemos recorrido el mundo y con sobrada razón mis plantas se han rebajado. Pues sin exageración, están cual papel delgado.
BATO.	Ponte una suela de palo tan gruesa cual un tablón.
GILA.	Vamos poniendo el estrado, porque es hora de cenar.
BATO.	Sí, que hace cuarenta mil horas que no devoro las gordas.
BRAS.	Yo desde la última vez, no he vuelto a probar bocado.

Las pastoras tienden el estrado y sirven según los que los versos que siguen vallan pidiendo. Cada una se sienta con su pareja colocándose BATO *a la derecha de* GILA. BRAS *a la izquierda de* FLORA *y* FILENO *con* ROSAURA *en el centro.*

BATO.	Echa Gila ya mi plato, más que sea carne de gato, porque ya de hambre me muero, y restablecerme quiero.
BRAS.	A mí dame un sancarrón, de media vara de largo.
BATO.	Y a mí un poquito de amargo, bueno, pa' la indigestión.
FILENO.	Siempre con tus borracheras.
Bato.	Como que ayer me puse una, que vi las a mis plantas la luna.
BRAS.	Y yo otra de si bemol, pues vi a mis plantas el sol.
GILA.	Rosaura, ¿no cenas nada?
ROSAURA.	Sí, Gilita, estoy cenando, pero me estoy acordando que fue larga la jornada.
FLORA.	¡Brasillo, no te emborraches, y no pierdas el sentido! Pues, si tienes un descuido, pierdes hasta los guaraches.
BRAS.	Eso no te cause pena, que si acaso me emborracho, es porque como muchacho, celebro la noche buena.

BATO.	Y tú no te apures, Gila, y que si también me emtrompeto, sea con un buen tequila y un barril con peso neto.
FILENO.	Vamos todos a brindar en noche tan venturosa y ya que tanto se goza, después vamos a bailar.

FILENO reparte los tarros con vino y todos a una vos dicen:

	¡A la salud del Niño Dios!
TODOS.	¡Sí, sí, a su salud!

Los pastores recogen los utensilios de la cena. Los ponen a un lado del foro y cada uno toma su pareja y bailan una danza. Al concluirla, le dice BATO al público:

BATO.	Si el juguete te agradó, y también su desempeño, un aplauso con empeño es lo que te pido yo.

Fin

Cuaderno de Los Pastores para el Nacimiento de Cristo

The next piece is from a notebook belonging to Isidro Mares of Santa Fe, born in 1868. Mares's notebook originally belonged to his uncle and godfather, Nazario Rivera, who died when Isidro was fifteen years old. At that time, Mares inherited the notebook. I calculate that Nazario Rivera had the text in his possession since the mid-nineteenth century or earlier. Nazario Rivera used this dramatic text as a basis for presenting Los Pastores in Santa Fe, Agua Fria, Tesuque, La Cienega, and other towns near the capital. Its origin is unknown.

Isidro Mares directed *Los Pastores* for many years and like his uncle, presented them in several locations of the capital. He also took them to Cerrillos, Agua Fria, La Cienega, Nambe, Pojoaque, and Santa Fe's surrounding towns. Here are the final two of the drama's three colloquies.

La siguiente obra procede del cuaderno de Isidro Mares de Santa Fe, nacido en 1868. Originalmente perteneció a su tío y padrino Nazario Rivera. Tras la muerte de éste, Isidro heredó el cuaderno a los quince años. Por lo que calculo, Nazario Rivera poseía esta obra desde mediados del siglo XIX o incluso anteriormente. Basándose en el texto del cuaderno, Rivera representó *Los Pastores* en Santa Fe, Agua Fría, Tesuque, la Ciénaga y otros pueblos cercanos a la capital. Desconocemos su procedencia.

Isidro Mares dirigió *Los Pastores* durante muchos años y al igual que su tío los presentó en varios lugares de la capital. También los llevó a Cerrillos, Agua Fría, la Ciénaga, Nambé, Pojoaque y los alrededores de Santa Fe.[26] Aquí presento los dos últimos de los tres coloquios que posee la obra.

Segundo Coloquio

Letra.

De la Real Jerusalén
salió una estrella brillando
y a los pastores va guiando
para el portal de Belén.

Venir zagales sencillos
con sus crecidos anhelos
a ver al recién nacido
entre la escarcha y el hielo.

El que con finos amores
y un humilde corazón
virtió la sangre en la cruz
por la humana redención.

---

26. Lorin W. Brown, Cuaderno de los Pastores para el Nacimiento de Cristo, 5–5–36#6, WPA Collection.

(*Música*)

(*Cambio de tono y siguen cantando* LOS PASTORES *con interrupciones de* BARTOLO)

Hermanos pastores, hermanos queridos
vamos caminando, por estos caminos.

BARTOLO. ¡Caminos!

Vamos poco a poco, arreando el ganado
no se desanimen ya vamos llegando.

BARTOLO.   ¡Cenando!

Que por estos montes, que por estos
        riscos
que por estas cejas una luz diviso.

BARTOLO. ¡Carrizo!

Camina Gilita, que vendrás cansada
al pie de esa ceja haremos majada.

BARTOLO. ¡Cuajada!

Anda el lobo feo, muy encarnizado
no haga algún desastre en nuestro
        ganado.

BARTOLO. ¡Asado!

Y los corderitos, que atrás han quedado
échenlos al hombro, mientras que
        llegamos.

BARTOLO. ¡Cenamos!

Y los más chiquitos, que atrás han
        quedado
váyanlos alzando y arreen el ganado.

BARTOLO. ¡Pescado!

Al pie destas cejas haremos majada
mientras que Gilita descansa sentada.

BARTOLO. ¡Almohada!

Pues que ya llegamos,
con gusto y placer
a ver a Jesús, María y José.

BARTOLO. ¡Café!   (*Música*)

BATO. ¡Hermanos!, ¿no será bueno
       que aquí entre estos verdes ramos,
       pasemos aquí esta noche,
       ha que duerman los ganados?

TEBANO. Muy bien me parece a mí.

ERMITAÑO. ¡Muy bien, enhorabuena hermanos!

BATO. Entiendo que cada uno ha de asistir a su oficio. Lipido y Gil que se vayan para la sierra a leñar, porque esta noche ha de estar fría y no se ha de poder aguantar. Lipio y Tubal que se vayan por aquí enmajadando mientras que Tebano y yo vamos por aquí puntiando. Batolo pues, quédese aquí acompañando a la hermana asistiéndole a la lumbre y trayendo los necesarios.

BARTOLO. Yo no entro en esos bullicios, porque no soy de esa cuenta. Vale que si me durmiera me recordarás clavela.

GILA. En ese cuidado quedas, vete a dormir entendido que si te quedas dormido ni una sopa has de aprobar por flojo y descomedido.

BARTOLO. ¡Baaa!, ¡baaa!

BATO. Ya no se puede sufrir la nieva que cae, hermanos.

TEBANO. En verdad hermano Bato que el ganado está parado, y quizás por tanta nieve el primal está levantado. Los muchos lobos amigos, no causan mayor enfado.

LIPIDO. Es verdad que allí encontré, en mitad de aquel llano, un atajito de seis, que para acá venían puntiando.

LIPIO. ¡Date prisa con la cena, que queremos acostarnos!

GILA. ¡No empieces con tus violencias que ya me estoy apurando!

BATO. Niña, que canten tantito mientras tú haces la cena.

GILA. No se te de nada de esa, que ya vamos a cantar, toma Gil el tamborín y Tebano la vigüela y todos en una voz vamos cantando la letra.

Letra.

Cielo soberano, tenednos piedad,
que ya no sufremos la nieve que cae.

Las estrellas vuelan
y luego se paran
y asortas se quedan
de ver tal nevada.

Las ovejas balan,
los corderos gritan
de ver tanta nieve
que del cielo estila.

Lástima de verlos
a los pobrecitos
temblando de frío
se están paraditos.

Los llaman sus madres
y ellos se detienen
por no dar un paso
sobre tanta nieve.

(*Música*)

GILA.	Tebano, ya está la cena. ¡Venga todos a cenar!
TEBANO.	Dales primero Gilita a los que han de ir a velar.
GILA.	¡Arrímense todos juntos que para todos habrá!
BATO.	A mí échame aquí Gilita.
TEBANO.	Yo quiero leche nomás.
GIL.	Esta leche quiero yo.
LIPIDO.	Yo quiero cuanto me dieres que de hambre me corto ya.
BACERIO.	A mí que me den buñuelos enmelados y que sea sin tardar.
GIL.	¡Ah, qué migas tan sabrosas! Es cierto por la verdad en la casa de Zacarías te puedes ir a guisar.

BARTOLO.	¡A mujer de Barrabás! ¿por qué me haces tan gran mal? ¿por qué estás tan enojada, que no me das de cenar?
GILA.	¡Por flojo y descomedido no te quise dispertar.
BARTOLO.	Soy mi alma lo que quieras. ¡Ya no me regañes más!
ERMITAÑO.	La paz de Dios los bendiga. ¡basta de tanto peliar hermanos!
BARTOLO.	Ya no hay nada padre nuestro.
GILA.	Padre nuestro ya no hay más.
ERMITAÑO.	Pero hubo y está habiendo.
BATO.	Y nuestro hermano Bartolo, ¿por qué no viene a cenar?
GILA.	Por flojo y descomdido no lo quiero levantar.
BARTOLO.	¡Ah flojera, cuánto pesas! ¿quién te pudiera llevar? Aquí estoy ya Clavelita, dame siquiera un tamal.
GILA.	A buena hora vas viniendo cuando no hay que darte ya.
BARTOLO.	No empieces con eso Clavelita, que eso es poca caridad. Échame aunque sea rodando, unos tamales p'acá.
GILA.	Lame la olla de las migas que ya no ha quedado más.
BARTOLO.	Si ya tomaron traguito, échenme la bota acá, que quizás con un trago se podrá este frío aguantar.
BATO.	Si ya acabaron de cenar, vaya mirando cada uno donde se han de ir acostando. A dar vuelta a los ganados que se vayan Lipio y Tubal, advertidos que si sienten algún ruido por allá, antes de que haiga peligro nos vengan a despertar.
LIPIO.	Vete tú por ese lado que yo me iré al pedregal a recoger unas piedras para poderle tirar a los lobos que vinieran por aquí a perjudicar.
TUBAL.	Si acaso nos perdiéramos por lo espeso de aquella sierra, para saber dónde estamos la flauta será la seña.

ERMITAÑO.   Entre tanto que descansan los pastores recostados, quiero pasar poco a poco las cuentas de mi rosario. Hinco la rodilla ya en tierra y puestos en cruz los brazos, digo así: Líbranos señor de estos que nos procuran daño. ¡Ah! ¡qué sueño tan profundo me ha venido en este rato! Quizás recostado un poco podré proseguir rezando lo que resta del rosario Padre Nuestro por encima.

BARTOLO.   ¡Pero no por encima de mí!

LUCIFER.   ¡Luzbel soy, Lubel es mi nombre!
Se ve más con la luz que bajé.
Todo el abismo encendí
de estos montes en su regazo
a quejarme determino.

Aquí se detiene mientras canta la letra y sigue.

Letra.

¡Ay infierno! qué tirano
te has puesto en pena tan cruel.
Mira en qué tormento se halla
el príncipe Lucifer.

LUCIFER.   ¡Ay infierno! Qué tirano te has puesto en pena tan cruel, mira en qué tormento se halla el príncipe Lucifer. Para dar batalla al hombre llamaré a todo el infierno. ¿Dónde estás espeso monte, dónde estás oscuro seno dónde mis astucias siempre se desempeñan, cuál flutón de lo marchito y anhelo que fui ángel no? No lo niego que de Dios muy querido y hoy por mi vana altivez soy del reino desposeído. Ahora siento nuevo mal y decirlo no quisiera. ¡Oh!, mal haya pena fiera en Belén. Qué desconsuelo humillado, qué dolor, pues que nació le Redentor a la orilla de un pesebre, tan solo por redimir al hombre del fuego eterno. Pero yo que me lamento, ¿no soy el Sabio del mundo? ¡Mando el sol! ¡Mando la luna! El cielo estrellado, el Sol se verá eclipsado solo que yo lo mande. ¡Oh! Espíritu derivado al infierno derivado, como yo al tormento atroz. Caudillos y capitanes de la milicia infernal, ¿cómo no sentís mi mal? ¿cómo no brotáis volcanes de fuego que abrasen el mundo hasta confundir estos rústicos y cándidos zagales pastores. ¿A dónde estás? ¿Qué te has hecho Satanás? Por espinas no respondes ¿a donde Flutón te escondes? Que es el príncipe más cruel. ¡Sal del abismo Oristel! ¡Acompáñate, aprónte aquí Armadeo! Que es el arquero Aquerón, venga a verme cuyo amo, pero nadie me hace caso. Yo solo en iras me abraso, es mi ardor tan sin segundo, tengo que borrar el mundo pues soy de ciencia y más luz. Y así es que con todo riño, ¿cómo es posible que un niño? ¿cómo es dable que un Jesús que ha nacido en un portal? ¡Oh! Prodigio, misterio, quiera quitarme mi imperio, por darle aumento a mi mal. Pero ¡viva Lucifer! Antes que la luz del día se acerque al carro dorado han de ver que en esta noche, de este Mesías voy triunfando. A pesar del rubio cielo, de nadie será adorado, porque yo con mis astucias con mis poderes y engaños velaré a los mortales y verán mi fuego arrizado. Los convertiré en pavesas, como en iras me abraso, y estos viles pastorcillos que aquí se ven recostados, no dispertarán contentos, mueran todos a mis manos. ¡Sí!, mueran, que sepan de tal recaudo el Señor de cielo y tierra por quien se mueven los astros. Humanado se han de ver como está vaticinado, para socorro del hombre cuando el plazo se ha llegado. Que ha de venir es muy cierto. Que nacerá está asentado. Que esto se ha ver de una virgen pura y limpia y sin pecado. Porque así lo dice el texto y lo afirman los escritores sagrados. Que una virgen parirá el bien del género humano. ¡Oh! No sé cómo tengo aliento para pronunciarlo. ¿Cómo sería el reparto? ¿Cómo sufro, cómo aguanto tal desprecio, tal baldón? ¡Oh! ¿quién en esta ocasión le quitara de la mano a Daniel la sutil pluma para que no prosiguiera escribiendo lo que me hace tanto agravio? Pero ningún remedio hay. Será mi mayor quebranto ver al hombre redimido por ese Dios humanado. Setenta semanas dicen que son las que concluyen plazo. Que ha de venir el Mesías que están todos aguardando. Pero para qué es saberlo. Cúmplanse las profecías, cúmplanse para el hombre los dichosos vaticinios, que yo los despeñaré con mis torpezas y vicios. Y en prueba de mi intento sea víctima este ermitaño que entre esta rústica gente se ve recostado. Quiero fingirle una idea un sueño que en sobresalto, despavorido dispierte entre confuso y turbado, y si esto no consiguiere con mis astucias y engaños, lo he de hacer volver al mundo dándole consejos vanos. ¡Ea, pues! ¿qué aguardo? Daré principio a mi intento. Esa boca que te has hecho horrible, fea y voraz aunque tragas más y más nunca se halla satisfecha. Que te espante me aprovecho y si sufrieras anhelo en insensibilidades vela en ese vientre profundo.

Letra.

    Sumergido a todo el mundo. (*Pausa*)

LUCIFER. El que en esas cárceles va, para siempre se quedó, porque el que una vez entró no salía ni saldrá. Por todos lados está en este según me infiero y de venenoso a ser o en tan infeliz estado mientras más desesperado.

Letra.

    Está el dolor más entero. (*Pausa*)

LUCIFER. ¡O por más que el fuego se encienda! ¡O por más que el hierro se oprima! El tormento que más gima es tan infeliz la venda es la pena tan tremenda tan amarga y tan gigante que pareciere constante rodiada del fuego eterno todo el rigor del infierno.

Letra.

    Por ver a Dios un instante.

LUCIFER. Para un infierno inhumano me causa tierna impaciencia, basta serlo la conciencia tenerla peor que un gusano este enemigo tirano de condición infernal pues que con ansia mortal así en mi memoria esté privación de todo bien.

Letra.

    Privación de todo bien, privación de todo bien.

LUCIFER. Esa sierpe venenosa que traís enredada en el cuello, quiere morderte en la lengua para atajarte el resuello. Y esa fiera embravecida que en el más oscuro seno, te arrebata entre las astas hasta arrojarte a los vientos y desde aquellas regiones que deseplallas estás viendo. Dale eminencias que caiga hasta plan del mismo infierno. Hombre, hombre, no durmáis así tan quieto y tan sosegado, huye de ese precipicio en que te estás despeñando.

Letra.

>Despierta pobre infeliz
>no duermas porque el pecado
>te quiere hacer desgraciado
>¡ay de infeliz, infeliz!

ERMITAÑO.   ¡Ay de mí que me despeño!
>¡qué me ruedo, qué me mato!
>¡tenme Gila, tenme Bato,
>que me voy desbarrancando!

LUCIFER.   No te turbes, tente un poco
>que ya estás asegurado
>y estrechado en mis brazos.

ERMITAÑO.   ¿Quién eres tú que entre estos
>horrores
>y entre medio de un sobresalto
>me libráis de un cruel peligro
>que me viene amenazando?

LUCIFER.   Yo soy tu mayor amigo
>que viéndote acongojado
>he venido a asegurarte
>y estrecharte entre mis brazos.

ERMITAÑO.   Saber tu nombre quisiera.

LUCIFER.   Yo te lo diré muy claro
>como sigas mis consejos.

ERMITAÑO.   Sí, como no sean vanos.

LUCIFER.   Vamos al pie de aquel cerro
>donde están aquellos peñascos
>allí hablaremos despacio.

ERMITAÑO.   ¿Para qué hemos de ir tan lejos?
>No ves que cuanto está nevando.
>Cuando lleguemos allá
>ya llegaremos trabados.
>Aquí cerca de la lumbre
>podremos hablar un rato.

LUCIFER.   ¿No oirán tus compañeros?

ERMITAÑO.   No si están durmiendo
>y tienen el sueño muy pesado, pesado.

LUCIFER.   O, siendo así pues, siéntate tú por aquí
>y yo por este otro lado.

(*Se sientan los dos*)

ERMITAÑO.   Comienza que ya te escucho.

LUCIFER.   Ahora es tiempo, astucias mías, de engañar a este ermitaño. Yo soy para no cansar en referir a mi decencia, el hombre de mayor ciencia que en el mundo se ha imaginado y por mi mucho saber casi vivo desterrado de la patria donde nací y no hay escritura en el mundo ni letra que no haiga estudiado y los más altos secretos que a mí se me manifiestan tan evidentes y claros como a ti te estoy mirando y si no para que veas que es cierto dime, ¿qué hiciste el otro día en el ganado?

ERMITAÑO.   ¡Aquí me la han pescado! No me acuerdo.

LUCIFER.   Confiésala bien que te estás acordando. Dime, ¿no fuiste y no vistes que Gila estaba roncando y de allí fuiste y le hurtastes el bastimento del Jato?

ERMITAÑO.   ¡Cállese por vida suya! ¡Hable más bajo!

LUCIFER.   ¿A Tubal no le dijistes que un lobo te había robado el gabán que le vendistes al hijo de Feliciano?

ERMITAÑO.   ¡Cállese por vida suya que est'a la Gila y Tebano cerca de la lumbre y tienen el sueño liviano, liviano!

LUCIFER.   Pues hombre, es hablarte claro, que esa vida que tu tienes no es para ser ermitaño.

ERMITAÑO.   Será para ser ladrón, como a ti te estoy mirando.

LUCIFER.   Hay si valen consejos para uno que ya está ostinado. Uno quiero darte a ti. Es el que dejes peñascos, dejes disciplinas, dejes ese rosario, dejes esa cruz, dejes mortificaciones, porque aunque hagas lo que hicieres, siempre estas muy arriesgado y lo más prudente fuera que ahora que estoy a tu lado, te tomaras de la mano a aquella zagala. Ese símbolo de amor, ese prodigio de gracia y donde vivirás gustoso entre delicias mundanas.

ERMITAÑO.   Dime pues, ¿qué quedrá irse
conmigo?

LUCIFER.   No lo dudes que quiere irse contigo. Yo
te lo aseguro, pues ¿no estoy aquí a tu
lado?

ERMITAÑO.   ¡Oh pues, a la impresa! ¿qué
aguardo?

LUCIFER.   ¡Aprisa y no te detengas,
porque ya estoy desengañado
porque a la vista de un peligro
nadie queda asegurado!
¡Pastores, acudan todos
con diligencia y cuidado
porque a la inocente de la Gila
se la, se la lleva el Ermitaño.

TODOS.   ¡Ay mi Gilita! ¿A dónde estás?
¡No aparece, qué tormento!
¡Ahora viejo malvado
pagarás tu atrevimiento!

BATO.   ¿Quién te lo mandó Ermitaño?

ERMITAÑO.   Un hombre que estuvo aquí
estando todos ustedes dormidos,
él me estuvo aconsejando
que me saliera del desierto
y que a Gila me llevara.
Y con ella me casara,
que puede ser que casado
pudiera evitar el peligro
que corro siendo ermitaño,
y yo por creerme del diablo
me la llevaba.

(Aquí todos le pagan al ERMITAÑO)

TODOS.   Pues tenga usted estos azotes
por agarrar ese engaño,
y para que sepas en ellos
si son buenos o son malos.

ERMITAÑO.   ¡Maldito mil veces sea
quien tal consejos me ha dado
que por seguir sus consejos
maduro me han puesto a palos.

BARTOLO. Si todavía faltan los míos
viejo barbas de Samaro
que en amaneciendo Dios,
los llevaras de constado.
¡Gilita!, no te descuides
con ese viejo malvado.

ERMITAÑO.   Atizaré bien mi lumbrita
y al calorcito arrimado
lo que resta de la noche
es estarme calentando.

(Se duermen todos menos el ERMITAÑO)

Letra de Ángel.
De la más bella María
nació el clavel encarnado
pues adoran la ventura
del mismo Dios humanado.

ERMITAÑO.   ¡Bato!, ¡Gil!, ¡Tebano!, ¡Lipido!
¡Oye Bartolo y verás qué bonito canta
el hermano Tubal en la majada.

Letra de Ángel.
De tus troncos y sus ramos
se rinde la pastoría
y hoy tirados a un rebaño
en tan altas serranías.

ERMITAÑO.   ¡Oye Bartolo y verás
qué músicas tan peregrinas
andan entre los ganados
dijeran que eran divinas!

BARTOLO.   ¡Mas divinos han de ser
los palos que yo te dé
si me sigues enfadando!
¡Así caliéntate y duerme!

Letra de Ángel.
La que con finos amores
y un humilde corazón
virtió la sangre en la cruz
por la humana redención.

ERMITAÑO. ¡Oye Bartolo y verás
qué bonito canta
Tubal en la majada!

TEBANO. ¿Hermano, se va vuelto loco
que nos anda dispertando?
Si no quiere dormir aquí
vállase a dormir al llano.

(*Se acuestan a dormir otra vez*)
(*TUBAL encuentra AL ÁNGEL y lo mira turbado*)

ÁNGEL. ¡Oye pastor!,¡detén el paso, que vengo
de parte de un Dios soberano tan solo a
decirte que vayas volando a tus compañeros pronto a dispertarlos, y diles que
un Dios Niño ha enviado a convidarlos.
Diles que sin miedo dejen sus ganados
que yo me quedaré por aquí a cuidarlos.

TUBAL. ¡Albricias, hermanos!, ¡salto de
contento
reviento de gusto y de gozo muero!

BATO. ¿De qué es tanto gusto? yo te las
prometo.

TEBANO. ¡Cómo sean de gozo, yo te los voy a
dar!

GILA. ¡A mí dímelas Tuba!

TUBAL. Deja que me las paguen todos que tu estás
segura. Después lo sabrás. Y tú hermano
Ermitaño, ¿no me das albricias?

ERMITAÑO. ¡Yo te las daré con mi disciplina!

TUBAL. Y tú hermana Gilita, ¿no me das nada?

GILA. Yo te mandaré un jarro de leche nevada.

LIPIDO. Y yo unos quesitos, más que sean de
cabra.

TUBAL. Pues júntense todos y atiéndanme con
cuidado y verán lo que en este instante
me pasó en el llano. Al pie de un encino,
estando sentado, cuando por la cumbre
vi una luz volando y con la vislumbre vi
todo el ganado. Yo intenté correr pero
de la mano me agarró un zagal hermoso
y gallardo y me dijo así: "¡Oye pastor!,
¡detén el paso, que vengo de parte de

un Dios soberano tan solo a decirte que
vayas volando a tus compañeros pronto a
dispertarlos, y diles que un Dios Niño ha
enviado a convidarlos! Y que sin miedo
dejen sus ganados y que él se quedaría por
allí a cuidarlos." Y sin aguardar repuesta
y recado se fue y me dejó casi desmayado.
Lo que éste sugerió aquí he declarado.

BARTOLO. ¡Habrá otro más embustero que Tubal,
pues ¿a dónde habrá ido a soñar
ese montón de mentiras
que aquí ha venido a contar?

BATO. Tubal, no seas flojo ni embustero
vuélvete al ganado
no vengas aquí con cuentos
ni chismes a dispertarnos.

ERMITAÑO. Pues hermanos míos, escúchenme
un poco y atiéndanme con cuidado. Ya
sabéis que es prometido que está por
todo lo criado. Setentas semanas son las
que concluyen el plazo que ha de venir el
Mesías que están todos aguardando. Y
esto, por lo que se ve parece que ha llegado. En lo que afirmo, sea cierto lo que
Tubal ha contado.

LIPIDO. A según lo que yo entiendo, los dos están
engañados, porque si el Mesías viniera,
como está profetizado, ¿cómo es posible
que venga en tiempo tan destemplado? Y
luego ¿a la medianoche, siendo el Señor
de los Señores? Siendo hay como lo
afirman los sagrados escritores. ¿Cómo
viene tan humilde podiendo venir triunfando con grandeza y majestad como
Señor Soberano? ¿Luego, no es cómo lo
dicen es cierto, hermano Ermitaño?

ERMITAÑO. Será o no será, el libro a sí lo reza.

LIPIDO. Dejémonos de cuentos. Vámonos acomodando a dormir a dormir lo que nos
toca, no nos anden dispertando.

BARTOLO. Yo, al fin de tantos desvelos
creo que el Mesías ha nacido
porque ahora me han venido

ganas de comer buñuelos.
Yo no tengo otros anhelos
ni padezco de otros males
si el Mesías anda en portales,
ahora me pondré en camino
porque el Mesías traerá vino
y una carga de tamales.

LUCIFER Oh, por más que intento apartarme
de este dolor en que vivo
no lo puedo desechar a torcedor y
martirio.
Quién me persigue tan cruel,
mil veces sea maldito,
doloroso mi tormento
que sin cesar un momento
a todas horas batallan
tiranamente conmigo.
O como supiera yo que,
que si el Mesías prometido
está ya por nacer o está nacido,
¡cuánto advierto, cuánto miro!
Que naciendo ese Mesías
ha de destruir mi dominio.
¿Pero qué es esto que miro
por estas altas regiones?
¿Ángeles y Serafines,
cantan lindos y sonoros himnos?
Acá se vienen acercando
Miguel, mi peor enemigo.
Pero lo espero sin miedo
y correrlo he de este sitio.
Oír lo que viene diciendo.
Escucho que puedo oírle.

Letra del Ángel.

ÁNGEL. De lo alto del cielo imperio
bajó San Miguel
aquestos pastores, vino a defender.

LUCIFER. ¡Oh, cómo me repugna esa cruz que trae
Miguel!

ÁNGEL. Bruto indómito soberbio, feo dragón basilisco, que tan solo con mirar envenenas

con tu hechizo. ¿Qué haces entre estos
pastores? ¿No sabes que son sencillos y
no tienes parte en ellos con tus astucias y
hechizos? ¡Vete de aquí a los profundos
para siempre confundido!

LUCIFER. Miguel, ¿por qué me persigues tanto,
sin darte ningún motivo,
quitándome hasta el poder
que con mi ciencia he adquirido?

ÁNGEL. ¡Yo te mando, sierpe astuta,
que en el nombre del Altísimo
te vallas de este lugar
y aquestas cándidas almas
no vayas a perturbar!

LUCIFER. Por estorbar tus victorias
Miguel salgo del abismo.
Sabrás bien que de los cielos
la gracia quise perder.
Caí del cielo veloz
no me pude levantar
me hallé maldito de Dios.
Lo quiso mi pura soberbia
a eterna condenación,
porque lo quería envidioso
para en el trono sentarme,
y quiero que veas furioso,
¡Miguel, que quiero estorbarte!

ÁNGEL. Miguel supo defender
de su patria aquel asiento
como altivo lo quería
y quedaste tan sediento
que no gozarás de Dios
mientras que Dios fuera Excelso.
Dime, ¿no fuiste aquel
que engañaste a la primera madre Eva
a la que en el Paraíso
la enredaste, como fiera
y que Adán le permitiera
el comer lo vedado?

LUCIFER. Siete capitales vicios
traigo en mi pura soberbia
y los traigo, para que veas
que me recuerdo en puro afán

ÁNGEL. y por mí conocerás las
gracias que perdió Adán.

ÁNGEL. Sabes de aquel consagrado pan
Dios trino se desfrazó
y por remedio de Adán
la carne misma tomó.

LUCIFER. Ciertas son tus profecías
mil de años para penar,
porque hay gloria del Mesías
ha bajado a perdonar.
Despedazaré mi rabia,
¡oh portento de portal!
¡oh infierno que es lo que siento!
si de la luz que yo miro
de mi venenoso respiro,
los esfuerzos que he vencido,
traigo entre aquí estos papeles
que dan fin a tus renglones.
El texto de tus carteles
¡romperé la profecía!
la que mientas Gabriel
Gabriel de la alta sabiduría,
es mi destrozo Miguel.

(*La rompe y se la tira* AL ÁNGEL)

ÁNGEL. ¡Yo te mando, sierpe astuta,
que en el nombre del Altísimo
te vallas de este lugar
y aquestas cándidas almas
no vayas a perturbar!

LUCIFER. Príncipe de l'alta esfera,
para mí inefable bello,
pues que no sabes que de Dios
plena la licencia tengo
para perturbar al hombre
en sus deleitos, recreos,
¿por qué quieres oponerte
a las órdenes del Cielo?

ÁNGEL. No es oponerme
ni oponerme quiero
pero traigo contra ti
el cargo de defenderlos.

LUCIFER. Miguel, ¿qué es lo que pretendes?
No se escaparán de mí
los pastores que defiendes.
Despidiré hermosos rayos
que sucumban a los vientos.

ÁNGEL. Ellos son mi habitación,
y tú no puedes hacerlo.
¡Rindirte sierte fea
a mis plantas estás puesto!

(*Aquí se pone* LUCIFER *a las plantas* DEL ÁNGEL)

LUCIFER. Caido me tienes Miguel
a tus plantas sumergido,
que en el Cielo fui Luzbel
hoy soy en aborrecido.
Doloroso mi tormento
me hallo al triunfo de Miguel
pues del cielo fui arrojado.

Letra.

Aprender flores de mí
lo que va de ayer a hoy
que ayer maravilla fui,
y ahora sombra de mi no soy.

Lucifer. ¡Astros, lluvias, elementos, desde el oriente al poniente, planetas de fuego ardiente, acudir a mis tormentos. Ya los agradecimientos se acabaron para mí, pues del cielo me volví en tan injusta razón! ¡Oh Malco, Apolo y Flutón! El infierno no valga compañeros, truenos, rayos, centellas, huracanes, vientos, lluvias, desolaciones, muertes, guerra a cubrir la tierra, y venir a mi mandado, vasallos míos, pues ya se ha llegado el término de mis males. Venid furias infernales, Brutón, sacad vuestro acero y haz que sea cruda la guerra. Sin duda Miguel se engaña y quiere sacar a fuerza de mi poder. Más fácil sería ver las estrellas por los suelos que ese eterno cautiverio.

Letra.

Aprender flores de mí
lo que va de ayer a hoy
que ayer maravilla fui,
y hoy sombra de mi no soy.

LUCIFER.   Ya llegó la redención,
y yo quedé avergonzado
si soy el padre del pecado
mirar si tengo razón.
Yo a Adán metí en confusión
de la malicia en que está,
si he sido, si fui o si soy
déjame Miguel valiente.

(*Aquí hace fuerza de levantarse* LUCIFER)

ERMITAÑO.   ¡No le dejes! ¡Pícale!
Porque me engañó.
LUCIFER.   Ya veo el mundo diferente
de lo que va de ayer a hoy.

Letra.

De lo que va de ayer a hoy
que ayer maravilla fui,
y hoy sombra de mí no soy.

LUCIFER.   Dios en su imperio me creó
y por mi vana locura
se marchitó mi hermosura.
¡Pero mi ciencia, eso no! (*Aquí se quiere
levantar otra vez*)
lo granjeado de perdío
se cumplió lo que la ley
pues hasta el trono perdí
en tan injustas batallas
si se pone Daniel se zalla.

Letra.

Que ayer maravilla fui,
hoy sombra de mí no soy.

LUCIFER.   Si ya ocupaste mi asiento,
di, Miguel, ¿qué no me has visto
que en el nacimiento de ese Cristo

nació para mí la fatiga?
Fortunamente se escriba,
siendo yo si fui o si soy
pues yo no sé a dónde estoy
de mi sepulcro al abismo
pues por soberbio yo mismo.

Letra.

Hoy sombra de mí no soy.

ÁNGEL.   ¿Cómo te quieres quejar
de lo que no has de poder,
si del cielo tú la gracia,
tú la quisiste perder?
¡Así, levántate de aquí
y vete pronto a los profundos.
Sabrás bien que en este mundo
queda Dios, hombre bendito.
LUCIFER.   Si iré, que obedecerte es preciso.
Muy dignas son tus razones
cuando yo pensé que fuera justo
para estos pastores.
¡oh mal de tantos errores!
¡Ya no conseguí mi intento
maldito mi firmamento,
caiga el cielo sobre mí
para mi mayor tormento!
¡Al infierno me voy con todos mis
secuaces!

(*Aquí se va* LUCIFER)

ÁNGEL.   ¡Salgan, sencillos pastores!
Queden todos avisados.
No temáis, estar atentos
De lo que voy a contar
del Altísimo Señor
y de aquel que los Cielos hizo
y en fin, quien todo lo ha criado.
Vengo a decirle que vayan
si quieren verlo humanado
en lo áspero de unas pajas
y donde está reclinado

sufriendo el rigor del frío
solo por vuestros pecados,
y amoroso os solicita
que vayan a visitarlo.
De Belén es el portal
es donde os aguarda el Niño.
Míralo que es niño tierno,
pues tened compasión de él.
No seas mal agradecido
la prenda que es ser servido
mírala con mucho amor;
nuestro Dios Y Redentor
os invita a convidar
que un día hallaréis el premio
en la Gloria Celestial.

(*Aquí se retira* EL ÁNGEL *para su asiento*)

Letra.

Desterrando a Satanás
demos alabanzas puras
gloria a Dios en las Alturas
y al hombre en la tierra paz.

BATO.   Pues hermanos míos,
vayan apreviniéndose
únicos regalos
que para llevarle al niño
que viene a salvarnos.

TEBANO.   Yo haré dádiva soberana
le llevaré un vellón de lana.

BATO.   Yo a ese niño chiquito
le llevaré unos bizcochitos.

GILA.   Yo a ese niño chiquito
le llevaré un guajito.

LIPIDO.   Yo a ese niño chiquito
le llevaré una sabanita
para que cuando se duerma
lo envuelva su madrecita.

TUBAL.   Y yo a ese niño chiquito
la cuna le he de llevar
para que lo arrulle su madre
cuando se vaya a acostar.

LIPIO.   Yo a ese niño chiquito
le llevaré un pañalito.

BACERIO.   Yo a ese niño chiquito
le llevaré un manso corderito.

COJO.   Yo que soy un pobre cojo
y soy el más pobrecito,
pero no me ha de faltar
qué llevarle a ese niñito.

CIEGO.   Yo soy el más pobrecito
que entre estos pastores se ve
pero le llevaré este pitito
pa' que lo toque San José.

GILA.   Yo le llevaré al chiquito
pañalitos y fajeros
y también una camisita
y mi corazón con ellos.

ERMITAÑO.   Yo como pobre ermitaño
no tengo que llevarle nada
pero le llevaré aunque sean
las raíces de mi montaña.

(*Aquí se van a adorar al Niño de dos en dos*)

BATO.   Niño chiquito y bonito,
ser poderoso quisiera
pero de todas maneras
te traigo estos bijemitos
que otra cosa no he tenido.
Recíbelos niño lindo
que te los doy con amor
mira que te doy con ellos
alma, vida y corazón. Amén.

TEBANO.   Mi dulce Jesús amado,
Sagradísima María
José con mucha alegría
aquí me tenéis postrado
y como humilde y humillado
vengo a verte el día de hoy
yo aqueste vellón os doy
porque soy un desdichado. Amén.

(*Se despiden y cantan como siguel*)

Adiós peregrino,
frondoso clavel.
Adiós que ya Gil
te viene a ofrecer.

GILA. Voy para el portal
con gusto infinito
a llevarle al niño
aquí este guajecito.

Isaías profetizó Señor,
que habíais de nacer vos,
venimos a ver pues ya
llegó el remedio con veras.
Te alabo yo y todo el mundo te alaba
y en esas alabanzas
no se acaben por tu poder infinito,
toma niño este guajito
aunque no tenga gota de agua. Amén.

Cantan TODOS.
Adiós peregrino,
frondoso clavel.
Adiós que ya Lipio
te viene a ofrecer.

LIPIO. Voy para el portal
con gusto infinito
a llevarle al niño
este pañalito.

A vuestras plantas Señor
mi sacrificio gustoso
recibe como piadoso
aquí este humilde pastor
en su pequeño tener
tanto afecto y tan cordial
te regalo este pañal
recíbelo con amor,
mira que te doy con él
alma, vida y corazón. Amén.

TUBAL. Voy para el portal
con gusto infinito
a llevarle al niño
esta pobre cunita.

Quién mi Dios pudiera estar
con aquella reverencia
con que están los serafines
postrados en tu presencia,
que es esto mi tierno niño
mis hierros han cometido
que siendo el poder del cielo
en tal pobreza metido,
yo te traigo esta cunita
que otra cosa no he tenido. Amén.

LIPIDO. Lipido una sabanita
humilde viene a ofrecer
soy humilde pastorcito
bien te la puedes poner.
Recíbela madre amada
que en vos no la has de perder. Amén.

Cantan TODOS.
Adiós peregrino,
frondoso clavel.
Adiós que ya el Cojo
te viene a ofrecer.

COJO. (*Solo*) !Ah, qué trabajo es ser cojo
y llegar todo cansado!
Que los tamales que traía
todos se han deshojado.
Aquestos son mis trabajos
aquestas son mis congojas
que los tamales que traigo
todos se me han vuelto hojas.
Vengan a cenar tamales,
no agarren de atrás
que vienen cabales.

(*Ofrecimiento* DEL COJO)

Cuando todos los pastores
mil dones ofrecerán
yo os ofrezco sólo un pan
al niño de mis amores.
Y con afectos mayores,
y mi corto entendimiento

afable estoy contento;
pues me dice la fe pía
que con un pan harás un día
al más alto sacramento. Amén.

BATO Y EL CIEGO cantan.
Adiós peregrino,
frondoso clavel.
Adiós que ya el Ciego
te viene a ofrecer.

(BATO *lleva* AL CIEGO *de la mano*)

Voy para el portal
con gusto infinito
a llevarle al niño
aquí este pitito.

CIEGO.   Aquí te traigo niño lindo
este pitito chiquito
para que lo toques
cuando seas grandecito.
Aquí tenéis al Ciego,
Señor a vuestras plantas
Rendido vengo,
a pedirte un favor,
que me quites la ceguera
que me tiene tan aturdido.
¡Ah, qué trabajo no ver nada!
Porque de ver nace el deseo,
Te tiento Señor entero,
pero no te veo nada. Amén.

Cantan TODOS.
Adiós peregrino,
frondoso clavel.
Adiós que ya Gila
te viene a ofrecer.

GILA. (*Sola*)   Voy para el portal
con gusto y esmero
a llevarle al niño
pañal y fajero.

Gila, que de estos pastores
vengo a verte Gran Señor,
como padre Redentor,
que naciste entre flores
libre de todos horrores,
que en ti la bondad se encierra.
Criador del cielo y tierra
por lo cual con mucho esmero
he venido a regalarte
pañalitos y fajero,
también una camisita
y mi corazón entero. Amén.

Cantan TODOS.
Adiós peregrino,
frondoso clavel.
Adiós que ya Ermitaño
te viene a ofrecer.

ERMITAÑO.   Soberano Señor,
divino Dios humanado,
que has bajado de los cielos
tan solo por redimirlos,
¿quién te pudiera ofrecer
lo que en este misterio encierra?
Pero es corto mi placer
el alma se me parte al ver
ese puchero que hicistes
que en el corazón me distéis
con esas lágrimas tiernas
viendo que nacisteis en penas
y que entre penas nacisteis.
Soberano gran Señor
aunque de raíces confirmo
se las traigo a vuestro amor
pues digo mi Redentor
pues adiós, mi dueño,
pues cuando en tu Gloria te veas amado
no te olvides de tu Ermitaño. Amén.

(*Se levanta* EL ERMITAÑO)
(*Sigue hablando después de despedirse*)

Paciencia, cielos, paciencia
yo te ofrezco mis trabajos,
¡quién pescara unos tasajos
para cenar de penitencia!
Devoción de conveniencia
¡No! ¡no! ¡no los pido de veras
¡Ay Dios! ¿qué tendrá este Ermitaño
que le duelen las caderas?

Cantan TODOS.

Adiós peregrino,
frondoso clavel.
Adiós que ya Bartolo
te viene a ofrecer.

BATO.   ¿Y Bartolo, ha adorado?
TEBANO.   No por cierto.
Pues por flojo,
¡a dispertarlo!

(*Aquí se van de uno a otro a dispertar a* BARTOLO)
(*Estos versos a* BARTOLO *y las respuestas de* BARTOLO
se cantan dos veces cada una)

BATO.   Vamos a Belén Bartolo
a ver al niño, el Mesías.
BARTOLO.   Anda míralo tú solo
que sabes de cortesías.
TEBANO.   En Belén está la Gloria,
Bartolo vamos allá.
BARTOLO.   Si quiere la Gloria verme
que venga la Gloria acá.
GILA.   En Belén está un bautismo,
Bartolo vamos allá.
BARTOLO.   Si yo no el padrino
A que tengo de ir allá.
LIPIDO.   En Belén hay chocolate,
Bertolo que se derrama.
BARTOLO.   Si quieren que yo lo beba,
tráiganmelo aquí a mi cama.
LIPIO.   Vamos y verás la mula
que comiendo paja está.
BARTOLO.   No quiero, que sea broma,
que patadas me dará.

TUBAL.   Vamos y verás al buey,
que a Dios calentando está.
BARTOLO.   No quiero, que sea malo
que cornazos me dará.
BACERIO.   En Belén hay aguardiente,
vino blanco y buen mezcal.
BARTOLO.   Y qué gano yo con eso
si no me han de emborrachar.
COJO.   Levántate Bartolito
que ya Dios te perdonó.
BARTOLO.   Mas que nunca me perdone
estando durmiendo yo.
GILA.   Vamos a Belén Bartolo
y verás cositas nuevas.
BARTOLO.   Quítate de aquí flojona
métete en tus cazuelas,
que antes, de puro favor
no te he quebrado las muelas.
ERMITAÑO.   De ver la Gloria Bartolo
esa flojera te priva.
BARTOLO.   ¿Cómo no vienes y dices
y dices que te robaste a la Gila?
¡Ladrón!

(BATO *y* TEBANO *juntos toman a* BARTOLO)

BATO y TEBANO.   ¡Quieras o no quieras te has de
levantar!
¡Quieras o no quieras, te hemos de
llevar!
BARTOLO.   Y mi zalea en que duermo,
¿cómo la he dejar?
BATO y TEBANO.   ¡No tienes remedio, te has de
levantar,
a adorar al niño que está en el portal!
BARTOLO.   ¡Pobrecito suelo que aquí voy a dejar!

(*Se levanta y se vuelve a acostar*)

BATO.   Ya se levantó Bartolo
estén todos aprevenidos,
para ese portal dichoso
vamos tomando el camino.

Letra TODOS.

> Al paso ligero, al paso ligero
> ya vamos rendidos
> al poder del cielo en pajas nacido.

BARTOLO. Trigo—
TODOS.
> ¡Bienvenido seas, bienvenido seas
> mi niño chiquito
> a quitarle al hombre la culpa y el delito.

BARTOLO. Pollito—
TODOS.
> Bienvenido seas, mi Dios humanado
> a quitarle al hombre la culpa y el
> pecado.

BARTOLO. Acostado—
TODOS.
> Bienvenido seas, mi manso cordero
> a quitarle al hombre el pecado feo.

BARTOLO. Maguero—
TODOS.
> Este nacimiento, el gallo lo grita
> los pájaros cantan muy de mañanita.

(Estos versos se cantan dos veces)

BARTOLO. Semita—
TODOS.
> Hoy daremos gracias todos los mortales
> que llegó el remedio para nuestros
> males.

BARTOLO. Con una carga de tamales.

> ¡Ah, qué noche tan oscura!
> ¡Ah, qué sueño tan mortal!
> ¡Ah, qué pájaros tan alegres
> cantan en ese portal!
> Yo quisiera ir para allá
> pero allá no hay chicharrones
> ¿A dónde quieren que vaya, gritones?

TODOS. ¡A ver al niño Mesías!
BARTOLO. Eso no verán conmigo.
TODOS. Es fuerza, hermano Bartolo.
BARTOLO. Vaya pues, si es fuerza.
> Que vengan Gil y Tebano
> y me levanten de la mano
> muy poco a poquito
> no me vayan a dejar caer
> y me lastimen un huesito.

GILA y *TEBANO cantando.*

> Vamos a ver a María,
> Que al niño tiene en sus brazos. (Dos
> veces)

BARTOLO. También cuando yo era chiquito
> me hacía mi nana agasajos. (*se levanta*
> *BARTOLO y va cantando*)
> vaya, ya me levanté, ya voy a adorar.
> Pobrecito suelo, que aquí voy a dejar.
> Ya me levanté, ya voy a adorar
> a ese niño lindo que está en el portal.

Ofrecimiento de BARTOLO.

> ¡Ah, qué niño tan bonito!
> No me canso de mirarlo
> así tenía mi talle
> cuando chiquito yo era.
> Niño serás pastorcito
> a según te estoy mirando
> y tú te estás inclinando
> a verme todo enterito,
> desde hoy de pastor me quito;
> Señora parida y bella
> más resuelta que una estrella,
> deseoso de verte estoy
> porque aquí niño, desde hoy
> he de quedarme con ella.
> Niño chiquito y amado
> y Señor del alta esfera
> alíviame de esta flojera
> que me tiene desmayado.
> También te pido un bocado
> porque esta perversa mujer, (*apunta a*
> *GILA*)
> y las migas repartió
> y a mí sólo me dejó
> la ollita para lamer.
> En fin, Señor ya me voy
> no tengo nada que darte
> antes vengo a suplicarte
> que me des Señor, lo que hoy

te ofrecieron los pastores
entre delicias y amores,
yo pido Señor me lleves
a tu Gloria a descansar
con aquestos dos señores. (*Señala a*
GILA y TEBANO)
Pues adiós mi niño lindo
pues adiós mi niño de oro
y cuando en tu Gloria estés
no te olvides de Bartolo. Amén.

(*BARTOLO se cae se levanta cantando*)

¡Albricias hermanos
ya sé trabajar
pues he andado mucho
desde allí al portal! (*Canta este verso*
dos veces)

(*Aquí se hace la Adoración del Niño en el Portal*)

Tercer Coloquio

(*Todos agarrados de la mano*)

CÁNTICO DE ADORACIÓN.

Letra.

Anda Gila y sin tardanza
y ponle la camisita,
voluntad y amor me sobra
pa' arruyarlo en su cunita.

Duérmete niño chiquito,
duérmete regalo mío
mis pecados fueron causa
que estés temblando de frío.

Duérmete niño chiquito
duérmete mi redentor,
duérmete tierno güerito
haz tu mime tata Dios.

Alarrú, mi niño lindo,
alarrú, mi vida mía
duérmete niño chiquito
que la noche está muy fría.

¿Quién pudiera, niño lindo,
lograr en esta ocasión
que te sirvieran de cuna
las telas del corazón?

Causa mucha admiración
mi amado tierno güerito
que siendo el poder del mundo
nacieras tan pobrecito.

(*Cambia de tono*)   *Música*

Ábranse las puertas
rómpanse los velos
que viene a reinar
la Reina de los Cielos.

CORO.   *MÚSICA*
Me gusta y me gusta mucho
me gusta y me gusta bien
me gusta arrullar al niño
en el portal de Belén.

Ya no llores vida mía
que harto tienes que llorar
porque no vaya a gozar
de tu amable compañía.

Me gusta y me gusta mucho
me gusta y me gusta bien
me gusta arrullar al niño
en el portal de Belén.

En le campo los dejamos
solo por venirte a ver
y de tu bondad confiamos
no se nos han de perder.

Me gusta y me gusta mucho
me gusta y me gusta bien
me gusta arrullar al niño
en el portal de Belén.

Música (Aquí se paran y apunta BATO *de nuevo)*

BATO.   Ya que hemos adorado al niño
con gusto muy esencial
retirémonos alegres
de este dichos portal.

Adiós José y María
adiós mi niño chiquito
que ya se van los pastores
para los campos de Egipto.

Adiós José y María
adiós mi manso cordero
préstanos vida y salud
hasta el año venidero.

Échanos tu bendición
a todos y al Ermitaño
préstanos vida y salud
para llegar al otro año.

Fin

🔲

(Núm. 153)

Villancicos Alegres
Para Cantar en Seguidillas
*en celebridad del Sagrado nacimiento de
nuestro Redentor Jesús.*[27]

Cuando por el Oriente
sale la aurora
caminaba la Virgen
nuestra Señora.

Tan linda Reina
que á los Cielos dá envidia;
bendita sea.

En sus puras entrañas
con alegría
lleva la Rey de la Gloria
la Virgen pía.

Fragante Rosa,
¡ay qué Madre tenemos
tan amorosa!

Montes, prados y selvas,
Plantas y flores
á la Virgen le cantan
dulces favores.

¡Ay qué dulzura!
Ensalzar á María
las criaturas.

San José que á la Virgen va
acompañando
con amantes suspiros
dice llorando:

Prenda adorada,
¡ay lo que siento el veros
tan fatigada!

¡Ay Paloma divina!
¡ay mis amores!
¡quién aliviar pudiera
vuestros dolores!
y ¡ay qué tormento!
el alma se me anega
del sentimiento.

La Virgen que del Santo
La pena siente,
lo consuela amorosa
y tiernamente.

Y entre ternezas,
alivian los cuidados
que les molestan.

---

27. Colección de Pliegos Sueltos de la FCEJD, Diputación de Valladolid, Urueña.

Por Ti siento, María,
mal tan molesto;
pero para pasarlo
Dios dará esfuerzo.

Así confío;
su voluntad se cumpla,
Esposo mío.

Ya sus doradas luces
el cielo niega,
cuando la Virgen pura
á Belen llega.

Alberque no hallan,
y á la puerta llamaron
de una posada.

El mesonero al punto
de mala gana,
asomó la cabeza
por la ventana.

¡Voto va el soto!
¿á qué vienen metiendo
tanto alboroto?

Venimos, dice el santo,
(no sin congojas)
á suplicarte, amigo,
que nos recojas.

Dame posada,
y á esta hermosa doncella,
que está preñada.

¡Preñadita y hermosa,
niña y doncella!
¿quién ha visto en su vida
cosa como ella?

Esas son flores;
pues tontos en el mundo
ya no hay, señores.

A quien trae dinero
mi casa es lista,
pero pues no lo tienen
Dios les asista.

De aquí se alejen,
y en pacífica calma
mi casa dejen.

A un portal venturoso
se retiraron,
donde un buey y una mula
los albergaron.

Dos animales
enseñanza á los hombres
dan muy joviales.

Allá á la media noche
del mayor día,
Dios nació de su madre
Virgen María.

¡Ay qué delicia!
albricias, serafines,
Cielos, albricias.

Envuélvele la Virgen
para adorarle,
y san José bendito
quiere arrullarle.

A la ro . . . ro . . . ro,
que mi Niño se duerme,
no le inquieten, no.

Los cielos adornaron
del alba el coche,
viendo el Sol que nacía
á media noche.

Los ecos suenan:
gloria á Dios en el Cielo,
Paz en la tierra.

Un ángel como un cielo
de resplandores,
les llevó la noticia
á los pastores.

Desde el cortijo
van á ver al Infante
recién nacido.

¡Há del monte, há del valle
há de la selva!
ya nació Jesucristo,
el gozo vuelva.

Suenan las sonajas,
flautas y tamboriles,
y háganse rajas.

Toca el rabel, Domingo,
con mil juguetes,
y María y Tomasa
los panderetes.

Gil la zampoña,
Bato las castañetas,
Blas la zambomba.

A Belen presurosos
fueron llegando,
y al Niño Dios humildes
vánle adorando.

¡Ay qué bonito!
¿no vés cómo rie
Jesús bendito?

Su venerable Padre,
cómo tirita;
pero su madre, ¡Cielos,
qué preciosita!

Bella Serrana,
bendito sea el Fruto
de tus entrañas.

Unos le dan mantillas,
otros pañales,
fajas y babadores
muy especiales.

Dulces, jamones,
corderos, mantequillas
y requesones.

Como alegres brincaban
la Noche-Buena,
delante del Sol todos
tienen la cena.

Sacan pan blanco,
una bota bien llena
para echar tragos.

La longaniza cuela
sin mas enredos,
pero tras de las migas
se van los dedos.

Y alegres comen
Sin dejar cosa á vida
en los zurrones.

En engullir parecen
lobos traviesos,
pero se ve que roen
poco los huesos.

Pues la cecina,
á medio asar la tragan
y con ceniza.

Oye, Mingo, tú comes
salchicha rancia,
parece que te emboba
con la ganancia.

¡Cómo arrebañas!
el que come torreznos
no asa castañas.

Lleven aquesta presa
á la parida,
que sea á nuestros valles
muy bienvenida.

¡Ay qué tesoro!
los Cielos la bendigan,
que es, como un oro.

Venga, dijo Perote,
la bota amada,
que las migas se pegan
á la garganta.

¡Ay picarillo!
vaya tú, Calzorrazas,
echa un traguillo.

No te descuides, Bato,
como por puntos,
mira que el viejo tiene
el diente agudo.

La bota ande
para que el viejecito
no se atragante.

Antón cayó de hocicos
entre las pajas,
y Perucho les dijo:
subes, ó bajas.

Y al fin brindaron,
que salud les dé el Cielo
por muchos años.

Acabada la cena
Tan escelente,
ante el Niño bailaron
alegremente.

Blas con Antonia,
Juan salió con Dominga,
Gil con Ramona.

Luego se despidieron
del tierno Infante,
besándole las manos
á cada instante.

La Vírgen santa,
de sus galanes dones
les dio las gracias,
una estrella á tres Reyes
condujo ufana,
adorar el Lucero
de la mañana.

Y reverentes
De incienso, mirra y oro
le dan presentes.

Con los Reyes entraron
sin ordenanza,
estas cuatro figuras
para una danza:

Un asturiano,
un gallego, un negrito
y un italiano.

El asturiano viene
muerto de risa,
y en el Portal entona
la danza prima.

Y alegre suena
del gallego la dulce
gaita gallega.

Tocando las sonajas
llegó el negrito
y a su modo le canta:
ache, mi Niño.

El italiano
dice: per nostro Dio
tutti andiamo.

Bendito sea el Niño
que hoy nos recrea,
y su Madre preciosa
bendita sea.

Florida Palma,
salud, vida y consuelo
de nuestras almas.

¡Oh maravilla rara!
nace Dios-Hombre,
para ofrecer la vida
por sus amores.

Con tal victoria,
á todos nos ofrece
la eterna gloria.

Madrid.—Despacho: Hernando, Arenal, 11.

NOTES

1. Teresa Pérez-Higuera, *Medieval Calendars* (London: Weidenfeld and Nicolson, 1998), p. 229.
2. Pérez-Higuera, *Medieval Calendars*, p. 229.
3. Sonia C. Iglesias y Cabrera, *Navidades Mexicanas* (México: Dirección General de Culturas Populares, 2001), p. 20.
4. Donovan en su libro *The Liturgical Drama*, pp. 14–15, hace un estudio detallado de las similitudes de los textos de estos dos tropos.
5. Thomas M. Pearce, "The New Mexican 'Shepherds' Play'," *Western Folklore* (Berkeley), Vol. XV, no. 2 (April 1956), p. 79.
6. *Relación de los fechos del muy magnífico e más virtuoso señor el señor don Miguel Lucas, muy digno Condestable de Castilla*, dirigida por J. de M. Carrizo (Madrid: Espasa-Calpe, 1940), Tomo III, p. 154.
7. José Amador de los Ríos, *Historia Crítica de la Literatura Española* (Madrid, 1865), Tomo VII, pp. 484–85.
8. Jaime Moll, ed., *Dramas Litúrgicos Dramas Litúrgicos—Siglo XVI: Navidad y Pascua* (Madrid: Taurus, 1969), p. 12.
9. Iglesias y Cabrera, *Navidades Mexicanas*, pp. 29–30.
10. Iglesias y Cabrera, *Navidades Mexicanas*, p. 94.
11. Iglesias y Cabrera, *Navidades Mexicanas*, p. 104.
12. Joel Romero Salinas, *Diciembre en la Tradición Popular, confites y canelones. La Pastorela Mexicana, origen y evolución* (México: Fondo Nacional para el Fomento de las Artesanías, 1984), p. 19.
13. Romero Salinas, *Diciembre en la Tradición Popular*, p. 43.
14. Iglesias y Cabrera, *Navidades Mexicanas*, p. 102.
15. Iglesias y Cabrera, *Navidades Mexicanas*, p. 101.
16. Romero Salinas, *Diciembre en la Tradición Popular*, p. 43.
17. Iglesias y Cabrera, *Navidades Mexicanas*, p. 103.
18. Romero Salinas, *Diciembre en la Tradición Popular*, p. 45.
19. Iglesias y Cabrera, *Navidades Mexicanas*, p. 104.
20. Palabras de don Juan Tenorio de Taos, nieto de don José Rafael Tenorio, recogidas por Marie, *The Role of the Church*, p. 61.
21. Joaquín Díaz, José Delfín Val y Luís Díaz Viana, *Cancionero Musical, Catálogo Folklórico de la Provincia de Valladolid* (Valladolid: Institución Cultural Simancas, 1982), Vol. V, pp. 16–17.
22. J. E. Englekirk, "Notes on the Repertoire of the New Mexican Spanish Folk-theater," *Southern Folklore Quarterly* IV (1940), p. 231.
23. Romero Salinas, *Diciembre en la Tradición Popular*, p. 13.
24. Maximiano Trapero, *La Pastorada Leonesa, Una pervivencia del teatro medieval* (Madrid: Sociedad Española de Musicología, 1982), p. 23.
25. Pearce, "The New Mexican 'Shepherds' Play'," p. 80.
26. Vicente M. Mendoza, *Panorama de la Música Tradicional en México*, Estudios y Fuentes de Arte en México VII (México: Instituto de Investigaciones Estéticas, Universidad Nacional Autónoma de México, 1956), pp. 40–41.
27. Richard B. Stark, Thomas M. Pearce y Rubén Cobos, *Music of the Spanish Folk Plays in New Mexico* (Santa Fe: Museum of New Mexico Press, 1969), p. 76. En esta publicación hay una gran colección de música de las diferentes pastorelas de Nuevo México.
28. Stark, Pearce y Cobos, *Music of the Spanish Folk Plays*, p. 136.
29. Stark, Pearce y Cobos, *Music of the Spanish Folk Plays*, p. 222.
30. Vicente Mendoza y Virginia R. de Mendoza, *Estudio y Clasificación de la Música Tradicional Hispánica de Nuevo México*, segunda edición (México: Universidad Nacional Autónoma de México, 1986), pp. 113–31.
31. Mendoza y Mendoza, *Estudio y Clasificación*, p. 117. Ver también las versiones recogidas por Stark, Pearce y Cobos.
32. Joaquín Marcos, *Literatura Popular en España* (Madrid: Taurus, 1977), Tomo I, pp. 236–38.

CHAPTER 5

The Three Wise Men

ADORABUNT EUM OMNES REGES TERRAE

THE LITURGICAL CELEBRATION known as Epiphany constitutes one of the most ancient religious festivities. The name proceeds from the Greek word, Epiphania or Theophaneia. Epi- means "on," "over," or "above," and -phana signifies "bring to the light" or "show." Nevertheless, in the liturgical cycle, Epiphany is related to manifestation, for by virtue of the Magi's visitation (Matthew 2:1–12) Jesus manifested himself to the world.[1]

The first historical description of this celebration dates to the early third century, when Pope Clement of Alexandria announced that on January 6 a Gnostic sect called Basilidianos commemorated the adoration of the Magi. Later, in the year 380, the Council of Zaragoza decreed the observance of January 6 as a feast day commemorating the revelation of Jesus to the world by way of the Magi's pilgrimage.[2] Not until the sixth century, however, were the Magi declared kings. This decree prevailed through the Middle Ages, and Epiphany also became known as Festum Trium Regum (the Feast of the Three Kings).[3]

This leads us to another interesting question regarding the number of magi. Why are they three? The Gospels do not specify any fixed number, but traditionally three are the astrologer kings, otherwise known in English as the Three Wise Men. Both in paintings found in catacombs, which the first Christians occupied as a safeguard during the Roman epoch, and in some historical writings from that time, the number of magi fluctuates from two, three, four, six, and in some cases up to twelve. In the fifth century, Pope Leon I determined three as the number of Wise Men who appeared to adore the Messiah. Why did he choose this number and not another? There are a number of explanations. One relates to the importance of number three in numerological science and magical-religious superstition. Another states that three represents the ages of man: youth, maturity, and old age.[4] Another relates three to the number of gifts offered the newborn. These three gifts bequeathed to the Divine Infant have, in turn, their own symbolism: gold represents the power of the sun; incense, the vehicle for transcendence; and myrrh, the guarantee of life after death.[5] Not all authors agree with this, however, and different interpretations survive, as, for example, that of

St. Bernard in the twelfth century and St. Nicholas of Lyre in the fourteenth century. They believed that gold was offered as sustenance to the Holy Family; myrrh, as a parasiticide, to strengthen the Child's body; and incense, to offset the stable odors.[6]

From the seventh century onward, we know the kings as Melchior, Gaspar, and Balthasar.[7] The Evangelio Armenio de la Infancia says that "the Magi kings were three brothers: 'Melkon,' the first, who reigned over the Persians; next, 'Baltasar,' who reigned over the Indians [India], and the third, 'Gaspar,' who had under his rule the country of the Arabs."[8] In other places they are called by other names. In Greece, for example, they are known as Hormizdah, Yazdegerd, and Perozadh. In Ethiopia they are called Ator, Sater, and Paratoras. Hebrews call them Magalath, Galhalath, and Seakin; and the Syrians, Kagpha, Babadilma, and Badakharida.[9] In St. James's protogospel, they appear with the names of Tanisuram, Malik, and Sissebâ.[10]

In Spanish literature, the names of the Three Wise Men together with their gifts appear in various medieval texts, as in the "Poema de Mío Cid" that says, "Three kings from Arabia came to worship you, / Melchior and Caspar and Baltasare, / gold and incense and myrrh they offered you willingly."[11] The Archpriest of Hita cites them in his book, Libro del Buen Amor,

as follows: "Myrrh offered Gaspar, / Melchior incense gave, / gold offered Baltasar / to He who was Man and God."[12]

During the Romanesque period, in the Middle Ages, the Three Wise Men began to appear as representing three different races. Some scholars identify them with the three supposed Atlantean races: the Ligurian (red), Ethiopian (black), and the Scythian (white).[13] Others, however, believe they stood for the three most important races of their time: Gaspar corresponded to the Semitic race, Balthasar embodied the Hamites,[14] and Melchior represented the Aryan race.[15]

In the Middle Ages, for the Nativity festivities and on the vigil before the Epiphany celebration, the church held a great solemn mass. Solemn mass during which they commemorated the Ordo Stellae, which dramatized the appearance of the star to the Wise Men, their voyage to Bethlehem, and their offering before the Christ Child.[16] Medieval manuscripts of musical dramas about the Wise Men appear under various names: *Officium Regum Trium*, *Officium Stellae*, *Versus ad Herodem faciendum*, and *Ordo as representandum Herodem*.[17] Born out of this liturgical theme is the oldest text conserved in Spain. According to Ramón Menéndez Pidal, who called it Auto de los Reyes Magos, the manuscript dates to the mid-twelfth century. This

Fig. 5.2. Santa María la Blanca altarpiece, fourteenth century. / Retablo de Santa María la Blanca, siglo XIV. Monasterio de Sant Joan de les Abadesses, Girona. Photo by Tom Lozano.

is the first dramatic work written in a Romance language, hence its great importance. It was unexpectedly found at the end of a manuscript from the library of the cabildo of Toledo, which contained two exegetic texts in Latin. Felipe Fernández Vallejo, canon of the cathedral, found it in the late eighteenth century. In the drama, the Wise Men are indecisive as to the nature of the boy and the meaning of the star. They decide to take him gold, myrrh, and incense, allowing them thus to discover his true nature. If the child accepted gold, it meant he was king of the world; if he accepted myrrh, it implied his mortality; and if he accepted incense, it revealed him as king of the heavens. Unfortunately, the final scene of the drama was lost, but we suppose that the child accepted all three gifts.

Other documents exist, however, revealing that during the festivities of Corpus Christi in Valencia, in the years 1408, 1426, and 1431, dramas of the Three Kings were staged and in 1432 incorporated a retinue of pages. A float was part of a procession in 1517 depicting Bethlehem, St. Joseph, and the kings.[18] In Barcelona, during the first half of the fifteenth century, the Wise Men appeared on horseback as part of the entremés of Bethlehem in the procession of Corpus Christi.[19] Also during the celebrations of Corpus Christi in Seville in 1560, Pedro Medina displayed the float presenting Los Tres Reyes Magos and won first prize, for which the city awarded him with a silver mark. Scholars believe that Gil Vicente wrote the mentioned drama.[20] The following year, Pedro Molina once again showed the float of the kings, probably because of its success the previous year.[21]

Two themes arise from the Epiphany cycle linked to events that transpired: Los Santos Inocentes and La Huida a Egipto. In some cases these developed as individual presentations, as in Seville in 1576, during the Corpus Christi processions, when Cosme Xeres showed the float of La Huida a Egypto,[22] and in 1584, when Tomás Gutiérrez presented the eucharistic play by the same title.[23] There were periods in which the adoration of the Wise Men, the holy innocents, and the flight to Egypt were treated separately, and others during which they made up one single work.

The Misterio del rey Herodes, also called La Degolla, tied these three events into one. In other words, the misterio incorporated into one single dramatic piece the Wise Men, the flight to Egypt, and the slaughter of the innocents, originally three distinct dramatizations.[24] Milà i Fontanals describes how in the fifteenth century the first attempts at jointly representing these three events during the Corpus Christi processions took place.

Fig. 5.3. Santa María la Blanca altarpiece, fourteenth century. / Retablo de Santa María la Blanca, siglo XIV. Monasterio de Sant Joan de les Abadesses, Girona. Photo by Tom Lozano.

Fig. 5.4. Santa María la Blanca altarpiece, fourteenth century. / Retablo de Santa María la Blanca, siglo XIV. Monasterio de Sant Joan de les Abadesses, Girona. Photo by Tom Lozano.

In 1404 they speak of "shedding blood for the Innocent," which leaves us much in doubt as to the type of dramatization it was; children, however, acted the part since at least 1408. In 1407, Mary is named, though we do not know if she was the Mary of Bethlehem or Egypt, being later distinguished, in 1451. In 1547, "King Herod and his advisors," and "the Mary of the flight to Egypt" appear separately among the presentations that precede "the rocks" [Bethlehem]. The document we have presents a union of the three events. . . . On the eve, there appear enumerated in the itinerary: . . . a modest woman with a headdress, crown, tunic, and blue mantle, sitting on a young she-ass, holding a child in swaddling clothes accompanied by a respectable elderly man. Shepherds with sickle and sheaves of wheat in hand stand at their sides. Next and following the entremés of St. Christopher are the Three Wise Men, appearing on horseback. Last appears one dressed as a constable reading a long role of verses (that of the entremés or eucharistic play). After this, and at the sound of a trumpet, figures armed with rolls of parchment scramble all over the place, hitting everyone in their path and producing a great clamor.[25]

Facts reveal that in 1459 and 1460 the Constable

d. Miguel Lucas de Iranzo celebrated Christmas and Epiphany in Guadalupe.[26] The only description of how the Three Kings were presented appears in the Relación, dated 1462. According to Lucas de Iranzo's chronicle, that year at the constable's palace, Lucas de Iranzo himself, assisted by two pages, staged the offering by the Three Wise Men to the Virgin Mary.[27] They arrived in a sort of mounted procession to the place assigned for the play that night. Besides the two pages, the constable was accompanied by:

> Twelve gracious knights on horseback, well equipped with lances in hand. In front of them was another knight on a very large horse, holding a flag; all dressed in livery, with masks and crowns on their heads, in commemoration of the Magi, whose feast they celebrated.[28]

The constable and his two pages were lavishly dressed and wore beautifully handcrafted royal crowns. They covered their faces with a mask, whereby representing the Three Kings, and interpreted a biblical passage, as described in the fifteenth-century Crónica:

> After dining and removing the tables, there appeared on a small donkey a noble lady, carrying a child in

her arms, and representing our Lady, the Virgin Mary, and her blessed and glorious son, together with Joseph. The constable received her in an act of great devotion and lifted her up to where he sat . . . after which he retired to a room on the other side of the hall. A moment later he came back out with the two very well dressed pages, wearing masks and crowns upon their heads, representing the three Magi, each holding a cup with gifts. With fast pace and gracious air he made his way through the hall, looking up at the star that guided them, which hung from a string in the same hall. Thus he arrived before the Virgin and her Son (and Joseph) and offered his gifts with great clamor of trumpets and drums and other instruments. Having done this, he retired to the aforementioned room from which he appeared again, differently dressed, to the sound of chirimías, at which he began to dance.[29]

The Relación does not mention whether dialogue occurred between the characters. We do know, however, that a year before, in 1461, after staging the Three Wise Men—with much devotion—the constable and his company spent the greater part of that night dancing.[30] The author of Lucas de Iranzo's Relación also narrates how the feast of the Magi was celebrated the following year, in 1463:

Having dined, the Three Magi arrived on horseback, guided by a star strung from the street to one of the doors in the hall, where the constable himself stood. There they dismounted and entered the hall, where hung another star to guide them. There, they offered their gifts to the good Lord Jesus. They did all this in good stance before King Herod.[31]

As mentioned in the chapter of Corpus Christi, there is evidence that the Auto de los Reyes Magos was presented in Toledo. There is no information, however, regarding dialogue, decorations, or costumes. We know only what characters appeared from the actors' pay stub: Three Kings, three men, Herod and two doctors, Mary, Joseph, Herod's squire, and an angel.[32]

A century later, in New Spain, at the Epiphany mass on January 6, 1528, El Ofrecimiento de los Reyes al Niño Jesús was staged, according to the Memoriales of Fray Toribio Motolinía. This document is the earliest record of the first Epiphany-related presentation carried out in New Spain. The Indians themselves performed it in their own Nahuatl language.[33]

[The Indians] also enormously enjoy, as if their own, the feast of the Three Magi in which the Gentile provinces went seeking to adore the Lord and Savior of the world. In some years they present the eucharistic play of the offering, for which they bring the star from far away . . . and have at the church our Lady with her precious Son in the manger, before Whom they offer wax and incense and doves and quails and other small birds which they obtained for that day. Each day they show more and more devotion to this feast.[34]

In Cuernavaca, in 1535 they presented Los Tres Reyes. Between 1540 and 1550 in New Spain they also staged La Adoración de los Reyes. They interpreted the Auto de los Reyes Magos in Tlaxcomulco in 1550, and according to Fray Alonso de Ponce, eyewitness at Tlaxcomulco's festival of Epiphany in 1587, they dramatized the Adoración de los Reyes Magos. According to his writings, it seems that they had held this drama there by tradition for more than thirty years; that is, it had existed since before 1557.[35] Some five thousand Indians attended the spectacle. The characters in this case included the Three Kings, a guide in the forefront leading them, an old man carrying a basket, several angels, several shepherds, King Herod, and several sages and priests. The Virgin Mary, St. Joseph, and the Child were represented as figures placed on the stage located in the church's vestibule.[36] The Comedia de los Reyes was performed in Mexico City in 1600.

We do not know when they began to present Los Tres Reyes in New Mexico. The dramatic sketch was quite popular in the northern part of the state, though it was also staged in other plazas. Los Reyes Magos continues to be dramatized in New Mexico, though on a much smaller scale from what it used to be in the early and mid-twentieth century.

In 1936, Alice Belle Gordon related that the drama Los Tres Reyes continued to be presented in the same way as in the seventeenth century, with simple and ingenious changes in its performance.[37] In July 1942, Ranchos de Taos presented Los Tres Reyes in front of the San Francisco de Asís church. The drama formed part of a community project whose purpose was to preserve it, since it was on the verge of disappearing. Its participants included the actors responsible for the religious dramas and the residents of Taos and Ranchos de Taos who participated equally in its dramatization.[38]

In 1960, the Caballeros de Vargas resurrected the tradition of performing Los Reyes Magos, following an adaptation of the traditional New Mexican manuscripts that Pedro Ribera Ortega had written. Since then, the Caballeros have maintained the tradition. They dramatize it year after year in Santa Fe in early January.

Besides the presentation of Los Tres Reyes, there

Fig. 5.5. Reyes Magos de Albuquerque, Nuevo México, 1960. Colección de fotos de Emma Moya.

existed another New Mexican tradition related to Epiphany. Larry Torres explains that until the mid-twentieth century, a custom existed in New Mexico of asking for aguinaldos on January 6, the day of Epiphany. Youths would go from door to door singing verses to the homeowners who offered the singers small gifts in return.[39]

The drama that incarnates the New Mexican spirit par excellence is *The Shepherds' Play*. Perhaps for that reason Los Reyes Magos was never as popular as *The Shepherds' Play*. Other reasons may also exist. Perhaps what happened in New Mexico is what also occurred in some areas of Spain with regard to *The Shepherds' Play* and the *Auto de los Reyes Magos*. Joaquín Díaz and José L. Alonso Ponga have their own thoughts about the Autos de los Reyes:

> The presentation of these feasts is a regional event; although they are done for the neighbors of the pueblo, outsiders are warmly welcome. If the Shepherds' Play was fundamentally a religious drama, an act of adoration by a specific group (the shepherds), Los Reyes has a more profane character: "They are more like a comedy." Its dramatization requires more characters, more rehearsals, more stage machinery, more props, and more attire. The Magi are thus a complete dramatic event for the towns in our area.
>
> Staging the drama [of the Wise Men] is much more complicated than staging the Shepherds' Play. The figure of a director who orders and develops the large number of actors who will participate in the event is here justified. The role of director, which is essential for the drama to succeed, usually falls to the hands of someone who represents such tradition in the locality and who is deemed worthy by all for that specific act. Such a person is quite fond of the play and so familiar with it that, on many occasions, he knows it by heart and has attained the function of director after having acted various parts in it himself on different occasions.[40]

This text, which refers to the eucharistic play, or *Auto de los Reyes*, from the Leonese town of Izagre, points

Fig. 5.6. Los Caballeros de Vargas in their annual presentation of *The Three Wise Men*, Santa Fe, New Mexico, January 2004. / Los Caballeros de Vargas en su representación anual de *Los Tres Reyes Magos*, Santa Fe, Nuevo México, enero 2004. Photo by Tom Lozano.

to an almost identical phenomenon that occurred in New Mexico. Since the dramatic sketch is more complicated to stage, performing it is also more difficult. The natural tendency, therefore, is to lean toward the *Shepherds' Play*, generally simpler than representing the Three Wise Men. We also see how important the function of director is both in Spain and in New Mexico. The director has the authority and freedom to modify texts, costumes, and props for sake of achieving a successful drama.

As we have seen, this ancient celebration continues to maintain certain enigmas that make it still more interesting. In Spain, it remains an important celebration within the liturgical cycle, awaited by all, especially children. The tradition of the Three Wise Men established itself in New Spain, and being the wise travelers they are, the Kings found their way to New Mexico, where they were well received. Following are different dramatic texts linked to this tradition, along with their historical and popular evolution.

NOTES

1. Tibon, *Diccionario Etimológico*, 87–88; Guido Gómez de Silva, *Breve diccionario etimológico de la lengua española* (Mexico City: Fondo de Cultura Económica, 1991), 260.
2. Pérez-Higuera, *Medieval Calendars*, 233.
3. Young, *The Drama of the Medieval Church*, 2:30.
4. Benito Vázquez González, "Los Reyes Magos fueron ¿3, 4, 6, 12?," *Revista de Revistas*, January 1987, 46–47.
5. Juan G. Atienza, *La mística solar de los Templarios* (Barcelona: Martínez Roca, 1983), 172.
6. Manuel Alvar, *Libro de la Infancia y Muerte de Jesús (Libre dels Tres Reys d'Orient)*, Clásicos Hispánicos (Madrid: Consejo Superior de Investigaciones Científicas, 1965), 74.
7. Iglesias y Cabrera, *Navidades Mexicanas*, 221. Information documented at the Biblioteque Nationale of Paris.
8. Alvar, *Libro de la Infancia*, 76.
9. Iglesias y Cabrera, *Navidades Mexicanas*, 221.
10. Alvar, *Libro de la Infancia*, 76.
11. Amancio Bolaño e Isla, *Poema de Mío Cid*, versión antigua con prólogo y versión moderna de Amancio Bolaño e Isla (Mexico City: Porrúa, 1976), verses 336–38.
12. Juan Ruiz, Arcipreste de Hita, *Libro de Buen Amor*, ed. Alberto Blecua (Madrid: Cátedra, 1992), 17, verse 27.
13. Atienza, *La mística solar*, 173.
14. Pertaining to ancient Egypt. Hamite (Gen. 10:1, 6–20) refers to the descendents of Ham, Noah's son.
15. Vázquez Gonzáles, "Los Reyes Magos fueron ¿3, 4, 6, 12?," 46–47.
16. Pérez-Higuera, *Medieval Calendars*, 233.
17. Smoldon, *The Music of the Medieval Church Dramas*, 124.
18. Milà i Fontanals, *Obras Completas*, 6:226–27.
19. Sánchez-Arjona, *Noticias referentes*, 2.
20. Sánchez-Arjona, *Noticias referentes*, 22.
21. Sánchez-Arjona, *Noticias referentes*, 27.
22. Sánchez-Arjona, *Noticias referentes*, 56.
23. Sánchez-Arjona, *Noticias referentes*, 70.
24. Milà i Fontanals, *Obras Completas*, 6:226.
25. Milà i Fontanals, *Obras Completas*, 6:226–27.
26. "Relación de los Fechos del mui magnifico é mas virtuoso señor Don Miguel Lucas, Mui Digno Condestable de Castilla," in *Memorial Histórico Español: Colección de Documentos, Opúsculos y Antigüedades* (Madrid: Real Academia de la Historia, 1855), 8:32.
27. J. P. W. Crawford, *The Spanish Pastoral Drama* (Philadelphia: University of Pennsylvania, 1915), 10–11.
28. "Relación de los Fechos," 8:74–75.
29. "Relación de los Fechos," 8:75–76.
30. "Relación de los Fechos," 8:42–43.
31. "Relación de los Fechos," 8:108.
32. Torroja Menéndez and Rivas Palá, "Teatro en Toledo," 66–67.
33. Weckmann, *La Herencia Medieval de México*, 510.
34. Fray Toribio de Benavente Motolinía, *Memoriales*, manuscript from the collection of Joaquín García Icazbalceta, Mexico City, 1903, facs. ed. (Guadalajara: Edmundo Aviña Levy, 1967), 93–94.
35. Rojas Garcidueñas, *El Teatro de Nueva España*, 49–50.
36. Horcasitas, *El Teatro Náhuatl*, 329.
37. Alice Belle Gordon, Spanish-American Festivals and Dramas, May 13, 1936, 5–5–3#26, WPA Collection, 2.
38. Marie, *The Role of the Church*, 107.
39. Larry Torres, *Six Nuevo Mexicano Folk Dramas for Advent Season* (Albuquerque: University of New Mexico Press, 1999), 162.
40. Joaquín Díaz and J. L. Alonso Ponga, *Autos de los Reyes* (manuscript, Centro Etnográfico Joaquín Díaz, Urueña), 10.

CAPÍTULO 5

Los Tres Reyes Magos

LA CELEBRACIÓN LITÚRGICA llamada Epifanía constituye una de las festividades religiosas más antiguas. El nombre procede del griego Epiphania o Theophaneia. Epi- significa "sobre" y -phana "brillar, poner a la luz, mostrar." No obstante, en el ciclo litúrgico la Epifanía se relaciona con manifestación, pues a través de la visita de los Reyes Magos (Mateo 2:1–12) Jesús se manifestó al mundo.[1]

La primera reseña histórica de esta celebración se remonta a principios del siglo III, cuando el Papa Clemente de Alejandría anunció que el 6 de enero una secta Gnóstica llamada los Basilidianos, conmemoró la adoración de los Magos. Más tarde, en el Concilio de Zaragoza, en el año 380, se decretó el 6 de enero como fiesta de guardar, con motivo de la manifestación de Jesús al mundo, mediante la visita de los Magos.[2] Pero no fue hasta el siglo sexto que se decretó que los Magos eran reyes. Esta decreto prevaleció a través de la Edad Media y la Epifanía llevó también el nombre de Festum Trium Regum (la Fiesta de los Tres Reyes.)[3]

Esto nos lleva a preguntarnos acerca del número de Reyes. ¿Por qué son tres? Los Evangelios no especifican ningún número determinado, pero tradicionalmente son tres los Reyes Magos. En pinturas que se encuentran en las catacumbas que ocuparon los primeros cristianos para salvaguardarse en la época romana, y en algunos de los escritos historicos de esa época, el número de los Reyes flucciona desde dos, tres, cuatro,

seis y en algunos casos hasta doce. El Papa León I fue quien determinó el número en tres, en el siglo V, como el número de Reyes Magos que fueron a adorar al Mesías. ¿Por qué escogió este número y no otro? Existen varias versiones. Una sería la importancia del tres dentro de la ciencia numerológica, y de la superstición mágico-religiosa. Otra versión podría ser que el tres representase las edades del hombre: juventud, madurez y vejez.[4] Y otra sería la identificación con los tres regalos que presentaron al recién nacido. Estos tres regalos traídos al Dios Infante Divino tienen a su vez su simbolismo: "El oro representa el poder solar, el incienso el vehículo hacia la trascendencia y la mirra la garantía de la vida de ultratumba."[5] Pero no todos los autores han estado de acuerdo y sigue habiendo diferentes interpretaciones, como por ejemplo la de San Bernardo en el siglo XII y San Nicolás de Lyre del siglo XIV. Éstos creían que el oro fue para sustento de la Sagrada Familia, la mirra como antiparásito, para fortalecer el cuerpo del Niño y el incienso para aplacar los malos olores del establo.[6]

A partir del siglo VII, conocemos a los Reyes con los nombres propios de Melchor, Gaspar y Baltasar.[7] El *Evangelio Armenio de la Infancia* dice lo siguiente: "Y los reyes de los Magos eran tres hermanos: 'Melkon,' el primero, que reinaba sobre los persas; después 'Baltasar,' que reinaba sobre los indios [India], y el tercero 'Gaspar,' que tenía en posesión el país de los árabes."[8] En otros lugares son conocidos con otros nombres. Por ejemplo, en Grecia se les conocía bajo los nombres de Hormizdah, Yazdegerd y Perozadh. En Etiopía se llaman Ator, Sater y Paratoras. Los hebreos los llamaban Magalath, Galhalath y Seakin; y los sírios, Kagpha, Babadilma y Badakharida.[9] En el protoevangelio de Santiago aparecen con los nombres de Tanisuram, Malik y Sissebâ.[10]

En la literatura española aparecen los nombres de los Tres Reyes junto con sus obsequios en varios textos medievales, como en el "Poema de Mío Cid" que dice así: "Tres reyes de Arabia te vinieron adorare, / Melchior e Caspar e Baltasare, / oro e tus e mirra te offreçieron de velutade."[11] También el Arcipreste de Hita los cita en su *Libro de Buen Amor*: "Ofreçiól mirra Gaspar, / Melchior fue ençienso dar, / oro ofreçió Baltasar / alque Dios e omne seía."[12]

En plena época del románico, durante la Edad Media, es cuando empiezan a aparecer los Tres Reyes representando tres razas distintas. Algunos entendidos las identifican con tres supuestas razas atlantes: la escita (blanca), la ligur (roja) y la etíope (negra.)[13] En cambio otros opinan que representaban las tres razas más importantes en la época de los Reyes: la raza semita, representada por Gaspar; la raza aria, representada por Melchor y la raza camita, representada por Baltasar.[14]

En la Edad Media, durante los festejos del ciclo Navideño, en la noche de vigilia de la fiesta de la Epifanía, se conmemoraba una gran misa solemne. Durante la misa se celebraba el *Ordo Stellae*, donde se escenificaba la aparición de la estrella a los Reyes Magos, su viaje hasta Belén y el ofrecimiento ante el niño Jesús.[15] Los manuscritos medievales de dramas musicales de los Reyes Magos poseen varios nombres: *Officium Regum Trium, Officium Stellae, Versus ad Herodem faciendum* y *Ordo ad representandum Herodem.*[16] De este tema litúrgico nacerá el texto más antiguo conservado en España. Según Ramón Menéndez Pidal, que le dio el nombre de *Auto de los Reyes Magos*, data de mediados del siglo XII. Esta es la primera obra de teatro escrita en lengua romance, y de ahí su gran importancia. Se halló de manera

imprevista, al final de un manuscrito de la biblioteca del cabildo de Toledo, que contenía dos escritos exegéticos en latín. Fue hallado por el canónigo de la catedral, Felipe Fernández Vallejo, a finales del siglo XVIII. En la obra, los Reyes están indecisos acerca de la naturaleza del niño y del significado de la estrella. Deciden llevarle oro, mirra e incienso y así poder conocer su verdadera naturaleza. Si acepta el oro, querrá decir que es rey del mundo; si acepta la mirra, querrá decir que es mortal y si acepta el incienso, querrá decir que es rey del cielo. Por desgracia no se conserva la escena final de la obra, pero se supone que el niño acepta los tres regalos.

Por otro lado consta que durante las fiestas del *Corpus Christi* en Valencia, en los años 1408, 1426 y 1431, hubo representaciones de los Tres Reyes, y que en 1432 se incorporó un séquito de pajes. En 1517 desfiló una carroza (roca) de Belén en la que iban San José y los Reyes.[17] En la ciudad de Barcelona en la primera mitad del siglo XV, los Reyes Magos salían a caballo como parte del entremés de Belén en la procesión del Corpus.[18] También durante las celebraciones del Corpus en la ciudad de Sevilla en 1560, Pedro Medina sacó el carro con la representación de *Los Tres Reyes Magos*, por el cual la ciudad le otorgó como premio un marco de plata, por ser la mejor representación y se cree que ésta fue la que Gil Vicente escribió.[19] Al año siguiente Pedro Medina volvió a sacar el carro de los reyes, debido quizás al éxito que tuvo el año anterior.[20]

Del ciclo de la Epifanía surgen otros dos temas ligados a los eventos acaecidos: los santos inocentes y la huida a Egipto. En algunos casos desembocan en representaciones individuales, como es el caso en 1576, en Sevilla, durante las procesiones del Corpus, cuando Cosme Xerez sacó el carro de *La Huída a Egipto*,[21] y en 1584, cuando Tomás Gutiérrez presentó el auto de igual título.[22] Hubo épocas en que la adoración de los Reyes, los santos inocentes y la huida a Egipto se trataron separadamente, y otras en las que estaban comprendidos dentro de una misma pieza.

El *Misterio del rey Herodes*, que también era conocido como *la Degolla*, abarcaba estos tres sucesos unidos entre sí. O sea, el misterio juntaba en una sola pieza la adoración de los Reyes Magos, la huída a Egipto y la matanza de los inocentes, que originalmente fueron tres representaciones distintas.[23] Seguidamente, Milà i Fontanals describe cómo desarrollaban en el siglo XV los primeros intentos de representar conjuntamente estos tres eventos en las procesiones del *Corpus Christi*.

En 1404 se habla de "fer sanch per els Ignoscents" (hacer sangre para los inocentes), lo que no deja muy en duda acerca de qué clase sería la representación, pero á lo menos desde 1408 eran representados por niños. En 1407 se nombra la María, que no sabemos si era la de Betlem ó la de Egipto que se distinguen en 1451. En 1547 figuran separados entre las representaciones que preceden á las rocas "lo Rey Herodes ab sos acobellejadors y la María de la fuga de Egipte." La letra que poseemos, presenta reunidos los tres sucesos. . . . En la carrera de la víspera se enumera: . . . una modesta señora con toca, corona, túnica y manto azul, sentada sobre una jumentilla, llevando un niño en fajas y acompañada de un respetable anciano. Van á sus lados unos labradorcillos con hoz y algunos haces de trigo en la mano. Después, y mediando el entremés de San Cristóbal, hay los tres Reyes á caballo, y al fin un personaje, á guisa de alguacil, que lee un largo bando en verso (el del entremés ó auto), concluído el cual y al toque de una bocina, unos figurones armados de rollos de pergamino se derraman por todas direcciones golpeando á los que encuentren al paso, lo que produce grande algazara.[24]

Según escritos de 1459 y 1460, el Condestable d. Miguel Lucas de Iranzo celebró las fiestas de Navidad y la fiesta de los Reyes en Guadalupe.[25] La única descripción sobre cómo se representaron los Reyes Magos consta en la *Relación*, en el año 1462. Ese año, según la crónica de d. Miguel Lucas, hubo una representación escénica del ofrecimiento de los presentes de los Reyes Magos a la Virgen María en el palacio del condestable, que él mismo realizó con la ayuda de dos pajes.[26] Estos

llegaron en una especie de cabalgata al lugar donde se haría la representación aquella noche. Además de los pajes, el condestable iba acompañado de:

Doze cavalleros gentiles hombres en sus caballos bien guarnecidos con sus lanzas darmas en las manos. Yva mas delante de todos otro cavallero en mui grande cavallo que llevaba una bandera; todos ellos vestidos de aquella librea,[27] con falsos visajes y coronas en las cabezas, á memoria de los Reyes magos, cuia fiesta celebraba, . . . [28]

El condestable y los dos pajes vestían ricos ropajes, llevaban en la cabeza coronas reales muy bien labradas y se ocultaban el rostro tras unas máscaras para representar a los Tres Reyes Magos e interpretaron este pasaje bíblico según consta en su *Crónica* del sigo XV:

Y desque ovieron cenado y levantaron las mesas, entró por la sala una dueña cavallera en un asnito sardesco, con un niño en los brazos, que representaba ser Nuestra Señora la Virgen Maria con el su bendito y glorioso fijo, y con ella Joseph. Y en modo de gran devocion, el dicho señor Condestable la recibió y la subió arriba á el asiento do estaba . . . , y el dicho señor se retrajo á una camara que está á el otro lado de la sala. Y dende á poco, salió de la dicha camara con los pages mui bien vestidos, con visajes y sus coronas en las cabezas, á la manera de los tres Reyes magos, y sendas copas en las manos con sus presentes. Y asimismo vino por la sala adelante mui mucho paso y con mui jentil contenencia, mirando el estrella que los guiaba, la qual iva por un cordel que en la dicha sala estaba, y asi llegó al cabo de ella do la Virgen con su fijo (y Joseph) estaba y ofreció sus presentes con mui grandes estruendos de trompetas y atabales y otros estromentos. Y esto asi fecho, retrayóse á la dicha camara, do salió vestido de otra manera, y luego tocaron las chirimías y comenzó á danzar.[29]

En la *Relación* no hay mención alguna si hubo o no diálogo entre los personajes. Se sabe que el año anterior, en 1461, después de escenificar los Reyes Magos—lo cual se hizo con mucha devoción—el condestable y los suyos se pasaron la mayor parte de la noche entre bailes y danzas.[30] El autor de la *Relación* de d. Miguel Lucas de Iranzo también narra de qué manera se celebró la fiesta de los Reyes al año siguiente, en 1463:

Y desque ovieron cenado, vinieron á caballo los tres Reyes magos, guiandolos el estrella que estaba puesta en un cordel por la calle fasta una puerta de una sala, donde el dicho señor Condestable estaba, y descabalgaron y entraron en ella do estaba puesta otra estrella que los guiase, y allá ofrecieron sus presentes al buen niño Jesus. Ficieron todos estos actos con el Rey Herodes en buena contenencia.[31]

Tal y como se mencionó en el capítulo del Corpus Christi, se sabe que se representó el *Auto de los Reyes Magos* en Toledo, pero no existen datos acerca de un diálogo, ni de los decorados, ni del vestuario. Conocemos únicamente qué personajes intervinieron en su día debido a la hoja de cobro de los actores: Tres Reyes, tres hombres, Herodes y dos doctores, la María, el Josepe, un escudero de Herodes y un ángel.[32]

Un siglo después, en la Nueva España, concretamente el 6 de enero de 1528, se representó *El Ofrecimiento de los Reyes al Niño Jesús* durante la misa de la Epifanía, según consta en los *Memoriales* de fray Toribio Motolinía. Este es el primer dato que tenemos sobre la primera representación referente a la Epifanía ocurrida en la Nueva España. Los mismos indios la interpretaron en su propia lengua, náhuatl.[33]

La fiesta de los Reyes tambien la regocijan mucho, que parece propia suya, en la cual las provincias de los gentiles salieron á buscar y á adorar al Señor y Salvador del mundo; y algunos años representaban el auto del ofrecimiento, y traen la estrella de bien lejos . . . y en la iglesia tiene á Ntra. Sra. con su precioso hijo en el pesebre, delante del cual ofrecen cera é incienso y palomas y codornices y otras avecitas que para aquel dia buscan, y de cada dia tienen más y más devoción á esta fiesta.[34]

En 1535 se representó *Los Tres Reyes* en Cuernavaca. Entre 1540 y 1550 se representó así mismo en la Nueva España *La Adoración de los Reyes*. En 1550 se interpretó el *Auto de los Reyes Magos* en Tlaxcomulco. Igualmente en Tlaxomulco durante la fiesta de la Epifanía de 1587, representaron la *Adoración de los Reyes Magos*, como cuenta fray Alonso de Ponce, testigo ocular. Según sus escritos, parece ser que esta dramatización llevaba allí más de treinta años representándose por tradición, es decir, existía desde antes de 1557.[35] En dicha ocasión presenciaron la obra unos cinco mil indígenas. Los personajes en este caso incluían los Tres Reyes, un guía que iba delante, un viejo que cargaba un cesto, varios ángeles, varios pastores, el Rey Herodes, y varios sabios y sacerdotes. La Virgen María, San José y el Niño Jesús eran representados mediante imágenes que estaban colocadas en el escenario, que se encontraba en el atrio de la iglesia.[36] En 1600 se representó la *Comedia de los Reyes* en México.

No sabemos cuándo empezaron a representar los Tres Reyes Magos en Nuevo México. Esta obra era muy popular en el norte del estado, en la zona de Taos, pero se representaba igualmente en otras plazas. Los Reyes Magos siguen escenificándose hoy día en Nuevo México pero a mucha menor escala de lo que fue a principios y mediados del siglo XX.

En 1936, Alice Belle Gordon cuenta que la obra de *Los Tres Reyes* seguía reproduciéndose de igual forma que en el siglo XVII, con cambios simples e ingeniosos en la escenografía.[37] En julio de 1942, Ranchos de Taos representó *Los Tres Reyes* frente a la iglesia de San Francisco de Asís. La obra formó parte de un proyecto comunitario, con el propósito específico de conservar la obra que estaba a punto de perderse. Los participantes incluían a los actores encargados de los dramas religiosos y a los residentes de Taos y de Ranchos de Taos que participaron igualmente en la escenificación de la obra.[38]

En 1960, los Caballeros de Vargas reiniciaron la tradición de representar *Los Reyes Magos*, siguiendo una adaptación que Pedro Ribera Ortega hizo de los manuscritos tradicionales nuevomexicanos. Desde entonces, año tras año los Caballeros han ido manteniendo la tradición y interpretan esta obra cada año en Santa Fe a principios del mes de enero.

Además de representar la obra de los Tres Reyes, existía otra tradición nuevomexicana relacionada con la Epifanía. Larry Torres cuenta que hasta mediados del siglo XX existía la costumbre en Nuevo México de pedir aguinaldos el día seis de enero, día de la Epifanía. Los jóvenes iban de puerta en puerta cantando versos a los caseros quienes obsequiaban a los cantantes con regalitos.[39]

La obra que encarna el espíritu nuevomexicano por excelencia es la pastorela. Quizá por esa razón la puesta en escena de los Reyes Magos nunca fue tan popular como la pastorela. Aparte de esta razón puede ser que existan otras. Puede ser que sucediera en Nuevo México lo mismo que ocurrió en algunas zonas de España con la pastorada y el *Auto de los Reyes Magos*. Veamos lo que dicen J. Díaz y J. L. Alonso Ponga en su investigación sobre los *Autos de los Reyes*:

La representación de estas fiestas es un acontecimiento comarcal; aunque se hace para los vecinos del pueblo, se recibe con agrado a los forasteros. Si la pastorada era fundamentalmente un auto religioso, un acto de adoración de un colectivo concreto (Los pastores) "Los Reyes" tienen un carácter más profano: "Son más tipo comedia." Su representación requiere mayor número de personajes, más ensayos, más tramoya, más escenografía, mejores atuendos. Los reyes son, pues, un completo acontecimiento teatral en los pueblos de nuestra geografía.

La puesta en escena de la obra es mucho más complicada que la pastorada. Aquí se justifica mejor la figura de un director que ordene y haga evolucionar el elevado número de actores que han de intervenir. El cargo de director, básico para el éxito de la obra, suele recaer en una persona que encarna la tradición dentro de la localidad y a quien todo el mundo reconoce su valía para ese acto concreto. Es una persona muy encariñada con la obra y familiarizado con ella hasta el extremo de que, en muchas ocasiones, la sabe de memoria, ya que no en vano antes de llegar a director ha intervenido en diferentes ocasiones con papeles distintos.[40]

Este texto sobre el *Auto de los Reyes* del pueblo leonés Izagre, España, describe un fenómeno casi idéntico ocurrido en Nuevo México. Debido a la dificultad, existe una tendencia a volcarse más hacia las pastorelas, más sencillas en general que las de los Reyes Magos. También vemos la importancia, tanto en España como en Nuevo México, del papel que ejecuta el director. Éste tiene la autoridad y la libertad de modificar los textos, los vestuarios y la escenografía para que la obra se realice correctamente.

Como hemos podido ver, esta antigua celebración sigue manteniendo ciertos enigmas que la hace aún más interesante. En España es todavía una importante celebración dentro del ciclo litúrgico; una fiesta muy esperada, en especial por todos los niños. La tradición de los Tres Reyes Magos se instauró en la Nueva España y como sabios viajeros, los Reyes encontraron el camino hasta Nuevo México, donde fueron bien recibidos. Veamos a continuación los diferentes textos de las obras ligadas a esta tradición con su evolución histórica y popular.

The following drama belongs to the cathedral in Nevers, France. As of yet it is the oldest example of the Epiphany representation. Written in 1060, it forms part of the manuscript *Liber Responsalis* of the Mazarine Library of Paris. Besides the text, it contains the original music. It was presented after Matins and before singing the *Te Deum*.

The dramatization began with three priests dressed like the Magi. When the bishop pronounced the word "Venite," the Three Magi appeared before the altar and in unison sang the response, "Stella fulgore. . . ." Next, they turned to face the congregation and sang, "Eamus ergo . . .," advancing until they reached King Herod. The action continued until the bishop entoned the *Te Deum*, signaling the end of the drama.

La siguiente obra pertenece a la catedral de Nevers, Francia. Esta obra constituye el ejemplo más antiguo de la representación de la Epifanía conocida hasta el momento. Escrita en 1060 forma parte del manuscrito *Liber Responsalis* conservado en la Biblioteca Mazarine de París, que contiene junto con el texto, la música original. Se interpretaba al finalizar los Matines, y antes de cantar el *Te Deum*.

La función empezaba con tres clérigos vestidos simulando a los Magos. Cuando el obispo pronunciaba la palabra "Venite," los Tres Magos aparecían ante el altar respondiéndole cantando al unísono "Stella fulgore...." Entonces se daban la vuelta de cara a la congregación cantando, "Eamus ergo . . .," avanzando hasta donde se encontraba el Rey Herodes. Así proseguía la representación hasta que el obispo entonaba el *Te Deum*, y así quedaba por finalizada la obra.[1]

Officium Stellae o Festum Trium Regum
(Siglo XI)[2]

Finitis lectionibus, iubeat Domnus Presul preparare tres clericos in trium transfiguratione Magorum, puos preparatos terque a presule uocatos ita: Venite; pergant ante altare hunc uersum dicentes:

Stella fulgore nimio rutilat,
que regem regum natum monstrat,
quem uenturum olim prophetie signauerant.

Quo finito, uerso eurum uultu ad populum pergant usque ad Regem.

Dicant hunc uersum:
Eaumus ergo et inquiramus eum, offerentes ei munera: aurum, thus et myrram.

Quibus respondens Rex dicat:

Regem quem queritis, natum esse quo signo didicistis? Si illum regnara creditis, dicite nobis.

At contra ipsi:
Illum natum esse didicimus in oriente stella monstr (an) te.

Quo audito, dicat iterum Rex:
Ite et de puero didgenter inuestigate,
Et inuentum redeuntes michi renuntiate.

Accepta licentia, pergant:
Ecce stella in oriente preuisa iterum preueniet. Vidimus stellam eius in oriente, et agnouimus regem regum natum esse.

Quibus respondeant Custodes ita:
Qui sunt hi qui stella duce, nos adeuntes[3] inaudita ferentes?

At contra ipsi:
Nos sumus, quos cernitis, reges Tarsis et Arabum et Saba dona ferentes Christo, Regi, nato Domino, quem,[4] stella deducente, uenimus adorare.

Ostendentibus illis Imaginem dicant:
Ecce puer ades quem queritis; iam properate, adorate, quia ipse est redemptio uestra.

Quorum Magnorum unus offerens aurum dicat;
Salue, Rex seculorum, suscipe nunc aurum.

Et secundus offerens thus dicat:
Tolle thus, tu uerus Deus.

Necnon tercius offerens mirram dicat:
Mirram, signum sepulture.

His itaque gestis, dicat puer stans in excelso loco:
Impleta sunt omnia que prophetice dicat sunt. Ite, uiam remeantes aliam, ne delatores tanti regis puniendi eritis.

Omnibus peractis, dicat presul *Te Deum* laudamus.

---

1. Donovan, *The Liturgical Drama*, p. 175.

2. Biblioteque Mazarine (Paris), ms. 1708, Liber Responsoralis de Nivers siglo XI, fol. 81v; Young, *The Drama of the Medieval Church*, Vol. 1, pp. 50–51.

3. Adientes (ms.).

4. Qui (ms.).

The following drama contains a total of five scenes and 147 verses. The *Auto de los Reyes Magos*, as Ramón Menéndez Pidal called it, is the only primitive medieval theater piece known today. The text is incomplete, yet, as Ángel and Amelia del Río point out, "This surviving fragment lacks no elegance within its simplicity. Its dialogue is vivacious, its movements are dramatic, and it contains a certain humorous intention in portraying the characters psychologically, particularly the rabbis."

La siguiente obra consta de cinco escenas y ciento cuarenta y siete versos en total. El *Auto de los Reyes Magos*, como Ramón Menéndez Pidal lo nombró, se trata del único teatro primitivo medieval conocido hasta hoy. El texto está incompleto pero tal y como expresan Ángel y Amelia del Río, "El fragmento conservado no carece de gracia dentro de su sencillez. Posee vivacidad en el diálogo, movimiento dramático y cierta intención humorística al caracterizar psicológicamente a los personajes, en particular a los rabinos."[5]

Auto de los Reyes Magos
(Anónimo, c. a. 1150)[6]

[Escena 1]

(CASPAR, *solo*.)   Dios criador; qual marauilla
no se cual es achesta strela!
Agora primas la he ueida,[7]
poco tiempo a que es nacida.
Nacido es el Criador

que es de las gentes senior
Non es uerdad non se que digo,
todo esto non uale un figo;
otra nocte me lo catare,[8]
si es uerdad bine[9] lo sabre. (*pausa*)
Bine es verdad lo que io digo?
en todo, en todo lo prohio.[10]
Non pudet seer otra sennal?
Achesto es i non es al;[11]
nacido es Dios, por uer,[12] de fembra
in achest mes de december.
Ala ire o que fure,[13] aoraro e,
por Dios de todos lo terne.

(BALTASAR, *solo*.)   Esta strela non se dond[14] uinet,
quin la trae o quin la tine.
Porque es achesta sennal?
en mos dias on ui atal.
Certas[15] nacido es en tirra
aquel qui en pace[16] y en guera
senior a a seer[17] da oriente
de todos hata occidente.
Por tres noches me lo uere
i mas de uero lo sabre. (*pausa*)
En todo, en todo es nacido?
non se si algo e ueido;[18]
ire, lo aorare[19]
i pregare[20] i rogare.

(MELCHIOR, *solo*)   Ual, Criador, atal facinda[21]
fu nunquas alguandre falada
o en escritura trubada?[22]
Tal estrela non es en celo,

---

5. Ángel del Río y Amelia A. del Río, *Antología General de la Literatura Española, Verso, Prosa, Teatro* (Madrid: Revista de Occidente, 1954), Tomo I, p. 23.

6. Ramón Menéndez Pidal, "Ms. Hh-115, Bibioteca Nacional (Madrid)," *Revista de Archivos, Bibliotecas y Museos* IV (1900), pp. 453–62.

7. Ahora la he visto por primera vez.

8. Lo observaré, lo pensaré.

9. Bien.

10. Lo sostengo; en todo significa totalmente, enteramente.

11. Esto es y no es otra cosa.

12. Por vero, verdaderamente.

13. Allá iré dónde quiera que esté.

14. De donde.

15. Ciertamente.

16. Paz.

17. Ha de ser, será.

18. Visto.

19. Adoraré.

20. Rezaré.

21. Válgame Dios si una cosa como esta.

22. ¿Fue alguna vez (alguandre) encontrada? (es decir: ¿Ha ocurrido nunca una cosa así?) o se encuentra en los escritos? (es decir: ¿hay profecías o testimonios escritos sobre ello?)

desto so io bono strelero;[23]
bine lo ueo sines escarno[24]
que uno omne es nacido de carne,
que es senior de todo el mundo,
asi cumo el cielo es redondo;
de todas las gentes senior sera
i todo seglo[25] iugara.[26]
Es? non es?
cudo[27] que uerdad es.
Ueer lo e otra uegada,[28]
si es uerdad o si es nada. (*pausa*)
Nacido es el Criador
de todas las gentes maior;[29]
bine lo [u]eo que es uerdad,
ire ala, par caridad.

[Escena 2]

(CASPAR *á* BALTASAR)   Dios uos salue, senior; sodes
    uos strelero?
    dezidme la uerdad, de uos saberla quiro.
    [Vedes tal maravilla?]
    [nacida] es una strela.
(BALTASAR)   Nacido es el Criador,
    que de las gentes es senior.
    Ire, lo aorare.
(CASPAR)   Io otrosi rogar lo e.[30]
(MELCHIOR *á los otros dos*)   Seniores, a qual tirra,
    quer[edes] andar?
    queredes ir conmigo al Criador rogar?
    Auedes lo ueido? io lo uo [aor]ar.

(CASPAR)   Nos imos otrosi, sil podremos falar.[31]
    Andemos tras el strela, ueremos el logar.
(MELCHIOR)   Cumo podremos prouar si es homne
    mortal
    o si es rei de terra o si celestrial?
(BALTASAR)   Queredes bine saber cumo lo
    sabremos?
    oro, mira i acenso a el ofrecremos:
    si fure[32] rei de terra, el oro quera;
    si fure omne mortal, la mirra tomara;
    si rei celestrial, estos dos dexara,
    tomara el encenso quel pertenecera.
(CASPAR y MELCHIOR)   Andemos i asi lo fagamos.

[Escena 3]

(CASPAR *y los otros dos reyes á* HERODES)   Salue te
    el Criador, Dios te curie[33] de mal,
    un poco te dizeremos, non te queremos al,
    Dios te de longa[34] uida i te curie de mal;
    imos in romeria aquel rei adorar
    que es nacido in tirra, nol podemos fallar.[35]
(HERODES)   Que decides, o ides?[36] a quin ides
    buscar?
    de qual terra uenidos, o queredes andar?
    Decid me uostros nombres, no m' los
    querades celar.[37]
(CASPAR)   A mi dizen Caspar;
    est otro Melchior, ad achest Baltasar.
    Rei, un rei es nacido que es senior de tirra,
    que mandara el seclo[38] en grant pace
    sines gera.[39]
    (HERODES)   Es asi por uertad?
(CASPAR)   Si, rei, por caridad.

---

23. Astrólogo.
24. Sin duda.
25. Todo en mundo.
26. Juzgará.
27. Creo.
28. Vez.
29. Amo, señor.
30. Yo también le rezaré.
31. Nosotros vamos (imos) también (a ver) si le podremos
    encontrar.

32. Si fuera.
33. Te guarde.
34. Larga.
35. No podemos dejar de hacerlo.
36. ¿Dónde (o) vais?
37. No queráis callar (vuestros nombres).
38. En el mundo.
39. Sin guerra.

(HERODES)   I cumo lo sabedes?
    ia prouado lo auedes?
(CASPAR)   Rei, vertad te dizremos,
    que prouado lo auemos.
(MELCHIOR)   Esto es grand ma[ra]uila.
    un strela es nacida.
(BALTASAR)   Sennal face que es nacido
    i in carne humana uenido.
(HERODES)   Quanto i a que la uistes[40]
    i que la percibistis?
(CASPAR)   Tredze días a,
    i mais non auera,
    que la auemos ueida[41]
    i bine percebida.
(HERODES)   Pus andad i buscad,
    i a el adorad
    i por aqui tornad.
    Io ala ire,
    i adoralo e.

[Escena 4]

(HERODES, *solo*)   ¿Quin uio numquas tal mal,
    sobre rei otro tal!
    Aun non so io morto,
    ni so la terra pusto![42]
    rei otro sobre mi?
    numquas atal non ui!
    El seglo ua a caga,[43]
    ia non se que me faga;
    por uertad no lo creo
    ata que io lo ueo.
    Venga mio maiordo[ma]
    quis mios aueres toma. (*Sale el mayordomo*)

Idme por mios abades
i por mis podestades,[44]
i por mios scriuanos
i por mios gramatgos,[45]
i por mios streleros
i por mios retoricos;
decir m'an la uertad, si iace[46] in sscripto
o si lo saben elos o si lo an sabido.

[Escena 5]

(*Salen* LOS SABIOS *de la Corte*)   Rei, qque te plaze?
    he nos uenidos[47]
(HERODES)   I traedes uostros escriptos?
(LOS SABIOS)   Rei, si traemos,
    los meiores que nos auemos.[48]
(HERODES)   Pus catad,[49]
    decid me la uertad,
    si es aquel omne nacido
    que esto tres rees m'an dicho.
    Di, rabi, la uertad, si tu lo as sabido.
(EL RABÍ)   Po[r] ueras uo lo digo[50]
    que no lo [fallo] escripto.
(OTRO RABÍ *al primero*)   Hamihala,[51] cumo eres
      enartado![52]
    por que eres rabi clamado?
    Non entendes las profecias,
    las que nos dixo Ieremias.
    Par mi lei, nos somos erados![53]
    por que non somos acordados?[54]
    por que non dezimos uertad?
(RABÍ PRIMERO)   Io non la se, par caridad.
(RABÍ SEGUNDO)   Por que no la auemos usada,
    ni en nostras uocas es falada.[55]

---

40. ¿Cuánto hace que allí la visteis?
41. Que la hemos visto.
42. Enterrado, puesto bajo tierra.
43. El mundo va para atrás.
44. Magistrados.
45. Gramáticos.
46. Yace.
47. Aquí estamos.
48. Los mejores que nosotros tenemos.

49. Mirad.
50. De veras os lo digo.
51. Exclamación aun no explicada. Se ha interpretado como "a mi Alá." Ford sugiere *Ha Mihala* por "Miguel," suponiendo que este fuera el nombre del rabí.
52. Engañado.
53. Por mi fe, estamos equivocados.
54. ¿Por qué no nos ponemos de acuerdo?
55. Porque no acostumbrarnos a decirla (la verdad) ni se encuentra en nuestras bocas.

Officium Stellae
(Siglo XIII)[56]

OFFICIUM STELLAE. B.N. Ms lat. 904, fols. 28v.-30r. Siglo XIII

stel - la ful-go-re ni-mi-o ru-ti-lat, quae re-gem re-gum na-tum de-mon-strat.

Quem ven-tu-rum o - lim pro-phe-ti - ae si-gna-ve - rant.

E - a -mus er-go, et in - qui-ra - - mus e-um, of-fe-ren-tes e-i mu-ne-ra:

au - rum, thus et mir-ram.

Ec - ce stel-la in o-ri-en-te prae-vi-sa. I te-rum prae-ce-dit nos lu-ci-da.

qui sunt hi qui stel- la du-ce nos a-de-un-tes in-au-di-ta fe-runt?

Nos su-mus, quos cer-ni-tis, re-ges Thar-sis, et A-ra-bum et Sa-ba do-na fe-ren-tes

chris-to, Re-gi, na-to Do-mi-no, quem, stel-la de-du-cen-te, a-do-ra-re ve-ni-mus

Ec - ce, pu-er a - dest quem quae-ri-tis; iam pro-pe-ra-te, a-do-ra-re, qui-a ip-se est re-d+

56. BN (Paris), versión de Rouen, Francia, ms. lat. 904, fols. 28v-30r; Smoldon, *The Music of Medieval Church Dramas*, pp. 127–28.

The apocryphal Gospels have filled in the gaps of Jesus's life that appear in the canonical Gospels. The following anonymous text falls into the apocryphal tradition. A scibe from Aragon copied it around 1389. The text is of French origin, however, from the mid-thirteenth century.

Rather than catalogued within the liturgical medieval dramas, the *Libro de la Infancia y Muerte de Jesús* (as Manuel Alvar proposed to name it, rather than *Libre dels Tres Reys d'Orient*) is instead considered a poem in Castilian. According to Manuel Alvar, this poem is in its most ample sense part of *Mester de Clerecía*, though with minstrel character. It includes the adoration of the Magi, King Herod's slaughter of the innocent children of Judea, the Holy Family's flight to Egypt, and the death of Jesus Christ on the cross together with the thieves.

Los vacíos que la vida de Jesús presenta en los Evangelios canónicas han sido llenados por los Evangelios apócrifos. El próximo texto forma parte de la tradición *apocrypha* y es de autor anónimo.[57] Un escribano aragonés lo copió hacia 1389, aunque el texto es de mediados del siglo XIII y de origen francés.

El *Libro de la Infancia y Muerte de Jesús* (Manuel Alvar propuso este título en vez de *Libre dels Tres Reys d'Orient*) no está catalogado dentro de los dramas litúrgicos medievales, sino que se le considera un poema escrito en castellano. Según el estudio de Alvar, éste poema forma parte, en el sentido más amplio, del *Mester de Clerecía* pero con carácter juglaresco.[58] Abarca la adoración de los Reyes Magos, la matanza de los niños inocentes por parte de Herodes, la huida a Egipto de la Sagrada Familia y la muerte de Jesucristo en la cruz junto con los ladrones.

Açi Comença lo Libre dels Tres Reys d'Orient
(Siglo XIV)[59]

Pues muchas vezes oyestes contar
de los tres Reyes que vinieron buscar
a Ihesuchristo, que era nado,
una estrella los guiando,
et de la grant marauilla
que les auino en la villa
do Erodes era el traydor
enemigo del Criador.

Entraron los Reyes por Betlem la çibdat
por saber si Herodes sabia verdat
en qual logar[60] podrian ffallar
aquell Senyor que hiuan buscar;

---

57. Apocryphus: Del latín tardío "no incluido en el canon," es decir, libro no incluido en el canon de la Biblia.

58. Manuel Alvar, *Antigua Poesía Española Lírica y Narrativa* (México: Porrúa, 1991), pp. 38–39.

59. Códice escurialense III-k-4, fol. 82v–85v. Esta obra está adornada con una pequeña viñeta representando la Adoración de los Reyes Magos. Pedro José Pidal, *Poetas Castellanos anteriores al siglo xv*, colección hecha por Tomás Antonio Sánchez, Biblioteca de Autores Españoles LVII (Madrid: Hernando, 1925), pp. 319–21.

60. Lugar.

que ellos nada non sabien,
Erodes si lo querie mal ho bien.
E quando conell estudieron
e el estrella nunqua vieron.

Quando Erodes oyó el mandado
mucho fue alegre e pagado.
E ffizo senblante quel plazia,
mas nunqua vió tan negro dia.
Dixo que de que[61] fuera nado
nunqua oyera tan negro mandado.
Hitlo[62] buscar sse que deuedes,
venit aqui mostrar-me-lo eedes;
En qual logar lo podredes ffallar
yo lo yré adorar.

Los Reyes sallen de la çibdat
e catan a toda part,[63]
e vieron la su estrella
tan luziente e tan bella,
que nunqua de dellos se partió
ffasta que dentro los metió.
Do la gloriosa era
el Rey del çielo e de la tierra.
Entraron los Reys mucho omildosos
e fincaron los ynoios;[64]
e houieron gozo por mira,
offreçieron oro e ençienso e mirra.
Baltasar offreçió horo,
por-que era Rey poderoso.
Melchor mirra por dulçora,
por condir la mortal corona.
E Gaspar le dió ençiensso,
que assi era derecho.

Estos reyes cumplieron sus mandados
e sson se tornados
por otras carreras a sus regnados.

Cuando Erodes ssopo
que por hi non le an venido,
mucho sen touo por escarnido.
E dixo todo me miro
e quando vió esta maravilla,
fuerte fue sanyoso por mira;
e con grant hira que en si auia
dixo a sus vassallos, ¡vía!
cuantos ninyos fallauan
todos los descabeçauan.
Mezquinos que sin dolor
obedeçieron mandado de su sennyor

Quantos ninyos fallauan,
todos los descabeçauan.
Por las manos los tomauan.
Por poco que los tirauan.
Sacauan a las vegadas
los braços con las espaldas.
Mesquinas que cuytas vieron
las madres que los parieron!
Toda madre puede entender
qual duelo podrie séller.
Que en le çielo fue oydo
el planto de Rachel.
Dexemos los moçuelos
e non ayamos dellos duelos.
Por quien fueron martiriados
suso al çielo son leuados;
cantarán siempre delante él,
en huno con Sant Miguel;
la gloria tamanya
será que nunca mas fin non haura.
D'estos ninyos que siempre ffiesta façedes
si por enogo[65] non lo ouieredes,
decir uos e huna cosa
de Christo e de la Gloriossa.

---

61. Desde que.
62. Idlo.
63. Por todas partes.
64. Se incaron de hinojos, es decir, de rodillas.
65. Enojo.

Josep jazia adormido,
el angel fue a él venido
dixo lieua, varon e vé tu via;
fuye con el ninyo e con María;
vete pora Egipto
que assi lo manda el escripto.
Leuantóse Josep mucho espantado,
pensó de complir el mandado.
Prende al Ninyo e la madre
e el guiolos como a padre.
Non leuó con ellos res[66]
sino huna bestia e ellos tres.
Madrugaron grant manyana,
solos passan por la montanya.

Encontraron dos peyones,
grandes e fuertes ladrones,
que robauan los caminos
e degollauan los pelegrinos.
El que alguna cosa traxiesse
non ha auer que le valiesse,
presos fueron muy festino,
sacáuanlos del camino.
De que fuera los touieron,
entre si razon ouieron.
Dixo el ladrón más fellon:
asi seya la partición.
Tu que mayor e meior eres
descoig dellos qual mas quisieres.
Desi partamos el mas chiquiello
con el cuchiello.

El otro ladron touo que dizie fuerte cosa
et fablar por miedo non osa.
Por miedo que sse hiraria
e que faria lo que dizia.
Antes dixo que dizia sseso
e quel partiessen bien por pesso.
Et oyas me amigo por caridat

e por amor de piadat.
Pensemos de andar
que hora es de aluergar.
En mi cassa aluergaremos,
e cras como quisieres partiremos.
E ssi se fueren por ninguna arte
yo te pecharé[67] tu parte.

Dios, que bien reçebidos son
de la muger daquell ladron.
A los mayores daba plomaças
e al ninyo toma en braços;
e fazíales tanto de placer
quanto mas lo podie fer.
Mas ell otro traydor quisiera luego
que ante ques posasen al fuego
manos e piedes les atar,
e en la cárcel los echar.
El otro ladron començó de fablar
como oyredes comptar.
Oyas-me amigos por caridat
e por amor de piedat.
Buena cosa[68] e fuerte tenemos
cras como quisieres pattiremos.
E ssi se fueren por ninguna arte
yo te pecharé tu parte.

La vespeda nin come nin posa
seruiendo a la Glosiosa.
E ruegal por amor de piedat
que non le caya en pensar,
e que su fijo le dé ha banyar.
La Gloriosa diz banyatle,
e fet lo que quisieredes,
que en vuestro poder nos tenedes.

Va la huéspeda correntera
e puso del agua en la caldera.
De que el agua houo asaz caliente

---

66. Nada.
67. Pagaré.
68. Casa.

el ninyo en braços prende.
Mientre lo banya al non faz
sino cayer lágrimas por su faz.
La Gloriosa la cataua
demandol porque lloraua;
Huéspada porque llorades,
non me lo çeledes si bien ayades.
Ella dixo, non lo çelaré amiga
mas queredes que uos diga.
Yo tengo tamanya cueyta,[69]
que querria seyer muerta.
Vn fijuelo que hauia
que parí el otro dia,
afelo alli don jaz gafo
por mi pecado despugado.

La Gloriosa diz: darmelo varona
yo lo banyaré que non so ascorosa.
E podedes dezir que en este annyo
non puede auer meior vannyo.
Ffue la madre e príiolo en los braços,
a la Gloriosa lo puso en las manos.
La Gloriosa lo metió en el agua
do banyado era el Rey del çielo e de la tierra.
La vertut fue fecha man a mano,
metiol gaffo e sacol sano.
En el agua fincó todo el mal,
tal lo sacó como vn crispal.[70]
Quando la madre vió el fijo guarido
grant alegría ha consigo.
Huéspeda en buen día a mi casa viniestes
que a mi fijo mes diestes.
Et aquell ninyo que alli jaz
que tales miraglos faz,
a tal es mi esperança
que Dios es sines dubdança.

Corre la madre muy gozosa
al padre dize la cosa.

Contol todo comol auino,
motrol el fijo guarido.
Quando el padre lo vió sano
non vió cosa mas fues pagado;
E por pauor del otro despertar
pensó quedo des leuantar;
e con pauor de non tardar
priso carne, vino e pan.

Pero que media noche era,
metióse con ellos a la carrera.
Escurriólos fasta Egipto,
asi lo dize el escripto.
E quando de ellos sse houo a partir,
merçet los començó de pedir.
Que el fiio que ell ha sanado
suyo seya acomendado.
A tanto ge lo acomendó de suerte
que suyo fues a la muerte.
La Gloriosa ge lo ha otorgado,
el ladron es ya tornado.

Al otro aleuoso ladron,
naçiol vn fijo varón.
Los ninyos fueron creçiendo,
las manyas de los padres aprendiendo.
Salieron robar caminos
e degollauan los pelegrinos
e ffaçian mal a tanto
fasta on los priso Pilato.

A Iherusalém los aduz,
mándalos poner en cruz;
en aquell dia senyalado
que Christus fue cruçificado.
El que en su agua fue banyado
fue puesto al su diestro lado.
Luego quel vió en él creyó,
e merçet le demandó.

69. Cuita.
70. Cristal.

Nuestro Senyor dixo
oy serás conmigo
en el santo parayso.
El fide traydor quando fablaua
todo lo despreçiaua.
Diz, varon, como eres loco,
que Christus non te valdrá tan poco.
A ssi non puede prestar
¿cómo puede a ti huuiar?

Este fue en infierno miso
e el otro al parayso.
Dimas fu salvo
e Gestas fue condapnado.
Dimas e Gestas,
medio diuina potestas.

Et finito libro sit laus gloria Christi.

Fig. 5.7. Line drawing, Cancionero de Juan del Encina.

Los Tres Reyes Magos
A la ylustre y muy magnífica señora doña Ysabel
Pementel, Duquesa de Alva, Marquesa de Coria, etc.
Comiença la fiesta de los tres Reyes Magos,
trobada por Juan del Enzina.
(Representada por primera vez en 1492)[71]

Propone.

Vuestra ylustre señoria,
que tiene gran devocion

en la fiesta deste dia
de la santa Epifania,
con mucha causa y razon:
esta breve colacion
reciba de mi siquiera
pues el real coraçon
de vuestra gran perfecion
en esta fiesta se esmera.

Que como su natural
sea de gran nacimiento
assi muestra gran señal
en esta fiesta real
su real conocimiento:
y no poco atrevimiento
es el mio mas muy grande,
por las faltas que en mi siento
mas vuestro merecimiento
suplico suplir las mande.

Invoca a los Tres Reyes Magos.

O Reyes santificados
de santa sabiduría
pues fuestes tan bien guiados,
sed mi guia y abogados
porque lleve buena via:
dad me esfuerço y osadía
rogando a Dios que me guie
que la flaca fuerça mia
menos que nada seria
sin quel sa gracia me embie.

Narra.

Al tiempo que el sol nacio
de virgen resplandeciente
una estrella aparecio
que a los tres reyes guio
a Belen desde oriente,

---

71. *Cancionero de Juan del Encina*, 1496, publicado en facsímile (Madrid: Real Academia Española, 1925), pp. xii–xiii.

a ver al Rey ecelente,
y llevarle vassallage
de muy precioso presente
por salvador de la gente
y del humano linaje.

Los tres reyes caminando
en busca del rey divino,
su vista muy desseando
yva la estrella guiando
mostrandoles el camino:
y delante de contino,
por les dar mas alegria
y que llevassen buen tino
o merecimiento dino
de llevar tan buena guia.

Prossigue.

Su proposito siguiendo
no cessando caminar
para Jerusalen yendo
dela estrella se partiendo
ella los quiso dexar
por entrar enel lugar
no guiando se por ella
y pensando alli de hallar
aquien yban abuscar,
alli perdieron la estrella.

Comparación.

Como los reyes perdieron
la estrella y su resplandor
porque della se partieron
hasta que despues bolvieron
en busca de su claror:
assi pierde el pecador
que se aparta del camino
la gracia que da el Señor
hasta bolver en amor
a ser de la gracia dino.

Prossigue.

Llegando a Jerusalen
dentro de la ciudad entraron
no sabian que en Belen
avia nacido el bien
que tanto ver desearon:
y alli por el preguntaron,
por saber cierto lo cierto
toda la ciudad turbaron,
a Herodes alteraron
de temor y espanto muerto.

Que de muerte se turbo
viendo aquellos reyes tres
que preguntar les oyo
adonde esta el que nacio
rey de los judios ques:
mostrose alegre y cortes
preguntando de aquel rey
mas era todo al reves
y mando llamar despues
los dotores de la ley.

Con vna falsa alegria
les dixo que le dixessen
aquel rey que se dezia
en qué lugar naceria
porque lo cierto supiessen:
y como ellos respondiesen
en Belen ha de nacer
dixo alos reyes que fuessen
y que por alli bolviessen
para nuevas le traer.

Y si, según su decir,
fuesse el Salvador nacido,
quél tan bien quería yr
a le adorar y servir
con un amor muy crecido;
mas, claro está conocido,
que con gra maldad hablasse
por matar rey tan subido
porque después de crecido
el reyno no le tomasse.

A Herodes.

No tengas ningun temor
Herodes pierde recelo
que aqueste rey salvador
criador y redentor
no viene a ser rey del suelo:
que su reyno es enel cielo
todo el mundo es en su mano
esfuerça toma consuelo
con tu reyno y con tu duelo
no temas triste tirano.

A nuestro Salvador.

O salvador muy bendito
o niño de fuerças tantas
de poder muy infinito
siendo niño tan chiquito
ya desde la cuna espantas:
a la soberbia quebrantas
de los reyes con espanto
desde niño ya levantas
grandes esperanzas santas
de tu reyno mas que santo.

Prosigue.

Dexando a Jerusalen
los reyes partidos della
no salieron aun bien bien
al camino de Belen
quando ya vieron la estrella:
gozaronse mucho en vella
con gran gozo y alegria
siguieron luego tras ella
hasta ver ala doncella,
bendita virgen Maria.

La estrella que los guió
despues que a Belen llegaron
sobre una casa paró
y alli desaparecio

y ellos alli se apearon:
como enel portal entraron
lleno de gran resplandor
mucho se maravillaron
alli la virgen hallaron
y en braços al salvador.

En aquel pobre portal
hallaron tan gran riqueza
a tan gran rey celestial
y a su madre virginal
mas limpia que la limpieza:
o tu divinal grandeza
que te quesiste vestir
de pobre naturaleza
y venir a tal pobreza
por el mundo redimir.

Prosigue.

Espantaronse en le ver
muy pobremente enpañado
mas bien parecia ser
de muy precioso valer
aunque en pobreza humillado:
ya mostrava gran estado
de treze dias nacido,
por todo el mundo sonado
de los reyes adorado
de los angeles servido.

Llegaron estos tres reyes
con muy santa voluntad
al pastor de tantas greyes
como quando van los bueyes
al yugo con humildad:
su divina majestad
de rodillas la adoraron
confessando su deydad
su perfecta humanidad
tres dones le presentaron.

Los dones que le traxeron
son encienso mirra y oro
a dios encienso ofrecieron
por ombre mirra le dieron
y oro a rey de gran tesoro:
o tesoro yo te adoro
precio de la redención
descanso de nuestro lloro
con gran amor me enamoro
de tu mas que perfección

Contemple todo cristiano
aquesta gran ecelencia
eneste rey soberano
ser divino y ser vmano
divina y vmana esencia:
o divina providencia
que tan reales varones
alexados y en ausencia
los traxiste en tu presencia
a adorar te con tus dones.

Prosigue.

Acabando de adorar
a Cristo verbo divino
y a su madre saludar
tornaron a caminar
luego por otro camino:
que en revelación les vino
que a sus tierras se bolviessen
y porque perdiesse el tino
aquel Herodes malino,
por otro cabo se fuessen.

Comparación.

Los reyes quando partieron
de aquel herodes malvado
alli bolver prometieron
mas desque a Cristo vinieron
por otro cabo han tornado:

y el que parte del pecado
despues que a Cristo viniere
aunque sea mastentado
no torne a ser engañado
si al cielo bolver quisiere.

Prosigue.

Contemple nuestra memoria
en nuestra virgen maria
dando a Cristo reyes gloria
con dones detal vitoria
sintamos que sentiria:
por el un cabo alegria
por otro cabo tristura
un don a dios se ofrecia
y el otro a rey convenia
y el otro a la sepultura.

Sintamos lo que ha sentido
madre de tal perfeccion
que tal bien nos ha parido
y al hijo rezien nacido
verle ya anunciar pasion:
en el templo Simeon
le dio nuevas de tal suerte
que altero su coraçon
y estos reyes con el don
que denunciava su muerte.

Todo aquesto conservava
aquesta virgen preciosa
y en su coraçon guardava
y en esto siempre pensava
sin pensar en otra cosa:
a reyna tan gloriosa
tales reyes oy sirvieron
por madre de dios y esposa,
su venida fue dichosa
y aun mas que dichosos fueron.

Fin

Dichosos mas que dichosos
reyes bien aventurados
que con sus dones preciosos
de los dones gloriosos
fueron tan galardonados:
fueron de dios tan amados
siendo reyes en el suelo
que despues fueron alçados
por reyes y coronados
en el gran reyno del cielo.

The following text belongs to the *Auto de los Reyes*, from the Leonese town of Izagre. The drama was presented either inside the church, at the plaza, or at the threshing floor. When performed inside the church, people adapted the space for the different scenes. If done in the plaza, they looked for the largest balcony to use as Herod's palace, or they set up bleachers on stage. Sometimes, the drama was included during Epiphany mass, though the drama was most commonly presented by itself, independent of mass. As in New Mexico, the choir in this case receives much importance.

El siguiente texto pertenece al *Auto de los Reyes* del pueblo leonés de Izagre. La obra se interpretaba dentro de la iglesia, o bien en la plaza o en la era. Cuando sucedía en la iglesia amoldaban el espacio para las diferentes escenas. Si la obra se ejecutaba en la plaza, buscaban el balcón más espacioso para el palacio de Herodes o construían tablados en el escenario. En algunos casos la representación se intercalaba durante la misa de la Epifanía, pero en general la obra se presentaba sola, independiente de la misa. Al igual que en Nuevo México, al coro en este caso se le otorga mucha importancia.[72]

La Adoración de los Santos Reyes Magos[73]

Comienzan la ceremonia LAS PASTORAS *con los siguientes cánticos:*

Atención al misterio
maravilloso,
porque será dudable
me quede corto.
María,
si esa tú mi lengua mía
me ayude a dar intento
a mi pluma
que trato
de un gran misterio.
Ya los tres Reyes Magos
fueron viniendo
guiados por la estrella
con gran contento
qué gozo
dejaron sus reposos,
con celo
buscan al Rey del Cielo.
Ya Herodes, el tirano
les echa el alto
y ellos con arrogancia
le han contestado:
buscamos a un Rey Niño
para adorarle
si saben
en qué punto ha nacido
que quiere
de esto desengañarse.
Herodes con ironía
manda se sienten
pues va mandando a los sabios
que se presenten.
Les dice:

72. Díaz and Alonso Ponga, *Auto de los Reyes*, p. 12.

73. Alberto Paniagua Crespo recogió el manuscrito de este auto y se lo entregó a su hermano Santos quien lo puso en manos de J. Díaz y J. L. Alonso Ponga. J. Díaz a su vez lo puso en las mías. Está fechado de 1947. FCEJD.

dónde nació el Mesías,
que quiere,
que esto se descubriese.
Se presentan al punto
sabios doctores,
todas las profecías
fueron diciendo
que el tiempo era llegado
de los portentos.
Qué rabia,
de esto experimentaba
Herodes
ya se desesperaba.
Ya los astros en el Cielo
aparecieron
y por ellos guiados
le encontrarían
qué encanto
ya apareció el Rey
qué gozo
y salió el hermoso.

LOS REYES *cantando y avanzando.*

1

Los tres Reyes Magos emprenden
una marcha alegre y contentos
deseando por breves momentos
a quien buscan llegar a encontrar.

2

Mas aunque antes de salir comprenden
que el camino será peligroso
con gran gozo dejan su reposo
por su Amado a quien van a adorar.

3

Pecador que buscas los consuelos
deja ya los placeres mundanos
mira bien a los tres soberanos
del Oriente, qué lección te dan.

4

Van en busca del Rey de los Cielos
del eterno Hijo de Dios Padre
que ha nacido de una Virgen Madre
¡Oh! Prodigio digno de admirar.

5

El lugar donde se halla lo ignoran
pero miran el poder divino
que marcando les va su camino
por un astro de bello arrebol.

6

Enviados por le Dios que adoran
a ojear por salud radiante
caminado su frente constante
desde el alba hasta ya puesto el sol.

7

Es la estrella del gran Patriarca
de los hijos y nietos de Abrahán
que anunciando muchos siglos antes
por el sabio profeta Balám.

8

Por la noche su curso suspenden
indicando descanso y quietud
y les sirve de su hermosa luz
a que vean sus tiendas fijar.

9

Y a la aurora nueva pretenden
indicando con su movimiento
que ha llegado el feliz momento
de su viaje santo continuar.

Se dirigen al palacio del REY HERODES.

MELCHOR   Amigos príncipes árabes, ya veis en el aire
aquella milagrosa estrella que con extraña
aparición, parece haber sido echada de
milagro.

GASPAR   Ese astro luminoso que desde aquí admiro, parece un nuevo indicio, de haber nacido el Rey Niño, tan deseado de los Hebreos.

BALTASAR   ¡Ea! Pues si así es, cogeremos oro, mirra y gran cantidad de incienso y seguiremos la estrella hasta ver si hallamos el Nuevo Prodigio.

MELCHOR   ¿Qué resplandor tan extraño es ese? Ese es sin duda el aviso de haber nacido en Belén el Mesías prometido. ¡Quién no admira y agradece de un Dios tan grande beneficio!

GASPAR   Ese astro luminoso que desde aquí admiro, así como es seña de que siga su camino. ¡Con qué alegría y placer voy a seguir ese signo!

BALTASAR   ¡Ea! Pues para agradar a Dios es necesario, es preciso dejar terrenos negocios y despreciar los peligros.

MELCHOR   Amigos príncipes, ya veis cómo se nos ha perdido aquí la estrella. ¿Qué haremos en este caso, seguiremos adelante o volveremos para atrás?

GASPAR   Compañeros, grande es nuestro desconsuelo, al ver que se nos ha perdido la estrella, la guía o farol del Cielo, pero no obstante caminaremos por las ciudades y pueblos, por ver si encontramos quién nos dé noticias del nuevo niño Rey del Cielo.

BALTASAR   También mi parecer es el mismo, marchemos pues a Jerusalén preguntando a inquiriendo por el objeto que tanto desean hallar nuestros leales corazones.

MELCHOR   ¡Ea pues!, emprendamos el viaje, vamos a buscar al Niño.

LOS TRES REYES MAGOS   Todos, los tres seguiremos.

MELCHOR   Estos nuevos obeliscos que miran esta fachada son signos, si no me engaño de algún rey o su morada.

Llegando donde se encuentra EL PAJE del REY HERODES.

PAJE   ¡Pie atrás señores!, ¡pie atrás! ¡Alto!. ¿Qué gente? El que de esta raya pasara que yo con mi espada hiriere, con la punta de mi espada yo la sangre le vertiere, por haber entrado en la corte o palacio de mi rey, sin mi permiso. ¡Alto! ¿Qué gente son ustedes? O les levanto la tapa de los sesos, por encima de estas paredes.

BALTASAR   La estrella que nos condujo
desde el orbe cristalino
no dice que muera
a quien buscando venimos.
¿Vive aquí el Rey de los reyes
Príncipe de los cielos y tierras
por quien los reyes de Arabia
caminaron tantas leguas?

PAJE   Aquí vive el rey Herodes
Herodes de la Judea
que sólo al oír su nombre
todas la naciones tiemblan.

GASPAR   Vive Dios a quien adoro
que los príncipes de Arabia
no temen el gran poder
de vuestro justo monarca.

PAJE   ¡Pie atrás señores!, ¡pie atrás os digo! Y no lo tomen a chanzas porque si seguís ufanos, la muerte tendréis, y no tardando, en vuestras manos.

BALTASAR   Pues la mano del cielo
condujo aquí nuestros pasos
hagamos la cortesía
al dueño de este palacio.
Id y decidle a vuestro rey,
que sin temor ni arrogancia
queremos verle y hablarle
cosas de gran importancia.

PAJE   Bien señores, con mucho gusto, y en seguida os daré la repuesta de nuestro augusto monarca.

EL PAJE se dirige y entra en el castillo del rey.

HERODES   ¡Qué ruido!, ¡qué confusión!
   Desde la tienda de cajas y trompetas,
      bocinas
   que escucho en Jerusalén
   por estas plazas vecinas.
   ¿Hay alguna sedición,
   que amenace nuestra ruina?
PAJE   Tres reyes, señor, de Arabia
   Desde la puerta piden para hablar permiso
   si es que vuestra majestad quiere
   escuchar benigno.
PAJE   Ministros, entren Vuestra Majestades.
MELCHOR   A la vuestra Majestad
   sus manos besan,
   tres potentados de Arabia
   país de riqueza inmensa.
HERODES   Decidme, reyes: ¿Cuál es la causa
   de que tres reyes extranjeros,
   caminen por reinos extraños
   por entre escarchas y hielos?
   Vuestro viaje me da celos;
   ¿no me traeréis algún daño
   o algún elevoso en gaño,
   a mi corte, o a mi reino?
MELCHOR   No temáis Herodes grande,
   apartad esos recelos
   que el pisar hoy vuestros reinos
   y la causa de nuestro viaje,
   es rendir vasallaje
   a un niño recién nacido
   que es Rey, es Dios, es Ungido
   por la mano del Eterno
   Rey de todos nuestros reinos
   y ha nacido en tus dominios.
HERODES   ¿Rey nuevo en mis dominios? ¡No será
   mientras yo viva!
GASPAR   ¡Oh!, el mayor de los tiranos,
   tus trazas serán en vano.
HERODES   Soy conforme, está muy bien. ¿Y quién
   os ha dado la nueva de que ese niño a quién
   buscáis, ha nacido en esta tierra?
BALTASAR   La estrella de los reflejos
   que alumbra nuestra esfera,

anuncia que en esta tierra
ha nacido aquí el Bosquejo
de aquella grande riqueza
de lo celestial modelo;
aquel corazón del cielo
que el demonio da tristeza
y al pecador da consuelo.
HERODES   ¿Y cuánto tiempo ha que la estrella os
   dio aviso?
BALTASAR   Según anuncios divinos
   trece días no cabales
   que traemos de camino.
HERODES   ¿Y en qué parte de la tierra o en qué paraje
   ha fijado su morada?
GASPAR   No sabemos más que la estrella
   que dirige nuestro rumbo,
   nos lleva al cabo del mundo
   y humildes a sus plantas
   nos postraremos rendidos;
   ya venimos prevenidos
   para ofrecerle aguinaldos,
   mirra ofrecemos al hombre
   el oro al Rey poderoso
   el incienso a Dios se ofrece
   porque es bueno y oloroso.
HERODES   Id reyes, en hora buena,
   Id con Dios y si encontráis
   a quien ansiosos buscáis
   volved acá con la nueva,
   pues que yo también quisiera
   ir obediente a sus plantas
   humillado y reverente
   ofrecerle algún presente
   en señal de mi alianza
   seguid vuestra huella
   y sed diligentes en buscar al Niño
   que yo le iré también a adorar.
MELCHOR   Herodes, de ti esperamos
   que si acaso tú lo sabes
   por favor nos lo declares.
HERODES   Yo nada sé de esas cosas
   ni las he visto, ni oído,
   pero aquí en mi corte hay sabios

doctores muy entendidos
que os podrán dar razón
de todos esos prodigios.
Tomen ustedes asiento
que voy a mandarles venir.
¡Id corriendo, siervo mío!
Di a los sabios y doctores
que vengan sin más aviso
que en este mismo momento
es cuando los necesito.

PAJE   Obediente estoy, señor
y pronto a vuestro servicio.
Sabios del pueblo elegido
doctores en Israel
venid, venid, que Herodes os llama.
Venid pronto, obedeced
si no el rigor de su ira
sobre vosotros tendréis.

DOCTORES   A vuestra Majestad
nos prestamos rendidos,
los doctores de Israel
obedientes y sumisos.

HERODES   Decidme sabios, ¿sabéis
dónde ha de nacer el Ungido,
ese a quien está esperando
nuestro pueblo judío
a quien llaman el Mesías
y también la llaman Cristo?

DOCTORES   Sí, lo sabemos de cierto
que el mismo Dios nos lo ha dicho
en su revelación santa,
hecha a profetas antiguos
y es la ciudad de Belén,
cuna del divino Niño,
el que arruina los templos
donde se adoran los ídolos.
Destruirá los palacios
de los tiranos impíos
quebrantará la cabeza
del dragón voraz nacido
y reinará en Israel
por los siglos de los siglos.

HERODES   ¿Y en qué tiempo ha de nacer?
¿Habéis acaso leído
en las Santas Escrituras?

DOCTORES   Sí, también lo hemos leído
en las Santas Escrituras
en ellas está marcado,
bien declarado y bien fijo
por el profeta Daniel
y Jacob que es más antiguo.
Daniel contó por semanas,
semanas que han transcurrido;
Jacob dice que vendrá
el Mesías prometido
cuando el cetro de Judá
no lo tengan ya sus hijos.
Tú de Jacob no desciendes,
el tiempo está cumplido.

HERODES   ¿Y no habrá alguna señal,
algún milagro o prodigio
que manifieste a los hombres
que ese Rey Niño ha nacido?

DOCTORES   Habrá señales muy grandes
habrá estupendos prodigios
los ángeles bajarán
allá desde el Celestial impírio
a cantar al Rey sus glorias
en los más hermosos signos
y dirán unos pastores
que le Salvador ha nacido,
y estos, presurosos
con sus pobres donativos
adorarán la Redentor
con dones muy exquisitos.
Una estrella milagrosa
en el Oriente aparecerá
¡oh prodigio!
de un resplandor sorprendente
que nunca jamás se ha visto;
y guiados por esta estrella
hallarán al Rey Divino.

HERODES   No, ya es bastante
id para vuestro destino
que me habéis dejado satisfecho
de todo lo que os he pedido.
Supuesto señores que estaréis enterados, que
la ciudad de Belén ha de ser la patria destinada de ese Niño, a quien buscáis y todos
esperamos. Id en hora buena a inquirir y a
saber si ha nacido en estos días, pues nada se
os ocultará a vuestras diligencias; y si acaso lo
hallarais, lo tendré a muy gran servicio, os volváis por aquí, para que yo cumpla con lo que
me toca y hacer el homenaje preciso, como
quien nace príncipe de todo y monarca soberano. Belén está de aquí muy cerca; mirad, si
lo habéis menester tomar guías; tomadlas de
mi casa o de mi corte, que yo os daré cuanto
os diere gusto.

LOS TRES REYES   Gracias, sólo un salvoconducto nos
hace falta, para que vuestras escoltas no nos
pongan impedimento alguno.

HERODES   Bien, os lo concederé.

Marchan los REYES *del Palacio de* HERODES.

Cántico de las Pastoras

Se despiden los Reyes Magos
del rey Herodes
a Belén se dirigen
por las razones
que oyeron a los sabios
del rey Herodes.
Le hallaron
casi temblando
de frío
en un pesebre metido.
Al ver tan suma pobreza
se han turbado
y puestos de rodillas
ya le adoraron
como a quien era
dueño del Cielo y Tierra.

Le dieron
oro, mirra e incienso.
Ya una voz del Cielo
les anunciaba,
que a Herodes no volvieran
con la respuesta,
porque este
intenta darles la muerte
con rabia,
al Niño también buscaba.
Del Niño y de sus padres
Se despidieron
caminos diferentes
todos siguieron;
qué rabia
de esto a Herodes le daba
no puede
lograr lo que intentaba.

VECINO DE BELÉN   ¡Alto señores!, ¿Qué gente?

MELCHOR   Tres Reyes de la Arabia.

VECINO   ¿Qué Reyes? Aquí no hay más rey que nuestro
Herodes y el nombrar a otro lo tenemos por
mucho agravio de Nuestra Majestad.

MELCHOR   No os alteréis vecinos de Belén, pues
traemos orden expresa de vuestro amo, para
poder entrar en su reino sin que se nos ponga
impedimento alguno.

VECINO   A verlo. Salvoconducto para que los Reyes
de la Arabia puedan entrar en mi corte sin
que se les ponga impedimento alguno. ¡Pasen
ustedes adelante!

MELCHOR   Amigos príncipes, ¿veis cómo se nos ha
parado aquí la estrella?

GASPAR   ¿Y será posible que en esta casa tan pobre
haya nacido el Rey de los Cielos?

MELCHOR   ¿Quién está en esta casa?

VIRGEN   ¿Qué es lo que piden estos señores en esta
humilde casa?

MELCHOR   ¿Por ventura, señora, sabéis o tenéis
noticias, en qué parte o en qué paraje del
mundo está profetizado ha de nacer el Mesías
Prometido?

VIRGEN   Esos señores lo deben de saber como cabezas o doctores de la ciudad; a ellos les incumbe y ellos os darán razón.

MELCHOR   ¡Oh! ¡Válgame Dios! ¡Dónde se nos oculta ese Rey Infante! Los mandantes de la ciudad dicen que no saben de él; la estrella con su lengua muda nos demuestra que está aquí; la señora de la casa parece que nos lo niega, pues vámonos con todo a hablarle si este Niño nace pobre. Trazas tiene esta señora de ser una Reina Madre.

BALTASAR   ¡Hermosa Señora! Sabéis que venimos de remotas provincias, rompiendo incomodidades de caminos tan largos en busca de un niño recién nacido, hacednos el placer de demostrarnos si tenéis un hijo o no.

VIRGEN   Sí, un hijo la Virgen que a nadie se le puede negar.

BALTASAR   ¿Y cuánto tiempo hace que ha nacido?

VIRGEN   Sólo trece días hace que el sol de justicia al mundo se manifiesta.

GASPAR   Pues, ¿no nos haréis el placer de mostrarnos ese divino Niño?

VIRGEN   Me place.

MELCHOR   ¿Qué nombre tiene el tierno Niño?

VIRGEN   Llámase Jesús.

MELCHOR   Seas dulcísimo Jesús, mil veces bien venido, para salud y remedio de los mortales. ¡Oh nido de oro!, ¡Oh espejo de sangre, que desde que naces empiezas a hacer el oficio de Redentor!
Yo el oro Jesús te ofrezco
pues como Rey superior
bajaste del Cielo impírico
para nuestra redención.

BALTASAR   Yo el incienso os ofrezco
alto y soberano Dios,
que sólo a vos pertenece
ese olor casto de honor.

GASPAR   Yo la mirra os ofrezco
penitenciario Señor
para que se verifique
que es para nuestra redención.

HERODES   Bufando de coraje quedé solo en mi palacio, eché la puerta de golpe y les despedí a todos. Y como entiendo que soy, comencé a hacer discursos en repetidos paseos. Si ese Cristo Rey que dicen se espera, si éste Rey Mesías que está profetizado es cierto que ha nacido y estos príncipes extranjeros llegan y le adoran, soy perdido; mi corona queda por el suelo, acabada mi potencia, que aunque tengo el César de mi parte y mucho séquito de príncipes y nobles, al oír que ha nacido el Mesías, titubearán y hasta los más llegados me negarán la obediencia; y así una de dos, deshacerme del laurel o prevenirme del remedio o armarme de venganza o hacer rostro a la fortuna o desamparar la corte o dejar el mundo; cuando mis propios hijos hoy se aunan contra mí y han ido a acusarme a Roma, ¿qué tengo que esperar de extraños . . . ? ¡Pero qué temo que haya nacido o no ese Rey rapaz, cuando a pesar de todos los naturales supe hacerme rey! ¿Cómo desmaya mi valor, cuando a fuerza de sangre y batallas puse bajo mis pies las mejores plazas de Judea? ¿Y qué ha de poder ese Rey Niño sin ejército, ni gente más que yo? Muera pues ese Rey Mesías, yo en persona tengo de irme y hartarme de su sangre; y con mis propias manos le he de quitar la vida. Y a esos reyes de la Arabia yo les daré un buen hallazgo dándoles la muerte al punto; si piensan volver a sus tierras con la nueva. Viven engañados, que han de quedar hecho ejemplo de mi castigo y el blanco de mi rigor.

DOCTOR   Señor, Señor, no os alteréis, que yo como sabio y doctor de la ley divina os voy a manifestar una noticia muy cierta e interesante sobre el suceso que divulgan las gentes, de la venida o llegada del Mesías reparador del linaje humano. Ya apareció lo que habíamos visto y leído en los escritos de los sabios y doctores e intérpretes de la ley divina; y cumplidas las setenta semanas profetizadas por

Daniel y todas cuantas profecías anunciaba la llegada del Mesías, ya apareció, repito, ese Emperador, ese Rey, ese Príncipe de la tierra y monarca soberano y en una palabra, profeta de Dios y Rey de todo lo creado. Ese Rey Niño ha venido al mundo para salud y remedio de todos los mortales. Ese Rey Niño ha venido, ha nacido a los cuatro mil años de la Creación del mundo. Su madre es la Virgen Santísima, esposa de San José, de la tribu de Judá, de la familia real de David y de la Casa de Jacob. Ese Rey Niño a los ocho días de su nacimiento fue circuncidado y llevado al templo y por nombre le pusieron Jesús. Todo lo que os he dicho es cierto, certísimo, Señor.

HERODES   No te creo, Jacob, no te creo, tú eres falso para mí.

SABIO   No lo tienes que ignorar su Real Majestad, no lo tiene que dudar.

Cántico del Ángel

Reyes famosos de Arabia
que dejasteis vuestros reinos
y con humildad vinisteis
a adorar al Rey del Cielo
levantaos fervorosos
de vuestro profundo sueño
caminad pues a Belén
por un camino diverso.

MELCHOR   Gaspar, arriba, llama a Baltasar, que como entre sueños he oído una voz que Herodes anda buscando al Niño para prenderlo y a nosotros para quitarnos la vida, si volvemos por el mismo camino.

GASPAR   Baltasar, arriba, que Melchor me dice que Herodes anda buscando al Niño para prenderlo y a nosotros para quitarnos la vida si volvemos por le mismo camino.

Despedida de los REYES a SAN JOSÉ y LA VIRGEN.

MELCHOR   Adiós niño hermoso
adiós niño bello,
que para los mortales
nos traes el remedio.

GASPAR   Adiós hermosa María
plata de Jericó
tan aplaudida y tan bella
que tan buen fruto dio, adiós, adiós.

BALTASAR   Adiós hermano José
más hermoso que un lucero
que en tu mano floreció
un ramito seco y bello.
Intercede con tu hijo
por estos humildes siervos
para que después de esta vida
te adoremos en el Cielo. Amén.

VIRGEN   Id con Dios reyes de Arabia
que la guía de los cielos
os dé la felicidad
para ir a vuestro reino.

Id con Dios reyes de Arabia
id con Dios en vuestro Reino.
Siempre irá en vuestra compañia
Este hijo del Eterno.

REYES   Gracias.

Cántico de las Pastoras
Melchor, Gaspar y Baltasar
fueron los tres Reyes Magos
que del Oriente vinieron
por una estrella guiados.

Melchor, Gaspar y Baltasar
fueron las tres monarquías
que del Oriente vinieron
por una estrella de guía.

Feliz estrella, feliz estrella
que guiáis al que va con ella.
Feliz estrella, feliz estrella
que guiáis al que va con ella.

Cántico de los Reyes
Vámonos de aquí los reyes
sigamos nuestro camino
que la estrella guiadora
ya cumplió con su destino.

Volvamos a nuestras tierras
con alegría y contento
con ánimo de guardar
la Ley de los Mandamientos.

HERODES   Unos advenedizos reyezuelos de comedia que me vienen preguntando por el Rey de los judíos. ¿Pero puede darse más burla que a un hombre como yo, se le trate de ese modo y que pueda yo sufrirlo y no hacer mil locuras? Dejémoslo a la confianza, que ha de costar más muertes la vida de este Niño que se visto en Palestina; han de pagar inocentes lo que deben los culpados. Sólo mi rigor se hallará en un presunto y mientras yo viva no ha de haber otro rey que yo. Que este Niño sea Príncipe de la Tierra o profeta de Dios, es preciso que muera y moriá, aunque estuviese yo seguro de extinguir con esa débil centella todas las gloriosas que nuestros sabios sueñan en el porvenir. ¿Qué importa que los hebreos sean esclavos miserables después de mi muerte? Ellos han repugnado mi nombre, ajado mi gloria y renegado de mi política por más que yo haya derramado mi sangre por ellos en 25 campos de batalla y les haya alimentado durante la carestía y rechazado el templo de Jehová, no por eso dejo de ver a sus ojos Herodes el extranjero, Herodes el profético y Herodes el verdugo. Otros vendrán a hacerlos grandes y felices a fin de que después allanen mis memorias; y será aborrecido pero no hechizado. Y si la estrella de mi reino ha sido siniestra, al menos mientras yo viva sea la última estrella de su cielo. Atalia, esa hábil mujer, no olvidó más que un niño en la cuna de la mortandad de la familia de Judá. Este niño la quitó el trono de la vida, mas yo procuraré no olvidarlo. ¿Pero dónde se me oculta ese Rey de los judíos recién nacido a quien proclaman los astros y a quien vienen a buscar esos insolentes sátrapas a la puerta de mi palacio? ¿Sería en efecto el cielo profetizado por Jacob? ¿Acaso serán puros sueños de Astrólogos? No importa, es preciso cerciorarse de ello.

SABIO   Calla, calla, fementido Herodes, rey intruso, asesino, ambicioso, embustero, sacrílego. ¿Por qué te turba esa gran Nueva, que hoy te han traído los tres Reyes Magos? ¿Por esta Nueva que a ti te entristece y a todo el mundo alegra? ¿Por qué esta Nueva del feliz nacimiento del verdadero Rey Mesías pro tantos siglos deseada, a ti te entristece? ¿Por qué ese tu frente surcada de profundas arrugas y cargada tu potencia de malas ideas se oscurece? ¡Ah! Esos son indicios de un silencio, de un temor que te rodea de plano; confesamos y gritamos todos que no te place, pues ello mismo te obliga a descubrir el elevado puesto que se bambolea cual edificio desquiciado en el medio de la borrasca tempestad. ¿Pues, por qué temes, rey iracundo, soberbio entusiasmado; por qué temes, repito, verte despojado de tu cetro y de tus vestiduras que con ilegítimo temor y descontento de todo el imperio tienes empuñado? ¡Deja!, deja el mando sin tardanza, que tú no eres Rey ungido por el Señor, ni elegido por el pueblo; tú no eres más que un afortunado, tu corona tributará a la fortuna y es semejante a un ramo de laurel que cada una de sus hojas fueron entretejidas y pegadas con la más asquerosa pez; y tienes la gran desvergüenza de presentarte ante nos, aquí en este santo templo haciendo el papelón de hipócrita, vomitando por esa tu boca infernal blasfemias y amenazas contra el divino Rey Niño y los tres Reyes de Arabia. ¿Qué aceptaciones deseas tener ante tus vasallos? Ninguna para el caso, pues sólo ese puñado de miserables, cobardes, relicarios y cortesanos tienes a tu favor, pero contra ti tienes todos tus vasallos, los doctores de la ley y sus entusiastas discípulos; acabemos de una vez, que todos son contra ti y ninguno a tu favor. Así, ¡oh! Rey cruel y pertinaz concluyo por decirte que por lo que veo y te dejo razonado, tu poder será batido, tu orgullo humillado, tus crímenes serán castigados con una muerte cruel, rabiosa e ignominiosa y desesperada.

HERODES   Y así para no andar todos los días en estos sobresaltos, yo agotaré la sangre macabea sin que ninguno de su linaje pueda aspirar a esta mi corona y así, retírate.

SABIO   ¡Oh! Rey cruel y pertinaz, mandas y dices que me retire porque no ves todas tus contradicciones aprobadas. ¿Por qué, por qué te ocultas entre esa multitud de gente? Sal al campo, batiremos nuestras fuerzas brazo a brazo; saldré vencido pero moriré diciendo: muera es Rey intruso, muera ese sacrílego, ese embustero y viva ese Rey Niño.

¡Oh Niño de oro y riqueza del mundo! Adorémosle y ensalcémosle por los siglos de los siglos. Amén.

HERODES   ¿Qué cuidado da al rey, que le quiten sus estados, si no le pueden quitar la gloria de su reinado? Paje, a Belén a preguntar por los tres Reyes Magos.

PAJE   ¿Quién, de parte de estos barrios me da razón de los tres Reyes Magos?

VECINO DE BELÉN   Que ni rastros, ni reliquias han quedado de semejantes gentes.

PAJE   ¡Buena embajada llevo yo a mi amo! Tras de que está bien contento, que está que rabia. . . . Señor que ni rastros, ni reliquias ha quedado de semejante gente.

HERODES   ¡Buena embajada me traes!

Diga usted caballero, ¿viene usted acaso, por una casualidad, de la ciudad de Belén?

EMBAJADOR   Su Real Majestad, para lo que usted guste mandar.

HERODES   Pues decidme: ¿Qué se cuenta por esas calles y plazas? ¿Qué se dice de esos reyes de Oriente?

EMBAJADOR   Señor, toda la ciudad está llena de admiración y asombro, apenas se oye otra cosa que de la de este gran suceso; la llegada y entrevista de estos reyes extranjeros, ha llamado la atención de todos. Se cree que ha venido el Mesías, el deseado de las gentes, el anunciado de los profetas porque los sabios y doctores de la Ley Divina aseguran que el tiempo de las profecías se ha cumplido. Que las setenta semanas de año, profetizadas por Daniel, están al tocar su término y que los hijos de Jacob no tienen ya el cetro de Judá. Estas y otras mil y mil razones dan escrituras los Santos. Esto, Señor, es lo que se dice y lo que se oye. En todas las reuniones no se oye otra cosa, que ha nacido ese Rey Niño y que ha nacido ese Rey Niño.

HERODES   Bien, bien, ¿y no habrá alguno de aquí a Belén que sepa si esos Magos han encontrado o no al Rey por quien preguntaban?

EMBAJADOR   Señor, de eso no hemos oído nada, probablemente que alguno haya ido a Belén porque el hecho este es muy ruidoso, pero hasta ahora nada se sabe, a lo menos nada ha llegado a nuestra noticia.

HERODES   Pues id a Belén; informaros diligentemente de todas las noticias que podéis adquirir.

EMBAJADOR   Bien Señor, con gusto caminaré.

Llega a Belén y pregunta:

¿Han llegado aquí unos hombres que dicen son de la Arabia con trajes de reyes preguntando por el nuevo Rey de los judíos, cuyo nacimiento les ha anunciado una estrella que desde sus países les ha servido de guía hasta Jerusalén? Allí se les ocultó. Estos hombres son de un aspecto amable y risueño; visitaron a Herodes nuestro rey y éste, preguntando a los sabios y doctores que dónde ha de nacer

Cristo, le dijeron que en Belén. A Belén les ha enviado. ¿Han llegado o no? No me engañaréis, decidme la verdad.

VECINO DE BELÉN   Aquí han llegado unos hombres con todas esas señales que decís, pero como no han sido vistos ni oídos, no se sabe cual ha sido su paradero, el camino que tomaron; todo lo ignoramos; quienes eran, no se puede averiguar. Si han encontrado a ese Rey Niño no hemos podido saberlo; unos lo aseguran, otros lo ignoran, no sé quién lo acertará. Lo cierto es que en las casas más principales de Belén, en ninguna se hallan y si están en Belén están ocultos. Esto es lo podemos decir a favor de la verdad.

EL EMBAJADOR *vuelve donde* HERODES.

EMBAJADOR   Señor, registré todas las calles, plazas y casas más notables de Belén y no hallé quien me diera razón de ese Niño. Ellos, sí supe que allí habían llegado, pero ni dónde se apearon, ni cuánto tiempo estuvieron, ni el camino que tomaron. De eso, Señor, nada absolutamente se sabe.

HERODES   Bueno, bueno, esos reyezuelos se han hallado burlados y todo fue ilusión, fue sueño; no se atreven a pasar por mi corte, ni a ponerse en mi presencia. Volverán corridos a sus tierras, llenos de confusión y vergüenza.

EMBAJADOR   Señor, Señor, un hecho muy notable y ruidoso ha acabado de suceder ahora en el templo.

HERODES   ¿Qué es? ¿Qué ocurre?

EMBAJADOR   Una mujer se ha presentado hoy en el templo a cumplir la ley de la Purificación. Llevaba en sus brazos un niño hermoso, hermosísimo en extremo. El venerable anciano Simeón, bien conocido en toda la ciudad le ha cogido en sus trémulas manos, diciendo en voz alta: este es el Rey de los Cielos, el Divino Salvador. Y una viuda, de más de ochenta años, ha entonado con Simeón las mismas alabanzas, en quien todos confiesan y aseguran que es Dios.

HERODES   ¡Soy perdido!, ¡yo soy el despreciado! Los reyes árabes se han burlado de mí, donde yo creí que eran ellos los burlados. Me quitan mi cetro, mi corona que injustamente he usurpado. Voy a ser escarnio y oprobio de todos, pero antes, las calles, las plazas de Belén y sus inmediaciones han de quedar empapadas en sangre humana. ¡Oh! Más que todo el infierno conmigo intente luchar; yo haré a ese Niño matar o acabará con mi reino y en mi encono, furia y rabia atropellando las leyes me burlaré de los reyes que han venido de Arabia. Sangre, exterminio y matanza. Y más que vea vomitar fuego de las montañas, que abrasaran mis entrañas no te habría de dejar. Y si a mí Dios me dijera que un rayo me mandaría, que conmigo acabaría, con todo no desistiría. Y así como este acero brilla, en el alto y en las llanuras, así caerán las criaturas al golpe de esta cuchilla. ¡Sangre, exterminio y matanza es Infante en mí provoca y no decreta mi boca más que sangre, exterminio y matanza! Esos valles he de ver llenos de sangre candente de tanta niño inocente y aún así no he de ceder. ¡Muere sin piedad ni atajo! Degüellen sin compasión cuantos se hallan en edad de dos años para abajo. Nos se ha de librar, por cierto, tal Niño. Confío en ello, pues no cesaré el degüello hasta que sepa que ha muerto. Sangre, exterminio y matanza, ese Infante en mí provoca y no decreta mi boca más que sangre, exterminio y matanza y ese decreto inhumano, que acabo de decretar, lo he de firmar con mi mano para que se respete más.

HERODES *llama* AL PAJE.

    ¡Paje!

PAJE   ¡Señor!

HERODES   Mi corona empieza a vacilar, mi mandato puede ser perturbado, pero a ese Rey Mesías necesito cortarle a tiempo los pasos. Tengo escrita ya la orden que llevaréis a Belén al gobernador y le encargarás, que ni lágrimas ni suspiros le conmuevan a dolor; que en el santo cumplimiento de esta mi orden va mi corona en mi cabeza. Toma, toma, toma ese pliego y entrégasele.

PAJE   Bien Señor, con gusto caminaré.

Camina hacia Belén.

PAJE   Señor gobernador de Belén, el Rey nuestro Señor y nuestro amo de verdad, me encargó dijera a usted que enterado de esta orden la ejecutase sin miramiento alguno; si fuera necesario corazón de tigre tendréis, pues de no hacerlo así, se os castigará como contrario a la nación y al reino y por tanto: descuartizado.

EL GOBERNADOR *se entera.*

GOBERNADOR   Qué cruel es el mandato del Rey, para poderle obedecer; derramar tanta sangre inocente a torrentes; dudar y vacilar en este caso, es un delito muera quien muera; el rey Herodes lo manda y así morirá el Mesías y no habrá fuerzas que le puedan librar de la muerte. ¡Pregonero!, toma esta orden y publícala, que se va a cumplir el mandato del rey.

PREGONERO   A la orden de la voz pública, Herodes rey de los judíos, por el imperio romano, ordeno y mando, que en Belén y todos sus contornos, sean degollados todos los niños varones, que desde dos años para abajo, sean hallados en el espacio de dos horas.

GOBERNADOR   ¡Vamos, vamos, ministros, a cumplir le ley, degollad los niños que de dos años halléis!

Salen LOS VERDUGOS *afilando los cuchillos y se dirigen hacia* LAS PASTORAS.
Sale EL GOBERNADOR.

VERDUGOS   ¡Suelta!
PASTORAS   ¡Deja!
VERDUGOS   ¡Suelta!
PASTORAS   ¡Deja!

Vuelven para atrás LOS VERDUGOS.
Sale EL GOBERNADOR.

GOBERNADOR   ¡Adelante, adelante, verdugos, que es preciso obedecer! ¡No hagáis caso de suspiros ni de lágrimas de mujer!

Entran los ministros del degüello.

PASTORAS   Estos niños inocentes, ¿qué delito han cometido, para quitarles la vida?

VERDUGOS   A nosotros no se nos preguntan delitos; es preciso obedecer la orden de nuestro rey, muera quien muera.

UNA PASTORA   Madres, las que tenéis hijos
¿qué decís en este caso?
¿no valía más morir
que ver estos trabajos?

Virgen, reina singular
de ríos, cielos y tierras
en ti tengo confianza
y mi corazón se consuela.

EL GOBERNADOR *se dirige a* HERODES.

GOBERNADOR   Señor, vuestra orden ha sido cumplida y ejecutada con todo rigor; todos los niños han sido degollados. Las calles, las plazas y casa y toda la tierra de Belén y sus cercanías han quedado enrojecidas con la sangre de los inocentes. Ha sido un corazón más duro que el bronce, una labor infernal porque la lágrimas y súplicas de sus padres, los ayes, los llantos, suspiros y gritos de las afligidas madres, no nos han conmovido a compasión; todo lo hemos despreciado por llenar vuestro deseo; ni un varón ha quedado con vida porque todos los rincones han sido registrados y entre ellos murió el Mesías, con que así ya podéis vivir seguro y dormir tranquilo, ya se cumplieron vuestros deseos.

HERODES   La historia maldecirá esta cruel matanza que se contará de padres a hijos en lo que dure el mundo. ¡Atroz en todo lo ejecutado! Jamás habrá ejemplo en el mundo que se pueda comparar con esto, pero yo quedo tranquilo y seguro en mi reino y basta.

Cántico del Ángel
Oíd mortales, oíd
un pasmos asombro y prodigio
que el Padre Eterno dispone
entregarnos a su Hijo.

Cántico del Diablo
El que estas voces concuerden
con estos mismos escritos
ha de llegar este tiempo
a pesar del dolor mío.

ÁNGEL   De Daniel y de Isaías
se cumplen los vaticinios
y en supuesto sustentan
la unión del Verbo Divino.

LUCIFER   Dejadme ya de confusiones, aunque me veis seco y esquivo. ¿Es posible que no baste del cielo haberme despedido, con vilipendios, ultrajes y confusiones de los mismos, sino que queréis también con escrituras y libros, con acordes de instrumentos y voces de paraninfos, duplicar mis confusiones entre nuevos laberintos? Pero, ¡ay de mí! Que es en vano el querer llevarme pues admiro tu poder empeñado para disponer mis bríos; mas, si serán fantasías que quieren con sus destinos atormentar mis pasiones para que a un tiempo sea veneno triaca, que con menos exquisitos dispongan que lumbre sean, siendo de Dios al olvido, vivos recuerdos ahora que despiertas sus cariños. Bien podrá ser; pero no,

no es posible que conmigo puedan combatir tus fuerzas pues sois sagaz basilisco.

ÁNGEL   Por más astuto que seas
es muy corto tu dominio
para ponerte enojado
contra tu Dios Infinito.

LUCIFER   Los acentos de esta voz son de linaje a mi oído, me persuaden a que muera; mas, que corto es mi dominio, pues todos los Cielos a pesar de sus designios se conjuran contra mí, he de ausentarme corrido entre obscuros calabozos, entre mazmorras y abismos; despeñarme, pues, que veo mi poder tan abatido.

HERODES   Detén hombre tu paso. ¿Cómo tan ultrajado? ¿Tu valor esforzado? En Oriente, caso con sustos, parasismos y temores a tus iras se rinden mis rencores.

LUCIFER   ¡Ay de mí!, que en los Cielos con señales muy ciertas, franquear quieren sus fuerzas y cubrir quieren sus velos; circunda tú, hombre a mi cuidado los caminos y senderos del pecado.

HERODES   Pues esas son confusiones que yo puedo alcanzarlas.

LUCIFER   Ni yo puedo explicarlas y es por falta de razones.

HERODES   Pues siendo del hombre los favores, tuyos y míos serán los rencores.

LUCIFER   Ya que tanto porfías, has de saber que con el móvil que condena mis gozos y alegorías a costa de suspiros y lamentos, sabrás mis más ocultos pensamientos; cincuenta siglos y más hace que triunfa mi potestad, con la ayuda de aquella primera mujer, que encantó mi protección en lo ameno de la selva, soltó las riendas al gusto siendo un delito la prueba, que puso freno a su orgullo y malogró su belleza; este punto me alentó a que encendiese la hoguera de mi sabio furor contra los hijos de Eva, y conseguir vengativo el despique de mi ofensa para lograr a pie firme esta insaciable inapetencia. En las naves de mi furor, sobre el discurso el discurso la velas y en breve tiempo llegué donde la culpa navega por si había quien me hiciera resistencia, porque no es ciencia el que no especule con frecuencia los ardides del contrario para resistir sus fuerzas. Estando en mis comunes tareas registrando profecías y carteando sentencias, me encontré con unos libros cuyos caracteres eran de Daniel y de Isaías que me afligen de manera que en cada cláusula un dardo, cada renglón una letra y unos y otros calificaron el temo de mis sospechas.

HERODES   Con harta obligación escuché tus ilusiones y veo que tus razones tienen mucho de aprehensión, mas si se postra un Caudillo admitiéndole el gobierno qué quieres que haga el infierno más que morir a cuchillo. Cobra hombre aliento, mueran esas profecías; quiso que esas porfías respiraran por el viento y esa doncella que dices yo he de hallar para que veas conseguidas tus ideas y así tu nombre eternices.

LUCIFER   ¡Ah! Si el logro de ese querella consiguiera victorioso, basilisco, ponzoñoso fuera contra esa doncella; contra esa árbitra mujer, esa torre de David que me presenta la vida anulando mi poder.

ÁNGEL   Esa torre soberana
tiene una piedra anular
lo sabrán perseverar
en los puertos y aduanas.

Con una piedra que es vida
curar quieres una muerte
sanando de acá esta suerte
con una muerte una herida.

DIABLO   No afilo ahora el acero porque en esta opuesta ocasión las fuerzas y la razón satisfagan por entero; arguyo pues brevemente contra este fundamento y tomo por argumento una razón competente; dar por vida al hombre y no a mí es manifiesta injusticia porque la culpa y malicia con que del Cielo caí que aquesta misma provino otro letargo inmortal

al hombre que ser igual a Dios y a su Ser Divino quiso con tanta apetencia que estando ya desbocado comió del árbol vedado y desapareció la obediencia. En esto somos iguales pero mortal fue la culpa; la mía no se disculpa, pero ambas fueron hermanas, yo me quise así mirar y él quiso ser como Dios; mira tú cuál de los se puede aquí rescatar.

ÁNGEL   Es que el hombre penitente
dio satisfacción cumplida
y Dios quiso perdonarle
y no a tu soberbia activa

La humildad siempre ha cabido
en la bondad del Eterno
mas tu soberbia jamás;
Dios la trasladó al Infierno.

La despedida falta, que la cantan todos los actores.

The theme of the Holy Family's flight to Egypt evolves in the fourth act of the next New Mexican dramatic piece by Próspero Baca. Regarding this theme, there exists a complete eucharistic play from the late fifteenth century in Spain called *Auto de la Huida a Egipto* and another from the sixteenth called *Aucto de la Huida a Egipto*. I include them in this chapter for sake of comparison. The theme about the massacre of the holy innocents develops in the fifth act of Próspero Baca's piece.

There also exists in Spain an endless amount of sung romances in the form of villancicos dealing with the subject of the flight to Egypt. Their different versions constitute traditional and popular themes throughout the peninsula during Christmastime.

El tema de la huida a Egipto de la Sagrada Familia se desarrolla en el cuarto acto de la siguiente obra teatral nuevomexicana del manuscrito de Próspero Baca. Referente a este tema existe un auto completo de finales del siglo XV en España llamado *Auto de la*

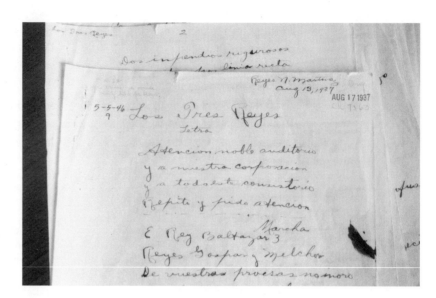

Fig. 5.8. Los Tres Reyes.
WPA Collection. Courtesy
of Museum of New Mexico.
Photo by Tom Lozano.

Huida a Egipto y otro del siglo XVI, llamado *Aucto de la Huida a Egipto.* Los incluyo en este capítulo como punto de comparación. El quinto acto de la obra de Próspero Baca desarrolla el tema de la matanza de los inocentes.

Tocantes al tema de la huida a Egipto también existe en España un sin fin de romances cantados en forma de villancicos. Estos, con sus diferentes versiones, son elementos tradicionales y populares en toda la península durante las fechas Navideñas.

Auto de los Reyes Magos
Manuscrito perteneciente a
don Próspero Baca de Bernalillo.[74]

Acto Primero

Letra

    Atención, noble auditorio[75]
    a nuestra composición
    a todo este consistorio
    repito y pido atención.

(*Salen* LOS TRES REYES)

BALTASAR   Reyes, Gaspar y Melchor
    vuestras proezas no ignoro
    la solicitud que blasona
    la fama con lengua de oro
    de los primeros pregones
    del memorial tiempo albor
    al presente habrán soñado
    los creces de nuestros tronos
    de grado a grado subiendo,
    laureados y victoriosos
    que engendran un señorío
    tres incendios rigurosos
    todos tres por línea recta
    tan cercanos deudos somos
    que el sol es uno mismo
    en distintos territorios.
    Sean bienvenidos
    a este vuestro palacio.
    A donde logrando dos dichas
    dos gloriosas en un trono.

---

74. Campa, "Spanish Religious Folktheater in the Southwest," pp. 95–120.

75. Era costumbre en el siglo XVI dirigirse a la audiencia al empezar y acabar la obra.

Vuestro he sido y vuestro soy
con esto demostraré
que son dones y tan doctos
no lo tendréis por molestia;
no los juzgaréis ociosos
en el treinta y tres de Isaías.
Claro se ve el testimonio
que ha de venir y será legislador
nuestro rey y nuestro juez
y dispensador de todo.
David dice que en su reino
ha de ser el más glorioso.
Daniel así mismo afirma
que en el tiempo perentirio
de las setenta semanas
las vieron nuestros ojos.
Éstas están ya cumplidas
y así reyes, yo dispongo
ponernos en marcha regia
de ese refulgente globo.
Que alumbrado con sus luces
y la misma luz de Apolo,
de ese laurel encumbrado
alumbra el imperio todo;
preguntando por la estrella
de Jacobo misterioso.
Esta es reyes nuestra dicha,
este feliz alborozo,
esta es la luz mis tinieblas
y ésta es la verdad que toco,
esto es lo que determino
y este es el fin que dispongo.

GASPAR y MELCHOR   Poderoso Baltasar,
rey en todo generoso,
agradeciendo tus honras
a servirte estamos prontos
para el efecto feliz.

GASPAR   De ver a Dios en le bozo
de nuestra naturaleza
los tres para el uno somos.

MELCHOR   No dilatemos la dicha.

BALTASAR   No tardemos perezosos.

MELCHOR   Demos alas al deseo.

GASPAR   Su ligereza alfabonio.

BALTASAR   Su presteza al pensamiento.

MELCHOR   Para rendirnos gloriosos.

GASPAR   Para postrarnos humildes.

BALTASAR   Ofrecernos cariñosos.

GASPAR y MELCHOR   Con nuestro ser y potencias.

MELCHOR   Yo incienso.

GASPAR   Yo mirra.

BALTASAR   Yo oro.

MELCHOR   Para que sacuda el yugo.

GASPAR   Para que salga del descoyo.

LOS TRES   Toda la gentilidad
hagan con Dios esposorio.

Acto Segundo

Letra
    Argumentó aunque confuso
    Herodes las profecías,
    pero mucha duda pone
    ya que es nacido el Mesías.

(HERODES *en su trono hablándole a* SOTONIO
irónicamente)

SOTONIO   Nunca se vio en la ciudad
    gran señor en los umbrales
    de ser la más poderosa del mundo.

HERODES   Si en lo restante del tiempo
    me facilitas materiales
    que conforten el deseo
    serán mis deseos cabales.
    Para exterminar mi nombre.
    Pretendo ser memorable.
    Siéntate Sotonio,
    y de mis deseos sabrás el fin.

SOTONIO   ¡Dios es grande!
    En este reino inmortal y constante
    de vuestra naturaleza
    insista cuanto persuade.

HERODES   Bien, Sotonio
    yo me he coronado rey
    y procuro continuarme.

El modo es éste,
y yo en ti espero
aconsejarme como maestro.
Como docto, como amigo mío
y de mi padre.
De la ciudad nada tengo
Sotonio que contarte,
supuesto que en el estado
pretendo levantar armas
luego que el muere se acabe.
Poner trescientos mil hombres
cuadre al César o no cuadre.
Oh, una vez que lo consiga
no sentiré quien se arrrabie;
nunca llegaré, Sotonio
por mi amor a revelarte
que la ingratitud de dora
de la perfección es madre
solo que mi reino afirme
que quede digno y estable
sin más pensión en que
mis intersecciones ya hacen.

SOTONIO   Apruebo que sin segundo
yo honorífica el dictamen
que siempre por los principios
los fines tienen alcances.
Con los buenos fundamentos
la alocación tiene ensanche.
Sin que la lisonja quepa
donde quepan las verdades;
¿Qué rumor festivo es este?
Se tocan cajas y clarines.

(*Sale* CHAPÍN)

CHAPÍN   No lo sabía yo, es muy tarde,
que por esto y por el otro
aquello que traca y barraba
sin decir ostro ni mostro
se zempan los gañanes
más oscuros que la tinta
más trompudos que elefantes.

HERODES   ¿Qué hablas asno?
Ve allá fuera; habla con tus iguales.

CHAPÍN   (*Aparte*)
(Que agrio me este el marchante,
que tal no sería su padre)

SOTONIO   ¡Chapín!

CHAPÍN   Pero no de la condesa
ni de ningún condestable
seré de algún andrajoso
pues soy Chapín apreciable.

SOTONIO   Oye que rumor se acerca.
Mira quienes.

CHAPÍN   Estandartes, clarines y cajas,
pitos, banderas y carruajes.

SOTONIO   De mal en peor andas tú.

CHAPÍN   Esas son tritiquerías,
que en la escuela del olvido
se disputan a cada instante
gose y quituir.

SOTONIO   ¿Qué dices?

CHAPÍN   Hablo en estilo estudiante
quedaos en paz rey Herodes,
tú siempre quedarás en paz.

HERODES   A palos has de morir
si no te declaras presto.

CHAPÍN   ¡Zape! Muriera, declararé.
Estas mis culpas que son
tan abominables,
son tres reyes del oriente,
preguntan por un infante
que dicen que es rey de aquí;
y que vienen a adorarle.

HERODES   Ahora dicen Chapín.

CHAPÍN   Sí señor, yo digo que es disparate.

HERODES   Dices bien, vamos Sotonio.
Hijo, Chapín, tú no sales.

CHAPÍN   No saliera. Padre seas de los demonios
fuego, que agrio mardicante;
la sierpe de Babilonia
para contigo es amable.

ESCENA SEGUNDA

(*Al llegar* LOS REYES *al palacio*, HERODES *los saluda*)

HERODES   Para darles más honores
con mi corona y mi cetro
nobilísimos señores
con la salud que os deseo
sean bien venidos en paz.

REYES   Señor con el galardón
de tan excelso favor
pedimos los brazos vuestros.

HERODES   Sea el Báculo, los uniformes y los
contentos
para más honra mía. Pasar a delante,
pero yo espero congratular mi cariño
empleando la buena dicha.

REYES   Respondemos la gratitud
con la frase del silencio.

BALTASAR   Nobilísimo señor cuyo día divino
el cielo acontinuará largos años
coronado de trofeos,
nuestra inspirada venida
nunca pudo señor menos
que hacer novedad notable
viendo a tres reyes a un tiempo.
El estrépito de armas,
los soldados extranjeros,
los reyes no conocidos
la multitud de camellos
con más el no dar aviso,
pero a juicio de prudentes
será disculpar los yerros,
si yerros pueden llamarse,
prácticas y contratiempos
sin saber donde nos guiaba
el destino de un lucero.
Hemos caminado ansiosos
hasta llegar a tu reino.
La estrella la hemos perdido,
y venimos en le hecho
que en este reino dichoso
nació el Mesías verdadero.
pues ya el profeta Balaám
testificó con acuerdo,
dando señor las noticias
del divino nacimiento.

Esto hizo nuestra venida
y acelerando proceso.
Preguntando hemos venido
por ese señor supremo
pa mostrarnos a sus pies
y ofrecerle persona y cetros,
para lograr esta dicha
instilaréis mi intento.

HERODES   Enfoscada la razón
a responderos no acierto.

CHAPÍN   (*Aparte*)
Te darán con la del jueves
y si no te darán pan de perro.

HERODES   Reyes Magos mis señores,
Alabo el buen pensamiento.
Ese logro que esperáis
me será de gran contento;
se congregarán letrados
que en lo legal sea despierto
se desterrarán las dudas
¡Ola! ¡Los doctores presto!

CHAPÍN   (*Aparte*)
Reventando estás de enojos,
nada te ha gustado el cuento
si esto es verdad la corona
en este tiro rabiate.

(*Se esconde*)

SOTONIO   (*Incándose*)
A vuestras plantas señor
esperamos tus preceptos.

HERODES   Levántate Sotonio
ya es necesario el suceso
¿De dónde ha nacido el Mesías
o de dónde ha de nacer?
Saquemos así, por ser necesario
a la autoridad del pueblo,
como para dar la fe
a los gentiles procura.

SOTONIO   El eclesiástico afirma
que del abismo a los cielos
la tierra temblará

delante su acatamiento.
Zacarías dice así mismo
que este soberano afecto
con gran multitud de santos
ha de venir plazo entero.
Esta y otras profecías
tan contrarias confundidas
unas y otras son naturales.
Entendimiento en cuanto
en donde ha de nacer
el expreso testimonio
se dice que en el terreno
del gran profeta David, en Belén.

HERODES   Para el intento con esto basta.
Señores pasar delante,
a la ciudad ir de cierto
cuando quiera proseguir
el camino para allá.
Las pláticas son necesarias
irán en vuestro servicio.
Suplico así que volváis
para acá porque yo espero
con vuestra naturaleza
la disposición que debo.

REYES   El tiempo que dilatamos
de ver el niño en el verbo
guarde Dios los muchos años
que ha menester vuestro imperio
hasta después que ha postrarnos
a vuestros pies volveremos.

(*Se van*)

HERODES   Id con Dios, Sotonio,
y vosotros tres cortesanos.
Cómo tengo sufrimiento
que otro rey siéndolo yo
no la habrá habido en mí mismo,
la cautela es necesaria.
Sufrir, callar y pasamos
que nunca de las verdades
se consiguen los afectos.

(*Se va*)

CHAPÍN   (*Saliendo*)
Aquí me quedo escondido
por rastrear tus pensamientos
dos caras tiene el bellaco
con no tener más que un cuerpo.

ESCENA TERCERA

(LUCIFER, *muy enojado y furioso*)

LUCIFER   Aquí estoy pa qué me quieres;
¿Qué nuevo insulto te inquieta;
qué te aflige, qué te turba?
Yo no he cogido otro medio
hasta indagar con cautela
de ese motivo la causa.
Que sembrar guerra en el mundo,
barajar los elementos,
arda mi astucia y furor
estilado de la peña
arda el concervo
fatigado de mis iras.
Vamos por partes distintas,
vamos por si acaso encuentro
con quien mitigar mis iras.
Yo he rastreado traducciones
yo he recorrido argumentos,
y no he podido rastrear
la causa de la venida
de tres Reyes orientales
que entraron a Palestina.
Tumbas funestas en lutos
tantos me llenan de horror
cómo de angustias me llenan.
Y porque acredites mi esencia,
y porque mis servicios veas,
y experimentes mi furor
si por acaso encuentro
con quien mitigar mis iras.
¡Límites arrastrados os mando os amonesto
tocar guerra o rebato!

Caiga el mundo, no será el hombre acudido,
dos vasallos sin temor,
que Lucifer para retornar a los cielo
para destruir sus contrarios
para que no halle memoria
ni rastro de ellos.

(*Mutis*)

Acto Tercero

(*El* niño *en el pesebre junto con sus padres. Llegan*
LOS REYES.)

VIRGEN   Casto esposo y señor mío,
ese rumor que se acerca
son los reyes orientales
que a su adoración aprecian.
Dicho estaba, ya se ve.
Se habían de cumplir las leyes
que tenía determinado
su dicha, dichosa providencia.

BALTASAR   A la luz de tanto sol
se ha consumido la estrella.

GASPAR   No es mucha esa atenta luz
si otra luz nos reververá.

MELCHOR   Prodigio de los prodigios,
hermosísima doncella
seas bien hallada señora.

VIRGEN   Vengan sus altezas

BALTASAR   Para honrarnos de palabras
señora la luz interna,
si por abundante
tiene abrogadas las lenguas.

REYES   ¿Cuál es el nombre del niño?

VIRGEN   Jesús.

REYES   (*Se hincan rindiendo la corona*)
Del cielo a la tierra
doblan las rodillas
el abismo y sus cavernas.
Confesando toda lengua,
que el verbo hijo de Dios
tomó de la carne nuestra.

BALTASAR   Señor, el signo de este oro
te ofrezco, de agrado sea.

GASPAR   Esta mirra por tu amor
sea de tu complacencia.

MELCHOR   Este incienso para que
señor para que cumplido sea vea.
Que habló el espíritu santo
por boca de los profetas.

Letra
(*Cantada durante la adoración*)

Por favor tan grande
por tan gran franqueza
de ángeles y hombres
alabado sea.
Hoy en el mundo la gloria
alabemos este día
demos gracias victoria
a Jesús, José y María.

REYES   Sagrada virgen María
de los cielos y la tierra,
Reina por ser de Dios madre,
te damos la en hora buena.

Letra

Dueño eres de todo
de honor que te aprecia
por los altos fines
de profunda esencia.

REYES   Entregamos vida y alma
con sentidos y potencias
reinos, cetros, señoríos
aunque todo esto es corto afecto.

Letra

Todos te conocen
porque te engrandezcas
como madre virgen
limpia pura y bella.

REYES   Peregrino patriarca
         por los prodigios que encierras,
         como padre putativo
         te damos las gracias nuestras.

Letra

         Reciban nuestros obsequios
         de la virgen soberana
         de la concepción dichosa
         María llena de gracia.
         Alabemos a Jesús
         con música y alegría
         que son los altos misterios
         de Jesús, José y María.
         Recibamos de María
         y de Jesús verdadero
         nos eche su bendición
         por altos siglos eternos.

VIRGEN   Reyes Magos, vuestros dones
          el niño Dios acepta.
          Partir en paz, el negocio
          vuestro corre de mi cuenta.
BALTASAR   Aquí podemos tomar
           reposo entre mientras llega
           el día para volver
           a la misteriosa cueva.
GASPAR y MELCHOR   ¡Mucha admiración admira
                    aquella suma pobreza!

Letra

         Es propio de padre Dios
         y misericordia ostenta
         de los mayores peligros
         libera nuestra inocencia.

(Se aparece UN ÁNGEL a LOS REYES mientras
duermen)

ÁNGEL   Reyes ilustres que a Dios
         agradó a vuestra clemencia.
         Huir de Herodes cruel;
         Su majestad amonesta
         porque pretende alevoso
         matar a vuestra inocencia.

         Huir de no conocer,
         que Dios salva la inocencia.
         Cumplir con vuestros deseos,
         y luego con diligencia
         tomar a vuestros estados
         que Dios declara verdad.
REYES   Oh gran Dios que de mercedes
          tu mucho poder franquea,
          supuesto que a tantos doctos
          a dar doctrina viniste.

Acto Cuarto

Letra

         Con esta suerte le anuncia
         al castísimo José
         ver María afligida
         sin saber cómo y porqué.

ESCENA PRIMERA

SAN JOSÉ   No sé que infausto suceso
            me anuncia la suerte avara.
            Afligida veo a mi esposa;
            no sé cual será la causa.
            Válgame Dios el pesar
            de la carrera cansada
            de vecino de la ducha
            por pensión divina y humana.

(Se acuesta. EL ÁNGEL llega a avisarle que parta para
Egipto)

ÁNGEL   José custodio dichoso,
         benditísimo patriarca,
         oye, escucha,
         que el Señor de los señores
         me manda que venga a traerte la noticia
         de la cruelísima hazaña;
         que Herodes busca a Jesús
         pa' trozarle la garganta.
         No desfallezca varón
         en quien reina la constancia.
         Vete a Egipto con el niño
         hasta que yo otra orden te traiga.

(Mutis)

SAN JOSÉ   Mi pecho sobresaltado
así me lo adivina
es mucho que en mi interior,
si esto era más de Judea.
¡Ay Jesús, del alma mía!

ESCENA SEGUNDA

VIRGEN   Querido esposo José,
¿qué congojas te acompañan?
SAN JOSÉ   Candidísima María
sabéis con la fe que os amo;
José vuestro siervo querido
siento al verme turbado
hacer valor bella aurora.
Ánimo señora
para salir huyendo de Herodes,
que así el señor me lo manda.
VIRGEN   Casto esposo y señor mío,
y de tus patencias francas
recibimos tantos bienes
con plenitud desde varias
de trabajos recibimos.
Como que es ligera causa
disponed señor y esposo
para tomar la jornada,
que en su santa voluntad
estoy firme y resignada.

(Tomando al niño en brazos se arrodilla)

Dormido estás vida mía
pierde el sueño que postrada
tu esclava te lo suplica,
y la fuerza lo demanda.
Por arremeticos montes,
huye querido de mi alma,
pues lo manda quien más puede.
No llores vida mía, calla;
huye como observativo
huye el sosiego de la casa;

salgamos por esas selvas,
rocas, grutas y montañas.
Cordero manso y humilde
de ese mi bien no bastaba,
la pena de haberte visto
nacer entre humildes pajas.
No basta aquel arforjal
que de hilo en hilo derrama
si no salir a deshoras
con los fríos que amenazan.
No basta titiritar
en aquellas caídas tan heladas.
No basta, ahora empiezas
pimpollo de admir y grama
tu padecer en el cuerpo,
y yo sentirte en el alma.
¡Ay mi Jesús, ay mi bien!
Y que leyes tan tiranas
de la codicia advertida,
de la avaricia inventada.
Inventor cruel, inhumano
espero aguantar tu saña.
No quieras plantar tirano,
ni ensangrentar tu espada;
aguarda, no lo ejecutes.
Sea primero degollada
la madre que a su cuchillo
ofrece fiel la garganta.
Deja que viva Jesús,
que su vida es importancia.
Muera María sola, muera;
huyamos, es lo mejor;
porque en ocasión probada.
Deja señora tu patria
Vamos por esos desiertos,
por entre gentes extrañas.
Huye José prodigioso
los rigores de tu alma,
pues en la cárcel del Cairo
hallarás honor y fama
desprecia la libertad,
y tu cautiverio abraza.
Deja el poder en la vara,

vamos por estos desiertos
llorando nuestra desdicha.
¡Huye, que no es cobardía!
Lo que es prudencia humana
de aguardarse para el tiempo.
Oportunidad más llana;
el Padre eterno te llama
vamos obediente Isaías;
toma el peso de la carga.

SAN JOSÉ   Oh, amada y divina esposa
hagamos la acelerada
fuga porque el peligro
siempre cae en la tardanza.

VIRGEN   Recibe al niño pues,
divino y santo patriarca.

SAN JOSÉ   Oh, amada de mi vida.
Báculo que me separa
así yo como David,
temor y espanto me asalta.
Alas como de paloma
quisiera se las tomara
para cumplir la jornada.
Vamos mi bien, vamos mi bien
por las selvas solitarias
huyendo de la tiranía
que ha inventado la venganza.

VIRGEN   No llores amado mío
desterrado de mi alma,
deja en paz a Palestina
despídete de tu patria.
Adiós, plaza de Belén,
tierra bendita sagrada
adiós, humildes pastores
que habitáis en su comarca.

ESCENA TERCERA

(*Salen los tres y llegan* AL PRIMER LABRADOR)

LABRADOR   Vayan a rodear ustedes
no pisen la sementera.

VIRGEN   ¿Qué siembras hombre?

LABRADOR   Vaya pregunta tan necia;
¡Aquí estoy sembrando piedras!

VIRGEN   Buena semilla por cierto.
Ésa será tu cosecha.

LABRADOR   Sea lo que Dios quisiere,
no lo que la lindona dijere.
Id con Dios.

VIRGEN   Quedaos en paz.

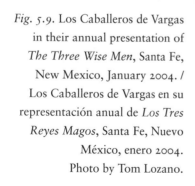

Fig. 5.9. Los Caballeros de Vargas in their annual presentation of *The Three Wise Men*, Santa Fe, New Mexico, January 2004. / Los Caballeros de Vargas en su representación anual de *Los Tres Reyes Magos*, Santa Fe, Nuevo México, enero 2004. Photo by Tom Lozano.

ESCENA CUARTA

SEGUNDO LABRADOR   Admirado estoy de ver
      tan admirable belleza.
VIRGEN   ¿Qué hacéis varón?
LABRADOR   Yo señora,
      quiero atender a mi siembra.
VIRGEN   Anda breve por las hoces
      y comenzaras tu siega.
      Han de llegar por aquí
      demandando nuestras señas
      unos hombres, y diréis
      en virtud de esta clemencia
      lo que va de siembra toma
      es la ventaja que llevan.
LABRADOR   Si señora desde luego
      me dedico a estar alerta.
VIRGEN   Quedaos en paz.

Quinto Acto

(*Palacio del rey* HERODES. *Furioso porque no volvieron* LOS REYES. *Manda degollar a todos los niños.*)

Letra

      Con gran crueldad y rigor
      con corazón indolente
      vienen a ejecutar
      a todo niño inocente.

HERODES   En eternas confusiones
      he pasado estos momentos;
      los reyes no han aparecido,
      cuál sería su pensamiento.
      Por cierto he sido burlado,
      y así con furor ordeno
      a vos jueces y verdugos
      pronto publicar edicto,
      ¡hacer tocar a degüello!
      con todo niño varón
      que de dos años a pecho
      se hallen en esta comarca,
      que está bajo mi reino,

      sin que les mueva piedad,
      amor, interés, mi empeño,
      para que cumpláis mejor
      con mi hijo hacerlo primero.
JUECES   Rendidos a vuestras órdenes
      obedecemos.
PREGÓN   Muy erudito Rey Herodes,
      señor de toda Judea,
      delegado prometido
      por siempre triunfante seas.
      Manda que todos los niños
      que de dos años a la era
      que degüellen luego al punto
      en grado con diligencia,
      y para el efecto feliz
      a su mismo hijo degüella.

ESCENA SEGUNDA

(*Sacan a los niños los verdugos para degollarlos*)

SENTENCIA   Esta es la sentencia
      que el rey manda hacer,
      que degollados sean
      los infantes de una vez,
      que se hallen de dos años,
      o acabados de nacer.
      en el reino de Judea
      o gran ciudad de Belén.
      No haya madre que se excuse
      a los decretos del rey,
      que con pena de talión
      se ha de ejecutar la ley.
JUEZ   El hecho ha sido importuno
      y para observar la ley
      a su hijo ha mandado el rey
      —por no salvar a ninguno—
      toda comarca asustada
      de un leve antojo tirano.
      Oh, si estuviera en mi mano
      de abrogar la ley injusta
      yo la ejecutaría.
      Por más que me mire juez

debo ejecutar lo que es
preceptos de un superior,
y así con ira impaciente
soldados ejecutar

(*Empieza a degollar*)

a todo niño inocente.
No os mueva lágrima o llanto
amistad, ni compasión
que con pena de talión
no ha salir al tanto.
Mueran, sacar los aceros.
Tocar degüello, y así
la humanidad nos valga.
Dejad mujeres los gritos.

(*Sale* ROSAURA *desesperada*)

ESCENA TERCERA

ROSAURA   Aguarda tirano infiel,
no ejecutes atrevido
que estrago tan riguroso
vuelve la vaina al cuchillo.
Ay, hijo de mis entrañas,
cómo muerto tú y yo viva.
Caigan sobre mí los montes
y acaben leve conmigo.
Rey que el hombre te hizo odioso
del estirpe Palestino
qué honor de estado hallarás.
Enduneo (¿) mal nacido,
¿quién te ha ceñido laurel?
¿quién al trono te ha subido?
¿quién mantiene tus estados?
¿quién acude a tus servicios?
¿lo mismo que tú destrozas?
Responde, ¿no son los mismos
que pudieron mantener
el tiránico dominio?
No eres racional, no eres,
venenoso basilisco,

más tirano que el Mambríes (¿)
¡Aleve como a ti mismo!
¿A dónde estás macabeo
defensor de Pupilo?
Terror de los extranjeros,
horror de los enemigos,
se acabó nuestra potencia,
por hermanos desunidos,
o porque las culpas nuestras
lo han tenido merecido.
Ni destrozos los incendios,
ni desgarran los maritios,
ni el cautiverio parcial,
ni la cárcel del Asirio,
no iguala todo, no iguala.
El estrago prevenido
temiendo este injusto rey,
en los párvulos un niño
que tienes, que recelaste
rey intruso avenediso.
Si perdiendo la corona
quedas lo que siempre has sido,
que a fuerza de tiranía
muchos al trono han subido.
Pero en el mismo tamaño,
han hallado precipicio,
no lo dice mi dolor,
no es antojo, no es delirio,
pues las personas lo afirman,
pues llenos están de libros.
No serás más poderoso
y así fines alevosos.
Irracional del abismo
ético de sangre humana
monstruo del presente siglo.

ESCENA CUARTA

(*Entra* SAURA *y se presenta a* HERODES)

SAURA   Desata esa lengua mi voz
que me oprime en dolor impío.
Desahoga pecho desahoga,

hasta los tiernos suspiros
porque ninguno ni ellos
es ilusión lo que he visto.
Acaso en sueño o es engaño,
Es encanto o es delirio
Examina, mira, atiende.
Pregunto, no sé qué tengo,
si el dolor me hurta el sueño;
la voz me roba el sentido.
Desgracia tan infeliz
diga si alguno lo ha visto
en los añales del tiempo.
Alguno lo ha discurrido.
Impío, cruel y tirano;
haciendo cobardes voces
contra inocentes garagantas.
¡Bravo ensangrientas tus filos!
Revoque Dios la sentencia
apagando el indolismo
de cizañas majestuosas
pa' el que inocente ha nacido.

ESCENA QUINTA

(*Entra* ANABELITA)

ANABELITA   Lóbrego distinto (¿) en quien
la invención tiran pone
a los ojos más fecundos
al concepto de admiración.
¿Cuándo igualarán suspiros?
¿Cuándo bastarán clamores?
que a tata turba distinta
quite desgarrados borres.
Sin la mínima tragedia
que el más tirano dispone,
hallando flores doradas
que a penas en brión emprión conocen.
Lloren tiernos ojos míos
con tristes lamentaciones;
socorrer ciegos llorando
entre amargas confusiones.
Día funesto has trocado

lo apreciable de tu nombre.
Haciendo costosa feria
con la tenebrosa noche.
No puede bastar el cuello
sin la licencia en orden
de esa costumbre a la vista.
En tu lado a tus favores
los amartecidos actos
de manantiales acciones
bárbaramente apacibles
le dan a ostentar su nombre.
Puede admirar el honor,
no sólo admirarse puede
en tan acervo dolor.
Cuando justo es llorar
discípulos de las piedras
que casi se rompen
del cordero encarnizado.
Los tenta en diversas flores
que emulaciones del tiempo
es imposible las borren.
y aunque desahogar quisieran
mi pecho el dolor enorme
ruja el mar, rujan los vientos;
la tierra la hacen temblar
y ardientes llamas
¡arda el pérfido Herodes!

ESCENA SEXTA

HERODES   Juez sólo tu venir será
castigarlos atrevido
anda y no me dejéis
plaza, calle, ni castillo;
ni rincón que no esculquéis
a ver si encontráis
ese rey recién nacido.

(*Mutis todos*)

JUEZ   En todas estas comarcas
ninguno vivo se ve,
sólo ha escapado el hijo

de María y de José.
en esta senda labor
alguna razón tendremos.

PRIMER LABRADOR ¿Qué es lo que buscan ustedes?

JUEZ Un anciano que tenemos
Razón que en un jumentillo
Pasó para Egipto huyendo.

PRIMER LABRADOR Por aquí iba pasando ahora.

JUEZ En esta senda labor
Alguna razón tendremos.

SEGUNDO LABRADOR ¿Qué es lo que buscan ustedes?

JUEZ Un anciano que tenemos
Razón que en un jumentillo
Pasó para Egipto huyendo.

SEGUNDO LABRADOR En el Cairo estará ya,
por persecución ajena,
porque cuando yo sembrando
el trigo que estoy segando
pasó por aquí y me dijo
que iba huyendo de un decreto.

(*Mutis*)

JUEZ Pues ya sin duda escapó
para el rey sus deseos,

por ver si encontraba al Mesías
hizo tocar a degüello
con todo niño inocente
que hasta dos años tuviera,
y así hemos cumplido ya
con el divino festejo.
Vamos a pedir perdón
de los cometidos yerros.

Letra
TODOS

La primera persecución
De Jesús verdadero
Aquí en su nombre se acaba.
Perdón los desaciertos.

Fin

The following *Auto de la Huida a Egipto* dates to the late fifteenth and early sixteenth centuries. It is anonymous and has no title. It comes from a manuscript found in the convent of the Poor Clares from Santa María de la Bretonera in the province of Burgos. This eucharistic play addresses two different subjects. One is the Holy Family's flight to Egypt, described

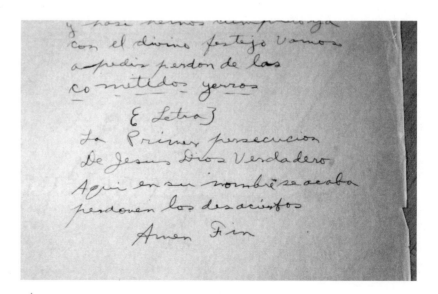

Fig. 5.10. Los Tres Reyes. WPA Collection. Courtesy of Museum of New Mexico. Photo by Tom Lozano.

in St. Matthew 2:13–21; the other is about St. John the Baptist's penance in the desert, described in St. Matthew 3: 1–4. Although the Holy Family and St. John the Baptist never actually meet in this drama, the Pilgrim character links them together.

El siguiente *Auto de la Huida a Egipto* data entre finales del siglo XV y principios del XVI. La obra carece de título y es de autor anónimo. Procede de un manuscrito hallado en el convento de las Clarisas de Santa María de la Bretonera en la provincia de Burgos. En este auto se adosan dos temas distintos. Uno el de la huida de la Sagrada Familia a Egipto, descrito en San Mateo 2: 13–21; y el otro es el de la penitencia de San Juan Bautista en el desierto, descrita en San Mateo 3: 1–4. Aunque la Sagrada Familia y San Juan Bautista nunca se encuentran en este auto, el personaje del Peregrino establece un punto de enlace entre ambos.

Auto de la Huida a Egipto[76]

Primera Escena

(EL ÁNGEL *a* JOSEPE)   Josepe, si estás durmiendo,
    despierta y toma el cayado,
    que por Dios te es mandado
    que luego vayas huyendo.
    Ha de ser d'esta manera:
    Josepe, de Dios vendito,
    que no pares hasta Egipto
    ni quedes en otra tierra.
    Dios manda que allá vayáis;
    Él quiere que allí moréis,
    que por mí çierto sabréis
    cuándo cumple que volváis.
    Levantaos, viejo, priado,
    començad a caminar,
    que a Dios piensa de matar
    el falso Erodes malvado.

Fig.5.11. Santa María la Blanca altarpiece, fourteenth century. / Retablo de Santa María la Blanca, siglo XIV. Monasterio de Sant Joan de les Abadesses, Girona. Photo by Tom Lozano.

Escena Segunda

(JOSEPE *a* NUESTRA SEÑORA)   Dios, por su ángel,
    dezía
      Que vamos a tierra agena
      (no resçiváis d'esto pena,
      esposa y señora mía),
      y dize que allí moremos,

76. José Amícola, "*El Drama de la Huida a Egipto*, drama anónimo del siglo XV," *Filología* XV (1971), pp. 1–29; Surtz, *Teatro Castellano*, pp. 129–44.

que Él nos inviará decir
el tiempo para venir,
y que alegres volveremos.
(Nuestra Señora *a* Josepe)   Señor esposo,
    vayamos;
cumplamos su mandamiento;
con la obra y pensamiento
a Dios siempre obedescamos.
Esa noche nos partamos,
desterrados de Judea,
pues Dios quiere que así sea,
a Él plega que volvamos.

Escena Tercera

(*Pártanse y llama* Josepe al Ángel *que los guíe*)

    Ángel, tú que me mandaste
de Judea ir a Egipto,
guíanos con el chiquito.
guía al hijo y a la madre,
guía al biejo pecador,
que se parte sin temor
adonde manda Dios Padre.
Y pues al niño bendito
y a nosotros tú sacaste,
ángel, tú que me mandaste
de Judea ir a Egipto,
guíanos con el chiquito.

(El Ángel *a* Josepe)   A quien çielo y tierra adora,
    ¿quién le podrá guiar?
Por do os quisiere levar
caminad con la señora.
(*Prosigue* el Ángel)   Es verdadera carrera,
    Es eterno, es infinito.
Él os levará a Egipto;
Él os volverá a esta tierra.

(*Oyendo* Josepe al Ángel, *va cantando este villancico*)

    Andemos, señora, andemos,
o, si manda, descansemos.

No me carga mi çurrón;
no he menester mi cayado,
que de Dios soy consolado,
libre de toda pasión.
Pues que muestra redención,
con nosotros la traemos,
andemos, señora, andemos,
o, si manda, descasemos.
El descanso verdadero
es nuestro hijo preçioso.
Éste es Dios poderoso;
Éste es el manso cordero.
En la su piedad espero
que muy presto volveremos.
Andemos, señora, andemos,
o, si manda, descansemos.

Escena Cuarta

(*Prosigue* Josepe)   Los tigres y los leones
    se umilian al poderoso,
y en este valle fragoso
nos çercaron tres ladornes.
A la Virgen quitan el manto,
a mí la capa y çurrón.
Desnudan al niño sancto;
déxanle en un camisón.
El viejo y dos hijos suyos,
ladrones que nos rovaron,
viéndote, ellos confesaron
los altos secretos tuyos.
Y un hijo d'este ladrón,
de tu graçia inspirado,
quesiste fuese salvado
en el día de la Pasión.
(El ladrón moço *a* Christo)   De ti, niño, veo
    salir
Atán grande resplendor,
que me pone tal temor,
cuanto no puedo decir.
Y, según pienso y entiendo,
eres el sancto Mexías,
que las sanctas profeçías
veo que se van cumpliendo.

Ladrones somos provados,
señora, ya lo savéis;
al niño vós supliquéis
que seamos perdonados.
Queremos restituir
lo que a vós hemos tomado.
Si queréis de lo hurtado,
con vós queremos partir.

(NUESTRA SEÑORA *a los ladrones*)   Dicen que es
viçio hurtar;
vós lo savéis, que lo usáis.
Mas si d'ello os apartáis,
Dios os querrá perdonar.
Él por su misericordia
os aparte d'este viçio;
travajá en algún ofiçio
por que alcancéis su gloria.

Quinta Escena

(SAN JUAN *pide liçençia a* SUS PADRES)   Padre mío,
Zacarías,
señor, dé vuestra liçençia,
y vós, madre, haved paçiençia
ora por algunos días.
Pido liçençia a los dos,
que mi coraçón desea
apartarme de Judea
hasta que a ella vuelva Dios.

(ZACARÍAS *a* SAN JUAN)   Hijo, la buestra niñez
no os engaña, según creo.
Naçistes en gran deseo
Por consolar mi vejez.
Y, pues me queréis dexar
por ir a buscar al Mexías,
Él prospere buestros días,
Él os quiera acá tornar.

(SANCTA ISABEL *a* SAN JUAN)   La graçia de Dios
tamaña,
hijo mío con vós sea.

De Egipto para Judea
vienen por esta montaña.
Si alguno vierdes pasar,
que venga por esta vía,
al Jesú y a la María
me invitaréis a saludar.

Escena Sexta

(EL PEREGRINO *viene de Egipto y dízele a* SAN JUAN)

Amigo, ¿dónde venís?
Parecéisme fatigado.

PEREGRINO: Así es como decís;
de Egipto vengo cansado.

SAN JUAN: ¿Para dónde havéis camino?
¿Para adónde es vuestra vía?

PEREGRINO: Soy de Egipto peregrino,
a Judea vo en romería.

SAN JUAN: Si tuviese pan o vino,
Por çierto dároslo ía.

PEREGRINO: Pues, dezime, ¿qué coméis
en esta fiera montaña?

SAN JUAN: La gracia de Dios tamaña
me sostiene, como veis.

PEREGRINO: Dezime, ¿con esa graçia
sin comer os sostenéis?

SAN JUAN: Como las yervas que veis
y en invierno de la laçia.

PEREGRINO: Tenéis vida muy cruel
en comer yerva del campo.

SAN JUAN: Otras veces como miel
que a las colmenas arranco.

PEREGRINO: Tornárseme ía hiel
el comer sin pan ni vino.

SAN JUAN: Al que Dios hiziere digno
vien podrá pasar sin él.

PEREGRINO: No viviría como vós
sin comer pan sólo un día.

SAN JUAN: Estoy esperando a Dios,
de allá en Egipto seeía.

PEREGRINO: ¿Cómo? ¿Él buestro Mexías
savéis que al mundo es venido?

SAN JUAN: En Velén Él fue nacido;
             críase donde venías.
PEREGRINO: Tú dame las señas d'Él;
             quiero volver a buscalle.
SAN JUAN: De una virgen nasçió,
             desposada con un viejo.
PEREGRINO: Vien creo que en mi conçejo
             todos tres los dexo yo.
SAN JUAN: La madre llaman María,
             al niño, sancto Jesú.
PEREGRINO: Esos que me dizes tú,
             Yo muy bien los conosçía.
SAN JUAN: Así Dios te dé alegría,
             que me cuentes cómo están.
PEREGRINO: No les falta vino y pan;
             la dueña les mantenía.
SAN JUAN: Dime, ermano, ¿qué hazía
             o a qué gana de comer?
PEREGRINO: A hilar y a coser,
             Trabajando noche y día.
SAN JUAN: ¡O quién te viese Jesú!
             ¡O quién te viese María!
PEREGRINO: ¿Y al viejo querrías ver tú,
             Que Josepe se dezía?
SAN JUAN: Vien sé que los conosçías,
             pues a Josepe has nombrado.
PEREGRINO: Pues me has encaminado,
             ¿qué mandas que les diga?
SAN JUAN: Que al niño veso los pies
             y a la virgen consagrada.
PEREGRINO: ¿Y al viejo no dizes nada?
             También creo que sancto es.
SAN JUAN: Encomiéndame a todos tres;
             dales cuenta de mi vida.
PEREGRINO: Adiós, hasta su venida,
             que a la vuelta me verés.
SAN JUAN: Siempre sea en tu guía
             aquel niño, Dios y ombre.
PEREGRINO: Pues dime, hermano, tu nombre
             para contalles tu afán.
SAN JUAN: Dios me puso nonbre: Juan
             Bautista seré llamado.

PEREGRINO: Haz cuenta que me has salvado.
             Hermano, quédate a Dios.
SAN JUAN: Él vaya siempre con vós
             y Él os traya consigo.
PEREGRINO: Adiós, Juan; adiós, amigo.
             Él haga salvo los dos.

Escena Séptima

(*Buélvese* EL PEREGRINO *a Egipto cantando*:)

> ¡O, qué gloria es la mía,
> saber nueva del Mexía!
> Yo vi al sancto chiquito,
> allá en mi tierra de Egipto,
> tan perfecto y tan vonito,
> cuanto decir no sabía.
> ¡O qué gran gloria la mía,
> saber nueva del Mexía!
> En llegando, ofrecerle he
> La mi alma pecadora;
> si quisiere la señora,
> la mi casa le daré;
> de buen grado dexaré
> todo cuanto yo tenía
> por andar con el Mexía.

Escena Octava

(*En bolviendo a Egipto, va a adorar a Dios*)

PEREGRINO: Adoro's, sancto Mexía,
             y a la madre que os parió,
             a la cual suplico yo
             se vayan a la casa mía,
             y por suya la resçiva,
             y todo cuanto yo tengo,
             y a mí, que a serviros vengo,
             mientra quisierdes que viva.
             Un maçevo que hallé
             en una fiera montaña,
             aquel que en gloria se vaña
             en predicar vuestra fe,

al que distes nombre "Juan,"
os espera en una sierra,
dándose vida muy fiera,
sin carne, vino ni pan.
Al niño vesa los pies.
Muchas encomiendas trayo
de aquel descalço y sin sayo,
Virgen madre, a todos tres.
Las piedras rompen sus pies;
Piel de camello vestía;
de yerbas se mantenía,
como una bruta res.
En la cuevas se acogía,
como culebra o lagarto.
Tan contento está y tan harto,
como aquel que más tenía.
Virgen, si havéis plazer,
de que aquí con vós yo viva,
si no, a aquella sierra esquiva
con Juan me quiero volver.

(Nuestra Señora al Peregrino)   Vuélvete por do
          veniste;
vuelve y gusta aquel afán;
vuelve a consolar a Juan
y dile cómo nos viste.
Dile que presto hemos de ir
(no tardará nuestra ida),
y con él haz la tu vida,
hasta que nos veas ir.

Escena Novena

(*Estando* San Juan *en su cueva, vio venir* al Peregrino
y sale a resçevir diciendo:)

          Romerico, tú que vienes
do el rey de la gloria está,
las nievas d'Él tú me da.
Mucho deseo saber
cuándo será su venida,
que, al tiempo de tu partida
tú me huvieras de hazer
olvidar aquesta vida

y irle a buscar allá.
Las nuevas d'Él tú me da.
     Romero (Peregrino):   En tu sancto vivir
Dios manda que perseveres.
Dize, Juan, que aquí le esperes,
que muy presto ha de venir.
Y más te quiero decir
qu'el mundo redimirá.
Tal nueva save de allá.
La madre está cosiendo
y en la su halda tenía
aquel que el mundo regía;
con él se estava riyendo.
El viejo, según entiendo,
siempre adorándole está.
Tal nueva save de allá.

(*Prosigue* el Peregrino)   A la Virgen y al chiquito
          dize aquel su sancto padre
que en el vientre de tu madre
adoraste al infinito.
Y, pues eres d'Él bendicto,
contigo estaré acá,
hasta que Él venga de allá.
Tiénete muy grande amor;
dize su pariente eres;
dize que de las mugeres
no naciera otro mayor.
Dize que eres su vandera,
que levantes su pendón.
Inviáte su bendición,
que aparejes su carrera.

San Juan: Romero, tú seas vendito
          del Señor que te crió.
Gran deseo tenía yo
De ver alguno de Egipto.
No sé con qué te sostenga,
si quieres aquí vivir.
Si quieres a Dios servir,
esperemos a que venga.

(*Prosigue* el Peregrino)   Save, Juan, que soy
          mudado,
que no soy quien ser solía.
Cuando vine en romería,

de tu vida fue espantado.
Ora sé que Dios es vida
y la su graçia es hartura.
Quedemos en la espesura
esperando su venida.
Vámonos a alguna cueva,
si la hay en la montaña,
que el diablo con su maña
tengo temor que me mueva.
Mil veces me ha tentado,
después que busqué a Dios.
Dezí, Juan, si osa a vós
tentaros aquel malvado.

SAN JUAN: A Jesú ha de tentar,
¡cuánto más a mí y a vós!
Acordaos siempre de Dios,
porque no os pueda engañar.
Començad a contemplar
en su sancta encarnación
que por nuestra salvación
quiso la carne tomar.

(*Prosigue* SAN JUAN)   Muy contino hablaremos
en nuestra muy sancta fe,
y de espaçio os diré
lo que de creer tenemos.
Festejar quiero este día:
alguna miel comeremos,
y despúes contemplaremos
en nuestro sancto Mexía.

PEREGRINO: Para mejor dotrinarme,
Juan, de las yerbas comamos
y, pues el mundo dexamos,
no quiero engolosinarme.
Era amigo de dulçores.
Mira, Juan, lo que te digo.
Después que topé contigo,
Sólo en Dios hallo favores.

Escena Décima

(EL ÁNGEL *a* JOSEPE)   Buen viejo, de Dios amado,
Dios permite que así sea:
volveos para Judea,

que Erodes ya es finado.
Allí tenéis que tornar,
A fenecer buestros días,
y las sacras profeçías
allí se han de acavar.

Escena Undécima

(JOSEPE *a* NUESTRA SEÑORA)   Esposa, virgen y
madre
del señor que os ha criado,
sabed que nos ha mandado
a Judea volver Dios Padre.
El ángel que nos mandó
que viniésemos acá,
él mesmo me apareció;
mándanos volver allá.

Escena Duodécima

(*A la vuelta canta* JOSEPE *este villancico*)

Alegrarte has, tierra mía,
porque a visitarte va
el que te redimirá.
Alegraos, fuentes y ríos,
y los montes y collados;
trayan los campos y prados
frescas flores y ruçios.
Cualquiera que en ti creía
con justa razón dirá:
Alegrarte has, tierra mía,
porque a visitarte va
el que te redimirá.

Fin

The next play comes from the *Códice de autos viejos*, a manuscript containing almost one hundred eucharistic plays dating from the latter half of the sixteenth century. It is currently located at the Biblioteca Nacional in Madrid. It is obvious that some representative individual compiled this religious repertory in order to satisfy the different demands of the churches, religious brotherhoods, and city councils. Based on its theme, the *Aucto de la Huida a Egipto* belongs to the Nativity cycle. It is possible, however, that it formed part of the Corpus Christi celebration processions.

This drama contains humoristic notes by virtue of the character Bobo and gyspy characters native to Egypt. Popular tradition attributes an Egyptian origin to gypsies (*gitano-egiptano*). This furnishes the play with a popular, folkloric air.

El siguiente auto procede del *Códice de autos viejos*, manuscrito que contiene casi un centenar de autos de índole religiosa de la segunda mitad del siglo XVI. Actualmente se encuentra en la Biblioteca Nacional de Madrid. Según consta, este repertorio religioso fue recopilado durante años por algún representante para complacer así las diferentes necesidades de las iglesias, cofradías y ayuntamientos. Debido a su tema el *Aucto de la Huida a Egipto* pertenece al ciclo Navideño, pero es muy probable que formara parte de las representaciones de la procesión del Corpus.[77]

Este auto posee notas cómicas a cargo del Bobo y tiene la gracia de las figuras de los gitanos como los nativos de Egipto. La tradición popular atribuye a los gitanos su procedencia de Egipto (gitano-egiptano.) Esto le confiere un aire popular y folclórico.

Aucto de la Huida a Egipto[78]
Anónimo, siglo XVI
Figuras: JOSEPH, NUESTRA SEÑORA, un ANGEL, un VIEJO, un BOBO, quatro GITANAS, un GITANO.

Argumento
    Audittorio muy xpiano,[79]
muy rreverendo convento,
estad a mi argumento

atentos, qu'el Soberano
os dará contentamiento:
    Porqu'es fuente de do mana
çelestial consolaçion
que quita toda afliçion
a toda gente xpiana,
que en el tiene su afiçion.
    Es mi venida a contar
por estilo delicado
todo mi ahinco y cuydado,
que se a de rrepresentar
un autto muy sublimado:
    y es cuando la Virgen fue
haçia Ej[i]ptto con su esposo,
con su hijo preçioso
huyendo, porque sabie
un caso muy riguroso:
    y fue que Herodes mando
que, porque a Jesus hallasen,
todos los niños matasen,
y ansi mando y pronunçio
que luego lo ejecutasen.
    Y quiso la providencia,
que ansi fue profetiçado,
que en cruz y cruçificado
muriese con su presencia,
y no fuese degollado.
    El primero que entrara
es Joseph, el viejo esposo.
Auditorio generoso,
silençio; y entenderse a
a este auto sabroso.

Entra JOSEPH *solo.*

JOSEPH
    Seas por sienpre alabado,
eterno Bervo del Padre,
pues me tuviste guardado

---

77. Moll, *Dramas Litúrgicos*, pp. 18–19.

78. Biblioteca Nacional (Madrid), ms. 14.711, fols. 242v, 245v, en Rouanet, *Colección de Autos*, Tomo II, pp. 374–87.

79. Cristiano.

un nonbre tan sublimado
como esposo de tu madre!

Las hordenes çelestiales
te adoren, mi sumo bien,
las cortes angelicales
y los honbres terrenales
te alaben por siempre, amen!

Mi esposa esta rreposada,
y el niño pues que no llora
yo pienso qu'es ya pasada
parte de la trasnochada;
quiero rreposar agora.

Grave sueño me ha caido
y estoy desasosegado;
plega al Rrey nuestro naçido
me conçeda, este servido,
un coraçon rreposado.

Entra EL ANGEL.

ANGEL
Joseph, muy justo varon,
oyeme con atençion:
con la madre y el chiquito
a la provinçia de Ejipto
huye sin mas dilaçion.

Que Herodes ha procurado
por muy secreta manera,
temiendo perder su estado,
al niño rrey humanado
buscalle para que muera.

JOSEPH
Sacra ynmensa Majestad,
yo te adoro humillado,
doy graçias a tu bondad,
que a forçar tu voluntad,
nadie basta ni ha bastado.

Mas, pues que nos mandas yr
huyendo a tierras extrañas,
yo lo quiero yr a dezir
[a] aquella que a de sentir
el dolor en sus entrañas.

Virgen hija de Sion

madre del Verbo divino,
no tomeys alteraçion,
porqu'es divina jusion
que os pongais luego en camino.

Ame sido rrevelado
por un çelestial cursor
que Herodes a sentenciado
que muera, en siendo hallado,
vuestro hijo y mi Señor.

Por tanto, Virgen sagrada,
pues que somos pelegrinos,
cumple qu'esteys esforçada,
qu'es muy larga la jornada,
muy ásperos los caminos.

Aparejad los pañales
deste niño, Rrey del cielo,
y enbolvelde en paños tales
que los crudos tenporales
no le fatiguen, ni el yelo.

NUESTRA SEÑORA
Y adonde quereys que vamos
con niño tan tierneçito?

JOSEPH
Dios nos manda que partamos
y este desierto sigamos
hasta las tierras de Ejiptto.

NUESTRA SEÑORA
Pues ansi es la voluntad
de mi Dios el deseado,
o çelestial claridad!
cubierto de humanidad,
adonde vais desterrado?

JOSEPH
O niño, santa yndulgençia,
rrescate de nuestro yerro,
niño por cuya ignoçençia,
por quya santa ubidiençia
se quita nuestro destierro!

eres digno de adorar,
porque heres nuestra esperança.
Pues queremos caminar,
començemos a cantar
cantinelas de alabança.

Villancico
Con el frio va penando
el peregrino,
cansadito y colorado
del camino.

El qu' el çielo a fabricado
oy se nos muestra cansado.
Huyendo va desterrado,
el pelegrino,
rrubicundo y colorado
del camino.

Entranse, y aya aqui un entremes, y luego
tornan a salir.

Villancico
Camina, chiquitto,
si quereis caminar,
pues qu' el rrey Herodes
os manda matar.

JOSEPH
Esforçad, Virgen sagrada,
perded cansançio y temor,
que muero en veros penada.
Veis aqui en esta senbrada,
donde sienbra un labrador?
NUESTRA SEÑORA
Graçias al omnipotente,
soberano rrey divino,
pues aunque subitamente
nos ha deparado gente
que nos ponga en el camino!
JOSEPH
Dezidnos, buen viejo honrrado . . .
VIEJO
Honrados dias bivais.
Sentaos, si venis cansado.
JOSEPH
Si es camino del poblado,
si es aqueste nos digais.

VIEJO
Ensomo aquel çerrejon
veres luego un vallejuelo
y alli esta la poblaçion.
BOBO
Pues vais en borricaçion,
no tardares un cachuelo.
VIEJO
Si os place, dezi, señor,
como vais tan de corrida?
Soncas, no aves mas dolor
de sacar con tal calor
esta zagala parida?
JOSEPH
Ansi fue la voluntad
del que partir nos mando.
BOBO
Ay que niño y que veldad!
Pardios, en rravanidad
es mas garrido que yo.
VIEJO
Es tan lindo este donzel,
que me tiene enamorado.
Como se llama?
JOSEPH
Emanuel
VIEJO
Sea; con vos y con el
emos de yr hasta el poblado.
BOBO
Dezi, padre, con perdon:
y tengo yo que yr allá?
VIEJO
Que as de hazer, azemilon?
BOBO
Y el costal del tragaçon
ase de quedar aca?
VIEJO
Pues, dote a la maldiçion!,
a que le quieres traer?
BOBO
Pues, el pan que he de comer,
me e de dejar aquillon?
Yo no lo pienso hazer.

VIEJO

No a poder en san Francisco
son qu'este me destruyra?
O mueras de mal pedrisco!

BOBO

Que vendra algun javanisco,
padre [y] se lo comera.
Vamos ya, si habemos de yr,
que la burra ya se ensaña.

VIEJO

Agradeçe a al conpaña
con quien tengo de cunplir.
Vamos ya por la canpaña.

JOSEPH

Esforçad, Virgen Maria.
Rreçibe todo consuelo,
pues llevamos conpañia.

BOBO

Zagala, por cortesia,
al çagal este cachuelo.

VIEJO

Anda, bestia mal domada,
y ese pan, que le aprovecha?

BOBO

Qualquiera persona honrrada
puede aquesta rrevanada
comersela sin sospecha.

VIEJO

Tu no ves, azemilar,
qu'este niño nazareno
no se apaña so a mamar?

BOBO

Pardios, que se a de abezar
a comer de malo y bueno.

VIEJO

El poblado ya le vemos;
albriçias, señora honrrada,
que ya presto llegaremos.

BOBO

Si quieres descansemos:
la burra ya va cansada.

[JOSEPH]

En el pueblo estamos ya.
Donde avemos de parar?

VIEJO

Nuesamo, bueno sera
buscar si alguno os dara
donde podais alvergar.

NUESTRA SEÑORA

Aquel en cuya morada
los príncipes çelestiales
tienen gloria sublimada,
busca en la tierra posada
entre los honbres mortales.

En mi hijo Dios confío
que no nos falte aposento.
Llamad vos, esposo mio,
que ya siente con el frio
mi chiquito gran tormento.

JOSEPH

Señora dueña honrrada,
abridnos por cortesia;
dadnos en vuestra posada
donde sea aposentada
mi esposa y mi conpañia.

GITANA 1ª

Yd, zeñorez, al mezon,
que yo no tengo apozento.
En cabo deze canton
oz daran albergaçion,
zeñor, a vuestro contento.

VIEJO

El putto de mi linaje
se valdra con mesoneros!

BOBO

Aquestos del gitanaje,
soncas no tienen pelaje
son para cortar esqueros.

NUESTRA SEÑORA

Joseph, vamos adelante,
pues aquí nos dan desvio;
alverguemos al ynfante,
ya que muestra en su senblante
venir penado de frio.

JOSEPH

    Dueña honrrada, ansi de Dios
tengais favores divinos,
que para mi y a otros dos
nos deys aposento vos,
porque somos peregrinos.

GITANO

    Zeñor, con mucha alegria.
Zoy contento rrecozeros
a voz y a la conpañia,
y ez muy dichozo el dia
en que yo puedo zerveroz.

GITANA 2ª

    Anda, graçioza zeñora,
deziende, no hayaz temor;
dame el chiquito a la hora.
Que cara de enperadora
tienez, y jezto de amor!

BOBO

    Muesama, juro a san Gil,
guardaos de la chirladera,
qu'es garduña muy sotil,
qu'el ojo, como candil
os echo a la faltriquera.

GITANA 2ª

    Anda, malaventurado,
tristez añoz biviraz
y moriraz mal llogrado.

BOBO

    Dexeme yo el pan sobrado;
siquiera me muera en paz.

NUESTRA SEÑORA

    Pues con tanta voluntad
nos days posad en el suelo,
la divina Magestad,
por su ynfinita bondad,
os aposente en el çielo.

BOBO

    Oh que manada de monas
e visto, padre, asomar!

GITANA 3ª

    Mira que zomos prezonaz

[BOBO]

    Mi fee, no soys; si ladronas
que nos venis a hurtar.

VIEJO

    Pareceos, que buena tierra
para heros Dios merçedes!

BOBO

    Señor mi padre lo hierra
en no echarme una çençerra,
para que no me hurtedes.

GITANA 4ª

    Zalveoz Dios, grazioza dama,
a voz y a la conpania.

BOBO

Guarda la bolsa, nuestrama.

GITANA 3ª

Zola vuestra noble fama
noz movio con alegria.

GITANA 4ª

    Por criadaz noz tened,
y mandaznoz como a talez.

[GITANA 3ª]

De do partio zu merzed?

JOSEPH

Partimos de Nazaret,
donde somos naturales.

GITANO

    Por Dioz, pura conpazion
me movio en velloz llegar
en tiempo tan zin sazon,
y por falta de mezon
aqui loz hize quedar.

GITANA 2ª

    Anda, zeñora agraziada,
zoziega, no ayaz temor,
que en ezta pobre pozada
puedez zer tan rrepozada
como en tu caza, y mejor.

GITANA 3ª

    Dioz guarde la hermozura
de aquezte chiquito ynfante.
Que grazioza criatura!

GITANA 4ª
Catemozle la ventura,
que ha de tener adelante.
GITANA 2ª
    Zin zimiente de varon
herez tu madre garrida
dezte bonito garçon,
y virgen sin corruçion
herez, despues de parida.

    Y quando virgen parizte
muy grande fue tu ventura,
que ningun dolor zentizte;
maz tu zeraz la maz trizte
que jamas se vio criatura.
GITANA 4ª
    Puez, yo le quiero catar
la ventura maz zertera
dezte niño singular.
[BOBO]
Yo creo andaiz por hurtar
cualque mantilla o quequiera.
JOSEPH
    No llores, Virgen sagrada,
esforçad el coraçon,
que aquesta nueva angustiada
primero fue denunçiada
por el viejo Simeon.
GITANA 4ª
    Zegun que por dizcreçion
alcanzo dezte donzel,
hallo zer zu encarnaçion
cauza de rrezureçion
de muchoz en Yzrrael.

    Y zera tan dichozito
y de tan graziosa zuerte,
que, aunque le vedez chiquito,
lo que alli puez fue ezcripto,
acabara con zu muerte.
GITANA 2ª
    Zola una cruz e hallado,
que tiene aqui por zeñal,
de dond'ez concetuado

que zera crucificado
por rremedio universal.
    Maz ençima de la cruz
ay corona, ez de notar,
que aquezte niño Jezuz
luego en la terçera luz
tornara a rrezuzitar.
NUESTRA SEÑORA
    O hijo, y por quantas vias
traspasas mi coraçon!
Rreglas de philosophias,
prefaçios y profecias
profetiçan tu pasion;

    y el cuchillo que ha de dar
fin a tus penas estrañas,
bien se yo que ha de cortar
tus carnes, y traspasar
mi anima y mis entrañas.

    Mas tu, Señor, me consuela,
eterno Berbo del Padre,
qu'el dolor que me desvela,
si quiero que no me duela
no es posible, que soy madre.
BOBO
    Acaba, nuestrama, ya,
deja de tanto plañer:
comamos, anda aca,
que mas a de un hora ya
que no se entiende en comer.

Torna a aparesçer EL ANGEL *a* JOSEPH.

ANGEL
    Joseph, mi justo varon,
con la madre y el donzel,
por divina ynmuniçion,
sin ninguna dilacion,
buelve a tierra de Ysrrael;

    que Herodes, el que desea,
que avie mandado matar
los niños de Galilea,
ya es difunto y no ay quien sea
parte para le dañar.

JOSEPH

O sagrada esposa mia,
gozad con nueva tan çierta
que Dios del çielo os enbia;
vuestra pena en alegria
con tal nueva se convierta.

El destierro es ya acabado,
Herodes ya fenesçio;
sea bendito y loado
quien asi me ha consolado
con su arcangel que enbio.

Y pues que todos gozamos
desta divina merced,
paresçeme que partamos
y al momento nos vamos
camino de Nazarett.

GITANA 2ª

Puez te vaz, linda zeñora,
de tu plazer noz gozamos,
maz tendraz por zervidora
tu guezpeda desde agora,
y a tu zerviçio quedamos.

GITANO

A, zeñora dezpozada,
plazenoz de tu alegria;
ten por tuya ezta pozada,
y puez ya vaz conzolada
Dioz vaya en tu conpañia.

Zuzo, gitanaz, bailemoz
por el niño peregrino,
y puez tanto bien tenemoz,
anzi baylando, zaldremoz
con elloz hazta el camino.

Fin

According to the liturgical calendar, the next New Mexican dramatic piece is *El Niño Perdido*. It originates in sixteenth-century Spain, possibly from the eucharistic plays and dramas of the Corpus Christi celebration. In fact, during the processions in Seville in 1575, a staging took place of Luis de Sagramano's play, *El Niño Perdido*, which contained eight characters. Later, Melchor de León, "author of dramatic pieces," went to Seville in 1590 and authorized by royal decree presented *El Niño Perdido* alongside another theatrical piece. Apparently, in Valencia during the Corpus Christi festivities of 1631, Joan de Morales directed a company that staged the eucharistic play of *El Niño Perdido*.

A great number of romances and villancicos exist throughout Spain concerning this theme and celebration. At the same time, there are different kinds of popular celebrations, depending on the region, that form an integral part of masses, processions, fiestas, and dances. Such is the case with the town of Valdenuño Fernández in Guadalajara, where people commemorate the feast of El Niño Perdido with *danzas de palos* (stick dances). At different times of the fiesta, when everyone is participating, people offer these dances to the Christ Child. The last dance takes place inside the church as a form of valediction. From time immemorial, this town has celebrated this fiesta on the second Sunday of January.

Not long ago, New Mexico also celebrated El Niño Perdido. This feast consisted not only in the dramatic presentation of the eucharistic play, but was followed by a grand meal (previously prepared and involving a *matanza*, or slaughtering of a hog). It ended with a good party that included dances and games. Also, mass was likely celebrated before the play.

This eucharistic play was less popular than *Los Pastores* and even less so than *Los Reyes Magos*. Possibly for that reason its text remained in excellent condition with barely any alterations. In early 1930, Mary Austin was present for this celebration and briefly described the set. On one end of the stage stood the rich man's house where servants served supper. On the other end gathered a group of learned men in the temple. On some occasions, there were backdrops with images of houses in Jerusalem where the Christ Child wandered.

Four years later, *New Mexico Magazine* published a short article about the presentation of *El Niño Perdido* in Taos, staged on a vacant lot. They used a sheet as a backdrop, and the theater balconies consisted of the granary's loft and some tree trunks for reserved seating. The Christ Child, the Virgin, and St. Joseph did not recite their parts but sang them. The other characters, in contrast, recited theirs, and the male choir sang the letras from the rear end of an improvised backstage. This play was usually held during Lent and took place in northern New Mexico, namely from Taos to southern Colorado.

La próxima obra nuevomexicana siguiendo el calendario litúrgico se trata de *El Niño Perdido*. Esta tiene sus orígenes en la España del siglo XVI, posiblemente en los autos y comedias de la celebración del Corpus. De hecho, en 1575, en Sevilla durante las procesiones del Corpus se representó el auto escrito por Luis de Sagramano, titulado *El Niño Perdido* que constaba de ocho figuras.[80] Más tarde, Melchor de León, "autor de comedias," fue a Sevilla en 1590 y autorizado por el real decreto presentó juntó con otra comedia, *El Niño Perdido*.[81] Consta que en Valencia en 1631 se escenificó el auto de *El Niño Perdido* durante las celebraciones del Corpus, siendo Joan de Morales el director de la compañía que lo representó.[82]

Sobre este tema y celebración existe un gran número de romances y villancicos en toda España. A la vez, hay diferentes tipos de celebraciones populares, según el lugar, integradas por misas, procesiones, fiestas y danzas. Tal es el caso del pueblo de Valdenuño Fernández en Guadalajara que conmemora la fiesta del Niño Perdido con danzas de palos. Al Niño se le ofrecen estas danzas durante diversos momentos de los festejos en los que todo el pueblo es partícipe. Como despedida, la última de las danzas toma lugar dentro de la iglesia. Esta fiesta se conmemora en este pueblo desde tiempos inmemorables y tiene lugar el segundo domingo de enero.[83]

Durante un tiempo no muy lejano, la fiesta del Niño Perdido se celebraba también en Nuevo México. Esta festejo consistía no sólo en la representación teatral del auto que veremos a continuación, sino que a éste le seguía una buena cena (previamente preparada y que implicaba la matanza de un cerdo). Acababa con un buen fandango con juegos y bailes. Seguramente también se oficiaba una misa antes del teatro.

Esta obra fue menos popular que *Los Pastores* y menos aun que *Los Reyes Magos*. Posiblemente por esa misma razón su texto se haya conservado mejor, apenas modificado. A principios de los años de 1930, Mary Austin presenció esta celebración e hizo una breve descripción de la escenografía. A un lado del escenario aparecía la casa del rico, donde sus criados servían la cena. Al otro lado del escenario se encontraba un grupo de doctores en el templo. En algunas ocasiones había decorados de fondo con dibujos representando las casas de Jerusalén, por las cuales el Niño Jesús vagaba.[84]

Cuatro años más tarde se publicó un pequeño artículo en el *New Mexico Magazine* sobre la obra del *Niño Perdido* en Taos, la cual se representó en un lote vacío. Se utilizó una sábana como decorado. Los balcones del teatro eran el desván de un granero y unos troncos la parte reservada. El Niño, la Virgen y San José no recitaron sus partes, sino que las cantaron. En cambio, los demás personajes sí recitaron sus partes y las letras fueron cantadas por un coro formado por hombres que cantaban desde la parte trasera del escenario improvisado.[85] Esta obra se representaba básicamente en el norte del estado, desde Taos hasta el sur de Colorado, en especial durante el tiempo de la Cuaresma.[86]

80. Sánchez-Arjona, *Noticias referentes*, p. 55.

81. Sánchez-Arjona, *Noticias referentes*, p. 80.

82. Mérimée, *Spectacles et Comédiens á Valencia, (1580–1630)*, p. 80.

83. Antonio Aragonés Subero, *Danzas, rondas y música popular de Guadalajara* (Guadalajara: Patronato de Cultura "Marqués de Santillana," 1973), pp. 56–57.

84. Austin, "Folk Plays of the Southwest," p. 601.

85. J. Frank Dobie, "Spur of the Cock," *New Mexico Magazine*, Vol. XII, March 1934, p. 23.

86. Marie, *The Role of the Church*, p. 108.

El Niño Perdido[87]

(Manuscrito de Julián Tenorio, Taos,
Nuevo México. Adiciones a cargo
de Juan Andrés Bernal de Ranchos de Taos.)

Acto Primero

Letra

>   Atención, señor lustre
>   que ya se comienza el auto
>   en que obró el niño Jesús
>   aun descuido con cuidado.

FELIX

>   ¿Qué hacen aquí tan despacio
>   en cuestiones divertidos
>   molestando al auditorio?
>   Voy que estoy muy aburrido;
>   vamos, que se haga un coloquio,
>   y a mi se me ha prevenido,
>   que es auto sacramental
>   que se hace al niño perdido.
>   Gustaremos de estos pasos[88]
>   y después que se haga el vino,
>   sopaipas[89] y tamales
>   con manteca de cochino
>   que han matado en la casa
>   de un obsequioso vecino:
>   y después de una larga cena
>   que se forme un fandanguillo
>   y que bailen chiles verdes
>   y la danza de monitos
>   o que hagan otros juegos,
>   menos los apretoncitos,
>   porque estos no se hacen aquí,
>   sólo allá en los Alamitos.

Letra

>   ¡Vamos, ándale! Que es hora,
>   y para que nazca el sol
>   nos alumbre su farol,
>   la más refulgente aurora.

CARRASCO

>   En la tierra está la gloria;
>   todos, venid con presteza,
>   que no a todas horas se halla
>   en el mundo esta grandeza
>   hoy el ministerio inefable
>   de la superior alteza
>   de Jesús, niño perdido
>   según celebra la iglesia.
>   Hoy, si la pluma de Escoto
>   hoy si profunda de Ameno
>   o la ciencia de un patriarca
>   o si mi lengua ayudara
>   quien es el presbítero
>   don Luis más el . . .[90]
>   a quienes sus dones ensalzan
>   bien pudiera y bien quisiera
>   prevenir sus prendas raras;
>   pero su mucha modestia
>   toda mi atención embarga,
>   como también las justicias
>   que a fuerza de sus constancias,
>   solicitud y trabajo
>   se llegan las alabanzas.
>   Yo soy nuevo en el oficio
>   y no estoy examinando
>   hasta que no me examine
>   Cristo, San Pedro y San Pablo,
>   y los cuatro Evangelistas
>   que el Señor tría a su lado.

---

87. Campa, "Spanish Religious Folktheater in the Southwest," pp. 121–54. También Reyes N. Martínez recogió el 5 de agosto de 1937 una obra muy parecida a la de Campa, siendo las diferencias básicas el orden en que se representan los actos y la introducción del personaje Félix es bastante más larga; Reyes N. Martínez, El Niño Perdido, 5 de agosto de 1937, 5–5–16#1, WPA Collection.

88. Paso, breve composición dramática.

89. Sopaipillas.

90. Se recita el nombre del cura del pueblo en donde se efectúa el drama.

Voy a repetir el verso
y a darles el parabién.
Dios les conserve la vida
Señores y a mí también.

Letra

María buscan a Jesús
por montes, selvas, collados;
auxilio pide a los cielos
para poder encontrarlo.

VIRGEN   Decidme montes y selvas,
sotos brutos y collados;
¿dónde hallaré a mi Jesús?
¿dónde encontraré a mi amado?
No es la moneda perdida
la que busca mi cuidado;
es el único tesoro
y vale mucho su hallazgo.
Dulce amor, gloria de mi alma,
¿dónde te has ausentado?
¿a dónde podré encontrar
tus dos soles soberanos?
¿Quieres que acabe la vida
con el penetrante dardo
que de mi vista quito
la claridad de tus rayos?
¿Por qué me has enriquecido
con tus divinos regalos,
con tu infancia y que tan sola
me habías de dejar temprano?
Decidme, hielo divino,
si acaso has desagradado
a los pecados del mundo
te has a la gloria tornado.
Aquella brasa encendida,
aquel Mongibel nevado[91]
vomitando llamas nuevas
en visiones se ha incitado.

¡Ah! Que le busque con ansias
aquel tiempo perentorio
que sería crucificado.
¡Ay de mí! Si con el cetro
los rigores fueran dados
de su padre, el rey Herodes,
al sucesor orquelado.[92]
Que un dañado corazón
induce al apasionado
a mostrar delirio nativo
para vengar sus agravios.
¡Ay Jesús! ¡Ay mi bien!
Qué afectos tan encumbrados
¡Desde ahora y cuando te tuve
recién nacido en mis brazos!
De los pastores servidos,
de los reyes adorados,
y de las celestes tropas
como a su Dios venerado.
¡Qué contrario es mi pesar
al gusto que tuve cuando
Simón te profetizó
por el Mesías deseado!
¡Qué desconsuelo el consuelo
aunque en temores mezclado,
cuando huyendo para Egipto
te llevaba en mi regazo.
Contigo, dulce amor mío,
las penas me son regalos;
sin ti no puedo hallar gusto
fuera de mí puedes darlo.
Si acaso por mi descuido
yo a tu servicio he faltado,
corrige, Señor, tu esclava,
pues por mi andas a los sabios.
Y así, no me des tormentos
en tan excesivos grados
cuando a usar de tu clemencia
estás siempre acostumbrado.

---

91. Debe referirse al nombre de alguna montaña.

92. Arquelao era el nombre del hijo de Herodes que murió en el año 6 D.C. Esta alusión es absurda.

Recibe pues dondequiera
que estés mi bien ocultado,
de mi doloroso pecho
los suspiros que he exhalado.
Que como íntimo, deber
anda en su cetro buscando
como hambriento a las alturas
y ha su celeste pasto
aunque lloviendo del cielo
vino en misteriosos grados.
Que yo en tanto que no hallo
viviré en continuo llanto;
sola, triste y sin consuelo
sin alivio ni descanso
y por ser su indigna madre
a Él puedo suplicarlo
deme licencia, Dios mío,
para poder encontrarlo.

Letra

San José en su pecho siente
la ausencia de su querido,
sale en congojas y penas
a buscar su bien perdido.

SAN JOSÉ ¿Qué dolor igualará
al que mi pecho acompaña?
Muerte, venga en su guadaña
que glorioso me será;
pues ninguno perderá
el bien que traigo perdido,
desgraciado en sumo he sido,
cuanto en sumo fuí dichoso,
y no espero tener gozo
hasta hallar a mi querido.
Perdió Jacobo a José
por la fraterna traición
en triste lamentación
pasó el tiempo, y ya se ve

pues la perdida no fue
tan grande, y a buena luz
saltó a los ojos un flux
por lo mucho que lloró.
¿Cómo no he de llorar, yo
la ausencia de mi Jesús?
Tan solamente en pensar
si mi tibieza ha causado
haberle desagradado
llega el tiempo de expirar.
¿Cómo podré restaurar
prendas de precio infinito
si le perdió mi delito?
Este es mi mayor tormento
en que cada instante siento
del corazón el conflicto.
El ver que mi amada esposa
y castísima María
ni de noche no de día
un instante no reposa;
cual si fuera mariposa
ni el Culbaldon albaldon,[93]
no encuentra en su corazón
la paz; de Jesús el vuelo
por instantes, por desvelo
turbó su imaginación.
Dudoso estoy en un tomo
si esta pérdida habrá sido
por su industria o mis descuidos,
y no puedo hallar asomo
de cualquier manera tomo
un medio para encontrarlo
que hasta el último, si vale
que ni la tribulación,
cuchillo, persecución
me impide para encontrarle;
dulce Jesús por quien vivo,
pues me llegué a merecer
que me fueras a escoger

---

93. Línea confusa, incoherente.

para padre putativo
dame aquel glorioso alivio
que pretende mi cuidado.
Seré de tu ciencia guiado
que con tal felicidad
será mi infelicidad
todo pesar revocado.

Acto Segundo

Letra

Ostentando su grandeza
sale como vengativo
y le negará el sustento
al niño que anda afligido.

EL RICO Ya son las doce y el criado
como así poco advertido
sin aparato a la mesa.
¿A esta hora tanto descuido?
Por la corona del rey, villano,
y bien mereces mi enojo
pero los días que diviso
de pascuas, has de agradecerme.

CARRASCO ¡Ay! Su mercé no habrá sabido
que un fuerte dolor de muela
me ha echado a perder el juicio,
y salí a ver si topaba
quien me echase un exorcismo,[94]
y avergonzado salí
de la casa del vecino.
Pero por mi güena suerte
en mí el refrán se ha cumplido
y lo vine a hallar en casa
de un asesino afligido.

EL RICO Malicioso es el villano,
a hacerme el desentendido.
No os entiendo, ¿qué decís?

CARRASCO Pese el cornudo que me hizo
pimienta; chitón, señor;
y no hallo el menor alivio
que, ya me ha güelto el dolor.

EL RICO Anda pícaro, que toquen los músicos.

CARRASCO Señores, jamás he visto
que un hombre con tantas barbas
se haga, como este, chiquito.
Voto al perro del demonio
que el mundo no tendrá oficio
más ilustre que es servir;
y más si es un hombre altivo.
Es la razón que estos hombres
del genio, del genio del cual he dicho
nunca, piensan en la muerte
gloria, infierno, ni el juicio.
Toda su gloria es comer
beber es su propio oficio
nunca dan limosna y siempre
desprecian al abatido.
Cantar, músicos; cuidado
que nadie les haga ruido.

Letra

Quien tiene dinero, tiene
los imposibles vencidos:
los reyes lo han de menester
los pobres buscan su auxilio.

CARRASCO Calóle de arriba abajo,
dirán que soy adivino,
y que un peón no divertía
y que Orfeo es un pollino.

LELIO Eso no.

CARRASCO ¡Qué lindo!
Entre bobos anda el juego,[95]
y este bobón divertido
no escapó como él dice;
escapó con sus navíos.
Estas son más que sirenas,
apriétenle otro tantito.

---

94. Superstición tradicional, cuando alguien tiene un mal físico se le atribuye a los malos espíritus.

95. Título de una obra de Rojas Zorrilla.

EL RICO   Que repitan esa letra
           u otra en el mismo sentido.
CARRASCO   Sin sentido has de quedar
           y bien chupado burrico.

Letra

           La soga trae arrastrando
           y en la garganta el cuchillo
           el que no condescendió
           con la voluntad de un rico.

CARRASCO   ¿Se habrán visto picarones
           que tal hayan discurrido?
           El juicio me han de quitar
           y si no, quemo mis libros.
EL RICO   De esta cadena de oro
           sean los músicos servidos.
CARRASCO   Lo que si el céfiro sopla
           se lo han de llevar ungido,
           los cascos se la han de hinchar
           hasta dar el estallido.
           Entro yo a probar fortuna.
           ¿Señor, no habrá un dobloncillo?
           Yo también compongo versos
           que gustará mucho oírlos.
EL RICO   Perversos serán Carrasco,
           Pero, sin embargo, dilos.
CARRASCO   Son versos cómicos
           de mi numen discurridos,
           que en parándose la vena
           es un caudaloso río.
           Molpe, Telepio, allá blasona;
           cada una sirena es remolona,
           ave de rapiña, pies y garras
           que con sonoras voces bizarras
           que a dos bobos se embargan
           de tal modo a que libraran
           a los otros, le dan con todo.
           Pocos Ulises al presente topo;
           o yo estoy cierto, señores,
           o yo estoy loco.

Porque en jurando la bendición
de mis calzones de los demás
los veo por ahí a montones.[96]
EL RICO   Tu malicia ha penetrado
           por lo tanto he advertido
           que junto con el perdón
           tome el doblón que has perdido.
CARRASCO   Doblón, doblón, en mis manos
           si el contagio me ha cogido
           se siente el céfiro soplar
           me han de tirar el caído.
EL RICO   Que cante Lelio.
           anda vos, malicioso,
           trae el vino.
CARRASCO   Aquí está, señor.
LELIO   Y para que esté más lucido
           y a mí me den buen concepto
           las gentes que aquí han venido,
           yo en coloquio he pensado
           que se le ponga la mesa a un rico,
           y que tal me la pusiera yo
           si me deja Carrasquillo.

Letra

           Nadie se oponga al poder
           de un poderoso que es rico;
           halla mucho en que vengarse
           cuando se mira ofendido.

CARRASCO   Cuando la cabeza es mala
           los miembros dan en lo mismo;
           mi amo bebe y yo también
           he de gustar de un traguito;
           cena, qué bien que me sabes,
           que desde hoy para siempre afirmo
           que el oficio de copero
           es honrado beneficio.
           Mientras Dios me dé dinero
           no he de dejar este oficio.

---

96. Este discurso está lleno de alusiones mitológicas e incoherencias.

EL RICO Con primor habla la letra,
que el caso es visto
que nunca falta materia
al pobre para un delito.
A vos confiado en derecho
de creencias poco advertido
quiso resistirse acaso
un pundonoroso y altivo
perdiendo en un todo, fama,
vida, creencia y señorío.
Antes de esto en otra vez
se puede probar lo mismo.
Ahimelech el sacerdote
con otros ochenta y cinco,
que estos pueden ser testigos,
tan sólo por socorrer
Ahimelech y compasivo
a David cuando a Saúl,
el Rey anduvo perseguido,
Doeg de Idumea en la nación
como probado y valido,
luego que vio la traición,
le trajo al rey el aviso.
Murió al fin Alimelech
y los demás como ha dicho,
librándose sólo Abiatar
los rigores del cuchillo.
Urías, otro caballero,
más soldado que marino
en el tiempo en que pensó
subir, cayó al precipicio.
Mucho os pudiera decir
en la materia acaecido
común y particular
que por notorio lo omito.

Letra

Sale un cordero inocente
a meditar su pasión;
en fuego y amor ardiente
se inflama su corazón.

NIÑO Por más que me mira Dios
siendo a un mismo tiempo humano
he de entrar por el conducto
de conflictos y trabajos.
En todo permanecible
existe lo soberano
licencia doy a las penas;
y como autor de lo criado
fórmese la tempestad
con volcanes desatados;
llegue la sed, llegue el hambre,
calor, tristeza y cansancio.
Aquel que nace a la vida
a ganar premios y lauros
se ha de armar de penitencia
que es el modo de ganarlos.
De Getsemaní, el huerto,
todo está bien celebrado,
pues licor de mi sangre
y sudor donde regalo.
No vengo a ver la hermosura
que le dio mi franca mano
cuando lo de pura y bella
si igualdad se ha sustentado.
No quiero del Rey Señor
dulces montes y triunfando
si el ave de gracia llena
por mi ausencia está llorando.
¡Ay, María y querida madre!
Yo siento el dolor entre ambos;
el que de mi padre José
al corazón ha llegado.
Mas preciso cumplir
el ministerio de quien me ha enviado;
vine al mundo de lamentos
de mi padre destinado.
Maestro soy y como maestro
he de enseñar apurando,
que la en enseñanza mejor
es la palabra aquí obrando.
quiero contemplar aquí
de mi mente el primer paso,
que el mal por malo que sea

prevenido es menos malo.
Enristra la mano airosa
y montando en el caballo
poco a poco reconoce
de la campaña los daños,
y cuando llega a pelear
tiene mucho adelantado
que los dardos prevenidos
tiene mucho en siendo dardos
bien que todo lo que sea
dolores, penas y agravios
no pretende haber ninguno
alivio, gusto y descanso.
Aquí fue la noche triste
que ahora mi padre está orando
en recuerdo de mi cruz.
Gustaré el cáliz amargo
aquí por ríos de coral
mixtos en sudores claros
serán las cándidas flores
claveles ensangrentados.
Este es el lugar en que
un profundo sueño he dado;
en vez de guardia estarán
mis discípulos amados.
Aquí el alevoso Judas
traidor con asco y falso
lleno de avaricia y saña
me entregará a mis contrarios
¡o envidia! una serpiente y fea
astuta, atroz sin reparo
no tendrás fin hasta el mundo
no se ve ya finado.
A mí con ser uno yo
Soy Jesucristo formado;
Instantáneamente al suelo
Cae allí inmóvil y asustado.
Pero dándome licencia
segunda vez preguntado
ejecutando el intento
sin atender al milagro.
Siendo estos males futuros
Ya me contemplo amarrado

Y de los crueles sayones
cual malhechor maltratado.
¡Ah, humana miseria fea!
No miréis tu ingrato daño;
este es el madero verde
que da el infecundo árbol
aquí el valeroso Pedro
cortará la oreja a Malco.
Salir quiero ya del huerto
y proseguir meditando
por el arroyo Cederrón
la furia de los soldados.
Por aquí con irrisión,
escupido y blasfemado
de injurias y con tormentos
seré de todos el blanco.
De la pesada cadena
vengativos como airados
unos me celebrarán
y otros detendrán mis pasos;
fuerte lance y que en el suelo
me pondrán desapiadados
y alzándome con violencia
a coces y a puntillones.

ÁNGEL   Ánimo, niño Jesús
vamos prosiguiendo, vamos;
viva el hombre y mueras tú,
pues quisiste ser su hermano.

EL NIÑO   Los extremos del amor
antes que sin ser el caso
se conocen vinculados
en la operación que operaron
el amante y los soldados.

CRISTO AL PRIMER PALACIO   Esta es la casa de Anás
ante quien el caso,
por ser suegro de Caifás
primero será entregado.
Por adulación, quien te abriga
siempre andará tropezando
sin tener término diestro,
del verdadero descanso,
porque todo aquel que adula
procura ser adulado;

haber alivio ninguno
fuera de mi puedo darlo.
Desenvainando el terciado
con un impetuoso ánimo
sale el verdadero Mesías
por vuestro amor al calvario.
Ovejuela ya perdida
metida en vicios tan malos
sumergida en el abismo
abrazada en tantos daños.
Hasta cuando, pecador,
apacentaís mi rebaño;
habéis de oír mis voces
metido en vicios tan malos.
Mirá que ha de llegar tiempo
que os acordéis de mi llanto
y que me habéis de dar cuenta
del más mínimo pecado.
Oíd, pecador ciego y torpe,
astuto, atroz sin reparo,
atended a la justicia
que os está aquí amenazando.
Ya con esta enfermedad
los bárbaros ya matando
cautivos los inocentes
tu pecado ellos pagando.

CRISTO AL SEGUNDO PALACIO   Del Pontífice Caifás
es este soberbio palacio
en donde de mi doctrina
por él seré preguntado.
Como sacerdote al fin,
aunque sacerdote malo
profetizaron también
que yo moriría atormentado.
Aquí el único sayón
iracundo y denodado
sin ver mi justa razón
herirá mi rostro sacro.

CRISTO AL TERCER PALACIO   Este es el palacio altivo
en que hoy habita Arquelado
vivirá Herodes por quien
también seré preguntado.
Con una púrpura manta

rota por gusto y escarnio
seré vuelto a la presencia
del emperador romano.

CRISTO AL CUARTO Y ÚLTIMO PALACIO   Este es el palacio y casa
del gobernador Pilatos
¡Ay dolor! ¡De qué rigor!
¡Me está aquí amenazando!
Al tránsito de mi muerte
cuando me estén azotando
tres veces he de llegar
en una columna atado.

LEILIO   Esta es la adoración
y para que esté más lucido
y a mí me dé buen concepto
las gentes que aquí han venido.
Yo en el coloquio he pensado
o a mí se me ha prevenido
que se le ponga la mesa a un rico
y que tal me la pusiera yo
si me dejara Carrasco.

NIÑO   Por fin, de aquí tomaré
camino del matadero
como está profetizado,
sin mover ni abrir mis labios
el hombre se vino a ver
que con la leña cargado
mira que soy buen pastor
y conozco mi ganado,
con un amén me llamáis
y os recibiré en mis brazos.
¡O así como vengan todos
misericordia a implorar!
Será tanta la epidemia
y los perdonaré su agravio.

RICO   ¡Qué compostura de niño!
Llegáis con bien;
¿Qué se ofrece?

NIÑO   A pediros si merezco.
Por amor de Dios os pido
De necesidad forzado
me concedáis un bocado;
que en todo el día no he comido.

RICO	Arrogante sois por cierto

RICO Arrogante sois por cierto
y pedís con gran descaro
conociéndose bien claro
o estáis en la ley despierto.

NIÑO Señor, si satisfacción
de mí la queréis tomar
bien me podréis preguntar
lo que os parezca razón
porque si la variedad
de opiniones fuera dada,
si queréis ver concertado
yo soy la suma verdad.

RICO La suma verdad es Dios
pero vuestra tierna infancia,
eso no es a la ley ignorancia,
ese es un decir atroz;
¿Tenéis padres?

NIÑO Sí señor, dos padres tengo;
uno en el cielo y otro en el suelo,
y hace tres días que los pierdo.

RICO Por ser criatura de Dios,
gozáis del común privilegio
universal de ser hijo suyo
pero lo que intento es saber
si vuestros padres vagos
os dan tan mal ejemplos
que en contra de nuestras leyes
andáis vagante pidiendo.

NIÑO Reporta, señor, tu ira
si os enojáis como pienso;
satisfacción os doy al punto
y os dejaré satisfecho.
La causa de que en las leyes
pusiera Dios el expreso
de que no hubiera mendigos
en el escogido pueblo
puede dar de Dios dispensero
ejecutando en el pobre
tránsito y reportamiento.

RICO Es clara tu pretensión
con que venía arguyendo
muy medida al paladar
con oscuros fundamentos.

Y si no, decidme vos
vos prosiguiendo
siendo el sumo poder
de Dios absoluto, os digo
que este punto no toquemos.
De la potencia ordinaria
os dije, que es caso necio
de privar a las criaturas
los despóticos progresos
que dio a la naturaleza
en el instante primero.

NIÑO Bien está si no los priva;
A su pregunta os concedo.

RICO Reconoceremos luego
que lo que es ley natural
no destruye sus preceptos
y siendo tan natural
que la posada busquemos
sin excepción de aquel que manco o
tullido, leproso o ciego,
todos a un mismo tenor,
qué razón encontraremos
de que trabaje el anciano
para que coma el mancebo;
y así muy mal persuadido estáis
y vais muy lejos de eso
de dar plena inteligencia.
A lo que estás arguyendo
y para que no lo ignores
en lo literal del texto
que como Dios escogió,
por su agrada a nuestro pueblo
hizo noble a sus criaturas
y no quiso que pidiendo
andemos de puerta en puerta
cual si fuéramos plebeyos.

NIÑO Señor, que mata la letra;
Ningún fundamento entiendo.

RICO ¿Y qué me queréis decir?
Que esto que decís no niego.

Sigue comiendo EL RICO.

NIÑO   Para dar el resumen digo
       que el gran fundamento es
       en virtud que la limosna
       inclina el dador al cielo
       ¿y cómo se ha de granjear
       si falta el merecimiento?
       Luego la proposición
       que hacéis, señor, lleva riesgo.

RICO   Trae el vino, Carrasco.

CARRASCO   Aquí está, señor, y dos bachilleres.

RICO   Idos, bachilleres de aquí
       O desataremos a los perros.

CARRASCO   Todo el susto lo llevó
       el mancebito por real y medio.

NIÑO   De la tentación alarde
       hace este rico opulento;
       porque para el avariento
       siempre el pobre llega tarde.
       Yo soy la causa primera
       mas por mi ciencia profunda
       dejo que obre segunda
       a lo que indignarse quiera.
       Porque con mi poderío
       le di al hombre libertad
       para elegir bien o mal
       el don de libre albedrío.
       Del mejor campeón es gala
       contar, a veces, el cuerpo
       vinculando en una fuga
       de infinitos vencimientos.
       ¡O mundo! Y cómo me pagas
       mis apreciables esfuerzos
       con que para corregirte
       vine de mi padre eterno.

RICO   Vaya, que es mozo travieso
       el mendigo, que cuando llegue
       de los años a lo serio
       no ha de haber ningún Rabí
       que le mantenga argumento.
       ¡Alza la mesa, Carrasca,
       y venga conmigo Lelio!

CARRASCO   Mis profecías se han cumplido;
       mi amo se portó generoso,
       pudo darle al mancebito
       lo que gastó en el jiguero.

Letra

       Gosabel regocijada,
       llena de impulso y cariño
       manda prevenir las viandas
       para sustentar al niño.

GOSABEL   Rosaura, no sé qué impulso
       espiritual me ha venido
       tan intenso que suspende
       mis potencias y sentidos.
       Y que estas célebres pascuas
       superabundantes han sido
       que lo que no penetra
       no quede el labio decirlo.
       Y hoy con los dorados hilos
       y resplandores del día
       nuevas alegrías.
       ¡Rosaura, prevén la mesa!

NIÑO   Lo primero, que ha tres días
       a mis padres he perdido;
       lo segundo, que en todo hoy
       ningún sustento he tenido;
       lo tercero, qué dolor,
       que llegué a casa de un rico
       a tiempos que con grandeza
       comiéndose a su beneficio
       y conmigo anduvo escaso.
       Cuando en lo demás propicio;
       negóme al fin un bocado,
       habiéndome entretenido
       con preguntas y respuestas
       muy a lo lejos de sus oídos
       porque la verdad, señora,
       con un desnudo sentido
       matan aquel que pudiera
       sirvirles de lumitivo.

GOSABEL   Siéntate y sosiega, infante,
y no extrañes lo omitido
que mi espíritu inflamo
con singulares auxilios.

NIÑO   ¡Ah, señora! Yo aseguro
por lo que mi madre me ama
que han de pasar tres días
que no la veo la cara.

GOSABEL   Come, niño de mi vida,
come y no derrames perlas
que yo buscaré a tus padres
breve en toda la Judea.
Come, señor, y desecha
los cuidados que te asaltan,
que por la imaginación
que dices que te acompaña
es muy poco lo que comes
y mucho lo que te extraña.

NIÑO   Estas ternuras me sacan
las lágrimas de los ojos
anulando a la garganta.

GOSABEL   Así lo creo yo;
Gozará de dicha tanta
de ser tu madre, señor,
más que a mi vida te amara.

NIÑO   Oh, señora, que mi madre
sin que yo pondere nada
me quiere y me idolatra;
ya voy, señora, a poner
los afectos que os embargan
en servir y amar a Dios,
como que es primera causa.
Por tan raros beneficios
os doy, Gosabel las gracias
asegurando será
a satisfacción la paga.
Si aquí llegase mi madre
procuréis consolarla
diciendo que voy al templo
a negocios de importancia.

GOSABEL   Lo que no puedo explicar,
lo que no consigo y distingo
lo natural se dice

pero, en lo que es divino
el discurso que tú haces
es el común en que vivimos.
De los que de saber
hacer ruidos, designios
las alegrías naturales
y espirituales alivios
en dos opuestos extremos,
tienen estos distintivos;
lo que va de mucho a nada
y de lo nada a infinito.
Porque nuestra nada es suma
y eterno aquel beneficio
y así es el objeto
en grado superlativo,
sobrenatural se alcanza
nuestra dureza su estilo
y tan solemne siente
el alma como es resquicio
en un embrazo amoroso
me parece de ser decisivo.
¿Me has entendido, Rosaura?

ROSAURA   Ya, señora, te he entendido
que puede ser este infante
que para acá se encaminó
entre las sombras de un humano
tenga mucho de divino.

GOSABEL   Siento apartarme del niño
desde luego que lo ví
me constituí por su esclava.

ROSAURA   Y yo pensé que la gloria
se había mudado a esta sala.

LAURA   Con la vista alegra el niño
nada pondera Rosaura;
dichosa la esclavitud
que se vincula en su gracia.
Vamos, señora, que yo
me había quedado elevada.

GOSABEL   La doctrina celestial
que me alumbra, su eficacia,
no se opone que redima
en Dios y por Dios con ansia;
porque todo peregrino

en Dios y por Dios se alcanza
a nos ser que de divino
supuesto que no sea fianza
porque solamente a ti
se va y no me estorba
por único hijo de Dios,
me bendición te adora.
Ir con Dios,
toda mi atención me arrastra.
No vimos rara hermosura,
Rosaura, ve; vamos, Laura.

Letra.

> ¡Oh tristísima María!
> Recibe mi voluntad
> de los que a tu soledad
> viene a ser compañía.

VIRGEN

En dolores y tristuras
vivo Jesús de mi vida,
hasta no encontrar el Norte
a quien mis ansias suspiran.
Se esconden todos los medios
que mis dudas esculpían
¿Qué mucho que entre estas faldas
entre tinieblas metida,
de oscuridades cercada
y de penas sumergida,
gritando mares al orbe
aflicciones y agonías?
Aun el albedrío organizado
se consume y aniquila,
pues qué sintiera una madre,
aunque madre tan indigna
con pleno conocimiento
de la luz que traí perdido,
con tu ayuda determino
en este tercero día
ir al desierto a buscarte
a donde doble sería
a tu primo una visita,
imitación que hice yo
a Isabel mi prima.

Si allí no te encontrara,
mi desvelo determina
ir al portal de Belén
en busca de tus delicias.

ÁNGEL

Reina, señora, supuesto
que Dios echó la cortina
a la vista perspicacia
con que sumamente registra
vuestra voluntad admirable
toda la ciencia divina,
consolaos con que es su gusto.
Admito peregrino,
buscando a aquel que buscáis
desde el eterno escogido
aunque a daros el consuelo
necesario nos inclina
vuestro llanto aquel precepto
nuestras voluntades liga.
Ni en Belén ni en el desierto
hallaréis vuestras fatigas.
De Jesús cuyo alto nombre
A venerar nos obliga
desde el cielo hasta el infierno
a postrarnos de rodillas.

VIRGEN

Soberanos para mí
que para mi compañía
el que es todo poderoso
dispuso por obra y guía.
Me resigno como esclava
pidiéndote me dirijas
a seguir tu voluntad
y a renunciar a la mía.
A la ciudad fue mi esposo
Es razón que yo le siga;
si propio bien nos arrastra
si la atención una misma.
Y así, piadosas matronas
madres, las que tenéis hijos
si acaso los enemigos
se los llevasen cautivos
y que supiesen que entre ellos
buscando común alivio
el sustento le negasen

el castigo fuera inicuo.
Sintieran estos trabajos
que padecen vuestros hijos,
pues, ¿qué sintiera una madre
que a su niño trae perdido?
Con pleno conocimiento
de su amparo y de su alivio
desaten mis triste ojos
con abundantes rocíos
que en mi propio amor se aniegan
las penas de mis conflictos.
Arroyuelos infecundos
que sedientos de agua miro
arrimaos a mis dos mares
y seréis cada uno hijo
tórtolas tristes, llorosas,
acompañáis mis gemidos
que vuestro logro yo tal
me viene en común nacido.
Si acaso sabéis sentir
venid a mí, pajarillos,
al son de mis tristes quejas
acompañen mis gemidos.
Cordero manso, si os roba
el lobo atroz, fementido;
si la ausencia de la madre
llora triste y desvalido;
acompañadme y venid
ya inocente corderito,
supuesto que mi Jesús
en la ciudad se ha perdido.
¡Ay, qué dolor, qué tristeza!
Ambos señor, ¡qué conflicto!
Y conociendo en el alma
en el alma sacrificio.
Hijo de mi corazón
si en Jerusalén habitas
andarás de puerta en puerta
buscando la posadería;
unos te socorrerán
con franqueza y bizarría;
tú les des la eterna paga
que les tienes merecida;

otros con dolor grosero
te negarán la comida.
Perdonarles es virtud
suya es la pérdida
siendo el verdadero pan,
pobrecito de mi vida
por un pedazo andarás
rosadas tus dos mejillas.
Vuelve a mi, que socorrida
será tu necesidad
y mis lágrimas concluidas.

Aquí van juntos, José y la Virgen y los Ángeles.

SAN JOSÉ Las mayores diligencias
me causan mayores ansias
cuando entre deudos amigos
no hallo razón de importancia.

VIRGEN Esposo y señor, la pena
que me impide las palabras
y el acento doloroso
que quiero explicar el alma.

SAN JOSÉ Casta paloma, en quien Dios
mis finos afectos ama
lleguemos de puerta en puerta
que en Dios pongo la esperanza.

VIRGEN Matronas, decidme,
¿dónde hallaré a mi constancia,
a la lumbre de mis ojos
que hace tres días que me falta?
Es blanco y colorado
una azucena su cara,
salpicada de claveles
en partes proporcionadas,
el pelo rubio, los ojos
son dos lumbreras tan claras
que de él toma claro sol
todo su ser y sustancia.
Su boca un coral partido
tan dulces son sus palabras
que cuando las fabrica
el cielo y tierra abrasan.
Tan fino que así quedó

la perla y mano tirano
el cuerpo y el alma se quedan
con los mismos que le agravian.
Su cuerpo es un pino de oro
que así amenaza su planta.
Él habita en el imperio
tiene su asiento y morada
tan franco que de una mesa
esparce tantas migajas
que mantiene a sus criaturas
así buenas como malas;
tan bueno, que todo aquel,
que de corazón le llama
abandonando los vicios
les perdona y les regala.
Estas señas, pormenores
brevemente dibujadas
tiene el tesoro que busco
miren si es justa mi causa.

GOSABEL   Esta señora, sin duda,
según viene amensurando
es la madre de aquel niño
que hoy regoijó mi casa.

VIRGEN   Matronas, hoy hace tres días
que ando buscando con ansia
a la lumbre de mis ojos
que he perdido en estas pascuas.

GOSABEL   Dénnos las señas señora,
y espero que consolada
habéis de salir de aquí
según los signos declaran.

VIRGEN   Es un niño de doce años
pimpillo de amina y grana
pelo y rostro de mi esposo,
mírenle muy bien la cara.

GOSABEL   De necesidad forzado
hoy merendó en esta sala;
dejándome con dulzura
de mi misma enajenada.
Díjome que se iba al templo
a negocios de importancia
y allí lo hallaréis, señora,
con redención en el alma.

VIRGEN   Como me habéis consolado,
tengáis consuelo en el alma.
Dios os guarde.

GOSABEL   Dios os guíe
hasta hallar la prenda amada.

Letra

Disputando entre doctores
la venida del Mesías
el que está profetizado
nos sacará de porfias.

EL NIÑO   *En medio de doctores.*
Atendiendo a lo tratado
y que os concedo, venia
a proponer dificultades
en la liberal palestra.
Digo pues, tengo oídos,
¡qué delación incierta!
Los tan claros testimonios
que al mundo confuso dejan.
La venida del Mesías
tiene dos inteligencias;
una ahora, y otra después,
como probará la letra.
Los profetas dicen
que su venida ha de ser cierta
con poder y majestad
según alegado queda.
Dice Isaías que será
legislador a su Alteza,
que ha de librar a su pueblo
de la servidumbre adversa;
y también en otra parte
afirma la pluma mesma
que vendrá con tal furor
que hará temblar la tierra.
David también asegura
que a sus gentes hará guerra
abrasándoles con fuego
por su impureza y rudeza.
El Eclesiástico dice
que vendrá en aquella hora

con la multitud de santos,
patriarcas y profetas,
y todas las escrituras
las encontramos llenas
si con reflexión moramos
así en la ejecución primera.
Pero en la ejecución segunda
y las otras concurrencias
que parecen encontradas
aun con la misma certeza
porque dice el mismo Isaías
que ha de venir a la tierra
y que de las virtudes . . .
y que su generación es inmensa
o los verá numerosos . . .
el guarismo de la cuenta
que de oprobios será llenado
y llevarle como oveja al matadero
a oír la más infame querella.
Jeremías nos afirma
que sus contrarios le acechan
para castigarle al fin
y borrarle de la cuenta.
De todo el pueblo la afrente
hollado como gusano
de humilde naturaleza.
Zacarías, que vendrá
manso y sentado en una bestia
y en fin, otras profecías
que le dan la mano a estas.
Pues, ¿cómo será posible
convenir a estas promesas
si no creemos dos venidas
con debida inteligencia?
Una a redimir al mundo
y otra a recibir la cuenta;
luego en la una ha de venir
y ha de ser en la primera,
humilde, manso y tratable
sin ejecutar violencia
a triunfar de Lucifer
destruyendo su soberbia
de lo eterno espiritual,

y a edificar nueva iglesia;
y esparciendo para el hombre
las apetecibles riquezas
de dones y virtudes y gracias
para ir a la vida eterna.
Esto es la verdad infalible
como la fe nos enseña
determinada y provista
de la eternidad excelsa.
El espíritu divino
de Dios, una cosa mesma
anduvo de boca en boca
y de profeta en profeta
con que pruebo que es venido
el Mesías que espera.
El patriarca Jacobo
nos dejó fijas sus señas
de su venida y faltando
el cetro real y diademas
además de esto las señas
de Daniel ya están completas;
luego el Mesías es venido
y entre vosotros se ostenta;
es apoyo competente
el expreso de mí que haga
que de Belén es la patria
que escogió su Providencia.
Y en Belén hace doce años
que hicieron permanencia
a unos humildes pastores
se les intimó la nueva
de que era venido al mundo,
y largando sus aldeas
los tres reyes vinieron
alumbrados de una estrella;
por cuya razón, Herodes
a ver si encontraba vuelto
el Mesías, degolló
su pureza, su inocencia,
esto es público y notorio,
y por tal inteligencia
seguro y no necesito
recomendación no prueba.

ISAÍAS De la cuestión alegada
   sobre las diversas letras
   ayer quedó la disputa
   pro no diferir abierta,
   en todo cuanto el discurso
   dificultades no encuentra
   de conceder y negar
   les queda la puerta abierta.
   Ninguna razón, genuina
   ha de encontrar vuestra vuelta
   porque si venido al mundo
   el Mesías que se espera
   hemos de dar en el blanco
   apurando la materia.

DAVID Daniel dice que las tribus
   y naciones altaneras
   unidas le servirán
   y prestarán obediencia.
   Luego en tanta autoridad
   en tan superior potencia
   ¿qué razón podrá existir
   para que oculto estuviera?
   Dice el Eclesiástico,
   en enérgicas elocuencias,
   y Jeremías nos afirma
   que en una nube ligera
   ha de destruir la gentílica potencia.
   Es dado y no concedido
   el caso llegado fuera
   la noticia divulgada
   sonar ya en toda la tierra
   en lo profundo del abismo.

JEREMÍAS Es así, porque David
   enérgicamente acierta
   que ha de reinar majestuoso
   alrededor de la tierra,
   de mar en mar, y así es
   dada la consecuencia
   que estos mismos fundamentos
   arguyen pro quienes condenan;
   porque ni en la Judea
   ni en otras tribus se espera
   la restauración del cerco
   que hoy el romano maneja.

En lo que pregunta enseña.

DANIEL Recomiendo los principios
   que precede la esperanza;
   nuestros dos restauradores
   Moisés y Aarón nos presentan
   para negar la venida
   o elegir larga materia
   cómo si la libertad
   de entre las tribus viniera
   o por armas como giro
   acreditada sorpresa.
   Nos confunde en lo que dice.

ZACARÍAS Que no es venido confirmo,
   y la razón lo argumenta;
   Dios es fiel en sus palabras
   como dice el real profeta
   que ha de librar a su pueblo
   de la servidumbre adversa.
   Luego estando como estamos
   en la inaudita bajeza
   y servidumbre gentil
   que no es venido se prueba.
   Alegra con su mirada.

ISAÍAS *habla otra vez.*
   En verdad que estando en Roma
   el Rey con plena potencia
   todo cuanto dice el niño
   me escribieron con certeza.
   Yo soy testigo de vista
   de la milagrosa influencia
   de una fuente que dio aceite
   veinticuatro horas enteras.
   Cuanto dice habla con alma.

Habla DAVID *otra vez.*
   Ananás lo profetiza
   con la apelación debida
   estando en Roma me escriben
   que se presentó a los treinta
   de persuadido en el templo
   un niño tan singular
   que del Mesías tenía señas.

Y a otra vista conviene
por lo que Isaías nos afirma
que ha de nacer de una Virgen
sin daño de su pureza.
Dios guarde cosa tan buena.

LA VIRGEN *habla con* EL NIÑO.

¿Cómo lo habéis hecho así?
Que con diligencia vuestro
Padre y yo
os buscamos llenos de dolor.

NIÑO   ¿Qué hay? ¿Para qué me buscáis?
¿No sabéis que en los negocios
importantes de mi padre
me conviene más estar?

VIRGEN   Vuestro padre y yo os
pedimos vuestra santa voluntad.

DOCTORES, todos juntos.

José, os damos las gracias
de que des en tan buena cuenta
de tener un hijo honrado;
certifico que así sea
por ser el más docto Rabí
que magistra las escuelas.

DOCTORES, todos juntos.

¡Gracias al niño que a todos
nos sacó de conferencias!

Fin

NOTES

1. Tibon, *Diccionario Etimológico*, pp. 87–88; Guido Gómez de Silva, *Breve diccionario etimológico de la lengua española* (México: Fondo de Cultura Económica, 1991), p. 260.
2. Pérez-Higuera, *Medieval Calendars*, p. 233.
3. Young, *The Drama of the Medieval Church*, Vol. II, p. 30.
4. Benito Vázquez González, "Los Reyes Magos fueron ¿3, 4, 6, 12?," *Revista de Revistas*, núm. 1014, enero de 1987, pp. 46–47.
5. Juan G. Atienza, *La mística solar de los Templarios* (Barcelona: Martínez Roca, 1983), p. 172.
6. Manuel Alvar, *Libro de la Infancia y Muerte de Jesús (Libre dels Tres Reys d'Orient)* (Madrid: Clásicos Hispánicos, Consejo Superior de Investigaciones Científicas, 1965), p. 74.
7. Se halla en un documento que se encuentra en la Biblioteque Nationale de París; Iglesias y Cabrera, *Navidades Mexicanas*, p. 221.
8. Alvar, *Libro de la Infancia*, p. 76.
9. Iglesias y Cabrera, *Navidades Mexicanas,* p. 221.
10. Alvar, *Libro de la Infancia*, p. 76.
11. Amancio Bolaño e Isla, *Poema de Mío Cid*, versión antigua con prólogo y versión moderna de Amancio Bolaño e Isla (México: Porrúa, 1976), versos 336–38.
12. Juan Ruiz, Arcipreste de Hita, *Libro de Buen Amor*, edición de Alberto Blecua (Madrid: Cátedra, 1992), p. 17, estrofa 27.
13. Atienza, *La mística solar*, p. 173.
14. Vázquez González, "Los Reyes Magos fueron ¿3, 4, 6, 12?," pp. 46–47.
15. Pérez-Higuera, *Medieval Calendars*, p. 233.
16. Smoldon, *The Music of the Medieval Church Dramas*, p. 124.
17. Milà i Fontanals, *Obras Completas*, Tomo VI, pp. 226–27.
18. Sánchez-Arjona, *Noticias referentes*, p. 2.
19. Sánchez-Arjona, *Noticias referentes*, p. 22.
20. Sánchez-Arjona, *Noticias referentes*, p. 27.
21. Sánchez-Arjona, *Noticias referentes*, p. 56.
22. Sánchez-Arjona, *Noticias referentes*, p. 70.
23. Milà i Fontanals, *Obras Completas*, Tomo VI, p. 226.
24. Milà i Fontanals, *Obras Completas*, Tomo VI, pp. 226–27.
25. "Relación de los Fechos del mui magnífico é mas virtuoso señor Don Miguel Lucas, Mui Digno Condestable de Castilla," en *Memorial Histórico Español: Colección de Documentos, Opúsculos y Antigüedades* (Madrid: Real Academia de la Historia, 1855), Tomo VIII, p. 32.
26. J. P. W. Crawford, *The Spanish Pastoral Drama* (Philadelphia: University of Pennsylvania Press, 1915), pp. 10–11.
27. Uniforme que usaban las cuadrillas de caballeros en los eventos públicos.
28. "Relación de los Fechos," Tomo VIII, pp. 74–75.
29. "Relación de los Fechos," Tomo VIII, pp. 75–76.
30. "Relación de los Fechos," Tomo VIII, pp. 42–43.
31. "Relación de los Fechos," Tomo VIII, p. 108.
32. Torroja Menéndez y Rivas Palá, "Teatro en Toledo," pp. 66–67.
33. Weckmann (1994), *La Herencia Medieval de México*, p. 510.
34. Motolinía, *Memoriales*, pp. 93–94.
35. Rojas Garcidueñas, *El Teatro de Nueva España*, pp. 49–50.
36. Horcasitas, *El Teatro Náhuatl*, p. 329.
37. Gordon, Spanish-America Festivals and Dramas, p. 2.
38. Marie, *The Role of the Church*, p. 107.
39. Larry Torres, *Six Nuevo Mexicano Folk Dramas for Advent Season* (Albuquerque: University of New Mexico Press, 1999), p. 162.
40. Joaquín Díaz y J. L. Alonso Ponga, *Auto de los Reyes* (manuscrito, Fundación Centro Etnográfico Joaquín Díaz, Urueña), p. 10.

CHAPTER 6

Moors and Christians

THE DANCES AND fiestas of *Moors and Christians* represent the wars that lasted for centuries between Christians and Muslims in the Iberian peninsula.[1] Later, during the Spanish conquest of the New World, these dances embodied the battles that took place between Spaniards and Indians. In contrast to the fiestas of *Moors and Christians,* which are simply dances, there still exist presentations that recall the hectic times of the Spanish Reconquista.[2] Their enactments take on numerous forms, from foot soldiers to mounted troops or naval combat. Their plots also vary from a simple act of defiance or ambush to the conquest of a city or castle, the rescue of some sacred image, or in some cases, the rescue of a Christian maiden.[3]

The first documented reference we have concerning the origins of *Moors and Christians* dates from the year 1150, when the royal wedding took place between Ramón Berenguer IV, the Count of Catalonia, and Petronila, queen of Aragon. Their marriage celebration took place at the cathedral of Lérida with a simulated battle between Moors and Christians.[4] We can affirm, therefore, that such enactments of *Moors and Christians*

Fig. 6.1. The *Cruz Cubierta,* Aínsa, site where the flaming cross supposedly appeared. / La *Cruz Cubierta,* Aínsa, donde supuestamente apareció la cruz en llamas. Photo by Tom Lozano.

are a product of the Middle Ages.[5] It seems, moreover, that as the Christian frontier continued to advance south, gaining Moorish territory, these feigned combats were introduced in the newly acquired lands.[6]

Such staged battles are an ancient theme in the history of dance in Europe. The Greeks enacted simulated combats, which they called *xiphismos*, from which developed what today we know as sword dances or stick dances common throughout Spain.[7] It is likely that the Romans adopted these dances from the Greeks and that both cultures spread them to the whole of Europe. The Visigoths, in turn, adopted them from the Romans.[8] A variety of military games existed during the Middle Ages, meant to test a combatant's physical strength and skill.

The enactments and renderings of *Moors and Christians* appeared during the Muslims' domination of Spain, and their cultural impact on the country of almost eight centuries was much broader and lasted far longer than anywhere else in Europe. As a consequence of this cultural mark, popular stories of a fantastic nature were born, filled with miraculous accounts in favor of Christianity.[9] Here lies the primordial reason for *Moors and Christians*, which represented the battle between good and evil as seen from the Christian standpoint of that time. The dance or act was the means by which Christian supremacy over the Muslim antagonists was understood. This eventually gave birth to the myth, legend, and miracles of the apostle Santiago.

In the year 724, King Garci Ximeno defeated the Moors of L'Ainsa, Huesca, snatching away their plaza. In the middle of the battle, at the most decisive moment for both sides, legend holds that a shining red cross appeared above an oak tree, encouraging the Christians to such degree that they gathered strength and in this supernatural way defeated the Moors, who saw themselves obligated to abandon their town.[10] In 1276, during the time of Jaime I, the Conqueror, Christians fought under the command of a priest called Ramón Torregosa. They were defending Alcoy, Alicante, from Moorish intent to reclaim the plaza. On April 23, the legend tells, at the worst moment in battle, when Alcoy's defenders saw themselves defeated, St. George

Fig. 6.2. Santiago Matamoros, San José de Garcia Church, Las Trampas, New Mexico./ Santiago Matamoros, Iglesia de San José de Garcia, Las Trampas, Nuevo México. Photo by Tom Lozano.

of Capadocia appeared galloping on a white horse and bearing a red cross on his breast. The saint thrust clouds of arrows that completely obliterated the Moorish front, killing Al Azraq, leader of the enemy army.[11]

During the Spanish Reconquest and wars against the Moors, St. James the Apostle became the saint par excellence, nicknamed Matamoros (the Killer of Moors) and reappeared on numerous occasions over the next centuries. He would be seen galloping alongside Christian troops, which always triumphed over their adversaries thanks to the Apostle's divine help and protection. Much later, both the holy Virgin and

St. James appeared in the Americas to assist the Spanish conquistadores in much the same way during their pursuit of indigenous rivals. "The Spaniards, still drunk over the victory and expulsion of the Moors in Spain, brought these legends to the conquered lands. In them, the holy apostle, as meddlesome as he was helpful, fought at their side against the invading Moors."[12]

Throughout the Middle Ages, troubadours were in charge of transmitting all these supernatural stories through epic poems and romances. Their role was therefore very important in the evolution and development of the Sanctuary of St. James the Apostle in Santiago de Compostela. From the time of its establishment in the ninth century, many miracles were performed. Troubadours sang or recited them everywhere, giving rise to what became known as the Camino de Santiago, a symbol of unity in the Christian crusade against Moorish armies. The same phenomenon occurred in the fourteenth century, beginning with the celebrations of Corpus Christi. The enactments of *Moors and Christians* continued to take on shape and structure over several centuries until reaching their apex of splendor in the sixteenth century.

The enactments of *Moors and Christians* synthesize and summarize all the following popular manifestations: the chivalric ideal in mock tournaments and battles, the romantic theme, the dramatic structure of its theatrical representations, the pageantry of processions, as well as the significant show of power and unity among people before their common enemy, the Moor . . . Such enactment also includes all the symbols of the Iberian crusade: Santiago is used as the character of choice; the holy cross appears as a dramatic element used to conquer the Moors, and finally, the day of Corpus is a favorite occasion for its celebration.[13]

By the late fifteenth century in Spain a series of important events came together, strongly affecting the peninsula and the Americas. These were the unification of all Christian kingdoms, the surrender of the last Moorish kingdom, the expulsion of all non-Catholic groups from Spain (both the Jews and the Muslims), and the discovery of America. This succession of events led to the beginning of an immediate and new conquest of those newly discovered territories.

Several curious parallels occur between the conquest and conversion to Christianity of the Nazari kingdom of Granada and the conquest and evangelization of New Spain. The same political and religious problems the Catholic Kings had to confront upon the surrender

Fig. 6.3. Moors of Alcoy. / Moros de Alcoy. Courtesy of Arxiu Joan Amades, #23181, GC, DC, CPCPTC.

and taking of Granada at the end of the fifteenth century were like an omen of what thirty years later would happen in Mexico. Their main objective consisted in rebuilding, upon new foundations, the conquered indigenous society in Mexico.[14]

After almost eight centuries of disputes and wars between Christians and Moors in the Iberian peninsula, Christian Spaniards were accustomed to facing an enemy of a different religious and cultural background. When Spanish Christians thus arrived in what later became New Spain, they considered the native people as they had the Moors. The Spanish conquest was no more than a continuation of the war against Moors, as the chronicles of that era testify.[15]

The Hieronymite friars referred to the inhabitants of Hispaniola as "these Moors." In the initial years in New Spain the term mosque was used to name the indigenous places of worship and the term *alfaqui* to refer to the indigenous priests.[16] . . . Martín Vázquez calls Cholula a Moorish pueblo. . . . Castilblanco had fourteen "mosques," or places of worship, and many more existed in Tlaxcala and Tenochtitlán, whose largest temple "with exquisite stonework and wood (has) 'zaquizamíes,'[17] meaning 'alfarjes.'"[18] The conquistadores were not surprised at finding in New Galicia—as mentioned in the second Anonymous Report—"women branded (that is, marked with a branding iron) on the chin like Moorish women," nor at finding "mosques" in Florida and Chícora (Hernando Soto) or in New Mexico (Castaño de Sosa).[19]

Along the same lines, Gaspar de Villagrá in 1598 compared the lands and inhabitants of New Mexico to that of the Berbers: "Like Spaniards brave who hurl themselves, / Into the famous land of Barbary, / To capture the dispersed Moors. . . ."[20]

Other similarities exist in the evangelical arena as well. They concern the constitutions of the synod (council of bishops) of Guadix, Granada, held in early 1554, and the approval of certain chapters during the

Fig. 6.4. *Moors and Christians*. Photo of the photos by Tom Lozano, original photographer unknown. Mecina Tedel, 1956, Alpujarra, Granada. Courtesy of Clotilde Pintor.

provincial Mexican council celebrated a year later. The common objectives were basically as follows:

To teach the doctrine to neophytes, administer the sacraments, and maintain the tireless vigilance necessary to avoid the resurgence of religions and ancestral customs in Granada or New Spain. Both councils independently recommended keeping watch over the priests in charge of evangelizing Moors and Indians.[21]

As we can observe, upon the approval of such chapters, it was almost impossible for anyone, whether clergy or secular, to be free from the hands of the

Roman Catholic Church, whose reach spread from one confine of the kingdom to the other. Additionally, in both recently conquered lands massive collective baptisms were carried out, as reported in the *Memorial of Fray Motolinía*, who recounts that in one single day up to six thousand adults were baptized by one sole priest. In a single day, Cardinal d. Francisco Ximénez de Cisneros of Granada by himself baptized with a hyssop up to three thousand Moors.[22]

Thus, "the enactments and representations of *Moors and Christians*, inspired in the Spanish Reconquest from Muslim power and reestablished in the conquest of New Spain" reached the American continent in the early sixteenth century.[23]

> Wherever the Spanish soldier arrived, he planted his banner and carried out a celebration of *Moors and Christians* as an affirmation of his state of grace, such that he was not only the chosen one, but was the Lord's partner and armed hand. In this way, the enactment appeared in Mexico and possibly throughout all of the conquered Americas.[24]

Other chronicles of the period testify to Arturo Warman's words, as for example the chronicle of Bernal Díaz de Castillo, which documents the first rendering of *Moors and Christians* that transpired in late 1524 and early 1525, in honor of Hernán Cortés, in Orizaba, where "the grand welcome we made for him with triumphal arches and ambushes of Christians and Moors, and other great celebrations and inventions of games."[25] In 1539, upon signing the peace treaty between Carlos I of Spain and Francis I of France in Aigües Mortes, Niza, Viceroy Mendoza of New Spain together with Hernán Cortés and the royal audiencia "agreed to hold a grand celebration and rejoicing, such as I have not seen done in Castile, with tournaments and tilts with cane spears, running bulls, and mounted knights meeting each other."[26] In Oaxaca, that same year "the same peace treaty was celebrated with bulls, tilts with cane spears, and a combat of *Moors and Christians* surrounding a wooden fortress erected in the plaza of St. Catherine."[27] The same occurred in New Mexico in 1598, according to the writings of Gaspar de Villagrá, when Oñate arrived for the first time at San Juan de Caballeros and bade they hold "tilts with cane spears, running bulls, and tilts at the ring . . . [and] playing at *Moors and Christians*."[28] This type of representation "became one of the symbols of imperial Spain, unified and in the process of expansion" during the sixteenth century.[29]

According to various Mexican codices, there existed

Fig. 6.5. Moors and Christians. Chimayó, New Mexico, 1993. Photo by Miguel Gandert.

among Mexican Indians similar rituals of combat, pre-Hispanic "models of ritual confrontation,"[30] such as the *moyohualicalli*.[31] This would explain in part how the *Moors and Christians*, which the Spaniards exported to New Spain, was quickly assimilated and recast with indigenous elements. The religious and civil authorities undoubtedly promoted these feigned combats. Such enactments with scenes of castles and crags incorporated a growing number of horsemen, to the extent that civil authorities granted horse and riding-whip permits to a growing number of loyal Indians.[32]

These renderings have survived to this day in Spain and are celebrated in twenty-one provinces and 220 towns, with different plots, costumes, and music particular to each place. Demetrio E. Brisset classified the different ways of celebrating *Moors and Christians* in Spain according to their geographic area.

> In the northern part of the peninsula, "territorial masquerades" are most prevalent; in the central zone, "spoken enactments" are typical; in a more extended intermediate area—between the central, east and south—the "taking of a castle" is common; and in the south, the "abduction of a saint" is most frequent. Among the most noteworthy imported influences are "seasonal combats," "military reviews," "equestrian competitions," and "liturgical dramatizations."[33]

The same thing occurs in Mexico, with an extraordinary variety of *Moors and Christians*. On both continents, however, their models continue to be the same: two similar military factions different only in their religious creeds who engage in various battles, where Christians always obtain the final, definitive victory. The determining element of the victory is not superior military power, but the legitimacy of the practiced faith. For this reason, the Moors in most cases end up renouncing their Muslim faith and ask for Christian baptism. The duration of such festivals varies considerably and may last from a single day, as in Bayarque, Almería, to three days in Alcoy, Alicante, and up to fifteen days in Justlauaca, Oaxaca. Most, however, last two to three days.

In New Mexico we find two references to *Moors and*

Fig. 6.6. *Moors and Christians*. Chimayó, New Mexico, 1993. Photo by Miguel Gandert.

Christians. The one cited previously dates to 1598 with the arrival of Oñate, and the other, of Fray Atanasio Domínguez, occurs much later, in 1777. We cannot say whether any such events transpired between these two dates, since these two references are all we know of as yet. Let us look at the writings of Fray Atanasio Domínguez for the reasons leading to their celebration in the eighteenth century.

In the year 1769, on August 31, don Nicolás Ortiz, ranking as lieutenant governor (here called lieutenant general) and who commanded the Christian troops, died in open combat against the Comanche (at a place called San Antonio, about six leagues north of Abiquiu). As a courtesy, the nobleman, Governor don Pedro Fermín de Mendieta, showed up to offer his condolences to the widowed lady. For this reason, there was talk about how hostile the kingdom had become, and a woman, answering the conversation, said that she knew how in all other Christian places, except in this land, there was a sworn patron saint. Upon ending the conversation, the nobleman dismissed himself.

This having concluded, the mentioned gentleman determined to arrange an event in honor of Our Lady of the Rosary; he actually realized it with much solemnity and all at his own expense. A year later, in 1771, the citizens don Carlos Fernández, don Antonio José Ortiz, don Manuel Pareja, and three others presented themselves before the governor with a written petition requesting permission to ask for alms to solemnize the mentioned our Lady as the sworn patroness. This granted and the alms collected, another magnificent event took place in the year 1771. Issues on directorship arose, and a superintendent (mayordomo) was chosen for the future.

The following year, in 1772, the same was done at the expense of the superintendent, and from then on new superintendents have been elected, and all, whether at their own expense or from alms or both, have been taking great care over solemnizing the most holy Mary of the Rosary, imploring her help and intercession against all the enemies who fight in these parts. These events have always included vespers, a procession, mass, a sermon, and praying the rosary along the streets. Beginning on the eve, these functions have been accompanied and authorized by the government with the royal presidio marching and saluting under the flag. The citizens attend with gunshots and saluting fires. A great deal of good, very fine white wax has been placed at the altar, such that this past 1776 there were three hundred lights. Three days are held of playing at *Moors and Christians*, tilts at the ring, dramatic entertainment, and bulls.[34]

In this text, Fray Atanasio Domínguez observes various aspects that may help us know something more about *Moors and Christians* in New Mexico. To begin with, it is possible that the principal motive for the enactments of *Moors and Christians* at the celebration of the Blessed Patron Lady in 1776 was a symbolic, self-affirming act of the Christian triumph over the infidel. We must remember that these celebrations were held to ask the Virgin for protection in this hostile kingdom. Here the Moors no longer threatened Christianity; the Moorish infidels had nevertheless transformed themselves into Indians who had not been Christianized.

Fig. 6.7. Moors and Christians. Chimayó, New Mexico, 1993. Photo by Miguel Gandert.

Fig. 6.8. Moors of Zújar, Granada, May 2003. / Moros de Zújar, Granada, mayo 2003. Photo by Tom Lozano.

As to the festivities of *Moors and Christians*, tilts at the ring, dramatic entertainment, and bulls, we know they took place in 1598 and 1776, with a difference of 178 years between the two occurrences. For lack of precise information, we cannot attest whether these entertainments took place on other occasions between these two dates. It is also unclear whether these amusements were repeatedly done from the first fiesta honoring the Virgin of the Rosary in 1776 onward each consecutive year or if they happened as an isolated event. Despite these historical question marks, I believe these entertainments recurred at certain times during this period, for it seems highly unlikely that they happened spontaneously on two isolated dates separated by more than one and a half centuries. Some sort of similar celebration must have taken place between these dates. We cannot forget that these festivities enjoyed centuries of great splendor in Spain, spreading all the way to New Spain and taking root in New Mexico.

Another question we need to consider regards the origins of the plot and dialogue of *Moors and Christians*. Was the one performed in 1776 the same as that of 1598, or was it brought later from another rendering in Mexico? Was it perhaps created in the state of New Mexico itself? The result may have been a combination of all these. We can be certain, though, that in northern New Mexico, especially in Santa Cruz and Chimayó, people celebrated *Moors and Christians* off and on from the late nineteenth century through the late twentieth century. The author of the text of the current dramatization is anonymous. Nothing is known of its origins. It was transmitted orally for generations, but its source and the identity of its author were lost along the way ages ago.

Many questions remain unanswered. We may conjecture about the history of *Moors and Christians* in New Mexico, but it will rest as theory until we find more information on the topic. One thing is clear, however: as history demonstrates, medieval Spain is the origin of these festivities exported to America and adapted to the New World during colonization.

According to the writings of Fray Atanasio Domínguez, no celebration in honor of the Virgin of the Rosary, also known in New Mexico as La Conquistadora, seems to have transpired before 1770. Indeed from that time forward the people of Santa Fe adopted this Virgin as their patron and protector. In 1772 this celebration began to take on importance, and one can affirm that there was more participation by the townspeople, since the previous year a superintendent had been elected as its organizer. It is possible that by then, citizens of the pueblos and plazas surrounding Santa Fe traveled to the capital to attend the fiesta. Participating in this important celebration were not only members of the religious order and parishioners, but also members of the government and soldiers, who passed in parade.

1. Translated literally as "Moors and Christians."

2. Aureli Capmany, *El Baile y la Danza*, vol. 2 of *Folklore y Costumbres de España* (Barcelona: Editorial Alberto Martín, 1994), 393–94.

3. Berta Ares de Queija, "'Moros y Cristianos' en el Corpus Christi colonial," *Antropología, Revista de pensamiento antropológico y estudios etnográficos* (Cermaca-Ehess, Paris) 7 (March 1994): 101.

4. Capmany, *El Baile*, 390.

5. Warman Gryj, *La Danza de Moros y Cristianos*, 17.

6. Warman Gryj, *La Danza de Moros y Cristianos*, 23–24.

7. Capmany, *El Baile*, 398.

8. For more information on this subject, see *Memoria para el arreglo de la policía de los espectáculos y diversiones públicas y sobre su origen en España*, included in a series of memoirs by Gaspar Melchor de Jovellanos, published in the late eighteenth century; *Obras publicadas e Inéditas*, Biblioteca de Autores Españoles 46 (Madrid: Librería de los Sucesores de Hernando, 1924), 480–502. Aureli Capmany does a historical overview of the dances of Moros y Cristianos and their derivations (*El Baile*, chap. 10).

9. Warman Gryj, *La Danza de Moros y Cristianos*, 19.

10. Ricardo del Arco y Garay, *Notas de Folklore Altoaragonés*, Biblioteca de Tradiciones Populares 1 (Madrid: Consejo Superior de Investigaciones Científicas, Instituto Antonio Lebrija, 1943), 113.

11. Ernesto Valor Calatayud, "Moros y Cristianos," in *Diccionario de la Música Española e Hispanoamericana*, 7:824; Warman Gryj, *La Danza de Moros y Cristianos*, 19–20; Luis Rivera Pérez, *El Fuego en las Fiestas Alicantinas* (Alicante: Instituto de Estudios Alicantinos, 1977), 90.

12. J. Jesús Rodríguez Aceves, *Danzas de Moros y Cristianos* (Guadalajara: UNED, 1988), 12.

13. Warman Gryj, *La Danza de Moros y Cristianos*, 23.

14. Weckmann, *La Herencia Medieval de México*, 187.

15. Weckmann, *La Herencia Medieval de México*, 187.

16. From the Arabic, the name given to a sage or doctor of the law among Muslims; *Diccionario de la Lengua Española*, 1:95.

17. Syrian ceiling and the name given in Egypt to a coffered ceiling; *Diccionario de la Lengua Española*, 2:2125.

18. Ceilings of carved woodwork, artistically interwoven; *Diccionario de la Lengua Española*, 1:95.

19. Weckmann, *La Herencia Medieval de México*, 187–88.

20. Villagrá (1992), *Historia de la Nuevo México, 1610*, 108, canto 12. Villagrá himself uses the word Turqueses (Turks) referring to the Indians (canto 1). He also uses the word Alárabe/s (Arab/s) in various other cantos, always in reference to the enemy, that is, all non-Christians, in these cases, the Indians.

21. Weckmann, *La Herencia Medieval de México*, 188.

22. Weckmann, *La Herencia Medieval de México*, 189.

23. Rodríguez Aceves, *Danzas de Moros y Cristianos*, 21–22.

24. Warman Gryj, *La Danza de Moros y Cristianos*, 23.

25. Bernal Díaz de Castillo, *Historia verdadera de la Conquista de la Nueva España* (Mexico City: Porrúa, 1962), 425. This work was originally published in 1632.

26. Díaz de Castillo, *Historia verdadera*, 503–5.

27. Weckmann, *La Herencia Medieval de México*, 519.

28. Villagrá (1992), *Historia de la Nuevo México, 1610*, 150, canto 16.

29. Warman Gryj, *La Danza de Moros y Cristianos*, 43.

30. Jesús Jáuregui and Carlo Bonfiglioli, *Las Danzas de Conquista* (Mexico City: Fondo de Cultura Económica, 1996), 1:12.

31. Elena Isabel Estrada de Gerlero, *El Teatro de Evangelización, Teatros de México* (Mexico City: Fomento Cultural Banamex, 1991), 33.

32. Estrada de Gerlero, *El Teatro de Evangelización*, 33.

33. Demetrio E. Brisset Martín, "Representaciones rituales hispánicas de la Conquista" (PhD diss., Universidad Complutense de Madrid, 1983); cited in Jáuregui and Bonfiglioli, *Las Danzas de Conquista*, 1:11.

34. *Descripción del Nuevo México*, 382–83.

CAPÍTULO 6

Moros y Cristianos

LAS DANZAS Y fiestas de *Moros y Cristianos* representan la lucha entre cristianos y musulmanes en la península ibérica durante siglos. Posteriormente, durante el tiempo de la conquista americana estas danzas plasman la lucha entre españoles e indios. Frente a las fiestas de *Moros y Cristianos* que son meras danzas, perviven otras, verdaderos espectáculos teatrales que recuerdan los tiempos ajetreados de la reconquista y se representan bajo una gran diversidad de formas, en combates a caballo, a pie o en batallas navales.[1] Sus tramas son diversas: a veces es un simple desafío o una emboscada, otras la conquista de una ciudad o castillo, o el rescate de alguna imagen sagrada, y en algún caso, el rescate de una doncella cristiana.[2]

La primera referencia documental que tenemos sobre sus orígenes data del año 1150, cuando se celebró la boda de Ramón Berenguer IV, el Conde de Catalunya, con Petronila, reina de Aragón. Celebraron los desposorios en la catedral de Lérida, donde se simuló una lucha entre moros y cristianos.[3] Por lo tanto, podemos afirmar que "la Danza de moros y cristianos es un producto de la época medieval."[4] Se cree, además, que, a medida que la frontera cristiana fue avanzando hacia el sur, ganándole territorio a los moros, los combates fingidos fueron presentándose en las nuevas zonas apropiadas.[5]

Los combates fingidos son un tema de antiguo arraigo dentro de la historia de la danza en Europa.

Ya los griegos representaban combates simulados, a los que llamaban *xiphismos*,[6] de donde derivarou lo que hoy día son las conocidas danzas de espadas o de palos, existentes por toda España. Es muy posible que los romanos lo adoptaran de los griegos, siendo estos dos pueblos quienes lo esparcieron por toda Europa. Los visigodos a su vez lo asimilaron de la cultura romana.[7] Durante la época medieval existían diferentes juegos militares, destinados a probar la fuerza física y la destreza de los combatientes por toda Europa.

Las danzas y representaciones de *Moros y Cristianos* surgieron con la dominación musulmana cuyo impacto cultural en España fue muchísimo más amplio y largo que en cualquier otro país en Europa, pues este período duró casi ocho siglos. Este impacto, en consecuencia, provocó la creación de una historia fantasiosa y popular, llena de milagros en pro de las huestes de la cristiandad.[8] He aquí la función primordial de los *Moros y Cristianos*, que desde el punto de vista cristiano del momento, representaba la lucha entre el bien y el mal. Mediante la representación o la danza, se daba a entender la supremacía cristiana sobre sus antagonistas musulmanes. De aquí nacerá más tarde el mito, la leyenda y los milagros del apóstol Santiago.

Cuenta la historia que en el año 724 el rey Garci Ximeno derrotó a los moros de l'Aínsa, Huesca, arrebatándoles la plaza. La leyenda narra que en medio del combate, en un momento decisivo se apareció sobre una encina una cruz roja resplandeciente que animó de tal manera a los cristianos, que sacaron fuerzas de flaqueza, derrotando por este medio sobrenatural a la morisma, los cuales se vieron obligados a abandonar la villa que poseían.[9] En 1276, en tiempos de Jaume I el Conquistador, luchaban los cristianos al mando de un sacerdote llamado Ramón Torregosa, defendiendo Alcoy, Alicante, de los moros que intentaban reconquistar la plaza. Ese 23 de abril tal y como relata la leyenda, en lo peor de la batalla, cuando los defensores de Alcoy ya se veían perdidos, se les apareció San Jorge de Capadocia, portando una cruz roja en su pecho y cabalgando en un caballo blanco. El santo lanzó nubes de flechas que deshicieron totalmente el frente moro, quedando muerto Al Azraq, jefe de las huestes enemigas.[10]

Pero sin duda, en la reconquista y luchas contra los moros, el santo por excelencia es el apóstol Santiago (apodado matamoros) que se irá apareciendo en numerosas ocasiones en los siglos venideros, cabalgando junto a la mesnada cristiana, que siempre triunfa sobre sus adversarios, debido a su protección y ayuda divina. Posteriormente la Virgen y Santiago se aparecerán en América para ayudar de la misma manera a los conquistadores españoles, en contra de sus adversarios indígenas. "Fueron los españoles, todavía ebrios con la victoria y la expulsión de los moros de España los que trasladaron estas leyendas a las tierras conquistadas. En ellas el Apóstol, tan entrometido como servicial luchó a su lado contra los moros invasores."[11]

Durante toda la época medieval los juglares fueron los encargados de transmitir todas estas historias sobrenaturales a través de poemas épicos y romances. Éstos tuvieron un papel muy importante en la evolución y desarrollo del Santuario del Apóstol Santiago en Compostela. Desde su instauración en el siglo IX, se obraron muchos milagros que eran cantados o recitados por los juglares por doquiera, propiciando así, la formación del Camino de Santiago, que sirvió como símbolo de unión en la cruzada contra fuerzas moras. Este mismo fenómeno sucedería en el siglo XIV a partir de las celebraciones del *Corpus Christi*. Las danzas y representaciones de *Moros y Cristianos* se fueron formando y estructurando durante varias centurias, hasta llegar a su máximo esplendor en el siglo XVI.

La danza de moros y cristianos resume y sintetiza todas estas manifestaciones populares: el ideal caballeresco en el simulacro de justa y de combate, los romances en su tema, las representaciones teatrales en su estructura dramática, la pompa de las procesiones, así como su significación de muestra de poder y unidad de todo el pueblo frente al común enemigo, el moro... La Danza incluye también todos los símbolos de la cruzada ibérica: a Santiago lo utiliza como uno de sus personajes predilectos, la Santa Cruz aparece como elemento dramático para vencer a los moros y, finalmente, el día de Corpus es una de las ocasiones predilectas para su celebración.[12]

A finales del siglo XV en España se dieron una serie de eventos importantes con fuerte repercusión en la península y en las Américas: la unificación de los reinos cristianos, la rendición del último reino moro, la expulsión de los grupos no católicos (judíos y musulmanes) y el descubrimiento de América. La sucesión de estos acontecimientos dio paso a que se iniciase de inmediato una nueva conquista en los terrenos recién descubiertos.

Existen curiosos paralelismos entre la conquista y conversión al cristianismo del reino nazarí de Granada y la conquista y evangelización de la Nueva España. Los mismos problemas políticos y religiosos que tuvieron que afrontar los Reyes Católicos tras la rendición y toma de Granada a finales del siglo XV, fueron el presagio de lo que treinta años más tarde ocurriría en México. Su objetivo principal sería "la tarea de reconstruir sobre nuevas bases la sociedad indígena vencida en México."[13]

Después de casi ocho siglos de guerras y disputas entre moros y cristianos en la península ibérica, los cristianos españoles estaban muy acostumbrados a tener frente a ellos un enemigo de religión y cultura diferentes. Cuando estos mismos cristianos españoles llegaron a lo que sería la Nueva España, consideraron a los naturales de esas tierras como si fueran moros.

Para los españoles, la conquista no fue más que un seguimiento de la guerra contra los moros, tal y como lo atestiguan las crónicas de la época.[14]

Los frailes jerónimos se refirieron a los habitantes de La Española llamándolos "estos moros"; y en los primeros tiempos, en la Nueva España se dio el nombre de "mezquitas" a los adoratorios indígenas y de "alfaquíes" a los sacerdotes indios . . . Martín Vázquez, llama "pueblo morisco" a Cholula . . . tenían catorce "mezquitas" u oratorios en Castilblanco, y que muchos más existían en Tlaxcala y Tenochtitlán, cuyo templo mayor "de muy hermosa cantería e madera (tiene) zaquizamíes,"[15] o sea alfarjes.[16] Los conquistadores no se extrañaron al ver en la Nueva Galicia—se dice en la segunda Relación Anónima—"mujeres . . . herradas (es decir marcadas con hierro ardiente) en la barba como moriscas," ni al encontrar "mezquitas" en la Florida y Chícora (Hernando Soto) o en Nuevo México (Castaño de Sosa.)[17]

De manera similar, Gaspar de Villagrá, en 1598 comparó las tierras de Nuevo México y sus habitantes con las de los bereberes: "Como Españoles brauos que se arrojan, / Por la famosa tierra Beberisca, / A cautibar los Moros desmandados. . . ."[18] Hay otros paralelismos o semejanzas en el plano evangelizador. Se trata del tema de las constituciones del sínodo (concilio de los obispos) de Guadix, Granada, celebrado a principios de 1554 y de la aprobación de ciertos capítulos durante el concilio provincial mexicano, que se celebró al año siguiente. Los puntos en común básicamente eran:

La enseñanza de la doctrina a los neófitos, la administración de los sacramentos y la infatigable vigilancia necesaria para evitar el renacimiento en Granada o en la Nueva España de las religiones y costumbre ancestrales. Ambos concilios recomendaron, cada uno por su lado, vigilar también al clero encargado de la evangelización de moros e indios.[19]

Como podemos observar, tras la aprobación de estos capítulos, resultaba casi imposible para nadie, tanto del estamento del clero como del secular, escapar de la mano de la iglesia católica desde uno al otro confín del reino. Además, habría que añadir que en las dos zonas recientemente conquistadas, se realizaron de igual modo, bautismos colectivos en masa, llegándose a bautizar, en un solo día, hasta seis mil adultos por un solo sacerdote, según se relata en los *Memoriales* de fray Motolinía. El Cardenal d. Francisco Ximénez de Cisneros, en Granada, por su parte, llegó a bautizar con un hisopo, en un día, hasta tres mil moros.[20]

Así pues, las danzas y representaciones de *Moros y Cristianos* "inspiradas en la reconquista de España del poder de los musulmanes, renovadas en la conquista de Nueva España"[21] llegaron al continente americano a principios del siglo XVI.

A donde llegara el soldado español plantaba su estandarte y realizaba un festejo de moros y cristianos, como una afirmación de su estado de gracia, pues no era sólo el elegido, sino la mano armada, el socio del Señor. Así la danza apareció en México y posiblemente en toda la América conquistada.[22]

Las palabras de Arturo Warman quedan atestiguadas en las crónicas de la época, como por ejemplo, la de Bernal Díaz del Castillo, que documenta la primera representación de *Moros y Cristianos* a finales de 1524 y principios de 1525, en honor de Hernán Cortés, en Orizaba, donde tuvo lugar "el gran recibimiento que le hicimos con arcos triunfales y ciertas emboscadas de cristianos y moros, y otros grandes regocijos e invenciones de juegos."[23] En 1539, tras la firma de paz entre el rey Carlos I de España y el rey Francisco I de Francia, en Aigües Mortes, Niza, el virrey Mendoza de la Nueva España, junto con Hernán Cortés y la real audiencia "acordaron de hacer grandes fiestas y regocijos; y fueron tales que otras como ellas no las he visto hacer en Castilla, así de justas y juegos de cañas, y correr toros, y encontrarse unos caballeros con otros."[24] En Oaxaca, ese mismo año "se celebraron las mismas paces con toros, juegos de cañas y un combate de moros y cristianos en torno a una fortaleza de madera erigida en la plaza de Santa Catalina."[25] Lo mismo ocurrió en Nuevo México en 1598, según consta en los escritos de Gaspar de Villagrá, cuando Oñate llegó por primera vez a "San Iuan de Caualleros" y mandó que allí se hiciesen "Iuego de cañas, toros, y sortija . . . Regocijos de moros y Cristianos."[26] Este tipo de representación "se convirtió en uno de los simbolismos de la España imperial, unificada y en proceso de expansión" durante el siglo XVI.[27]

Según varios códices mexicanos, existían similares rituales de combates entre los indios mexicanos, "modelos de confrontación ritual" prehispánicos,[28] como el moyohualicalli.[29] Esto explicaría en parte, la rápida asimilación y refundición con elementos indígenas de los moros y cristianos exportados por los españoles a la Nueva España. Las autoridades religiosas y civiles impulsaron sin duda estos enfrentamientos simulados, y "a medida que las autoridades civiles fueron otorgando licencias de caballo y fusta a una creciente cantidad de indios leales a la corona, estas danzas y simulacros de batalla con escenografías de peñoles y castillos, incorporaron una creciente cantidad de jinetes en la fiesta."[30]

En España estas representaciones han sobrevivido hasta nuestros días, celebrándose en veintiún provincias y en 220 poblaciones, con diferentes tramas y argumentos, vestimentas y músicas particulares de cada lugar. Demetrio E. Brisset clasificó los diferentes modos que hay en España de ejecutar esta fiesta, según la zona geográfica.

En la zona norte de la península prevalecen las "mascaradas territoriales"; en la zona central, las "danzas habladas"; en una amplia zona intermedia—entre el centro, el este y el sur—la "toma del castillo"; y en la parte sur, el "rapto del santo." Como influencias importadas destacan las "luchas estacionales," los "alardes militares," las "competiciones ecuestres" y las "representaciones litúrgicas."[31]

Lo mismo ocurre en México, que tiene una variedad extraordinaria. Sin embargo, en ambos continentes el modelo sigue siendo igual: dos bandos militares semejantes entre sí, pero desiguales en sus creencias religiosas. Estos libran varias batallas, siendo siempre los cristianos los que obtienen la victoria final y definitiva. La determinación de la victoria no es a causa de la superioridad militar, sino debido a la legitimidad de la fe que practican. Por eso en la mayoría de los casos los moros acaban renegando de su fe mahometana y piden ser bautizados. La duración de las fiestas puede variar considerablemente, desde un solo día, en Bayarque, Almería, a tres en Alcoy, Alicante, hasta quince días completos de fiesta en el pueblo de Justlauaca, Oaxaca. Pero en su mayoría duran dos o tres días.

En Nuevo México hay dos referencias de *Moros y Cristianos*. Una es la anteriormente citada de 1598, con la llegada de Oñate, y la otra es mucho más tardía, de 1777, de fray Francisco Atanasio Domínguez. Si hubieron o no funciones de este tipo entre estas dos fechas, no podemos testificarlo, pues estas son las únicas referencias que hasta el momento conocemos. Veamos en los escritos de fray Atanasio Domínguez la causa y el motivo de su celebración en el siglo XVIII.

Año de 1769, día 31 de agosto, murió en guerra viva contra los Cumanches (en un lugar llamado Cerro de San Antonio, que está rumbo al norte de Abiquiu como seis leguas) Don Nicolás Ortiz, que con plaza de teniente de gobernador (aquí llaman teniente general) regía la tropa cristiana. El Caballero Gobernador Don Pedro Fermín de Mendieta en atención pasó a dar el pésame a la señora viuda; con este motivo se habló allí de lo muy hostilizado que está este reino, y una mujer que contestaba a la plática dijo saber que en todos los lugares cristianos había santo patrón jurado y que en esta tierra no lo había. Finalizada la conversación, se despidió dicho caballero.

Pasado esto, determinó dicho señor hacer aquel mismo año una función a Nuestra Señora del Rosario; hízola en efecto muy solemne y todo de su cuenta. Para el año siguiente de 71 [1771] los vecinos Don Carlos Fernández, Don Antonio José Ortiz, Don Manuel Pareja y otros tres se presentaron al gobernador con su escrito en que le piden licencia para demandar limosna para solemnizar a dicha Nuestra Señora y jurarla patrona; con cedióseles, y recogida la limosna, se hizo otra magnífica función el año de 71, mas hubo circunstancias de patronato, y se eligió un mayordomo para el futuro.

El siguiente año de 72 se hizo lo dicho a costa del mayordomo, y de allí en adelante se han elegido nuevos mayordomos, quienes ya de su bolsillo, ya de limosna, ya de revuelto, han ido esmerándose en solemnizar a María Santísima del Rosario, implorando su auxilio e intercesión contar los enemigos todos que combaten estas partes. Estas funciones siempre han sido con vísperas, procesión, misa, sermón, rosario por las calles; y desde la víspera ha acompañado y autorizado la función la gobernación con el real presidio bajo bandera, marcha y salva. Los vecinos acuden con sus tiros y luminarias de salva. En el altar se ha puesto mucha y buena cera blanca fina, de la que ahora el pasado 76 [1776] hubo 300 luces. Hay tres días de regocijo con moros y cristianos, sortijas que se corren, comedia y toros.[32]

En este texto fray Atanasio Domínguez observa varias claves que nos pueden ayudar a saber algo más sobre los *Moros y Cristianos* en Nuevo México. Para empezar, es posible que el motivo principal de los regocijos de *Moros y Cristianos* en la celebración de las fiestas de la santa patrona, en 1776, fuese un acto simbólico de autoafirmar el triunfo cristiano sobre el infiel. Recordemos que estas fiestas eran para pedir protección a la Virgen en este reino hostilizado. Así pues, aquí ya no eran los moros quienes amenazaban a la cristiandad, sino que los moros "infieles" en Nuevo México se transformaron en los indios no cristianizados.

Según este escrito de fray Atanasio Domínguez, parece ser que antes de 1770 no había ninguna fiesta ni celebración en torno a la Virgen del Rosario, conocida también en Nuevo México como la Conquistadora. Es a partir de ese año cuando las gentes de Santa Fe adoptaron a dicha Virgen como patrona y a la vez protectora. En 1772 esta celebración empieza a tomar importancia y se puede afirmar que hay mayor participación de gente, pues el año anterior se eligió un mayordomo como organizador. Es posible que para ese entonces, vecinos de los pueblos y plazas cercanas a Santa Fe se desplazaran hasta la capital para asistir a la fiesta. En esta importante celebración no sólo participaban los religiosos y feligreses, sino que a ellos se sumaban el gobierno y los soldados con un desfile.

Respecto al regocijo de moros y cristianos, sortijas, comedias y toros, sabemos que se ejecutaron en 1598 y en 1776, con una diferencia de 178 años entre el uno y el otro. Si hubieron o no regocijos durante otras ocasiones entre estas dos fechas no podemos asegurarlo por falta de datos más precisos. Tampoco queda muy claro si desde el primer año que se celebró la Virgen del Rosario en 1776, tales entretenimientos se repitieron todos los años consecutivamente o si tan sólo se realizaron en aquel año. Aún con estas incógnitas históricas, creo que estas fiestas se repitieron en ciertos momentos durante este periodo, pues es extraño que se sucedieran de manera espontánea en tan sólo dos fechas aisladas y separadas por más de siglo y medio. No olvidemos que estas celebraciones gozaron de un gran esplendor en España durante siglos extendiéndose hasta la Nueva España y arraigándose en Nuevo México.

Otra incógnita que debemos plantearnos es la procedencia de la relación de *Moros y Cristianos*, es decir, la trama y el diálogo. ¿Fue el de 1776 el mismo que se representó en 1598, o se trajo de alguna otra representación de México más tarde? O más aún, ¿fue creado en el mismo Nuevo México? Quizá la realidad haya sido la suma de todos estos factores. Lo que sí sabemos de cierto es que desde finales del siglo XIX hasta finales del siglo XX se fueron celebrando, con algunas interrupciones, los *Moros y Cristianos* en la parte norte del estado, sobre todo en Santa Cruz de la Cañada y Chimayó. El texto de la representación actual es de autor anónimo y se desconoce por completo su procedencia. Se transmitió oralmente durante generaciones, pero la memoria de su origen y autor se perdió en el camino hace ya mucho tiempo.

Muchas preguntas quedan por responder. Podemos formular diferentes hipótesis sobre la historia de Moros y Cristianos en Nuevo México, pero hasta que no obtengamos más información, no serán más que conjeturas. Una cosa sí es cierta, tal y como hemos visto a través de la historia, que la España medieval es el origen de estos regocijos que se exportan a las Américas y se adaptan al Nuevo Mundo durante la colonización.

Farsa de Moros y Cristianos

The following text is from the chronicle of Constable don Miguel Lucas who, born into humble means, became a powerful magnate in the Castilian monarchy of the fifteenth century.[1] This happened thanks to the intimacy he shared with Enrique IV as his servant. The chronicle narrates in detail how in 1463 a farce of *Moros y Cristianos* took place with two hundred knights who disputed heatedly at tilting matches with cane spears for three hours. At the match, they debated, as if war they dealt with, over which law was better: Muslim or Christian. The losers, of course, had to humble themselves by renouncing their faith and converting to that of the winners. As the constable and his men had arranged the event, there is no doubt that defeat was already in the hands of the Moors.

What is most interesting about the chronicle is the detail with which the author, anonymous to this day, narrates all the events, both political and festive, as well as those related customs and domestic life of the period. Following is the episode the chronicler, likely a servant of don Miguel Lucas, narrated.

With the arrival of the Christmas festivities of our Lord Jesus Christ in the year 1463, since everyone knew that the desires of the aforementioned constable were, after the events related to the war, to partake of invitations, ballrooms, jubilees and tilting matches with cane spears, and other acts of honest pleasures, what was his own he spent with all, looking for other inventions pertaining to this. On Sunday, as it was the second day of the Christmas season, there came together after dinner two hundred of the most praised gentlemen, the bravest of their house and of the city of Jaén, half of whom were dressed in Moorish vestments with fake beards, while the others were Christians. The Moors pretended to come with their king from Morocco, their kingdom, preceded by their prophet, Mohammed, from the house of Mecca, with the Koran and books of their law, with much ceremony, on an elaborately adorned mule and covered by a rich cloth carried by four alfaquies. Behind them, the king of Morocco appeared, richly arrayed together with all his knights, well adorned with harnesses and trappings, and in front of them, many trumpets and drums. After he was accommodated, he sent a scarlet letter with two of his knights to the constable. These, from the entrance of his abode, informed the constable that two knights of the Moroccan king wished to pay him reverence and give him a letter they brought from their king. The lord constable ordered them in, after which they dismounted and entered one of the halls in his home, well decorated with fine French linens, where they found him with his wife, her ladyship, the countess, both very richly dressed, accompanied by many knights and squires, maids and maidservants of his house in the mentioned city. They came before him and upon kissing his hands, handed him a scarlet letter which read as follows:

"The King of Morocco, who drinks from the waters, who walks the pastures, defender of the law of Mohammed (God protect him with His great hand) salutes you, valiant and strong and noble gentleman, don Miguel Lucas, constable of Castile, may God honor him, may God help him. I make it known to you that I have heard of the great destruction and bloodshed which you, honored gentleman, have done to the Moors of the king of Granada, my

---

1. From the Latin, *comes stabuli*, meaning count of the stables. It originally referred to someone who obtained and exercised the first rank in the military and later became an entailed honorific title; *Diccionario de la Lengua Española*, 1:534.

uncle, first in many works, who endures fears, fighter against many Christians (God defend him, and may God strengthen him with His strength) and that I have seen that our Mohammed thus forgets us and your God remembers you. I come with the consent and counsel of all the highest and principal gentlemen of my kingdom to see the ceremony of your law, which so offends us . . . and because if you would please order that today your Christian knights play at tilts with cane spears with my Moors, and if in this as in war your God aids you to victory, then our Prophet Mohammed together with the books of our law that I ordered be brought with me, would be renounced by me and my men. And for me as for them, I would here submit myself to be at your order and will and ask that you acknowledge our vassalage and that we receive your Christianity in the river where we ought to be baptized. Strong lord, and noble constable, may God honor you and help you with His honor and strength."

Having read the letter, the aforementioned constable answered the knights that he consented with pleasure and charged upon his horse and ordered that all the ready knights come play at tilts with cane spears with the Moors. The game was held at the plaza of St. Mary for the duration of three hours, so persistent were the knights to the point

of exhaustion, among who were many good lancers and very confident knights. After playing tilts with cane spears, the king of Morocco with all his men, bearing before them the Prophet Mohammed and the Koran, arrived before the constable, reasoning in the following manner:

"Very noble lord constable, I have seen and surely known that no less in tilts with cane spears than in war does your God help you, for which reason it must be believed that your law is better than ours; thus it is so, and my men and I renounce our law, our Koran, and our Prophet Mohammed." Having said and done this, they met with him, and with the books they had brought with them and great joy and cheering, with trumpets and drums, they proceeded with the constable throughout the city arriving at the church of Mary Magdalene. At the fountain, they thrust in the Prophet Mohammed and poured water over the head of the king as a sign of baptism, and all his Moorish men kissed his hand. From there, the entire cavalry and many people on foot, men and children, arrived cheering with much glee and joy at the home of the constable, where they all were given much fruit and wine.

El siguiente texto pertenece a la crónica del Condestable d. Miguel Lucas, quien siendo de humilde cuna llegó a

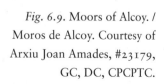

Fig. 6.9. Moors of Alcoy. / Moros de Alcoy. Courtesy of Arxiu Joan Amades, #23179, GC, DC, CPCPTC.

ser un poderoso magnate de la monarquía castellana del siglo XV. Esto fue gracias a la intimidad que llegó a tener con el rey Enrique IV, del que fue criado. Su crónica narra con detalle cómo se efectuó en 1463 una farsa de *Moros y Cristianos* en la que intervinieron doscientos caballeros que jugaron a las cañas muy disputadamente durante tres horas. En dicho juego se debatieron, como si de la guerra se tratase, qué ley sería mejor, la cristiana o la musulmana. El perdedor, por supuesto, debía humillarse, renegar de su religión y convertirse a la de los triunfadores. Claro está que, habiéndose organizado por el condestable y los suyos, la derrota estaba en manos de los moros de antemano.

Lo más interesante de la crónica es el detalle con que su autor, anónimo hasta ahora, narra todos los eventos, políticos y festivos, de la vida doméstica y costumbres de aquella época. Veamos, pues, este episodio contado por el cronista anónimo que debió de ser uno de los criados de d. Miguel Lucas.

Venidas las fiestas de la Natividad de nuestro Señor Jesucristo del año de mil cuatrocientos y sesenta y tres, como todos conociesen que el deseo del dicho señor Condestable fuese exercitarse después de los fechos tocantes á la guerra, en combites, salas, fiestas y juegos de cañas y otros actos de plazeres onestos, do lo suyo con todos pudiese gastar, buscar imbenciones tocantes á esto. Y el domingo que fué segundo dia de Pascua, despues de comer, se acordaron doscientos caballeros de loa mas principales y mejor arredados de su casa y de la ciudad de Jaen, la mitad de los quales fueron en habito morisco de barbas postizas, y los otros christianos; y los moros fingieron venir con su Rey de Marruecos de su Reyno, y traian delante á su profeta Maoma de la casa de Meca, con el alcoran é libros de su Ley, con gran ceremonia, en una mula mui emparamentada, y en somo un paño rico en quatro varas que traian quatro alfaquies, y á sus espaldas venia el dicho Rey de Marruecos mui ricamente arreado con todos sus caballeros bien ajaezados, y con muchas trompetas y atavales delante. E desque fué aposentado, embió con dos cavalleros

suyos una carta vermeja á dicho señor Condestable, los quales desde la puerta de su posada, les fizieron saber como estaban alli dos cavalleros del Rey de Marruecos que le querian fazer reverencia, y dar una carta que del Rey su señor traian: á los quales el dicho señor Condestable mandó responder que entrasen é luego descavalgaron de sus cavallos, y entraron en una sala de su posada mui bien guarnecida de jentiles paños franceses, do le fallaron con la señora Condesa su muger, él y ella mui ricamente vestidos y bien acompañados de muchos cavalleros y escuderos y dueñas y doncellas de su casa, é de la dicha ciudad. E como llegaron á él, despues de le haber besado las manos, diéronle una carta vermeja que decia de esta manera:

"El Rey de Marruecos, bebedor de las aguas, pazedor de las yervas, defensor de la Ley de Maoma (guárdelo Dios con su mano la grande) saludes sobre vos el valiente y esforzado y noble cavallero, Don Miguel Lucas Condestable de Castilla, honrelo Dios, amparelo Dios. Fago vos saber como oyendo la gran destrucción y derramamiento de sangre que vos, honrado cavallero, habeis hecho en los moros del Rey de Granada mi tio, delantero de los muchos trabajos, sofridor de los miedos, guerreador contra los muchos cristianos (defiendalo Dios, esfuerzelo Dios de su esfuerzo) y veiendo que el nuestro Maomad asi nos olvida, y el vuestro Dios si os ayuda; yo soy venido con acuerdo y consejo de todos los mayores y mas principales cavalleros de mi Reyno por ver la ceremonia de vuestra ley, que tanto nos es ofensiva . . . y porque si á vos prazerá de mandar que oy vuestros cavalleros cristianos con los mios moros jueguen la cañas, é si en aquesto como en la guerra vuestro Dios vos ayuda á levar lo mejor, luego el nuestro profeta Maomad y los libros de nuestra ley que conmigo mandé traer, serán de mi y de mis moros renegados. Y por mi y por ellos desde aquí me someto de ser á vuestra ordenanza é mandado, é de vos reconocer vasallaje, y de recibir vuestra cristiandad en el rio ó do devamos ser bautizados. Esforzado Señor, y noble Condestable, honre vos Dios, ampare vos Dios con su honra y su esfuerzo."

La carta leyda, el dicho señor Condestable respondió a los dichos cavalleros que le plazio de buena voluntad y luego cavalgó y mandó que todos los cavalleros que estaban en punto veniesen á jugar las cañas con los dichos moros; el qual juego se fizo en la plaza de Santa Maria por espacio de mas de tres horas, tan porfiado que ya los cavalleros no se podian mover, do andaban muchos braceros y mui desenvueltos cavalleros. Y depués que ovieron jugado las cañas, el Rey de Marruecos con todos sus moros, levando su profeta Maomad y su alcoran delante, llegó á el dicho señor Condestable, y fizole un razonamiento so la forma siguiente:

"Mui noble señor Condestable, yo he visto y bien conocido que no menos en el juego de las cañas que en las peleas vuestro Dios vos ayuda, por do se debe creer que vuestra ley es mejor que la nuestra; y pues asi es, yo y mis moros renegamos de ella y de su alcoran y de nuestro profeta Maomad." Y diziendo y faziendo, dieron con él, y con los libros que traian en tierra, y con mui grandes alegrias y gritos, y con muchas trompetas y atavales fueron con el dicho señor Condestable por toda la ciudad fasta la Magdalena, y en la fuente de ella lanzaron el su profeta Maomad, y á su Rey derramaron un cantaro de agua por somo de la cabeza en señal de bautismo, y él y todos sus moros le besaron la mano; y de alli toda la cavallería y gran gente de pie de hombres y niños vinieron á la posada del señor Condestable con mucho plazer y alegria, dando gritos y vozes, dó á todos generalmente dieron colocación de muchas frutas y vinos.[2]

The following text corresponds to the *Morisma* from Aínsa, Huesca. This drama is based on historical events that occurred in the eighth century and narrates the conquest of Aínsa by the Christian faction under the command of King Garci-Gimeno. According to tradition, a resplendent cross appeared at the top of an oak that inspired and encouraged the Christians to overcome the Arab fleets.

The Cortes of Aragon, meeting in Zaragoza in 1676, agreed to concede ten Aragonese pounds to celebrate the *Morisma*. In 1716, Felipe V himself ordered by royal decree that they continue paying the ten Aragonese pounds as a contribution for the celebration of such festivity.

One generation transmitted this semihistorical drama from ancient times by oral tradition to the following generation. Luis Mur, assisted by Francisco Peñuelas, compiled and transcribed this text for the first time in 1930. For a period of fifty years, the festivity and dramatic presentation ceased to be put on until the 1970s, when a group of youngsters from the village recovered Mur's text. Backed by the townspeople, they brought the *Morisma* back to life. They now stage the dramatic spectacle every two years with the participation of Aínsa's entire population. In 1984, they created the Fundación Pública la Morisma for the purpose of keeping this tradition alive.

Traditionally, on September 14 the entire town gathered to process to the site of La Cruz Cubierta, located at the outskirts of the villa. (This monument was erected at the spot where the resplendent cross supposedly appeared.) There, they celebrated a solemn mass, followed by mock battles between Moors and Christians. The Moorish and Christian kings challenged each other in the villa's plaza, where confrontations lasted all afternoon and ended with the Moorish king's death. The conversion and baptism of the Moorish troops occurred the following day, preceded by a show of flags each faction paraded in front of all the village houses. Today, all those present celebrate the baptism of the Moors in the plaza with ring-shaped pastries and *quemadillo de ron* (flaming rum).

The following text from the *Morisma* still maintains expressions and words typical of the Sobrarbe region, although the language has been modernized.

---

2. "Relación de los Fechos," Tomo VIII, pp. 103–6.

Fig. 6.10. Christian drums of Zújar, Granada, May 2003. / Tambores cristianos de Zújar, Granada, mayo 2003. Photo by Tom Lozano.

El siguiente texto corresponde *La Morisma* de Aínsa, Huesca. Este drama está basado en hechos históricos ocurridos en el siglo VIII y narra la conquista de Aínsa por los cristianos al mando del rey Garci-Gimeno. Según la tradición se apareció en lo alto de una encina una cruz resplandeciente que inspiró y animó a estos a obtener el triunfo sobre las huestes árabes.

Las Cortes de Aragón reunidas en Zaragoza en 1676 acordaron conceder diez libras jaquesas para la celebración de *La Morisma*. El mismo rey Felipe V ordenó en 1716 que por real decreto se siguiesen pagando las diez libras jaquesas para contribuir a la celebración de dicha fiesta.

Este drama semi-histórico se transmitió oralmente desde tiempos remotos de generación en generación. Luis Mur ayudado por Francisco Peñuelas recopiló y transcribió el texto por primera vez en el año 1930. Esta fiesta con su representación dejó de celebrarse durante un periodo de cincuenta años, hasta que en la década de los 1970, un grupo de jóvenes pertenecientes a la villa recuperó el texto de Luis Mur y con el apoyo de todos los del pueblo volvieron a representar *La Morisma*. Esta se representa cada dos años y en ella la villa entera de Aínsa participa masivamente. En el año 1984 se creó la Fundación Pública la Morisma con el propósito de mantener viva esta tradición.

Tradicionalmente el 14 de septiembre el pueblo entero acudía en procesión hasta las afueras de la villa, donde se encuentra la Cruz Cubierta (monumento que se levantó en el lugar donde supuestamente se apareció la cruz resplandeciente) y en donde se celebraba una misa solemne. Después, en ese mismo emplazamiento, se ejecutaban simulacros de batallas entre moros y cristianos. El rey cristiano y el rey moro se retaban en la plaza de la villa, donde proseguían los enfrentamientos durante la tarde y concluían con la muerte del rey moro. La conversión de las tropas moras y su bautizo se escenificaba al día siguiente, para lo cual iban pasando los dos ejércitos la bandera por todas las casas del lugar. En la actualidad, para celebrar el bautizo de los moros se invita a todos los asistentes a rosquillas y quemadillo de ron en la plaza.

El texto de *La Morisma* que veremos a continuación mantiene aun expresiones y vocablos típicos del Sobrarbe a pesar de que su lenguaje se ha ido modernizando.

La Morisma

(L'Aínsa)[3]

Mercado Plaza de Aínsa.

Escena 1

Presentación.

PASTOR   Cristianos nobles de Aínsa:
mirad que vengo en secreto,
no quisiera que algún moro
desbaratara mi juego
y si hay aquí alguno
juro al diablo y le prometo
si no huye del concurso,
he de crismarle o tuzuelo;
¿Acaso éste lo sería?

Tocando a uno de los presentes.

Bien lo parece en el pelo
y el color aceitunado;
Alcalde, cogedlo preso.
De las montañas Jaca,
saltando y corriendo vengo
a traeros la noticia,
que los grandes coronaron
por rey a Garci-Gimeno
para tomar esta villa
y expulsar al sarraceno;
que tiene muy subyugado
todo este cristiano Reino
de Aragón y de Sobarbe
hasta los más altos puertos.
Jaca ya está ganada
con ella, todo el terreno,
y Aínsa se ganará,
como nos asista o cielo.
Ánimo, nobles cristianos,
aliéntense vuestros pechos,
que si esta villa ganamos

a Dios; ¡figas la mal tiempo!
Mirad que ya está en camino
nuestro invicto Rey Gimeno
y muy luego llegará
con un ejército grueso,
compuesto de labradores,
pelaires . . . y alpargateros,
de tejedores y sastres,
y de algunos zapateros;
plaga que en los años malos
arruinaron a los pueblos.
El diablo que los llevase.
Bien lo saben mis bodiellos.
Las nubes asistirán,
que batallas con pan tierno
siempre se suelen ganar
como no hacen falta chumiellos.
En fin, todos a una cara;
prevenir armas y aceros,
la batalla va a ser luego.
Diréis que soy un pastor,
y que mi anuncio no es cierto,
pues aunque guardo ganado
y de guerrero no entiendo,
lo que digo es verdadero,
y cumplido vais a verlo.

Escena 2

CHUSMA

Dicen alternativamente UN MORO *y* UN CRISTIANO.

CR.	¿Dónde esconderme podré?
MO.	¿En dónde podré ocultarme?
CR.	Que no me alcancen las iras.
MO.	Que las iras no me alcancen.
CR.	De esos moros tan gigantes.
MO.	De ese infame cristianillo.
CR.	Que embisten como perros.
MO.	Que aterran como canes.
CR.	Por ahí la boca abren.

---

3. Texto aportado por gentileza y permiso de la Fundación Pública "La Morisma" y del Ayuntamiento de Aínsa-Sobrarbe.

Mo.	Aaaaaaaaaaaaaaahhhhhh . . .
Cr.	Más, para mi tragar . . .
Mo.	Y más, para mí tragarme.
Cr.	Háblame claro morillo.
Mo.	Cristianillo, claro hablarte.
Cr.	Qué, ¿eres por dicha gallina?
Mo.	Qué, ¿acaso me hallas cobarde?
Cr.	¿A qué vienes a esconderte?
Mo.	¿A qué vienes a ocultarte?
Cr.	Si tú me dices que sí,
	te diré que sí al instante.
Mo.	Y yo tengo que acabar
	con el demonio esta tarde.
Cr.	Y yo tengo que acabar
	con el pecado al instante.
Mo.	Dejémonos, pues, de voces
	y entremos en amistad,
	que yo me voy a espulgar
	debajo de aquel altar.

Huye EL MORO *delante y* EL CRISTIANO *lo persigue.*

Escena 3

Entran todos LOS MOROS *en procesión y se aposentan en el lado moro y en el trono.*

Escena 4

Sale EL DIABLO. *Danza por la plaza y se queda dormido.*

Escena 5

EL PECADO	Oh astro infeliz
	extremo del lucero,
	luz perdida,
	sol eclipsado.
	Planeta infortunado
	en ti se hiela Marte, vencido
	guerrero, guerrero.
	Capitán de la milicia,
	capitán de la no nada.

	¿Quién se inflama?
	Como duerme . . .
	¡Despierta!

Sale EL DIABLO *que está escondido y dice:*

DIABLO	¿Quién me llama?
PECADO	¿Cómo duermes . . . ?
DIABLO	Jamás he dormido.
PECADO	¿Cómo sosiegas?
DIABLO	Jamás he sosegado.
PECADO	¡Qué inquietud!
DIABLO	Jamás en mi la ha habido.
PECADO	Ahora si que te portas
	como un buen soldado;
	y asombrarás a un caudillo
	acobardado.
	Entre flores de un jardín
	te escupí, para que fueras
	asombro de los cristianos
	y compañía de las fieras.
	Desde aquí te mando al punto
	que a los infiernos desciendas
	y pues dejarás en paz
	a todas las almas buenas
	porque todas ven vestidas
	de muchas hermosas hierbas.

Así concluye EL PECADO *y corre* EL DIABLO *hasta desaparecer.*

Escena 6

Desfile de todos LOS CRISTIANOS *y se aposentan en la zona cristiana y en el trono.*

Escena 7

NARRADOR	El Rey Garci muy piadoso
	al Altísimo se encomienda
	la vida de sus vasallos
	y la suerte en la contienda.
	Pero el moro foribundo

con venablos le contesta
y al renegar de Gimeno
su perdición manifiesta.

Escena 8

REY GARCI-GIMENO   Oh, gran Rey de los ejércitos.
Oh, Dios inmenso y supremo.
Piedad y clemencia os pido
para este vuestro Reino.
Mirad, pues a vuestros hijos
derramados por el yermo,
pulsos y hospitalidad
del imperio sarraceno.
Compadecéos, Señor
mirad que un madero
dísteis gustoso la vida
por la redención del pueblo.
¡Oh Rey Todopoderoso!
que con tu poder inmenso
ensalzas a los humildes
y abates a los soberbios;
en vuestra mano está, pues,
la victoria y vencimiento,
viendo ya tan humillado
a quien te ofendió soberbio.
Tuyo es el cielo y la tierra;
tuyo es, Señor, este reino;
tuya será la victoria,
pues tuyo es todo mi ejército.

REY MORO   ¿Qué es eso de tuyo?
Tuyo será un cuerno,
porque mía es la corona
y mío es todo el Reino.

REY GARCI-GIMENO   Sabe que no hablas conmigo
sino con el Rey Supremo;
y suyo ha de ser el Sobrarbe
aunque se oponga el infierno.
En tu mano está, Señor,
la victoria que pretendo,
y si ha de ser tu gloria,
consiga, Señor, mi empeño.
Por Ti consiguen victorias

por Ti ensalzan los reinos,
por Ti se logran coronas,
por Ti se empuñan los cetros.
En atención de ellos Señor
os suplico por el reino,
que nuestros enemigos
lleguen a ser vuestros siervos,
convirtiéndose a la fe
dejando su secta y yerros,
y vivan como cristianos
y no profanen tus templos.

REY MORO   ¿Habrá mayor disparate?
Todo será menos eso.
¿Te pensarás que soy yo
algún simple reyezuelo?
¡Vive Dios que has de morir
como Rodrigo en Toledo!

REY GARCI-GIMENO   Señor, en Ti toda mi
esperanza,
en Ti la tengo y espero
la victoria en la batalla
que he de dar al sarraceno;
y confiado os suplico
que me habéis de dar remedio
o convirtiendo al pagano,
o apocándole su esfuerzo,
porque con fuerzas humanas
es imposible vencerlo.
Este, Señor, es mi designio;
éste, Señor, es mi empeño.
¡Ea, pues, hijos buen ánimo,
hasta morir en el cerco!
Elevemos nuestros ruegos
hasta Jesús Nazareno,
que quien murió por nosotros,
no nos negará el consuelo.
Y antes de dar batalla
al rey Abderramán, quiero
mandarle un embajador
para que sepa mi intento;
y es que si se dá mi ley
que es la de un Dios verdadero,
y deja su idolatría

él y todo su ejército,
no sentirán mis rigores,
sino un entrañable afecto,
porque así lo prometí
en aquel Real Monasterio
allá en San Juan de la Peña,
en donde fui rey electo,
por los grandes señores
de este reino y Pirineos.

Entra EL EMBAJADOR cristiano, *mientras prosigue*
EL REY.

Y de lo contrario, sepa
quién es Garci-Gimeno,
quién el falso mahometano,
pues lo dejaré burlado
a la vista de su ejército.

AL EMBAJADOR CRISTIANO.
Y le dirás de mi acuerdo,
a qué estoy determinado
si no se rinde a mis ruegos.
Exponle algunas razones
para poder convencerlo
y si lo ves repugnante,
le dirás que estoy resuelto
antes a perder la vida
que a desistir de mi empeño
de traerlo a mi poder
o convertido o muerto.

Escena 9

EMBAJADOR CRISTIANO al REY MORO
¡Oh gran Rey Abderramán!
de parte del rey Gimeno
vengo a daros una embajada
con debido acatamiento.
Si me permites que hable
luego os diré su intento.
REY MORO   Hablad, y decid, que yo
escucharé muy atento.

EMBAJADOR CRISTIANO   Pues escuchad que ya
empiezo.
No ignora nuestra alteza
que estos reinos no son vuestros
pues el rey Rodrigo y otros
han legítimos derechos
hasta que la Providencia
por inescrutables secretos
permitió caer a España
de su antiguo valimiento.
Bien sabrás que don Julián
tuvo mucha parte en esto,
pues para vengar su agravio
al África pasó soberbio
y juntando gran armada
fue a la cuidad de Toledo
subyugando a toda España
en la forma que hoy la veo;
y aunque el Príncipe Pelayo
quiso hacer frente a su ejército,
nunca pudo remediarlo
buscando muchos remedios.
Ya no será así ahora.
Lo guardó Dios a este tiempo
porque, aunque tarde, no olvida
dar al que pide, consuelo.
Deja en paz, pues, a estos pueblos,
no nos robes el derecho,
que quien reina sin justicia
con justicia pierde el reino.
Y mira que mi monarca
es el invisto Gimeno,
rey que según sus partidas
parece lo escogió el cielo.
Tiene de su parte a Jaca,
otros infinitos pueblos,
y ha de ganar esta villa
con el favor de los cielos.
Y así, de su parte os digo
que entreguéis la plaza luego,
pues de otro modo, repito,
que se entrará a sangre y fuego.
También os hago saber,

De parte del Rey Gimeno,
que si os queréis convertir,
os abrazará contento;
para que viváis con honra
pondrá tributo a su reino.
Mirad cuán grande es el alma,
y adonde llega su afecto,
y si a esto estáis reticente,
en fe noble, os advierto
no habrá de parar hasta veros
en sus manos vivo o muerto.

REY MORO   ¡Callad, bastante habéis dicho!
Decidle que aquí le espero.
Muchos reyes tengo muertos
¿qué hará ese reyezuelo?
Yo he de profesar mi ley.
Mi ejército, nada menos,
y he de reinar en Sobrarbe
aunque le pese su acero.
¿Dónde está mi embajador?

Escena 10

EMBAJADOR MORO   Aquí está, a vuestros pies
puesto.
¿Qué me manda vuestra alteza, que
serviros es mi intento?

REY MORO   Escuchad pues, y decid
aquí vuestro pensamiento.

EMBAJADOR MORO   Enhorabuena, Señor.

REY MORO   Ya has visto que el rey Gimeno,
por su propio embajador,
me convida a dos extremos,
que son: hacerme cristiano,
o deje luego mi reino;
de lo contrario, en sus manos
ponerme vivo o muerto.
¿Qué haremos en este trance?
Discurre tú el mejor medio
que siempre el escoger es
difícil en dos extremos.
Su embajador ya se ha ido.
Como respondí severo,
temo que saldrán de esto
algunos malos efectos.

Yo lo he hecho muy mal;
ahora conozco mi yerro
porque siempre la imprudencia
ocasionó los excesos
ve, de mi parte al rey
y dile que yo le aprecio
infinito su atención;
pero que dejar el cetro,
no lo puedo consentir
aunque se lo ordene el cielo.
Pues no ignoro que las culpas
que cometió este reino
lo pusieron en mis manos
hasta que purgue su yerro.
Expondrasle otras razones
que sean de mucho peso,
y con esos resiste
al arma . . . al arma, soldados,
al arma todo mi ejército.

EMBAJADOR MORO   En todo tenéis razón
buen ánimo, fuerte pecho.
Vaya lo dicho por dicho,
y nada menos el hecho.
Yo iré de buena gana
a hablar al rey Gimeno,
a que reporte su orgullo
y no venga al matadero.
Ya sabe como ha ido
a los reyes de Toledo,
de Castilla y Aragón,
víctimas de nuestro acero.

REY MORO   Id, pues, luego sin tardanza,
y no perdamos el tiempo;
llamadlo que él esta orando,
pidiendo socorro al cielo.

Escena 11

EMBAJADOR MORO   al REY CRISTIANO
¿En dónde está el rey?
llamadle, que aquí le espero,
pues he de desengañarle
lo que pretende su empeño.

REY GARCI-GIMENO   ¿Qué queréis? Decidlo presto,
    que aunque el mundo no me oiga
    ya me oirá el Rey Supremo.

REY MORO   Ja . . . ja . . . ja ¡Qué delirio!
    Dile que está durmiendo,
    y ni hará caso a sus ruegos.

EMBAJADOR MORO   Ya has oído lo que ha dicho
    mi rey muy amado dueño;
    deja esto por tu vida,
    y levanta luego el cerco,
    pues si no, de lo contrario,
    se entrará a sangre y fuego,
    sin perdonar la inocencia,
    ni siquiera esos templos
    de ese Dios que veneráis
    crucificado en un leño,
    en quien fiáis la victoria
    pero no os valdrá el cielo.

Se va EL EMBAJADOR *a la zona mora.*

Escena 12

REY GIMENO   ¡Válgame Dios, qué blasfemia!
    ¿Quién puede tolerar esto?
    Poderoso sois, Señor,
    pero muy débil mi ejército,
    y en caso de victoria
    será el vencimiento vuestro;
    por que en mi nada confío,
    sino en tu poder inmenso,
    cúmplase tu voluntad
    en la tierra y en el cielo,
    y confortado con ella,
    pelee todo mi ejército
    hasta dar por Ti la vida,
    defendiendo el evangelio
    que tanto costó a la Iglesia
    establecerlo en mis reinos.
    Y así, amados sobrarbenses,
    vuestra virtud me da alientos
    de conseguir la victoria.
    Clamemos todos al cielo.

Escena 13

Póstranse todos alrededor de la carrasca y entonan la letanía.

REY GARCI-GIMENO   Kyrie-eleison.
    Christe-eleison.
    Kyrie-eleison.
    Christe-audi-nos.

LOS MOROS *hacen burla desde su zona y comienza la batalla.*

    Pater do coelis Deus.
    Fili redemter mundi Deus.
    Spiritu Sancte Deus.
    Sancta Trinitas unus Deus.
    Sancta Maria. Ora pro nobis.
    Sancta Dei Genitrix. Ora pro nobis.
    Sancte Vitoriane. Ora pro nobis.

Todo EL EJÉRCITO *cristiano contesta y también* LOS ASISTENTES. *Aparece entonces en ese momento la cruz en la carrasca.*

Escena 14

REY GARCI-GIMENO   ¡Ah! ¿Qué novedad es esta?
    Esa es la señal del cielo.
    ¡Buena señal, hijos míos,
    que Dios está de por medio.
    La victoria está segura
    Y a esa señal venceremos!

EL REY *se sienta.*

    Y así todos los cristianos
    por mi edicto les prevengo
    se incorporen a mi escuadra
    contra el cruel sarraceno.
    También humilde suplico,
    al muy venerable clero,
    haga oraciones públicas
    y sacrificios incruentos

a fin que el mahometano
se convierta luego, luego.
O rinda por mis armas,
culto al Dios verdadero.

Escena 15

SOLDADO GRACIOSO   Óigame, su majestad,
le daré un consejo bueno.
Que vengan los sacerdotes
O que saquen el dinero
para comprar la vituallas,
que yo de hambre me muero
y si no, tomar las armas,
y que empuñen las armas,
que en punto de religión
deben de ser los primeros.
¿Todo ha de ser buena vida,
comiéndose el buen carnero
las perdices y capones
y los mejores conejos?
Ellos tienen buena renta
nosotros muy corto el sueldo,
y que nosotros saquemos
las castañas de lo fuego.
Carrascas, guarda, Pablo,
entre bobos anda el juego.
Juro al diablo, si vencemos
y entramos en el saqueo,
les he de sacar la bolsa
aunque la tengan de fierro.
Y he de llenar el bandullo
pillándoles o cazuelo.

REY GARCI-GIMENO   Calla, calla, no hables más
en este asunto tan serio;
más harán sus oraciones
que las armas del ejército.
¿No has visto que están orando
debajo de esa cruz del cielo,
por la que Dios nos anuncia
con nuestra oración el premio?
¿No has oído a Moisés
cuando luchaba su ejército,

que cuando él estaba orando
era suyo el vencimiento?
¿No has oído de David
que en los choques más hambrientos
él estaba siempre orando,
cantando salmos y versos
en alabanza del Dios,
Rey de todos los Ejércitos,
y con este subyugó
a todos los filisteos?
¿No has oído cómo Josué
que hizo parar al momento
tras horas al sol, orando
que poder salir venciendo?
¿No has oído que Israel,
en su Arca del Testamento,
aseguró las victorias
de innumerables pueblos?
Pues bien, si esto es así,
¿por qué pelear el clero?
Bástanme sus oraciones
para asegurar el cetro.

SOLDADO GRACIOSO   Señor, quisiera que lleven
el arca de San Veturián
como hicieron los levitas
yendo el rey a pelear.
Y con que esto que discurro,
vendrá aquí recau y pan
que todo esto nunca falta
donde están os capellans.
Y si logramos victoria,
gracias mil se harán de dar,
y luego a ganar con vino
perdón de San Veturián.
Porque aquí en esta tierra
perdones no han de faltar
y cuando mejor es el vino,
mejor se suelen ganar.

REY GARCI-GIMENO   Que calles, por Dios, te digo,
y vamos juntando gente,
porque tenemos al frente
nuestros fieros enemigos.

Escena 16

REY GARCI-GIMENO   *Dirigiéndose al* REY MORO

A la tarde te convido
a pelear en la plaza,
donde veré tu valor
y tu astucia donde paran.

REY MORO   Yo te juro por Mahoma,
que antes de ponerse el sol,
han de ser tuyos o míos,
o yo no ha de ser quien soy.

Escena 17

CAMPESINO CRISTIANO *loa la cruz.*

Oh, cruz siempre sacrosanta,
fuente del divino amor
en que por darnos vida
murió nuestro redentor.
No sé si por la virtud
el invicto rey Gimeno
o por la de aquellos súbditos
que formaban este reino,
es lo cierto, aunque os asombre,
que se obró la maravilla
de bajar la cruz del cielo
en términos de esta villa,
en la que Cristo convida
al bien, cuando en trance fuerte
paga con la vida muerte
dando con su muerte vida.
Dígalo a voces Sobrarbe:
También publíquelo Aínsa,
que del trance de la muerte
fue librada en este día.
En ti fue crucificado
a impulsos de clavo y lanza,
manan fuentes de esperanza
de su divino costado.
David dijo a boca llena
con el salmo que cantó,
que Dios triunfante reinó
desde el madero de pena,

árbol fecundo y sagrado
resplandeciente y hermoso
de la púrpura adornado
del que es nuestro Rey glorioso.
Madero electo sin par,
cuan gran dicha tuviste
pues de Cristo mereciste
los santos miembros tocar;
árbol bienaventurado,
de cuyos brazos pendió
aquel que en preciso se dio
por redención del pecado;
por donde hecho una balanza
el cuerpo del Rey eterno,
quitó poder al infierno
dándose fe y esperanza.
En épocas de invasión,
concede, a los justos, gracia;
dá al delincuente, perdón.
A esta cristiana milicia
que va pelear en Aínsa
concédele paz y gracia,
bienestar y eterna dicha;
que la secta mahometana
con su yugo y tiranía
se someta al cristianismo
siendo siempre fiel a España;
victoria la más plausible
que se cuentan las historias
y el milagro más sublime
de la cruz que aquí se adora
y árbol de cuyos brazos
más encumbrados y hermosos
perdiose el fruto que fue
nuestra redención preciosa
espada contra el infierno
que a todo enemigo asombra,
pues empuñándola Dios
a ellos destroza y corta
hasta cabezas de reyes
con su innumerable tropa,
todo sumergido en sangre
encontró aquí su derrota,

y bien se puede decir
que esta plaza quedó roja
por la sangre derramada
en tan sangrienta victoria.
Porque sola mereció
el vincularse esta gloria
y sólo por este triunfo
merece eterna memoria.
Sois el escudo de Aínsa
y de Sobrarbe las armas,
y una de las maravillas
que se halla en estas montañas.
Redóblense pues, los triunfos
los dichos, bailes y danzas
con repetidos elegios
y continuas alabanzas
en obsequio de la cruz
y esta villa que la ensalza,
que viva felices años
de todo el mundo aclamada,
dándole mil parabienes
y mil repetidas gracias
por los triunfos de la cruz
y otras heroicas hazañas,
que hizo en remotos tiempos
como publica su fama,
que siempre será inmortal
mientras que subsista España;
y, perdone el auditorio
todos los yerros y faltas
que esta alegre comitiva
halla hecho con sus palabras.
Y si hubo alguna malicia,
ello no pasó de chanza,
y si alguien lo lleva a mal
que no muestre su venganza.

Escena 18

NARRADOR   Los cristianos jubilosos
ante la Santa Señera,
se ofrecen prestos al rey
con la victoria certera.

De todos sitios llegaban
con espadas o con peras
a quien ofrecieron gustoso
incluso su vida entera.

Escena 19

FRAILE DE SAN VICTORIÁN   Dios os guarde muchos
años,
predestinado monarca,
vuestra cristiana actitud
liberará la comarca.
Auxilio pediste al cielo
con humildad en el alma,
ved que el cielo os escuchó
y os habla por la carrasca.
A San Victorián llegaron
noticias de esas hazañas,
prodigios que nunca fueron
vistos en estas montañas.
Nuestro Abad me dio el consejo
que con vos me entrevistara
para ofreceros gustoso
nuestro blasón, que es el Arca;
y todas las oraciones
que en el monasterio se hagan,
desde maitines a vísperas,
a vos irán dedicadas.

Escena 20

CRISTIANO I

Representa a la villa de Boltaña.

Cuan pasaba vuestra alteza
por la villa de Boltaña,
estaban todos en junta
discurriendo con gran maña,
qué obsequios ofrecerían
para inmortalizar su fama
en defensa del cristiano
y cimiento de tus armas.

Y acorde determinaron
asistiros con cien almas
y con todos sus pertrechos,
mientras dura la campaña,
siendo todos tan valientes
como pública la fama,
pues ya todo el mundo sabe
que son gente acostumbrada,
y yo, que soy uno de ellos,
vengo a daros la embajada
y he de matar más moriscos
que pulgas tiene esa dama.

Escena 21

CRISTIANO 2

Representa a la villa de Aínsa.

Oh, invicto rey Gimeno,
gloria de todo el Sobrarbe,
ilustre de tu jerarquía.
Vengo, pues, a ofrecerte,
En nombre de dicha villa,
sus personas e intereses,
tesoros, campos y viñas,
que gustoso se te ofrecen
para la grande conquista
contra el cruel sarraceno
que tanto nos mortifica;
para salir victoriosos
con tu cristiana milicia
subyugando al africano,
borrando su idolatría.
Y yo tomaré las armas
con demasiada osadía
y si acaso faltan armas
no falta hierro en Aínsa,
como son: espadas, chuzos,
puñales, lanzas y picas,
y en un caso necesario
también calzas de ruina.

CRISTIANO 1   Alto, ¿qué es lo que dices?
mira que soy de Boltaña
que siempre después de Aínsa
llevó su primera fama,
y venga a la mi bandera;
bien sabe nuestro monarca
que con públicos pregones
esta villa fue ensalzada;
allí, se hospedó Gimeno
en ella aumentó sus armas,
en ella todo el castillo
quedó vencido a sus plantas,
y ahora, por privilegio,
a todos cardan la lana.

Escena 22

REGIDOR DE INFANZONES   El Regidor de
Infanzones
de esta villa coronada,
cabeza de todo el reino,
y blasón de las montañas,
viene en nombre del colegio
a ofreceros hoy sus armas,
que es justo el pelear
cuando lo hace su monarca.
Ahí veréis el valor
de sus valientes espadas,
que como hijos de San Jorge
saben ganar las batallas.
Díganlo a voces en Huesca,
Publíquelo también Jaca,
donde cortaron cervices
de muchas testas granadas.
Y así, esclarecido rey,
valor y grande esperanza,
que hoy a de vencer San Jorge
la más sangrienta batalla
que se cuenta en los anales
de las historias de España;
que esto os anuncia la cruz
que aparece en la carrasca.

Escena 23

CRISTIANO 4   Hoy Labuerda y San Vicente,
a vuestras plantas postrada,
como vecinos de Aínsa,
aunque ya distinta patria
viene buena y muy gustosa
a ofrecer hombres y casas,
igual para la conquista,
que en caso de retirada;
que no es la primera vez
que estuvo allí acuartelada
la gente del real servicio,
para ganar esta plaza;
que como es país ameno
y de casas bien labradas,
vienen como los gorriones
a disfrutar de sus granjas.
Allí hace muy buen fresco
por la tarde y la mañana,
no son como los de Olsón,
que os hicieron olsonadas
dándoos de aire caliente
una grande boticada . . .

Escena 24

REGIDOR DEL PUEYO   A vuestros pies, gran señor,
viene el Regidor del Pueyo;
pero en esto de batallas
tengo yo muy fuerte miedo,
porque una vez as polseras
me arrancaron de o tozuelo.
Allí, todos son cobardes;
para trabajar, muy buenos,
pero para las batallas,
fullen como los conellos,
en encararles a escopeta,
callan como los borregos;
si no, que lo digan as truchas;
d'allí saltó do reguero.
Allá todos somos pobres,
no tenemos un dinero,
menos el Sr. Coronas,

que es un grande pesetero.
Como bebemos vinada,
nada de fuerza tenemos.
Y así, perdonad señor.
Mandad algo si valemos,
si es cosa que vale poco,
en todo le serviremos.

Escena 25

EL SACRISTÁN DE LA VILLA DE AÍNSA   Desde la iglesia
me vengo
en nombre de mi capítulo,
que allí está pidiendo a Dios
la victoria y feliz éxito
y traigo la caldereta
para aspergiar al enemigo
y como todos son malos
no quedará ni uno maldito.
No piensen que yo me burlo,
que traigo un rico exorcismo;
no es como aquel que se cuenta
que fue del cura de Murillo:
Fugite partes que hay berzas,
fugite maledictinos
fugite moros y moras
fugite gabachos finos.
Válgame Dios lo que huyen
si sin todos brujos finos;
hasta fulano se escapa
yo no lo hubiera creído.
Perdida tenéis la guerra,
si no recibís bautismo,
porque son supersticiosos
y creen el los hechizos,
que ninguna fuerza tienen
ante los cristianos ritos.

Escena 26

EMBAJADOR MORO   En todo tenéis razón,
pero son vuestros delitos
los que os han puesto en mis manos

castigados y afligidos.
¿En dónde está vuestra ley?
que noción tenéis de Cristo
parece que se ha perdido
y solo os queda el bautismo.
Y si la ley se guardara
como se guardó al principio,
todos fuéramos iguales,
y no habría mahometismo.
Yo os he de afligir
con un castigo inaudito
hasta que Alá diga basta,
que ya es mi pueblo contrito.

SACRISTÁN   Si más claro lo queréis,
miraros ese prodigio
de la cruz, que hoy aparece
para su pueblo afligido,
y deja de castigarlo,
suspende luego el castigo.
Traedme la caldereta,
veréis que tal le bautizo;
si no huye como el diablo,
yo me doy por muy vencido.
Mira, mira, que tal huye,
por nosotros está Cristo.
Salid luego a la batalla,
que yo me voy a un bautizo
porque dan buenas rosquillas
de fulana que ha parido,
y si fuera menester,
dareisme luego el aviso,
que volveré a conjurarlos
con hisopo de cajigo.

Escena 27

CRISTIANO DE LA FUEVA   Señor, yo soy de la Fueva,
que está bajo o pedero,
y vengo muy obediente
a ejecutar tus decretos,
y tengo que suplicaros
que matéis los sarracenos
que pues no comen tocino

no despachamos un puerco.
Que no ignore vuestra alteza
que todo nuestro comercio
es o trato de os lotons
y no tocamos un sueldo.
Es tierra muy miserable;
No se crían si no cerdos,
Y os que son de a mía ley,
se fan muy grandes y buenos
y de a manada que vendo
un real más por lo menos.
Si es en de menester Vos,
buena manada en tiengo,
que en a ferie de Tierrantona
correba poco el dinero
pero a truca de mentiras
todo se despachó luego,
porque estas nunca faltan
en ser pobre o terreno.
Miráis si dáis las batallas
que si no me entorno presto
a recullir los granos
para pan en este invierno.

Escena 28

CRISTIANO DE SOBRARBE   Desde el centro de
      Sobrarbe,
este soldado os viene
con la noticia agradable
de que vendrá mucha gente
para empezar la conquista
que tanto a todos os conviene.
Ya están pasando revista
para que todo se acierte;
es gente un poco tostada,
pero de gran garbo y aire
que a banderas esplegadas
no hay quien lo puje e iguale.
Ellos saben envidar,
y en triunfos echan el resto
y en esto de carabinas,
el que menos es maestro;

y así, puede vuestra alteza
filar en su gran primor
porque con tanta destreza
creo saldrá vencedor.

Escena 29

CRISTIANO DE BANASTÓN   Señor, soy de Banastón,
que es un lugar muy placentero,
pues entiendo que es más ancho
que la ciudad de Toledo.
Somos todos labradores
Un tejedor y un herrero,
si más de estos hubiera,
pobres frutos de o viñedo.
Tenemos muy buenas uvas,
figas, pansas y ciruelos;
y buenas cubas de vino
¡qué pelucas cogeremos!
Todo esto te ofrecemos
de esto podéis disponer.
que de guerra no entendemos.

Escena 30

CRISTIANO DE ARAGUÁS   Yo soy de Araguás perdeu
traigo un cesta de peras,
y os vengo a pedir, Señor,
me excuséis de estas refriegas.

Escena 31

UNO QUE REPRESENTA A MONTPELLIER   Noticioso
de esta guerra
yo vengo de Montpellier
a ganar esta batalla,
bien comer y bien beber.
Su quieres que peleemos
pondrás magra en la sartén.
Con buen pan y buena carne
se vencerá todo Argel.
Soldado sin comer ni beber,
tampoco puede vencer,
y sin un penique de aguardiente
¿qué será de él?

Escena 32

UNO QUE REPRESENTA A CAGIGOSA   En limpio se lo
diré,
sin ninguna apelación:
irás a Cagigosa,
preguntarás por Ramón;
este Ramón que te digo,
no creas que es del de Sanz
porque eran camas crudas
que se quería prestar.
¿qué prestamen será ese?
¿de Capitán General?
y ahora se ha quedado
barrendero de hospital.

Escena 33

DICHO DE LABAYO   De Castilla a Cocullón vengo,
he dejado mis castillos
para saliros al encuentro;
vamos a la guerra todos,
viejos, grandes y pequeños.
Que si la batalla ganamos,
estos castillos son nuestros,
si no dígalo Labayo
que es un grande consejero,
pues le gusta la caza
él rabia por ese pelo.

Escena 34

MUJER CRISTIANA   El cielo ampare a mi rey
y haya salud en su casa
que nos guarde de los moros
y proteja con su capa
perdonad mi atrevimiento
de venir ante tus barbas
sabe Dios que es un intento
de mujer desesperada.
La milicia que juntáis
para la grande batalla
no la forman solamente
ni maciellos no badanas.

Están entre vuestra huestes
Maridos de hembras casadas
que como en mi propio caso
quedamos desparejadas.
Nuestros campos y animales
familiares y moradas
quedan al frágil recaudo
de mujeres fatigadas.
Mi José es un infeliz
y más simple que una manta
solo sirve y en exceso
pa calentarme la cama.
Por eso pido a mi rey
por su magnánima alma
que le concedáis licencia
o me dejéis otra compaña.

Ahora empezarán a recitar sus poesías LOS SOLDADOS
MOROS *delante de* SU REY, *que estará sentado.*

Escena 35

NARRADOR   Los moros y moritos
morados están de espanto,
todos temen lo peor
ante tan grande aparato
y acuden prestos al rey
que los recibe aliviado,
al comprobar que sus huestes
harán frente al adversario.

Escena 36

MORAZO 1   Yo soy un grande morazo
que desde muy pequeñito
me llaman el Regado,
porque bebo vino en bota
al uso de los cristianos.
No te olvidaré, mi Rey,
ni te dejaré burlado,
que como me fartes bien,
ya podrán venir soldados.

Escena 37

MORAZO 2   Yo soy un grande morazo,
tengo el oficio de herrero;
si necesitáis de lanzas,
aquí las tendréis muy luego
para matar al cristiano,
y que viva el sarraceno.

Escena 38

MORITO   ¡Oh, mi Rey! Vengo a deciros
que soy un pobre morito,
que tengo muy pocas chichas
pero soy de mucho brío.
Con sólo hacer una prueba
a los cristianos de allá,
¡los mataré de un soplido!

Escena 39

WATIMAN   Aquí sale Watiman,
negro galán y de bríos,
que con sólo mi barriga
adiós, vino de Murillo.
Y si no basta con yo,
ya me buscaré un amigo
descendientes de Aguarás
que le llaman Periquito,
y si los dos nos juntamos
no habrá ya bastante vino
en toda la Ribagorza
ni en todos estos distritos . . .
veréis mi turbante fino
que con solo verme aquí,
moriréis como tocinos.
Yo he muerto en esta conquista
Más de veinte cristianillos,
Y no he de ser como esos
que dejan sus grandes ritos.
Y ahora yo me iré a beber
y no es esto un desatino
a casa de Señor Antonio
donde se vende buen vino.

Escena 40

MAURÁN   Aquí se llega Maurán
Que se postra a vuestros pies;
traigo este burro cargado,
por si acaso es menester.
Cuatrocientas carabinas,
espingardas, más de cien
para matar al cristiano
y defender a Mahomet.
Y si con esto no basta,
me pasaré a la Turquía
iré a verme con mi tío,
me dará dos mi soldados
y os apretaré el ombligo.
Conmigo, no tengáis cuenta,
porque aquí no estaré,
me pasaré a los cristianos
y a ti te abandonaré,
porque me importa muy poco
cambiar de Dios y de ley,
porque tengo una barriga
que todo le sienta bien.

Escena 41

BELCEBÚ   Aquí sale Belcebú,
A vuestra plantas postrado,
que así se debe portar
aquel que es fin soldado.
Traigo armas y dinero,
gran Señor, para serviros,
un ejército de herreros
para poder repartirlos,
para matar al cristiano
y, que viva el mahometismo.
Antes moriremos todos
que abrazar el cristianismo.
Sacrificaré mi vida,
que así hace buen soldado
cumpliendo con su deber
antes que a su Rey dejarlo.
No será la vez primera
que luché con el cristiano,
y pudo apreciar mis fuerzas,
pues le dejé bien burlado.

Escena 42

ABDERRHAMÁN   Señor, Rodamón, señor diablo,
en mi tierra no se almuerza.
Hace ya catorce años
que te defiendo la guerra
y aún no he podido encontrar
el glu, glu de la puchera.
Cuida bien de tus soldados,
si quieres que te defiendan,
y si no, dame algo bueno
para marcharme a mi tierra,
pues si el ánimo está flojo
mala guerra, mala guerra.

Escena 43

SIN SIN SIN   Aquí sale Sin Sin Sin,
hijo del gran Mustafá,
que viene de aventurero
a ayudarte a pelear.
Si tú quieres permitirme
al cristiano desafiar,
antes de la media hora,
yo mismo lo iré a encontrar
con el valiente Gonzalvo,
señor Capitán General.
Oh, ya verás tú, gran Muza,
esta espada y sin hablar
con qué garbo y con qué brío
sabe cabezas cortar.

Escena 44

MORO FEDERICO

Texto improvisado.

MUJER MORA   Alá guíe vuestros pasos,
Vuestra vida y vuestra hacienda
que os ilumine el camino
y traiga paz a esta tierra.
Tal vez sea una osadía
impropia de cualquier hembra

aparecer ante vos
a presentar una ofrenda,
pero . . .
es tan hondo mi pesar,
tan ahogada está mi pena,
que he preferido venir
aún a riesgo de indiscreta.
Me estremezco al respirar
los miasmos de esta guerra,
pareciera que el maligno
ha plantado aquí su tienda.
¿Dónde quedan la armonía,
el respeto y la prudencia?
¿Qué nos ha ocurrido a todos?
¿Dónde está nuestra conciencia?
Cristianos y musulmanes
hierba en la misma pradera
la locura hará que pronto
la arrasemos en la hoguera.
Yo misma, Señor, he sido,
discípula del profeta
y por varios avatares
soy ahora una conversa.
Mas si algo me ha quedado
diáfano en la cabeza
es que estamos hermanados
bajo el sol y las estrellas.
Quiera quien todo lo ve,
que por esta humilde cesta
callen alfanjes y espadas
y hable el nardo y la azucena.

Escena 46

Rey Garci-Gimeno   Si la gente está ya pronta,
ármese de gran valor;
y de toda su esperanza
al amado redentor,
mientras que yo, con gran celo,
a esa sacrosanta cruz,
que hoy en Aínsa aparece
anunciando vida y luz
a todos los que siguieron

las banderas de Jesús,
les doy repetidas gracias
por el árbol de la cruz.

Se arrodilla.

Dios te salve, cruz, refugio,
auxilio y amparo nuestro;
pues por ti nos redimió
Jesús nuestro buen Maestro.
Oh, sacro madero santo;
oh, luz de la vida propia
que en los términos de Aínsa
apareces prodigiosa.
¡Oh, imán de los corazones!
¡Oh, vida la más dichosa!
¿Es posible que esta villa
te robe el corazón sola?
No por cierto; toda España
Quiere para sí la gloria.
¡Oh luz de la vida propia
que en los términos de Aínsa
apareces prodigiosa!
Ganada Aínsa, ya abraza
todo el reino la victoria.
Pues ya con mudas palabras
nos lo dice esa cruz roja.

A sus soldados.

¡Entrad presto en el combate!
Vuestra será la victoria
y con ella nuestra gloria
de ganar todo el Sobrarbe.
¡Oh, cruz brillante y hermosa!
¡Oh causa del buen Jesús!
si logramos la victoria
mi armas serán la cruz,
para que en todos los siglos
se inmortalice el milagro
que apareció en Aínsa
esa hermosa cruz del árbol,
para asilo de los cristianos,

confusión de los árabes,
gloria de toda la Iglesia
y trofeo de Sobrarbe,
por la cruz, nos dais, Señor
concédenos el favor
de la gracia y de la gloria;
pues si aquella la ganamos
muy feliz será esta villa
y llevará por divisa
el blasón de los cristianos.
Así lo espero, Señor,
que esta Aurora con su luz
destierre el negro capuz
del cruel perseguidor,
que como indigno invasor
hace mofas de tu cruz.

Escena 47

REY MORO   Alá, Alá, díu Mahomet,
todo va contra el Talmud;
vamos luego a las armas;
no ha de valerles su cruz.

Escena 48

REY GARCI-GIMENO   Auxilio os pido, Señor:
Ayúdame bien Jesús,
como a otro Constantino
cuando apareció esa cruz.
Al arma, al arma, cristianos,
nadie se aflija ni tema,
que con el favor de Dios
Mahoma caerá por tierra.

Comienza la batalla. Luchan los contendientes. Luchan EL REY GARCI-GIMENO *contra* EL REY MORO. *Vence* EL REY GARCI-GIMENO, *muere* EL REY MORO. EL REY GARCI-GIMENO *se postra ante la carrasca. La REINA MORA acude en auxilio del REY MORO muerto.*

Escena 49

NARRADOR   Muy dura fue la batalla,
y muy cruenta la contienda,
muchos moros fueron muertos,
muchos muertos en la arena.
Los cristianos victoriosos
Su buena estrella celebran,
y la cruz en la carrasca
se convierte en la leyenda.

Escena 50

Sale LA MUERTE *embozada, se dirige al centro de la plaza, índica al* DIABLO *y* PECADO *que se levanten los muertos.* EL DIABLO *se los lleva en rebaño. Queda* LA REINA *postrada ante el cadáver del* REY MORO. LA MUERTE, EL DIABLO *y* EL PECADO *a los lados de la plaza.*

MUERTE   ¡Pena y quebranto!
¡Aínsa, Aínsa!
Comience el llanto
¡Tañed campanas
del camposanto!
¡Pena y quebranto!
¡Comience el llanto!
Este rostro que veis
de flores amasado
ababol de los trigos
azucenas de mayo
es careta que muestra
el final del camino.
Del rey abajo
ninguno se salva de mi mandato
la dama de altivo trato
el abad y la tornera
palafrenero y ancilla
daifa, ladre y porsiosera.
Todos tengan a la orilla
donde Caronte le espera.
Todos se verán desnudos

tal y como al mundo llegaron
sin los bienes que adoraron
todos ciegos, todos mudos.
Al hoyo, al hoyo, al hoyo.

DIABLO   Y el vivo al bollo.

MUERTE   No os libera el ser muy ricos
ni ser amigos del rey
de la reina o del valido.
Todos pasan por mi ley
y todo en mi va perdido.

Escena 51

*Procesión, desfile cristiano hacia el trono moro y
repique de campanas.*

Cántico a la Cruz
¡Viva mil veces la cruz!
¡Viva nuestro rey Gimeno!
¡Viva la villa de Aínsa!
Que tanto le asiste el cielo.

¡Viva el reino de Sobrarbe!
Muera todo sarraceno.
¡Viva para siempre Aínsa!
Capital de este terreno,
pues sola fue la dichosa
entre las demás del reino.

Escena 52

REINA MORA   Cantad, cristianos, cantad,
y dad alivio a mis penas,
que no es eso cosa ajena
del que busca libertad.
Canta, amigos, cantad
y contemplar mi dolor,
no el valor, sino el temor,
que tengo a su Majestad.
Hoy tiembla mi pundonor
porque en llegando a temer,
no hay valor en la mujer
como el no tener valor.
A mi rey veo ya muerto
y a mi ejército por tierra,
y yo en un gran desconsuelo
si en ti no hallo clemencia.
Mirad que soy inocente,
y sabe muy bien su Alteza
que consejos de mujeres
no se admiten en la guerra.
Dos veces le persuadí
que dejasen esa empresa,
y mucho más cuando vi
esa cruz hermosa y bella,
por cuya causa inferí
ser injusta nuestra guerra.
Y aunque todo lo perdí,

Vi - va mil ve - ces la Cru — uz, Vi - va nues -

tro rey Gi - me - no, — Vi - va la vi - lla de A - ín sa — a -

— Que tan - to le a sis - te el cie - lo —

siquiera el alma no pierda
pues yo me convertiré
a los ritos de tu Iglesia,
que esa cruz me dio el aviso
de que es tu ley verdadera.

LA MUERTE *toma al* REY MORO *de la mano y se lo lleva.*

REY GARCI-GIMENO   A buen sagrado te acoges;
sea todo enhorabuena,
que no es justo se desprecie
a quien se acoge a la iglesia.
Mañana te instruirán
en la doctrina evangélica;
recibirás el bautismo
con la gente que te queda.

Escena 53

LOS DEMÁS MOROS   Nani todo menos eso;
no queremos otra secta
sigamos pues a Mahoma
aunque la reina se pierda.
REINA MORA   Oh, infelices sarracenos
que en la cima de los vicios
estáis; Jesús, que desgracia,
profundamente dormidos
sin que puedan despertaros
los admirables prodigios
que hoy obra Dios en la cruz
para sus finos hijos.
Mirad allí a vuestro rey
siendo ya cadáver frío;
su ejército destrozado,
y su orgullo ya vencido.
Atended, pues, a esa cruz,
en que Jesús nos redimió,
y veréis que para el cielo
ella sola es el camino.
LOS DEMÁS MOROS   Nani todo menos eso;
no queremos otra secta
sigamos pues a Mahoma
aunque la reina se pierda.

REINA MORA   Atended a los prudentes
evangelios ministros,
como celosos pretenden,
libraros del precipicio
al que sin remedo os llevan
vuestras culpas y delirios.
Temed, temed el castigo
de Dios, que a esgrimir empieza
ya la espada de dos filos,
castigando vuestras fuerzas
y aniquilando sus bríos.
Mas ¿qué mucho que así sea?
si estáis de ambición movidos,
de la lujuria llevados,
de la ira poseídos;
en fin, de todos los vicios
de que el mundo se halla lleno
con un total desenfreno,
miserablemente cautivos,
menospreciando las leyes
y los preceptos divinos
por abrazar de las culpas
los engaños y delirios.
Abrid, abrid pues, los ojos,
no caigáis en los abismos,
mirad que el rey os convida
a recibir el bautismo
con que se lavan las manchas
de todos los desatinos
hechas contra los cristianos
y los preceptos divinos.
LOS DEMÁS MOROS   Nani todo menos eso;
no queremos otra secta
sigamos pues a Mahoma
aunque la reina se pierda.

Escena 54

MORO GRACIOSO   Tiene razón nuestra Reina
habla como un agustino;
todos seremos cristianos
y comeremos tocino,
y echaremos buenos tragos

con títulos de cautivos;
y si llegamos a Pueyo
no nos faltará buen vino,
a menos que nos engañen
como a Chanclón, o vecino
que a fartaban de vinada
y decía: "Guapo vino."
Si vamos a Banastón,
nos pondrán como boticos
y a fe que si no van buenos,
que lo paguen los cagigos.
Si vamos también a Gerbe,
no nos faltarán barbicos,
buenas magras en sartén,
que allí no faltan tocinos.
Y ¿qué diremos de Guaso?
Allí tendremos crespillos,
remollones en sartén,
porque son muy relamidos,
y, en fin, todos nos darán
viéndonos ya convertidos.
Pues todos saben que somos
muy malos para enemigos
y así, con esto tendremos
por todas partes amigos;
mandaremos los tesoros
que tenemos escondidos,
y otros dirán que encantados
y no pueden descubrirlos.
Los buenos trabajadores
los tesoros escondidos
hallan trabajando bien
pereza en sus oficios;
y regularmente hablando
caen en estos delirios
los malos trabajadores
viciosos y catavinos.

REY GARCI-GIMENO   Basta ya, y no digas más,
que perderás los amigos,
pues al que dice verdades
no le faltan enemigos;
lo que ahora importa, es
abrazar el cristianismo

y jurar de ser católico
dejando el mahometano.

MORO GRACIOSO   Así lo juramos todos,
aquí nos tenéis rendidos;
prevengan nuestra merienda,
pues estamos malcomidos.
Mañana les convidamos,
que estaremos de bautizo.
Prevengan buenas rosquillas
las padrinas y padrinos,
y alégrate, sacristán,
tocarás buenos realicos,
pero los has de emplear
en convidar a buen vino.
Y con esto ceso, y digo
que refieran los prodigios
de la cruz que hoy aparece
y vence a los enemigos,
corrobora a los cristianos
y confunde los abismos,
para valernos de ella
en semejantes conflictos.

Escena 55

NARRADOR   No faltaron trovadores,
poetas ni algarabía
una emoción muy intensa
se vivió en aquellos días.
Piadosas loas se alzaron
entre candor y alegría
y hasta la reina cristiana
dijo una hermosa poesía.

Escena 56

GALÁN   ¡Oh qué día tan dichoso
logra hoy todo el Sobrarbe!
¡Viva mil veces mi Dios
díganlo todos con alma!
Hoy, pues, de la esclavitud
la libertó por su gracia
apareciendo la cruz

en esta noble comarca.
Y a la voz de la voz viva
¡Viva Dios vuelvo a decir
y esa santa cruz sagrada
pues ella fue el instrumento
que nos ganó la batalla.
Con ella se vence siempre
con ella se alcanza palma
con ella vence al infierno
quien con ella bien se arma!
¡Oh sacratísima cruz!
Nunca bastante ensalzada
Brillas cual la luz del sol
y hace más que le alba clara.
Y no os extrañe si hoy Aínsa
con la cruz en la carrasca
logra triunfos y victorias
y se extasía al admirarla.
Por Ti mitigan su ira
los embravecidos moros,
por ti se goza en la gloria
de los dones celestiales,
mas, ¿quién puede enumerar
las grandezas y excelencias
de la cruz?
Mi pequeñez reconozco
y mi impotencia.
Ahora voy a hablar
de Aínsa, pues razón
es que por le cielo se
ha visto tan favorecido.

Escena 57

REINA CRISTIANA   Perdone el señor Galán,
permítaseme esta dicha,
que aunque sea improvisada
soy mujer muy expedita.
GALÁN   Accedo más que gustoso
a lo que se solicita;
mas permitidme señora,
recordar estas palabras,
que estas gestas evocaron

al viejo justicia Gastón;
Sobrarbe, Historia abandona
germen de un Aragón de Libertades
de triste risa hoy
parte desolación,
parte injusticia,
parte de rebeldía vigilada . . .
. . . y una reserva honda de utopías,
de esperanzas, de sueños . . .
. . . un abrazo de ilusiones unidas
donde podamos todos despertar.
Comenzad pues ya, señora,
y no os quedéis corta
de Aínsa.
REINA CRISTIANA   Desconsuelos en España
y aflicciones en Aínsa,
hoy vino a calamar la cruz
que se ostenta en esa encina.
Lo acaecido aquí hoy
tiene tan grande importancia
que nunca, se borrará
de los anales de España.
Y si España conmemora
con tal placer la conquista,
¿con cuánto ardor y entusiasmo
lo celebrará esta villa?
Pues que en ella apareció
con admiración y envidia
y, aunque el cielo se volvió
su efigie quedó en Aínsa.
La aparición de esa cruz
a esta villa dio tal fama
que la historia la coloca
entre las nobles de España.
Este estandarte que ve
volar el mundo en tu gloria
porque eterna envidia dé,
papel será de tu fe
lienzo será de tu historia.
Experiencias muy notorias
claman con ecos seguros
que son tantas tus victorias
que para aclamar tus glorias

abren las bocas los muros.
Esas monedas que vemos,
clamando van tu memoria,
y aunque le pase el Averno
clarín serán de tu historia.
Gimeno venció a la parca,
grita su noble milicia,
pero es tu honor de tal marca
que al decir viva el monarca
todos dicen viva Aínsa.
E por las antigüedades
la más famosa ciudad,
y ajustadas sus edades
excede en eternidades
a la misma antigüedad.
Esta plaza que se ve
con sus calles y castillos,
dicen lo que antes fue,
y aunque no sé decir qué,
lo publican sus vestigios.
Quinientas casas tenía
esta villa en sus principios,
y si la historia no miente,
para fundar el castillo
derribaron treinta y siete;
mas siempre en ella quedó
la distinguida nobleza
con que ilustraron a España
hombres de naturaleza,
cual lo publica la fama.
En ella habitaron reyes,
aquel era su palacio
en que se formaron leyes
y se otorgaron mercedes
de que hoy gozan los hidalgos.
Para todo este terreno,
hubo público mercado,
esta plaza lo revela
rodeada toda de arcos.
Esa torre y sus campanas
anuncian su fe y su celo
remontando su gran fama
que se remonta hasta el cielo.

Interminable me hiciera
si hubiera de detallar
de esta nobleza
y su gran antigüedad.
Réstame solo pediros
vuestro perdón e indulgencia
por las faltas cometidas
en esta histórica fiesta.
Por esta cruz que admiramos
aparecida en la encina
pido a Dios conceda a todos
goza de mansión divina.

Escena 58

PASTOR
EL NARRADOR *vuelve a ser* EL PASTOR *del principio.*

Gracias a Dios rey Gimeno,
que habéis entrado en Aínsa,
pues a mí me lo debéis,
ya que traje la noticia
de que vendrían sin falta,
con una gran comitiva
de soldados y otras gentes
para ocupar esta villa
ya el sarraceno suspira,
ya la iglesia militante
canta con grave alegría;
y viva Dios en los cielos,
la paz en la tierra viva,
viva el invicto Gimeno,
vivan los Grandes de Aínsa.
Para ganar la batalla
vino toda la primicia.
Vivan todos los cristianos
con su noble jerarquía
que hoy se gana en España
lo que se perdió en Witiza.
Alegraos, pues, cristianos,
que habéis entrado en Aínsa,
trofeo de vuestros triunfos
en la primera conquista.

Con esto, y no digo más,
me voy a dar las noticias
hacia San Juan de la Peña,
a Jaca y sus cercanías.
Disfrazado de pastor.
Me enviaron los usías
para no ser conocido
de los infames espías.
He logrado ya mi intento,
y me ha costado tres días
para atraer a las gentes
a tan cristiana milicia.
Ya triunfó la cristiandad,
ya se abatió el sarraceno,
ya se ocupa ese palacio
por le invicto Gimeno.
Ahora ya me vuelvo a Jaca,
terminada mi misiva.
Adiós, nobles y plebeyos,
Regidores y Justicias;
adiós a las autoridades,
adiós, casadas y viudas;
adiós, todos los vecinos
de esta antiquísima villa;
adiós pueblos de Sobrarbe,
respetad siempre esta villa
como Corte de este Reino,
del cielo favorecida;
adiós, a los mozos valientes
que habéis hecho la comida
en memoria de lo que hizo
Gimeno cuando venía,
adiós, también bailarines
y demás que en este día
han venido a honrar estas fiestas
de la famosa conquista.
Qué contentos se irán,
unos con plata bruñida
otros con un gran sombrero,
y zapatos la heroína;
adiós, todos los demás
y también las mocitas,
que, entre las que veo

a fé que las hay bien polidas.
Ni las de Guaso las igualan,
y eso que son relamidas.
¡Oh!, qué gran gozo tendrán en Jaca
y allá, en San Juan, qué alegría
que gozo en todo Aragón,
en toda la Monarquía,
gócense ya los cristianos,
perezca la morería,
suenen clarines y flautas,
las gaitas y chirimías.
Llénense bien las alforjas
miren que no me den migas
y en vez de darme chanfaina
pónganme buenas costillas,
abundante pan y vino,
con tocino y longaniza
para convidar pelaires
cuando pase por sus villas,
porque ellos no son aguados,
sino gente muy bravía
que si no se les convida
luego al punto se convidan;
mala peste lleve a todos
sin dejar raza ni rifa.

Suena la música y todos salen en procesión final.

Fin

The next drama is from the town of Valcabra, Granada. The townspeople celebrate it in early May for the feasts honoring the Sagrado Corazón, patron saint of Valcabra. The manuscript of this dramatic piece proceeds from Alcóntar, Almería, where they hold the spectacle for the fiestas of the Virgen del Rosario. Because of its proximity to Alcóntar, Valcabra adopted the drama in 1940, and the village youth continue to stage it to this day.

The presentation has two parts: one carried out in the morning and the other in the afternoon. It transpires almost entirely on horse. Celín, the humorous character or clown of the drama, rides a jenny. The events take place in an open field next to the town. The spectators gather around this field to watch the action, which does not begin until the figure of the saint arrives. Those carrying it place the figure under a shelter made of cottonwood branches. A solemn mass accompanied by Tuna-style music follows the first dramatic half. Next comes the moment for all to recover their strength with a community paella. After eating and resting, the celebration continues with band music accompanying the procession in honor of the Sagrado Corazón. At around 6:30 PM, the second dramatic half begins with the mock battles of *Moros y Cristianos* carried out on horseback.

La siguiente obra procede del pueblo de Valcabra, Granada. Se celebra durante la primavera, a principios de mayo, para las fiestas en honor al Sagrado Corazón, patrón del pueblo. El manuscrito de esta representación procede originalmente de Alcóntar, Almería, donde se celebra para las fiestas de la Virgen del Rosario. Debido a su proximidad territorial con Alcóntar, Valcabra adoptó la representación teatral en 1940 y hasta hoy día se sigue interpretando por los jóvenes del pueblo.

  La obra tiene dos partes, una que se representa por la mañana y otra por la tarde, ejecutándose casi en su totalidad a caballo. Celín, el personaje cómico o payaso de la obra, monta sobre una burra. La trama toma lugar en un campo contiguo al pueblo. La gente se agrupa alrededor de este campo para presenciar la acción, la cual no empieza hasta que llega la figura del santo. Los que lo llevan lo colocan bajo una especie de ramada hecha de ramas de álamo. Tras la representación de la primera parte, prosigue una misa solemne con música de Tuna. Después llega la hora de reponer fuerzas con una paella comunitaria para todos. En seguida del descanso y abastecimiento corporal, prosigue la celebración con una procesión

Fig. 6.11. Moors of Valcabra, Granada, April 2003. / Moros de Valcabra, Granada, abril 2003. Photo by Tom Lozano.

en honor al Sagrado Corazón acompañado siempre de música de banda. Como a eso de las seis y media de la tarde se interpreta la segunda parte de las guerrillas a caballo de *Moros y Cristianos.*

Guerrilla de Moros y Cristianos[4]
Primera Parte. (*Mañana.*)

LARA. Las armas son mi recreo
la campaña es mi placer,
el batir son mis deseos
mis glorias el padecer,

---

4. Información y texto por gentileza de Carmen Montañez Martínez, Valcabra, Granada.

mi entusiasmo el pelear
las batallas me alimentan
mi sangre quiere brotar,
ni de noche ni de día,
ya no puedo descansar,
mi deber es el buscar
dónde están mis enemigos,
por si quieren pelear,
yo siempre llevo conmigo
deseos de conquistar.
La plaza está rodeada
de árabes de Berbería,
para probar nuestras fuerzas,
ya nos ha llegado el día,
Jefes y Oficiales,
Sargentos y Abanderados,
los cornetas y los tambores,
Capitanes y soldados;
Recordar el Gran Pelayo
que con trescientos guerreros
destrozó veinte mil moros
entre muertos y prisioneros.
De aquel Enrique Segundo,
de aquel Felipe Tercero,
de Fuera y Turismundo
de Alfonso Quinto el guerrero,
todos estos sotuvieron
la guerra en nuestra nación
y nos dejaron memoria
de buena comportación.

REDÍN. Señor, es grande el peligro,
gran ruina nos amenaza
cuarenta mil sarracenos
tienen cercada la plaza.
Ya están al pie del castillo,
y en él sus avanzadas,
ya está su caballería
en las puertas de Valcabra.

LARA. Prevenid los centinelas
por si viene el Embajador
lo prenderéis en el momento
y como perro traidor
que pague su atrevimiento.

BRAVONEL. ¡Centinela! ¡Centinela!

REDÍN. ¿Quién vive? ¿Quién viene?

BRAVONEL. Embajador musulmán.

REDÍN. ¿Quién sois vos y qué buscáis?

BRAVONEL. Al señor conde de Lara.
voy a entregarle este pliego
de parte de mi Señor
y que me despache luego:
en este mismo momento
antes que pase una hora
me vuelvo a mi campamento.

REDÍN. ¡Rendid las armas: daos preso!

BRAVONEL. Dejadme pasar a donde
está vuestro General
que voy a darle este pliego
y al punto quiero marchar.

REDÍN. Tu vuelta será dudosa
en una dura prisión
si no dispongo otra cosa
has de pagar tu intención.

BRAVONEL. Tened de mi compasión
por el Dios grande te pido,
no me metáis en prisión
porque es contra la ley
prender a un Embajador,
y si lo sabe mi amo
ha de vengar la traición.

REDÍN. Señor, ved el parte que ha venido
de los perros sarracenos.
Al portador he prendido,
y lo he metido en prisión
porque el parte que ha traído
es de mala condición.

LARA. ¡Soldados, silencio y atención!:
"A don Fernando de Lara,
de Valcabra Gobernador,
le hago saber con respeto
y con mucha sumisión
que se encuentra en su recinto
Marsilio y su división
y el valiente Bravonel
de este parte Embajador,
que vengo a entregarme en Valcabra

sin que haya contradicción
si la entregas voluntario
será para ti mejor,
si me provocas con guerra
morirán hasta los gatos
y abrasaré hasta la tierra.
No me importa que te enfades
ni que reclames auxilio
ni le mandes otras cosas
a tu servidor Marsilio."
Moro fanfarrón
Márchate en este momento,
le dices a tu Señor
que en la campaña te espero,
que no permite mi honor
vengarme de un prisionero
menos, siendo Embajador.

Se va BRAVONEL.

Soldados valientes,
Tened fuerzas y valor
que no tiene compañera
la sangre del español,
preveniros a la pelea
no hay que tener compasión.
Al moro que agarréis
le sacáis el corazón.

Suena un tiro.

¡Fuego con ellos, con rigor
haced pedazos la Luna
y quemad el zancarrón.
MARSILIO.   Ya se ha descorrido el velo
del misterio que encerraba
soy legítimo heredero
de Valcabra y su explanada,
la providencia me guíe
porque me viene de herencia
aunque el cristiano porfía
no importa su resistencia.
Los huesos serán testigos

que permanentes están
como mis antepasados,
poseyeron la explanada,
soy heredero legal
del Rey Chico de Granada
y yo vengo a conquistar
lo que mi abuelo mandaba
con un derecho legal.
El templo será mezquita
y adoratorio del moro
las mujeres del cristiano,
serán recreo de todos,
el Señor será cautivo
y los Santos enterrados,
los cristianos prisioneros
y esclavos de mis soldados.
CELÍN.   Señor, me está dando el corazón
de que andáis por mal camino,
que no vengáis con la razón
y perderéis el destino.
No fiaros de Mahoma
que Mahoma es un traidor
y perderéis la corona
por creer en le zancarrón,
y luego os ha de pesar
más que cuarenta mil veces,
mucho habéis de pelear,
que estos no son los franceses.
MARSILIO.   ¡Celín, trazas tienes de animal!
¡Eres falso e intransigente
y te voy a reventar!
Siempre pones delante,
lo que no puede pasar.
¡Anda sin tardar un momento
y dale vuelta al recinto!
A ver si en el campamento
notas alguna traición,
y te vienes al momento
a darme la contestación.
CELÍN.   Señor, estoy flojo de las patas
y no puedo correr más,
no como más que patatas
y no me dais de beber,
por servirte, ¿quién se mata?

BRAVONEL.   Señor, no hay que acostarse a dormir
            que el cristiano es traicionero
            y nos puede sorprender
            y darnos en que merecer
            si nos hace prisioneros.
            No hay que tomar los Castillos,
            y clavar la artillería,
            y en el Cerro del Presidio
            poner la batería
            bien provista de cañones
            por si hubiera alteración,
            que mueran esos traidores,
            que esa es mi justa opinión.
LARA.   Marsilio, dime con qué condición
            has entrado en esta plaza,
            ¿con que derecho o razón
            te introduces en mi casa
            por qué alegas posesión?
            España en su primitiva
            los cristianos poblaron
            y las águilas moriscas
            al África las echaron.
            Si es que con fuerza brutal
            o con ardiles de guerra
            quieres a España ganar,
            eso tiene mal apaño
            y nunca lo conseguirán.
MARSILIO.   Si en la primera corrida,
            fue la España del cristiano,
            la segunda fue vencida
            y fue de los mahometanos.
            Guadalete fue testigo
            del triunfo de mis soldados
            y vuestro Rey don Rodrigo
            huyó avergonzado.
            En valle de la Junquera
            También ganamos la acción,
            en Córdoba y Antequera
            y en esta demarcación
            perdiste la acción primera,
            y no te puedes resistir
            o te haces mi prisionero
            o prepárate a morir.

LARA.   Ya estoy cansado de oír
            tus amenazas traidoras,
            ya no puedo resistir
            tu mala comportación.
            Las armas decidirán
            lo legal de la cuestión.
            ¡Prepárate a la pelea

Saca la espada.

            o eres víctima a mis pies
            que conozco tus ideas,
            y ahora no te pueden valer
            las marañas que enredas.
            Verás cuanta diferencia
            hay de bajar a subir
            y si pones resistencia
            a mis pies has de morir.
MARSILIO.   Se acabó la reflexión,
            a las armas apelamos,
            ya conozco tu inteción
            en campaña nos veremos,
            te juro por el Dios grande
            que no te daré cuartel
            al impulso de mi alfanje
            mal remate has de tener.
LARA.   Por el Corazón de Jesús
            que no has de salir de Valcabra,
            la entrada fue voluntaria,
            tu salida será en contra
            de lo que tú has intentado.
MARSILIO.   ¡Quién se resiste a mi brazo!
            ¡Mahoma, préstame auxilio!
            Tu orgullo nada te vale,
            ya no puedes con Marsilio.
LARA.   El Corazón de Jesús me ayudará
            y pronto serás vencido,
            y así me pagarás el haberte intruducido
            dentro de mi propiedad.
MARSILIO.   Mahoma me da su aliento
            y buen acierto en la mano
            y mucho conocimiento
            para vencerte cristiano,
            mía es la victoria, por cierto.

Se pelean.

LARA.   ¡Marsilio, ten compasión!
ya estoy rendido a tus pies,
ya me has ganado la acción
de mi puedes disponer.

MARSILIO.   Valientes africanos,
fuera de temor y miedo,
ya se ha vencido al cristiano,
se cumplió nuestro deseo,
en tocando a generala
os marcháis por este pueblo
y de mí, orden tenéis:
¡Cuatro horas de saqueo!
Las mujeres del cristiano
que os sirvan de recreo,
que no ha de haber quien se oponga
a cumplir vuestro deseo.

REDÍN.   Y que le corte el pescuezo
al que intentara salir
a las órdenes que tenemos
el que ofenda a una mujer,
le he romper el cerebro;
que la sangre del cristiano
hierve en las venas sin fuego.
Y si hubiera algún valiente
que ordene lograr su intento
que salga conmigo al campo
que allí lo disputaremos.
Porque estoy ofendido
mis poros echan veneno
y no descanso un minuto
hasta que sepa de cierto
quien ha sido el alevoso
que con tanto atrevimiento
acometió a mi General
haciéndolo prisionero
no ha de tardar una hora
sin que salga el encierro.

BRAVONEL.   Cristiano, vives muy lejos
de lograr lo que tú quieres,
ni de darle cumplimiento
a tus locas intenciones
que tu Señor está preso
y tú lo has de acompañar
aunque te niegues a hacerlo
voluntario o a la fuerza
has de venir al encierro,
y si acaso te resistes
pagarán con el pellejo
así, ríndete a mis leyes
y serás mi compañero.

REDÍN.   Antes sería del Diablo
tengo a mucho menosprecio
pertenecer a tu ramo,
prefiero más bien tu muerte
que ser tu amigo y esclavo.
Apercíbete al combate.

Saca la espada.

Y si no como villano
descargaré en ti mi furia
y quiero hacerte saber
como Redín no es tan bajo
ni entregará mis banderas
mientras dure este brazo,
ni te llevarás el Corazón de Jesús
ni enterrarás a mis Santos.

BRAVONEL.   El pleito que me proponéis
jamás llevaréis a cabo
te rendirás a la fuerza
si no quieres voluntario,
ponte en defensa al instante
bastante me has provocado
ya he perdido la paciencia.

REDÍN.   Vive Dios que se acabó
el tener consideración
ahora mismo lo verás
si el cristiano tiene honor
Corazón de Jesús
dadme acierto en esta hora
que pueda rendir al moro
en obsequio a nuestra Señora.

BRAVONEL.   Ya no tienes quien te ampare
                llegó el fin de tu vida
                la muerte llevo en las manos
                no hay quien resista la ira
                de un valiente mahometano.
REDÍN.   La suerte me fue contraria,
                aquí me encuentro rendido
                miradme con compasión
                y seré tu fiel amigo
                y se acabó la cuestión.
BRAVONEL.   Ya me has tocado el imán
                que tengo en el corazón
                yo prefiero tu amistad
                y no puedo ser traidor.
CELÍN.   Qué valiente que es mi amo,
                qué bien sabe pelear,
                ya todo Valcabra por nuestro
                qué bien vamos a estar,
                con el vino y el turrón
                la longaniza y el pan,
                y las mujeres cristianas
                nos vamos a regalar,
                yo haré lo que me dé la gana,
                que voy a ser General.
LARA.   Marsilio, por tu bondad
                espero de ti un favor
                y es que me dejes llegar
                me despida con fervor
                del Sagrado Corazón.
MARSILIO.   No soy tan pequeño yo
                que te lo pueda negar.
LARA.   Suplica.
                Rey de todos los Santos
                de la Corte Celestial,
                Padre y Señor del mundo
                y Patrón Universal.
                Padre de los cristianos
                con mucha necesidad
                con voz del alma te llamo
                y no podéis negar
                vuestra Santa Protección
                con eco espiritual.
                Échanos tu bendición

y alcanza de vuestro Padre
que nos dé su protección,
mandad socorro del Cielo
ya que no encuentro en la Tierra
que nos saquen del peligro
y nos ayude en la guerra,
Padre de mi Corazón.
ÁNGEL.   De la Corte Celestial
                me mandan con intención
                que te ayude a pelear
                y te saque de la prisión
                por Jesús soy mandado,
                para que baje a la Tierra
                y que ponga a tu lado
                y que te ayude en la guerra.
                Jamás serás entregado
                si tienes buena intención
                socorre al necesitado
                y sigue tu devoción
                aunque te veas acosado
                de enemigos infernales
                no desmayes, que a tu lado,
                estarán los celestiales.
                El moro será vencido
                tú estarás en posesión,
                vivirás siempre tranquilo
                por tu buena devoción.
                No te olvides de invocar
                Al Sagrado Corazón,
                que del peligro saldrás
                con auxilio del Señor.
                Esta tarde te verás
                rodeado de enemigos
                peor no peligrarás
                porque estaré yo contigo.
LARA.   ¡Soldados, fuera de todo temor!
                que ya del Cielo ha venido
                la Embajada del Señor,
                que no seremos vencido
                tenemos por defensor
                a un Ángel que se ha aparecido.

REDÍN. *Suplica.*

> Por el amor que tenéis
> a los devotos cristianos
> por el favor que le hacéis
> a todo el género humano
> que no nos desamparéis.
> Padre, ten misericordia,
> ayúdanos en la guerra
> y después danos la Gloria,
> danos Paz en la Tierra,
> dadnos vuestra bendición
> y haced que el árabe impío
> se marche de esta nación
> y a los devotos cristianos
> échales tu bendición
> con un amor paternal,
> que seamos herederos
> de la Gloria Celestial.

Fin de la Mañana.

Segunda Parte. (*Tarde.*)

BRAVONEL.

> La esperanza es muy risueña
> los sueños son deliciosos
> cuando se espera lograr
> un porvenir victorioso.
> Todo el que tiene un deber,
> no desee ser perezoso,
> porque este suele traer
> disturbios muy angustiosos.
> Hoy el cristiano se encuentra
> en mi poder prisionero
> le ha salido mal la cuenta,
> como no ha sido el primero
> y ha de sufrir la tormenta.
> Para las tres de la tarde
> era el plazo del batir
> si no viene ese cobarde
> es que le teme a morir.

Se va por EL DIABLO.

Fig. 6.12. Christians imploring in *Moros y Cristianos*, Valcabra, Granada, April 2003. / Cristianos implorando, *Moros y Cristianos*, Valcabra, Granada, abril 2003. Photo by Tom Lozano.

REDÍN.

> Buenas tardes Bravonel,
> parece que estás impaciente
> tu intención quiero saber
> para prevenir a mi gente.
> Si es que arguyes de valiente,
> yo tu decisión espero
> porque quiero ser prudente
> que mi Señor es primero
> a la campaña es urgente.

LARA.   ¡Redín, prepárate a la pelea!
        aréngame a los soldados
        pon las columnas al frente
        no nos cojan descuidados,
        que el moro está preparado
        esperando la ocasión,
        ya están listos sus soldados
        para meterse en acción.
        Prepara la artillería,
        echa muchas municiones
        y al ver la cosa perdida,
        me disparas los cañones
        que hagas una carnicería
        en los moros fanfarrones.
REDÍN. Ya está preparado
        las guerrillas por le monte
        y los cañones cargados,
        la caballería en ristra
        y en columnas los soldados,
        las fragatas por el mar
        están todas esperando
        que se haga la señal,
        los deseos del soldado
        es entrar a pelear.

Se monta EL ÁNGEL.

MARSILIO.   Cristianos, ya está la hora cumplida,
            ya no te puedo esperar,
            que mis tropas están impacientes
            por entrar a pelear.
            Bien puedes reflexionar
            que ya te he vencido en campaña,
            más disgustos en España.
            Acógete a mis banderas
            y deja tu religión,
            tu ley es una embustera
            y es una composición.
            Nuestra ley mahometana
            es tan limpia como el Sol,
            y Valcabra ha de ser mía
            aunque haya contradicción.

LARA.   Moro, en tocando a mi ley
        o dejar mi religión,
        es una aguda saeta
        que me pasa el corazón.
        Puedes dejar tú la tuya
        que la cristiana es mejor,
        y seremos compañeros.
        Te trataré como hermano
        y juntos defenderemos
        nuestra santa religión.
MARSILIO.   Un rayo no me hace más daño,
            no hiere con tanto rigor
            que decirme a mí que abrace
            lo que más le tengo terror.
            Prepárate a la pelea

Saca la espada.

        porque tienes mala idea
        y pagarás tu traición.
LARA.   Estoy fijo que padeces
        de alguna equivocación,
        destrozaré hasta Mahoma
        romperé hasta el zancarrón.
        Pararé el Sol y la Luna
        así, ríndete a mis pies
        o te rompo el corazón
        porque vengo alimentado
        por el Ángel del Señor.
MARSILIO.   Si tú vienes por el Ángel
            yo por el Diablo mayor
            y él mismo viene ayudarme
            para ganar la cuestión.
LARA.   No te valen amenazas,
        ni echarla en jaquetón,
        ahora mismo pagarás
        tu mala comportación,
        de mis manos no te escapas
        ¡ríndete falso traidor!
MARSILIO.   Ya no tengo quien me ampare
            que venga el Diablo mayor
            que venga hasta Lucifer
            que me aturde este traidor,

que venga de los infiernos,
una terrible legión
que acaben con los cristianos
que amenazan con rigor.

LUZBEL.   Ya tienes en tu presencia a
el defensor de Mahoma,
decid qué apuro tenéis
o quien ofende tu persona,
estando yo en tu presencia
a nadie podéis temer
contando con mi influencia
es temible tu poder.

MARSILIO.   Decid, ¿quién sois vos
que tanto me horrorizáis?
¿qué me da miedo y temor
el espanto me causáis?

LUZBEL.   Soy el que ahora nombrabas,
soy el defensor del moro
soy el rey de la tinieblas
y el que guarda tus tesoros
del espanto de la Tierra.
Dime, ¿por qué te lamentas?
¿con qué fatigas te ves?
Y si alguno te atormenta,
yo te defenderé.

MARSILIO.   El cristiano me atormenta
y me quiere subyugar
quiere que deje mi ley
y el pleito quiere ganar
y si es que me defendéis
conmigo podéis contar.

LUZBEL.   Concedido lo tenéis.
Cristiano, dime con qué condición
quieres al moro aturdir
nada vale tu intención
ni de aquí puedes salir.
Tu cuerpo lo haré un carbón
Valcabra lo abrasaré,
destrozaré tus soldados
y la guerra ganaré.

LARA.   Sagradísimo Corazón de Jesús,
protector del cristianismo,
protegerme en esta hora,

que necesito tu amparo,
mandar socorro del Cielo
que nos ayude en la guerra
que las fieras infernales
quieren confundir la Tierra.

ÁNGEL.   Buen cristiano, no temáis,
desechad vuestros temores
que vengo a favorecer
a los que con mil amores
quieren defender la fe.
Dios ha oído tus lamentos
y su Hijo suplicó
que me bajara al momento
y a ayudarte vengo yo.
No temas a esas visiones
aunque vengan del Infierno
que son seres castigados
por orden del Padre Eterno,
y ante mí sean elevados.
Ya puedes fiera horrorosa
marcharte de mi presencia
que por desobediente
has perdido la influencia,
bien sabes que en otro tiempo
eras Ángel como yo,
y por altivo y soberbio
el Señor te castigó.
El destierro te lo dio
en las entrañas de la tierra
y ya no tienes acción
a tomar parte en la guerra.

LUZBEL.   Aunque aquí bajara el Cielo
no me aturde ni me espanta
he de salir de mi empeño
he de rendir a mis plantas
el cristiano es muy pequeño
siendo mi soberbia tanta.

ÁNGEL.   Quien se resista al mandato
de la Corte Celestial,
si no te marchas te mato,
contigo voy a acabar.
Piensas que te tengo miedo
porque eres fiera infernal

yo tengo fuerzas del Cielo
y te voy a reventar,
que yo defenderé al cristiano
y el triunfo se ha de llevar
y los perros mahometanos
destrozados quedarán.
Si eres su defensor,
si no marchas quedarás
hecho ceniza o carbón,
ese premio llevarás.

LUZBEL.   Qué importancia le darán
a esta inútil criatura
que con tanta felicidad
y con amable ternura
le hace a mi furia bajar,
que desgraciado nací,
qué mal astro me cobija,
que nadie me quiere a mí,
y todo el mundo me pisa
y si esperara a morir
tal vez tendría consuelo
pero yo siempre viví
por esos bosques y cerros.
Todo el que muere descansa
yo no quiero descansar,
yo vivo sin esperanza
no espero más que penar,
ya mi soberbia no alcanza
al cristiano subyugar,
no puedo tomar venganza.

ÁNGEL. Sin excusa ni pretexto
márchate para el Infierno
que estás en tierra Sagrada
lo manda el Padre Eterno
y con mi brazo y espada
sabrás el rigor que tengo
y respetarás mi embajada.

LUZBEL.   Truenos, rayos y centellas,
echa mi cuerpo a montones
he de hacer dos mil pedazos
a lo que inventen los hombres
he de hacer mil desacatos
y en saliendo las tinieblas

los que se presenten mato,
pegaré fuego a la Tierra,
romperé el aire y el mar,
lo que encuentre romperé
con todo voy a acabar.

LARA. Gracias a la Omnipotencia
y a la Madre Celestial
y gracias al Padre Eterno
que nos manda claridad,
y nos libra del Infierno.
Hijos, no temed,
desechad vuestros temores
que Dios nos manda poder
Marsilio, ¿no estás conforme?
Has comprendido el misterio
de la Santa Trinidad
ves que no tiene remedio
vuestra torpe ceguedad,
ves como tus defensores
aquí no tienen poder,
estás en la inteligencia
que no te vale saber,
ya te puedes convencer
que el Señor Cristiano es ventaja,
recibe el Santo Bautismo
que esa es la mejor alhaja
y el más decente camino.

MARSILIO. Primero moriré asado,
antes me tiraré al mar,
que yo volverme cristiano
ni mi religión dejar.
Prepárate a la batalla,

Saca la espada.

que ya quiero rematar
quiero morir peleando
y no me quiero entregar.

LARA. No te quieres convencer,
fuerza será rematar,
mi espada te hará creer
lo que tú puedes dudar.
Ponte en defensa al instante

que tienes que ir a parar
a los profundos infiernos
porque aquí ya estás demás.

MARSILIO.   De la ira que poseo
estoy para reventar,
ya puedes rezar el Credo
que poco vas a durar,
parece que te estoy viendo
a mis pies patalear
de esta vez te acabaré
ya te encuentro fatal.

LARA.   Me encuentro bien poseído
de fuerza espiritual
aunque viniera un gigante,
no me puedes derribar.
Ya has perdido el equilibrio,
ya no puedes pelear,
ya eres mío, tu vida voy a acabar.

MARSILIO.   Compasión, Conde de Lara,
que ya no puedo respirar,
soy vuestro prisionero,
no me acabes de matar.
Yo, de mi secta reniego,
vuestra ley voy a tomar.
Perdóname mis injurias
y llévame a bautizar
que ya estoy desengañado,
que mi ley no vale nada,
y el misterio de Mahoma
es un demonio infernal
que arrastra a los infiernos
a todo el que puede engañar.

LARA.   Pues siendo cierto lo que dices
eres mi amigo leal
yo te quiero como ha hermano,
ya te amo sin igual.
Tú serás mi compañero,
juntos tendremos que estar
los que nos queden de vida
y me tienes que ayudar
a conquistar los terrenos
que tiene el moro en España,
y con esto acabaremos

los disgustos de campaña.
¡Valientes soldados!
Echad banderas de paz,
ya hemos ganado la guerra
ya entró la tranquilidad,
en los hijos de esta tierra
y en toda la cristiandad.

MARSILIO.   Llévame pronto
y dadme el Santo Bautismo,
no haya algún inconveniente
y pierda este beneficio.

LARA.   En este mismo momento
vamos al Templo los dos,
que recibas los auxilios
y le pidas con fervor
y el Corazón de Jesús
te eche su bendición.

CELÍN.   ¡Caracoles! ¡Cómo nieva!
qué palos me da el zagal,
que corría como un galgo
y lo seguía detrás.
Al Diablo lo despachó
y a mi amo lo va a matar,
y según va el óleo
yo no voy a escapar.
Lo mejor que yo he pensado
es, si me dejan marchar
es ir a darme una paliza
a las uvas del parral,
no me den algún regalo
y al prado no vuelva más,
y se quede la Manuela,
como la uva en lagar,
que como la pobre es vieja
ya no se puede casar.

BRAVONEL.   Lo que dices no es verdad
que los moros no se entregan
que vamos a pelear

Saca la espada.

que no entrego mis banderas
por vida de Satanás,

que conmigo bastara
para concluir la guerra
y destrozar la cristiandad
y si hubiera algún valiente
que quisiera pelear
ya puede salir al frente
vernos con claridad,
si mi rey es inocente
y lo puedo rescatar
que yo entrego a mi gente.

REDÍN. Tarde espera el subir,
cuando has perdido la ocasión,
ya no puedes resistir
en campaña la cuestión,
tu defensa será huir
y marcharte a otra nación,
o acogerte a mis banderas
te trataré como hermano
y será la vez postrera
que contigo peleamos.

BRAVONEL. Te agradezco tu bondad
quiero morir peleando,
y no me quiero entregar.
Una batalla me espera
y pienso la he de ganar
y sacaré a mi Señor
del cautiverio en que está,
y al Corazón de Jesús
a Tánger lo he de llevar,
y a todos sus ornamentos
a San Roque y a San Juan
y el casco de tu cabeza
también me lo he de llevar,
en la punta de mi lanza,
y luego me servirá
para que los niños
y la tiren a pedradas.

REDÍN. Tus palabras irritantes
han de ser tu perdición
he de pisar el turbante
y no he de tener compasión.
Ponte en defensa al instante
y verás como mi cabeza

pesa más que mil quilates,
y tienes tú, poca fuerza
para rendirme, so infame.
Tus palabras me han herido.
Lo has de pagar con tu lengua
aunque estés arrepentido.
No ha de haber quien me contenga,
ya está este pleito vencido.

BRAVONEL. En este mundo no ha habido
quien se resista a mi brazo,
y tú quieres resistirte
cuando en veneno me abraso.
Ya es tiempo de concluir
Mahoma, préstame aliento
para vencer a esta fiera
que no me alcanza el talento
ya he rendido mis banderas.

REDÍN. Bravonel, si estás cansado
pide tregua y descansa
y si estás aletargado
no pierdas las esperanzas
que el tiempo no se ha pasado.

BRAVONEL. Muerte, victoria o la palma
o la mortaja, ¡ay de mí!
yo he perdido la ventaja
y me encuentro mal herido
tened compasión de mí,
ejerced la caridad
obrad como caballero
y dadme la libertad.

REDÍN. Mientras no dejes tu secta
no hay un rasgo de bondad
la muerte tendrás por cierta
o el bautismo has de tomar.

BRAVONEL. Con el alma y con la vida
yo prefiero tu amistad
si me quieres por amigo
ya me puedes bautizar,
y tú has de ser mi padrino
y quiero por nombre Juan,
por ser un Santo Divino
que bautizó en el Jordán.

REDÍN. Siendo cierto lo que dices
        ya se acabó la cuestión,
        aquí tienes un amigo
        con fuerzas en el corazón
        y el tiempo doy por testigo
        como no me hagas traición
        siempre estaremos unidos.

MARSILIO. *Suplica.*
        Reina de la Omnipotencia,
        amparo de los cristianos
        hoy me encuentro en tu presencia
        con arrepentido amor,
        acógeme a tu clemencia
        y recíbeme como esclavo
        pues me encuentro arrepentido
        y quiero ser bautizado.
        Madre de los afligidos
        amparo de los cristianos
        dame paz en esta vida
        y dadme la libertad.
        Quiero ser vuestro criado
        y siempre en tu hermandad.
        Échame tu bendición
        que pueda con claridad
        defender la religión
        de la Santa Trinidad.

BRAVONEL. *Suplica.*
        Corazón de Jesús
        Padre de misericordia
        duélete de mi desgracia
        que ya ha llegado la hora
        que conozcas mis ignorancias
        siempre he vivido engañado
        por la astucia de Mahoma
        y me encuentro equivocado.
        Vos que tenéis la corona
        de todo el reino Sagrado
        dadme vuestra bendición
        y libradme del pecado

y haced que mi corazón
no crea ya en el engaño,
Padre de mi Corazón.

CELÍN. ¡Ay! Pobrecito de mí,
        qué mala suerte me espera,
        creyéndome tan feliz
        ahora viene la tormenta
        y tengo que sucumbir
        ya se ha entregado mi amo
        y también el embajador,
        y las tropas de soldados,
        también me entregaré yo.

Fin

Baile de los Moriscos[5]

Entrada de MÚSICOS *en hábito de moriscos y cuatro con ellos que bailan.*

        Li, li, li, ah, ah, ah,
        guayná, guayná, nihá, nihá,
        li, li, li, ah, ah, ah,
        guayná, nihá.
        No tener de crextano intento,
        ni paxemos por pensamento,
        que haceldo por complimiento,
        é Mahoma al pecho está.
        Li, li, li, ah, ah, ah,
        guayná, nihá.
        Xe penxemox que el crextano
        que la ley xoya guardamo,
        crestano novo liamano,
        y aquexto xabeldo Alá.
        Li, li, li, ah, ah, ah,
        guayná, nihá,
        li, li, ah, ah,
        guayná, nihá.

---

5. Quinta parte de las *Comedias de diferentes autores*, Barcelona, 1616; Emilio Cotarelo y Mori, *Colección de Entremeses, Loas, Bailes, Jácaras y Mojigangas desde fines del siglo XVI á mediados del XVIII*, Tomo I, Vol. II, Nueva Biblioteca de Autores Españolas (Madrid: Bailly-Bailliére, 1911), pp. 483–84.

Sale MAIMÓN MORISCO.

MÚS. 1.º ¿De dónde venir Maimón
        con toda aquexta trexteza?
MAIMÓN.   Xabed que el Rey don Alip
        nox quere echar de xo tierra;
        ya penso yo que en la mar
        xerá la coxida certa.
        Extando en Valencia on día
        cargando excobas y exteras,
        oír decer un brogón,
        ¡pluguiera á Alá no le oyera!
        "Sepan todos los que viven
        en á reno de Valencia.
        Morexcos, (entonces yo
        alargamos el cabeza)
        como el Rey Alipe manda,
        que á las tarazanas vengan
        para embarcarlos al mar,
        á Francia é Inglaterra
        paxen, pagando el viaje
        de navíos é galeras."
        En exto acabó el brogón,
        por otra calle dió vuelta,
        é yo pensativo é trexte,
        decemos desta manera:
        Pexame, boñoleríax,
        que no habrá quien ox provea,
        que hacer buñuelos no toca
        á gente crextiana viaja;
        ni á quien digan lox mochachox
        por la calle "¿merca extrerax
        ó trócalas á tocenox,
        que ex mercaderías moe buenas?"
        Ya para mí se acabó
        el veno de lax tabernas
        é por exo traemox loto,
        y extra ex toda me trexteza.
MÚS. 2.º   Ben deferentex extamox,

Maimón, de lo que tú piensax;
        acá todo ex alegríax,
        baile, regocexo é fextax,
        porque en entrando en lax naves
        ninguno lieve dextreza,
        y aquexto se ha pregonado,
        pox vamox á nuestra terra.
MAIMÓN.   Xe cantando habemox de ir
        deced de aquexta manera:
        "Anda, morexqueto, anda
        para xo terra."
MÚS. 1.º   Exta letra no me agrada;
        baile una xola Maimón
        de regrexo cual xuele.
MÚS. 2.º   Vaya, Maimón.
MAIMÓN.   ¡Oh, xenior!,
        que no podremox bailar,
        que tenemox xabañón.
MÚS. 1.º   E baile voxancé,
        xe quere.
MAIMÓN.   ¡Válgame Diox,
        é Xanta María tampoco,
        é qué terribles xon!
MÚS. 2.º   Vaya, Maimón una letra.
MAIMÓN.   Deced aquexta canción:
        "Xe querex que ox errame la porta,
        Mahoma de mi corazón,
        dadme exox peñones é almendras
        é veréix como bailo al xon."

Ball de la Morisca

The following musical example deals with the traditional *Ball de la Morisma* from the town of Gerri de la Sal, Lleida, collected by Mn. Vicenç Bosch.

El siguiente ejemplo musical trata del tradicional *Ball de la Morisca* del pueblo de Gerri de la Sal, Lleida, recogido por Mn. Vicenç Bosch.[6]

---

6. Josep Crivillé i Bargalló, *Música Tradicional Catalana*, Vol. III, *Danses*, Col·lecció Neuma (Barcelona: Clivis, 1983), p. 185, n. 176.17.

Aurora Lucero-White transcribed the text of the next dramatic piece. It belongs to the version of *Moros y Cristianos* staged on July 16, 1937, in Santa Cruz de la Cañada, New Mexico, during the celebration of Nuestra Señora del Carmen. According to this document, the actors are descended from those who presented it the first time in San Juan de los Caballeros in 1598. Each learned his role by oral tradition from his father, grandfather, or uncle.

The performance took place outdoors in an open field. Two separate encampments formed the stage. The Christian side had an altar covered with a white mantle and a cross held high, while the Moorish faction had a smaller, crimson-colored altar. The crimson flags and sashes distinguished the Moors from the Christians, who dressed in white.

Mary Austin was present for this drama, which was enacted close to the plaza of Alcalde, north of Española, on May 13, 1928. She tells how they staged it entirely on horseback. That day, a band arrived with half a dozen guitars and violins, playing music that was half-Spanish, half-jazz.

El texto de la siguiente representación fue transcrito por Aurora Lucero White. Pertenece a la versión de *Los Moros y Cristianos* que se representó en Santa Cruz de la Cañada, Nuevo México, durante la celebración de la fiesta de Nuestra Señora del Carmel, el 16 de julio de 1937. Según consta en este documento, los actores son los descendientes de los que lo representaron por primera vez en San Juan de los Caballeros en 1598.[7] Cada uno de ellos aprendió su papel por herencia oral de su padre, abuelo o tío.

Representaron el drama en un campo, al aire libre. El escenario estaba dividido entre los dos campamentos. El cristiano tenía un altar cubierto de un manto blanco con una cruz en lo alto, mientras que el moro tenía un altar de menor tamaño de color carmesí. Las banderas y las fajas carmesíes distinguían a los moros de los cristianos, que vestían de blanco.[8]

El 13 de mayo de 1928, Mary Austin presenció este drama cerca de la plaza de Alcalde, al norte de Española. Cuenta que toda la representación se hizo a caballo. En ese día llegó una banda con media docena de guitarras y violines que tocaron música mitad española, mitad jazz.[9]

---

7. Aurora Lucero-White, Los Moros y Cristianos, 5–5–37 #2–3, WPA Collection.

8. Gordon, Spanish-American Festivals and Dramas, p. 2.

9. "A Drama Played on Horseback," *The Mentor* XVI, September 1928, pp. 38–39.

Los Moros y Cristianos

Acompañamiento de soldados. Cada tropa con su capitán. Se pondrá la Santa Cruz en su altar distante al castillo y Eduardo, *centinela. Y* el Gran Turco *hablará a su gente en el castillo.*

Sultán   (*a* Selín)
          ¿Ya está todo puesto en orden?
Selín   Sí, señor, como mandates
          ya está el ejército en punto,
          para embestir.
Sultán   Pienso mejor detenerme
          a una de aquellas más animadas
          disponer la primera linea
          para que en furioso ataque
          un espía vaya a solicitar
          si duerme el centinela,
          que así lo podrá engaitar
          porque en cautivando la cruz
          algún dinero por su rescate
          el Cristiano ha de dar,
          o, si, no, la guerra romperá.
Selín   Voy sin dilación alguna, a
          Mahoma
          que está para el efecto
          un espía singular.

El Sultán *manda pues que vaya al punto.*

Selín   (*a* Mahoma)
          Mahoma, dice le Gran Sultán
          que vayas a los Cristianos
          en traje que sabrás
          y que les robes la santa cruz
          que en premio él os dará.
Mahoma   Sí, señor, de buena gana lo haré
          y para esto me han de dar
          una bota de buen vino
          para emborrachar al centinela
          que será fácil en esa forma
          alcanzar el traer la cruz cautiva,
          sin que vayan a arriesgar

el pellejo los soldados
que conmigo ha de sobrar.
Abran, pues, una bota de vino
que iré donde está la santa cruz.

🔲

Mahoma   (*a* Eduardo)
          ¡A tus plantas, caballero está
          Mahoma!
Mahoma   (*a solas*)
          Aunque de "salado conde" he yo
          de servir
          y he de hacerme buen Cristiano.
Mahoma   (*a* Eduardo)
          Quiero hacerme Cristiano.
Eduardo   Una vez que sea verdad, Mahoma,
          vuestra inclinación
          yo seré vuestro padrino
          que en mi casa tendrás vos
          los necesarios para vuestra manutención.
Mahoma   En esta satisfacción he solicitado un
          hombre
          de buena condición.
          ¡Demos finos votos hasta ver a nuestro
          Dios!
Eduardo   Este niño está, este ni—ño—es—tá . . .

Empieza a caerse y Mahoma *le echa la capa encima y le pone la bota en la cabeza y se lleva la santa cruz al castillo.*

🔲

Selín   (*a* Sultán)
          Señor, ya Mahoma hizo la empresa deseada.
Sultán   Prémienle, luego, al instante
          con un título que excede de los demás
          capitanes
          y con sueldo correspondiente
          pagando hazaña tan grande
          que es muy justo dar el precio
          al que sabe descuidarme.

Asoma FEDERICO *donde está la santa cruz y con alta voz dice:*

FEDERICO   ¡Alarma, noble Español!
        que ya el Turco se ha robado la santa cruz
        y ya tiene el castillo
        amurallado con 80,000 soldados
        sin la guarnición de adentro
        que es de 500 paganos.
        Eduardo borracho está, perdido
        y hasta descalabrado.
        Riesgo corre de morirse.

DON ALFONSO   ¡Eduardo, Federico!
        todo está perdido
        y nunca en mi vida en tal trance
        me había hallado.
        Vamos, fuertes Españoles,
        con ánimo, esfuerzo y valor
        a restaurar lo perdido.
        Hay que darle el perdido valor
        a nuestras armas
        pues sin la cruz le falta el brío al sol,
        la luz del norte, el candor al viento
        aunque en puerto seguro,
        y asilo al blasón del triunfo de los
            Cristianos.
        ¡Santiago, en nombre de Dios!

Se van marchando para el castillo y sale MAHOMA *y dice:*

MAHOMA   ¡Deteneos! De ese Gran Turco
        hasta ponerse el sol.
        Para mañana os cita y no penséis
        que es por temor
        sino por darles lugar para vuestra
            prevención.

DON ALFONSO   ¡Dile que mis prevenciones
        están en manos de Dios!

Van acometiendo al castillo y harán tres escaramuzas alrededor del mismo y después de hechas se pondrán LOS CRISTIANOS *a los cuatro frentes del castillo y empezará el combate primero de una parte, luego de otra.*

DON ALFONSO   ¡Acometed!, valerosos, este castillo
        que por vuestra braveza
        esta canalla infame, rendida hoy,
        verá el fin.

FEDERICO   ¡Calurosos Españoles!
        Sobre la derecha, a pie,
        todos al castillo.
        ¡Marchen, a ganar, sin detener!

EDUARDO   ¡Valientes leones de España,
        valerosos y guerreros!
        Hoy nos conviene la empresa
        del sacro madero.

DON ALFONSO   Para mañana a las once
        con la infantería y los de a pie
        ese castillo en pavesas arderá
        y aunque sea de bronco.

Se irán retirando LOS CRISTIANOS, *unos a la torre, no tocando marcha hasta otro día y dice* EL SULTÁN *en el castillo a los suyos:*

SULTÁN   Ya la prenda está ganada
        cautiva la prenda rica
        que entre los Cristianos
        es la prenda de más estima.
        Y les juro por Mahoma
        que si de oro la Turquía me traían,
        siendo equivalente,
        se la llevarían sin fatiga
        y si no en esa permanecerá cautiva.
        Retírense a descansar, y esa
        prenda como mía a cuidar.

LOS MOROS *se estarán firme guardando el castillo hasta otro día que será la batalla.*

DON ALFONSO   *(al son de su tambor con sus soldados hará su paseo alrededor del castillo y les dirá:)*

¡Aprôntense mis soldados, prevénganse!
Prevénganse el escuadrón
que el que use en este día
ha de ser como el sol.
Ea, calurosos soldados
no tengáis ningún temor
que vuestro jefe os anima,
en él tenéis un campión.
No temáis hoy morir
pues Él murió para redimir
y en su tan encendido amor
se abrasó con la cruz
y nos enseñó cómo debemos morir
por nuestro Dios y Señor.
Estando hoy la cruz cautiva
sangre ha de correr.
Hoy se ha de eclipsar el sol
del humo y fuego que broten
de las armas del Español.
Hoy ha de venir este Turco
perdida su presunción
y la cruz en mi poder
que así lo espero en Dios
pues en su poder confío
con fe viva y con valor.
Y hoy no se escapa la Turquía
para darme nuevo temor
que aunque me falten soldados
se sobra esfuerzo y valor,
y así divino estandarte,
pues en tu defensa voy,
dame la nave segura
y el puerto de prevención.
Ve y dile al Turco
que en la campana estoy y
que sea pronto la batalla.
Ve y dile que no permito treguas
hasta quedar vencedor uno o el otro.

FEDERICO   Señor voy con diligencia
a obedecer tu mandado.
¡Dios quiera que no me pesquen
y que hagan mi cuerpo mil cuartos!

SELÍN   ¡Qué cristiano tan brioso!
FEDERICO   De parte de don Alfonso vengo;
que ya se halla en la campana
y que se apronte a la guerra
que hasta morir o vencer
no la permite treguas.
Se va a avisarle al Sultán.
SELÍN   Señor, Sultán, es un cristiano presuroso
que con un desafío tal viene
desde su General a avisar
que ya se haya en la campana
y que treguas no le da.
SULTÁN   (a SELÍN)
¿Eso dice, Selín?
SELÍN   Sí, señor Sultán.
SULTÁN   Dile que yo por mi parte
no quiero efectuar
que me mande mil doblones[10]
y que su cruz se llevará.
Selín, ¿oyes mi resolución?
FEDERICO   Señor, voy a avisar
mas pienso que será en vano
puesto que don Alfonso está arrestado
a perder la vida por el estandarte.
SULTÁN   Anda y vuelve con la respuesta
que espero con ansía ya.

Vase FEDERICO *a donde* DON ALFONSO *y dice* EL
SULTÁN:

SULTÁN   ¿Cuándo será competente
la fortaleza de España

---

10. Monedas de oro antiguas españolas. Empezaron a llamarse así en tiempos de los Reyes Católicos y tuvieron diferentes valores dependiendo de la época.

para conquistar mi valor?
Pienso que ni distraiga mi armada
ni todo el mundo opuesto
contra mí en armas
será bastante para destruir
mis fuerzas gigantescas.

FEDERICO   Señor Alfonso, mi dueño,
el Sultán dice que le mande
mil doblones por la cruz
y que con eso estará contento.

DON ALFONSO   Vuelve y dile que la cruz
en valor no tiene precio;
que al impulso de mis armas
le daré mucho dinero.

FEDERICO   Dice le grande don Alfonso
que a la guerra está dispuesto
que al impulso de sus armas
le dará mucho dinero.

SULTÁN   Pues dile que mucho tarda,
que a la guerra me promuevo.

FEDERICO   Señor, dice que ya tardas,
que no teme al mundo entero
y que vayas bien prevenido
con tus soldados guerreros.

DON ALFONSO   En el nombre de la cruz
y del humanado Verbo
todos mis soldados marchen
para tomar sus puestos.

Apártense LOS CRISTIANOS *en dos tropas, cada tropa*
con su capitán. Tomarán sus puestos y estarán de pie
firmes hasta que LOS MOROS *se apronten.*

SULTÁN   Selín, ya los españoles están
todos en sus puestos.
¡Apróntense los escuadrones
y comiéncese el encuentro!

SELÍN   Obediente, a lo que mandas
está Selín, prometiendo,

que hoy han de ver los cristianos
quien sois vos y quien son ellos.
Apartaos, Abencerrajes,[11]
a dar el primer encuentro,
que con favor de Mahoma
hemos de ganar el triunfo.

MAHOMA   Abencerrajes, y los demás de mi
compañía,
marchen entre el lobo hasta que fenezca;
hasta que sus luces se apaguen
que hemos de ganar la empresa
aunque mi soberbia se ofusque
en llenando de victoria tu corona,
tu corona que es el turbante.

FEDERICO   Esforzado don Alfonso
cuyos raudales alcanzan
el más elevado monte
de la Turquía conocida
pues seguro está que
ésta ilustre compañía
jamás vió el miedo en la cara
y que desea porfía
en ser cada uno el primero
que el enemigo embista y así,
señor, no dilates la acción
sin que repita el sol
su antigua carrera.
¡Resuenen sus melodías,
las cajas y los tambores,
de vuestra tropas marinas!
Los días se me hacen años,
las horas se me hacen plegarias
hasta que el enemigo pise
la "servís"[12] alta.
Pues, a marchar, compañeros,
en bien concertadas filas.
¡A marchar en batalla, tropas,
pues es celo que me anima
con ansias de victoria y así amigos
viva, viva nuestra Divina Patrona!

---

11. Individuo de una familia del reino musulmán granadino del siglo XV; *Diccionario de la Lengua Española*, Tomo I, p. 6.
12. Cerviz.

LOS CRISTIANOS y MOROS *harán tres escaramuzas alre-dedor del castillo, tomando siempre a* LOS MOROS *por dentro, y subirá* DON ALFONSO *a tomar la santa cruz y* FEDERICO *y* EDUARDO *apresarán al* GRAN TURCO *y demás* MOROS, *y dirá* DON ALFONSO *con la cruz al bajar el castillo*:

DON ALFONSO   ¡Oh, soberano estandarte,
                        oh triunfo de los Cristianos!
                        Cautiva te veo ahora entre los Moros,
                        pero ya ahora te veo entre mis manos.
                        Pudiera yo hoy explicar el elevado
                        regocijo que siento en mi corazón
                        en tan excesivo grado,
                        sólo dando a Dios las gracias,
                        y así las doy humillado,
                        Soberano Dios Eterno,
                        dueño de todo lo creado.
                        Aquí tenéis en mis manos
                        el estandarte elevado
                        que para nuestro rescate
                        formaste desde antemano
                        por tu saber siempre claro.
                        ¡Bendígante tus criaturas
                        por tu poder soberano!

SULTÁN   Cristiano, ya tu valor
                 me tiene a tus pies postrado.
                 te pido por vuestra cruz
                 y por tu Dios venerado
                 que me des la libertad
                 que yo estoy desengañado
                 que sólo tu Dios es grande
                 Mahoma todo engaño.
                 Goza tú de mis riquezas
                 pues te las dieron tus brazos.

DON ALFONSO   No me la dieron mis brazos
                        sino la gran providencia de Dios
                        y así por Él y por este leño sacro
                        te concedo libertad
                        a ti y a todos tus vasallos.

SULTÁN   Agradezco tus finezas, Alfonso,
                 que en sumo grado te premio
                 y que sigas su ley como fiel vasallo.

MÚSICA   ¡Paraninfos, soberanos, venid!
                 Cantaremos triunfo a la santa cruz
                 por siglos eternos, pues que
                 del Cristiano es seguro puerto.

Fin

NOTES

1. Aureli Capmany, *Folklore y Costumbres de España*, Tomo II, *El Baile y la Danza* (Barcelona: Editorial Alberto Martín, 1944), pp. 393–94.
2. Berta Ares de Queija, "'Moros y Cristianos' en el Corpus Christi colonial," *Antropología, Revista de pensamiento antropológico y estudios etnográficos* (Cermaca-Ehess, Paris) No. 7 (March 1994), p. 101.
3. Capmany, *El Baile*, Tomo II, p. 390.
4. Warman Gryj, *La Danza de Moros y Cristianos*, p. 17.
5. Warman Gryj, *La Danza de Moros y Cristianos*, pp. 23–24.
6. Capmany, *El Baile*, Tomo II, p. 398.
7. Para mayor información sobre este tema, ver de d. Gaspar Melchor de Jovellanos su *Memoria para el arreglo de la policía de los espectáculos y diversiones públicas y sobre su origen en España* en sus *Obras publicadas e Inéditas*, Biblioteca de Autores Españoles 46 (Madrid: Librería de los Sucesores de Hernando, 1924), pp. 480–502, que incluyó dentro de una serie de memorias publicadas a finales del siglo XVIII. Aureli Capmany también hace un recorrido histórico de las danzas de Moros y Cristianos y derivaciones en *El Baile*, Tomo II, cap. X.
8. Warman Gryj, *La Danza de Moros y Cristianos*, p. 19.
9. Ricardo del Arco y Garay, *Notas de Folklore Altoaragonés*, Biblioteca de Tradiciones Populares 1 (Madrid: Consejo Superior de Investigaciones Científicas, Instituto Antonio Lebrija, 1943), p. 113.
10. Ernesto Valor Calatayud, "Moros y Cristianos," en *Diccionario de la Música Española e Hispanoamericana*, Tomo 7, p. 824; Warman Gryj, *La Danza de Moros y Cristianos*, pp. 19–20; Rivera Pérez, *El Fuego*, p. 90.
11. J. Jesús Rodríguez Aceves, *Danzas de Moros y Cristianos* (Guadalajara: UNED, 1988), p. 12.
12. Warman Gryj, *La Danza de Moros y Cristianos*, p. 23.
13. Weckmann, *La Herencia Medieval de México*, p. 187.
14. Weckmann, *La Herencia Medieval de México*, p. 187.
15. Techo sirio, nombre que se daba en Egipto al artesonado; *Diccionario de la Lengua Española*, Vol. II, p. 2125.
16. Techo con maderas labradas y entrelazadas artísticamente; *Diccionario de la Lengua Española*, Vol. I, p. 95.
17. Weckmann, *La Herencia Medieval de México*, pp. 187–88.
18. Villagrá (2001), *Historia de Nuevo México*, p. 184, canto doze. El mismo Villagrá usa la palabra Turqueses (turcos), en el canto primero, refiriéndose a los indios. Usa también la palabra Alárabe/s (árabe/s) en varios otros cantos, siempre refiriéndose al enemigo, a todo aquel que no es cristiano, en estos casos, los indios.
19. Weckmann, *La Herencia Medieval de México*, p. 188.
20. Weckmann, *La Herencia Medieval de México*, p. 189.
21. Rodríguez Aceves, *Danzas de Moros y Cristianos*, pp. 21–22.
22. Warman Gryj, *La Danza de Moros y Cristianos*, p. 43.
23. Bernal Díaz de Castillo, *Historia verdadera de la Conquista de la Nueva España* (México: Porrúa, 1962), p. 425.
24. Díaz del Castillo, *Historia verdadera*, pp. 503–5.
25. Weckmann, *La Herencia Medieval de México*, p. 519.
26. Villagrá, *Historia de Nuevo México*, p. 235.
27. Warman Gryj, *La Danza de Moros y Cristianos*, p. 43.
28. Jesús Jáuregui y Carlo Bonfiglioli, *Las Danzas de Conquista* (México: Fondo de Cultura Económica, 1996), Vol. 1, p. 12.
29. Elena Isabel Estrada de Gerlero, *El Teatro de Evangelización, Teatros de México* (México: Fomento Cultural Banamex, 1991), p. 33.
30. Estrada de Gerlero, *El Teatro de Evangelización*, p. 33.
31. Demetrio E. Brisset Martín, "Representaciones rituales hispánicas de la Conquista" (Tesis doctoral, Universidad Complutense de Madrid, 1983), publicado por Jáuregui y Bonfiglioli, *Las Danzas de Conquista*, Vol. 1, p. 11.
32. *Descripción del Nuevo México*, pp. 382–83.

CHAPTER 7

Tilts with Cane Spears, Tilts at the Ring, and Bulls

For no more than this fact there was set
A solemn feast that did endure
For a whole week, in which there were
Tilts with cane spears, bullfights, tilts at the ring,
A jolly drama, well-composed,
Playing at Moors and Christians,
With much artillery . . .

—Villagrá,
Historia de la Nuevo México, Canto XVI[1]

THE FIESTAS AND reenactments of Moors and Christians were celebrated alongside tilts with cane spears, tilts at the ring, and bulls. While such games have little to do with music and drama, I thought them interesting to mention since they took place at the same time as *Moors and Christians* in New Mexico in 1598 and 1776, according to the writings of Gaspar de Villagrá and Fray Francisco Atanasio Dominguez respectively. We cannot be sure whether such celebrations were repeated in New Mexico between these two dates since mention of such entertainments occurs only in the two previously mentioned historical references. It is quite possible, however, that between these two dates similar celebrations took place, and I would venture to say they probably underwent alterations of some sort, adapting themselves to the life-style of colonists newly arrived in these lands. In some areas of what is today Mexico, these types of games took place throughout the sixteenth and into early seventeenth centuries. In the year 1600, for example, public celebrations were held during the dedication festivities for the Iglesia del Espíritu Santo in Puebla de los Ángeles. They included competitions and tilts with cane spears.[2] Where did these amusements originate, and how were they celebrated in Spain before the Spanish conquest?

At the end of the eighteenth century Gaspar Melchor de Jovellanos narrates that the only public presentations in the twelfth century were no more than an extension of knightly exercises and armed contests, the nobility's primary pastimes during short periods of peace. While these exercises varied in form, "their purpose remained the same, for . . . all these sports came down to exhibitions of strength and agility with lances, the primary combat weapon of nobles."[3] Thus, jousts and tournaments in their many forms were no more than highly solemnized and showy public practice of war and tactics celebrated in towns and cities. The chronicle of Alfonso XI tells how "even during times of no war, the monarch always sought ways to occupy himself in knightly exercises, ordering tournaments, setting up round tables, and jousting."[4] Alfonso himself created the Orden de Caballería de la Banda, in which he combined military regulations with the epoch's fixed expressions of gallantry.[5]

From that time on, women began to play an important role in all such celebrations ruled by this spirit of valor. Those who awarded prizes consulted the noble ladies who in turn, by their own hand, presented the winner with the prize.[6] In a certain sense, noblewomen revolutionized these events. From then on, a knight was not without a lady to honor with his triumphs, nor could a man fall in love without bravery.[7]

Tournaments thus became the favorite sport in courts and large cities, celebrated always at the most notable public events and figuring as the liveliest of spectacles.

Marriages and coronations of kings, baptisms, pledges and princes' weddings, conquests, peace treaties and alliances, receptions for ambassadors and figures of great influence, and even other events of less importance offered the nobility—always prone to exhibit and show off their bravery—frequent reasons to repeat [tournaments]. With time, ecclesiastical feasts were also solemnized with tournaments, until finally they were celebrated as a mere pastime.[8]

Among Christians, the desire for tournaments at all social events developed and grew, as did the solemnity of such celebrations. The number of opponents varied from fifteen on each band to thirty, fifty, up to one hundred.[9]

During tournaments, fighting was done on foot or on horse, with lances or swords, in contests or open fields, and with a variety of armor and forms. Jousting was usually part of the spectacle, though sometimes done separately, as it needed less pomp and ritual and fewer combatants. It differed from tournaments in that the latter figured as man-to-man combats. This can also be said of tilts with cane spears and tilts at the ring, since these entertainments, done together or separately, required the same type of ceremony and the same rules, with more or less pageantry, according to the place and the occasion for which they were celebrated.[10]

What were such tilts with cane spears and tilts at the

ring about? A closer look begins with the *Diccionario de Autoridades* of 1726, which defines them as "mounted sports or amusements introduced to Spain by the Moors, usually carried out by the nobility on occasions of some festal celebration."[11] In 1611, Covarrubias defines tilts with cane spears as a kind of mounted combat between men.[12]

Tilts with cane spears were typically celebrated in plazas. As a way of commencing the sport, the sponsor (*padrino*) of each party made his entrance, each from his own side until they met at the plaza's center. Each was accompanied by a great number of richly uniformed footmen. Upon meeting they would withdraw and return to their own sides, accompanied by richly adorned mules or other pack animals loaded with cane spears wrapped in a cloth containing heraldic emblems belonging to the participants. The cane spears measured three or four varas in length, in other words, from about two and a half to a little more than three meters. Both parties then circled the plaza as if reconnoitering the terrain and immediately positioned themselves in their places. Once in their spots, each sponsor took out his handkerchief and swung it in the air to signal that all was set. This action began the game or tilting match.

Eight teams typically participated in each game.

✠

DESCRIPCION DE LA
Fiesta de Cañas, que se corrieron
en el Retiro à los Años de la Reyna Nuestra Señora, y executadas
en el dia del complemento de los
del señor Duque de Orliens,
Padre de su Ma-
gestad.

Each consisted of four, six, or eight knights mounted upon special saddles called *jinetas*, which had high cantles, short stirrup straps, and large stirrups. The knights wore a uniform called *librea*, the right sleeve of which was ornately embroidered and termed *sarracena*. The left sleeve fit tightly around the arm, since with this arm the knight held a leather oval or heart-shaped shield called *adarga*. This shield contained an emblem with a nom de guerre, consisting of a word or brief sentence representing each team.

The eight teams were divided into four on each side. They began riding by pairs on horseback and at once, with sword in hand, skirmished in different steps or figures, as if dancing on horseback. This completed, the horsemen retired and regrouped in teams, each in its place. With their right hands they took hold of the cane spears. Next, the team assigned to begin the game entered once again, riding around the plaza, throwing their cane spears into the air and turning back in a gallop toward the other team, which similarly rode out thrusting their spears into the air and charging against the first approaching team. Thus the teams would successively take off, charging again and again with cane spears and protecting themselves with the shields.[13]

The *Diccionario de Autoridades* provides a very interesting note about the *juego de cañas*, as the cane spear tilting matches are called. "Sometimes one of the teams is dressed in Moorish costume and the other in Christian costume, at which point the game is called 'fiesta Moros y Cristianos.'"[14] Thus the nobility spent periods of peace in competitions of warriors' skills, as confirmed in the 1462 chronicle of Constable Miguel Lucas de Iranzo. "Since the truce with Moors was still effective and because the members of his house had no other war business to take care of, they spent part of every day jousting or playing at cane spears."[15]

Just as tilts with cane spears, tilts at the ring also consisted of games of a fighter's skill, which Covarrubias classifies as military games.[16] The reason is that none besides the military used lances on horseback. The *Diccionario de Autoridades* thus explains tilts at the ring:

Amusement carried out on horseback, which consists in fetching an iron ring the size of a Segovian *ochavo*.[17] This ring is fit into another iron piece from which it can be easily removed. The iron piece containing the ring is suspended from a string or stick three or four yards off the ground. The knights or competitors run toward it from the proper distance. Whoever is able to seize the ring by slipping it onto the lance wins the honor of being the luckiest and most skillful.[18]

These games were celebrated continuously at many types of public festivities during various centuries. Fray Luis de Ariz narrates in his *Historia de Ávila* that around the year 1107, the marriage of Blasco Muñoz and Sancha Díaz was celebrated with bull running, tournaments on horseback, and games of lance throwing. He explains that at the same feast, brightly decked out Moorish and Christian knights, assembled together and mounted upon spirited horses, arrived at the plaza where they ran bulls.[19] Similarly, the chronicle of Enrique III narrates that when the sovereign ordered them to honorably hold fiestas and processions, he himself conferred arms, horses, rich clothing, and adornments to those who correctly carried out tournaments, jousts, and tilts with cane spears.[20] Later, in the fifteenth century, Constable Miguel Lucas de Iranzo celebrated his daughter's birth for more than a week with amusements such as tilts with cane spears, Moors and Christians, bulls, dances, and other entertainments. Iranzo's interesting *Relación* tells how all this happened.

Upon her birth, they played trumpets and drums, and on the hour, as if the entire city overheard the news, old and young were possessed of such overwhelming joy that all laborers abandoned their duties, homes and shops. Men and women gathered together at once, as well as knights and squires, aldermen and jurors, the learned, doctors and graduates without their academic robes, with many hand drums and shouting . . . and an elegant tilting match with cane spears was performed in the plaza of Santa Maria . . . and at nightfall, the knight commander of Montizon, brother to the mentioned lord, arrived from one end with up to two hundred Christian knights, while from the other end the assistant Fernando Villafañe arrived with another two hundred Moorish knights wearing false blackened beards, bearing many trumpets and drums, *añafiles*,[21] with many torches and large lanterns, and they ran about the streets, shouting . . . and skirmishing a while and playing at many war games.[22]

The feasting did not end here, but continued on the following Sunday with greater enthusiasm.

And after eating they performed another match with cane spears, much grander and fiercer and with many more knights than on Monday past . . . and after playing a long while with multitudes of people present from the city and all the comarcas,[23]

DESCRIPCION
DE LAS FIESTAS
DE TOROS, Y CAÑAS,
CON QVE LA CIVDAD DE SEVILLA,
y Cavalleros de laMaeftrança, feftejô el cafamiento del feñor
Conde de Niebla, primogenito de el Excelentifsimo
feñor Duque de Medina-Sidonia,

watching the game, shouting and hurrahing . . . he ordered them to run six bulls already prepared for the fiesta. So fierce were they that no man had ever seen their like, such that with their horns they chased and butted fifteen or twenty people of whom none was injured nor died by mercy of our Lord.[24]

This type of celebration not only formed part of chronicles and historical events but also made its way into Spanish literature. Spanish authors incorporated into their novels cane-spear tilting matches, ring matches, and bulls, showing how popular these sports grew to be. Such is the case with the first part of Mateo Alemán's *Guzmán de Alfarache*, for example. Published in 1599, he narrates with full detail how on a certain occasion in Seville they celebrated, at dusk, a grand match of cane spears with the participation of many knights accompanied by their ladies.[25] Cervantes himself speaks of these games in his *Quijote*.

As for historical chronicles, however, we must look once again into the *Relación* of Constable Miguel Lucas de Iranzo. In it we find numerous occasions where ring matches are mentioned. One of these occurred in 1461 during the eve of the Epiphany celebration.

At the mentioned feast of the Three Wise Men the constable ordered a tilting match at the ring in front of the inn where he stayed; and so that the great fiesta be honored and carry the mark of distinction, he himself at three in the morning joined the match, accompanied by many knights and gentlemen with many torches, trumpets, and drums. He ordered

them to place pieces of silk so that whatever knight or gentleman was able to slip his lance into the ring won a yard of silk for a jerkin. Thus they continued well into the night with some here, some there, seizing the ring and winning the prize, until exhausted, they quit.[26]

The following year, during the same celebration and after simulating the arrival of the Three Wise Men, the constable and his people practiced tilts at the ring in the street with greater enthusiasm than before. In 1464, they commemorated Tuesday of Carnestoltes (carnival) in the same way, whereby the prizes the constable awarded to those who got hold of the ring remained an ever-important incentive and motivation.

Upon his arrival they removed their masks, and he ordered two jerkins be awarded to the first two men able to seize the ring and four yards of silk to each who thereafter proceeded to get hold of it. In their eagerness to win such jerkins, all the gentlemen raced countless times and many snatched up the ring.[27]

On the evening of Tuesday of Carnestolendas, the constable ordered them to play at the ring on the street. He ran the ring on horseback, mounted on the jineta with lance at thigh, and trumpets played ahead, with many thick, large candles and lanterns before him. If he seized it two or three times, he won a rooster he ordered placed with other prizes. If he was away many a madman or buffoon would have gone out to run the ring.[28]

A special mock battle was held on Easter in 1463. The noble knights and their people defended a castle specially constructed for the occasion. The castle was attacked by some and defended by others, simulating a great combat. This encounter had an attractive peculiarity, however, because the only weapons allowed were eggs. The *Relación* tells that "many people came from Magdalena with their wooden castle, as in previous years, and began their egg warfare, one against the other, the bravest of all."[29] Something similar happened in Mexico in 1578 during the great festivities celebrating the arrival of the many relics Pope Gregory XIII conferred on the Jesuits.

> They made their entrance to the sound and beat of their harmonized instruments and taking their seats, imitated the famous tilt with cane spears, though instead of spears they used eggs filled with smelly water, which they threw repeatedly, purposefully missing [their targets] in order to spray the people. All this ended in an ingenious dance of spears and shields, which greatly pleased the viceroy and all those present, and above all, the knights, at seeing their military exercise converted to music.[30]

In Spain, knights and nobles were not the only ones to amuse themselves competing in tournaments. Farmers also found occasions to entertain themselves in their own combats. It seems as though all people—nobles, knights, footmen, and plebeians—had the fever for tournaments running in their blood.

> Upon ending the dance, all of the city's farmers arrived arrayed with full-length shields and head armor. They bore very large pumpkins in their hands, and in the street held a great and fierce tournament with pumpkins, knocking one another with them until there was not a whole pumpkin left . . . And if it rained or snowed on such day, as occurred during some years, the celebration was thus performed:

RELACION DE LA FIESTA
de Toros , que corriò la Villa de Meco a ſiete de Iunio deſte año , y la guerra que tuvo con los de Alcalà de Henares: daſe noticia de la cane-lo, y azucar piedra que repartiò , y la grande coſecha que huvo de palos, y pedradas.

the feasting was held in the upper hall, the farmers' tournament in the palace patio, and tilts at the ring were run on the street.[31]

These sorts of games originated in earlier times, for in 1269, during the celebrations that Jaime I offered to Alfonso X of Castile in Valencia, they brought wagons full of oranges and held orange fights in the boulevard. In 1286, for the coronation of Alfonso III, they ordered more than fifty loads of oranges from Zaragoza and waged great orange flinging wars in the river.

The nobility and the common people passionately embraced all these types of games, such that any event was a good excuse to celebrate them. Arturo Warman comments on the nobility in particular. "Tournaments, which caused more havoc on the nobility than did wars, developed into tilts at the ring and cane-spear tilting. The latter gradually lost its characteristic as a challenge, integrating itself into bull runs."[32]

It is clear how tilting with cane spears and at the ring was done. This is not the case with bull fiestas, however, for how they were carried out in the past is uncertain. Regarding the origin of such sport Covarrubias says, "Spaniards are passionate about running bulls, and it fits in with theatrical Roman games. . . . I suspect Romans introduced bull running to Spain."[33]

Covarrubias doubtlessly hit upon the origin of bull runs, and it may be that the Romans learned it from the Greeks as with many other things. We know that during the Middle Ages there existed in France the custom of running tied bulls, popularly known as lassoed or roped bulls. Most of the able-bodied men and boys of the area participated in the race or bull run. They also ran loose bulls in bullpens. The custom of running bulls in various ways is still celebrated in many parts of modern Spain. This may have originated before the Middle Ages. In early eleventh-century Seville, Moors fought bulls on horseback. Toward the late Middle Ages this tradition eventually formed part of the jousts and tournaments in which both Moors and Christians participated.[34]

Bull sports in Spain were carried out in two different ways between the tenth and thirteenth centuries.

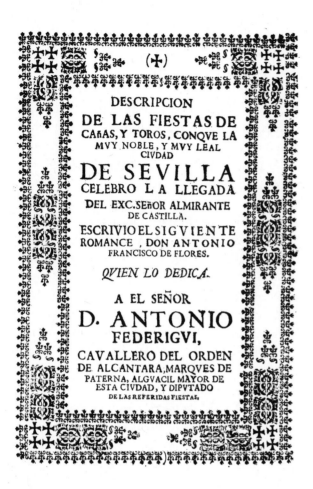

exercises in skill and courage to which the nobles of the Middle Ages gave themselves over for entertainment."[39] In the year 1328, there were bull sports in front of the Aljafería of Zaragoza during the fiestas for the coronation of Alonso IV of Aragon. Also present was a famous paladin whom the chronicles mention on various occasions. He was skillful not only in tournaments but also in running bulls, "on foot as on horseback, anticipating them, putting himself in great danger and striking artfully with the sword such that all marveled."[40]

The charming chronicle of Constable d. Miguel Lucas tells of a singular event that occurred at a running of the bulls in 1462. He relates how the running of the bulls was arranged.

And after they and all the people from the other tables had eaten, danced, and sung, the lord constable, accompanied by all the others, galloped to the plaza of San Juan, where he ordered them to run five or six bulls. When one of the bulls butted a man who was under the balcony, [the constable] very discreetly and quickly went to his aid and thrust a brocaded cushion he had under his elbow into the bull's horns. The bull, attacking the cushion,

The one that Christians living in the reconquered territories practiced was done on foot. Noble knights of the Moorish territories carried out the other on horseback.[35] Later, Christian nobles also took to fighting bulls on horseback. This gave rise to what became known as the *rejoneo*. During periods of peace, Moors and Christians ran bulls together, showing off their skills.[36] Several *Cantigas* of Alfonso X of the thirteenth century deal with bullfighting and related subjects.[37] As we can see, the enthusiasm for bull sports was generalized throughout the Iberian peninsula. In Andalusia, the feeling was more than fondness, especially in Granada and Seville. Few towns in the rest of Spain lacked some kind of bull sport festivities, particularly those in Castile, Navarre, and Aragon.[38] Gaspar Melchor de Jovellanos says that "no matter what, we cannot doubt that this was also one of the

Unos toros le acometen
y su vida comprometen.

let go of the man, who freed himself and escaped with his life.[41]

In that same year, according to the *Relación*, they spent entire days playing at tilts with cane spears and running bulls, stretching out the day until the last rays of sun.[42]

We can understand through these writings how bulls became an important part of public celebrations. People were truly fond of all these types of games and gave themselves over to them passionately. Their popularity did not make them easy, however. To handle the bull with the lasso and run it proves more difficult than seems, because at times the bull turns around and charges against those who tightly hold the rope. It was here where the show of courage, valor, and skill were most evident; most important of all, however, honor was placed at risk.

Half a province pulls at the rope; he who takes hold of it does not easily let go, and letting go constitutes an indescribable shame. Men fight arduously for a place, and some even offer money for it. When a charging bull puts them in danger, some flee, others fall, most cling [to the rope], and all together turn at once.[43] In this sport, which dates from time immemorial, the participants were careful not to hurt the animal. The fun of the game was in running.[44]

In the area of Allariz, Orense, a tradition exists of running a bull or ox on the eve of Corpus Christi. Men, women, and children with long sticks in their hands run the bull, holding it by a rope. At one point along the way they tie the bull to a ring so that those courageous enough can wipe its snout. The race then continues and stops when they reach the town hall.[45] This is nothing, however, compared to other towns where bull-running madness is extreme. This is the case with Brozas, Cáceres, where the passion for bulls is such that the animal is made to attend all town fiestas, including mass. In yet another town of Extremadura, people get the bull drunk for the fiesta of San Marcos and take it to the procession and to mass.[46]

Bull running was par excellence among the favorite sports of the conquistadores. The first celebration involving bulls in New Spain took place on August 13, 1529, during the feasts of San Hipólito, in honor of the taking of Tenochtitlán. From then on, they institutionalized the running of bulls on that day and had two bulls killed and donated to the hospitals and monasteries.[47] During the same fiesta they also performed tilts with cane spears, contests, and skirmishes. The most popular and acclaimed diversion, however, was that of moros y cristianos.[48]

In 1539, after the peace treaty between Spain and France, numerous celebrations and festivities took place in New Spain. The chronicler of that time, Bernal Díaz del Castillo, cleverly documented them, as mentioned earlier in the chapter on "Moros y Cristianos." According to his chronicle, they held bull sports and tilts with cane spears.[49] These amusements for crowds became spectacles of the masses at which hundreds of people intervened in knightly jousts, tournaments, tilts with cane spears, bulls, and masks.[50]

According to the references and historical descriptions of these festivities, which included tournaments,

Pone un indio, de rodillas,
á un novillo banderillas.

bulls, and tilting at the ring and with cane spears, and lasted throughout the Middle Ages in Spain, we can easily imagine the diversity and great number of people participating in various ways in such games. We can imagine, for example, the many knights richly dressed and armed, offering themselves to their lady. Positioned behind them figure their pages, squires, and sponsors equally decked out, honoring their lord; the teams of knights prepared for the cane spears; the judges, in their privileged places ready to give the necessary order to properly guide the ceremony; the ladies, richly dressed, sitting in their boxes, eyes fixed on their knights; the troubadours and minstrels drumming or playing their shawms, añafiles, bagpipes, and hurdy-gurdies, bestowing that special festive touch of music and dance. The flags, pennants, and banners decorated with the emblems of each knight waving in the wind, adorning and coloring the fiesta, together with the rich-colored fabrics likely brought from distant lands by Jewish and Arab merchants. We can equally hear the multitudes of people, attentive, applauding, and continuously shouting during the spectacle. Meandering among them are sellers offering all kinds of picturesque merchandise. The clashing of arms breaks forth. The horses neigh and stomp while riders brandish their arms and strike against their opponents.

There exists an anonymous description in verse of a fiesta celebrated in Segovia in the year 1578 that possesses all the proper sixteenth-century characteristics. The following anonymous fragment describes both participants and audience, their exaggerated and luxurious manner of dress, and the succession of events. At the same time, notice the literary style, similar to that of Gaspar de Villagrá's report in New Mexico.

The great king arrived first
To see whether lodging
Was prepared for the queen . . .
Our lady, doña Ana
And Prince Fernando . . .
Accompanied also by
The two Infantes, brothers . . .
And Prince Vincislao. . . .

RELACION
DE LAS FIESTAS
DE TOROS, Y CAÑAS,
QVE SE HIZIERON
EN LA REAL PLAZA
DE LA PRIORA,
CELEBRANDO
LOS FELIZES AÑOS DEL
REŸ NVESTRO SEÑOR
CARLOS SEGVNDO.
ESCRITAS
Por su mas afecto, y humilde seruidor
Don Melchor Zapata.
QVE LAS OFRECE, Y CONSAGRA
AL
Muy Ilustre Señor Don Fransisco de Borja y Centellas,
Canonigo, y Dignidad de la Santa Iglesia de Toledo,
y Arcediano de Calatraua.

An old white-bearded man
Of unusual gallantry
Came out to meet them.
Don Diego de Sandoval
Uncle and nephew they are
Brave knights
Of ages far apart,
As one is but fourteen
And the other passed sixty.
The latter is the general *veedor*[51]
Of the military . . .
This [team] to the Marquis of Pliego belongs. . . .
Another team passed by
Of don Juan de Guzmán . . .
[The team] of Count Cifuentes
Also of people of ages far apart . . .
[The team] of Count Buendía . . .

Wore black with gold lining.
His nephew
Charmingly dressed
Black velvet he wore
With silver medallions. . . .
The lieutenant appeared next
Upon a dappled horse
In gallant pose,
His weapons with gold inlay,
A velvet tail wore he
With buttons adorned
Each of three pearls
Of extreme grandeur. . . .
Good horses they had
Each covered, luckily
All of them different,
Those and these
Wore head armor
With a steel piece
To keep the sun away from their eyes. . . .
Fourteen are the teams,
Of which any would suffice . . .
For all are Spaniards,
People untamed. . . .
With effort and boldness
They all determined
To fight against Turks a thousand
And face two thousand,
That if three thousand appeared
They would make their beards tremble.
Up to eight hundred they be,
And in courage they proved
To be more than eight hundred thousand
Present in battle. . . .
Next appeared a team
That will run the plains. . . .
The horses move swiftly
As if they had wings.
The skirmish commenced,
All peoples admired. . . .
After all had seated,
Many trumpets resounded;
Minstrels also played

And drums thundered,
Now some, now others,
To all joy bestowed.
To see the tournament
In the patio assemble,
All of twenty-eight [knights] . . .
Led by two trumpets
Which played upon order. . . .
Fourteen [knights] from fourteen drew apart . . .
One against the other,
Such blows they imparted one to another
One stroke upon the other's chest
And stricken stroke back on his armored head.
Thus they tourneyed
Each breaking three lances,
And these having broke
To their swords they took. . . .
Each gripped his mallet,
But by grace of their tough helmets
Suffice would a single stroke
To dismiss from corporeal
Bondage the immortal soul. . . .
At this a sound is felt
Stirring on the rooftop,
Issuing from the many people
Clambered atop;
To chase them off
A guard did climb.
Such great commotion arose thereupon
That all became agitated
Believing the house
Beneath them might sink;
The great king stood up
From his chair where he sat,
And took the queen by the hand
Whom he led to the patio
But to their seats returned
When they saw it was nothing. . . .
One and another began . . .
All together battling. . . .
Among them one was
Who mallet had none,
And at seeing that without it

He could partake not of the dance,
Proud and stout-hearted
He grabbed a piece of lance
The piece towards the hilt,
And not a strike blew he
That did not leave stunned
Whomever it reached.
Approach not Diego Machuca
For he too he will bruised. . . .[52]

All these sports had become so fashionable that they were even used for the canonization festivities of St. Julian, patron of the cathedral of Cuenca. The celebration took place between September 5 and 8, 1595.

On September 6, they ran eight bulls in the field of San Francisco, after which forty-eight knights sported at cane spears. Next, they played at throwing *bordos*[53] and other knightly activities on horse. That same afternoon they competed at the *pino ensebado*,[54] with jewels of gold and silver and a bag containing 100 reales. . . .

On September 7, they ran four bulls and again crawled up the lofty pine, greedy after more jewels.

On September 8, they held the drama on the life of St. Julian, which Salcedo and Ríos performed on a stage before the church. . . .[55]

≋ROMANCE≋

A LA FIESTA DE TOROS, QVE LA NOBILISIMA
Ciudad de Cuenca, celebrò el dia çinco de feptiem
bre defte año de 1685. en la traflaçion de fu
Gloriofo Patron San Iulian Obifpo, en
vn certamen de toros que el dia
feis fe corrieron en el Rio
Huecar fiefta çelebra
da por el fitio y
con Curfo.

PVESTO AL PATROCINIO

Likewise, during another important religious fiesta celebrated in Valladolid, "on the occasion of having received the relics Felipe II bequeathed in July 1594 and placing them at the monastery of San Benito . . . they held bull sports, tilts with cane spears, and all kinds of entertainments."[56]

All these sports took place throughout the Middle Ages until the time of the conquest of America. Spaniards brought with them to the New World the remains of the golden age of tournaments, jousts, and all types of games of skill. Such amusements reached as far as the province of New Mexico in 1598. The celebrations in New Mexico resembled those of old medieval Spain, though to a lesser degree. This is the case of the festivities for St. John the Baptist, celebrated on June 24 of that same year. Villagrá narrates the following fragment in his *Historia*:

Here, taking precautions with great care,
They celebrated the fair morn,
The soldiers on their war horses
Divided into two opposing groups
Whose nimble flanks were captained,
In a well-contested skirmish, by
The Army Master good and the Sergeant,
Whirling their powerful lances
With gay and carefree skill.
And when the others of the men
Had broken mighty lances and had proved
The courage of their hearts in tournament
Which they had ridden with great skill,
There did remain forever signalized
As mighty men of arms and enterprise.[57]

Villagrá makes three more references to skirmishes and knightly sports. One, mentioned in Canto XVI of his *Historia*, took place at San Juan de los Caballeros, as mentioned in the heading of this chapter. Another, which appears in Canto III, reads: "And, in a skirmish which they had . . ."[58] and the last, in Canto VIII, relates: "And, after a great, joyous race, / They had a showy skirmish."[59]

There exists another document never yet mentioned, which is dated around the same time as that of Villagrá. It is titled *Verdadera Relacion*, written by Fray Estevan de Perea in 1632. This document recounts what happened when the Spaniards reached the province of Zuni. The following excerpt describes the encounter:

And it later became the first church of that province, where they celebrated the first mass the other day. Upon hoisting the triumphal banner of the cross, they took possession in name of the Roman chair and that of imperial Spain, at which moment there followed, on behalf of the soldiers, clamorous merriment with the salutes of harquebuses and skirmishes in the afternoon and spiraling on horseback.[60]

The text does not specify what type of skirmish was held at that moment, yet we can imagine it was probably a kind of reenactment of moros y cristianos, typically done during that period at the takings of possession, as we saw earlier. The skirmish probably resembled a tilt with cane spears or the like.

Much later, in 1776, during the festivities for the patronage of the Virgin of the Rosary in Santa Fe, there were "three days of playing at moros y cristianos, tilts at the ring, dramatic presentations, and bulls."[61] We can imagine how such tilts at the ring and bull sports must have been done in Santa Fe. Questions remain as to whether they continued to practice tilting at the ring and running bulls in the capital over the following years. Did they have, before this date, festivities of these types in Santa Fe and in other parts of the state?

Bullfighting in New Mexico occurred as recently as the late nineteenth century. Around the year 1880, a traditional bullfight was celebrated in Las Vegas. Rev. Gabino Rendón, present for the occasion, relates that door tickets were not sold; instead, people had to pay their entrance fee with paper money in the amount of 5, 10, 15, or 25 cents or with Mexican silver coins. The bullfighter was Jesús Álvarez, who put the banderillas on the bull himself. At the end of the bullfight he decided not to kill the bull, fearful of doing so in the United States territory. Perhaps he acted thus, not knowing how people would take it. The issue is that the local newspaper, *La Gazeta*, directed by Mr. Newman and Louis Homel, published an article heavily criticizing both bullfight and matador.[62]

I will end this chapter with a romance about tilts with cane spears played by Moors. We should remember that Moors introduced this sport to Spain. According to the romance, they had already fought bulls before starting the match with cane spears.

Cubierta de seda y oro,
y guarnecida de damas,
está la plaza de Gelves,
sus terrados y ventanas,
con la flor de moros noble
de Sevilla y de Granada;
que como el trato es de amores
los cubre de orín las armas.
Gente es que tienen los reyes
de ambos reinos alistada,
para hacer contra cristianos
una presa de importancia.
Ya pues lidiados los toros,
y hechas ya suertes gallardas
de garrochas y bajillas,
de rejones y de lanzas,
placenteros se aperciben
a hacer un juego de cañas,
al son de sus tamboriles
y clarines y dulzainas.
Después que mudado hubieron
los caballo de la entrada,
y publicadas sus quejas
en motes, cifras y galas,
en contrapuntos partidos
por cuatro puestos cruzaban,
que de dos en dos cuadrillas
han de jugar cara á cara.

ENCIERRO DE LA CORRIDA DE TOROS EN ESPAÑA.

Vendese en la Librería de Solá calle de la Bocuería.

Los primeros que pusieron
los caballos en la plaza,
fueron el bravo Almadan,
y Azarque, señor de Ocaña,
el uno amante de Armida,
el otro de Celindaja,
contra los cuales salió
de la cuadrilla contraria
el animoso Gazul,
el desdeñado de Zaida,
y el esposo de Jarifa,
la hija del moro Audalla.
De la cuadrilla tercera
la delantera llevaba
Lasimalí Escandalife,
el gobernador de Alhama,

y Mahomad Bencerraje,
valiente moro de fama,
Alcalde de los Donceles
y Virrey de la Alpujarra,
que de dos damas Cegríes
son esclavas sus dos almas
contra los cuales furiosa
salió la cuadrilla cuarta.
Llevaban la delantera,
con gentil donaire y gracia,
Benzulema el de Jaén
y el Corregidor de Baza,
que sirven en competencia
a la hermosa Felisalva,
la hija de Boazan,
y prima de Guadalara:

mas como tiene la gente,
que aguardándola estaba,
en tormenta los deseos
y los ánimos en calma;
enclavados en las sillas
y embrazadas las adargas,
los unos contra los otros
y un tiempo pican y arrancan,
y trabando el bravo juego,
(que más parecía batalla,
donde con destreza mucha
allí algunos se señalan)
los unos pasan y cruzan,
los otros cruzan y pasan,
desembarazan y revuelven,
revuelven y desembarazan:
cuidadosos se acometen,
se cubren y se reparan,
por no ser en sus descuidos
paraninfos de sus faltas;
que es desdichada la suerte
para aquel que mal se adarga
que la cañas son bohordos,
y los brazos son bombardas.
Mas como siempre sucede
en las fiestas de importancia,
tras un general contento
un azar y una desgracia,
sucedió al bravo Almadán,
que contra Zaide jugaba,
que al arrancar de sus puestos
cebado en mirar su dama,
por tirar tarde el bohordo
tomó la carrera laraga,
y fuera a parar la yegua
donde la vista paraba,
tan lejos de su cuadrilla
que cuando quiso cobralla,

no pudo encubrir la sobra
ni pudo suplir la falta,
y sus vencidos amigos
en cuyo favor jugaba,
le dejaron envidiosos
del bien por quien los dejaba;
pues fingiendo que no entienden
las voces que el moro daba,
dicen a sus compañeros:
caballero, adarga, adarga;
y partiéndose revuelven
con su cuadrilla cerrada.
Corrido el moro valiente
de una burla tan pesada,
los ojos como dos fuegos,
y el rostro como una gualda,
calóse el turbante airado
y empuña una citamarra.
Haciendo para su yegua
de dos espuelas dos alas,
furioso los acomete,
los atropella y baraja.
La gente se alborotó,
y las damas se desmayan;
ya vierten sangre la burlas
y en la plaza se derrama.
No queda moro en barrera
ni ha quedado alfanje en vaina;
almas y suspiros lloran
y los brazos no se cansan.
La noche se puso en medio,
con la sombra de su cara
puso treguas al trabajo
y límite a la venganza.
Y en tanto que por derecho
se justifica su causa,
tomó el camino de Ronda
con seis amigos de guarda.[63]

NOTES

1. Villagrá (1992), *Historia de la Nuevo México, 1610*, 150, canto 16.
2. Rojas Garcidueñas, *El Teatro de Nueva España*, 65.
3. Jovellanos, *Obras publicadas e Inéditas*, 46:482.
4. Jovellanos, *Obras publicadas e Inéditas*, 46:484.
5. Jovellanos, *Obras publicadas e Inéditas*, 46:484.
6. Jovellanos, *Obras publicadas e Inéditas*, 46:485.
7. Jovellanos, *Obras publicadas e Inéditas*, 46:485.
8. Jovellanos, *Obras publicadas e Inéditas*, 46:484.
9. Jovellanos, *Obras publicadas e Inéditas*, 46:484.
10. Jovellanos, *Obras publicadas e Inéditas*, 46:484–85.
11. *Diccionario de Autoridades*, 1726, facs. ed. (Madrid: Gredos, 1991), 2:128.
12. Sebastián de Covarrubias Orozco, *Tesoro de la Lengua Castellana o Española, 1611* (Madrid: Nueva Biblioteca de Erudición y Crítica, Castalia, 1995), 258.
13. *Diccionario de Autoridades*, 2:128.
14. *Diccionario de Autoridades*, 2:128.
15. *Relación de los fechos*, 3:73.
16. Covarrubias (1995), *Tesoro de la Lengua Castellana*, 903.
17. A particular coin from that time.
18. *Diccionario de Autoridades*, 2:616.
19. Pellicer, *Tratado Histórico*, pt. 1, 2–3.
20. *Crónica de Don Enrique III* in Jovellanos, *Obras publicadas e Inéditas*, 46:pt. 1, 502.
21. A long Moorish trumpet.
22. "Relación de los Fechos," 8:262–63.
23. Term for an administrative division that includes a number of municipalities.
24. "Relación de los Fechos," 8:264.
25. Mateo Alemán, *Aventuras y Vida de Guzmán de Alfarache*, book 1, pt. 1, Biblioteca de Autores Españoles 3 (Madrid: Imprenta de la Publicidad, á cargo de D. M. Rivadeneyra, 1849), 211–12.
26. "Relación de los Fechos," 8:42.
27. "Relación de los Fechos," 8:75.
28. "Relación de los Fechos," 8:169.
29. "Relación de los Fechos," 8:129–30.
30. Rojas Garcidueñas, *El Teatro de Nueva España*, 58–59.
31. "Relación de los Fechos," 8:169–70.
32. Warman Gryj, *La Danza de Moros y Cristianos*, 17.
33. Covarrubias (1995), *Tesoro de la Lengua Castellana*, 927.
34. Lorenzo Ortiz Cañarte, "El Toreo en la Edad Media," in *Folklore y Costumbres de España* (Barcelona: Editorial Alberto Martín, 1931), 1:392.
35. Ortiz Cañarte, "El Toreo en la Edad Media," 1:393.
36. J. Sánchez de Neira, *El Toreo, Diccionario Tauromáquico* (Madrid: Turner, 1988), 16.
37. Cantigas 144, 21, and 48 in *Cantigas de Santa María, de Don Alfonso el Sabio*, vols. 1–2 (Madrid: Real Academia Española, Establecimiento de L. Aguado, 1889).
38. Sánchez de Neira, *El Toreo*, 16.
39. Jovellanos, *Obras publicadas e Inéditas*, 46:486.
40. Jovellanos, *Obras publicadas e Inéditas*, 46:486.
41. "Relación de los Fechos," 8:57–58.
42. "Relación de los Fechos," 8:62.
43. Enrique Casas Gaspar, *Ritos Agrarios, Folklore Campesino Español* (Madrid: Escelier, 1950), 232.
44. Casas Gaspar, *Ritos Agrarios*, 232n1.
45. Luis de Hoyos Sainz and Nieves de Hoyos Sancho, *Manual de Folklore, La Vida Popular y Tradicional en España* (Gijón: Colegio Universitario, Istmo, 1985), 403.
46. Hoyos Sainz and Hoyos Sancho, *Manual de Folklore*, 403.
47. Warman Gryj, *La Danza de Moros y Cristianos*, 73.
48. Warman Gryj, *La Danza de Moros y Cristianos*, 73–74.
49. Díaz del Castillo, *Historia verdadera*, 33.
50. Warman Gryj, *La Danza de Moros y Cristianos*, 33.
51. The individual who is second in command of the stables of the kings of Spain, responsible for maintaining provisions and the upkeep of the stagecoaches and horses; *Diccionario de la Lengua Española*, 2:2033.
52. In Jenaro Alenda y Mira, *Relaciones de Solemnidades y Fiestas públicas en España* (Madrid: Establecimiento Tipográfico "Sucesores de Rivadeneyra," Impresores de la Real Casa, 1903), 81–91. In this most interesting book, full of valuable information, we can find many descriptions of festivities and celebrations where tilts with cane spears, tilts at the ring, and bull sports are carried out, as

well as other types of similar games. Through these documents we can see how these types of games were exported to Italy during the sixteenth century, especially to the city of Ferrara (114–18). The expenses incurred for the celebrations are also cited. They explain that in Valencia, for instance, in 1599, on the occasion of the visit of Queen Margarita de Austria, the county council spent thirty thousand *ducados* in one tournament. The celebrations began on April 4 and lasted until May 4, when the king and queen departed to Barcelona (122–23). During the wedding of the Duke of Cea's son with señora Feliz Colona in 1610, they spent eighty thousand ducados on the feast (148). In 1590, they celebrated tilts with cane spears in Valladolid. On that occasion a large sign was posted specifying the conditions that all who attended had to observe, and it warned that the festivities could last eight to fifteen days. There also exists a list of prizes awarded to the winning participants (100–102). As an interesting note, we also have evidence of many spectacles and tricks with fire that occurred during the fiestas celebrated in Lisbon, Portugal, during the visit of Felipe III, in 1619: "There appeared in the plaza four knights full of fire, who, after racing and shooting various types of fireworks, ran a tilt at the ring that was on fire and

sparked flames all over so that it seemed impossible not to get burned" (197).

53. Wooden lances with an iron point.
54. Pino ensebado, or greased pine, is an ancient tradition related to fertility rites. It is also a phallic symbol. We should recall that among the Pueblo Indians of New Mexico, there exist games of the same sort.
55. Alenda y Mira, *Relaciones*, 106–7.
56. Alenda y Mira, *Relaciones*, 105–6.
57. Villagrá (1992), *Historia de la Nuevo México, 1610*, 143, canto 15.
58. Villagrá (1992), *Historia de la Nuevo México, 1610*, 27.
59. Villagrá (1992), *Historia de la Nuevo México, 1610*, 71.
60. Fray Estevan de Perea, *Verdadera Relación, 1632*, facs. ed., Center for Southwest Research, Zimmerman Library, University of New Mexico.
61. *Descripción del Nuevo México*, 383.
62. Rev. Gabino Rendón, "La Corrida de Toros," *New Mexico Folklore Record* 4 (1949–50): 23.
63. Agustín Durán, *Romancero General ó Colección de Romances Castellanos anteriores al siglo XVIII*, Biblioteca de Autores Españoles 10 (Madrid: Librería de los Sucesores de Hernando, 1849), Tomo 1, romance n. 241.

CAPÍTULO 7

Juegos de Cañas, Toros y Sortijas

Por solo aqueste hecho se ordenaron,
Vnas solemnes fiestas que duraron,
Vna semana entera, donde vbo,
Iuego de cañas, toros, y sortija,
Y vna alegre comedia bien compuesta,
Regocijos de moros y Cristianos,
Con mucha artilleria, . . .

—Villagrá,
Historia de la Nuevo México, Canto Diez y Seys[1]

LAS FIESTAS Y representaciones de moros y cristianos se celebraban conjuntamente con juegos de cañas, toros y sortija. Aunque tales juegos tienen poco que ver con el teatro y la música, es interesante mencionarlos, puesto que tomaron lugar a la par de las festividades de moros y cristianos en Nuevo México en 1598 y en 1776, según los escritos de Gaspar de Villagrá y de Fray Francisco Atanasio Domínguez, respectivamente. No podemos asegurar si entre estas dos fechas estos entretenimientos se sucedieron en Nuevo México, puesto que tan sólo se mencionan en estas dos referencias históricas. Sin embargo, es muy posible que entre estas dos fechas hubiera otras celebraciones del mismo tipo y que probablemente hubiesen sufrido algunas alteraciones, adaptándose al estilo de vida de los colonos recién llegados a estas tierras. En zonas del México actual se produjeron juegos de este tipo a lo largo del siglo XVI y principios del XVII. En el año 1600, por ejemplo, durante las celebraciones de la dedicación de la Iglesia del Espíritu Santo, en la Puebla de los Ángeles, hubo representaciones con certámenes y juegos de cañas.[2] Pero veamos de dónde provienen estas fiestas y cómo se celebraban en España antes del tiempo de la conquista.

Narra Gaspar Melchor de Jovellanos a finales del siglo XVIII que los únicos espectáculos o diversiones públicas en el siglo XII no eran más que un seguimiento de los ejercicios y alborotos de las armas, pasatiempo primordial de la nobleza durante los cortos períodos de paz. Estos ejercicios variaban en su forma, pero "sin mudar de su imitacion, pues . . . todos estos juegos se reducian á ostentar pujanza y destreza en el tiro del bofordo ó lanza, arma principal del noble en los combates."[3] Por lo tanto, las justas y los torneos, en sus muchas maneras de ejecución, no eran más que prácticas de tácticas guerreras que se realizaban en los poblados y ciudades con mucha solemnidad y como lucimiento público. La crónica de Alfonso XI narra acerca del monarca "que aunque en algun tiempo estidiese sin guerra, siempre cataba en cómo se trabajase en oficio de caballeria, faciendo torneos, et poniendo tablas redondas, et justando."[4] El mismo Alfonso creó la Orden de Caballería de la Banda, en la que entremezcló los reglamentos militares junto con las fórmulas de galantería de la época.[5]

A partir de entonces, la mujer empezó a jugar un

papel muy importante en todas estas celebraciones en las que reinaba el espíritu de galantería. A las nobles damas se les consultaba para las entregas de premios y eran ellas mismas las que los entregaban de su propia mano a los vencedores.[6] Fueron ellas las que en cierto modo revolucionaron estos espectáculos. A partir de este momento, no habría caballero que no tuviese una dama a quien entregar sus triunfos, ni nadie que pudiera enamorarse sin ser valiente.[7]

Así, los torneos se convirtieron en la diversión preferida en las cortes y grandes ciudades, donde se celebraban como parte de todos los eventos públicos más señalados y siendo estos espectáculos los más rebosantes de alegría.

> Coronaciones y casamientos de reyes, bautismos, juras y bodas de príncipes, conquistas, paces y alianzas, recibimientos de embajadores y personajes de gran valía, y aun otros sucesos de menor monta, ofrecian á la nobleza, siempre propensa á lucir y ostentar su bizarría, frecuentes motivos de repetirlos. Con el tiempo se solemnizaron tambien con torneos las fiestas eclesiásticas, y al fin llegaron á celebrarse por mero pasatiempo.[8]

Entre los cristianos aumentó y se desarrolló el afán de los torneos en todos los eventos sociales, acrecentando a su vez la solemnidad a la hora de celebrarlos. El número de contrincantes podía ser desde quince contra quince, de treinta, cincuenta o hasta de cien contra cien.[9]

> Lidiábase en los torneos á pié y á caballo, con la lanza ó con espada, en liza ó en campo abierto, y con variedad de armaduras y de formas. La justa era de ordinario una parte del espectáculo, á veces separada, y siempre más frecuente, como que necesitaba de menor aparato y número de combatientes. Distinguíase del torneo en que este figuraba una lid de encuentro de hombre a hombre. Y otro tanto se puede decir de los juegos de caña y sortija, porque estas diversiones, juntas o separadas, admitían un mismo ceremonial y unas mismas leyes con más ó

menos pompa, segun el lugar y la ocasión con que se celebraban.[10]

¿De qué se trataban estos juegos de caña y sortija? Según el *Diccionario de Autoridades* de 1726, "Juego ó fiesta de acaballo, que introduxeron en España los Moros, el qual se suele executar por la Nobleza en ocasiones de alguna celebridad."[11] Covarrubias en 1611 describe el juego de cañas como un género de pelea de hombres a caballo.[12]

Solían celebrarse las cañas en las plazas. Antes de empezar el juego, entraban los padrinos de los dos bandos, cada uno por un lado, encontrándose en el centro de la plaza. Cada uno iba acompañado de gran cantidad de lacayos vestidos con ricos uniformes. Una vez que se daban cita en el centro, salían de la plaza y volvían a entrar a ella con acémilas[13] ricamente engalanadas y cargadas de cañas recubiertas con un paño con los emblemas heráldicos de los participantes. Las cañas eran de una longitud de tres a cuatro varas, es decir, entre dos metros y medio hasta un poco más de tres. Así cada bando daba una vuelta a la plaza, como reconociendo el terreno y seguidamente se colocaban en sus puestos. Una vez instalados en sus lugares, los padrinos sacaban unos pañuelos que agitaban en el aire, dando a entender que estaban listos y entonces daba comienzo el juego o el correr las cañas.

El juego estaba formado por lo general por ocho cuadrillas, compuestas cada una de cuatro, seis u ocho caballeros que iban montados en unas sillas especiales con los borrenes más altos, las acciones más cortas y los estribos más grandes, a las cuales se les llamaban jinetas. Iban vestidos con un uniforme llamado librea, el cual tenía la manga derecha llamada sarracena, ricamente bordada. En cambio la manga izquierda estaba muy ajustada al brazo porque en él sostenía un escudo de cuero que tenía forma ovalada o de corazón, llamado adarga. Llevaban en la adarga un distintivo y un mote que la propia cuadrilla había escogido, una palabra o sentencia breve que les representaba.

Se dividían, pues, las ocho cuadrillas, cuatro de cada lado. Empezaban corriendo por parejas a caballo y seguidamente, con las espadas en mano, ejecutaban una escaramuza formando diferentes lazos y figuras, a modo de danza a caballo. Una vez finalizada esta, se retiraban los caballeros y se reagrupaban en cuadrillas, cada una en su lugar. Cogían las cañas con la mano derecha. La cuadrilla que debía empezar el juego, salía corriendo por la plaza tirando las cañas al aire volviendo al galope hacia donde estaba la otra cuadrilla que salía igualmente al galope tirando las cañas, cargando contra los que primero venían. Así iban saliendo sucesivamente una tras otra las cuadrillas, cargando una y otra vez con las cañas y protegiéndose con los escudos.[14]

El *Diccionario de Autoridades* nos da un dato muy interesante acerca del juego de cañas. "Algunas veces se hace vestidos la mitad de los Caballéros á la Morisca y la otra mitad á la Castellana, y entonces se llama esta fiesta Moros y Cristianos."[15]

De esta manera los nobles pasaban el tiempo de paz en juegos de destreza guerrera, como lo confirma la crónica del año 1462 del Condestable Miguel Lucas de Iranzo, la cual dice: "En justas y juegos de cañas pasauan de cada día tienpo los de su casa, por no tener otros fechos de guerra en qué entender, porque avn durauan las treguas con los moros."[16]

Así como el juego de cañas, el correr sortija consistía también en un juego de destreza guerrera y Covarrubias lo cataloga como juego de gente militar.[17] Esto tiene su lógica ya que los militares eran los únicos que usaban las lanzas a caballo. El correr sortija era una:

Fiesta de acaballo, que se executa poniendo una sortija de hierro del tamaño de un ochavo segoviano, la cual está encaxada en otro hierro, de donde se puede sacar con facilidad, y este pende de una cuerda ó palo tres ó cuatro varas alto del suelo: y los Caballéros ó personas que la corren, tomando la debida distancia, á carrera, se encaminan á ella, y el que con la lanza se la lleva, encaxandola en la sortija, se lleva la gloria del mas diestro, y afortunado.[18]

Estos juegos se celebraron continuamente en muchos tipos de festividades públicas durante varios siglos. Narra fray Luis de Ariz, en la *Historia de Ávila*, que por los años de 1107 se celebraron las bodas de Blasco

Muñoz y Sancha Díaz con corridas de toros, torneos a caballo y juegos de arrojar lanzas. Cuenta que en la misma fiesta se juntaron caballeros moros y cristianos, ataviados vistosamente y que montados sobre caballos briosos, llegaron hasta la plaza, donde corrieron toros.[19] Similarmente la crónica de Enrique III narra que cuando el soberano mandaba que se hiciesen honradamente fiestas y procesiones, él mismo otorgaba armas, caballos, ricas ropas y guarniciones a aquellos que sabían ejecutar correctamente los torneos, las justas y los juegos de cañas.[20] Posteriormente, en el siglo XV, el Condestable Miguel Lucas de Iranzo celebró el nacimiento de su hija durante más de una semana con juegos de cañas, moros y cristianos, toros, danzas y otros entretenimientos y diversiones. Según los escritos de su interesantísima relación, sucedió todo esto.

Ca [así] como nació, luego tocaron las trompetas y atavales y á la hora, como se supiese por toda la ciudad, asi se alteraron grandes y chicos de una alegria tan grande que todos los ministriles y otras personas desampararon sus oficios, y sus casas y tiendas, hombres y mugeres se travaron en coro, asimismo cavalleros y escuderos, regidores y jurados, letrados, licenciados y bachilleres en cuerpos, sin mantos con muchos panderos y gritas . . . y trabaron un gracioso juego de cañas en la plaza de Santa Maria . . . é desque vino la noche el Comendador de Montizon, hermano del dicho Señor, del un cabo con fasta dozientos cavalleros christianos, y de la otra parte el asistente Fernando Villafañe con otros dozientos cavalleros moriscos con barbas postizas y tiznadas, con muchas trompetas y atavales, añafiles, con muchas antorchas y faraones,[21] andovieron corriendo, y dando gritos por todas las calles . . . y alli escaramuzando un rato y faziendo muchos juegos de guerra. . . .[22]

Pero no acabó ahí la cosa, sino que la fiesta prosiguió el domingo siguiente con mayor entusiasmo:

Y después de comer travaron otro juego de cañas mui mayor y mas bravo y de muchos mas cavalleros que el lunes pasado . . . y después que por grande rato ovieron jugado, estando infinita gente, asi de la ciudad como de todas las comarcas, mirando el juego y dando muchas gritas y voces . . . y mandó correr seis toros que para la dicha fiesta aparejados estaban; los quales tales y tan bravos que nunca hombres mejores los vieron, tanto que alcanzaron y trompicaron con los cuernos quinze ó veinte personas; pero plugo á nuestro Señor que ninguno no peligró, ni murió.[23]

Este tipo de festejo no sólo formó parte de las crónicas y hechos históricos, sino que también fue parte de la literatura española. Autores españoles incluirían el correr las cañas, sortijas y toros en sus novelas, lo cual nos demuestra cuan populares eran estos juegos. Este es el caso de *Guzmán de Alfarache*, por ejemplo, publicada en 1599, que nos narra detalladamente la manera en que se celebró, en cierta ocasión, al caer la tarde, un gran juego de cañas en Sevilla, donde participaron muchos caballeros estando sus damas presentes.[24] Hasta el mismo Cervantes habla de estos juegos en el *Quijote*.

Volviendo a las crónicas históricas, vayamos nuevamente a la *Relación* del Condestable Miguel Lucas de Iranzo. En ella encontramos numerosas ocasiones en las cuales menciona los juegos de sortija. Una de estas ocasiones fue en 1461, durante la víspera de la celebración de la Epifanía.

La dicha fiesta de los Reyes el dicho Condestable mandó correr la sortija delante de su posada; y por tal que la dicha fiesta mayor autoridad y honor recibiese, él por sí mismo salió á la correr acompañado de muchos cavalleros y jentiles hombres, bien á tres horas de la noche, con muchas antorchas y trompetas y atabales; y mandó poner ciertas sedas para que qualquier cavallero o jentil hombre, que por la sortija metiese la lanza ganase quatro varas de seda para un jubon. Y asi pasaron gran parte de la noche llevando unos y otros la sortija, y ganado su precio fasta que cansados cesaron.[25]

Al año siguiente, durante la misma celebración y después de simular la llegada de los Reyes Magos, el condestable, junto con lo suyos, celebró la sortija en la calle con mayor afán que el año anterior. En el año 1464, festejaron de la misma manera el martes de Carnestoltes (Carnaval), siendo siempre un importante incentivo y motivación el premio que otorgaba el Condestable a aquellos que acertaban la sortija.

Y como llegó, luego se quitaron todos los falsos visajes y para los dos primeros cavalleros que entrasen por la sortija, mandó poner dos jubones de brocado y para cada uno de los otros que dende en adelante la levasen, cada quatro varas de seda: y con esta codicia de ganar los dichos jubones, todos los dichos cavalleros fizieron muchas carreras, y asaz de ellos llevaron la dicha sortija.[26]

El martes de Carnestolendas á la noche el señor Condestable mandaba que se pusiese la sortija en la calle, . . . á cavallo en gineta, su lanza en el muslo, y los trompetas tocando delante con muchas achas[27] de cera é faraones encendidos delante dél, é corria la sortija; é si la llevaba dos o tres veces, ganaba un gallo que mandaba poner con otras joyas, é si él no estaba alli, no faltaba otro loco ó albardan[28] que saliese á correr la sortija.[29]

El día de la Pascua Florida de 1463 hubo un simulacro de guerra muy especial. En este caso, los nobles caballeros con sus gentes defendían un castillo de madera construido para la ocasión. Dicho castillo era atacado por unos y defendido por otros, simulando una gran batalla. Pero esta batalla tenía una atractiva peculiaridad, siendo que las únicas armas que se podían emplear eran huevos. La *Relación* cuenta que "vino mucha gente de la Magdalena con su castillo de madera, como lo solian fazer otros años, y comenzaron su combate de huebos, unos con otros, el mas bravo del mundo. . . ."[30] Algo parecido ocurrió en México en 1578, durante los grandes festejos que hubo con motivo de la llegada de muchas reliquias que S.S. Gregorio XIII otorgó a los jesuitas.

Al son y compás de sus concertados instrumentos, hicieron sus entradas y, tomando sus puestos, imitaron un famoso juego de cañas, sirviéndose en lugar de ellas, de huevos de agua de olor, tirados con mucho compás; y a propósito desmandaban muchos, para rociar a la gente; lo cual paró en una danza ingeniosa de lanzas y adargas, que dió mucho gusto al Virey y a todos los presentes, y más a los caballeros, al ver reducido a música su ejército militar.[31]

En España, no sólo los caballeros y nobles eran los que se divertían batiéndose en torneos; también los hortelanos tenían ocasión de gozar del suyo. Parece que todos, nobles, caballeros, lacayos y plebeyos, tenían la fiebre de los torneos metida en la sangre.

. . . y dado fin al danzar, venian todos los ortelanos de la ciudad con paveses y armaduras de cabeza, y trahian muy grandes calabazas en las manos, y en la dicha calle facian un grande torneo muy bravo de calabazas, dandose con ellas fasta que no quedaba ninguna sana. . . . E si este dia llovia ó nevaba, como acaece algunos años, facia esta fiesta en esta manera: la colación[32] en la sala de arriba, y el juego y torneo de los hortelanos en el patio del dicho palacio, y el correr de la sortija en la calle.[33]

Estos tipos de juegos venían ya de tiempos anteriores pues en 1269, durante los festejos que el rey Jaime I ofreció para el rey Alfonso X de Castilla en la ciudad de Valencia, hubo batallas de naranjas en la rambla, a donde trajeron carretas llenas de la dicha fruta. En 1286, mandaron traer más de cincuenta cargas de naranjas a Zaragoza para los festejos de la coronación de Alfonso III y en el río hubo grandes batallas a naranjazo puro.

La nobleza y el pueblo se entregaban con afanada pasión y afición a todos estos juegos, siendo cualquier evento una buena excusa para celebrarlos. Arturo Warman comenta al respecto sobre la nobleza en concreto. "Los torneos, que causaban más estragos en la nobleza que las guerras, se convirtieron en juegos de sortijas y de cañas. Esta última diversión fue perdiendo su forma de desafío para incorporarse a las corridas de toros."[34]

Está claro como se ejecutaban los juegos de cañas y de sortijas. No sucede lo mismo con las fiestas de los toros, pues no sabemos con exactitud como se efectuaron estas fiestas en el pasado. Covarrubias nos dice lo siguiente respecto al origen de los toros: "Los españoles son apasionados por el correr de los toros, y frisa mucho con los juegos teatrales romanos, . . . sospecho que los romanos introdujeron el correr los toros en España."[35]

Sin duda, Covarrubias atinó respecto al origen de los toros y puede ser que los romanos lo aprendieron de los griegos, como tantas otras cosas. Sabemos que durante la Edad Media, existía en España la costumbre de correr toros atados, popularmente conocidos como toros enmaromados o ensogados. En esta carrera o corrida participaban la mayoría de los mozos y hombres sanos del lugar. Del mismo modo, corrían toros sueltos a modo de encierro. La costumbre de correr toros en sus diferentes modalidades todavía se celebra en bastantes lugares de la España actual. Puede que estas fiestas sean anteriores al medioevo. En Sevilla, a principios del siglo XI, los moros lidiaban toros a caballo. Esta tradición pasó a formar parte de las justas y torneos a finales de la Edad Media, en las cuales participaban conjuntamente moros y cristianos.[36]

El toreo en España se ejecutó de dos maneras diferentes entre los siglos X y XIII. Una, a pie, practicada por el pueblo cristiano en los territorios reconquistados, y otra, a caballo, ejercitada por los nobles caballeros de los territorios moros.[37] Más tarde, los nobles cristianos también lidiarán toros a caballo, dando lugar a lo que más tarde será el rejoneo. Así también, durante los períodos de paz, moros y cristianos conjuntamente corrían toros, luciendo cada uno sus cualidades y destrezas.[38] Varias cantigas del rey Alfonso X en el siglo XIII, tratan asuntos taurinos.[39] Como podemos ver, la afición a los toros era general en la península. En Andalucía el entusiasmo era sobrado, sobretodo en Granada y Sevilla. En el resto de España había pocos pueblos en los que no hubiera alguna celebración taurina, en especial en los de Castilla, Navarra y Aragón.[40] Dice Gaspar Melchor de Jovellanos que "como quiera que sea, no podemos dudar que este fuese tambien uno de los ejercicios de destreza y valor á que se dieron por entretenimiento los nobles de la edad media."[41] En el año 1328 hubo toros delante de la Aljafería de Zaragoza durante las fiestas de la coronación del Rey Alfonso IV de Aragón, donde estuvo presente un famoso paladín del que las crónicas hacen mención en varias ocasiones. Este era muy diestro no solo en los torneos sino también en el correr toros, "así á pie como á caballo, esperándolos, poniéndose á gran peligro con ellos, é faciendo golpes de espada tales, que todos eran maravillados."[42]

Un suceso taurino único ocurrió en el año 1461 y aparece en la encantadora crónica del Condestable d. Miguel Lucas. Cuenta cómo se dieron cita para correr unos toros:

Y despues que ellos y todas las gentes de las otras mesas ovieron comido, danzado y cantado, el dicho señor Condestable cavalgó y todos los otros con él, y fué á la plaza de San Juan, do mandó correr cinco ó seis toros; y como el uno de ellos tomase en los cuernos un hombre debajo del mirador donde estaba, con mui gran discrecion y presteza lo socorrió echando en los cuernos del toro un coxin de brocado que debaxo de los cobdos tenia, y el toro por tomar el coxin afloxó al hombre, y asi fuyó y escapó con la vida.[43]

En ese mismo año, según la *Relación*, pasaban los días enteros en continuos juegos de cañas y en correr toros, apurando los días, hasta que la luz natural lo permitía.[44]

A través de todos estos escritos, entendemos cómo los toros formaban parte importante de las celebraciones públicas. Las gentes tenían verdadera afición por todos estos tipos de juegos y se entregaban apasionadamente. El hecho de que fueran tan populares no los cataloga de fáciles. Por ejemplo, llevar al toro enmaromado y correrlo es más difícil de lo que parece, pues el toro a veces se da la vuelta acometiendo contra los que fuertemente sujetan la maroma. He ahí precisamente donde demostraban el coraje, la valentía y la destreza, y lo más importante, se ponía en juego el honor.

Media provincia tira de la maroma; el que una vez se agarra a ella no la suelta así como así, y soltarla constituye una vergüenza incalificable. Se pelea duramente por un puesto, y hay quien ofrece dinero por él. Cuando un envite del toro hacia ellos les pone en pésimas condiciones, unos huyen, otros caen, aferrándose los más, y todos giran, con gran golpe de vista.[45] En este deporte, que data de tiempo inmemorial, se ponía cuidado en no lastimar al animal. El encanto de la fiesta era correr.[46]

En la localidad de Allariz, en Orense, existe la tradición de correr un toro o un buey la víspera del Corpus. Lo llevan sujeto con una soga y lo corren hombres, mujeres y niños que llevan una vara en la mano. En un tramo del recorrido atan al animal a una argolla para que los valientes que se atrevan le limpien el hocico. Luego prosigue la carrera que acaba subiendo al toro hasta el ayuntamiento.[47] Pero esto no es nada comparado con otros pueblos donde la locura taurina llega hasta el extremo. Este es el caso del pueblo de Brozas, en Cáceres, donde se le tiene tanta afición al toro que éste asiste a todas las fiestas del pueblo, incluso a la iglesia. Y en otro pueblo de Extremadura, al toro se le emborracha para la fiesta de San Marcos y se lo llevan a la procesión y a misa.[48]

Las corridas de toros fueron por excelencia uno de los juegos favoritos de los conquistadores. La primera celebración taurina en la Nueva España tuvo lugar el 13 de agosto de 1529, durante las fiestas de San Hipólito, para celebrar la toma de Tenochtitlán. Desde ese momento en adelante quedaron instituidas las corridas de toros para esa fecha, en la cual se mataban dos toros que eran donados a los hospitales y monasterios.[49] Durante la misma fiesta, se ejecutaban también juegos de cañas, entradas y escaramuzas. Pero parece ser que los festejos más sobresalientes y celebrados eran los de moros y cristianos.[50]

En 1539, tras el tratado de paz entre España y Francia, numerosas celebraciones y fiestas tuvieron lugar en la Nueva España. El cronista de la época Bernal Díaz del Castillo lo documentó sagazmente, como referimos anteriormente en el capítulo "Moros y Cristianos." Escribe en su crónica que al día siguiente hubo toros y juegos de cañas.[51] Estas diversiones de muchedumbres se convirtieron en espectáculos de masas, donde hasta varios cientos de personas intervenían en las justas caballerescas, torneos, juegos de cañas, toros y máscaras.[52]

Por lo tanto, según las referencias y descripciones históricas de estos festejos con torneos, cañas, sortijas y toros que duraron toda la Edad Media en España, podemos imaginar fácilmente la magnitud que llegaron a alcanzar en ese tiempo y la diversidad de gente que participaba en ellos de diferentes maneras. Imaginemos, por ejemplo, cantidad de caballeros ricamente vestidos y armados ofreciéndose a su dama. Tras ellos, sus pajes, escuderos y padrinos igualmente alicatados honrando a su señor; las cuadrillas de caballeros listas para las cañas; los jueces, colocados en sus lugares de privilegio listos para dar las órdenes necesarias para guiar correctamente la ceremonia; las damas, ricamente vestidas y sentadas en sus palcos, sin perder de vista a su caballero; los juglares y ministriles con sus tambores, dulzainas, añafiles, gaitas y zanfonas, dando el toque especial festivo que posee la música y la danza; las banderas, pendones y estandartes con los diferentes emblemas de los caballeros, ondeando al viento, decorando y aportando color a la fiesta junto con las ricas telas de llamativos colores, traídas seguramente de tierras lejanas por mercaderes judíos y árabes. Podemos escuchar igualmente a la muchedumbre atenta, dando gritos, aplausos y vociferando continuamente durante el espectáculo. Entre ellos se mueven vendedores de lo más pintoresco, ofreciendo toda clase de mercancías. Estalla el estruendo de las armas. Los caballos relinchan y galopan, mientras los jinetes blanden sus armas y las estrellan contra sus contrincantes.

Existe una descripción anónima y en verso de una fiesta que se celebró en Segovia en el año 1578, que posee todas las características propias del siglo XVI. Veamos los siguientes fragmentos que describen los participantes y asistentes, la forma en que exagerada y lujosamente visten y el desarrollo de los acontecimientos. Al mismo tiempo pongamos atención a su estilo literario, similar al relato de Gaspar de Villagrá en Nuevo México:

El gran rey llegó primero
a ver si está aderezada
posada para la reina . . .
nuestra señora doña Ana
y el príncipe don Fernando . . .
y vienen también con ellos
las dos infantes hermanos . . .
y el príncipe Vincislao. . . .
Salió luego a recibirlos
un viejo de barba blanca,
que es de gentileza extraña.
Don Diego de Sandoval
tío y sobrino se llaman,
valerosos caballeros
aunque de edad extremada,
que el uno es de catorce años
y el otro de sesenta pasa.
Este es veedor[53] general
de toda la gente de armas. . . .
Éste es del marqués de Pliego. . . .
De don Juan de Guzmán
otra cuadrilla pasaba . . .
la del Conde Cifuentes
también de gente extremada . . .
la del conde Buendía. . . .
La color de ella era negra
en tela de oro forrada.
Su sobrino lleva puesta
una ropilla galana,
es de terciopelo negro
con su garnación de plata. . . .
Trás éstos iba el teniente
con apostura gallarda,
en un caballo tordillo,
las armas de oro grabadas,
un faldón de terciopelo
que botones le sembraban
de tres perlas cada uno
de una grandeza extremada. . . .
Buenos caballos llevaban
todos cubiertos de suerte
que no se parecen nada,
que todos, unos y otros,

llevaban las frentes armadas
con una plancha de acero
que la vista al sol quitaba. . . .
Son catorce compañías,
que cualquier dellas bastaba . . .
por ser todos españoles,
gente no domada. . . .
Con esfuerzo y osadía
todas se determinaban
a pelear con mil turcos
y a dos mil no huir la cara,
y que si tres mil viniesen
les harán temblar las barbas.
Son por todo ochocientos,
y en valor muestras daban
que a más de ochocientos mil
presentaran la batalla. . . .
Salió luego una cuadrilla
que va a correr la campaña. . . .
Van los caballos ligeros
como si tuvieran alas.
Travóse la escaramuza,
toda la gente admirada. . . .
Después de todos sentados,
muchas trompetas tocaban;
tocan también menestriles
y atabales retumbaban,
agora unos, agora otros,
que a todos contento daban.
Para ver allí el torneo
que en el patio se ordenaba,
que se hizo de veintiocho . . .
con dos trompetas delante
que a la orden les tocaba . . .
catorce, a catorce aparta . . .
fuese el uno contra el otro,
tales encuentros se daban
que uno la rompió en el pecho
y el contrario en la celada.[54]
De esta suerte tornearon
Rompiendo cada tres lanzas,
y en habiéndolas rompido
echan mano a las espadas. . . .

Cada cual ase la maza,
que a no ser los yelmos duros
un solo golpe bastará
a despedir de la cárcel
del cuerpo la inmortal alma. . . .
En esto siente un ruido
en el tejado sonaba,
era de la mucha gente
que encima subida estaba;
y para la echar de ahí
subió un hombre de la guardia.
Hicieron tan grande estruendo
que todos se alborotaban,
porque entendieron se hundía
al mismo tiempo la casa;
y el gran rey se levantó
de la silla donde estaba,
tomó de la mano a la reina
y hasta el patio la sacara,
mas volvieron a sentarse
como vieron no ser nada. . . .
Uno a uno comenzaba . . .
todos juntos batallaban. . . .
Uno se vió entre todos
a quien la maza faltara,
mas como vio que sin ella
no puede entrar en la danza,
con soberbia y grande orgullo,
asió un trozo de lanza
de hacia la parte del cuento,
con que ningún golpe daba
que no dejase atordido
al que con él alcanzaba.
No venga Diego Machuca
que también lo machucara. . . .[55]

Tan populares fueron todas estas clases de juegos,
que se emplearon hasta para las fiestas de la canoniza-
ción de San Julián, patrón de la catedral de la ciudad
de Cuenca. La celebración tuvo lugar entre el día 5 y 8
de septiembre de 1595.

El 6 se corrieron en el campo de San Francisco ocho

toros, y tras ellos jugaron cañas 48 caballeros, cuyo juego acabado, se entretuvieron en tirar bordos[56] y hacer otras gentilezas á caballo. Aquella misma tarde hubo pino ensebado,[57] con joyas de oro y plata, y una bolsa con 100 reales. . . .

El 7 se corrieron cuatro toros, y se volvió á gatear por el altísimo pino, por la codicia de nuevas joyas.

Día 8: comedia de la vida de San Julián, representada por Salcedo y Ríos en un tablado delante de la iglesia. . . .[58]

Así mismo, durante otra fiesta religiosa importante celebrada en Valladolid "con motivo del recibimiento y colocación en el monasterio de San Benito, [de] la reliquia regalada por Felipe II en Julio de 1594, . . . hubo toros, cañas y todo género de diversiones."[59]

Todos estos festejos se fueron sucediendo a lo largo de toda la época medieval hasta los tiempos de la conquista de América. Los españoles trajeron consigo los restos de la época gloriosa de los torneos, justas y todo tipo de juegos de destreza al llegar al Nuevo Mundo. Estos llegaron hasta la provincia de Nuevo México en 1598. Las celebraciones nuevomexicanas se parecieron a aquellas de antaño de la España medieval, aunque en menor escala. Este es, pues, el caso de la festividad de San Juan Bautista celebrada el 24 de junio de ese mismo año. Villagrá narra en su *Historia* el siguiente fragmento:

Aqui con gran recato preuenidos,
La mañana graciosa celebraron,
En los cauallos de armas los soldados,
En dos contrarios puestos diuididos,
Cuias ligeras puntas gouernauan,
En vna bien trabada escaramuça,
El buen Ámese de campo, y gran Sargento,
Las poderosas lanças rebouiendo,
Con vizarro donaire desenvuelto
Y luego que los vnos y los otros,
Rompieron gruesas lanças y prouaron,
Las fuerças de sus pechos en torneos,
Que con bella destreza tornearon,

Quedaron para siempre señalados,
Por buenos hombres de armas, y de impresas.[60]

El mismo autor también cita en otras tres ocasiones la ejecución de escaramuzas o juegos caballerescos. Una, en el Canto Diez y Seys ejecutada en San Juan de los Caballeros, tal y como vimos en el encabezamiento de este capítulo. Otra, en el Canto Tercero dice así: "Y en vna escaramuça que tuuieron,"[61] y finalmente en el Canto Octavo: "Y despues de vuna gran carrera alegre, / Vna vistosa escaramuça hizieron."[62]

Existe otro documento de fecha más o menos cercana al de Villagrá y del que nunca se ha hecho mención alguna. Se trata de la *Verdadera Relacion* de fray Estevan de Perea, de 1632. Dicho documento relata la llegada de los españoles a la provincia de Zuni, de la siguiente manera:

Y luego fue la primera Yglesia de aquella Provincia, donde el otro dia se celebrò la primera missa: y enarbolando el Estandarte triumphal de la Cruz, se tomò posesión, assi en nombre de la Silla Romana, como de la Imperial de España, a cuyas primicias sucedieron de parte de los soldados un clamoroso regocijo, con salva de arcabuces, y a la tarde escaramuças, y caracoles de los cavallos.[63]

El texto no especifica qué tipo de regocijo se realizó en aquel momento, pero podemos imaginar que sería alguna especie de simulacro de moros y cristianos, típica celebración en las tomas de posesión de la época, tal y como anteriormente pudimos observar. La escaramuza fue probablemente un juego de cañas o algo parecido.

Bastante más tarde en Santa Fe, en el año 1776, durante las fiestas patronales de la Virgen del Rosario, hubo "tres días de regocijo con moros y cristianos, sortijas que se corren, comedia y toros."[64] En este punto, podemos ya imaginarnos más o menos cómo debieron de ser esas sortijas y toros en Santa Fe. Existen preguntas por contestar, tales como si siguieron teniendo sortijas y toros en la capital en los años venideros. ¿Tuvieron con anterioridad a esta fecha festejos de este tipo en Santa Fe o en otras partes del estado?

Los toros llegaron hasta fechas tan cercanas como finales del siglo XIX. Ocurrió en Las Vegas, Nuevo México, alrededor del año de 1880, cuando se celebró una corrida de toros tradicional. Cuenta el Reverendo Gabino Rendón, que estuvo allí presente para la ocasión, que no vendieron boletas, sino que para entrar debían pagar con papel moneda de 5, 10, 15 o 25 centavos o con monedas de plata mexicanas. El torero fue Jesús Álvarez y él mismo le puso las banderillas al toro. Al final de la faena, no mató al toro porque al estar en los Estados Unidos le dio miedo. Supongo que esto lo hizo porque no sabría cómo la gente se lo iba a tomar. La cuestión es que *La Gazeta*, el periódico local, publicó de manos de Mr. Newman y Louis Homel, un artículo criticando duramente la corrida y el torero.[65]

NOTES

1. Editado por primera vez en Alcalá, España, 1610; *Historia de Nuevo México* (2001), p. 235, Canto Diez y Seys.
2. Rojas Garcidueñas, *El Teatro de Nueva España*, p. 65.
3. Jovellanos, *Obras publicadas e Inéditas*, p. 482.
4. Jovellanos, *Obras publicadas e Inéditas*, p. 484.
5. Jovellanos, *Obras publicadas e Inéditas*, p. 484.
6. Jovellanos, *Obras publicadas e Inéditas*, p. 485.
7. Jovellanos, *Obras publicadas e Inéditas*, p. 485.
8. Jovellanos, *Obras publicadas e Inéditas*, p. 484.
9. Jovellanos, *Obras publicadas e Inéditas*, p. 484.
10. Jovellanos, *Obras publicadas e Inéditas*, pp. 484–85.
11. *Diccionario de Autoridades*, Tomo II, p. 128.
12. Sebastían de Covarrubias Orozco, *Tesoro de la Lengua Castellana o Española, 1611* (Madrid: Nueva Biblioteca de Erudición y Crítica, Castalia, 1995), p. 258.
13. Mula o macho de carga.
14. *Diccionario de Autoridades*, Tomo II, p. 128.
15. *Diccionario de Autoridades*, Tomo II, p. 128.
16. *Relación de los fechos*, Tomo III, p. 73.
17. Covarrubias (1995), *Tesoro de la Lengua Castellana*, p. 903.
18. *Diccionario de Autoridades*, Tomo II, p. 616.
19. Pellicer, *Tratado Histórico*, Parte Primera, pp. 2–3.
20. *Crónica de don Enrique III*, part. I, cap. 11, en Jovellanos, *Obras publicadas e Inéditas*, p. 502.
21. Faraón, corresponde a un farol grande.
22. "Relación de los Fechos," Tomo VIII, p. 262–63.
23. "Relación de los Fechos," Tomo VIII, p. 264.
24. Mateo Alemán, *Aventuras y Vida de Guzmán de Alfarache*, Biblioteca de Autores Españoles 3 (Madrid: Imprenta de la Publicidad, á cargo de D. M. Rivadeneyra, 1849), Parte I, Libro I, pp. 211–12.
25. "Relación de los Fechos," Tomo VIII, p. 42.
26. "Relación de los Fechos," Tomo VIII, p. 75.
27. Vela grande y gruesa de forma cuadrangular.
28. Bufón.
29. "Relación de los Fechos," Tomo VIII, p. 169.
30. "Relación de los Fechos," Tomo VIII, pp. 129–30.
31. Rojas Garcidueñas, *El Teatro de Nueva España*, pp. 58–59.
32. Convite de pastas, dulces y fiambres con que se obsequiaba a los huéspedes. En este caso para celebración de dicho evento.
33. "Relación de los Fechos," Tomo VIII, pp. 169–70.
34. Warman Gryj, *La Danza de Moros y Cristianos*, p. 48.
35. Covarrubias (1995), *Tesoro de la Lengua Castellana*, p. 927.
36. Lorenzo Ortiz Cañarte, "El Toreo en la Edad Media," en *Folklore y Costumbres de España* (Barcelona: Editorial Alberto Martín, 1931), Tomo I, p. 392.
37. Ortiz Cañarte, "El Toreo en la Edad Media," Tomo I, p. 393.
38. J. Sánchez de Neira, *El Toreo, Diccionario Tauromáquico* (Madrid: Turner, 1988), p. 16.
39. Las Cantigas CXLIV, XXI y XLVIII en *Cantigas de Santa María, de Don Alfonso el Sabio*, Vols. 1–2 (Madrid: Real Academia Española, Establecimiento tipográfico de L. Aguado, 1889).
40. Sánchez de Neira, *El Toreo*, p. 16.
41. Jovellanos, *Obras publicadas e Inéditas*, p. 486.
42. Jovellanos, *Obras publicadas e Inéditas*, p. 486.
43. "Relacion de los Fechos," Tomo VIII, pp. 57–58.
44. "Relacion de los Fechos," Tomo VIII, p. 62.
45. Enrique Casas Gaspar, *Ritos Agrarios, Folklore Campesino Español* (Madrid: Escelier, 1950), p. 232.
46. Casas Gaspar, *Ritos Agrarios*, p. 232. Nota a pie de página (I).
47. Luis de Hoyos Sainz y Nieves de Hoyos Sancho, *Manual de Folklore, La Vida Popular y Tradicional en España* (Gijón: Colegio Universitario, 1985), p. 403.
48. Hoyos Sainz y Hoyos Sancho, *Manual de Folklore*, p. 403.
49. Warman Gryj, *La Danza de Moros y Cristianos*, p. 73.
50. Warman Gryj, *La Danza de Moros y Cristianos*, pp. 73–74.
51. Díaz del Castillo, *Historia verdadera*, p. 507.
52. Warman Gryj, *La Danza de Moros y Cristianos*, p. 33.

53. Jefe segundo de las caballerizas de los reyes de España, que tenía a su cargo el ajuste de las provisiones y la conservación de los coches y el ganado; *Diccionario de la Lengua Española*, Vol. II, p. 2033.

54. Parte de la armadura que cubre y protege la cabeza.

55. Jenaro Alenda y Mira, *Relaciones de Solemnidades y Fiestas públicas en España* (Madrid: Establecimiento Tipográfico "Sucesores de Rivadeneyra," Impresores de la Real Casa, 1903), pp. 81–91. En este mismo interesantísimo libro, repleto de información sin desperdicio alguno, podemos hallar numerosas descripciones de fiestas y celebraciones donde se ejecutan las cañas, toros y sortijas y demás tipos de juegos de la misma índole. En estos documentos podemos ver también que este tipo de entretenimiento festivo se exportó a Italia durante el siglo XVI, en especial a la ciudad de Ferrara (pp. 114–18). También se citan los gastos que estas fiestas suponían. Relata que en Valencia, por ejemplo, en 1599, con motivo de la visita de la reina Margarita de Austria, la diputación llegó a gastar 30.000 ducados en un torneo. Estas fiestas empezaron el 4 de abril y no cesaron hasta el 4 de mayo cuando los reyes partieron rumbo a Barcelona (pp. 122–23). Durante las bodas del hijo del Duque de Cea con la señora Feliz Colona, en 1610, gastaron en fiestas 80.000 ducados (p. 148). En 1590, se mantuvo una gran celebración de un juego de sortija en Valladolid. En esa ocasión se colocó un cartel indicando las condiciones que debían cumplir todos aquellos que quisiesen participar y avisaba que la fiesta podría alargarse ocho o quince días. Hay una lista de los premios que se otorgarían a los participantes ganadores (pp. 100–2). Como dato exótico, en las fiestas que se celebraron en Lisboa, Portugal, durante la visita del rey Felipe III, en 1619, hubo muchos espectáculos e invenciones de fuego, como este: "Entraron en la plaza cuatro cavalleros llenos de fuego, que despues de dar algunas carreras, echando muchos voladores y buscapies, corrieron una sortija tambien de fuego, despidiendo tanto por todas partes, que parecia imposible no abrasarse" (p. 197).

56. Lanzas de madera con la punta de hierro.

57. El pino ensebado es una tradición antigua relacionada con los ritos de fertilidad. Es símbolo fálico. Recordemos que existen juegos de la misma índole entre los indios pueblos de Nuevo México.

58. Alenda y Mira, *Relaciones*, pp. 106–7.

59. Alenda y Mira, *Relaciones*, pp. 105–6.

60. Villagrá (2001), *Historia de Nuevo México*, pp. 224–25, Canto Qvinze.

61. Villagrá (2001), *Historia de Nuevo México*, p. 94.

62. Villagrá (2001), *Historia de Nuevo México*, p. 141.

63. Fray Estevan de Perea, *Verdadera Relación, 1632,* Copia facsímil, Center for Southwest Research, Zimmerman Library, University of New Mexico.

64. *Descripción del Nuevo México*, p. 383.

65. Rev. Gabino Rendón, "La Corrida de Toros," *New Mexico Folklore Record* IV (1949–50), p. 23.

CHAPTER 8

Dance of Matachines

The one who knows the power of dance,
Lives in God.

—Djamaladdin Rumi

Matachin, that on days as this,
Matachin, a day of mocking,
Matachin, when Time is not time,
Matachin, when Time is hollow.

—Antonio de Solís, seventeenth century

On winter nights,
To the sound of the violin,
We prepare our *cupiles*,[1]
And dance the matachin.

—Traditional New Mexican[2]

VARIOUS TRADITIONS COME together in the dances of matachines of New Mexico. On the one hand, they are directly related to Morismas, dances of Moros y Cristianos, and *mascaradas*.[3] On the other, they formed part of the *conquista* dances of the sixteenth century in New Spain. Many studies already exist that deal with the style and forms of matachines in Mexico and New Mexico, including their musical forms.[4] This chapter I hope shows in a synthesized manner the origin of this type of archaic, ancestral dance: when and how it came to be. Before continuing, we ought to observe that like many other dances, New Mexican matachines are *live*

dances, which have changed over time and continue to undergo modifications.

We may doubtlessly classify the dance of matachines within that of sword and stick dances, or at least group them into the same family. If we look at the act of dancing itself, the *Diccionario de Autoridades* defines dancing as "a composed movement following the rhythm of an instrument, in orderly fashion and with knowledge of rules."[5] Pedrell broadens the definition: "a grouping of dancers who gather at a public event to dance to the rhythm of musical instruments."[6] Dance is a composition of previously prepared studied movements with an objective, concrete plan peculiar to each dance. From time immemorial, dance was the channel of communication between humans and their divinities. For example, there were dances to assure successful hunts or good crops in a given year or to invoke rain. These types of dances still exist among the Native Americans in New Mexico. Dances were likewise performed to guarantee success in war and served at the same time as athletic exercise in preparation for battle.[7] Dances were and continue to be entertainment for people. Hence, we can establish two basic groups of dances: one, of a religious or ritual character, and the other, as a kind of recreation.

There are different opinions concerning the nature of sword and stick dances. Some suggest they are war dances, while others associate them with fertility or

Fig.8.1. Basque Ezpadanzaris. / Ezpadanzaris vascos.
Photo by Tom Lozano.

Fig. 8.2. Meeting and parade of Balls de Bastons, Ascension Feasts, Granollers, Barcelona, May 31, 2003. / Encuentro y pasacalles de Balls de Bastons, feria y fiestas de La Ascención, Granollers, Barcelona, 31 de mayo de 2003.
Photo by Tom Lozano.

religious rites. People in ancient Greece danced with swords, as the classics of that time demonstrate. In ancient times, Greeks called this dance xiphismos.[8] Covarrubias says that dances of armed men were known as Pyrricas, after their inventor, Pyrro, and that in Spain this genre of dance is ancient.[9] Some also called it *ballimachia*, which means the same as Pyrrichia.[10]

In early Rome there was a dance performed during the sacred festival dedicated to the god Mars. It consisted of twelve dancers dressed in painted tunics, with richly adorned sashes crossed over their chests, swords at their sides, and *cascabeles* tied around their legs.[11] Pointed headdresses covered their heads. They held sticks with their right hands and carried shields in their left.[12] Thoinot Arbeau says that a dance by the name of *buffens*[13] or *mattachins*[14] originated from these legendary mythological dances. This leads us to ask what exactly the matachines are. Covarrubias defines matachines in the following way:

Meaning *matar* (Castilian for kill), the dance of matachines is very similar to ancient Thracian dances, where dancers with bare arms and legs, armed with helmets and corselets, shields and cutlass, went out jumping and dancing to the sound of flutes. Following the rhythm, they struck such fierce blows that whoever looked upon them, instilled with fear, shouted, believing that the dancers, filled with rage, would strike to wound and kill, and indeed, some fell to the ground as if dead while the winners, claiming victory, stripped them—all this to the sound of the aforementioned flutes. For this feigned havoc of killing each other, we may call them matachines.[15]

In distinguishing between the different dances of the past, Covarrubias himself catalogues matachines as a comedy or tragedy represented by dance, through mime and without words.[16] The *Diccionario de Autoridades*, by contrast, defines matachin as follows:

Said of a man dressed up in ridiculous attire and wearing a mask. He is covered from head to foot in tight, multicolored clothing made of alternating colors, such that one quarter of the dress is yellow and another red. Four, six, or eight such figures form a dance called Matachines. They grimace and strike at each other with wooden swords and cow bladders inflated with air.[17]

Besides these definitions, matachin refers to the name of the dance itself.[18] Scholars agree that both the origin of the word matachin as well as the presentation are Italian. Matto means crazy, and in the thirteenth century they used the word *mattana* to designate an object or act of stupidity. From there derive *mattassin* or *matachín*, which appeared in the early sixteenth century in some Italian carnival songs. The names of such characters appear in numerous documents and writings from the sixteenth century onward. In Italy they appear as *mattaccini*, in France as *matesins*, and in Spain as matachines. The first mention that we know of in Spain is from Salamanca and dates to 1569

Fig. 8.3. The Tarambanas figure from the group Amigos del Dance de Paloteado from Tudela. He wears alternating colors: one leg is red, the other blue; the upper arm is green, the lower arm yellow; his head is pink on the front, blue on the back. / El Tarambanas del grupo Amigos del Dance de Paloteado de Tudela viste colores alternados: una pierna roja y otra azul; los brazos y el dorse verde y amarillo; la cabeza de rosa por delante y azul por atrás. Photo by Tom Lozano.

in the *Tratado del juego* by Fray Francisco Alcocer.[19] The *Diccionario de la Real Academia Española* says that the dance of matachines parodied ancient war dances.[20] In support of this, Aureli Capmany says that such a dance always consisted of armed combat accompanied by music and was generally performed for carnival.[21] This was not always the case, however, since in Burgos (Spain) in 1570 the following event took place:

Here is the account of Queen Anne de Austria, who was on her way to wed King Philip. At a short distance from the door of San Martin, under a beautiful and ornately adorned awning, three triumphal carriages awaited the queen: One with "Indians," another with the god Vulcan, and the third with "Matachines."[22]

In 1623, the Prince of Wales, who later became Charles I, visited Spain. A manuscript of that time narrates that on March 21, the bailiff from the Spanish court, Pedro Vergel, together with his friends, went to entertain the prince with a soireé.[23] The account explains that they capered about, dancing with castanets and ended with matachines. The prince was quite pleased and granted Vergel a chain valued at more than four hundred silver *ducados*.[24] For the royal fiestas in 1637, they held matachines on horseback wearing absurd costumes.

Six footmen, at intervals, went dancing matachines. Two aged men with beards to their waists played upon drums using two inflated wineskins. When they arrived where the king was, they ran their horses in pairs and spiraled them skillfully. Next, the three teams of matachines gathered together before his majesty's window and repeated it marvelously.[25]

In numerous entremeses from the seventeenth century, matachines made all people present laugh with their clowning acts, craziness, and absurdities. In 1655, in the entremés titled *Las visiones*, there appeared a two-headed matachin made of two men united at the back. In 1663, there appeared an entremés by Suárez de Deza, titled *Poeta y los matachines*.[26] In an entremés by Francisco de Castro called *El vejete enamorado*, they brought out two matachines and a third with five heads, which danced while the rest grimaced. Yet in other entremeses, matachines appeared with the same

costumes, holding black wooden swords as they used to do in the sixteenth century. There is an interesting manuscript from the eighteenth century in which four matachines appeared dancing to the rhythm of a guitar, walking around the stage with swords and *bocléres* (small wooden or cork shields): "They strike with their swords whoever stands on the side of their sword. Some strike boclére against boclére, others strike swords against boclére, as they change places . . . until they return to their own place where one falls dead."[27]

As we can see, these matachines have little to do with matachines we know today in New Mexico. Masks, wooden swords supplanted by *palmas*, costume or dress colors that are similar, and the guitar, which appeared in the eighteenth century, are all elements in common. Besides all these shared features, however, we find that the matachines described here from the sixteenth to eighteenth centuries and the matachines danced today in New Mexico differ in important and basic ways, namely, their function and purpose; the form of dancing in two parallel lines; and that they always form part of a religious festivity, usually in honor of a patron saint. Matachines discussed thus far were merely burlesque dances for entertainment, while New Mexican matachines are dances related to sword and stick dances, of both religious and ritual character.

We know they were highly popular in Spain since antiquity. Once again, we must direct our attention to the Corpus Christi feasts and celebrations, and specifically to their processions, the main source of information on sword and stick dances in Spain. This festival, which Pope Urban IV instituted in 1263, caused great stir and impressive solemnity beginning in the early fourteenth century. As we saw earlier in the chapter dedicated to this celebration, such processions were composed of traditional religious images, symbols of virtue and sin, images from the holy scriptures, different social and ecclesiastical bodies, and the guilds. Yet they also included animal figures dragging floats, giants, and *cabezudos*, which accompanied and alternated with sword dances, stick dances, ribbon dances, and bow dances.[28]

A century before Rome instituted the Corpus Christi

feast we have documented references to stick dances, such as one dating to 1150. It took place during the festivities celebrating the betrothal of Count of Barcelona, Ramón Berenguer IV, to Princess Petronila. The scholar Carreras Candi, however, affirms that stick dances existed before the twelfth century and that according to some documents (Chartulary of San Cugat, fol. 3, no. 4, Archive of the Crown of Aragon), the *ball de bastons* (cane or stick dances) already existed in Catalonia by the late tenth century.[29] Sword and stick dances appear frequently documented, however, with the start of Corpus Christi celebrations. One of the main reasons for such dances was their low cost compared to that of floats and figures, which formed part of the procession. Dancers usually represented the guilds they belonged to or else were hired for a very small wage.[30] As we may recall, it was the guilds and professions of the big cities who invested much care and attention to the feast of Corpus Christi, conferring on it ever more splendor and popular success. Besides attending the processions with their banners and standards, they were responsible for the order and arrangements of dances, farces, and symbolic religious figures.[31]

Most scholars of stick dances agree upon to their agrarian origin, just as some sword dances are associated with fertility rites. In ancient India and Judea, sword dances were done at weddings to invoke fertility for the wife.[32] Until the late nineteenth century, in the town of San Cougat del Vallès, in Barcelona (Spain), as well as in other towns of that municipality, a stick dance preceded the nuptial procession.[33]

> Five main elements stand out in weapon and stick dances: the game of combat, the weapon as a defense against spirits, the weapon or cane as a phallic invocation of fertility, stick games, and figure dancing.[34]

This dance came through time as a religious ritual dance united to ancestral symbols of combat in war and abundance in the fields. Some scholars agree that the circular movements and jumps, as well as the interweaving figures formed by two lines of dancers, have the purpose of magically stimulating the growth of vegetation. Swords and sticks are also compared to magic wands of life as far as phallic rites and rites for agricultural productivity.[35] Such dances also represent the battle between good and evil, light and darkness.

As mentioned earlier, the clearest evidence of these types of dances appears in relation to the Corpus Christi feasts. The most widespread dance in Spain today, however, is done in honor of patron saints. Participants dance before religious images during processions to the rhythm of *tamboriles*[36] and *dulzainas*,[37] bagpipes, three-holed flutes, accordions or violins, or a combination of two or three of these, depending on the town or geographical area. In the past, the violin was a much more common instrument of accompaniment for cane dances in Catalonia. Today this instrument is rarely used for this purpose. The only place that still maintains the tradition of violins accompanying cane dances is the small town of Artés, which depends on its two violinists for music, without which there would be no dancing. As with the instruments, the dancers' costumes varied greatly depending on the geographical region. We can say, however, that the predominant color is white, and in many places the dancers wear white skirts or petticoats. The number of dancers also varies, with six being the minimum.

In several areas of Spain, a curious character respected by all and from whom all children flee currently leads the stick dances. His names vary, depending on the geographical area, and include Birria, Zangarón, Zorra, Zurri, Botarga, and Tarambana. He represents the spirit of evil and is frequently called devil or devilish. His original purpose was not to lead the dance. His costume is different from that of the other dancers and stands out. He wears a mask, generally quite grotesque, and garments of various garish colors. He holds a long stick at the end of which an inflated animal bladder dangles from a cord. He uses this to express his maximum authority, which everyone respects. He has a double function. First, he directs and controls the dance, and second, he acts as an authority figure when it comes to the public, whom he knocks with the inflated bladder to keep back and open space for the dancers or to simply pester, even if no dancers and spectators crowd around the dance.

These dances, strongly interrelated to feast days of the local patron saint and especially with Corpus Christi festivities, arrived to New Spain in the sixteenth century. We should recall that Corpus Christi celebrations in Mexico were extremely important and possibly the most spectacular of all, with processions, dances, and dramatic representations. Dance and theater filled a highly important social function during the sixteenth century in the colony, for they proved more effective than any sermon in converting the indigenous people.[38]

Thus, sword dances, morismas, matachines, masquerades, and dances of toreadors arrived in New Spain. The current Mexican matachines dance is the most extended religious dance among the indigenous groups from northern Mexico. This may be attributed to missionary groups, for Jesuits introduced it all the way to the northeast of what today are the United States of Mexico, in the form of wars between Moors and Christians.[39] Some areas call such spectacles morismas, which mestizos act out. The central and eastern parts of Mexico call them *matlachines*, but whatever people call such dances, they are essentially the same, with infinite variations depending on the geographical area. Most indigenous groups identify such dances as symbolic of the battle between good and evil and celebrate them mainly during Christmas and January 6, Epiphany.[40]

New Mexican matachines, some dances of Moros y Cristianos, and Mexican matachines share some similarities. As with other New Mexican traditions, we do not know exactly when the matachines dance arrived in the province of New Mexico or how such dances were carried out in the past. Documents mentioning them are no older than late nineteenth or early twentieth centuries. It seems as though the New Mexican dance of matachines is unique, having evolved by adopting elements from other different dances to form a structure and characteristics of its own, creating what we know today on the north side of the Rio Grande as the dance of matachines. The local people have conferred on it a genuine flavor, style and charisma all their own, transforming it into part of their own identity.

Matachines are found among Hispanic and Indian communities, with subtle variations between one place and another. In New Mexico, they form part of the

Fig. 8.4. Tarambanas imposing order to and fro. / El Tarambanas impartiendo orden a diestra y siniestra. Photo by Tom Lozano.

festivities in honor of the patron saint of a determined place. This is more common among the Hispanic communities, although some of the Indian pueblos also dance matachines for the feast days of their patron saints. Such is the case with Jémez Pueblo, which holds matachines on December 12, for the Virgin of Guadalupe. Generally, however, Indian pueblos dance matachines for Christmas celebrations. The number of dancers also varies, twelve being the most common number, though this differs according to each place. Where the number of dancers is twelve, there is a special symbolism linked to the number, interpreted as the Twelve Apostles, the twelve bishops of Rome, or the twelve months of the year.[41] San Juan Pueblo, for example, has ten dancers, and Bernalillo, which has a great affinity for the dance and for Saint Lorenzo, its patron saint, chose to form two large groups that take turns. Costumes also vary. In some places, matachines wore white shirts and pants and at times white skirts or lacy, polka-dot petticoats, very similar to the Spanish attire used for certain stick dances. In other places, they wore silk shirts of many colors as varied as there were dancers.[42] Generally, though, they dressed with an embroidered shawl tied to the waist just as they do for certain dances in different parts of Spain today. There exists a dance in Utande, Guadalajara (Spain), performed by an angel, a devil, and eight dancers wearing lace petticoats fastened by a brightly colored silk sash.[43]

The most significant part of the New Mexican matachin costume is without a doubt its hood, called a *cupil*, shaped like a bishop's mitre from which dangle long colored ribbons that give the dancers a festive as much as a reverential and impressive aspect when executing their swift movements. The multicolored ribbons swoop about elegantly, always following the dancer. The colored ribbons further provide the coloring typical of rites related to the flourishing of the vegetable kingdom by representing nature in bloom. The front part of the cupil is decorated with the image of some saint, small mirrors, and different pieces of jewelry. Such mirrors and jewelry closely resemble certain styles of mitre-like hoods called *caramiellos* that women from Castilian and Extremaduran areas, such

as that of Eria, Leon (Spain), use.[44] A dance exists in the Basque country called *mascarada suletina* in which one of the main characters in the dance, called Zamaltzain, wears a strange hat made of feathers, flowers, ribbons, and small mirrors.

Another peculiarity of matachines is the black veil behind which the dancer conceals his face. The use of such veil has given rise to different hypotheses about the terms matachin and matachines and their origin. Some scholars believe that these names come from the Arabic, *mudawajjihin* and its plural form, *mudawajjihen*, meaning masked.[45] A dance called *mijiganga* or *moxiganga*, from the Arabic *magxiguachah*, or covered face, was very popular during colonial times. In Catalonia this dance is religious in character. In Valencia it is a war dance. In many other parts of Spain it has the form of a masquerade, often being confused with matachines and *encamisadas*.[46] Dances existed in Spain in which the dancers painted their faces black to symbolize Moors. In a region of the Catalan Pyrenees, people performed a dance on the eve of the fiestas in which the dancers blackened their faces with soot and rapped castanets in order to chase away evil spirits, and we find other celebrations in the peninsula where dancers blacken their faces in the same way.[47] We can compare blackening a face with soot to wearing a black veil to conceal the face. It could also be that such a tradition is related to morismas from colonial Mexico, in which Indians, representing Moors conquered by Spaniards, sometimes covered their faces, pretending to be Arabic armies.

Continuing with the matachines, we can see that each dancer holds a *guaje* in his right hand, marking the rhythm through the dance.[48] It seems that for some reason and at some point in time the guaje replaced the strings of cascabeles sword and stick dancers usually wear tied around their ankles or wrists and that, like the guaje, have the purpose of accenting the rhythm of the dance. The guaje is obviously an indigenous influence. In their left hands, dancers hold a sort of wooden trident, ornately decorated, which they call a palma, and use to carry out the movements and gestures throughout the dance. The palma, with its three

Fig. 8.5. Matachines, San Juan Pueblo, New Mexico. Photo by Charles E. Lord. Courtesy of Museum of New Mexico, neg. #121221.

Fig. 8.6. Matachines in New Mexico. Date and place unknown. / Matachines en Nuevo México. Fecha y lugar desconocidos. Photo by Royal A. Prentice. Courtesy of Museum of New Mexico, neg. #110557.

trident-like ends, represents the Trinity: the idea that there are three persons representing the one and only God.[49] In New Mexico, then, dancers hold a guaje in their right hand, marking the beat, and a palma in their left. In most traditional Spanish stick dances, the dancers, holding a stick in each hand, strike at each other's sticks, tapping the rhythm of the dance. The matachin dancer, by contrast, sways the palma with soft movements, suggesting more an energetic magnetization (perhaps of protection and expulsion of evil spirits) than an awakening of nature and the earth, as does the tapping produced by Spanish stick dances. Also in Spain, in some dances participants hold sticks in their right hands and very small metallic shields in their left,

Fig. 8.7. Matachines, Bernalillo, New Mexico, August 2003. Photo by Tom Lozano.

Fig. 8.8. Monarca and Malinche in the center, Matachines, Tortugas, New Mexico, December 11, 2003. / El Monarca y la Malinche en el centro, Matachines, Tortugas, Nuevo México, 11 de diciembre, 2003. Photo by Tom Lozano.

which they clash against that of their partners, marking the rhythm.

Matachines are led by a king called El Monarca, the main figure in the dance. He dresses like the rest of matachines, except that his costume is much more elaborately decorated. What distinguishes him above all else is the crown on his head. In some places he carries a cupil like the other dancers, above which sits a crown with a cross on high. In other places such as in Bernalillo, he wears a hat with no brim and

thickly topped with red, white and yellow flowers of great symbolism. In Arroyo Seco, El Monarca carries a golden palma in his hand. When he is not dancing, he sits next to La Malinche, observing, nevertheless, all that occurs in the dance. El Monarca traditionally dressed completely in white.

The only female character in the dance is La Malinche, represented by a girl eight to ten years old. She dresses all in white, as if she were a bride or preparing to take first communion. In the Indian pueblos, she

Fig. 8.9a. Monarca and Malinche in the center, Matachines, Bernalillo, New Mexico. Feasts of San Lorenzo, August 2003. / El Monarca y la Malinche en el centro, Matachines, Bernalillo, Nuevo México, durante las fiestas del santo patrón San Lorenzo, agosto 2003. Photo by Tom Lozano.

wears the traditional Pueblo dress. She dances with El Monarca, who protects and guides her.

Next are the Abuelos who generally are two, an Abuelo and an Abuela. They dress in the most grotesque way possible, wearing masks and with a whip to carry out their authority. These characters, like the Spanish grotesque characters called Birria and Tarambanas, are the ones who maintain order during the dance, sometimes even pestering the dancers but overall the spectators, adding a humoristic note to the celebration. According to tradition, El Abuelo represents the ancestral Hispanic spirit who sleeps in his cave all year long and awakens to fulfill a very important function in the dance: directing the movements and turns. El Abuelo is in charge of castrating the El Toro.[50] A man always plays La Abuela, partner of El Abuelo. Known as Perijundia, she has very masculine features. She makes sure that the capes and cupiles belonging to the dancers are neatly fastened and stay put and helps the dancers in whatever concerns their costume during the dance.

Lastly is El Toro, which wears different costumes depending on the locality. In some cases he dresses in a bull hide and in other places he wears a cape. All versions, however, have horns and carry a cane in each hand, representing the bull's front legs. Sometimes he also has his head covered like the matachines. When

Fig. 8.9b. Matachines, Alcalde, New Mexico, December 2003 / diciembre 2003. Photo by Tom Lozano.

Fig. 8.10. El Torito, Matachines, Bernalillo, New Mexico, August 2003 / agosto 2003. Photo by Tom Lozano.

it is his turn to dance, he bows to El Monarca and La Malinche each time he passes in front of them. El Toro incarnates the spirit of evil and yells and kicks, angry at El Abuelo. In some versions, El Toro dies, later to be resurrected.

Various interpretations and symbolisms exist concerning the dance of matachines in New Mexico. According to Indian tradition, in this case, according to Cochití Pueblo, the legend on the origin of this dance goes back to the sixteenth century, during the conquest of Mexico. It tells how Princess Malinche was given in marriage by her father, Montezuma, to Hernán Cortés, who fell under the influence of El Toro, spirit of evil. Thus, Malinche, by order of Cortés, persuaded her father to abandon their people, the Aztecs. Malinche's grandfather (El Abuelo) pleaded with her in vain. El Toro ended up killing El Abuelo after a hard struggle between the two. El Abuelo, however, being a koshare (ancestral spirit), returns to the land of the elders and successfully persuades La Malinche to change her mind and guide Montezuma back to his people.[51]

According to J. D. Robb, La Malinche represented lust and El Monarca, who rescued her from El Toro, symbolized man's triumph over evil.[52] Other interpretations of the symbolisms of the dance say El Abuelo represents lust and La Malinche the human soul that must be convinced through love of Christianity, while El Toro continues to be the diabolic pagan figure.[53] Yet for others, La Malinche is a symbol of purity and of good, in contrast to El Toro, a symbol of evil and darkness.

In New Mexico the death of a bull is probably related to ancient traditions of death and resurrection, repeatedly expressed during carnivals, where a figure is killed only to return to life later. It could also be linked to ceremonies of bellicose, religious, or magical character in which a living being is simply sacrificed.[54] In a town of Cáceres (Spain) called Montehermoso, young women would file out in procession to ask permission from the mayor for fighting a young bull and killing it. They carried banners and performed the ancient stick dance following the rhythm of a tamboril. Those at the front carried olive branches, which they shook to make way among the people. Once the mayor granted them permission, the young women waved the cape at a young calf. In ancient times, a dance of great solemnity called *vaca-moza* existed in certain parts of Spain, done exclusively by women who would fight a young bull on horseback with a lance and kill it.[55] Furthermore, the bull is without a doubt one of the symbols of conquest, especially for Indians, since bulls were brought from Mexico during Spanish colonization and Spain has always identified itself with the symbol of a bull. The fact that it is a diabolic symbol reflects the indigenous sentiment toward the Spaniards.

The violin accompanies this dance in New Mexico. One or two violins were used in the past to perform the dance, and the players were generally Hispanic. They also played for the Pueblo Indian dancers. The musicians were treated with great deference. In some Indian pueblos they also use the Indian drum, the *tombé*. On certain occasions in the past, for lack of violinists, they danced matachines to the music of an accordion. More recently, people have adopted the guitar as a rhythmic accompaniment to the violin, but the violin plays the melody and marks the different parts of the dance.

There exists in New Mexico a variant within the traditional matachines dance in two geographically distant localities. It is the so-called *baile de cintas*. One is found in the northern part of the state, in Taos, and the other in the southern region, in the pueblo of Tortugas. In Spain, this dance has different characteristics and names according to the area. In some parts of Castile they call it *baile del cordón*. In the Valencia area it goes by the name *carxofa* (artichoke) or *magrana* (pomegranate). In Catalonia, it goes by *ball de gitanas*. Its most common name, though, is baile de cintas. This is an international dance, appearing in many different countries. It consists of a tall pole from which hang a number of long, colored ribbons, as many as there are dancers, who place themselves around the stick forming a circle. Each one takes hold of a ribbon and following the rhythm of the music, dances as they intertwine the ribbons, braiding them or in some cases wrapping them around the pole. The dance finishes when the dancers, unweaving or unbraiding the ribbons, end up in their original spots. Innumerable variations of this dance appear throughout Spain as well as in other countries, and it seems as though the ancient Mayas were already performing this type of dance before and during the colonial period, as Vicente Riva Palacio explains in *México al través de los siglos*.

Even in Mexico Spaniards found in the Mayan pueblos a similar dance used by the indigenous: in the ground they planted a wooden pole about fifteen to twenty feet high with thirty or more (depending on the number of dancers) cords of all colors. Each took hold of the cord by its end and began dancing to the sound of instruments and chanting, intertwining themselves so skillfully that they created with the cords a beautiful weaving on the stick, forming lovely ribbon-work, combining the colors perfectly.[56]

There are various kinds of symbolism regarding this dance. Of them all, the one that in my opinion comes

Fig. 8.11. Festa Major: Ball de las Gitanas, Vilafranca. Courtesy of Arxiu Joan Amades, #20995, GC, DC, CPCPTC.

Fig. 8.12. Matachines, Tortugas, New Mexico, December 2003. Photo by David Smith.

Fig. 8.13. Violinist, Tortugas, New Mexico, December 2003. / Violinista, Tortugas, Nuevo México, 2003. Photo by David Smith.

closest to its origins derives from the ancient rites of the cosmic tree. These rituals tried to form a tree with colored cords attached to the highest part of a central wooden pole. The act of braiding the multicolored ribbons symbolized the perfect union of earth and sky. Through this union dancers were able to thrust themselves to the earth's center and elevate their prayers to heaven, thus receiving divine blessings. Today these dances are performed around the world on occasions such as feast days of patron saints, carnivals, Corpus Christi celebrations, and during spring, May dances.

Dance is as old as humanity itself in its connection with or in honor of the divine world. Today the dance of a particular place is a precise result of the succession of historical moments through which that specific place has passed. At the same time, dance forms part of festivities, marking a break in daily routine and uniting the community to which it belongs. Matachines in New Mexico are no exception, and whether in the Indian pueblos or Hispanic plazas, they carry in themselves all these essences.

NOTES

1. Headdress belonging to matachin dancers.
2. Torres, *Six Nuevo Mexicano Folk Dramas*, 136.
3. Masquerades.
4. Brenda Mae Romero carried out an invaluable doctoral study on matachines in New Mexico in "The Matachines Music and Dance in San Juan Pueblo and Alcalde, New Mexico: Context and Meaning" (PhD diss., University of California, Los Angeles, 1993).
5. *Diccionario de Autoridades*, 3:6.
6. Felipe Pedrell, *Diccionario Técnico de la Música*, facs. ed. (Valencia: París-Valencia, 1992), 129.
7. Sebastián de Covarrubias Orozco, *Tesoro de la Lengua Castellana o Española, 1611* (1943; repr., Barcelona: Real Academia Española, 1998), 442.
8. Capmany, *El Baile*, 398.
9. Covarrubias (1943/1998), *Tesoro de la Lengua Castellana*, 442. Also see "Danza pírrica," in Pedrell, *Diccionario Técnico de la Música*, 130.
10. Covarrubias (1943/1998), *Tesoro de la Lengua Castellana*, 443.
11. Rattler-bells.
12. Thoinot Arbeau, *Orchesography* (New York: Kamin Dance, 1948), 182.
13. Ancient sword dance. Bouffons in French.
14. Arbeau, *Orchesography*, 183.
15. Covarrubias (1943/1998), *Tesoro de la Lengua Castellana*, 793. Also, in *Auto de Caín y Abel*, from *Códice de Autos Viejos* (sixteenth century, available from the Biblioteca Nacional de Madrid), Blame tells Cain after killing his brother Abel, "Good Heavens! You could establish a school of matachines!"
16. Covarrubias (1943/1998), *Tesoro de la Lengua Castellana*, 442.
17. *Diccionario de Autoridades*, 4:510.
18. Pedrell, *Diccionario Técnico de la Música*, 276.
19. Cotarelo y Mori, *Colección de Entremeses*, vol. 1, pt. 1, cccix.
20. *Diccionario de la Lengua Española*, 2:1335.
21. Capmany, *El Baile*, 413.
22. Alenda y Mira, *Relaciones*, 76–77.
23. A nocturnal gathering of distinguished people for entertainment purposes and accompanied by music or dance.
24. Cotarelo y Mori, *Colección de Entremeses*, vol. 1, pt. 1, cccx. This manuscript is available from the Biblioteca Nacional de Madrid, X–57, fol. 63.
25. Capmany, *El Baile*, 413; Cotarelo y Mori, *Colección de Entremeses*, vol. 1, pt. 1, cccx.
26. Cotarelo y Mori, *Colección de Entremeses*, vol. 1, pt. 1, cccxi.
27. Cotarelo y Mori, *Colección de Entremeses*, vol. 1, pt. 1, cccxii.
28. Large-headed carnival figures.
29. Hoyos Sainz and Hoyos Sancho, *Manual de Folklore,* 329.
30. Antonio Sánchez del Barrio, *Danzas de Palos*, Temas Didácticos de Cultura Tradicional (Valladolid: Castilla Ediciones, 1996), 65–66.
31. Capmany, *El Baile*, 364.
32. Casas Gaspar, *Ritos Agrarios*, 136.
33. Joan Amades, "Las danzas de espadas y de palos en Cataluña, Baleares y Valencia," *Anuario Musical* (Consejo de Investigaciones Científicas, Instituto Español de Musicología, Barcelona) 10 (1955): 186.
34. Amades, "Las danzas de espadas," 184.
35. Amades, "Las danzas de espadas," 185.
36. Small hand drums.
37. Shawmlike instruments.
38. Maya Ramos Smith, *La Danza en México durante la época colonial* (Mexico City: Consejo Nacional para la Cultura y las Artes, Alianza Editorial Mexicana, 1990), 28.
39. Arturo Warman Gryj, *Música Indígena de México*, Fonoteca del INAH, 09 (Mexico City: Pentagrama, 2002), 18.
40. Miguel Olmos Aguilera, *El Sabio de la Fiesta, Música y Mitología en la Región Cahita-Tarahumara* (Mexico City: Colección Biblioteca del INAH, 1998), 75.
41. Torres, *Six Nuevo Mexicano Folk Dramas*, 138.
42. Lorin W. Brown, Los Matachines, 5–4–9#12, WPA Collection.
43. Hoyos Sainz and Hoyos Sancho, *Manual de Folklore*, 330.
44. Hoyos Sainz and Hoyos Sancho, *Manual de Folklore*, 542.

45. Gertrude K. Kurath, "The Origin of the Pueblo Indian Matachines," *El Palacio*, September/October 1957, 259.
46. Capmany, *El Baile*, 411. An encamisada was a type of *mojiganga*, or masquerage, with hachas, a type of candle, carried on at night as a pastime.
47. Amades, "Las danzas de espadas," 185, 186.
48. Gourd.
49. Torres, *Six Nuevo Mexicano Folk Dramas*, 142.
50. Bull.
51. Mary R. Van Stone, "The Matachina Dance," *El Palacio*, January 2–9, 1935, 10–11.
52. John D. Robb, "The Matachines Dance—a Ritual Folk Dance," *Western Folklore* 20 (April 1961): 93.
53. Austin, "Folk Plays of the Southwest," 603.
54. Amades, "Las danzas de espadas," 183.
55. Casas Gaspar, *Ritos Agrarios*, 233–34.
56. Capmany, *El Baile*, 408, citing Vicente Riva Palacio, *México a través de los siglos* (Barcelona: Espasa y Compañía, 1888–89).

CAPÍTULO 8

Danza de los Matachines

Aquel que conoce el poder de la danza,
vive en Dios.
                              —Djamaladdin Rumi

Matachín, que en días como éste,
matachín, que es día de chanza,
matachín, que el Tiempo no es tiempo,
matachín, que el Tiempo es Juan Rana.
                              —Antonio de Solís, siglo XVII

Por las noches del invierno,
al sonido del violín,
preparamos los cupiles,
pa' bailar el matachín.
                              —Tradicional de Nuevo México[1]

EN LAS DANZAS DE matachines de Nuevo México confluyen varias tradiciones. Por un lado están directamente relacionadas con las morismas, las danzas de moros y cristianos y las mascaradas, y por otro, en el siglo XVI formaron parte de las danzas de conquista de la Nueva España. Ya existen muchos estudios sobre los estilos y formas de los matachines en México y Nuevo México, incluyendo sus formas musicales.[2] En este capítulo, intentaremos mostrar de la manera más inteligible posible y sintetizada, el origen de estos tipos de danzas arcaicas y ancestrales y cómo y cuando se originaron. Antes de nada, debemos considerar que al igual que otras muchas danzas, la danza de los matachines en Nuevo México se trata de una danza viva que ha estado y está sometida a cambios a través del tiempo.

Sin duda alguna, la danza de matachines la podemos catalogar dentro del grupo de danzas de espadas y de palos o por lo menos emparentarlas con ellas. Si nos centramos en la acción propia de danzar, el *Diccionario de Autoridades* de 1726, dice lo siguiente: "Bailar con gravedád á compás de instrumento, con orden, escuela y enseñanza de preceptos."[3] Pedrell amplía la definición diciendo: "Reunión ó conjunto de danzantes que se reunen para bailar en alguna función pública al son de instrumentos músicos."[4] La danza es en sí una composición de movimientos estudiados, preparados previamente, con un objetivo, una acción y un plan concreto y peculiar. Desde tiempos inmemorables ha sido el canal de comunicación entre los humanos y sus divinidades. Había danzas para propiciar buena caza, para tener buenas cosechas aquel año o para invocar a la lluvia. Este tipo de danzas pervive aun entre los indios de Nuevo México. Había así mismo, danzas para el éxito de una batalla y también servían de ejercicio gimnástico como preparación para la lucha.[5] Existieron y existen danzas para entretenimiento y diversión de las gentes. A partir de aquí, podemos establecer básicamente dos grupos de danzas. Uno, las de carácter religioso o rituales y el otro de diversión o recreo.

Sobre el carácter propio de la danza de espadas y de palos existe diversidad de opiniones. Unos opinan que son de carácter guerrero, otros que están asociadas a los ritos de fertilidad o ritos religiosos. En la Grecia clásica ya danzaban con espadas, tal y como podemos leer en los clásicos de la época. Los griegos llamaron antiguamente a esta danza xiphismos.[6] Dice Covarrubias que las danzas de hombres armados se llamaron Pyrricas, por ser Pyrro el inventor de las mismas y que en España, este género de danzas es muy antiguo.[7] Algunos la llamaban también *ballimachia*, que significa lo mismo que Pyrrichia.[8]

En los comienzos de Roma existió una danza que se efectuaba durante el festival sagrado dedicado al dios Marte. Esta constaba de doce danzantes vestidos con túnicas pintadas, cinturones cruzados en el pecho y ricamente adornados, una espada en el lateral y cascabeles en las piernas. Llevaban las cabezas cubiertas con gorros acabados en punta. En las manos derechas sujetaban palos y en las izquierdas escudos.[9] Dice Thoinot Arbeau que de estas danzas legendarias de la mitología deriva una danza que lleva por nombre *buffens*[10] o *mattachins*.[11] Veamos pues, ahora, qué son los matachines. Matachín, según Covarrubias, es lo siguiente:

Díxose de matar. La dança de los matachines es muy semejante a la que antiguamente usaron los de Tracia, los quales, armados con celadas y coseletes, desnudos de braços y piernas, con sus escudos y alfanjes, al son de las flautas, salían saltando y dançando, y al compás dellas se daban tan fieros golpes que a los que los miraban ponían miedo y les hazían dar voces, persuadidos que, abiendo entrado en cólera, se tiravan los golpes para herir y matar, y assí de acuerdo cahían algunos en tierra como muertos, y los vencedores los despojavan y, aclamando vitoria, se salían triunfando; y todo esto al son de las dichas flautas. Y por este estrago aparente de matarse unos a otros, los podemos llamar matachines.[12]

El mismo Covarrubias al hacer distinción entre las diferentes danzas del pasado, cataloga la de los matachines como comedia o tragedia que representan danzando, sin hablar, con mimo.[13] Por otro lado, dice el *Diccionario de Autoridades* que matachín es:

Hombre disfrazado ridículamente con carátula, y vestido ajustado al cuerpo desde la cabeza á los pies, hecho de varios colores, y alternadas las piezas de que se compone: como un cuarto amarillo y otro colorado. Fórmase destas figuras una danza entre cuatro, seis ú ocho, que llaman los Matachines, y al son de un tañido alegre hacen diferentes muecas, y se dan golpes con espadas de palo y vexigas de vaca llenas de aire.[14]

Además de estas definiciones, matachín es la danza propia de este nombre.[15] Los estudiosos del tema coinciden en que el origen de la palabra matachín y el espectáculo proceden de Italia. Matto significa loco, y la palabra *mattana* se usaba en el siglo XIII para designar una bobada. De ahí deriva *mattassin o matachín*, apareciendo esta palabra a principios del siglo XVI en algunos cantos carnavalescos italianos. El nombre de estos personajes se encuentra en numerosos documentos y escritos a partir del siglo XVI. En Italia aparecen como *mattaccini*, en Francia como *matesins* y en España como matachines. La mención más antigua que conocemos en España es de 1569, en Salamanca, en el *Tratado del juego* de fray Francisco de Alcocer.[16] Dice el *Diccionario de la Real Academia Española* que la danza de los matachines parodiaba las danzas guerreras de la antigüedad.[17] Así lo certifica Aureli Capmany, quien afirma que tal danza siempre consistía en una lucha armada acompañada de música y que generalmente se bailaba para carnaval.[18] Pero no siempre era así, ya que en la ciudad de Burgos en 1570 ocurrió lo siguiente:

Relación de la visita de la Reina Anna de Austria, cuando iba de camino para casarse con el Rey Philippe. Á corta distancia de la puerta de San Martín esperaban á la Reina, debajo de un bello y muy adornado toldo, tres carros triunfales: uno de "Indios," otro de "Vulcano," y el tercero de "Matachines."[19]

En 1623, el Príncipe de Gales, que más tarde llegaría a ser el rey Carlos I de Inglaterra, visitó España. En una relación manuscrita de la época, narra que el 21 de marzo, el alguacil de la corte española, Pedro Vergel, junto con sus amigos, fueron a entretener al príncipe con un sarao.[20] Cuenta la relación que hicieron muchas cabriolas, bailaron con castañuelas y finalizaron con unos matachines. El príncipe quedó muy complacido y al alguacil Vergel le otorgó una cadena valorada en más de cuatrocientos ducados de plata.[21] En 1637 hubo matachines a caballo con disfraces grotescos en las fiestas reales.

Iban por lacayos á trechos seis, danzando los matachines; los atabales tocaban dos viejos con unas barbas hasta la cintura y servían para el efecto dos cueros de vino hinchados. Llegaron donde el Rey estaba y corrieron sus parejas y caracolearon muy bien; y después se juntaron las cuadrillas que eran tres de matachines y lo hicieron delante de la ventana de S. M. maravillosamente.[22]

En numerosos entremeses del siglo XVII, los matachines hicieron reír con sus payasadas, locuras y ridiculeces a todos los presentes. En 1655, en el entremés de Las visiones, aparecía un matachín con dos caras, compuesto por dos hombres unidos por la espalda. En 1663, hay un entremés de Suárez de Deza, titulado Poeta y los matachines.[23] En el entremés de El vejete enamorado de Francisco de Castro, sacaron entre dos matachines a otro matachín que tenía cinco cabezas. Este bailó y todos los demás hicieron muecas. En otros entremeses salieron con las mismas vestiduras y con espadas negras de palo, al igual que hacían en el siglo XVI. Interesante es el caso de un manuscrito del siglo XVIII en el que se cuenta que cuatro matachines salieron danzando al compás de la guitarra, andando alrededor del escenario con espadas y broqueles (escudo pequeño de madera o corcho): "Y dan con la espada a aquel que tuviere al lado de la espada, unos broquel con broquel u otros la espada en los broqueles, y van mudando los puestos . . . hasta llegar á los suyos y luego cae uno muerto." Y todo esto lo hicieron al compás de la guitarra.[24]

Tal y como podemos ver, estos matachines tienen poco que ver con los matachines que conocemos hoy en día en Nuevo México. Comparten el que van enmascarados, la espada de madera se trueca en palma, los colores de las vestiduras quizá semejantes y la guitarra que aparece en el siglo XVIII. Pero aparte de todas las similitudes que pudiéramos encontrar entre los matachines aquí descritos entre los siglos XVI y XVIII y los matachines que hoy se danzan en Nuevo México, estos difieren en algo muy importante y básico. Esto es, la función y finalidad y el modo de danzar en dos líneas paralelas y siempre dentro de una festividad religiosa, en su mayor parte, patronal. Los matachines que acabamos de ver eran meramente danzas burlescas de entretenimiento, mientras que los de Nuevo México son danzas emparentadas con las danzas de espadas y de palos, de tipo ritual y religioso.

Sabemos que en España fueron muy populares desde la antigüedad. Una vez más debemos dirigir nuestra atención hacia las fiestas y celebraciones del Corpus Christi, concretamente en sus procesiones, pues de ahí provienen la mayoría de los datos sobre las danzas de espadas y de palos en España. Esta fiesta instituida para toda la cristiandad por el Papa Urbano IV en 1263, tomó en España un revuelo y solemnidad impresionantes a partir de principios del siglo XIV. Tal y como vimos en el capítulo dedicado a esta celebración, las procesiones se componían de estampas tradicionales religiosas, simbolismos de virtudes y pecados, imágenes de las escrituras sagradas, con la participación de los diferentes cuerpos sociales y eclesiásticos y representaciones de los gremios. Sin embargo, también había figuras de animales que arrastraban carros, gigantes y cabezudos, acompañados y alternados a la vez por danzas de espadas, de palos, de cintas y de arcos.

Un siglo antes de que se instituyera la fiesta del Corpus, tenemos ya referencias documentales de danzas de palos, como la que data de 1150. Esta se ejecutó con motivo de las fiestas celebradas para las bodas del Conde de Barcelona, Ramón Berenguer IV, con la princesa Petronila. Carreras Candi certifica que antes del siglo XII se ejecutaban las danzas de palos y que según ciertos documentos (Cartulario de San Cugat, fol. 3, n.4, Archivo de la Corona de Aragón) el *ball de castons* (baile de bastones o palos) ya existía en Catalunya a finales del siglo X.[25] Pero a partir de la celebración del Corpus es cuando verdaderamente las danzas de espadas y de palos aparecen documentadas con frecuencia. Una de las razones principales se debe a que la puesta en acción era mucho más barata que las figuras y carros que formaban la procesión. Los danzantes solían pertenecer a un gremio al que representaban o eran contratados por un salario mínimo.[26] Recordemos que fueron los gremios y oficios de las grandes ciudades los que pusieron mucha atención y esmero en la fiesta del Corpus, dándole mayor esplendor y lucimiento popular. Estos se encargaban del orden y arreglo de las danzas, las farsas y figuras simbólicas y religiosas y asistían a las procesiones con sus estandartes y enseñas.[27]

La mayoría de estudiosos de las danzas de palos concuerdan en que su origen es agrario, así como algunas de las danzas de espadas van ligadas a los ritos de fecundidad. En las bodas de la antigua India y Judea, la danza de espadas se ejecutaba con la intención de promover la fecundidad de la esposa.[28] En el pueblo de San Cugat del Vallès, en Barcelona (España) y en otros pueblos de la misma comarca, hasta finales del siglo XIX precedía a la comitiva nupcial una danza de palos.[29]

En las danzas de armas y de palos se destacan cinco elementos principales: el juego de batalla, el arma como defensa de los espíritus, el arma o bastón como conjuro fálico de fecundidad, el juego de palo y las danzas de figura.[30]

Así pues, esta danza pasó a través del tiempo como danza ritual religiosa unida a simbolismos ancestrales de fecundidad de los campos y lucha guerrera. Algunos estudiosos del tema concuerdan en que los movimientos circulares y saltos, así como las figuras entrelazadas formadas por las dos líneas de danzantes tienen el propósito de provocar de manera mágica el crecimiento de la vegetación. También a las espadas y a los palos se los compara con las varas mágicas de la vida en lo que son ritos de sentido fálico y de fecundidad vegetal.[31] Es también una representación de la lucha entre el bien y el mal, la luz y las tinieblas.

Como anteriormente vimos, los datos más concretos de este tipo de danzas se encuentran relacionados con las fiestas del Corpus Christi. Pero la danza más difundida en toda España hoy día es la que se ejecuta en honor a los santos patrones. Esta por lo general se danza delante de las imágenes durante las procesiones, al son de la dulzaina y tamboril, gaita, flauta de tres agujeros, acordeón o violín, o la combinación de dos o tres instrumentos dependiendo del pueblo y la zona geográfica. En el pasado se usó de forma mucho más habitual el violín para acompañar los bailes de bastones en Catalunya. Hoy día este instrumento ha caído casi en desuso. El único lugar que mantiene la tradición del violinista acompañando los bailes de bastones es el pueblo de Artés, donde dos violinistas ejecutan la música sin la cual no habría baile. Al igual que los instrumentos, la indumentaria de los danzantes suele ser muy variada según la zona. Podemos certificar que el color que predomina en la vestimenta es el blanco y en muchos lugares blancas son las faldas o enaguas que llevan los danzantes. El número de danzantes también varía, siendo éste un mínimo de seis.

En varias zonas de la geografía española, la danza de palos está actualmente dirigida por un curioso personaje al que todos respetan y al que los niños temen. Se le llama por distintos nombres dependiendo del lugar. Este es el llamado Birria, Zangarrón, Zorra, Zurri, Botarga y Tarambana. Representa el espíritu del mal y por eso con frecuencia le llaman diablo o diabólico. Originalmente su función no fue la de dirigir la danza. Este o estos individuos van vestidos de diferente manera que los demás danzantes, razón por la cual resaltan más. Su vestimenta está compuesta por ropajes chillones de varios colores. Lleva una máscara, por lo general bastante grotesca. En su mano suele llevar una vara a la que lleva atada, colgando, una vejiga de animal hinchada, con la que manifiesta la máxima autoridad que todos respetan. Su función es doble: en primer lugar dirige y controla la danza; en segundo lugar, actúa como agente de autoridad con respecto al público, al que suele dar golpes con la vejiga hinchada para que se aparten y dejen paso a los danzantes, o solamente por el mero hecho de importunar, ya sea a los danzantes o al público que se aglutina alrededor de la danza.

Estas danzas, al estar tan interrelacionadas con las fiestas patronales y en especial con las del Corpus Christi, fueron exportadas a los territorios de la Nueva España en el siglo XVI. Recordemos que las celebraciones del Corpus en México fueron muy importantes y posiblemente las más vistosas de todas, con procesiones, danzas y representaciones teatrales. El teatro y la danza cumplieron una función social muy importante en la colonia del siglo XVI, pues fueron más efectivos que cualquier sermón durante el proceso de conversión de los indios.[32]

Así llegaron a la Nueva España las danzas de espadas, morismas, matachines, mascaradas y danzas de toreadores. La danza de los matachines en el México actual es la danza religiosa más extendida entre los grupos indígenas del norte del país y su introducción puede atribuirse a los grupos misioneros.[33] Fueron los jesuitas quienes la llevaron hasta la parte noreste de lo que hoy día son los Estados Unidos de México en forma de guerra entre moros y cristianos. En algunas zonas son los mestizos quienes la interpretan y llevan el nombre de morismas. En la parte central y oriental del país se conoce como *matlachines*, pero llámese de un modo o de otro es esencialmente la misma danza con infinidad de variaciones según la zona geográfica. La mayoría de los grupos indígenas se identificaron con ella como símbolo de lucha entre el bien y el mal. Estas se celebran principalmente para las fechas de Navidad y Reyes.[34]

Existen similitudes entre los matachines nuevomexicanos y algunas danzas de moros y cristianos y matachines en México. Pero al igual que otras tradiciones nuevomexicanas, no se sabe cuándo llegó realmente la danza de los matachines hasta la provincia del Nuevo México y cómo se ejecutaron estas danzas en el pasado. Los documentos que tenemos sobre ella no van más allá de finales del siglo XIX o principios del siglo XX. A mi parecer, la danza de los matachines en Nuevo México es una danza única, que se fue formando y evolucionando, adoptando elementos sueltos de otras danzas diferentes para así formar la estructura y los caracteres propios de lo que hoy en día conocemos como matachines en la parte norte del Río Grande. Estos tienen un sabor, estilo y carisma propio y genuino que les otorgan sus propias gentes, convirtiéndose en parte de su propia identidad.

Los matachines se encuentran extendidos entre las comunidades hispanas e indias y la danza varía ligeramente de un lugar a otro. En Nuevo México, éstas se celebran como danzas patronales, es decir, se ejecutan en honor al santo patrón del lugar que está de fiesta. Esto es más común entre las comunidades hispanas aunque algunos pueblos indios también danzan matachines para sus fiestas patronales, como por ejemplo el pueblo de Jémez, que tiene matachines el 12 de diciembre, día de la Virgen de Guadalupe. Pero por lo general los pueblos indios los ejecutan principalmente durante las celebraciones de la Navidad. El número de danzantes también varia, siendo doce el más común, aunque varía dependiendo del lugar. Allí donde los danzantes son doce, se les suele atribuir un simbolismo especial ligado a este número, que se interpreta como los doce apóstoles, los doce obispos de Roma, o los doce meses del año.[35] En el pueblo de San Juan, por ejemplo, los danzantes son diez, y en Bernalillo, debido a la gran afición que hay a la danza y devoción a San Lorenzo, su patrón, han optado por formar dos grupos bastante numerosos, los cuales se turnan. Las vestiduras también varían. En algunos lugares los matachines solían vestir con pantalones y camisa de color blanco y en veces llevaban sobre el pantalón una falda blanca o una especie de enaguas con puntillas, muy parecido a las vestimentas españolas de ciertas danzas de palos. En otros lugares vestían camisas de seda multicolores, tan variados como el número de danzantes.[36] Por lo general llevaban un chal bordado atado a la cintura como sucede en ciertas danzas en diversas zonas de España. Hoy día, en Utande, Guadalajara (España), existe una danza que la ejecutan un ángel, un diablo y ocho danzantes con faldillas de puntillas blancas sujetas por una faja de seda color vivo.[37]

Lo más significativo del traje de matachín nuevomexicano es sin duda la capucha en forma de mitra obispal llamada cupil, de la cual cuelgan hacia atrás largas cintas de colores que le dan un aspecto tanto festivo como reverencial e impresionante al danzante cuando ejecuta movimientos rápidos. Las cintas multicolores vuelan elegantemente siguiendo siempre al danzante. Por otra parte, las cintas aportan el colorido típico de los ritos relacionados con el crecimiento del reino vegetal, simbolizando de esta manera el florecimiento. La parte frontal del cupil está decorada con la imagen de algún santo, con espejitos y diversas piezas de joyería. Tales espejitos y joyería recuerdan muchísimo a ciertos estilos de capuchas en forma mitral que usan las mujeres en zonas de Castilla y Extremadura, como la usada en Eria, León, llamada caramiello.[38] En el país Vasco existe una danza llamada mascarada suletina en la que uno de los personajes principales de la danza, llamado Zamaltzain, lleva un extraño sombrero compuesto de plumas, flores, cintas y pequeños espejos.

Otra de las peculiaridades del matachín es el velo negro tras el que esconde su cara. Su uso ha dado pie a diferentes hipótesis sobre los términos matachín y matachines y su procedencia. Algunos estudiosos creen que matachín procede de la palabra árabe *mudawajjihin*, y en plural *mudawajjihen* que significa enmascarados.[39] Existe una danza llamada mijiganga o moxiganga, del árabe *magxiguachah*, que significa el rostro tapado, que estuvo muy en auge durante el tiempo de la colonia. En Catalunya, esta danza es de carácter religioso, en Valencia adopta el carácter guerrero y en muchas otras zonas de España tiene aspecto de mascarada[40] por lo que se confunde en muchas ocasiones con los matachines y las encamisadas.[41] En España existían danzas en las que se pintaban las caras de negro para simbolizar a los moros. En una zona del Pirineo catalán existía una danza que se ejecutaba la víspera de las fiestas, en la que los danzantes se tiznaban la cara y repiqueteaban castañuelas con el propósito de ahuyentar a los malos espíritus.[42] Así mismo podemos encontrar otras celebraciones en la península, en las que los danzantes se tiznan la cara. Podríamos comparar el tiznarse la cara con llevar un velo negro para ocultar el rostro. También puede ser que esta tradición esté relacionada con las morismas del tiempo colonial en México, en las que los indios representaban a los moros conquistados por los españoles y que en algunos casos se cubrían los rostros para simular las huestes árabes.

Siguiendo con los matachines en Nuevo México, podemos ver que cada danzante sostiene en la mano derecha un guaje (calabaza seca con la que se hace una especie de maraca) con el que marca el compás al danzar. Parece ser que el guaje se ha trocado por alguna circunstancia, en algún momento, por los sartales de cascabeles que normalmente los danzantes de palos y espadas llevan atados a los tobillos o muñecas y que así como el guaje, tienen el propósito de acentuar el compás de la danza. Es sin duda el guaje influencia indígena. En la mano izquierda llevan una especie de tridente hecho de madera y bien decorado al que llaman palma, con la cual ejecutan movimientos y gestos a lo largo de toda la danza. La forma de la palma, con sus tres terminaciones como un tridente, representa la Trinidad: la idea de que hay tres personas que personifican un solo y único Dios.[43] En Nuevo México pues, los danzantes sostienen en la mano derecha un guaje marcando el ritmo y en la izquierda la palma. En la mayoría de las danzas tradicionales de palos, los danzantes sosteniendo un palo en cada mano los entrechocan entre sí, percutiendo el ritmo de la danza. Los movimientos suaves que el matachín ejecuta con ella sugieren más un tipo de magnetización energética (quizás de protección y expulsión de malos espíritus) que el despertar a la naturaleza y a la tierra a través de los golpes que producen las danzas de palos en España. También, en España, en algunas danzas sostienen un palo en la mano derecha y un minúsculo escudo metálico en la izquierda, el cual entrechocan con el de los compañeros marcando el compás.

Los matachines están dirigidos por su rey que es el Monarca y la figura principal en la danza. Este viste igual que los matachines, con la diferencia de que su traje es más elaborado y más decorado que el de los demás danzantes. Pero lo que lo distingue por encima del resto es la corona que lleva puesta en su cabeza. En algunos lugares lleva un cupil como el de los demás, sobre el que se eleva una especie de corona con una cruz en lo alto. En otros lugares, como en Bernalillo, lleva un sombrero sin ala y tupido de flores rojas, blancas y amarillas con gran simbolismo. En Arroyo Seco, el Monarca lleva una palma dorada en su mano. Cuando el Monarca no danza está sentado junto a la Malinche, pero sin dejar de observar lo que está ocurriendo en la danza. Tradicionalmente, éste estaba vestido totalmente de blanco.

El único personaje femenino que aparece en la danza es la Malinche, interpretada por una niña de ocho a diez años, vestida de blanco, como si fuera una novia o vestida para la primera comunión. En los pueblos indios va vestida con el traje tradicional del pueblo. Ésta danza con el Monarca, el cual la protege y guía.

Luego están los Abuelos que por lo general son dos, el Abuelo y la Abuela y van vestidos de la manera más grotesca posible, con máscaras y generalmente con un látigo en la mano, con el que ejecutan su autoridad. Estos personajes, al igual que los personajes grotescos españoles llamados birria y tarambanas, son los que mantienen el orden durante la danza, molestando en veces a los propios danzantes y sobre todo al público, aportando una nota humorística a la celebración. El Abuelo, según la tradición, representa el espíritu ancestral de los hispanos, que duerme en su cueva durante todo el año y que despierta para llevar a cabo una función muy importante dentro de la danza: dirigir las vueltas y movimientos. El Abuelo es el encargado de capar al Toro. La Abuela es la compañera del Abuelo, aunque siempre es interpretada por un hombre. Es muy conocida como la Perijundia y

tiene rasgos muy masculinos. Ella se ocupa de que las capas y cupiles de los danzantes estén correctamente durante la danza, es decir, ayuda a los danzantes con cualquier problema que puedan tener con su traje durante la celebración.

Por último está el Toro. Tiene diferentes atuendos dependiendo del lugar. En algunos casos va cubierto con una piel de toro y en otros lleva una especie de capa; pero todas las versiones de toros llevan sus respectivos cuernos y un bastón en cada mano, representando las patas delanteras del animal. A veces también lleva cubierta la cara, como los matachines. Cuando le toca danzar hace una reverencia al Monarca y la Malinche cada vez que pasa frente a ellos. El Toro reencarna el espíritu del mal y grita y patalea encolerizado con el Abuelo. En algunas versiones el Toro muere para luego resucitar.

Existen varias interpretaciones sobre la danza de matachines en Nuevo México. Según la tradición de los indios, en este caso según el pueblo de Cochití, la leyenda del origen de esta danza se remonta al siglo XVI, durante la conquista de México. Cuenta lo siguiente: La princesa Malinche fue entregada por su padre, Montezuma, en matrimonio con Hernán Cortés y ésta cayó bajo la influencia del Toro, espíritu del mal. Así fue que la Malinche, por orden de Cortés, persuadió a su padre para que abandonara a su pueblo, los Aztecas. El abuelo de la Malinche (el Abuelo) le suplicó en vano. El Toro acabó matando al Abuelo tras una lucha animada entre los dos. Sin embargo, el Abuelo, siendo un koshare (espíritu ancestral), vuelve de la tierra de los ancianos y logra incitar a la Malinche para que cambie de pensar y dirija a Montezuma de regreso a su gente.[44]

Para J. D. Robb, la Malinche representaba la lujuria y el Monarca rescataba a la Malinche del Toro, lo cual simbolizaba el triunfo del hombre sobre mal.[45] Otras interpretaciones sobre los simbolismos de la danza dicen que el Abuelo es la lujuria de la carne y la Malinche simboliza el alma que ha de ser convencida por amor a la cristiandad, y el Toro sigue siendo la figura pagana diabólica.[46] Para otros en cambio, la

Malinche es símbolo de pureza, del bien, en contraposición al Toro, símbolo del mal y de la oscuridad.

En Nuevo México, la muerte del toro probablemente esté emparentada con las tradiciones y ceremonias antiguas de muerte y resurrección, tan expresadas durante los carnavales, donde se mata a una figura para que más tarde resucite. También podría estar emparentada con las ceremonias de carácter bélico, religioso o mágico en las que simplemente se sacrifica un ser vivo.[47] En un pueblo de Cáceres llamado Montehermoso, las jóvenes iban en procesión a pedirle permiso al alcalde del pueblo. Luego salían con estandarte, bailando la antigua danza de palos al son del tamboril. Las que iban delante de la procesión llevaban en las manos ramas de olivos, las cuales agitaban para abrirse paso entre la gente. Una vez que el alcalde les concedía el permiso, las jóvenes capeaban una vaquilla mansa. Antiguamente hubo unas danzas muy solemnes en ciertas partes de España, llamadas la vaca moza, que eran ejecutadas única y exclusivamente por mujeres, quienes rejoneaban y mataban a un novillo.[48] Por otra parte, el toro, sin duda alguna, es uno de los símbolos de conquista, en especial para los indios, puesto que este animal fue traído a México durante el tiempo de la colonia, y España se ha identificado siempre con el símbolo del toro. El hecho de que su simbolismo sea diabólico refleja el pensamiento indígena respecto del español.

El instrumento que acompaña a esta danza en Nuevo México es el violín. En el pasado se usaban uno o dos violines para ejecutar la danza y por lo general los tañedores eran hispanos. Estos también tocaban para los danzantes de los pueblos indios. A los músicos se les trataba con gran consideración. En algunos pueblos también se emplea el tambor indígena, el tombé. En otro tiempo, en algunas ocasiones, a falta de violinista se llegaron a bailar matachines al sonido del acordeón. Más recientemente se ha adoptado la guitarra como acompañamiento del violín, marcando el ritmo, pero es el violín quien lleva la voz cantante y el que marca las diferentes partes de la danza.

En Nuevo México existe una variante dentro del baile tradicional de los matachines en dos localidades opuestas geográficamente. Se trata del baile de cintas. Uno se encuentra en el norte del estado, en la zona de Taos y el otro en el sur del estado, en el pueblo de Tortugas. En España este baile tiene diferentes características y nombres según la zona. En algunas zonas de Castilla se le conoce como el baile del cordón, en la zona de Valencia como la carxofa (alcachofa) o magrana (granada.) En Catalunya se conoce bajo el nombre de *ball de gitanes*, pero el nombre más común es baile de cintas. A este baile lo podríamos catalogar de internacional, pues se encuentra en muchos países. Consiste en un palo largo de cuya punta superior cuelga un número indeterminado de cintas largas de colores, tantas como danzantes, los cuales se colocan alrededor del palo, formando un círculo. Cada uno de ellos coge una cinta con la mano y al compás de la música bailan entrelazando las cintas, en algunos casos envolviendo el palo con ellas, o simplemente trenzándolas. El baile acaba cuando se deshace la trenza o tejido hecho por los danzantes que acaban en la misma posición que empezaron. Existen muchísimas variantes de este baile, tanto en España como en otros países y parece ser que ya los antiguos Mayas bailaban este tipo de baile antes y durante el tiempo de la colonia, tal y como narra Vicente Riva Palacio.

Hasta en México hallaron los españoles en los pueblos mayas una danza semejante, usada por los indígenas: Se plantaba un madero de quince o veinte pies, y de una punta se ataban treinta o más cordeles según el número de danzantes, todos de colores diferentes. Cada uno tomaba la extremidad del suyo y comenzaban a bailar al son de los instrumentos y de los cantos, cruzándose con tal destreza que hacían sobre el madero un hermoso tejido con los cordeles, en el cual formaban preciosas labores combinando los colores perfectamente.[49]

Existen diversos simbolismos referentes a este baile. De todos ellos, el que en mi opinión se acerca más a los orígenes del mismo es aquel que deriva de los antiguos ritos del árbol cósmico. Estos ritos trataban de formar un árbol con un palo central y cintas de colores unidas

Fig. 8.14. Bastoners d'Artés, Barcelona, early twentieth century. / Bastoners d'Artés, Barcelona, a principios del siglo XX. Courtesy of Manel Serra.

Fig. 8.15. Bastoners d'Artés, place unknown, 1950s. Courtesy of Manel Serra.

en la parte más alta del palo. Las cintas multicolores se trenzaban, acto que simbolizaba la perfecta unión de la tierra y el cielo. A través de esta unión eran capaces de lanzarse hasta el centro de la tierra para elevar sus plegarias hasta el cielo y así poder recibir de él las divinas bendiciones. Hoy día se bailan alrededor del mundo con motivo de fiestas patronales, carnavales, Corpus Christi y durante las fiestas primaverales del mes de mayo.

La danza en sí posee un origen tan antiguo como la misma humanidad en conexión con o en homenaje a la divinidad. Hoy día la danza propia de cada lugar es ni más ni menos el resultado preciso de la sucesión de los momentos históricos por los que ese lugar ha pasado. La danza a su vez forma parte de la fiesta y supone un quebramiento de la rutina diaria y la unión entre la comunidad donde se celebra. Los matachines en Nuevo México no son ninguna excepción, ya sean interpretados en los pueblos indios o en las plazas hispanas, y portan en ellos mismos todas estas esencias.

The following musical example comes from the town of Ribas de Fresser, Girona (Spain), and accompanies a ball de bastons, which was traditionally played with violin.[1]

El siguiente ejemplo musical proviene del pueblo de Ribas de Fresser, Girona (España), y acompaña un ball de bastons (baile de bastones) el cual se tocaba tradicionalmente con violín.[2]

The following music belongs to one of the different stick dances performed in the town of Artés (Spain). It corresponds to the *processó*.[3] Two violins playing the melody accompany the dancers.

La música que sigue a continuación pertenece a uno de los diversos bailes de bastones que se ejecutan en el pueblo de Artés. Este corresponde a la *processó* y acompañan a los bailadores dos violinistas que interpretan esta melodía:[4]

1. Dance of the Sticks.
2. Josep Crivillé i Bargalló, *Música Tradicional Catalana*, Vol. 3, *Danses*, Col·lecció Neuma (Barcelona: Clivis, 1983), 164n148.26.
3. A specific part of the dance done in processional style.
4. Ramon Vilar i Herms, "El Ball de Bastons d'Artés," *Dovella, Revista cultural de la Catalunya central* (Tardor) 57 (1997): 26.

Last is a ribbon dance known as *tejer la cinta*. It comes from the town of Valverde del Mojano, Segovia (Spain). A drum and dulzaina[5] accompany the dance.

Por último incluyo una danza de cintas conocida con el nombre de tejer la cinta. Esta provine del pueblo de Valverde del Mojano, Segovia y que se acompaña con dulzaina y tambor.[6]

---

5. A type of pipe similar to a shawm.

6. Agapito Marazuela Albornos, *Cancionero de Castilla* (Madrid: Delegación de Cultura de la Diputación de Madrid, 1981), 205.

NOTES

1. Larry Torres, *Six Nuevo Mexicano Folk Dramas*, p. 136.
2. Brenda Mae Romero hizó un estudio valiosísimo sobre los matachines en Nuevo México y está contenido en la tesis de su doctorado, "The Matachines Music and Dance in San Juan Pueblo and Alcalde, New Mexico: Context and Meaning" (Tesis doctoral, University of California, Los Angeles, 1993).
3. *Diccionario de Autoridades*, Tomo III, p. 6.
4. Felipe Pedrell, *Diccionario Técnico de la Música*, copia facsímil (Valencia: París-Valencia, 1992), p. 129.
5. Sebastián de Covarrubias Orozco, *Tesoro de la Lengua Castellana o Española, 1611* (Barcelona: Martín Riquer, 1943), p. 442.
6. Capmany, *El Baile*, Tomo II, p. 398.
7. Covarrubias (1943), *Tesoro de la Lengua Castellana*, p. 442. Ver "Danza pírrica" en Pedrell, *Diccionario Técnico de la Música*, p. 130.
8. Covarrubias (1943), *Tesoro de la Lengua Castellana*, p. 443.
9. Thoinot Arbeau, *Orchesography* (New York: Kamin Dance, 1948), p. 182.
10. Antigua danza de espadas. En francés bouffons.
11. Arbeau, *Orchesography*, p. 183.
12. Covarrubias (1943), *Tesoro de la Lengua Castellana*, p. 793. En el *Códice de Autos Viejos* (siglo XVI) de la Biblioteca Nacional de Madrid, en el *Auto de Cain y Abel*, la Culpa le dice a Cain tras haber matado a su hermano Abel: "Pardios, que podeis poner una escuela de matachines."
13. Covarrubias (1943), *Tesoro de la Lengua Castellana*, p. 442.
14. *Diccionario de Autoridades*, Tomo IV, p. 510.
15. Pedrell, *Diccionario Técnico de la Música*, p. 276.
16. Cotarelo y Mori, *Colección de Entremeses*, Tomo I, Vol. I, p. cccix.
17. *Diccionario de la Lengua Española*, Vol. II, p. 1335.
18. Capmany, *El Baile*, Tomo II, p. 413.
19. Alenda y Mira, *Relaciones*, pp. 76–77.
20. Consiste en una reunión nocturna de personas distinguidas para divertirse con música o con baile.

21. Cotarelo y Mori, *Colección de Entremeses*, Tomo I, Vol. I, p. cccx. El manuscrito se halla en Madrid, en la Biblioteca Nacional, X-57, fol. 63.
22. Capmany, *El Baile*, Tomo II, p. 413; Cotarelo y Mori, *Colección de Entremeses*, Tomo I, Vol. I, p. cccx.
23. Cotarelo y Mori, *Colección de Entremeses*, Tomo I, Vol. I, p. cccxi.
24. Cotarelo y Mori, *Colección de Entremeses*, Tomo I, Vol. I, p. cccxii.
25. Hoyos Sainz y Hoyos Sancho, *Manual de Folklore*, p. 329.
26. Antonio Sánchez del Barrio, *Danzas de Palos*, Temas Didácticos de Cultura Tradicional (Valladolid: Castilla Ediciones, 1996), pp. 65–66.
27. Capmany, *El Baile*, Tomo II, p. 364.
28. Casas Gaspar, *Ritos Agrarios*, p. 136.
29. Joan Amades, "Las danzas de espadas y de palos en Cataluña, Baleares y Valencia," *Anuario Musical* (Consejo de Investigaciones Científicas, Instituto Español de Musicología, Barcelona) X (1955), p. 186.
30. Amades, "Las danzas de espadas," p. 184.
31. Amades, "Las danzas de espadas," p. 185.
32. Maya Ramos Smith, *La Danza en México durante la época colonial* (México: Consejo Nacional para la Cultura y las Artes, Alianza Editorial Mexicana, 1990), p. 28.
33. Arturo Warman Gryj, *Música Indígena de México*, Fonoteca del INAH, 09 (México: Pentagrama, 2002), p. 18.
34. Miguel Olmos Aguilera, *El Sabio de la Fiesta, Música y Mitología en la Región Cahita-Tarahumara* (México: Colección Biblioteca del INAH, 1998), p. 75.
35. Torres, *Six Nuevo Mexicano Folk Dramas*, p. 138.
36. Lorin W. Brown, Los Matachines, 5-4-9#12, WPA Collection.
37. Hoyos Sainz y Hoyos Sancho, *Manual de Folklore*, p. 330.
38. Hoyos Sainz y Hoyos Sancho, *Manual de Folklore*, p. 542.

39. Gertrude K. Kurath, "The Origin of the Pueblo Indian Matachines," *El Palacio* (Santa Fe), Vol. 64, N. 9–10, Sep./Oct. 1957, p. 259.

40. La mascarada era una especie de sarao compuesto por personas enmascaradas.

41. Capmany, *El Baile*, Tomo II, p. 411. La encamisada era una especie de mojiganga que se hacia durante la noche como diversión y con hachas.

42. Amades, "Las danzas de espadas," pp. 185, 186.

43. Torres, *Six Nuevo Mexicano Folk Dramas*, p. 142.

44. Mary R. Van Stone, "The Matachina Dance," *El Palacio* (Santa Fe), Vol. XXXVIII, N. 1–2, Jan. 2–9, 1935, pp. 10–11.

45. John D. Robb, "The Matachines Dance—a Ritual Folk Dance," *Western Folklore*, Vol. XX, N. 2 (April 1961), p. 93.

46. Austin, "Folk Plays of the Southwest," p. 603.

47. Amades, "Las danzas de espadas," p. 183.

48. Casas Gaspar, *Ritos Agrarios*, pp. 233–34.

49. Capmany, *El Baile*, Tomo II, p. 408, citando a Vicente Riva Palacio, *México a través de los siglos* (Barcelona: Espasa y Compañía, 1888–89).

CHAPTER 9

Romances

ROMANCES ARE EPICO-LYRICAL sung poems or ballads of varied length from the oral tradition. They are generally octosyllabic with assonant rhyme on the paired verses. People sing them in different social contexts, most often accompanied by an instrument. During certain periods such ballads became the news bulletin, transmitted orally by the troubadours who sang them, informing people of past and current events. History thus passed down by mouth, from one generation to another through time, inevitably uniting itself to legends, novels, humor and rumor, and the inventions of singers themselves.

Today we possess enormous collections of this primitive, simple oral poetry of rural and medieval origin. The great Spanish poet, Juan Ramón Jiménez, called it "the river of the Spanish language."[1] We find such collections in the Iberian peninsula as well as throughout Latin America, including the Southwest of the United States. Yet what do we refer to as romance? Where does it come from? How did it originate? What types of romances exist?

People from the Middle Ages used the word romance when referring to the vernacular language spoken at that time, in contrast to Latin.[2]

The term [Romance] is generic for the Tuscan, French, and Spanish languages since all three of them derive from the purity of the Latin language, which

the Romans, victorious, introduced into these provinces. At the beginning, nobles spoke and wrote the Latin language, and all judicial decrees were done in Latin. This is still done is some of the courts of the crown of Aragon. Thereafter, the common people

corrupted it all, and we were left with the language used today; this is why most of our words are Latin, corrupted nevertheless.[3]

Today, we know this vernacular language as Romance, since it derives from Latin, which Rome imposed upon its empire. From the word Romance comes the term *romançar*, meaning the action of translating a text into the vernacular. We speak therefore of texts that are *romançados*, that is, texts that have been translated from Latin into the vernacular or Romance.[4]

Later, between the thirteenth and fourteenth centuries, people used the word romance to identify different compositions of very diverse character, designating, for example, the narrative literary works written in the vernacular.[5] By the late fifteenth century, romance referred to a singable narrative poem with defined characteristics and concrete configurations.[6] Let us go back, then, to the origins of this poetic form.

In Europe, between the eleventh and fourteenth centuries, a new poetic form of an epico-lyrical nature appeared, which became "poetry of a traditional composition, inseparably united to music and orally transmitted."[7] These poems related the feats of Castilian heroes from the tenth, eleventh, and twelfth centuries. For that reason, the origins of the chansons de geste in Spain are Castilian.[8] In time, these chansons became romances, or, as Ramón Menéndez Pidal succinctly expressed it, "la epopeya se hizo romancero." How did this process take place?

Jongleurs sang chansons de geste, spreading them throughout towns and cities. People identified with one part of the chanson or simply enjoyed a particular segment of the extensive epic poem, making the jongleur repeat it over and over until they themselves had learned it by memory. In this way, people sang part of the chanson de geste, transforming it into an isolated song formed by a few verses independent of the original. Thus romances were born, created by the common people who themselves spread and popularized them.

When the romance is composed as an autochthonous Spanish epico-lyrical genre, new original poems are

¶ Romance del muy noble y valiente cauallero flor de cauallerias, dõ Reynaldos de Mõtaluã. Y trata como Carlo Magno lo tenia preso para lo aborcar, por los falsos consejos de Galalon, sino fuera por el conde dõ Roldan.

Ya q estaua dõ reynaldos   y el con ellas encantado
fuertemête aprisionado   por la visera del yelmo

created, at the same time that tales from the repertories of other European gests are adopted, especially those from French and Provençal traditions. Nevertheless, romances continue to maintain the primary function of a chanson de geste; they are still essentially news bulletins. Intellectuals and the learned, by contrast, scorned romances until the late fifteenth century, when they begin to transcribe and collect them.

We find the first written romance in 1421, when Jaume Olesa transcribed *La Dama y el Pastor*.[9] By the early sixteenth century, romances were published for the first time on sheets of two to four pages and in small, low-quality notebooks of eight, sixteen, and thirty-two pages for sale at plazas, fairs, and markets at very low prices. At that time, people passed romances on in two ways: by oral tradition through song or by means of innumerable pliegos sueltos (loose sheets). Some of these small notebooks printed in Seville, Toledo, Zaragoza, Burgos, and Barcelona have been preserved. This, undoubtedly, contributed to the widespread diffusion of romances and their popularization, reaching all existing social classes. If at first romances were merely for the delight of the common people, they won favor from the learned and upper class because of their own popularity and occupied an important place in the courts of kings.

Fig. 9.3. Pliegos sueltos, sixteenth century. / Pliegos sueltos, siglo XVI. Photo by Tom Lozano.

From that time forward, two types of creators and propagators of romances began to exist and coexist. Some belonged to the upper class, such as palace musicians, learned and skilled in the art of playing instruments; others were more rudimentary folk who completely ignored the very rules of composition. Although romances reached the highest classes and made their way into kings' palaces, they were born as a creation of the populace and will always be an art that belongs to the common people.

Jongleurs sang romances accompanied by an instrument, which was usually a vihuela, hurdy-gurdy, and in some cases, a harp or simply a hand drum or tambourine. The favorite instrument among the Moors was the lute or tambourine, whereas the Castilians preferred the vihuela, though in Cervantes's *La Gitanilla*, "Preciosa took a pair of rattles to the sound of which with long and nimble spins she sang the following romance."

While romances are generally composed of a series of octosyllabic verses with assonant rhyme in the paired verses, we sometimes find hexasyllabic, heptasyllabic, and nonasyllabic verses. These verses are divided in quartets, groups of four, corresponding to the form in which they were sung in the sixteenth century. The number of verses varied. In some cases romances contained so many verses that the poem became exceedingly long, especially since the melody would be unceasingly repetitive and monotonous.

Jongleurs sang the succession of verses from beginning to end in front of their street audience. To sing such a long romance without stopping was strenuous for the singer. Since the jongleur was also a skilled musician, however, he would introduce musical interludes in order to rest his voice without loosing his audience's attention. This permitted him not only to rest his voice, but also to check his memory at that moment for

the verses that followed. Thus, jongleurs also allowed their listeners time to better assimilate those verses already sung, thereby enhancing their understanding of the poem.

Different reasons influenced the use and enjoyment of romances from their epic beginning through the course of their development to this day. Medieval audiences were especially interested in praising the knightly values of the feudal world. They also extolled myths from that time and beliefs in marvelous, magical worlds. Historical romances also served as political propaganda at a certain time.[10]

Since all romances were meant to be sung, in many case text was adapted to music. It was customary to arrange or imitate romances according to the musical style current at the moment. People adapted a new text, or *contrafacta*, to a song they already knew.[11] They arranged many other texts in the same way, giving them religious meaning. They also adapted some romances to accompany dances. There existed in certain Spanish regions a custom whereby crowds sang a romance while dancing in large circles holding hands. A group of strong voices sang verses corresponding to the choir, while all the other participants responded in the form of a romance expressed in dialogue.[12]

People generally sang romances together with other songs at gatherings and get-togethers. In 1847, Serafín Estébanez Calderón wrote regarding a fiesta in Triana (Spain) that "once in a while fiestas are livened up with the singing of some old romance, conserved orally by troubadours no less romantic than those of the Middle Ages; romances which they call by the name of corridas."[13]

Other romances became harvester songs, matching the rhythm of the romance with the rhythm of reaping. People sang them during farm labor involving group work. In the mid-nineteenth century, in Spain, Fernán Caballero commented that "when dusk falls, hearing in the countryside a fine voice in the distance singing a romance with melancholic originality, causes an extraordinary effect."[14]

Certain romances were sung during both Jewish and Christian festival cycles. Spanish Jews sang them at the celebration of Tis'a beAv, which commemorated the destruction of the Temple of Jerusalem. They also sang romances while they prepared for Pesah, the Jewish Passover, and during days of family mourning over the death of a loved one. They sang certain other romances as wedding songs, though Sephardic Jews used romances mostly as lullabies, to put little ones of the family to sleep.[15]

Christians sang religious romances during Nativity and religious pilgrimages. For Gypsies, romances had a very important role in wedding ceremonies. The *romancero* would later influence the flamenco lyric. Many other romances developed as songs that accompanied children's games. Ramón Menéndez Pidal summarizes the romancero in the following way:

> The romancero, because of its traditionalism, how much of historical life it represents, and its multitude of historical and moral reflections, is the quintessence of Spanish characteristics.
>
> For this reason we can truly repeat that Spain is the nation of the romancero.[16]

Romances fall into various categories. The *romancero viejo* includes those romances recorded between the late Middle Ages and mid-sixteenth century. More extensive publications in books of collections of romances begin to appear during mid-sixteenth century. In this group we find the *cancioneros* of Martín Nucio, Esteban de Nájera, and Juan Timoneda, among others.

At that moment something new occurred: the learned classes began to write their poems in the form of romances, giving birth to the *flores*, collections of romances of a cultured character. This style was in vogue in the late sixteenth century. Poets of the time composed poetry imitating the style of the romance viejo. That basically meant that these new compositions were still anonymous, sung, learned by memory, and transmitted orally, but their subject-matter expanded remarkably, containing more human themes: amorous, satiric, burlesque, and religious. This new thematic style is called *romancero nuevo*.

FLOR DE VA-
RIOS ROMAN-
ces Nueuos.

Primera, y Segūda parte, del Bachiller
Pedro de Moncayo, natural de Borja.

Agora nueuamē te en esta postre
ra impression añadadidos otros
muchos Romances, y Letras, que
se hā cantado despues delas otras
impressiones, y asta aqui
sacados a luz.

EN BARCELONA.
Con Licencia, en la emprenta de
Iayme Cendrat. Año 1591.

A costa de Onossre Gori.

de Cervantes Saavedra cites many romances and don Quixote himself recites fragments of the most famous ones during his time. Let us recall that in the tableau of Maese Pedro, don Quixote and Sancho Panza attend a puppet show that reenacts the story of Gaiferós and Melisenda.

The *romance vulgar* was produced from the seventeenth century until the twentieth century. The common folk authored such romances, which they began to recite in cities, particularly, and later in rural areas. This type of romance offered new themes such as adventures of bandits, highwaymen, stories of prisoners, unrequited love, seduced maidens, and all sorts of melodramatic matters of the time.[17]

These romances are also called *romances de ciego* since these men, "deprived of sight"—as the pliegos of that period said—composed and sang them everywhere.[18] Up until the mid-twentieth century, these characters could be found at city gates or church entrances in Spain, singing all kinds of romances accompanied by an instrument, typical of the oral tradition of the

Within this genre of romancero nuevo we get educated musicians writing *romances nuevos* and their accompanying music for kings and noblemen. Many of these composers were also *maestros de capilla* (music directors) who were expert organists or skilled at playing the lute or vihuela. Among them are Juan del Encina, Alonso de Mudarra, and Luis Milán. Some of the Golden Age literature celebrities wrote romances and used the romancero as inspiration for some of their dramatic works. Such is the case with Félix Lope de Vega, Luis de Góngora y Argote, and Francisco de Quevedo y Villegas. In his *Don Quijote*, Miguel

ROMANCERO
GENERAL, EN
QVE SE CONTIENEN TODOS
los Romances que andan impressos.

AORA NVEVAMENTE
añadido, y enmendado.

Año 1604

PASCUAL de GAYANGOS

CON LICENCIA.
En Madrid, por Iuan de la Cuesta.

Vendese en casa de Francisco Lopez.

romancero.[19] Blind folk, propagators of the romancero in Spain, made a living selling sheets of paper at very low cost imprinted with romances that they themselves sang.[20] Also, "in Andalusia, it seems that besides blind people, gypsy singers were the true keepers and transmitters of the oldest romances."[21]

Finally, we have the *romancero tradicional*. These are perhaps the most important of all romanceros, since they encompass romances of all ages and styles that have been orally transmitted, that is, sung and passed on from one person to another for generations. This genre's most important feature is that it has no geographic or linguistic limits. We find it in Spain and Portugal as well as in all Latin America, including Brazil and the United States. We also find it among Sephardim from the Orient and North Africa. People continue to sing romances in Castilian, Catalan, Galician, Ladino, and Portuguese.[22]

The Sephardic tradition is especially important for the study of romances because isolated Jewish communities maintained a more archaic style and language of romances, resulting in the endurance of many unique romances. In the late nineteenth century, an elderly woman from Thessaloníki (Greece) referred to romances with certain emotion as "those sweet songs of a fatherland of remote times."[23] The New Mexican tradition of romances is similar to the Sephardic one in regard to language and historical isolation.

The romance adapted itself to its different dwelling places and times, such that the romancero, more than seven hundred years old, acquired a perennial quality. We perceive the strength of this tradition in the words of the great Spanish novelist Fernán Caballero.

These famous, ancient romances that have been passed down to us from fathers to sons as a tradition of melody have been more stable upon their few notes entrusted to the ear than the grandeur of Spain supported by cannons and sustained by the mines of Peru.[24]

Another strength and accomplishment of this tradition is that "the romancero is not rigid because the

formulistic spectrum (formal and thematic) is so wide that the creator or re-creator has infinite possibilities from which to choose to build the framework for his stories."[25] By virtue of this, the romancero has kept itself alive, and oral tradition has continued to preserve romances everywhere. Vicente T. Mendoza summarized the strength of the romancero in these words: "The Spanish romance is one of the simplest and most primitive musical forms the popular genius of the peninsula produced and developed through so many centuries, during which the folk have conserved it and today continue to produce and transform it."[26]

The task of collecting romances began in different parts of Latin America in the late nineteenth and early twentieth centuries. Different individuals in diverse parts of the continent carried out extensive work, among them Pedro Henríquez Ureña (Santo Domingo and Mexico); Ciro Bayo (Argentina); Adolfo Valderrama (Chile); José María Vergara (Colombia); and Ángel Salas, Vicente T. Mendoza, and Bertrán D. Wolf (Mexico).

The following individuals are among those who have worked unceasingly since the early twentieth century until now, traveling through ranches and plazas of the Southwest of the United States, particularly New Mexico, gathering the cultural treasures belonging to such oral tradition. Aurelio M. Espinosa is probably the most outstanding among them by the mere fact of pioneering this work in his lifetime. He produced the first collections of romances in California, New Mexico, and southern Colorado and strongly promoted the study of New Mexican folklore. His son, also Aurelio, continued his father's work. Rubén Cobos collected a large number of very valuable romances from the thirties. While many publications do not mention his name, his work was decisive for the research of other authors, including John D. Robb's collection, now at the University of New Mexico. Arturo L. Campa and Juan B. Rael also figure as important researchers of the New Mexican romancero. Later, other scholars in the field extended these collections. This also happened in the other countries of Latin America. The work of many progressively achieved a detailed study of romances throughout Latin America.

Let us now focus on the New Mexican romances. *The Romancero Nuevo Mejicano* was first published in 1915. It contained only ten traditional romances in different versions, which Aurelio M. Espinosa gathered. He laments to himself in this way:

> As I understand, the traditional romance was highly popular in New Mexico in years past. My grandfather told me that when he was a child, masters and mistresses, house-servants, farm laborers, shepherds, and beggars all over sang traditional romances ("Delgadina," "Gerineldo," "La Dama y el Pastor," and others). Their popularity seems to have declined during the nineteenth century.[27]

Espinosa wanted to demonstrate Ramón Menéndez Pidal's theory that "the [Spanish] romance is found wherever the Spanish language is spoken."[28] In 1932, Espinosa published an article in Santander (Spain) titled "Romances Españoles tradicionales que cantan y recitan los Indios de los Pueblos de Nuevo Méjico." There he wrote that "New Mexico is a corner of Spain where [Spanish] is spoken and where the customs and religion of the ancient and traditional continue to exist among Spaniards and Pueblo Indians."[29] In 1946, Arturo L. Campa published his *Spanish Folk-Poetry in New Mexico*, adding to the first collection of romances Espinosa gathered. Espinosa himself later broadened his own collection and in 1953 published the *Romancero de Nuevo Méjico* in Madrid, a much more extensive and detailed collection of romances than his previous work. The undertakings Espinosa along with his team and colleagues carried out form part of the *Romancero Español* by Ramón Menéndez Pidal.

Fig. 9.8. Photo by T. Harmon Parkhurst. Courtesy of Museum of New Mexico, neg. #6938.

Fig. 9.9. Antonia Apodaca and Tom Lozano,
Rociada, New Mexico, July 2000 / julio 2000.
Photo by Marlene Montoya.

How did so many romances reach New Mexico, enduring until the twentieth century? The romancero was extremely popular during the time of the Spanish conquistadores. These explorers carried within them that spirit of knights errant and the Crusades, the driving force of their adventures.[30] Such conquistadores maintained fresh in their memories the ancient Carolingian and Castilian gests, which must have encouraged them in their own deeds.[31] Among the Spaniards who first arrived in Mexico were Castilians, Andalusians, Extremadurans, and Asturians, among others, who brought with them their own musical styles and traditions. Spaniards always had in their luggage a copy of the romancero, which they took with them wherever they went throughout New Spain.[32] Thus, this popular poetry penetrated all regions of the New World. This is how this medieval poetry, these historic and fantastic tales relating the deeds of El Cid, along with the amorous adventures of Gerineldo and those of Amadís de Gaula, formed part of the culture and folklore in all America's Hispanic communities, both North and South.

The Andalucian romances were also called corridos, *corridas*, or *corrías*. As Agustín Durán explained, "in Andalusia, people of the countryside refer to these romances, which they maintain as tradition, with the names corrío, corridor, or carrerilla."[33] In this Spanish region, romances acquired a well-defined lyrical characteristic as a popular genre of the chivalric epic romance. Andalusians sang them in a natural and simple way. Estébanez Calderón says that such romances "are still reminiscences from the Moors"[34] and Washington Irving commented in 1829 that they were "rough and simple tunes with few inflections, sung out loud with long and pronounced cadences."[35] This form of romance corrido was likely the most widespread and accepted in New Spain.

Today the corrido has completely replaced the romance, which fell into disuse some years back in Mexico and New Mexico specifically.[36] Just as people in the New World accompanied Spanish romances with vihuelas, hurdy-gurdies, or harps, so they accompanied the first corridos with vihuelas, later substituting the guitar. We may say that romances belong to the past, a form medieval Spain exported, while corridos belong to the present, an elaborated form and the result of a European and Native American fusion.[37]

NOTES

1. Samuel G. Armistead, estudio preliminar to *Romancero*, ed. Paloma Díaz-Mas (Barcelona: Crítica, 1994), ix.
2. Ramón Menéndez Pidal, *Romancero Hispánico, Hispano-Portugués, Americano y Sefardí* (Madrid: Espasa-Calpe, 1953), 1:3.
3. Covarrubias (1943/1998), *Tesoro de la Lengua Castellana*, 913.
4. Paloma Díaz-Mas, ed., *Romancero*, estudio preliminar de Samuel G. Armistead (Barcelona: Crítica, 1994), 3.
5. Menéndez Pidal (*Romance Hispánico*, 1:chap.1) writes a detailed account of all the works in which the term romance appears during the thirteenth through the fifteenth centuries and discloses the diversity of literary compositions and their different character, arriving at what we know today as romance.
6. Díaz-Mas, *Romancero*, 3.
7. Menéndez Pidal, *Romancero Hispánico*, 1:151.
8. Ramón Menéndez Pidal, *Estudios sobre el Romancero* (Madrid: Espasa-Calpe, 1973), 13.
9. Menéndez Pidal, *Estudios sobre el Romancero*, 446.
10. Díaz-Mas, *Romancero*, 30–31.
11. Díaz-Mas, *Romancero*, 31.
12. Menéndez Pidal, *Estudios sobre el Romancero*. The author describes in chap. 4 other dances performed in Spain accompanied by ballad-type songs.
13. Serafín Estébanez Calderón, *Escenas Andaluzas* (Madrid: Colección de Escritores Castellanos, 1883), 247.
14. José Blas Vega, *Magna Antología del Cante Flamenco* (Madrid: Hispavox., 1982), 10.
15. Susana Weich-Shahak, *El Romancero Sefardí de Marruecos, Antología de Tradición Oral* (Madrid: Alpuerto, 1997), 20.
16. Ramón Menéndez Pidal, *Flor Nueva de Romances Viejos que recogió de la tradición antigua y moderna* (Madrid: Tip. de la "Revista de archivos, bibliotecas y museos," 1928), 46.
17. Díaz-Mas, *Romancero*, 9.
18. Marcos, *Literatura Popular en España*, 1:140–45.
19. Díaz-Mas, *Romancero*, 9.
20. Marcos, *Literatura Popular en España*, 1:156. In 1800, the price of one of these sheets, *pliegos*, was ten cents.
21. Antonio Carrillo Alonso, *La huella del Romancero y del Refranero en la lírica del Flamenco* (Granada: Don Quijote, 1988), 16.
22. Díaz-Mas, *Romancero*, 10.
23. Rodolfo Gil, *Romancero Judeo-Español* (Madrid: Alemana, 1911), 55n2.
24. Blas Vega, *Magna Antología*, 10. He is citing Fernán Caballero's 1849 work, *La Gaviota*.
25. Mercedes Díaz Roig, *Romancero Tradicional de América* (Mexico City: El Colegio de México, 1990), 8.
26. Vicente T. Mendoza, *El Romance Español y el Corrido Mexicano, Estudio Comparativo*, 2nd ed. (Mexico City: Universidad Nacional Autónoma de México, 1997), 15–16.
27. Aurelio M. Espinosa, "Romancero Nuevomejicano," *Revue Hispanique* 33 (February 1915): 452.
28. Espinosa, "Romancero Nuevomejicano," 454.
29. Aurelio M. Espinosa, "Romances Españoles Tradicionales que cantan y recitan los indios de los pueblos de Nuevo Méjico," *Boletín de la Biblioteca Menéndez y Pelayo* (1932): 8.
30. Weckmann, *La Herencia Medieval de México*, 497.
31. In his sixteenth-century chronicle, *Historia verdadera de la Conquista de la Nueva España*, Bernal Díaz del Castillo talks about the first romances recited in Mexico and interjects several references to famous romances of the time through the conversations of Spanish captains.
32. Weckmann, *La Herencia Medieval de México*, 497.
33. Agustín Durán, *Romancero General ó Colección de Romances Castellanos anteriores al siglo XVIII*, Biblioteca de Autores Españoles 10 (Madrid: Librería de los Sucesores de Hernando, 1849), 1:177.
34. Estébanez Calderón, *Escenas Andaluzas*, 252.
35. Blas Vega, *Magna Antología*, 10–11.
36. Weckmann, *La Herencia Medieval de México*, 499.
37. Mendoza (1997), *El Romance Español*, 115.

Romances

LOS ROMANCES SON poemas épico-líricos cantados, de tradición oral y de extensión variable. Generalmente son octosílabos con rima asonante en los versos pares y se cantan en diversos ámbitos sociales. En la mayoría de los casos los romances se acompañan con un instrumento. Durante ciertas épocas los romances fueron los noticieros. Estos se transmitían oralmente por boca de los juglares que los solían cantar y al mismo tiempo informar a la gente de los sucesos de los tiempos pasados y presentes. De esta manera la historia pasó de boca en boca, de una generación a otra a través del tiempo, uniéndose inevitablemente a la leyenda, a la novela, al humor y al rumor, y a la propia invención de los cantadores.

Hoy en día poseemos enormes recopilaciones de esta poesía oral, primitiva y sencilla, campesina y de raíz medieval que es "el río de la lengua española," tal como lo denominó el gran poeta español, Juan Ramón Jiménez.[1] Estas recopilaciones se encuentran tanto en la península ibérica como en toda América Latina, inclusive en el suroeste de los Estados Unidos de América. Pero, ¿a qué llamamos romance? ¿Cuál es su procedencia y su origen? ¿Qué tipos de romances existen?

Durante la Edad Media, se utilizaba la palabra romance para referirse a la lengua vulgar que la gente hablaba en aquel entonces en contraposición al latín.[2]

Este nombre [romance] es genérico a la lengua toscana, a la francesa y a la española, por quanto estas tres se derivaron de la pureza de la lengua latina, la qual los romanos, como vencedores, intruduxeron en estas provincias. Y al principio la gente noble habló la lengua latina y la escrivió, y todos los autos judiciales se hazían en latín, lo qual se conserva hasta oy día en algunos tribunales de la Corona de Aragón. Después el vulgo lo corrompió todo, y quedamos con el lenguage que oy se usa, y así los más de los vocabulos nuestros son latinos, aunque corrompidos.[3]

A esta lengua vulgar hoy en día llamamos lengua románica, por derivar del latín, lengua que Roma impuso en su imperio. De la palabra romance surge el término *romançar*, que era la acción de traducir un texto a la lengua vulgar. Así, pues, se hablaba de textos *romançados*, es decir, de textos que habían sido traducidos del latín a la lengua romance o vulgar.[4]

Posteriormente, entre los siglos XIII y XIV, la palabra romance se utilizaba para identificar diferentes composiciones de muy diverso carácter, entre ellas para designar las obras literarias narrativas escritas en lengua vulgar.[5] A finales del siglo XV el término romance llegó a designar un tipo de poemas narrativos cantables con unas determinadas características y configuraciones más concretas.[6] Volvamos atrás, pues, a los orígenes de esta forma poética.

En Europa, entre los siglos XI y XIV, empezó a surgir una nueva poesía, de índole épico-lírico, que llega a ser "poesía de elaboración tradicional, inseparablemente unida a la música y transmitida oralmente."[7] Estos poemas relataban las hazañas heroicas y legendarias de cada país o comunidad, con el propio fin de informar al pueblo y así inmortalizar los sucesos en forma poética. Estos poemas épico-líricos fueron los cantares de gesta y en España, narraban las hazañas de los héroes castellanos del siglo X, XI y XII. Por esa razón, el origen del cantar de gesta en España es castellano.[8] Más tarde, estos cantares se transformaron en romances. Como dice R. Menéndez Pidal, "la epopeya se hizo romancero." Pero, ¿cómo sucedió este proceso?

Los juglares cantaban y difundían por los pueblos y ciudades los cantares de gesta. Las gentes se identificaban con una parte del cantar o sencillamente les gustaba un trozo en particular del extenso poema épico y se lo hacían repetir una y otra vez al juglar hasta que ellos mismos lo aprendían de memoria. De esta manera las gentes cantaban esa fracción o parte del cantar de gesta, convirtiéndola en un canto aislado formado por unos pocos versos, independiente del conjunto original. Así, nació el romance, creación del pueblo mismo, siendo este el que lo difundía y popularizaba.

Cuando el romance se fragua como género autóctono épico-lírico, español, empiezan a crearse nuevos poemas originales y se empiezan a adoptar los relatos de otros repertorios de gestas europeas, en especial los de la tradición provenzal y francesa. Aún así, el romance sigue manteniendo la función primordial del cantar de gesta; sigue siendo el noticiero por excelencia. Por otra parte, los romances fueron despreciados por los eruditos e intelectuales hasta finales del siglo XV, que es cuando se empiezan a transcribir y recopilar.

Encontramos en 1421 el primer romance transcrito por Jaume Olesa. Se trata de *La Dama y el Pastor*.[9] A principios del siglo XVI, se publican por primera vez pliegos de romances de dos y cuatro hojas, y cuadernillos de ocho, dieciséis y treinta y dos hojas, de baja calidad y de venta en plazas, ferias y mercados a precios muy baratos. En ese tiempo, la transmisión del romance se efectuaba de dos maneras: una, por tradición oral a través del canto; la otra, a través de los innumerables pliegos sueltos. Se conservan algunos de esos cuadernillos impresos en Sevilla, Toledo, Zaragoza, Burgos y Barcelona. Esto sin duda contribuyó a la difusión masiva del romance y a su popularización, llegando a todas las clases sociales existentes. Si en un principio tan solo fue para el deleite de la gente del pueblo, el romance, con su popularidad, se ganó su puesto entre la clase alta y los eruditos y llegó a ocupar un lugar importante en las cortes de los reyes.

A partir de este momento empezaron a existir y coexistir dos clases de creadores y divulgadores de romances. Unos, que pertenecían a la clase alta, como los músicos de palacio, eruditos y doctos en el arte de tañer instrumentos; otros, la gente del pueblo más rudimentaria y que ignoraba por completo las reglas propias de composición. Aunque el romance llegó hasta las clases sociales más altas y entró en los palacios de los reyes, nació como obra del pueblo y será siempre un arte que pertenece al pueblo.

El juglar cantaba los romances al son de un instrumento que solía ser el laúd, la vihuela, la zanfona y en algunos casos, también el arpa, o simplemente con un pandero o pandereta. Entre los moriscos el instrumento preferido era el laúd o las panderetas y entre los castellanos la vihuela, aunque en *La Gitanilla* de Cervantes "tomó Preciosa unas sonajas, al son de las cuales, dando en redondo largas y ligerísimas vueltas, cantó el romance siguiente."

Si los romances generalmente están compuestos de una serie de versos octosílabos con rima asonante en los pares, a veces encontramos versos hexasílabos, heptasílabos y nonasílabos. Los versos se presentan divididos en cuartetas, es decir, en grupos de cuatro, pues así correspondía a la forma en que se cantaban en el siglo XVI. El número de versos variaba. En algunos casos poseían tanta cantidad que, como las melodías solían ser incesantemente repetitivas y monótonas, el romance se hacía extremadamente largo.

El juglar cantaba la sucesión de versos de cabo a rabo, frente a su audiencia en la calle. El estar cantando un extenso romance sin parar suponía un gran esfuerzo para el cantador. Para que el juglar pudiera reposar la voz sin perder la atención de su audiencia, y como era un hábil tañedor de su instrumento, introducía interludios musicales. Esta artimaña no solo le permitía descansar la voz, sino que a la vez podía, en ese momento, reafirmar su memoria para los siguientes versos. Así también el juglar daba tiempo a sus oyentes de asimilar mejor los versos ya cantados para que tuvieran un mejor entendimiento del poema expuesto.

A lo largo de la trayectoria del romance, desde sus principios épicos hasta ahora, su uso y disfrute ha tenido diferentes motivos según la época. El público medieval tuvo el interés concreto de exaltar los valores caballerescos del mundo feudal. También exaltaba los mitos de la época y las creencias de mundos maravillosos y mágicos. Los romances históricos también sirvieron como propaganda política según la época.[10]

Como el destino de todo romance es el de ser cantado, hubo en muchos casos una adaptación del texto a la música. Existió una moda de arreglar o imitar romances según el estilo musical del momento. A una canción que la gente ya sabía se le adaptaba un texto nuevo (contrafacta).[11] Muchos otros textos fueron arreglados dándoles un sentido religioso. Algunos romances se adaptaron como acompañamiento de bailes y danzas. En ciertas regiones españolas existía la costumbre en la cual una muchedumbre cantaba un romance y a la vez danzaba en grandes círculos cogidos de las manos. Los versos del coro eran cantados por un grupo de voces fuertes y el resto de los participantes respondían, cantando a modo de romance dialogado.[12]

Los romances en general solían cantarse junto con otras canciones en reuniones y veladas. Serafín Estébanez Calderón escribió en 1847 lo siguiente respecto a una fiesta en Triana (España). "Se ameniza de vez en cuando la fiesta con el cante de algún romance antiguo, conservado oralmente por aquellos trovadores no menos románticos que los de la edad media, romances que señalan con el nombre de corridas."[13]

Otros romances se adaptaron como cantos de segadores, acoplando el ritmo del romance con el ritmo de la siega. La gente solía cantarlos en los diversos trabajos del campo que implicaban una labor

grupal. Fernán Caballero comenta a mediados del siglo XIX en España que "cuando a la caída de la tarde, en el campo se oye a lo lejos una buena voz cantar el romance con melancólica originalidad, causa un efecto extraordinario."[14]

Ciertos romances se cantaban durante los ciclos de las festividades, tanto para los judíos como para los cristianos. Los judíos españoles los cantaban para la festividad que conmemora la destrucción del Templo de Jerusalén, la fiesta de Tis'a beAv. También cantaban romances durante los preparativos para la fiesta de Pesah, la Pascua judía y durante los días de duelo familiar para velar la muerte de algún miembro. Otros romances eran entonados como cantos de boda, pero principalmente, los sefardíes usaron los romances como cantos de arrullo, de cuna, para dormir a los pequeños de la familia.[15]

Los cristianos cantaban romances religiosos durante la Navidad y las romerías. Para los gitanos, el romance tenía un papel muy importante dentro del ritual de las bodas. El romancero, posteriormente influyó en la lírica del flamenco. Muchos otros romances fueron adoptados como cantos para acompañar juegos infantiles. Ramón Menéndez Pidal resume el romancero de la siguiente manera:

El Romancero, en fin, por su tradicionalismo, por la gran cantidad de vida histórica que representa y por multitud de reflejos históricos y morales, es quintaesencia de características españolas.

He aquí por qué podemos repetir con verdad que España es el país del Romancero.[16]

Los romances encajan en varias categorías. A esos documentados entre finales de la Edad Media y mediados del siglo XVI se les cataloga dentro del romancero viejo. A partir de mediados del siglo XVI empiezan a aparecer publicaciones más extensas en libros de colecciones de romances. Es así como encontramos los cancioneros de Martín Nucio, de Esteban de Nájera y de Juan Timoneda entre otros.

En este momento ocurre algo nuevo: los eruditos y letrados empiezan a escribir sus poemas en forma de romance, dando paso a las flores, es decir, recopilaciones de romances de carácter culto. Este estilo se puso muy de moda a finales del siglo XVI. Los poetas de la época compondrían romances imitando el estilo del romance viejo. Estas nuevas composiciones mantendrían el anonimato, se cantarían, se aprenderían de memoria y se transmitirían oralmente, pero la temática en sus composiciones se extendería notablemente con temas más humanos: amorosos, satíricos, burlescos y religiosos. Este nuevo estilo temático es el que compone el romancero nuevo.

Dentro del género del romancero nuevo aparecen los músicos cultos que escribieron romances nuevos junto con la música que los acompañaba para los reyes y la nobleza. Muchos de estos compositores también fueron maestros de capilla, los cuales eran expertos organistas o diestros en el arte de tañer el laúd y la vihuela. Entre ellos están Juan del Encina, Alonso de Mudarra y Luis Milán. Hubo personajes célebres en la literatura del Siglo de Oro que escribieron romances e incluso se inspiraron en el romancero para escribir algunas de sus obras de teatro. Tal es el caso de Félix Lope de Vega y Carpio, Luis de Góngora y Argote y Francisco de Quevedo y Villegas. Miguel de Cervantes Saavedra en su *Don Quixote* cita muchos romances y es el propio don Quixote quien recita fragmentos de los más famosos en su época. Recordemos que en el retablo de Maese Pedro, don Quixote y Sancho Panza asisten a la función de títeres donde se escenifica la historia de Gaiferós y Melisenda.

El romance vulgar es el producido a partir del siglo XVII hasta el siglo XX. Las clases populares fueron los autores de tales romances que se empezaron a recitar particularmente en las ciudades y más tarde llegaron a las zonas rurales. La temática del romancero vulgar aporta nuevos temas como aventuras de bandidos, de salteadores de caminos, historias de cautivos, amores contrariados, doncellas seducidas, y todos los asuntos melodramáticos de la época.[17]

A estos romances también se les llama romances de ciego debido a que estos hombres "privados de la vista," como consta en los pliegos de la época, solían componerlos y cantarlos por doquiera.[18] Hasta mediados del siglo XX, se podían encontrar estos personajes en las entradas de las ciudades o en las puertas de las iglesias en España, cantando al son de un instrumento todo tipo de romances y siguiendo la tradición oral del romancero.[19] Los ciegos, propagadores del romancero en España, se ganaban la vida vendiendo pliegos de papel muy baratos que contenían impresos los romances que ellos mismos cantaban.[20] También, "[e]n Andalucía, además de los ciegos, parece ser que los cantadores considerados como gitanos fueron los auténticos conservadores y transmisores de los romances más antiguos."[21]

Por último está el romancero tradicional. Quizá este sea el más importante de todos los romanceros pues abarca los romances de todas las épocas y de todos los estilos que se han transmitido oralmente, o sea, cantados y delegados de boca en boca durante generaciones. Lo más importante de esta tradición oral es que no tiene límite geográfico ni lingüístico. La encontramos en España y Portugal. Así mismo en todo América Latina, incluyendo Brasil y los Estados Unidos. También se encuentra entre los sefardíes del oriente y del norte de África. Se han cantado y se siguen cantando en castellano, catalán, gallego, ladino y portugués.[22]

La tradición sefardí es especialmente importante para el estudio del romance, ya que debido al aislamiento de los núcleos judíos, el romance ha conservado un estilo y un lenguaje más arcaico y se ha mantenido un número elevado de romances únicos en muchos casos. En Salónica (Grecia), a finales del siglo XIX, una señora mayor se refería a los romances con cierta emoción como "estos cantos tan dulces de la patria de otros tiempos."[23] La tradición romancera nuevomexicana tiene similitudes con la sefardí respecto al lenguaje y al aislamiento histórico.

El romance se fue adaptando a las diferentes épocas y espacios donde quiera que habitara, por lo que el romancero que data de más de setecientos años de antigüedad adquirió una característica perenne. He aquí la fuerza de esta tradición puesta en boca del gran novelista español Fernán Caballero.

Estos famosos y antiguos romances que han llegado

hasta nosotros de padres a hijos, como una tradición de melodía, han sido más estables sobre sus pocas notas confiadas al oído, que las grandezas de España apoyadas con cañones y sostenidas por las minas del Perú.[24]

Otra de las fuèrzas y dotes de esta tradición ha sido que "[e]l romancero no es rígido, porque la gama formulística (formal y temática) es tan amplia que el creador o recreador tiene infinitas posibilidades de elección para construir el andamiaje de sus historias."[25] Por virtud de su naturaleza el romancero se mantuvo vivo y la tradición oral siguió conservando romances por doquiera. Vicente T. Mendoza resumió la fuerza del romancero en estas palabras: "Es el romance español una de las formas musicales más simples y primitivas que el genio popular de la península produjo e hizo evolucionar durante varios siglos, y que a través de tantas centurias ha conservado y actualmente continua produciendo y transformando."[26]

A finales del siglo XIX y principios del siglo XX comenzó una labor de recopilar romances en distintos lugares de América Latina. Un extenso trabajo fue llevado a cabo por diferentes individuos en diversas partes del continente, entre ellos estaban Pedro Henríquez Ureña (Santo Domingo y México); Ciro Bayo (Argentina); Adolfo Valderrama (Chile); José María Vergara (Colombia); y Ángel Salas, Vicente T. Mendoza y Bertrán D. Wolf (México).

Entre los que desde principios del siglo XX hasta ahora trabajaron incesantemente recorriendo ranchos y plazas por el suroeste de los Estados Unidos de América y sobre todo en el estado de Nuevo México, recogiendo los tesoros culturales de la tradición oral, están los siguientes: Aurelio M. Espinosa, quien posiblemente sea el más sobresaliente de todos ellos, por ser el pionero en su época. Espinosa realizó las primeras recopilaciones de romances en California, Nuevo México y el sur de Colorado y fue el promotor principal del estudio del folclore nuevomexicano. Su hijo, Aurelio, prosiguió la labor de su padre. Rubén Cobos recopiló una cuantía de romances valiosísimos desde los años treinta. Aunque su nombre no consta

en muchas publicaciones, su trabajo fue decisivo para las investigaciones de otros autores, como por ejemplo para la colección de John D. Robb, de la Universidad de Nuevo México. Arturo L. Campa y Juan B. Rael también figuran como investigadores importantes del romancero en Nuevo México. Más tarde, otros estudiosos del tema ampliaron estas colecciones y lo mismo ocurrió en los demás países de América Latina. Poco a poco se ha ido llevando un estudio detallado de los romances en todos los países hispanoamericanos.

Centrémonos ahora en los romances nuevomexicanos. En 1915, se publicó por primera vez el *Romancero Nuevo Mejicano* que contenía tan solo diez romances tradicionales en diferentes versiones, recogidas por Aurelio M. Espinosa, el cual se lamenta en estas palabras:

Según tengo entendido, el romance tradicional gozaba de grande popularidad en Nuevo Méjico en tiempos pasados. Mi abuelo me ha dicho que cuando él era niño los romances tradicionales (Delgadina, Gerineldo, La dama y el pastor y otros) se cantaban en todas partes por amos, criados, labriegos, pastores y mendigos. Su popularidad parece haber decaído durante el siglo XIX.[27]

Espinosa quería demostrar la teoría que sostenía Ramón Menéndez Pidal "que el romance [español] se halla donde quiera que se habla el español."[28] En 1932 Espinosa publicó en Santander (España), un artículo titulado "Romances Españoles Tradicionales que cantan y recitan los Indios de los Pueblos de Nuevo Méjico." En dicho artículo Espinosa escribió: "Nuevo Méjico es un rincón de España donde se habla la lengua y donde persisten las costumbres y la religión de los antiguos tradicionales, por descendientes de españoles y por los indios de los pueblos."[29] En 1946, Arturo L. Campa editó su *Spanish Folk-Poetry in New Mexico*, ampliando la primera colección de romances de Espinosa. El mismo Espinosa ampliaría su propia colección de romances y en 1953 publicó en Madrid, el *Romancero de Nuevo Méjico*, una recopilación de romances bastante más extensa y detallada que la anterior. La obra llevada a cabo por Espinosa y su equipo de trabajo y colegas forma parte del *Romancero Español* de Ramón Menéndez Pidal.

¿Cómo fue que tal cantidad de romances llegara hasta Nuevo México, perdurando hasta el siglo XX? El romancero gozaba de una extraordinaria popularidad en tiempos de los conquistadores. Permanecía entre ellos el espíritu del caballero andante y del cruzado, motor propulsor en sus aventuras.[30] Estos conquistadores mantenían frescas en sus memorias las antiguas gestas carolingias y castellanas que les debían animar en sus propias acciones.[31] Entre los españoles que en un principio llegaron a México, habían castellanos, andaluces, extremeños y asturianos, entre otros, quienes trajeron consigo sus propios estilos de música y tradiciones. Los españoles siempre llevaban en su equipaje un ejemplar del romancero, por doquiera que fueran en todas las regiones de la Nueva España.[32] Fue así como esta poesía popular penetró todas las regiones del Nuevo Mundo; esta poética medieval, estos relatos históricos, novelescos que relatan las hazañas del Cid, junto con las aventuras amorosas de Gerineldo y las de Amadís de Gaula llegaron a formar parte de la cultura y el folclore de todas las comunidades en América Latina. En Andalucía a los romances se les daba también el nombre de corridos, corridas o corrías, tal y como dijo Agustín Durán: "en Andalucía, con el nombre de Corrío ó Corrido ó Carrerilla llama la gente del campo á los romances que conserva por tradición."[33] En dicha región española, el romance adquirió un aspecto lírico bien definido como género popular del romance épico caballeresco, que se cantaba de forma llana y natural. Dice al respecto Estébanez Calderón que "son un recuerdo morisco todavía,"[34] y Washington Irving en 1829, comenta que "son tonadas rudas y sencillas de escasas inflexiones. Las cantan en alta voz con largas y pronunciadas cadencias."[35] Fue con toda probabilidad esta forma de romance-corrido la más divulgada y mejor aceptada en la Nueva España.

Hoy día el corrido ha sustituido por completo al romance, que cayó en desuso hace ya algunos años en México y Nuevo México concretamente.[36] El romance español en la Nueva España, se cantaba al son de la vihuela, la zanfona o el arpa. Los primeros corridos también se acompañaban al son de la vihuela y más tarde esta fue sustituida por la guitarra. En cierta manera el romance pertenece al pasado como forma exportada de la España medieval y el corrido pertenece al presente como forma elaborada y fruto de la fusión europea e indígena americana.[37]

Samples of romances are presented next. The corresponding historical data precede each example. In most cases, we begin with the first published version of the romance. A rendition of that same romance belonging to the Spanish oral tradition follows. Next in order is a version from the oral Sephardic tradition. We end with a sample of the same romance from New Mexico's oral tradition. This process is repeated for each distinct romance. This format will permit us to see differences and similarities among different versions of romances. In this way we can observe their transformation during the process of their spread and how they nevertheless maintained their original, uniform theme.

La muestra de romances que presento a continuación va precedida del dato histórico de cada romance. Seguidamente, y en la mayor parte de los casos, expongo la primera versión publicada. Incluyo, a continuación, una versión del mismo romance perteneciente a la tradición oral española, seguida por una versión de la tradición oral sefardí y acabando con una versión de la tradición oral nuevomexicana. Repito este proceso para cada uno de los diferentes romances. He creído oportuno hacerlo así para dar a palpar las diferencias y similitudes entre las distintas versiones y para observar cómo estos romances se iban transformando en el proceso de su difusión, manteniendo, sin embargo, el tema original y unitivo.

La Dama y el Pastor

This is the first known written romance. Its discovery occurred upon revealing folio forty-eight of a manuscript dated 1421. Jaume Olesa, a Majorcan law student in Bologna (Italy) had annotated it in his notebook. This text was among other legal writings, biblical citations, and calendar studies. It is in Spanish, though there are many Catalan words throughout the text.

This romance, sung throughout the Iberian peninsula, also appears on the American continent and among the Sephardim. It turned up in various loose folios from the sixteenth century on, as well in Sephardic hymnbooks from the late sixteenth and early seventeenth centuries. The theme of the shepherd rejecting the lady recurs in various forms during the seventeenth century.

Collected from seven countries in the American continent are fifty-four versions belonging to the modern tradition. Four found in California are quite similar to five others discovered in New Mexico. The original version from the manuscript of Jaume Olesa of 1421 follows.

Este es el primer romance escrito que conocemos. Su descubrimiento ocurrió al revelarse el folio 48 de un manuscrito de 1421.[1] Lo anotó en su cuaderno Jaume Olesa, estudiante Mallorquín de derecho civil en Bolonia (Italia). Este romance se encontró junto con otros escritos de textos jurídicos, citas bíblicas y cómputos de calendarios. Está escrito en castellano con muchos catalanismos.

Se canta en toda la península ibérica, en América y entre los sefardíes. Aparece en varios pliegos sueltos del siglo XVI. A finales del siglo XVI y principios del XVII, le encontramos también en los himnarios sefardíes.[2] El tema de la dama rechazada por un pastor se trató en varias formas en el siglo XVI.[3]

Se han recopilado 54 versiones de tradición moderna, recogidas en siete países del continente americano.[4] En California se encontraron cuatro versiones muy similares a las cinco halladas en Nuevo México. La siguiente versión es la original del manuscrito de Jaume Olesa de 1421.

—Gentil dona, gentil dona,   dona de bell parasser,
los pes tingo en la verdura   esperando este placer.—
Por hi passa ll'escudero   mesurado e cortes;
les paraules que me dixo   todes eran d'amores.
—Tate, escudero, este coerpo   este corpo a tu placer:
las titilles agudilles   qu'el bridal queren fender.—
Alli dixo l'escudero: —No es hora de tender;
La muller tingo fermosa,   fijes he de mantener,
Al ganado en la sierra   que se me va a perder,
els perros en las cadenas   que no tienen que comer.
—Alla vagues, mal villano,   dieus te quera mal feser:
por un poco de mal ganado   desees coerpo de placer.

1. Seminario Menéndez Pidal, *Romancero Tradicional, La Dama y el Pastor, Romances, Villancicos, Glosas*, ed. Diego Catalán (Madrid: Gredos, 1977–78), p. 23.
2. Díaz-Mas, *Romancero*, p. 332.
3. Ramón Menéndez Pidal, *Los Romances de América* (Buenos Aires: Espasa-Calpe, 1941), p. 30.
4. Díaz Roig, *Romancero Tradicional de América*, p. 102.

The following version forms part of Ramón Menéndez Pidal's work, *Flor Nueva de Romances Viejos* (1928, 281–84).

La versión siguiente forma parte de la *Flor Nueva de Romances Viejos* de Ramón Menéndez Pidal (1928, pp. 281–84).

Pas - tor, que estas en el campo de a - mo - res tan des - cui - da - do, es-

cu - cha a una gentil dama, si, si, que por ti se ha des - ve - la - do Con

-mi - go no habéis hablado responde el vi - lla - no vil; ten - go el ganado en

la sierra, si, si, y a mi gana -di-co me quie- ro ir.

—Pastor que estas en el campo,	de amores tan descuidado,
escucha a una gentil dama	que por ti se ha desvelado.
—Conmigo no habéis hablado	—responde el villano vil;—
tengo el ganado en la sierra,	y a mi ganadico me quiero ir.
—Pastor, que comes centeno	y usas cuchara de palo,
si tomaras mis amores,	comieras pan de regalo.
—A buen hambre no hay pan malo	—responde el villano vil;—
tengo el ganado en la sierra,	y a mi ganadico me quiero ir.
—Pastor que estas avezado	a dormir en la retama,
si te casaras conmigo,	tendrías gustosa cama.
—Vete a esotra puerta y llama	—responde el villano vil;—
tengo el ganado en la sierra,	con mi ganadico me voy a dormir.
—Deja la sierra y su nieve,	que tu frío me da pena;
ven, caliéntate a mi fuego,	tendrás una noche buena.
—Mal se os guíe la cena	—responde el villano vil;—
tengo el ganado en la sierra	a mi ganadico me quiero ir.
—Mi ganadico y el tuyo	pastarán en prado llano;
juntos han de retozar	largas siestas del verano.
—Mas que te muerde un alano	—responde el villano vil;—
bien se está el mío en la sierra,	y el tu ganadico en su buen redil.
—Tres viñas de tierra buena	te daría en casamiento,
una jaca y un jumento,	cabras cien y una colmena.

—Nunca llueve como truena
tengo el ganado en la sierra,
—Entenderme tú no quieres;
comerás, pues te convido,
—No quiero pagar el pato
bástame comer mis migas,
—Mas es que la de la nieve
rostro de leche y coral;
—Mucho bueno poco dura
tengo el ganado en la sierra
—El cuello tengo de garza,
las teticas agudicas,
—No me puedo detener
Mi ganado esta en la sierra,

—responde el villano vil;—
y mi ganadico me quiero ir.
no des prisa en ir al hato;
de mí misma te hago el plato.
—respondió el villano vil;—
y a mi ganadico tengo de ir.
de mi cuerpo la blancura;
delgadita en la cintura.
—responde el villano vil;—
y a mi ganadico me quiero ir.
los ojos de un esparver,
que el bridal quieren romper. . . .
por más que tengas ahí.
y a mi ganadico tengo que ir.

Desecha de la dama,

que dice con enojo:

—¡Oh, malhaya el vil pastor
y le requiebre de amores,
—El buey suelto bien se lame
y por más que me dijeres,

que dama gentil le ame,
y él se vaya aunque le llame!
—respondio el villano vil;—
con mi ganadico me quiero ir.

This Sephardic version belongs to Ramón Menéndez Pidal's *Romancero Judío-Español* (n.d., 182). It originated in the city of Andrinopolis. Unfortunately we do not have the music. This version substituted *ganado* for *galana*.

Esta versión sefardí pertenece al *Romancero Judío-Español* de Ramón Menéndez Pidal (sin año, p. 182). Proviene de la ciudad de Andrinópolis y desafortunadamente no poseémos la música. En esta versión, se ha sustituido al ganado por la galana.

—Ven aquí tu, pastor lindo
comerás y beberás
—Yo no oyo a mujeres
que yo con mi galana
—¡Si tú vías las mis manos,
Cuando paso por la plaza
—En el fuego sean quemados,
que yo con mi galana

gozarás de los bienes
y hacerás tú lo que queres.
—le dijo Selví,—
me quero ir.
con mis dedos alhenados!
todos se quedan mirando.
—le dijo Selví,—
me quero ir.

Following is a short version collected by Susana Weich-Shahak in her book, *Romancero Sefardí de Marruecos* (153). The informant was Alicia Bendayán, from Tetuan, on May 16, 1984.

Incluyo esta versión corta recogida por Susana Weich-Shahak, en su *Romancero Sefardí de Marruecos* (p. 153). La informante fue la señora Alicia Bendayán de Tetuán, el 16 de mayo de 1984.

Pas - tor, qué ha-ces en el cam - po dur-mien-do so - bre la a-re - na si te ca - sa - ras con - mi - go, sí, sí, dur - mie - ras en ca - ma bue - na sí, sí a - diós, que se va el pas - tor

—Pastor, ¿qué haces en el campo,   durmiendo sobre la arena?
Si te casaras conmigo, sí, sí,   durmieras en cama buena,
sí, sí,   adiós,   que se va el pastor.
—Pastor, ¿qué haces en el campo,   comiendo con cucharones?
Si te casaras conmigo,   sí, sí, comieras con tenedores,
adiós, adiós,   que se va el pastor.

The next version belongs to Aurelio M. Espinosa's work, *Romancero Nuevo Mejicano* (1915, 469–70). He recorded it in Santa Fe from Dionisia Monclovia, age fifty-five. In this New Mexican rendering, a young girl declares her love to a shepherd who in turn rejects her. Later, the roles change, and the shepherd declares his love to the lass who now rejects him.

La siguiente versión pertenece al *Romancero Nuevo Mejicano*, de Aurelio M. Espinosa (1915, pp. 469–70). Fue recogido en Santa Fe, siendo la informante la señora Dionisia Monclovia de 55 años de edad. En esta versión nuevomexicana, la zagala declara su amor al pastor y éste la rechaza. Los papeles luego se intercambian, siendo el pastor el que pretende los amores de la zagala y entonces es ella quien lo rechaza.

U - na ni - ña en un bal - cón   le   di - ce a un pas- tor: -Es - pe - ra,   que a - quí te ha-bla u-na za - ga - la   que de a - mo - res de-ses - pe - ra

Una niñ'en un balcón
qui aquí te habla una zagala,
—No mi hables d'esa manera,
mi ganado 'st' en la sierra,
—Te doy una pila di oro
tan solo porque te quedes
—No quiero tu pila di oro
mi ganado 'st' en la sierra,
—Mira que lindos cabeyos
el sol s' enamora d' eyos
—Mira que pulido pie
mira que soy niña tierna
—No mi hables d' esa manera
mi ganado 'st' en la sierra,
Te doy las mulas y el hato,
tan solo porque te quedes,
—No quiero las mulas ni el jato,
mi ganado 'st' en la sierra,
—Mira pastor aturdido,
me dejas con mi vergüensa
A la vuelta de tu viaje
—Sagala, dueña de mi alma,
sagala, cuando me hablates,
Perdóname, gran señora
—Cuando quise, no quisites,
pues yora tu soledá,
Te doy todo mi caudal,
tan solo porque me dejes
—Cuando quise no quisites,
pues yora tu soledá,
—Mira, sagalit' hermosa,
perdónam' esta faltita,
—Cuando quise no quisites,
pues yora tu soledá,
—Haré de cuenta que tuve
y que se cayó 'nel mar

le disi [a] un pastor: —Espera,
que di amores desespera.
—le responde'l grande vil;—
con el me voy a dormir.
y tres cañas de marfil,
esta noch' aquí a dormir.
ni tus cañas de marfil;
con él me voy a dormir.
y yevarás qué contar;
cuando me sientu a peinar.
par' un sapato dorado;
y que 'stoy a tu mandado.
—le responde'l gran vil;—
con él me voy a dormir.
el catre y el almirés,
esta nochi y otras tres.
ni el catre ni el almirés;
con él me voy otra ves.
no me quieres entender;
cuando t'empiesu a querer.
no vas a saber qui haser.
sagala, vuelvu a venir;
tus palabras nu entendí.
si en algo yo ti ofendí.
y ora que quieres no quiero,
que yo la yoré primero.
con todo lo que yu habito,
hablar contig' un ratito.
y ora que quieres no quiero,
que yo la yoré primero.
dueña de mi corasón,
que tu siervo es el amor.
y ora que quieres no quiero,
que yo la yoré primero.
una sortija di oro,
y así la perdí del todo.

The following version belongs to Rubén Cobos's collection. He recorded it from Próspero S. Baca in Bernalillo, New Mexico, on August 7, 1945.

La versión que sigue es de la colección del profesor Rubén Cobos. Fue recogida en Bernalillo, Nuevo México, de boca de don Próspero S. Baca el 7 de agosto de 1945.

U - na niña en un balcón... le di - ce a un pastor: Espera, que te llama una za-

ga - la que de tu amor desespera.........

Una niña en un balcón	le dice a un pastor: —Espera,
que te llama una zagala	que de tu amor desespera.
—No soy tan enamorado,	—respondió el niño Daví;—
mi ganado esta en la sierra,	con el me voy a dormir.
—Oye, pastor amoroso,	lo que te habla una paloma
vente primero pa'acá,	no hay modo de que te coma.
Mira que hermosos cabellos	y llevarás qué contar,
cuando me siento a peinar	el sol se enamora de ellos.
—Mira que pie pulido	para un zapato bordado,
mira que soy niña y tierna	y después a tu mandado.
Te pago tres pilas de oro,	el hato y el almirez;
tan solo porque te quedes	esta noche y otras tres.
Te doy una pila de oro	y dos cañas de almaril;
tan solo porque te quedes	esta noche aquí a dormir.
—Zagala, cuando me hablaste,	tus palabras no entendí;
perdóname, gran señora	si en algo yo te ofendí.
—Cuando quise, no quisistes;	ahora que quieres, no quiero;
llora tú tu soledad,	que yo la lloré primero.
Haré de cuenta que tuve	una sortija de oro,
en la mar se me cayó	aquí la perdí del todo.

Gerineldo

Gerineldo is one of the most extended romances in the Iberian peninsula, the Americas, and among the Sephardim of North Africa and the Orient. It may also be the most widely known romance in the modern oral tradition. Inspiring this romance is the legend of Emma, daughter of Emperor Charlemagne, and her love for his secretary, Eginhart or Eginardo.

The oldest yet identified printed version of this romance comes from two loose sheets dated 1537. We find a rendering similar to the previous one published in *Selva de Romances* in 1551. Scholars believe that a version older than those printed in the seventeenth century inspired the ones from the oral tradition we have today. Ramón Menéndez Pidal believes that the New Mexican *Gerineldos* have much in common with those from Andalusia and are especially interesting, since they are the most complete and best preserved of all the other versions collected in the American continent. The following one belongs to a loose folio dated 1537.

El romance de *Gerineldo* es uno de los más extendidos en la península ibérica así como en América y también entre los sefardíes del norte de África y Oriente. Quizá éste sea el romance más conocido en la tradición oral moderna. Se inspira en la leyenda de los amores de Emma, la hija del Emperador Carlomagno con su secretario Eginhart o Eginardo.[5]

La versión impresa más antigua que conocemos de este romance procede de dos pliegos sueltos fechados en el año 1537.[6]

En 1551, se publicó en *Selva de Romances* una versión semejante a la anterior. Según los estudiosos del tema, las versiones de la tradición oral que se han conservado hasta nuestros días se inspiran en un modelo anterior a aquellas impresas en el siglo XVI.[7] Según Ramón Menéndez Pidal, las versiones nuevomexicanas de Gerineldo tienen mucho en común con las versiones andaluzas y son especialmente interesantes, pues de todas las versiones recogidas en las Américas, éstas son las más completas y mejor conservadas. La siguiente versión pertenece a uno de los pliegos sueltos de 1537.

Levanto se Girineldos	quel rey dexaua dormido;
fuesse para la infanta	donde estaua en el castillo.
—Abrays me, dixo, señora,	abrays me, cuerpo garrido.
—¿Quién soys vos, el Cauallero,	que llamays a mi postigo?
—Girineldos soy, señora,	vuestro tan querido amigo.
Tomara lo por la mano,	a un palacio lo a metido,
y besando y abracando,	Girineldos se a dormido.
Recordado hauia el Rey	del sueno despauorido;
tres vezes lo hauia llamado,	ninguna le a respondido.
—Girineldos, Girineldos,	mi camarero polido,
si me andas en traycion,	tratas me como a enemigo.

5. Díaz-Mas, *Romancero*, p. 249.

6. Seminario Menéndez Pidal, *Romancero Tradicional, Gerineldo, El Paje y la Infanta*, ed. Diego Catalán y Jesús Antonio Cid (Madrid: Gredos, 1975), p. 24.

7. Joaquín Díaz, José Delfín Val y Luis Díaz Viana, *Romances Tradicionales, Catálogo Folklórico de la Provincia de Valladolid* (Valladolid: Institución Cultural Simancas, 1978), Vol. I, p. 53.

o dormias con la infanta
Tomo la espada en la mano,
fuerase para la cama,
El quisiera lo matar
sacara luego la espada,
porque desque recordasse
Recordado auia la infanta
—Recordasseys, Girineldos,
que la espada del rey mi padre

o me as vendido el castillo.
en gran sana va encendido;
donde a Girineldos vido.
mas crio le de chiquito;
entre entranbos la ha metido
viesse como era sentido.
y la espada a conoscido.
que ya erades sentido,
yo me la he bien conoscido.

Kurt Schindler recorded the following version in the town of Hoyocasero, province of Avila (Spain). He published it in *Música y Poesía Popular de España y Portugal* (example no. 98).

La siguiente versión fue recogida por Kurt Schindler en el pueblo de Hoyocasero, de la provincia de Ávila (España), publicada en su obra *Música y Poesía Popular de España y Portugal* (ejemplo n. 98).

Ge - ri - nel - do, Ge - ri - nel - do,   Ge - ri - nel - di - to pu - li - do.

—Gerineldo, Gerineldo,
¡ay!, quién pudiera esta noche
—No te burles, prenda mía,
—No me burlo, Gerineldo,
Desde las doce a la una,
Da vueltas por el jardín,
Y te subes a mi cuarto
Tres horas duró la lucha,
Su padre que sintió ruido
y los encuentra a los dos
—Si mato a mi hija Infanta,
y si mato a Gerineldo
Dejo la espada en el medio,
para que sepa mi hija que
—Gerineldo, Gerineldo,
que la espada de mi padre,
—¿Por dónde me echaré yo
—Échate por el jardín,
Al entrar por el jardín se

Gerineldito pulido,
dormir tres horas contigo.
porque soy vuestro criado.
que de veras te lo digo.
mis padres están dormidos.
da vueltas por el castillo.
a cumplir lo prometido.
luego se quedan dormidos.
a su cuarto se ha dirigido,
como mujer y marido.
mi reino queda perdido,
que desde niño lo crió.
y esta queda por testigo
lo que ha hecho he sabido.
mira que estamos perdidos,
entre los dos ha salido.
para no ser conocido?
y serás desconocido.
encontró con Maximino.

—¿Dónde vienes, Gerineldo,	tan triste y descolorido?
—Vengo de oler una rosa	que el color se me ha perdido.
—No lo niegues, Gerineldo,	que con mi hija has dormido.
Si antes eras mi criado,	ahora serás yerno mío.

Susana Weich-Shahak recorded the next Sephardic version and it belongs to her work, *Romancero Sefardí de Marruecos* (142). The informants were Elvira Alfasí, Rahma Lucasi, and Fortuna Mesas in Larache on June 16, 1979.

La siguiente versión sefardí fue recogida por Susana Weich-Shahak y pertenece a su *Romancero Sefardí de Marruecos* (p. 142). Las informantes fueron las señoras Elvira Alfasí, Rahma Lucasi y Fortuna Mesas, en Larache, el 16 de junio de 1979.[8]

Girineldo, Girineldo,	mi caballero polido,
¡quién te me diera esta noche	tres horas a mi servicio!
—Como soy vuestro criado,	señora, burláis conmigo.
Yo no burlo, Girineldo,	que de veras vo lo digo.
—¿A qué horas daré, señora,	y a qué horas daré al castillo?
Y a eso de la media noche,	que mi padre está vencido.
A eso de la media noche,	Girineldo no ha venido.
—Malhaya tú, Girineldo,	quien amor puso contigo.
Ella en estas palabras,	Girineldo dió un suspiro.
—¿Quién es ése y cuál es ése	que a mi puesta dió un suspiro?
—Girineldo soy señora,	que vengo a lo prometido.
Hayó la escalera puesta	derecho subió al castillo.
Entre palabra y palabra	y el sueño los ha vencido.
A eso de la media noche	que su padre ha consentido.
—Mataré yo a Girineldo,	viviré con su suspiro,
si matara a Gerineldo	que lo crié desde chico,

8. Arcadio de Larrea Palacín ofrece varias versiones muy interesantes del romance de Gerineldo en su *Cancionero Judío del Norte de Marruecos*, Vol. II de *Romances de Tetuán* (Madrid: Consejo Superior de Investigaciones Científicas, Instituto de Estudios Africanos, 1952).

si matare yo a mi hija, tengo mi plito perdido.
Puso la 'spada entre medio, que le sirva de testigo.
Con el frío de la espada la princesa ha consentido.
—Levántate, Gerineldo, que ya'stamos conocidos,
que la espada de mi padre ya está puesta por testigo.
—¿Por dónde daré, señora, por dónde daré al castillo?
—Vete por aquel jardín a cortar rosas y lirios.
—Buenos días, Girineldo —Buenos días,
—¿Qué tienes tú, Girineldo, que te veo yo amarillo?
—De cortar flores y lirios el color yo lo he perdido.
—Mientes, mientes, Girineldo, con la doncella has dormido:
antes de que apuntara el sol la servirás de marido,
coge tu caballo blanco y vete de aquel castillo.

This New Mexican rendition belongs to the work of Ramón Menéndez Pidal, *Como vive un Romance* (1954, 202, 203).

Esta versión de Nuevo México pertenece a la obra de Ramón Menéndez Pidal, *Como vive un Romance* (1954, pp. 202, 203).

—Gerineldo, Gerineldo mi caballero aguerrido
quién te pescar'esta nochi tres horas en mi servisio.
—¡Tres horas dise, señora, ojalá que jueran sinco!
Porque soy criado suyo quiere usted burlar conmigo.
—Gerineldo, Gerineldo de de veras te lo digo.
—¿A qué horas mi señora cumpliréis lo prometido?
—A las dose de la noche cuando el rey esté dormido.
Toavía las dose no han dado Gerineldo va al castío
haya la puerta serrada y da un fervoso suspiro.
—¿Quién es ese cabayero alevoso y atrevido
que a deshoras de la nochi a mi castío ha venido?
—Señora, soy Gerineldo que vengo a lo prometido.
Ya lo agarra de la mano para dentro lo ha metido
a la ida de sus deleites ya se han quedado dormidos
dándose besos y abrazos como mujer y marido.
Cosa de la media noche el rey pidió sus vestidos
Va a llevárselos un paje de Gerineldo es amigo.
—¿Dónde está mi Gerineldo mi camarero aguerrido?
—Señor, se haya en la cama con calenturas y fríos.
Ya toma el rey su espada para el castío se ha ido
haya la puerta entreabierta para dentro se ha metido
los haya boca con boca como mujer y marido.
—Si mato a mi Gerineldo que lo he criado desde niño

si mato a mi hija la infanta   queda mi reino perdido,
pondré mi espada entre medio   que sepan que son sentidos.
La infanta que ha despertado   de esta manera ha dicho:
—Levántate Gerineldo   mi camarero aguerrido
que la espada de mi padre   entre los dos ha dormido.
Se levanta Gerineldo   muy triste y despavorido:
—¡Valía más haberme muerto   valía más no haber nasido!
—No estés triste Gerineldo   mi camarero aguerrido
que yo le diré a mi padre   que te estimo por marido
en caso que te pregunte   dile como te digo,
dónde la nochi has pasado   dónde la nochi has dormido.
Señor, jugando a las damas   ni he ganado ni he perdido.
Serca de la mañanita   pide el rey sus vestidos
ya Gerineldo yegó   como siempre había ido.
—Gerineldo, Gerineldo   mi camarero aguerrido
¿dóndi la noche has pasado   dóndi la noche has dormido?
—Señor, jugando a las damas   ni he ganado ni he perdido.
—Gerineldo, Gerineldo   ¿negarás lo que yo he visto?
Hinca la rodilla n tierra   y de esta manera ha dicho:
—Señor yo seré la carne   vuestra merced el cuchío
corte por donde quisiere   de mi no sea dolido.
—Levántate Gerineldo   mi camarero aguerrido
me dise mi hija la infanta   que te estima por marido.
Se levanta Gerineldo   pegando saltos y brincos.
—¡Quién dijera, Gerineldo   que habías de ser su marido!

Aurelio M. Espinosa collected the next version, which he published in "Romancero Nuevomejicano" in 1915 (463–64). It comes from Pajarito, New Mexico. The informant was Jorge Metzgar, forty-six years old.

La siguiente versión fue recogida por Aurelio M. Espinosa en su "Romancero Nuevomexicano" en 1915 (pp. 463–64). Procede de Pajarito, Nuevo México. El informante fue Jorge Metzgar de 46 años.

Ge-ri-nel-do, Ge-ri-nel-do, mi ca-ma-re-ro ague-rri-do,
quién te pes-ca-ra esta no-chi tres ho-ras en mi ser-vi-cio.

—Gerineldo, Gerineldo
¡quién te pescar'esta nochi
—Pues, ¿tres horas, mi señora?
Que porque soy vuestro criado
—No, Gerineldo de mi alma
—¿A qué horas, mi señora,
—A las doce de la nochi
Tuaviá las dose nu han dado
Huyo 'l castío serrado,
—¿Qui alevoso, qui atrevido,
—Señora, soy Gerineldo,
Ya lu agarra de la mano,
Á l'ida de sus deleites
dándose besos y abrasos
Á l'una de la mañana
Ya va un paj'y se los da,
—¿Dónde si haya Gerineldo,
—Señor, se hay'en la cama,
Ya toma 'l rey su espada
Haya la puert' entri abierta,
Los halla boca con boca,
Vuelve los ojos pa' trás,
—Si matu á mi Gerineldo,
si matu a mi hija l' infanta
Pondré mi espad' entre medio
Serca de la mañanita
ya Gerineldo yegó,
—Gerineldo, Gerienldo
—¿Dónde la noch' has pasado?
—Señor, jugandu á los dados,
Mucho disimulu es ése,
Hinca la rodiy' en tierra
—Señor, yo seré la carne,
corte por donde quisiere,
—Levántate, Gerineldo,
me dise mi hija l'infanta
Se levanta Gerineldo
de ver que s'iba á casar

mi camareru aguerrido:
tres horas a mi servisio!
¡pues son tres jueran sinco!
quieri usted burlar conmigo.
de veras te lo digo.
cumpliréis lo prometido?
cuando 'l rey esté dormido.
ya Gerineldu había ido.
pegó su voz y suspiro.
a mi castíu ha venido?
que vengu á lo prometido.
pa dentro lu ha metido.
ya se han quedado dormidos,
como mujer y marido.
ya pide'l rey sus vestidos;
de Gerineldu es amigo.
mi camareru aguerrido?
con calenturas y fríos.
para'l castío si ha ido;
par' adentro si ha metido.
como mujer y marido;
y d'esta maner' ha dicho:
qu'es el que se crió conmigo,
queda mi reino perdido;
pa que sepan son sentidos.
ya pide'l rey sus vestidos;
como siempri había ido,
mi camareru aguerrido.
¿dónde la noch' has dormido?
ni he ganado ni he perdido.
Gerineldu a lo qu'he visto.
y d'esta maner' ha dicho:
vuestra merced, el cuchío;
de mí no quede dolido.
mi camareru aguerrido
que t'escoge por marido.
pegando saltos y brincos,
con l'hija de Carlos Quinto.

Las Señas del Marido

Juan de Ribera wrote the first reference on the text of this romance in 1605. Its subject is the ancient theme of the husband who, disguised, returns from war after many years of absence and before revealing his identity, submits his wife to a test of loyalty. It may remind us of Ulysses, in classic Greek literature, who returned to Ithaca after his long voyages.

The origin of this romance is apparently a combination of the theme from a twelfth century French song, *La chanson de Saisnes*, and that of *Gentils gallans de France*, from the fifteenth century. Countless versions of this romance exist in the Iberian peninsula, in the Americas, and among the Sephardim of Morocco and the Orient. There are 279 renderings collected from fifteen American countries. The version following belongs to loose sheets edited in 1605.

La primera referencia escrita sobre el texto de este romance es de Juan de Ribera y data del año 1605.[9] Trata el antiquísimo tema del marido que vuelve a casa disfrazado, tras su larga ausencia de años en guerra, y antes de desvelar su identidad, somete a su mujer a una prueba de fidelidad. Acordémonos del caso de Ulises en la literatura clásica griega, cuando después de sus largos viajes regresó a Ítaca.

El origen de este romance parece ser una mezcolanza entre el tema de una canción francesa del siglo XII (*La chanson des Saisnes*) y otra del siglo XV (*Gentils gallans de France*).[10] Hay un sin fin de versiones, tanto en la península ibérica como en América y entre los sefardíes de Marruecos y de Oriente. En América existe un total de 279 versiones recogidas en quince países.[11] La siguiente versión pertenece a los pliegos editados en 1605.

—Caballero de lejanas tierras,
hinquedes la lanza en tierra,
preguntaros he por nuevas
—Vuestro marido, señora,
—Mi marido es mozo y blanco,

llegaos acá y paréis,
vuestro caballo arrendéis:
si mi esposo conocéis.
decid, ¿de qué señas es?
gentil hombre y bien cortés,

---

9. El impreso del pliego de 1605 desapareció, pero es Agustín Durán quien lo atribuye a Juan de Ribera en su *Romancero General* (Madrid, 1849–51).

10. Díaz Roig, *Romancero Tradicional de América*, p. 227.

11. Díaz Roig, *Romancero Tradicional de América*, p. 227.

muy gran jugador de tablas	y también del ajedrez.
En el pomo de su espada	armas trae de un marqués
y un ropón de brocado	y de carmesí el envés;
cabe el fierro de la lanza	trae un pendón portugués
que ganó en unas justas	a un valiente francés.
—Por esas señas, señora,	tu marido muerto es.
En Valencia lo mataron	en casa de un ginovés,
sobre el juego de las tablas	lo matara un milanés.
Muchas damas lo lloraban,	caballeros con arnés,
sobre todo lo lloraba	la hija del ginovés;
todos dicen a una voz	que su enamorada es.
Si habéis de tomar amores	por otro a mí no dejéis.
—No me lo mandéis, señor;	señor, no me lo mandéis,
que antes que eso hiciese,	señor, monja me veréis.
—No os metáis monja, señora,	pues que hacello no podéis:
que vuestro marido amado	delante de vos lo tenéis.

Kurt Schindler recorded this version from Torrearévalo, Soria (Spain), between 1928 and 1929. It belongs to his work, *Música y Poesía Popular de España y Portugal* (example no. 845).

Esta versión de Torrearévalo, de la provincia de Soria (España), fue recogida por Kurt Schindler entre 1928 y 1929 y pertenece a su obra, *Música y Poesía Popular de España y Portugal* (ejemplo n. 845).

Estábase Catalina	en su polido vergel,
con las horas en la mano,	pidiéndole a Dios merced,
que le traigan a su marido	que está en servicio del Rey.
Y Dios que tanto la quiso	eso le trajo a aparecer,
todo vestido de verde	sin poderlo conocer.
—Para Francia voy, Señora,	si algo se le ofrece a usted.
—Si viera usted mi marido,	ésta carta me le de.
—Deme las señas, señora,	que no lo conoceré.
—Mi marido es gentil hombre,	gentil hombre aragonés,

<table>
<tr><td>es jugador a los dados,</td><td>y entre las damas cortés.</td></tr>
<tr><td>—Ese tal hombre, Señora,</td><td>¡cuánto ha que muerto es!</td></tr>
<tr><td>En casa de una gitana</td><td>lo mataron entre tres,</td></tr>
<tr><td>y a mí me ha dejado dicho</td><td>que me case con Usted.</td></tr>
<tr><td>—Eso no lo haré, señor,</td><td>eso no lo puedo hacer.</td></tr>
<tr><td>Quien ha aguardado siete años,</td><td>otros siete aguardaré.</td></tr>
<tr><td>Si a los catorce no viene,</td><td>yo monja me meteré,</td></tr>
<tr><td>y dos hijos que yo tengo</td><td>al Rey se los mandaré.</td></tr>
<tr><td>Y dos hijas que yo tengo</td><td>conmigo las llevaré.</td></tr>
<tr><td>Y si no quieren ser monjas,</td><td>casamiento les daré.</td></tr>
<tr><td>—Ahora creo, Señora,</td><td>que tengo buena mujer,</td></tr>
<tr><td>que te he venido a probar</td><td>por ver lo que quiés hacer.</td></tr>
</table>

Many renditions of this romance exist within the Sephardic tradition. The following one belongs to *Romancero Sefardí de Marruecos* (96) by Susana Weich-Shahak. The informant was Alicia Bendayán from Tetuan, March 21, 1984.

Existen muchas versiones de este romance dentro de la tradición sefardí. La siguiente versión pertenece al *Romancero Sefardí de Marruecos* (p. 96) de Susana Weich-Shahak. La informante fue la señora Alicia Bendayán de Tetuán, el 21 de marzo de 1984.

<table>
<tr><td>—Escuchís, señor soldado,</td><td>si de las guerras venís.</td></tr>
<tr><td>—Sí, señora, de las guerras,</td><td>de las guerras del inglés.</td></tr>
<tr><td>—¿Si habéis visto a mi marido,</td><td>por fortuna, alguna vez?</td></tr>
<tr><td>—Deme una señal, señora,</td><td>que le pueda conocer.</td></tr>
<tr><td>—Mi marido es alto y rubio,</td><td>alto como un ciprés,</td></tr>
<tr><td>y en la punta de la espada</td><td>tiene las armas del rey.</td></tr>
<tr><td>Ese hombre que usted dice</td><td>muerto es ya más de un mes</td></tr>
<tr><td>y en su testamento dice</td><td>que me case con usted.</td></tr>
<tr><td>—No lo quiera Dios del cielo</td><td>ni la Virgen Santa Inés,</td></tr>
<tr><td>monja yo de Santa Clara</td><td>monja yo de Santa Inés;</td></tr>
<tr><td>tres hijas que yo tengo</td><td>conmigo las llevaré,</td></tr>
<tr><td>la una con Santa Clara,</td><td>la otra con Santa Inés,</td></tr>
</table>

y la más chiquita de ellas,
que me lave y que me vista,
Tocose mano con mano,
y allí se conocieron

conmigo la dejaré,
y me haga de comer.
subiéranse a su vergel,
el marido y la mujer.

This next version belongs to the collection of Rubén Cobos, who recorded it in Las Vegas, New Mexico, on August 1, 1945. The informant was Louis Ulibarrí Nevarez, fifty-five years of age.

De la colección del profesor Rubén Cobos es esta versión recogida en Las Vegas, Nuevo México, el 1 de agosto de 1945, siendo el informante Louis Ulibarrí Nevarez, de 55 años.

Yo soy la recién casada
Me abandonó mi marido
Traigo una pena doblada
A nadie le digo nada
—Caballero, por fortuna,
—Señora, no lo conozco,
—Mi marido es alto y grueso
y en la copa del sombrero,
—Por las señas que me ha dado
y en las guerras de Valverde
—Señorita, si usted gusta,
con gusto de uno y otro
—Diez años lo he esperado
si a los veinte no volviere

que nunca me casaré;
por amar la libertad.—bis
y un crecido sentimiento;
yo sola soy la que siento.—bis
¿no ha visto usted a mi marido?
deme usted seña y le digo.—bis
y en el hablar es cortés;
trae un letrero francés.—bis
su marido muerto es,
lo mató un traidor francés.—bis
nos casaremos los dos;
y la voluntad de Dios.—bis
y diez que lo esperaré,
de monja me meteré.—bis

The following version forms part of Aurelio M. Espinosa's "Romancero Nuevomejicano" (1915, 478–79). He recorded it from informant Juan Chávez y García, thirty-two years old, from Puerto de Luna, New Mexico.

La siguiente versión forma parte del "Romancero Nuevomejicano" de Aurelio M. Espinosa (1915, pp. 478–79). Fue recogida en Puerto de Luna, Nuevo México. El informante fue el señor Juan Chávez y García de 32 años de edad.

—Catalina, Catalina,　　　　　　　　paño blanco de linu es;
tú ti apartas para Fransia,　　　　　yo mi aparto pa Valdés;
—Yo no tengu amor en Fransia,　　　ni tampoco ni en Valdés;
éstas cartas qui aquí tengo,　　　　a mi marido las des.
—¿Cómo quiere que se las de,　　　　si no lu he de conoser?
—Anda en un cabayo blanco,　　　　que se lo dio'l rey fransés;
en la copa del sombrero,　　　　　tieni un letrero, mala es.
—Por las senas qui usté da,　　　　ya su marido muertu es;
en las guerras de Bolivia　　　　　lo mat'un traidor fransés.
Señora, si le conviene,　　　　　　nos casaremos los dos,
con el gusto di uno y otro　　　　y la voluntá de Dios.
—Túnico verde me puse,　　　　　también un velo morado,
y me vid' en el espejo.　　　　　¡Que linda viud' he quedado!
Sinco años lo [he] esperado　　　y dies que lu esperaré;
si a los quinse no viniere,　　　de monja me meteré.
Las dos hijas que d'él tuve　　　conmigo las yevaré,
pa' que rueguen por su padre　　y por su madre también.

La Esposa Infiel

The first publication we have of *La Esposa Infiel* dates to 1550, and belongs to the *Cancionero de Romances*. We can find this subject throughout Western literature, such as in Italian, French, German, and English ballads, to name a few. The husband returns home in the very moment his wife is with her lover. She quickly conceals her lover while candidly answering the questions from her husband, who notices strange objects in the house. This romance inspired Lope de Vega, who used it as a basis for his comedy *La locura por la honra*.

Within the Hispanic oral tradition, there are Galician, Catalan, and Portuguese renderings. There are also versions in Ladino among the Sephardim of the Orient and Morocco. There also exist one hundred different Castilian ones collected from twelve American countries and the Iberian peninsula.

Mexico rewrites this romance under the name *La Martina*. Espinosa collected quite a few versions of *La Esposa Infiel* in New Mexico. Some of them are in reality a different romance dealing with the same theme carried out in a different way. Spain and Mexico know this other romance under the name *Bernal Francés*. Espinosa classified it as a different version of *La Esposa Infiel*. Here, however, I present it separately, as an independent romance (see *Bernal Francés*). The following rendition dated 1550 belongs to the *Cancionero de Romances* of Anvers.

La primera publicación que tenemos de *La Esposa Infiel* data de 1550 y pertenece al *Cancionero de Romances*. El tema tratado en este romance está difundido por toda la literatura occidental y lo podemos encontrar en las baladas italianas, francesas, alemanas e inglesas. El marido regresa a su casa en el momento oportuno en que su mujer está con un amante. Ella esconde al amante rápidamente mientras responde con desenvoltura a las preguntas del marido que advierte cosas extrañas en la casa. Este romance sirvió como base inspiradora a Lope de Vega para escribir su comedia, *La locura por la honra*.

Dentro de la tradición oral hispana hay versiones en gallego, catalán y portugués. También existen versiones en ladino, entre los sefardíes de Oriente y Marruecos. Las hay también en castellano, provenientes de la península ibérica y de América, donde se han recogido cien versiones diferentes en doce países.[12]

En México, este romance se refundió bajo el nombre de *La Martina*. Espinosa recogió bastantes versiones de *La Esposa Infiel* en Nuevo México. Algunas de estas versiones son realmente otro romance que trata el mismo tema, pero que transcurre de manera diferente. Este otro romance se conoce en España y en México bajo el nombre de *Bernal Francés*. Espinosa lo clasificó como versiones diferentes de *La Esposa Infiel*, pero aquí lo presentamos separado, como un romance independiente (ver *Bernal Francés*.) La versión que sigue pertenece al *Cancionero de Romances* de Anvers de 1550.

Blanca soys, señora mía, / más que el rayo del sol;
si la dormiré esta noche / desarmada y sin pauor
que siete años auia, siete, / que no desarmo, no;
mas negras tengo mis carnes / que un tiznado carbón.
—Dormilda, señor, dormilda / desarmado sin temor,
que el conde es ydo a la / caça a los montes de León:
rauia le mate los perros / y águilas el su halcón
y del monte hasta casa / él arrastre el Morón.—
Ellos en aquesto estando / su marido que llegó:
—¿Qué hazeys, la Blanca niña, / hija de padre traydor?
—Señor, peyno mis cabellos / peyno los con gran dolor
que me dexeys a mí sola / y a los montes os vays vos.
—Essa palabra, la niña, / no era sino traycion.
¿Cuyo es aquel cauallo / que allá baxo relinchó?
—Señor, era de mi padre / y embios lo para vos.
—¿Cuyas son aquellas armas / que están en el corredor?
—Señor, eran de mi hermano / y oy os las embió.
—¿Cuya es aquella lança? / desde aquella veo yo.
—Tomalda, conde, tomalda, / matadme con ella vos,
que aquesta muerte, buen conde / bien os la merezco yo.

---

12. Díaz Roig, *Romancero Tradicional de América*, p. 21.

This next version belongs to the *Cancionero Popular de Extremadura* by Bonifacio Gil García (2:24–25).

Esta versión que sigue pertenece al *Cancionero Popular de Extremadura* de Bonifacio Gil García (Tomo II, pp. 24–25).

Mañanita, mañanita, mañana de San Simón, estaba una señorita senta-

dita en su balcón

Mañanita, mañanita,	mañana de San Simón,
estaba una señorita	sentadita en su balcón,
peinadita de rodete	y una cosita alrededor.
Paso p'ayí un cabayero,	hijo del emperador,
Con la guitarra en la mano;	esta canción le canto:
—¿Dormiré contigo, Luna;	dormiré contigo, Sol?
—Entre usté, caballerito,	dormirá una noche o do,
mi marido no esta en casa,	qu'está montes de León
y pa' que no viniera,	l'echao una maldición:
"Cuervos, salal-le los ojos;	águilas, el corazón;
los perros de la majada	le saquen en procesión.
—¿Dónde pongo yo mi cabayo?	y a la cuadra lo yevó.
—¿Dónde pongo mi escopeta?	y en un rincón la colgó.
—¿Dónde pongo mi ropita?	en la percha la colgó.
—¿Dónde pongo mi carita?	en la cama se metió.
Diciendo estas palabras,	él a la puerta yegó:
—Ábreme la puerta, Luna;	ábreme la puerta, Sol,
que te traigo un pajarito	de los montes de León.
Al tiempo de abrir la puerta,	ha mudado de color:
—O tú tienes calenturas,	o tú tienes mal de amor.
—Yo no tengo calentura	ni tampoco mal de amor;
es qu'he perdio la yave	de mi hermoso corredor.
—Si tú la tienes de plata	de oro la tengo yo.
Diciendo estas palabras,	el cabayo relinchó:
—¿De quién es ese cabayo	qu'en la cuadra oigo yo?
—Tuyo, tuyo, cabayero;	que mi padre te lo dió
Pa' que fueras de caza	a los montes de León.
—Cuando yo no lo tenía,	tu padre no me lo dió.

Estando en estas palabras
—¿De quién es esa escopeta
—Tuya, tuya, cabayero;
Pa' que fueras de caza
—Cuando yo no la tenía,
Estando en estas razones
—¿De quien es esa ropita
—Tuya, tuya, cabayero;
Pa' que fueras de boda
—Cuando yo no la tenía,
Estando en estas razones
—¿De quién es esa carita
—Mátame, marido mío,
L'h'agarrao de la mano
—Ahí tiene usté a su hija
—Ha lo que quieras d'ella,
L'h'agarrado de la mano
l'ha dao tres puñaladas
Y otras tantas se dió él

ha mirado hacia el rincón:
qu'en el rincón veo yo?
que mi padre te la dió
a los montes de León.
tu padre no me la dió.
para la percha miró:
qu'en mi percha veo yo?
que mi padre te la dió
de mi hermana la mayor.
tu padre no me la dió.
para la cama miró:
que en mi cama veo yo?
que te he jugado traición.—
y a su casa la yevó:
que me ha jugado traición.
tú que a tí te la entregué yo.
y al campo se la yevó;
al lado del corazón.
pa no sentir dolor.

The following version belongs to the *El Romancero Sefardí de Marruecos* by Susana Weich-Shahak (121). The informant was Alicia Bendayán from Tetuan, April 19, 1984.

La versión siguiente pertenece al *El Romancero Sefardí de Marruecos* de Susana Weich-Shahak (p. 121). La informante fue la señora Alicia Bendayán de Tetuán el 19 de abril de 1984.

Estaba la Blancaniña,
bien adornada y compuesta
Por ahí pasara un galán
—Subiré contigo, luna,
Y la niña le contesta:
mi marido está en las guerras,
espada de moro izquierda

sentadita en su balcón,
y un poquito de arrebol.
que d'ella se namoró.
subiré contigo, sol.
—Suba usted una noche o dos,
y en las guerras de León;
le traspase en corazón.

Ellos en estas palabras, su marido que llegó.
—¡Ábreme la puerta, luna ábreme la puerta, sol!
Y bajó la niña a abrirle, mudadita de color.
—O tú tienes calentura, o tú tienes nuevo amor.
—No tengo yo calentura, ni tampoco nuevo amor:
se me han perdido las llaves de tu rico comedor.
—¡Si las llaves son de cobre, de plata las haré yo,
si las llaves son de plata, de oro las haré yo!
Al subir las escaleras el caballo relinchó.
—¿De quién es ese caballo que en mi cuadra veo yo?
—Tuyo, tuyo, maridito, que mi padre te lo dió.
—Anda, ve y dile a tu padre que caballo tengo yo,
que cuando no lo tenía, tu padre no me lo dió.
Y al subir las escaleras para la percha miró.
—¿De quién es ese sombrero que en mi percha veo yo?
—Tuyo, tuyo, maridito, que mi padre te lo dió
para que vayas a la boda de mi hermana Leonor.
—Anda, ve y dile a tu padre que sombrero tengo yo,
que cuando no lo tenía, tu padre no me lo dió.
Y al subir las escalares para la cama miró.
—¿De quién es ese chiquillo que en mi cama veo yo?
—El nene de la vecina que me lo ha traído yo?
—¡Qué nene, ni ocho cuartos, tiene barba como yo!
Le restiró de la barba le tiró por el balcón,
la niña murió a la una y el caballero, a las dos.

This version forms part of the "Romancero Nuevomejicano" by Aurelio M. Espinosa (1915, 474–75), who recorded it from the informant, Manuelita Cisneros, thirty-three years of age. This romance seems to be a mix between the versions of Extremadura and Tetuan. Unfortunately, we lack the music belonging to it.

Esta versión forma parte del "Romancero Nuevomejicano" de Aurelio M. Espinosa (1915, pp. 474–75). Fue recogida en Albuquerque, siendo la informante la señora Manuelita Cisneros de 33 años de edad. Desafortunadamente, falta la música de este interesante romance, que parece una mezcla entre las versiones de Extremadura y Tetuán.

Andábame yo pasiando por las orías del mar:
m' encontré con una dama, y ea m' hisu emborrachar.
Nos tomamos de la mano, á su casa me yevó,
y en la cama nos sentamos para conversar di amor.
Ya 'stábanos platicando, cuando'l marido yegó.
—¡Tu marido! ¡Tu marido! Ora verás. ¿Qui hago yo?
—Acuéstat' en esa cama mientras me disculpo yo.

—Ábreme la puerta, sielo,   ábreme la puerta, sol.
Ha bajado la escalera,   quebradita la color.
—Tú has tenido calentura,   gu has tenido nuevu amor.
—Yo no tengo calentura,   ni he tenido nuevo amor.
Las yaves se mi han perdido   de tu rico tocador.
—Si tú las tienes di asero,   de oro las tengo yo.
¿De quién es ese cabayo,   qu'en mi corral relinchó?
—Tuyo, tuyo, vida mía,   mi padre te lo mandó
pa que jueras á la boda   de mi hermana la mayor.
—Viva tu padre mil años,   que caballos tengo yo.
¿De quién es ese trabuco,   qu'en ese clavo colgó?
—Tuyo, tuyo, mi marido,   mi padre te lo mandó,
para yevarlu a la boda   de mi hermana la mayor.
—Viva tu padre mil años,   que trabucos tengo yo.
—¿Quién es ese cabayero,   qu'en mi cama si acostó?
—Es un' hermanita mía,   que mi padre la mandó,
pa yevarnos á la boda   de mi hermana la mayor.
L'ha tomado en la mano;   al padre se la yevó.
—Toma, padri, aquí, á u hija,   ue me ha jugado traisión.
—Yévatela tú, el mi yerno,   que l' iglesia te la dió.
Ya la toma de la mano;   al campo se la yevó;
ayí de tres puñaladas,   yí luego, la mató.
La dama muriu a la una,   el galán muriu á as dos.

Bernal Francés

While this ballad belongs to the romances viejos, none of the old publications or collections contains it. In spite of this, we know that it was very popular during the Golden Age in Spain, since several authors cite it in their works. Some believe it inspired Lope de Vega when he wrote the second act of his comedy, *El médico de su honra*. Calderón de la Barca, also inspired by the work, produced his own by the same name. Góngora also cites the beginning verses of this romance in a witty poem.

—¿Quién es aquel caballero
que a mi puerta dijo: Abrid?
—Caballero soy, señora,
caballero de Moclín.

As opposed to *La Esposa Infiel*, here we deal with a husband who submits his wife to a test of fidelity by pretending to be her lover. The name in Spain attributed to this lover was Bernal Francés. Curiously, a captain by the same name served under the Catholic Kings.

He fought on various occasions against the Moors and against France, thus gaining fame for his bravery, though he especially distinguished himself by his participation in the wars of Granada. History also tells, however, that he was a bloodthirsty man, inhuman even toward his own soldiers, besides being overly greedy. Juan Bautista Avalle-Arce wrote the biography of this paradoxical figure and implied that perhaps someone in Andalusia composed this romance, since Bernal held the post as governor of several fortresses around the year 1487.

Many different versions of this romance exist in Castilian, Catalan, and Portuguese throughout the peninsula. It is known in some areas of Castile and Catalonia as *Don Francisco*. It also appears in France, Italy, among the Sephardim of Northern Africa and the Orient, and in many American countries, nine of which furnished a total sixty-six complete versions.

New Mexico and Oaxaca (Mexico) also know it by the name *Doña Elena y don Fernando*, which is related to *La Esposa Infiel*. In any case, what probably happened is that, arriving to Mexico in the sixteenth century (as *Bernal Francés*), it was transformed during the French intervention of 1862, since the New Mexico version presented here begins by indicating the place known as Plan de Barranca in Jalisco, Mexico.

The following rendition comes from *Flor Nueva de Romances Viejos* by Ramón Menéndez Pidal (1928, 151–52).

Aunque pertenece a los romances viejos, éste no se ha conservado en ninguna de las publicaciones o colecciones antiguas. A pesar de ello podemos asegurar que en el Siglo de Oro fue muy conocido, pues varios autores lo citan en sus obras. Se cree que Lope de Vega se inspiró en dicho romance para escribir el segundo acto de su comedia, *El médico de su honra*. Calderón de la Barca a su vez se inspiró en el mismo romance para escribir otra obra con el mismo título.[13] Góngora cita los versos iniciales de este romance en un poema burlesco.

—¿Quién es aquel caballero
que a mi puerta dijo: Abrid?
—Caballero soy, señora,
caballero de Moclín.[14]

---

13. Díaz-Mas, *Romancero*, p. 318.
14. Romance XLVIII en Luis de Góngora, Poesías (México: Porrúa, 1978).

A diferencia de *La Esposa Infiel*, se trata aquí el tema del marido que pone a prueba la fidelidad de su esposa y para ello se hace pasar por su amante. En España se le atribuyó a este amante el nombre de Bernal Francés. Curiosamente hubo un valeroso capitán con este mismo nombre que sirvió a los Reyes Católicos. Luchó en varias ocasiones contra los musulmanes y contra Francia, por lo cual se le atribuyó la fama de valeroso, distinguiéndose especialmente en las guerras de Granada. Pero nos cuentan de él que también tenía fama de ser sanguinario con sus enemigos e inhumano con sus propios soldados, además de bastante avaro. Juan Bautista Avalle-Arce escribió la biografía de este paradójico personaje e insinúa que este romance podría haber sido compuesto en Andalucía donde Bernal fue alcaide de varias fortalezas alrededor del año 1487.[15]

Cuantiosas versiones diferentes de este romance existen por toda la península, tanto en castellano como en catalán y portugués. En algunas zonas de Castilla y Catalunya también se conoce bajo el nombre de *Don Francisco*. Se encuentra en Francia, Italia, entre los sefardíes del norte de África y de Oriente, y en América, donde se han recogido un total de sesenta y seis versiones completas en nueve países.[16]

En Nuevo México y en Oaxaca (México), se conoce también bajo el nombre de *Doña Elena y don Fernando* y se relaciona con *La Esposa Infiel*. En todo caso, lo que debió ocurrir fue que llegó a México en el siglo XVI (como *Bernal Francés*) y allí posteriormente se transformó durante la intervención francesa de 1862, pues la versión de Nuevo México que presentamos empieza indicando el lugar conocido como Plan de Barranca en Jalisco, México.

La siguiente versión sale de *Flor Nueva de Romances Viejos* de Ramón Menéndez Pidal (1928, pp. 151–52).

—Sola me estoy en mi cama	namorando mi cojín;
¿quién será ese caballero	que a mi puerta dice: "Abrid"?
—Soy Bernal Francés, señora	el que te suele servir
de noche para la cama,	de día para el jardín.
Halzó sabanas de Holanda,	cubrióse de un mantellín;
Tomó candil de oro en mano	y a la puerta bajó a abrir.
Al entreabrir de la puerta	le dió un soplo al candil.
—¡Válgame Nuestra Señora,	válgame el señor San Gil!
Quien apagó mi candela,	puede apagar mi vivir.
—No te espantes, Catalina,	no me quieras descubrir,
que a un hombre he muerto en la calle,	la justicia va tras mí.
Le ha cogido de la mano	y le ha entrado al camerín;
Sentole en silla de plata	con respaldo de marfil;
bañole todo su cuerpo	con agua de taronjil;
hízole cama de rosa,	cabacera de alhelí.

15. Juan Bautista Avalle-Arce, *Bernal Francés y su romance*, Temas históricos medievales (Madrid: Gredos, 1974), pp. 135–232.
16. Díaz Roig, *Romancero Tradicional de América*, p. 54.

—¿Qué tienes, Bernal Francés, que estás triste a par de mi?
¿Tienes miedo a la justicia? No entrará aquí el alguacil.
¿Tienes miedo a mis criados? Están al mejor dormir.
—No temo yo a la justicia, que la busco para mí,
ni menos temo criados que duermen su buen dormir.
—¿Qué tienes, Bernal Francés? ¡No solías ser así!
Otro amor dejaste en Francia o te han dicho mal de mí.
—No dejo amores en Francia, que otro amor nunca serví;
sólo temo a tu marido, si viene y te encuentra así.
—No temas a mi marido, muy lejos esta de aquí.
—Lo muy lejos se hace cerca para quien quiere venir,
y tu marido, señora, lo tienes ya junto a ti.
Por regalo de mi vuelta te he de dar rico vestir,
vestido de fina grana forrado de carmesí,
gargantilla colorada como en damas nunca ví;
el collar será mi espada, que tu cuello ha de ceñir.
Nuevas irán al francés que arrastre luto por ti.

The following Castilian version comes from Soria (Spain), where it goes by the names of *Don Francisco* or *La venganza del marido*. Kurt Schindler recorded it in the town of Sarnago. It appears in his work, *Música y Poesía Popular de España y Portugal* (example no. 825).

La siguiente versión castellana de Soria (España) es conocida como el romance de *Don Francisco* o *La venganza del marido*. Fue recogida por Kurt Schindler en el pueblo de Sarnago. Registrado en su obra, *Música y Poesía Popular de España y Portugal* (ejemplo n. 825).

¡Tan! ¡Tan!, llaman a la puerta, Hierbabuena baja a abrir.
—¿Quién es ese caballero, que a mi puerta llama así?
—Es el señor don Francisco que te solía servir,
de noche para la cama, de día para el jardín.
Al tiempo de abrir la puerta se me ha matado el candil.
Quien el candil me ha matado así me matará a mí.

Ya tengo tres hombres muertos	y otros tres para morir,
les he lavado su cuerpo	con agua de toronjil.
Les quite camisas sucias	de holanda se las pusí.
Me lo pillé de la mano,	pa arriba me lo subí,
me lo senté en silla nueva	que tenía para mí.
Me lo pillé de la mano,	me lo acosté al lao de mí,
a eso de la media noche	¡ay! Ella decía así:
—¿Qué hacéis ahí, mi don Francisco	que no os volvéis para mi?
Si teméis a mis criados	os han puesto mal de mí.
—Ni yo temo a tus criados	ni me han puesto mal de ti.
Sólo temo a tu marido	no venga y me mate aquí.
—Mi marido está en la guerra	trescientas leguas de aquí.
—Mañana por la mañana	le escribirás al de allí,
le digas a don Francisco	que diga misas por ti.
Le dirás a tus hermanas	que rueguen a Dios por tí
y a la puta de tu madre	que venga a verte morir.
Que tengo una espada nueva	y con ella has de morir.
Me la senté en la silla nueva	y allí la acabé de morir.

This romance is unique among the Sephardim, for it forms part of another song combined with the story of Bernal Francés. Susana Weich-Shahak recorded it in her book, *Romancero Sefardí de Marruecos* (159), from the informant Alicia Bendayán of Tetuán on May 16, 1984.

Este romance es único entre los sefardíes, pues es parte de otra canción que se mezcla con la historia del Bernal Francés. Fue recogido por Susana Weich-Shahak en su *Romancero Sefardí de Marruecos* (p. 159). La informante fue la señora Alicia Bendayán, de Tetuán, el 16 de mayo de 1984.

Yo me levantara un lunes, un lunes antes de albor,
cogí mi vacío al brazo y a la mar me fuí a nadar
y dije así: al son de la hierba yo me iré a dormir.
Me encontré con un morenito que de mí quiso burlar,
le metí un entretecho y lo echara a la mar
y dije así:— y al son de la hierba yo me ire a dormir.
Duele mi corazón, duele de ver aun hombre ahogar;
Le tirara mis trenzadas, le sacara de la mar
y dije así:—al son de la hierba yo m' iré a dormir.
Le lavé sus pies y manos con un agua de jazmín,
le peinara sus cabellos con un peine de marfil
y dije así:—al son de la hierba yo m' iré a dormir.
Media noche ya es pasada, la cara no vuelve a mí
—¿Qué tienes, tú el morenito? ¿Quién te ha hablado mal de mí?
y dije así:—al son de la hierba yo me iré a dormir.
Si lo haces por mis hermanos, muy lejos están de aquí
si lo haces por mi padre y madre, muy lejos están de mí,
y dije así: al son de hierba yo me iré a dormir.
Si lo haces por mi marido, mi marido no esta aquí.
—Lo lejos se hace cerca, hala aquí me ca be tí,
y dije así:—al son de la hierba yo me iré a dormir.
Mandaré por tu padre y madre, que me ayuden vestir,
mandaré por tus hermanos, que te enterren en Madrid
y dije así:—al son de la hierba yo me iré a dormir.

The following version is from the "Romancero Nuevomejicano" (1915, 483–84) by Aurelio M. Espinosa. He recorded it in Albuquerque, New Mexico, from informant Celso Espinosa, fifty years of age.

La versión que sigue es del "Romancero Nuevomejicano" de Aurelio M. Espinosa (1915, pp. 483–84). Fue recogida en Albuquerque, Nuevo México, siendo el informante el señor Celso Espinosa de 50 años.

Por es-te Plan de Barrancas sin saber cómo ni cuándo, a - llí fue onde s'encon-

tra - ron, Don Be -nito y don Fer - nando.

Por este Plan de Barranca,
ayí fué onde s'incontraron,
—Elena, querida mía,
unas dos ó tres palabras,
—Ábreme la puert,' Elena,
soy tu Fernándes Fransés,
Lu ha tomado de la mano,
le pone cama de flores,
—¿No me desías, Elena,
¿Porqui, al abrirme la puerta,
—Perdona, mi rey Fransés,
—Que te perdon'el malvado
—Agarr'ese niñu, Elena,
que será l'última lechi
—Agarr'esos niños, criada,
si pregunta por Elena,
La pobresita d'Elena,
de dos ó tres puñaladas
—Vuela, vuela, pajarito,
anda [á] ver como le fué
Echó manu á la pistola
cuatro balazos le dió

sin saber cómo ni cuándo,
don Benitu y don Fernando.
ten la bondá d'escuchar,
que contigo quieru hablar.
no me tengas desconfiansa,
qu'he yegado desde Fransia.
lo yeva para'l jardín;
le quita'l primer botín.
que no jugabas cautela?
mi has apagado la vela?
perdona mi desventura.
que gosó de tu hermosura.
dale de mamar, ingrata,
que de tus pechos mama.
y yévalos á mi suegra;
dile que difunta queda.
con qué martirio murió;
que su marido le dió.
dale vuelu á tu volido;
a Elena con su marido.
y al rifle de diesiseis;
don Benito al fransés.

This next version belongs to the "Romancero de Nuevo Méjico" (1953, 69–70) by Aurelio M. Espinosa. The informant was Eduardo Gómez, fifty years of age and a resident of Magdalena, New Mexico.

Esta otra versión pertenece al "Romancero de Nuevo Méjico" de Aurelio M. Espinosa (1953, pp. 69–70). El informante fue don Eduardo Gómez de 50 años de edad, residente de Magdalena, Nuevo México.

—Ábreme la puerta, Elena,
que soy Fernández Francés,
Se levanta doña Elena,
y al tiempo de abrir la puerta,
Lo toma así de la mano
Lo cambia de ropa limpia
—Media noche hemos dormido,
¿Qué tiene mi rey francés,
O lo han corrido los moros,
—Ni me han corrido los moros,
ni le temo a tu marido,
—Perdóname, esposo mío,

no me tengas desconfianza,
que ora vengo de Francia.
con el candil en la mano,
la vela se le ha apagado.
y lo mete a su jardín;
y se acuestan a dormir.
media falta por dormir
que no se ha acercado a mí?
o le han dicho mal de mí.
ni me han dicho mal de ti;
que está a un ladito de ti.
perdona mi debilidá,

que no es la primer mujer,   que cae en fragilidá.
—De mí no alcanzas perdón,   de mí no alcanzas ternura;
que te perdone el malvado,   que gozó de tu hermosura.
Toma, criada, esos niños,   y llévaselos a su agüela;
si pregunta por Elena,   dile que no sabes de ella.
La pobrecita de Elena,   ¡pobrecita, ya murió,
con seis tiros de pistola   que su marido le dió!
Suenen, suenen las campanas   y ciérrense los conventos;
La pobrecita de Elena   no alcanzó los sacramentos.
Pongan cuidado, casadas,   miren lo que sucedió,
que Elena por cautelosa   su marido la mató.

Delgadina

In most cases, this romance deals with the subject of incest. The oldest description we have of this romance belongs to Oriental Sephardic hymnbooks. One, dated 1555 says: "Estábase Delgadita." The other, from the late seventeenth century, says: "Delgadina, Delgadina."

While this romance does not appear in the old collections, it often does in the oral modern tradition and is vastly popular among the Sephardim from northern Africa and the Orient as well as throughout the Iberian peninsula and all Latin America. It may well be the most known romance within the oral modern tradition. Rare is the place of Hispanic origin and culture where this romance is unknown with its many variations, called by such names as *Algarina*, *Agadenta*, *Guadina*, or *Delgadina*. Thirteen American countries provided one hundred twenty-six versions. Nine of them exist in New Mexico and two in California. The survival of this romance is partly because people sang it as a child's song in the Iberian peninsula and in America.

The following version is from San Pedro Manrique, Soria (Spain). It belongs to Kurt Schindler's work, *Música y Poesía Popular de España y Portugal* (1941, example no. 805). Curiously, this romance from Spain's interior cites Havana, Cuba.

En la mayoría de los casos este romance trata el tema de incesto. La reseña más antigua que tenemos pertenece a los himnarios sefardíes de Oriente. Uno, de 1555 dice: "Estábase Delgadita"; y el otro de finales del siglo XVII: "Delgadina, Delgadina."[17]

Aunque no consta en las compilaciones antiguas, éste romance está muy extendido en la tradición oral moderna y goza de gran popularidad tanto entre los sefardíes del norte de África y Oriente como en la península ibérica y en toda América Latina. Posiblemente es el romance más conocido en la tradición oral moderna. Es difícil encontrar algún lugar de

17. Díaz-Mas, *Romancero*, p. 329.

habla hispana donde no se le conozca con sus muchas variaciones, ya sea con el nombre de *Algarina, Agadenta, Guadina,* o *Delgadina.* En América se han recogido ciento veintiséis versiones en un total de trece países.[18] En Nuevo México se recogieron nueve versiones y dos en California. El hecho de que este romance se haya cantado en la península y en América como canto infantil ha facilitado su supervivencia en la tradición oral.

La siguiente versión es de San Pedro Manrique, Soria (España.) Pertenece a la obra de Kurt Schindler, *Música y Poesía Popular de España y Portugal* (1941, ejemplo n. 805). Es curioso que se cite la Habana, Cuba, en este romance del interior de España.

Un rey te-ní-a tres hi-jas y las tres co-mo u-na pla-ta y la más chi-qui-rri-

ti-na. Del-ga-di-na se lla-ma-ba.

Un Rey tenía tres hijas,	y las tres como una plata,
y la más chiquirritina,	Delgadina se llamaba.
Un día estando comiendo,	su papá se la remiraba.
—¿Qué me mira, papá mío,	que me mira usted a la cara?
—¿Qué te he de mirar hija,	que has de ser mi enamorada?
—No lo quiera el Dios de Cielo	ni la Virgen Soberana,
que yo sea esposa tuya,	madrastra de mis hermanas.
—Criaditos de la tierra,	de la tierra de la Habana,
coged a mi Delgadita	y en un cuarto encerradla.
Ya se pasan siete meses	y también siete semanas,
y la pobre Delgadita	se ha asomado a una ventana,
y ha visto a sus hermanas	que jugando al corro estaban.
—Hermanas, si sois hermanas,	subidme una jarra de agua,
no lo pido por la sed,	ni tampoco por la gana,
que el corazón tengo muerto,	y el alma Dios me la llama.
—Quítate de ahí, Delgadina,	quítate, hermana del alma,
que si nos viese papa,	contigo nos encerraba.
Ya se pasan siete meses	y también siete semanas,
y la pobre Delgadiana,	se ha asomado a otra ventana,
y ha visto a su mamá,	que a sus hermanas peinaba.
—Madre, si es usted mi madre,	súbame una jarra de agua,

---

18. Díaz Roig, *Romancero Tradcional de América,* p. 109.

no la pido por la sed,
que el corazón tengo muerto
—Quítate de ahí, Delgadina,
que si nos viera papá,
Y se pasan siete meses,
y la pobre Delgadiana
y ha visto a su papá,
—Padre, si usted es mi padre,
no lo pido por la sed,
que el corazón tengo muerto,
—Criaditos, criaditos,
subidle a mi Delgadina,
No lo acaba de decir, aún
y a los pies de Delgadina
y a los pies del Rey, su padre,

ni tampoco por la gana,
y el alma Dios me la llama.
quítate, hija del alma,
contigo nos encerraba.
y se pasan siete semanas
se ha asomado a otra ventana
que a sus criados mandaba.
súbame una jarra de agua,
no tampoco por la gana,
y el alma Dios me la llama.
de la tierra de la Habana,
subidle una jarra de agua.
no ha dicho estas palabras
una fuente de agua mana,
una culebra enroscada.

The following Spanish version appears in the collection, *1000 Canciones Españolas* (678–79), by Gloria de Cárdenas and Juan Ignacio de Cárdenas. I include it here because unlike others, its theme is not incest but dishonor. The development of this romance follows that of the others, as it ends with Delgadina's death and the damnation of her father.

La siguiente versión española fue recopilada en *1000 Canciones Españolas* (pp. 678–79) de Gloria de Cárdenas y Juan Ignacio de Cárdenas. La incorporo aquí por diferenciarse de las demás en la temática, que no es de incesto, sino de deshonra. El desarrollo del romance es igual a los demás, acabando con la muerte de Delgadina y la maldición de su padre.

Rey moro tenía una hija
Rey moro tenía una hija,
un día estando a la mesa
—Padre, ¿qué me mira usted?
es que bajas la cabeza
—Padre, no me mate usted,
de tomarme por esposa

más hermosa que oro y plata,
que Delgadina se llama;
su padre la remiraba.
Hija, no te miro nada,
como una recién casada.
que el Conde me dió palabra
al volver de la cruzada.

—¡Alto, alto, caballeros!
si no la queréis matar,
no me la deis de comer
No me la déis de beber
Al cabo de unos tres meses
ha visto a sus dos hermanas
—Hermanas, por ser hermanas,
—Yo te la diera, mi vida,
si padre, el Rey, lo supiera,
Se retiró Delgadina
con lagrimas de sus ojos
Al cabo de unos tres meses
ha visto a sus dos hermanos
—Hermanos, por ser hermanos,
más de sed, que no de hambre
—Yo te la diera, mi vida,
mas si padre lo supiera,
Se retiró Delgadina
con lágrimas en sus ojos
Al cabo de unos tres meses
y vió a su madre la Reina
—Mi madre por ser mi madre,
que se me acaba la vida
—Esclavas por ser esclavas,
que sea de plata y oro
y en lo alto de la torre
que más de sed que de hambre
La que llegase primero
si no se entera mi esposo
Todas vienen a la par,
pues en medio de la sala
Los Ángeles a los lados
La Virgen a la cabeza,
las campanas de la Gloria
las campanas del infierno

A Delgadina, matarla,
encerradla en una sala;
si no es retama machada.
si no es con agua salada.
se ha asomado a la ventana,
que están bordando en plata.
por Dios una gota de agua.
yo te la diera, mi alma;
la cabeza nos cortara.
tan triste y desconsolada,
toda la sala regaba.
se ha asomado a la ventana;
jugando al juego de espadas.
por Dios, una gota de agua;
a Dios entrego mi alma.
yo te la diera, mi alma,
la cabeza nos cortara.
tan triste y desconsolada,
toda la sala regaba.
se ha asomado a otra ventana
peinando sus blancas canas.
por Dios una gota de agua,
y a Dios le entrego mi alma.
dadme una jarrita de agua,
adornada de esmeraldas
a Delgadina entregadla,
a Dios le entrega su alma.
un gran premio se ganara,
ya que a todas nos matara.
ninguna se ganó nada,
Delgadina muerta estaba.
haciéndole la mortaja,
en andas se la llevaba,
por Delgadina tocaban,
por su padre el Rey doblaban.

Acadio de Larrea Palacín collected the next version in 1950 and published it in his *Cancionero Judío del Norte de Marruecos* (2:338).

Del *Cancionero Judío del Norte de Marruecos* de Acadio de Larrea Palacín (Vol. II, p. 338). Se recogió en 1950.

Rey mo-ro te-nía tres hi-jas, Rey mo-ro te-nía tres hi-jas, to-das tres co-mo la pla-ta, to-das tres co-mo la pla — ta

Rey moro tenía tres hijas,
y la más pequeña de ellas
Un día, estando a la mesa,
—¿Qué me remira usted, padre?
lo que yo quiero es que seas
—No lo permita Dios Padre
que en vida de la mi madre
—Pronto, pronto, mis criados,
si pidiere de comer,
si pidiere de beber,
si pidiera de almohadas,
si pidiera de tapar,
Ya se subiera Adelina
vió a su hermano que pasaba.
—Hermano, si eres mi hermano,
que de sed y no de hambre
—Éntrate, perra cochina,
que no quisistes hacer
Ya se sube Adelina
con lágrimas de sus ojos
asomóse a otra ventana,
—Hermana, si eres mi hermana,
que de sed y no de hambre
—Éntrate, perra cochina,
que no quisistes hacer
Ya se sube Adelina
con lagrimas de sus ojos
asomóse a otra ventana,
—Madre, si eres mi madre,
que de sed y no de hambre
—Éntrate, hija del alma;
el cuchillo de la mesa
Ya se entra Adelina
con lágrimas de sus ojos

todas tres como la plata,
Adelina se llamaba.
su padre la remiraba.
—Hija, no te veo nada;
tú la mi xerica amada.
ni la Virgen Soberana,
sea tu xerica mala.
encerradla en una sala;
carne de perro salada,
agua de la mar salada,
el poyete de la ventana;
dadle esa estera quemada.
y asomóse a una ventana;

dame una poquita de agua,
salírseme quiere el alma.
éntrate, perra marrana,
lo que el rey mi padre manda.
ya se entra en una sala,
toda la sala regara;
vió a su hermana que pasaba.
dame una poquita de agua
salírseme quiere el alma.
éntrate, perra marrana,
lo que el rey mi padre manda.
ya se entraba en la su sala;
toda la sala regara;
vio a su madre que pasaba.
dame una poquita de agua;
salírseme quiere el alma.
si el rey tu padre, se entera,
la cabeza nos cortara.
ya se entra en la su sala;
toda la sala regara;

asomóse a otra ventana,   vio a su padre que pasaba.
—Padre, si eres mi padre, dame una poquita de agua;
que de sed y non de hambre salírseme quiere el alma.
—Pronto, pronto, mis criados, id y llevadle el agua.
Al subir las escaleras,   y a la entrada de la sala,
Adelina entregó su alma.

The next version belongs to Aurelio M. Espinosa's work, "Romancero Nuevomejicano" (1915, 459–60). He recorded it in Albuquerque, New Mexico, from informant, Pitacia Anaya, fifteen years old.

La versión que sigue pertenece al "Romancero Nuevomejicano" de Aurelio M. Espinosa (1915, pp. 459–60). Este romance fue recogido en Albuquerque, Nuevo México, siendo la informante la señorita Pitacia Anaya de 15 años de edad.

Del - ga - di - na se pa - siaba por una sala cuadrada con u -
na cobi - ja di oro que - las salas relum - braban.

Delgadina se pasiaba   por una sala cuadrada,
con una cobija di oro   que la(s) salas relumbraban.
Delgadina con gran ser   se jué par'una ventana,
adonde 'staba su hermano, bolitas di oro jugaba.
—Hermanito, si es mi hermano, socórrami un vaso di agua,
que ya mi abraso de sé   y á mi Dios li entriego l'alma.
—Quítate de mis delantes, eres muchacha malcriada,
poque nu has queridu haser lo que mi padre mandaba.
Delgadina con gran ser   se jué par'otra ventana,
en donde 'staba su hermana, con peines di oro peinaba.
—Hermanita, si es mi hermana, socórrami un vaso di agua,
que ya mi abraso de sé   y á mi Dios l'entriego l'alma.
—Hermanita de mi vida,   yo no te puedo dar agua,
porque si padre sabe   las dos semos castigadas.
Delgadina con gran ser   se jué par'otra ventana,
en donde 'staba su madre, cabeos di oro peinaba.
—Madresita, si es mi madre, socórrami un vaso di agua
que ya mi abraso de sé   y á mi Dios l'entriego l'alma.
—Hija mía, Delgadina,   yo no te puedo dar agua,

porque si tu padre sabe	las dos semos castigadas.
Delgadina con gran ser	se ju'al última ventana,
a donde 'staba su padre	en bancos di oro sentado.
—Padresito, si es mi padre,	socorrami un vaso di agua
que ya mi abraso de sé,	y á mi Dios l'entriego l'alma.
—Delgadina, ¿no ti acuerdas	lo que te dij'en la mesa?
—Padresito, sí, mi acuerdo,	agacharé la cabesa.
La cama de Delgadina	di ángeles está rodiada:
la del cornudu e su padre	de llamas atormentada.

The next version also belongs to the "Romancero Nuevomejicano" by Aurelio M. Espinosa (1915, 454–55). The informant was José Antonio Ribera, forty-two years of age and a resident of Peña Blanca.

La siguiente versión pertenece también al "Romancero Nuevomejicano" de Aurelio M. Espinosa (1915, pp. 454–55). El informante fue don José Antonio Ribera, de 42 años de edad, residente de Peña Blanca.

Del-ga-di-na se pa-sea-ba por u-na sa-la cua-dra-da, con u-na man-to-na de o-ro que la sa-la re-lum-bra-ba.

Delgadina se pasiaba	por una sala cuadrada,
con una mantía di oro	que la sala relumbraba.
Un día por la mañana	[á] la pobresita su padre:
—Hija mía, Delgadina,	¿no pudieras ser mi dama?
—No lo permita mi dios	ni la virgen soberana.
¿Quién tanta ofensa [á] mi Dios?	¿Quién tantu agraviu á mi nana?
Delgadina con gran ser	se jué par' una ventana,
adonde'staba su hermano;	bolitas di oro jugaba.
—Hermanito, si es mi hermano,	socórrami un vaso di agua,
que ya mi abraso de sé	y l' alma [á] Dios pienso dar.
—Hermanita Delgadina,	no te puedo dar agua,
que si mi padre lo sabe,	los dos semos castigados.
Delgadina con gran ser	se jué par' otra ventana,
en donde staba su hermana,	cabeos di oro peinaba.
—Hermanita, si es mi hermana,	franquéyemi un vaso di agua,
que ya mi abraso de sé,	y á Dios pienso'ntregar l'alma.

—Hermanita Delgadina
porque si padre lo sabe,
Delgadina con gran ser
en donde'staba su madre,
—Madrecita, si es mi madre,
que ya me abraso de sé,
—Hija mía, Delagadina,
que si tu padre lo sabe,
Delgadina con gran ser
en donde'staba su padre,
—Padresito, si es mi padre,
que ya me abraso de sé
—Delgadina, ¿no ti acuerdas
—Si me acuerdo, padrecito,
La cama de Delgadina,
y la cama de su padre,
Delgadina ya murió,
su padre de Delgadina,

yo no te puedo dar agua,
las dos semos castigadas.
se jué par' otra ventana,
en sía di oro sentada.
franquéyemi un vaso di agua,
y á mi Dios l'entriego l'alma.
yo no te puedo dar agua,
las dos semos castigadas.
se jué par' otra ventana,
chopines di oro pisaba.
franquéyemi un vaso di agua,
y a mi dios l'entriego l'alma.
lo que te dije en la mesa?
agacharé la cabesa.
di ángeles está rodiada,
de yamas atravesada.
jué derechitu á los sielos;
derchitu á los infiernos.

El Cid

(Fragmento)

The *Poema del Mío Cid* is the oldest chanson de geste in Spanish literature. We find the first reference to it in the *Códice de Per Abbat*, a manuscript from 1307. The poem narrates the deeds of the Christian hero, Rodrigo Díaz de Vivar, who lived during the eleventh century (1043–99) and whom the Moors called El Cid, or Sire.

A great many romances exist referring to the deeds of El Cid in Spain. They also exist among the Sephardim of the Orient and Morocco and in some countries of Latin America. Amancio Bolaño e Isla comments that "of all the heroes of Spain's eight-century long epic battle against the Moors, el Cid is the favorite of these popular songs and the only one that has its own romancero" In 1550, Martín Nucio published at least a dozen romances about El Cid in his *Cancionero de Amberes*.

In 1910, Aurelio M. Espinosa collected a very brief fragment of a romance about El Cid Campeador. Cándido Ortiz, forty-two years old and a resident of Santa Fe, New Mexico, recited the following two verses of this romance. Espinosa explains that Cándido Ortiz knew of other verses belonging to it but could no longer remember them. Espinosa continued searching for this romance for years but was unable to find more than what Mr. Ortiz recited.

Vitorioso vuelve el Cid   de las guerras de Valencia.

The following two verses probably formed part of the sixty-eighth romance belonging to the third part of the collection of romances about El Cid:

Victorioso vuelve el Cid	a San Pedro de Cerdeña
de las guerras que ha tenido	con los moros de Valencia.
La trompetas van sonando	por dar aviso que llega,
y entre todos se señala	el relincho de Babieca.
El abad y monjes salen	a recibirlo a la puerta,
dando alabanzas a Dios	y al Cid mil enhorabuenas. . . .

El *Poema del Mío Cid* es el cantar de gesta más famoso de la literatura española. La primera referencia de este cantar se halla en el *Códice de Per Abbat*, un manuscrito de 1307. En dicho poema se narran las hazañas del héroe cristiano Rodrigo Díaz de Vivar, que vivió en el siglo XI (1043–99) y cuyo sobrenombre dado por los moros era el Cid, que significa el Señor.

Existe una multitud de romances referentes a las hazañas del Cid en España. También se hallan entre los sefardíes de Oriente y Marruecos y en algunos países de América Latina. De estos romances hay un sin fin de versiones diferentes. Amancio Bolaño e Isla comenta que "De todos los héroes en la épica lucha de España contra los moros a lo largo de ocho siglos, es el Cid el predilecto de estas canciones populares y el único que tiene su romancero propio."[19] En 1550, Martín Nucio publicó por lo menos una docena de romances del Cid en su *Cancionero de Amberes*.[20]

En 1910 Aurelio M. Espinosa recogió un fragmento muy breve de un romance sobre El Cid Campeador. Los versos fueron recitados por el señor Cándido Ortiz de 42 años de edad, en Santa Fe. Cita Espinosa que don Cándido Ortiz había oído otros versos de este romance pero no los recordaba. Durante muchos años Espinosa siguió buscando este romance en Nuevo México, pero no pudo obtener más que lo que don Cándido Ortiz recitó:

Vitorioso vuelve el Cid	de las guerras de Valencia.[21]

Estos dos versos debían de formar parte del romance LXVIII de la tercera parte del romancero del Cid que empieza así:

Victorioso vuelve el Cid	a San Pedro de Cerdeña
de las guerras que ha tenido	con los moros de Valencia.
La trompetas van sonando	por dar aviso que llega,
y entre todos se señala	el relincho de Babieca.
El abad y monjes salen	a recibirlo a la puerta,
dando alabanzas a Dios	y al Cid mil enhorabuenas. . . .

---

19. Bolaño e Isla, *Poema del Mío Cid*, p. xix.
20. Bolaño e Isla, *Poema del Mío Cid*, p. xix.
21. Aurelio M. Espinosa, "Romancero de Nuevo Méjico," *Revista de Filología Española*, Añejo LVIII (1953), p. 271.

La Zagala

In his *Poesía tradicional de los Judíos Españoles*, Manuel Alvar classifies this romance as lyrical. In the past, this romance was quite fashionable in New Mexico, and today we can verify that it is entirely of Sephardic origin. It deals with a knight wooing a young lass.

Zagala means lass or young shepherdess. It is of Arabic origin, from the family of *zaghlul*, which means lad or young boy. The Spanish term *zagal* or *zagala* is particularly popular in the region of Aragon, Spain. Espinosa collected five versions of this romance in New Mexico.

Kurt Schindler recorded the following version in his book, *Música y Poesía Popular en España y Portugal* (example no. 595), which he collected in Caltanazor, Soria (Spain).

Manuel Alvar, en su *Poesía tradicional de los Judíos Españoles*, clasifica este romance como romance lírico. En otros tiempos gozó de gran popularidad en Nuevo México y hoy día podemos asegurar que es un romance enteramente sefardí. Trata del rápido cortejo entre un caballero y una joven muchacha, una zagala.

Zagala significa muchacha joven o pastora joven y es de origen árabe, de la misma familia que *zaghlul*, que quiere decir niño.[22] Este término español, zagal / zagala, es muy empleado especialmente en la región de Aragón, España. Espinosa recogió cinco versiones de este romance en Nuevo México.

La siguiente versión la recogió Kurt Schindler en el pueblo de Caltanazor, Soria (España), en su *Música y Poesía Popular en España y Portugal* (ejemplo n. 595).

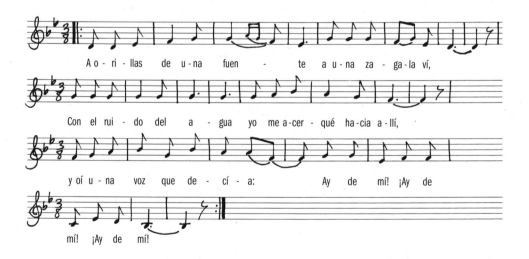

A o - ri - llas de u - na fuen - te a u - na za - ga - la ví,

Con el rui - do del a - gua yo me a-cer - qué ha-cia a - llí,

y oí u - na voz que de - cí - a: Ay de mí! ¡Ay de

mí! ¡Ay de mí!

---

22. Gómez de Silva, *Breve diccionario etimológico*, p. 733.

A orillas de una fuente	a una zagala ví,
con el ruido del agua	yo me acerqué hacia allí,
y oí una voz que decía:	—¡Ay de mí! ¡Ay de mí! ¡Ay de mí!
Como la ví solita,	le declaré mi amor;
ella quedó turbada,	nada me contestó.
Yo dije para mí entonces:	—¡Ya cayó! ¡Ya cayó! ¡Ya cayó!
Nos fuimos junto a un árbol,	varias flores corté,
y en sus hermosos pechos,	las mejores planté.
Entonces dijo la niña:	—¡Ay Jesús! ¡Qué atrevido es usted!
La cogí de la mano	y la lleve al café,
y en su divino rostro	tres besos la estampé.
Entonces dijo la niña:	—¡Otros tres! ¡Otros tres! ¡Otros tres!
Al despedirme de ella	un abrazo me dió,
y llorando me dijo:	—¡No me olvides, por Dios!
ya sabes que el amor mío	sólo a tí, sólo a tí se rindió.

The following version is from Alcalá del Valle, from the province of Cadiz. Virtudes Atero Burgos recorded it on August 1982 and it is part of her work *Romancero de la provincia de Cádiz* (466).

La versión que prosigue es de Alcalá del Valle, de la provincia de Cádiz. Fue recogida por Virtudes Atero Burgos en agosto de 1982 y pertenece a su obra *Romancero de la provincia de Cádiz* (p. 466).

A orillas de una fuente	una zagal vi,
con el ruido del agua	yo me aproximé allí.
Oí una voz que decía:	—¡Ay de mí, ay de mí, ay de mí!—
Como la vi solita	le declaré mi amor,
la niña se perturba	y nada contestó.
Entonces dije yo:	—Ya cayó, ya cayó, ya cayó.—
De un rosal que allí había	tres rosas le corté
y en su divino pecho	todas las coloqué.
Entonces dijo la niña:	—¡Ay, Jesús, qué atrevido es usted!—
La cogí de la mano,	a su padre la entregué
y me dijo llorando:	—¡Ay!, no me olvides por Dios,
bien sabes que el amor mío	sólo a ti, sólo a ti se rindió.

Manuel Alvar en Alcazarquivir recorded the following Moroccan Sephardic version, which appears in his work *Poesía tradicional de los Judíos Españoles* (266).

La siguiente versión sefardí es de Marruecos y fue recogida por Manuel Alvar en Alcazarquivir y forma parte de su obra *Poesía tradicional de los Judíos Españoles* (p. 266).

A la uriya d'una fuente	a una saga yo ví,
con el ruido del awua	a ella m'aserquí,
oí una vos que desía:	—¡Ay de mí, ay de mí, ay de mí!
Me la agarrí de un braso	y a un café la yeví,
y en su divino pecho	tres besos la estampí,
y entonses dise la niña:	—¡Ay de mí, ay de mí, ay de mí!
Como la ví solita	la declarí mi amor,
la niña quedó enturbada	nada me contestó.
Entonses me dise:	—¡no me olvides por Dios!
ya sabes que el amor mío	sólo a tí se fundió.

Vicente T. Mendoza and Virginia R. de Mendoza recorded the following version in their work *Estudio y clasificación de la Música Tradicional Hispánica de Nuevo México* (174–75). The informant was Próspero Baca of Bernalillo, New Mexico, on September 26, 1942.

La versión que sigue fue recogida por Vicente T. Mendoza y Virginia R. de Mendoza en su *Estudio y clasificación de la Música Tradicional Hispánica de Nuevo México* (174–75). El informante fue el señor Próspero Baca de Bernalillo, Nuevo México, el 26 de septiembre de 1942.

Orillas de fuente de agua	una zagala ví,
y con el ruido del agua	me fuí acercando hacia ahí,
y me responde la joven:	—¡Ay de mí, ay de mí, ay de mí!
Me la encontré solita,	mi amor la declaré,
ella, todita turbada,	nada me respondió,
en donde yo dije entonces:	—¡Ya cayó, ya cayó, ya cayó!
La lleve junto de un árbol,	varias flores corté,
se las eché en el seno,	su blanco talle estreché,
y me responde la joven:	—¡Ay Jesús, que grosero es usted!
Me la tomé del brazo,	me la llevé a un café,
en sus divinos labios	tres besitos le estampé
y me responde la joven	—¡Otros tres, otros tres, que sean seis!
Y al despedirme de ella,	un abrazo me dió,
y ella me dice llorando:	—¡Ay, no me olvide por Dios;
porque mi amor cariñoso	sólo a usted se rindió, se rindió!

O-ri-llas de fuente de agua una zaga-la ví... y con el ruido del agua me fuí acercando hacia a-hí... y me responde la joven... ¡Ay de mí, ay de mí, ay de mí!.......! Me la encontré so-li-ta, mi amor la declaré..... ella todi-ta tur-bada nada me res-pondió, en donde dije yo en-tonces... ya ca-yó, ya ca-yó, ya ca-yó.... La lle-ve junto... de un árbol, varias flores cor-té, se las eché en el seno, su blanco talle estre-ché... y me responde la joven... ¡Ay Je-sús, que grose-ro es us-ted! Me la tomé del brazo, me la llevé a un ca-fé..., en sus di-vinos labios tres besi-tos le estampé... y me responde la joven... otros tres, o-tros tres, que sean seis... Y al despe-dirme d' ella un abrazo me dió y ella me dice llo-rando: ¡Ay, no me olvide por Dios; porque mi amor cari-ñoso..... sólo a usté se rindió, se rin-dió.........

La Aparición

This romance first appears written in the *Cancionero de Londres*, compiled between 1471 and 1500. We later find it in *Pliegos Poéticos Españoles en la Universidad de Praga*. It lives on in the modern Hispanic oral tradition and appears mostly as *La Aparición*. The nineteenth century produced a recasting of this romance after the death of Queen Mercedes of Spain, wife to King Alfonso XII. The latter had previously married his cousin, María de las Mercedes of Orleans and Bourbon, on January 23, 1878, but she died several months after the wedding. Those present say she appeared shrouded with the white habit and black wimple of the Virgin of La Merced. The coffin was lined with gold lamé and adorned with torches that produced a yellowish tone.

In Madrid the children had the custom of singing romances (whose lyrics they cared nothing about). Their repertory contained a modern version of an old romance referring to the death of young Queen Mercedes on June 26, 1878, when the young Sevillian was only eighteen. A few days later, the children sang the following verse:

> —¿Dónde vas, Alfonso Doce, dónde vas, triste de ti?
> —Voy en busca de Mercedes que ayer tarde no la vi
> cuatro duques la llevaban por las calles de Madrid,
> su carita era de Virgen, sus manitas de marfil,
> y el velo que la cubría era un rico carmesí. . . .

Upon the death of Queen Mercedes, many versions of the romance appeared with the title *¿Dónde vas, Alfonso Doce?* The oldest, however, goes by the name *¿Dónde vas, el Caballero?* The same romance in the *Cancionero de Londres* is titled *La Aparición*, and in the *Pliegos de Praga*, it appears as *Romance del Palmero*. Scholars of the subject, such as Julio Cejador, believe this romance originated before the fifteenth century. The central theme of this romance is that of the deceased beloved who at some point appears to the lover.

Such romances appear in every region of the peninsula, among the Sephardim of North Africa and the Orient, in Mexico, Cuba, Puerto Rico, and Argentina. Arturo L. Campa believes that the Andalusian versions collected by Menéndez Pidal are quite similar to those of New Mexico. In the New Mexican renditions, no mention whatsoever is made of Alfonso XII, though the romance does refer to "she who reigned in the portal of Madrid." The following version dates to the fifteenth century and belongs to the *Cancionero de Londres*.

Este romance aparece escrito por primera vez en el *Cancionero de Londres*, recopilado entre 1471 y 1500 y más tarde lo hallamos entre los *Pliegos Poéticos Españoles en la Universidad de Praga*. Sigue vivo en la tradición hispana oral moderna y se le conoce principalmente bajo el nombre de *La Aparición*. En el siglo XIX, hubo una refundición de este romance tras la muerte de la Reina Mercedes de España, esposa de Alfonso XII. Este se había casado con su prima, María de las Mercedes de Orleáns y Borbón, el 23 de enero de 1878, la cual murió unos meses más tarde. Dicen los que allí estuvieron presentes en aquel entonces que iba amortajada con el hábito blanco y la toca negra de la Merced. El ataúd estaba forrado de tisú de oro y adornado con antorchas que producían un tono amarillento.[23]

---

23. José Calles Vales, *Cancionero Popular* (México: Libsa, Edivisión, 2000), p. 211.

Los niños de Madrid tenían la costumbre de cantar unos romances (cuya letra poco les importaba). Dentro de su repertorio entraba la versión moderna de un romance viejo aplicado a la muerte de la Reina Mercedes (26 de junio de 1878), cuando la joven sevillana contaba con 18 años; los niños cantaron a los pocos días:

—¿Dónde vas, Alfonso Doce, dónde vas, triste de ti?
—Voy en busca de Mercedes que ayer tarde no la vi
cuatro duques la llevaban por las calles de Madrid,
su carita era de Virgen, sus manitas de marfil,
y el velo que la cubría era un rico carmesí. . . . [24]

A partir del acontecimiento de la muerte de Mercedes existen muchas versiones bajo el nombre de *¿Dónde vas, Alfonso Doce?*, aunque la más antigua es conocida como *¿Dónde vas, el Caballero?* En el *Cancionero de Londres* tal romance lleva por título, *La Aparición*, y en los *Pliegos Sueltos de Praga* se titula, *Romance del Palmero*. Algunos estudiosos del tema como Julio Cejador creen que este romance es anterior al siglo XV. El tema central que trata este romance es el de la amada fallecida que en un momento determinado se aparece al amado.

Se haya en todas las regiones de la península, entre los sefardíes en el norte de África y Oriente, en México, Cuba, Puerto Rico y Argentina. Arturo L. Campa sostiene que las versiones andaluzas recogidas por Menéndez Pelayo y las sefardíes recogidas por Menéndez Pidal son muy similares a las versiones de Nuevo México. En las nuevomexicanas no se menciona en absoluto a Alfonso XII, pero sí se hace referencia a "la que reinaba en el portal de Madrid." La siguiente versión es del siglo XV, del *Cancionero de Londres*.

Yo me partiera de Francia,
encontré con un palmero,
—Ay, dígasme tú, el palmero,[25]
nuevas de mi enamorada
Respondióme con nobleza,
—¿Dónde vas, el escudero,
Muerta es tu enamorada,
ataúd lleva de oro
la mortaja que llevaba
las antorchas que le llevan,
yo estuve a la muerte d'ella,
y de ti lleva mayor pena
Aquesto oí yo, cuitado,
una visión espantable

fuéreme a Valladolid,
romero atán gentil:
romero atán gentil,
si me las sabrás decir.—
él me fabló y me dijo así:
triste cuidado de ti?
muerta es, que yo la vi;
y las andas de un marfil
es de un paño de París,
triste, yo las encendí;
triste cuidado de mí
que de la muerte de sí.—
a caballo iba y caí,
delante mis ojos vi;

---

24. Carrillo Alonso, *La huella*, p. 83.

25. Palmero era el nombre que se daba a aquel que peregrinaba a Tierra Santa.

hablóme por conhortarme,
—No temas, el escudero,
yo soy la tu enamorada,
ojos con que te miraba,
brazos con que te abrazaba
—Muéstrame tu sepoltura
—Viváis vos, el caballero,
de los algos deste mundo
tomad luego otra amiga
que no podéis hacer,

hablóme y dijo así:
non hayas miedo de mí:
la que penaba por ti;
vida, non los traigo aquí;
so la tierra los metí.
y enterrarme yo con ti.
viváis vos, pues yo morí;
fagáis algund bien por mí,
y no me olvidedes a mí,
señor, sin estar así.

This next version belongs to the *Pliegos góticos españoles de la Universidad de Praga.*

Esta otra versión pertenece a los *Pliegos góticos españoles de la Universidad de Praga.*

En el tiempo que me vi
encontre con un palmero
—¿Donde vas, el caballero?
Muerta es tu linda amiga,
las andas en que ella yva
duques, condes la lloravan
dueñas, damas y donzellas
—¡O triste cavallero,

mas alegre y plazentero,
que me hablo i dixo assi:
¿donde vas, triste de ti?
muerta es, que yo la vi;
de luto las vi cubrir,
todos por amor de ti,
llorando dizen assi:
que tal dama pierde aquí!

Kurt Schindler included the next version from Torrearévalo, Soria (Spain) in his book, *Música y Poesía Popular de España y Portugal* (example no. 850).

La siguiente versión pertenece a la obra de Kurt Schindler, *Música y Poesía Popular de España y Portugal* (ejemplo n. 850). Esta versión es de Torrearévalo, Soria (España).

—¿Dónde va Usted, caballero?
—En busca de mi esposa,
—Tu esposa ya está muerta,
En sus entierros me ha hallado,

¿Dónde vas triste de ti?
mi esposa Beatriz.
muerta quedó, yo la ví.
de su caridad comí,

cien doncellas la lloraban caballeros más de mil.
Sitio donde la enterraron la capilla de San Gil.
Y por eso el caballero, hacía oración allí.
Un día estando rezando un bulto vió contra sí.
—No se asuste caballero, ni toma pavor de mí,
que yo soy la tuya esposa, la tuya esposa Beatriz.
—Y si eres la mi esposa, ¿cómo no me abrazas, dí?
—Brazos con que te abrazaron, quebrados los traigo aquí;
cuero con que he servido, a la tierra se lo dí;
ojos con que te miraron, para el cielo los volví.
Si te casaras, don Pedro, cásate en Valladolid
y la esposa que tuvieras, no la quieras más que a mí.
Y si tendrías un hijo, ponle Pedro como a ti,
y si tendrías una hija, le pondrás Beatriz.
Cada vez que la nombraras, te acordarías de mí;
y si de mí no te acuerdas, Dios no se acuerde de tí.
Quédate con Dios ¡y adiós! Mi alma penando por tí.
Los ángeles del Cielo andan en busca de mí.

This other version belongs to the *Romancero de Amor*, which H. Hebras Hernández compiled (97).

Esta otra versión pertenece al *Romancero de Amor* y recopilado por H. Hebras Hernández (p. 97).

En los tiempos que me ví más alegre y placentero,
yo me partiera de Burgos para ir á Valladolid.
Encontré con un Palmero, que me habló y dijo así:
—¿Dónde vas tú, el desdichado? ¿dónde vas? ¡triste de tí!
¡Oh persona desgraciada, mal punto te conocí!
Muerta es tu enamorada, muerta es, que yo la ví;
las andas en que la llevan, de negro las ví cubrir;
los reponsos que le dicen, yo los ayudé á decir;
siete condes la lloraban, caballeros más de mil;
llorábanla sus doncellas, llorando dicen así:
—¡Triste de aquel caballero que tal perdida pierde aquí!
Desque aquesto oí, mezquino, en tierra muerto caí,
y por más de doce horas no tornara, triste, en mí.
Desque hube retornado á la sepultura fuí;
con lágrimas de mis ojos llorando decía así:
—Acógeme, mi señora, acógeme á par de ti.
Al cabo la sepultura esta triste voz oí:
—Vive, vive, enamorado, vive, pues que yo morí:
Dios te dé ventura en armas, y en amor otro que sí,
que el cuerpo come la tierra, y el alma pena por tí.

The following romance belongs to the Sephardic tradition. Manuel Alvar collected it in his work *Poesía tradicional de los Judíos Españoles* (54–55). This version belongs to Melilla, the Spanish colony in Morocco.

El siguiente romance pertenece a la tradición sefardí. Fue recogido por Manuel Alvar en su *Poesía tradicional de los Judíos Españoles* (pp. 54–55). Esta versión pertenece a Melilla, e colonia española en Marruecos.

Yo me partiera de Burgos	de Burgos para París,
en metad de aquel camino,	un parmero(peregrino) me encontrí.
—¿Dónde vas, triste del conde,	dónde vas, triste de tí?
—Voy a ver a mi esposita,	siete años no la ví.
—Fiisme la vida, el conde,	yo te diré lo que ví.
—Yo te la fío, el palmero(peregrino),	si Dios me la dejó a mí.
—Yo he visto a tu esposita,	muerta es que yo la ví:
la mortaja que yevaba,	era de un fino felí;
la caja donde la yevaban,	era de un fino marfil;
condes y duques la yoran,	todos por amor de tí.
—Sea muerta sea viva,	a verla tengo que ir.
Y en meatad de aquel camino,	una sombra me encontrí;
cuanto más me retiro d'ella,	más se acerco a mí.
—No te alejes, buen rey,	no te alejes de cabe mí,
que yo soy tu esposita,	muerta que ya quedí.
—Si eres mi esposita	echa los brasos a mí.
—Los brasos que ésta abrasaba,	en la tierra los podrí;
los ojos que te miraban,	de gusanos los yení.
Cásate, triste del reye,	cásate triste de tí:
la primer hija que tengas,	no la nombres nada más que a mí.
El conde al oír eso,	muerto quedó aí.

The following rendition belongs to the "Romancero de Nuevo Méjico" (23) by Aurelio M. Espinosa. He collected it in Carrizozo, New Mexico. The informant is Estefanía Pino y Gallegos, fifty-two years of age. Unfortunately, its accompanying music is missing.

La versión siguiente pertenece al "Romancero de Nuevo Méjico" de Aurelio M. Espinosa (p. 23). Es un romance recogido en Carrizozo, Nuevo México, siendo la informante la señora Estefanía Pino y Gallegos, de 52 años de edad. Desgraciadamente, desconocemos la música que lo acompañaba.

En una playa arenosa	una blanca sombra ví;
entre más me retiraba,	más se acercaba ella a mí.
Ya murió la flor de mayo,	ya murió la flor de abril;
Ya murió la que reinaba,	en el portal de Madrid.
—¿A dónde vas caballero,	alejándote de mí?
—Voy en busca de mi esposa,	que hace días que la perdí.

Ya murió la flor de mayo,	ya murió la flor de abril,
ya murió la que reinaba	en el portal de Madrid.
—Ya tu esposa ya está muerta,	ya está muerta, yo la ví;
Cuatro Duques la llevaban,	a enterrarla, yo la ví.
Ya murió la flor de mayo,	ya murió la flor de abril,
ya murió la que reinaba	en el portal de Madrid.
—La toca que la cubrían,	era raso carmesí;
la tumba en que la llevaban,	era de oro y de marfil.
Ya murió la flor de mayo,	ya murió la flor de abril,
ya murió la que reinaba	en el portal de Madrid.
—Cásate, cásate caballero,	pues no te quedes así;
esas tres niñas que tienes,	sácalas a divertir.
Ya murió la flor de mayo,	ya murió la flor de abril,
ya murió la que reinaba	en el portal de Madrid.
—La primer niña que tengan	ponle el nombre como a mí,
. . . . . .	
Ya murió la flor de mayo,	ya murió la flor de abril,
ya murió la que reinaba	en el portal de Madrid.

The following version is shorter than the previous one. It also belongs to the "Romancero de Nuevo Méjico" by Aurelio M. Espinosa (26). The informant is Luisa Narvárez, fifty, from Las Vegas, New Mexico. What is interesting about this romance is that the first verse corresponds to the versions collected in the seventeenth century while the rest of the romance corresponds with the nineteenth-century renditions following the 1878 death of Queen María Mercedes.

La siguiente versión es más corta que la anterior. Pertenece también al "Romancero de Nuevo Méjico" de Aurelio M. Espinosa (p. 26). En este caso la informante es la señora Luisa Narvárez de 50 años de edad, de Las Vegas, Nuevo México. Lo interesante de este romance es que la primera estrofa concuerda con las versiones recogidas en el siglo XVII, mientras que el resto del romance concuerda con las versiones del siglo XIX posteriores a la muerte en 1878 de María Mercedes.

En una arenosa playa
y entre más me retiraba,
—¿Dónde vas caballerito?
—Voy en busca de mi esposa,
—Ya tu esposa ya está muerta,
la llevaban a enterrarla
Cuatro Duques la llevaban,
La llevaban a enterrarla

y una sombra blanca ví,
más se acercaba, ¡ay de mí!
¿Dónde vas, andando así?
ya hace tiempo no la vi.
ya está muerta, yo la vi;
y a la ciudá de Madrid.
cuatro caballeros ví.
a la ciudá de Madrid.

The following version belongs to the collection of Rubén Cobos. He gathered it on August 7, 1945, from the informant don Próspero Baca of Bernalillo, New Mexico.

Esta versión siguiente pertenece a la colección de Rubén Cobos. Fue recogida el 7 de agosto de 1945, siendo el informante don Próspero Baca de Bernalillo, Nuevo México.

Se acabó la flor de marzo,
se acabó la que reinaba
—¿Dónde vas, caballerito,
—Voy en busca de mi esposa
En una playa arenosa,
entre más me retiraba,
—Pues tu esposa es muerta ya,
cuatro duques la han paseado
—Cásate, caballerito,
el primer niño que tengas

reventó la flor de abril,
en la ciudad de Madrid.
dónde vas andando así?
cuatro días no la vi.
una blanca sombra vi,
más se acercaba a mi.
es verdad que yo la vi,
por la ciudad de Madrid.
cásate, no estés así,
ponle el nombre como a mí.

Los Mandamientos

This romance is quite popular in all the Iberian peninsula and in most of Latin America. While we may catalogue it as burlesque (it is common in all Hispanic cultures for anything to be parodied, even the most sacred prayers, though always in an inoffensive manner), this romance has strong troubadour roots, since it relates the sentiment of human love to religion. The oldest known version of this romance dates to the fifteenth century, from the *Cancionero general de Hernando del Castillo*. It includes a composition by the poet Juan Rodriguez del Padrón, who sings about the Ten Commandments. The most interesting aspect of this romance is its diverse versions, ranging from serenades to religious songs.

From ancestral times, the commandments of love are tied to Maying—festivals of archaic pagan tradition dedicated to the exaltation of the earth's fertility. In short, they constituted a glorification of nature, heritage of ancestral rites.

LOS DIEZ MANDAMIENTOS DE AMOR
Y ALGUNOS TROVOS PARA CANTAR LOS AFICIONADOS

Señora los mandamientos
aquí los voy a cantar
si los quieres aprender
bien me puedes escuchar.

I

En el primer mandamiento
me manda de que te ame
más que mi vida te quiero,
aunque la vida es amable.

II

En el segundo he jurado
y echando mil juramentos
de no olvidarte jamás
ni sacarte de mi pecho.

III

El tercero en la Misa
nunca estoy con atención
siempre estoy pensando en ti
prenda de mi corazón.

VIII

El octavo no he quitado
falso testigo a ninguno
como me quitan a mi
por ponerme mal contigo.

IX

En el nono no he deseado,
mujer en toda mi vida
solo te deseo a ti,
dueña del alma querida.

IV

En el cuarto no he perdido
a mis padres el respeto
solo por hablar en ti
en público y en secreto.

V

En el quinto no he muerto
a ninguno vida mia
si otro galán te gozara
yo no sé lo que haría.

VI

En el sexto no he gozado
mujer en toda mi vida,
viviré con castidad
hasta que seas tu mia.

VII

El séptimo que es hurtar
no he hurtado nada a nadie
solo por venirte a ver
alguna vez a mis padres.

X

El décimo no he deseado
a ninguno yo los bienes
no hay bienes en el mundo
mejores que los que tienes.

Señora esos mandamientos
son compuestos por amar
aunque me cueste la vida
contigo me he de casar.

On April 30 in the town of Tramacastilla, province of Teruel, people sing a variation of this romance, adding a few verses that give public testimony about whom the romance is addressed to and who the singers are.

> Si quieres saber (addressee's name)
> quién ha mandado cantar
> (singer's name) le llaman por nombre
> (singer's nickname) por el lugar.

The following version belongs to the town of Castiblanco in the province of Badajoz. According to popular tradition, people sing this romance to the lasses on Christmas morning. The informant is Dionisia Calero. It is part of the *Cancionero Popular de Extremadura* (example no. 225) by Bonifacio Gil García, who catalogues it as cyclical, probably because people sing it every year at such dates.

Este romance es bien conocido por toda la península ibérica y en casi toda América Latina. Aunque podríamos catalogarlo de burlesco (es cosa común en toda la hispanidad que todo puede ser motivo de parodia, hasta los rezos más sagrados, pero siempre de una manera inofensiva), este romance tiene una fuerte raíz trovadoresca, pues relaciona el sentimiento del amor humano con la religión. La versión más antigua que se conoce es del siglo XV, en el *Cancionero general de Hernando del Castillo*. Este recoge una composición del poeta Juan Rodríguez del Padrón que versa sobre los Diez Mandamientos. Lo más interesante de este romance es la gran diversidad de versiones, que van desde cantos de ronda hasta cantos religiosos.

> Los Mandamientos de amor se encuentran ligados, desde antiguo, a la celebración
> de marzas y mayos, festividades de arcaica tradición paganizante dedicadas a la
> exaltación de la fecundidad de la tierra. Constituían en definitiva, una glorificación
> de la Naturaleza, herencia de ancestrales ritos.[26]

En la localidad de Tramacastilla en la provincia de Teruel, el 30 de abril se canta una variante de este romance. Al terminar, se cantan unos versos adicionales que dan testimonio público acerca de a quién va dirigido y quienes los cantaban.

> Si quieres saber (el nombre de la destinataria)
> quién ha mandado cantar
> (el nombre del cantador) le llaman por nombre
> (apodo del cantador) por el lugar.[27]

---

26. Díaz, Delfín Val y Díaz Viana, *Romances Tradicionales*, Vol. I, p. 247.
27. José Gella Iturriaga, *Romancero Aragonés* (Zaragoza: El Noticiero, 1973), pp. 323–24.

La siguiente versión pertenece a la localidad de Castiblanco de la provincia de Badajoz. Según la tradición popular se canta a las mozas en la mañana de Pascua de Navidad. La informante fue la señora Dionisia Calero. Forma parte del *Cancionero Popular de Extremadura* (ejemplo n. 225) de Bonifacio Gil García, quien lo cataloga de cíclico, seguramente porque se canta cada año para las mismas fechas.

Los mandamientos de amor
para que me des el sí
En el primer mandamiento
te tengo en el pensamiento
El segundo, no jurar,
y tú me distes a mí,
En el tercero es la misa,
Siempre estoy pensando en ti,
El cuarto, honrar padre y madre,
no me hago caso de nadie
Es el quinto no matá,
mocita, yo soy el muerto,
La mocita del balcón
hace pecar al os hombres
En el sétimo no gusta,
lo que robo es una niña
Otavo, no levantá
como a mí me los levanta
Noveno, no deseá
como yo la he deseado
Décimo, no codiciá,
pero lo que sí codicio
Los dié mandamientos santos
nos iremos a la iglesia,

vengo a explicarte, paloma,
y me lleves a la gloria.
la cosa es amar,
y no te puedo olvidar.
hice los mil juramientos,
palabra de casamiento.
nunca estoy con devoción;
prenda de mi corazón.
el respeto les perdí;
por obedecerte a ti.
a nadie he matado yo;
y usté la que me mató.
que sale y 'esconde dentro,
hasta el sesto mandamiento.
no hurto ni robo a nadie;
si no me la dan sus padres.
falso testimonio a nadie;
una niña en esta calle.
ninguna mujer ajena,
para casarme con ella.
yo no vivo codiciando;
es un matrimonio santo.
solo s'encierran en dó,
nos casaremos los dó.

The following version belongs to the work *Música y Poesía Popular de España y Portugal* by Kurt Schindler (example no. 452), who found it in Rabanera, in the province of Logroño.

La siguiente versión pertenece a la obra *Música y Poesía Popular de España y Portugal* de Kurt Schindler (ejemplo n. 452). Este to recogió en la provincia de Logroño, en el pueblo de la Rabanera.

En el pri-mer man-da-mien-to nos man-da Dios que te a-me,

Te a-mo más que a mi vi-da, a un-que la vi-da es a-ma-ble.

En el primer mandamiento:	nos manda Dios que te ame,
Te amo mas que a mi vida,	aunque la vida es amable.
En el segundo: he jurado	y echado mil juramentos
de no olvidarte jamás	ni sacarte de mi pecho.
En el tercero: la Misa;	nunca estoy con devoción,
sólo por mirarte a tí,	prenda de mi corazón.
En el cuarto: ya he perdido	a mis padres el respeto
sólo para hablar contigo	en público y en secreto.
En quinto: yo no he muerto	a ninguno, vida mía;
si otro que yo te gozare	la vida le costaría.
En el sexto: no he gozado	mujer en toda mi vida,
viviré con castidad,	hasta que tu seas mía.
En el séptimo: no hurtar;	no he hurtado nada a nadie,
sólo por hablar contigo,	algún ratito a mis padres.
En el octavo: levantar,	levantar falso testigo,
como levantan a mí	por ponerme a mal contigo.
El noveno: no desear	ninguna mujer ajena,
como yo la he deseado,	para casarme con ella.
El décimo: no codiciar,	yo no vivo codiciando,
sólo es que yo codicio	en un matrimonio . . .
Los diez mandamientos, niña,	sólo se encierran en dos;
en quererte y en que me quieras,	y en servir y amar a Dios.

The commandments of the following romance are somewhat different from the rest of the examples for they deal with the Passion of Christ rather than with the commandments of Moses. This does not make this version less interesting, though. We shall look at the following text from the *Cancionero de Castilla* by Agapito Marazuela Albornoz (373–74).

Los mandamientos del siguiente romance son algo diferentes del resto de los ejemplos, pues tratan sobre la pasión de Jesucristo y no de los mandamientos de Moisés. No por eso deja de ser interesante esta versión. Veamos el siguiente texto del *Cancionero de Castilla* de Agapito Marazuela Albornoz (pp. 373–74).

Los mandamientos son diez,
que los ha fundado Dios
En el primero fue Judas,
le vendió por treinta reales,
El segundo, los judíos;
y con el grande griterío
El tercero, la junta;
manda que le crucifiquen
En el cuarto, la columna;
y le dan cinco mil azotes
El quinto, cantó el gallo
tirándole de las barbas,
Una corona de espinas
y le sacan al balcón
En el séptimo, la cruz
y como era tan pesada,
En el octavo el Calvario,
le ayudó a llevar la cruz
En el noveno los clavos;
le clavaron pies y manos,
En el décimo expiró,
y le ha dado una lanzada
Si queréis saber, cristianos,
el autor que los fundó,

sus palabras son ejemplos
para gloria de su templo.
cuando aquel manso cordero
luego le entregó en el huerto.
en el huerto le prendieron
en la cárcel le metieron.
cuando la junta tuvieron,
y que le azoten primero.
le amarraron como a un reo,
y los más que no cuento.
cuando le negó San Pedro;
cien bofetadas le dieron.
en el sexto le pusieron
con cañas y cetros puestos.
sobre sus hombros pusieron,
tres veces cayó en el suelo.
cuando Simón Cirineo
porque no llegara muerto.
ya están hechos los barrenos,
descoyuntando sus huesos.
y vino Longinos luego
que le ha traspasado el pecho.
cantar los diez mandamientos
fue Cristo, Redentor nuestro.

The version that follows belongs to Arturo L. Campa's work, *Spanish Folk-Poetry in New Mexico* (68–69). He gathered it in Cedar Crest, New Mexico, from the informant Jacobo Baca.

Esta siguiente versión pertenece a la obra, *Spanish Folk-Poetry in New Mexico* de Arturo L. Campa (pp. 68–69). Fue recogida en Cedar Crest, Nuevo México, siendo el informante el señor Jacobo Baca.

Con cuidado, vida mía,
que yo por ti he quebrantado
El primero: amar a Dios,
por estar pensando en ti,
El segundo: no jurar,
el no comer y beber
El tercero: que la misa
por estar pensando en ti
El cuarto es que a mis padres
en público y en secreto

la causa de mi tormento,
de Dios los Diez Mandamientos.
y yo no lo amo como debo
hermosísimo lucero.
yo mil veces he jurado,
hasta no estar a tu lado.
no la sigo con devoción,
prenda de mi corazón.
la obediencia les perdí;
sólo por pensar en tí.

El quinto: no matarás;
porque mataré al traidor
El sexto yo me acuso;
porque todas las muchachas
El séptimo: no levantar;
pues mi amor y mi voluntad
El octavo: no alzarás
yo juzgo que te enamoran
El noveno: no desear
en este particular
El décimo: no codiciar
cada vez que se me ofrece,
En estos Diez Mandamientos
en quererte y amarte,

esto yo lo he quebrantado,
que yo encuentre a tu lado.
no tengo de que acusarme,
me gustan para casarme.
este tú lo has quebrantado,
toda me la has hurtado.
testimonio no advertido,
todos los que hablan contigo.
la mujer de otro marido;
vénganse todas conmigo.
la mujer que tiene dueño,
yo lo hago con mucho empeño.
todos se encierran en dos:
y en estar juntos los dos.

Disparates

Juan del Enzina composed many pastoral songs, eclogues, ballads, and verses, but what made him famous in his time were his humorous compositions: *Almoneda, Juicio sacado de lo más cierto de toda la astrología* and *Disparates trobados*, which deal with the well-known topic of the world in reverse.

Juan del Enzina . . . composed the most ingenious and contrived verses based on nonsense. They became so popular that the rest of his serious works was lost, leaving only as proverbs the nonsense verses by Juan del Enzina, applied when someone makes an inappropriate remark.

These works served to inspire other authors who composed romances, verses, and poetry in the same nonsensical and humorous way. This style also reached America. It extended throughout Mexico and into the remote lands of New Mexico, where the romances known as *Los Animales* serve as an example.

Almoneda en disparates. Nuevamente hecha. Cantase al tono de
las Gambetas.

The romance *La Ciudad de Jauja* also relates to the Spanish compositions written during the time of the *disparates* (nonsensical verses), though it is in the *culteranismo* style that circulated in Spain and America as loose sheets in the late eighteenth century.

Juan del Enzina compuso muchos villancicos, églogas, romances y coplas, pero lo que llegó a darle mayor fama en su tiempo, fueron sus composiciones jocosas: *Almoneda, Juicio sacado de lo más cierto de toda la astrología* y *Disparates trobados*, que tratan sobre el viejo tópico del mundo al revés.

> Juan del Enzina . . . compuso unas coplas ingeniosísimas y de gran artificio, fundado en disparates, y dieron tan en gusto que todos los demás trabajos suyos hechos en acuerdo se perdieron, y sólo quedaron en proverbio los disparates de Juan del Enzina quando alguno dize cosa despropositada.[28]

Estas obras sirvieron de inspiración a otros autores que compusieron romances, coplas y poesías con el mismo estilo disparatado y jocoso. Este estilo llegó también a América. En México está bastante extendido y llegó a infiltrarse hasta las lejanas tierras de Nuevo México, donde los romances conocidos bajo el nombre de *Los Animales* sirven de ejemplo claro.

También el romance de *La Ciudad de Jauja* está relacionado con las composiciones españolas de la época de los disparates, aunque es uno de los romances culteranos que llegaron a circular en España y América en pliegos sueltos a finales del siglo XVIII.[29]

Disparates trobados por Juan del Enzina:[30]

Anoche de madrugada
vi venir en romeria
y un broquel con un espada
cavallero en un escaño
toda sana y muy resgada.

ya despues del mediodia
una nube muy cargada
en figura de hermitaño
con una ropa nesgada

No despues de mucho rato
puesto de pontifical
y alli vi venir un gato
y a parce michi[31] sin bragas
por hazer mas aparato.

vi venir un orinal
como tres con un çapato:
cargado de verdolagas
cavallero en un gran pato

---

28. Covarrubias (1943), *Tesoro de la Lengua Castellana*, p. 477.
29. Mendoza y Mendoza, *Estudio y Clasificación*, p. 195.
30. *Cancionero de Juan del Encina*, pp. lvii–lviii.
31. Pascemichi "es la voz con que se inicia la primera lección del oficio de difuntos"; Ana María Rambaldo, *Juan del Encina, Obras Completas*, Clásicos Castellanos (Madrid: Espasa-Calpe, 1978), Tomo II, p. 9, nota a pie de página.

Y assomo por un canton
tañendo con un maçuelo
y vino Kyrieleyson
con su ropeta de momos
dançando en un cangilón.

Zabulon y Netalin
y un obispo en un virote
y un lobo con un mastin
y jugando a la pelota
debaxo de un celemin.

Navegando vi venir
y una açuela y una sierra
y vino Beatus vir
cargado de ropa vieja
bocezando por dormir.

En un puerco a la'gineta
jugando con un garlito
y la ley de barjuleta
con unos fuelles de fragua
encima de su carreta.

Levanto se la sardina
tras Solibranos a malo
y en un monte de cecina
y unos organos de paja
pescando sobre una enzina.

Estando Jerusalen
la prueva de la triaca
y arremetio la sarten
y detras de miga cocha
ni la quiero mal ni bien.

Debaxo de un pavellon
con una carga de pan
y una tabla de meson
y el planto de Jeremias
a ganar el san perdon.

el bueno de fray mochuelo
diciendo muera Sansón:
apretados bien los lomos
y una pega y un raton

vi venir en almodrote
segun que dize Merlín:
beviendo por una bota
una mona y un rocin

tres calabaças por tierra
tropeçando por huyr
en una burra bermeja
con su yara de medir

vi venir a san çorito
al juego dela jaldeta:
escrita en un cesto de agua
atizando una trompeta

muy soberbia con un palo
por medio de una cortina:
vi caçar una tinaja
atestados de cozina

enalbardando su haca
dio despuelas a Belen:
por prender una melcocha
assomose no se quien

vi venir la fuen Jordan
metida en el pozo airón:
preñada de pocos dias
cavallero en un cabron

No se tardo la raposa
y la trompa de paris
y luego la mariposa
y el cuervo tañendo pipas
como lo cuenta la glosa.

Acordo remi fasol
y el juego de passa passa
y el azogue en un crisol
y luego la gusarapa
a mercar del arrebol.

Vino miercoles corvillo
y salieron las arañas
y despues salio don grillo
y de embidia la cigarra
cavalgo en un argadillo.

Jugavan los cabezales
y jugava al hanequin
y saltaron los costales
y enojo se la caldera
por tañer los atabales.

Entro mastregicomar
esgrimiendo con un piojo
y a caballo por la mar
y diziendo buelta buelta
que no es tiempo de parar.

Monserrate en empanada
y el buen juan devoto a dios
y una rana tresquilada
hizo tan gran alborote
toda de peña tajada.

con sus dos maravedis
traxo vistas a su esposa:
començo de vender tripas,
pusose mucho de rosa

a jugar la badalassa
puso se detras del sol:
hizo trato conel papa
dio consigo en caracol

todo de juego de cañas
con sus ropas de amarillo:
con el pie tirando barra
con su capa sin capillo

con las mantas al trintrin
el asno con los pardales:
por tomar la delantera
mucho puesta de corales

a nado por un rastrojo
por hurtarle la cuchar:
vino roma a rienda suelta
a sabor de paladar

vino allí de dos en dos
muy picado en ensalada:
dando xaque por el roque
que se torno cugujada

Ordenaron un convento
y los jarros con las ollas
y en molino de viento
haziendo la baraha[32]
por el viejo testamento.

los ajos y las cebollas
hizieron su casamiento:
vino retis as es'a
con muy mucho sentimiento

Bolteaban con cencerros
sendas hondas en la mano
y una manada de perros
y ovieron gran divission
sobre el coger de los berros.

el invierno y el verano
para trasponer los puerros:
vi venir en procession
alla encima de unos cerros

Oraciones de picota
y una barreña de leche
y alli vi la aljuba rota
y cargada de cedaços
por partirse con la flota.

vi venir en escaveche
con lo pies llenos de gota:
arremangada los braços
y vestida una marlota[33]

Requiem eternam
dessollado todo un lado
y enel medio del camino
diciendo nadie no huya
de pagar aveys el vino.
Fin
Todo aquesto ya passado
vi la luna sobre el horno
y acorde por mi pecado
y todo muerto de risa
y sin blanca y sin cornado.

vino con su manto colorado
con un pernil de tocino:
atajo le el aleluya,
que sino teneys padrino

dando bueltas en un torno
en un campo despoblado:
sin vestidos y camisa
de me ver tan despojado

The following version of *Los Animales* originates in Aguascalientes, Mexico. The informant was María del Refugio Lomelí y J. The text is from *Cantares y Corridos* by Higinio Vázquez Santana. Vicente T. Mendoza collected it in his work *El Romance Español y el Corrido Mexicano* (731).

La siguiente versión de *Los Animales* proviene de Aguascalientes, México. La informante fue la señorita María del Refugio Lomelí y J. El texto procede de *Cantares y Corridos*, de Higinio Vázquez Santana. Vicente T. Mendoza lo recogió en su obra, *El Romance Español y el Corrido Mexicano* (p. 731).

---

32. Barahá es "voz hebrea que vale tanto como bendición, oración o deprecación a Dios y se asocia con los judíos. La personificación de Retis es, por lo tanto claramente identificable: se trata de un judío preso en la red, o sea, obligado por las circunstancias a bautizarse aunque, en su interior sienta nostalgia por la religión que ha tenido que abjurar"; Rambaldo, *Juan del Encina*, Tomo II, p. 13, nota a pie de página.

33. Saya, hábito de monje.

Amigos les contaré....   lo que son los animales: yo he visto te-jer huacales con sus teji-dos de hilacha.   U-na paloma rascuacha... se pelaba tantos dientes, los tenía tan rel-ucientes que parecían de marfil,   le llegué a contar un mil.... aparte de los colmillos,. los pericos ama-rillos alli los vide también,   el zancudo y el je-jén....... se agarraron a guantadas, las avispas eno-jadas rega-ñando a los coyotes.

Amigos les contaré	lo que son los animales:
yo vide tejer huacales	con sus costuras de hilacha.
Una paloma rascuacha	se pelaba tantos dientes,
los tenía tan relucientes	que parecían de marfil.
Le llegué a contar un mil	aparte de los colmillos.
Los pericos amarillos	regañando al comején.
El zancudo y el jején	se agarraron a guantadas,
las avispas enojadas	regañando a los coyotes.
Cuando apareció un buen gallo	con espuelas y tacones,
maltratando a los collones	del uno y del otro bando.
Vide un lagartijo arando	unciendo dos jabalines,
vide un sapo con botines	para montar a caballo.
Yo vide comer camotes	a una pobre cucaracha;
también vide agarrar su hacha	a un perro sin dilación.
También vide al arvejón	apadrinando a un mayate,
todos bajo de un salate	bebiendo y emborrachando.
Un buey con machete pando	haciéndose de papeles,
asustando a los queleles	montados en una teja.
Vide un alechuza vieja	encima de una ladera,
vide un conejo con cuera	remendando sus costales.
Como ahí vienen los rurales	ya no les explica más,
váyanles echando el máiz	a esta junta de animales.

This next version of *Los Animales* forms part of T. M. Pearce's collection. It comes from Albuquerque, New Mexico, and the informants were students at the Escuela de Coronado under the direction of Mrs. Joe Miera.

Esta versión de *Los Animales* es parte de la colección de T. M. Pearce. Procede de Albuquerque, Nuevo México, siendo los informantes los alumnos de la Escuela de Coronado, bajo la dirección de Mrs. Joe Miera.[34]

Es cuestión de ver al juez / lo que hacen los a - ni - males: yo los ví co-cer ta - males, un gri - llo y un ciento - piés...

Es cuestión de ver al juez   lo que hacen los animales;
yo los ví cocer tamales,   un grillo y un ciempiés.
Esto pasó por mi vista   escúchenme por favor:
vi un gato de motorista   y un ratón de conductor.
A la orilla de un jardín   una voz que retumbaba:
era la voz de un violín   y un conejo lo tocaba.
Cuando se casó la rata,   le tocaron serenata;
los músicos que tocaron: cuatro burros y una gata.
Ya la liebre llegó tarde,   ya llegó fuera de hora:
él tocaba el clarinete,   una mosca la tambora.
Esta fiesta se acabó   al estilo mexicano:
se agarraron a trompazos   cuatro pulgas y un marrano.

Rubén Cobos collected the following version of nonsensical, humorous verses in Las Vegas, New Mexico, on July 28, 1945. The informant was José Ulibarrí, eighty.

La siguiente versión de versos disparatados y jocosos, la recogió Rubén Cobos en Las Vegas, Nuevo México, el 28 de julio de 1945. El informante fue el señor José Ulibarrí de 80 años de edad.

Yo vide volar un cuervo   con una carreta encima,
y un sapo con su corcova,   bailando su sinaloba,
y una rana remendando   lo que el sapo iba rotando.
Yo vide volar un cuervo   con una carreta encima.

---

34. Mendoza y Mendoza, *Estudio y Clasificación*, p. 208.

La Isla de Jauja

This anonymous romance from the seventeenth century is from a loose sheet.

Jauja (perhaps because of its allusion to the valley of Jauja in Peru): Name given to everything wishing to present itself as prosperous and abundant. Thus the question, "Are we here or in Jauja?" is also a famous expression that reprimands a certain inopportune or reprehensible act or remark.

The oldest versión of this romance is from 1660, from the press Martín Ialabert managed in Barcelona. It begins: "The fortunate discovery of the new and fertile land of Xauxa, also called Madrona. It was discovered by the lucky and fortunate captain called Longares de Sentlom y de Gorgas." This is a traditional theme within *cordel*-style literature. The version that follows belongs to the *Romancero General ó Cancionero de Romances Castellanos anteriores al siglo XVIII* (Vol. 2, no. 1347) of Agustín Durán, catalogued in the *Sección de Romances Vulgares que tratan de Asuntos Imaginarios*.

Este es un romance anónimo, del siglo XVII, perteneciente a un pliego suelto.

Jauja: (Quizá por alusión al valle de Jauja, en Perú) Nombre con que se denota todo lo que quiere presentarse como tipo de prosperidad y abundancia. ¿Estamos aquí, o en Jauja? Expresión famosa con que se reprende una acción o un dicho importuno o indecoroso.[35]

La versión más antigua es de 1660, de la imprenta administrada por Martín Ialabert en Barcelona y comienza así: "El venturoso descubrimiento de la nueva y fertil tierra de Xauxa, por otro nombre llamada Madrona. Descubierta por el dichoso y bien afortunado Capitan llamado Longares de Sentlom y de Gorgas."[36] Este tema es tradicional dentro de la literatura de cordel.[37] La siguiente versión pertenece al *Romancero General ó Cancionero de Romances Castellanos anteriores al siglo XVIII* (Tomo II, n. 1347) de Agustín Durán, catalogado en la *Sección de Romances Vulgares que tratan de Asuntos Imaginarios*.

Breve relacion y curiosa carta que da cuenta de una prodigiosa isla que se ha descubierto junto al reino de Matricados, llamada Isla de Jauja. Refiérese con el aparato, ostentacion y grandeza que se vive en ella, como lo declara la gustosa copla, que es la siguiente.

Desde el sur al Norte frio,
La fama con trompas de oro
El suceso mas famoso,

desde el Oriente al Ocaso,
publique en acentos claros
y el mas prodigioso hallazgo

---

35. *Diccionario de la Lengua Española*, Vol. II, p. 1201.
36. Marcos, *Literatura Popular en España*, p. 214.
37. Marcos, *Literatura Popular en España*, p. 213.

La Tierra de Jauja

Jauja, ciudad celebrada y nunca bien ponderada.

En Jauja no hay pordioseros que todos son caballeros.

Los árboles dan levitas, pantalones y botitas.

Se apedrean los chiquillos con bollos y bartolillos.

Los lunes llueven jamones perdices y salchichones.

Los martes pescados fritos, olbóndigas y cabritos.

Los miércoles chocolate y pollitos con tomate.

Los jueves pavos asados y pasteles hojaldrados.

Los viernes queso, manzanas pasas, higos y avellanas.

Los sábados caen manguitos y cigarros exquisitos.

Y los domingos chuletas, panecillos y libretas.

El que prueba la verdura Lo cuenta en la sepultura.

Los chicos y los ancianos se acuestan calamocanos.

El perro, el ratón y el gato comen en el mismo plato.

Hasta de las mismas peñas brota el tinto y Valdepeñas.

Como no hay que trabajar sólo piensan en bailar.

Las mujeres, no os asombre, hacen el amor al hombre.

Si alguno busca trabajo le zurran con un vergajo.

Cuando alguno come poco todos le tienen por loco.

Se castiga con rigor al que tiene mal humor.

Cuando llega un forastero le agasajan con esmero.

Hay manantiales preciosos que dan vinos generosos.

Los gusanos son morcillas y las arenas rosquillas.

Las casas de azúcar son y las calles de turrón.

Las gallinas, ellas solas, entran en las cacerolas.

La risa es la enfermedad que lleva a la eternidad.

Acompañan los entierros con panderas y cencerros.

No hay lazos que eternamente hagan del hombre un paciente.

Cada cual busca pareja y cuando quiere la deja.

La principal diversión es comer a discreción.

A manos de los chiquillos se vienen los pajarillos.

Llevan en las procesiones, en vez de santos, jamones.

Si alguno mandar desea, sin piedad se le apalea.

Hasta en el monte las fieras saben bailar habaneras.

Se bañan cuando hay calor en estanque de licor.

La leyenda más divina, es el libro de cocina.

De resultas de la holganza, todos tienen grande panza.

El más ilustre blasón es morir de un reventón.

Los quesos y los melones abundan por los rincones.

Amenizan los festines con bandurrias y violines.

Como no tienen cuidados se duermen muy sosegados.

En invierno los granizos son de huevos y chorizos.

Cuando nieva son buñuelos, bizcochos y caramelos.

Sin conocerse la gente se regala mutuamente.

Tiene coches muy bonitos tirados por corderitos.

En las huertas, sin disputa, nunca se agota la fruta.

Son de Jauja en el vergel fuentes y ríos de miel.

Esto y mucho más se encierra en tan rica y fértil tierra.

Que el dorado sol registra
Es el caso que un navío
Surcando del dios Neptuno
Ha descubierto una isla,
O jardines de Vénus,
Cuyas casas eminentes,
O brillan con margaritas
Sus fachadas y paredes
De marfiles espejosos,
Sus cuadras son aposentos,
De tela de plata y oro,
Bufetes de feligrana,
Baules de pedreria,
Sábanas de holanda prima,
Mantas de olorosas felpas,
Llámase esta ciudad Jauja,
Que allí ninguna persona
Y al que trabajan le dan
Y sin orejas le arrojan
Allí todo es pasatiempos,
Alegría, regocijos,
Vívese allí comúnmente
Sin hacérse jamás viejos,
Las calles de esta ciudad
De ébanos y de marfiles
Las murallas que las cercan,
Tienen de cerco diez leguas
Doce principales puertas,
Paso á la ciudad ofrecen;
Dos guardas en cada una,
No dejan entrar adentro
Solo la entrada franquean
Forasteros quieren ir;
Es que salen diez doncellas,
Tan bizarras como hermosas,
Le llevan e medio de ellas
De que toma posesion,
Las damas para asistir
Y de quince en quince días,
Vienen otras diez doncellas
Que son hechizos de amor
Es tan rica esta ciudad,
Que si acierta á describirlo

luz á luz y rayo á rayo.
del general Don Fernando
el mas sazonado charco,
cuyos grandiosos espacios
o son pensiles de Baca;
cuyos rumbosos palacios,
o deslumbran con topacios:
todas son de piedra mármol,
y cándidos alabastros,
que están todos entoldados
y brocado de tres altos.
escritorios de oro vario,
camas de cristal cuajado,
colchas de vistosos lazos,
colchones de plumas blandos.
isla deliciosa, y tanto,
puede aplicarse al trabajo,
doscientos azotes agrios,
de esta tierra desterrado.
salud, contento y regalos,
placeres, gozos y aplausos.
lo menos seiscientos años
y mueren de risa al cabo.
hacen con curioso ornato
curiosos encajonados;
siendo de bronce dorado,
y de ancho, doscientos pasos.
que están diamantes brillando,
pero defienden el paso
que hechos vigilantes Argos
pesares, congojas, llantos.
los guardas á todos cuantos
y lo que pasa en llegando,
vestidas de azul y blanco,
y con instrumentos varios,
a un riquísimo palacio,
a su obediencia quedando
a su servicio y regalo;
o de mes en mes lo largo,
de refresco y con regalos,
y de la hermosura encanto.
y es abastecida tanto,
mi pluma, será un milagro.

Primeramente hay en ella,
Treinta mil hornos, y todos
Con abundancia molletes,
Vizcochos de mil maneras,
Empanadas excelentes
De pollos y de conejos,
De lampreas, de salmones,
De sabogas y besugos,
Pastelones de ternera,
Tostadas de varios dulces,
Cazuelas de codornices,
Y de pájaros bobos
Hay un mar de vino griego,
Dos rios de Malvasía,
De hipocrases tres arroyos,
De agua de limon y guindas,
De vinagre blanco y tinto
De aguardiente treinta pozos
De agua dulce, clara y fresca,
Lo artificioso de todas,
De queso una gran montaña,
De manjar blanco un dehesa
Un valle de mermeladas,
De canalones dos montes,
Hay de miel un largo rio,
De arboledas, cuyos frutos
Hay hojaldres muy sabrosos,
Mantequillas, requesones
Hay treinta acequias de aceite,
La mitad de queso fresco,
Hay diez y siete lagunas
Aceitunas como huevos,
Hay de leche un ancho rio,
Otro de natas y azúcar,
Hay una hermosa arboleda,
Peras, membrillos, camuesas,
Manzanas, granadas, higos,
Hay campos que dan melones
Ya chinos, ya moscateles,
Hay un espacioso bosque
Andantes y corredores,
Potros, yeguas, mulas, vacas,

a trechos proporcionados,
tienen, sin costar un cuarto,
pan de aceite azucarado,
chullas de tocino magro,
de pichones y gazpachos,
de faisanes y de pavos,
de atunes, truchas y barbos,
y de otros muchos pescados;
lechoncillos bien tostados,
y de sazones agrios;
de arroz, tórtolas y gansos,
sabrosos y extraordinarios.
otro de San Martín, blanco,
de vino moscatel cuatro.
de limonada diez charcos,
canela y anis, seis lagos;
diez balsas en breve espacio,
los mas de ellos anisados;
doce mil fuentes, que es pasmo
lo primoroso y lo vario;
de mantecadas un campo,
y de cuajada un barranco,
de mazapanes dos llanos,
y de acitron dos collados.
guarnecido y margenado
son pellas de manjar blanco;
buñuelos almibarados,
y pepinos confitados.
y un dilatado peñasco,
y la otra mitad salado.
continuamente manando
y alcaparrones tamaños;
en muchas partes helado,
a los golosos brindando.
que tiene por todo el año,
melocotones, duraznos,
todo bueno y sazonado.
ya blancos, ya colorados,
ya escritos, ó ya borrados.
adonde nacen caballos,
ensillados y enfrenados,
carneros, cabritos, gamos,

Corzos, cabras y terneras, jabalíes y venados.
Hay un millon de carrozas, de coches un mare magnum,
De centeno y trigo, montes, de paja y cebada barrios.
Hay ciento y cincuenta cuevas que ninguna tiene amo,
Llenas de paño de Lóndres, de sedas y de brocados,
Tafetanes y tapices, espolinos y damascos,
Toda variedad de sedas, de lanas y de brocados.
Para las señoras damas, hay tambien vestidos varios,
Muy llenos de plata y perlas, y de diamantes bordados,
Sin que falte cosa alguna, que sea para su ornato;
Y todo lo dicho cuesta, solo llegar y tomarlo.
Hay una hermosa alameda, de cuyos copiosos ramos
Penden diversos vestidos, a cada cual ajustados.
Ropillas, guantes, coletos, sombreros, medias, zapatos,
Camisas, valonas, vueltas, calzones, ligas y lazos.
Hay cuatrocientas iglesias, ermitas y santuarios,
Todos de plata maciza, y de oro fino fabricados.
La riqueza y ornamentos, de esculturas y retablos,
Considérelo el prudente, miéntras lo envidia el avaro.
De nieve hay una gran montaña, de virtud prodigio raro,
Que calienta en le invierno y refresca en el verano.
Hay en cada casa un huerto de oro y plata fabricado,
Que es prodigio lo que abunda de riquezas y regalos.
A las cuatro esquinas de él hay cuatro cipreses altos:
El primero da perdices, el segundo gallipavos,
El tercero cria conejos, y capones cria el cuarto.
Al pié de cada cipres, hay un estanque cuajado,
Cuál de doblones de á ocho, cuál de doblones de á cuatro.
Animo, pues, caballeros, animo, pobres hidalgos;
Miserables, buenas nuevas, albricias, todo cuitado,
Que el que quiera partirse, a ver este nuevo pasmo,
Diez navíos salen juntos de la Coruña este año.

The following example is a shorter version titled *La Tierra de Jauja*, published in vignettes on a loose sheet in Barcelona in the nineteenth century.

El siguiente ejemplo es una versión más corta titulada *La Tierra de Jauja*, editada en viñetas en un pliego suelto en Barcelona en el siglo XIX.[38]

---

38. Arxiu Joan Amades, Centre de Promoció de la Cultura Tradicional i Popular, Departament de Cultura de la Generalitat de Catalunya, Barcelona.

Jauja, ciudad celebrada
y nunca bien ponderada.
En Jauja no hay pordioseros
que todos son caballeros.
Los árboles dan levitas,
pantalones y botitas.
Se apedrean los chiquillos
con bollos y bartolillos.
Los lunes llueven jamones,
perdices y salchichones.
Los martes pescados fritos,
albóndigas y cabritos.
Los miércoles chocolate
y pollitos con tomate.
Los jueves pavos asados
y pasteles hojaldrados.
Los viernes queso, manzanas,
pasa, higos y avellanas.
Los sábados caen manguitos
y cigarros exquisitos.
Y los domingos chuletas,
panecillos y libretas.
El que prueba la verdura
lo cuentan en la sepultura.
Los chicos y los ancianos
se acuestan calamocanos.
El perro, el ratón y el gato,
comen en el mismo plato.
Hasta de las mismas peñas
brota el tinto y el Valdepeñas.
Como no hay que trabajar
sólo piensan en bailar.
Las mujeres, no os asombre,
hacen el amor al hombre.
Si alguno busca trabajo
le zurran con un vergajo.
Cuando alguno come poco
todos le tienen por loco.
Se castiga con rigor
al que tiene mal humor.
Cuando llega un forastero
le agasajan con esmero.
Hay manantiales preciosos
que dan vinos generosos.
Los gusanos son morcillas
y las arenas rosquillas.
Las casas de azúcar son
y las calles de turrón.
Las gallinas, ellas solas,
entran en las cacerolas.
La risa es la enfermedad
que lleva a la eternidad.
Acompañan los entierros
con panderas y cencerros.
No hay lazos que eternamente
hagan el hombre un paciente.
Cada cual busca pareja
y cuando quiere la deja.
La principal diversión
es comer a discreción.
A manos de los chiquillos
se vienen los pajarillos.
Llevan en la procesiones,
en vez de santos, jamones.
Si alguno mandar desea,
sin piedad se le apalea.
Hasta en el monte las fieras,
saben bailar habaneras.
Se bañan cuando hay calor,
en estanque de licor.
La leyenda más divina,
es el libro de cocina.
De resultas de la holganza,
todos tienen grande la panza.
El más ilustre blasón
es morir de un reventón.
Los quesos y los melones
abundan por los rincones.
Amenizan los festines
con bandurrias y violines.
Como no tienen cuidados
se duermen muy sosegados.
En invierno los granizos
son huevos y chorizos.
Cuando nieva son buñuelos,
bizcochos y caramelos.

<table>
<tbody>
<tr><td>Sin conocerse la gente</td><td>se regala mutuamente.</td></tr>
<tr><td>Tiene coches muy bonitos</td><td>tirados por corderitos.</td></tr>
<tr><td>En las huertas, sin disputa,</td><td>nunca se agota la fruta.</td></tr>
<tr><td>Son de Jauja en el vergel</td><td>fuentes y ríos de miel.</td></tr>
<tr><td>Esto y mucho más se encierra</td><td>en tan rica y fértil tierra.</td></tr>
</tbody>
</table>

The next version is from Bernalillo, New Mexico, and belongs to Rubén Cobos's collection. Don Próspero Baca was the informant on August 7, 1945. Here, the food, originally peninsular in style, became completely New Mexican, with posole, torillas, and atole instead of bread. This version is much shorter than the previous one, yet maintains the same central idea of a fantastic place where one does not need to work.

La siguiente versión procede de Bernalillo, Nuevo México, y pertenece a la colección de Rubén Cobos. El informante fue don Próspero Baca, el 7 de agosto de 1945. En esta versión, la comida originalmente de estilo peninsular se ha transformado totalmente al estilo de Nuevo México, con posole, tortillas y atole en vez de pan. Es una versión mucho más corta que la anterior, pero mantiene la idea básica y central de este lugar fantástico donde no hay que trabajar.

Desde la ciudad de Jauja me mandan solici-tar, que me vaya, que me vaya de un te-soro a disfru-tar... ¿Qué di-ces, ami-go? ¿Vamos? a ver si di-cen ver-dad... si es verdad lo que me dicen nos quedamos por a-llá... Los cerros son de torti-llas, las quebradas de buñuelos las pi-edras frutas cubiertas, finos son los caramelos......

<table>
<tbody>
<tr><td>Desde la ciudad de Jauja</td><td>me mandan solicitar,</td></tr>
<tr><td>que me vaya, que me vaya</td><td>a un tesoro a disfrutar.</td></tr>
<tr><td>—¿Qué dice, amigo, vamos</td><td>a ver si dicen verdad?</td></tr>
<tr><td>Si es verdad de lo que dicen</td><td>nos quedamos por allá.</td></tr>
<tr><td>Los cerros son de tortillas</td><td>las quebradas de buñuelos,</td></tr>
<tr><td>las piedras cubiertas de frutas,</td><td>pinos son los caramelos.</td></tr>
<tr><td>Para toditos los flojos</td><td>es un punto regular,</td></tr>
<tr><td>porque allí le dan de palos</td><td>al que quiere trabajar.</td></tr>
<tr><td>Con cinco mercas chaqueta,</td><td>con cuartía pantalón,</td></tr>
</tbody>
</table>

con un real mercas el terno,
Pilares llenos de aceite,
por allá vuelan los patos
Hay un arroyo de leche,
una montaña de queso,
Hay árboles de tortillas,
con patitas de menudo
De todo les doy razón,
traiban el talón rajado

sombrero, lava y bastón.
llenos y sin derramar,
con su pimienta y su sal.
hay un arroyo de café,
y una montaña de té.
hay jumatitos de atole,
y patitas de pozole.
de todo lo que yo vi,
como las de por aquí.

El Padre Nuestro

As we have seen, the irreverences towards the church and liturgy in the disparates of Juan del Enzina are abundant. This religious disdain abounds among Spanish authors from the fifteenth century onward. Scholars believe that converos initiated this literary style. A few compositions of this nature exist in New Mexico. The following text is a fragment of *El Pater Noster de las Mugeres*, from the *Cancionero General* of 1520.

Como hemos visto, son abundantes las irreverencias hacia la iglesia y la liturgia en los disparates de Juan del Enzina. Este desdén religioso abunda entre los autores españoles a partir del siglo XV.[39] Se cree que fueron los conversos (los judíos que se convirtieron al cristianismo, en su mayoría a la fuerza) los que iniciaron este estilo literario. En Nuevo México existen un par de composiciones de esta naturaleza. El siguiente texto es un fragmento de *El Pater Noster de las Mugeres*, del *Cancionero General* de 1520.

El Pater noster de las mugeres: hecho por Salazar.

Rey alto a quiẽ adoramos
a loar en lo que cuento
pater noster.

alũbra mi entẽdimiẽto
a ti que todos llamamos

¶ Porq diga el disfauor
como nunca nos complacen
qui es in celis.

q las crudas damas hazen
la suplico a ti señor

¶ Porque las heziste bellas
porq no caygan en mengua
santificatur.

dicen solo con la lengua
de mal deuotas doncellas

---

39. Rambaldo, *Juan del Encina,* Tomo I, p. 8.

¶ Pero por su vana gloria
tan queridas tan amadas
nomen tuum.

viendose tan estimadas
no les cabe en la memoria

¶ E algũas damas que vã
dizẽ cõ mucho plazer
adueniat.

sobre interesse de auer
si cosa alguna les dan

¶ E con este desear
por cumplir biẽ sus desseos
regnum tuum.

locuras pompas e arreos
no se curan de buscar

¶ Y estas de quiẽ no se escõde
a cosa que se les pida
fiat.

bondad que en ellas se mida
jamas ninguna respõde

¶ Mas la que mas alta esta
si a darle la combidays
voluntas tua.

miraldo si la hablays
sereys cierto que os dira

¶ Tienen una presunciõ
de auer en el mũdo gloria
sicut in celo.

ques muy rica vana gloria
muy complida en perficiõ

¶ Tienẽ vn continuo zelo
que quierẽ ser adoradas
et in terra.

con verse tan estimadas
de los sanctos en el cielo

¶ Con fallarse ser tã bellas
hallã ques justa razon
panem nostrum.

que se les deue aficion
que despẽdamos por ellas

¶ E avunq tẽgamos oficio
dicen no nos puedẽ ver
cotidiano.

de siempre les ofrecer
sino hazemos seruicio

¶ E avnque estẽ a su plazer
os dizen como enojadas
da nobis hodie.

todas las cosas sobradas
no quedo nada de ayer

¶ Tienen vn continuo rallo
avnque vos no acordeys
dimite uobis.

si algunas joyas teneys
e tẽgays biẽ a quiẽ dallo

¶ Tanto sobre le seso estas
que miẽtra biuiere dios
debita nostra.

en pensar burlar de nos
no creo que pagaran

¶ Tãto siempre las tenemos
que de todo quãto auemos
sicut et nos.

por nuestras gouernadoras
quierẽ ellas ser señora

¶ Si acaso les proponemos
respondẽ con buen semblãte
dimittimus.

nuestras pasiones delãte
si dezimos moriremos

¶ Si quiça les pediréis
dicen para os contentar
debitoribus nostris.

algo que os deuan pagar
holgad que siempre sereys

This next version comes from the town of Castrodeza in Valladolid. It belongs to the *Cancionero Musical* of Joaquín Díaz, José Delfín Val, and Luis Díaz Viana (4:246).

Esta próxima versión proviene del pueblo de Castrodeza, en Valladolid. Pertenece al *Cancionero Musical* de J. Díaz, J. Delfín Val y L. Díaz Viana (Vol. IV, p. 246).

Pad - re, Pad - re nues-tro, que es-tás en los cie - los, qué chi - cas tan gua-pas, qué ma - ta de pe - lo

Padre, Padre nuestro,
qué niñas tan guapas,
Qué bien se lo ponen,
que santificado
Esas son tus tetas
donde yo bebiera
Esos son tus muslos
donde yo saciara
Y ese tu coño
donde yo saciara

que estás en los cielos,
qué mata de pelo.
qué bien se lo peinan,
sea tu reino.
son dos fuentes de agua
si tú me dejaras.
son hierro macizo,
todo mi apetito.
es de dulce miel,
de los siglos. Amén.

The following is a New Mexican version titled *El Padre Nuestro de los Borrachos*. Reyes Martínez recited it in December 1937.

La siguiente versión es nuevomexicana y lleva por título *El Padre Nuestro de los Borrachos*. Fue recitado por Reyes Martínez en diciembre de 1937.[40]

Todo borracho es muy diestro
es hablar insolente
Pasan todos sus desvelos
y si no les dan un traguito
No importa que tanto beba,
pues al pobre no le queda,
Cuando ellos toman el vaso
le dicen sin embarazo:
Y bebiendo a toda prisa
dicen muertos de la risa:
Ya cansado de beber
y le dice a su mujer:
Vida mía, yo no tengo,
contigo a todo me avengo
Todo mi gusto se encierra,
vida mía, aquí en la tierra,
Y si la mujer se enoja,
pues tiene mucha congoja
Ahí es cuando entre los dos
la mujer dice:—hombre atroz,
Si él se sienta en una silla
lo que gano cada día,
Siempre me sales traidor,
diciéndole a tu Creador:
—Qué quieres, hijita, que haga,
y me dicen:—usted paga,
—Y con muchísimo empeño
y con tanta ansia bebemos,
Allí siempre nos juntamos,
y un buen traguito les damos
Si el cantinero no tiene
nos dice:— En una hora viene
Se empiezan a balancear
con deseo de tragar

para esto del aguardiente,
y no saber el *Padre Nuestro*.
en cuidar el barrilito
dicen:—¡*que estás en los Cielos!*
ni cuánto esté de embolado,
nada de *Santificado*.
de licor que no responde,
—aguardiente *venga a nos*.
sin temor del infierno,
—ahora si estoy *en tu reino*.
para su casa se va,
—*hágase tu voluntad*.
jamás una cantela,
mientras estoy *en la tierra*.
en amarte con anhelo,
estamos *como en el cielo*.
le contesta con un gesto,
de no tener *el pan nuestro*.
comienzan con la porfía,
tú te embolas *cada día*.
diciendo: —siempre te doy
—¿qué dices? *Dánosle hoy*.
dándome puras ofrendas,
—*perdónanos nuestras deudas*.
si me junto con los otros,
beba, *así como nosotros*.
nuestro vasito tomamos,
que ni un trago *perdonamos*.
con diferentes señores
a todos nuestros deudores.
suficiente que tomar,
y beban hasta *caier*.
perdiendo el juicio y la razón
caen siempre en la *tentación*.

40. Reyes N. Martínez, El Padre Nuestro de los Borrachos, diciembre de 1937, 5–5–19#43, WPA Collection.

Y cuando beban cerveza	piden un poco de sal
y le dicen con certeza:	—*líbranos de todo mal*.
—Empiezan a renegar	mas sin acatar a quien,
se comienzan a insultar,	diciendo todos:— *Amén*.

Lorin W. Brown collected this romance called *La Ave María de los Borrachos* in New Mexico on August 4, 1937.

Lorin W. Brown recogió en Nuevo México *La Ave María de los Borrachos* el 4 de agosto de 1937.[41]

Dios te salve María,	ay se junta la pandía,
se juntan unos con otros	y le dice el más perdido:
—anda ruega por nosotros.	
Allá vienen unos dos	diciendo dos mil clamores,
pues allá en la gloria estamos,	toditos los bebedores.
No me hables con eficacia,	que se me hace cosa fea,
por si acaso esta botella	esté llena de Gracia.
Dicen que el que bebe es bruto	y el que no está bautizado,
pues Dios perdone el pecado,	diciendo:— bendito es el fruto
de tu vientre, Jesús.	
Yo al tomar hago una cruz,	estando mi Dios presente
de esta bolsa Delincuente,	y de tu vientre Jesús.
Yo andando en mis placeres,	ya me quería agarrar,
ya me quería pegar,	entre todas las mujeres.
Cuando a mí un trago me den,	y aunque me llenen el vaso,
y aunque me den un porrazo,	yo siempre diré:—Amén.

Coronado

(Fragmento)

Arturo L. Campa gathered this unique New Mexican romance that relates the deeds of the conquistador Francisco Vázquez de Coronado, who, in the sixteenth century, passed through the lands of what today is the southwestern United States. Campa was only able to gather two verses and the refrain of this romance spoken by Gertrudes S. de García, a Navajo captive who lived in San Rafael. Apparently, the romance included more verses, but García could not remember the rest since, according to her, she was too old and had lost her memory. She died at age 110 in the mid-1940s.

41. Lorin W. Brown, La Ave María de los Borrachos, 5–5–20#9, WPA Collection.

Vicente T. Mendoza commented about this unpublished romance that "it constitutes a rare example of a local romance from the sixteenth century." This is the only known version.

Arturo L. Campa recogió este romance único nuevomexicano que relata las hazañas del conquistador Francisco Vázquez de Coronado quien en el siglo XVI pasó por las tierras de lo que hoy día es el suroeste de los Estados Unidos de América. Campa tan sólo pudo recoger dos versos y el estribillo de este romance de boca de la señora Gertrudes S. De García, una cautiva navajo que vivió en San Rafael. Parece ser que el romance constaba de más versos pero la señora Gertrudes no se acordaba del resto pues según ella ya estaba muy vieja y no tenía memoria. Falleció a los 110 años de edad, a mediados de los años cuarenta en el siglo XX.[42]

Vicente T. Mendoza comentó sobre este inédito romance lo siguiente: "Constituye un raro ejemplo de romance local del siglo XVI."[43] Esta es la única versión que se conoce.

Coronado se paseaba	por toda la tierra fuera,
y no hubo quien le pisara	el paso de su bandera.
Por aquí, por allí,	que bueno va;
por aquí, por allí,	que bueno va.

Carlos V

(Fragmento)

Carlos of Hapsburg was the son of Felipe I, called el Hermoso, and Juana I, called la Loca. He ruled as king of Spain from 1517 to 1556 under the name Carlos I. He also was emperor of the Holy Roman Empire almost during the same time, from 1519 to 1558 under the name Carlos V, his commonly known name. He was at the center of European politics during the first half of the sixteenth century.

Rafaela Antonia Martínez de Espinosa, mother of Aurelio M. Espinosa, used to recite a romance about Carlos V. Espinosa recalls that his mother recited it between the late 1800s and early 1900s. He was unable to gather more than a few verses that form part of his "Romancero de Nuevo Méjico." We know merely this version today. I have not found in Spain any romance from which this one may have derived. The reason, perhaps, is that Carlos V was not a popular king.

---

42. Arturo L. Campa, *Spanish Folk-Poetry in New Mexico* (Albuquerque: University of New Mexico Press, 1946), pp. 70–71.
43. Espinosa, "Romancero de Nuevo Méjico," p. 196.

Carlos de Habsburgo era hijo de Felipe I, llamado el Hermoso, y Juana I, llamada la Loca. Fue rey de España desde 1517 hasta 1556 con el nombre de Carlos I. También fue emperador de Alemania casi al mismo tiempo, desde 1519 hasta 1558 con el nombre de Carlos V, que es como comúnmente se le conoce. Durante la primera mitad del siglo XVI llegó a ser el eje de la política europea.[44]

La señora Rafaela Antonia Martínez de Espinosa, madre de Aurelio M. Espinosa, solía recitar un romance sobre Carlos V. Espinosa recordaba que su madre recitaba este romance entre finales de 1800 y principios de 1900. Éste pudo recoger unos pocos versos que forman parte del "Romancero de Nuevo Méjico."[45] Ésta es la única versión que hasta la actualidad se conoce. No he podido encontrar en España ningún romance del que este pueda haber derivado. La razón, quizá, es porque Carlos V no fue un rey muy popular.

Romanze fecho quan_
do el Emperador Charlo quinto entro en Fran_
cia por la parte de Flandres con
grando exercito. M.
DXLV.años.

Fue impreſſo en Leon,
1548

Carlos Quinto tiene un hijo   que lo quiere coronar;
le quiere dar la corona   del Peñón de Gibraltar.

La Baraja

The parody of *La Baraja* is quite popular in the Spanish tradition. The eighteenth century produced the first published piece on a two-sheet pliego suelto by an anonymous author. Campa holds that the New Mexican versions do not derive directly from those of the peninsula, though both share a common theme.

The examples we present of *La Baraja* give a clear idea as to how some of the romances nuevos transformed themselves. The romances viejos came about by breaking up texts taken from the chansons de geste, or rather, from the pieces of text that the people themselves extracted, thus creating an independent romance. The romances nuevos had a similar fate on many occasions. In other words, the long text and its ingenious plot were lost or forgotten, while the essence and central part of the romance remained. In this case, the central part of this romance, which deals with describing the different cards in a deck,

---

44. *Atlas Histórico y Universal de España* (Madrid: Santillana, 1995), p. 64.
45. Espinosa, "Romancero de Nuevo Méjico," p. 271.

relates directly to the Christian liturgy. The tradition of attributing a religious or magical significance in some cases to the numbers and their corresponding figures exists, however, in many cultures and traditions of old.

When the printing of decks of cards began in fifteenth-century Germany, they quickly spread to the rest of Europe. Their low production cost added to their popularity. From then on, each country modified and adapted their figures according to the lifestyle of each region such that in Spain the typical *cuatro palos* to this day represents the Spanish people. The golden coins (*oros*) symbolize commerce, the goblets (*copas*) the grail and thus the ecclesiastical state, the swords (*espadas*) the nobility, and the clubs (*bastos*), agriculture.

The following anonymous version was published in the eighteenth century on a pliego suelto. Agustín Durán compiled and published it in his work, *Romancero General ó Colección de Romances Castellanos anteriores al siglo XVIII* (Vol. 2, no. 1323).

ASTUTA Y VERDADERA DISCULPA

de un soldado que fué acusado á su Mayor de habérsele hallado en la misa, teniendo en sus manos un juego de naipes franceses, contemplándolos, en lugar de rezar un libro devoto. Dicha baraja consta de diez cartas bajas, una sota, dama y rey cada palo, que suman cincuenta y dos naipes; con los cuales hizo ver que las cosas son buenas y malas, segun el uso que se haga de ellas.

Oyentes, voy á contar
la salida graciosa
que tuvo en Zaragoza
un valiente militar.
La traza que se valió,
y el modo de responder,
que al gefe supo vencer

al momento que le habló,
fué cosa de admirar;
y nadie puede creer,
que lo malo al parecer
en bien se puede trocar.
Así es de un soldado
que junto á su batallon
mar-

Dentro de la tradición española la parodia de *La Baraja* es un tema bastante conocido. Se publicó por primera vez en el siglo XVIII una versión anónima en un pliego suelto de dos hojas.[46] Campa sostiene que las versiones nuevomexicanas no derivan directamente de las peninsulares, aunque el tema sea común en los dos continentes.

Los ejemplos que aquí mostramos de *La Baraja*, nos dan una idea bien clara de la transformación de algunos romances nuevos. Así como los romances viejos se formaron a partir de las fracciones del texto que se desprendieron de los cantares de gesta, o mejor dicho, que el pueblo mismo extrajo para sí creando un romance independiente, también sucede lo mismo con los romances nuevos en muchas ocasiones. El largo texto con su ingeniosa trama queda olvidado, manteniéndose la esencia, la parte central del romance. En este caso la parte central del romance, la explicación de las diferentes cartas de *La Baraja*, están ligadas a la liturgia cristiana. La tradición de dar un significado religioso o mágico en algunos casos a los números y sus correspondientes representaciones existe en muchas culturas y tradiciones desde antaño.

---

46. Casi todos los romances impresos en pliegos sueltos en el siglo XVIII no son más que reimpresiones de romances compuestos en el siglo XVII. Así lo certifica Agustín Durán en su *Romancero General*.

Cuando en el siglo XV, los naipes se empezaron a imprimir en Alemania, rápidamente se extendieron por todos los rincones de Europa. Esto sucedió gracias al bajo coste de la baraja, lo cual ayudó a que se hiciese muy popular. A partir de entonces, cada país modificó y adaptó sus figuras según el estilo y modo de vida de cada lugar. Tanto es así, que en España aún existen los cuatro palos típicos que hasta hoy rigen *La Baraja* española, y que representaban a los cuatro estados que componían el pueblo español. Los oros simbolizan el comercio; las copas (símbolo del cáliz), el estado eclesiástico; las espadas, la nobleza y los bastos simbolizan la agricultura.[47]

La siguiente versión anónima procede de un pliego suelto de dos hojas del siglo XVIII. Fue recopilado por Agustín Durán y publicado en su obra, *Romancero General ó Colección de Romances Castellanos anteriores al siglo XVIII* (Tomo II, n. 1323).

Emperatriz de los cielos,
dadle, celestial Aurora,
aliento a mi tosca pluma,
a todo aqueste auditorio,
Un caso que ha sucedido,
Con un discreto soldado,
estando de guarnicion,
a así confiado en vos,
refugio de pecadores,
daré principio á este caso:
En esta ilustre ciudad,
divertida, alegre y rica,
un domingo de mañana,
para cumplir el precepto
en las fiestas y domingos,
dióles órden un sargento,
a cumplir este precepto,
Se fuéron todos formados
Y estando la misa oyendo
Ricart, que este es el soldado
a quien castigaba mucho
en vez de un libro devoto,
un juego de naipes finos,
se los ha puesto delante:
un libro santo y devoto,
Los asistentes notaron
y el Sargento le mandó,

Madre y Abogada nuestra,
términos á mi rudeza,
porque así referir pueda
si un rato atención me presta.
en Brest,[48] ciudad rica y bella,
en el año de noventa,
en ella, según nos cuenta.
Sacratísima Princesa,
fuente pura y mar de ciencia,
atención, que ya comienza.
dichosa, fértil y amena,
apacible y placentera,
serían las siete y media,
que nos impone la Iglesia
que es oir la misa entera,
a sus soldados, que fueran
y prestaron obediencia.
a la mas cercana iglesia,
con muy grande reverencia,
por quien el caso se cuenta,
del sargento la soberbia,
sacó de la faltriquera
y con la cara muy seria
como si en manos tuviera
la contemplación empieza.
la preocupada idea,
que la baraja escondiera,

---

47. Díaz, Delfín Val y Díaz Viana, *Romances Tradicionales*, Vol. I, p. 255.
48. Ciudad del noroeste de Francia.

reprehendiendo al mismo tiempo
Ricart atento escuchaba
y sin replicar palabra
Acabada ya la misa,
el Sargento le mandó
y se fuéron los dos juntos,
a quien el Sargento dió
y el Mayor muy enojado
diciendo de aqueste suerte:
y poco temor de Dios,
A lo que le respondió
—Si vuesa merced, señor,
expondré yo mi disculpa,
vuestra grande correccion,
que hay lances que son forzosos,
Movido a curiosidad,
—Sepa usted, señor Mayor,
tan corta, que apenas basta
que es el sustento del cuerpo,
nos vamos a echar un trago:
si tendrá el pobre soldado
meditar miéntras la misa.
sacó Ricart la baraja,
—Sepa usted, señor Mayor,
suple en mi todos los libros,
mis escasas facultades,
y empezando por el *As*,
dijo:—Cuando veo el *As*,
un solo Dios criador
en el *Dos*, en Nuevo y Viejo
el *Tres*, que son tres Personas
el *Cuatro* me hace pensar,
en los cuatro evangelistas,
que son: Juan, Lucas, Mateo
en el *Cinco* hago memoria
que delante del Esposo
lámparas, y entrar las hizo
El *Seis*, que crió el mundo
el *Siete*, que descansó,
deban todos los cristianos,
y espacialmente el domingo,
En el *Ocho* considero
que del diluvio escaparon

el escándalo en la iglesia.
las veras con que lo muestra;
continuaba con su idea.
sin que un punto se detenga
a Ricart, que le siguiera,
y en casa del Mayor entran,
del escándalo la queja,
le dió reprehensión severa,
—¿Qué temeridad es esa,
escandalizar la iglesia?—
Ricart con mucha modestia:
un rato atención me presta,
y dejaré satisfecha
porque todo el mundo sepa,
y esto ninguno lo niega.—
le mandó que lo dijera.
que por ser la paga nuestra
para las cosas primeras,
cuando algun cuarto nos queda
bajo este supuesto vea
para libros, en que pueda
Y entonces con diligencia
y dijo de esta manera:
como esta baraja entera,
a cuya compra no llegan
por ser pocas y pequeñas;
que esta es la carta primera,
Señor, se me representa
de todas cosas diversas;
Testamento se me acuerda;
y una sola Omnipotencia;
y es preciso que lo crea,
según la Escritura enseña,
y Marcos, pos cosa cierta;
de cinco virgenes bellas
se presentaban con regias
en la sala de la fiesta.
en seis dias, cosa cierta;
por cuya causa primera
gastar los dias de fiesta,
en oración santa y buena;
las ocho personas buenas
por divina providencia,

que fué Noé y su mujer,
de su fino corazon,
Llegando al *Nueve* me acuerdo
de aquellos nueve leprosos,
que por tantos beneficios
El *Diez* me hace pensar,
todos los diez mandamientos
Así que acabó Ricart
de pasar las cartas blancas,
la pasó sin decir nada,
para poder explicar
Y mostrándole la *Dama*,
es lo mismo que el caballo,
Es la hermosa reina Saba,
de la otra parte del mundo
del sabio rey Salomon,
En el *Rey* recapacito
y que debo servir bien
Aun me extenderia mas,
que es: las cincuenta y dos cartas
trescientos sesenta y cinco
el número de los dias,
las cincuenta y dos semanas
De modo que la baraja
de libro de meditar
De almanaque, de catecismo,
Así que acabó Ricart
dijo el Mayor:—Yo he notado
que tu me la declararas.—
—Diga usted, señor, que yo
—¿Por qué la Sota has pasado
ni tan solo una palabra,
A lo que le respondió:
y prometeis no enfadaros
de la Sota.— Y el Mayor
Entonces sacó la Sota,
—Esta Sota la comparo,
al hombre mas ruin é infame
que es el Sargento, que aquí
pues es el que me castiga,
aunque yo no tenga culpa,
Quedó admirado el Mayor
y á Ricart le regaló,

sus tres hijos, prendas tiernas
con sus tres esposa bellas;
de la cura de la lepra,
que entre todos uno hubiera
gracias al Señor le diera;
y a la memoria me lleva,
de nuestra ley verdadera.—
con grandisima cautela
así que á la *Sota* llega
y dijo:—Ocasión es esta
a mi Mayor esta idea.—
que en la baraja francesa
le dijo:— la Dama es esta;
que vino con gran presteza
solo por ver la gran ciencia
que fué grande, según cuentan;
que hay un Rey de cielo y tierra,
a su divina grandeza.
si no turbara la idea,
de esta baraja francesa
puntos se incluyen en ella,
son que en sí el año encierra,
que doce meses completan;
me sirve de oracion buena,
para en estando en la iglesia;
y de oración muy perfecta.—
de referir esta idea,
una cosa, y bien quisiera,
Y Ricart dió por respuesta:
lo diré, como lo sepa.
sin que de ella me dijeras
como si carta no fuera?—
—Señor, si me dais licencia,
diré luego lo que pueda
le mandó que lo dijera.
y dijo de esta manera:
sin que nadie lo desmienta,
que abordó naturaleza,
me trajo a vuestra presencia,
siempre á diestra y á siniestra,
que esto es lo que me molesta.—
de tan ingeniosa idea,
para que á su casa fuera,

cuatro doblones de oro,
que tenia solicitada,
Salióse de la ciudad,
maldiciendo su fortuna,
con que Ricart dio á entender
que siempre le castigaba
Llegó muy presto a su casa,
lo que le habia pasado,
Y el poeta á vuestros pies,
y encarga á los circunstantes,
si hay algunos que lo ignoran,
se compone de *As y Dos*,
Tres, Cuatro y Cinco tambien,
el *Seis*, el *Siete* y el *Ocho*,
la *Sota*, la *Dama* y *Rey*,

y le otorgó la licencia
y órden para que se fuera.
y el Sargento allí se queda
solo por ver la cautela
a su Mayor esta idea,
aunque culpa no tuviera.
y á sus parientes les cuenta,
de lo que mucho se alegran.
pide perdon de la idea,
y dice, porque lo sepan,
que la baraja francesa,
segun consta de experiencia,
que en olvido no se queda,
Nueve y Diez, por cosa cierta,
que esta es la carta postrera.

The following musical version of *La Baraja de los Naipes* of Basilisa "Serrano," from the town of Valverde del Majano, belongs to Agapito Marazuela Albornoz's work, *Cancionero de Castilla* (example no. 66).

La siguiente versión musical de *La Baraja de los Naipes* de Basilisa "Serrano," del pueblo de Valverde del Majano, pertenece al *Cancionero de Castilla* de Agapito Marazuela Albornoz (ejemplo n. 66).

Estando un soldado en misa
con un naipe entretenido,
le reprendió su sargento
y él se hizo el de sentendido.

Kurt Schindler gathered the next version of this same romance in Langa de Duero, province of Soria. It forms part of his work, *Música y Poesía Popular de España y Portugal* (example no. 709).

La versión que sigue fue recogida por Kurt Schindler en Langa de Duero, en la provincia de Soria, y forma parte de su obra *Música y Poesía Popular de España y Portugal* (ejemplo n. 709).

Al prin-ci-piar el jue-go yo con-si-de-ro en el As, Que

no hay más queun so - lo Dios y en él no pue-de ha - ber más.

Al principiar el juego	yo considero en el As,
que no hay más que un solo Dios	y en él no puede haber más.
En el Dos yo considero	aquella blanca belleza,
que siendo el Verbo encarnado	sólo hay dos naturalezas.
En el Tres yo considero,	esta sí que es cierta y clara,
las tres divinas personas	de la Trinidad Sagrada.
En el Cuatro considero	lo que veo desde lejos,
cosa que manda la Iglesia	rezar los cuatro Evangelios.
En el Cinco considero	y sigo considerando
las cinco llagas de Cristo,	de pies, manos y costado.
En el Seis yo considero	como carta más hermosa,
la muerte y pasión de Cristo	afligida y dolorosa.
En el Siete yo considero,	contemplo con alegría,
la muerte y pasión de Cristo	y los dolores de María.
En el Ocho considero,	que en el arca de Noé,
aquellas ocho personas,	que se salvaron por él.
En el Nueve considero,	cuando la Virgen María,
estuvo los nueve meses	preñada y con alegría.
En la Sota considero,	aquella mujer piadosa,
que con su toca limpió,	a Jesús su cara hermosa.
(En la Sota considero,	aquella mujer mala,
que de la fruta vedada,	a Adán se la dio a comer)
En el Caballo contemplo	corrido y avergonzado,
y privado de la gracia	Adán cayó en le pecado.
En el Rey yo considero,	contemplo cuál podrá ser,
siendo Rey de Cielo y Tierra	se ha obligado a padecer.

Tú que juegas a los naipes, nunca pienses en ganar.
Piensa en las cosas de Dios y verás cómo te va.
Las cartas de la baraja ya te las tengo explicadas
y la pasión de Jesús no dejéis de contemplarla.
Bien sabes tú que a los naipes se juega de varios modos,
y en la gloria que esperamos allí nos veamos todos.
(Dios quiera que nos veamos en el cielo juntos todos).

Lorenzo Baca from Las Vegas, New Mexico, used to recite this romance to his grandson, Próspero Baca. Arturo L. Campa collected it in his book, *Spanish Folk-Poetry in New Mexico* (87–88). In New México, this romance is called *El Jugador*.

Lorenzo Baca, de Las Vegas, Nuevo México, solía recitarle este romance a su nieto Próspero Baca. Arturo L. Campa lo recogió en su *Spanish Folk-Poetry in New México* (pp. 87–88). En Nuevo México se conoce con el nombre de *El Jugador*.

Pequé mi Dios y no sé, en que te he ofendido,
mas si acaso fue con él, pequé mi Jesús pequé.
Yo he conocido tu fe, en la culpa he delinquido.
Una alma me has infundido que dar cuenta he de dar;
bien me podías perdonar o de una vez ofendido.
Dos varones te colgaron, de la cruz amado Dios,
y por jugador el dos todo me han crucificado.
Cuanto tenía me han ganado, perdí hasta el último peso,
y yo por jugar travesé en esto, en esto vine a parar.
Tú me quedrás condenar, pero no tratemos de eso.
Tres Reyes te visitaron, estando tú entre las playas,
y a mí los de las barajas ni las pagas me han dejado,
cuanto tenía me han ganado: honra, crédito y honor.
Y como gran pecador de la culpa yego ciego,
Pues te vengo a hacer un ruego que has de ser mi valedor.
Cuatro evangelistas fueron los que tu ley predicaron;
ellos jamás jugaron ni barajas conocieron.
Ejemplos santos me dieron para que me dedicara
y que no los quebrantara sólo por jugar el cuatro.
El cinco es mi Benjamín, y cuando yo lo jugaba
que por él no me acordaba, de las reglas de Agustín.
Cinco sentidos al fin a mi cuerpo dedicaste,
el día me iluminaste, yo de ingrato te ofendí,
ay, amado Jesús, di por qué no me perdonaste.
En seis días el mundo hiciste y el domingo descansaste,
¿por qué si no te cansaste, por qué descansar quisiste?
Me acuerdo que me dijiste, que en este día santificara,

y que no lo quebrantara
Pues no me tenéis
Tales mis pecados son,
pues los siete capitales,
Eterna condenación merezco,
desde hoy en jamás jugaré el siete,
pero al infierno no voy.
Un bruto de San Juan de Dios,
y ambos abiertos los brazos,
Y a mí me pegó una cosa,
andando de sacristán
Puse a jugar malía
hasta el cáliz de San Juan.
En fin la sota me tiene
yo de verla me fatigo
De este modo me entretiene
bolsiando al pobre y al rico.
Aquí esta maldita sota;
pero todavía no me explico.
En la tres consideré
y si algún favor me hiciste
pero bien voy conociendo
si acaso fue con el tres
¿Dónde estás, prenda querida,
¿adónde que no me escuchas
Si las hojas de la palma
y yo ausente de tu amor
Metido en terrible calma
por ti perderé la vida

sólo por jugar el seis.
donde no me condenara,
y mis pecados son tales,
no tienen comparación.
de donde estoy yo prometo,
y aunque el demonio me inquiete,

le dio de fuertes porrazos,
todo te dedico a Dios.
del caballo de Briján
me puse a jugar mal.
me iban a ganar un día

como el aveno en el trigo;
cuando voy a ella y no viene.
esta carta de avalico

yo la quisiera ver rota

tres potencias que me diste,
el favor te voy debiendo,
tu misericordia y es
el favor te voy pidiendo.
todo de mi pensamiento?
mis suspiros y lamentos?
se marchitan con el sol
¿qué quieres que tenga, mi alma?
de vuestra afición querida;
en un continuo penar.

La Navidad

The romances titled *La Navidad* and *El Niño Perdido* belong to the Christmas liturgical cycle. For this reason people in Spain sing them as Christmas carols. Many versions exist throughout the peninsula and in all Latin America, where people also sing them during the Christmas season. It is difficult to catalogue such far-reaching romances because of the great number of variations within the different renditions. The New Mexican versions that Espinosa and Campa found were, for the most part, extracts from the manuscripts of the drama *El Niño Perdido*. The next one of *La Navidad* comes from the town Arbujuelo, province of Soria (Spain). Kurt Schindler collected it in his work, *Música y Poesía Popular de España y Portugal* (example no. 588).

Los romances conocidos como *La Navidad* y *El Niño Perdido* pertenecen al ciclo litúrgico Navideño y durante esas fechas se cantan en España como villancicos. Existe una gran variedad de versiones por toda la península y también en América Latina donde se cantan igualmente durante los días de la Navidad. Debido a la gran cantidad de variaciones en las distintas versiones, es difícil catalogarlos. Las versiones nuevomexicanas halladas por Espinosa y Campa fueron extraídas en su mayoría de los manuscritos del drama de *El Niño Perdido*. La siguiente versión del romance *La Navidad* proviene del pueblo de Arbujuelo, de la provincia de Soria, (España). Fue recogido por Kurt Schindler y pertenece a su obra, *Música y Poesía Popular de España y Portugal* (ejemplo n. 588).

Sin am - pa - ro está Ma - rí - a. Hoy na - ce y la ampa - ra - rá

Que no hay en es - ta tie - rra Com - pa - sión y ca - ri - dad.

Sin amparo está María	hoy nace y la amparará,
que no hay en la tierra	compasión y caridad.
En cinta de nueve meses	va la Virgen con su esposo,
sin alivio y sin reposo	cansada de caminar.
Llegan a Belén de noche	por ver si encuentran posada,
y en hora tan avanzada	nadie se la quiere dar.
Afligido está su esposo,	lleno el pecho de amargura,
De ver que la virgen pura	llena de fatigas va.
Sobre una peña sentada	descansa el bien de su vida,
y de fatiga rendida	la Virgen durmiendo está.
Mil cánticos celestiales	entonan los serafines,
arcángeles, querubines,	mientras descansando está.
Al dispertarse gozosa	hacia el portal se encamina,
y una inspiración divina	la fue dirigiendo allá.
En un mísero pesebre	dió a luz la Virgen pura,
la más linda criatura	que al mundo pudo llegar.
Pobre vino a este mundo	siendo rey de tierra y cielo,
pa' dar a todos consuelo	nos mostró así su humildad.
Los pastores que supieron	que el niño estaba en Belén,
encerraron los ganados	y apretaron a correr.
Todos le llevan al Niño;	yo no tengo qué llevarle;
le llevo una camiseta,	que se la ponga su madre.
Esta noche los pastores,	todos juntos van por leña,
para calentar al niño	que nació en la Nochebuena.

Jacobo Baca, from Cedar Crest, recited the next New Mexican version. Arturo L. Campa collected it in *Spanish Folk-Poetry in New Mexico* (62–63).

La siguiente versión nuevomexicana fue recitada por Jacobo Baca, de Cedar Crest, Nuevo México. Arturo L. Campa la recogió en su obra *Spanish Folk-Poetry in New Mexico* (pp.62–63).

Se iluminó aquel portal
Jesús, María y José
Del hermoso resplandor
y doblando sus rodillas
¡Oh, cuanta no fue la gloria
En noche tan tenebrosa
que el buey con ser animal
adorando al niño Dios
—¡Cristo nació!, dice el gallo
—¡Cristo nació!, por tres veces
A las doce de la noche
que los coros celestiales
¡Gloria, gloria, gloria a Dios,
que en las alturas del cielo
y paz a los hombres
les llegó su redención
A los trece días vinieron
a rendirle sus diademas,
alumbrados de una estrella
en donde hallaron al niño

con rayos de luz que manan
con su poderosa gracia.
la mula bruta se espanta,
al niño Jesús adoraba.
en aquella morada santa!
en tan fría madrugada,
al ver la gloria cercana
con el bado (vaho) le calentaba.
aleteando con las alas.
les grita el gallo a las almas.
se vió en Belén luz tan clra
al niño Dios alababan.
gloria a Enmanuel!, firme escala
nos abre feliz entrada,
que en la tierra desgraciada
de tanto siglo esperada.
los tres orientales magos
sus dones y sus trabajos;
llegan al portal deseado
entre pajas reclinado.

El Niño Perdido

The following version is from the Spanish town Castilblanco, in Badajoz. Bonifacio Gil García collected it in his work, *Cancionero Popular de Extremadura* (78–79).

Esta versión que sigue proviene del pueblo de Castilblanco, en provincia de Badajoz. Está recogida en el *Cancionero Popular de Extremadura* de Bonifacio Gil García (pp. 78–79).

LAS NUEVAS COPLAS
EL NIÑO PERDIDO
corregidas y aumentadas,
y acompañadas de un coro pastoril para cantarse en la
Noche-buena.

—Madre, a la puerta hay un Niño   más hermoso qu'el sol bello;
yo digo que tiene frío   porqu'el pobre viene en cueros.
—Pues dile que entre,   se calentará
porque en esta tierra   ya no hay caridá,
ni nunca l'habido   ni nunca l'habrá.
Entro el Niño y se calienta,   y después de calentado,
le pregunta la señora   de qué tierra o qué reinado.
—Niño si quieres cená   te arreglaré de contado
y te quedarás en casa   como niño de regalo.
Y responde el Niño: —Eso no, señora,
Que tengo una madre   qu'el cielo l'adora.
Estando cenando el Niño   las lágrimas se le caen.
—Dime, Niño, ¿por qué lloras   al ver la cena que hay?
—Mi madre, de pena,   no podrá comé;
aunque tenga gana,   no tendrá con qué.

—Cuánto quieres a tu Madre. —Sí, señora, que la quiero;
tres días que no la he visto, tres mil años se me han hecho.
—Mira qu'este Niño es todo es gracioso;
en mi vida he visto Niño más hermoso.
Hazle la cama a este Niño en la sala y con primó.
—No se moleste, señora, que mi cama es un rincón.
Mi cama es el suelo desde que nací;
hasta qu'en Cruz muera ha de ser así.
Al amanecer l'aurora el Niño se levantó
y le dijo a la patrona que se quedara con Dió.
—Yo me voy al Templo, que allá es mi casa,
y allí iremos todos a darle las gracia.
Su madre le anda buscando por calles y callejone:
—¿Vísteis a mi Hijo amado, sol de los mismos soles?
Cara con dulzura, sus ojitos negros;
en la noche oscura, nos alumbran ellos.
María dice a José: —¿Qué ha sido de nuestro Niño?
—No te asustes, está bien en el Templo recogido.
Y al Niño perdido muy pronto encontraron;
sus padres benditos de gozo lloraron.

Próspero Baca from Bernalillo, New Mexico, recited the next version. It belongs to Arturo L. Campa's collection, *Spanish Folk-Poetry in New Mexico* (60–61).

La versión siguiente lo recitó don Próspero Baca de Bernalillo, Nuevo México. Arturo L. Campa lo recogió en su *Spanish Folk-Poetry in New Mexico* (pp. 60–61).

La virgen buscaba al Niño por las calles y las plazas,
y ha todos los que veía por su hijo preguntaba.
—Decid si habéis visto al sol de los soles,
al que alumbra con sus santos resplandores.
La Virgen les preguntaba:

—Denos, Señora, las señas por si acaso le encontramos.
—Es blanco como la nieve, y como el sol dorado.
Sus labios y su boca son flores del año.
—Por aquí pasó ese niño según las señas que da.
Váyase usted al templo y allí lo hallará.
—Dios os pague, hijos, esa buena nueva.
De allí se fue el alma divina y al templo se encaminó;
entre todos los doctores al Sol de Justicia halló.

The following rendition belongs to Aurelio M. Espinosa's work, "Romancero de Nuevo Méjico" (193). It is originally part of the manuscript *El Niño Perdido* by Ricardo Archuleta, sixty-four years old, a resident of El Cerro, New Mexico.

La siguiente versión pertenece al "Romancero de Nuevo Méjico" de Aurelio M. Espinosa (p. 193). Proviene del manuscrito de *El Niño Perdido* de don Ricardo Archuleta, de 64 años, residente del Cerro, Nuevo México.

Matronas de Sión, decidme,	dónde hallaré a mi constancia,
a la lumbre de mis ojos,	que ha tres días me falta.
Él es blanco y colorado,	una azucena es su cara,
salpicado de claveles,	por partes perfeccionadas.
El pelo rubio y los ojos	son dos lumbreras tal claras,
que de él tomó el claro sol	todo su ser y sustancia.
Su boca es un coral partido,	tan dulces que a sus palabras,
tan sólo un frote fabrica	cuanto el cielo y la tierra abraza.
Tan fino que así se queda	la perla y mano tirana.
El alma y cuerpo se quedan	con los mismos que le agravian.
Su cuerpo es un pino de oro,	que así amenaza su planta,
que en el cielo y en el imperio,	tiene su asiento y morada.
Tan franco que de su mesa	se esparcen tantas migajas,
que mantiene a sus criaturas,	así buenas como malas.
Tan bueno que todo aquel	que de corazón le llama
abandonando los vicios,	les perdona y les regala.
Estas señas por mi mano,	brevemente dibujadas
tiene el tesoro que busca:	miren si es justa mi causa.

El Mal de Amor

Arturo L. Campa maintains that the origin of this romance is Portuguese, yet, Ramón Menéndez Pidal says the following:

Of all the desperate shepherds found in the pastoral genre of the sixteenth century, none resembles the protagonist of this rustic romance so much as *Quijote's* Grisóstomo who, having died of desperate love, orders himself to be buried in the fields rather than in sacred grounds, to the chagrin of the town's priests.

This romance is widespread throughout Spain and exists also in some Latin American countries. Several versions exist in New Mexico. The first known one is anonymous and dates to the sixteenth century. It forms part of Juan de Linares' work, *Cancionero Flor de Enamorados*, published in Barcelona in 1573.

Según Arturo L. Campa, el origen de este romance es portugués, pero Ramón Menéndez Pidal dice lo siguiente:

> Entre tantos pastores desesperados como tiene el género pastoril en el siglo XVI, ninguno se parece tanto al de nuestro rústico romance como el Grisóstomo, del Quijote, que muerto en desesperación de amor, manda que no le entierren en sagrado sino en el campo, con gran escándalo de los abades del pueblo.[49]

Este romance está extendido por toda España y también existe en algunos países de América Latina. En Nuevo México existen varias versiones. La primera versión conocida de este romance es anónima y data del siglo XVI. Forma parte del *Cancionero Flor de Enamorados* de Juan de Linares, editado en Barcelona en 1573.

Se estaba mi corazon	en una silla asentado
circuido de pasión,	de firmeza coronado.
Tres son los mis pensamientos	que asi le tienen cercado:
al uno llaman Desdicha,	al otro llaman Cuidado,
al otro gran Desconsuelo	para mí, desconsolado,
que una señora que sirvo	mis servicios ha olvidado;
y si yo muero de amores	no me entierren en sagrado.
Háganme la sepultura	en un verdecico prado,
y dirán todas las gentes:	—¿de qué murió el desdichado?
no murió de calentura,	ni de dolor de costado;
mas murió de mal de amores,	qu'es un mal desesperado.

Melchor Montes Martín and Francesc L. L. Cardona gathered this version called *El Mal de Amor*, dating to the sixteenth century and transcribed in their collection, *Los mejores romances de la lengua castellana* (154–55).

La siguiente versión fue transcrita a la colección de *Los mejores romances de la lengua castellana*, de Melchor Montes Martín y Francesc L. L. Cardona. Estos recogen una versión del *Mal de Amor* del siglo XVI (pp. 154–55).

Aquel monte arriba	va un pastorcillo llorando;
de tanto como lloraba	el gabán lleva mojado.
—Si me muero deste mal,	no me entierren en sagrado;
háganlo en un pradrío	donde non pase ganado;
dejen mi cabello fuera	bien peinado y bien rizado,
para que diga quien pase:	—Aquí murió el desgraciado.
Por allí pasan tres damas	todas tres pasan llorando.

---

49. Menéndez Pidal, *Flor Nueva*, p. 289.

Una dijo:	—¡Adiós mi primo!
Otra dijo:	—¡Adiós hermano!
La más chiquita de todas dijo:	—¡Adiós, mi enamorado!

In their work *Romancero de la Montaña* (Vol. 2, no. 320), Tomás Maza Solano and José M. de Cossío collected seven different versions of this romance from the province of Santander. Below is one of them.

En el *Romancero de la Montaña* (Tomo II, n. 320) de Tomás Maza Solano y José M. de Cossío recogieron siete versiones diferentes de este romance en la provincia de Santander. He aquí una de ellas.

En el testamento dejo	no me entierren en sagrado,
que morir por tus amores	es morir desesperado;
que me entierren en el campo,	en un verdosito prado
donde me pisen las damas	y me pazcan los ganados,
y a la cabecera pongan	un cantito bien labrado
con un letrero que diga,	"aquí murió un desdichado,
no murió de calenturas,	ni de punta de costado,
que murió de mal de amores,	que es un mal desesperado."

The next romance is from Aurelio M. Espinosa's "Romancero Nuevomejicano" (479–80).

Este romance está extraído del "Romancero Nuevomejicano" (pp. 479–80) de Aurelio M. Espinosa.

¡Ay!, chi - qui - ta si me mu - rie - re Ay, no m'en - tie - rres en sa - gra - do,

¡Ay!, chiquita si me muriere	¡ay! no m'entierres en sagrado;
entierram' en campos verdes,	onde me pis'el venado;
pa'que digan los pastores:	"Aquí murió un desgrasiado,
no murió de muerte fina,	ni de dolor de costado;
murió di un dolor di amores,	que le dio desesperado."

Antonio Monteros y Diego de Frías

In 1915, Aurelio M. Espinosa published in his "Romancero Nuevomejicano" the text of a romance taken from a notebook belonging to Félix Pino, fifty years old, from Santa Fe. Agustín Durán published the same romance taken from a pliego suelto of the eighteenth century, though the romance in fact belongs to the seventeenth. The New Mexican version is quite faithful to Durán's. Espinosa says that "the New Mexican version preserves all the details, and the fact that so lengthy a romance reached such popularity and remained in the people's memory is surprising." Espinosa's version is titled *Diego de Frías y Antonio Montero*, the reverse of Durán's Spanish version.

This next anonymous Spanish rendition is from a pliego suelto of the eighteenth century published by Durán in his *Romancero General ó Colección de Romances Castellanos* (Vol. 2, no. 1285).

Aurelio M. Espinosa publicó en 1915, en su "Romancero Nuevomejicano," el texto de un romance que extrajo de un cuaderno del señor Félix Pino de Santa Fe, de 50 años de edad. Agustín Durán publicó el mismo romance extraído de un pliego suelto del siglo XVIII, aunque el romance es en realidad del siglo XVII. La versión nuevomexicana es bastante fiel a la versión de Durán. Espinosa dice al respecto: "La versión Nuevomejicana conserva todos los detalles, y sorprende que tan largo romance se haya hecho popular y conservado en la memoria del pueblo." La versión de Espinosa lleva por título *Diego de Frías y Antonio Montero*, al revés de la versión española de Durán.

Veamos la siguiente versión española anónima, extraída de un pliego suelto del siglo XVIII, publicada por Durán, en su *Romancero General ó Colección de Romances Castellanos* (Tomo II, n. 1285).

Romance que refiere un raro suceso y notable tragedia que en la ciudad de Antequera les sucedió á dos mancebos muy amigos, el uno llamado Diego de Frias y el otro Antonio Montero, el cual era casado con una muy hermosa dama, y cómo Diego de Frias, habiéndose enamorado de ella, la sacó de su casa y la llevó a la ciudad de Sevilla, y como después Antonio Montero los mató á ambos.

A la Virgen del Rosario	la suplico me dé alientos
Miéntras mi lengua declara	el mas notable suceso
Que en la ciudad de Antequera[50]	le sucedió a dos mancebos:
El uno es Diego de Frías,	y el otro Antonio Montero.
Eran ambos muy amigos,	y de muy cercano deudos:
Era Montero casado	con doña Juana de Cueto;
Blanca y rubia como un sol,	y de lindo entendiemiento;
Discreta, entendida y sabia;	mas aquel dragon soberbio

---

50. Provincia de Málaga.

Siempre tiró á derribarla
E hizo que se enamorase
Harta cabida en su casa:
Hasta que le dijo un dia:
Fueras dueña de mis bienes,
La dama le respndió:
Es tu amigo, y si lo sabe
Mas al fin yo daré traza
¡Ingrata mujer y frágil,
de tu esposo, diste entrada
¡Tirano, aleve, que haces
una crueldad tan grande,
Gozáronse algunos dias,
Y como Montero es hombre
Temiendo que no lo sepa
Y en un ligero caballo
Camino van de Sevilla
A aquella ciudad llegaron,
Y en una casa vivian
Volvámos ahora a Antequera
Pues cuando Montero vino
Aquí de coraje tiembla
Por boca y ojos echaba
Ya se retuerce las manos,
De no cortarse la barba
Hasta que matase á aquel
Mas de dos meses pasaron
De dia, sino de noche
Hasta que alcanzó á saber
Ya se remuda de ropa
Se pone unas barbas canas;
Un jubón ojeteado,
Un gaban de paño pardo,
Entre los cuales llevaba
Un afilado cuchillo
Una monterilla vieja,
Una capa mal formada,
Limosna se fué á Sevilla
Donde estando con cuidado
Un dia en San Salvador
Y viendo allí á su enemigo
Le vido entrar en su casa,
Que era allí donde vivia,

armando trazas y enredos,
Diego de Frías, teniendo
de amores andaba muerto,
—Si tu pagaras mi afecto,
pues ya sabes que los tengo.—
—¡Mira que Antonio Montero
mala fortuna tendremos!
para que juntos estémos.—
que quebrantando el precepto
al galan! ¡Jesús, qué yerro!
a tu amigo verdadero,
sin reparar en el riesgo!
con muchísimo contento,
de reputacion y empeño,
toman galas y dineros,
una noche se salieron
estos dos amantes tiernos;
allí pusieron su asiento,
con muchísimo secreto.
a declarar el suceso,
y halló su mujer de ménos,
y se abrasa en vivo fuego;
volcanes de vivo incendio.
echando mil juramentos
ni vestir camisa al cuerpo,
que maltrataba su credito.
sin pasearse Montero
las diligencias haciendo,
que en Sevilla están de cierto.
y por no ser descubierto,
que le tapan todo el pecho;
que lleva arrimado al cuerpo;
con mas de dos mil reminendos,
cuatro volcanes de fuego;
previno para su intento;
en medio un casco de acero;
un bordoncillo, y pidiendo
y á ella llegó bien presto,
las diligencias haciendo,
tendió la vista Montero,
los pasos le fue siguiendo.
preguntó, y supo de cierto
y retirándose luego,

Le escribió una carta falsa
De Don Francisco de Frias,
Hurtó la firma, y la puso,
En punto de la oracion,
Y dando un golpe á la puerta
Vido un viejo venerable
De ropas muy mal fardado,
—¿Qué se ofrece, padre honrado?
—¿Qué cuidado acá os trae?
como no le conoce
—Yo soy, le dice al instante,
Sacó del pecho una carta,
Se la dio. Diego de Frias,
Rompe su nema, prosigue
"Sobrino del alma mia,
y te libre de enemigos
Yo, tu tio Don Francisco,
Que en Antequera se sabe
Por lo que á buscarte van
Quiero traerte á Carmona,
Y en la casa de un amigo,
Y nosotros descuidados,
De tu madre y tus hermanas,
De parte de tu enemigo,
Que me obligan á venir
Con el portador saldrás,
Porque antes que venga el alba
De Carmona, que en ella
El cielo os guarde, sobrino,
Se quedó el mozo elevado,
la mujer sale y le dice:
—No es enredo, la replica,
que esta firma es de mi tio,
lo que conviene es, señora,
Aprestando el caballo,
Por la puerta de la Carne
¡Oh desgraciada señora!
que no sabes la desgracia
Mas en llegando á la venta,
Dijo el galan á la dama:
Dice Montero: —Eso no:
¿quiere usted parar en venta?
Toman una oculta senda

con mas de dos mil enredos.
tio de aqueste mancebo,
por hacer ma bien su hecho.
llegó á la casa de Montero,
le bajó á abrir el mancebo.
todo de canas cubierto,
y los ojos por el suelo:
Le dice al fingido viejo:
El, remudado de luego,
preguntaba por él mesmo.
y fingiendo cumplimientos,
y besándola en el sello,
el sobrescrito leyendo,
estas palabras leyendo:
mil años te guarde el cielo
que contar ti están opuestos.
te envio á decir aquesto:
que en Sevilla estás de cierto
Monteros y algunos deudos.
que alli mismo yo te espero,
vivirás con gran secreto,
que son tantos los lamentos
las discordias y los pleitos
originados del hecho,
á ponerte en salvamento.
a quien encargo el secreto,
estés de termino adentro
estarás libre del riesgo.
los años de mi deseo."
muy pensativo y suspenso;
—Mira no sea algun enredo.
—que tengo conocimiento
y hemos de ir sin remedio:
que al portador regalemos.—
y aquella noche salieron
Dama, galan y escudero.
¡Oh malogrado mancebo,
que va en tu acompañamiento!
ya que el alba iba rompiendo,
—Aquí un rato soseguemos.—
pues vamos con tal secreto,
Mas adelanta pasemos.—
por unos montes espesos

De pinos y de jarales
Volvió Montero la cara,
Para que estemos seguros,
Se apearon del caballo
Diciéndose mil cariños,
Dice el galan á la dama:
Almorcemos, que ya es hora.
Dos furiosas carabinas
Se quitó la mascarilla
Y en altas voces decia:
La mujer, que aquesto oyó,
Diego de Frias turbóse,
Le faltó, pues le dispara
Que las penetrantes balas
Revuelto entre fuego y sangre,
—¡Confesion, que me has matado!
no me acabes de matar;
el alma es la que te encargo,
Mas él, tirano y aleve,
Se arrimó y con el cuchillo
Y las vergüenzas le corta
Se fué la mujer, que estaba
De los cabellos la agarra,
Le dice:—¡Falsa enemiga!
¿Qué le has hecho?
pues de esta suerte me veo,
conforme al merecimiento!
y entrambos brazos derechos,
de las prendas y el dinero,
vaciando lo que está dentro;
mas breve que un pensamiento
de este caso satisfecho.
llegó a su casa Montero,
con duros clavos de hierro
y las vergüenzas en medio,
"Lo hizo Antonio Montero
de su pundonor y su crédito:
en tal parte quedan muertos."
se fué a Málaga derecho;
con muchísimo contento,
haciendo notables hechos.
se levantó de su lecho.
quedan confusos y yertos.

a las umbrías de un cerro
y dice: —Aquí es bien paremos,
de todos los pasajeros.—
los dos muy amantes tiernos,
veneno para Montero.
—Dulce regalado espejo,
Entonces sacó Montero,
de los cosidos remiendos;
de las barbas, y el mal gesto,
—Yo soy Antonio Montero.
cayó redonda en el suelo:
quiso hablar, mas el aliento
una pistola a este tiempo,
le atravesaron el pecho,
estas palabras diciendo:
Persona, amigo Montero;
tráeme los sacramentos;
y pague el delito el cuerpo.
vengativo, horrible y fiero,
le ha cercenado el pescuezo,
por hacer mejor su hecho.
casi difunta en el suelo:
dos mil injurias haciendo;
¿Qué es de mi honor?
¡Traidora, tu pagarás,
tu perfidia y tu delito.
Las cabezas les cortó,
y en un baul que llevaban
metió estas cuatro alhajas,
y montando en el caballo,
hácia Antequera camina
A las doce de la noche
y por encima de las puertas
fijó cabezas y manos,
con un letrero que dice:
por restaurar lo perdido
de esta suerte los maté;
Volvió la rienda al caballo,
sentó plaza de soldado
y sirve al Rey en la guerra,
A otro dia, cuando el alba
Cuantos por la calle pasan
Dieron cuenta á la justicia,

la cual acudió de presto:
despacharon por los cuerpos,
Aquesto sirva de ejemplo
Y á los galanes mancebos,
Cosa que tenga otro dueño.

los señores admirados
donde les dan sepultura.
a las señoras mujeres
que no se precien de amar

Aurelio M. Espinosa collected the following romance, which he published in "Romancero Nuevomejicano" (488–92).

La siguiente versión fue recogida por Aurelio M. Espinosa y publicada en su "Romancero Nuevomejicano" (pp. 488–92).

A la Virgen del Rosario
para poder relatar
que'n la siudá di Antequera
el uno Diego de Fríos
ambos eran muy amigos
Montero era casado
Er'una pulida dama
rubi' hermosa como el sol;
siempre tirú a derribar
Hiso que l'enamorase
tanta cabid'en la casa
hasta que le disi un día:
jueras dueña de mis bienes,
La dama le respondió:
si lo yega [a] saber
Mas en fin yo daré trasas
¡Mujer ingrata, lo qui hases
habiéndole dadu entrada
Se pasaron unos días
y como Monteros es hombre
y temiendo que lo sepa,
y en ligero cabayo
Camino van de Sevía
llegan [a] esta suidá
viviendo'n la misma casa
Volvamos ora [a] Antequera
que cuando Monteros vino
así se retuerse las manos
por boca y ojos echaba
y temblando de coraje,
de no cortarse la barba,

le suplico me di aliento
esta notable suseso,
le susediú a dos mansebos;
el otru Antonio Monteros;
y de muy sercano deudos.
con doña Juana di Acueto;
y de muchu entendimiento,
peru aquel dragón soberbio
formando presas y enredos.
Diego de Fríos, teniendo
que di amores anda siego;
—Si tú pagaras mi afecto
pues que tant' hasienda tengo.—
—Mira, tu amigu es Monteros,
mala fortuna tendremos.
para que juntos estemos.—
con tu esposo verdadero
al galán! ¡Jesús, qué hierro!
con muchísimo contento;
de reputación y empeño
toman galas y dinero,
una nochi se salieron.
estos dos amantes tiernos;
y aí pusieron su asiento,
con muchísimo secreto.
a relatar el suseso
y a su mujer echó de menos,
y si abras'en vivo fuego;
volcanes de vivu insendio,
echaba mil juramentos,
ni de vestir camis' al cuerpo,

hasta que no matasi aqueos
Más de dos pasó
de día, solo de nochi
hasta que yegu a saber
Ya se remuda de ropa
si poni una barba cana
con un gabán afetado
uno qu'es de paño pardo
y entre los remiendos yeva,
y un afilado cuchío
Se puso mascada blanca
una capa mal forjada,
limosna se va [a] Sevía
Ayí 'stando con cuidau
un día 'n San Salvador
y divisandu a su amigo
Lo vido bien ond' entró,
qui ai era donde vivía;
va y hasi una carta falsa,
De Don Francisco de Fríos,
hurta la firma Monteros
A eso de l'orasión
le peg'un golpi a la puerta,
—¿Qué si ofrese, padri honrado?
—¿Qué noticias vieni a trai?
hase que no le conose,
Saca la cart' e la bolsa
se la diú a Diego de Fríos,
—Abrela prontu y prosigue,
Tomóla'l mansebu en manu
Sobrino del alma mía,
y te libre d'enemigos
En Antequera se sabe,
y como a buscarte vienen
y nosotros en la casa
quiero yevarti a Carmona
La mujer sal' y le dise:
—Señora no son enredos,
que es la firma de mi tío;
Lo que convien' es señora,
Ya 'prietan en un cabayo,
¡Ay, desdichada madama,
Ignoráis a quien yeváis

infrasores de su crédito.
sin salir este Monteros
las diligensias hasiendo
que en Sevía 'stán de sierto.
para no ser descubierto,
que le cubrí' hasta'l pecho,
que yev' arrimadu al cuerpo,
con más de dos mil remiendos;
cuatro volcanes di asero,
previno para su intento.
y yev'el casco di asero,
un bordonsíu y pidiendo
donde yega bien presto.
las diligencias hasiendo,
tendió la vista [a] Monteros,
los pasos le va siguiendo.
preguntó y supo de sierto
y volviéndose Monteros
con más de dos mil enredos.
tío del mismo mancebo,
par' haser mejor el hecho.
llega [a] la casa Monteros;
sali [a] brísela'l mancebo.
Le disi al viejo fingido,
Mas el astuto Monteros
preguntando por él mesmo.
y besándol' en el seo
el sobrescrito leyendo.
verás lo que viene dentro.
estas palabras leyendo:
sien años te guard' el sielo,
que contra ti 'stán opuestos.
que en Sevía 'stás de sierto,
Monteros y otros deudos,
bien enterados del hecho,
y aí t'espero yo mesmo.
—Mira no sean enredos.
que tengo conocimiento
y debemos irnos luego.
qui al portador regalemos.
[a] aqueas horas saliendo.
y desdichado mansebo!
en vuestru acompañamiento.

Otro día muy de mañana,
Diego de Frío les dise:
—Eso no, dise Monteros,
a donde no nos viá nayen
Los guía par' una montaña,
voltea la car' y dise:
Ya si apean del cabayo,
hasiéndose mil cariños,
Se quita la mascadía,
y en altas voses les dise:
La mujer de qu'est' oyó,
Diego de Fríos, turbado,
Li ha disparad' una bala,
Aí breve cai al suelo,
—¡Confesión! que mi has matado,
no me acabes de matar
El alm' es la que t'encargo,
Pero Monteros, tirano,
con un cuchíu afilado
Va donde 'stá su mujer,
y la coge de las greñas,
—Ven acá, perra, traidora,
ora pagarás, infame,
Ya les corta las cabesas
Y en un baúle que yevaban
echó estas cuatru alhajas
Ya se montu en su cabayo,
y a las horas de la nochi
D'esta suerte los mató
Clavó estas cuatru alhajas
Otro día por la mañana,
Cuantos por aí pasaban
dando cuent'a la justicia:
Con violensia despacharon,
para darles sepultura
Ya se muntu en su cabayo,
tomó plasa de soldado,
y sirvió 'n la guard' el rey
A la señoras aconsejamos
que no procuren di amar

cuando 'lalba' iba rompiendo,
—Es güeno que descansemos.
—más adelante pasemos,
y no sepan el secreto.
y a las sombrías di un serro
—Aquí es güeno que reposemos.
estos dos amantes tiernos,
¡veneno para Monteros!
el barbaje y el mal peto,
—Yo soy Antonio Monteros.
cayó desmayad' al suelo;
quiso alsar el aliento.
que li [ha] atravesadu el pecho.
estas palabras disiendo:
¡perdón, amigo Monteros!
sin resibir sacramento.
que pague'l delitu el cuerpo.
vengativ' horribl' y feo,
li [ha] asesinado el pescuezo.
casi muerta por el suelo,
arrastrándol' y disiendo:
infrasora de mi crédito;
lo que conmigo has hecho.
también el braso derecho,
de la rop' y del dinero,
tirando cuantu iba dentro.
velós como'l pensamiento,
yegú a su casa Monteros.
y en tal parte quedan muertos.
en le marco de la puerta.
cuando 'lalb' iba rompiendo,
quedaban abismos y yertos,
—¿Quién tal hiso? ¿Cómo jué 'sto?
aí yevaron los cuerpos
en conclusión del suceso.
y s'enlistu en el ejérsito;
para memoria del hecho,
hasiendo notables hechos.
y a los jóvenes mansebos
a prendas que tienen dueño.

El Payo o El Vaquero

Aurelio M. Espinosa found four versions of this romance in New Mexico and one in California. Campa suggests that it exists only in Mexico, New Mexico, and California. Vázquez Santana says that Guillermo Prieto, from Mexico, composed it; however, Vicente T. Mendoza states that it appears throughout America, from New Mexico in the north to Argentina in the south.

Mendoza collected the following version of *El Payo* in Puebla and Tlaxcala. He catalogues it within the traditional Spanish romances in Mexico, and it appears in his work, *El Romance Español y el Corrido Mexicano* (391–92). Leodegario Torres of Cholula, Mexico, sang this romance.

Aurelio M. Espinosa recogió cuatro versiones de este romance en Nuevo México y una en California. Según Campa, parece ser que este romance se encuentra tan solo en México, Nuevo México y California. Vázquez Santana dice que fue compuesto por Guillermo Prieto, en México.[51] Pero Vicente T. Mendoza dice que la difusión de este romance en América abarca desde Nuevo México por el norte hasta la Argentina por el sur.[52]

Mendoza recogió la siguiente versión de *El Payo* en Puebla y en Tlaxcala. Los cataloga dentro de los romances tradicionales españoles en México y pertenece a su obra, *El Romance Español y el Corrido Mexicano* (pp. 391–92). Este romance lo cantaba el señor Leodegario Torres, de Cholula.

Estaba un payo sentado
y el mayordomo le dice:
—Si quiere que no esté triste,
y el mayordomo le dice:

en las trancas de un corral
—No estés triste, Nicolás.
lo que pida me ha de dar—
—Ve pidiendo, Nicolás.

51. Campa, *Spanish Folk-Poetry*, p. 89.
52. Mendoza (1997), *El Romance Español*, p. 98.

—Necesito treinta pesos,	una cuera y un gabán
y el mayordomo le dice:	—No hay dinero Nicolás.
—Necesito treinta pesos,	para poderme casar
y el mayordomo le dice:	—Ni un real tengo Nicolás.
—Necesito de mi china,	para poderme casar
y el mayordomo le dice:	—Tiene dueño Nicolás.
El payo desesperado,	un cuchillo fue a tomar
y el mayordomo le dice:	—Date fuerte, Nicolás.
El payo desesperado	al barranco se iba a echar
y el mayordomo le dice:	—De cabeza, Nicolás.

Arturo Campa collected the following rendition of *El Vaquero* from a resident of Albuquerque, New Mexico, Higinio Costales, which he published in *Spanish Folk-Poetry in New Mexico* (89).

Arturo Campa recogió la siguiente versión de *El Vaquero* en Albuquerque, Nuevo México. La recitó el señor Higinio Costales. Forma parte de la obra, *Spanish Folk-Poetry in New Mexico* (p.89).

Nicolás está sentado	en las trancas de un corral,
y el mayordomo le dice:	—No estés triste Nicolás.
Nicolás le responde,	Nicolás le responde:
—Si no quieres que esté triste	lo que te pida me has de dar.
Y el mayordomo le dice:	—Ve pidiendo Nicolás.
—De esa joven necesito,	porque me quiero casar.
Y el mayordomo le dice:	—Tiene dueño, Nicolás.
Ya se va desesperado;	dice que se va a matar,
y el mayordomo le dice:	—Date rieso Nicolás.

Las Dos Hermanas

The plot of this romance is quite common: the lack of charity on behalf of one sister to another, leading to an ultimately tragic end and unavoidable punishment. It is quite popular in Spain and in some Latin American countries. Espinosa gathered four versions in New Mexico.

Tomás Maza Solano and José M. de Cossío collected the following Spanish rendition from the town of Camaleño in the province of Santander in 1934. They published it in their book *Romancero de la Montaña* (Vol. 1, no. 216).

El argumento de este romance es bastante común: la falta de caridad de una hermana con la otra, que lleva a un trágico final e ineludible castigo. Es bastante conocido en España y en algunos países de América Latina. Espinosa recogió cuatro versiones en Nuevo México.

La siguiente versión española fue recogida en el *Romancero de la Montaña* (Tomo I, n. 216) de Tomás Maza Solano y José M. de Cossío en la localidad de Camaleño en la provincia de Santander en 1934.

Hoy se casan dos hermanas / ambas juntas en un día,
se casan con dos hermanos / que de las Indias venían;
el uno era jugador, / el otro haciendas tenía.
—Dejarás el juego, hermano, / que a tí el juego te perdía.
Llega tiempo, tras el tiempo, / que el jugador se moría;
la dejó a su mujer / cinco niños de familia.
A otro día a la mañana / en su casa comer no había.
Marcha pa casa su hermana / donde su cuñado vivía,
a pedir medio pan / por Dios y Santa María,
y no se lo quiere dar / como a una desconocida.
—Mantendráste a hilar, hermana, / que tú a hilar te mantendrías.
—¿Cómo quieres que mantenga / cinco bocas y la mía?
Llegó el marido a la noche / y de cenar le pedía;
se ponen a partir pan, / gotas de sangre caían.
—¿Qué es esto, la mi mujer, / qué es esto, la mujer mía?
Acá ha venido algún pobre, / limosna no le darías.
—No ha venido ningún pobre / sino una hermana mía,
a pedirme medio pan / por Dios y Santa María,
y no se lo quise dar / como a una desconocida.
—Si a tu hermana no das pan, / ¿qué hicieras si fuera mía?
Cogió un pan entre los brazos, / en la capa lo envolvía;
marcha en casa de su hermano / donde su cuñada vivía.
Todo lo encontró cerrado, / balcones y celosías.
—Cuñada de la mi alma, / sobrinos de la mi vida,
aquí moristes con falta, / de lo que en mi casa había.
El más chiquito de ellos / en voz alta le decía:
—La nuestra alma en gracia va, / pero, ¡ay de la mi tía!
tan negra está en los infiernos, / de noche como de día.

The next version of *Las Dos Hermanas* is quite interesting. The most curious aspect of this romance is that the two sisters are the king's daughters and therefore princesses who wed two *indianos*. Indianos were Spaniards who made a fortune in the Americas and returned to Spain. Luis Díaz Viana, José Delfín Val, and Joaquín Díaz published the romance in their book, *Cancionero Musical, Catálogo Folklórico de la Provincia de Valladolid* (Vol. 5, 212). Modesto Martín, sixty-one years of age, was the informant.

La siguiente versión de *Las Dos Hermanas* es interesantísima. Lo más curioso es el hecho de que sean dos hijas de rey y por lo tanto princesas las que se casan con dos indianos. Los indianos eran los españoles que hicieron fortuna en América y regresaron a España.[53] Fue recogida en el *Cancionero Musical, Catálogo Folklórico de la Provincia de Valladolid* (Vol. V, p. 212) de Luis Díaz Viana, Joaquín Díaz y José Delfín Val. El informante fue Modesto Martín de 61 años de edad.

Un rey tenía dos hijas   sólo dos hijas tenía
las casó con dos indianos   que de las indias venían
el uno era cazador   el otro posibles tenía.
Ya ha pasado mucho tiempo   y el arador se moría
cinco tiene de familia   cinco tiene en compañía
y el niñito más pequeño   pidió pan y no lo había;
—Anda hijo de mi alma,   anda y vete a ca tu tía
y que te de un medio pan   que tú de hambre te morías.
—Madre yo no soy solito   venga usted en mi compañía.
Y agarrados de la mano   pa en casa su hermana se iban
—Hermana, si eres mi hermana,   me darás lo que te pida;
me darás un medio pan   que yo de hambre me moría.
—Mantente tú de la rueca   como otras se mantenían,
otras de menos posibles   de la rueca se valían.
El cazador por la noche   ganas de cenar traía
y en medio de la cena   gotas de sangre caían.
—¿Por qué lloras mi mujer?   ¿Por qué lloras mujer mía?
Si es que ha venido algún pobre   como todos estos días . . .
—No ha venido ningún pobre,   que ha sido la hermana mía.
Se ha cogido cinco panes   pa en ca su cuñada iba,
todo lo ha visto cerrado   ventanas y celosías,
en la ventana más alta   que iba a dar a la cocina
ha visto los cinco cuerpos   y su madre en compañía;
el niñito más pequeño   algo de vida tenía.
—Toma tú hijo mío pan   que tu tío te traía.
—Tío ya no hace falta,   adiós hasta la otra vida
que mi tía la malvada   en otros infiernos ardía
y usted tío de mi alma   la gloria se merecía.

Don Adolfo Gallegos, fifty years old and a resident of Los Brazos, New Mexico, recited the next version. It is part of Aurelio M. Espinosa's "Romancero de Nuevo Méjico" (77–78).

---

53. Otra versión interesante, parecida a esta y publicada con la música, es la recogida por Joaquín Díaz y Luis Díaz Viana en *Romances Tradicionales de Castilla y León* (Madison: The Hispanic Seminary of Medieval Studies, 1982), pp. 136–40.

Esta versión fue recitada por don Adolfo Gallegos, de 50 años de edad, residente de Los Brazos, Nuevo México. Pertenece al "Romancero de Nuevo Méjico" de Aurelio M. Espinosa (pp. 77–78).

Santo Cristo de la Luz,
ayuda a la lengua mía,
para que referir pueda
lo que sucedió en Sevilla
con una mujer buena,
la que dos hijas tenía.
Esta era muy humilde,
y la otra muy altiva.
Se casan con dos hermanos,
que en nada se parecían;
El chico era un haragán;
todo jugaba y vendía.
El grande, el trabajador;
al arado de ponía.
Llegan los años fatales,
el más chico se moría,
Y queda la pobre viuda
muy triste y muy afligida.
Sus hijos le piden pan,
y ella, que "Nada tenía."
Se va a casa de su hermana;
de este modo le decía:
—Por Dios te pido, hermana,
por Dios y Santa María,
que me des una limosna;
mi Dios te la pagaría.
—¡Quítate de aquí mi hermana!
¡Quítate de aquí María!
No te puedo dar limosna;
mi Dios no me pagaría.
Sale la pobre hermanita,
y para su casa se iba.
A los sollozos que daba,
la oyeron sus vecinas
Y le preguntan: —¿Qué tienes?
Y ella que, "Nada tenía."
—De naiden confianza tengo,
de pedir lo que quería;
sólo a mi pobre marido,
por ingrato que sería.
Ya llega el pobre cuñado,
que del arado venía,
Y hallando la mesa puesta,
dijo que comer quería.
Tomó pan y lo partió,
y vido que sangre vertía.
Dejó éste y tomó otro;
lo mismo le sucedía.
—¿Y qué es esto mi mujer?
¿Y qué es esto esposa mía?
Ella le responde y dice:
—¡Hay esposo de mi vida!
Aquí vino esta mañana,
María, la hermana mía,
A pedir limosna,
y yo se la negaría.
Ya sale el pobre cuñado;
a case su cuñada iba;
Halló las puertas cerradas,
ventanas y celosías.
Y por entre unos resquicios
vido luces encendidas;
Vido tres cuerpos hundidos,
seis ángeles de rodillas.
Eran su pobre cuñada
y dos hijos que tenía.
—¡Adiós cuñada de mi alma!
¡Sobrinitos de mi vida!
Aunque no tengo de sobra,
yo no se lo negaría.
Un pan que mi Dios me diera
con gusto se lo daría.

La Mala Suegra

The theme of this romance is quite common in universal folklore. Essentially, the wicked mother-in-law causes the total disgrace of the daughter-in-law. At one time, this romance became so widespread that it appeared as a children's storybook in Spain and America. Ramón Menéndez Pidal refers to it as the most sung-about theme from the Balkans to the Azores. It even exists among the Sephardim of Morocco and the Orient. Its titles differ according to the versions, *Doña Arbola, Narbona, Narbola, Carmona, Carmela*, but the most common is *La Mala Suegra*.

The following version belongs to Manuel García Matos's *Cancionero Popular de la Provincia de Madrid* (example no. 90). Manuel Sanz Pascual, thirty-seven years old, a resident of Somosierra (Spain), sang it in 1952. He states that he learned it from his parents.

El tema de este romance es bastante común dentro del folclore universal. Trata de la suegra malvada que causa la desgracia total de la nuera. En un tiempo, su difusión fue tan extensa que llegó a escribirse en forma de cuento infantil en España y América.[54] Ramón Menénedez Pidal dijo: "Éste es de lo más cantado desde los Balcanes hasta las Islas de los Azores."[55] Es conocido también entre los sefardíes de Marruecos y de Oriente. Suele tener diferentes títulos según la versión, *Doña Arbola, Narbona, Narbola, Carmona, Carmela*, pero el más común es *La Mala Suegra*.

La siguiente versión pertenece al *Cancionero Popular de la Provincia de Madrid* (ejemplo n. 90) de Manuel García Matos. Lo cantó en 1952 el señor Manuel Sanz Pascual de 37 años de edad, residente del pueblo de Somosierra (España). El señor Sanz dice que aprendió este romances de sus padres.

54. Mercedes Díaz Roig, *El Romancero Viejo*, Ediciones Cátedra (México: Rei, 1987), p. 282.
55. Menéndez Pidal, *Romancero Hispánico*, Tomo II, p. 320, nota 29.

La Carmela se pasea por una sala adelante
con dolores de parir, que el corazón se le parte.
Se ha asomado a una ventana, a donde solía asomarse:
—¡Quién tuviera, quién tuviera, una sala en aquel valle!
Pasaría los dolores, en la casa de mis padres.
—Carmela si estás de parto, vete parir con tu madre,
a la noche viene Pedro le daremos qué mudarse.
Ya vino a la noche Pedro: —Mi Carmela, ¿dónde está?
—Se ha ido a casa sus padres. A mí me ha llamado perra,
y a ti hijo de mala madre, ...
Hijo si tú no la matas, no vivirá más tu madre.
—Madre, yo la mataría si la verdad confesase.
—Hijo la verdad confieso, ¿cómo quieres que te hable?
Ha cogido su caballo y se ha ido para el valle.
Al subir por la escalera se encuentra con la comadre:
—Buenas noches tengas Pedro; ya tenemos un infante.
—El infante vivirá, y la madre, Dios lo sabe.
—Levántate de ahí Carmela. —¿Cómo, quieres ignorante,
Que de tres horas parida, una mujer se levante?
Coge Pedro su caballo y a Carmela por delante.
Siete leguas van andadas, uno al otro sin hablarse.
—¿Cómo no me hablas Carmela, como solías hablarme?
—¿Cómo quieres que te hable, si vienes a matarme,
si los pechos del caballo van bañaditos de sangre?
—Y detrás de aquella ermita, tengo intención de matarte.
Las campanas de aquel pueblo repicando se deshacen.
—¿Quién se ha muerto? ¿quién se ha muerto? —La Condesa de Olivares.
Al niño de las tres horas, le da Dios licencia que hable:
—No se ha muerto, no se ha muerto, que la ha matado mi padre
por un falso testimonio que han querido levantarle.
Toda mi vida lo he dicho y ahora digo que es verdad,
que las suegras a las nueras siempre las ponen a mal.

Susana Weich-Shahak published the next version of Sephardic origin in her collection *El Romancero Sefardí de Marruecos* (113). She records two different renditions with the same theme. The informant was Alicia Bendayán, from Tetuan, on March 21, 1984.

La versión que sigue es sefardí y fue recogida por Susana Weich-Shahak en *El Romancero Sefardí de Marruecos* (p.113). Esta registra dos versiones diferentes sobre el mismo tema. La informante fue la señora Alicia Bendayán, de Tetuán, el 21 de marzo de 1984.

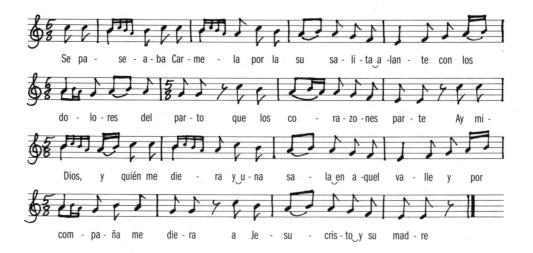

Se pa - se - a - ba Car - me - la por la su sa - li - ta a -lan - te con los

do - lo - res del par - to que los co - ra - zo - nes par - te Ay mi -

Dios, y quién me die - ra y u - na sa - la en a -quel va - lle y por

com - pa - ña me die - ra a Je - su - cris - to y su mad - re

Se paseaba Carmela
con los dolores de parto
—Ay, mi Dios, y quién me diera
y por compañera me diera
Su suegra la estaba oyendo
—Coge tu ropa, Carmela,
a la noche vendrá Pedro,
yo le daré ropa limpia
Por la noche vino Pedro,
—Y adó Carmela, mi madre,
cuando no la veo en casa
—No preguntes por Carmela,
me ha dicho mala mujer
Montó Pedro en su caballo
Al entrar en la ciudad
—Buenos días señor, Pedro,
El infante vivirá
—Alevántete, Carmela,
—Cómo quieres tú, don Pedro,
de dos horas de parida
Montó Pedro en su caballo
—Carmela por qué no hablas?
—Cómo quieres tú, don Pedro,
que las ancas del caballo
Y habló la criatura,
—No la mates, no la mates,
por un testimonio falso
Montó Pedro en su caballo
Al entrar en la ciudad . . . . .

por su salita alante
que los corazones parte.
y una sala en aquel valle
a Jesucristo y a su madre.
desde la su sala adelante.
vete a casa de tu madre;
yo le daré de cenare,
si se quisiere mudare.
por Carmela preguntare:
Carmela mi buen donaire?
se me oscurece el lugare.
ni la digas buen donaire:
y tú eres hijo de un fraile.
y a Carmela fue a buscare.
se encontró con la comadre:
ya tenemos un infante.
y Carmela, Dios lo sabe!
vente a casa de mi madre.
cómo quieres que me levante?
no hay mujer que se levante.
y a Carmela puso adelante
. . . . . .

cómo quieres que te hable
están bañadas en mi sangre?
con la gracia de Dios Padre:
no la mates a mi madre
que mi agüela la fue a dare.
y a su madre fue a matare.

Ya repican las campanas,   las campanas de aquel valle.
—Quién se ha muerto, quién se ha muerto? —La duquesita de un fraile.
Y habló la criatura   con la gracia de Dios Padre:
—No se ha muerto, no se ha muerto,   que la ha matado mi padre
por un falso testimonio   que mi agüela le fue a dare.

The following version is from Guanímaro, Guanajuato, Mexico. The informant was Dolores Prieto. It is from Vicente T. Mendoza's collection *El Romance Español y el Corrido Mexicano* (401–2). Mendoza comments that "this corrido recalls the Spanish romance of 'La Mala Suegra,' even though its theme is not that of the newborn."

La siguiente versión procede de Guanímaro, Guanajuato, México. La comunicante fue la señora Dolores Prieto. Pertenece a *El Romance Español y el Corrido Mexicano* (pp. 401–2) de Vicente T. Mendoza quien comenta lo siguiente: "Este Corrido recuerda, aunque no con el tema del recién nacido, el romance Español de la 'Mala Suegra.'"[56]

Calle del Cinco de Mayo......   ¿Porqu' estás entriste — ci - da...?
De ver a Belen Ga - lindo.....,   que la mata - ron dor - mida......

Calle del Cinco de Mayo,   ¿porque estás enlutecida?
Por la muerte de Belem,   que la mataron dormida.
Belem era bonita,   muy bonita y retratada
y la mató su marido   a los tres días de casada.
—Belem, te vengo a decir,   te vengo yo a noticiar:
Don Marcos te quiere mucho,   te da plata que gastar.
Belem le dice a la suegra: —No venga aquí a molestar,
Que, mira que soy de esas,   o me doy ese lugar.
—Anda, Belem tan ingrata,   tú me la vas a pagar;
viniendo Hipólito, mi hijo,   algo le voy a contar.
Sale Belem con la criada   a dar la vuelta al jardín,
no sabiendo la inocente   que esa noche iba a morir.
La criada dice a Belem: —¿Por qué lloras sin cesar?
—La boca me sabe a sangre   y el corazón a puñal.
Belem estaba tendida   en una mesa cuadrada,

56. Mendoza, *El Romance Español*, p. 402.

Hipólito allá en la calle,
Ya Belem está en el cielo
Hipólito en el Juzgado
La declaración que ha dado:
Estando los dos durmiendo
Ya con esta me despido
Aquí se acaban cantando

que lo aprehendió la montada.
dándole cuenta la Creador,
dando su declaración.
—No señor no la he matado,
la pistola ha disparado.
al dar la vuelta a un Llantén,
versos de María Belem.

This next version belongs to Aurelio M. Espinosa'a collection "Romancero de Nuevo Méjico" (107–8). Espinosa collected two versions of the same romance. Manuelita Cisneros, thirty-three years old, from Albuquerque, recited it in 1910.

La siguiente versión pertenece al "Romancero de Nuevo Méjico" de Aurelio M. Espinosa (pp. 107–8), el cual recogió dos versiones del mismo romance. Fue recitado en 1910 por la señora Manuelita Cisneros, de 33 años de edad, de Albuquerque.

El día dieciocho de junio,
que en la siudá de Celaya
Salió Belén con la criada
Su corazón la avisaba
Belén la dice a la criada:
La boca me sabe a sangre,
Vino la suegra y le dijo:
Don Marcos te quiere mucho,
Luego le dice Belén:
mire que yo no soy de ésas,
Luego le dice la suegra,
—Anda, chocante, orgullosa;
Luego le dice la suegra:
pero ora que venga mi hijo,
Cuando Hipólito asomó,
—Belén tiene dos queridos:
Cuando Hipólito esto oyó
Luego le aventó un balazo,
Luego que ya la mató,
—Ya te moriste, Belén,
Hipólito andaba triste,
—¡Qué mi madre tan ingrata!
En la pieza donde estaba
de tanto que se sangró,
Ya Belén está en el cielo,
y la maldita de la suegra,
Ya Belén está en la gloria,

¡qué desgracia sucedió!,
María Belén falleció.
a darle vuelta al jardín:
que en ese día iba a morir.
—¡Válgame Dios, qué penar!
y el corazón a puñal.
—Belén te quiero avisar;
y da palta que gastar.
—No me venga a molestar;
ni me doy ese lugar.
enojada y enfadada:
también te hacedse rogar.
—Belén puedes disfrutar;
tu vida no has de gozar.
al pronto lo fue a encontrar:
bien la puedes arreglar.
al punto se enfureció;
y en un instante murió.
se agachaba y le decía:
¡lucero del alma mía!
y no hallaba ni qué hacer.
Me hizo matar a mi mujer.
estaba recién blanqueada;
le dieron otra encalada.
y Hipólito en el presidio;
sepultada en el abismo.
dándole cuenta al Criador,

Belén era muy bonita,	muy bonita y muy honrada,
pero le tocó morir	a los tres días de casada.
Ya con esta me despido	por las hojas de lantén;
y aquí se acaban cantando	los versos de María Belén.

Bernardo de Montijo

The story of Bernardo de Montijo reached New Mexico, where Espinosa discovered two versions of this romance and Campa found an additional one. At times, rebels or ungovernable sorts who have no respect whatsoever for the law become the people's heroes, and their vices are considered virtues. Such is the case with Bernardo de Montijo. In Agustín Durán's version from seventeenth-century Spain, mention is made of "Alburquerque, such a pleasing parade ground." Let us see this anonymous romance that Durán found on an eighteenth-century pliego suelto and that forms part of his *Romancero General ó Colección de Romances Castellanos anteriores al siglo XVIII* (Vol. 2, no. 1342). He catalogued it under the section "Romances Vulgares de Valentía, Guapezas y Desafueros."

La historia de Bernardo de Montijo llegó hasta las tierras de Nuevo México, donde Espinosa recogió tres versiones y Campa halló una más. A veces para el pueblo, los rebeldes o ingobernables que no tienen ningún respeto por la ley se convierten en héroes, y sus vicios son considerados como virtudes. Este es el caso de Bernardo de Montijo. En la versión de Agustín Durán del siglo XVII, de España, se menciona como dato curioso, a "Alburquerque, que es muy linda plaza de armas." Veamos este romance que recogió Durán de un pliego suelto del siglo XVIII. Es anónimo y forma parte de su *Romancero General ó Colección de Romances Castellanos anteriores al siglo XVIII* (Tomo II, n. 1342). Está catalogado en la sección de "Romances Vulgares de Valentía, Guapezas y Desafueros."

Curioso romance en que se declaran las portentosas hazañas de Bernardo de Montijo.

Escuchadme, jaquetones	que sois de la vida airada,
Un caso que ha sucedido	con un mancebo del hampa:
Es Bernardo de Montijo,	que solo ser de allí basta
Para ser rayo y asombro	de la nacion lusitana.
Apenas su tierna edad	a dieciocho llegaba,
Cuando a un alcalde en su tierra	mató con bastante causa;[57]

57. Para el vulgo era bastante casi sin duda, el ser alcalde. ¡Qué extravío de razon tan duradero, pues aun al presente los del populacho, y aun otros que no lo son, tienen por gran hazaña insultar á los encargados de sostener las leyes y el órden público!

Romances ■ 553

Y viéndose perseguido
Se partió a Andalucía,
Con los jaques mas valientes
En la campiña de Utrera
Donde cobró mil amigos
Bien querido de los rufos,
Allí trabó una pendencia
Con un rufian amigo;
Pero le vino al infierno
Que es un leon de reñir,
Por la muerte de este jaque
Diciendo que si le cogen
Por evitar ocasiones,
Y dio con su cuerpo un vuelo
Y no habia siete dias,
Cuando de él se enamoró,
El se llamaba Bernardo
Que es hija de un mercader
El padre, de que lo supo,
Con un mozo muy valiente,
Es capitan de caballos,
Ella dice que no quiere,
y viendo que es de por fuerza,
Lo que en ella le decia,
—Sácame de aquí, Bernardo,
si no me sacas de aquí
me he de ir por esos mundos
porque el casarme por fuerza
Ya se encasqueta el sombrero
Ya determina ir solo;
que son fuerte extremeños,
Díceles: —Sabréis, amigos,
A la mas hermosa niña
Si quereis acompañarme,
El mayor de ellos responde:
Que el perderla por amigos,
El mas chico tambien dijo
—Aguardemos á la noche,
y luego rómpase Troya
que con un reino se atreve:
Pónense ricos coletos
Tres tonantes cada uno
Entraron por una calle,

por una accion tan bizarra,
a donde midió su espada
que cantan jacarandainas.
hizo el mozo su habitanza,
y leales camaradas,
y aplaudido de las majas.
por una mujer mundana,
le desafió á campaña,
a las primeras levadas;
en pelear un Carranza.
muchos rufos le amanazan,
la tienen que hacer tajadas.
se afufó y corrió la rauta,
en esta villa de Zafra.
en que ella se paseaba,
una muy hermosa dama.
y ella Bernarda se llama
poderoso y de gran fama.
ha tratado de casarla,
que es de Córdoba la llana:
y muy temido en la raya.
porque es una niña y muchacha,
a Bernardo envia una carta:
lo diré en breves palabras.
porque por fuerza me casan;
en esta noche o mañana,
como una mujer mundana,
hallo que es cosa pesada.—
ya le da un tiento á la espada,
pero á dos amigos llama,
y leales camaradas.
que tengo el alma entregada
que en esta villa se halla;
esta noche he de sacarla.—
—Amigo, aquí está mi espada,
la doy por bien empleada.—
que en su favor se declara:
que es de pecadores capa,
que aquí traigo mi tarama,
¡Mucho he dicho, pero vaya!—
y fuerte cotas de malla,
apercibidos con balas.
la vieron muy adornada,

Toda llena de invenciones
Preguntan: —¿Por quién es esto?
Que esta noche la desposan
Vieron venir á cenar
Al lado del desposado
Quisieron entrar á verla,
Ellos ya muy enfadados,
Enderezaron con todo:
Desembarazan las mesas,
Las mujeres daban voces
Porque el feroz enemigo
Luego acudió la justicia,
Que es lo mismo echarles hombres,
Mataron seis alguaciles,
Al señor Corregidor
Y con una carabina,
Mataron al desposado
Tanto hicieron, que tocaron
Ellos se fueron huyendo,
Allá en medio del camino
El que los iba guiando
—Amigos, perdidos somos,
porque el feroz enemigo,
Respondió el mayor, y dice
—No temais á todo el mundo
que hay mas valor en mi pecho
Y preguntando,—¿quién vive?
Como lo vereis ahora,
Galopean los caballos,
Echan mas fuego de sí,
Le mataron sus amigos,
Al que no mata atropella,
Al que delante se pone,
Estando en esta refriega,
Le derribó del caballo,
Y le dejaron por muerto.
Que se va por esos montes
Pisando las toscas breñas
Y en altas voces diciendo:
El capitan que la ha visto
Se la lleva á su mujer,
Ahora vamos al mancebo:
Se fué a un pequeño lugar

cohetes y luminarias.
—Es por la bella Bernarda,
y á la mañana la casan.—
a muchos galanes y damas:
iba la bella Bernarda.
y les impiden la entrada;
dejando caer las capas,
¡Aquí fué el juego de cañas!
las echan por las ventanas;
que toquen al arma, al arma,
está en la villa de Zafra.
pero no la respetaban;
de guindas á la Tarasca.
¡válgame Dios, qué desgracia!
le dieron seis estocadas,
le chamuscaron las barbas;
y á un capitan de la guardia;
a rebato las campanas;
y se llevaron la dama.
fué su fortuna contraria;
les dice aquestas palabras:
que está el lobo en la emboscada,
nos ha de estorbar la entrada.—
con arrogancia sobrada:
mientras durare mi espada,
que arenas tiene la playa.—
Respondió que el Rey de España,
gente civil y canalla.
la escaramuza formada;
que el castillo Caravaca:
y él, como perro que rabia.
al que no atropella mata,
de claro en claro le pasa.
vino furiosa una bala,
le dieron diez estocadas
Vamos ahora á la dama,
muy triste y desconsolada
con sus delicadas plantas,
—¡Adios, Bernardo del alma!—
que era linda muchacha,
que le sirva de criada.
Así herido como estaba
que le llaman la Solana,

Donde trató de curarse
Y de que sano se vido,
Allí estaba un capitan
El mancebo le contó
—Sírvete, gran capitan,
que por el cielo te juro
que he de seguir tus banderas
Brazo-Fuerte, conociendo
Lo admitió en su compañía,
Solo con veinte caballos
Se pasean por Gurumeña,
No dejan ganado á vida
No dan cuartel á ninguno,
Dieron con el mismo tercio
No se escapó sino uno
Y sin conocer prendieron
Y le llevan á Alburquerque,
Estando un dia este tal
Dijo: —Prestadme atencion.
—Salí con mi gente un dia,
con los rayos de la luna
divisámos tres caballeros,
los cuales fuéron bastantes,
lo que no hizo Oliveros,
en Telena y en Montijo,
Maté los dos, quedó uno;
Me mató treinta soldados,
El mancebo, que ha entendido
Le dice: —Gran capitan,
Que llevaste en esa empresa,
El capitan que le ha visto,
Al cuello le echó los brazos,
Dice: —Leon invencible
La dama os entregaré;—
Dieron cuenta de este caso
Fué su padrino de boda,
Dió, favoreciendo al mozo,

las heridas que llevaba;
a Dios le rindió las gracias.
que Brazo-Fuerte le llaman;
de su desdichada la causa:
sírvete de darme plaza,
y por esta humilde espada,
hasta morir en campaña.—
del mancebo la arrogancia,
toda de gente bizarra;
que son los que le acompañan.
como por sus mismas casas.
que á Badajoz no lo traigan;
que cuantos encuentran matan
de la refriega pasada;
en una yegua lozana,
aquel que llevó la dama,
que es muy linda plaza de armas.
contando cosas pasadas,
Os contaré lo que pasa
para hacer una emboscada,
y resplandor de Diana;
que á nosotros se abalanzan,
a romperme la vanguardia,
ni Bustamante, ni Lara,
a la vista de Estefara.
y él, como perro que rabia,
los mejores de mi escuadra.—
de su enemigo la parla,
dame cuenta de una dama
que me tiene presa el alma.—
que era por quien él hablaba,
y fuertemente le abraza;
de la nación lusitana,
y en fin le entregó la dama.
al gran Conde de Saldaña:
y viendo tan noble hazaña,
del Rey hermosa bengala.

Aurelio M. Espinosa heard the following version of this romance in Puerto de Luna, New Mexico, from Camilo Espinosa, twenty-eight years of age. It is part of Espinosa's "Romancero Nuevomejicano" (494–96).

La siguiente versión de este romance fue recogida por Aurelio M. Espinosa en Puerto de Luna, Nuevo México, siendo el informante el señor Camilo Espinosa, de 28 años de edad. Fue publicado en el "Romancero Nuevomejicano" (pp. 494–96).

Mató un alcald'en su tierra,
y par' evitar custodia
En Francia s' enamoró
Bernardo tiene por nombre,
Pues los padres d'esta niña,
luego tratan de ponerle
Eya se resist' y dise,
que stá muy chica y muy tierna,
Un día tuvo lugar
y con una criada suya
mandándoli a notisiar,
—Si tú me tienes amor,
porque con un gentil
El es un rico barón
Si no me quieres sacar,
o si no, me doy la muerte,
Bernardo tomu el papel,
no lo acabó de ler
Ya s'encasqueta'l sombrero,
Pensó mejor no irse solo,
dos amigos que tenía
El más grande le desía:
que mientras mi vida dure,
Ya se vinieron los tres
sinco triunfantes cad' uno,
Salieron y caminaron
y miran mil invenciones
Cuando yegan al castío
echan manu a sus armas,
Se vieron tan abatidos
Las mujeres daban gritos;
disiendo: —Ya 'lenemigo
Mataron al esposado,
Entran al castíu a juersas,
Pisand' una dur' arena
—Amigos, semos perdidos;
dijo'l chico qui adelante
Bernardo s' iba riendo

y por una güena causa,
se ju a la villa de Fransia.
de una muy bizarra dama;
y ea Bernarda se yama.
cuando la sienten liviana,
espías en sus pisadas.
que no traten di haser nada,
y no puede ser casada.
para 'scribir una carta,
a Bernardo se la manda,
mandándol' estas palabras:
sácame di aquí mañana,
hombre aquí me quieren casar.
de la siudá de Guayanas.
me tiraré a las montañas,
a los filos di un' espada.
a lerlo lo comenzaba;
de pura cóler' y rabia.
ya le da filu a la espada.
para mejor acertada;
al punto los convidaba.
—Amigu, estamos en grasia;
lo defenderi a mi espada.
con ricas cotas de malla,
bien equipados de balas.
por muchas altas montañas,
de luses por las ventanas.
y les impiden l' entrada,
para dar cruda bataya.
que tomaron sus espadas.
los hombres de voses daban,
pegó 'n la viya de Francia.
matan también a los padres.
y se yevan a Bernarda,
con sus muy pulidas plantas.
el lobo' st' en; l'emboscada,—
por el camino los guiaba.
de sus amigos las chansas.

—No teman en este mundo,
qui al canto de mi pistola,
a cual tumba gu a cual mata,
Matan a sus compañeros;
Vin' una bala velós
Antes que cayer' en tierra,
y pisando duras tierras
—Bernardo, querido mío,—
¡qué chica jué tu fortuna!;
Otro día se lavanta,
y cuando ya se siente güeno,
a donde 'st' un capitán,
—¡Dios guardi a usté, cabayero!—
—Mis compañeros son muertos;
Le juro por 'lalto sielo
que [he] de vengar el agravio
Siguiendu iban su camino,
y a cual tumban y a cual matan,
sol' uno que sali' huyendo,
Vensieron a los contrarios,
y Brazo juerte les dise:
pues trátenla con respeto
La yevaron a Bernardo;
y Bernardo la resibe;
Convidaron los padrinos
pa que sirvan de testigos
Le dio Bernarda la mano,
Brazo juerte le desía:
porque lo que stá de Dios

ni en otros mil que haiga,
o al filo de mi espada,
gu a cual cuerpo destrosaba.
solo Bernardo quedaba;
y el cabayo le tumbaba.
le dieron siet' estocadas;
se yevaban a Bernarda.
dise voltiando la cara,
¡qué grande jué mi desgrasia!
las heridas se curaba,
para Portugal ganaba,
que Braso juerte le yaman.
Estas noticias le daba:
nos quitaron a Bernarda.
y por la crus de mi espada,
de la reyerta pasada.
con la banda s' incontraban,
y a cual cuerpo destrosaban;
solo uno s' escapaba.
y entregaron a Bernarda;
—Cuidado con esta dama;
como si juera su hermana.
[a] él mismo se l' entregaban
con gran contento li hablaba.
pa qu' el padre los casara,
del evento que se daba.
y él con gusto l'estrechaba.
—Hoy tienes lo que desiabas,
es muy justo que se haga.

La Mal Maridada o Malcasada

A single version of this romance exists in New Mexico. Vicente T. Mendoza found it in 1946. It is called *La Mal Casada*. Mendoza states that this rendition undoubtedly comes from the Spanish ones called *La Mal Mariadada*. I believe that the Mexican versions derive from the Spanish ones and that this New Mexican one comes directly from the Mexican. Versions of this romance also exist in Catalan. The theme of *La Malcasada* exists among the Sephardim of Morocco and the Orient. Different renderings also appear in seven Latin American countries.

Joaquín Díaz says that this romance renews itself over time. That may be why such a variety exists among the compiled versions. The first example corresponds to the town of Santiago de la Requejada, in the province of Zamora (Spain). The informant, Joaquina Sanpedro, sang the romance *Sufrir callando*. Díaz collected it in his book, *Romances, Canciones y Cuentos de Castilla y León* (11).

Existe una única versión en Nuevo México de este romance recogida por Vicente T. Mendoza en 1946 y lleva por título *La Mal Casada*. Mendoza dice que esta versión procede indudablemente de las versiones españolas de *La Mal Maridada*. Yo creo que las versiones mexicanas provienen de las españolas y que esta versión nuevomexicana deriva directamente de la mexicana. De este romance existen también versiones en catalán. El tema de *La Malcasada* se encuentra entre los sefardíes de Marruecos y Oriente. Es conocido igualmente en siete países americanos con diferentes versiones.[58]

Joaquín Díaz dice que este romance se va actualizando durante las diferentes épocas. Será debido a eso que tenemos tanta diversidad en las versiones recopiladas. El primer ejemplo corresponde al pueblo de Santiago de la Requejada, en la provincia de Zamora (España). La informante fue la señora Joaquina Sanpedro que cantó el romance *Sufrir callando*. Díaz lo recogió en su obra *Romances, Canciones y Cuentos de Castilla y León* (p. 11).

Sien- do yo___ chi- qui- ta y__ ni - ña me ca- sé___ con don Ro- dri - go.

Siendo yo chiquita y niña
las penas que con él paso
por peso me daba el pan,
Me pusiera de ventera
por cuenta le dan los hombre

me casé con don Rodrigo;
no las pasa un cautivo:
por medida me da el vino.
en un estrecho camino;
que cruzan estos caminos.

---

58. Díaz Roig, *Romancero Tradicional de América*, p. 178.

Si se lo digo a mi madre	se pondrá a llorar conmigo;
si se lo digo a mi padre	dirá que así lo he querido;
se lo digo a mis hermanos	matarán a don Rodrigo.
Más me valdría callarlo,	callarlo y no decirlo,
que no hay mujer que se case	que tenga cabal sentido
sino la que sufre y calla	las faltas de su marido.

The following version, *Sufrir callando*, is Sephardic. It belongs to Susana Weich-Shahak's work, *El Romancero Sefardí de Marruecos* (115). Weich-Shahak collected it on January 18, 1984 in Tetuán, Morocco, from the informant, Alicia Bendayán.

La siguiente versión es sefardí y lleva por título *Sufrir callando*. La recogió Susana Weich-Shahak el 18 de enero de 1984 en Tetuán, Marruecos. La informante fue la señora Alicia Bendayán. Pertenece al *Romancero Sefardí de Marruecos* (p. 115).

Des-de chi-qui-ta_en la cu — na nun-ca me
fal — tó for-tu — na, Des-de chi — qui — ta me perdí, tris-te de mí por-que na — cí

Desde chiquita en la cuna	nunca me faltó fortuna,
desde chiquita me perdí,	triste de mí porque nací.
Enamoríme de un caballero	y atán galán y polido;
mi padre, por contentarme,	diómele a mí por marido
y ahora, por mis pecados,	sola me estoy de continuo:
sola me meto en mi cama	como mujer sin marido.
Se lo diré yo a mi padre,	me dirá: —tú lo has querido.
Se lo diré a mis hermanos,	se matarán a cuchillo,
se lo diré yo a mis hermanas	lo dirán a sus maridos.
Más vale que yo me calle	y no lo diga a ninguno,
que no hay mujer en el mundo	que el seso tenga cumplido
como la que sufre y calla	las faltas de su marido.

The next romance dates from 1870 and comes from Walsenburg, Colorado. Josefa Cisneros de Atencio used to sing it, and the Mendozas collected it for *Estudio y clasificación de la*

Música Tradicional Hispánica de Nuevo México (171) on March 3, 1946, in Albuquerque, New Mexico, from the informant, María Andrea Atencio de Casillas.

El siguiente romance procede de Walsenburg, Colorado, del año 1870. Solía cantarlo la señora Josefa Cisneros de Atencio. Fue recogido por los Mendoza para su obra *Estudio y Clasificación de la Música Tradicional Hispánica de Nuevo México* (p. 171) el 3 de marzo de 1946 en Albuquerque, Nuevo México, siendo la informante la señora María Andrea Atencio de Casillas.

Yo soy la re-cién ca-sa-da... que llo-ra-ba sin ce-sar..., de ver-

me tan mal ca-sa-da... sin po-der-lo re-me-diar...

Yo soy la recién casada
de verme tan mal casada
Antes que yo me casara
con lágrimas en los ojos
—Sabías que era borracho,
jugador y enamorado;

que lloraba sin cesar,
sin poderlo remediar.
mi madre me lo decía
muchos consejos me dio:
ladrón de camino real,
ya qué ganas con llorar.

De Alburquerque

We include this romance simply because it took place in the town of Alburquerque, Spain. We know of no romance that speaks about the city of Albuquerque, New Mexico, that actually got its name after the Duque de Alburquerque, viceroy of New Spain.

The following romance is number 321 in the *Cancionero de Palacio*, which dates from the late fifteenth and early sixteenth centuries. This anonymous romance narrates the historical event that occurred in December 1430, when the infantes of Aragon, Enrique and Pedro, refused to hand the villa over to Juan II. This romance, written for one voice and two instruments, belongs to the school of courtly music.

Este romance lo incluimos simplemente porque toma lugar en la villa de Alburquerque, España. No hay ningún romance antiguo que sepamos hable de la ciudad de Albuquerque, Nuevo México, que recibió su nombre del Duque de Alburquerque, virrey de la Nueva España.

El siguiente romance es el número 321 del *Cancionero de Palacio*, de finales del siglo

Fig. 9.20. Castillo de Luna,
Alburquerque, Badajoz.
Photo by Tom Lozano.

XV y principios del XVI, de autor anónimo. Narra un suceso histórico que ocurrió en diciembre de 1430, cuando los infantes de Aragón, Enrique y Pedro, se negaron a entregar la villa de Alburquerque a Juan II.[59] Forma parte de los romances de la escuela de música cortesana y está escrito para una voz y dos instrumentos.[60]

Alburquerque, Alburquerque,   merecías ser honrado;
En ti están los dos Infantes   Fijos del Rey don Fernando.
Desterrélos de mis Reinos,   desterrélos por un año;
Albuquerque era muy fuerte,   con él se me han alzado.

---

59. Menéndez Pidal, *Romancero Hispánico*, Tomo II, p. 371.
60. Menéndez Pidal, *Romancero Hispánico*, Tomo II, p. 370.

¡Oh Don Alvaro de Luna,   cuán mal que me has burlado!
Dixísteme que Albuquerque   estaba puesto en un llano,
véolo yo cavas hondas   y de torres bien cercado;
dentro mucha artillería   gente de pie y de caballo,
y en aquella torre mocha   tres pendones han alzado,
el uno por Don Enrique,   otro por Don Juan su hermano,
el otro era por Don Pedro   Infante desheredado.
Alcese luego el Real,   que escusado era tomallo.

NOTES

1. Samuel G. Armistead, estudio preliminar a *Romancero*, ed. Paloma Díaz-Mas (Barcelona: Crítica, 1994), p. ix.
2. Ramón Menéndez Pidal, *Romancero Hispánico, Hispano-Portugués, Americano y Sefardí* (Madrid: Espasa Calpe, 1953), Tomo I, p. 3.
3. Covarrubias (1943), *Tesoro de la Lengua Castellana*, p. 913.
4. Paloma Díaz-Mas, ed., *Romancero*, estudio preliminar de Samuel G. Armistead (Barcelona: Crítica, 1994), p. 3.
5. Menéndez Pidal, en su *Romancero Hispánico* (Tomo I, Cap. I), redacta detalladamente todas las obras en las que aparece el término romance durante los siglos XIII–XV, dando a conocer la diversidad de composiciones literarias y de distinta naturaleza, hasta llegar a lo que hoy día entendemos como romance.
6. Díaz-Mas, *Romancero*, p. 3.
7. Menéndez Pidal, *Romancero Hispánico*, Tomo I, p. 151.
8. Menéndez Pidal, *Estudios sobre el Romancero* (Madrid: Espasa-Calpe, 1973), p. 13.
9. Menéndez Pidal, *Estudios sobre el Romancero*, p. 446.
10. Díaz-Mas, *Romancero*, pp. 30–31.
11. Díaz-Mas, *Romancero*, p. 31.
12. Menéndez Pidal, *Estudios sobre el Romancero*. En el capítulo IV describe otras danzas y bailes que se ejecutan en España acompañados de cantos romancescos.
13. Serafín Estébanez Calderón, *Escenas Andaluzas* (Madrid: Colección de Escritores Castellanos, 1883), p. 247.
14. José Blas Vega, *Magna Antología del Cante Flamenco* (Madrid: Hispavox., 1982), p. 10.
15. Susana Weich-Shahak, *El Romancero Sefardí de Marruecos, Antología de Tradición Oral* (Madrid: Alpuerto, 1997), p. 20.
16. Ramón Menéndez Pidal, *Flor Nueva de Romances Viejos que recogió de la tradición antigua y moderna* (Madrid: Tip. de la "Revista de archivos, bibliotecas y museos," 1928), p. 46.
17. Díaz-Mas, *Romancero*, p. 9.
18. Marcos, *Literatura Popular en España*, Tomo I, pp. 140–45.
19. Díaz-Mas, *Romancero*, p. 9.
20. Marcos, *Literatura Popular en España*, Tomo I, p. 146. El precio de los pliegos en el año 1800 era de dos cuartos, es decir, diez céntimos.
21. Antonio Carrillo Alonso, *La huella del Romancero y del Refranero en la lírica del Flamenco* (Granada: Don Quijote, 1988), p. 16.
22. Díaz-Mas, *Romancero*, p. 10.
23. Rodolfo Gil, *Romancero Judeo-Español* (Madrid: Alemana, 1911), p. 55. Nota 2 a pie de página.
24. Blas Vega, *Magna Antología*, p. 10. Cita la obra de Fernán Caballero, *La Gaviota* (1849), dedicada a los cantes andaluces.
25. Mercedes Díaz Roig, *Romancero Tradicional de América* (México: El Colegio de México, 1990), p. 8.
26. Vicente E. Mendoza, *El Romance Español y el Corrido Mexicano, Estudio Comparativo* (México: Universidad Nacional Autónoma de México, 1941), pp. 15–16.
27. Aurelio M. Espinosa, "Romancero Nuevomejicano," *Revue Hispanique*, Vol. 33, n. 18 (Fèvrier 1915), p. 452.
28. Espinosa, "Romancero Nuevomejicano," p. 454.
29. Aurelio M. Espinosa, "Romances Españoles Tradicionales que cantan y recitan los indios de los pueblos de Nuevo Méjico," *Boletín de la Biblioteca Menéndez y Pelayo* (1932), p. 8.
30. Weckmann, *La Herencia Medieval de México*, p. 497.
31. Bernal Díaz del Castillo, en su crónica del siglo XVI, *Historia verdadera de la Conquista de la Nueva España*, relata acerca de los primeros romances recitados en Méjico y pone en boca de los capitanes españoles varias citas de romances famosos en esa época, los cuales intercalaban en sus conversaciones.
32. Weckmann, *La Herencia Medieval de México*, p. 497.
33. Durán, *Romancero General ó Colección de Romances Castellanos*, Tomo I, p. 177.
34. Estébanez Calderón, *Escenas Andaluzas*, p. 252.
35. Blas Vega, *Magna Antología*, pp. 10–11.
36. Weckmann, *La Herencia Medieval de México*, p. 499.
37. Mendoza (1997), *El Romance Español*, p. 115.

CHAPTER 10

Children's Games

PLAYING IS UNIVERSAL. All mammals without exception play during their first stages of development prior to adulthood. Playing has developed among people as part of our evolutionary process and adapted itself to the type of society existing in any particular place. Play is therefore common to us all and fulfills an important social function, for it expresses certain social norms that children learn without knowing they are doing so.

Through play, children also absorb and acquire knowledge about their own culture. Children learn to play in their surroundings, which happens during the first stages of development when they start discovering themselves through small games related to parts of the body. At the same time, they start discovering themselves in relation to others, which normally begins in the family environment.* At home with the family, children learn their first games from the closest family members and under such conditions, begin to absorb the traditional culture around them. Many such games have passed down through generations practically unchanged, as the following singing game from Spain demonstrates (we may recognize its equivalent in English as "This Little Pig Went to Market"):

This one caught a little bird, (the little finger)
This one plucked its feathers off (ring finger)
This one put him in the pot (middle finger)
This one added salt (index finger)
This chubby smart one (thumb)
Ate him all up! (The grown-up tickles the palm of
    the child's hand.)

---

* Joaquín Díaz, prólogo to *Juegos Tradicionales de Nuestra Niñez*, by Ramiro Moreno Martínez (Valladolid: Ámbito, 1998), 9.

As adults, most of us can recall at least one or two songs like this one, accompanied by some mimicking or game a loved one taught us during our childhood.

Like people, games also progress from the family setting to a school environment and later to the world beyond. In this way, as young children grow, they take part in different types of games, learning new ones along the way from older children. Thus, children surround themselves with traditional games that represent the popular culture of the environment in which they grow up.

As Tomás Blanco García notes, games fulfill another extremely important function in the growth and development of every child. "Children immediately accept popular games because they are creative. Their use and fostering develop the child's physical and intellectual faculties. Playing is an evident sign of a physically and mentally healthy child." * Playing helps children relate to each other, become organized, and respect a game's norms and structures—something that will aid growing children as they eventually integrate into adult life and society.

Games of all kinds exist: running and jumping games, running and catching games, rope games, line games, ring games and dances, and games of strength. In many cases, songs form a part of certain games, and oftentimes children's songs are not part of any game with specific movements. Such songs are simply meant to be sung and have fun with, since the game consists in singing them. Most of the time, such songs tell a story or an event. They develop by adding parts, while others are repetitive, and yet others lose elements along the way.

Traditional games are disappearing. New games—electronic and video—are leaving behind all the knowledge concentrated in popular games. The sight of children playing spontaneously or in an organized fashion is ever rarer, for today's games tend more toward isolation than the sociability of collective play. Despite all these changes, children continue to play and develop through games. Children are happy playing.

We shall now compare a series of traditional New Mexican and Spanish games. Let us enjoy them, playing.

---

* Tomás Blanco García, *Para jugar como jugábamos, Colección de juegos y entretenimientos de la tradición popular* (Salamanca: Diputación de Salamanca, Centro de Cultura Tradicional, 2003), 22.

CAPÍTULO 10

Juegos Infantiles

LA ACCIÓN DE JUGAR es universal. Todos los mamíferos sin excepción juegan en sus primeros estados de desarrollo previos a su madurez. Entre los humanos el juego se ha desarrollado con la propia evolución de la raza, adaptándose en cada lugar al tipo de sociedad allí establecida. Por lo tanto, el juego es algo común entre todos nosotros y cumple una función social importante, pues a través de él se expresan ciertas normas sociales que los niños van aprendiendo casi sin darse cuenta.

También, a través del juego, el niño/a absorbe y adquiere una serie de conocimientos de su propia cultura. El niño/a aprende a jugar dentro de su medio ambiente lo que comienza durante la primera etapa de crecimiento infantil, cuando empieza a descubrirse a sí mismo a través de pequeños jueguecitos que le muestran las diferentes partes del cuerpo. A la vez empieza a descubrir su propia persona en relación con los demás, lo que normalmente sucede a partir del ambiente familiar.* En casa entre la familia, el niño/a aprende sus primeros juegos de los parientes más cercanos. De ahí que el niño/a va absorbiendo la cultura tradicional del lugar a través de los juegos que en muchos casos han pasado de generación en generación con cambios apenas perceptibles. El siguiente juego cantado de España es un ejemplo:

Éste cazó un pajarillo, (dedo meñique)
éste lo peló, (dedo anular)
éste lo echó a la olla, (dedo corazón)
éste le echó sal (dedo índice)
y este pícaro gordito (dedo pulgar o gordo)
¡se lo comió, se lo comió, se lo comió! (Se le hace
    cosquillas al niño/a en la palma de la mano.)

Como adultos todos podemos recordar por lo menos una o dos tonadillas, similar a este ejemplo, acompañadas de alguna mímica o juego que algún ser querido nos enseñó durante nuestra infancia.

El juego, al igual que el individuo, del ambiente familiar pasará al ambiente escolar y de ahí al mundo exterior. De esta manera, los niños/as menores van integrándose en los diferentes tipos de juegos según van creciendo, pues estos aprenden juegos nuevos de niños/as mayores que ellos/as. Es así como el niño/a se rodea de juegos tradicionales que representan la cultura popular del medio ambiente donde crece.

Tal y como expresa Tomás Blanco García el juego cumple además otra función muy importante en el crecimiento y desarrollo de todo niño/a. "El juego popular es aceptado inmediatamente por el niño, porque es creativo. Su uso y potenciación le desarrollan las

---

* Joaquín Díaz, prólogo a *Juegos Tradicionales de Nuestra Niñez*, por Ramiro Moreno Martínez (Valladolid: Ámbito, 1998), p. 9.

facultades físicas y anímicas. El hecho de jugar es señal evidente de salud, no sólo física sino mental."*

El juego ayuda al niño/a a relacionarse con otros niños/as, a organizarse, y a respetar las normas y estructuras del juego, cosa que más adelante le servirá al niño/a a integrarse eventualmente en la sociedad adulta.

Existen juegos de correr y saltar, correr y coger, de comba, de filas, de corro y de fuerza. En muchos casos las canciones son parte de determinados juegos y también existen canciones infantiles que no están acompañadas o no forman parte de ningún juego con movimientos señalados. Estas son simplemente para ser cantadas y divertirse con ellas, pues el juego consiste en cantarlas. En su mayoría, tales canciones cuentan una historia o suceso. Pueden desarrollarse por una acumulación de componentes, otras son repetitivas y en otros casos van substrayéndose elementos a lo largo del juego.

Los juegos tradicionales van desapareciendo. Los nuevos juegos (los juegos electrónicos y video juegos) están dejando atrás todo ese conocimiento que se concentraba en el juego popular. Cada vez se ven menos niños/as organizados o de forma espontánea jugando en las calles, pues los nuevos juegos tienden más hacia el aislamiento que a la sociabilidad que encierra tras de sí el juego colectivo. Pese a todos estos cambios, los niños/as siguen jugando y desarrollándose a través del juego. El niño/a es feliz jugando.

Seguidamente compararemos una serie de juegos tradicionales nuevomexicanos y españoles. Disfrutemos de ellos jugando.

Antón Pirulero

According to popular tradition, Antón Pirulero was a seller of *botijos*.[1] His surname Pirulero, is a nickname that comes from *pirulo*, the Spanish term for botijo in certain parts of Aragon and Castile. This game, with its accompanying melody, appears throughout Spain and in various Latin American countries as well as among North African Jews. The latter two have versions whose melody and lyrics are almost identical to the Spanish ones. In New Mexico Pirulero's first name becomes

Juan rather than Antón. Some Latin American versions also call him Juan Molinero.

Except for small variations, this game is played everywhere in the same way. Any number of children may participate. They choose a king from among them who will lead the game. The rest each choose an occupation they must represent by simple gestures. The children make a circle with the king positioned in the center. They all begin to sing in unison

---

* Tomás Blanco García, *Para jugar como jugábamos, Colección de juegos y entretenimientos de la tradición popular* (Salamanca: Diputación de Salamanca, Centro de Cultura Tradicional, 2003), p. 22.
1. Earthenware drinking jug.

while the king carries out the movements related to an occupation belonging to one of the children. The child representing the occupation must also mimic it.

Whenever the king wishes, he exchanges that occupation for another. The child portraying the new occupation must mimic the king; otherwise that child must pay a forfeit (the forfeit can be any object belonging to the child). The children repeat this as many times as they want. At the end of the game, they bring out the forfeits one by one. Before knowing what belongs to whom, the children all decide what the owner of the forfeit must do to retrieve it, which adds to the game's excitement and fun.

La tradición popular dice que el famoso Antón Pirulero fue un vendedor de botijos. Este mote de Pirulero que se le da al señor Antón por apellido proviene de pirulo, nombre que se les da a los botijos en ciertas regiones de Aragón y Castilla.[2] Este juego junto con la melodía que lo acompaña está muy extendido por toda España y se encuentra en varios países de América Latina y entre los judíos de África del norte, cuyas versiones son casi idénticas a las españolas, melodía y letra. En Nuevo México el señor Pirulero no se llama Antón sino Juan. A veces en América Latina también se le conoce como Juan Molinero.

El juego se efectúa de la misma manera en todas partes con pequeñas variaciones. Pueden participar cualquier número de niños. Entre ellos escogen a un rey, quien dirigirá el juego. Los demás escogen un oficio cada uno que deberán escenificar de manera simple a través de gestos. Los niños hacen un círculo y el rey se coloca en el centro. Empiezan todos a cantar a la vez, mientras que el rey hace los movimientos de uno de los oficios. El niño al que corresponde ese oficio debe también hacerlos.

Antón, Antón, Antón Pirulero
cada cual, cada cual,
que atienda su jugo y el que no lo atienda,
pagará, pagará, pagará una prenda.
Antón, Antón, . . .

---

2. Calles Vales, *Cancionero Popular*, p. 217.

Cuando al rey se le antoja, cambia sus gestos (su oficio) a otro oficio. Al niño que le corresponde ese oficio debe también hacer los mismos gestos, si no lo hace debe pagar prenda. (La prenda es cualquier objeto que el niño tenga.) Se repite cuantas veces que se desee. Al final del juego se van sacando las prendas una por una. Antes de saber a quién pertenece, entre todos deciden qué es lo que el propietario de tal prenda debe hacer para recuperarla, lo cual aumenta la emoción y diversión del juego.

Juan Pirulero

 És-te es el jue-go de Juan Pi-ru - le - ro; que ca-da quien a-tien -

da a su jue-go.

Este es el juego   de Juan Pirulero,
que cada quien   atienda a su juego.[3]

El Florón

In the peninsula, this game is widespread; it originated in the eighteenth century and goes by different names according to its geographical location. In Andalusia, they call it "¿Por dónde va?" It also appears throughout all Latin America. It maintains the same basic form in all places though with small variations.

Before starting, the children choose a leader. Next, they assemble themselves in a ring, holding hands and stretching them out forward. The children may either stand or sit. The leader hides a ring in his or her hands and goes to each child, pretending to let the ring fall into that child's hands, though only one of them actually receives it. Everyone is watching to see who really has the ring, and those who do not have it pretend so that the others do not guess. Meanwhile, the children all sing, "El florón está en mis manos. . . ."

The child at the spot where the song finishes and the action ends must guess who has the ring. If the child gets it right, he or she becomes the leader, and if the child gets it wrong, he or she must pay a forfeit. In other Spanish versions, the children pass along a thimble and sing this accompanying song, "Florín, florán, por aquí pasó el dedal. . . ."

---

3. Juan Pirulero, 5–5–8#7, WPA Collection.

The New Mexican version is practically the same as the Spanish one, the only difference being that the children sit in a row on the floor with their hands behind them. The children select two from among them, one who will place the flower or button in the hands of one sitting on the floor, while the other stands in front and tries to guess who has the flower or button. If the child guesses right, he or she trades places with whoever had the button or flower; if not, the child remains there until she or he finally gets it right.

Este juego es originario del siglo XVIII y está bastante extendido por toda la península, donde se le identifica con distintos nombres según la zona geográfica. En la zona de Andalucía se conoce con el nombre de "¿Por dónde va?" Se encuentra también en casi toda América Latina. Existen pequeñas variaciones entre un lugar y otro, pero mantiene la misma estructura básica en todas partes.

Se elige antes de empezar quien va a dirigir el juego. Los niños se colocan en un corro con las manos juntas y hacia delante. Se pueden sentar en el suelo o bien estar de pie. El director/a tiene entre sus manos un anillo escondido. Pasará recorriendo cada uno de sus compañeros hasta completar el círculo fingiendo dejar caer el anillo entre las manos de cada uno, pero en realidad sólo a uno le entrega el anillo. Todos prestan atención para ver quién lo tiene realmente, al tiempo que los que no lo tienen deben disimular para que no lo sepan los demás. Mientras tiene lugar la acción todos van cantando:

> El florón está en mis manos,
> en mis manos está el florón,
> y el niño que lo tenga,
> que lo guarde con amor.
> Pasó por aquí y yo no lo vi,
> quién será, el que lo tendrá.

Cuando se acaba de cantar, allí donde se acaba la acción ese niño/a debe de adivinar cuál de sus compañeros tiene el anillo. Si acierta pasa a ser el director/a y si no lo adivina debe de pagar prenda. En otras versiones españolas se pasa un dedal y la cancioncilla va así:

> Florín, florán, por aquí pasó el dedal. . . .

La versión de Nuevo México es casi igual a la española. La diferencia es que los niños/as se sientan en el suelo formando una línea con las manos atrás. Se han elegido antes dos de ellos/as, uno para pasar el botón o la flor a los/as que están en el suelo y otro/a que se coloca enfrente y debe adivinar quién tiene la flor o el botón. Si lo adivina cambia su lugar por el niño/a que tenía el botón o la flor y si no lo adivina sigue en la misma posición hasta que lo acierta.

El florón anda en las manos, en las manos,
y en las manos lo han de hallar,
adivinen quién lo tiene, quién lo tiene
o se queda de plantón.
¿Quién lo tiene?

Hilitos de Oro

This game has been documented since the sixteenth century in Spain and is widespread throughout Latin America where many versions have been found in seventeen countries. Different versions also exist among the Sephardim from North Africa. It receives different names depending on the region, such as "La Embajada buscando novia" or simply "Buscando novia," "A la cinta, a la cinta de oro," "Hebritas de Oro," or "La Elegida," among others. In some areas of Spain it begins with the verses, "De Francia vengo, señora," whereas in America it generally begins with "Hilitos, hilitos de oro." Lope de Vega mentions it in the entremés, *Daca mi mujer.*

In some places of Spain, the game consists of two girls facing each other, holding their hands up high, forming an arch. The other participants form a line and pass under the arch while singing the accompanying song, "De Francia vengo, señora...." In other cases, children act out the game in the following way: a king sends a horse acting as a messenger who speaks with the mother of the beautiful ladies. Meanwhile the verse accompanies the action. In this case, the children sing a different version of lyrics, "A la cinta, cinta de oro...." When the dialogue ends, the horse passes in front of the girls singing, "Esta no la quiero...."

In New Mexico, a boy plays the king's messenger or ambassador. A girl plays the queen while the rest play the queen's daughters. The daughters make a line behind the mother. The king's messenger arrives, jumping on one foot, and sings, "Hilitos, hilitos de oro...." The mother responds, "Que tenga las que tuviere...." The messenger leaves, jumping on one foot while singing, "Yo ya me voy descontento...." The mother then replies, "Vuelva, vuelva caballero...." The messenger finally says, "No la escojo por bonita...." Next, the messenger comes to the first daughter and says, "This one smells of Castilian rose...." He does the same with all the other daughters, attributing to each a different flower scent.

Finally, he says to the last, "This one smells of violet. . . ." He takes her and then returns, repeating the same action. He thus begins the game anew, with the difference that each time he gets to the last verse, he changes the name of the flower to the name for other flowers or fruits. At the end, when just one girl is left, the favorite one, he says, "I choose you. . . ."

Este juego está documentado desde el siglo XVI en España[4] y se encuentra muy difundido por toda América Latina donde se han recogido muchísimas versiones en dieciséis países.[5] Se encuentra también entre los sefardíes del norte de África con diferentes versiones. Es conocido con distintos nombres según el lugar: "La Embajada buscando novia," o "Buscando novia" simplemente, "A la cinta, a la cinta de oro," "Hebritas de Oro" o "La Elegida," entre otros. En algunas versiones en España comienzan con los versos, "De Francia vengo, señora," en cambio en América generalmente comienza con, "Hilitos, hilitos de oro."[6] Lope de Vega lo mienta en el entremés, *Daca mi mujer*.

En algunas zonas de España el juego consiste en que dos niñas se colocan una frente a la otra agarrándose las manos y levantando los brazos en alto, formando un arco. Los/as demás participantes forman una fila y van y vienen pasando por debajo del arco mientras cantan:

—De Francia vengo, señora, / de por hilo portugués
y en el camino me han dicho / lindas hijas tiene usted.
—Que las tenga o no las tenga, / ninguna será para usted.
Con el pan que yo comiere, / comerán ellas también.
—A Francia vuelvo, señores, / a los palacios del rey,
que las hijas del rey moro / no me las dejaron ver.
—Vuelva, vuelva caballero, / no sea tan descortés,
de las tres hijas que tengo, / tome la que guste usted.
—A ésta tomo por esposa, / a ésta escojo por clavel,
que me parece una rosa, / acabada de nacer.
—Por Dios pido, caballero, / que me la cuide usted bien.
—Ella será bien tratada / como la hija de un rey,
del pan que el rey comiere / ella comerá también.

En otros casos el juego se escenifica. El rey manda un caballero que hace de mensajero y se entrevista con la madre de las bellas damas mientras la escenificación se acompaña del verso.

Veamos otra versión del texto:

4. Susana Weich-Shahak, *Repertorio Tradicional Infantil Sefardí, Retahíla, juegos, canciones y romances de tradición oral* (Madrid: Compañía Literaria, 2001), p. 62.
5. Díaz Roig, *Romancero Tradicional de América*, p. 160.
6. Díaz Roig, *Romancero Tradicional de América*, p. 160.

A la cin - ta, cin - ta de o - ro, cin - ta de o - ro de mi rey, que me han - ted.

Es - ta no la quie - ro por - que es-tá pe - lo - na mo - sa, que pa - re - ce u - na

ro - sa, que pa - re - ce un cla - vel a - ca - ba - di - to de na - cer en el

más ri - co ver - gel. Lo que

—A la cinta, cinta de oro, cinta de oro de mi rey,
que me han dicho en el camino que linda hijas tenéis.
—Si las tengo o no las tengo eso no le importa a usted,
a las tres hijas que tengo yo las puedo mantener.
—A Francia vuelvo, señora, a los palacios del rey,
a contarle a mi señor los modos que me tenéis.
—Vuelva, vuelva, caballero, no sea tan descortés,
de las tres hijas que tengo la mejor será pa usted.
—Lo que debo yo rogarle es que me la cuide bien,
porque de todas mis hijas la mejor es para usted.
—Bien cuidadita estará y bien comida también,
sentadita en silla de oro, bordando paños al rey,
un manzana en la boca a las horas de comer
y azotitos con correas cuando sea menester.

Acabado el diálogo, el mensajero pasa por delante de las niñas cantando:

Ésta no la quiero porque está pelona.
Ésta me la llevo por linda y hermosa,
que parece una rosa, que parece un clavel
acabadito de nacer en el más rico vergel.

En Nuevo México un niño hace de mensajero o embajador del rey. Una niña de reina, y las demás niñas hacen de hijas. Éstas se colocan en fila detrás de la madre. El mensajero del rey llega saltando en un pie y canta:

Hi - li - tos, hi - li - tos de_o - ro, Que se me vie - nen que - bran - do, ¿Qué

di - ce_el Rey y la Rei - na? ¿Qué tan - tas hi - jas ten - drá? Que ten - ga las que tu -

vie - re, Que na - da le_im - por - ta_al Rey. Yo ya me voy des - con - ten - to A

dar - le cuen - ta al Rey. Vuel - va, vuel - va ca - ba - lle - ro, No se - a tan ma - ja -

de - ro; De las hi - jas que yo ten - go Es - co - ja la más mu - jer. No

la_es - co - jo por bo - ni - ta Ni tam - po - co por mu - jer; Yo_es -

co - jo_u - na flo - re - ci - ta A - ca - ba - da de na - cer. Ya

—Hilitos, hilitos de oro, que se me vienen quebrando,
¿Qué dice el Rey y la Reina? ¿Qué tantas hijas tendrá?

La madre le responde cantando:

—Que tenga las que tuviere, que nada le importa al Rey.

El mensajero se va brincando en un pie y cantando:

—Yo ya me voy descontento a darle cuenta al Rey.

La madre le vuelve a responder cantando:

—Vuelva, vuelva caballero, no sea tan majadero;
de las hijas que yo tengo escoja la más mujer.

El mensajero acaba cantando:

> —No la escojo por bonita   ni tampoco por mujer
> yo escojo una florecita   acabada de nacer.

Luego el mensajero se acerca a la primera muchacha y dice:

> Ésta huele a rosa de Castilla.

Y sigue con todas las demás dándoles nombres de diferentes perfumes. Llegando a la última dice así:

> Ésta huela a violeta y ésta me llevo.

Se la lleva y regresa otra vez y repite la misma acción, es decir, empieza de nuevo con el juego, con la diferencia que cada vez que llega a la última estrofa va cambiando el nombre de la flor por otros nombres de flores y frutas. Al final cuando ya sólo queda una niña, la favorita, dice así:

> Y a ti te escojo,   hija amada
> que le seas a la Reina, criada.[7]

La Viudita

This game exists throughout Spain, Latin America, and among the Sephardim of northern Africa. On those three continents, its most popular form is that of a ring song. Another ring game exists in Spain with the same theme; it is called "Arroz con Leche." A Sephardic version from Tetuan (Morocco) follows later and begins, "Yo soy la viudita del conde Laurel. . . ." It also is a ring-song.

One way to play "La Viudita" is that the children first choose a girl who will play the part of the *viudita* (widow). She places herself at the center of the ring created by the rest of the girls who meanwhile go around singing, "Hermosas doncellas. . . ."

In New Mexico, this game is known as "La Viudita de Santa Isabel." Priests changed the names of counts and kings for those of saints so that people would be more religiously aware. The children choose a girl who plays the part of the viudita and a boy who role-plays as the priest. They face each other while the rest of the children form a line next to them and sing, "Esta es la viudita de Santa Isabel. . . ."

---

7. Hilitos de Oro, 5–5–8#17, WPA Collection.

This child role playing as the priest's son steps forward and sings, "Corriendo, corriendo . . ." while the rest of the children pretend to run, nearly falling, and offer their hearts to the viudita. Next, they pretend to drink milk and coffee, following the lyrics. For the last two stanzas of the last verse all the children hold hands and dance around the viudita and the priest's son.

Este juego está muy extendido por toda España, América Latina y entre los sefardíes en África del norte. En los tres continentes su forma más popular es como canción de corro. En España existe otro juego de corro que trata el mismo tema. Se llama "Arroz con Leche" y dice así:

Arroz con leche,   me quiero casar,
con una señorita,   d'este lugar.
Que sepa coser,   que sepa bordar,
que sepa las tablas   de multiplicar.
¡Con ésta sí!   ¡Con ésta no!
¡Con ésta señorita   me casaré yo!

Una de las maneras de interpretar la viudita es que los niños/as primero escogen una niña que hará de viudita. Ésta se coloca en el centro del corro que las demás niñas forman y mientras el corro da vueltas cantan así:

CORRO: Hermosas doncellas   que al prado venís
   a coger las flores   de mayo y de abril.
VIUDITA: Yo soy la viudita   del conde Laurel
   que quiero casarme   y no tengo con quien.
CORRO: Pues siendo tan bella   y no tienes con quién,
   escoge a tu gusto,   que aquí tienes cien.
VIUDITA: Escojo a (nombre de la niña que escoge)
   por ser la más bella,   hermosa doncella,
   de este jardín.

He aquí una versión sefardí de Tetuán (Marruecos) que es también un cantar de corro.[8]

Yo soy la viudita del con-de Lau - rel que quie-ro ca-
Sien - do tú tan be-lla no en-cuen-tra con quién, e - li-ge a tu-

sar-me y no en-cuen - tro con quién
gus - to a - quí tie - nes quién

Yo soy la viudita	del conde Laurel
que quiero casarme	y no encuentro con quién.
Siendo tú tan bella	no encuentra con quién,
elige a tu gusto	aquí tienes quién.

En Nuevo México se conoce este juego como "La Viudita de Santa Isabel." Los curas aquí trocaron los nombres de los condes y reyes por nombres de santos, para tratar de que la gente fuese más consciente de la religión.[9] Para el juego se elige una niña que hará de viudita y un niño que hará de hijo del cura. Se colocan uno/a frente al otro/a y los demás niños/as forman una línea junto a ellos y cantan:

És - ta es la viu - di - ta de San-ta Is - a - bel Que quie-re ca - sar-se y no

sa - be con quién. El

Esta es la viudita	de Santa Isabel
que quiere casarse	y no sabe con quién.
El hijo del cura	le mandó un papel
y ella la mandó otro	de Santa Isabel.
Su padre lo supo	de palos le dio
Malaya ese viejo	que la enamoró.

---

8. La informante fue Raquel Halfón. Recogido el 27 de agosto de 1998 por Weich-Shahak, *Repertorio Tradicional Infantil Sefardí*, p. 153.

9. Richard B. Stark, *Juegos Infantiles Cantados en Nuevo México* (Santa Fe: Museum of New Mexico Press, 1973), n.p.

El hijo del cura se adelanta un paso y canta lo siguiente mientras los demás niños/as fingen correr casi cayéndose y ofreciéndole el corazón a la viudita. Luego pretenden beber leche y también café, siguiendo la letra. Al llegar a los dos últimos versos de la última estrofa todos los niños/as se toman de la mano y bailan alrededor de la viudita y el hijo del cura:

Corriendo, corriendo   me di un tropezón,
por darle la mano   le di el corazón.
Me gusta la leche,   me gusta el café
pero más me gustan los ojos de usted.[10]

Arre Borriquito

This game appears in Spain and among the Sephardim. It is one of the first that children learn to play at home from their parents, grandparents, or aunts and uncles. The grown-up sits the child in his or her lap and imitates trotting and galloping movements while singing, "Arre borriquito. . . ." Some versions mention a horse rather than a donkey. Below are two versions with a horse, one Sephardic and the other Spanish.

The New Mexican version is "Arre, mi burrito." It differs from the Spanish and Sephardic versions. In New Mexico, the purpose of this game is to develop the child's psychomotor system in the following ways: a number of children form a line and while pretending to ride on a donkey, sing, "Arre mi burrito que vamos a Belén. . . ."

When they stop singing, they separate and, lowering their heads, place their hands on their thighs, pretending to be donkeys. Next, the first child in line runs and jumps over the others, one after another. When the child reaches the end, he or she gets in the same position as the rest. The child now first in line repeats the action, and thus, one after another, they all do the same, until all have jumped over the rest.

Este juego lo encontramos en España y entre los sefardíes. Es uno de los primeros juegos que los niños aprenden en el ambiente familiar, a través de los padres o de los abuelos y tíos. Este pariente cercano sienta al niño/a en sus piernas y mientras canta la melodía imita los movimientos del trote y el galope del animal. En algunas versiones es un caballo en vez de un borriquito.

Arre borriquito   arre burro, arre,
anda mas deprisa   que llegamos tarde.
Arre borriquito   vamos a Belén,
que mañana es fiesta   y al otro también.
Al trote, al trote, al trote. Al galope, al galope, al galope.

---

10. La Viudita de Santa Isabel, 5–5–8 #21, WPA Collection.

Veamos dos versiones con caballo, una sefardí y otra española.

> 1—Arre, caballito
> a Jerusalém,
> que mañana es Pesaj[11]
> y al otro también.[12]

> 2—Arre, caballito,
> vamos a Belén,
> que mañana es fiesta,
> y al otro también.

La versión nuevomexicana lleva por título "Arre, mi burrito." Se ejecuta de manera muy diferente a la sefardí y española. La función de este juego en Nuevo México es desarrollar el sistema psicomotor de los niños/as. Consiste en lo siguiente. Un número indeterminado de niños/as forma una fila y cantan esta canción mientras aparentan ir montados en burro:

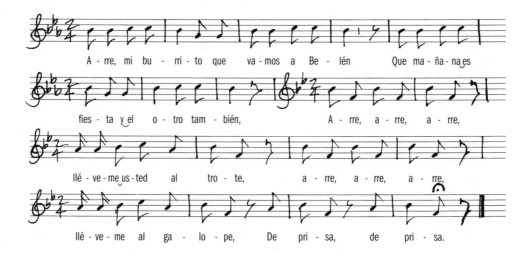

Arre mi burrito
que mañana es fiesta
Arre, arre, arre,
arre, arre, arre,
de prisa, de prisa.

que vamos a Belén,
y el otro también.
lléveme usted al trote,
lléveme al galope,

---

11. Pascua de los judíos.

12. Benito Garzón, Tetuán, Marruecos. Recogida el 2 de noviembre de 1995 por Weich-Shahak, *Repertorio Tradicional Infantil Sefardí*, p. 86.

Cuando acaban de cantar se separan el uno/a del otro/a y agachan la cabeza y colocan sus manos en los muslos, imitando a los borricos. Entonces el primer niño/a de la fila corre y brinca por encima de los/as demás, saltando uno por uno y cuando llega al final él también se coloca en la misma posición. El que ahora está el primero/a en la fila repite la acción y así sucesivamente hasta que todos saltan por encima de todos.

⁂

Miguel

This is another ring game. In Andalusia, any number of children may play. Holding hands, they form two rings, one inside the other. The outside ring turns counterclockwise and immediately starts singing, "Miguel, Miguel, Miguel, a la vuelta del derecho." Then they stop and say, "Un, dos, tres," at which point they stop turning and jump three times, following the song. Then, the inside ring starts turning clockwise, singing, "Miguel, Miguel, Miguel, a la vuelta del revés." Thus, the rings take turns turning and jumping following the rhythm of the song until they decide to stop. Another Spanish version says, "Miguel . . . trolá, trolá, trolero. . . ." The song ends with "Un, dos, tres" at which point they turn the opposite way.

New Mexico once again transforms the character of the game into a saint—thus the title, "La Rueda de San Miguel." There is no limit to the number of children playing. They form a ring, and one child plays the part of San Miguel, placing him- or herself in the middle of the ring. The children start circling and sing, "Rueda, rueda 'e San Miguel. . . ." The child at the center then says, "A lo maduro . . ," and names one of the children forming the ring. The child called out turns his back to San Miguel (the child in the center). The game continues until every child has his or her back to San Miguel in the center. They continue circling, speeding up until the ring dissolves.

Este es otro juego de corro. En Andalucía un número indeterminado de niños/as puede jugar. Cogidos de las manos formarán dos corros, uno dentro del otro. El corro de afuera comenzará cantando. Tan pronto empiezan a cantar, giran hacia la derecha y dirán:

> Miguel, Miguel, Miguel,   a la vuelta del derecho.

Entonces, dejan de girar y siguiendo el ritmo de la tonada dan tres saltos, diciendo:

> ¡Un, dos, tres!

Entonces el corro del interior empieza a girar hacia la izquierda cantando:

> Miguel, Miguel, Miguel,   a la vuelta del revés.

Así sucesivamente irán repitiendo la misma acción hasta que decidan parar.[13] Otra versión española de este juego dice:

Miguel, Miguel, Miguel,	trolá, trolá, trolero,
Miguel, Miguel, Miguel,	trolá, trolá, trolé.
Miguel, Miguel, Miguel,	da vueltas al derechas,
Miguel, Miguel, Miguel,	da vueltas al revés,
Un, dos, tres.	

Siempre después de decir "Un, dos, tres," el corro gira en el sentido opuesto.[14]

En Nuevo México una vez más el personaje del juego se transforma en santo y se conoce como "La Rueda de San Miguel." No hay límite de niños/as en el juego, los/as cuales harán un corro. Uno/a de ellos/as hará de San Miguel y se colocará en el centro del corro. Éste empezará a girar mientras cantan:

Rueda, rueda 'e San Miguel, San Miguel,
Todos traen camote y miel.

Luego el niño/a que está en el centro dice:

A lo maduro, a lo maduro,
que se voltee (nombre) burro.

El/La que ha sido mentado sigue en el corro pero se da la vuelta, es decir, dando la espalda a San Miguel. El juego prosigue hasta que todo los/as que están en el corro quedan de espaldas a San Miguel y siguen dando vueltas cada vez más deprisa hasta que el corro de deshace.

---

13. Antonio García Benítez, *El Folklore Infantil Andaluz*, Biblioteca de Cultura Andaluza (Seville: Editoriales Andaluzas Unidas, 1988), p. 118.
14. Blanco García, *Para jugar*, p. 167.

La Víbora de la Mar

Curiously enough, this game is the same in Spain and New Mexico. In Europe during the Middle Ages, children played a game with the same form as this one. "La Víbora de la Mar" became very popular in the eighteenth-century Spain and the rest of Latin America as a ring song. Some versions call it "La Víbora del Amor." To play it two children place themselves in front of one another and holding hands, raise their arms up, forming an arch. The others form a line and pass under the arch singing, "A la víbora de la mar ¿por aquí quién pasará?"

Upon singing the last word, the arch suddenly comes down, trapping whoever is passing at that moment. The two children forming the arch ask the child to choose between two options they had previously agreed on, such as red or yellow or banana or orange. If the child gets it right, the arch rises up again, and the game continues. If the trapped child guesses wrong, that child must pay a forfeit. Other quite similar games exist, titled "El Puente" and "Pasi Misí." In New Mexico, the children sing the following, "Víbora, víbora de la mar, por aquí pueden pasar. . . ."

Curiosamente este juego es idéntico en España y en Nuevo México. Se sabe que ya en la época medieval, los niños/as en Europa jugaban a un juego que poseía la misma estructura que este.[15] "La Víbora de la Mar" se hizo muy popular en el siglo XVIII en España y el resto de América Latina como canción de corro. Hay versiones cuyo título es "La Víbora del Amor." Se juega de la siguiente forma: dos de los/as participantes se colocan uno frente al otro y alzan los brazos hacia arriba dándose las manos formando un arco. El resto de los participantes forma una fila y van pasando por debajo del arco mientras cantan:

A la víbora de la mar	¿por aquí quién pasará?
Pasar, pasar, todas	menos la de atrás.
Por aquí yo pasaré	y a una niña cogeré.
Esa niña,	¿cuál será?
La de alante	o la de atrás.
La de alante	corre más,
La de atrás	se quedará.

---

15. Moreno Martínez, *Juegos Tradicionales de Nuestra Niñez*, p. 65.

Al decir la última palabra, el arco baja rápidamente atrapando al que en aquel momento está pasando. Los/as dos que forman el arco le dan a escoger dos opciones que ellos/as han pensado previamente, tal como: rojo o amarillo, plátano o naranja. Si el niño/a lo acierta, sigue en la fila, el arco sube y prosigue el juego. Si no lo acierta entonces tiene que pagar prenda.

Hay otros juegos muy parecidos llamados "El Puente" y "Pasi Misí." En Nuevo México se canta lo siguiente:

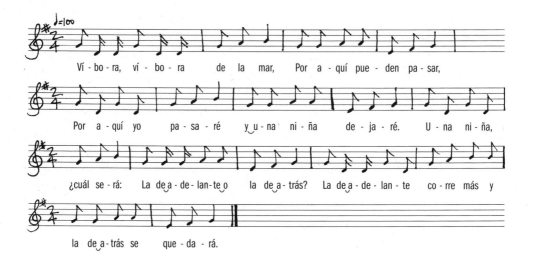

Víbora, víbora de la mar,   por aquí pueden pasar,
por aquí yo pasaré   y una niña dejaré.
Una niña, ¿cuál será: la de adelante o la de atrás?
La de alante corre más   la de atrás se quedará.

Ambo Gato

A series of songs exists with the same refrain, "matarile, rile, rile, matarile, rile, ron." This is the case with "Ambo Gato" in its many versions. This song, of French origin, probably arrived in Spain during Napoleon's occupation. Since then, a children's game appeared with a song that begins, "Ah! Mon beau château." In Spanish, the first verse became "Amo ato," followed by "matarile, rile, ron," which brought forth other derivatives.

The children choose two leaders for this game. One is Ambo Gato, who directs one group, and the other is the messenger from the royal court. The other children hold hands and place themselves behind Ambo Gato, forming a line in front of the messenger. The latter steps forward and starts the dialogue that ends in a "yes or no" question. The group seconds whatever the girl answers.

The messenger must continue offering gifts until the girl accepts. When she accepts, she goes to stand next to the messenger. The messenger then asks the next girl and repeats the dialogue, until every girl has passed over to his side.

In New Mexico, the dialogue starts in the same way as the previous one. The messenger and the girl he chooses from Ambo Gato's row hold hands and dance in a circle while the others sing, "Celebremos. . . ." The game starts over and ends when all the girls have passed over to the messenger's side. Another similar game exists in New Mexico called "El Rey y la Reina."

Existen una serie de cancioncillas que tienen en común la coletilla de "matarile, rile, rile, matarile, rile, ron." Este es el caso de "Ambo Gato" en sus muchas versiones. Es una cancioncilla de origen francés que probablemente llegó a España durante la ocupación francesa de Napoleón. De ese tiempo hay un juego de niños/as con su canción que dice así:

> Ah! Mon beau château, Ma tant'tire, lire, lire,
> Ah! Mon beau château, Ma tant'tire, lo.

En español el primer verso se convirtió en "Amo ato," seguido del "matarile, rile, ron," y de ahí las demás derivaciones.

Para este juego los niños/as escogen dos guías. Una es Ambo Gato, que dirigirá a su grupo y el otro/a será el mensajero de la corte real. Los demás niños/as se cogen de la mano y se colocan detrás de Ambo Gato formando una fila frente al mensajero. Éste se acerca y empieza el diálogo:

MENSAJERO:	Ambo Gato,	matarile, rile, rile,
	Ambo Gato,	matarile, rile, ron.
GRUPO:	¿Qué quiere usted?	Matarile, rile, rile,
	¿Qué quiere usted?	Matarile, rile, ron.
MENSAJERO:	Quiero un paje,	matarile, rile, rile,
	quiero un paje,	matarile, rile, ron.
GRUPO:	Escoja usted,	matarile, rile, rile,
	escoja usted,	matarile, rile, ron.
MENSAJERO:	(Elige a una niña y dice su nombre)	
	Elijo a (nombre),	matarile, rile, rile,
	elijo a (nombre),	matarile, rile, ron.
GRUPO:	¿Qué le va usted a regalar?	Matarile, rile, rile,
	¿Qué le va usted a regalar?	Matarile, rile, ron.
MENSAJERO:	Una pulsera de oro,	matarile, rile, rile,
	una pulsera de oro,	matarile, rile, ron.
GRUPO:	(a la niña escogida)	
Hablado:	¿Te conformas con el regalo?	

Si la niña dice que sí, el grupo contesta:

Ella dice que sí,   matarile, rile, rile,
ella dice que sí,   matarile, rile, ron.

Si la niña dice que no, el grupo contesta:

Ella dice que no,   matarile, rile, rile,
ella dice que no,   matarile, rile, ron.

El mensajero debe entonces ofrecer otro regalo, hasta que la niña acepte. Cuando acepta se pasa al lado del mensajero y se va repitiendo el diálogo hasta que todas las niñas han pasado al lado de mensajero.

En Nuevo México empieza de la misma manera que el anterior:

Am - bo ga - to, ma - ta - ri - li, ri - li, ron. ¿Qué quie - re us - ted, ma - ta -

ri - li, ri - li, ron? Quie - ro un pa - je, ma - ta - ri - li, ri - li, ron.

¿Qué pa - je quie - re, ma - ta - ri - li, ri - li, ron? Quie - ro a (Jua -

ni - ta), ma - ta - ri - li, ri - li, ron. ¿Qué ti es - co - jo, hi - ja a - ma - da, Que

seas a la Rei - na cria - da. Ven y yo te lle - va - ré Y bien te pro - me - te -

ré.

MENSAJERO:	Ambo Gato,	matarili, rili, ron.
AMBO GATO:	¿Qué quiere usted?	matarili, rili, ron.
MENSAJERO:	Quiero un paje,	matarili, rili, ron.
AMBO GATO:	¿Qué paje quiere?	matarili, rili, ron.
MENSAJERO:	Quiero a (nombre de la niña),	matarili, rili, ron.
AMBO GATO:	¿Qué nombre le pondremos?	matatili, rili, ron.
MENSAJERO:	Le pondremos (nombre de flor),	matarili, rili, ron.
AMBO GATO:	Aquí está mi hija,	con dolor de corazón.

La niña escogida de la fila de Ambo Gato sale y se pone junto al mensajero, se toman de las manos y forman un círculo y bailan mientras los demás les cantan:

Celebremos, celebremos, todos juntos en la unión.

El juego vuelve a comenzar y no se acaba hasta que todas las niñas se han pasado al lado del mensajero.[16] Existe en Nuevo México otro juego muy similar llamado "El Rey y la Reina."[17]

❖

Toro, toronjil

Toronjil is a very common medicinal plant in Spain, used as a tonic and antispasmodic. In this game, which originates in the province of Salamanca, the children first decide who will be the ogre, called Emiliano. The other girls form a line. The first directs the game, and the last plays the part of the other character, Marujilla. As they walk, they all sing, "Vamos a la huerta de toro, torongil."

Marujilla returns to the end of the line, and all start to sing the refrain once again. Emiliano then says, "I'm putting on my pants, shoes, and shirt," and at the end runs after all the girls until he catches one, who then is out of the game. The game starts again and ends when Emiliano has caught all the girls.

The New Mexican version is a little different, but just as much fun. The children choose one who will be doña Ana and who sits on the ground. The rest of the children form a ring around her and sing, "Doña Ana no está aquí, está en su vergel. . . ." Meanwhile, doña Ana acts out what the other children sing and says, "¿Quién es esta gente que pasa por aquí . . . ?" The children respond and enter into dialogue.

When doña Ana says she is dead, she lies on the floor. All the children come close to see if it is true. Then doña Ana resurrects suddenly and runs after the fleeing children. The one caught will play doña Ana the next time around.

El toronjil o la toronjina es una planta muy común de uso medicinal en España, que se usa como remedio tónico y antiespasmódico. Para este juego, en la provincia de Salamanca, se decide primero quién va a hacer de ogro, llamado Emiliano. Las demás niñas se ponen en fila y la primera es la que dirige el juego y la última la que hace de otro personaje llamado Marujilla. Pasean todas cantando:

---

16. Ambo Gato, 5–5–8#19, WPA Collection.
17. El Rey y la Reina, 5–5–8#31, WPA Collection.

Vamos a la huerta	de toro, torongil,
a ver a Emiliano	comiendo perejil, jil, jil.
LA DIRECTORA O MADRE:	—Marujilla, la de atrás.
RESPONDE LA MARUJILLA:	—Mande usted madre.
MADRE:	—Vete a ver qué hace Emiliano.
MARUJILLA:	—Emiliano, ¿qué estás haciendo?
EMILIANO:	—Estoy . . . (leyendo, comiendo, sentado . . .)

Marujilla vuelve al final de la fila y comienzan todas de nuevo a cantar el estribillo. Emiliano entonces dice, "Estoy poniéndome los pantalones, zapatos, camisa, . . ." y al final corre persiguiendo a las demás niñas hasta que atrapa a una. Esta queda eliminada. Empieza de nuevo el juego que se acaba cuando Emiliano ha conseguido atrapar a todas las niñas.[18]

La versión nuevomexicana es un poco diferente, pero igual de divertida. Se elige a una niña que hará de doña Ana y se sienta en el suelo. Los demás niños/as hacen un corro alrededor de ella y cantan:

Doña Ana no está aquí	está en su vergel,
abriendo la rosa	y cerrando el clavel.
Vamos a dar la vuelta	al toro toronjil
a ver a doña Ana	comiendo perejil.

18. Blanco García, *Para jugar*, p. 61.

Mientras, doña Ana se conforma con las acciones mencionadas en las estrofas. Doña Ana canta:

> ¿Quién es esta gente   que pasa por aquí,
> que ni de día ni de noche   me dejan dormir?

Responde los demás niños/as:

> Somos los estudiantes   que venimos a estudiar
> a la Capilla   de la Virgen del Pilar.

Acabado este cante se establece el siguiente diálogo:

LOS NIÑOS:	¿Cómo está doña Ana?
DOÑA ANA:	Tiene calentura.
LOS NIÑOS:	¿Cómo está doña Ana?
DOÑA ANA:	Está muriéndose.
LOS NIÑOS:	¿Cómo está doña Ana?
DOÑA ANA:	Está muerta.

Cuando dice que está muerta, doña Ana se tiende en el suelo. Todos los niños/as se acercan para ver si es verdad, entonces doña Ana resucita de golpe y sale persiguiendo a los niños/as que huyen. El atrapado/a hará de doña Ana la próxima vez.[19]

La Muñeca

This game exists throughout Spain and Latin America. Originally, they were two songs, but they ended up fusing together as one. The first is "La Canción de la Muñeca" and the other, "Dos y Dos." Surprisingly, the melody belonging to the former is the reveille for the Spanish artillery. The children form a ring and sing, "Tengo una muñeca vestida de azul. . . ." At the end of the song, the entire ring of children kneels.

In New Mexico, the children choose a leader who places him- or herself in front of the rest, who form a line. All sing, "Yo tenía una muñequita vestida de azul. . . ." The leader then sings, "Dos y dos." He or she then points to one of the children who answers, "Son cuatro." They continue to sing, and each time the leader selects one child to do the response. The child who errs must place himself behind the leader. The game continues until just one child in line remains. He or she will be the leader the next time around.

---

19. Doña Ana, 5–5–8#25, WPA Collection.

Este juego está muy extendido por toda España y toda América Latina. Originalmente eran dos canciones que acabaron fusionándose en una. La primera era conocida como "La canción de la muñeca" y la otra como "Dos y dos." Sorprendentemente la melodía de la muñeca es el toque de diana de los artilleros españoles.[20] Los niños/as forman un corro y cantan:

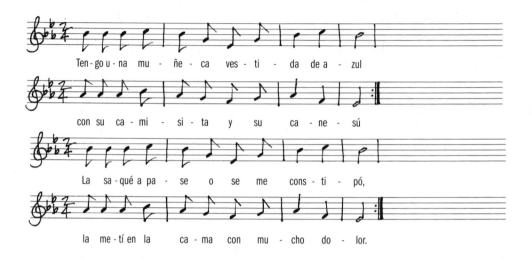

Ten - go u - na mu - ñe - ca ves - ti - da de a - zul

con su ca - mi - si - ta y su ca - ne - sú

La sa - qué a pa - se o se me cons - ti - pó,

la me - tí en la ca - ma con mu - cho do - lor.

Tengo una muñeca	vestida de azul,
con su camisita	y su canesú.
La saqué a pase	se me constipó,
la metí en la cama	con mucho dolor.
Esta mañanita	me dijo el doctor
que le dé jarabe	con el tenedor.
Ya se lo ha tomado	no se pone bien
tengo que llevarla	pero no sé a quién.
Dos y dos son cuatro,	cuatro y dos son seis,
seis y dos son ocho	y ocho dieciséis
y ocho, veinticuatro,	y ocho, treinta y dos,
Ánimas benditas	me arrodillo yo.

Al finalizar, el corro entero se arrodilla.

En Nuevo México se elige un guía que se coloca enfrente de los demás niños/as que están formando una línea y todos cantan:

---

20. Hoyos Sainz and Hoyos Sancho, *Manual de Folklore*, p. 311.

Yo tenía una muñequita vestida de azul,
con su velo blanco y sombrero de tul.
La saqué a pasear y se me constipó,
La llevé a la casa y la niña murió.

El guía principia cantando:

Dos y dos,

Apunta a uno/a de los niños/as, y éste responde:

Son cuatro.

Siguen cantando de la misma manera mientras que el guía va seleccionando a un niño/a diferente que ha de responder:

GUÍA:	¿Cuatro y dos?
NIÑO:	Son seis.
GUÍA:	¿Seis y dos?
NIÑO:	Son ocho.
GUÍA:	¿y ocho?
NIÑO:	Dieciséis.
GUÍA:	Brinca la tablita que ya la brinqué,
	Bríncala muchacha que yo ya pasé.

Aquel que cometa un error al dar la respuesta debe colocarse detrás del guía. El juego sigue hasta que sólo queda un niño/a en la línea, que será el guía para el próximo juego.[21]

La Pastora

Some scholars believe that this short ballad was originally French. It appears throughout the continental Americas, from New Mexico to Argentina. The New Mexican versions are quite similar to the Spanish ones.

In Spain, this ring song has many versions. One way of playing is for three girls to position themselves in the middle of the ring and act out the characters of the shepherdess, the cat, and Padre Benito. As the song progresses, they role-play according to the lyrics. Below we have two Spanish versions, the second of which is closer to the New Mexican. We end with a New Mexican version of "La Pastora."

Algunos estudiosos opinan que este romancillo es de origen francés. Es conocido en todos los continentes americanos, desde Nuevo México hasta la Argentina. Las versiones recogidas en Nuevo México son muy similares a las españolas.

En España esta canción de corro tiene muchas versiones y se juega de la siguiente manera. Tres niñas se sitúan en el centro del corro e interpretan los personajes de la pastora, el gato y el padre Benito. Estos hacen la mímica de la canción según avanza.

Es - ta - ba u - na pas - to - ra, la - rán, la - rán, la - ri - to, es -

ta - ba u - na pas - to - ra cui - dan - do un re - ba - ñi - to

CORRO: Estaba una pastora,   larán, larán, larito,
        estaba una pastora   cuidando un rebañito.

        Con leche de sus cabras,   larán, larán, larito,
        con leche de sus cabras,   haciendo unos quesitos.

        El gato la miraba,   larán, larán, larito,
        el gato la miraba,   con ojos golositos.

---

21. La Muñeca, 5–5–8#27, WPA Collection.

| PASTORA: | Si me hincas las uñas, | larán, larán, larito, |
| | si me hincas las uñas, | te cortaré el rabito. |

| [CORRO?] | Las uñas las hincó, | larán, larán, larito, |
| | las uñas las hincó, | y el rabito le cortó. |

| | A confesar la falta, | larán, larán, larito, |
| | a confesar la falta, | se fue al padre Benito. |

| PASTORA: | —A vos padre me acuso, | larán, larán, larito, |
| | a vos padre me acuso, | de que maté un gatito. |

| EL PADRE: | —De penitencia t'echo, | larán, larán, larito, |
| | de penitencia t'echo, | que reces un credito. |

| CORRO: | El credo lo rezó | larán, larán, larito, |
| | el credo lo rezó | el gatito revivió. |

Otra versión española más cercana a la nuevomexicana.

| CORRO: | Estaba una pastora, | larán, larán, larito, |
| | estaba una pastora, | cuidando un rebañito. |

| | Con leche de sus cabras, | larán, larán, larito, |
| | con leche de sus cabras, | mandó hacer un quesito. |

| | El gato la miraba, | larán, larán, larito, |
| | el gato la miraba, | con ojos golositos. |

| PASTORA: | Si le hincas las uñas, | larán, larán, larito, |
| | si le hincas las uñas, | te cortaré el rabito. |

| CORRO: | La uña se la hincó, | larán, larán, larito, |
| | la uña se la hincó, | y el rabito le cortó. |

| | A confesar la falta, | larán, larán, larito, |
| | a confesar la falta, | se fue al padre Benito. |

| PASTORA: | A vos, padre, me acuso, | larán, larán, larito, |
| | a vos, padre, me acuso, | que matado un gatito. |

| EL PADRE: | De penitencia t'echo, | larán, larán, larito, |
| | de penitencia t'echo, | que me des un besito. |

| CORRO: | El beso se lo dio, | larán, larán, larito, |
| | el beso se lo dio, | y el cuento se acabó. |

Una versión nuevomexicana sigue así:

Yés - ta-ba u - na pas - to - ra, ta - rán, la - rán, la - ri - to yés - ta-ba u - na pas -

to - ra dise - ña de un re - bañito, ta - rán, la - ri - to.

tarán, larán, larito. bis
Dueña de un rebañito,
tarán, larito.

Con leche de sus cabras,
tarán, larán, larito.
con leche de sus cabras,
llegó a hacer una quesito,
tarán, larito.

Y estonces la pastora
tarán, larán, larito,
le dijo a su gatito
tarán, larito.

Si en él metes la uña,
tarán, larán, larito,
si en él metes la uña,
la vida yo te quito
tarán, larito.

Él no metió la uña,
tarán, laran, larito,
él no metió la uña,
él metió el hociquito,
tarán, larito.

La pastora de rabia,
tarán, laran, larito,
la pastora de rabia,
mató al pobre gatio,
tarán, larito.

Fue pronto a confesarse
tarán, larán, larito,
fue pronto a confesarse,
con el padre Gilito,
tarán, larito.

De penitencia os mando,
tarán, larán, larito,
de penitencia os mando,
que me des un besito,
tarán, larito.

Don Gato

"Don Gato" falls under the category of romance or ballad. Children in Spain often sang romances because they formed part of children's games. In the Spanish tradition it is uncommon to find animals as protagonists acting as humans. We find this in the Oriental tradition, however, as well as in some European countries. In the case of the cat, we can see that it fascinates children because of its agility and skill and because cats never loose their instinct to play.

There are different ways of carrying out this game. One is for children to make two lines, one in front of another. They clap to the rhythm of the song, and when they get to the part of "Marramamiau, miau, miau," they move their hips to the rhythm.

Following we have a Sephardic version, then one from New Mexico. The Sephardic has the same melody as the Spanish ones. The New Mexican version is simply a song and does not accompany any game.

"Don Gato" está catalogado como romance. En España muchos romances han sido cantados por los niños/as formando parte de sus juegos. En la tradición española no es muy frecuente encontrar animales como protagonistas actuando como humanos. Sí se encuentran en la tradición oriental y también en algunos países europeos. En el caso del gato, podemos ver que es un animal que fascina á los niños/as por su agilidad y destreza y porque es un animal que nunca pierde las ganas de jugar.

Hay diferentes maneras de ejecutar este juego. En una de ellas los niños/as se colocan en dos filas, una frente a la otra. Dan palmas marcando el ritmo de la canción y al llegar al "Marramamiau, miau, miau," mueven las caderas a ritmo.

Estaba el señor don Gato,	sentadito en su tejado
marramamiau, miau, miau,	sentadito en si tejado.
Cuando llego la noticia	que tenía que ser casado,
marramamiau, miau, miau,	que tenía que ser casado.

Con una gatita blanca, sobrina de un gato pardo,
marramamiau, miau, miau, sobrina de un gato pardo.
El gatito de contento, s'ha caído del tejado,
marramamiau, miau, miau, s'ha caído del tejado.
S'ha roto siete costillas el espinazo y el rabo,
marramamiau, miau, miau, el espinazo y el rabo.
El médico le receta, una tacita de caldo,
marramamiau, miau, miau, una tacita de caldo.
Si no la quiere beber, que le den doscientos palos,
marramamiau, miau, miau, que le den doscientos palos.
L'han roto siete costillas, la mitad del espinazo,
marramamiau, miau, miau, la mitad del espinazo.
Ya lo llevan a enterrar por la calle del pescado,
marramamiau, miau, miau, por la calle del pescado.
Las gatitas van de luto, los ratones van bailando,
marramamiau, miau, miau, los ratones van bailando.
Al olor de las sardinas, don Gato ha resucitado,
marramamiau, miau, miau, don Gato ha resucitado.
Por eso dice la gente, siete vidas tiene un gato,
marramamiau, miau, miau, siete vidas tiene un gato.

La siguiente versión sefardí tiene la misma melodía que algunas de las versiones españolas.[22]

Estaba el Señor don Gato, sentadito en su tejado,
maram miau, miau, miau, sentadito en tejado.
Ha recibido una carta, que si quiere ser casado,
maram miau, miau, miau, que si quiere ser casado.
Con una gatita blanca, sobrina de un gato pardo,
maram miau, miau, miau, sobrina de un gato pardo.
El gato fue a darle un beso, se cayó de su tejado,

22. La cantó Alicia Bendayán el 4 de julio de 1983, en Tetuán, Marruecos; Weich-Shahak, *Repertorio Tradicional Infantil Sefardí*, p. 158.

maram miau, miau, miau,   se cayó de su tejado.
Se partió siete costillas,   siete costillas y un brazo,
maram miau, miau, miau,   siete costillas y un brazo.
Ya lo llevan a enterrar,   en una caja de pescado,
maram miau, miau, miau,   en una caja de pescado.
Al olor de las sardinas,   el gato ha resucitado,
maram miau, miau, miau,   el gato ha resucitado.
Por eso dice la gente: siete vida tiene un gato,
maram miau, miau, miau,   siete vida tiene un gato.

Esta versión nuevomexicana sólo se canta, no acompaña ningún juego.[23]

Estaba el señor don Gato   sentado en silla de oro
calzando medias de seda   y zapatito bordado.
Llegó su compadre y dijo   que si quería ser casado,
con una gata morisca   que andaba por el tejado.
El gato, por verla pronto,   cayó del tejado abajo
Se ha rompido tres costillas   y se descoyuntado un brazo.
Venga pronto el médico,   sobador y cirujano,
que venga el doctor Don Carlos,   en doctor don Carlos manda
que maten una gallina   y le hagan sus buenos caldos.
Otro día por mañana   amaneció muerto el gato,
los ratones de alegría   se visten de colorado
las gatos se ponen luto,   las gatas capotes largos
y los gatitos chiquitos dicen   miau, miau, miau.

Mambrú

This well-known song exists throughout Spain and Latin America, where there are different versions from sixteen countries. It also exists among the Sephardim from North Africa. Each song has a story, and this one is particularly interesting because the famous Mambrú who we sang about as children and adults is none other than the Englishman John Churchill, Duke of Marlborough (1650–1722), ancestor to the equally famous Winston Churchill.

The duke carried on a war-filled life and became a general, winning many famous battles. In 1709, the French suffered a great defeat at the hands of British soldiers the duke commanded. For this reason, and as a way to get even, the French started a rumor

---

23. Recitado por Rubén Cobos.

that the duke had died and invented a song that in time became today's famed song about Mambrú.

The lyrics were adapted to the melody of a French song from the sixteenth century called "Convoi du duc Guise." The song about Mambrú became very popular in the eighteenth century and arrived in Spain and America, all the way to New Mexico. The original French version began, "Malbrough s'en va-t-en guerra. . . ." Below we have a Spanish version followed by a Sephardic one from Tetuan (Morocco), sang by Semuel Serfati-Israel and his sister, Mercedes, on July 3, 1997. Finally, Edwin Berry from Tomé sang the traditional New Mexican version.

Esta canción es conocidísima en España y en América Latina, donde se han encontrado diferentes versiones en dieciséis países.[24] También se encuentra entre los sefardíes del norte de África. Cada canción tiene su historia y la de esta es muy curiosa pues el famoso Mambrú que todos hemos cantado de niños y de mayores no era otro personaje que un inglés llamado John Churchill, Duque de Malborough (1650–1722), antepasado del también famoso Wiston Churchill.

El duque llevó una vida militar muy guerrera y llegó a ser general, ganando numerosas y famosas batallas. En 1709 los franceses sufrieron una gran derrota de parte de los ingleses, al mando del Duque de Malborough. Por esta razón los franceses, como para desquitarse, empezaron a correr la voz de que el duque había muerto e inventaron una canción que con el tiempo dio origen al famoso Mambrú de hoy.

La letra de la canción se compuso sobre la música de una canción francesa del siglo XVI llamada "Convoi du duc de Guise."[25] La canción del Mambrú se hizo muy popular en el siglo XVIII y llegó a España y a América hasta Nuevo México. La versión original francesa comenzaba así:

Malbrough s'en va-t-en guerra,   mironto, mironton, mirontaine,
Malbrough s'en va-t-en guerra,   ne sait quand reviendra,
ne sait quand reviendra.
Il reviendra z'a Pâques   ou à la Trinité.
La Trinité se passe   Malbrough ne revient pas . . .

He aquí una versión española:

24. Díaz Roig, *Romancero Tradicional de América*, p. 185.
25. Calles Vales, *Cancionero Popular*, pp. 188–89.

Mam - brú se fué a la gue - rra, qué do - lor, qué do - lor, qué pe - na. Mam -
brú se fué a la gue - rra, no sé cuán - do ven - drá, do, re, mi, do, re
fa, no sé cuán - do ven - drá.

Mambrú se fue a la guerra,
Mambrú se fue a la guerra,
do, re, mi, do, re, fa,

qué dolor, qué dolor, qué pena,
no sé cuándo vendrá,
no sé cuándo vendrá.

Si vendrá por la Pascua,
si vendrá por la Pascua,
do, re, mi, do, re, fa,

qué dolor, qué dolor, qué guasa,
o por la Trinidad,
o por la Trinidad.

La Trinidad se acaba,
la Trinidad se acaba,
do, re, mi, do, re, fa,

qué dolor, qué dolor, qué rabia,
Mambrú no viene ya,
Mambrú no viene ya.

M'he subido a la torre,
m'he subido a la torre,
do, re, mi, do, re, fa,

qué dolor, qué dolor, qué corre,
a ver si aun vendrá,
a ver si aun vendrá.

Allí viene su paje,
allí viene su paje,
do, re, mi, do, re, fa,

qué dolor, qué dolor, qué traje,
¿qué noticias traerá?
¿qué noticias traerá?

Las noticias que traigo,
las noticias que traigo,
do, re, mi, do, re, fa,

qué dolor, qué dolor, qué me caigo,
dan ganas de llorar,
dan ganas de llorar.

Que Mambrú ya sa muerto,
aue Mambrú ya sa muerto,
do, re, mi, do, re, fa,

qué dolor, qué dolor, qué tuerto,
lo llevan a enterrar,
lo llevan a enterrar.

En caja d'terciopelo,
en caja d'terciopelo,
do, re, mi, do, re, fa,

qué dolor, qué dolor, qué pelo,
con tapa de cristal,
con tapa de cristal.

En lo alto de la tumba,	qué dolor, qué dolor, qué zumba,
en lo alto de la tumba,	dos pajarillos están,
do, re, mi, do, re, fa,	dos pajarillos están.

Cantando pío, pío,	qué dolor, qué dolor, qué lío,
cantando pío, pío,	cantando el pío pá,
do, re, mi, do, re, fa,	cantando el pío pá.

Mambrú, versión de Tetuán (Marruecos). Cantada por Semuel Serfati-Israel y su hermana Mercedes el 13.7.1997.[26]

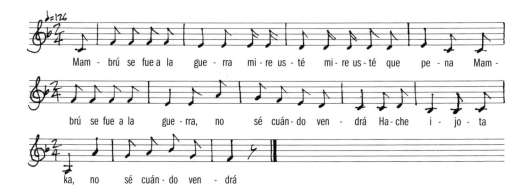

Mambrú se fue a la guerra,	mire usté, mire usté qué pena,
Mambrú se fue a la guerra,	no sé cuándo vendrá.
h-i-j-k,	no sé cuándo vendrá.

Si viene pa'la Pascua	mire usté, mire usté qué guasa,
si viene pa'al Pascua	o para la Navidad,
h-i-j-k,	o para la Navidad.

Edwin Berry de Tomé cantaba esta versión tradicional nuevomexicana.

Mambrú se fue a la guerra,	¿no sé cuándo vendrá?
¿Si vendrá por la Pascua,	o por la Navidad,
o por la Navidad,	o por la Navidad?

Ya veo venir un paje,	miren, ¡Dominus! ustedes,
¡qué salvaje!	Ya veo venir un paje,
¿qué noticias traerá,	qué noticias traerá? (bis)

---

26. Weich-Shahak, *Repertorio Tradicional Infantil Sefardí*, p. 149.

La noticia que traigo,	miren, ¡Dominus! ustedes,
¡qué me caigo!	la noticia que traigo,
Mambrú se ha muerto ya,	Mambrú se ha muerto ya. (bis)

Debajo de un sabino,	miren, ¡Dominus! ustedes,
¡qué me empino!	debajo de un sabino,
lo van a sepultar,	lo van a sepultar. (bis)

Los padres malancota,	miren, ¡Dominus! ustedes,
¡qué pelota!	los padres malancota,
lo van a sepultar,	lo van a sepultar. (bis)

El Piojo y la Pulga

These songs about the marriages of lice and fleas or nits are *romances de relación*.[27] They are widespread throughout Spain and Latin America. The following version is of Andalusian origin and recalls the fable that Quevedo details in *Las Bodas de Don Repollo y Doña Berza*. María Ramos Salvador recited it. The New Mexican version belongs to the first volume of *¿Juguemos Niños?* from Aspectos Culturales de Santa Fe (12–13).

Las bodas o casamientos de pulgas y piojos, o liendres, son romances de relación y están muy extendidos por España y América Latina. La siguiente versión es de origen andaluz y recuerda la fábula que detalla Quevedo de *Las Bodas de Don Repollo y Doña Berza*. Fue recitado por María Ramos Salvador.

Los Piojos y Pulgas	se quieren casar,
por falta de trigo	no se casarán,
y dice la hormiga	desde su hormiguero:
—Háganse las bodas	yo llevo un granero.
Pobres de nosotros,	trigo ya tenemos,
por falta de carne	no nos casaremos.
Y dice le lobito	desde su alto cerro:
—Háganse las bodas,	yo llevo un becerro.
Pobres de nosotros	carne ya tenemos,
por falta de vino	no nos casaremos.
Y dice el mosquito	desde su mosquitero:

---

27. Rubén Cobos defines the relación as "a type of folk song dealing with some absurdity as a theme and narrating exploits of animals or insects in an exaggerated manner"; Jack Loeffler, *La Música de los Viejitos* (Albuquerque: University of New Mexico Press, 1999), 2.

—Háganse las bodas,
Pobres de nosotros
por falta de agua,
Y dice la rana
—Celebren las bodas
Pobres de nosotros,
por falta de cama
Y dice el erizo
—Háganse las bodas
Pobres de nosotros,
por falta de casa
Y el topo responde
—Háganse las bodas,
Pobres de nosotros,
pero sin padrinos
Y el grillo y la grilla
—Háganse las bodas
Pobres de nosotros,
por falta de cura
Y dice el lagarto
—Háganse las bodas
Pobres de nosotros,
mas sin convidados
Gallinas y gallos
para ir a las bodas
Salen de la iglesia,
pero en el camino
—Señores, ¿Qué pasa?
—Se los han comido

que yo llevo un pellejo.
vino ya tenemos,
no nos casaremos.
desde su gran charco:
yo llevo los vasos.
agua ya tenemos,
no nos casaremos.
con su suave lana:
yo tengo la cama.
cama ya tenemos
no nos casaremos.
desde su topera:
que yo haré casa nueva.
casa ya tenemos
no nos casaremos.
dicen muy contentos:
padrinos seremos.
padrinos tenemos
no nos casaremos.
en su cueva oscura:
que yo seré el cura.
cura ya tenemos
no nos casaremos.
se ofrecen gustosos
de pulgas y piojos.
todos muy alegres
los novios se pierden.
¿Dónde están los novios?
gallinas y pollos.

Esta versión nuevomexicana pertenece al primer volumen de *¿Juguemos Niños?* de Aspectos Culturales de Santa Fe (pp. 12–13).

Coro: Lo tiro, lo tiro, lo tiro liro, liro,
lo tiro, lo tiro, lo tiro, liro, la.
Lo tiro, lo tiro, lo tiro liro, liro,
lo tiro, lo tiro, lo tiro, liro, la.

El Piojo y la Pulga se van a casar
pero no se casan por falta de pan.

Coro.

¡Bendito sea el cielo, que todo tenemos!
Pero en lo de harina, ¿ahora sí, qué haremos?
Contesta el borrego desde su corral:
—Que siga la boda, yo doy un costal.

Coro.

¡Bendito sea el cielo, que todo tenemos!
Pero ahora la manteca, ¿dónde la hallaremos?
Contesta el cochino desde su trochil:
—Que siga la boda, yo daré un barril.

Coro.

¡Bendito sea el cielo, que todo tenemos!
Pero de la sal, ¿ahora sí qué haremos?
Dijo la gallina desde el gallinero:
—Que siga la boda, que yo pondré el salero.

Coro.

Albricias, albricias, que sal ya tenemos.
Pero ahora la carne, ¿dónde la hallaremos?
Responde la loba desde aquellos cerros:
—Que siga la boda, que yo doy dos becerros.

Coro.

¡Bendito sea el cielo, que todo tenemos!
Pero ahora quién baile, ¿dónde hallaremos?
Responde una mona desde su nogal:
—Que siga la boda, que yo iré a bailar.

Coro.

¡Bendito sea el cielo, que todo tenemos!
Pero de quién cante, ¿ahora sí, qué haremos?
Contesta la rana desde su ranal:
—Que siga [la?] boda, que yo iré a cantar.

Coro.

El Piojo y la Pulga se van a casar
pero no se casan por falta de padrino.
Contesta el ratón con su desatino:
—Amarren al gato, yo seré el padrino.

Coro.

Se acabó la boda y hubo mucho vino,
se soltó el gatito y se comió al padrino.

Coro.

La Rana

Two main branches of this song exist in Spain out of which derive innumerable versions.
One is "Estando la Mora" and the other, better known in America, is "Estaba la Rana."
These two meet among the Sephardim of northern Africa and Eastern Europe all the way
to Turkey. The first is a traditional Spanish version, the second Sephardic. Last, we have a
New Mexican version, identical to the Spanish one even in its melody.

Existen dos ramas principales de esta canción en España de la que derivan un sin fin de versiones.
Una es la de "Estando la Mora" y la otra, más conocida en América, "Estaba la Rana." Las dos
ramas se encuentran también entre los sefardíes del norte de África y de Europa del este hasta
Turquía. La primera es una versión tradicional española y comienza así:

Estando la mora en su moral,   vino la mosca y le hizo mal.
La mosca a la mora   en su moralito sola.
Estando la mosca en su lugar   vino la araña y le hizo mal.
La araña a la mosca,   la mosca a la mora,
en su moralito sola.
Estando la rata . . .
Estando el gato . . .
Estando el perro . . .
Estando el palo . . .
Estando el fuego . . .
Estando el agua . . .
Estando la vaca . . .
Estando el toro . . .

Veamos ahora una versión sefardí de la mora.

Estaba con la mora   en su buen estado
Y vino la mošca   por hacerle mal:

La mošca a la mora,
la mošca la mezquina;
triste de la mora
que por los campos vola,
más triste del mezquino
que por los campos vino.
Estaba con la mošca . . . , el rato . . . , el gato . . . , el perro . . . , el palo . . .
Estab con su fuego
en el buen estado
y vino el agua
por hacerle mal:
el agua al fuego,
al fuego al palo,
al palo al perro,
al perro al gato,
al gato al rato,
el rato a la mošca,
la mošca a la mora,
la mošca a la mezquina;
trista de la mora
que por los campos vola,
más triste del mezquino
que por los campos vino.[28]

La siguiente versión nuevomexicana es idéntica a otra versión española, incluso en la tonada.

Estaba la rana sentada
cantando debajo del a—gua.
Cuando la rana
se puso a cantar,
Vino la mosca
y la hizo callar.
La mosca a la rana,
que estaba sentada
cantando debajo del a—gua.
Cuando la mosca
se puso a cantar,
vino la araña
y la hizo callar.
La araña a la mosca,
la mosca a la rana
que estaba sentada
cantando debajo del a—gua.
Cuando la araña
se puso a cantar,
vino el pájaro
y la hizo callar . . .
El ratón al pájaro . . .
El gato al ratón . . .
El gato al ratón . . .
El perro al gato . . .
El hombre al perro . . .
La suegra al hombre . . .
Cuando la suegra
se puso a cantar,
ni el mismo diablo
la hizo callar.

28. Cantado por Regina Fizdel el 1 de mayo de 1993 en Samokov, Bulgaria, y recogido por Weich-Shahak, *Repertorio Tradicional Infantil Sefardí*, pp. 196–97.

CHAPTER 11

New Mexico Mission Music Schools in the Seventeenth and Eighteenth Centuries

THE HISTORY OF THE United States usually taught in the country completely fails to mention that in early seventeenth-century New Mexico there existed "schools of reading and writing, singing, and playing all instruments . . . [and] of all crafts."[1] These were the first schools of the western European tradition in what would later be a territory and finally a state of the United States. United States history texts continue to state that the cradle of American musical education was in Boston, Massachusetts. This is not the case, for more than a decade before the first Pilgrims landed in North America, the music schools mentioned above were already well established in New Mexico. Curiously enough, just as New Mexico pioneered in music schools in its setting, so too on the old continent, Spain established the first music schools of Europe, which the great Arab musician, Ziryab, founded between the years 822 and 825 in Córdoba.[2]

Music and song were expressions of the Christian liturgy since the beginning of Christianity. Religious song and music were born of liturgy; they were the music and song of adoration and worship.[3] They were not an enhancement within mass or any other divine service but an integral part of the liturgy itself with a specific purpose. Karl Gustav Fellerer explains that "the relation of music to its liturgical function is the central question in the development of church music in all periods of its history."[4] Changes clearly

occurred throughout the centuries in the form of thinking about and expressing the relationship of music, song, and liturgy, but the function of these remained well defined.[5]

Music played a very important role during the time of the Spanish conquest in the sixteenth and seventeenth centuries. As we have seen earlier, the crown and church of Spain sought ways to extend their frontiers and kingdoms as far as possible. We cannot separate the methods of conquest these two giants used, which later caused problems in most of New Spain's provinces produced by the constant friction between church and state.

In the late fifteenth century in Spain, with the conquest of Granada, the last Islamic kingdom in the peninsula, a Spain of many kingdoms, but one religion, was created. The kingdom of Castile was first among equals and wielded sovereignty over all regions of New Spain. The Roman Catholic Church brought with it all the musical production and instruments needed for its performance to the farthest reaches over which Spanish dominion extended. The latter half of the fifteenth century saw the consolidation of Spanish polyphonic song, which Alfonso the Magnanimous had promoted earlier and had developed during the reign of Isabel la Católica. At that time, both secular and religious music and polyphonic song were highly popular in Spain. It was an era when music flourished generally throughout Europe, and Spain took on an important musical leading role. This was particularly demonstrated with the appearance of the *capillas musicales* (ensembles of singers and musicians).[6] Both of the Reyes Católicos had their own group of musicians. Isabel had a group of twenty singers, one or two organ players, and between fifteen to twenty-five choir boys. For his part, Fernando had in 1515 an ensemble of forty-one Spanish musicians.[7]

The king's group in 1477 had a range of musicians. The *maestro de capilla* (musical director) was in charge of musical composition and the other musicians. Different singers sang the polyphonic pieces, among whom were a tenor, a treble (probably a countertenor), a contralto, two priests who were singers, a contrabass, a musician probably playing either the lute or vihuela, and a cantor, a soloist who would intone or chant the introduction to some of the religious hymns and lead the singing. He also had four minstrels and seven trumpet players. Of these, some played the organ, Renaissance guitar, and lute, while others accompanied the king in his processions.[8]

Religious music developed in the Spanish cathedrals, where the great musicians of the time trained and worked. The maestro de capilla filled an important role under the direction of ecclesiastical authorities. We can thus imagine how music became an instrument of vital importance in the evangelization of New Spain. Moreover, music was "the umbilical cord to the peninsula they had left behind, which at the same time slipped into the ears of people in the New World."[9]

The first solemn mass sung in the New World resounded on the island of Santo Domingo in 1494.[10] The first to teach the musical art and construction of instruments were the first three Flemish priests who reached Mexico.[11] The most distinguished among them was Francesco Petrus van Gent, better known by his Spaniard name, Fray Pedro de Gante. By 1524 he had established a school of religious music.[12] The classes consisted of reading *cantus planus* (plainchant), *canto de órgano*,[13] and *canto figurado*,[14] as well as constructing and playing instruments.[15] In 1533 Fray Jacobo de Testera related that the indigenous children were skilled in plainchant, canto de órgano,

Fig. 11.1. "Book Two—Canto de Organo." / "Libro Segundo—De Canto de Organo" de la *Declaración de Instrumentos Musicales* de fray Juan de Bermudo, 1555.

and counterpoint singing and had made songbooks and also taught others the musical art.[16] In just a few years, music in its evangelizing role went far beyond what was expected, as the following writings of 1540 confirm:

> After a few years [the Indians] had become so enthusiastic [about European music] that Bishop [Zumárraga] lamented that music converted the Indians far more than did sermons and that the native people came from far away to hear the music and were willing to struggle to understand it.[17]

It seems that in the mid-sixteenth century there was what the Spaniards considered an excessive number of instruments in indigenous hands. In some Mexican churches, the solemnity of services was equal to or more extravagant than those in Spain. They included enormous choirs, such as one said to have one hundred and twenty Indian singers, besides the musicians who played *chirimias*,[18] dulzainas,[19] *sacabuches*,[20] trumpets, and cornets. In some monasteries they even had viole da gamba.[21] It is uncertain whether the choirs were actually that large, but we do know that many choirs did exist, and some places had up to two. Luis Weckmann believes that "one generation was enough to transfer from the Old World to New Spain the whole apparatus of European musical culture."[22] At that time music and song were so up-to-date that even some of the conquistadores were themselves musicians and instructors. "Some of the conquistadores who played an instrument had students to whom they taught the corresponding techniques: Benito Bejel taught the fife, Maese Pedro the harp, and Ortiz[23] the vihuela [early guitar]; the violinist and conquistador, Alfonso Morón, also gave classes of viola in Colima."[24] According to documents of the time, at the Easter mass on Sunday of Resurrection celebrated in San Juan de Ulúa in 1519, many soldiers trained in counterpoint singing added their fine voices.[25]

The first composer in the Americas was a priest from Extremadura, Hernando Franco, a native of the town of Alcántara. He arrived to the New World in

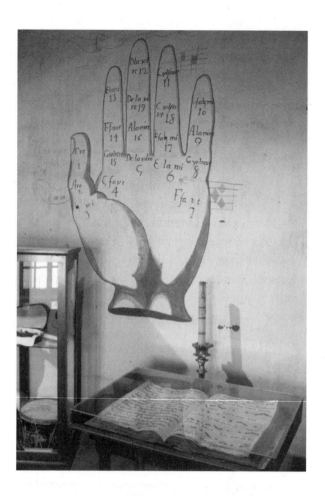

Fig. 11.2. San Antonio de Padua mission, California. / Misión de San Antonio de Padua, California. Photo by Tom Lozano.

1554 and in 1575 became the maestro de capilla of the cathedral in Mexico City, serving until his death in 1585.[26] Mexico's musical activities were thus in full flower by the time Oñate arrived in New Mexico. Mexico's ecclesiastical centers necessarily included music schools, and this model was taken to the province of New Mexico as part of the colonial framework, giving rise to ecclesiastical centers with music schools of their own. Fray Alonso de Benavides's *Memorial* contains abundant information about the early times in colonial New Mexico. It was published in Madrid in 1630, making such a great impression in Europe that a year later it was translated and published in French and Dutch. In 1634 it was published once again, this time translated into Latin and German.

The first music instructor in what is today the United States was a Mexican brother of the Franciscan Order, Cristóbal de Quiñones. He arrived in 1598 as part of Juan de Oñate's colonizing expedition. He mastered the Keres language and established San Felipe's church, hospital, and friary, as well as the choir (*capilla de músicos*).[27] "He asked for organs and music for the celebration of mass, and through their devoted hard work, the Indians learned and became skillful singers for the religious services."[28] In 1600, Bernardo de Mata, great musician of his time, arrived in America. An acclaimed figure, the documents of the time said

> Fray Bernardo de Mata, a Catalan, traveled to New Mexico [in 1606] under the oath of obedience; . . . he was a great musician, called by many the organist of heaven. He taught the natives in many pueblos to play and sing. He [died] in the convento of Zia in New Mexico on September 18, [1]635.[29]

Another master musician we cannot fail to mention was Fray García de San Francisco y Zúñiga. He "founded the pueblo of Nuestra Señora del Socorro, . . . adorned the church and sacristy with ecclesiastical neatness, [providing] rich ornaments, an organ, music, and an orchard, which produced wine for itself and for many conventos."[30]

Another Franciscan brother skilled in the musical art was Fray Roque de Figueroa.

> [Father Figueroa was] well known in this kingdom for his great prudence, virtue, and knowledge, endowed with so many graces, and those most necessary and important for administering and teaching Indians divine worship: excellence in ecclesiastical singing, counterpoint singing, and plainchant, as well as skill in playing chorus instruments such as the organ, dulcian, and cornet.[31]

This citation is most interesting because these words, written in 1632 by Fray Estevan de Perea himself who was custos of the province of New Mexico, reveal the importance of song and music at that time.[32] They were in fact indispensable within holy services, linked as they were to the liturgical ritual. We must remember, therefore, that music, singing, and performance of one or another instrument were subjects that all Franciscan brothers studied during their years of seminary. We

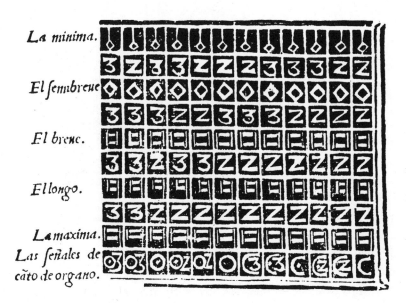

Fig. 11.3. "Book Three—Canto de Organo." / "Libro Tercero—De Canto de Organo" de la *Declaración de Instrumentos Musicales* de fray Juan de Bermudo, 1555.

may infer from this that all brothers of the Franciscan Order taught music in the missions to some degree. Some brothers had more talent than others and more skill with certain instruments or songs, yet in general, we may consider them as the first body of teachers in the musical arts.

They began by teaching first Indians and then Spaniards. The only settlement of Spanish families at that time was the Villa de Santa Fe, head of the kingdom. In spite of this, the villa lacked the most important edifice, the church, as Fray Benavides reveals in his *Memorial*:

. . . the religious attended first to building the churches of the Indians they were converting and with whom they were ministering and living. And so as soon as I came in as Custodian [1622] I commenced to build the Church and Monastery—and to the honor and glory of God our Lord, it would shine in whatsoever place. There already the Religious teach Spaniards and Indians to read and write, to play [instruments] and sing, and all the trades of civilization [policia][*sic*].[33]

Indeed, there was not a single place with a church that did not have a school of music, as the following text confirms:

In every town where the religious live, there are schools of prayer, singing, playing [instruments], and other curiosities. At daybreak, one of the Indian singers, according to his weekly turn, rings the matin bell, at the sound of which all students attending those schools arrive and sweep them thoroughly, and the singers sing in the choir, all of which is the religious supervises . . .

The vesper bell is rung again at vespers and the weekly singers come to sing. According to the solemnity of the feasts and masses, they celebrate them with canto de órgano.[34]

We learn from the above text that singers rotated weekly, which allowed all individuals to learn all the duties. Music and song formed an active part of daily mission life, occupying an important place within religious and doctrinal functions. There was plenty of manual and spiritual activity, in imitation of the Mexican missions established before New Mexican ones, that put into practice the maxim *ora et labora*, reflecting the spirit of the religious orders.

Where they teach them to pray all the Christian Doctrine, and good customs; [and] even so [they teach] the boys to read and write and to sing. For it is [a thing for which] to praise the Lord to see in so little time so many chapels with the organ-chant [canto de órgano]. And even so all the crafts and trades for human use—such as tailors, shoemakers, carpenters, blacksmiths, and the rest, in which they are already very dexterous . . . since never do the Matins at nightfall fail, and the other hours; and high Mass at its time. And the monasteries [friaries] [are] with so much concert that they appear rather sanctuaries. . . .[35]

Following, we learn that three masses and instruction in Christian doctrine were held daily, "and the boys and girls who always come morning and evening to the Doctrine, attend with very great care [and] without fail, and the choristers in the chapels change about by their weeks [week by week], and sing every day in the church, at their hours, the Morning Mass, High Mass, and Vespers, with great punctuality."[36] For feast days and special occasions, solemn masses were celebrated. The fact that they regularly sang so many masses calls into question what exactly they sang. Below are the rules for sung masses according to the *Ceremonial y Manual de 1660* of the Franciscan Order:

Text

At the sung mass, the priest intones the "Gloria in Excelsis," Creed, "Deus vobiscum" ["Dominus vobiscum"], and the "Oremus." Before the prayers and before the "Offertorio," "Prefacio," "Pater Noster." "Pax Domini" and the prayers *post*

comunionem. The other prayers, which the priest says in a loud, clear voice during spoken mass are said in a soft voice during the sung mass.

Gloss

In our province, where masses are celebrated without priests, [we] add to what the text indicates must be sung, what the deacon was to sing, that is, the "Flectamus Genua," the Gospel, "Ite Missa est," or the "Benedicamus Domino," or the "Requiescant in pace." The chorus sings the "Introito," "Kyries," "Gloria," "Gradual," "Alleluia," "Tracto," "Sequentia," and the epistle is sung by the religious who is to sing it, according to the type of mass. . . . Also sung are the Creed, "Offertorio," "Sanctus," "Agnus Dei," and the Communion, and [we] respond to the celebrant all that is to be responded.[37]

Instruments adding to the voices of singers, bestowing even greater solemnity to the chant, accompanied some of these chants. In his *Memorial*, Fray Benavides cites merely three instruments: the bell, trumpet, and chirimía.

> [A]t this opportune time I had them peal the bells [*repicar*, the rapid ringing] and sound the trumpets and clarions [chirimías]—a thing which pleased him much to hear, since it was the first time.
>
> I, to divert him, ordered the singers that they should sing the Salve [Regina] in an organ-chant [canto de órgano] with all solemnity, and with trumpets and clarions [chirimías]. And so in my robes at the altar I sang the collect; and having finished it I sat down in the chair and came back to telling him some words concerning the mystery of the Creation and Redemption, wherewith he remained each time more confirmed in the Faith.[38]

Fray Esteban de Perea mentions three instruments different from those Fray Benavides discusses. These are the organ, dulcian, and cornet. We thus have a total of six instruments in the seventeenth century, according to documents of the period. We also find citations of instruments in other documents, such as in the list of provisions of 1626, which says:

> Eleven newly reformed missals in notebook form, at 15 pesos each.[39]
> A terno[40] [set of three] chirimías and a dulcian.[41]

The following also appears in the list dated 1628 of payments made for provisions sent to New Mexico:

> Eleven choir books at 40 pesos each.[42]
> Three ternos of trumpets at 23 pesos.
> Three ternos of chirimías with their dulcian at 140 pesos each.[43]

The following items in the list of provisions appear a little later, in 1631:

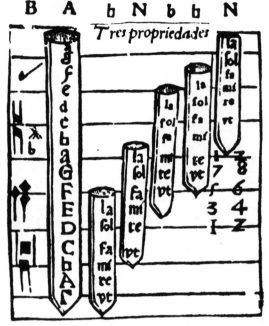

Enla figura infra fcripta efta abreuiada el ar
te de cãto llano, y en los doze capitulos figui
entes declarada.

B   A   ♭   ♮   ♭   ♮

Tres propriedades

Cinco deduciones.   Los modos.

Delas letras yfig
nos del canto llano.   Ca. j.

Fig. 11.5. "Book Two—Plainchant." / "Libro Segundo—
De Canto Llano" de la *Declaración de Instrumentos
Musicales* de fray Juan de Bermudo, 1555.

Every five [Franciscans], a terno of chirimías with
their dulcian.
Every five, a terno of trumpets.
Every five, three sung sanctorale books.[44]

There must have been a good number of chirimías,
dulcians, trumpets, and cornets around the mid-sev-
enteenth century. Regarding organs, besides those references in the writings of Fray Perea, we merely have
citations to organs that Fray Franco Pérez Guerta pro-

vides in his *Relacion Verdadera* (which will appear
later) and Fray Bartolomé Márquez cites from 1664,
shown below. These last two friars made a thorough,
detailed list of every mission, from which we learn that
most had organs.

San Ildefonso has . . . a choir [capilla de música],
   and an organ.
Santa Clara has . . . a choir and organ.
Nambe has . . . a choir, and an organ.
Santo Domingo has . . . a choir, an organ, and
   many musical instruments.
San Felipe has . . . a choir, an organ, and other
   musical instruments.
Pecos has . . . [an] organ and choir.
Galisteo has . . . an organ and choir.
Chilili has . . . a choir and organ.
Tajique [Taxique] has a . . . choir and organ.
Cuarac [Cuarec] has . . . an organ and choir.
Abó has a[n] . . . organ and choir.
Jemez [Gmex] has . . . a choir and organ.
Sia has a . . . choir, and organ.
Sandia has . . . a choir and organ.
Isleta has . . . very good music and organ.
Alameda has . . . music and organ.
Ácoma . . . has a choir and organ.
Oraibi has . . . a choir with many (musical)
   instruments.
Picuris has . . . music.[45]

From the list of twenty-six missions (administrative centers of the pueblos) Fray Bartolomé Márquez
mentioned, we learn that most, nineteen, had musical activity. We also find out that seventeen missions
had an organ. Another reference from the mid-seven-
teenth century confirms that Santo Domingo indeed
had an organ. This reference, from Fray Franco Pérez
Guerta, says that "having fulfilled [their] obligations,
[they] mounted their horses and the father commissary
took the governor to the Santo Domingo convento to
repose, whereupon with chiming bells, organ [music],
*and canto de órgano, they received the open Blessed
Sacrament.*[46]

All this information poses certain questions. Fray Benavides does not speak of organs at all in his *Memorial* nor in any list of provisions. If there had been an organ, he would likely have mentioned it since it was an instrument of major importance within religious music of his time. By contrast, the document Fray Bartolomé Márquez signed still exists, and it cites seventeen organs in seventeen missions.

If in fact there were organs in New Mexico, which seems most probable, they were likely built in the missions themselves, at the craft schools created the Franciscan brothers created. We are used to seeing the organ as a great apparatus built up against a church wall, impressively strong and stable because of its size alone. In reality, though, the opposite is true; the interior mechanisms of an organ are very delicate. Its hinges and joints are made of hide, which dry and tear with changes of season. Likewise, its many wooden channels end up cracking with changes in humidity and temperature. Its bellows get out of balance and its tubes out of tune. Dust obstructs and blocks the conducts and spaces through which air must pass in order for the instrument to breathe. For these reasons, an organ requires constant maintenance and care, so building it in situ is a more practical solution, though in some cases people have transported organs from one place to another.

To bring an organ from Mexico City or its surroundings to New Mexico meant carrying it by wagon. Its weight and size would not have posed a problem, since this was how eighteen bells were transported in the early seventeenth century. The real problem lay in the nature of the instrument, which, being constructed from wood and hide, is quite vulnerable. For an organ, a trip so long would presume exposure to climatic conditions, suffering drastic changes in temperature and humidity along the way. The instrument would likely end up breaking down or in the best of cases, seriously cracking. By the time it arrived in New Mexico, it would need restoration, which in the worst case meant more work than building a new one. The best, most logical option was to build organs in their destined parishes with local woods and hides. This may have been what happened with chirimías, dulcians, and cornets as well, although these were much more stable and easier to transport than organs.

If friars built organs at Mexican missions, could they not have also done so in New Mexico? The Franciscans were highly skilled at making instruments. If indeed they made musical instruments in New Mexico, this province would have had not only the first music schools in the United States, but also the first schools for constructing musical instruments. Here we are simply speculating, since we as yet have no proof to confirm these theories. We must also consider the possibility, however, that besides those instruments cited in memoirs and documents, others may have existed that for some reason or another remained unmentioned.

Fig. 11.6. Laguna Pueblo mission. / Misión del Pueblo de Laguna. Photo by Ben Wittick. Courtesy of Museum of New Mexico, #15592.

Having an approximate idea of the chants and instruments used at the missions during the seventeenth century brings up one more question: since we know with certainty about the abundant musical activity, the existence of written music is indisputable. Such written music was doubtlessly kept in sanctorales, *cantorales*, and antiphonaries that contained the music sung at mass as well as chants the *Manual Ceremonial* designated for each occasion, indicating the proper tones to use.

As we have seen, according to the provisions list, books containing written music meant for singing during religious services did in fact exist. The revolt of the Pueblo Indians in 1680 probably resulted in the destruction of musical manuscripts and instruments, since until this day neither has been found corresponding to that period. Spaniards may have taken some of them to El Paso, which could survive today in some archive in Mexico, but unless that manuscript or instrument contained some reference to New Mexico, determining its origin would be practically impossible. Should something have survived, use and time, together with the region's harsh climate, would most likely have destroyed it. Fray Atanasio Domínguez confirms this a century later, in 1777, in his *Descripción del Nuevo México*, when he lists the contents of San Felipe's sacristy: "three chirimías and two dulcians, already completely broken up, which Father Angel Garcia bestowed,[47] [since] San Felipe . . . [already] had a choir [48] a century earlier, in the late seventeenth century."

Upon the second arrival of Spaniards under Gov. Diego de Vargas, Franciscans reestablished the chain of missions and with them, music and religious song. These, however, did not reach the level of splendor they had enjoyed a century earlier. Fray Atanasio Domínguez describes what he found in Santo Domingo's new church.

A large and solid bench for musicians, who, because of Father Zamora, also have here two guitars and three violins. Here as well is a war chest, which Father Aguilar gave. A second and better one, which Father Zamora gave, contains two bugles.[49]

Domínguez says that in Taos's church there were "an unserviceable violin and guitar,"[50] and in 1769 in Jemez there were "a violin and a vihuela for the church, the latter which [he] acquired here."[51] What could he mean by acquiring it here? Perhaps someone brought it from Mexico and sold it to Fray Joaquín de Jesús Ruiz, or perhaps someone built it in Taos or its surrounding area.

In the same manuscript, Fray Atanasio mentions mission books. The library of Santo Domingo had approximately 328 books.[52] Some, distributed by the missions, were music books, such as those found in San Ildefonso: "a very old missal [and] two old breviaries that, together with the missal, contain some papers with introits and so forth, set to solfeggios for cantors."[53] In the choir of Villa Nueva de Santa Cruz was a small table next to the altar with all the necessary items for sung masses.[54] At the Capilla del Carmen they held sung masses every Saturday and one Sunday a month, where they had "an old missal, a second one in worse condition, and a breviary for the cantor."[55]

Fray Joaquín de Jesús Ruiz, a missionary at Jemez, wrote at about the same time as Fray Atanasio Domínguez. The documents he left are especially important since they mention some of the chants. He states that music was played, though he does not specify what instruments were used, and refers to the cantors, who knew how to read music. Let us see, though, what he himself wrote in 1775:

Mass.
Three choirboys and two helpers are prepared. The oldest one intones softly, and the [unreadable word] responds with the parishioners.

On Sundays after prayers, the choirboys climb to the choir. . . . Musicians play until the chalice is raised and sing the praise of the Blessed Trinity, and the parishioners respond.

Doctrine.
The altar boys process in front of the women, just as at Sunday prayer at church, doing what the

𝔰𝔬 Siguense las entonaçiones delos psalmos

1 *Dixit dominus do mino me o: se de a destris me is.* 2 *Laudate pueri dominum laudate*

nomen domi ni. 3 *Letatus sum in hi js que dicta sunt mi hi: indomu domini ibimus:*

4 *Quare fremuerunt gentes:& populi me di tati sunt in ani a.* 5 *Lauda bierusalem dominum*

lauda de um tu um si on 6 *Laudate dominum omnes gentes: laudate e um omnes populi.*

7 *Deus de us meus: ad te de luce vi gi lo.* 8 *Deus de us meus: ad te de lu ce vi gi lo.*
Vn modo ay irregular, y se canta en las dominicas a las bisperas: y es segundo: el qual se sigue.

In e xitu israel de egipto: do mus iacob de populo barbaro.
Las entonaciones de los psalmos solennes no differen de los simples, sino es en el princi
pio: y por tanto no porne en las entonaciones de los solennes: mas de los principios, segun que
se siguen por su orden, como en las entonaciones delos simples.

Fig. 11.7. "Book Two—Plainchant." / "Libro Segundo—De Canto Llano" de la *Declaración de Instrumentos Musicales* de fray Juan de Bermudo, 1555.

sets of prayers require. They chant the response for the afternoon prayers that include a praise and salutation, while the director chants the verses and prayer.[56]

Guidance of cantors and altar boys.

There are six cantors. They have written on their little boards the office of the sung masses, introits, and graduals: offertories and communions are those of every day according to the missal. Five of them can read, and although the other cannot, he sings what the other five sing. After breakfast, they come to the convent to review the text and the chanting, then depart.

The altar boys arrive with the cantors, review their lesson on how to help at mass, and then depart.[57]

My final question about the two hundred years covering the seventeenth and eighteenth centuries is whether during this time Franciscans or Indians composed religious music in New Mexico. Since the church began, music formed an integral part of liturgy. Because of their music, the Franciscan brothers stood out in their work of conversion. We may recall that they referred to themselves as God's troubadours. In New Mexico they followed the same guidelines they had successfully established in Mexico. During the initial years, when friars founded and built a mission, they did not attempt to create a choir, for they occupied themselves with matters of necessity first. Instead they taught the entire congregation—men, women, and children—to sing the different songs and hymns in unison. Once parishioners acquired ease in their singing, friars began to work on forming a more specialized choir.[58] In the sixteenth and seventeenth centuries, Franciscan brothers in Mexico composed music for mass, thus contributing their own creations to the already extensive repertory they possessed. This also occurred in California in the eighteenth century, where various manuscripts some Franciscans composed in their entirety still remain, as was the case with Fray Narciso de Durán, Fray Juan Bautista Sancho, and Fray Estevan Tapis. If schools of music existed in New Mexico, and if Franciscan friars in both Mexico and California composed their own music, why would they not have done so in New Mexico?

During my research, each time I looked in archives or churches for musical manuscripts written by Franciscans in New Mexico, I encountered the same answer: such manuscripts do not exist and never existed because the Franciscans who arrived in New Mexico "were not educated enough to compose music." Alongside this belief came another assumption: because New Mexico was a poor region, missionaries who came did not have the necessary resources to compose music. These conclusions are incorrect on two counts. First, there is no reason to believe that missionaries arriving in New Mexico were less learned than those who came to other areas. Second, the idea that New Mexico was a poor region does not seem to correspond with documented descriptions of the missions built in the seventeenth century. That period actually marked the golden age of New Mexico missions, to which the crown of Spain granted great quantities of provisions, including bells and musical instruments.

The fact that we possess no musical manuscript from that time does not mean that none existed. We know that musical activity was strong and intense, especially during the seventeenth century, with the use of polyphonic chant and instruments. Besides, we must remember that among the Franciscans who arrived to New Mexico, some were identified as musical virtuosos, according to descriptions of members of the Order. Such is the case with Fray Bernardo de Mata, called the organist of heaven, and Father Fray Roque de Figueroa, skilled in the art of playing various instruments.

Another important point we cannot overlook is the remarkable indigenous participation in this entire process. The image of Indians vanquished under Spanish oppression is one I do not argue with, because Indians were in many cases cruelly subjugated. The cultural confrontation that occurred at that time nevertheless resulted in a valuable fusion of cultures with admirable characteristics. One instance of this is expressed in the artistic creativity that occurred at that time among Indians. Fray Toribio de Motolinía recounts in his *Memoriales* that there were Mexican Indians in the sixteenth century who composed villancicos (pastoral songs) for four voices. More impressive still is that one among them we know of composed an entire mass.

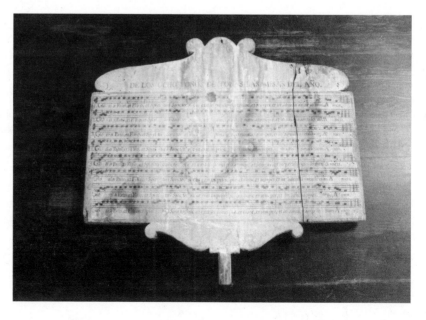

Fig. 11.8. Santa Inés mission, California. / Misión de Santa Inés, California. Photo by Tom Lozano.

Fig. 11.9. Tom Lozano reviewing musical manuscripts in California. / Tomás Lozano revisando manuscritos musicales en California. Photo by Rima Montoya.

Some of these young ones I speak of have written out villancicos [pastoral songs] in four voices in the form of canto de órgano, which seems to be a sign of great ability, since they have not yet been taught composition or counterpoint singing. What has further caused admiration among Spanish singers is that one of the Indian singers from Tlaxcala, composed out of pure talent an entire mass. Very many fine Spanish singers have heard it and say it lacks nothing.[59]

A certain amount of ability, to say the least, coupled with plenty of imagination and inspiration was needed in order to reach the musical levels expressed in the documents of those times. Should this not make us reflect on the possibility that captivity of a different sort had overcome the hearts of Indians and of the Indian composers in particular? How could they otherwise compose and create choruses in four voices simultaneously doubled by instruments playing each voice?

Other Indians employed their musical and artistic abilities in other ways, as Fray Jerónimo de Mendieta explains:

Besides learning to write, Indians also began to rule music lines on paper and place notes for both plainchant and canto de órgano. Using both these musical forms, they made fine books and psalters with thick lettering for the choirs of friars and with large, greatly illuminated lettering for their own choirs.[60]

The history of Michoacán tells of an organ-playing competition between the great Spanish master, Manuel Rodríguez, and the Indian named Francisco who "played everything they asked him . . . astonishing all musicians."[61] In California, to be a member of the choir was a privilege everyone wanted to earn.[62] Fray Felipe Arroyo de la Cuesta of California said that Indians learned very quickly and played their native songs with European instruments.[63] Today many Native Americans are succeeding in the world of music. Why can we then not believe that during the colonial period, some of them, skilled in the art of singing and playing instruments, did not compose their own melodies?

The reality is that until now the period referring to colonial music in New Mexico during the seventeenth and eighteenth centuries is still rather unclear. We hope that future research will help us gain a clear image of how mission music and song developed. Perhaps in some remote place there exists one or more manuscripts waiting to be discovered that will provide answers to our questions.

NOTES

1. Fray Alonso de Benavides, *The Memorial of Fray Alonso de Benavides, 1630, Memorial, En Madrid en la Imprenta Real, Año M.DC.XXX.*, facs. ed., trans. Mrs. Edward E. Ayer, ann. Frederick Webb Hodge and Charles Fletcher Lummis (Albuquerque: Horn and Wallace, 1965), 19, 22.
2. His full name was Abulhasán Alí ben Nafi. For further information on this character, see Julián Ribera, *La Música de las Cantigas, Estudio sobre su origen y naturaleza* (Madrid: Topografía de la Revista de Archivos, 1922), chap. 9, and Antonio Muñoz Molina, *Córdoba de los Omeyas* (Barcelona: Planeta Bolsillo, 1994), chap. 5.
3. Karl Gustav Fellerer, *The History of Catholic Church Music* (Baltimore: Helicon, 1961), 3.
4. Fellerer, *The History of Catholic Church Music*, 2.
5. Fellerer, *The History of Catholic Church Music*, 1.
6. Group of paid musicians belonging to a church or a royal or noble house.
7. Higini Anglés, *La música en la corte de los Reyes Católicos*, vol. 1, *Polifonía Religiosa* (Madrid: Consejo Superior de Investigaciones Científicas, Instituto Diego Velázquez, 1941), 49.
8. Anglés, *Polifonía Religiosa*, 54.
9. Borja Cardelús, *Luces de la Cultura Hispana* (Madrid: Ediciones Polifemo, 2002), 255.
10. Fellerer, *The History of Catholic Church Music*, 100.
11. Weckmann, *La Herencia Medieval de México*, 525.
12. Juan Guillermo Contreras Arias, *Atlas Cultural de México, Música* (Mexico City: Grupo Planeta, 1988), 74. The other two priests who accompanied Fray Pedro de Gante were Fray Juan de Tecto and Fray Juan de Aora.
13. Plainchant is plainsong or homophonic singing or composed melodies placed in a harmonic setting (harmonized) in an ordered rhythmic pattern governed by a time signature. This also refers to the school of knowledge or training to be able to read and perform such a setting and the ability to accomplish the above in a particular plainchant or composed (monophonic) melody line (usually on a keyboard instrument such as the organ, harpsichord, or fortepiano or another continuo-accompaniment instrument such as the lute, vihuela, guitar, or harp), employing given musical conventions of harmony and counterpoint, spontaneously or otherwise. This definition is from John Warren, artistic director of the New World Baroque Orchestra. Fray Juan Bermudo dedicates an entire chapter to "the art of *canto de órgano*" in book 3 of his *Declaración de Instrumentos Musicales, 1555*, facs. ed. (Kassel and Basel: Bärenreiter-Verlag, 1957).
14. Polyphonic as opposed to homophonic chant.
15. María Teresa Suárez, *La Caja de Órgano en Nueva España durante el Barroco* (Mexico City: CENIDIM, 1991), 65.
16. Weckmann, *La Herencia Medieval de México*, 528.
17. Horcasitas, *El Teatro Náhuatl*, 139.
18. Early double-reed instrument, similar to a shawm, still played in rural Spain today.
19. Early soft-toned, double-reed bass instruments, similar to a bassoon.
20. An early S-shaped trombone known in English as sackbut.
21. Horcasitas, *El Teatro Náhuatl*, 144; Weckmann, *La Herencia Medieval de México*, 525–26.
22. Weckmann, *La Herencia Medieval de México*, 528.
23. He may have been related to the master Spanish viola player and composer, Diego Ortiz (b. 1525).
24. Weckmann, *La Herencia Medieval de México*, 527–28.
25. Weckmann, *La Herencia Medieval de México*, 528.
26. Fellerer, *The History of Catholic Church Music*, 101.
27. Fray Agustín de Vetancurt, "Crónica de la Provincia del Santo Evangelio de México" in *Teatro Mexicano* (Mexico City: Imprenta de I. Escalante y Ca., 1870–71), 3:315.
28. Vetancurt (1870–71), "Menologio Seráfico," in *Teatro Mexicano*, 4:137.
29. Fray Agustín de Vetancurt, "Menologio Franciscano," in *Teatro Mexicano, 1698*, facs. ed. (Mexico City: Porrúa, 1982), fol. 103.
30. Vetancurt (1982), "Menologio Franciscano," in *Teatro Mexicano, 1698*, fol. 7.
31. Perea, *Verdadera Relacion, 1632*. Another reference to Fray Roque de Figueroa appears in the *Segunda Relación* of Fray Estevan de Perea, which tells of an open-air mass held in 1629 at which "Father F. Roque, who having such a fine voice and upon

singing the Te Deum during the sung mass, inspired devotion in all."

32. In this case, custodian refers to the superior of a custody, a grouping of Franciscan monasteries (more likely friaries in this case) too small to form a province.

33. Benavides, *The Memorial*, 23.

34. Fray Alonso de Benavides, *Memorial, 1634*, Scritture Originale Riferite nelle Congregazione General, PROPAGANDA FIDE Archives, Center for Southwest Research, Zimmerman Library, University of New Mexico, 259:251.

35. Benavides, *The Memorial*, 66–67; Benavides, *Memorial, 1634*, 259:250.

36. Benavides, *The Memorial*, 32.

37. Padre fray Diego de Santo Thomas, *Ceremonial y Manual, Sacado del Missal Romano de Pio V. Reformado por la Santidad de Clemente VIII, y Urbano VIII. Ajustado al estilo estrecho, reformado de los Religiosos Descalços de N.P.S. Francisco de la Provincia de San Diego desta Nueva España* (Mexico City: Iuan Ruyz, 1660), 102; composed and arranged by Fray Diego de Santo Thomas. There is an extensive variety of hymns for use within the different celebrations of the liturgical cycle, which we can observe in the *Ceremonial y Manual*.

38. Benavides, *The Memorial*, 50, 51.

39. Pesos was the name given to coins of that time.

40. Terno: from Latin, *ternus*, meaning a grouping of three items belonging to the same species.

41. AGI, Contaduría, legajo 726, Center for Southwest Research, Zimmerman Library, University of New Mexico.

42. AGI, Contaduría, legajo 728, fol. 378, Center for Southwest Research, Zimmerman Library, University of New Mexico.

43. AGI, Contaduría, legajo 728, fol. 385, Center for Southwest Research, Zimmerman Library, University of New Mexico.

44. BNM, legajo 1, n. 9, Center for Southwest Research, Zimmerman Library, University of New Mexico.

45. France V. Scholes, "Documents for the History of the New Mexican Missions in the Seventeenth Century," *New Mexico Historical Review* 4 (January 1929): 47–50.

46. Fray Franco Pérez Guerta, *Relacion Verdadera*, AGN, Inquisición, vol. 316, fols. 149–74, Center for Southwest Research, Zimmerman Library, University of New Mexico.

47. *Descripción del Nuevo México*, 269.

48. Vetancurt (1982), "De los sucessos religiosos," in *Teatro Mexicano, 1698*, 4p. t. 3, fol. 100.

49. *Descripción del Nuevo México*, 210.

50. *Descripción del Nuevo México*, 167.

51. *Descripción del Nuevo México*, 296.

52. *Descripción del Nuevo México*, 296. A list of the library's books can be found on 364–73.

53. *Descripción del Nuevo México*, 94.

54. *Descripción del Nuevo México*, 104, 106–7.

55. *Descripción del Nuevo México*, 114.

56. Fray Joaquín de Jesús Ruiz, *Observaciones (1775)*, BNM, legajo 10, n. 20, Center for Southwest Research, Zimmerman Library, University of New Mexico.

57. Ruiz, *Observaciones*, legajo 10, n. 12.

58. Rev. Owen da Silva, OFM, *Mission Music of California* (Los Angeles: Warren F. Lewis, 1941), 6.

59. Contreras Arias, *Atlas Cultural de México, Música*, 73.

60. Fray Jerónimo de Mendieta, *Historia Eclesiástica Indiana* (Mexico City: Porrúa, 1971), 410.

61. Suárez, *La Caja de Órgano*, 63.

62. da Silva, *Mission Music of California*, 7.

63. da Silva, *Mission Music of California*, 5.

Escuelas Musicales en las Misiones de Nuevo México, siglos XVII y XVIII

LA HISTORIA DE LOS Estados Unidos que normalmente se enseña a lo largo y ancho del propio país ignora por completo que a principios del siglo XVII existían en Nuevo México "escuelas de leer y escribir, cantar, y tañer todos instrumentos . . . [y] escuelas de todas artes."[1] He aquí pues, las primeras escuelas de tradición occidental europea en lo que más tarde sería territorio y posteriormente estado de los Estados Unidos de América. Estas siguen ignorándose aun hoy día, en todos los libros de texto que niños y jóvenes leen desde las escuelas primarias hasta el *college* y las universidades. Pero no sólo eso, la historia de los Estados Unidos de América sigue creyendo y publicando que la cuna de la educación musical americana se halla en Boston, en el estado de Massachusetts. No es así, pues más de una década antes de que los Pilgrims desembarcaran en Norte América, estas escuelas de música de las que hablamos estaban ya bien establecidas en Nuevo México. Es curioso que así como Nuevo México fue pionero en su entorno en escuelas de música, también en el viejo continente, España tuvo la primera escuela musical de Europa, fundada en la ciudad de Córdoba por el gran músico árabe Ziryab, entre los años 822 y 825.[2]

La música y el canto fueron expresiones de la liturgia cristiana desde los principios del cristianismo. Los cantos y música religiosa provenían directamente de la liturgia, es decir, eran la música y el canto *del* culto y

para el culto y la adoración.[3] No eran un adorno dentro de la misa o de cualquier otro servicio divino, sino parte integral de la propia liturgia y con un propósito concreto. Karl Gustav Fellerer nos da entender que "la relación de la música a su función litúrgica es el tema central en el desarrollo de la música eclesiástica a lo largo de su historia."[4] Por supuesto, a través de los siglos hubo cambios en la forma de pensar y expresar la relación entre la música y el canto en la liturgia, pero su función siempre se mantuvo bien definida.[5]

La música durante el tiempo de la conquista (siglos XVI y XVII) jugó una parte muy importante. Como hemos visto a lo largo de otros capítulos, la corona y la iglesia española buscaron la manera de extender sus fronteras y sus reinos tanto como les fuera posible. No podemos separar los métodos de conquista utilizados por estas dos instituciones y que más tarde acarrearían problemas en la mayoría de las provincias de la Nueva España, producidos por los roces y fricciones constantes entre iglesia y estado.

En España a finales del siglo XV, tras la unificación de los reinos cristianos y la conquista del último reino islámico en la península, Granada, se creó un reino católico soberano en todos los aspectos. Este fue el reino que se exportó en su totalidad a todas las regiones de la Nueva España. La iglesia católica llevó consigo toda su producción musical y los instrumentos necesarios para su ejecución hasta los lugares más remotos del dominio español. La segunda mitad del siglo XV acababa de consolidar el canto polifónico español, impulsado anteriormente por Alfonso el Magnánimo y desarrollándose durante el reinado de Isabel la Católica. En esa época, la música y el canto polifónico, secular y religioso, fueron muy populares en España. Fue un momento de florecimiento musical general en toda Europa, en el que España tomó un importante protagonismo musical. Esto se manifestó especialmente a través de las capillas musicales.[6] Cada uno de los Reyes Católicos tenía su propio conjunto de músicos. La reina Isabel tenía un conjunto de veinte cantores, uno o dos organistas y entre quince a veinticinco mozos de capilla. Por su parte, el rey Fernando tenía en 1515 una capilla de cuarenta y un músicos españoles.[7]

El conjunto musical del rey en 1477 estaba dispuesto de la siguiente manera: Constaba de un maestro de capilla que era el encargado de las composiciones musicales y de los demás músicos. Tenía varios cantantes para ejecutar los cantos polifónicos. Estos eran un tenor, un tiple (probablemente un contra-tenor), un contralto, dos capellanes cantores, un contrabasus y un tañedor (probablemente de laúd o vihuela) y cantor (solista que dirigía el canto y entonaba o cantaba la introducción de algunos himnos religiosos). Además, tenía cuatro ministriles y siete trompetas, unos para tañer el órgano, guitarra renacentista y laúd y otros para acompañar al rey en sus procesiones.[8]

La música religiosa se desarrolló en las catedrales españolas y los grandes músicos de la época se formaron y trabajaron en ellas. El maestro de capilla representó un papel importante dirigido por las autoridades eclesiásticas. Podemos imaginar, pues, como la música fue instrumento de vital importancia en la evangelización de la Nueva España y no sólo eso sino que además fue "el cordón umbilical con la Península que habían dejado lejos, y al mismo tiempo se [fue] deslizando en los oídos de las gentes del Nuevo Mundo."[9]

La primera misa solemne cantada en el Nuevo Mundo resonó en la isla de Santo Domingo en 1494.[10] Los primeros en enseñar el arte musical y la construcción de instrumentos fueron los tres primeros frailes flamencos llegados a México.[11] El más destacado entre ellos fue Francesco Petrus van Gent, mejor conocido por su nombre españolizado, fray Pedro de Gante. Para el año 1524 este había establecido ya una escuela musical religiosa.[12] Las clases musicales que impartían consistían en la lectura del canto llano, canto de órgano,[13] canto figurado,[14] así como el tañer instrumentos y la construcción de los mismos.[15] En 1533, fray Jacobo de Testera relata que los niños indígenas eran diestros cantores en el canto llano, de órgano y de contrapunto, que hacían libros de canto y a su vez enseñaban a otros el arte musical.[16] En pocos años la música en su papel evangelizador se desbordó por completo, tal y como estos escritos de 1540 lo confirman:

> Al cabo de unos cuantos años se habían entusiasmado [los indios] a tal grado [con la música europea] que el obispo [Zumárraga] lamentaba que la música convertía más a los indios que los sermones y que los aborígenes venían de tierras lejanas por oír la música y que estaban dispuestos a luchar por entenderla.[17]

A mediados del siglo XVI, parece que había hasta 'exceso' en la cantidad de instrumentos en manos indígenas. En algunas iglesias en México la solemnidad de los servicios fue tan aparatosa como en España y hasta la superaba. Estas contaban con coros enormes, como uno del que decían que tenía ciento veinte indios cantores, más los músicos que tocaban chirimías, dulzainas, sacabuches, trompetas y cornetas. En algunos monasterios tenían también vigüelas de arco.[18] No se sabe de cierto si los coros realmente fueron tan grandes, pero lo que sí es cierto es que existían muchos coros e incluso en algunos lugares tenían hasta dos. Luis Weckmann sostiene la idea de que "bastó una sola generación para transferir del Viejo Mundo a la Nueva España todo el aparato de la cultura musical europea."[19] La música y el canto en esa época estaban tan al día que incluso algunos de los conquistadores fueron a su vez músicos e instructores. "Algunos conquistadores que tocaban un instrumento, tuvieron discípulos a quienes enseñaron la técnica correspondiente: Benito

Bejel el pífano, Maese Pedro el arpa, Ortiz[20] la vihuela, el violinista y conquistador Alfonso Morón también dio clases de viola en Colima."[21] En 1519, según los documentos de la época, se celebró en San Juan de Ulúa la misa de Pascua del Domingo de Resurrección en la cual muchos soldados instruidos en el canto del contrapunto intervinieron con sus buenas voces.[22]

El primer compositor en las Américas fue el padre extremeño Hernando Franco, natural del pueblo de Alcántara. Llegó al Nuevo Mundo en 1554 y en 1575 fue el maestro de capilla de la catedral de México hasta su muerte en 1585.[23] Vemos pues que las actividades musicales en México seguían en pleno florecimiento para el tiempo de la llegada de Oñate a Nuevo México. En México se construyeron centros eclesiásticos con su escuela de música. Esta pauta se extendió a la provincia de Nuevo México, como parte del marco de la colonia, dando paso a que los centros eclesiásticos nuevomexicanos también tuvieran su escuela musical. Fray Alonso de Benavides escribió un memorial que se publicó en Madrid en 1630 donde podemos encontrar mucha información sobre los primeros tiempos de la colonia en Nuevo México. Su obra debió causar un gran impacto en la Europa, puesto que al año siguiente se publicó traducido al francés y al holandés. En el año 1634 se publicó nuevamente, esta vez traducido al latín y al alemán.

El primer instructor de música en lo que hoy son los Estados Unidos de América, fue el hermano mexicano de la Orden franciscana, llamado Cristóbal de Quiñones. Este llegó en 1598 como parte de la expedición colonizadora de Juan de Oñate. En poco tiempo aprendió a la perfección la lengua de los queres, estableció la iglesia, el hospital, el monasterio de San Felipe y además instituyó la capilla de músicos.[24] "Solicitó para el culto divino órganos y música, y por su diligencia aprendieron los naturales y salieron para el oficio divino diestros cantores."[25] En 1600 llegó a América Bernardo de Mata, gran músico en su tiempo. Los documentos de la época le aclamaban de la siguiente manera:

Fr. Bernardo de Mata, Catalan, [en 1606] le mandò la obediencia fuesse al Nuevo México; . . . fue gran musico, y le llamaban el Organista del Cielo; enseñò à tocar, y cantar à los Naturales en muchos Pueblos. [Murió] en el Convento de Zia en el Nuevo México el año [1]635, en 18 de Septiembre.[26]

Fray García de San Francisco y Zúñiga fue otro de los maestros de música que no podemos omitir. Este "fundò el Pueblo de N. Señora del Socorro, . . . adornò el Templo, y Sacristia de azeo eclesiastico, [colocando] ricos ornamentos, organo, y musica, y de una huerta que sacaba vino para si y para muchos Conventos."[27] Otro de los hermanos franciscanos diestro en el arte de la música fue el Padre fray Roque de Figueroa.

[Fray Roque de Figueroa fue] bien conocido en este Reyno por su mucha prudencia, virtud, y letras, dotado de tantas gracias, y las principales, y mas necessarias para administrar, y enseñar a los Indios en el culto Divino, como son, ser eminente en el canto Eclesiastico, contrapunto, y llano, diestro en los instrumentos del Choro, organo, bajon, y corneta.[28]

Esta cita es de mayor interés, pues, estas palabras escritas del puño y letra de fray Estevan de Perea en 1632, el cual fue custodio de la provincia de Nuevo México, nos revelan la importancia en este tiempo del canto y la música; eran en sí indispensables en el culto divino, totalmente ligados a la liturgia.[29] Por lo tanto, debemos recordar que la música, el canto y la ejecución de algún instrumento eran materias que todos los hermanos franciscanos debían estudiar a su paso por el seminario. De esto podemos deducir que, en mayor o menor escala, todos los hermanos de la Orden de San Francisco enseñaron música en las misiones. Habría hermanos con mayor talento que otros, y más habilidad para unos instrumentos o cantos que otros, pero en general a todos ellos los podemos considerar como el primer cuerpo docente en las artes musicales.

Estos empezaron enseñando primero a los indios y luego a los españoles. El único asentamiento donde vivían las familias de españoles durante esta época era la Villa de Santa Fe, siendo esta la cabeza del reino.

Aún así, tal como nos revela fray Benavides, a la villa le faltaba lo principal: la iglesia.

Los Religiosos acudian primero a fabricar las Iglesias de los Indios que convertían, y con quienes asistian y vivian: y assi luego que entrè por Custodio, comence a fabricar la Iglesia, y Convento, y a honra y gloria de Dios nuestro Señor, pude luzir en qualquiera parte, adonde ya los Religiosos, enseñan a Españoles, y a Indios e leer, y escrivir, tañer, y cantar, y todas artes de pulicia.[30]

En efecto, no había ningún lugar donde hubiera iglesia que no tuviera su escuela de música. El siguiente texto así lo confirma:

En todos los pueblos a donde vive el Religiosos, tiene sus escuelas de rezar, de cantar, de tañer y otras curiosidades. Pues luego en amaneciendo uno de los indios cantores que le cabe por semana viene a tañer la campana a prima, al sonido de la cual vienen los que cursan aquellas escuelas y las barren muy bien, y los cantores cantan en el coro a todo lo cual ha de asistir el Religioso. . . .

A horas de visperas se buelve a tañer a visperas y las vienen a cantar los cantores semaneros y conforme la gravedad de las fiestas assi las celebran con canto de organo y lo mismo es en las missas.[31]

Como podemos ver, los cantores tomaban turnos rotativos que duraban una semana; de esta manera todos iban aprendiendo de todo. La música y el canto formaban parte activa de la vida diaria en las misiones, ocupando un lugar importante dentro de las funciones religiosas y doctrinales. Había pues gran actividad manual y espiritual que imitaba a las misiones mexicanas, establecidas antes que las nuevomexicanas y que llevaban a la práctica la sentencia que refleja el espíritu de las órdenes religiosas: *ora et labora*.

Los enseñan a rezar toda la Doctrina Cristiana, y buenas costumbres; assi mesmo a leer, y escrivir a los muchachos, y a cantar, que es para alabar al Señor

ver en tan poco tiempo tantas Capillas de canto de organo; assi mesmo todos los oficios, y artes para el uso humano, como sastres, çapateros, carpinteros, herreros, y los demas en que ya estan muy diestros . . . pues jamas los Maitines a media noche faltan, y las demas oras, y Missa mayor a su tiempo, y los conventos con tanto concierto, que mas parecen Santuarios.[32]

A continuación vemos que había tres misas y doctrina cristiana a diario "y los muchachos, y muchachas, que mañana y tarde vienen siempre a la doctrina, acuden con mui gran cuidado sin faltar, y los cantores que a capillas se mudan por sus semanas, cantan todos los dias en la Iglesia a sus horas, Prima, Missa Mayor, y Visperas."[33] En las fiestas y ocasiones especiales se oficiaban misas solemnes. El hecho de que tantas misas fueran cantadas regularmente nos lleva a preguntarnos sobre qué cantaban en las misas. Estas eran las normas según el *Ceremonial y Manual de 1660*, de la Orden franciscana respecto a las misas cantadas:

Texto

En la Missa cantada dize el Sacerdote en tono Gloria in Excelsis. Credo. Deus vobiscum. Oremus. Antes de las oraciones, y antes del Offertorio, Prefacio, Pater Noster. Pax Domini y las oraciones post comunionem. Las otras que en la Missa rezada se dizen en voz clara en la cantada las dize el celebrante en voz baxa.

Glossa

En nuestra Provincia que se dicen la Missas sin Ministros se añade à la que el texto ordena que se cante lo que el Diacono havia de cantar, que es el Flectamus Genua. El Evangelio. Ite Missa est, ò Benedicamus Domino, ò Requiescant in pace. En el Choro se canta el Introito, Kiries, Gloria, Gradual, Alleluia, Tracto, Sequentia, y por un Religioso la Epístola conforme à la calidad de la fiesta graduada. . . . Cantase tambien el Credo, offertorio, Sanctus, Agnus, y la Comunión, y se responde al celebrante à todo lo que se ha de responder.[34]

Algunos de estos cantos iban acompañados de instrumentos que doblaban las voces de los cantores, lo cual daba mucha más solemnidad al canto. Fray Benavides en su *Memorial*, cita tan sólo tres instrumentos: la campana, la trompeta y la chirimía.

A esta razon hize repicar las campanas, tañer trompetas, y chirimias; cosa que gustò el mucho de oir, por ser la primera vez . . . mandè a los Cantores que cantassen la Salue de canto de organo, con toda solenidad, y con trompetas, y chirimias, y assi reuestido en el Altar, cantè la oracion, y acabada me sentè en la silla, y le bolui a dezir algunas palabras acerca del misterio de la Creacion y Redencion, como que quedaua cada vez mas confirmado en la Fe.[35]

Fray Estevan de Perea menciona tres instrumentos diferentes a los del anteriormente citado fray Benavides. Estos son el órgano, bajón y corneta. Por lo tanto, tenemos un total de seis instrumentos en el siglo XVII según los documentos de la época. También encontramos citas de instrumentos en otros documentos, como por ejemplo, en la lista de provisiones de 1626 que dice:

Por once Misales de los nuevamente reformados, en cuadernos, a quince pesos cada uno.
Un terno[36] de chirimias con bajon.[37]

También en 1628 en la lista de pagos por las provisiones enviadas a Nuevo México consta lo siguiente:

Por onçe libros de canto cantorales a quarenta pesos cada uno.[38]
Por tres ternos de trompetas a XXIII pesos.
Por tres ternos de chirimías con su bajon a çiento y çinquenta pesos cada uno.[39]

Poco más tarde en la lista de provisiones de 1631 aparece lo siguiente:

Cada cinco [franciscanos] un terno de chirimías con sus bajones.

Cada cinco un terno de trompetas.
Cada cinco tres libros Sanctorales de canto.[40]

Por lo tanto debía de haber un buen número de chirimías, bajones, trompetas y cornetas hacia mediados del siglo XVII. Respecto a los órganos, además de las referencias que hemos visto en los escritos de fray Perea, tan solo tenemos las referencias que nos proporciona fray Franco Pérez Guerta, en su *Relacion Verdadera* (que veremos más adelante) y las de fray Bartolomé Márquez, de 1664, que veremos a continuación. Estos últimos hacen una relación minuciosa de todas las misiones, resultando en que la mayoría de ellas tenían órgano. Veamos, pues, los siguientes textos:

San Ildefonso, . . . capilla de musica y organo.
Santa Clara, . . . capilla de musica y organo.
Nambe, . . . capilla de musica y organo.
Santo Domingo, . . . un coro, un organo y muchos instrumentos músicos.
San Felipe, . . . capilla de musica, organo y otros instrumentos.
Pecos, . . . organo y capilla de musica.
Galisteo, . . . organo y capilla de musica.
Chilili, . . . capilla y organo.
Taxique, . . .capilla de musica y organo.
Cuarec, . . . organo y capilla.
Abó, . . . organo y capilla.
Gmex, . . . capilla y organo.
Sia, . . . capilla y organo.
Sandia, . . . capilla y organo.
Isleta, . . . tiene muy buena musica y organo.
Alameda, . . . musica y organo.
Ácoma, . . . capilla de musica con muchos instrumentos.
Oraibi, . . . capilla de música con muchos instrumentos.
Picuris, . . . musica.[41]

De la lista de veintiséis misiones (centros administrativos en los pueblos) que menciona fray Bartolomé Márquez, podemos apreciar que en la mayoría de ellas había actividad musical (en diecinueve de ellas).

También vemos que en diecisiete de las misiones había un órgano. A mediados del siglo XVII, encontramos otra referencia que confirma que hubo un órgano en Santo Domingo. Esta, de fray Franco Perez Guerta, dice así: "pasados los cumplimientos subieron sobre los caballos y llebo el Padre Comisario al Gobernador a aposentar en el Convento de Santo Domingo donde recibieron a repique de campana el Santissimo Sacramento abierto organo y canto de organo."[42]

Todos estos datos nos llevan a plantearnos ciertas preguntas. Fray Benavides no menciona en absoluto ningún órgano en su *Memorial*, ni tampoco en ninguna de las listas de provisiones. Si hubiese habido algún órgano, lo hubiese mencionado, pues fue un instrumento de importancia dentro de la música religiosa de su tiempo. Por otro lado, tenemos el documento firmado por fray Bartolomé Márquez, el cual hace referencia a diecisiete órganos en diecisiete misiones.

Si realmente hubo órganos en Nuevo México, que parece lo más probable, seguramente fueron construidos en las misiones mismas en las escuelas taller creadas por hermanos franciscanos. Estamos habituados a ver al órgano como un gran aparato contra una pared de iglesia y por su volumen quizá nos da la sensación de que es un instrumento fuerte y estable. Pero es todo lo contrario, la mecánica interior del órgano es muy delicada. Posee bisagras y juntas de piel, las cuales se resecan y rajan con el paso de las estaciones. Posee así mismo, muchos conductos de madera que los cambios de humedad y temperatura acaban agrietando. Los fuelles se desequilibran y los tubos se desafinan. El polvo obstruye y tapona conductos y espacios por los que el aire debe pasar para que el instrumento respire. Por estas razones el órgano requiere un constante mantenimiento y cuidado, lo que indica que es mucho más práctico construirlo allí donde se va a emplear, aunque en algunas ocasiones se han transportado de un lugar a otro.

Transportar un órgano desde la ciudad de México o de sus alrededores hasta Nuevo México suponía traerlo en carreta. El peso y el volumen no hubiesen sido un problema, pues así es como transportaron dieciocho campanas a principios del siglo XVII. El verdadero problema reside en la propia naturaleza del instrumento, el cual, al estar construido de madera y piel es bastante vulnerable. Durante el viaje suponía pues, estar expuesto a las condiciones climatológicas durante el tiempo que durara el largo trayecto, sufriendo cambios drásticos de temperatura y humedad. Esto terminaría desajustando el instrumento que acabaría cuarteado en el mejor de los casos. Por lo tanto, al llegar a Nuevo México habría que restaurarlo. Esto supondría más trabajo que construirlo de nuevo. La mejor opción y más lógica hubiera sido construirlos en las parroquias destinadas con maderas y cueros del lugar. Es posible que esto mismo acabara sucediendo con las chirimías, bajones y cornetas, aunque estas eran mucho más estables y más fáciles de transportar que los órganos.

Indaguemos aun más: si los frailes construían órganos en las misiones de México, ¿por qué no también en Nuevo México? Los franciscanos eran muy diestros en la construcción de instrumentos. Si fuese cierto que en Nuevo México se construyeron instrumentos musicales, tal provincia no sólo hubiese tenido las primeras escuelas de música de los Estados Unidos, sino también las primeras escuelas de construcción de instrumentos musicales. Esto es elucubración, pues no se han encontrado pruebas que confirmen estas teorías. También debemos pensar que cabe la posibilidad de que existiesen en las misiones otros instrumentos aparte de los citados en los memoriales y documentos y que por alguna causa nunca llegaron a mencionarse.

El hecho de tener una idea aproximada de los cantos e instrumentos que empleaban en las misiones durante el siglo XVII nos lleva a plantearnos una pregunta más: Puesto que sabemos con certeza que había mucha actividad musical, la existencia de música escrita es indiscutible. Esta debía estar contenida en los sanctorales, cantorales y antifonarios donde se encontraba la música que se empleaba en las misas, y los cantos que el *Manual y Ceremonial* designaba para cada ocasión, mostrando los tonos propios que debían utilizarse.

Hemos visto en este capítulo, según las listas de provisiones, que sí existieron libros con música escrita destinada a ser cantada durante los servicios religiosos.

Seguramente la revolución de los pueblos de 1680 acabó con los manuscritos musicales y los instrumentos, pues de momento no se ha podido encontrar ni uno ni otro que corresponda a esa época. Cabe la posibilidad de que los españoles se llevaran consigo alguno de ellos hasta El Paso y quizá hasta haya sobrevivido y se encuentre en algún archivo en México. Pero a menos que ese supuesto manuscrito o instrumento tenga alguna referencia que lo relacione con Nuevo México sería prácticamente imposible determinar tal origen. En el caso de que alguno hubiese sobrevivido, lo más probable es que el tiempo y el uso acabaran con él, ayudados por el duro clima de la región. Así lo confirma un siglo más tarde fray Francisco Atanasio Domínguez en su *Descripción del Nuevo México*, en 1777, en la cual dice que en la sacristía de San Felipe había: "Tres chirimías y dos bajones, todo ya descompuesto, lo cual dio el Padre Angel Garcia,[43] [pues] S. Phelipe, . . . [ya] Tenia Capilla de músicos[44] un siglo antes, a finales del XVII."

Tras la llegada nuevamente de los españoles capitaneados por el gobernador Diego de Vargas, los franciscanos reinstauraron la cadena de misiones y con ellas la música y el canto religioso. Estos no llegaron a alcanzar el nivel de esplendor que tuvieron en el siglo anterior. Fray Atanasio Domínguez dice que en la iglesia nueva de Santo Domingo había:

Una buena y grande banca para los músicos, quienes de cuenta del Padre Zamora tienen allí mismo dos guitarras y tres violines. Aquí también se guarda una caja de guerra que puso el Padre Aguilar; otra más, y mejor, que con dos buenos clarines puso el padre Zamora.[45]

En la iglesia de Taos, Domínguez dice que había "violín y guitarra inservibles"[46] y en Jémez, en 1769, había "[u]n violin y una vihuela para la iglesia. Esto ultimo lo adquirió aquí."[47] ¿Qué significa que lo adquirió aquí? Quizá alguien lo trajo de México y se lo vendió a fray Joaquín de Jesús Ruiz o quizá alguien lo construyó en Taos o sus alrededores.

En el mismo manuscrito, fray Atanasio hace mención de los libros que poseían las misiones. La biblioteca de Santo Domingo tenía alrededor de 328 libros.[48] Algunos de los que estaban distribuidos por las misiones eran libros destinados a la música, como los que se encontraban en San Ildefonso: "Misal muy antiguo. Dos breviarios viejos, que con dicho misal unos papeles introitos, etc., en puntos de solfa sirven a los cantores."[49] En el coro de la Villa Nueva de Santa Cruz había junto al altar una mesa pequeña con todo lo necesario para las misas cantadas.[50] En la Capilla del Carmen, había misa cantaba todos los sábados y un domingo de cada mes. En dicha capilla tenían "[u]n misal viejo. Otro peor, y un breviario para el cantor."[51]

Contemporáneos a los escritos de fray Atanasio Domínguez, fueron los de fray Joaquín de Jesús Ruiz, misionero en Jémez. Estos son de mayor importancia para nosotros pues hacen mención de algunos cantos. Dice que tocaban música, aunque no especifica con qué instrumentos tocaban. Luego cita a los cantores, los cuales sabían leer música. Veamos mejor lo que él mismo escribió en 1775:

Missa

Se tienen prevenidos, tres de los cantorsillos, y dos ayudantes y el mayor entona, amedio canto, y los [alarezco?][52] responden con el comun.

Los Domingos luego que acaban el rezo, suben los cantorsillos al coro. . . . Los musicos tocan, hasta alzar el calis, y cantan el alavado de la SS Trinidad, y responde el pueblo.

Doctrina

Delante de las mugeres, se pazan los cantorcillos, como en el rezo, de los Domingos, en la Iglesia, haziendo lo mismo, que esta expresado de la división de oraciones, las que acavadas de parte de tarde, con su alavado y salutación, cantan el responsio, y canta el Maestro los versos, y oración.[53]

Gobierno, de cantores, y sachristancitos[54]

Los cantores son seis, tienen en sus tablitas, el oficio de las Missas Cantadas, los Introitos,

Graduales: 'Ofertorios y Comuniones': son las de cada dia según el Miss. Saven leer sinco de ellos, y aunque el otro no save, pero canta lo mesmo que los sinco. Luego que almuerzan, vienen al Convento dan un repaso al leido, con canto: y se ban.

Los sachristancitos, vienen con los cantores, dan su repaso con lección de el ayudar la Missa, y se van, así cantores como estos.[55]

La última pregunta que se puede hacer respecto a este período de doscientos años más o menos que abarca los siglos XVII y XVIII es si durante ese tiempo franciscanos o indios compusieron música religiosa en Nuevo México. La música fue parte integral de la liturgia desde el principio de la iglesia. Los hermanos franciscanos se destacaron en su labor de conversión a través de la música. Recordemos que se llamaban a sí mismos los trovadores de Dios. Las mismas pautas que con éxito establecieron en México siguieron posteriormente en Nuevo México. Se trataba de que durante los primeros años en que los frailes fundaban y construían alguna misión no intentaban crear un coro, pues se ocupaban de las labores de primera necesidad. Lo que hacían era enseñar a toda la congregación, hombres, mujeres y niños, a cantar los diferentes cantos e himnos al unísono. Una vez adquirida la soltura en el canto se comenzaba la labor de formar un coro más especializado.[56] En los siglos XVI y XVII los franciscanos en México compusieron música para ser interpretada durante el oficio de la misa, aportando sus propias creaciones musicales al extenso repertorio que ya poseían. Lo mismo sucedió en California en el siglo XVIII, donde todavía se conservan varios manuscritos compuestos enteramente por algunos de los padres franciscanos. Como es el caso de fray Narciso Durán, fray Juan Bautista Sancho y fray Estevan Tapis. Si había escuelas de música en Nuevo México y si los franciscanos, tanto en México como en California componían su propia música, ¿por qué no también los de Nuevo México?

Durante mi investigación cada vez que he buscado en archivos o iglesias algún manuscrito musical escrito por los propios franciscanos en Nuevo México, me encuentro con la misma respuesta: que tales manuscritos no existen y nunca existieron porque los franciscanos que llegaron a Nuevo México "no eran lo suficientemente instruidos como para componer música." A esta conclusión se le suma otra que dice que es que los misioneros en Nuevo México no tenían recursos para hacerlo por ser una región pobre. Primeramente no hay razón para creer que los franciscanos que llegaron a Nuevo México fuesen menos instruidos que los que llegaron a otras regiones. En segundo lugar la idea de región pobre no concuerda con las descripciones documentadas de las misiones edificadas en el siglo XVII, sino al contrario, pues este siglo fue la época de oro de las misiones nuevomexicanas, a las que se trajeron cantidad de provisiones subvencionados por la corona de España, incluyendo campanas e instrumentos musicales. Por lo tanto, no hay razón para creer que no existiesen composiciones musicales creadas en las propias misiones nuevomexicanas.

El hecho de que no poseemos ningún manuscrito musical de esa época no quiere decir que no los hubiera. Sabemos que la actividad musical fue fuerte e intensa, especialmente en el siglo XVII con el uso de canto polifónico e instrumentos. Además, recordemos que según las descripciones dadas por los mismos franciscanos llegados a la región de Nuevo México, se les cataloga a algunos de ellos de virtuosos musicales. Tal es el caso de fray Bernardo de Mata, llamado el organista del cielo, y de fray Roque de Figueroa, diestro en el arte de tañer varios instrumentos.

Otro punto importante y que no debemos olvidar es la notable participación indígena en todo este proceso. En general, se presenta al indio como vencido y doblegado bajo el yugo español. No voy a argumentar que el indio no fuese subyugado cruelmente en muchos casos. El enfrentamiento cultural que ocurrió en aquel entonces resultó sin embargo en una valiosa fusión de culturas de características admirables. Esto se expresa, por ejemplo, en la creatividad artística que ocurrió entre los indios en esa época. Fray Toribio de Motolinía narra en sus *Memoriales*, que hubo en el siglo XVI indios mexicanos componiendo villancicos a cuatro voces. Más impresionante todavía, es que uno de ellos que sepamos compuso una misa entera.

Algunos mancebos de éstos que digo, han puesto en canto de órgano villancicos a cuatro voces, y los villancicos en su lengua, y esto parece señal de gran habilidad, porque aún no los han enseñado a componer, ni contrapunto, y lo que ha puesto en admiración a los españoles cantores, es que un indio de estos cantores, vecino de Tlaxcala ha compuesto una misa entera por puro ingenio, y la han oído hartos españoles cantores, buenos cantantes, y dicen que no le falta nada.[57]

El hecho de que hace falta además de cierta habilidad, por no decir bastante, una gran dosis de imaginación e inspiración para alcanzar los niveles musicales expresados en los documentos de la época ¿no conduce a reflexionar en la posibilidad de que otro tipo de cautiverio subyugó el corazón de los indios y en especial a los compositores? De otra manera, ¿cómo podían pues, componer y crear coros a cuatro voces dobladas a la vez con instrumentos?

Otros indios aplicaron sus habilidades musicales y artísticas de diferente de otras maneras tal y como lo narra fray Jerónimo de Mendieta:

Demás del escribir comenzaron luego los indios a pautar y apuntar, así como canto llano como canto de órgano, y de ambos cantos hicieron gentiles libros y salterios[58] de letra gruesa para los coros de los frailes, y para sus coros de ellos con letras grandes muy iluminadas.[59]

En la historia de Michoacán cuentan que hubo una competición de tañer el órgano entre el gran maestro español Manuel Rodríguez y el indio Francisco, el cual "tañó como le pedían, . . . y a todos los músicos dejó espantados."[60] En California, ser miembro del coro era un privilegio que todos querían alcanzar.[61] Dice fray Felipe Arroyo de la Cuesta (California) que los indios aprendían con mucha rapidez y que tocaban sus canciones nativas con los instrumentos europeos.[62] Hoy día muchos nativos americanos están triunfando en el ámbito de la música. ¿Por qué no podemos creer entonces que durante el período colonial algunos de ellos, diestros en el canto y en tañer instrumentos, no se atrevieran a componer sus propias melodías?

La realidad es que hasta ahora existe un período medio borroso referente a la música colonial en Nuevo México durante los siglos XVII y XVIII. Esperemos que futuras investigaciones nos ayuden a tener una imagen más clara de cómo se desarrolló la música y el canto en las misiones. Quizá en algún recóndito lugar exista algún o algunos manuscritos que esperan ser descubiertos y que aportarán respuestas a nuestras preguntas.

NOTES

1. Fray Alonso de Benavides, *The Memorial of Fray Alonso de Benavides, 1630, Memorial, En Madrid en la Imprenta Real, Año M.DC.XXX.*, edición facsímil, trad. Mrs. Edward E. Ayer, anot. Frederick Webb Hodge y Charles Fletcher Lummis (Albuquerque: Horn and Wallace, 1965), pp. 19, 22.

2. Su nombre completo fue Abulhasán Alí ben Nafi. Para mayor información sobre este personaje consultar el capítulo IX de Julián Ribera, *La Música de las Cantigas, Estudio sobre su origen y naturaleza* (Madrid: Topografía de la Revista de Archivos, 1922), y capítulo V de Antonio Muñoz Molina, *Córdoba de los Omeyas* (Barcelona: Planeta Bolsillo, 1994).

3. Karl Gustav Fellerer, *The History of Catholic Church Music* (Baltimore: Helicon, 1961), p. 3.

4. Fellerer, *The History of Catholic Church Music*, p. 2.

5. Fellerer, *The History of Catholic Church Music*, p. 1.

6. Conjunto de músicos asalariados pertenecientes a una iglesia o casa real o noble.

7. Higini Anglés, *La música en la corte de los Reyes Católicos*, Tomo I, *Polifonía Religiosa* (Madrid: Consejo Superior de Investigaciones Científicas, Instituto Diego Velázquez, 1941), p. 49.

8. Anglés, *Polifonía Religiosa*, Tomo I, p. 54.

9. Borja Cardelús, *Luces de la Cultura Hispana* (Madrid: Ediciones Polifemo, 2002), p. 255.

10. Fellerer, *The History of Catholic Church Music*, p. 100.

11. Weckmann, *La Herencia Medieval de México*, p. 525.

12. Juan Guillermo Contreras Arias, *Atlas Cultural de México, Música* (México: Grupo Planeta, 1988), p. 74. Los otros dos que acompañaban a Fray Pedro de Gante eran Fray Juan de Tecto y Fray Juan de Aora.

13. Canto llano (canto omófono) o melodías compuestas armonizadas o colocadas en forma armónica y en un patrón rítmico ordenado y guiado por un compás. También se refiere a la escuela de aprendizaje o entrenamiento que capacita la lectura y la ejecución de este arte. Se refiere igualmente a la habilidad o capacidad de llevar a cabo lo anteriormente dicho como acompañamiento al canto llano o a una composición monofónica, (normalmente en un instrumento de teclado, como el órgano, clavicémbalo, forte piano o en un instrumento de acompañamiento continuo como el laúd, vihuela, guitarra, o arpa) empleando tales convenciones musicales de armonía y contrapunto, espontáneamente o de alguna otra manera. Definición aportada por John Warren, director artístico de the New World Baroque Orchestra. Así mismo sobre el canto de órgano, Fray Juan Bermudo en su obra *Declaración de Instrumentos Musicales, 1555*, en el libro tercero, tiene un capítulo dedicado enteramente a "el arte de canto de órgano"; *Declaración de Instrumentos Musicales, 1555*, edición fascímil (Kassel und Basel: Bärenreiter-Verlag, 1957).

14. Canto polifónico en contraposición al canto llano.

15. María Teresa Suárez, *La Caja de Órgano en Nueva España durante el Barroco* (México: CENIDIM, 1991), p. 65.

16. Weckmann, *La Herencia Medieval de México*, p. 528.

17. Horcasitas, *El Teatro Náhuatl*, p. 139.

18. Horcasitas, *El Teatro Náhuatl*, p. 144; Weckmann, *La Herencia Medieval de México*, pp. 525–26.

19. Weckmann, *La Herencia Medieval de México*, p. 528.

20. Quizá fuese un familiar del maestro tañedor de viola y compositor español Diego Ortiz nacido en 1525.

21. Weckmann, *La Herencia Medieval de México*, pp. 527–28.

22. Weckmann, *La Herencia Medieval de México*, p. 528.

23. Fellerer, *The History of Catholic Church Music*, p. 101.

24. Fray Agustín de Vetancurt, "Crónica de la Provincia del Santo Evangelio de México," en *Teatro Mexicano* (México: Imprenta de I. Escalante y Ca., 1870–71), Tomo III, p. 315.

25. Vetancurt (1870–71), "Menologio Seráfico," en *Teatro Mexicano*, Tomo IV, p. 137.

26. Fray Agustín de Vetancurt, "Menologio Franciscano," en *Teatro Mexicano, 1698*, edición facsímil (México: Porrúa, 1982), fol. 103.

27. Vetancurt (1982), "Menologio Franciscano," en *Teatro Mexicano, 1698*, fol. 7.

28. Perea, *Verdadera Relacion, 1632*. Hay otra referencia sobre Fray Roque de Figueroa en la *Segunda Relación* de Fray Estevan de Perea. Esta hace constancia de una misa que hizo al aire libre en 1629, donde "cantando el Te Deum, & c.q. por tener tan buena voz el P. F. Roque, acompañada del canto, causava devocion en todos."

29. Custodio es el superior de una custodia, la cual es un agregado de algunos conventos franciscanos que no bastan para formar una provincia.

30. Benavides, *The Memorial*, p. 27.

31. Benavides, *Memorial, 1634*, Vol. 259, p. 251.

32. Benavides, *The Memorial*, pp. 97–98.

33. Benavides, *The Memorial*, p. 42.

34. Padre Fray Diego de Santo Thomas, "Tratado Tercero del Modo de Celebrar la Missa cantada: De lo que ha de cantar el sacerdote en la Missa Solemne" en su *Ceremonial y Manual, Sacado del Missal Romano de Pio V. Reformado por la Santidad de Clemente VIII, y Urbano VIII. Ajustado al estilo estrecho, reformado de los Religiosos Descalços de N.P.S. Francisco de la Provincia de San Diego desta Nueva España* (Mexico City: Iuan Ruyz, 1660), p. 102. Hay una extensa variedad de cantos destinados a las diferentes celebraciones dentro del ciclo litúrgico que podemos observar en el *Ceremonial y Manual*.

35. Benavides, *The Memorial*, pp. 72, 73, 74.

36. Terno: Del latín ternus, un conjunto de tres cosas de una misma especie.

37. AGI, Contaduría, legajo 726, Center for Southwest Research, Zimmerman Library, University of New Mexico.

38. AGI, Contaduría, legajo 728, fol. 378, Center for Southwest Research, Zimmerman Library, University of New Mexico.

39. AGI, Contaduría, legajo 728, fol. 385, Center for Southwest Research, Zimmerman Library, University of New Mexico.

40. BNM, legajo 1, n. 9, Center for Southwest Research, Zimmerman Library, University of New Mexico.

41. AGI, Audiencia de México, legajo 306, pp. 85–88, Center for Southwest Research, Zimmerman Library, University of New Mexico.

42. Pérez Guerta, *Relacion Verdadera*, fols. 149–74.

43. *Descripción del Nuevo México*, p. 269.

44. Vetancurt (1982), "De los sucessos religiosos," en *Teatro Mexicano*, 4p. t. 3, fol. 100.

45. *Descripción del Nuevo México*, p. 210.

46. *Descripción del Nuevo México*, p. 167.

47. *Descripción del Nuevo México*, p. 296.

48. *Descripción del Nuevo México*, p. 296. La lista de los libros de dicha biblioteca aparece en pp. 364–73.

49. *Descripción del Nuevo México*, p. 94.

50. *Descripción del Nuevo México*, pp. 104, 106–7.

51. *Descripción del Nuevo México*, p. 114.

52. Palabra indescifrable.

53. Fray Joaquín de Ruiz, *Observaciones*, (1775), BNM, legajo 10, n. 20, Center for Southwest Research, Zimmerman Library, University of New Mexico.

54. Monaguillos.

55. Ruiz, *Observaciones*, legajo 10, n. 12.

56. Rev. Own da Silva, *Mission Music of California* (Los Angeles: Warren F. Lewis, 1941), p. 6.

57. Contreras Arias, *Atlas Cultural de México, Música*, p. 73.

58. Libro de coro que incluye todos los salmos.

59. Fray Jerónimo de Mendieta, *Historia Eclesiástica Indiana* (México: Porrúa, 1971), p. 410.

60. Suárez, *La Caja de Órgano*, p. 63.

61. da Silva, *Mission Music of California*, p. 7.

62. da Silva, *Mission Music of California*, 5.

CHAPTER 12

Bells

Bells call all though to mass they go not.
　　　　　　　　　　　—Traditional refrain

Dong, dong, dong, dong,
Bells sounding with their song
All our hearts glad become
Ding, ding, ding, ding,
As we listen to their ring
Up and down the bed a'bobbing.
　　　　　　　　—Traditional Spanish song

MINERAL WEALTH WAS not found in the newly acquired, far northern frontier of New Spain. The Spanish crown nevertheless decided to colonize them and convert to Christianity all its inhabitants. Thus, upon the arrival in 1598 of the grand caravan under the command of the captain-general and adelantado, Juan de Oñate, settlement and colonization of the area began.[1] Together with the soldiers, the families of the new settlers, and an enormous number of pack animals, the caravan also included twelve Franciscan brothers and three lay brothers under the direction of Fray Alonso Martínez.[2] The work of these missionaries consisted of building missions and their churches for baptizing and providing religious instruction to future Christians. According to the writings of Gaspar de Villagrá, the first church was built in San Juan de los Caballeros. Its construction began on August 23, 1598, and it was solemnly dedicated on September 8. Here is Villagrá's own description:

At the town of San Juan, the holy men
Then made a church, and it was blessed
By the Father Commissary, and they did baptize
Much sum of children with great holiday.[3]

In time, a series of missions was built and a network of communication created among them. By today's standards, the New Mexican missions, as well as those of Mexico, Texas, Arizona, and later California, were true cultural centers. They were meeting grounds where Indians, through their contact with Spaniards, were quickly Hispanicized. Leaving this subject aside, however, we will focus on an instrument rarely written about in New Mexico, but that played a vital role in the operation of its missions and in all other missions of Latin America. This instrument is the bell, an instrument of intense sonority brought to New Spain and that fascinated many of the indigenous. Its melodic rings continue to charm us today.

Bells created a sonorous language, emitting their message at every ring without articulating a word. They announced morning mass, lunchtime, and siesta, as well as time for repose and recreation in the missions. They rang out fiercely in case of fire, danger of attack, or raging storm. They rang joyfully, too, announcing a solemn mass or fiesta or welcoming visitors. With a grave ring, they also took their leave of the dead. Bells have always been a part of every important event in a community. Covarrubias describes them in this fashion in his dictionary: "Well-known instrument made of metal, by which the faithful gather to attend mass or the divine office, for which reason bells are placed at the top of towers so everyone may hear them."[4] Interestingly, in Catalonia the bell is popularly known by the term *seny*. This Catalan word means consciousness, which, applied to bells, means being conscious of the passage of time, knowing and recognizing the time of day, that is, being fully aware of the present moment.[5]

As Covarrubias points out, bells were well-known instruments throughout Christendom. Such was not the case, however, with the American indigenous, who were completely ignorant of their forms and even more their sounds and symbols. Prior to becoming common knowledge in the West and before arriving to America, however, bells traveled their own journey through history from remote times, accompanying humans during the important events of their lives. The Chinese already used handbells 3000 BC, and the Egyptians used them 2000 BC.[6] The oldest reference to bells found in our civilization is from the Pentateuch, in the Old Testament, in Exodus 28:33–34 and 39:25–26, which says:

And beneath upon the hem of it thou shalt make pomegranates of blue, and of purple, and of scarlet, round about the hem thereof; and bells of gold between them round about:

A golden bell and a pomegranate, a golden bell and a pomegranate, upon the hem of the robe round about.

And they made bells of pure gold, and put the bells between the pomegranates upon the hem of the robe, round about between the pomegranates;

A bell and a pomegranate, a bell and a pomegranate, round about the hem of the robe to minister in; as the Lord commanded Moses.[7]

As we can appreciate from this text, from time immemorial the sound of handbells was associated with the divine. Throughout history, handbells had different uses in the rituals and feasts of various civilizations. Their sound became a language that announced or communicated something. Handbells were used to make known the closing time of the baths and were hung around thieves, for example, so all would know their status.[8] Handbells also marked market times or criminals being led to the scaffold.[9]

We shall now take a closer look at tower bells in the

Fig. 12.1. Etching by Filippo Bonanni, *Gabinetto Armonico*, eighteenth century. / Grabado de Filippo Bonanni, *Gabinetto Armonico*, siglo XVIII.

Fig. 12.2. San Pedro de la Nave, eighth century, Zamora. / San Pedro de la Nave, siglo VIII, Zamora. Photo by Tom Lozano.

Christian tradition. Where does their name originate and when were they first used? Historians believe that bells were first installed in the fifth century in Italy's Christian churches. According to legend, St. Paulino de Nola was the first to use them. Ancient texts, in which the term for bells appears as *nolae* or *nolanas*, seem to back up this legend, for during the Middle Ages such were the terms used to refer to small chorus bells.[10] This city was also the first to have large bells hanging from the tops of churches.[11] With regard to this, Felipe Pedrell comments:

The invention of bells is attributed to the Campagne [an Italian region whose capital is Nola] in the first years of the fifth century, wherefrom the name *campanae* (Latin) originates and also campanile—the name given to bell towers separate from the main body of the church.[12]

In addition, Guido Gómez de Silva explains that "in the sixth century they used metal from Campagna to make bells."[13] The word bell in Latin first appears in a document from Italy dated 515, found in the letter of Deacon Fernando addressed to Abbot St. Eugipio.[14]

In the year 604, Pope Sabinian ordered bells be played as a way to mark the moment for singing the canonical hours or for celebrating solemn mass, thus informing the parishioners. In the eighth century, another pope, Stephen II, ordered a bell tower built at St. Peter's Church in Rome to install bells for sending messages to the clergy and townspeople.[15] In the ninth century almost all churches had a bell. One of the first images we have of bell towers in Spain is a painting found in the tenth-century text, *Beato de Tábara*, from the province of Zamora. Two bells appear there, at the top of a tower, rung by a monk. Thus, we also have the image of a bell ringer. In the twelfth and thirteenth centuries, the Romanesque architectural style developed during which high stone towers are built. At the same time, larger bells were cast and placed at the top of towers.[16] Bell towers later became symbols of identity for their town or city.[17] The oldest preserved church bell dates from before the ninth century. It is located in Chumascah, Ireland, and measures one foot high and eight inches in diameter.[18] The oldest bell in Spain dates to the year 925, which Abbot Sanson donated to the city of Córdoba.[19]

Throughout the Middle Ages, wars between Arabs and Christians in the Iberian peninsula did not cease. As the voice of the Christian church, bells were quite coveted by the Arabs, who removed them from churches and transformed them into lamps for their mosques as a symbol of victory over the Christians. The story of Almanzor (al-Mansur) is well known. In the late tenth century, he conquered the city of Santiago de Compostela and took the bells with him to Córdoba.

Historical documents testify to this, as, for instance, in the description of Madrid on the occasion of the marriage of the kings of Spain and princes of France in 1615, in the city of Burgos, Spain. "In Madrid this week, after receiving definite news, luminaries were placed throughout the town for three nights in a row, such that it seemed to be on fire and sinking under the ringing of bells from churches and monasteries."[22]

From medieval times to this day, bell shapes have undergone little change, and two basic forms of bells provide the models for all.[23] Bells are cast in bronze (78 percent copper and 22 percent tin). In the beginning they were made of welded iron and even wood in some areas of Spain.

Thus, when Hernán Cortés arrived to Mexico, he looked for copper and tin to make bronze, which

Fig. 12.3. Bell tower, Santa María de Aínsa Church, twelfth century, Huesca. / Campanario del siglo XII de la iglesia de Santa María de Aínsa, Huesca. Photo by Tom Lozano.

Fig. 12.4. Theorica Musice de Framchinus Gafurius, Milan, 1492.

Christian prisoners hauled them all the way to the mosque, where they put them up as lamps. In the year 1236, Fernando III, el Santo, reconquered Córdoba and ordered returned the bells Almanzor had taken from Santiago de Compostela two hundred years before.[20]

Josep Maria Rojo i Pijoan says that bells "marked and ordered the religious and civil time of all social life in towns and villas. Their sound is always synonymous with Christianity, humanization, and civilization. Somehow, their sound shapes European culture."[21]

cannons of the time were made from. Indians were familiar with these two metals and made use of them, but did not know how to mix them. Cortés discovered that the region of Tasco contained tin mines, so he sent explorers to investigate the area. After finding the metals he needed for his enterprise, Cortés cast the cannons he used during the conquest. Later, during the religious conquest, that same bronze was used to cast bells for the newly built churches.[24] Out of their desire for conquest, Spaniards brought bells, together with their language and symbolism. The bell represented spiritual power, and its sound became the call to all parishioners to hear the divine word and keep their Christian obligations. They began to cast bells in Mexico in the first half of the sixteenth century, according to José María Marroquí, author of *La ciudad de México*.

With money from the tithe, the bishop-elect, Fray Juan de Zumárraga, bought "the houses on the other corner of the same street, in front of the large ones," belonging to Diego de Soria, for the sum of 305 pesos of Tipuzque gold. The title deed was granted him before Gabriel Ruiz, royal notary, on March 27, 1531. He did not acquire these houses for himself, but for the service of the church and established the bell foundry there. It is believed that the first bells to sound in the churches of Mexico were cast here. At least we do not know of bells having been cast in any other place, and it is believable too that for the first bell or bells they used the metal from the artillery piece that Hernán Cortés gave up for this purpose. The acquisition of this house was approved in the same royal letter patent as were those of the bishops, and we therefore infer from the tone that even at that time, which was August 1533, bells were manufactured there. The house is at the corner of Moneda and Santa Teresa streets.[25]

The writings of Fray Motolinía confirm Marroquí.

They produce good bells, which is one of the first occupations they perfected, both in the measurements and thickness that the bell requires for the

Fig. 12.5. Libro de las Profesiones de Hans Sachs, 1568.

handles and at the center, and at the border, as well as in the mixture of metal, as the trade required. They cast many bells, small and large, and they come out clean and good sounding.[26]

After the founder had formed and tuned the bells, they were transferred to their destined place. Once installed, it was mandatory to bless them, for the bishop could prohibit the use of unblessed bells for liturgical purposes. "Traditionally, three formulas were given for consecrating or blessing. The first was public, destined for bells of consecrated churches. The second was for publicly blessed churches or for oratories. The third was for bells employed for 'profane but licit' uses."[27] This ritual is popularly known as baptizing bells, since both the water and salt used to clean the bells are blessed. The bishop usually performs such blessing with the assistance of altar boys.

If no bishop is available, a delegated priest performs the ritual. He wears a white cape and begins the blessing by praying Psalms 50 (*Miserere*), 53, 56, 66, 69, 85, and 129 (*De profundis*). Next, both salt and water are blessed and immediately used to wash the bell. It is then dried with a cloth while they pray Psalms 145, 146, 147, 148, 149, and 150. Using ointment for the sick, the celebrant on duty traces the sign of the cross on the bell with his right thumb. The bell is then blessed, and the virtues of the metals used to cast it are invoked; these are compared to the virtues of the trumpets in the Old Testament. Next, the cross previously marked on the bell is cleaned off. The chorus sings the antiphonal *Vox Domini super aquas multas* as well as Psalm 28. Meanwhile, using the holy oil, the celebrant traces seven crosses on the exterior of the bell and four on the inside while reciting the following sentence for each cross: "Sancti+ficetur et cones+cretur, Domine, signum istud. In nominee Pa+tris, et Fi+lii, et Spiritus+Sancti. In honorem N (name of the saint to whom the bell is dedicated) pax tibi." Next, the bell is saturated with incense smoke underneath and inside the bell. They next pray Psalm 76, and the ceremony is concluded with the deacon reading chapter 10 from the Gospel of St. Luke.[28] The ritual for blessing bells was not always so long and complex. According to the Franciscan *Ceremonial y Manual* from the seventeenth century, the blessing used to be much simpler. The blessing that follows is probably the one used for the New Mexican bells.

The Bell's Blessing.
 A Diutorium nostrum & c. Dñus vobiscum.
 Oremus. Domine IESV Christe Fili Dei viui benedic cymbalun istud supplicationibus nostris, infundeque ei Domine per virtutem Sancte + Crucis benedictionem coelestem, vt ejus audito sonitu habitores huius loci alacri animo congregentur in Ecclesia ad laudem, & honorem nominis tui, talemque virtutem accipiat, vt quibuscumque locis insonuerit discedant Principes tenebrarum, & contremiscant, & fugiant pauidi cum omnibus suis ministris, nec presumant amplius nubes conturbare, semina ledere;

aut molestare seruientes tibi omnipotents Deo, qui viuis & c. Rx. Amen. Next pour holy water.[29]

Bells are normally baptized with a name, which is generally inscribed on them. Their names are usually of some Christ, virgin, or saint to whom they are dedicated. A great variety of names exist. In some cases, as with people, bells also carry a nickname by which they are called rather than by their given name.

Francisco Vázquez de Coronado's expedition of 1540–41 probably included a pair of bells.[30] Jane

Fig. 12.6. Bell inscriptions and epigraphs. / Inscripciones y signos epigráficos de una campana. Colección Quintana en el FCEJD en Urueña. Photo by Tom Lozano.

Fig. 12.7. Bell tower of Santa María de Aínsa Church, Huesca. / Torre de la iglesia de Santa María de Aínsa, Huesca. Photo by Tom Lozano.

Mexico, together with handbells destined for altars and vestries, but also the name of the master bell founder himself. A portion of the document is transcribed below:

> Thirty-four handbells for the Santus[33] with their wheels and crankshafts at 2 pesos each.[34]
> Twelve pesos for a gross of small bells.[35]
> Six hundred pesos of the same gold went to Hernán Sánchez, who was commissioned to make a total of eighteen bells weighing eight arrobas [equivalent to two hundred pounds] each, which he was to hand over to the provinces of New Mexico at a price of 8 Rs [reales] per pound, to which was added the copper needed from what his md [majesty] has in Michoacán in his Rs [Royal] warehouses for the price of 22 pesos per quintal [one quintal equals one hundred pounds].[36]

In 1611, the same master bell founder had already been contracted by the Franciscans to make six bells for the missions of the Chichimeca Indians, as the account books demonstrate:

> To Hernán Sánchez, master bell maker, 1223 pesos in the following manner for six bells . . . [a piece of text is missing] . . . there were . . . pounds at 8 arrobas each bell and 7 pesos per pound. . . . For twelve handbells for Sanctus at 20 pesos each, which add up to the stated 1223 pesos and 2 tomines.[37]

The list of provisions for the year 1631 states the following:

> One handbell for the Sanctus.
> One bell of eight @ [arrobas, which equals two hundred pounds].[38]

The appearance of Hernán Sánchez's name in the royal accounts is quite interesting, since this is in accord with the fact that in Mexico City in 1622, Hernán Sánchez, nicknamed El Mozo, is of record as a bell maker. Today,

Howe states that in 1598, Oñate brought two bells with him, and they were found close to Rio Chama, near San Gabriel, where they were dug up.[31] During the first twelve years of colonization in New Mexico, the Spaniards brought bells from Mexico City. Each weighed two hundred pounds. In 1628, eighteen more bells arrived, destined for the new missions. We may still see them in some New Mexican churches.[32] The documents listing the accounts of the treasury officials in Mexico City, written on September 7, 1627, cite not only payment for eighteen bells destined for New

two of his bells remain, of which one, dating to 1616, is kept at the cathedral of Mexico. It is called Santa María de los Ángeles.[39] The other dates to 1622 and is kept at the cathedral of Puebla.[40] Everything indicates that he was quite an active master bell maker of the time, since with the creation of new churches and cathedrals, bells and handbells were in great demand.

The memoirs and letters of the seventeenth and eighteenth centuries the Franciscan missionaries from the Province of New Mexico wrote frequently cite the use of bells. Fray Alonso de Benavides mentions that "when the bell is rung for the Ave Marias they fall on their knees. . . ."[41] In the year 1629, during the celebration of the peace treaty with the Apache Indians, Fray Benavides described the following event:

At which, I lifted him up and embraced [the Apache captain] with all the kindliness I could. And immediately all the Christian captains went to embracing him, and at this opportune time I had them peal the bells [repicar, rapid ringing] and sound the trumpets and clarions—a thing which pleased him much to hear, since it was the first time.[42]

He goes on to say: "Which likewise was celebrated, a second time, with bells, trumpets, and clarions."[43] The Franciscan *Ceremonial y Manual* indicates exactly the appropriate times to ring the bells during Holy Week:

Holy Thursday,
    On this day the *Gloria in Excelsis* is said, after which the bells are rung and thereafter silenced until Holy Saturday.[44]

During the Pueblo Revolt in 1680, before fleeing south, the inhabitants from some of the missions took down the bells from the towers and buried them, digging them up years later after Diego de Vargas had reconquered the New Mexican territory in 1692. Such was the case with the mission of Nuestra Señora del Socorro. "This Pueblo is destroyed, and in the year [16]81, Father Fray Francisco de Ayeta took the bells that remained to the foundries of Rio del Norte."[45]

Likewise, on November 26, 1681, when Fray Ayeta arrived at the mission site, he ordered the remaining unburned pieces of crosses be gathered from the houses and cemetery. He found an altar in the sacristy, which he ordered thrown in the river just as it was. He also found two remaining pieces of another altar, which he sent to burn with what remained of the other sacred objects. He did not order the bells to be destroyed or burned, however.

Two bells were found in the church towers, and another without clapper in the cemetery . . . and he asked the governor and captain general if his lordship might order they remove the clappers from the tower bells and secure the bells into the wagons.[46]

Before escaping alongside the Spaniards to El Paso, the Isleta Indians buried the bells they had inside the church. They unearthed them years later and sent one of them to El Paso.[47] On November 21, 1692, news arrived in Mexico City saying that on September 14 of that same year, New Mexico had been conquered "peacefully, without bloodshed or fire," and on that occasion they rang the city bells.[48]

According to Fray Francisco Atanasio Domínguez's inventory of 1777, there were a total of forty-two bells distributed among churches, missions, and chapels in the late eighteenth century. Here is where they were:

Villa of Santa Fe: Church . . . there are three larger bells and one small one, all of them broken (having been in the missions because of the bitter cold).[49] On top of the main altar are . . . two handbells and in the presbytery . . . a wheel of small bells.[50] The Cofradía del Santísimo has . . . a brass handbell.[51] Chapel of El Rosario . . . has a handbell in the sacristy and another made of brass.[52] Chapel of Nuestra Señora de la Luz: above, near the attic are three arches, a larger one in the middle with its medium-sized bell in good condition, and two other empty small arches, one on each side.[53] The sacristy contains . . . a handbell.[54] Chapel of San Miguel: Above the main door is a small arch with a small bell.[55]

Tesuque: Church. Two buttresses project from the front corners (as I said about the church of Santa Fe), above each of which there is a small tower of four arches without bars, and in the tower near the epistle are two medium-sized bells bestowed by the king; they are in good shape and one of them has a stately sound. The sacristy contains . . . a handbell.[56]

Nambé: Church. Above this balcony at the top of the wall are two monstrous adobe battlements that look like biretta peaks, and inside is a medium-sized bell with clapper. It sounds bad, though, because it is cracked.[57] The main altar contains . . . a handbell.[58]

Pujuaque: Church. Above the main door are three arches, a large one in the middle with its medium-sized bell in good shape and sonorous.[59]

San Ildefonso: Church. Above the main door is a small adobe arch holding a medium-sized bell in good condition and with clapper.[60]

Villa Nueva de la Santa Cruz de la Cañada: Church. A cube-like buttress projects from the front corner near the epistle, on which is a small tower of four arches with balcony and railings and three medium-sized bells, all cracked and missing their clappers.[61] Chapel of El Carmen has . . . five handbells.[62]

San Juan: Church. Above the main door is an arch in bad shape with two medium-sized bells in good condition and without clappers, though they use stones instead.[63] The main altar contains . . . two handbells.[64]

Pecuries: Medium-sized bell belonging to the king. It is in good condition, missing its clapper, however, and placed at the top of a long pitchfork-like stick, since they have the means for nothing else yet.[65] The altar has . . . two handbells.[66]

Chapel of Las Trampas: Two cube-like structures project from the front corners as in the Santa Fe [church], on which there is more than the beginning of towers, and toward the middle of one, on the outside, is an andiron containing a half-bell.[67]

Taos: Church. . . . A small cube-like structure is built up on top of which is a small four-arched tower you reach by climbing into the attic. The tower has two smallish bells bestowed by the king. One is in pieces and missing its clapper; the other is badly cracked but retains its little clapper.[68] The main altar has . . . a bronze handbell.[69]

Santa Clara: Church. Above the main door near the attic is a little bell tower containing a medium-sized bell bequeathed by the king. It is in good condition and rings with its clapper unlike the others that make

Fig. 12.8. Santa Cruz de la Cañada Church, New Mexico, ca. 1911. / Iglesia de Santa Cruz de la Cañada, Nuevo México, ca. 1911. Photo by Jesse Nosbaum. Courtesy of Museum of New Mexico, neg. #61692.

Fig. 12.9. Acoma Pueblo bell tower, New Mexico, ca. 1904. / Campanario del pueblo de Ácoma, Nuevo México, ca. 1904. Photo by Edward S. Curtis. Courtesy of Museum of New Mexico, neg. #143699.

use of stones. On the main altar there is . . . a bronze handbell.[70]

Abiquiu: Church. At the top of the wall of this door is an adobe arch holding a medium-sized bell. It is whole, in good shape, and new, bequeathed by the king.[71] On the main altar there is . . . a metal handbell.[72]

Santo Domingo: Church. Above the main door is an adobe arch containing two bells. One is medium-sized, in good shape, and with clapper. The other is smaller, cracked, with only half its clapper. Both belong to the king.[73] On the altar table there are . . . three bronze handbells.[74]

Sandía: Church. . . . It has two cube-shaped towers from that time (1746), one of which contains two bells, quite broken, which were given by the king.[75]

Albuquerque: Church. Above this door is a small arch with two medium-sized bells (one smaller than the other), already broken, bestowed by the king.[76] On the altar table there are . . . three bronze handbells.[77]

Alameda: Chapel of Nuestra Señora de la Concepción. Its little bell tower with two small bells.[78] Handbell on the altar table.[79]

Tomé: Chapel of Nuestra Señora de la Concepción. . . . Its small bell tower with a cracked bell. Altar table . . . bronze handbell.[80]

Cochití: Church. . . . There is a small bell tower with a medium-sized bell conferred by the king.[81] On the altar table . . . three common handbells.[82]

San Felipe: Church. . . . A medium-sized bell in good condition given by the king.[83] On the altar table . . . two bronze handbells.[84]

Santa Ana: Church. There is an adobe arch above with no bell, for the one originally there was broken in pieces and lost. Today they use a drum roll for the necessary calls.[85] On the altar table . . . a bronze handbell.[86]

Sia: Church. At the top is a small adobe bell tower in arch form containing a small, damaged bell, given by the king.[87]

Gemes: Church. . . . A small adobe bell tower containing two small cracked bells from the king.[88] On the altar table . . . two bronze handbells.[89]

Laguna: Church. . . . A small triangular bell tower with two small bells in good condition, given by the king.[90] On the altar table . . . two bronze handbells.[91]

Acoma: Church.... Two cube-like structures project from the main door, each of which has a small tower on top. On the right-hand side there are two small cracked bells bequeathed by the king.[92] On the altar table . . . below, a bronze handbell.[93]

Zuñi: Church. . . . An adobe arch with two small bells in good shape, bestowed by the king.[94] On the altar table . . . two bronze handbells.[95]

Isleta: Church. At the top of the church, built up on each of the front corners, is a small tower, one of which has a medium-sized bell in good condition, conferred by the king. Bronze handbell . . . on the altar table.[96]

Pecos: Church. . . . A small bell in good condition given by the king.[97] On the main altar table . . . two bronze handbells.[98]

Galisteo: Church in very poor state. Outside on some sticks there is a small and broken bell from the king. Altar handbell.[99]

We need to add to this list inventory of the three missions in El Paso area where, in 1795, Fray Bravo recounted the following:

San Antonio de Senecú: . . . Two small altar bells and two medium-sized bells in the tower, one of which is broken, besides another small bell.[100]

Ysleta: . . . Five small altar bells; two medium-sized ones in the tower.[101]

Santa María del Socorro: . . . Three small altar bells; two medium-sized ones in the tower.[102]

In the sacristy of the new church of Santo Domingo there were in addition "some baptismal fonts made of copper and six loose and broken bells."[103] Besides these bells located at the top of the towers, other smaller bells were placed inside the church. Most of them were situated on the altar table or to one side or underneath. There were between one and five handbells, mostly made of bronze or brass, and in the presbytery of the church of Santa Fe, they had a wheel of handbells.[104] Handbells totaled about forty-five among all the churches. Some of them were located in the sacristy. These handbells were rung upon lifting the Host, an act that was introduced in the thirteenth century.[105]

The bell, with all its symbolism, strength, and language, is nothing without its bell-ringer, who makes the clapper sound, such that it may *speak* and communicate the message announced at that moment. After installing the bells in the missions, the Franciscan fathers taught Indians the language of the bells and at each of the missions, taught selected Indians to be bell ringers: "[They] live in the friary . . . more than

Fig. 12.10. Bell player Rogelio Gallegos next to his bell, Villanueva, New Mexico. / Campanero Rogelio Gallegos de Villanueva, Nuevo México, junto con su campana. Photo by Tom Lozano.

twenty Indians dedicated to the service of the church, who by turn take their shifts as caretakers, altar boys, cooks, bell ringers, gardeners."[106] Around the late eighteenth century in Santa Fe, a bell ringer was paid 6 pesos.[107] This tells us that such trade was indeed important, since at that time, cantors were paid between 1 and 3 pesos,[108] less than half a bell ringer's wage in most cases.

In the chapter on San Diego de los Xemes, Fray Joaquín de Jesús Ruiz explains that "[t]he bell is rung at dawn" to call to mass and to receive the doctrine, "they ring the bell in the morning and before sunset in the evening." He ends by saying that

On Sundays, in the church, they do what was described regarding the division of prayers, those ending in the afternoon, with their praise and salutation; they sing the responsory, and the master sings the verses, followed by the prayer, for which there is an altar boy in the tower who rings the bell [in other words, he rings the bell from the tower].[109]

There were three main rings during the day, dividing the day into three parts. The first, called *tocar a prima*, sounded at 7:00 AM. The second ring sounded at midday, and the afternoon/evening ring, around 9:00 PM, was called *toque de oración*. Fray Francisco Atanasio Domínguez explains in the section on Nambé, that in the New Mexican missions, "the bell is rung daily, in the morning and afternoon, at regular hours for doctrine, to which single men and women gather and pray with the priest who explains something to them."[110] As we can see, different types of ringing existed for the various activities carried out during the day and for different festivities. There were also many ways of ringing bells.

Through the centuries, bells have joined people with their language and created a culture about them. They have not only created symbols but have also authored legends, refrains, and expressions conferred by their rings to the extent that a church or parish was known by its bell. People often said that such territory belonged to such bell, referring to a certain church.[111] Likewise,

when referring to land belonging to some church, people would say that thus and such property belonged to thus and such bell.[112] The Spanish collection of proverbs contains many where bells are mentioned, such as "Broken bells never heal," to express that a habit is hard to break. "As the bell, so is the clapper" means that results always resemble the cause. A number of sayings also exist; when students skip class, for example, it is referred to as *hacer campana*. Someone

Fig. 12.11. Old bell from San Francisco de Asís Church, Ranchos de Taos, New Mexico. / Antigua campana de la iglesia de San Francisco de Asís, Ranchos de Taos, Nuevo México. Photo by H. F. Robinson. Courtesy of Museum of New Mexico, neg. #36525.

who hears something without knowing exactly what was said is described as a person who hears bells without knowing where they come from; from that comes the expression *oír campanas* (to hear bells). The contrary also exists when referring to someone who has *not* heard bells, meaning such an individual is ignorant or has asked an absurd question.

No matter where, popular culture is full of legends that in many cases are more powerful than the true story itself. Multiple tales around bells exist from ancient times, and New Mexico is, of course, no exception.[113] The story that in some cases became tradition or history and appears throughout bell country is the one telling of a particular town that wanted to cast a bell for the tower of its church. Since they did not have enough bronze for the bell, the townspeople took all the metal they had in their homes, especially precious metals such as gold and silver: spoons, trays, jewels, and the like. Thus, with all the town offered, there was enough metal to cast the bell. I heard a story like this in Spain when I was a child, and as an adult I have also heard it in many different places, one of which was the valley of Española, New Mexico, referring to the bell at the church of Santa Cruz de la Cañada.

In times past, people believed that adding silver or gold to the metal from which they cast the bell would increase, enrich, and purify its sound. Today, we have proven that to be mere popular fantasy; the mixture of silver, nickel, or gold does not affect the sound of the bell in any way. Such a tale, however, invites us to analyze the situation in a different way: the contribution of all the people creates a ritualized union among them, cast in the bell that, composed of pieces from each of them, becomes part of the town itself. Perhaps this was the origin of the pride people felt for the bells of their bell tower with which they identified themselves and that signified a community treasure hanging high in the bell tower.

Finally, I wish to include two inscriptions from two bells, which summarize their functions:

Laude Deum verum, pleben voco, congrego clerum, Defunctos ploro, nimbum fugo, festa decoro.

Fig. 12.12. San Esteban de Sos del Rey Católico parish bells, Zaragoza. / Campanas de la iglesia parroquial de San Esteban de Sos del Rey Católico, Zaragoza. Photo by Tom Lozano.

I worship the true God, call the people, unite the clergy, weep for the dead, chase away storm clouds, add luster to festivities.

Funera plango, fulmina frango, sabbata pango; Excito lentos, dissipo ventos, paco cruentos.

I mourn at funeral rites, break the rays, celebrate Sabbaths with song; arouse the lazy, disperse tempests, calm bloody disputes.[114]

1. An archaic title for a military and political governor of a frontier province; *Diccionario de la Lengua Española*, 1:40.
2. Francis B. Parsons, *Early 17th Century Missions of the Southwest* (Tucson: Dale Stuart King, 1975), 13.
3. Villagrá (1992), *Historia de la Nuevo México, 1610*, 151–52, canto 16.
4. Covarrubias (1943/1998), *Tesoro de la Lengua Castellana*, 279.
5. Josep Maria Rojo i Pijoan, "Campanes, campanars i campaners: patrimoni de Catalunya" (Barcelona: Department de Cultura, 1997), 109.
6. J. L. Alonso Ponga, *Museo de Campanas, Colección Quintana* (Valladolid: Caja España, n.d.), 1. (Available from the Centro Etnográfico Joaquín Díaz).
7. Consolidated Book Publishers, *The Inspirational Bible* (Chicago: Consolidated Book Publishers, 1943), 61, 71.
8. Covarrubias (1943), *Tesoro de la Lengua Castellana*, 279.
9. J. L. Alonso Ponga and Antonio Sánchez del Barrio, *Las Campanas, Patrimonio Sonoro y Lenguaje Tradicional* (Valladolid: Caja España, 1997), 10. This is available from La Colección Quintana en Urueña, Centro Etnográfico Joaquín Díaz.
10. Alonso Ponga, *Museo de Campanas*, 1.
11. Alonso Ponga and Sánchez del Barrio, *Las Campanas*, 11.
12. Pedrell, *Diccionario Técnico de la Música*, 62.
13. Gómez de Silva, *Breve diccionario etimológico*, 133.
14. *Enciclopedia Universal Ilustrada Europeo-Americana* (Barcelona: Espasa-Calpe, n.d.), 10:1200.
15. Alonso Ponga and Sánchez del Barrio, *Las Campanas*, 11.
16. Alonso Ponga and Sánchez del Barrio, *Las Campanas*, 12.
17. Rojo i Pijoan, "Campanes, campanars i campaners," 110.
18. Pascual Calvete Hernández, *Campanes* (Valencia: Gremi de Campaners Valencians, 1991), 5.
19. Alonso Ponga, *Museo de Campanas*, 1.
20. Covarrubias (1943), *Tesoro de la Lengua Castellana*, 280.
21. Rojo i Pijoan, "Campanes, campanars i campaners," 109.
22. Alenda y Mira, *Relaciones*, 168.
23. Alonso Ponga and Sánchez del Barrio, *Las Campanas*, 40.
24. Manuel Toussant, *Arte Colonial en México* (Mexico City: Universidad Nacional Autónoma de México, 1983), 142.
25. Abelardo Carrillo y Gariel, *Campanas de México* (Mexico City: Universidad Nacional Autónoma de México, 1989), 7.
26. Carrillo y Gariel, *Campanas de México*, 8.
27. Alonso Ponga and Sánchez del Barrio, *Las Campanas*, 65.
28. *Enciclopedia Universal Ilustrada Europeo-Americana*, 10:1200.
29. Santo Thomas, *Ceremonial y Manual*, 209.
30. Jane Howe, "Spanish Bells in New Mexico," *New Mexico Historical Review* 31 (April 1956): 148.
31. Howe, "Spanish Bells in New Mexico," 148–49.
32. Jane Howe, *Your Guide to the Spanish Mission Bells in New Mexico* (Norman, OK: Battenburg Press, 1956), 1.
33. This means that during mass they are used for the Sanctus and the *Domine, non suc dignus*. Sanctus is also the name of the bell rung at that moment during mass; *Enciclopedia Universal Ilustrada Europeo-Americana*, 10:1201.
34. AGI, Contaduría, legajo 728, 375, Center for Southwest Research, Zimmerman Library, University of New Mexico.
35. AGI, Contaduría, legajo 728, 376, Center for Southwest Research, Zimmerman Library, University of New Mexico.
36. AGI, Contaduría, legajo 728, 393, Center for Southwest Research, Zimmerman Library, University of New Mexico.
37. AGI, Contaduría, legajo 714, 129–30, Center for Southwest Research, Zimmerman Library, University of New Mexico.
38. AGI, Contaduría, legajo 1, n. 9, Center for Southwest Research, Zimmerman Library, University of New Mexico.
39. Toussant, *Arte Colonial en México*, 143.
40. Carrillo y Gariel, *Campanas de México*, 83.

41. Benavides, *The Memorial*, 35.
42. Benavides, *The Memorial*, 50.
43. Benavides, *The Memorial*, 52.
44. Santo Thomas, *Ceremonial y Manual*, 178.
45. Vetancurt (1982), "Menologio Franciscano," in *Teatro Mexicano, 1698*, fol. 98.
46. AGN, Historia 26, part 1, 124–26, Center for Southwest Research, Zimmerman Library, University of New Mexico.
47. Howe, *Your Guide to the Spanish Mission Bells*, 1.
48. Carrillo y Gariel, *Campanas de México*, 26.
49. *Descripción del Nuevo México*, 8.
50. *Descripción del Nuevo México*, 11.
51. *Descripción del Nuevo México*, 24.
52. *Descripción del Nuevo México*, 28.
53. *Descripción del Nuevo México*, 41.
54. *Descripción del Nuevo México*, 46.
55. *Descripción del Nuevo México*, 49.
56. *Descripción del Nuevo México*, 58.
57. *Descripción del Nuevo México*, 67.
58. *Descripción del Nuevo México*, 68.
59. *Descripción del Nuevo México*, 83.
60. *Descripción del Nuevo México*, 89.
61. *Descripción del Nuevo México*, 105.
62. *Descripción del Nuevo México*, 115.
63. *Descripción del Nuevo México*, 127.
64. *Descripción del Nuevo México*, 128.
65. *Descripción del Nuevo México*, 145.
66. *Descripción del Nuevo México*, 143.
67. *Descripción del Nuevo México*, 156.
68. *Descripción del Nuevo México*, 160.
69. *Descripción del Nuevo México*, 161.
70. *Descripción del Nuevo México*, 183.
71. *Descripción del Nuevo México*, 195.
72. *Descripción del Nuevo México*, 196.
73. *Descripción del Nuevo México*, 211.
74. *Descripción del Nuevo México*, 212.
75. *Descripción del Nuevo México*, 225.
76. *Descripción del Nuevo México*, 236–37.
77. *Descripción del Nuevo México*, 238.
78. *Descripción del Nuevo México*, 249.
79. *Descripción del Nuevo México*, 250.
80. *Descripción del Nuevo México*, 252.
81. *Descripción del Nuevo México*, 255.
82. *Descripción del Nuevo México*, 256.
83. *Descripción del Nuevo México*, 266.
84. *Descripción del Nuevo México*, 267.
85. *Descripción del Nuevo México*, 276a.
86. *Descripción del Nuevo México*, 277.
87. *Descripción del Nuevo México*, 285.
88. *Descripción del Nuevo México*, 294.
89. *Descripción del Nuevo México*, 295.
90. *Descripción del Nuevo México*, 306.
91. *Descripción del Nuevo México*, 307.
92. *Descripción del Nuevo México*, 318.
93. *Descripción del Nuevo México*, 319.
94. *Descripción del Nuevo México*, 330.
95. *Descripción del Nuevo México*, 331.
96. *Descripción del Nuevo México*, 338.
97. *Descripción del Nuevo México*, 348.
98. *Descripción del Nuevo México*, 349.
99. *Descripción del Nuevo México*, 358.
100. Rex E. Gerald and Olympia Caudillo, "An Inventory of the Missions of Senecú, Ysleta, and Socorro by Fray José Bravo in the Year 1795," *El Paso County Historical Society* 33 (Spring 1988): 32.
101. Gerald and Caudillo, "An Inventory of the Missions," 35.
102. Gerald and Caudillo, "An Inventory of the Missions," 38.
103. *Descripción del Nuevo México*, 221.
104. *Descripción del Nuevo México*, 16.
105. *Enciclopedia Universal Ilustrada Europeo-Americana*, 10:1201.
106. Benavides, *Memorial, 1634*, 259:250.
107. *Descripción del Nuevo México*, 38.
108. *Descripción del Nuevo México*, 18.
109. Ruiz, *Observaciones*, legajo 10, n. 20.
110. *Descripción del Nuevo México*, 74.
111. *Diccionario de Autoridades*, 2:97.
112. *Diccionario de Autoridades*, 2:97.
113. To learn more about legends on bells in New Mexico, see Elisabeth Willis DeHuff, *Say de Bells of Old Missions* (London: B. Herder, 1943); Gilberto Benito Cordova, "Church Chimes Cuentos: Abiquiu and New Mexico Bell Notes," *New Mexico Folklore Record* 14 (1976–77): 1–8.
114. *Enciclopedia Universal Ilustrada Europeo-Americana*, 10:1201.

CAPÍTULO 12

Campanas

No entra en misa la campana y a todos llama.
—Refrán tradicional

Don, don, don, don.
Las campanas con su son
gozo dan al corazón.
Din, din, din, din.
Escuchando su canción
salta y baila mi colchón.
—Canción tradicional española

EN LAS NUEVAS TIERRAS del norte de la Nueva España, no se hallaron riquezas minerales, pero de todas maneras, la corona española decidió que igualmente se colonizara y convirtiera al cristianismo a todas aquellas gentes que allí vivían. Así, tras la llegada de la gran caravana gobernada por el capitán general y adelantado, Juan de Oñate, en 1598, comenzó el asentamiento y colonización en la zona. En la caravana, junto con los soldados, las familias de los nuevos colonos y la enorme cantidad de ganado, venían doce hermanos franciscanos y tres hermanos legos, bajo la dirección de fray Alonso Martínez.[1] Así pues, la labor de estos misioneros consistía en construir misiones con sus iglesias donde bautizar y adoctrinar a los futuros cristianos. Según reza en los escritos de Gaspar de Villagrá, la primera iglesia se edificó en San Juan de los Caballeros. Esta se comenzó el 23 de agosto de 1598 y

su dedicación se celebró el 8 de septiembre. Pero veamos como lo describió el mismo Villagrá:

Al pueblo de san Iuan los Religiosos,
Hizieron luego Iglesia y la bendijo,
El Padre Comissario, y baptizaron,
Mucha suma de niños con gran fiesta.[2]

Con el tiempo se edificó una serie de misiones, creando una red de comunicación entre ellas. Las misiones en Nuevo México, al igual que en México, Texas, Arizona y más tarde California, fueron auténticos centros culturales desde nuestro punto de vista de hoy día. Fueron lugar de encuentro constante, donde los indios se hispanizaron rápidamente a través del contacto con los españoles. Pero dejemos este tema a un lado y centrémonos en un instrumento del que se ha escrito casi nada en Nuevo México y que, al igual que en el resto de las misiones en toda América Latina, jugó un rol de vital importancia en el funcionamiento de dichas misiones. Me refiero a las campanas: instrumento de intensa sonoridad, traído a la Nueva España y que fascinó a muchos indígenas. Hoy sus toques melodiosos aun nos siguen maravillando.

Las campanas crearon un lenguaje sonoro, sin un habla articulada pero emitiendo su mensaje en cada toque. Estas anunciaban la misa matutina, la hora de comer, de la siesta y hasta la hora de descanso y recreo en las misiones. Tocaba con furor si acaso había un incendio, peligro de ataque o tormenta furiosa. Alegremente anunciaba una misa solemne o fiesta y hasta daba la bienvenida a los visitantes o con toque profundo despedía a los muertos. Las campanas siempre han participado en todo evento importante dentro de una comunidad. Covarrubias en su diccionario las describe de la siguiente manera: "Instrumento conocido de metal, con que se congregan principalmente los fieles a oficiar o a oyr las horas canónicas y los oficios divinos, y assí las ponen en lo alto de las torres, para que puedan ser oydas de todos."[3] Curiosamente en Catalunya a la campana se la conoce popularmente bajo el nombre de *seny*. Esta palabra catalana significa conciencia, que al aplicarla a las campanas significa tener conciencia del paso del tiempo, saber y reconocer qué hora es, es decir, tener plena conciencia del momento presente.[4]

La campana, tal y como la cita Covarrubias, era un instrumento muy conocido para toda la cristiandad. No sucedía así con los pueblos indígenas de América que desconocían por completo las formas y menos aun sus sonidos y símbolos. Pero, antes de ser tan conocidas en occidente y antes de llegar a América, las campanas transitaron su propio recorrido por la historia, desde tiempos remotos, acompañando al hombre en los momentos importantes de la vida. Los chinos ya usaban campanillas tres mil años AC y los egipcios dos mil años AC.[5] La referencia a la campana más antigua que poseemos dentro de nuestra civilización proviene del Pentateuco, en el Antiguo Testamento, concretamente en Éxodo 28:33–34 y 39:25–26, que dice así:

En todo su ruedo inferior harás granadas de púrpura violeta y escarlata, de carmesí y lino fino torzal; y entre ellas, también alrededor, pondrás campanillas de oro: una campanilla de oro y una granada; otra campanilla de oro y otra granada; así por todo el ruedo inferior del manto.

Hicieron campanillas de oro puro, colocándolas entre las granadas, en todo el ruedo. Una campanilla y una granada alternaban con otra campanilla y otra granada, en el ruedo inferior del manto. Servía para oficiar, como Yahveh había ordenado a Moisés.[6]

Como podemos apreciar en estos dos textos, ya desde tiempos inmemorables el sonido de las campanillas se asociaba con la divinidad. A lo largo de la historia, las campanillas tuvieron diferentes usos en ritos y fiestas en distintas civilizaciones y su sonido se convirtió en un tipo de lenguaje, pues siempre anunciaba o comunicaba alguna cosa. Entre otras, figura que usaban campanillas para anunciar la hora de cierre de los baños y a los ladrones, por ejemplo, se les colgaba una campanilla para que todo el mundo supiese su condición.[7] También las usaban para anunciar los mercados o para conducir a los criminales que iban de camino al patíbulo.[8]

Acerquémonos más a la tradición cristiana y a las campanas de torre. Veamos de dónde proviene su nombre y cuándo se empezaron a utilizar. Se cree que fue en el siglo V, en Italia, cuando se empezaron a instalar las campanas en los templos cristianos. Existe una leyenda que dice que el primero en usarlas fue San Paulino de Nola. La leyenda viene respaldada por el hecho de que en algunos textos antiguos a las campanas se les llama *nolae* o *nolanas*, que en la época medieval designaba a las campanas pequeñas de coro.[9] También fue esta ciudad la primera en tener en lo alto de las iglesias grandes campanas.[10] A todo esto, Felipe Pedrell en su *Diccionario Técnico de la Música*, nos dice lo siguiente:

La invención de las campanas se atribuye á la Campania [región de Italia, de la que Nola es la capital] en los primeros años del siglo V de donde vino el nombre de "Campanae" (latín) y también el de "Campanile," dado a los campanarios separados del cuerpo de las iglesias.[11]

Además, Guido Gómez de Silva explica que "[e]n el siglo VI se usaba metal proveniente de Campania para hacer campanas."[12] El primer documento donde aparece la palabra campana (en latín) proviene del año 515, en Italia, y se encuentra en una carta del Diácono Fernando dirigida al Abad San Eugipio.[13]

En el año 604, el Papa Sabiniano ordenó que se tocaran las campanas para informar a los feligreses del momento en que en el templo se cantaban las horas canónicas y se celebraban las misas solemnes y demás festividades. En el siglo VIII, otro papa, Esteban II, mandó construir en la iglesia de San Pedro de Roma un campanario donde instalar unas campanas para poder dar comunicados al clero y al pueblo.[14] En el siglo IX, casi todas las iglesias tienían una campana. Una de las primeras imágenes que poseemos de campanarios en España, se halla en el *Beato de Tábara*, del siglo X, en la provincia de Zamora. Ahí aparecen dos campanas en lo alto de la torre que están siendo repicadas por un monje. Por lo tanto, también tenemos la imagen de un campanero, tocador de campanas. En los siglos XII y XIII se construyen torres altas de piedra como desarrollo de la arquitectura románica. Al mismo tiempo se empiezan a fundir campanas de mayor tamaño, instalándolas en lo alto de las torres.[15] Los campanarios más tarde se convertirán en símbolos de identidad del pueblo o ciudad donde se encuentran.[16] La campana de iglesia más antigua que se conserva es anterior al siglo IX, situada en Chumascah, Irlanda y mide un pie de altura y ocho pulgadas de diámetro.[17] La más antigua en España data del año 925, procedente de Córdoba y donada por el Abad Sansón.[18]

Durante todo el periodo medieval no cesaron las luchas entre árabes y cristianos en la península ibérica. Las campanas, voz de la iglesia cristiana, fueron muy codiciadas por los árabes. Éstos, como símbolo de victoria sobre los cristianos, retiraban las campanas de las iglesias y se las llevaban a sus mezquitas donde las transformaban en lámparas. Es bien conocida la historia de finales del siglo X, cuando Almanzor (al-Mansur) conquistó la ciudad de Santiago de Compostela y se llevó consigo las campanas a Córdoba. Estas fueron acarreadas por los cristianos prisioneros hasta la mezquita, donde las colocaron como lámparas. En el año 1236, Fernando III, el Santo, reconquistó Córdoba y mandó devolver las campanas que Almanzor se llevó doscientos años antes, a Santiago de Compostela.[19]

Dice Joseph Maria Rojo i Pijoan que las campanas "marcaron y ordenaron el tiempo religioso y civil de toda la vida social de los pueblos y villas. El sonido de las campanas es siempre sinónimo de cristianismo,

de humanización y civilización. Su sonido configura, de alguna manera la cultura europea."[20] Los documentos históricos así lo atestiguan. En 1615, por ejemplo, en la ciudad de Burgos, España, se celebraron los casamientos de los reyes de España y los príncipes de Francia, por lo cual: "En Madrid esta semana, luego que llego la nueva cierta, por tres noches arreo se an puesto luminarias por todo el pueblo, que parecia que se ardia, y se hundia con el repique de campanas de yglesias y monasterios."[21]

Desde la época medieval hasta nuestros días, las formas de las campanas no han sufrido apenas cambios y han perdurado básicamente dos formas de campana en las que podemos resumir todos los modelos.[22] El material que se emplea para su fundición es el bronce (78 por ciento cobre y 22 por ciento estaño.) En un principio se usó el hierro soldado y en algunos lugares de la Nueva España hasta se llegaron a construir algunas de madera.

Fue así que cuando Hernán Cortés llegó a México buscó cobre y estaño para hacer bronce, pues los cañones en esa época estaban hechos de este metal. Los indígenas conocían y usaban estos dos metales, pero desconocían la manera de mezclarlos. Cortés se enteró de que en la región de Tasco había minas de estaño y allí envió exploradores a investigar la zona. Tras hallar los metales preciosos para su empresa, fundió cañones que usó durante la conquista. Pasado este período, aquel bronce se usó para fundir campanas durante la conquista religiosa para los templos nuevos que se edificaron.[23] En este afán de conquista, los españoles trajeron las campanas con su lenguaje y simbolismo. La fuerza de la campana recayó sobretodo en su representación del poder espiritual, su sonido se convirtió en el llamado mismo a los fieles a escuchar la palabra divina y a cumplir con sus obligaciones cristianas. Estas empezaron a fundirse en la primera mitad del siglo XVI en México, según escribe el doctor José María Marroquí en su obra *La ciudad de México*:

Compró asimismo el Electo-fray Juan de Zumárraga con dineros de los diezmos "las casas de la otra esquina de la misma calle, frontero de las mayores," que eran de Diego de Soria, en trescientos y cinco pesos de oro de tipuzque; se otorgó la escritura ante Gabriel Ruiz, escribano real, á 27 de marzo de 1531. No adquirió estas casas para su habitación; pero sí para servicio de la iglesia, y puso en ellas la fundición de campanas; es de creerse que allí se fundieran las primeras que sonaron en los Templos de México, al menos no tenemos noticia de que antes se hayan fundido en otra parte, y es creíble también que para la primera, ó primeras, sirviera el metal de la pieza de artillería que cedió Hernán Cortés para este fin. La adquisición de esta casa fue aprobada en la misma cédula en que se aprobó la de las obispales, y del tenor de ella se infiere que todavía en ese tiempo, que fue Agosto de 1533, se hacían allí las campanas. La casa es la que forma la esquina de las calles de la Moneda y cerrada de Santa Teresa.[24]

Así mismo corroboran los escritos de fray Motolinía, el cual dice:

Sacan buenas campanas, que fue uno de los oficios primeros que perfectamente sacaron, ansi en las medidas e gordor que la campana requiere en las asas y en el medio, como en el borde, y en la mezcla del metal, según que el oficio lo demanda. Funden muchas campanas, chicas y grandes, y salen muy limpias y de buena voz y sonido.[25]

Después que el fundidor las había bien formado y afinado, las campanas se trasladaban hasta el lugar donde se iban a colocar y una vez instaladas, era totalmente obligatorio darles la bendición, pues el obispo podría prohibir su uso si estas campanas estaban destinadas a la liturgia y no se bendecían. "Tradicionalmente se daban tres fórmulas de consagración o bendición. La primera, solemne, destinada a las campanas de iglesias consagradas; la segunda para iglesias bendecidas solemnemente o para oratorios, y la tercera para campanas empleadas en usos 'profanos pero lícitos.'"[26] A este rito vulgarmente también se le llama bautizar las campanas, pues se bendice el agua y la sal con que se lavarán la campana. El obispo nor-

malmente lo hace ayudado por los acólitos. En caso de no haber obispo lo hace el sacerdote delegado. Estos se visten con capa pluvial blanca y empiezan el ritual de la siguiente manera: rezan los salmos 50 (*Miserere*), 53, 56, 66, 69, 85 y 129 (*De profundis*.) Entonces se bendice la sal y el agua, con las que acto seguido lavan la campana. Después se seca con un trapo mientras rezan los salmos 145, 146, 147, 148, 149 y 150. Usando el aceite de los enfermos, el oficiante de turno hace con el pulgar de la mano derecha una cruz sobre la campana. Se bendice la campana y se invocan las virtudes de los materiales usados para fundir la campana y se la compara con las virtudes de las trompetas del Antiguo Testamento. Se limpia la cruz trazada en la campana previamente. El coro canta entonces la antífona *Vox Domini super aquas multas* y el salmo 28. Mientras, el oficiante le hace a la campana siete cruces en la parte exterior con el santo óleo y cuatro en el interior al tiempo que dice para cada cruz lo siguiente: "Sancti+ficetur et conse+cretur, Domine, signum istud. In nomine Pa+tris, et Fi+lii, et Spiritus+Sancti. In honorem N (nombre del santo a quien se dedique la campana) pax tibi." Luego se impregna de humo de incienso por abajo y dentro de la campana. Se reza el salmo 76 y se finaliza con la lectura del capitulo 10 del Evangelio de San Lucas, que el diácono lee.[27] No siempre era tan largo y complicado el rito de bendecir las campanas. Según el *Ceremonial y Manual* de los franciscanos en el siglo XVII, la bendición era mucho más simple. Probablemente la siguiente bendición sería con la que se bendijeron las campanas nuevomexicanas:

Bendicion de la Campana.
A Diutorium nostrum & c. Dñus vobiscum.
Oremus. Domine IESV Christe Fili Dei viui benedic cymbalun istud supplicationibus nostris, infundeque ei Domine per virtutem Sancte + Crucis benedictionem coelestem, vt ejus audito sonitu habitores huius loci alacri animo congregentur in Ecclesia ad laudem, & honorem nominis tui, talemque virtutem accipiat, vt quibuscumque locis insonuerit discedant Principes tenebrarum, & contremiscant, & fugiant pauidi cum omnibus suis ministris, nec presumant

amplius nubes conturbare, semina ledere; aut mole-stare seruientes tibi omnipotens Deo, qui viuis & c. Rx. Amen. Despues eche agua bendita.[28]

Normalmente a las campanas se les "bautiza" con un nombre, y por lo general la mayoría de ellas lo llevan en forma de inscripción en su propio cuerpo. Suelen tener el nombre de algún Cristo, virgen o santo al que están dedicadas y hay una gran variedad de nombres. En algunos casos, al igual que a las personas, también se les pone un mote por el que acaban siendo conocidas en vez de por su verdadero nombre.

En 1540–41, durante la expedición de Francisco Vázquez de Coronado, probablemente llevaron consigo un par de campanas.[29] Jane Howe dice que Oñate en 1598 trajo dos campanas y que estas fueron encontradas cerca del Río Chama, cerca de San Gabriel, de donde fueron desenterradas.[30] En Nuevo México, durante los doce primeros años de la colonización, trajeron tres campanas de la ciudad de México. Cada una de ellas pesaba 200 libras. En el año 1628, dieciocho campanas más llegaron para ser instaladas en las nuevas misiones y algunas de ellas, todavía las podemos ver en algunas iglesias en Nuevo México.[31] En los documentos sobre las cuentas de los oficiales reales de México, escritas el 7 de septiembre de 1627, no sólo citan el cobro de dieciocho campanas destinadas a Nuevo México junto con las campanillas destinadas para los altares y sacristías, sino que también aparece el nombre del maestro campanero que las hizo. Veamos pues, la transcripción de una parte del documento:

Treinta y cuatro campanillas de santus[32] con sus ruedas y cigueñales a dos pesos cada una.[33]
doce pesos por una gruesa de cascabeles.[34]
A hernan Sánchez envio de haçer campanas seisçientos pesos del dicho oro, que huvo de aber a quenta de XVIII campanas, de a ocho aRobas cada una, que huvo de entregar para las provinçias del nuevo mexico a precio de VIII Rs [reales] Libra y que lo que mas montase se le huvo del cobre que su md [majestad] tiene en mechoacan en sus Rs [Reales] almacenes

a raçon de XXII pesos en quintal [46 kilos aprox.].[35]

El mismo maestro campanero, en 1611, ya había sido contratado por los franciscanos para fundir seis campanas destinadas a las misiones de los indios chichimecas tal y como muestran los libros de cuentas:

A Hernan Sanchez. Maestro de hazer campanas mill y ducientos y veinte y tres pessos y dos tomines en esta manera por seis campanas . . . [falta un trozo de página] . . . hubieron . . . libras a raçon de ocho arrovas cada campana y de siete pessos libra . . . Por doce campanillas de Sanctus a veinte pessos cada una que son los dichos mill y ducientos y veinte y tres pessos y dos tomines.[36]

En la lista de provisiones del año 1631, mienta lo siguiente:

Una campanilla de tocar a sanctus.
Una campana de ocho @ [8 arrobas equivalen a 200 libras].[37]

Es muy interesante el hecho de que aparezca el nombre de Hernán Sánchez en las cuentas reales. Y digo interesante porque concuerda con el hecho de que en México, en 1622, Hernán Sánchez, apodado el mozo, constata como oficial de campanero. De él se conserva en la actualidad una campana en la catedral de México del año 1616, que lleva por nombre Santa María de los Ángeles,[38] y otra en la catedral de Puebla del año 1622.[39] Todo indica que fue uno de los maestros campaneros de la época con mucha actividad laboral, pues al crearse nuevas iglesias y catedrales había una gran demanda de campanas y campanillas.

Los memoriales y cartas escritas por los misioneros franciscanos de la provincia de Nuevo México en el siglo XVII y XVIII, citan el uso de las campanas en bastantes ocasiones. Fray Alonso de Benavides menciona que "en tocando la campana de las Ave Marias, se hincan de rodillas."[40] En el año 1629, durante la celebración de las paces con los apaches, fray Benavides nos dice que ocurrió lo siguiente: "Y abracé con todo el agasajo que pude[al Capitán Apache], y luego le fueron abraçando todos los Capitanes Christianos, y a esta sazon hize repicar las campanas, tañer las trompetas, chirimías; cosa que gustó el mucho de oir, por ser la primera vez."[41] Y más adelante prosigue diciendo, "asimismo se celebrò segunda vez con campanas, trompetas, y chirimías."[42] El *Ceremonial y Manual* Franciscano da las indicaciones precisas de cuando tañer las campanas en la Semana Santa y dice así:

Iueves Santo,
Este dia se dize *Gloria inexcelsis*, y entonces se tañen las campanas, y después no se tañen hasta el Sabado santo.[43]

Durante la revolución de los pueblos en 1680, los habitantes de algunas de las misiones, antes de salir huyendo hacia el sur, bajaron las campanas de las torres y las enterraron, desenterrándolas años más tarde, después de que Diego de Vargas retomara el territorio de Nuevo México en 1692. Este fue el caso de la misión de Nuestra Señora del Socorro. "Este Pueblo está destruido, y en el año[16]81, quitó las campanas que havian quedado el P. Fr. Francisco de Ayeta, y las sacó para las nuevas fundaciones del rio del Norte."[44] De esta manera, el 26 de noviembre de 1681, cuando fray Ayeta llegó al emplazamiento de la misión, mandó recoger los restos de cruces que no se quemaron y que estaban en las casas y en el cementerio. Encontró en la sacristía un ara, la cual mandó que la echaran al río tal cual y dos pedazos de otra que los mandó quemar con los demás restos de objetos sagrados. En cambio, a las campanas no las mandó destruir o tirar, sino que:

Hallaronse en las torres de la Iglesia dos campanas, y otra caida en el cementerio, sin badajo . . . y pidió al Señor Gobernador y Capitan General, que su Señoría le hiciese quitar los Badajoz á las dos campanas de la torre, y las campanas se asegurasen, para pasarlas á los carros.[45]

Los indios del pueblo de Isleta, antes de escapar junto con los españoles hasta El Paso, enterraron dentro de la iglesia las campanas que tenían. Años más tarde las desenterraron y enviaron una de ellas a El Paso.[46] El 21 de noviembre de 1692, llegó a la ciudad de México la noticia de que el Nuevo México se había ganado el pasado 14 de septiembre del mismo año, "en Paz, sin sangre ni fuego," motivo por el cual se repicaron las campanas en la ciudad.[47]

A finales del siglo XVIII en Nuevo México, según el inventario de fray Francisco Atanasio Domínguez de 1777, había un total de 42 campanas repartidas entre las distintas iglesias, misiones y capillas. He aquí el recuento:

Villa de Santa Fe: Iglesia . . . hay tres campanas grandecillas, y una chiquita, todas ellas (como están en las más misiones por el mucho frío) quebradas.[48] En la mesa del Altar Mayor . . . dos campanillas y en el Presbiterio . . . una rueda de campanitas.[49] La Cofradía del Santísimo tiene . . . una campanita de azófar.[50] La Capilla del Rosario . . . en su sacristía tiene una campanilla y otra de azófar.[51] Capilla de Nuestra Señora de la Luz: . . . en la cima por la azotea están tres arcos, uno mayor en medio con su campana mediana y buena, y otros dos chiquitos a los lados sin cosa.[52] En la sacristía hay . . . campanita.[53] Capilla de San Miguel: En lo superior de la puerta principal está un arquito con una campanilla.[54]

Tesuque: Iglesia. De las esquinas delanteras (como dije en la iglesia de Santa Fe) salen dos estribos, sobre cada cual hay una torrecita de cuatro arcos sin rejas, y en la del lado de la Epístola están dos campanas medianitas que dio el Rey; están buenas, y la una suena muy señorona. En la sacristía . . . campanita.[55]

Nambé: Iglesia. Arriba de este balcón en la cima de la pared están tres monstruosas almenas de adobe como picos de bonetes, y como tal en él está una campana medianilla con su lengua, pero suena mal porque está rajadita.[56] En el Altar Mayor . . . campanita.[57]

Pujuaque: Iglesia. En la cima de la puerta principal

están tres arcos, uno grande en medio con su campana mediana, buena y sonora.[58]

San Ildefonso: Iglesia. En la cima de la puerta principal está un arquito de adobe, y en él una campana mediana, buena y con lengua.[59]

Villa Nueva de la Santa Cruz de la Cañada: Iglesia. De la esquina delantera que toca al lado de la Epístola sale un estribo que como cubo recibe una torrecita de cuatro arcos con balcón de barandas y tres campanas medianitas, que muy quebradas y sin lenguas.[60] Capilla del Carmen . . . cinco campanitas.[61]

San Juan: Iglesia. En la cima de la puerta principal está un mal arco y en él dos campanas medianas, buenas y sin lenguas, pero se tocan con piedras.[62] En el Altar Mayor . . . dos campanitas.[63]

Pecuries: Campana mediana del Rey; está buena, sin lengua, y puesta en palos altos como horca, pero por ahora no hay más desahogo.[64] En el Altar . . . dos campanitas.[65]

Capilla de las Trampas: De las esquinas delanteras salen dos cubos como dije en Santa Fe, en los que hay más que el principio de torres, y hacia la mitad del uno por fuera está un morillo y en él una media campana.[66]

Taos: Iglesia, . . . se levanta un cubito con torrecita encima de cuatro arcos, a la que se sube a la azotea de la iglesia, y tiene dos campanas chicuelas que dio el Rey; la una está muy hecha pedazos y sin lengua; la otra está muy rajada y tiene su lengüita.[67] En el Altar Mayor . . . campanita de bronce.[68]

Santa Clara: Iglesia. Arriba en la puerta principal por la azotea está un campanilito, y en él una campana mediana que dio el Rey; está buena y habla con su lengua, no como otras que se valen de piedras. En el Altar Mayor . . . campanita de bronce.[69]

Abiquiu: Iglesia. En la cima de la pared de esta puerta está un arco de adobes, y en él una campana mediana, entera, buena y nueva, que dio el Rey.[70] En el Altar Mayor . . . campanita de metal.[71]

Santo Domingo: Iglesia. En la cima de la puerta principal está un arco de adobes y en él dos campanas; una medianita, buena y con lengua, y otra más chica, rajada, y media lengua, y son del Rey.[72] En la mesa del Altar . . . tres campanitas de bronce.[73]

Sandia: Iglesia, . . . tiene dos torres encubadas, de aquel tiempo, (1746), y en una hay dos campanas, que dio el Rey, y ya están muy quebradas.[74]

Albuquerque: Iglesia. En la cima de esta puerta está un arquito y en él dos campanas medianas (una menor que otra) que dio el Rey, y ya están quebradas.[75] En la mesa del Atar . . . tres campanitas de bronce.[76]

Alameda: Capilla de Nuestra Señora de la Concepción. Su campanilito con dos campanas chicas.[77] Campanita en la mesa del Altar.[78]

Tomé: Capilla de Nuestra Señora de la Concepción, . . . su campanilito con una campana rajada. Mesa del Altar . . . campanita de bronce.[79]

Cochití: Iglesia, . . . está un campanilito con una campana mediana y buena que dió el Rey.[80] En la mesa del Altar . . . tres campanitas comunes.[81]

San Felipe: Iglesia, . . . una campana medianita y buena que dió el Rey.[82] En la mesa del Altar . . . dos campanitas de bronce.[83]

Santa Ana: Iglesia. En la cima está un arco de adobes, pero no tiene campana, pues la que había se perdió en pedacitos que se hizo; y hoy día se toca a lo necesario con caja de guerra.[84] En la mesa del Altar . . . campanita de bronce.[85]

Sia: Iglesia. En la cima su campanilito en arco de adobes, y en él una campana chica, que dio el Rey, y ya está maltratada.[86]

Gemes: Iglesia, . . . un campanilito de adobes, y en él dos campanas chicas, rajaditas, y son del Rey.[87] En la mesa del Altar . . . dos campanitas de bronce.[88]

Laguna: Iglesia, . . . un campanilito triangular y en él dos campanas chicas, que dio el Rey, y están buenas del todo.[89] En la mesa del Altar . . . dos campanitas de bronce.[90]

Acoma: Iglesia, . . . de la puerta principal salen dos cubos para dos torrecitas que están sobre cada uno, y en la derecha hay dos campanas chicas, que dió el Rey, y están rajadas.[91] En la mesa del Altar . . . abajo campanita de bronce.[92]

Zuñi: Iglesia, . . . un arco de adobes con dos campanas chicas, que dio el Rey, y están buenas.[93] En la mesa del Altar . . . dos campanitas de bronce.[94]

Isleta: Iglesia. En la cima de la iglesia sobre ambas esquinas delanteras están en cada una una torrecita, y en una hay una campana mediana, que dio el Rey, y está buena. Campanita de bronce . . . en la mesa del Altar.[95]

Pecos: Iglesia, . . . una campana chica, que dio el Rey, y está buena.[96] En la mesa del Altar Mayor . . . dos campanitas de bronce.[97]

Galisteo: Iglesia en muy mal estado. Afuera en unos palos una campana chica y quebrada del Rey. Campanita de altar.[98]

A esta lista hay que añadir las de las tres misiones alrededor de El Paso, donde en 1795 fray Bravo hizo un inventario de la siguiente manera:

San Antonio de Senecú: . . . dos campanillas pequeñas de los altares, en la torre dos medianas, la una rota, y una pequeñita.[99]

Ysleta: . . . cinco campanillas de los altares; dos medianas en la torre.[100]

Santa María del Socorro: . . . tres campanitas de los altares; dos medianas en la torre.[101]

En la sacristía de la iglesia nueva de Santo Domingo había además, "unas pilas bautismales de cobre y seis campanas quebradas que andan sueltas."[102]

Aparte de estas campanas colocadas en lo alto de las torres, había otras de menor tamaño dentro de las iglesias. En su gran mayoría, se encontraban en la mesa del altar, encima, a un lado o debajo. Su número oscilaba entre una y cinco campanitas, por lo general de bronce o azófar (latón). En el presbiterio, en la iglesia de Santa Fe, tenían una rueda de campanitas.[103] Llegaban a un total aproximado de 45 campanitas entre todas las iglesias. Algunas de ellas se encontraban en la sacristía. Estas campanillas se tocaban al elevar la hostia, toque que se introdujo en el siglo XIII.[104]

La campana, con todo su simbolismo, fuerza y lenguaje, no es nada sin su campanero, que es quien le da vida a su *lengua*,[105] para que hable y comunique el mensaje que emite en cada ocasión. Tras la instalación de las campanas en las misiones, los franciscanos les enseñaron su lenguaje a los indios, y en cada una de las misiones escogieron algunos de ellos para enseñarles el oficio de campanero: "Viven dentro del convento . . . mas de veinte indios dedicados al servicio dela Iglesia que por sus turnos se van remudando, porteros, sacristanes, cocineros, campaneros, hortelanos."[106] En Santa Fe, a finales del siglo XVIII, al campanero se le pagaba seis pesos.[107] Esto viene a decirnos que este oficio debía de ser bastante importante, puesto que a los cantores en la misma época se les pagaba entre uno y tres pesos,[108] menos de la mitad que al campanero en la mayoría de los casos.

Dice fray Joaquín de Jesús Ruiz en la sección de San Diego de los Xemes: "Se toca la campana al rayar el sol," para asistir a misa. Y para que acudan a doctrina, "se toca la campana por la mañana, y antes de ponerse el sol ala tarde." Y acaba diciendo:

Los Domingos, en la Iglesia, haziendo lo mismo, que esta expresado, de la división de oraciones, las que acavadas de parte de tarde, con su alavado y salutación, cantan el responsio, y canta el Maestro los versos, y oración, para esto esta un sachristan en la torre; y echa su doble. [Es decir, repica la campana desde la torre].[109]

Había en el día tres toques principales, los cuales dividían el día en tres partes. El primer toque era a las siete de la mañana, llamado tocar a prima. El segundo toque se hacía al mediodía y el toque de la tarde hacia las 9, llamado el toque de oración. Explica fray Francisco Atanasio Domínguez en la sección sobre Nambé, que en las misiones nuevomexicanas, "[d]iariamente por mañana y tarde se toca a hora regular a doctrina, a la que acuden hombres y mujeres solteros, rezan con el padre y se les explica algo."[110] Como podemos ver, existen diferentes toques para las distintas actividades a lo largo del día y para las distintas fiestas. También existen varias maneras de tocar, repicar, tañer y sonar las campanas, pero no vamos a entrar esta vez en estas cuestiones.

A través de los siglos las campanas han ido aglutinando a las gentes con su lenguaje y creando una cultura alrededor de ellas. No sólo tenían elementos simbólicos sino que a su alrededor se tejían leyendas, refranes y expresiones dadas por sus toques, hasta el punto que a veces se tomaba a la iglesia o parroquia por la campana, y así decían que tales diezmos pertenecían a tal campana, refiriéndose a cierta iglesia.[111] Asimismo, al referirse al territorio perteneciente a la iglesia decían que tal tierra estaba debajo de tal campana.[112] El refranero español posee bastantes refranes en los que aparece la campana, como por ejemplo "Campana cascada nunca sana" para designar que lo que está viciado es difícil componerlo. "Cual es la campana, tal la badajada" viene a referirse a que los efectos son siempre semejantes a la causa. También hay muchas expresiones, como cuando los estudiantes se saltan una clase, se dice popularmente: hacer campana. Aquel que oye algo y habla sin saber bien que es, la gente dice que este oye campanas pero no sabe de donde vienen. De ahí: oír campanas. Al contrario, también se dice que "no ha oído campanas" para designar la ignorancia de alguien que pregunta algo ridículo.

La cultura popular, no importa donde, está siempre impregnada de leyendas y en muchos casos la propia leyenda tiene más fuerza que la historia verdadera. Existen un sin fin de leyendas en torno a campanas desde tiempos antiguos y por supuesto, Nuevo México no es ninguna excepción.[113] La leyenda que se convierte en algunos casos en tradición o historia y que está extendida por todo el mundo campanil, es la que cuenta que en un pueblo concreto llegó la hora de fundir una campana para la torre de la iglesia. Como no tenían suficiente bronce para la campana, toda la gente del pueblo llevó todo lo que de metal tenían en sus casas, en especial, metales nobles como el oro y la plata: cucharas, bandejas y joyas. Así, con todo lo que el pueblo ofreció hubo suficiente metal para fundir la campana. Una historia como esta la oí en España cuando era niño y de mayor la he escuchado en diferentes lugares, y curiosamente esta misma historia me la contaron en el valle de Española, en Nuevo México, refiriéndose a una de las campanas de la iglesia de Santa Cruz de la Cañada.

Antiguamente la gente creía que echándole plata o oro al metal campanil, aumentaba, enriquecía y purificaba el sonido de la campana. Hoy día se ha podido comprobar que es pura fantasía popular, que la mezcla de plata, níquel u oro, no afectan en absoluto el sonido de la campana. Sin embargo, tal historia nos lleva a analizar la situación de diferente manera: la colaboración de todo el pueblo crea un rito de unión entre ellos, y al fundirse en la campana, se convierte en parte propia del pueblo, pues lleva un pedacito de cada uno de ellos. Quizá sea este el origen del orgullo que las gentes sentían por las campanas de su campanario, con las cuales se identificaban, y que al mismo tiempo suponían un tesoro comunitario, colgado en lo alto del campanario.

Por último, quiero anotar dos inscripciones de dos campanas, las cuales resumen sus funciones:

Laude Deum verum, plebem voco, congrego clerum,
Defunctos ploro, nimbum fugo, festa decoro.
Yo alabo al Dios verdadero, llamo al pueblo, reúno al clero,
lloro a los difuntos, ahuyento las nubes tempestuosas, doy lustre a las fiestas.

Funera plango, fulmina frango, sabbata pango;
Excito lentos, dissipo ventos, paco cruentos.
Plaño en las exequias, quebranto los rayos, celebro con cantos los sábados; excito a los perezosos, disipo las tempestades, apaciguo las disputas sangrientas.[114]

1. Francis B. Parsons, *Early 17th Century Missions of the Southwest* (Tucson: Dale Stuart King, 1975), p. 13.

2. Villagrá (2001), *Historia de Nuevo México*, p. 237, Canto Diez Y Seys.

3. Covarrubias (1943), *Tesoro de la Lengua Castellana*, p. 279.

4. Josep Maria Rojo i Pijoan, "Campanes, campanars i campaners: patrimoni de Catalunya" (Barcelona: Department de Cultura, 1997), p. 109.

5. J. L. Alonso Ponga, *Museo de Campanas, Colección Quintana* (Valladolid: Caja España, n.d.), p. 1. En el Centro Etnográfico Joaquín Díaz en Urueña.

6. *Biblia de Jerusalén* (Bilbao: Desclée de Brouwer, 1975).

7. Covarrubias (1943), *Tesoro de la Lengua Castellana*, p. 279.

8. J. L. Alonso Ponga and Antonio Sánchez del Barrio, *Las Campanas, Patrimonio Sonoro y Lenguaje Tradicional* (Valladolid: Caja España, 1997), p. 10. En la Colección Quintana en Urueña, Centro Etnográfico Joaquín Díaz.

9. Alonso Ponga, *Museo de Campanas*, p. 1.

10. Alonso Ponga and Sánchez del Barrio, *Las Campanas*, p. 11.

11. Pedrell, *Diccionario Técnico de la Música*, p. 62.

12. Gómez de Silva, *Breve diccionario etimológico*, p. 133.

13. *Enciclopedia Universal Ilustrada Europeo-Americana* (Barcelona: Espasa-Calpe, sin fecha), Tomo X, p. 1200.

14. Alonso Ponga and Sánchez del Barrio, *Las Campanas*, p. 11.

15. Alonso Ponga and Sánchez del Barrio, *Las Campanas*, p. 12.

16. Rojo i Pijoan, "Campanes, campanars i campaners," p. 110.

17. Pascual Calvete Hernández, *Campanes* (Valencia: Gremi de Campaners Valencians, 1991), p. 5.

18. Alonso Ponga, *Museo de Campanas*, p. 1.

19. Covarrubias (1943), *Tesoro de la Lengua Castellana*, p. 280.

20. Rojo i Pijoan, "Campanes, campanars i campaners," p. 109. Traducción al castellano del autor.

21. Alenda y Mira, *Relaciones*, p. 168.

22. Alonso Ponga and Sánchez del Barrio, *Las Campanas*, p. 40.

23. Manuel Toussant, *Arte Colonial en México* (México: Universidad Nacional Autónoma de México, 1983), p. 142.

24. Abelardo Carrillo y Gariel, *Campanas de México* (México: Universidad Nacional Autónoma de México, 1989), p. 7.

25. Carrillo y Gariel, *Campanas de México*, p. 8.

26. Alonso Ponga and Sánchez del Barrio, *Las Campanas*, p. 65.

27. *Enciclopedia Universal Ilustrada Europeo-Americana*, Tomo X, p. 1203.

28. Santo Thomas, *Ceremonial y Manual*, p. 209.

29. Jane Howe, "Spanish Bells in New Mexico," *New Mexico Historical Review*, Vol. 31, n. 2 (April 1956), p. 148.

30. Howe, "Spanish Bells in New Mexico," pp. 148–49.

31. Jane Howe, *Your Guide to the Spanish Mission Bells in New Mexico* (Norman, OK: Battenburg Press, 1956), p. sin numerar.

32. Quiere decir que su uso dentro de la misa es para el momento del Sanctus y el *Domine, non suc dignus.* También, Sanctus es el nombre de la campanilla que se toca en esta parte de la misa; *Enciclopedia Universal Ilustrada Europeo-Americana*, Tomo X, p. 1201.

33. AGI, Contaduría, legajo 728, p. 375, Center for Southwest Research, Zimmerman Library, University of New Mexico.

34. AGI, Contaduría, legajo 728, p. 376, Center for Southwest Research, Zimmerman Library, University of New Mexico.

35. AGI, Contaduría, legajo 728, p. 393, Center for Southwest Research, Zimmerman Library, University of New Mexico.

36. AGI, Contaduría, legajo 714, fols. 129–30, Center for Southwest Research, Zimmerman Library, University of New Mexico.

37. AGI, Contaduría, legajo 1, n. 9, Center for Southwest Research, Zimmerman Library, University of New Mexico.

38. Toussant, *Arte Colonial en México*, p. 143.

39. Carrillo y Gariel, *Campanas de México*, p. 83.
40. Fray Alonso de Benavides, *Memorial*, En Madrid en la Imprenta Real, Año M. Dc. XXX, edición facsímile (Chicago: Privately printed, 1916), p. 45.
41. Benavides (1916), *Memorial*, p. 72.
42. Benavides (1916), *Memorial*, p. 74.
43. Santo Thomas, *Ceremonial Manual*, p. 178, Tratado Quarto de las Ceremonias de la Semana Santa.
44. Vetancurt (1982), "Tratado Primero," en *Teatro Mexicano, 1698*, fol. 98.
45. AGN, Historia 26, parte 1, pp. 124–26, Center for Southwest Research, Zimmerman Library, University of New Mexico.
46. Howe, *Your Guide to the Spanish Mission Bells*, p. sin numerar.
47. Carrillo y Gariel, *Campanas de México*, p. 26.
48. *Descripción del Nuevo México*, p. 8.
49. *Descripción del Nuevo México*, p. 11.
50. *Descripción del Nuevo México*, p. 24.
51. *Descripción del Nuevo México*, p. 28.
52. *Descripción del Nuevo México*, p. 41.
53. *Descripción del Nuevo México*, p. 46.
54. *Descripción del Nuevo México*, p. 49.
55. *Descripción del Nuevo México*, p. 58.
56. *Descripción del Nuevo México*, p. 67.
57. *Descripción del Nuevo México*, p. 68.
58. *Descripción del Nuevo México*, p. 83.
59. *Descripción del Nuevo México*, p. 89.
60. *Descripción del Nuevo México*, p. 105.
61. *Descripción del Nuevo México*, p. 115.
62. *Descripción del Nuevo México*, p. 127.
63. *Descripción del Nuevo México*, p. 128.
64. *Descripción del Nuevo México*, p. 145.
65. *Descripción del Nuevo México*, p. 143.
66. *Descripción del Nuevo México*, p. 156.
67. *Descripción del Nuevo México*, p. 160.
68. *Descripción del Nuevo México*, p. 161.
69. *Descripción del Nuevo México*, p. 183.
70. *Descripción del Nuevo México*, p. 195.
71. *Descripción del Nuevo México*, p. 196.
72. *Descripción del Nuevo México*, p. 211.
73. *Descripción del Nuevo México*, p. 212.
74. *Descripción del Nuevo México*, p. 225.
75. *Descripción del Nuevo México*, pp. 236–37.
76. *Descripción del Nuevo México*, p. 238.
77. *Descripción del Nuevo México*, p. 249.
78. *Descripción del Nuevo México*, p. 250.
79. *Descripción del Nuevo México*, p. 252.
80. *Descripción del Nuevo México*, p. 255.
81. *Descripción del Nuevo México*, p. 256.
82. *Descripción del Nuevo México*, p. 266.
83. *Descripción del Nuevo México*, p. 267.
84. *Descripción del Nuevo México*, p. 276a.
85. *Descripción del Nuevo México*, p. 277.
86. *Descripción del Nuevo México*, p. 285.
87. *Descripción del Nuevo México*, p. 294.
88. *Descripción del Nuevo México*, p. 295.
89. *Descripción del Nuevo México*, p. 306.
90. *Descripción del Nuevo México*, p. 307.
91. *Descripción del Nuevo México*, p. 318.
92. *Descripción del Nuevo México*, p. 319.
93. *Descripción del Nuevo México*, p. 330.
94. *Descripción del Nuevo México*, p. 331.
95. *Descripción del Nuevo México*, p. 338.
96. *Descripción del Nuevo México*, p. 348.
97. *Descripción del Nuevo México*, p. 349.
98. *Descripción del Nuevo México*, p. 358.
99. Rex E. Gerald y Olympia Caudillo, "An Inventory of the Missions of Senecú, Ysleta, and Socorro by Fray José Bravo in the Year 1795," *El Paso County Historical Society*, Vol. XXXIII, N. 1 (Spring 1988), p. 32.
100. Gerald y Caudillo, "An Inventory of the Missions," p. 35.
101. Gerald y Caudillo, "An Inventory of the Missions," p. 38.
102. *Descripción del Nuevo México*, p. 221.
103. *Descripción del Nuevo México*, p. 16.
104. *Enciclopedia Universal Ilustrada Europeo-Americana*, Tomo X, p. 1201.
105. Badajo.
106. Benavides, *Memorial, 1634*, Vol. 259, p. 250.
107. *Descripción del Nuevo México*, p. 38.
108. *Descripción del Nuevo México*, p. 18.
109. Ruiz, *Observaciones*, legajo 10, n. 20.
110. *Descripción del Nuevo México*, p. 74.
111. *Diccionario de Autoridades*, Tomo II, p. 97.
112. *Diccionario de Autoridades*, Tomo II, p. 97.
113. Sobre leyendas de campanas en Nuevo México, ver Elisabth Willis DeHuff, *Say de Bells of Old Missions* (London: B. Herder, 1943); Gilberto Benito Cordova, "Church Chimes Cuentos: Abiquiu and New Mexico Bell Notes," *New Mexico Folklore Record*, Vol XIV (1976–77), pp. 1–8.
114. *Enciclopedia Universal Ilustrada Europeo-Americana*, Tomo X, p. 1201.

CHAPTER 13

Carracas and Matracas

EVER SINCE NEW MEXICO first celebrated Holy Week, which is to say, ever since the Spaniards arrived in New Mexico, some special instruments of medieval origin came into use and today form part of the New Mexican spirit. These are the noisy rattles known as carracas and matracas. In most cases certain confusion exists between the two because of their similar names and functions. Spaniards exported these two instruments to America along with their commonly mistaken names. Let us take a look at which is which and their uses.

Although neither produces any sort of melody or rhythm, they are nonetheless considered musical instruments and are catalogued as idiophones.[1] The *Diccionario de la Real Academia Española* defines carraca thus: "From the onomotopoeia *crac*. A wooden instrument in which the cogs on a wheel consecutively lift one or more tabs producing a sharp, harsh sound."[2] A carraca is basically a cogged wheel struck by one or more tabs that vibrate when held by the handle and spun rapidly with the hand's movement. For larger carracas, we need the use of both hands and a crank for the largest of all. Carracas come in various dimensions and sizes, ranging from models two centimeters long up to one and a half meters. They are usually made of wood except for those with iron handles, and the number of tabs varies between one and twelve. In some areas of Castile giant carracas are called *carracones*. These are

Fig. 13.1. Carracón. Museo de Instrumentos, FCEJD, Urueña, Valladolid.
Photo by Tom Lozano.

Fig. 13.2. Single-hammered carraca. / Carraca simple. Museo de Instrumentos, FCEJD, Urueña, Valladolid. Photo by Tom Lozano.

Fig. 13.3. Double-hammered matraca. / Matraca doble. Museo de Instrumentos, FCEJD, Urueña, Valladolid. Photo by Tom Lozano.

so large that they require a pair of lads or alter boys to turn them.[3] In New Mexico, the Fraternidad Piadosa de Nuestro Padre Jesús Nazareno used these carracas in some of their moradas.

As to the matraca, Luis A. Payno explains that "such instrument may be considered representative of a pro-tomusic or ritual noise."[4] Covarrubias described the matraca in his dictionary of 1611 as a certain stick instrument with knockers or mallets, so named by the onomatopoetic sound it produces.[5] Its name derives from the Arabic word, *mitraqa*, which means hammer.[6] Arabs supposedly introduced it to Spain in the early Middle Ages.

There are various types of matracas. The simplest

Fig. 13.4. Carracas, late eighteenth century. / Carracas, finales del siglo XVIII. Photo by Tom Lozano.

consist of a board or wooden base repeatedly struck by mallets or iron knockers when shaking the instrument. Another has the shape of a closed box with a handle on the upper part. By taking hold of the handle and rocking it with a back and forth wrist movement, knockers inside the box bang against iron nails, producing a singular noise. The largest of its kind consists of a wooden wheel with four protruding wooden blades measuring sixty-four centimeters long and twenty-three wide. The four blades meet at an axis that measures seventy-six centimeters long with an iron handle sticking out one of its ends. The axis itself rests on iron forks placed at either end. These forks, in turn, form part of an iron base. Various wooden balls called *mazos*, measuring ten centimeters in diameter, are attached along the axis and between the wooden blades. When turning the large iron handle, these balls knock against the wooden blades on either side producing a tremendous racket.[7]

Long ago, the Jewish people used the matraca as a percussion instrument during the festival of Purim.[8] This Sephardic festival, celebrated on the fourteenth day of Adar, between February and March of the Christian calendar, has the largest musical repertory.

The celebration commemorates the biblical story of Esther, who saved her people from a massacre Haman planned. The entire story is read aloud at the synagogue on the day of celebration, and each time the name Haman is mentioned, everyone present pounds on tables, beats their feet against the floor, and vigorously agitates the matracas.[9] This thunderous Sephardic celebration is very similar to the uproar and hullabaloo with which Christians celebrate the ceremony known as Tinieblas, meaning gloom or darkness, during Holy Week.

During the Middle Ages the church instituted the Tinieblas in Christendom to commemorate the Crucifixion. It represented the dismal moment of Christ's death when a storm unleashed and the veil in the Temple was rent. In like manner, when the alter boy extinguished the last candle of the candelabrum, known as *tenebrario*, as a prelude to the moment of darkness that covered the earth that day, all those present at church, amidst darkness, generated as much commotion and noise possible. At such time, carracas and matracas crackled and roared alongside the rumble of yells and hisses. Another reason for the tumultuous noise, according to legend, was to frighten Judas

Fig. 13.5. Etching by Filippo Bonanni, *Gabinetto Armonico*, eighteenth century. / Grabado de Filippo Bonanni, *Gabinetto Armonico*, siglo XVIII.

Fig. 13.6. Etching by Filippo Bonanni, *Gabinetto Armonico*, eighteenth century. / Grabado de Filippo Bonanni, *Gabinetto Armonico*, siglo XVIII.

Iscariot and remind him of his vile sin.[10] One of the most important motives for the uproar, however, was to let go, by means of catharsis, of the affliction and tension built up during that week.[11]

Some parish priests in Spain decided to eliminate this custom since behind that noisy curtain of darkness excesses of a different sort were also committed, at times to the point of destroying benches and confessionals. The youngsters, given to trickery, would sometimes nail women's shawls to the floorboards so they would fall when attempting to get up from their prie-dieu.[12] On the other hand, Tinieblas is associated with things infernal and with carracas and matracas, whereas bells are associated with light and everything celestial.[13] For this reason, carracas and matracas were used in medieval Christian Spain during the processions on the funereal days of Holy Week, substituting for the silenced bells as a sign of mourning. The bells altar boys played at mass during the rest of the liturgical year were silent for three entire days. Carracas and matracas now took their place. On many occasions children were appointed the clamorous job of clattering these rattles along streets, announcing the holy services.[14] They also used such instruments to mark the pace during processions since they were both lightweight and noisy. Matracas also sounded at some sacred medieval rituals to frighten away the devil.[15] Besides playing an important role in religious celebrations, carracas and matracas have for a long time played a role in popular festivities such as aguinaldos,[16] *cencerradas*,[17] *rondas*,[18] *murgas*,[19] and above all, in carnival. People also used them as noise-makers during *mojigangas*[20] and *tonadillas*.[21]

All lay brotherhoods used these instruments from medieval times to the present, from Spain to New Spain. Carracas and matracas sounded during Holy Week services in all the missions of Arizona, California, Texas, and Florida. Different towns and moradas in New Mexico still celebrate Holy Week in this way. The Penitentes continue to celebrate the holy service of Tinieblas in the same thunderous manner and in a fashion quite similar to the Sephardic celebration of Purim.

The southwestern United States considers carracas and matracas instruments from the colonial period. This is because they are tied directly to the Christian religious traditions the Spaniards brought. As we have seen, however, their origin long predates colonial times.

Fig. 13.7. Etching by Filippo Bonanni, *Gabinetto Armonico*, eighteenth century. / Grabado de Filippo Bonanni, *Gabinetto Armonico*, siglo XVIII.

NOTES

1. A musical instrument in which the vibrating piece or body coincides with the body of the instrument itself, such as a bell.
2. *Diccionario de la Lengua Española*, 1:421.
3. Víctor Pliego de Andrés, "Carracas, Matracas: 'Crepitaculum Ligneum,'" (ms., Valladolid, 1984), 10.
4. Luis A. Payno, *Instrumentos musicales de fabricación sencilla*, Temas Didácticos de Cultura Tradicional (Valladolid: Castilla Ediciones, 1995), 95.
5. Covarrubias (1943/1998), *Tesoro de la Lengua Catellana*, 794.
6. Gómez de Silva, *Breve diccionario etimológico*, 443.
7. Joaquín Díaz, "Matraca," in *Diccionario de la Música Española e Hispanoamericana*, 7:361; Pliego de Andrés, "Carracas, Matracas," 16–20.
8. Susana Weich-Shahak, *Música y Tradiciones Sefardíes*, repr. (Salamanca: Diputación Provincial de Salmanca, Centro de Cultura Tradicional, 1999), 70–76.
9. Weich-Shahak, *Música y Tradiciones Sefardíes*, 70–76.
10. Joaquín Díaz, *Instrumentos populares*, Temas Didácticos de Cultura Popular (Valladolid: Castilla Ediciones, 1997), 23.
11. Víctor Pliego, "Carraca," in *Diccionario de la Música Española e Hispanoamericana*, 3:219.
12. Díaz, *Instrumentos populares*, 23–24.
13. Pliego, "Carraca," in *Diccionario de la Música Española e Hispanoamericana*, 3:219.
14. Pliego, "Carraca," in *Diccionario de la Música Española e Hispanoamericana*, 3:219.
15. Díaz, "Matraca," in *Diccionario de la Música Española e Hispanoamericana*, 7:361.
16. Said of a gift given at Christmas or for the feast of Epiphany; *Diccionario de la Lengua Española*, 1:68.
17. See chap. 17, "Animal Bells."
18. Said of a nocturnal gathering of lads, usually serenaders, doing their round along the streets; *Diccionario de la Lengua Española*, 2:1810.
19. A group of typically bad musicians who go door to door singing at birthday parties or at Christmas with the hope of receiving some kind of gift in return; *Diccionario de la Lengua Española*, 2:1418.
20. Said of a very brief dramatic comedy that introduces ridiculous, extravagant characters; *Diccionario de la Lengua Española*, 2:1388.
21. Díaz, *Instrumentos populares*, 41. Tonadillas refers to a brief song or musical piece sung in some theaters; *Diccionario de la Lengua Española*, 2:1992.

CAPÍTULO 13

Carracas y Matracas

DESDE LA PRIMERA VEZ que se celebró la Semana Santa en Nuevo México, o sería mejor decir, desde la llegada de los españoles a Nuevo México, se vienen utilizando hasta hoy mismo unos instrumentos peculiares de procedencia medieval y que actualmente se identifican como parte del espíritu nuevomexicano. Estas son las estrepitosas carracas y matracas. En la mayoría de los casos suele existir cierta confusión entre los dos instrumentos, debido a la similitud de sus nombres y de sus usos. Los españoles los exportaron a América y junto con ellos la confusión de los nombres. Pero veamos cuál es cuál y sus usos.

Aunque de estos dos artefactos no se pueden sacar ni ritmos ni melodías, se consideran igualmente instrumentos musicales y están catalogados como idiófonos. El Diccionario de la Real Academia Española nos da la siguiente definición de carraca: "De la onomatopeya *crac*. Instrumento de madera, en el que los dientes de una rueda, levantando consecutivamente una o más lengüetas, produce un ruido seco y desapacible."[1] La carraca es básicamente una rueda dentada con una o varias lengüetas que percuten en ella. Estas lengüetas vibran cuando agarramos la carraca por el mango fijo y la hacemos girar velozmente con el impulso de la mano; con dos manos cuando son de mayor tamaño y con una manivela para las más grandes. Hay carracas de diversas dimensiones y tamaños y existen modelos

desde dos centímetros de largo hasta de un metro y medio. Suelen fabricarse de madera, con la excepción de algunas que tienen manivelas de hierro. El número de lengüetas puede variar desde una hasta doce. A las carracas enormes en algunas zonas de Castilla se les llaman carracones, y hacen falta un par de mozos o monaguillos para darles vueltas.[2] La Fraternidad Piadosa de Nuestro Padre Jesús Nazareno en Nuevo México usaba este tipo de carraca grande en algunas de sus moradas.

Sobre la matraca, nos dice Luis A. Payno que "podemos considerarla como representante de una protomúsica o ruido ritual."[3] Covarrubias en su diccionario de 1611 nos la describe así: "Cierto instrumento de palo con unas aldabas o maços. . . . Díxose assí del sonido que hace por la figura onomatopeya."[4] El nombre de matraca deriva de la palabra árabe *mitraqa*, que significa martillo.[5] Se cree que fueron los árabes los que introdujeron este instrumento en España durante la baja Edad Media.

Más de cerca, existen varios tipos de matracas. Las más simples están compuestas de una simple tabla, como base de madera, sobre la que unas mazas de madera o aldabas de hierro, golpean y repercuten cuando se sacude. Otra consiste en una especie de caja cerrada que posee un asa en la parte superior. Sujetándola del asa y haciéndola girar con la muñeca hacia un lado y hacia otro, hará accionar las aldabas sobre unos clavos de hierro y esto producirá su sonido peculiar. La mayor de las matracas consiste en un torno de madera con cuatro aspas que miden unos sesenta y cuatro centímetros de largo y veintitrés de ancho. Estas van unidas a un eje central de unos setenta y seis centímetros de largo, del cual sale una manivela de hierro. El eje a su vez reposa sobre un par de horcas en una base de hierro. Sujetos al eje hay varias bolas de madera de diez centímetros de diámetro, llamadas mazos. Al girar la manivela estos mazos golpean las aspas produciendo un ruido estrepitoso.[6]

El pueblo judío ya utilizaba la matraca desde antaño como instrumento de percusión durante la fiesta de Purim.[7] Ésta es la fiesta sefardí que cuenta con más repertorio musical y se celebra en día 14 de Adar, es decir, entre el mes de febrero y marzo del calendario cristiano. La celebración tiene que ver con la historia bíblica del libro de Ester, quien salvó al pueblo judío de la masacre que Hamán había planeado para ellos. La historia de Ester se lee enteramente en la sinagoga el día indicado para su celebración, y cada vez que se menciona el nombre de Hamán, todos los allí presentes forman gran alboroto, zapateando el suelo, dando golpes en la mesa y sobretodo haciendo sonar las matracas fuertemente.[8] Esta celebración sefardí de carácter estruendoso se parece mucho al bullicio y la algarabía con que el pueblo cristiano celebra las Tinieblas en Semana Santa.

En la época medieval la iglesia instituyó en la cristiandad el ceremonial llamado las Tinieblas para recordar la muerte de Cristo, simbolizando las tinieblas de aquel momento en que se desató una tormenta y se rasgó el velo del Templo. Así pues, cuando el monaguillo apagaba la última vela del candelabro (llamado tenebrario) como preludio a ese momento de oscuridad que llenó la tierra en aquel entonces, a oscuras, todos los asistentes en la iglesia armaban todo el alboroto y ruido posible. Ahí, las carracas y matracas crujían y rugían entre el gran alboroto de gritos y chiflidos de los asistentes. Otro de los simbolismos del ruido estruendoso era, según dicen, para asustar a Judas Iscariote y

recordarle su vil pecado.[9] Pero uno de los motivos más importantes por el cual todos gritaban y hacían ruido era para soltar a modo de catarsis la afligida tensión acumulada durante esa semana.[10]

Algunos de los párrocos en España decidieron eliminar esta costumbre, pues tras esa cortina de ruidosa oscuridad se cometían también excesos de todo tipo, destrozando en veces los bancos y confesionarios. Los más jóvenes eran dados a las bromas y en algunos lugares clavaban los mantones de las señoras mayores al suelo. Éstas se caían al intentar levantarse de los reclinatorios.[11] Existe la asociación de las Tinieblas a lo infernal y a las carracas y matracas. En contrapartida, se asocian las campanas y campanillas con la luz y el cielo.[12] Por esa razón, en la España medieval cristiana las carracas y matracas se utilizaban durante las procesiones en los días fúnebres de la Semana Santa como sustituto de las campanas, pues estas se mantenían en silencio como muestra de luto. Tres días duraba el silencio de las campanas, así como el de las campanillas y cascabeles que durante el resto del año litúrgico los monaguillos hacían sonar en la misa. Entonces las carracas y matracas ocupaban el lugar de las campanas dentro de la celebración religiosa. En muchas ocasiones eran los niños los encargados de realizar el estrepitoso trabajo de recorrer las calles convocando al pueblo a los oficios de la iglesia, accionando las carracas y matracas estruendosamente.[13] Debido también a su ligereza y fuerte resonancia, estos instrumentos marcaban el paso en las procesiones. En algunos ritos sacros medievales resonaban las matracas para espantar al diablo.[14] Pero aparte de emplearse para celebraciones religiosas, la carraca y la matraca también formaron y forman parte de las fiestas populares de aguinaldos,[15] cencerradas,[16] rondas,[17] murgas[18] y sobre todo del carnaval. Asimismo se utilizó la matraca como instrumento ruidoso en las mojigangas[19] y tonadillas.[20]

Todas las cofradías y hermandades han utilizado estos instrumentos desde los tiempos medievales hasta ahora desde España hasta la Nueva España. Las carracas y matracas se utilizaron durante las celebraciones de la Semana Santa en todas las misiones de

Arizona, California, Texas y la Florida. La Semana Santa todavía se celebra en las diferentes moradas y pueblos de Nuevo México. Los hermanos penitentes siguen oficiando el servicio de las Tinieblas, tal y como anteriormente lo describí y también de manera muy similar a la antes descrita entre los sefardíes.

En el suroeste de los Estados Unidos, la carraca y la matraca están consideradas instrumentos de la época colonial. Esto es debido a que están atados directamente a las tradiciones religiosas cristianas que trajeron los españoles consigo. Pero como hemos visto, son instrumentos muy anteriores a la época de la colonia.

NOTES

1. *Diccionario de la Lengua Española*, Vol. I, p. 421.
2. Víctor Pliego de Andrés, "Carracas, Matracas: 'Crepitaculum Ligneum,'" (ms., Valladolid, 1984), p. 10.
3. Luis A. Payno, *Instrumentos musicales de fabricación sencilla*, Temas Didácticos de Cultura Tradicional (Valladolid: Castilla Ediciones, 1995), p. 95.
4. Covarrubias (1943/1998), *Tesoro de la Lengua Castellana*, p. 794.
5. Gómez de Silva, *Breve diccionario etimológico*, p. 443.
6. Joaquín Díaz, "Matraca," en *Diccionario de la Música Española e Hispanoamericana*, Tomo 7, p. 361; Pliego de Andrés, "Carracas, Matracas," pp. 16–20.
7. Susana Weich-Shahak, *Música y Tradiciones Sefardíes* (Salamanca: Diputación Provincial de Salamanca, Centro de Cultura Tradicional, 1999), pp. 70–76.
8. Weich-Shahak, *Música y Tradiciones Sefardíes*, pp. 70–76; Miguel A. Sánchez, *Es razón de alabar, Una aproximación a la música tradicional Sefardí* (Madrid: Comunidad de Madrid, Consejería de Educación y Cultura, 1997), p. 74.
9. Joaquín Díaz, *Instrumentos populares*, Temas Didácticos de Cultura Popular (Valladolid: Castilla Ediciones, 1997), p. 23.
10. Víctor Pliego, "Carraca," in *Diccionario de la Música Española e Hispanoamericana*, Tomo 3, p. 219.
11. Díaz, *Instrumentos populares*, pp. 23–24.
12. Pliego, "Carraca," en *Diccionario de la Música Española e Hispanoamericana*, Tomo 3, p. 219.
13. Pliego, "Carraca," en *Diccionario de la Música Española e Hispanoamericana*, Tomo 3, p. 219.
14. Díaz, "Matraca," en *Diccionario de la Música Española e Hispanoamericana*, Tomo 7, p. 361.
15. Regalo que se da en Navidad o en la fiesta de la Epifanía; *Diccionario de la Lengua Española*, Vol. I, p. 68.
16. Ver el capítulo "Cencerros."
17. Reunión nocturna de mozos para tocar y cantar por las calles; *Diccionario de la Lengua Española*, Vol. II, p. 1810.
18. Compañía de músicos malos, que en pascuas, cumpleaños y otras ocasiones toca a las puertas de las casas acomodadas, con la esperanza de recibir algún obsequio; *Diccionario de la Lengua Española*, Vol. II, p. 1418.
19. Obrilla dramática muy breve, para hacer reír, en que se introducen figuras ridículas y extravagantes; *Diccionario de la Lengua Española*, Vol. II, p. 1388.
20. Díaz, *Instrumentos populares*, p. 41; canción o pieza corta y ligera, que se canta en algunos teatros; *Diccionario de la Lengua Española*, Vol. II, p. 1992.

CHAPTER 14

Chirimías and Bajones

THE CHIRIMÍA IS a double-reed wind instrument or aerophone.[1] In Spain it is made of wood, with a channel drilled down the inside. It has a straight body and a longitudinal conic section with a bell-shaped end at one extreme and a double-reed mouthpiece at the other. The player covers only six of the nine holes down its side. Felipe Pedrell explains that "chirimías of various sizes were used to form quartets, or better said, accompany the singing in cathedrals."[2] Covarrubias defines the chirimía as a difficult instrument to play, for which the player must be prepared:

It is a mouth instrument, similar to a straight trumpet without a curved back. It is carved from heavy wood and therefore must be finely and smoothly finished because the player has to use all fingers of both hands to play it. . . . you need hands and tongue to play the chirimía and a corrective belt to avoid body harm, just as the street announcers and town criers of old used to. Thus, it is not a bad idea for minstrels and singers to dress tightly and warmly. There are treble contraltos and tenors in an ensemble of chirimías. The trebles do not have keys for the

Fig. 14.2. Group of grallers, Granollers, Barcelona, June 2003. / Conjunto de grallers, Granollers, Barcelona, junio 2003. Photo by Tom Lozano.

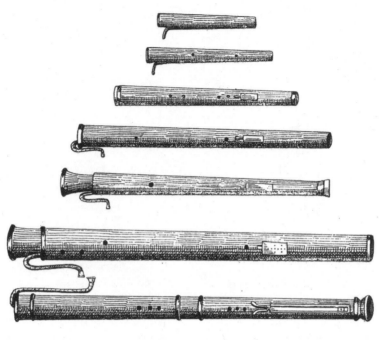

— FAMILLE DES BASSONS AIGUS ET GRAVES,
XVIᵉ ET XVIIᵉ SIÈCLES.

low notes; instead they perform well alongside the sackbuts[3] who play the contrabass.[4]

Pedrell says that chirimías are of Spanish origin, though this nasal-sounding instrument actually came from central Asia. The Arabs introduced it to Spain in the tenth century. It was one of the instruments par excellence of minstrels during medieval times and irreplaceable during civil ceremonies.[5] It was later used in religious polyphony to represent voices. The ecclesiastical liturgy progressively incorporated the chirimía, which had become a well-established part of the ritual by the fifteenth century.[6] This can be seen in the anonymous chronicle of don Miguel Lucas, since the constable was always followed by a group of musicians playing trumpets and chirimías for all public secular and religious events.

Trumpets and chirimías were played from time to time: when the procession was moving, when the body of our Lord God was raised, and even when the priest came out to say mass.[7] . . . In the morning, for the feast of St. Steven and on the third and fourth days, corresponding to that of St. John the Apostle and Evangelist and that of the Day of the Holy Innocents,[8] all trumpets and hand drums, chirimías, and singers give the matin song, announcing the dawn.[9]

The most popular type of chirimía, and the one most often found in Mexico, was the soprano, approximately thirty to thirty-five centimeters long with a total of six holes. The player covers all holes to perform. The tenor, a larger instrument, varies in length between sixty-two and sixty-six centimeters. It usually has two separate parts that fit together. As with the soprano, the musician covers its six holes to play.[10]

The military and their descendants were the first to introduce chirimías to the indigenous people of New Spain. The religious, however, were the prime movers in expanding use of this instrument.[11] They were responsible for teaching how to build and play them. It had become a highly popular instrument in almost all Mexico by the nineteenth century. It was the second foreign instrument Mexican Indians learned to fabricate and play, becoming expert chirimía performers.[12] "The first musical instruments that Indians made and used were flutes, then chirimías, then the rustic oboe, followed by viols . . . cornets and bajones."[13] In Mexico City's cathedral, Indians played an ensemble of chirimías during religious services.[14] The indigenous people so welcomed this instrument that some of them received the name of *indios chirimías*.[15]

The chirimías that arrived in New Mexico were probably built in some workshop or training center in Mexico. It is possible that chirimías were also

Fig. 14.4. Catalan engraving, eighteenth century. / Grabado catalán, siglo XVIII.

constructed in New Mexico in some such center belonging to the missions, although this is uncertain. We can affirm, however, that Indians indeed played chirimías, since their music resounded throughout many corners of colonial New Mexico, as different Franciscan writings of that age record.

As seen in the chapter on the New Mexico mission music schools, chirimías were priced quite high in the seventeenth century; a terno of them cost 150 pesos, while a terno of trumpets cost only 24 pesos. The vast difference in price is obvious. It seems that chirimías were very important since people invested large sums of money in them.

Like chirimías, bajones are also double-reed wind instruments or aerophones.[16] They are made of wood, usually from maple or fruit trees. They measure approximately one meter long with two channels or conduits drilled down the inside and uniting in the lower section, forming a single tube in a U form. A metallic tube in an S form is introduced in the upper portion of the instrument to support the reed. This

Fig. 14.3. Painting of colonial Mexico. / Pintura de México colonial. Photo by John Shortridge.

metal piece, called a *bocal*, is usually made of tin.[17] The instrument has six finger holes down the front, on the thinner of the two sides. Besides these orifices, it has two thumbholes and two keys, one on the front and one on the back.

The first mention of a *bajón* that refers to a musical instrument dates to a manuscript from 1530. In the document one Juan de la Rosa was paid 2 ducados for repairing two bajones belonging to the cathedral in Pamplona.[18] The *Diccionario de Autoridades* from the early eighteenth century defines it as follows: "It is called bajón because it imitates the bass or lower octave in music."[19] Pedrell gives us the following definition:

The orchestras of old in Spanish churches were made up of bajones, *bajoncillos*,[20] and chirimías. The bajoncillo was a type of bassoon whose purpose was to accompany the voices in religious musical composition just as bajones and chirimías accompanied the other harmonic parts.[21]

In Spain, the bajón accompanied, ad libitum, Gregorian chant and *fabordón*, a type of music used in some religious ceremonies.[22] Such use of bajones in Spanish churches carried over to churches in New Spain.[23] Many Mexican religious ornaments depict angels playing the bajón.

Chirimías and bajones sounded in New Mexico missions for almost the entire seventeenth century. Late in the eighteenth century, three chirimías and two bajones still remained in the sacristy of San Felipe Pueblo's church, but as Fray Dominguez noted, they were already in deteriorated condition. We do not know when people stopped playing them and what the real reason for their decadence and disappearance in New Mexico was.

NOTES

1. Shawm.
2. Pedrell, *Diccionario Técnico de la Música*, 80.
3. An early S-shaped trombone.
4. Covarrubias (1943/1998), *Tesoro de la Lengua Castellana*, 436.
5. Carlos Villanueva, "Chirimía," in *Diccionario de la Música Española e Hispanoamericana*, 3:661.
6. Villanueva, "Chirimía," in *Diccionario de la Música Española e Hispanoamericana*, 3:661.
7. *Relación de los fechos*, 3:154–55.
8. A celebration held on December 28 commemorating King Herod's slaughter of the innocent children in Judea.
9. *Relación de los fechos*, 3:156.
10. Juan Guillermo Contreras, "Chirimía,"in *Diccionario de la Música Española e Hispanoamericana*, 3:664.
11. Contreras Arias, *Atlas Cultural de México, Música*, 72.
12. Horcasitas, *El Teatro Náhuatl*, 146.
13. Lourdes Turrent, *La conquista musical de México* (Mexico City: Fondo de Cultura Económica, 1993), 148.
14. Turrent, *La conquista musical de México*, 148n3.
15. Cardelús, *Luces de la Cultura Hispana*, 556.
16. Dulcians.
17. Beryl Kenyon de Pascual, "Bajón," in *Diccionario de la Música Española e Hispanoamericana*, 2:63.
18. Kenyon de Pascual, "Bajón," in *Diccionario de la Música Española e Hispanoamericana*, 2:63.
19. *Diccionario de Autoridades*, 1:581.
20. Name for a smaller dulcian, according to Kenyon de Pacual, "Bajón." She further explains that the bass dulcian was the name given to the primitive form of bassoon in some countries before the modern bassoon replaced it.
21. Pedrell, *Diccionario Técnico de la Música*, 39.
22. Pedrell, *Diccionario Técnico de la Música*, 39.
23. Contreras Arias, *Atlas Cultural de México, Música*, 110.

CAPÍTULO 14

Chirimías y Bajones

LA CHIRIMÍA ES un instrumento de viento (aerófono) de doble lengüeta. En España está hecha de madera, con un canal taladrado en el interior, de cuerpo recto, de sección cónica y que acaba en forma de campana en un extremo y en una embocadura con doble lengüeta en el otro. Ésta posee nueve agujeros laterales, de los cuales sólo seis están destinados a ser tapados. Felipe Pedrell explica que "hubo chirimías de varios tamaños para formar cuarteto, ó, mejor dicho doblar el canto, y esto en las mismas catedrales."[1] Covarrubias define la chirimía como un instrumento duro de tocar, del que hay que prevenirse:

Instrumento de Boca, a modo de trompeta derecha sin buelta, de ciertas maderas fuertes, pero que se labran sin que tengan repelos porque en los agujeros que tienen se ocupan casi todos los dedos de ambas las manos . . . es menester para tañer la chirimía manos y lengua y aun traer bragas justas por el peligro de quebrarse, como traían los tibicines antiguos y los pregoneros. Y assí no es mal consejo para ministriles y aun para cantores, el andar recogidos y abrigados. En la copla de las chirimías ay tiples contraltos y tenores, y los tiples no tienen llave para los puntos baxos; acomodándose con los sacabuches que tañe los contrabaxos.[2]

Pedrell dice que la chirimía es de origen español, aunque en realidad este instrumento de tono nasal procede originalmente de la parte central de Asia. Los árabes lo introdujeron en España en el siglo X. Durante la época medieval, fue uno de los instrumentos por excelencia de los ministriles y eran insustituibles en las ceremonias civiles.[3] Más tarde, se emplearon en la polifonía religiosa representando las voces y poco a poco se fueron incorporando a la liturgia eclesiástica, formando parte de ella a partir del siglo XV.[4] Esto podemos verlo en la crónica anónima de d. Miguel Lucas, puesto que al condestable le seguía siempre un grupo de músicos compuesto de trompetas y chirimías que tocaban para todos los eventos públicos seculares y religiosos.

Los quales tronpetas e cherimías tocauan a tienpos, así al tienpo que andaua la proçesión como al alçar del Cuerpo de nuestro señor Dios; e avn así mesmo cuando el preste[5] salía a decir la misa.[6] . . . la fiesta de Sant Esteuan, y el tercero y quarto, que son días de Sant Juan apóstol y evangelista y de los Ynocentes, por la mañana, todos tronpetas y atabales, cherimías y cantores, dauan así mesmo el aluorada.[7]

La chirimía más popular y más extendida en México fue la soprano. Esta tiene una longitud aproximada de treinta a treinta y cinco centímetros, con seis orificios destinados a ser tapados. La versión tenor es de mayor dimensión y oscila entre los sesenta y dos a sesenta y seis centímetros de largo. Normalmente está compuesta de dos partes que se ensamblan y al igual que la soprano, tiene seis agujeros destinados a ser tapados.[8]

Los militares y sus descendientes fueron los que primeramente introdujeron la chirimía entre los indígenas de la Nueva España. Pero sin duda, los que le dieron el gran empuje de expansión a este instrumento fueron los religiosos.[9] Estos se encargaron de enseñar la manera de construirlos y tocarlos. En México llegó a ser un instrumento muy popular en casi todo el país hasta el siglo XIX. Fue el segundo instrumento forastero que los indígenas mexicanos aprendieron a tocar y a fabricar, llegando a ser expertos tañedores.[10] "Los primeros instrumentos de música que hicieron y usaron los indígenas fueron flautas, luego chirimías, después orlos y tras ellos vihuelas de arco [. . .] cornetas y bajones."[11] En la catedral de México, los indígenas tocaban un conjunto de chirimías durante los servicios religiosos.[12] La aceptación de este instrumento fue tal entre ellos, que a algunos se les llegó a llamar indios chirimías.[13]

Seguramente las chirimías que llegaron a Nuevo México fueron construidas en México en alguna escuela taller. Es muy posible que también en Nuevo México llegaran a construirse en las escuelas taller de las misiones, aunque no lo sabemos con certeza. Pero sí podemos afirmar que se tocaron y que su música resonó en muchos rincones del Nuevo México colonial como atestiguan los diferentes escritos de los franciscanos de la época.

Tal y como pudimos ver en el capítulo de escuelas musicales en las misiones de Nuevo México, el precio de las chirimías en el siglo XVII era bastante alto, pues se pagaron 150 pesos por un terno de ellas, cuando un terno de trompetas sólo costaba 24 pesos. Se ve, pues, la gran diferencia de precio entre unas y otras. Por lo tanto, las chirimías debían de ser muy importantes para ellos ya que invertían bastante dinero en ellas.

Al igual que la chirimía, el bajón es también un instrumento de viento (aerófono) de doble lengüeta. Está construido de madera la cual solía ser de arce o maderas de árboles frutales. Mide aproximadamente un metro de largo y en él se han taladrado dos canales que se unen en la parte inferior del instrumento formando un solo tubo en forma de U. En la parte superior se introduce un tubo metálico en forma de S llamado tudel, hecho de latón y que sirve de soporte a la caña.[14] Tiene seis agujeros en la parte delantera y más delgada del instrumento para los dedos. Posee dos llaves, una delantera y otra trasera, y dos agujeros para los pulgares.

La primera vez que se usó la palabra bajón para designar un instrumento musical, aparece en un documento de 1530, cuando se le pagaron 2 ducados a Juan del Rosa por reparar dos bajones que pertenecían a la catedral de Pamplona.[15] El *Diccionario de Autoridades* del siglo XVIII lo define de la siguiente manera: "Dixose Baxón, porque imita el punto baxo, u octava baxa de la Música."[16] Pedrell nos da la siguiente definición:

Las antiguas orquestas en las iglesias de España se componían de BAJONES, BAJONCILLOS y CHIRIMÍAS. El bajoncillo era una especie de FAGOTE cuyo oficio consistía en doblar una de las voces de la composición musical religiosa del mismo modo que los bajones y chirimías doblaban las otras partes armónicas.[17]

El bajón se usaba en las iglesias de España para acompañar ad libitum el canto llano y la música llamada fabordón empleada en algunas ceremonias religiosas.[18] El uso del bajón en el interior de las iglesias españolas se trasladó a las iglesias de la Nueva España.[19] En México el bajón se encuentra ilustrado en muchos ornamentos religiosos, tocados por ángeles.

Las chirimías y los bajones sonaron en las misiones de Nuevo México durante casi todo el siglo XVII. A finales del siglo XVIII, todavía existían tres chirimías y dos bajones en la sacristía de la iglesia del Pueblo de San Felipe, aunque como dice la descripción de fray Domínguez, todo ya descompuesto. No sabemos cuándo se dejaron de tocar y cuál fue la verdadera causa de su decadencia y extinción en Nuevo México.

NOTES

1. Pedrell, *Diccionario Técnico de la Música*, p. 80.
2. Covarrubias (1943), *Tesoro de la Lengua Castellana*, p. 436.
3. Carlos Villanueva, "Chirimía," en *Diccionario de la Música Española e Hispanoamericana*, Tomo 3, p. 662.
4. Villanueva, "Chirimía," en *Diccionario de la Música Española e Hispanoamericana*, Tomo 3, p. 662.
5. Sacerdote que celebra la misa cantada.
6. *Relación de los fechos*, Tomo III, pp. 154–55.
7. *Relación de los fechos*, Tomo III, p. 156.
8. Juan Guillermo Contreras, "Chirimía,"en *Diccionario de la Música Española e Hispanoamericana*, Tomo 3, p. 664.
9. Contreras Arias, *Atlas Cultural de México, Música*, p. 72.
10. Hocasitas, *El Teatro Náhuatl*, p. 146.
11. Lourdes Turrent, *La conquista musical de México* (México: Fondo de Cultura Económica, 1993), p. 148.
12. Turrent, *La conquista musical de México*, p. 148. Nota pie de página, nº 3.
13. Cardelús, *Luces de la Cultura Hispana*, p. 556.
14. Kenyon de Pascual, "Bajón," en *Diccionario de la Música Española e Hispanoamericana*, Tomo 2, p. 63.
15. Kenyon de Pascual, "Bajón," en *Diccionario de la Música Española e Hispanoamericana*, Tomo 2, p. 63.
16. *Diccionario de Autoridades*, Tomo I, p. 581.
17. Pedrell, *Diccionario Técnico de la Música*, p. 39.
18. Pedrell, *Diccionario Técnico de la Música*, p. 39.
19. Contreras Arias, *Atlas Cultural de México, Música*, p. 110.

CHAPTER 15

Trumpets, Bugles, and Cornets

TRUMPETS, ALSO KNOWN AS BUGLES, añafiles, or horns, are considered wind instruments (aerophones) containing a mouthpiece. They are made of metal pipes, of which the first two parts are cylindrical, widening out in a bell shape towards the last third portion. The different sounds are produced according to the pressure of the air blown through the mouthpiece. Covarrubias defined the trumpet in 1611 as "a warlike instrument made by rolling metal, from the French verb, *tromper*, meaning something that is turned. A trumpeter is one who plays such instrument."[1]

Two basic forms of trumpets existed: straight and curved. The curved or circular kind, were called *buccina*, while the straight ones were known as *tuba*.[2] The straight ones, which the Romans used, reached lengths of up to 323 centimeters not counting the mouthpiece. During the Middle Ages, the straight trumpet reached even greater dimensions, with variations measuring up to six feet long. In order to play this type of trumpet, its extreme cylindrical end needed to rest on wooden forks.

Between the tenth and fifteenth centuries, trumpets in Spain were known by the Moorish name, añafil.[3] This instrument has been depicted both in stone and on parchment since the Middle Ages. Angels are usually portrayed playing them in apocalyptic contexts or in adoration of Mary. Numerous images still remain from colonial Mexico of angels playing this same trumpet.

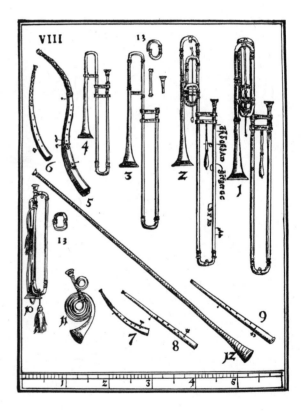

Its use was always the same: for military exercises, civil ceremonies, religious festivals, and proclamations. Its sound announced the opening or closing of city gates or the market hours. Trumpeters were indispensable in the monarchs' bands. In his second expedition

15.2. Der Trompetenmacher, etching
by Christoph Weigel (1650–1725). /
Der Trompetenmacher, grabado de
Christoph Weigel (1650–1725).

to Naples in 1432, Alonso V took with him a group
of musicians that included five trumpeters: Jorge Juliá,
Bartolomé Juliá, Andrea di Bonsegnore, Filippo della
Ruccella, and Juan Lombart.[4] Trumpets, along with
other instruments, could never be absent from the large
banquets nobles offered. "They brought out food, preceded by trumpets, drums, and shawms, and thus with
every dish and drink."[5] Composed in 1498, the list of
those working in the household of Isabel la Católica
included five trumpeters.[6] As for Carlos V, we read
that "when war was declared, Carlos V embarked on
a trip to Tunis in 1535 without forgetting his group of
traveling musicians . . . The bands of trumpeters and
minstrels announce the king's arrival in African lands
with the loud blowing of horns."[7]

The *trompeta española* (Spanish trumpet), or
trompeta bastarda (bastard trumpet), was the one that
arrived in the New Mexican missions. It was not for
military use, but for more artistic purposes, such as
public or religious solemnities.[8] This instrument was
used to a great extent in all of New Spain until the seventeenth century, when its use began to decline.[9]

Next, we have the bugle, another wind instrument
(aerophone). The term bugle is relatively modern.
Before the seventeenth century, bugle was the term
given to a small trumpet.[10] In the Middle Ages, the
bugle was nothing more than a type of trumpet whose
tone was higher than in others.[11] Its tubular shape
was small in diameter near the mouth and flared out
like a bell toward the foot.[12] In *Tesoro de la Lengua
Castellana o Española*, Covarrubias explains that the
bugle "is a small high-pitched trumpet, called clarín
for having a clear sound."[13]

The bugle, with its penetrating sound, was adopted,

alongside trumpets and cornets, for palace, military, and municipal celebrations, as well as for religious music. The military adopted the bugle since it could be heard from far away.[14] When Isabel la Católica laid siege to the city of Baza in 1489, a grand musical reception announced her arrival. The Moors peeped over the towers and high places of the city "to hear the music of such numerous bastardas (trumpets), bugles and Italian trumpets, and shawms . . . such that the sound seemed to reach the heavens."[15] The use of the bugle in cultured music was quite frequent until the second third of the nineteenth century, when the keyed trumpet appeared.[16]

The only reference we have of bugles in New Mexico is from the eighteenth century, when Padre Zamora placed in the new church of Santo Domingo "two good bugles."[17] We can assume they were played for religious celebrations. In fact, trumpets and cornets resounded in New Mexican churches accompanying the voices of choirs, at least during the seventeenth century. Previously, in 1598, the soldiers of the long, slow caravan Juan de Oñate directed played their instruments at different moments along the way. Gaspar de Villagrá clarifies what such instruments were: bugles, *cajas roncas* (drums), fifes, and trumpets.[18]

Finally, we have the cornet, whose ancient name originates from *cuerno* (horn). The cornet is a wind instrument (aerophone) with six holes in the upper part and, like the trumpet, has a mouthpiece. Its most ancient form consisted of a horn with a perforated point through which the player blew air and emitted certain sounds used for different occasions. Cornets also varied in form and sound, from black to white, straight or curved, and even from *cornetas mudas* (mute cornets) to *cornetas tuertas* (one-eyed cornets). They were made either of leather or wood lined with leather or even carved in ivory.[19] Metal cornets also existed made from a coiled conical cylinder ending in a bell shape.[20]

In most cases, the cornet, seen in profile, had a curved shape, yet its cylindrical body was actually octagonal. It was constructed in two separate pieces, which were later assembled and covered with black leather. Thus they received the name black cornets. The white cornets were those made from ivory or boxwood. These were straight and were not covered with leather.[21] The corneta muda had a softer sound than the others, and the corneta tuerta produced the bass for the corneta muda.[22]

The mouthpieces used varied according to the type of cornet. They were made of either horn or metal and as a separate piece from the body, attached or taken off as desired. Others were carved into the body, as a fixed part of the cornet itself.

The cornet was used regularly in the Middle Ages but reached its height of glory during the Renaissance and baroque, becoming a leading wind instrument.[23]

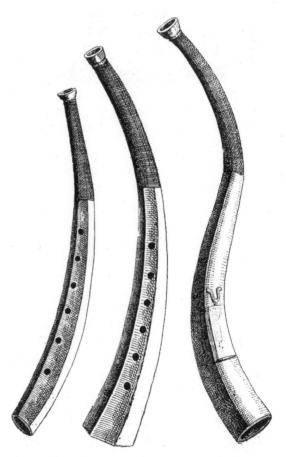

— FAMILLE DES CORNETS A BOUQUIN AIG
ET GRAVES, XVIᵉ, XVIIᵉ ET XVIIIᵉ SIÈCLES

joins the chanting of the músicos de capilla[26] belonging to the archduke (Felipe el Hermoso) on the day of Pentecost, May 15, 1515."[27] The cornet was the instrument that best imitated the human voice,[28] which was why it served not only in churches but also in processions, banquets, festivities, and dramatizations in palaces. Its decline in Spain began in the seventeenth century, the result, among other reasons, of the appearance of the violin and oboe in cultured music. In 1701, the last elderly cornet player disappeared or was simply removed from the royal chapel.[29]

The different types of cornets arrived in New Spain, each corresponding to their time and classed into their specific families: soprano, alto, tenor, and bass. The tenor version was S shaped and in some cases, larger than the rest. The bass cornet, with its great curves, was even larger than the tenor.[30] It became very popular among the Mexican Indians and replaced the pre-Cortés conch.[31] The different types of cornets were frequently used in Mexico until the end of the seventeenth century. By the early eighteenth century, their use began to decline as they had in Spain. Earlier, we saw that Fray Estevan de Perea mentions the existence of cornets in New Mexico. His is the only evidence available. Unfortunately, we possess no other detail from which to infer what type of cornet Fray Roque de Figueroa used for teaching Indians to play.

As a "musical instrument played with other instruments and voices,"[24] the cornet was especially popular in the instrumental ensembles of the Spanish churches, supporting the voices of the choir.[25] Thus, "the cornet

NOTES

1. Covarrubias (1943/1998), *Tesoro de la Lengua Castellana*, 980.
2. Pedrell, *Diccionario Técnico de la Música*, 474.
3. For the meaning of añafil, consult Covarrubias (1943), *Tesoro de la Lengua Castellana*.
4. Felipe Pedrell, *Emporio Científico e Histórico de Organografía Musical Antigua Española*, 1901, facs. ed. (Valencia: París-Valencia, 1994), 120.
5. *Relación de los fechos*, 3:157.
6. Pedrell, *Emporio Científico*, 474.
7. Pedrell, *Emporio Científico*, 130–31.
8. Pedrell, *Diccionario Técnico de la Música*, 475.
9. Contreras Arias, *Atlas Cultural de México, Música*, 114.
10. Beryl Kenyon de Pascual, "Clarín" in *Diccionario de la Música Española e Hispanoamericana*, 3:731.
11. Pedrell, *Diccionario Técnico de la Música*, 92.
12. *Enciclopedia Universal Ilustrada Europeo-Americana*, 13:664.
13. Covarrubias (1943), *Tesoro de la Lengua Castellana*, 325.
14. *Enciclopedia Universal Ilustrada Europeo-Americana*, 13:664.
15. Pedrell, *Emporio Científico*, 125–26.
16. Kenyon de Pascual, "Clarín," in *Diccionario de la Música Española e Hispanoamericana*, 3:731.
17. *Descripción del Nuevo México*, 210.
18. Villagrá (2001), *Historia de Nuevo México*, 96, canto 4; 124, canto 6x; 333, canto 27.
19. Pedrell, *Diccionario Técnico de la Música*, 117.
20. Pedrell, *Diccionario Técnico de la Música*, 117.
21. Beryl Kenyon de Pascual, "Corneta," in *Diccionario de la Música Española e Hispanoamericana*, 4:13.
22. Pedrell, *Diccionario Técnico de la Música*, 117, 118.
23. Kenyon de Pascual, "Corneta," in *Diccionario de la Música Española e Hispanoamericana*, 4:13.
24. Covarrubias (1943), *Tesoro de la Lengua Castellana*, 359.
25. Kenyon de Pascual, "Corneta," in *Diccionario de la Música Española e Hispanoamericana*, 4:14.
26. Group of paid musicians belonging to a church or a royal or noble house.
27. Pedrell, *Emporio Científico*, 128.
28. Pedrell, *Diccionario Técnico de la Música*, 118.
29. Kenyon de Pascual, "Corneta," in *Diccionario de la Música Española e Hispanoamericana*, 4:14.
30. Contreras Arias, *Atlas Cultural de México, Música*, 112–13.
31. Contreras Arias, *Atlas Cultural de México, Música*, 72.

CAPÍTULO 15

Trompetas, Clarines y Cornetas

LA TROMPETA, TAMBIÉN CONOCIDA como clarín, añafil o tromba, es un instrumento de viento (aerófono) con boquilla o embocadura. Está construido con tubos de metal, siendo las dos primeras partes cilíndricas, ensanchándose en forma de pabellón en el último tercio. Los diferentes sonidos se producen según la fuerza con que se empuja el aire a través de la boquilla. En 1611, Covarrubias la definió de la siguiente manera: "Instrumento conocido bélico, de metal, y porque es bolteado se dixo assí del verbo francés 'tromper,' que vale boltear alguna cosa. Trompeta, el mesmo que la tañe."[1]

Existían dos versiones básicas de la trompeta: la curva y la recta. A la curva o circular se le llamaba *buccina y tuba* a la recta. Las trompetas rectas, utilizadas por los romanos llegaron a tener hasta 323 centímetros de longitud, sin contar la embocadura.[2] En la Edad Media, la trompeta recta llegó a mayores dimensiones y existían modelos de hasta seis pies de longitud que para tocarlas usaban unas horquillas de madera donde apoyaban la extremidad del tubo.

En España, desde el siglo X hasta el XV, se conocía la trompeta con el nombre árabe de añafil.[3] Existen muchas representaciones en piedra y pergaminos de este instrumento durante la Edad Media. Normalmente son ángeles quienes la tocan dentro del contexto apocalíptico o bien loando a Santa María. También en México colonial se conservan muchas imágenes de ángeles tocando este mismo tipo de trompeta.

Su uso fue siempre el mismo: para ejercicios militares, ceremonias civiles, fiestas religiosas, pregones y proclamaciones. Sus toques podían anunciar la hora de apertura y cierre de las puertas de las ciudades o las horas del mercado. Los reyes solían tener sus propias bandas de músicos, donde nunca faltaban los trompeteros. En su segunda expedición a Nápoles en 1432 el rey Alonso V llevó consigo un grupo de instrumentistas que contaba con cinco trompeteros: Jorge Juliá, Bartolomé Juliá, Andrea di Bonsegnore, Filippo della Ruccella y Juan Lombart.[4] Las trompetas, junto con otros instrumentos, no podían faltar durante las grandes cenas que ofrecían los nobles. "E trayan de comer, con los tronpetas e atabales y cherimías tocando delante; y así a cada manjar y la copa."[5] En la lista de oficiales de la casa de la reina Isabel la Católica, redactada en 1498, figuran cinco trompeteros.[6] Del rey Carlos V, se documenta que "[c]uando declarada la guerra, Carlos V emprende en 1535 el viaje á Túnez, sin olvidar su capilla de viaje . . . las bandas de trompeteros y de ministriles anuncian su llegada al suelo africano con ruidosas tocatas."[7]

La trompeta que llegó a las misiones de Nuevo México fue la llamada trompeta bastarda o trompeta española. Esta no se empleaba en usos militares, sino que era un instrumento más artístico y se usó en los palacios y las solemnidades públicas y religiosas.[8] Este instrumento se empleó mucho en toda la Nueva España hasta el siglo XVII, momento en que empezó a declinar su uso.[9]

Seguidamente tenemos el clarín, otro instrumento de viento (aerófono.) El nombre de clarín es relativamente moderno. Antes del siglo XVII, clarín equivalía a un tipo pequeño de trompeta.[10] En la Edad Media el clarín no fue más que una especie de trompeta de diapasón más elevado que las otras.[11] Era un tubo de diámetro corto en la embocadura y llegando al pabellón, se ensanchaba mucho.[12] Covarrubias en su Tesoro de la lengua Castellana o Española dice lo siguiente respecto al clarín: "trompetilla de son aguda, que por tener la voz clara la llamaron clarín."[13]

Por su sonido penetrante y agudo, este instrumento se adoptó, junto con las trompetas y cornetas, en las celebraciones municipales, palaciegas y militares, adoptándose igualmente para la música sacra. Los militares adoptaron el clarín porque podía oírse desde muy lejos.[14] Cuando la reina Isabel la Católica había puesto sitio a la ciudad de Baza en el año 1489, tuvo un gran recibimiento musical a su llegada. Los moros se asomaron desde todas las torres y partes altas de la ciudad "á oir las músicas de tantas bastardas (trompetas), clarines y trompetas italianas e chirimías, . . . que parecía que el sonido llegaba al cielo."[15] El clarín se siguió utilizando con bastante frecuencia en la música culta hasta el segundo tercio del siglo XIX, cuando apareció la trompeta con pistones.[16]

La única referencia que tenemos sobre clarines en Nuevo México es del siglo XVIII, cuando en la iglesia nueva de Santo Domingo, el padre Zamora depositó allí "dos buenos clarines."[17] Podemos suponer que los tocaban durante las celebraciones religiosas. De hecho, las trompetas y cornetas resonaron en las iglesias nuevomexicanas acompañando a las voces de los coros durante el siglo XVII, por lo menos. Anteriormente, en 1598, los soldados de la larga y lenta caravana que dirigió Juan de Oñate tañeron sus instrumentos en diferentes momentos a lo largo del camino. Gaspar de Villagrá nos dice cuales fueron esos instrumentos: clarines, cajas roncas, pífanos y trompetas.[18]

Por último tenemos la corneta cuyo nombre es muy antiguo y proviene de cuerno. La corneta es un instrumento de viento (aerófono) que por lo general tiene seis agujeros en la parte superior y al igual que la trompeta posee una boquilla o embocadura. En su forma más primitiva consistió en un cuerno con la punta perforada, por la cual se soplaba emitiendo ciertos sonidos que se utilizaban para diversos acontecimientos. Había diferentes tipos de cornetas, diferenciadas en forma y sonido, las había blancas, negras, rectas, curvas, mudas y tuertas. Se construían o bien de cuero, o de madera y forradas de cuero, o bien de marfil.[19] Hubo también cornetas metálicas hechas de un tubo cónico enroscado y acabado en forma de campana.[20]

Visto de perfil, el cuerpo de la corneta en su mayoría tenía forma curva y siendo octogonal su cuerpo cilíndrico. Su construcción se hacía de dos partes y cuando se ensamblaban se recubrían con cuero negro. De ahí les viene el nombre de cornetas negras. Las cornetas de marfil y de madera de boj eran las cornetas blancas. Estas eran rectas y no se cubrían con cuero.[21] Las cornetas mudas se llamaban así por tener un sonido más dulce que las demás y la corneta tuerta era la que hacía de bajo a la muda.[22]

Había varios tipos de boquillas según el tipo de corneta. Unas eran hechas de metal y otras de cuerno, independientes del cuerpo, de quita y pon. Otras eran talladas como parte fija del mismo cuerpo de la corneta.

La corneta se usó bastante en la Edad Media, pero su época dorada llegó durante el Renacimiento y barroco, convirtiéndose en uno de los instrumentos de viento más importantes.[23] Como "[i]nstrumento músico que se tañe con los demás y con las voces,"[24] las cornetas se utilizaron muchísimo en las iglesias españolas en conjuntos instrumentales, apoyando siempre a las voces del coro.[25] Así, "[l]a corneta se une al canto de los músicos de la capilla del archiduque (Felipe el Hermoso) el 15 de mayo de 1515, día de Pascua de Pentecostés."[26] La corneta era el instrumento que mejor imitaba la voz humana.[27] Por eso, no sólo sirvió en la iglesia, sino también se usó en procesiones, banquetes, fiestas y escenificaciones en los palacios. Pero su declinación en España empezó en el siglo XVII debido entre otras cosas a la llegada del violín y el oboe en la música culta. En 1701, desapareció el último anciano tañedor de corneta de la real capilla que simplemente fue eliminado.[28]

A la Nueva España llegaron los diferentes tipos de cornetas propias de su tiempo, agrupadas en familias: soprano, contralto, tenor y bajo. La versión tenor de la corneta, en algunos casos, era de mayor tamaño que las otras y tenía la forma de S. La corneta bajo era aun más grande que la tenor con sus grandes curvas.[29] Fue un instrumento muy difundido entre los indígenas en México y sustituyó la caracola precortesina.[30] Hasta finales del siglo XVII, en México se usaron frecuentemente los diferentes tipos de cornetas, que a partir de principios del siglo XVIII empezaron a caer en desuso, al igual que en España. Fray Estevan de Perea menciona, como anteriormente vimos, las cornetas en Nuevo México. Desgraciadamente, suyo es el único dato y no tenemos ningún detalle más para poder averiguar cual fue el tipo de corneta que Fray Roque de Figueroa enseñaba a tañer a los indios.

NOTES

1. Covarrubias (1943), *Tesoro de la Lengua Castellana*, p. 980.
2. Pedrell, *Diccionario Técnico de la Música*, p. 474.
3. Para ver el significado de añafil, consultar Covarrubias (1943), *Tesoro de la Lengua Castellana*.
4. Felipe Pedrell, *Emporio Científico e Histórico de Organografía Musical Antigua Española*, 1901, copia facsímil (Valencia: París-Valencia, 1994), p. 120.
5. *Relacion de los fechos*, Tomo III, p. 157.
6. Pedrell, *Emporio Científico*, p. 127.
7. Pedrell, *Emporio Científico*, pp. 130–31.
8. Pedrell, *Diccionario Técnico de la Música*, p. 475.
9. Contreras Arias, *Atlas Cultural de México, Música*, p. 114.
10. Kenyon de Pascual, "Clarín," en *Diccionario de la Música Española e Hispanoamericana*, Tomo 3, p. 731.
11. Pedrell, *Diccionario Técnico de la Música*, p. 92.
12. *Enciclopedia Universal Ilustrada Europeo-Americana*, Tomo XIII, p. 664.
13. Covarrubias (1943), *Tesoro de la Lengua Castellana*, p. 325.
14. *Enciclopedia Universal Ilustrada Europeo-Americana*, Tomo XIII, p. 664.
15. Pedrell, *Emporio Científico*, pp. 125–26.
16. Kenyon de Pascual, "Clarín," en *Diccionario de la Música Española e Hispanoamericana*, Tomo 3, p. 731.
17. *Descripción del Nuevo México*, p. 210.
18. Villagrá (2001), *Historia de Nuevo México*, p. 96, Canto Qvarto; 124, Canto Sexto; 333, Canto Veynte y Siete.
19. Pedrell, *Diccionario Técnico de la Música*, p. 117.
20. Pedrell, *Diccionario Técnico de la Música*, p. 117.
21. Kenyon de Pascual, "Corneta," en *Diccionario de la Música Española e Hispanoamericana*, Tomo 4, p. 13.
22. Pedrell, *Diccionario Técnico de la Música*, pp. 117, 118.
23. Kenyon de Pascual, "Corneta," en *Diccionario de la Música Española e Hispanoamericana*, Tomo 4, p. 13.
24. Covarrubias (1943), *Tesoro de la Lengua Castellana*, p. 359.
25. Kenyon de Pascual, "Corneta," en *Diccionario de la Música Española e Hispanoamericana*, Tomo 4, p. 14.
26. Pedrell, *Emporio Científico*, p. 128.
27. Pedrell, *Diccionario Técnico de la Música*, p. 118.
28. Kenyon de Pascual, "Corneta," en *Diccionario de la Música Española e Hispanoamericana*, Tomo 4, p. 14.
29. Contreras Arias, *Atlas Cultural de México, Música*, pp. 112–13.
30. Contreras Arias, *Atlas Cultural de México, Música*, p. 72.

CHAPTER 16

The Organ

IN SPAIN, THE ORGAN HAS a long and rich history, which also extends to America for some centuries. The word organ comes from the Greek *organon*, indicating an instrument or tool in general. Today the name organ is given to all instruments with a wind system operated by a keyboard.[1] Covarrubias describes the organ as "a pipe instrument, played by air, used particularly by churches for feast days."[2] This wind instrument is comprised of two basic parts. The first is the pipes, which provide the sounds, and the second is its mechanical body, which includes bellows, a wind chest, stops, and a keyboard. The bellows produce the sound by drawing in air and expelling it through a pipe. The wind chest, located inside the organ, is made up of a channeled box. It stores and distributes the wind supply driven by bellows upon pressure the organist generates. Located at the height of the wind chest, at the base of the pipes, are wooden sliders that the organist moves back and forth as desired. These are used to modify the timbre or intensity of sounds and

Fig. 16.1. Angel playing a portable organ, cloister of the basilica at Santa María de Ripio, 1401. / Ángel tocando un órgano portátil, claustro de la basílica del Monasterio de Santa María de Ripoll de 1401. Photo by Tom Lozano.

are easily controlled by knobs called stop knobs. Last, the keyboard is made up of chromatically ordered keys such as those on a piano. Many models of organs exist with different technical modifications according to the era and region.

The famous Alexandrian workman, Ctesibius, invented the organ around 250 BC.[3] The first references to organs appear in the seventh century in St. Isidore of Seville's treatise on etymologies. Yet, organ history in the Iberian peninsula begins in northern Spain around the ninth and tenth centuries. The first peninsular organ was built in the year 888 in the small town of Tona located in Catalan territory.[4] The presence of organs becomes truly noticeable from the thirteenth century onward, with the instrument appearing in poetic works, documents, cathedral and church sculptures, and in many illuminations. Portrayed in all such images and references is the hand or portable organ, known throughout the Middle Ages.

Organists in the service of cathedrals first appear in the thirteenth century. The organist of Burgos dates to 1223; the one of Toledo to 1234; the organist at Santiago de Compostela is cited in 1245; the one of Barcelona in 1259; the one at Avila referred to in 1275; the organist of Lleida in 1279; and the one of Salamanca in 1284.[5] The organ is finally confirmed as a definitive ecclesiastical presence in Johannes de Zamora's treatise *Ars musicae*, written between 1296 and 1300. This occurs primarily because among all other instruments, organs are the only ones used in various chants, hymns, and sequences.[6]

With the completion of cathedrals and installation of the first organs with their organists from the mid-thirteenth century onward, the need arose to create a stronger, more potent sound so as to accompany and alternate with chants and fill the stone vaults. Thus the small medieval organ acquired a larger sound box able to hold a greater number of pipes. This box was in turn raised to avoid deafening the organist. For this, larger, more potent bellows strong enough to expel the air through the pipes were needed.[7] The history of organ-building technique really begins, therefore, in the fifteenth century, when there existed two

Fig. 16.2. Two monks playing a common organ, called *positivo*; one plays the keys while the other presses the bellows. Stone engraving from La Hiniesta Church, Zamora, thirteenth century. / Dos monjes en un órgano positivo, uno en el teclado y el otro en los fuelles. Escultura en piedra del pórtico de la iglesia de la Hiniesta, Zamora, siglo XIII. Photo by Tom Lozano.

different organ-building schools. One was the Catalan-Valencian school, and the other was the Castilian school. The latter eventually prevailed.

At the beginning of the sixteenth century and at the request of the client or the organist himself, a special importance was conferred on the sound effects of organs. Thus began the creation of new sounds. This gave rise to the creative search for new registers, and as one might expect, to competition among organists themselves.[15]

We noted earlier that European musical instruments arrived in New Spain by means of missionaries. The

neck and thereby free his hands. The player operated the keys with his right hand while with the left activating the bellows that forced out the air. This portable organ is known today only by mention in what was once New Spain, since no model survived the passage of time.[18] The common organ, or *positivo*, though transportable, was larger and needed two players: the organist and the bellow master. In this way, the keys could be played with two hands and produce various notes simultaneously.

In early colonial times, missionaries built churches and monasteries throughout New Spain with the intent

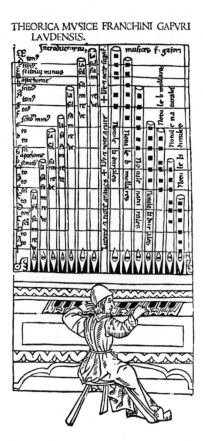

Fig. 16.3. Theorica Musice, 1492.

Spanish organ was among such instruments. Since the Middle Ages, the construction of organs for churches had been in the hands of monks. At their monasteries, they studied and mastered organ-building and performance and were themselves the promoters of these arts. Until the fifteenth century the religious orders monopolized the art of organ-building.[16] The first organ built in New Spain was in Texcoco in 1527 by the religious at the school Fray Pedro de Gante founded.[17]

Two types of organs came from Spain to the New World. One, termed *portátil* or *portativo*, was a hand organ completely medieval in style; the other, called *positive*, was the common organ, typical of the fifteenth and sixteenth centuries. They differed mainly by size. The hand organ, relatively small, was easily carried. Its player could strap it to himself around his

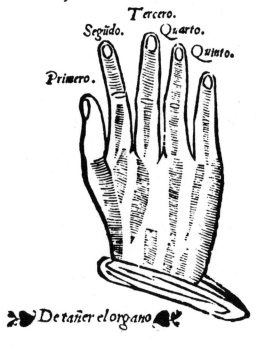

Fig. 16.4. "Book Four." / "Libro Quarto" de la Declaración de Instrumentos Musicales de fray Juan de Bermudo, 1555.

of creating centers of evangelization to Christianize the indigenous. These needed to be equipped with everything necessary in order to function properly. One of the requirements was to provide an organ. To transport an organ from Spain was too risky and altogether expensive, though this was done on occasion. A better solution was to build the organ in situ. To carry out this labor, several Spanish organ builders came to New Spain, contributing to the New World all their knowledge of a European tradition and establishing the bases for what would later become Mexican organ construction.[19] The beginnings of organ-building in New Spain thus followed the same path as Spanish organ-building of the time.[20] Fray G. de Mendieta and Fray J. de Torquemada revealed the great number of organs in New Spain and how their construction was handled.

> Almost all the churches that have religious also have organs, and though Spanish masters and not Indians (for lack of means) take charge of building them, Indians carve the pieces they need, and the same Indians play [the organ] in our conventos.[21]

The organ was demonstratively the fruit of collective enterprise, since many hands were employed in its construction. Francisco de Castillo built organs in Puebla, where he worked as organist of the cathedral in 1552 and 1553. The master carpenter, Mateo Ramos, built the tribune of these organs. Between 1563 and 1565, Agustín de Sotomayor, together with Gonzalo Alonso, built two other organs.[22] The flourishing in the manufacture of organs in New Spain occurred during the seventeenth and eighteenth centuries.[23] This perfectly supports the hypothesis that organs existed in New Mexico during the seventeenth century, as mentioned in the writings of Fray Bartolomé Márquez of 1664.

Fray Toribio Motolinía informs us in his writings of the existence of many churches with organs. Fray Gerónimo de Mendieta and Fray Juan de Torquemada confirm this, demonstrating the value given to such instruments over and above all others.[24] In 1555, the First Provincial Council in Mexico mandated: "We exhort all the religious and ministers to work so that

Fig. 16.5. Colonial organ, Oaxaca, Mexico. / Órgano colonial de Oaxaca, México. Photo by Linda Shortridge.

each town have an organ and so stop the din and racket of other instruments and that the organ, which is the ecclesiastical instrument, be used in this new church."[25] The church considered organs as uncorrupted instruments, since a wind supply produced their sound, which they believed favored the elevation of the soul, associating it with the first breath with which God animated man. Covarrubias refers to organs "as if they were spiritual, since they are played with wind."[26] Instruments that were plucked, bowed, or directly blown into by humans were, by contrast, considered impure because of their corporal reminders.[27]

In the New World as in Spain, organs played a vital role within church liturgical services. "The organ in New Spain fulfilled the function mainly of sustaining

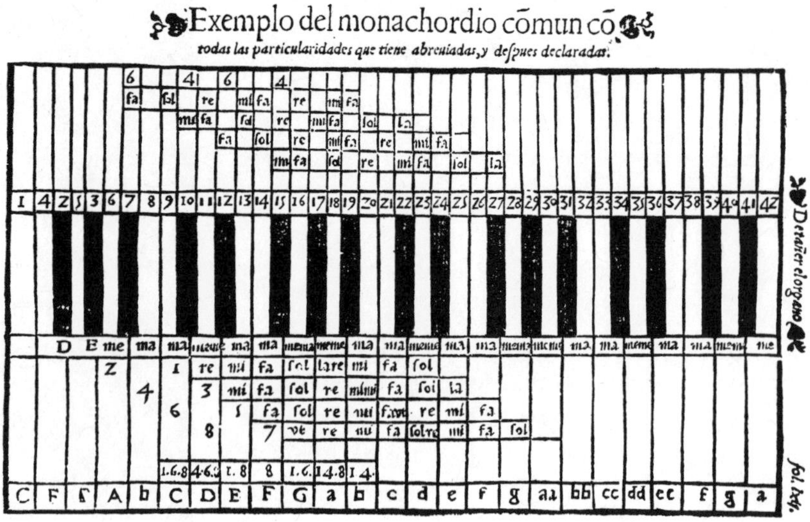

Fig. 16.6. "Book Four." / "Libro Quarto" de la *Declaración de Instrumentos Musicales* de fray Juan de Bermudo, 1555.

the chant and accompanying it; it was also used as a basso continuo in instrumental music."[28] Organists, therefore, became the foundation of church musical establishments.[29] The acts of the Ecclesiastical Council of Mexico City named Antonio Ramos the first organist in the cathedral of Mexico in 1539.[30]

What type of organ sounded in New Mexican missions? What dimensions did they have, and what wood was used to build them? What registers did they have?

For now we cannot answer these and many other questions about New Mexican organs. We can affirm, however, that organs fulfilled the function previously cited, that is to say, they sustained the chant and accompanied it during Sunday services and other liturgical celebrations. We may further assume that such practice occurred during the great calendar feasts of Nativity, Epiphany, Holy Week, and the patron saint belonging to each mission.

NOTES

1. Luis Delgado, *Instrumentos Musicales en los Museos de Urueña* (Valladolid: Ministerio de Educación, Cultura y Deporte, Fundación Centro Etnográfico Joaquín Díaz, Museo de la Música, Colección Luis Delgado, 2002), 102.
2. Covarrubias (1943/1998), *Tesoro de la Lengua Castellana*, 839.
3. Pedrell, *Emporio Científico*, 82.
4. Louis Jambou, "Órgano," in *Diccionario de la Música Española e Hispanoamericana*, 8:155.
5. Jambou, "Órgano," in *Diccionario de la Música Española e Hispanoamericana*, 8:156.
6. Jambou, "Órgano," in *Diccionario de la Música Española e Hispanoamericana*, 8:156.
7. Suárez, *La Caja de Órgano*, 18.
8. Jambou, "Órgano," in *Diccionario de la Música Española e Hispanoamericana*, 8:156.
9. Pedrell, *Emporio Científico*, 119.
10. Pedrell, *Emporio Científico*, 120.
11. "Relación de los Fechos," 8:103–6.
12. Pedrell, *Emporio Científico*, 92.
13. Pedrell, *Emporio Científico*, 99.
14. Pedrell, *Emporio Científico*, 130.
15. Suárez, *La Caja de Órgano*, 23.
16. Suárez, *La Caja de Órgano*, 76.
17. Josué Gastellou and Gustavo Mauleón, *Catálogo de órganos tubulares históricos del Estado de Puebla* (Puebla: Universidad Iberoamericana, Lupus Inquisidor, 1997), 12.
18. Gastellou and Mauleón, *Catálogo de órganos tubulares*, 12.
19. Gastellou and Mauleón, *Catálogo de órganos tubulares*, 12.
20. Suárez, *La Caja de Órgano*, 63.
21. Suárez, *La Caja de Órgano*, 62.
22. Suárez, *La Caja de Órgano*, 68.
23. Suárez, *La Caja de Órgano*, 84.
24. Suárez, *La Caja de Órgano*, 61.
25. Francisco Antonio Lorenzana, ed., *Concilios Provinciales I y II Celebrados en la Muy, Noble y Muy Leal Ciudad de México; en los años 1555, 1565* (Mexico City: En la Imprenta de el Superior Gobierno, de el Br. D. Joseph Antonio de Hogul, 1769), 1:140; Turrent, *La conquista musical de México*, 131.
26. Covarrubias, *Tesoro de la Lengua Castellana*, 839–40.
27. Turrent, *La conquista musical de México*, 131.
28. Gastellou and Mauleón, *Catálogo de órganos tubulares*, 12.
29. Suárez, *La Caja de Órgano*, 73.
30. Weckmann, *La Herencia Medieval de México*, 527.

CAPÍTULO 16

El Órgano

EL ÓRGANO EN ESPAÑA HA tenido una larga y rica historia la cual se extendió también durante algunos siglos en América. La palabra órgano proviene del griego *organon*, señalando un instrumento o herramienta en general y en la actualidad se les llama órgano a todos los instrumentos que poseen un sistema de viento y teclado.[1] Covarrubias nos dice que el órgano es un "instrumento músico de cañutería, que se tañe con el aire, de que particularmente usan las yglesias para los días festivos."[2] Por lo tanto, el órgano es un instrumento de viento el cual está dividido básicamente en dos partes fundamentales. Una los tubos, que aportan el sonido y la otra la parte mecánica. Esta última comprende los fuelles, el secreto, los registros y los teclados. Los fuelles suministran e impulsan el aire que hace sonar los tubos. El secreto, que se halla en la parte interior del órgano, se compone de una caja dividida en su interior por unos canales de madera. Este almacena y reparte el viento propulsado por los fuelles, bajo el impulso que genera el organista. En la base del secreto, al pie de los tubos, hay unas reglas de madera que se pueden meter o sacar según el organista disponga. Estas sirven para modificar el timbre o la intensidad de los sonidos y se manipulan fácilmente a través de manivelas llaman registros. Por último está el teclado compuesto por teclas ordenadas cromáticamente tal como las del piano. Existen muchos modelos diferentes de órganos con diferentes modificaciones técnicas según la época y la región.

El órgano fue inventado hacia el año 250 AC por el famoso mecánico alejandrino llamado Ctesibius.[3] En España las primeras alusiones al órgano proceden del siglo VII del tratado de etimologías de San Isidoro de Sevilla. Pero se considera que la historia del órgano en la península ibérica empieza en la parte norte del país a partir del siglo IX y X. El primer órgano que se construyó en la península fue en un pequeño pueblo del territorio catalán llamado Tona en el año 888.[4] A partir del siglo XIII es cuando este instrumento realmente toma fuerza y así aparece en citas poéticas, documentos, esculturas de iglesias y catedrales y en múltiples iluminaciones. Todas estas citas e imágenes se refieren al órgano portátil, conocido a lo largo de toda la época medieval.

En el siglo XIII aparecen ya los primeros organistas al servicio de las catedrales: aparece en 1223 el de Burgos, en 1234 el de Toledo, en 1245 el de Santiago de Compostela, en 1259 el de Barcelona, en 1275 el de Ávila, en 1279 el de Lleida y en 1284 el de Salamanca.[5] La implantación eclesiástica definitiva del órgano está confirmada en el tratado *Ars musicae*, escrito por Johannes de Zamora (1296–1300). La razón primordial de este establecimiento es que de todos los demás instrumentos, el órgano es el único que se emplea en varios cantos, himnos y secuencias.[6]

A partir de la segunda mitad del siglo XIII, con las catedrales ya finalizadas e instalados los organistas con sus órganos, surgió la necesidad de crear una sonoridad más potente para llenar las bóvedas de piedra y para alternar los cantos y acompañarlos. Fue así como al pequeño órgano medieval se le construyó una caja de mayor tamaño en la cual poder colocar mayor número de tubos y que se elevó para no ensordecer al organista. Para ello necesitaron fuelles de mayor tamaño, más potentes, que tuviesen la fuerza suficiente para propulsar el aire en los tubos.[7] Se considera empero que la historia de la construcción técnica del instrumento empieza realmente en el siglo XV, en cuya época existieron dos escuelas diferenciadas de organería: la escuela catalano-valenciana y la escuela castellana. Esta última es la que más tarde acabaría imponiéndose.

En el siglo XIV el órgano se extiende por todo el territorio peninsular cristiano y hasta llega a establecerse en las cortes de los reyes.[8] A finales de este siglo, el mismo rey Carlos de Navarra tenía a su cargo cuatro juglares de "altos instrumentos," entre los cuales se encontraba el órgano.[9] Durante la segunda expedición del rey Alfonso V a Nápoles en 1432, el soberano llevó consigo un grupo de músicos a sueldo entre los que constaba Perrinoto Pernoto, tocador de órgano.[10] También consta que durante la fiesta de la Epifanía, cuando celebraban el cumpleaños del rey Enrique IV, este "mandaua que después de dichas las bísperas y completas, todos de rodillas, cantasen el Te Deum laudamus, con los órganos, muy deuotamente, en esta manera: los órganos tañían vn verso, y los clérigos cantauan otro."[11] El órgano también resalta en la lista del año 1498, de los oficiales de la casa de la reina Isabel la Católica, donde aparecen tañedores de órganos comunes y portátiles.[12] El tañedor de órganos más conocido en tiempos de los Reyes Católicos fue Lope de Baena.[13] Más tarde el rey Felipe I, llamado el Hermoso, tendría un portador de órganos llamado Juan Banduin. Este estuvo al servicio del rey durante doce años, en los cuales acompañó a su señor acarreando a pie órganos pesados, con gran dolor, trabajo y fuerza de su cuerpo, según una reseña de 1510.[14]

Fue a principios de este siglo (XVI) cuando se empezó a conceder una especial importancia a los efectos sonoros que podía producir el órgano, ya por petición del cliente o por la del propio organero. Así se empezaron a crear nuevos sonidos. Esto conllevó no sólo a una búsqueda en la creación de registros originales, sino que también y como era de esperar a una competencia entre organeros.[15]

En capítulos anteriores vimos que los instrumentos musicales de tradición europea arribaron a la Nueva España con la llegada de los misioneros. Entre los instrumentos traídos por estos se encontraba el órgano español. Fueron los monjes los que desde el medievo se dedicaron a construir órganos para sus iglesias. En sus monasterios estudiaron y dominaron la construcción e interpretación del órgano, siendo ellos mismos quienes promovieron este arte. Hasta el siglo XV, fueron prácticamente las órdenes religiosas las que mantuvieron el monopolio en el arte de la organería.[16] Los religiosos construyeron el primer órgano en la Nueva España en 1527 en Texcoco, en la escuela fundada por fray Pedro de Gante.[17]

Dos tipos de órganos llegaron de España a la Nueva España. Uno fue el órgano portátil o portativo, de estilo totalmente medieval, y el otro fue el órgano común llamado positivo, típico del siglo XV y XVI. Las diferencias entre estos dos órganos eran básicamente las siguientes: el portativo era de tamaño relativamente pequeño, por lo cual el tañedor se lo podía cargar y sujetar al cuerpo mediante una correa que se pasaba por detrás del cuello quedando así sus manos libres. Con la mano derecha tañía las teclas y con la izquierda accionaba el fuelle que impulsaba el aire. Hoy en día en lo que fue la Nueva España se conoce el órgano portátil tan solo por mención, ya que ningún ejemplar ha llegado hasta nuestros días.[18] Este fue sustituido sin duda alguna por el positivo, el cual ofrecía mayores posibilidades. El órgano positivo, aunque también transportable, era de mayor tamaño y ocupaba para su ejecución dos personas: el organista y el maestro ventero. De esta manera, se podían accionar las teclas con las dos manos y emitir varias notas a la vez.

Durante los primeros tiempos de la colonia los misioneros realizaron la labor de construir templos y conventos por toda la Nueva España con la intención de crear centros para evangelizar y cristianizar a los indígenas. Hubo que abastecer estas nuevas construcciones de todo lo necesario para su buen funcionamiento, lo cual requería que se dotaran con un órgano. Transportar los órganos desde España era muy arriesgado, pero sobre todo muy caro, aun y así se realizó en alguna ocasión. Mejor solución fue fabricarlos in situ. Por esta razón varios organeros españoles se trasladaron a la Nueva España, aportando al Nuevo Mundo todos sus conocimientos de tradición europea y estableciendo las bases de lo que más tarde sería la organería mexicana.[19] Así, los principios de la organería en la Nueva España seguiría sin duda alguna las mismas pautas que la organería española de la época.[20] El documento de fray G. de Mendieta y fray J. de Torquemada muestra cuán abundantes fueron los órganos en la Nueva España y cómo se llevó a cabo su construcción.

Organos también los tienen todas cuasi las iglesias donde hay religiosos, y aunque los indios (por no tener caudal para tanto) no toman el cargo de hacerlos, sino maestros españoles, los indios son los que labran lo que es menester para ellos, y los mismos indios los tañen en nuestros conventos.[21]

Por lo tanto el órgano era fruto de una empresa colectiva, pues muchas manos eran empleadas en la obra. Se sabe que Francisco del Castillo construyó órganos en Puebla, en donde había sido organista de la catedral en 1552 y 1553. Mateo Ramos, maestro carpintero, construyó la tribuna de estos órganos. Entre 1563 y 1565 Agustín de Sotomayor junto con Gonzalo Alonso construyeron otros dos órganos.[22] Durante los siglos XVII y XVIII se produjo el florecimiento de manufacturación de órganos en la Nueva España.[23] Esto concuerda perfectamente con la hipótesis de que órganos existieron en Nuevo México durante el siglo XVII, tal y como mencionan los escritos de fray Bartolomé Márquez de 1664.

Fray Toribio de Motolinía nos informa en sus escritos de la existencia de muchas iglesias abastecidas de órganos y así mismo también lo certifican fray Gerónimo de Mendieta y fray Juan de Torquemada, lo cual nos pone de manifiesto el valor que se le dio a este instrumento por encima de todos los otros.[24] En 1555, el Concilio Provincial Mexicano I dictó entre otras cosas lo siguiente: "Exhortamos a todos los religiosos y ministros trabajen que en cada pueblo haya órgano, porque cesen los estruendos y estrépitos de los otros instrumentos, y se use en esta nueva iglesia el órgano que es instrumento eclesiástico."[25] El órgano era considerado por la iglesia como instrumento puro, puesto que su sonido se emite a partir de viento, por lo que creían que favorecía la elevación del alma, asociándolo con el primer hálito infundido por Dios al crear al hombre. Covarrubias define a los órganos "como si dixéssemos espirituales, por tañerse con el viento."[26] En cambio los instrumentos pulsados, rasgados o soplados directamente eran considerados impuros debido a sus reminiscencias corporales.[27]

Tanto en España como en la Nueva España, el órgano fue sin duda alguna de suma importancia dentro de los servicios litúrgicos de la iglesia. "El órgano en la Nueva España cumplía una función que era principalmente la de sostener la línea del canto y acompañarlo, también se usaba como bajo continuo en la música instrumental."[28] De esta manera el organista se convirtió en una de las bases de la capilla musical.[29] Según las actas del Cabildo Eclesiástico de México, Antonio Ramos fue primer organista de la catedral de México, nombrado en 1539.[30]

¿Qué tipo de órgano resonó en las misiones nuevomexicanas? ¿Qué dimensiones alcanzaron y qué maderas se utilizaron para su construcción? ¿Qué tipos de registros tenían? No podemos de momento responder a estas u otras muchas preguntas respecto a los órganos nuevomexicanos. Sí podemos decir con toda seguridad que los órganos debieron de mantener perfectamente la función propiamente citada de sostener la línea del canto y acompañarlo durante los servicios de los domingos además de las celebraciones litúrgicas. Suponemos que esta práctica se daba en especial durante las grandes fiestas del calendario, es decir, Navidad, Epifanía, Semana Santa y las celebraciones del santo titular de cada una de las misiones.

NOTES

1. Luis Delgado, *Instrumentos Musicales en los Museos de Urueña* (Valladolid: Ministerio de Educación, Cultura y Deporte, Fundación Centro Etnográfico Joaquín Díaz, Museo de la Música, Colección Luis Delgado, 2002), p. 102.
2. Covarrubias (1943), *Tesoro de la Lengua Castellana*, p. 839.
3. Pedrell, *Emporio Científico*, p. 82.
4. Louis Jambou, "Órgano," en *Diccionario de la Música Española e Hispanoamericana,* Tomo 8, p. 155.
5. Jambou, "Órgano," en *Diccionario de la Música Española e* Hispanoamericana, Tomo 8, p. 156.
6. Jambou, "Órgano," en *Diccionario de la Música Española e Hispanoamericana,* Tomo 8, p. 156.
7. Suárez, *La Caja de Órgano*, p. 18.
8. Jambou, "Órgano," en *Diccionario de la Música Española e Hispanoamericana,* Tomo 8, p. 156.
9. Pedrell, *Emporio Científico*, p. 119.
10. Pedrell, *Emporio Científico*, p. 120.
11. *Relación de los fechos*, Tomo III, p. 159.
12. Pedrell, *Emporio Científico*, p. 92.
13. Pedrell, *Emporio Científico*, p. 99.
14. Pedrell, *Emporio Científico*, p. 130.
15. Suárez, *La Caja de Órgano*, p. 23.
16. Suárez, *La Caja de Órgano*, p. 76.
17. Josué Gastellou y Gustavo Mauleón, *Catálogo de órganos tubulares históricos del Estado de Puebla* (Puebla: Universidad Iberoamericana, Lupus Inquisidor, 1997), p. 12.
18. Gastellou y Mauleón, *Catálogo de órganos tubulares*, p. 12.
19. Gastellou y Mauleón, *Catálogo de órganos tubulares*, p. 12.
20. Suárez, *La Caja de Órgano*, p. 63.
21. Suárez, *La Caja de Órgano*, p. 62.
22. Suárez, *La Caja de Órgano*, p. 86.
23. Suárez, *La Caja de Órgano*, p. 84.
24. Suárez, *La Caja de Órgano*, p. 61.
25. Francisco Antonio Lorenzana, ed., *Concilios Provinciales I y II Celebrados en la Muy, Noble y Muy Leal Ciudad de México; en los años 1555, 1556* (México: En la Imprenta de el Superior Gobierno, de el Br. D. Joseph Antonio de Hogul, 1769), Vol. I, p. 140; Turrent, *La conquista musical de México*, p. 131.
26. Covarrubias (1943), *Tesoro de la Lengua Castellana*, pp. 839–40.
27. Turrent, *La conquista musical de México*, p. 131.
28. Gastellou and Mauleón, *Catálogo de órganos tubulares*, p. 12.
29. Suárez, *La Caja de Órgano*, p. 73.
30. Weckmann, *La Herencia Medieval de México*, p. 527.

CHAPTER 17

Animal Bells

The mass of animals did come
By races separate and set apart,
So all the stock in separate groups
Set out upon the new-made trail,
Each set apart to its own kind,
Which showed to us beauteous sight:
Here a great drove of oxen spreading out,
There, goats who scurried rapidly along
Behind the porcine cattle, following
The simple sheep, led on with ease
By gentle bellwethers, well-known to them;
There, following the gentle mares, the colts
Did spiritedly gambol, gaily play;
Here, after the tame mares, there neighed
Great stock of horses spirited,
Behind whose high, thick cloud of dust
Another thicker and much heavier,
The beef herd and the herd of mules
Did cause to rise up on both sides.
—Villagrá, *Historia de la Nuevo México,*
1610, Canto X[1]

THE ARRIVAL OF THE Spaniards in the southwest territories of what today is the United States forever changed the way of life of the Indians who had populated those lands since time immemorial. Among the many novelties the Spaniards brought with them were cattle—animals completely unknown in that corner of New Spain. From then on, herds of cows, goats, and sheep began to run about and graze in the great expanse of New Mexico, forever changing the surrounding scenery. Seven thousand head of different kinds of livestock followed the caravan of more than eighty wagons that arrived in New Mexico, led by Juan de Oñate.[2] Before their arrival, the silence of the fields was only disturbed by the singing and chirping of birds, the bellowing of an animal native to the area, or simply the wind rustling among the trees. With the arrival of these herds of animals, we not only heard sheep baa, cows moo, and calves low, but along with the natural sounds of these new animals, we also heard another yet more peculiar sound. This was the typical ancestral sound that accompanies all herds. It was heard from far away and quickly identified. It was a sound awakening our distant memory at the moment we heard it: that unmistakable tinkling of bells tied around the necks of animals, marking their pace and moving as they graze, telling us quickly and clearly that a herd was nearby.

The occupation of shepherd, cowboy, or muleteer was quite common among Spaniards and New Mexicans, so much so that raising cattle continues to form part of the Spanish and New Mexican identity. Not long ago large numbers of Spanish shepherds immigrated to the states of California, Nevada, Wyoming, Idaho, and even New Mexico to care for large herds of sheep.

Fig. 17.1. Cogollos of Guadix, Granada. / Cogollos de Guadix, Granada. Photo by Tom Lozano.

Fig. 17.2. Different types of cencerros. / Tipos diferentes de cencerros. Photo by Tom Lozano.

These men, used to spending long periods in the mountains, had only their dogs and sheep as companions.

How, though, did herd bells come to have a place in folklore? Though we cannot consider this object a musical instrument, its folkloric use developed in various ways. First, let us understand what we mean by an animal bell. Covarrubias defined it in 1611.

A genus of a small bell or tinkling bell that is usually placed around the necks of oxen and mules used by packdrivers and muleteers. It is made of a sheet of copper and has a piece of shinbone from a cow or ram for the inside clapper. The name given is onomatopoetic, because the sound it produces is *cen cen* [the Spanish term for such a sound]. When someone plays a badly tuned guitar, plays poorly, and strums roughly, we say that he *cencerrea* [Spanish term for clangs]. Proverb: "He who has lost oxen wishes for bells," because any sound he hears is understood to be that of his lost ox. The Latin expression *Hospite insalutato* means *Irse a cencerros atapados* [in English, to depart with silenced bells]. This expression is taken from the herdsman of pack animals who, wanting to leave the inn or town or some dangerous pass, silences the bells of the herd in order to go undetected.[3]

The animal bell is related to regular bells and rattles. Technically, it is known as:

A percussional idiophone where one body strikes against another. It has the shape of a glass, is made of metal, and acts as an independent or fixed bell. The

Fig. *17.3*. Different types of cencerros. / Tipos diferentes de cencerros. Photo by Tom Lozano.

term comes from the Basque word *zinzerri*, which is transferred to the Castilian language as *cencerro* and is applied to bells hung at the necks of cows and other pack animals.[4]

There are many different types of animal bells, varying in form and size. Some measure between two centimeters to half a meter long. Each geographical area has different names for them, determined by size and by the animal that wears them, be they sheep, horses, cows, oxen, goats, mules, or even, on some occasions, dogs and pigs. In the area of Salamanca (Spain), for example, the smallest of them is called cascabel. It has a straight edge and measures between two to six centimeters in length. The *cencerra*, also with a straight edge, varies between six to nineteen centimeters in length. Next we have the *vaqueño*, wider than the latter and measuring between nineteen and twenty-six centimeters long. The *zumba* or *cabestraje* has a straight edge and the bottom mouth is bordered with trim. It measures between twenty-six and fifty centimeters in length.[5] "It is placed at the neck of the bell-ox or leading ox and receives its name because it rings more than the others and comes in many different sizes."[6] Finally we have the *ovejeño*, which has the same dimensions as the latter but a more rounded shape.[7]

In the Pyrenees Mountains, animal bells have other names and are divided into three groups according to their timbre. The heavy, rounded copper ones have a deep sound and are called the same as in Castile, that is, *zumbo* or zumba; there are also those called *dunba*, *dundu, tunba, púmbo, borromba, gulunga,* or *xonga*, among others. Next are those of a duller, less resonant sound, the *taláka, kalaka,* and *kalaska*. The third group is the small ringing kind, which includes the *trinkóla, dríngoles, tintirella, dindarel, txintxa, tsintsirrin, picarols,* and *picarolets,* among many others.

In Aragon, animal bells are popularly known as *campanas pastoriles*. They come with different names according to their use and size: *esquilo, tringola, cuartizo, truco, cañón, plana, talara, picadenta, tafillo de hurón, chiquito corriente y de cordero, boretán, carnera y cabrera, ovejera, chata,* and *pedreño*. In the

Fig. 17.4. Camprodón, Girona. Photo by Tom Lozano.

Fig. 17.5. Relief on a choir chair from a collegiate church, sixteenth century. / Relieve de una de las sillas de coro de la colegiata del siglo XVI. Museo del Monasterio de Sant Joan de les Abadesses, Girona. Photo by Tom Lozano.

same way, we could go through each region of Spain, one after another, listing the different names given to animal bells.

In some areas of Spain, the flocks of sheep were traditionally transferred from one place to another for the summer months. During these trips, animal bells proved quite useful. Depending on its size, the herd included several bellwethers or male castrated sheep. These bore the ovejeño bell, which is round and mea-sures twenty-six to fifty centimeters long. The bell-wethers walked with the shepherd in front of the herd. When the sheep did not want to move or pass through a certain area, the shepherd enticed the bellwethers by holding out a piece of bread, after which the sheep automatically followed.[8] The zumba was also attached to the ram.[9] The herds that had most bells were those of the large estates, since it was easy to locate and find the sheep when fog covered the vast extensions of land.

Should a wolf attack, the shepherd could also hear the frightened herd scurrying across the mountain.

Cows ranging free also wore the zumba or borromba. Horses that led the train of pack animals wore the zumba as well. Oxen that lived among the fighting bulls and led the bull herds are called *cabrestos*. These also wore the zumbo or cabestraje. Oxen that pulled carts or wagons wore the medium-sized bells, and mules working in mines bore around their neck a collar full of cascabeles.[10] Covarrubias gives us the following definition of cascabeles:[11]

> Sonatium nola: a metal walnut or hazelnut, hollowed out and bored, containing a small scruple that makes a joyful sound. During acts of amusement they place on the horses saddle straps with cascabeles whose sound pleases them and makes them step. . . . The dancers at the fiestas and celebrations tie strings of cascabeles around their legs below the knee and move them to the sound of an instrument. . . . The mules traditionally bear strings of cascabeles, which cheers them up, enlivens them, and makes them heard.[11]

As Covarrubias mentioned, animal bells and cascabeles were not only used for animals; people also used to wear them and still do. This tradition forms part of the dress, customs, fiestas, and celebrations that are widespread throughout the peninsula. Animal bells, for example, form part of carnival costumes known as botargas, zumarrones, and zancarrones. These characters, with traditional features, carry animal bells tied around their waist. The figure known as Botargas de Villanueva del Arzobispo, in Jaén, dresses in a colorful costume, wears a wooden or cardboard mask, and ties animal bells around his waist. He runs around, jumping and yelling, chasing children and going inside of homes to steal chorizos, preserves, and sweets. He dances before the Virgin Mary or a saint, depending on the occasion.

Many customs include animal bells. The one most widely known, but nearly extinct, is the ancient cencerrada. Of pagan origin, it dates to early Christianity.

Fig. 17.6. Etching by Filippo Bonanni, *Gabinetto Armonico*, eighteenth century. / Grabado del *Gabinetto Armonico* de Filippo Bonanni, siglo XVIII.

The oldest cencerrada dates to when people from the upper classes married and offered gifts to the common people. The commoners would meet the newlyweds with great jubilee in return.[12] We know of two other cencerradas, mostly done to mock or make fun of someone. In one case, lads gathered at night to ring animal bells vigorously upon discovering that the belly of a young unwed maiden had started to grow. The other, more popular case occurred when a widow or widower married. Townspeople would gather at night and do the rounds through the main streets, making a loud racket with animal bells, sticks, and *zambombas* (drum-shaped musical instruments). Sometimes cencerradas began a few days before the wedding and lasted until the day of the celebration. Generally, however, they occurred on the wedding night. After serenading through the streets, more people gathered in the plaza and marched to the newlyweds' home where they slept. While all others hushed, those skilled in singing coplas, or verses, would lift their arm in the air and break out singing:

> I married a shepherd
> Thinking I would advance
> The sheep all died
> But for one animal
> Who at home remained.

> I married a widow
> A bad move they say
> No one gets lost
> On a trodden path.[13]

They continued singing and pestering, until an occasional pail of water from above fell as payment for such verses. This custom became so popular it eventually turned into a public disturbance. During the reign of Carlos III, cencerradas were prohibited under sentence of four years in prison and a fine of 100 ducados. Article 589 n. 1 of the Penal Code of 1870 considered cencerradas a disturbance of the public order, subject to a fine of 5 to 25 pesetas and arrest of those who promoted or took part in it, for having caused offense or damage to someone or detriment to public tranquility.[14] The government reenacted this law, which is currently in force in Spain.

Another traditional celebration that includes animal bells takes place at Castillejo de Robledo, Soria (Spain), where, after midnight mass, shepherds dressed in sheepskins and leggings with animal bells tied around their waist announce the arrival of Christmas. They go through the town singing Christmas carols and sounding their horns. Another popular festivity takes place in Valle de Baztón, Navarre (Spain), on January 5, the eve of the Three Kings. On this night a great cencerrada takes place to guide the Wise Men, who are about to arrive. Similarly, in the towns of Iturien and Zubieta, in Navarre, one of the most traditional expressions of carnival exists. The *joaldun*, or bell-bearers, parade in two rows with rhythmic movement, making the bells ring in unison. With this movement and sound they intend to awaken nature after its long lethargy. This celebration takes place on the last Sunday in January. As we can see, these animal bells are synonymous with

Fig. 17.7. The Joaldun. / Los Joaldun. Ituren y Zubieta, Navarra.

fiestas. Their sound represents cheerfulness, which is why when someone died, people removed their clappers so as not to disturb the sorrowful and grieving during their mourning.[15]

Many Latin American countries use animal bells for a number of celebrations and traditional dances. Surely New Mexicans used animal bells more than once for the *Shepherds' Play*. Vicente T. Mendoza attests that in 1946, in Los Griegos, an Albuquerque neighborhood, the singing of the shepherds was accompanied by the persistent sound of small bells attached to their staffs, which they beat on the ground marking the rhythm.[16] While this tradition seems to have disappeared, New Mexican Indians adopted cascabeles for their traditional dances. We can see them dance today with strings of cascabeles attached to their waists or legs, adding cheerful, sweet sounds to the dances in contrast to the deep, low tone of their drums and chants.

NOTES

1. Villagrá (1992), *Historia de la Nuevo México, 1610*, 87–88, canto 10.
2. Villagrá (2001), *Historia de Nuevo México*, 160n1.
3. Covarrubias (1943/1998), *Tesoro de la Lengua Castellana*, 402.
4. Mikel Aranburu, "Cencerro," in *Diccionario de la Música Española e Hispanoamericana*, 3:470.
5. Rosa María Lorenzo López, *Hojalateros, Cencerreros y Romaneros* (Salamanca: Diputación de Salamanca, Centro de Cultura Tradicional, 1991), 53.
6. *Diccionario de Autoridades*, 2:264.
7. *Diccionario de Autoridades*, 2:53.
8. *Diccionario de Autoridades*, 2:59.
9. *Diccionario de Autoridades*, 2:59–60.
10. *Diccionario de Autoridades*, 2:60.
11. Covarrubias (1943), *Tesoro de la Lengua Castellana*, 315.
12. *Enciclopedia Universal Ilustrada Europeo-Americana*, 12:1029.
13. Julio F. Brun, *Las Cencerradas*, http://www.inicia.es/de/panaderianani/cencerrada.htm (accessed September 8, 2003).
14. *Enciclopedia Universal Ilustrada Europeo-Americana*, 12:1029.
15. Lorenzo López, *Hojalateros, Cencerreros y Romaneros*, 61.
16. Mendoza and Mendoza, *Estudio y Clasificación*, 120.

CAPÍTULO 17

Cencerros

La fuerça de animales fue saliendo,
Por generos distintos, y apartados,
Assi distintos todos los ganados,
Fueron el nueuo rastro prosiguiendo,
Por sus quarteles todos bien sembrados,
Cuia hermosa vista nos mostraua,
Aqui vna gran boidada[1] bien tendida,
Alli las cabras que yuan discurriendo,
Tras el ganado prieto que seguia,
Las simples ouejuelas adestradas,
De los mansos cencerros conozidos,
Alli los potros tras las yeguas mansas,
Retozauan ligeros y lozanos,
Aquí tras las cerreras[2] relinchauan,
Gran fuerça de cauallos animosos,
Tras cuia obscura poluareda,
Otra mas tenebrosa y encumbrada,
El ganado bacuno, y el requaje.[3]

—Villagrá, *Historia de Nuevo México*,
Canto Diez[4]

LA LLEGADA DE LOS españoles a los territorios del sur-oeste de lo que hoy día son los Estados Unidos cambió para siempre el estilo de vida que practicaban los nati-vos que poblaban esas tierras desde tiempos inmemo-rables. Entre todas las novedades que los españoles trajeron consigo estaba el ganado, bestia totalmente desconocida en aquel rincón de la Nueva Esapña.

A partir de entonces los rebaños de vacas, cabras y ovejas empezaron a corretear y pastar en las grandes extensiones de terreno de Nuevo México, cambiando desde ese momento el paisaje del entorno. Tras la cara-vana de más de ochenta vagones que llegó a Nuevo México en 1598 dirigida por Juan de Oñate, venían siete mil cabezas de ganado vario.[5] Antes de su llegada, el silencio reinante en los campos tan solo era pertur-bado por los cantos y trinos de los pájaros o por los bramidos de alguno que otro animal típico de la zona o simplemente por el viento entre los árboles. Con la llegada de estos rebaños, no sólo se escuchaban a las ovejas balar, a las vacas mugir y a los terneros berrear en los campos, sino que junto a estos sonidos natura-les de los nuevos animales llegó otro aún más peculiar. Se trata del sonido típico y ancestral que acompaña a todo rebaño. Se oye desde lejos y rápidamente se identifica. Un sonido que despierta nuestra memoria atávica al momento de escucharlo: el tintineo incon-fundible de los cencerros colgados en los cuellos de los animales, marcando su paso y moviéndose al tiempo que comen la hierba. Su sonido nos define con toda rapidez y claridad que se trata de un rebaño.

El oficio de pastor, vaquero o mulero fue muy profe-sado por españoles y nuevomexicanos. Tanto así que la ganadería sigue formando parte de la identidad espa-ñola y nuevomexicana. Hasta no hace mucho tiempo atrás, cantidad de pastores españoles emigraron a los estados de California, Nevada, Wyoming, Idaho e incluso a Nuevo México para cuidar de grandes rebaños de ovejas. Estos pastores, acostumbrados a pasar largas temporadas en las montañas, se acompañaban tan sólo de sus perros y ovejas.

¿Cómo fue que los cencerros de los rebaños formaran parte del folclore? Aunque a este sonoro artefacto no lo podemos considerar como un instrumento musical, su uso folclórico se desarrolló de varias maneras. Veamos primero qué entendemos por cencerro. Covarrubias en 1611, así nos lo define:

Un género de campanilla o tintinubulo que suelen poner a los bueyes y a los machos de los recueros o harrieros. Es hecho de lámina de cobre, y dentro trae por badajuelo un hueso de canilla de vaca o de carnero. Díjose así por la figura onomatopeya; conviene saber, del sonido que hace cen cen; y cuando alguien tañe alguna guitarra mal templada y tañe mal y rasgado, decimos que cencerrea. Proverbio: "Quien bueyes ha perdido, cencerros se le antojan"; porque cualquier sonido que oiga, entiende ser el de su res perdida. Irse a cencerros atapados, que el latino dice "Hospite insalutato." Está tomado de los harrieros, queriendo salir, o del mesón o del pueblo o de algún paso peligroso, en el camino, atapan los cencerros, porque no suenen y sean sentidos.[6]

El cencerro está emparentado con las campanas y los cascabeles. Técnicamente se le conoce como:

Idiófono de entrechoque o percusión, de vaso, de recipiente de metal, que se comporta como una campana independiente, asentada o fija. El término proviene del vocablo vasco zinzerri, que pasa como cencerro a la lengua castellana y se aplica a las campanas que cuelgan del cuello de las reses y de otros animales de tiro.[7]

Existen muchos tipos y modelos diferentes de cencerros que varían en forma y tamaño. Los hay desde dos centímetros hasta de medio metro de longitud. Según la zona poseen diferentes nombres y estos vienen determinados por el tamaño y por los animales a los que se les coloca, sean ovejas, caballos, vacas, bueyes, cabras o mulas y en ocasiones hasta a perros y cerdos. Por ejemplo, en la zona de Salamanca el menor de los cencerros es el llamado cascabel. Es de corte recto y oscila entre dos y seis centímetros de largo. Luego está la cencerra que es de corte recto y varía desde los seis centímetros de largo hasta los diecinueve. El siguiente en escala es el llamado vaqueño, que es más ancho que los anteriores y oscila entre los diecinueve centímetros hasta los veintiséis. El zumba o cabestraje es recto y en el borde de la boca lleva un sobrecerco. Su tamaño varia entre los veintiséis centímetros hasta los cincuenta.[8] "Pónesele á la res, que llaman Cabestro ó guia. Llámase así, porque zumbéa mas que los otros, que hai muchos de diferentes hechuras."[9] Por último está el ovejeño, que posee las mismas dimensiones que el anterior pero con la diferencia de que es más redondo.[10]

En las montañas del Pirineo, los cencerros reciben otros nombres y se dividen en tres grupos según su timbre. Así pues, a los cencerros pesados y panzudos de cobre que tienen un sonido profundo, se les llama al igual que en Castilla: *zumbo* o zumba; pero también existen otros llamados *dunba*, *dundu*, *tunba*, *púmbo*, *borromba*, *gulunga* o *xonga*, entre otros. Luego, dentro del grupo de cencerros más sordos, con menor resonancia, tenemos el *taláka*, *kalaka* y *kalaska*. En el tercer grupo están incluidos los de repique que son los cencerros pequeños llamados *trinkóla*, *dríngoles*, *tintirella*, *dindarel txintxa*, *tsintsirrin*, *picarols*, *picarolets*, entre otros muchos nombres.

En Aragón a los cencerros se les llama popularmente campanas pastoriles. Éstas se especifican con diferentes nombres según su función y tamaño: esquilo, tringola, cuartizo, truco, cañón, plana, talara, picadenta, tafillo de hurón, chiquito corriente y de cordero, boretán, carnera y cabrera, ovejera, chata y pedreño. Y así podríamos recorrer una tras otra las diferentes zonas de España cada una con nombres distintos para describir a los cencerros.

Tradicionalmente en algunas zonas de España los rebaños de ovejas se trasladaban de un lugar a otro para pasar el verano. Durante estos viajes los cencerros eran muy útiles. El rebaño, dependiendo del tamaño, constaba de varios mansos o machos castrados. Solía haber entre cuatro a seis de ellos por cada mil ovejas. A estos se les colocaba el cencerro ovejeño, que es redondo y de unos veintiséis a cincuenta centímetros. Los mansos solían caminar delante con el pastor. Cuando las ovejas no querían andar o pasar por un lugar, el pastor llamaba a los mansos con un trozo de pan en la mano y las ovejas automáticamente los seguían.[11] Al carnero también se le colocaba la zumba.[12] El ganado que llevaba más cencerros era el de las grandes dehesas. Cuando había niebla era fácil encontrar y localizar a las ovejas en las grandes extensiones de terreno. Otra razón era que, si durante la noche atacaba un lobo, al espantarse el rebaño se le podía oír por toda la montaña.

También a las vacas que andaban sueltas se les ponía el cencerro llamado zumba o borromba. También a los caballos delanteros de las recuas (conjunto de animales de carga) también se les colocaba la zumba. A los bueyes mansos que andan entre el ganado bravo se les llama cabrestos, y suelen servir de guía en las toradas. A estos se les pone el cencerro llamado zumbo o cabestraje. A los bueyes que tiraban de los carros y carretas les colocaban los cencerros medianos y a las mulas que trabajaban en las minas les ponían un collar repleto de cascabeles.[13] Veamos pues, qué son los cascabeles:

Sonatium nola; la nuez o avellana de metal, hueca y agujereada, con cierto escrupulillo dentro, que la hace sonar regocijadamente. En los regocijos ponen a los caballos petrales de cascabeles, con que se alegran y huellan. . . . Los danzantes en las fiestas y regocijos, se ponen sartales de cascabeles, en los jarretes de las piernas, y los mueven al son del instrumento. . . . Las acémilas[14] suelen llevar sartales de cascabeles, así para que sean sentidas, como para animarlas, que toman ánimo y corazón con el sonido y parece que las despierta.[15]

Tal y como menciona Covarrubias, los cencerros y cascabeles no sólo se usaban para los animales, sino que también las personas se los colgaban y siguen colgándoselos. Esta tradición forma parte de diversas indumentarias, costumbres, fiestas y celebraciones que están extendidas por toda la península. El cencerro, por ejemplo, forma parte de la indumentaria de varios trajes de Carnaval, tal y como los botargas, zamarrones y zancarrones. Estos personajes son elementos ancestrales y llevan los cencerros amarrados a la cintura. Por ejemplo, el Botargas de Villanueva del Arzobispo, en Jaén, va vestido con traje de colores, máscara de madera o cartón y cencerros a la cintura. Va dando gritos y saltos, persiguiendo a los niños y metiéndose a las casas para robarse los chorizos, las conservas o los dulces. También baila delante de la Virgen o el santo, según la ocasión.

Son muchas las costumbres que incluyen los cencerros. La más conocida y casi desaparecida es la antigua cencerrada. De origen pagano, data de los principios de la cristiandad. La cencerrada más antigua trataba de que los ricos, al casarse, obsequiaban al pueblo llano con regalos y el pueblo salía a recibirlos con alboroto.[16] Luego están otras dos cencerradas que no era ni más ni menos que una burla. Sucedía en uno de los casos que cuando a una moza le empezaba a crecer el vientre siendo aún soltera, entonces los mozos al darse cuenta, se juntaban por la noche y hacían sonar los cencerros fuertemente. El otro de los casos, el más popular, ocurría cuando se casaba algún viudo o viuda. La gente del pueblo se reunía por la noche y rondaba por las calles principales del pueblo alborotando con cencerros, zambombas y palos. A veces la cencerrada se efectuaba unos días antes de la boda y podía prolongarse hasta el día de la celebración. Pero por lo general se efectuaba durante la noche de bodas. Después de la ronda, se juntaban con más gente en la plaza e iban donde la pareja de recién casados dormía. Los que eran diestros en el cante de coplas levantaban el brazo, todos callaban y entonces arrancaban con el cante:

Me casé con un pastor
creyendo de adelantar
se murieron las ovejas
en casa quedó el animal.

Me casé con una viuda
me dicen que no voy bien
en carretera trillada
nadie se puede perder.[17]

Y así seguían cantando e importunando, hasta que a veces caía un cubo de agua como pago por las coplas. Esta costumbre se hizo tan popular que en ocasiones llegó a considerarse como desorden público. Durante el reinado de Carlos III se prohibieron bajo pena de cuatro años de cárcel y 100 ducados de multa. El artículo 589 n. 1 del Código Penal de 1870 consideraba la cencerrada como falta al orden público bajo "multa de 5 á 25 pesetas y represión á los que la promovieren ó tomaren parte activa en ella, con ofensa de algunas personas ó con perjuicio ó menoscabo del sosiego público."[18] El gobierno renovó esta ley la cual sigue vigente en España en la actualidad.

Otro tipo de festividad tradicional es el de Castillejo de Robledo, en Soria, donde la Navidad es anunciada después de la misa del gallo, por pastores vistiendo pieles de oveja y leguis (polainas o calzas) y con los cencerros amarrados a la cintura, recorren el pueblo cantando villancicos y sonando los cuernos. Otra bien peculiar toma lugar en el Valle de Baztón, en Navarra, dónde se celebra una gran cencerrada el cinco de enero, víspera de los Reyes Magos, para guiar el camino a los reyes que están por llegar. Igualmente en los pueblos navarros de Ituren y Zubieta existe una de las expresiones más ancestrales de los carnavales. Son los llamados *joaldun*, que significa porta cencerros. Desfilan en dos hileras llevando un movimiento rítmico haciendo sonar los cencerros al unísono. Con este movimiento y sonido, tratan de despertar a la naturaleza tras su largo letargo. La celebración tiene lugar el último domingo del mes de enero. El cencerro, por lo tanto, tal y como vemos, es sinónimo de fiesta. Su sonido representa alegría por cuya razón cuando ocurría alguna muerte, se quitaban los badajos de los cencerros durante el periodo de luto para que su sonido no perturbara el dolor de aquellos por el difunto.[19]

En muchos países de América Latina también se usan los cencerros para diferentes celebraciones y danzas. En Nuevo México, en la representación de *Los Pastores*, seguro que más de una vez usaron los cencerros. En 1946, atestigua Vicente T. Mendoza que en Los Griegos, un barrio de Albuquerque, el canto de los pastores estaba acompañado por el persistente sonido de pequeñas campanas atadas a los báculos de los pastores, los cuales golpeaban el suelo marcando los tiempos del compás.[20] Mientras que esta tradición parece haberse perdido, los indios nuevomexicanos por otro lado adoptaron los cascabeles para sus danzas tradicionales y podemos verlos danzar con sartas de cascabeles atados a la cintura o las piernas, añadiendo su sonido alegre y dulce a la danza en contraste al tono bajo y profundo de los tambores y cantos.

1. Manada de bueyes.
2. Yeguas mansas.
3. Conjunto de bestias de carga.
4. Villagrá (2001), *Historia de Nuevo México*, pp. 160–61.
5. Villagrá (2001), *Historia de Nuevo México*, p. 160. Nota a pie de página, nº 1.
6. Covarrubias (1943), *Tesoro de la Lengua Castellana*, p. 402.
7. Mikel Aranburu, "Cencerro," en *Diccionario de la Música Española e Hispanoamericana*, Tomo 3, p. 470.
8. Rosa María Lorenzo López, *Hojalateros, Cencerreros y Romaneros* (Salamanca: Diputación de Salamanca, Centro de Cultura Tradicional, 1991), p. 53.
9. *Diccionario de Autoridades*, Tomo II, p. 264.
10. Lorenzo López, *Hojalateros, Cencerreros y Romaneros*, p. 53.
11. Lorenzo López, *Hojalateros, Cencerreros y Romaneros*, p. 59.
12. Lorenzo López, *Hojalateros, Cencerreros y Romaneros*, pp. 59–60.
13. Lorenzo López, *Hojalateros, Cencerreros y Romaneros*, p. 60.
14. Mula o macho de carga.
15. Covarrubias (1943), *Tesoro de la Lengua Castellana*, p. 315.
16. *Enciclopedia Universal Ilustrada Europeo-Americana*, Tomo XII, p. 1029.
17. Julio F. Brun, *Las Cencerradas*, http://www.inicia.es/de/panaderianani/cencerrada.htm (acceso 8 de septiembre de 2003).
18. *Enciclopedia Universal Ilustrada Europeo-Americana*, Tomo XII, p. 1029.
19. Lorenzo López, *Hojalateros, Cencerreros y Romaneros*, p. 61.
20. Mendoza and Mendoza, *Estudio y Clasificación*, p. 120.

Acuña Delgado, Ángel, and Francisco Santamaría Diaza. "Danza de Espadas en la Puebla de Guzmán." *El Folklore Andaluz* (Seville) 7 (1991): 157–80.

Alemán, Mateo. *Aventuras y Vida de Guzman de Alfarache*. Book 1. Biblioteca de Autores Españoles 3. Madrid: Imprenta de la Publicidad, á cargo de D. M. Rivadeneyra, 1849.

Alenda y Mira, Jenaro. *Relaciones de Solemnidades y Fiestas Públicas*. Madrid: Establecimiento Tipográfico "Sucesores de Rivadeneyra," Impresores de la Real Casa, 1903.

Alfonso X, el Sabio. *Las Siete Partidas del Rey don Alfonso el Sabio*. 2 vols. Madrid: En la Imprenta Real, 1807.

Alonso Ponga, J. L. *Museo de Campanas, Colección Quintana*. Valladolid: Caja España, n.d.

Alonso Ponga, J. L., and Antonio Sánchez del Barrio. *La Campana, Patrimonio Sonoro y Lenguaje Tradicional*. Valladolid: Caja España, 1997.

Alvar, Manuel. *Libro de la Infancia y Muerte de Jesús (Libre dels Tres Reys d'Orient)*. Clásicos Hispánicos. Madrid: Consejo Superior de Investigaciones Científicas, 1965.

———. *Poesía tradicional de los Judíos Españoles*. Mexico City: Porrúa, 1966.

———. *El Romancero Viejo y Tradicional*. Mexico City: Porrúa, 1971.

———. *Antigua Poesía Española Lírica y Narrativa*. Mexico City: Porrúa, 1991.

Amades, Joan. "Las danzas de espadas y de palos en Cataluña, Baleares y Valencia." *Anuario Musical* (Consejo Superior de Investigaciones Científicas, Instituto Español de Musicología, Barcelona) 10 (1955): 163–89.

———. *Gegants Nans i altres entremesos*. Barcelona: Arxiu de Tradicions Populars, Costumari Popular Català, 1983.

Amador de los Ríos, José. *Historia Crítica de la Literatura Española*. Vol. 7. Madrid: Impr. J. Rodríguez, 1865.

Amícola, Jose. "*El Auto de la Huida a Egipto*, drama anónimo del siglo xv." *Filología* 15 (1971): 1–29.

Anglés, Higini. *La Música a Catalunya fins el segle XIII*. Barcelona: Institut d'Estudis Catalans i Biblioteca de Catalunya, 1935.

———. *La Música Española desde la Edad Media hasta nuestros días*. Barcelona: Diputación Provincial de Barcelona, Biblioteca Central, 1941.

———. *La música en la corte de los Reyes Católicos*. Vol. 1, *Polifonía Religiosa*. Madrid: Consejo Superior de Investigaciones Científicas, Instituto Diego Velásquez, 1941.

Aragonés Subero, Antonio. *Danzas, rondas y música popular de Guadalajara*. Guadalajara: Diputación Provincial de Guadalajara, Patronato de Cultura "Marqués de Santillana," 1973.

Aranburu Urtasun, Mikel. *Danzas y Bailes de Navarra*. Temas de Navarra 15. Pamplona: Fondo de Publicaciones del Gobierno de Navarra, 2000.

Arbeau, Thoinot. *Orchesography*. New York: Kamin Dance, 1948.

Arco y Garay, Ricardo del. *Notas de Folklore Altoaragonés*. Biblioteca de Tradiciones Populares 1. Madrid: Consejo Superior de Investigaciones Científicas, Instituto Antonio Nebrija, 1943.

———. "El poeta fray Jaime Torres, maestro de los Argensolas." *Boletín de la Real Academia Española* 30 (1950): 369–88.

Ares de Queija, Berta. "'Moros y Cristianos' en el Corpus Christi colonial." *Antropología, Revista de pensamiento antropológico y estudios etnográficos* (Cercama-Ehess, Paris) 7 (March 1994): 101–13.

Argüello, Santiago. *Lecciones de Literatura Española*.

Vols. 1, 3. Guatemala City: Ediciones Santiago Argüello, 1936.

Armistead, Samuel G. "Estudio preliminar." In *Romancero*, ed. Paloma Díaz-Mas, ix–xxi. Barcelona: Crítica, 1994.

Atero Burgos, Virtudes. *Romancero de la provincia de Cádiz*. Romancero General de Andalucía 1. Cadiz: Fundación Machado, Universidad de Cádiz, 1996.

Atienza, Juan G. *La mística solar de los Templarios*. Barcelona: Martínez Roca, 1983.

Atlas Histórico Universal y de España. Madrid: Santillana, 1995.

Austin, Mary. "A Drama played on Horseback." *The Mentor*, September 1928.

———. "Folk Plays of the Southwest." *Theatre Arts Monthly* 17 (August 8, 1933): 599–610.

———. *Pastores Chiquitos, Segunda Parte*. From the manuscript of Juan Clímaco Lucero.

Avalle-Arce, Juan Bautista. *El Bernal Francés y su romance*. Temas hispánicos medievales. Madrid: Gredos, 1974.

Bachen, Lou Sage. La Orquesta Antigua. 5-5-49#47, WPA Collection.

Barbadillo de la Fuente, M. T. *El Romancero*. Madrid: Alambra, 1985.

Benavides, Fray Alonso de. *Memorial*. En Madrid en la Imprenta Real, Año M. Dc. XXX. Facs. ed. Chicago: Privately printed, 1916.

———. *Memorial, 1634*. Scritture Originale Riferite nelle Congregazione General, Facsímile de los Archivos de PROPAGANDA FIDE. Center for Southwest Research, Zimmerman Library, University of New Mexico.

———. *The Memorial of Fray Alonso de Benavides, 1630. Memorial, En Madrid en la Imprenta Real. Año M.DC.XXX*. Facs. ed. Translated by Mrs. Edward E. Ayer. Annotated by Frederick Webb Hodge and Charles Fletcher Lummis. Albuquerque: Horn and Wallace, 1965.

Benjarano Robles, Francisco. *Fiestas de Moros y Cristianos en la provincia de Málaga*. Notas sobre las fiestas de Moros y Cristianos en España 4. Tetuán: Imprenta del Majzen, 1949.

Berg, Manuel. Los Pastores, (Drama Alegórico). 5-5-41#22, WPA Collection.

Bermudo, Fray Juan. *Declaración de Instrumentos Musicales 1555*. Facs. ed. Kassel and Basel: Bärenreiter Verlag, 1957.

Biblia de Jerusalén. Bilbao: Desclée de Brouwer, 1975.

Blanco García, Tomás. *Para jugar como jugábamos, Colección de juegos y entretenimientos de la tradición popular*. Salamanca: Diputación de Salamanca, Centro de Cultura Tradicional, 2003.

Blas Vega, José. *Magna Antología del Cante Flamenco*. Madrid: Hispavox, 1982.

Bolaño e Isla, Amancio. *Poema de Mío Cid, El Cid en el Romancero*. Versión antigua con prólogo y versión moderna de Amancio Bolaño e Isla. Mexico City: Porrúa, 1976.

Bravo-Villasante, Carmen. *Romancero*. Madrid: Montena, 1989.

Brisset Martín, Demetrio E. "Representaciones rituales hispánicas de la Conquista." PhD diss., Universidad Complutense de Madrid, 1983.

Brown, Lorin W. La Ave María de los Borrachos. 5-5-20#9, WPA Collection.

———. Cuaderno de los Pastores para el Nacimiento de Cristo. 5-5-36#6, WPA Collection.

———. Los Matachines. 5-4-9#12, WPA Collection.

Brun, Julio F. *Las Cencerradas*. http://www.inicia.es/de/panaderianani/cencerrada.htm (accessed September 8, 2003).

Calvete Hernández, Pascual. *Campanes*. Valencia: Gremi de Campaners Valencians, 1991.

Calles Vales, José. *Cancionero Popular*. Mexico City: Libsa, Edivisión, 2000.

Campa, Arturo L. "Spanish Religious Folktheatre in the Southwest" *University of New Mexico Bulletin*, June 1934.

———. "Spanish Religious Folk-theater in the Spanish Southwest." *University of New Mexico Bulletin*, February 1934.

———. *Spanish Folk-Poetry in New Mexico*. Albuquerque: University of New Mexico Press, 1946.

Cancionero de Juan del Encina. 1496. Facs. ed. Madrid: Real Academia Española, 1928.

Cancionero de Romances, Anvers, 1550. Edición, estudio, bibliografía e índices por Antonio Rodríguez-Moñino. Madrid: Editorial Castalia, 1967.

Cancionero de Romances. Impreso en Amberes sin año. Facs. ed. Con una introducción de Ramón Menéndez Pidal. Madrid: Nueva Edición, 1945.

Cantigas de Santa María, de Don Alfonso el Sabio. Vols. 1-2. Madrid: Real Academia Española, Establecimiento tipográfico de L. Aguado, 1889.

Capmany, Aureli. *El Baile y la Danza*. Vol. 2 of *Folklore y Costumbres de España*. Barcelona: Alberto Martín, 1944.

Cardelús, Borja. *Luces de la Cultura Hispana*. Madrid: Ediciones Polifemo, 2002.

Cárdenas, Gloria de, and Juan Ignacio de Cárdenas. *1.000 Canciones Españolas*. Madrid: Almena, 1966.

Carrillo Alonso, Antonio. *La huella del Romancero y del Refranero en la lírica del Flamenco*. Granada: Don Quijote, 1988.

Carrillo y Gariel, Abelardo. *Campanas de México*. Mexico City: Universidad Nacional Autónoma de Mexico, 1989.

Casas Gaspar, Enrique. *Ritos Agrarios, Folklore Campesino Español*. Madrid: Escelier, 1950.

Consolidated Book Publishers. *The Inspirational Bible*. Chicago: Consolidated Book Publishers, 1943.

Contreras Arias, Juan Guillermo. *Atlas Cultural de*

México, Música. Mexico City: Grupo Editorial Planeta, 1988.

Cordova, Gilberto Benito. "Church Chimes Cuentos: Abiquiu and New Mexico Bell Notes." *New Mexico Folklore Record* 14 (1976-77): 1–8.

Cossío, José María de, and Tomás Maza Solano. *Romancero de la Montaña*. 2 vols. Santander: Librería Moderna, 1934.

Cotarelo y Mori, Emilio. *Colección de Entremeses, Loas, Bailes, Jácaras y Mojigangas desde fines del siglo XVI á mediados del XVIII*. Vol. 1, pts. 1–2. Nueva Biblioteca de Autores Españoles. Madrid: Bailly-Baillére, 1911.

Covarrubias Orozco, Sebastián de. *Tesoro de la Lengua Castellana o Española, 1611*. Barcelona: Martín Riquer, 1943. Reprint, Barcelona: Real Academia Española, 1998. Madrid: Castalia, 1995.

Crawford, J. P. W. *The Spanish Pastoral Drama*. Philadelphia: University of Pennsylvania Press, 1915.

Crivillé i Bargalló, Joseph. *Música Tradicional Catalana*. Vol. 3, *Danses*. Col·lecció Neuma. Barcelona: Clivis, 1983.

da Silva, Rev. Owen, OFM. *Mission Music of California*. Los Angeles: Warren F. Lewis, 1941.

DeHuff, Elisabeth Willis. *Say de Bells of Old Missions*. London: B. Herder, 1943.

Delgado, Luis. *Instrumentos Musicales en los Museos de Urueña*. Valladolid: Ministerio de Educación, Cultura y Deporte, Fundación Centro Etnográfico Joaquín Díaz, Museo de la Música, Colección Luis Delgado, 2002.

Descripción del Nuevo México hecha por Fray Francisco Atanasio Domínguez, 1777. BNM, legajo 10, n. 43. Center for Southwest Research, Zimmerman Library, University of New Mexico.

Díaz, Joaquín. *Instrumentos populares*. Temas Didácticos de Cultura Tradicional. Valladolid: Castilla Ediciones, 1997.

———. "Prólogo." In *Juegos tradicionales de Nuestra Niñez*, by Ramiro Moreno Martínez, 9–10. Valladolid: Ámbito, 1998.

———. *Romances, Canciones y Cuentos de Castilla y León*. Colección Nueva Castilla. Valladolid: Castilla Ediciones, 1994.

———, and J. L. Alonso Ponga. *Autos de Navidad en León y Castilla*. Madrid: Santiago García, 1983.

———. *Autos de los Reyes*. Manuscript, Centro Etnográfico Joaquín Díaz, Urueña.

———, and Luis Díaz Viana. *Romances Tradicionales de Castilla y León*. Madison: The Hispanic Seminary of Medieval Studies, 1982.

———. *Romances Tradicionales, Catálogo de la Provincia de Valladolid*. Vol. 1. Valladolid: Institución Cultural Simancas, 1978.

———, José Delfín Val, and Luis Díaz Viana. *Cancionero Musical, Catálogo Folklórico de la Provincia de Valladolid*. Vols. 4–5. Valladolid: Institución Cultural Simancas, 1981.

———, and Luis Delgado. *Instrumentos Musicales en los Museos de Urueña*. Valladolid: Ministerio de Educación, Cultura y Deporte, Fundación Centro Etnográfico Joaquín Díaz, Museo de la Música, Colección Luis Delgado, 2002.

Díaz de Escobar, Narciso, and Francisco Lasso de la Vega. *Historia del Teatro Español, Comediantes-Editores-Curiosidades Escénicas*. Con un apéndice sobre los teatros catalán y valencia por José Bernat Durán. Vol. 1. Barcelona: Montaner y Simón, 1924.

Díaz del Castillo, Bernal. *Historia verdadera de la Conquista de la Nueva España*. Prólogo de Joaquín Ramírez Cabañas. Mexico City: Porrúa, 1962.

Díaz-Mas, Paloma, ed. *Romancero*. Estudio preliminar de Samuel G. Armistead. Biblioteca Clásica 8. Barcelona: Crítica, 1994.

Díaz Roig, Mercedes. *Romancero Tradicional de América*. Mexico City: El Colegio de México, 1990.

———. *El Romancero Viejo*. Ediciones Cátedra. Mexico City: Rei, 1987.

Diccionario de Autoridades. 4 vols. 1726. Facs. ed. Madrid: Gredos, 1991.

Diccionario de la Lengua Española. 2 vols. Madrid: Espasa-Calpe, 1992.

Diccionario de la Música Española e Hispanoamericana. 10 vols. Madrid: Sociedad General de Autores y Editores, 1999.

Dobie, J. Frank. "Spur of the Cock." *New Mexico Magazine*, March 1934.

Donovan, Richard B. *The Liturgical Drama in Medieval Spain*. Toronto: Pontifical Institute of Medieval Studies, 1958.

Durán, Agustín. *Romancero General ó Colección de Romances Castellanos anteriores al siglo XVIII*. Biblioteca de Autores Españoles 10, 16. Madrid: Librería de los Sucesores de Hernando, 1849; Madrid: Librería y Casa Editorial Hernando, 1850.

Enciclopedia Universal Ilustrada Europeo-Americana. Vols. 10, 11, 12, 33, 57. Barcelona: Espasa Calpe, n.d.

Englekirk, J. E. "Notes on the Repertoire of the New Mexican Spanish Folk-theater." *Southern Folklore Quarterly* 4 (1940): 227–37.

Espinosa, Aurelio M. "Romancero de Nuevo Méjico." *Revista de Filología Española*, o.s., 58 (1953).

———. "Romancero Nuevomejicano." *Revue Hispanique* 33 (February 1915): 446–560.

———. "Romances Españoles Tradicionales que cantan y recitan los indios de los pueblos de Nuevo Méjico." *Boletín de la Biblioteca Menéndez y Pelayo* (Santander) (1932): 1504–19.

Estébanez Calderón, Serafín. *Escenas Andaluzas*. Madrid: Colección de Escritores Castellanos, 1883.

Estrada de Gerlero, Elena Isabel. *El Teatro de Evangelización, Teatros de México*. Mexico City: Fomento Cultural Banamex, 1991.

Fellerer, Karl Gustav. *The History of Catholic Church Music*. Baltimore: Helico, 1961.

Ferrero Ferrero, Florián. *Guía de la Semana Santa en Zamora*. Zamora: Semuret, 2001.

Frenk Alatorre, Margit. *Estudios sobre lírica antigua*. Madrid: Castalia, 1978.

Fulcanelli. *El Misterio de las Catedrales*. Barcelona: Plaza & Janes, 1975.

García Benítez, Antonio. *El Folclore infantil Andaluz, Antología de Juegos Populares*. Biblioteca de Cultura Andaluza. Seville: Editoriales Andaluzas Unidas, 1988.

García Matos, Manuel. *Cancionero Popular de la Provincia de Madrid*. Edición crítica por Marius Schneider y José Romeu Figueras. Vols. 1–3. Barcelona-Madrid: Consejo Superior de Investigaciones Científicas, Instituto Español de Musicología, 1951.

Gastellou, Josué, and Gustavo Mauleón. *Catálogo de órganos tubulares históricos del Estado de Puebla*. Puebla: Universidad Iberoamericana, Lupus Inquisitor, 1997.

Gella Iturriaga, José. *Romancero Aragonés*. Zaragoza: El Noticiero, 1973.

Gerald, Rex E., and Olympia Caudillo. "An Inventory of the Missions of Senecú, Ysleta, and Socorro by Fray José Bravo in the Year 1795." *El Paso County Historical Society* 33 (Spring 1988): 19–39.

Gil, Rodolfo. *Romancero Judeo-Español*. Madrid: Alemana, 1911.

Gil García, Bonifacio. *Cancionero Popular de Extremadura*. Vols. 1–2. Badajoz: Excma. Diputación de Badajoz, 1956.

Gómez de Silva, Guido. *Breve diccionario etimológico de la lengua española*. Mexico City: Fondo de Cultura Económica, 1991.

Góngora, Luis de. *Poesías*. Mexico City: Porrúa, 1978.

Gordon, Alice Belle. Spanish-American Festivals and Dramas. 5-5-3#26, WPA Collection.

Hebras Hernández, H. *Romancero de Amor*. Barcelona: Clásicos Selectos, n.d.

Horcasitas, Fernando. *El Teatro Náhuatl, Épocas Novohispana y Modernas*. Mexico City: Universidad Nacional Autónoma de México, 1974.

Howe, Jane. *Your Guide to the Spanish Mission Bells in New Mexico*. Norman, OK: Battenburg Press, 1956.

———. "Spanish Bells in New Mexico." *New Mexico Historical Review* 31 (April 1956): 148–53.

Hoyos Sainz, Luis de, and Nieves de Hoyos Sancho. *Manual de Folklore, La Vida Popular y Tradicional en España*. Gijón: Colegio Universitario, Istmo, 1985.

Iglesias y Cabrera, Sonia C. *Navidades Mexicanas*. Mexico City: Dirección Popular de Culturas Populares, 2001.

Jáuregui, Jesús, and Carlo Bonfiglioli. *Las Danzas de Conquista*. Vol. 1, *México Contemporáneo*. Mexico City: Fondo de Cultura Económica, 1996.

Jovellanos, Gaspar Melchor de. *Obras publicadas e Inéditas*. Biblioteca de Autores Españoles 46. Madrid: Librería de los Sucesores de Hernando, 1924.

¿Juguemos Niños? Cantos y Rimas para juegos de niños y niñas. Santa Fe: Aspectos Culturales de Santa Fe, n.d.

Kurath, Gertrude P. "The Origin of the Pueblo Indian Matachines." *El Palacio*, September/October 1957.

Larrea Palacín, Arcadio de. *Romances de Tetuán*. 2 vols. Vol. 2, *Cancionero Judío del Norte de Marruecos*. Madrid: Consejo Superior de Investigaciones Científicas, Instituto de Estudios Africanos, 1952.

Lázaro Carreter, Fernando. *Teatro Medieval*. Valencia: Castalia, 1958; Madrid, Castalia, 1987.

Loeffler, Jack. *La Música de los Viejitos*. Albuquerque: University of New Mexico Press, 1999.

Lorenzana, Francisco Antonio, ed. *Concilios Provinciales I y II Celebrados en la Muy, Noble y Muy Leal Ciudad de México; en los años 1555, 1556*. Vol. 1. Mexico City: En la Imprenta de el Superior Gobierno, de el Br. D. Joseph Antonio de Hogul, 1769.

Lorenzo López, Rosa María. *Hojalateros, Cencerreros y Romaneros*. Salamanca: Diputación de Salamanca, Centro de Cultura Tradicional, 1991.

Lucero-White, Aurora. Coloquios de los Pastores. 5-5-9#20, WPA Collection.

———. Los Moros y Cristianos. 5-5-37#2–3, WPA Collection.

———. Los Pastores. 5-5-3#16, WPA Collection.

Marazuela Albornoz, Agapito. *Cancionero de Castilla*. Madrid: Delegación de Cultura de la Diputación de Madrid, 1981.

Marbán, Edilberto. *El Teatro Español Medieval y del Renacimiento*. Madrid: Anaya, 1971.

Marcos, Joaquín. *Literatura Popular en España en los siglos XVIII y XIX*. 2 vols. Madrid: Taurus, 1977.

Marie, Sister Joseph, IHM. *The Role of the Church and the Folk in the Development of the Early Drama in New Mexico*. Philadelphia: University of Pennsylvania, 1948.

Martínez, Reyes N. Acto de los Pastores. 5-5-46#7, WPA Collection.

———. El Niño Perdido. 5-5-16#1, WPA Collection.

———. El Padre Nuestro de los Borrachos. 5-5-19#43, WPA Collection.

———. Los Tres Reyes. 5-5-46#9, WPA Collection.

Massip, Francesc *El Teatro Medieval, voz de la divinidad cuerpo de histrión*. Biblioteca de Divulgación Temática. Barcelona: Montesinos, 1992.

Mendieta, Fray Jerónimo de. *Historia Eclesiástica Indiana*. Mexico City: Porrúa, 1971.

Mendoza, Vicente T. *Panorama de la Música Tradicional de México*. Estudios y Fuentes del Arte en México 7. Mexico City: Instituto de Investigaciones Estéticas, Universidad Nacional Autónoma de México, 1956.

———. *El Romance Español y el Corrido Mexicano, Estudio comparativo*. Mexico City: Universidad Nacional Autónoma de México, 1941.

———. *El Romance Español y el Corrido Mexicano,*

Estudio comparativo. 2nd ed. Mexico City: Universidad Nacional Autónoma de México, 1997.

Mendoza, Vicente T., and Virginia R. de Mendoza. *Estudio y clasificación de la Música Tradicional Hispánica de Nuevo México*. Mexico City: Universidad Nacional Autónoma de México, 1986.

Menéndez Pidal, Ramón. *Estudios sobre el Romancero*. Madrid: Espasa-Calpe, 1973.

———. *Flor Nueva de Romances Viejos que recogió de la tradición antigua y moderna*. Madrid: Tip. de la "Revista de archivos, bibliotecas y museos," 1928.

———. "Ms. Hh-115, Biblioteca Nacional (Madrid)." *Revista de Archivos, Bibliotecas y Museos* (Madrid) 4 (1900): 453–62.

———. *Poesía Juglaresca y Juglares; Orígenes de las literaturas románicas*. 9th ed. Madrid: Espasa-Calpe, 1991.

———. *El Romancero*. Biblioteca de Ensayos. Madrid: Paez, n.d.

———. *Romancero Hispánico, (Hispano-Portugués, Americano y Sefardí)*. 2 vols. Madrid: Espasa-Calpe, 1953.

———. *Los Romances de América*. Buenos Aires: Espasa-Calpe, 1941.

Menéndez Pidal, Ramón, Diego Catalán, and Álvaro Galmes. "Como vive un Romance, Dos ensayos sobre tradicionalidad." *Revista de Filología Española*, o.s., 60 (1954).

Mérimée, Henri. *Spectacles et Comédiens á Valencia, (1580-1630)*. Toulouse: Édouard Privat, 1913.

Milà i Fontanals, Manel. "De algunas representaciones catalanas antiguas y vulgares." *Revista de Catalunya* (Barcelona) (1862).

———. *Obras Completas*. Vol. 4. Barcelona: Opúsculos Literarios, 1895.

Moll, Jaime, ed. *Dramas Litúrgicos—Siglo XVI: Navidad y Pascua*. Madrid: Taurus, 1969.

Montaño, Mary. *Tradiciones Nuevomexicanas, Hispano Arts and Culture of New Mexico*. Albuquerque: University of New Mexico Press, 2001.

Montes Martín, Melchor, and Francesc LL. Cardona. *Los mejores romances de la lengua castellana, Poesía épica-lírica anterior a la segunda mitad del siglo XVI*. Barcelona: Edicomunicación, 1999.

Moreno Martínez, Ramiro. *Juegos Tradicionales de Nuestra Niñez*. Valladolid: Ámbito, 1998.

Motolinía, Fray Toribio de Benavente. *Memoriales*. Manuscrito de la colección del señor don Joaquín García Icazbalceta, Mexico City, 1903. Facs. ed. Guadalajara: Edmundo Aviña Levy, 1967

———. *Relaciones de la Nueva España*. Mexico City: Universidad Nacional Autónoma de México, 1994.

Muñoz Molina, Antonio. *Córdoba de los Omeyas*. Barcelona: Planeta Bolsillo, 1994.

Olmos Aguilera, Miguel. *El Sabio de la Fiesta, Música y Mitología en la Región Cahita-Tarahumara*. Mexico City: Colección Biblioteca del INAH, 1998.

Ortiz Cañarate, Lorenzo. "El Toreo en la Edad Media." In *Folklore y Costumbres de España*, 379–569. Vol. 1. Barcelona: Editorial Alberto Martín, 1931,

Parsons, Francis B. *Early 17th Century Missions of the Southwest*. Tucson: Dale Stuart King, 1975.

Partida, Armando. *Teatro Mexicano, Historia y Dramaturgia*. Vol. 2, *Teatro de Evangelización en Náhuatl*. Mexico City: Consejo Nacional para la Cultura y las Artes, 1992.

Payno, Luis A. *Instrumentos musicales de construcción sencilla*. Temas Didácticos de Cultura Tradicional. Valladolid: Castilla Ediciones, 1995.

Pearce, Thomas M. "The New Mexican 'Shepherds' Play'." *Western Folklore* 15 (April 1956): 77–88.

Pedrell, Felipe. *Diccionario Técnico de la Música*. Facs. ed. Valencia: París-Valencia, 1992.

———. *Emporio Científico é Histórico de Organografía Musical Antigua Española*. 1901. Facs. ed. Valencia: París-Valencia, 1994.

Pellicer, Casiano. *Tratado Histórico sobre el origen y progresos de la comedia y del histrionismo en España*. Pt. 1. Madrid: Administración del Real Arbitrio de Beneficencia, 1804.

Perea, Fray Estevan de. *Verdadera Relacion, 1632*. Facs. ed. Center for Southwest Research, Zimmerman Library, University of New Mexico.

Pérez Guerta, Fray Franco. *Relacion Verdadera*, AGN, Inquisición, vol. 316. Center for Southwest Research, Zimmerman Library, University of New Mexico.

Pérez-Higuera, Teresa. *Medieval Calenders*. London: Weidenfeld and Nicolson, 1998.

Pidal, Pedro José. *Poetas Castellanos anteriores al siglo XV*. Colección hecha por Tomás Antonio Sánchez. Biblioteca de Autores Españoles 57. Madrid: Hernando, 1925.

Pliego de Andrés, Víctor. "Carracas, Matracas y Tabletas, 'Crepitaculum Ligneum.'" Manuscript, Valladolid, 1987.

Pliegos Poéticos Españoles en la Universidad de Praga. Prólogo de Ramón Menéndez Pidal. 2 vols. Colección Joyas Bibliográficas, Serie Conmemorativa 8. Madrid: Centro de Estudios de Bibliografía y Bibliofilia, 1960.

Prince, L. Bradford. *Spanish Mission Churches in New Mexico*. Glorieta: Rio Grande Press, 1977.

Rael, Juan B. *The Sources and Diffusion of the Mexican Shepherds' Plays*. Guadalajara: Gráfica, 1965.

Rambaldo, Ana María, ed. *Juan del Encina, Obras Completas*. 2 vols. Clásicos Castellanos. Madrid: Espasa-Calpe, 1978.

Ramos Smith. Maya. *La Danza en México durante la época colonial*. Mexico City: Consejo Nacional para la Cultura y la Artes, Alianza Editorial Mexicana, 1990.

"Relación de los Fechos del mui magnifico é mas virtuoso señor Don Miguel Lucas, Mui Digno Condestable de Castilla." In *Memorial Histórico Español: Colección de Documentos, Opúsculos y Antigüedades*. Vol. 8. Madrid: Real Academia de la Historia, 1855.

Relación de los fechos del muy magnífico e más virtuoso señor el señor don Miguel Lucas, muy digno Condestable de Castilla. Colección de Crónicas Españolas 3. Madrid: Espasa-Calpe, 1940.

Relaciones Poéticas sobre las Fiestas de Toros y Cañas, siglos XVII al XIX. Vols. 1, 3–8. Murcia: Cieza, 1971–74.

Rendón, Rev. Gabino. "La Corrida de Toros." *New Mexico Folklore Record* 4 (1949–50): 23.

Riazuelo Fantova, Isabel, and La Orquestina del Fabirol. *Danzas de Sobrarbe.* Bielsa: Ayuntamiento de Bielsa, 2001.

Ribera, Julián. *La Música de las Cantigas, Estudio sobre su origen y naturaleza.* Madrid: Topografía de la Revista de Archivos, 1922.

Río, Ángel del, and Amelia A. del Río. *Antología General de la Literatura Española, Verso, Prosa, Teatro.* Vol. 1. Madrid: Revista de Occidente, 1954.

Riva Palacio, Vicente. *México a través de los siglos.* Barcelona: Espasa y Compañía, 1888-89.

Rivera Pérez, Luis. *El Fuego en las Fiestas Alicantinas.* Alicante: Instituto de Estudios Alicantinos, 1977.

Robb, John D. "The Matachines Dance—a Ritual Folk Dance." *Western Folklore* 20 (April 1961): 87–101.

Rodríguez Aceves, J. Jesús. *Danzas de Moros y Cristianos.* Guadalajara: UNED, 1988.

Rojas Garcidueñas, José J. *El Teatro de la Nueva España en el siglo XVI.* Mexico City: Luis Álvarez, 1935.

———. *Autos y Coloquios del siglo XVI.* Mexico City: Universidad Nacional Autónoma de México, 1972.

Rojo i Pijoan, Josep Maria. "Campanes, campanars i campaners: patrimoni de Catalunya." Ponències, II Congrés de Cultura Popular i Tradicional Catalana, Generalitat de Catalunya, 1995–96. Barcelona: Departament de Cultura, 1997.

Romero, Brenda Mae. "The Matachines Music and Dance in San Juan Pueblo and Alcalde, New Mexico: Context and Meaning." PhD diss., University of California, Los Angeles, 1993.

Romero Salinas, Joel. *Diciembre en la Tradición Popular, confites y canelones. La Pastorela Mexicana, origen y evolución.* Mexico City: Fondo Nacional para el Fomento de las Artesanías, 1984.

Rouanet, Léo. *Colección de Autos, Farsas y Coloquios del siglo XVI.* Vol. 2. Madrid-Barcelona: Bibliotheca Hispanica, 1901.

Ruiz, Juan, Arcipreste de Hita. *Libro de Buen Amor.* Edited by Alberto Blecua. Madrid: Cátedra, 1992.

Ruiz, Fray Joaquín de Jesús. *Observaciones (1775).* BNM, legajo 10, n. 20. Center for Southwest Research, Zimmerman Library, University of New Mexico.

Sachs, Hans. *Das Ständebuch, Grabados de Jost Ammann.* 1568. Facs. ed. Jnsel: Derlag, 1960.

Sánchez, Miguel A. *Es razón de alabar, Una aproximación a la música tradicional Sefardí.* Madrid: Comunidad de Madrid, Consejería de Cultura, 1997.

Sánchez-Arjona, José. *Noticias referentes á los Anales del Teatro en Sevilla desde Lope de Rueda hasta fines del siglo XVII.* Seville: n.p., 1898.

Sánchez de Neira, J. *El Toreo, Diccionario Tauromáquico.* Madrid: Turner, 1988.

Sánchez del Barrio, Antonio. *Danzas de Palos.* Temas Didácticos de Cultura Tradicional. Valladolid: Castilla Ediciones, 1996.

Santo Thomas, Padre fray Diego de. *Ceremonial y Manual, Sacado del Missal Romano de Pio V. Reformado por la Santidad de Clemente VIII, y Urbano VIII. Ajustado al estilo estrecho, reformado de los Religiosos Descalços de N.P.S. Francisco de la Provincia de San Diego desta Nueva España.* Mexico City: Iuan Ruyz, 1660.

Scholes, France V. "Documents for the History of the New Mexican Missions in the Seventeenth Century." *New Mexico Historical Review* 4 (January 1929): 45–58, 195–201.

Schindler, Kurt. *Música y Poesía Popular de España y Portugal.* New York: Hispanic Institute in the United States, 1941.

Seminario Menéndez Pidal. *Romancero Tradicional, La Dama y el Pastor, Romances, Villancicos, Glosas.* Edición dirigida por Diego Catalán. Madrid: Gredos, 1977–78.

———. *El Romancero Tradicional, Gerineldo, El Paje y la Infanta.* Edición dirigida por Diego Catalán y Jesús Antonio Cid. Madrid: Gredos, 1975.

Smoldon, William L. *The Music of the Medieval Church Dramas.* London: Oxford University Press, 1980.

Spell, Lota M. "Music Teaching in New Mexico in the Seventeenth Century." *New México Historical Review* 2 (April 1927): 27–36.

Spiess, Lincoln Bruce. "Church Music in Seventeenth-Century New Mexico." *New Mexico Historical Review* 40 (January 1965): 5–21.

Stark, Richard B. *Juegos Infantiles Cantados en Nuevo México.* Santa Fe: Museum of New Mexico Press, 1973.

Stark, Richard B., Thomas M. Pearce, and Rubén Cobos. *Music of the Spanish Folk Plays in New Mexico.* Santa Fe: Museum of New Mexico Press, 1969.

Suárez, María Teresa. *La Caja de Órgano en Nueva España durante el Barroco.* Mexico City: CENIDIM, 1991.

Surtz, Ronald E. *Teatro Castellano de la Edad Media.* Madrid: Clásicos Taurus, 1992.

Tibon, Gutierre. *Diccionario Etimológico comparado de Nombres Propios de Persona,* Mexico City: Fondo de Cultura Económica, 1991.

Torres, Larry. *Six Nuevo Mexicano Folk Dramas for Advent Season.* Albuquerque: University of New Mexico Press, 1999.

Torres, Jaime. *Divina y varia poesía.* Huesca, 1579.

Torroja Menéndez, Carmen, and María Rivas Palá. "Teatro en Toledo en el siglo xv, 'Auto de la Pasión' de Alonso del Campo." *Boletín de la Real Academia Española*, o.s., 35 (1977).

Toussant, Manuel. *Arte Colonial en México*. Mexico City: Universidad Nacional Autónoma de México, 1983.

Trapero, Maximiano. *La Pastorada Leonesa, Una pervivencia del teatro medieval*. Estudio y trascripción de las partes musicales por Lothar Siemens Hernández. Madrid: Sociedad Española de Musicología, 1982.

Turrent, Lourdes. *La conquista musical de México*. Mexico City: Fondo de Cultura Económica, 1993.

Van Stone, Mary R. "The Matachina Dance." *El Palacio*, January 2–9, 1935.

Vasconcelos, Carolina Michaëlis de. *Romances Velhos em Portugal*. 2nd ed. Coimbra: Imprensa da Universidade, 1934. Previously Publisher in *Revista Cultura Española* (1907–9).

Vázquez González, Benito. "Los Reyes Magos fueron ¿3, 4, 6, 12?" *Revista de Revistas*, January 1987.

Ventura Crespo, Concha María. *Historia del Teatro en Zamora*. Zamora: Fundación Ramos de Castro para el Estudio y Promoción del Hombre, 1988.

Vetancurt, Fray Agustín de. *Teatro Mexicano*. Vols. 3–4. Mexico City: Imprenta de I. Escalante y Ca., 1870–71; *Teatro Mexicano, 1698*. Facs. ed. Mexico City: Porrúa, 1982.

Vilar i Herms, Ramon. "El Ball de Bastons d'Artés." *Dovella, Revista cultural de la Catalunya central* (Tardor) 57 (1997): 21–31.

Villagrá, Gaspar Pérez de. *Historia de la Nueva México, 1610*. Edited and translated by Miguel Encinas, Alfred Rodríguez, and Joseph P. Sánchez. Albuquerque: University of New Mexico Press, 1992.

———. *Historia de Nuevo México*. Alcalá, 1610. Edited by Mercedes Junquera. Madrid: Dastin, 2001.

Warman Gryj, Arturo. *La Danza de Moros y Cristianos*. Mexico City: SepSetentas, 1972.

———. *Música Indígena de México*. Fonoteca del INAH, 05. Mexico City: Pentagrama, 2002.

Weckmann, Luis. *La Herencia Medieval de México*. 2nd ed. Mexico City: El Colegio de México, Fondo de Cultura Económica, 1994.

Weich-Shahak, Susana. *Música y Tradiciones Sefardíes*. Reprint. Salamanca: Diputación Provincial de Salamanca, Centro de Cultura Tradicional, 1999.

———. *Repertorio Tradicional Infantil Sefardí, Retahíla, juegos, canciones y romances de tradición oral*, Con un estudio de Ana Pelegrín. Madrid: Compañía Literaria, 2001.

———. *El Romancero Sefardí de Marruecos, Antología de Tradición Oral*. Madrid: Alpuerto, 1997.

Young, Karl. *The Drama of the Medieval Church*. 2 vols. London: Oxford University Press, 1933.

Archives and Libraries Consulted / Archivos y Bibliotecas Consultadas

Archdiocese of Santa Fe, Archives and Museum, Santa Fe, New Mexico.

Archivo Histórico Provincial de Zamora, Zamora.

Arxiu Joan Comas i Vicens, Centre de Promoció de la Cultura Tradicional i Popular, Departament de Cultura de la Generalitat de Catalunya, Barcelona.

Arxiu Joan Amades, Centre de Promoció de la Cultura Tradicional i Popular, Departament de Cultura de la Generalitat de Catalunya, Barcelona.

Biblioteca Francesc Tarafa, Granollers, Barcelona.

Biblioteca Municipal de Guadix, Granada.

Center for History and Literacy Arts of the National Hispanic Cultural Center, Albuquerque, New Mexico.

Center for Southwest Research, Zimmerman Library, University of New Mexico, Albuquerque.

Fine Arts Library, University of New Mexico, Albuquerque.

Fundación Centro Etnográfico Joaquín Díaz, Diputación de Valladolid, Urueña.

International Folk Art Museum, Library and Archives, Santa Fe, New Mexico.

New Mexico State Archives and Library, Santa Fe, New Mexico.

Museo de la Música, Colección Luis Delgado, Urueña, Valladolid.

Museum of Spanish Colonial Art, Library and Archives, Santa Fe, New Mexico.

Work Projects Administration (WPA) Collection, Fray Angélico Chávez History Library and Photo Archive, Palace of the Governors, Santa Fe, New Mexico.

Zimmerman Library, University of New Mexico, Albuquerque.

Acuña Delgado, Ángel, and Francisco Santamaría Diaza. "Danza de Espadas en la Puebla de Guzmán." *El Folklore Andaluz* (Seville) 7 (1991): 157–80.

Amades, Joan. *Auques, Instruments Musicals, Nadal.* Barcelona: Costumari Cátala, El 9 Nou, Salvat, 1977.

Berg, Manuel. Camino de la Pastorela. 5-5-52#22, WPA Collection.

———. Pastorela. 5-5-46#6, WPA Collection.

Brisset Martín, Demetrio E. "Clasificación de los 'Moros y Cristianos.'" *Gaceta de Antropología* 10 (1993): Texto 10–12.

Cancionerillos Góticos Castellanos, 1540. Nota preliminar de A. Rodríguez Moñino. Valencia: Castalia, 1954.

Cancionero llamado de Galanes. Recopilados por Diego de Vera, Barcelona, Año 1625. Valencia: Castalia, 1949.

Chacon, Hernina B. "The Christ Child Comes to New Mexico." *New Mexico Magazine*, December 1932.

Chailley, Jacques. *L'école Musicale de Saint-Martial de Limoges jusqu'a la fin du Xie siècle.* Paris: Les Livres Essenciels, 1960.

Delgado Parra, Gustavo, and Ofelia Gómez Castellanos. *Órganos Históricos de Oaxaca, Estudio y Catalogación.* Mexico City: Conaculta-Inah, Fomento Cultural Banamex, 1999.

Díaz, Joaquín. *Coplas de Ciegos, Antología de pliegos de cordel.* Valladolid: Ámbito, 1992.

Durán, Agustín. *Cancionero y Romancero de Coplas y Canciones de Arte Menor, letras, letrillas, romances cortos y glosas anteriores al siglo XVIII.* Madrid: Eusebio Aguado, 1829.

———. *Romancero de Romances Caballerescos é Históricos, anteriores al siglo xviii.* Madrid: Eusebio Aguado, 1832.

Espinosa, Aurelio M. "La ciencia del Folklore." *Archivos del Folklore* (Havana) 3:4 (1929): 1–16.

———. *The Folklore of Spain in the American Southwest.* Norman: University of Oklahoma Press, 1985.

———. "El Romancero." *Hispania* 12 (February 1929): 1–32.

———. "Spanish Folk-Lore in New México" *New Mexico Historical Review* 1 (April 1926): 145–55.

Fernández de Moratín, Leandro. *Obras.* Vol. 1, pt. 1, *Orígenes del Teatro Español.* Madrid: Real Academia de la Historia, 1830.

Frenk Alatorre, Margit. *Cancionero de Romances Viejos.* Mexico City: Universidad Nacional Autónoma de México, 1984.

———. *Lírica Española de Tipo Popular.* Madrid: Cátedra, 1977.

Garrich i Ribera, Montserrat. "Ball de Gitanes, Agrupació del Ball de Gitanes del Vallès." Ponències, II Congrés de Cultura Popular i Tradicional Catalana, Generalitat de Catalunya, 1995–96. Barcelona: Departament de Cultura, 1997.

Gastellou, Josué, and Gustavo Mauleón. *Catálogo de órganos tubulares históricos del Estado de Tlaxcala.* Puebla: Universidad Iberoamericana, Lupus Inquisitor, 1999.

González Pedroso, Eduardo. *Autos Sacramentales, desde su origen hasta fines del siglo XVII.* Biblioteca de Autores Españoles 58. Madrid: Imprenta de Librería, Casa Editorial Hernando, 1924.

Guía de Fiestas Populares de Andalucía. Seville: Dos Hermanas, 1982.

Henríquez Ureña, Pedro. *Pedro Henríquez Ureña y su aporte al Folklore Latinoamericano.* Mexico City: Instituto Nacional de Antropología e Historia, 1981.

Keller, John E. *Las narraciones breves piadosas versificadas en el castellano y gallego del medievo.* Madrid: Ediciones Alcalá, 1987.

Kurath, Gertrude P. "Mexican Moriscas: A Problem in

Dance Acculturation." *Journal of American Folklore* 62 (April–June 1949): 87–106.

———. *Music and Dance of the Tewa Pueblos*. With Antonio García. Museum of New Mexico Research Records 8. Santa Fe: Museum of New Mexico Press, 1970.

Larrea Palacín, Arcadio de. *El Dance Aragonés y las representaciones de Moros y Cristianos*. Instituto General Franco de Estudios e Investigaciones Hispano-Árabe. Contribución del Teatro Popular. Tetuán: Editora Marroquí, 1952.

Las series Valencianas del Romancero Nuevo y Los Cancionerillos de Munich (1589–1602). Notas bibliográficas por Antonio Rodríguez-Moñino. Valencia: Instituto de Literatura y Estudios Filológicos, Institución Alfonso el Magnánimo, 1963.

Lucero-White, Aurora. Danza de los Moros. 5-5-37#1, WPA Collection.

———. Los Moros. 5-5-37#1, WPA Collection.

Mariscal de Gante, Jaime. *Los Autos Sacramentales, desde sus orígenes hasta mediados del siglo XVIII*. Madrid: Biblioteca Renacimiento, 1911.

Menéndez Pidal, Ramón. "Sobre Geografía Folklórica." *Revista de Filología Española* (Madrid) 7 (Julio–Diciembre 1920): 229–338.

Meza Brewer, Fred. "La Pastoria, The M.S. of Felipe A. Chávez." *New Mexican Folklore Record* 2 (1947–48): 46–57.

Nueva Colección de Pliegos Sueltos. Recogidos y anotados por Vicente Castañeda y Amalio Huarte. Madrid: Tipografía de Archivos, 1933.

Pliegos Poéticos de la Biblioteca Pública Municipal de Oporto. Facs. ed. Madrid: Joyas Bibliográficas, 1976.

Pliegos Poéticos Españoles de la Universitaria de Gotinga. Facs. ed. Madrid: Joyas Bibliográficas, 1974.

Remembranza. Zamora: Fundación "Las Edades del Hombre," 2001.

Robb, John D. *Hispanic Folk Music of New Mexico and the Southwest, A Self-Portrait of a People*. Norman: University of Oklahoma Press, 1980.

Rodríguez Becerra, Salvador. "Las Fiestas de Moros y Cristianos en Andalucía." *Gaceta de Antropología* (Universidad de Sevilla). Texto 03-02 (1984).

Rodríguez Suso, Mari Carmen. *Bizkaiko Organuak, Órganos de Bizkaia*. Bizkaia: Diputación Floral de Bizkaia, Departamento de Cultura, n.d.

Romancero Hystoriado. Alcalá, 1582. Edición, estudio, bibliografía e índices por Antonio Rodríguez-Moñino. Madrid: Castalia, 1967.

Romero de Solís, Pedro. "El Toro y el Agua: algunos indicios de acuotaurolatrías en la Sierra del Segura." *El Folk-lore Andaluz* (Seville) 7 (1991): 45–75.

Ruiz Ramón, Francisco. *Historia del Teatro Español (Desde sus orígenes hasta hoy)*. Madrid: Alianza, 1967.

Smith, Thomas Edwind. "The Dance of the Matachines." *New Mexico Magazine*, January 1945.

Tavira, Luis. *Teatro Mexicano, Historia y Dramaturgia*. Vol. 11, *Autos, Pastorelas y dramas religiosos (1817–1862)*. Mexico City: Consejo Nacional para la Cultura y las Artes, 1994.

Timoneda, Juan. *Rosas de Romances*. Valencia, 1573. Joyas Poéticas Españolas. Valencia: Castalia, 1963.

Trend, J. B., M.A., *The Music of Spanish History to 1600*, Oxford University Press. Humphrey Milford, 1926.

Trenti Rocamora, J. Luis. *El Teatro en la América Colonial*. Prólogo de Guillermo Furlong, SJ. Buenos Aires: Huarpes, 1947.

Van Stone, Mary R. "El Niño Perdido." *El Palacio*, May 24–31, 1935.

Warman Gryj, Arturo. *Música Indígena del Noroeste*. Fonoteca del INAH 09. Mexico City: Pentagrama, 2002.

Weich-Shahak, Susana. *Un verĝel vedre. Flores del Repertorio Sefardí. Romancero, Coplas y Cancionero*. Zaragoza: Ibercaja, 1995.

Zamora Vázquez, Ángel. *Melodías tradicionales para jugar y bailar*. Temas Didácticos de Cultura Tradicional. Valladolid: Castilla Ediciones, 1996.

CD 1

BELLS, CANTICLES, AND ORGAN. / CAMPANAS, CÁNTICOS Y ÓRGANO.

1. Bells, call for procession. / Campanas, toque de llamada a Procesión. Cogollos de Guadix, Granada. Mayo 2003. 1:26
2. "Canto del Alba." Estella Martínez, 74 años de edad. Chimayó, Nuevo México. Marzo 2002. 5:21
3. San Antonio de Padua Mission Bells. / Campanas de la Misión de San Antonio de Padua. California. 1997. 0:37. Gentileza de John Warren.
4. "El Cántico del Alba." New World Baroque Orchestra, Misión de San Antonio de Padua. Violín construido en 1798 por el indio José Carvajal de la tribu salinas. 1997. 3:09. Gentileza de John Warren.
5. San Miguel Arcángel Mission Bells. / Campanas de la Misión de San Miguel Arcángel. California. 0:23. Gentileza de John Warren.
6. "Cuando por el Oriente." Brenda Romero. Albuquerque, Nuevo Mexico. Junio 2004. 1:16
7. "El Alba." Rubén Cobos de 92 años de edad. Albuquerque, Nuevo Mexico. Enero 2004. 0:42
8. Bell call for mass at Villanueva. / Campana llamando a misa en Villanueva. Regino Gallegos campanero, 79 años de edad. Nuevo México. Marzo 2003. 0:36
9. Dos piezas de Antonio de Cabezón. Tocadas por John Shortridge de 74 años de edad, reproducción órgano positivo del siglo XVI construido por él. Albuquerque, Nuevo México. Agosto 2004. 2:24

DANCES. / BAILES.

10. Stick dance from Artés. / Ball de Bastons d'Artés. Violines tocados por Manel Ledesma Prados y Lluís Bach Torrescasana. 2001. 1:37. Gentileza de Manel Serra.
11. Stick dance from Artés./ Ball de Bastons d'Artés. / Violines tocados por Manel Ledesma Prados y Lluís Bach Torrescasana. 2001. 0:49. Gentileza de Manel Serra.
12. Chichimecas Aztec Dance, Carrizo Matachines. / Danza Azteca de los Chichimecas, Matachines Carrizo. Tortugas, Nuevo México. Diciembre 2003. 0:38
13. Matachines. Tortugas, Nuevo México. Diciembre 2003. 0:52
14. Matachines. Tortugas, Nuevo México. Diciembre 2003. 0:46
15. Matachines. Bernalillo, Nuevo México. Agosto 2003. 1:18
16. Matachines. Bernalillo, Nuevo México. Agosto 2003. 1:44

THE SHEPHERDS. / LOS PASTORES.

17. Sheep and goat bells. / Cencerros. Rebaño de ovejas y cabras en España. Mayo 2004. 0:58
18. The Sheperds' Play. / La Gran Pastorela. Belén, Nuevo México. Diciembre 2003. 54:39

CD 2

CHILDREN'S GAMES. / JUEGOS INFANTILES.

1. "Tres ovejas." María Pilar Lozano Ramos, 29 años de edad. Granollers, Barcelona. 2ª versión. M. Rosario Lozano Ramos, 36 años de edad. Granollers, Barcelona. Junio 2003. 0:27
2. "La Pastora." M. Rosario Lozano Ramos. Granollers, Barcelona. Junio, 2003. 0:30
3. "Piojos y Pulgas." María Ramos Salvador. Granollers, Barcelona. Junio 2003. 1:47
4. "El Piojo y la Pulga." Roberto Mondragón. Antón Chico, Nuevo México. 1993. 4:13. Gentileza de Roberto Mondragón.
5. "Arre Borriquito." María Ramos Salvador y Rosario Lozano Ramos. Granollers, Barcelona. Mayo 2004. 0:16
6. "La Viudita del Conde Laurel." María Ramos Salvador. Granollers, Barcelona. Mayo 2003. 0:14
7. "Mambrú se fue a la guerra." Antonio Ramos Salvador, 55 años de edad. Fuengirola, Málaga. Abril 2003. 0:56
8. "Tengo una Muñeca." M. Rosario Lozano Ramos. Granollers, Barcelona. Abril 2004. 0:36
9. "Víbora de la Mar." Roberto Mondragón. Antón Chico, Nuevo México. 1993. 1:02. Gentileza de Roberto Mondragón.
10. "Antón Pirulero." M. Rosario y Tomás Lozano Ramos. Granollers, Barcelona. Mayo 2004. 0:45
11. "Don Gato." M. Rosario Lozano Ramos. Coro: María y Carmen Ramos Salvador, Javier Santiago Ramos, Tomás Lozano Ramos. Granollers, Barcelona. Mayo 2004. 1:42
12. "Ambo Gato." Roberto Mondragón. Antón Chico, Nuevo México. 1993. 1:50. Gentileza de Roberto Mondragón.
13. "Don Gato." Rubén Cobos. Albuquerque, Nuevo México. Febrero 2004. 1:05
14. "San Serenín." Antonio Ramos Salvador. Fuengirola, Málaga. Abril 2003. 0:28
15. "San Serenín." Roberto Mondragón. Antón Chico, Nuevo México. 1993. 2:13. Gentileza de Roberto Mondragón.
16. "Arroz con Leche." María Ramos Salvador. Pedro Martínez, Granada. Mayo 2003. 0:11
17. "A la hoja verde." María Pilar Lozano Ramos. Granollers, Barcelona. Mayo 2003. 0:22
18. "La Rana." Barbara Faucon. San Juan Pueblo, Nuevo México. 6:08. Gentileza Barbara Faucon.

BALLADS. / ROMANCES.

19. "Gerineldo." José Arencón, "Pelete," 56 años. Almendralejo, Badajoz. Diciembre 2003. 1:04
20. "Gerineldo." Brenda Romero. Albuquerque, Nuevo México. Junio 2004. 3:14
21. "Los Animales." Bayou Seco. Silver City, Nuevo México. 1991. 2:30. Gentileza de Bayou Seco.
22. "Jauja." Rubén Cobos. Albuquerque, Nuevo México. Enero 2004. 0:36
23. "La Ciudad de Jauja." Bayou Seco. Silver City, Nuevo México. 1991. 3:10. Gentileza de Bayou Seco.
24. "Don Benito y Don Fernando" (El Bernal Francés). David García, 23 años de edad. Española, Nuevo México. Abril 2003. 7:23
25. "La Vuelta del Marido." Tomás Lozano, 37 años. Benalúa de Guadix, Granada. Abril 2004. 5:56
26. "¿Dónde vas Alfonso XII?" María Ramos Salvador, 60 años de edad. Pedro Martínez, Granada. Mayo 2003. 1:12
27. "El Caballerito." Rubén Cobos. Albuquerque, Nuevo México. Enero 2004. 1:05
28. "En una playa arenosa." David García. Española, Nuevo México. Abril 2003. 1:12
29. "La Zagala." Brenda Romero. El Bosque, Nuevo México. Junio 2004. 2:19
30. "Conde Olinos." Fragmento. Ed Markus. San Juan Pueblo, Nuevo México. Febrero 2004. 0:20
31. "Delgadina." Brenda Romero. Albuquerque, Nuevo México. Junio 2004. 8:02
32. "La Dama y el Pastor." David García. Española, Nuevo México. Abril 2003. 2:19
33. "El Niño perdido." María Ramos Salvador. Pedro Martínez, Granada. Junio 2003. 1:17
34. "Roldán y el Trovador." Tomás Lozano Ramos. Granollers, Barcelona. Abril 2004. 3:34

MOORS AND CHRISTIANS. / MOROS Y CRISTIANOS.

35. "Moros y Cristianos." Fragmento recitado de memoria por Clotilde Pintor de 85 años de edad. Mecina Tedel, Alpujarra de Granada. Abril 2003. 1:30.
36. Drumroll for Moors and Christians. / Redoble de tambores de Moros y Cristianos. Zújar, Granada. Mayo 2003.